Handbuch Interreligiöses Lernen

Herausgegeben von Peter Schreiner, Ursula Sieg
und Volker Elsenbast

Eine Veröffentlichung des Comenius-Instituts

Gütersloher Verlagshaus

Bibliografische Information Der Deutschen Bibliothek
Die Deutsche Bibliothek verzeichnet diese Publikation in der Deutschen Nationalbibliografie; detaillierte bibliografische Daten sind im Internet über http://dnb.ddb.de abrufbar.

ISBN 3-579-05574-7

Umschlaggestaltung: Init GmbH, Bielefeld
Umschlagmotiv: Willi Baumeister: Bluxao VIII, 1955.
© VG Bild-Kunst, Bonn 2004
Satz: Druckerei Sommer, Feuchtwangen
Druck und Bindung: Těšínská Tiskárna AG, Český Těšín
Printed in Czech Republic

www.gtvh.de

Inhaltsverzeichnis

Einleitung

Kulturelle Vielfalt und religiöse Pluralität sind zu Kontextbedingungen des Lebens und Lernens geworden. Sie stellen sich nicht nur als soziale und politische Herausforderungen, sondern vordringlich auch als pädagogische Aufgabe.

Der Umgang mit Vielfalt und mit Differenz ist gesellschaftlich notwendig, politisch gewollt und gleichzeitig umstritten. Die Notwendigkeit eines sachgemäßen Umgangs mit gesellschaftlich vorfindbarer Pluralität erfordert pluralitätsfähige (religions)pädagogische Konzepte und geeignete Entwürfe und Modelle. Ansätze interkulturellen und interreligiösen Lernens nehmen die damit verbundenen Herausforderungen auf. Bei der Konzipierung und Organisation interreligiösen Lernens geht es um den Beitrag, den (Religions) Pädagogik zu einem verantwortlichen Umgang mit der vorhandenen Vielfalt von Religionen und Religiositäten leisten kann. Dabei spielen folgende Begründungen eine Rolle:

- Die *Pluralisierung der Lebenswelten* bedeutet eine permanente Begegnung von Menschen unterschiedlicher kultureller und religiöser Orientierung. Gegenseitige Anerkennung und wechselseitige Verständigung stellen sich als Aufgabe angesichts der Herausforderung, das Zusammenleben in einem Gemeinwesen sinnvoll zu gestalten. Es wird gefragt: Wie viel Gemeinsamkeit ist in einer Gesellschaft notwendig und wie viel Differenz ist möglich?
- Eine *plural verfasste Demokratie* kann nicht (mehr) nur auf jüdische und christliche Wurzeln und Quellen oder humanistische Traditionen bezogen werden. Längst sind der Islam, aber auch Hinduismus oder Buddhismus, wichtige Kräfte in der deutschen Gesellschaft geworden, die seit Jahrzehnten von Migration geprägt wird. Die entstandene Vielfalt bedeutet immer auch religiöse Vielfalt.
- Schließlich bedeutet das »*Wiedererwachen der Religionen*« eine zentrale gesellschaftliche Herausforderung. Die gefährliche Seite dieser Entwicklung liegt in einer Fundamentalisierung von Überzeugungen und Politiken, die mit vereinfachten Schemata politisches Wirken begründen will. Die positive Seite liegt in Dialogen von Menschen unterschiedlicher religiöser Orientierungen, denen es um die Konkretisierung von Heil und Heilung, Versöhnung und friedliches Zusammenleben geht.
- Die *weltweit bestehende große Bedeutung der Religionen* macht es auch

für nichtreligiös orientierte Menschen erforderlich, religiöse Sprache und Denkweisen zu kennen und verstehen zu lernen.

Die Beschäftigung mit Pluralität sollte differenziert erfolgen. Es geht nicht nur um Pluralität zwischen bestehenden Religionen, sondern auch innerhalb der Religionen. Von *innerer Pluralität* sprechen wir im Blick auf innerkirchliche, innerchristliche und innerreligiöse Pluralisierungsprozesse und von *äußerer Pluralität* im Blick auf die wachsende Präsenz nichtchristlicher Weltanschauungen und Religionen in Deutschland. Pädagogisch ist zu bedenken, dass die Religion der anderen – die »fremde« Religion – häufig das Fremdeste am Fremden bleibt. Das mag ein Grund dafür sein, dass die Religion der anderen auch zum Gegenstand bleibender Vorurteile werden kann. Die Religionen sind also ein Inhalt interreligiösen Lernens, aber nicht sein ausschließlicher. Es geht auch um die Erfahrungen und die Lebenspraxis der Kinder und Jugendlichen. Weil ein gemeinsamer homogener Erfahrungshintergrund nicht mehr vorausgesetzt werden kann, ist nach den Lebenswelten und Erfahrungen der Kinder und Jugendlichen zu fragen, und sie sind in den Religionsunterricht einzubeziehen. So notwendig es die Situation der Pluralisierung macht, sich auf individualisierte Erfahrungen zu beziehen, so schwierig macht sie es aber auch, sich auf die individualisierte Erfahrung überhaupt noch in gemeinsamer Form zu beziehen. Interreligiöses Lernen muss deshalb auch die Vielgestaltigkeit der subjektiven Religion einbeziehen, denn sie gehört zur Plattform, auf der Schülerinnen und Schüler im Unterricht den Kontakt mit den historischen Religionen herstellen und sich Begegnung anbahnt. Schließlich sind immer weniger von ihnen in den institutionalisierten Religionen beheimatet. Jegliche christlich orientierte Pädagogik, aber nicht nur diese, kann in Zukunft nur mit konstitutiver Berücksichtigung innerer und äußerer Pluralisierungsprozesse entwickelt werden.

Damit verbundene Aufgaben stellen sich bereits im Elementarbereich und bleiben als Herausforderung lebenslangen Lernens bis ins Erwachsenenalter bestehen. Bereits dort, wo heutige Kinder wie selbstverständlich interkonfessionell und auch interkulturell oder interreligiös zusammen spielen und miteinander umgehen, sollten wir ihre Fähigkeit zur Verarbeitung religiöser und konfessioneller Differenz nicht unterschätzen.

Bildungstheoretisch stellt sich in dieser Situation der Pluralität die Frage, welches Maß an Pluralität und Komplexität dem Entwicklungsstand von Kindern und Jugendlichen jeweils angemessen ist und welche Formen von Identitäts-, Differenz- und Zugehörigkeitserfahrungen angestrebt werden sollten.

Auf diesem skizzierten Hintergrund verbinden sich mit interreligiösem Lernen insbesondere folgende Zielsetzungen: gegenseitige *Anerkennung*, *Respekt*, *Wissen* und *Verstehen* sowie *Dialogfähigkeit*.

Diese Zielsetzungen haben interkulturelles und interreligiöses Lernen gemeinsam, allerdings wird in Diskursen der Erziehungswissenschaft »Religion« zumeist ausgeklammert. Es wird zu wenig berücksichtigt, dass Kultur und Religion eng zusammenhängen (nicht nur im Islam). Kultur ist unserer Meinung nach nicht adäquat zu thematisieren, wenn Religion unberücksichtigt bleibt, ebenso wie Religion ohne den jeweiligen kulturellen Kontext nicht ausreichend verstanden werden kann. Diese Zusammenhänge werden in interreligiösen und interkulturellen Konzepten erst in Ansätzen diskutiert.

Mit den genannten Zielsetzungen verbindet sich die Hoffnung, dass sich durch das Zusammentreffen von Menschen aus unterschiedlichen Kulturen Lerneffekte ergeben, die zu *Anerkennung* und *Respekt* des jeweils anderen führen. Dabei ist zu bedenken, dass die Begegnung mit Menschen anderer Kulturen und Religionen nicht automatisch bereichernd und anregend sein muss. Fremdes und Fremde können verunsichern und irritieren oft. Die Irritation wird zur Krise, die häufig Abwehr hervorruft und die eigene Einstellung eher bestärkt als verändert. Kriterien und Konzepte für konstruktive Begegnungen sind wichtig, die auch den Umgang mit möglichen Konflikten beinhalten.

Die Aneignung von *orientierendem Wissen* und die Aufgabe des *Verstehens* kommen hinzu. Die Fähigkeit des Verstehens ist eine zentrale Kompetenz, zu deren Entwicklung interkulturelles und interreligiöses Lernen gleichsam »bereichsspezifisch« beitragen soll. Erziehung zur Toleranz und Förderung gegenseitigen Verstehens haben Voraussetzungen, die oft unterschätzt werden. Pädagogische Aufgaben und Ziele werden sich je nach Problemstellung unterscheiden. Verstehen sollte Konfliktbearbeitung ebenso beinhalten wie Wissen das Wissen um unvereinbare Unterschiede. *Reflexionskompetenz* ist im Blick auf zentrale Fragen nach Sinn- und Lebensorientierung zu fördern, damit religiöse Antworten in eigene Gestaltungspraxis kritisch einbezogen werden können. Insgesamt geht es um eine konstruktive *Gestaltung des Zusammenlebens* in Anerkennung und Respekt.

Zielsetzung des Handbuches

Mit diesem Handbuch versuchen wir, den bisherigen Stand theoretischer und praktischer Bemühungen im Bereich interreligiösen Lernens zusammenfassend darzustellen und Weiterentwicklungen anzuregen.

Wir tun dies aus der Sicht einer evangelischen Arbeitsstätte für Erziehungswissenschaft, in der seit vielen Jahren in Projekten und Arbeitszusammenhängen zu interkulturellem und interreligiösem Lernen gearbeitet wird. Auch wenn entsprechende Projekte zunehmend in interreligiöser Kooperation geplant und durchgeführt werden, wurde dieses Handbuch aus evangelischer Perspektive konzipiert. Wir sind dabei dankbar, dass es uns gelungen ist, etliche katholische Autorinnen und Autoren zu gewinnen sowie Angehörige des Judentums, Islam, Alevitentums, Buddhismus und Hinduismus, die zu diesem Handbuch wertvolle Beiträge und Anregungen geliefert haben.

Wir erhoffen uns, dass das Handbuch insgesamt auch einen Beitrag im interreligiösen Dialog um angemessene Bildungs- und Erziehungskonzepte darstellt, um Pädagoginnen und Pädagogen zu einer besseren Praxis des Umgangs mit Religionen und Religiosität zu ermuntern und zu befähigen.

Aufbau und Gliederung des Handbuches

Die Beiträge des Handbuches sind nach acht thematischen Feldern und Zugängen geordnet. Die Länge der Kapitel und der einzelnen Beiträge ist unterschiedlich, je nach Gewicht des behandelten Themas und des gegebenen Sachstandes. Die ersten Artikel entfalten *Zusammenhänge und gesellschaftliche Perspektiven*, die für interreligiöses Lernen wichtig sind. Erst in einem breiter gezogenen Rahmen, der gesellschaftliche wie bildungspolitische und religionspolitische Herausforderungen umfasst, lässt sich interreligiöses Lernen angemessen einordnen. Die reflektorische Perspektive wird erweitert durch Beiträge zu *theologischen und sozialphilosophischen Positionen*, die zum großen Teil aus der Sicht einer Religion oder Konfession Fragen interreligiösen Lernens thematisieren.

Das Kapitel *Zum Verständnis interreligiösen Lernens* führt näher an den Gegenstand des Handbuches heran. Hier geht es um Fragen, wie interreligiöse Lernprozesse bei Jugendlichen und Kindern überhaupt stattfinden können, wie interreligiöses Lernen im Rahmen religiöser Institutionen organisiert wird oder wie sich interreligiöses Lernen im Verhältnis zu anderen Lernbewegungen darstellen lässt. Einen erheblichen Teil machen Erfahrungsberichte aus, in denen jeweils konkrete Dialog- und Lernerfahrungen aus der Perspektive unterschiedlicher religiöser Orientierung in Bereichen des Lehrens und Lernens dargestellt werden.

In den Beiträgen im Teil *Elemente interreligiösen Lernens* werden Ziele, Inhalte, Akteure und Lernergebnisse interreligiösen Lernens entfaltet.

Auf die konkrete Praxis bezogene Zugänge erschließen sich in den Artikeln, die von der Perspektive unterschiedlicher *Orte und Handlungsfelder* den Stand und die Herausforderungen interreligiösen Lernens beschreiben. Sie bestehen bereits im Elementarbereich und sind in Grundschule, Sekundarbereich und beruflichen Schulen zunehmend differenziert wahrzunehmen.

Dass interreligiöses Lernen nicht nur für schulische Institutionen wichtig ist, zeigen die Beiträge zu Gemeinde, Jugendarbeit und der übergreifende Vergleich unterschiedlicher religionspädagogischer Kontexte. Weitere Beiträge thematisieren das Aus- und Fortbildungsfeld und die Situation an den Hochschulen und in den religionspädagogischen Fakultäten.

Methoden und Zugänge reflektieren den Entwicklungsstand von Theorie und Praxis interreligiösen Lernens z.B. im Blick auf den Umgang mit den

Heiligen Schriften, die Verwendung von Festen der verschiedenen Religionen, Besuche von »religiösen Räumen« oder im Blick auf Kriterien für verwendete Schulbücher.

Eine umfangreiche Auswahl von *Modellen, Projekten und Initiativen* rundet die Darstellung interreligiösen Lernens ab und dokumentiert bereits bestehende Vielfalt im Feld interreligiösen Lernens. Die ausgewählten Beispiele repräsentieren gelungene Praxis auf lokaler, regionaler, nationaler und europäischer wie internationaler Ebene.

Dank

An erster Stelle gilt unser Dank allen Autorinnen und Autoren für ihre Mitarbeit an diesem Handbuch. Viele waren bereit, sich an diesem Band zu beteiligen, trotz bestehender beruflicher Aus- und Überlastung und anderen Verpflichtungen.

Wenn ein solch umfangreiches Werk entsteht, haben auch viele andere Personen ihren Anteil. Zu nennen sind hier an erster Stelle die Mitarbeitenden am Comenius-Institut im Arbeitsbereich Dokumentation – Information – Bibliothek und im Sekretariat im Blick auf die Literaturrecherchen, Texterfassung und die verschiedenen Korrekturgänge. In besonderer Weise trifft dies für Angelika Sakowski-Boekestein und Marlies Frohwein zu, die auch in hektischen Zeiten stets die Ruhe bewahrt haben.

Ein besonderer Dank gilt Klaus Altepost vom Gütersloher Verlagshaus, der die Entstehung dieses Handbuches von Anfang an mit hoher Kompetenz und großem Interesse begleitet hat.

Das vorliegende Handbuch stellt nicht mehr als einen Zwischenstand eines noch jungen Feldes pädagogischer Arbeit und erziehungswissenschaftlicher wie religionspädagogischer Reflexion vor. Insbesondere die notwendige Interdisziplinarität wird in vielen Beiträgen unterstrichen.

Es möchte insgesamt diejenigen unterstützen, die in ihrer Praxis nicht nachlassen, sich den Herausforderungen religiöser Pluralität immer wieder neu zu stellen.

Münster, Bad Segeberg
im Februar 2005

Peter Schreiner
Ursula Sieg
Volker Elsenbast

I. Zusammenhänge und gesellschaftliche Perspektiven

Sybille C. Fritsch-Oppermann

Globalisierung als Bedingung interreligiösen Lernens

Zweifach sind die Beziehungen zwischen Globalisierung und interreligiösem Lernen zu beschreiben. Weltgesellschaftliche Globalisierung, die sich auf der räumlichen Ebene als Entgrenzung von Wirtschaft, Politik und Finanzen darstellt, auf der zeitlichen Ebene als Beschleunigung in Raum und Zeit und damit menschliche »Sachen« entwertet, da sie kontingent werden, bringt Menschen dazu, religiöse Fragen (neu) zu stellen. Die soziale Dimension der mit Globalisierung zu beschreibenden Veränderungen wird mit dem Stichwort Individualisierung benannt, die auch den Bereich der Orientierung in einer vorhandenen Vielfalt religiöser Angebote bedeutet. Interreligiöses Lernen und daraus folgender Dialog sind notwendige Voraussetzungen zur Erarbeitung gemeinsamer ethischer Optionen; Minimalstandards und Handlungsstrategien für Frieden, Gerechtigkeit und Bewahrung der Schöpfung.

Rahmenbedingungen und theoretische Grundlagen

In einer Zeit zunehmender Säkularisierung beginnen viele Menschen erneut, fundamentale religiöse Fragen zu stellen. Einige suchen spirituelle Anleitung in fremden Religionen oder neuen religiösen Bewegungen. Das Konzept der modernen, freien, aufgeklärten und notwendig a-religiösen Person überzeugt diejenigen nicht länger, die auch die Grenzen und Widersprüche der Aufklärung und der Moderne erkannt haben und ganz neu nach den spirituellen Wurzeln ihres Seins und Tuns fragen. In einer globalen multikulturellen Weltgesellschaft beobachten sie einerseits zunehmende ethnische Konflikte, so genannte »neue religiöse Kriege« und die Bedeutung von Gruppen- bzw. kollektiven Identitäten, andererseits bemerken sie aber auch den Reiz und die potenzielle Bereicherung in den »fremden Religionen«.

Das moderne westliche (im protestantischen Christentum) wurzelnde Konzept der »Person« bzw. des »Subjekts« ist eng verbunden mit Fragen nach dem Individuum und dessen Konzeption von Wahrheit und Wirklichkeit, von Ethik und Religion. Solche Fragen können vor dem ausgeführten Hintergrund nicht mehr länger allein von westlicher Theologie und Philosophie bzw. westlicher Wissenschaft und Bildungstheorie beantwortet werden. Ein *interreligiöser, interkultureller, internationaler und interdisziplinärer Austausch* ist nötig. Theologen und Pädagogen sollten an entsprechenden Begegnungen und Kontakten beteiligt sein. Dabei sind keine schnellen und leichtherzigen Statements über geteilte Konzepte von Wahrheit und Wirklichkeit gefragt – auch wenn sie mit besten Absichten verbunden sind. Ernsthafte und wichtige Unterschiede könnten verdeckt werden, die schließlich zu Missverständnissen oder sogar ernsthaften Konflikten führen können.

Wenn nun Unterschiede bestehen, können Sie entweder aufgelöst werden, oder es kann besser sein, diese Unterschiede anzuerkennen und trotz dieser zunächst eine gemeinsame Ethik entwickeln zu wollen. Können Unterschiede u. U. nicht sogar das interreligiöse Lernen darüber bereichern, was »Einheit der Wirklichkeit in unterschiedlichen Konzepten von Wahrheit« genannt zu werden verdient?

Wie können Individuen in notwendiger und gebotener Freiheit nach gemeinsamen, interreligiösen und universalen Konzepten von Wahrheit und Wirklichkeit und Formen des Austausches suchen? Wie sollten ethische Minimalstandards für ein in der globalisierten Gesellschaft nötiges gemeinsames Handeln bestimmt werden?

Globalisierung erfordert interkulturelle und interreligiöse Bildung

Wenn wir unter Globalisierung den modernen weltweit wirkenden ökonomischen und informationellen Prozess freien Austausches verstehen, so dürfen wir nicht übersehen, dass die Länder dieser Erde aus unterschiedlichen ökonomischen und kulturellen Positionen an dieser Globalisierung beteiligt sind. Es gibt in diesen Prozessen Gewinner und Verlierer, Gestalter und Abhängige. »Die wichtigste Frage im Globalisierungsprozess lautet: Wer aus welchem Kulturkreis entscheidet darüber, welche Werte und welche Regeln in einer zukünftigen Welt gelten und welche Ziele angestrebt werden sollen?« (Wernstedt 2004, 14) Auch wenn wir diese Frage in unserem Zusammenhang nicht aufgreifen können, so wird daran doch deutlich, dass es in den sich globalisierenden Gesellschaften, nicht zuletzt in einem zusammenwachsenden Europa, immer wichtiger wird, Kompetenzen für ein gelingendes Zusammenleben verschiedener kultureller, ethnischer und religiöser Traditionen und Identitäten zu gewinnen. Welche Rolle kommt dabei Bildung zu? »Bildung, wie wir sie brauchen, ist so gesehen nicht nur als Reaktion auf die Globalisierung zu verstehen, sondern auch als Initiative zu einer Globalisierung mit einem anderen Antlitz.« (Kirchenamt der EKD 2003, 77) Dazu sind interkulturelle und interreligiöse Bildung vonnöten.

Die *kulturelle Identität* von Menschen ist wesentlich mitbestimmt von ihrer religiösen Orientierung. Interkulturelles Lernen ist von einem *interreli-*

giösen Austausch nicht zu trennen. Dabei gewinnt interreligiöses Lernen große Bedeutung sowohl in Bereichen nicht-formaler Bildung als auch in der formalen Bildung und braucht deshalb konkrete Initiativen in den Schulen wie in anderen Bildungseinrichtungen.

Interkulturelles Lernen bedarf methodischer, personeller und didaktischer Rahmenbedingungen und sollte eine Aufgabe bearbeiten, die bislang noch kaum »in ihrem tiefenstrukturellen Charakter [erkannt wurde]: Interkulturalität als innere Einstellung in der Bevölkerung«. (Kirchenamt der EKD 2003, 77f.)

Wichtige und grundlegende Voraussetzung ist dabei das Wechselspiel zwischen gewachsener eigener kultureller, ethnischer und religiöser Identität und Wege der Verständigung mit dem anderen. Dazu bedarf es der Beteiligung der anderen Religionsgemeinschaften, deren »Wahrheit und Wirklichkeit« sich im Diskurs und in der Begegnung annähernd erschließen lässt.

Um herauszufinden, wo gemeinsame Wahrheitselemente und Gemeinsamkeiten in Welt- und Menschenbild, gegebenenfalls Gottesbild liegen, müssen Kompetenzen für die Bewältigung komplexer, pluralistischer Heterogenität entwickelt werden.

Interkulturelles Lernen bedeutet, erste Schritte auf dem Weg zu wagen, die fremde und damit immer auch die eigene Kultur (im wechselseitigen Prozess) besser begreifen zu lernen. Das kann auch und besonders gut in dialogischen und erfahrungsorientierten Lernsituationen geschehen.

Kulturelle Identität (und damit auch Bildung) ist also immer dialogisch ausgerichtet – das heißt, dass sich kulturelle Identität immer auch prozessual konstituiert ohne essenzielle Aspekte zu verleugnen (Baumann 1999). Weder in selbst gemachten noch in fremd gesetzten Fundamentalismen, weder im Kultursystem der je eigenen Gesellschaften und Milieus – sei dies nun ein vereinnahmendes oder nicht –, weder im reinen Kollektiv noch in übersteigerter Subjektivität ist kulturelle Identität zu finden.

Nicht erst seit dem 11. September 2001 hat Religion als ein genuiner Bestandteil von Kultur und somit religiöse Identität als Bestandteil von kultureller Identität zu gelten.

Religiöse Identität – und damit immer auch Heilsgewissheit – stellt sich, ebenso wie kulturelle Identität, nur dann ein, wenn sie sich dem ganz Anderen aussetzt. Das bedeutet, dass wir uns, wenn wir versuchen, die eigene religiöse Identität in säkularer bzw. postsäkularer Zeit zu finden, immer auch dialogisch dem religiös Anderen auszusetzen bzw. zu nähern haben. Hier beginnt das eigentliche interreligiöse Lernen: ohne den Schutz festgelegter gesetzlich religiöser Wahrheiten. Ohne Begegnungen existenzieller Art wird einerseits unsere eigene kulturelle und religiöse Identität starr und damit angreifbar und arm, und andererseits machen uns diese Begegnungen schutzlos und setzen uns mindestens potenziell Identitätsverlust und dem Risiko ungewollter Veränderung aus. Nun sind wir aber als Individuen immer auch Mitglieder bestehender Gesellschaften. Unsere Identität hat zugleich eine subjektive und eine kollektive Dimension. Und wenn Identität nicht durch Flucht in ein künstliches Kollektiv oder in isolierenden Subjektivismus zerstört werden soll, dann bedeutet dies, uns als Mitglieder interkultureller und interreligiöser Gesellschaften verstehen zu lernen. In diesem Sinn ist interreligiöses Lernen eine Herausforderung, der sich Kirchen, theologische Fachbereiche, Missionswerke und nicht zuletzt auch Schulen und (religions-)pädagogische Entwürfe und die Institute, an denen sie entstehen, heute mehr denn je stellen müssen.

Innerchristlich-theologisch gesprochen lebt religiöse Identität in der interreligiösen Begegnung von der Liebe Gottes, des Schöpfers, die sich in allen seinen Geschöpfen immer wieder inkarniert. Das Abbild dieser Liebe ist die Liebe der Menschen zueinander, und in letzterer wiederum, und nur durch sie, kann Gottes Liebe (zuallererst) erfahren werden.

Genau an diesem Punkt beginnt menschliche/christliche Identität und stellt sich somit den in der Begegnung mit dem Anderen immer wieder auftauchenden Zweifeln und Ängsten. An diesem Punkt beginnt aber auch immer wieder das Wagnis und Wunder der Entäußerung in das Fremde, aus der wir im Eigenen bereichert wieder hervorgehen. Auch wenn es vielen, der Kreuzestheologie eher skeptisch Gegenüberstehenden, verwunderlich erscheinen mag, ist so gerade die Kreuzestheologie geeigneter Ansatzpunkt, um christliches Bekenntnis nicht in Absolutheitsansprüche irgendwelcher Art münden zu lassen. Bekenntnis, so haben wir gesehen, ist immer Bekenntnis unter dem Kreuz. Es ist keine allgemein gültige metaphysische bzw. christologische Wahrheit.

Über die im engeren Sinn theologische Notwendigkeit und Bedeutung interreligiösen Dialogs und interreligiösen Lernens hinaus machen aber in einer globalisierten Welt, in der zunehmend das Fremde vor der eigenen Haustür begegnet, Konflikte um Moscheebauten und der Streit um Kopftuch tragende Beamtinnen deutlich, dass interreligiöses Lernen (nicht nur) an unseren Schulen eine notwendige Voraussetzung für spätere interkulturelle und demokratische Gesellschaften, für Bürger und Bürgerinnen ist, die die je eigene Identität gerade dadurch bewahren, dass sie Möglichkeiten für eine gerechte und friedliche Integration ausländischer und andersgläubiger Bürger und Bürgerinnen schaffen. Und dies geschieht natürlich am besten – und über die jeweilige familiäre Erziehung hinaus – bereits in Kindergarten und Schule, in Kindergottesdienst und Konfirmandenunterricht. Und sollte sich fortsetzen in Erwachsenenbildung und politischer Bildung, in der kontinuierlichen Fortbildung von Lehrenden oder etwa auch Pastoren und Pastorinnen bis zu speziell für die Politikberatung oder die Beratung von Wirtschaft und Rechtsprechung entwickelten Programmen interreligiösen Lernens.

An dieser Stelle sei noch einmal daran erinnert, dass – auch in zunehmend säkularisierten Gesellschaften – der Zusammenhang von Kultur und Religion ein komplexer ist. Das erkennen wir vor globalem Hintergrund auch daran, wie tragfähig die Schuldzuweisung ethnischer Konflikte an ihre religiösen Wurzeln ist. Und in der Tat: ethnische Konflikte sind oft eine unheilige Allianz zwischen nationalen, ethnischen und kulturellen – und damit eben auch religiösen – Werten und werden nicht selten von Machtpolitik oder ökonomischen Interessen missbraucht. Nur in den seltensten Fällen ist es die Religion als solche, die zu fundamentalistischen oder gar terroristischen Gesinnungen und Handlungen führt.

In einer solchen Zeit zunehmender Globalisierung und faktischen Pluralismus gilt es, in Wissenschaft und Theologie, aber eben gerade auch in Erziehung und Bildung Unterschiede bestehen zu lassen und als, christlich gesprochen, in Gottes Schöpfungsordnung begründet verstehen und lieben zu lernen. Die Vermeidung von (Religions-)Kriegen beginnt, indem wir gemeinsam vor diesem Hintergrund zunächst nach Minimalkonsensen für einen ebenso gemeinsamen Einsatz für »Frieden, Gerechtigkeit und die Bewahrung der Erde« suchen.

So sehr vor vorschnellen Einigkeitserklärungen zu warnen ist, so sehr ist doch ernsthaft davon auszugehen, dass Ethik und Religion, Handeln und Glauben nach wie vor viel enger zusammenhängen, als dies gegenwärtig zur Kenntnis genommen wird. Einsatz für international und interkulturell gerechtere Strukturen bedarf daher überlebensnotwendig des interreligiösen Dialoges über die Konzepte von Welt und Person, Wahrheit und Wirklichkeit, Leben und Tod – »das, was uns unbedingt angeht« (Paul Tillich).

Interreligiöse und interkulturelle Bildung als Voraussetzung von Frieden, Entwicklung, Nachhaltigkeit und Gerechtigkeit.

Bildung in spätmoderner Zeit nimmt die Fragen und Erfahrungen der Menschen auf und versucht, zukunftsfähige Lebens- und Handlungsoptionen in Theorie und Praxis aufzuweisen. (Inter)religiöse Kompetenz als Ergebnis interreligiösen Lernens nimmt dabei die Grundlagen des Glaubens für das jeweilige Menschen- und Weltbild und die damit zusammenhängenden ethischen Optionen ernst.

»Bildung« fragt nach der Substanz und den Zielen von Wissen und Lernen und ermöglicht damit erst verantwortungsbewusstes Handeln. Deshalb sollte Bildung in einem umfassenden Sinn als Befähigung zu eigenbestimmter Lebensführung und als Aneignung von Selbstbildungsmöglichkeiten verstanden werden. Das schließt die Herausbildung einer religiösen und ethischen Urteilsbildung mit ein, an der sich das menschliche Maß im Lernen, Wissen, Können und Handeln orientieren kann.

So sollte gerade im Umfeld interreligiösen Lernens das Orientierungswissen mit dem Verfügungswissen Schritt halten (Kirchenamt der EKD 2003, 69ff.).

»Interreligiöse Bildung« trägt nicht zuletzt einer stetig zunehmenden Globalisierung Rechnung. Wie jede Form von Bildung betrifft sie den einzelnen Menschen als Person, seine Förderung und Entfaltung als »ganzer Mensch« und seine Erziehung zu sozialer Verantwortung für das Gemeinwesen. Zu einer solchen Verantwortung ist jedoch in pluralen Gesellschaften das interreligiöse Lernen notwendige Voraussetzung.

Und das gilt ebenso, wenn Bildung als Kulturanspruch die Sinn- und Wertorientierung einer Gesellschaft spiegelt. Sie verlangt dann nicht nur einen kontinuierlichen öffentlichen Bildungsdiskurs, sondern muss auch in der Lage sein, auf eine demokratische globale – und damit immer auch interkulturelle bzw. interreligiöse – Wertedebatte vorzubereiten.

Bildung muss also Wissen und Lernen nicht zuletzt dadurch inhaltlich qualifizieren, dass sie im interreligiösen Diskurs nach den gemeinsamen und den trennenden Werten und um eines gemeinsamen Handelns im Horizont sinnstiftender Lebensdeutungen willen nach geteilten Minimalkonsensen oder auch universalen Wahrheiten fragt.

Die 2002 in Johannesburg noch einmal intensiv diskutierte und aus der Weltkonferenz in Rio de Janeiro (1992) hervorgegangene *Erd-Charta* (http://www.erdcharta.de) ist eines der wenigen guten internationalen Beispiele dafür, wie alles Nachdenken über die Mitwelt mit dem Nachdenken über die ungerechte Verteilung zwischen Reich und Arm und weltweite friedliche Verhältnisse zu beginnen hat; wie also die globalen Bemühungen um Frieden, Gerechtigkeit und die Bewahrung der Erde und Mitwelt nicht voneinander zu trennen sind. Und wie andererseits alles Nachdenken über Reich und Arm, über den Frieden in der Welt und über Nachhaltigkeit gar keinen Sinn macht, wenn wir es nicht auf der Ebene des Dialogs der Kulturen bzw. Religionen und der zivilgesellschaftlichen Basis tun.

Das in diesem Beitrag in seinen hermeneutischen und pädagogischen Grundsätzen und seiner globalen politischen Bedeutung angedachte interkulturelle bzw. interreligiöse Lernen – hier, aber eigentlich auch nur und erst hier, macht es Sinn; nicht als Mittel zur Antiterrorbekämpfung, nicht als Erklärung für einen befürchteten »Kampf der Kulturen«; auch nicht als kulturelles oder pädagogisches Experiment in einer pluralen Gesellschaft. Vielmehr als notwendige Voraussetzung globaler Gerechtigkeit, des Weltfriedens und von Nachhaltigkeit ebenso wie der innergesellschaftlichen Implementierung des Rechts auf Verschiedenheit und des Lernens in Vielfalt.

So schließt sich der Kreis – und wie von selbst werden wir, wenn wir uns auf das ganz Andere einlassen, ohne unsere Weltanschauung und unsere Werte von vornherein vorzugeben, wieder auf die Wahrheit zurückgeführt: wenn wir denn wirklich wollen, dass Gerechtigkeit und Nachhaltigkeit sich weltweit und ebenso in unseren jeweiligen Gesellschaften durchsetzen, müssen wir Wege suchen, wie diese Werte im Sinne von Minimalstandards inhaltlich zu füllen und an die Basis zu vermitteln sind. Denn einer unilateralen Politik und einer nur der Industrie und Wirtschaft dienenden technokratischen Globalisierung, den Interessen einzelner Reicher und Mächtiger, wird nur eine weltweit solidarische Zivilgesellschaft etwas entgegenzusetzen haben. Und diese besteht nun einmal aus sehr unterschiedlich geprägten Individuen bzw. kleineren und größeren Kultur- und Religionsgemeinschaften und Milieus.

Deshalb gilt es, einen interkulturellen und interreligiösen Konsens über die Wahrheit ebenso herzustellen, wie über Werte. Erst dann wird sich beides implementieren und verwirklichen lassen: wenn Konsens in allen Kontexten und Kulturen Sinn macht und schmeckt, und sich die Schönheit in entsprechendem Engagement zeigt.

Und einen solchen Konsens – besser noch, das Bewusstsein davon, dass ein solcher die Bedingung von Globalisierung ist und umgekehrt – werden wir, wenn überhaupt, zuallererst durch interkulturelles und interreligiöses Lernen herstellen können.

Um die globale Agenda der potenziellen und bereits realen interkulturellen Konflikte und Verwerfungen zu kennen und zu analysieren, ist interkulturelle Bildung unabdingbar. Ohne die Besonderheiten der Religionen dieser Welt zu verstehen, werden wir die Kulturen, die von diesen Religionen, auch im Westen und nach wie vor, stark geprägt sind, nicht verstehen. Ohne die nationale und internationale Geschichte des friedlichen Zusammenlebens der Kulturen und Religionen zu kennen, fehlen uns die Beispiele für gelingende Multikulturalität. Ohne die ethnischen Konflikte in Geschichte und Gegenwart zu kennen, die teilweise auf Grund der Zugehörigkeit zu verschiedenen Religionen entstehen, teilweise auf Grund von Mehr- und Minderheitenverhältnissen, denen interreligiöse und interkulturelle Konflikte nur vorgeschoben werden, wissen wir nicht, wo der interkulturelle Sprengstoff verborgen ist, und was wir vorbeugend tun können, um ihn zu entschärfen.

Wenn wir die Religionen und ihre Lehren nicht kennen, verstehen wir weder ihren Einfluss und ihre Prägekraft auf die Kulturen noch erkennen wir, wo Religionen für machtpolitische und ökonomische Zwecke missbraucht werden, und dass etwa der viel beschworene »Kampf der Kulturen« in Wirklichkeit ein Kampf zwischen den marginalisierten Armen und den Reichen dieser Welt ist. Dies alles gehört zu einer interkulturellen bzw. immer auch interreligiösen Bildung hinzu, die nicht in einem theoretischen oder dogmatisch-theologischen Elfenbeinturm stattfindet, sondern mitten im politischen Geschehen dieser ganzen Welt; die sich aber auch nicht mit so genannten ethischen Minimalstandards allein zufrieden geben kann, da diese den Frieden nur an der Oberfläche schaffen, unter der die Verschiedenheiten Denken und Handeln nicht nur Einzelner, sondern ganzer Gesellschaften und ihrer Regierungen beeinflussen und nicht selten – eben gerade weil sie nicht offen reflektiert werden – zu Aggression und Konflikt führen.

Eine so geartete interkulturelle bzw. interreligiöse Bildung, die für das Verhalten Einzelner als selbstbewusste und demokratische Weltbürger und Weltbürgerinnen und für internationale und nationale politische, ökonomische und rechtliche Grundsätze einer friedlichen und gerechten Weltgesellschaft unabdingbare Voraussetzung ist, beginnt im Einzelfall je und je mit interkulturellem bzw. interreligiösem Lernen, das vor Ort beginnt und auf Grund der Migration auch beginnen kann. Hierbei geht es, fußend auf interkultureller bzw. interreligiöser Bildung, interkulturellem bzw. interreligiösem Wissen und interkultureller bzw. interreligiöser Analyse darum, in konkreten und nachbarschaftlichen Begegnungen voneinander und damit immer auch über sich selbst zu lernen, die fremde und die eigene Kultur und Religion von ihren inneren, theoretischen, aber auch spirituellen Voraussetzungen her besser zu verstehen. Das gelingt nur, wenn wir uns darauf einlassen, uns als Gäste in die Lebens- und Glaubenswelt der je anderen Religion hineinzubegeben und damit die eigene auf eine wahrhaft existenzielle Probe zu stellen.

Zu diesem interkulturellen und notwendig damit verknüpften interreligiösen Lernen gehören gegenseitige Besuche der gottesdienstlichen Feiern und Veranstaltungen ebenso wie gegenseitige private Essenseinladungen. Menschen lernen so nicht nur die Speisen und Gewürze der anderen Kulturen, sondern auch die mit diesem Essen zusammenhängenden religiösen Sitten und Gebräuche – um nur ein Beispiel solch lebensweltlichen Austauschens und Lernens zu nennen.

Selbst solche, etwa zum Proprium christlichen Glaubens und Lebens gehörenden Elemente wie Taufe, Konfirmation, Ehe, Beerdigung, Gebet, Gottesdienst und Abendmahl etc. sind nicht von ihren jeweiligen lebensweltlichen und kulturellen Wurzeln zu trennen. Auch sie vermitteln nicht nur etwas über die Lehren und Ideen, Sitten und Gebräuche einer spezifischen Religion, sondern ebenso viel über den kulturellen und soziologischen Kontext, aus dem heraus sie gewachsen sind. Und Ähnliches gilt ebenso für andere Religionen. So ist nicht nur der Kulturdialog Brücke für gelingendes interreligiöses Lernen, sondern Letzteres kann ebenso gut ein erster Schritt zu einem besseren Verständnis der je anderen Kultur sein, und damit Weg und Möglichkeit eines gemeinsamen Engagements für ein menschenwürdiges Leben und eine friedliche und gerechte Zukunft.

Dieses interkulturelle und interreligiöse Lernen wirft uns in seinen erfahrungsbezogenen Ansätzen auf unsere eigenen religiösen und kulturellen Wurzeln zurück, lässt uns aus ganz neuer Perspektive auch die Wahrheitsfrage stellen und somit unsere Theologien neu schreiben.

Im christlichen Kontext ist es die Lehre vom Kreuz, die uns aus Liebe zu allen Geschöpfen Gottes auch noch uns selbst in der Begegnung mit ihnen und mit dem, was sie unbedingt angeht, aufs Spiel setzen lässt. So werden wir im besten Fall ganz neu verstehen lernen, dass Gott – und dies auch nach einigen Zeugnissen des Ersten und Zweiten Testaments – der liebende Schöpfer aller Menschen und damit auch der anderen Religionen ist, und dass Jesus Christus, wenn er sich als der Weg und die Wahrheit und das Leben bezeichnete oder so bezeichnet wurde, damit eben immer einen Weg, eine Glaubens- und Lebenspraxis und nicht zuvörderst eine Theorie meinte.

Fazit

Die Agenda interreligiösen Lernens wird von einer sich stetig und mehr und mehr globalisierenden Welt gesetzt, in der Frieden, Gerechtigkeit und die Bewahrung der Erde vom zivilgesellschaftlichen Engagement von Menschen unterschiedlichen religiösen und kulturellen Hintergrundes abhängen. Interreligiöser Dialog ist eine der notwendigen Voraussetzungen zur Erarbeitung gemeinsamer ethischer Optionen, Minimalstandards und Handlungsstrategien. Darüber hinaus zeigt sich aber in letzter Zeit vermehrt eine Notwendigkeit zu interreligiösem Lernen auch deshalb, weil religiöse Wurzeln spezifischer kultureller Ausprägungen von Politik und Wirtschaft ganz offensichtlich wahr- und ernst genommen sein wollen. Ohne das Verständnis der jeweiligen religiösen Wurzeln in Politik und Gesellschaft wird etwa der diplomatische Austausch unter Missverständnissen mit zum Teil schweren Folgen leiden.

So erweist sich *Globalisierung* einerseits als Rahmenbedingung interreligiösen Lernens, während interreligiöses Lernen wiederum notwendige Voraussetzung für das Gelingen weltweiten (zivilgesellschaftlichen) Einsatzes für eine gerechtere Globalisierung ist.

Interreligiöses Lernen ist daher notwendiger Bestand interkulturellen Lernens. Es ist Wissensvermittlung ebenso wie Erfahrungsaustausch und führt zu einer interreligiösen Bildung, die in spätsäkularer Zeit eine neue Selbstidentität ebenso bildet wie zum Aufbau demokratischer und integrativer Strukturen verhilft. Bestenfalls beginnt sie bereits im Vorschulalter.

Zum Weiterlesen

Beck, Ulrich, Was ist Globalisierung?, Frankfurt a.M. 1997.

Gottwald, Eckhart/Rickers, Folkert (Hg.), www.geld-himmeloderhölle.de. Die Macht des Geldes und die Religionen. Anstöße zum interreligiösen Lernprozess im Zuge der Globalisierung, Neukirchen-Vluyn 2002.

Seitz, Klaus, Religionspädagogik im Zeitalter der Globalisierung. Die gesellschaftstheoretische Dimension religionspädagogischer Interdisziplinarität, in: Schweitzer, Friedrich/Schlag, Thomas (Hg.), Religionspädagogik im 21. Jahrhundert, Gütersloh u.a. 2004, 266-279.

Stiglitz, Joseph E., Die Schatten der Globalisierung, München 2003.

Literatur

Baumann, Gerd, The Multicultural Riddle. Rethinking National, Ethnic, and Religious Identities, New York/London, Routledge 1999.

Europahaus Burgenland, Almanach: Weltverantwortung und Bildung, Eisenstadt 2001.

Fritsch-Oppermann, Sybille, Chancen und Risiken des interreligiösen und interkulturellen Dialogs, in: Kirste, Reinhard/Schwarzenau, Paul/Tworuschka, Udo (Hg.), Religionen im Gespräch, 2. Jahrbuch der interreligiösen Arbeitsgemeinschaft INT'RA, Nachrodt 2000, 108-121.

Fritsch-Oppermann, Sybille, Religious »Identity« in a Multicultural Society. The Interdisciplinary Task of Religious Studies and Theology Concerning Cultural Studies, in: Cultural Studies, Issues of Interdisciplinarity No 5. Ed. by the St. Petersburg Brunch of the Russian Institute for Cultural Research, St. Petersburg 1998, 393-398.

Gottwald, Eckart/Mette, Norbert (Hg.), Religionsunterricht interreligiös. Hermeneutische und didaktische Erschließungen. Festschrift für Folkert Rickers, Neukirchen-Vluyn 2003.

Kirchenamt der EKD (Hg.), Maße des Menschlichen. Evangelische Perspektiven zur Bildung in der Wissens- und Lerngesellschaft, Hannover 2003.

Schumann, Olaf, Hinaus aus der Festung. Beiträge zur Begegnung mit Menschen anderen Glaubens und anderer Kulturen, Hamburg 1997.

Wernstedt, Rolf, Globalisierung und religiöses Denken – ein prinzipieller Widerspruch?, in: Islam im Dialog 3 (2004), Nr. 8/9, 12-22.

Rolf Schieder

Politik und Religion in der Zivilgesellschaft

Die Entwicklung moderner Gesellschaften zu Zivilgesellschaften ist unausweichlich, weil sich einerseits der Staat aus vielen sozialen Bereichen zurückzieht und dafür andererseits kompensatorisches bürgerschaftliches Engagement benötigt wird. Zivilreligion ist eine Quelle, aus der sich Zivilität als Bürgersinn speist. Für die Tradierung einer freien Zivilreligion tragen die Religionsgemeinschaften vor allem im Religionsunterricht Verantwortung. Auch der Islam ist in diese Verantwortungsgemeinschaft zu integrieren.

»Selten wird mit einem Begriff so viel Schindluder getrieben wie ab dem Zeitpunkt, zu dem er in die Hände der Politiker gefallen bzw. präziser: zu einem Bestandteil der politischen Sprache geworden ist. Da werden dann Sinn und Bedeutung nach Belieben zurechtgebogen, es kommt zu polemischen Instrumentalisierungen oder aber der Begriff wird, wenn er sich erst einmal durchgesetzt hat und allgemein akzeptiert wird, so ausgeweitet und gedehnt, dass unter ihm am Ende alles Beliebige versammelt und zusammengefasst werden kann.« (Münkler 2002, 115; zur Karriere des Begriffs Zivilgesellschaft vgl. Klein 2001) Zweifellos hat dieses Schicksal den Begriff der Zivilgesellschaft längst ereilt. Immer wieder wird von Exponenten der deutschen Exekutive bis hin zum Bundeskanzler von den Bürgerinnen und Bürgern gefordert, doch mehr zivilgesellschaftliches Engagement an den Tag zu legen. Damit befinden wir uns in der merkwürdigen Lage, dass der Staat etwas fordert, was per definitionem in ein vom Staat apartes Feld öffentlichen Engagements gehört. Offenbar besteht aber wenig Neigung in Deutschland gegen eine Allzuständigkeit des Staates zu protestieren – und so wird selbst der Aufbau einer Zivilgesellschaft zur »Chefsache«. Diese politische Mentalität hat in Deutschland Tradition: in Ost wie West verließ man sich gerne auf »Vater Staat«. In anderen Ländern herrscht eine andere politische Kultur. So käme beispielsweise in den Vereinigten Staaten von Amerika niemand auf die Idee, dem Finanzminister freiwillig zehn Prozent des eigenen Vermögens anzubieten, wie das einmal einige nordrhein-westfälische Millionäre getan haben. Vielmehr hätten die amerikanischen Millionäre eine Schule oder vielleicht ein Krankenhaus gestiftet, das dann gegebenenfalls ihren Namen zu tragen hätte; jedenfalls hätten sie den Umweg über die Staatsbürokratie peinlich vermieden und ihr bürgerschaftliches Engagement auf möglichst direktem Wege umgesetzt.

Was ist eine Zivilgesellschaft?

Was veranlasst die Exekutive, den Zivilgesellschaftsbegriff so stark zu machen? Der Politikwissenschaftler Herfried Münkler sieht dafür folgende Motive: Erstens stehe der Begriff für die wachsende Einsicht in die Grenzen staatlichen Handelns. Die massiven staatlichen Steuerungs- und Integrationsprobleme könnten so nicht nur als Defizit, sondern als anspruchsvolle Reformpolitik dargestellt werden. Zweitens verdanke sich die Karriere des Begriffs dem verzweifelten Wunschdenken, dass überall dort, wo dem Wohlfahrtsstaat das finanzielle Aus drohe, eine imaginierte Zivilgesellschaft als billigere Möglichkeit ins Spiel gebracht werden könne. Und drittens sei die Karriere des Zivilgesellschaftbegriffs eng mit der Krise der politischen Linken in Deutschland verbunden. »Diese Linke hat mit dem Staat bzw. infolge dessen Krise den wesentlichen politischen Adressaten ihrer Forderungen verloren. Dementsprechend wurden gerade aus den Reihen der Linken zeitweilig dramatisch überdimensionierte Erwartungen in die Zivilgesellschaft hineinprojiziert.« (Münkler 2002, 116) Daraus lässt sich auch die Skepsis liberaler Gesellschaftswissenschaftler gegen den Zivilgesellschaftsbegriff erklären: Sie befürchteten eine erneute Bevormundung und Überforderung der Bürger. Mittlerweile kann aber auch das liberale Lager dem Zivilgesellschaftsbegriff vieles abgewinnen, weil sich damit die Forderung nach einem »schlanken Staat« und mehr »Selbstverantwortung der Bürger« verbinden lässt.

Bei aller Differenz im Detail sind sich die Sozialwissenschaften in der Minimaldefinition einig, dass man unter Zivilgesellschaft ein von Staat und Markt apartes Feld sozio-politischer Ordnung zu verstehen hat, dessen Bedeutung angesichts von ökonomischen Globalisierungsprozessen und der Krise des Sozialstaats zunehmen wird. Die entscheidende Ressource dieses sozio-politischen Feldes ist der Bürger selbst. Weder in seiner Rolle als Untertan noch als Bürokrat, weder als Konsument noch als Nutzen maximierender Unternehmer, sondern als für sein Gemeinwesen verantwortlicher Bürger ist das Individuum in der Zivilgesellschaft gefordert. Als solches muss es sich der Tatsache bewusst sein, dass politische Partizipation und gesellschaftliche Solidarität zwar anstrengend sind, dass aber ihre Verweigerung weitaus problematischere Folgen nach sich ziehen würde.

Die »Ressource Bürgersinn« steht aber nicht einfach zur Verfügung. Der Mensch muss zum Bürger erst gebildet werden. Bloße Appelle an mehr Gemeinsinn und weniger Egoismus sind zwar gut gemeint, gehen aber in der Regel ins Leere. Denn die Prozesse der gesellschaftlichen Differenzierung, der Spezialisierung und der Professionalisierung sind mächtige Faktoren, die bereits die Imagination von so etwas wie einem gemeinsamen gesellschaftlichen Ganzen behindern. Dementsprechend wenden die Skeptiker ein, dass das Konzept einer Zivilgesellschaft die Dynamik der Ausdifferenzierungsprozesse in modernen globalisierten Gesellschaften unterschätzt. Vertreter des Zivil-

oder Bürgergesellschaftsmodells machen dagegen geltend, dass eine ungebremste Ausdifferenzierung der Gesellschaft letztlich selbstzerstörerisch sei und Kompensationsinstanzen notwendig mache. Angesichts von immer kleiner werdenden Handlungsspielräumen des Staates komme es für die Bürgergesellschaft darauf an, das »Ethos der Bürger« (ebd., 122) zu stärken. Sie sollen nicht nur ihren eigenen Nutzen suchen, sondern durch Partizipation ihr Interesse am Gemeinwesen bekunden.

Diesem normativ-programmatischen Verständnis von Zivilgesellschaft steht eine Wirklichkeit gegenüber, die damit nicht unbedingt kompatibel ist. Fragilität, Singularität und Partikularität von Bürgerinitiativen sind häufig bemängelt und als *Nimby*-Haltung *(Not in my backyard!)* kritisiert worden. Auch die Hoffnung, dass die großen internationalen zivilgesellschaftlichen Akteure wie Greenpeace, Rotes Kreuz, aber auch Attac so etwas wie eine internationale Zivilgesellschaft etablieren könnten, ist nicht realistisch. Man kann freilich dieser Spannung zwischen einem utopischen Entwurf und der nüchternen Analyse des so genannten Dritten Sektors auch etwas Positives abgewinnen. Unter dem Dritten Sektor versteht die Soziologie weder staatlich organisierte noch aus wirtschaftlichem Interesse unterhaltene Stiftungen, Vereine, Verbände, sowie die international tätigen Hilfs- und Ökologiebewegungen und die so genannten NGOs (Non-Governmental Organisations). Wenn es beim Projekt der Zivilgesellschaft um mehr Partizipation der Bürger einerseits und um mehr Gerechtigkeit auf nationaler und internationaler Ebene andererseits geht, dann müssen die sich mit dem Titel »zivilgesellschaftlich« schmückenden Initiativen sich daraufhin befragen lassen, ob sie diesen Kriterien auch genügen.

Zivilgesellschaft und Zivilreligion

Während die organisationssoziologischen Forschungen die kirchlichen Wohlfahrtsverbände und die kirchlichen Entwicklungshilfeorganisationen ganz selbstverständlich zum Kreis der zivilgesellschaftlichen Akteure zählen (vgl. etwa Frantz/Zimmer 2002), bleibt im politikwissenschaftlichen Diskurs der Bereich des Religiösen abgeschattet. Man spricht zwar von Bürgertugend oder den sozio-moralischen Implikationen des Begriffs, ein ausdrücklicher Bezug auf eine die Zivilgesellschaft stützende Zivilreligion und deren Verhältnis zu den Kirchen und anderen Weltanschauungsverbänden wird aber in der Regel vermieden.

Weitaus unverkrampfter gehen angelsächsische Zivilgesellschaftstheoretiker mit dem Religionsthema um. Michael Walzer etwa zählt die Kirchen ganz selbstverständlich zu den zivilgesellschaftlichen Assoziationen: »The words ›civil society‹ name the space of uncoerced human association and also the set of relational networks – formed for the sake of family, faith, interest, and ideology – that fill this space.« (Walzer 1995, 7) Diese Assoziationen und Netzwerke würden jene soziale Ressource produzieren, von der eine Zivilgesellschaft zehre, nämlich Zivilität *(civility)*. Als Respekt zwischen Personen und Gruppen, als die Akzeptanz von Differenz nimmt der Begriff der Zivilität im englischsprachigen Diskurs über Zivilgesellschaft einen gewichtigen Platz ein (vgl. neben Walzer auch Bryant 1995).

Auch der englische Soziologe Edward Shils hält die Religion für ein unverzichtbares Element einer Zivilgesellschaft – und zwar in einer doppelten Hinsicht. Zum einen bestehe das Besondere einer *civil society* darin, »dass ihre einzelnen Komponenten untereinander durch das Kollektivbewusstsein einer gemeinsamen Teilhabe an der Gesellschaft verknüpft sind« (Shils 1991, 15). Bürgersinn als die charakteristische Denk- und Verhaltensweise in einer *civil society* entspringe letztlich der Teilhabe der Einzelnen am Kollektivbewusstsein der *civil society*. Dieses Kollektivbewusstsein aber habe eine religiöse Dimension. »Eine *civil society* muss eine Idee von einem höheren Recht haben, einer Norm oder einem Kriterium für das Gute und Richtige jenseits gegenwärtiger Maßstäbe und jenseits dessen, was einzelne Individuen und Gruppen für sich anstreben. ... Die letzte Legitimation eines jeden Regimes, selbst bei einer *civil society*, liegt wahrscheinlich in der Sphäre des Transzendenten. Wir werden also die Frage, ob die *civil society* ein Element des Heiligen enthält, offenbar bejahen müssen.« (ebd., 42) Zum anderen aber überschreiten die großen Religionsgemeinschaften die Grenzen einer Gesellschaft und bringen auf diese Weise ein weiteres transzendierendes Element zum Zuge. Sie fordern als Teil der Zivilgesellschaft vom Staat Religionsfreiheit, sind dafür aber ihrerseits bereit, am gesellschaftlichen Gemeinwohl und der Entwicklung von Zivilität mitzuarbeiten.

Auch im Zivilgesellschaftsbegriff der Dissidenten des Ostblocks wie György Konrad oder Václav Havel sind (zivil-)religiöse Obertöne zu vernehmen. Von einem tiefen Misstrauen gegenüber einer technokratisch-machiavellistischen Politik durchdrungen plädierte Havel schon 1984 für eine neue Politik der Achtung der vorpolitischen Grundlagen des Politischen: »We must honour with the humility of the wise the bounds of that natural world and the mystery which lies beyond them, admitting that there is something in the order of Being which evidently exceeds all our competence. We must relate constantly to the absolute horizon of our existence which, if we but will, we shall constantly rediscover and experience.« (Havel 1993, 395)

Es war aber insbesondere der amerikanische Soziologe Robert N. Bellah, der mit seiner Wortschöpfung *civil religion* auf das Angewiesensein der Zivilgesellschaft auf eine Zivilreligion hinwies (Bellah 1970; Bellah/Hammond 1980). Max Webers These, dass es ohne Sinn kein soziales Handeln geben könne, und Emile Durkheims Axiom, dass eine Gesellschaft keine materiale, sondern eine moralische Entität sei, verband Bellah zu der These, dass jede Gesellschaft eine symbolische Vorstellung von sich selbst braucht, um handlungsfähig zu sein. Der Selbstsymbolisierungsbedarf nimmt in Gesellschaften mit hohem sozialem und ökonomischem Wandel zu, weil ständig neue Anpassungsleistungen zu erbringen sind.

Gelingender gesellschaftlicher Wandel erfordert dann aber ein sich ebenfalls wandelndes Religions- oder Weltanschauungssystem. Dieses habe zwischen den Identitätsbedürfnissen der Individuen und den Veränderungsnotwendigkeiten einer Gesellschaft zu vermitteln. Die großen Modernisierungsideologien der westlichen Welt waren für Bellah der Sozialismus, der Nationalismus, der Liberalismus und der Protestantismus. Während Sozialismus und Nationalismus verbraucht seien, blieben heute nur der Liberalismus auf der einen und der Protestantismus[1] auf der anderen Seite als Alternativen übrig. Ein grenzenloser Liberalismus offenbare aber immer mehr seine selbstzerstörerische Kraft. Ein Gemeinwesen, das allein auf das Eigeninteresse und die Gewinnmaximierungsbedürfnisse der Bürger baue, sei nicht lebensfähig. Die liberale Ideologie habe immer davon gelebt, dass sich die Mehrheit der Bevölkerung gerade nicht liberalismuskonform verhielt. Der Liberalismus sei deshalb »die absolut utopischste Idee in der Geschichte politischen Denkens, nämlich, dass eine gute Gesellschaft aus den von reinem Eigeninteresse geleiteten Handlungen der Bürger entstehen kann« (ebd., 9).

Mit seiner Wortschöpfung *civil religion* ging es Bellah vor allem darum, auf die gesellschaftliche Notwendigkeit einer politischen Moral hinzuweisen. Ohne eine Zivilreligion verfalle die politische Moral, denn moralisches Handeln brauche die Vision von einer freien und gerechten Gesellschaft. Korruption, Zynismus und Bürokratisierung auf der einen Seite, Privatisierung und Konsumdenken auf der anderen zerstörten das moralische Fundament der Gesellschaft. An die Stelle eines selbstzerstörerischen Liberalismus müsse die Idee einer kommunitären Gesellschaft treten. Die Remoralisierung politischer und ökonomischer Handlungsvollzüge sei überfällig.

In ausdifferenzierten Gesellschaften kommt eine solche Zivilreligion, wie sie Bellah vorschwebte, freilich nicht mehr als alle Teilsysteme der Gesellschaft umfassender Weltanschauungshorizont zur Geltung – das wäre mit dem Grundsatz der Religions- und Weltanschauungsfreiheit nicht vereinbar. Vielmehr ist das politische System einer Gesellschaft darauf angewiesen, dass die jeweils vertretenen Religionen in einer Gesellschaft dieses auch aus religiösen Gründen für anerkennungswürdig halten. Die zivilreligiöse Frage kann deshalb auch als die Frage nach der religiösen Zustimmungsbedürftigkeit und Zustimmungsfähigkeit des Gemeinwesens unter den Bedingungen von Religionsfreiheit und religiöser Pluralität gefasst werden. Die Politik ist nicht nur von den reproduktiven und ökonomischen, sondern auch von den religiös-sittlichen Leistungen der Bürgerinnen und Bürger abhängig. Da Bürger zu-

1 Da der Katholizismus aus soziologischer Sicht immer »protestantischer« werde und vor allem die Individualisierung und Pluralisierung von Religion akzeptiere, sieht Bellah im Protestantismus die christliche Leitkultur in der modernen Welt.

gleich Christen, Juden, Muslime, Atheisten sind, ist das Verhältnis der jeweiligen Konfession und Weltanschauung zum Gemeinwesen für den Zuschnitt des zivilreligiösen Bewusstseins des einzelnen Bürgers entscheidend. Eine von den Religionsgemeinschaften losgelöste Zivilreligion kann es nicht geben. Sie schöpft vielmehr aus den Quellen der politischen Theologien und Ethiken der jeweiligen Konfessionen. In einer multikonfessionellen Gesellschaft muss man also mit der Existenz einer Vielzahl von Fassungen des zivilreligiösen Konsenses rechnen. Umgekehrt gilt aber auch der Satz, dass jede Religion immer auch Zivilreligion ist. Jedes religiöse Subjekt ist immer auch Bürger und muss als solches Stellung zu seinem politischen Gemeinwesen nehmen.

Staatliche oder zivilgesellschaftliche Zivilreligion?

Es gibt Anzeichen dafür, dass der Staat zwar die ihm auferlegte religiös-weltanschauliche Neutralität im Blick auf die Religionsgemeinschaften beachtet, dass er aber im Blick auf seine zivilreligiöse Bedürftigkeit zunehmend zur »legitimatorischen Selbstbedienung« neigt. Vor allem in den Schulen versucht der Staat, über eine so genannte »Werteerziehung« sein zivilreligiöses Fundament selbst zu sichern. Deshalb weist der Theologe Eilert Herms zu Recht darauf hin, dass die Frage, ob sich in den westlichen Gesellschaften eher eine freie oder aber eine staatliche Zivilreligion durchsetze, noch nicht entschieden sei: »Die Manifestationen von Religion/Weltanschauung als Zivilreligion schwanken in den westlichen Gesellschaften zwischen zwei Typen, je nachdem, wo das Fundament derjenigen Religions- bzw. Weltanschauung gesucht wird und tatsächlich liegt, die sich zivilreligiös (also als zielwahl-orientierende Motivation und Orientierung für die Teilnahme am staatlichen Leben) manifestiert, in staatsunabhängiger oder in staatlich veranstalteter und geleiteter Religions- und Weltanschauungskommunikation.« (Herms 2003, 123f.) Herms fordert, »im staatlichen Handeln entschlossen auf jeden Versuch zu verzichten, die Überzeugungsfundamente des staatstragenden Ethos durch eigene staatliche Aktivitäten zu sichern, also der Verzicht auf jede staatliche Pflege einer staatlichen Zivilreligion zu Gunsten der unumwundenen Anerkennung der definitiven Abhängigkeit des staatlichen Lebens von den zivilreligiösen Effekten der freien Gewissheitskommunikation in den Religions- und Weltanschauungsgemeinschaften.« (ebd., 126)

Während das Bundesverfassungsgericht dieser Intention durch das »Kruzifixurteil« und das »Kopftuchurteil« Rechnung trug, zeigt die Reaktion der Schulbehörden und Länderparlamente ein völlig unterentwickeltes Bewusstsein für das von Herms aufgeworfene Problem. Das christliche Kreuz wird im Staatsinteresse flugs kulturalistisch vereinnahmt – und das islamische Kopftuch ausgeschlossen.

Wer aber eine Zivilgesellschaft will, der muss auch religiöse Vielfalt wollen – und solange der Staat zwar die Aufsicht über das Schulwesen hat, unsere Schulen sich aber als öffentliche Schulen verstehen, ist die Verbannung des Kopftuches aus dem öffentlichen Raum ein begründungspflichtiger Übergriff des Staates auf ein elementares Freiheitsrecht. In England und Kanada tragen Polizistinnen und Lehrerinnen ganz selbstverständlich Kopftücher, sofern sie das aus religiösen oder aus modischen Gründen bevorzugen. Auch in Österreich hat man keine Probleme mit Kopftuch tragenden Lehrerinnen – die Tradition der alten multiethnischen Donaumonarchie hat offenbar Toleranz gelehrt. Im laizistischen Frankreich dagegen ist selbst Schülerinnen das Tragen eines *foulard* untersagt. Seit den Trennungsgesetzen von 1905 werden in Frankreich die Religionsgemeinschaften aus dem öffentlichen Leben verdrängt. Damit setzt Frankreich seine antipluralistische Religionspolitik fort, die mit der Vertreibung der Hugenotten ihren Anfang nahm und die über die Französische Revolution hinaus immer auf eine staatlich gelenkte und kontrollierte öffentliche Weltanschauung hinauslief. Die Republik ist der Hegemon auf dem zivilreligiösen Feld. Es ist bedenklich, wenn deutsche Politiker das französische Modell für moderner und konsequenter halten als das deutsche. Das deutsche Modell hat die Erfahrungen mit der politischen Religion des Nationalsozialismus verarbeitet und deshalb der Pflege einer staatseigenen Zivilreligion enge Grenzen gesetzt, dafür aber alle zivilgesellschaftlichen Akteure dazu aufgefordert, am zivilreligiösen Konsens mitzuarbeiten.

Das Argument von der religiös-weltanschaulichen Neutralität des Staates verliert seine Legitimität, wenn es unter der Hand zur Durchsetzung zivilreligiöser Ansprüche des Staates gegenüber den Religionsgemeinschaften verwendet wird. An französischen Schulen herrscht Konsens unter den *instructeurs*, dass die *laicité* als weltanschaulicher Horizont der französischen Schulen Geltung besitzt. Die *laicité* zielt auf die dauerhafte Privatisierung aller Religionen und auf die öffentliche Geltung eines rationalistischen und positivistischen Weltbildes. Wer diese Überzeugung nicht teilt, schickt sein Kind auf eine Schule in freier Trägerschaft. Zwanzig Prozent der französischen Schulen sind katholische Privatschulen. Auch in Deutschland gibt es eine ganze Reihe von Anhängern dieses Konzeptes, sie verstecken sich aber hinter dem Neutralitätsargument. Eigentlich will man eine staatseigene Zivilreligion, wagt aber nicht die offene Konkurrenz mit den Kirchen und Religionsgemeinschaften, sondern erklärt sich selbst für »neutral«, womit die Religionsgemeinschaften *eo ipso* parteiisch sind. Das Motto lautet: Die anderen sind religiös, wir sind normal.

Staatliche Neutralität meint aber die Gleichberechtigung aller religiös-weltanschaulichen Überzeugungen und Lebensformen – nicht deren Neutralisierung. In der Schule stünde sonst nämlich die staatseigene Zivilreligion allein auf dem Plan. Das Misstrauen der Bevölkerung gegenüber einer von religiöser Pluralität gereinigten Schule zeigt sich am Zulauf, den Schulen in freier Trägerschaft im Osten Deutschlands haben. Mehr als zweihundert solcher Schulgründungen hat es seit 1990 gegeben. Nur jeder dritte Schüler kann aufgenommen werden. Die deutsche Schule, die die innerschulische Pluralität pflegt, ist ein hohes Gut. Es wäre bedauerlich, wenn die innerschulische Pluralität einer nur noch zwischenschulischen Pluralität weichen würde. Auch in den Schulen wird es darum gehen müssen, von einer Kultur der *brotherhood* zu einer Kultur der *otherhood* zu kommen.

Die spirituelle Armut des Staates und sein Angewiesensein auf Religion

Die These von der »Trennung von Kirche und Staat« kann nicht darüber hinwegtäuschen, dass der Staat in vielfältiger Weise auf die Kirchen angewiesen ist. Was gerne als Privilegierung der Kirchen dargestellt wird, kann auch ganz anders gesehen werden, nämlich als die Instrumentalisierung der Religionsgemeinschaften für zivilreligiöse Zwecke. Die Verankerung des Religionsunterrichts als einzigem Schulfach im Menschenrechtskatalog der deutschen Verfassung ist schon deshalb keine Privilegierung der Kirchen, weil nicht nur andere Religionsgemeinschaften, sondern beispielsweise auch atheistische Weltanschauungsgruppen prinzipiell das Recht haben, vom Staat eine religiös-weltanschauliche Erziehung ihrer Kinder zu verlangen. Dieser tut das aber nicht aus reiner Menschenfreundlichkeit, sondern weil er seinerseits erwartet, dass eine gebildete Religion oder Weltanschauung sich in ein zivilisiertes Verhältnis zu seinen religiös-weltanschaulichen Konkurrenten setzt. Damit kommt der Staat seiner Pflicht zur Gewährleistung innergesellschaftlichen Friedens nach. Darüber hinaus hegt der Staat die Erwartung, dass die Religionen und Weltanschauungen ihre Zustimmung zum Gemeinwesen überzeugend, d.h. systemimmanent zu formulieren vermögen. Es ist ja kein Zufall, dass religiös-weltanschaulich motivierte Bürger überdurchschnittlich hoch in Parteien und Parlamenten vertreten sind.

Nach den Anschlägen vom 11. September 2001 in New York und Washington versammelten sich die Politiker in den Kirchen. Auch nach den Morden im Gutenberg-Gymnasium in Erfurt im Jahr 2002 strömten selbst Menschen, die keine Kirchenmitglieder waren, in die Gotteshäuser. Am Gottesdienst vor dem Erfurter Dom nahmen Zehntausende teil. In der Regel werden diese Gottesdienste von der katholischen und der evangelischen Kirche gemeinsam gestaltet. Es handelt sich aber gleichwohl nicht um ökumenische Gottesdienste, denn deren Anliegen wäre ja die Einheit der Kirchen. Es sind vielmehr Gottesdienste in politisch-diakonischer Verantwortung. Stellvertretend für das Gemeinwesen als Ganzes, das in seinen Fundamenten erschüttert war, leisteten die Kirchen einen Beitrag zur politischen Spiritualität.

Dass den Kirchen die Zuständigkeit für politische Liturgien zugefallen ist, hängt eng mit der politischen Geschichte Deutschlands im 20. Jahrhundert zusammen. Sowohl die Nationalsozialisten als auch die Sozialisten im Osten Deutschlands hatten versucht, ihr politisches Handeln nicht nur heilsgeschichtlich zu begründen, sondern auch durch öffentliche Liturgien zu stabilisieren. Öffentliche Kundgebungen, Massenveranstaltungen, Monstranzen ähnliche Bilder, Fahnenappelle, aber auch Initiationsrituale für die Heranwachsenden wie die Jugendweihe sollten die Menschen emotional an das Gemeinwesen binden. Das ist aber nicht gelungen. Wenn die Glaubwürdigkeit einer Gesellschaft ausgehöhlt ist, bricht sie auseinander, wie die Ereignisse von 1989 im Osten Europas gezeigt haben.

Konfessioneller Religionsunterricht als zivilgesellschaftlicher Zivilreligionsunterricht

Mit dem konfessionellen Religionsunterricht verbindet sich von Seiten des Staates die Erwartung, dass dieser nicht nur konfessionelle, sondern auch zivilreligiöse Ziele verfolge. Nicht nur zu guten Katholiken, Protestanten und Juden, sondern auch zu guten Staatsbürgern sollen die Schülerinnen und Schüler im Religionsunterricht gebildet werden. Für diese Lesart spricht die Tatsache, dass während der Abmeldungswelle vom Religionsunterricht Ende der Sechzigerjahre des letzten Jahrhunderts sogleich das »Ersatzfach Ethik« eingerichtet wurde, um ein zivilreligiöses Minimalprogramm zu Gewähr leisten. Auch in England wird zurzeit darüber debattiert, ob denn das für alle verpflichtende Schulfach *Religious Education* nicht stärker mit dem neu eingerichteten Fach *Citizenship Education* verzahnt werden müsse (vgl. Elsenbast u.a. 2004, 25; dort auch weitere Hinweise zur Debatte in England). Mittlerweile ist in Deutschland »Werteerziehung« zu einem Globalziel avanciert, merkwürdigerweise mit dem Hinweis, diese Werteerziehung komme ohne einen weltanschaulichen Horizont aus. Wie man aber aus der verwirrenden Vielfalt von Werten eine stimmige Ordnung oder gar eine Hierarchie von Werten ermitteln will, ohne auf letzte Grundüberzeugungen Bezug zu nehmen, bleibt das Geheimnis derer, die ganz offensichtlich einen staatseigenen Zivilreligionsunterricht einem Unterricht in Händen einer Vielzahl von Anbietern vorziehen.

Versteht man also den konfessionellen Religionsunterricht an öffentlichen Schulen als einen freien, weil nicht vom Staat verantworteten Zivilreligionsunterricht, und nimmt man ferner an, dass der katholische wie der evangelische Religionsunterricht diese zivilreligiöse Funktion immer schon implizit ausübten, dann stellt sich im Blick auf die Einführung eines islamischen Religionsunterrichts auf der Grundlage von Art. 7,3 GG die Frage, auf welche Weise dieser den Aufbau einer sich isolierenden Parallelgesellschaft hemmen und die Integration heranwachsender muslimischer Bürgerinnen und Bürger fördern kann. Ein entscheidendes Datum ist dabei bereits die Bereitschaft der Mehrheitsgesellschaft, der Minderheit das Recht zuzubilligen, ihre Kinder nach den Grundsätzen ihres Glaubens zu unterrichten. Ein staatseigener Zivilreligionsunterricht ist von der Verfassung nicht vorgesehen – auch nicht für Muslime. Vielmehr vertraut der Staat darauf, dass die Religionsgemeinschaften ihre je eigene Version vom Sinn des Gemeinwesens tradieren. Insofern ist der Schutz der Religionsfreiheit ein wesentlicher Beitrag des Staates zur Werteerziehung, denn nur auf dem Umweg über die Pluralität positiver Religionen und Weltanschauungen kann der Staat zivilreligiöse Zustimmung durch die Religions- und Weltanschauungsgemeinschaften beanspruchen.

Virtueller oder realer Pluralismus an öffentlichen Schulen?

Mit seinem »Kopftuchurteil« vom 24. September 2003 hat das Bundesverfassungsgericht das Recht auf Religionsfreiheit auch in der Schule noch einmal gestärkt. Zugleich weist das Gericht darauf hin, dass die zunehmende religiöse Pluralität eine Neubestimmung des zulässigen Ausmaßes religiöser Bezüge in der Schule nötig machen kann. Diese Neubestimmung kann aber nicht die Exekutive oder die Judikative vornehmen – sie setzt einen zivilgesellschaftlichen Diskurs und eine Gesetzgebung durch die Parlamente voraus. Damit kritisiert das Bundesverfassungsgericht die Auffassung des Bundesverwaltungsgerichts, das der Ansicht war, das Neutralitätsgebot gewinne mit wachsender kultureller und religiöser Vielfalt an Bedeutung. Demgegenüber stellt das Bundesverfassungsgericht ausdrücklich die gegenteilige schulpädagogische Konsequenz zur Diskussion: »Die Schule ist der Ort, an dem unterschiedliche religiöse Auffassungen unausweichlich aufeinander treffen und wo sich dieses Nebeneinander in besonders empfindlicher Weise auswirkt. Ein tolerantes Miteinander mit Andersgesinnten könnte hier am nachhaltigsten durch Erziehung geübt werden. Dies müsste nicht die Verleugnung der eigenen Überzeugungen bedeuten, sondern böte die Chance zur Erkenntnis und Festigung des eigenen Standpunkts und zu einer gegenseitigen Toleranz, die sich nicht als nivellierender Ausgleich versteht. Es ließen sich deshalb Gründe dafür anführen, die zunehmende religiöse Vielfalt in der Schule aufzunehmen und als Mittel für die Einübung von gegenseitiger Toleranz zu nutzen, um so einen Beitrag in dem Bemühen um Integration zu leisten.« (BVerfG, 2 BvR 1436/02, Absatz 65)

Leider hat sich der Landtag von Baden-Württemberg diese Empfehlung nicht zu Eigen gemacht, sondern hat sich dafür ausgesprochen, dass Lehrkräfte in den Schulen »keine politischen, religiösen, weltanschaulichen oder ähnliche äußeren Bekundungen« abgeben dürfen, »die geeignet sind, die Neutralität des Landes gegenüber Schülern und Eltern oder den politischen, religiösen oder weltanschaulichen Schulfrieden zu gefährden oder zu stören.« (Drucksache 13/2793 des Landtags von Baden-Württemberg vom 14. Januar 2004, 3.) Die Präsenz christlicher Symbole in den Schulen wird vom Verbot ausgenommen. Der Gesetzesentwurf der Grünen, die eine Einzelfallregelung anstrebten, fand keine Mehrheit. Der Entwurf der Landesregierung wird bei einem erneuten Rechtsstreit einer Überprüfung durch das Bundesverfassungsgericht kaum standhalten. Denn die Richter hatten bereits im »Kopftuchurteil« festgestellt, dass Angehörige unterschiedlicher Religionsgemeinschaften gleich behandelt werden müssen. Letztlich wird also das Kopftuchverbot in staatlichen Schulen dazu führen, dass alle religiösen Symbole aus der Schule entfernt werden müssen.

Ein Kopftuchverbot wird von nicht wenigen Deutschen als Einladung verstanden, ihre Assimilationsforderungen an die hier lebende Minderheit unverhüllt zu formulieren. So berichtete die Süddeutsche Zeitung von einem Schulleiter, der eine tunesische Lehrerin, die an Stelle eines Kopftuches eine Mütze im Unterricht trug, aufforderte: »Ich will Ihre Haare sehen!« Wenn man sich klar macht, dass in anderen Kulturen die Haare als ein Teil des Körpers mit erotischer Ausstrahlung verstanden werden, dann trägt diese Aufforderung sexistische Züge. Auch die differenziertesten didaktischen Entwürfe für interreligiöses Lernen werden wenig Erfolg haben, wenn die Muslime in Deutschland zunehmend das Gefühl haben müssen, dass ihrer religiösen Identität nicht die Achtung entgegengebracht wird, auf die sie laut Verfassung einen Anspruch haben.

Die konnotative Verknüpfung des Terrorismus mit dem Islam hat zu einer deutlichen Abnahme der Toleranz gegenüber der muslimischen Minderheit in Deutschland geführt. Eine Unterscheidung zwischen Integrations- und Assimilationsforderungen, wie sie die deutsche Geschichte im 20. Jahrhundert nahe legen würde, findet sich nur selten. Umgekehrt sehen manche türkische Muslime die Notwendigkeit der Integration in die deutsche Gesellschaft durch das Zusammenwachsen Europas als nicht besonders drängend an. In allen großen europäischen Städten gibt es türkische Gemeinden, türkische Netzwerke nehmen auf alteuropäische nationale und sprachliche Grenzen keine Rücksicht mehr. Hin und wieder hört man das Argument, dass man mit Türkisch als Sprache in Europa bestens zurechtkommen könne; man zeige seine europäische Identität gerade dadurch, dass man sich nicht an eine partikulare nationale Identität binde: der in Europa lebende Türke müsse nicht erst Deutscher oder Franzose werden, um Europäer zu sein.

Herausforderungen und Perspektiven

Auch im Blick auf die Einführung eines islamischen Religionsunterrichts und einer entsprechenden Lehrerbildung an den Universitäten haben sich die türkischen Muslime von der Rolle der Bittsteller zu selbstbewussten Gestaltern der religiösen Erziehung ihrer Kinder gewandelt. Der Bau von islamischen Internaten in der Pfalz und im Elsass sind dafür ebenso Anzeichen wie die Internetpräsenz des Islam in Deutschland. Sofern die Muslime ihre Selbstorganisationsfähigkeit beweisen und sich nicht als Versorgungsempfänger des Staates verstehen, haben sie das neue zivilgesellschaftliche Paradigma angenommen. Offen ist die Frage, wie eine Gemeinwesenorientierung der Muslime unter den gegenwärtigen Ausgrenzungs- und Verdächtigungsstrategien durch Teile der Mehrheitsgesellschaft gelingen kann.

Auch den Kirchen werden unter zivilgesellschaftlichen Verhältnissen Anpassungsleistungen abverlangt. Wenn der bevorzugte Gesprächspartner der Kirchen, der Staat, sich zunehmend zurückzieht, dann läuft die Berufung auf staatskirchenrechtliche Besitzstandsgarantien auf die Dauer ins Leere. Obwohl der Religionsunterricht durch seine grundgesetzliche Verankerung nach wie vor eine starke Stellung innehat, muss er seine Plausibilität zunehmend bildungstheoretisch oder religionspolitisch erweisen. Dazu müssen sich die Kirchen in Diskurse und Debatten einklinken und Überzeugungsarbeit leisten, auf die bisher kein besonderes Augenmerk gelegt wurde. Wenn beispielsweise der Prozess der Schulentwicklung und der Profilbildung der Schulen weitergeht, dann sind die Kirchengemeinden gefordert, sich als Bildungspartner der Schulen zu empfehlen. Während früher der Pfarrer darauf wartete, dass Lehrer und Schüler in die Kirche kommen, so ist jetzt der Pfarrer aufgefordert, den Kontakt zu den Schulen zu finden. Das fällt vor allem in den neuen Bundesländern nicht allen Gemeinden leicht. Das alte Modell der Selbstisolierung ist immer noch wirksam.

Neben einer stärkeren zivilgesellschaftlichen Vernetzung und dem Erweis von Anschlussfähigkeit ist gleichzeitig eine klarere Profilbildung nötig. Aufmerksamkeit kann nur noch der erringen, der das, worum es ihm geht, so klar und pointiert wie möglich zur Geltung bringt. Pluralismus kann es nur geben, wenn eine Vielzahl von Positionen diesen Pluralismus konstituieren. Die Neigung, das spezifisch Christliche hinter allen möglichen Formen politischen, sozialen oder kulturellen Engagements zu verbergen, ist unter konsequent pluralistischen Verhältnissen kontraproduktiv.

Als eine gelungene Form zivilgesellschaftlichen Engagements könnten die vielen Schulgründungen gelten, die sich vor allem in den neuen Bundesländern – wenn auch aus unterschiedlichen Motiven – großer Beliebtheit erfreuen. Auf diese Weise wird der Gesellschaft wieder zu Bewusstsein gebracht, dass das Schulwesen zwar unter der Aufsicht des Staates steht, dass es sich aber um *öffentliche* Schulen handelt, für die eine Vielzahl von Schulträgern in

Frage kommen kann. Auch das Erziehungsrecht der Eltern kommt so wieder stärker zu Bewusstsein. Der zivilgesellschaftliche Wert dieser Schulen hat sich aber daran messen zu lassen, in welchem Maße es ihnen gelingt, den gesellschaftlichen Pluralismus, dem sie ihre Existenz verdanken, als Binnenpluralismus noch einmal zur Geltung zu bringen und interreligiöse Lehr-Lernsituationen profilbildend zu implementieren.

Zum Weiterlesen

Klein, Ansgar, Der Diskurs der Zivilgesellschaft, Politische Hintergründe und demokratietheoretische Folgen, Opladen 2001.

Bellah, Robert N./Hammond, Philipp E., Varieties of Civil Religion, San Francisco 1980.

Schieder, Rolf, Wie viel Religion verträgt Deutschland?, Frankfurt a.M. 2001.

Literatur

Bellah, Robert N., Beyond Belief, New York 1970.

Bryant, Christopher G.A., Civic Nation, Civil Society, Civil Religion, in: Hall, John A. (Hg.), Civil Society. Theory, History, Comparison, Oxford 1995, 136-157.

Elsenbast, Volker/Fischer, Dietlind/Schreiner, Peter, Zur Entwicklung von Bildungsstandards, Münster 2004.

Frantz, Christiane/Zimmer, Annette (Hg.), Zivilgesellschaft international. Alte und neue NGOs, Opladen 2002.

Havel, Václav, Anti-Political Politics, in: Keane, John (Hg.), Civil Society and the State, London 1993, 381-398.

Herms, Eilert, Zivilreligion. Systematische Aspekte einer geschichtlichen Realität, in: Theologische Quartalsschrift 183 (2003), H. 2, 97-127.

Klein, Ansgar, Der Diskurs der Zivilgesellschaft. Politische Hintergründe und demokratietheoretische Folgen, Opladen 2001.

Münkler, Herfried, Die Bürgergesellschaft – Kampfbegriff oder Friedensformel? Potenzial und Reichweite einer Modeterminologie, in: Vorgänge. Zeitschrift für Bürgerrechte und Gesellschaftspolitik, 41 (2002), H. 2 (158), 115-125.

Shils, Edward, Was ist eine Civil Society?, in: Michalski, Krystof (Hg.), Europa und die Civil Society, Stuttgart 1991, 13-51.

Walzer, Michael, The Concept of Civil Society, in: Walzer, Michael (Hg.), Toward a Global Civil Society, Providence/Richmond 1995, 7-28.

Michael N. Ebertz

Religion, Christentum und Kirche in den pluralen Gesellschaften Europas

Blickt man einige Jahrhunderte zurück und betrachtet die europäische Vergangenheit, dann gehörte in den meisten europäischen Ländern die Mehrheit der Bevölkerung, je nach Gebiet und Kultur, bestimmten Religionen, vorzugsweise dem ›Christentum‹ bzw. christlichen Konfessionen an, die eng mit den traditionellen Eliten sowie mit ihrer regionalen Identität und Geschichte verknüpft waren. Blickt man voraus, dann sieht man, dass dieses religiöse Erbe nicht einmal mehr in der europäischen Verfassung einer Erwähnung wert sein soll. Im globalen Zusammenhang gesehen, scheint die religiöse Landschaft Europas zu einem Ausnahmefall geworden zu sein, haben doch fast alle Länder Europas Prozesse der Säkularisierung durchlaufen. Im Gegensatz zu Nordamerika, Lateinamerika, Afrika, Indien und Teilen der islamischen Welt scheint Europa »der einzig wirkliche säkulare Kontinent der Erde« (Martin 1996, 170) geworden zu sein.

Säkularisierung, Entchristlichung, Entkirchlichung

Schaut man genauer hin, wird man *zum einen* den Begriff der *›Säkularisierung‹ differenzieren* müssen, für den europäischen Kontinent zumindest nach den Dimensionen

- Entkirchlichung,
- Entchristlichung und
- Bedeutungsschwund von Religion und Religiosität überhaupt.

Diese drei Dimensionen verweisen darauf, dass weder ›Religion‹ im Christentum und das Religiöse im Christlichen, noch das Christentum und Christliches im Kirchlichen aufgehen. Das Christentum hat sich im Verlauf seiner Geschichte auf verschiedenen Ebenen des Sozialen in unterschiedlichen Sozialgestalten (Organisation, Kultur/Gesellschaft, Einzelperson) ausdifferenziert. Freilich werden viele Sinngehalte des Christentums »auf einen besonderen, als Kirche definierten Sozialzusammenhang hin erlebt und erfahren« (Gabriel 1996, 140f.). Gleichwohl können die Sinngehalte des Christentums nicht auf den kirchlichen Organisationsbereich beschränkt gedacht werden. Gerade die Reformation führte ja in gewisser Weise auch zu einer »christlichen Emanzipation von der Kirche«, womit die Grundlage gelegt wurde für die »Ausbildung eines nichtkirchlichen Christentums« (Rendtorff 1967, 225). Dementsprechend muss Entkirchlichung nicht mit Entchristlichung einhergehen. Christliches gibt es nicht nur in unterschiedlichen Sozialformen der Religion (z.B. Konfessionskirchen, Sekten, Bewegungen), sondern christliche Sinngehalte *überschreiten* auch die organisierten Religionsgrenzen und gehen auch auf vielfältige Weise ein in gesellschaftliche Kulturmuster – vom Familienverständnis über die Bachmusik bis hin zur modernen Popkultur. Dementsprechend lassen sich auch »Säkularisierungsprozesse« als Entkirchlichung, Entchristlichung und als Rückgang religiöser Bindung und Selbstbeschreibung differenzieren. Für Europa, so lauten die Befunde, zeigt sich insbesondere eine massive Tendenz der Entkirchlichung im Sinne eines normativen Integrations- und Machtverlusts der Kirche und im Sinne eines Bindungs- und Verbindlichkeitsverlusts ihrer Werte und Normen, die sich zum Beispiel in den USA so nicht antreffen lässt. Eine (völlige) Entchristlichung und Säkularisierung muss damit nicht einhergehen, ja dies halte ich sogar für relativ unwahrscheinlich.

Sozialstruktur, Kultur, Einzelperson

Man wird auch nach verschiedenen Ebenen zu unterscheiden haben, also danach, ob sich Prozesse der Entkirchlichung, Entchristlichung und Säkularisierung im engeren Sinn vollziehen in der Sphäre des Staats, der Wirtschaft, des Bildungssystems, der Medien usw. (= Ebene der Sozialstruktur), in den tragenden Ideen, Werten, Normen und sozialen Objektivationen (= Ebene der Kultur) und/oder in den Überzeugungen, Praktiken und Identitäten (= Ebene der Einzelperson).

	Sozialstruktur	Kultur	Einzelperson
Entkirchlichung	a	d	g
Entchristlichung	b	e	h
Säkularisierung	c	f	i

Entkirchlichung, Entchristlichung und Säkularisierung der Sozialstruktur

Die strukturelle Pluralisierung und funktionale Ausdifferenzierung, d.h. die institutionelle Abtrennung weltlicher Sphären und ihre Freisetzung aus der Kontrolle kirchlicher (a), christlicher (b) oder religiöser (c) Normierungen *ist und bleibt »ein durchgängiger und für alle modernen Gesellschaften charakteristischer Trend«* (Casanova 1996, 182), d.h. in Europa wie in den USA – ein Prozess, der historisch mit der so genannten »Päpstlichen Revolution«, d.h. den gregorianischen Reformen im Investiturstreit des 11. und 12. Jahrhunderts begann und zunächst dazu führte, dass fortan »lediglich Geistliche über Geistliches urteilen durften« (Greschat 2001, 138). Diesem Fundamentalprozess aller (europäischen) modernen Gesellschaften trug – nicht zuletzt mit Blick auf das Verhältnis von Kirche und Staat – schließlich auch die römisch-katholische Kirche auf dem II. Vatikanischen Konzil durch die doktrinäre Anerkennung des Prinzips der Religionsfreiheit und der Autonomie der irdischen Wirklichkeiten Rechnung – mit enormen Konsequenzen dann auch für das Verhältnis von Staat und Kirche in Italien und schließlich in Polen (Puza 2004), wo es niemals eine Staatskirche gab (Casanova 1996, 186), die Kirche sich nicht in den zentralen Machtkomplex einbinden ließ, aber in wichtigen Phasen der nationalen Geschichte, als Fremde über den Staat geherrscht haben, sämtliche Hoffnungen des ganzes Volkes und einen erheblichen Teil der nationalen Identität verkörpert hat (Martin 1996, 162). Die wachsende Entstaatlichung der Kirchen, wie sie sich derzeit in den lutherisch geprägten skandinavischen Ländern, sich schleichend aber auch in Deutschland an der hinkenden Trennung von Staat und Kirche vollzieht (Ebertz 2002), schließt nicht aus, dass die »Kirchen als eine öffentliche Macht« (Hahn 1997, 24) operieren. So war es in Polen, das freilich – ähnlich wie Irland – eine Sonderstellung einnimmt, »sogar in der Zeit des Kommunismus ... den Behörden nicht gelungen, alle öffentlichen Erscheinungen der Religiosität abzuschaffen« (Mazurkiewicz 2003, 181f.; vgl. auch Luks 1997). Die Lage der skandinavischen »Staatskirchenländer« (Hans Maier), wo die christlichen Bischöfe und Priester von Beginn der Christianisierung an den Status von königlichen Beamten hatten (Höllinger 1996, 257), weist historisch auf den Ausgangspunkt der Entwicklung in West- und Mitteleuropa zurück, der sowohl in den katholischen als auch in den evangelischen Ländern die *Nationalisierung der Religion* war, bevor die Nation zur Quasireligion wurde. Mit der wachsenden *Ablösung der Religion als zentrale Integrationskraft* der Gesamtgesellschaft durch den Staat bzw. die Nation in West- und Mitteleuropa seit dem 17. Jahrhundert wurde die Religion zunehmend selbst ein ausdifferenzierter Funktionsbereich unter anderen, ein Subsystem der Gesellschaft, eine nicht mehr alle Lebensbereiche umfassende Größe. Dass die Religion *ehedem* eine solche Funktion hatte bzw. haben kann, nämlich eine alle Lebensbereiche umfassende Zugehörigkeit zu Gewähr leisten, zeigte sich jüngst noch im ehemaligen Jugoslawien, nachdem der jugoslawische Staat und die ihm korrespondierende Variante des Sozialismus als abstraktere Integrationsebene fungiert hatte. Der Zusammenbruch dieser überreligiösen Integrationsebene setzte die historisch ältere, *religiös partikulare* Integrationsebene wieder als soziale Kraft frei, und zwar weniger als dogmatische Größe, denn als Synonym für eine »Fülle von Überzeugungen, Lebensformen, alltäglichen Selbstverständlichkeiten und festlichen Selbstdarstellungen« (Hahn 1997, 21f.). Damit ist bereits ein Hinweis auf die Bedeutung der Religion in der kulturellen Sphäre gegeben.

Entkirchlichung, Entchristlichung und Säkularisierung der Kultur

Der *Bedeutungsverlust des Kirchlichen, Christlichen und Religiösen* kann sich auch kulturell vollziehen, ist aber – im Vergleich zur strukturellen Ebene – *in der Moderne nicht zwingend. Soziologisch zwingend ist der Verlust der nationalen und erst recht der gesamteuropäischen Integrationsfunktion des Kirchlichen, Christlichen und Religiösen.* Dies lehrt die blutige europäische Religionsgeschichte selbst. Immer weniger kann Kirchliches, Christliches oder Religiöses als gesamteuropäische Integrationskraft dienen, wenn auf dem gleichen Territorium mehrere Konfessionen und Religionen leben. Kirchliches, Christliches oder Religiöses kann und muss regional und lokal partikulare bzw. komplementäre Identitäten bedienen, *müssen* wir doch immer auch unser »Leben in überlieferten Ordnungen« (Leopold Schmidt) vollziehen und sind schicksalhaft mit dem Leben unserer Vorfahren, mit dem von ihnen hinterlassenen Erbe konfrontiert. Wir stehen eben auch im *Kontext der Generationen vor uns* – ob wir wollen oder nicht. Dies gilt für das Gebiet des Geistigen (Kulturideen) ebenso wie für die materiell sichtbaren sozialen Objektivationen (Kulturobjekte) wie die Kunst, die wie Philosophie, Wissenschaft und Religion immer auch die Hüter des kollektiven Gedächtnisses sind. Man vergleiche nur die architektonische Gestaltung des Zentrums einer europäischen Stadt (etwa in Italien, Frankreich, Spanien, Polen oder Deutschland) mit dem Zentrum einer amerikanischen Stadt. Auch werden die Zeitvorstellungen, die Rhythmisierung sozialer Zeit, sei es des Wochen- und Jahresrhythmus, sei es des Festkalenders, ganz wesentlich über christliche, ja konfessionskirchliche Sinngehalte markiert. Trotz einer wachsenden Kluft zwischen Kirchenkultur und Jugendkultur (Ebertz 2003a) können sie sogar Bezugspunkte der jugendlichen Musikszene (die ›Toten Hosen‹ beginnen ihre Konzerte mit einem selbst vertonten ›Vaterunser‹), von Brauch und Sitte, aber auch des Rechtssystems bis in das Strafrecht hinein sein, ohne dass deshalb das Strafrecht selbst Religions- oder Kirchenrecht sein darf oder einer explizit religiösen Legitimierung bedarf. Unterlassene Hilfeleistung gilt im deutschen Strafrecht (StGB §323c) als Straftatbestand und ist das in Rechtsform gegossene Samaritergleichnis des Neuen Testaments. Ein anderer Strafrechtstatbestand geht auf die Sünde der Unkeuschheit und Schamlosigkeit zurück (StGB §183a; Saurer 1997, 219). Wenn die These richtig ist, dass sich die Identität einer Kultur auch und gerade von der Religion her ergibt und Religion nicht bloß irgendein Moment von Kultur, sondern deren Ursprung und Zentrum (vgl. Assmann 2003) ist, »deren Integration« (Hahn 1997, 23) war, dann können selbst diejenigen Menschen, die heute in expliziter Negation zur christlichen Erlösungsreligion leben, ohne diese Wurzeln nicht verstanden werden. Die – auch von der vatikanischen Diplomatie europapolitisch verwendete – Metapher von den ›Wurzeln‹ (Melloni 2004, 138f.) ist bewusst gewählt, besagt sie doch, »dass es hier um Sachverhalte geht, aus denen geschichtlich etwas erwachsen ist und das zugleich bleibend den Grund und Basis abgibt für die Entfaltung« (Hünermann 1995, 10). Selbst die Aufklärung mit ihrer »Vorordnung des Philosophierens vor die Religion« zeigt – wie etwa die Religionskritik Feuerbachs oder das in der aufgeklärten französischen Laienkultur des 18. Jahrhunderts gepflegte Konzept des innerweltlichen Weiterlebens nach dem Tode (Ebertz 2004) –, dass sie »die religiösen Ideen in säkularisierter Form nochmals benötigt, um das Wesen menschlicher Vernunft und des menschlichen Herzens, der menschlichen Innerlichkeit angemessen fassen zu können« (Hünermann 1995, 19). Man wird sagen können: Europa, West wie Ost, »ist christlich im Sinne von Tradition und Kultur, die die Europäer stärker bestimmen, als diese sich dessen bewusst sind« (Szawiel 2003, 26). Die tragenden Kulturideen, z.B. die Grundauffassungen von Menschenwürde, von der Autorität des Gewissens, von Barmherzigkeit und Gerechtigkeit, von Freiheit und Verantwortung, die als allgemeine Orientierungsmuster dienen und ihren Niederschlag in unterschiedlichen wohlfahrtsstaatlichen Vergesellschaftungsformen gefunden haben, konfrontieren auch dann mit der christlichen Tradition, wenn sie sich inzwischen auch aus anderen Begründungsquellen speisen lassen. Es lässt sich trefflich darüber streiten, ob faktisch das Christentum die Wertung des Menschen als Person in der europäischen Kultur durchgesetzt hat. Man wird aber wohl einräumen müssen, dass im gegenwärtigen ethischen Kulturkampf das Christentum immer noch die zumindest öffentlich lautstärkste Kraft ist, die sich der Tendenz der Desubjektivierung, d.h. insbesondere der utilitaristischen Einstellung entgegenzustellen versucht, die Maximierung allgemeinen Wohlergehens dem Recht des Individuums vorzuordnen (Müller 1995, 167; Kaufmann 2000,97). Im Blick auf die Ebene der Kultur kann in Europa keinesfalls von einer allgemeinen Entchristlichung (e) oder von einem Bedeutungsverlust von Religion (f) generell gesprochen werden, allenfalls von Tendenzen der Entkirchlichung (d) im Sinne einer schwindenden normativen Integrationskraft der Kirchen. Eines der bemerkenswertesten Ergebnisse einer jüngeren Umfrage der Konrad-Adenauer-Stiftung (Ebertz 2004, 18ff.) ist, dass die Zweidrittelmehrheit der in Deutschland Befragten (64 %) der Auffassung ist, die Kirchen sollten sich »in Zukunft in ethischen und moralischen Fragen stärker in der Öffentlichkeit zu Wort melden«. Der kantianischen Tradition entspricht: Selbst wer kein Interesse am so genannten ›Glauben‹ hat, selten (64 %) oder nie (41 %) in die Kirche geht, sich als »nichtreligiös« (45 %) und mit der Kirche »nichtverbunden« (43 %) bezeichnet, kann Kirche noch als ethische Kraft begreifen, diese fördern und sogar ein Mehr an kirchlichem Engagement in dieser Hinsicht wünschen.

Entkirchlichung, Entchristlichung und Säkularisierung der Einzelperson

Auch das *Schwinden* von kirchlichen, christlichen und religiösen Überzeugungen und Praktiken ist kein notwendiger Trend der Moderne, allerdings die *Verschiebung* der Definition ihrer Verbindlichkeit auf die personale Ebene. Aber dieses Schwinden ist – im Unterschied etwa zu den USA und trotz bestehender struktureller Pluralisierung, etwa der religionsfreundlichen Trennung von Religion und Staat, – für Europa ebenso charakteristisch, insbesondere die nachlassende Akzeptanz spezifisch kirchlich-christlicher Überzeugungen und normativer Praktiken (g, h), wie die Privatisierung ihrer Geltung und ihre individuell geprägte Transformation durch die Wahl selbstverantwortlicher Daseinsdeutungen wie Formen der Lebensführung (vgl. auch Greschat 2001, 139f.; Ferrari 2004, 156). Selbst das katholische Irland, das für seine »außerordentliche Kirchentreue« bekannt war, steuert derzeit auf eine massive Akzeptanzkrise der Kirche zu (Hill 1999, 81, 85, 87). Inzwischen wird auch in Irland, wo der sonntägliche Gottesdienstbesuch von 81 Prozent (1990) auf ein vergleichsweise immer noch außerordentlich hohes Niveau von 57 Prozent (1999) fiel, Religion »zu einer persönlichen Wahl innerhalb eines bestimmten sozialen Systems anstatt einer eindeutigen Zugehörigkeit zu einer den Einzelmenschen und die Gemeinschaft dominierenden Institution«; so der irische Soziologe Raphael Gallagher (zit.n. Hill 1999, 88; vgl. Szawiel 2003, 23). Trotz abnehmender Verhaltensgeltung kirchlicher Normen zur persönlichen Lebensführung ist daraus nicht auf eine generelle Bedeutungslosigkeit des Kirchlichen zu schließen (vgl. auch Ebertz 2003). Auf der Ebene der Person und des persönlichen Selbstverständnisses lehnt eine überdeutliche Mehrheit der Bevölkerung z.B. auch in Deutschland (73 %) – 77 % in Westdeutschland und sogar 54 % in Ostdeutschland – die Aussage ab, dass »Kirche und Religion für mich keine Bedeutung haben« (Ebertz 2004b, 18ff.). Die Kirchen bleiben eine wichtige Quelle des Christlichen und Religiösen, freilich unter den situativen Vorbedingungen der Freiheitslogik der Einzelpersonen. Die europäische Wertestudie von 1999 zeigt, dass diejenigen, die sich als ›areligiös‹ oder sogar als ›atheistisch‹ verstehen (i), in den Bevölkerungen der meisten europäischen Länder (mit Ausnahme Ostdeutschlands, Großbritanniens, Tschechiens und Frankreichs) in der Minderheit sind – Minderheiten allerdings, die wachsen, wenn man erkennt, dass – mit Ausnahme der Ukraine – junge Menschen (18 bis 29-Jährige) »sich seltener als religiös definieren ... In Griechenland, Spanien, Großbritannien und Westdeutschland ist der Abstand zwischen beiden Generationen so groß, dass dies einen gewissen Rückgang religiöser Identitäten in der Zukunft dieser Länder bedeuten kann« (Szawiel 2003, 22).

Kirchliche Religiosität im Wandel

Alles in allem zeigt sich in den letzten Jahrzehnten stichwortartig folgende Tendenz des Wandels kirchlicher Religiosität in Europa:

- Grundtendenz ist eine Entkirchlichung des Lebensstils, die eng mit dem ökonomischen Entwicklungsniveau zusammenzuhängen scheint (s. Jagodzinski und Dobbelaere 1993).
- Kirchliche Religiosität wird noch eher in katholischen als in protestantischen Ländern praktiziert (Szawiel 2003, 23f.), findet sich eher bei Frauen als bei Männern, eher beim Typus der ›traditionellen Frau‹ als beim Typus der ›neuen Frau‹ und des ›neuen Mannes‹, eher bei älteren als jüngeren Generationen.
- Es setzt sich eine Feminisierung der Kirchlichkeit durch, die getragen wird von mittleren und älteren Generationen von Frauen (Ebertz 2003b).
- Ein Zug zur religiösen Individualisierung zeigt sich insbesondere in den jüngeren Generationen und am Vormarsch der Kategorie der ›Spiritualität‹ (statt ›Religiosität‹ und ›Frömmigkeit‹) (Ebertz 2004a).
- In allen europäischen Ländern zeigt sich ein wachsender, bis in den Alltag hinein präsenter religiöser Pluralismus, repräsentiert auch durch neue religiöse Bewegungen außerhalb wie *innerhalb* der Kirchen, Fundamentalismen, Okkultismus und Esoterik, der das Ende der konfessionskirchlichen Dominanzen bedeutet.
- Konnte man noch von den 50er-Jahren bis Ende der 60er-Jahre des 20. Jahrhunderts behaupten, »eine gleichgültige Säkularität sei ein besonderes Kennzeichen Nordwesteuropas und der nordeuropäischen Ebene von Birmingham bis Tallinn«, erfasse also – mit Ausnahme Frankreichs (Müller 2003) – nicht den Katholizismus, so wird man mit David Martin (1996, 177) sagen müssen, dass die partielle Immunität gegenüber den europäischen Säkularisierungstendenzen, welche das katholische Milieu genießen konnte, »heute weitaus weniger beeindruckend ist als früher«: und zwar gleichgültig, ob man an die romanischen Länder wie Italien oder Spanien denkt oder an die deutschsprachigen Bastionen des Katholizismus »im alpinen Kerngebiet von Bayern, Österreich und der Schweiz«. Auch die ehemals »vitalen Enklaven des Katholizismus«, die einst in Verbindung mit einem Ex-Minoritätenstatus existierten wie in den Niederlanden, haben an Kraft eingebüßt. Gleichwohl weisen die katholischen Länder die höchste subjektive Selbsteinschätzung in Sachen Religion auf (Szawiel 2003, 20).

Häufig werden zur Erklärung dieser Entwicklung Faktoren wie Verstädterung, Industrialisierung (Arbeiterschaft), Bildung genannt. Faktisch treten aber diese Faktoren z.B. in den USA entweder überhaupt nicht oder nur schwach als die Kirchlichkeit schwächend auf (Martin 1996, 173, 175; auch Casanova, 185). Und selbst Bauern können in den skandinavischen Ländern oder in Großbritannien oder in Ungarn eine *unter*durchschnitttliche Kirchlichkeit ausweisen (Höllinger 1996, 265; Máté-Toth 2004). Ebenso wenig kirchlichkeitsschwächend scheint die Pluralisierung der Religionen und Weltanschauungen zu sein. Wie wieder der Seitenblick auf die USA lehrt, scheint die damit einhergehende Konkurrenz Kirchlichkeit eher zu begünstigen (z.B. Martin 1996, 173f.; Stark 2000).

Die neuere religionssoziologische Diskussion und international vergleichende Forschung macht eher folgende Gründe für das Niveau der Kirchlichkeit und ihren Wandel geltend:

- Über dieses Niveau entscheidet vor allem ein jeweils länderspezifisch »einzigartiges Geflecht von historischen Merkmalen und Umständen« (Szawiel 2003, 24).
- Die europäischen Länder nehmen im Übergang in die Moderne eine Sonderstellung ein, da hier dieser Übergang seinen Anfang nahm, der »das Zerreißen des über Jahrhunderte hinweg entstandenen Geflechts von Religion und Gesellschaft unausweichlich gemacht hat« (Martin 1996, 170). Nicht zuletzt »die religiösen Institutionen Europas waren so stark in einer Monopolstellung verankert und so weitgehend in das Geflecht der alten gesellschaftlichen Strukturen eingebunden, dass mit der Umwälzung dieser Institutionen und Strukturen ein bruchloses Fortbestehen der Religion unmöglich war« (Martin 1996, 170; vgl. auch Casanova 1996, 185f.).
- Kaum zu unterschätzen scheint im Panorama der Erklärungen die Bedeutung antiklerikaler Aufklärungsbewegungen zu sein, die in den USA nur schwach ausgeprägt waren: »Der Gegensatz säkularer Humanismus – Fundamentalismus in den USA ist eine harmlose Angelegenheit im Vergleich zu dem regelrechten Krieg zwischen Kirchenanhängern und Kirchengegnern in Frankreich oder Spanien« (Martin 1996, 163, 176).
- Wichtig ist auch die Bedeutung antiklerikaler, sozialistischer Bewegungen, die in den USA ebenfalls nur schwach ausgeprägt waren. Anders als in den USA kam es in Europa »zu einem fortlaufenden Kampf zwischen den Befürwortern des Monopols der staatlich etablierten Kirche und ihren Gegnern. Im Allgemeinen kommt es in Europa mit den Folgen der industriellen Revolution zu einem massenhaften Rückzug großer gesellschaftlicher Gruppen aus dem kirchlichen Leben, vor allem unter den radikalen Mittelklassen und der in den Industriestädten zusammengeballten Arbeiterklasse, aber auch in Teilen der Landbevölkerung« (Martin 1996, 161f.; vgl. auch Ebertz/Schultheis 1986).
- Wo jene antiklerikalen »Gegeneliten« an die Macht kamen, zog dies »antireligiöse Maßnahmen nach sich. In den relativ kleinen und zentralisierten Ländern Europas bewirkten diese mehr, als in den Vereinigten Staaten je möglich gewesen wäre. Da die Medien und das Bildungswesen

ebenso zentral gesteuert waren wie der Staatsapparat, konnte eine einmal an die Macht gelangte antiklerikale Elite Waffen ins Feld führen, die einst dem religiösen Establishment zu Gebote standen« (Martin 1996, 163) – ein Grund, der auch historisch später, im 20. Jahrhundert, als Erklärung der massenhaften Entkirchlichung in einigen osteuropäischen Ländern, insbesondere in der DDR und in der Tschechoslowakei bzw. Tschechien herangezogen werden kann. In historisch weiter zurück reichender Perspektive ist in diesem Zusammenhang nicht nur an Frankreich zu denken. »So mochte eine aufgeklärte Staatsführung das kirchliche Leben ernstlich einzuengen – oder wenigstens, wie in Skandinavien, das bestehende staatskirchliche System zu übernehmen ... In protestantischen Ländern ... kann die Kirche von befreundeten oder kulturell benachbarten halbsäkularen Eliten so kooptiert werden, dass sie von innen heraus ausgehöhlt wird, während sie die unterschiedlichsten Dienstleistungen für den Staat und die Gemeinschaft erbringt – bis sie dann eines Tages erkennen muss, dass sie selbst über keine aktiven Mitglieder oder keinen eigenen Inhalt mehr verfügt« (Martin 1996, 163).

- Ein wichtiger, und vielleicht der ausschlaggebende Faktor ist »offenbar, ob eine gegebene religiöse Institution offiziell in den zentralen Machtkomplex einbezogen wird« (Martin 1996, 164), also die Verknüpfung der Kirche mit den Kernbereichen der gesellschaftlichen Macht.

Diese Thesen bestätigen uns auch die europäischen Ausnahmeländer Irland (Hill 1999, bes. 81ff.) und Polen (vgl. Kriedte 1997).

Varianten der ›Säkularisierung‹ in Europa

Man wird nämlich noch weiter nach *kulturspezifischen* Varianten der Säkularisierung, Entchristlichung und Entkirchlichung in den unterschiedlichen *Länder-Zonen* unterscheiden müssen:

- protestantische Hochburgen im Nordwesten und Norden mit lutherischen Staatskirchen in Skandinavien (Foss 2003), calvinistisch dominiertem Semi-Denominationalismus oder ›Halbpluralismus‹ in den Niederlanden (Meyer-Wilmes 2003);
- Großbritannien mit der anglikanischen Staatskirche und mit einem Semi-Denominationalismus oder ›Halbpluralismus‹, also einer gewissen Vielfalt an Sekten und Freikirchen;
- katholische Hochburgen mit ›Volkskirchen‹ in Irland und Polen; mit volks- und staatskirchlicher Tradition in Italien (Punsmann 2003); mit staatskirchlicher Tradition in Frankreich (Müller 2003); in Österreich (Weinzierl 1997; Bogensberger 1996) und in Ungarn (Máté-Toth 2004);

- gemischt konfessionelle Länder wie Deutschland mit katholischer und protestantischer Staatskirchentradition;
- orthodoxe Länder mit staatskirchlicher Tradition z.B. in Griechenland, Rumänien, der Ukraine und Russland.

Eine in der international vergleichenden Religionssoziologie zu überprüfende und diskutierende These lautet, »dass der Wandel der christlichen Religiosität in modernen westlichen Gesellschaften maßgeblich davon abhängt, welche gesellschaftliche Stellung die christlichen Kirchen im Verlauf der Geschichte in einem bestimmten Land bzw. Kulturkreis einnahmen und welche Erfahrungen Individuen und Kollektive mit der institutionalisierten christlichen Religion machten« (Höllinger 1996, 249). Diese historische Erfahrung sieht z.B. in solchen Ländern, wo die Kirchlichkeit auch heute noch relativ stark ausgeprägt ist (wie in Irland oder in Polen), günstiger aus als in den Ländern, wo die Kirchlichkeit relativ schwächer oder schwach ist. Franz Höllinger (1996, 250) geht davon aus, dass die grundlegenden Weichenstellungen für die Beziehungen der Bevölkerung eines Landes zur Kirche bereits in der *Phase der Christianisierung* und in den Jahrhunderten danach vorgenommen wurden. So sei die Christianisierung der irischen Kelten ausgesprochen friedlich und erfolgreich verlaufen, was auch darin begründet liege, »dass dieses Volk in den Druiden eine Priesterschaft hatte, deren Lebensweise Ähnlichkeiten mit der des christlichen Mönchtums hatte«. Dagegen habe sich die angelsächsische Mission bei den deutschen und nordischen Germanenstämmen »der Strategie der Christianisierung von oben« bedient und bei diesen Völkern ein »kollektives Trauma« hinterlassen, »das sich langfristig wenn nicht in einer Antipathie gegen die christliche Religion überhaupt, so doch in einer distanzierten Haltung zur Römischen Kirche niederschlug«. Ähnlich spät wie in Norwegen, nämlich im 10. Jahrhundert, aber nicht per königlichem Dekret und Gewalteinsatz, sondern als tief greifendes Werk iroschottischer Mönche, »traten die Polen zum katholischen Glauben über«.

Noch entscheidender als der Vorgang der Christianisierung war Höllinger (1996, 255) zufolge die *Vereinbarkeit* mit den und die *Anknüpfbarkeit* der christlichen Religion und Moral an die religiösen und kulturellen Traditionen der christianisierten Völker, ob zum Beispiel die »europäischen Völker auf Grund ihrer eigenen kulturellen Traditionen in unterschiedlichem Maße bereit und in der Lage (waren), die für die mittelalterliche Lebensform des Mönchtums in ihren vollen Konsequenzen, d.h. unter tatsächlicher Einhaltung der Zölibatsforderung, zu übernehmen«. Die irischen Mönche hätten dabei positiv an die Tradition des Druidentums anknüpfen können (vgl. auch Hill 1999, 81), während »in den deutschen und in den anderen mittel- und westeuropäischen germanischen Gebieten« der Zölibat »völlig im Widerspruch mit den bisherigen religiösen Traditionen« stand, was zu Glaubwürdigkeitsverlusten des Klerus geführt habe, da er seine sexuellen Beziehungen immer mehr vor den Augen der Öffentlichkeit verbarg. Die Sexualmoral des italienischen Klerus dürfte sich, so Höllinger (1996, 252f.), »wenn man etwa von Boccaccios Schilderungen ausgeht, kaum von der des deutschen Klerus unterschieden haben«.

Ob die Bevölkerung eines Landes eine eher vertrauensvolle Beziehung zur Kirche aufbauen konnte oder nicht, hing ferner vom *Verhältnis der Kirche zur politischen Macht* ab, »von der Stellung der Kirche im politischen System, von der Beziehung zwischen kirchlicher und weltlicher Herrschaft und von der Art und Weise, in der die Kirche selbst Macht ausübte« (Höllinger 1996, 255). Zwar sei die Kirche in Italien wie in Deutschland »eine reiche Herrschaftskirche« gewesen. »Im Unterschied zu Deutschland bestand aber in Italien«, so Höllinger (1996, 257f.), »eine stärkere Trennung von geistlicher und weltlicher Herrschaft. Als nach dem Zerfall des Weströmischen Reiches fremde Völker vom Reichtum des Landes angelockt in Italien einfielen, es zerstörten, plünderten und kurzfristige politische Herrschaften errichteten, war die Kirche die einzige Institution, die der ansässigen Bevölkerung Schutz und dem Land eine gewisse Stabilität geben konnte. Auf der Suche nach festen Strukturen trat das Papsttum an die Stelle der römischen Imperatoren ..., als moralische und politische Autorität im Volke anerkannt.« Durch die »Interessensgegensätze und das Spannungsfeld zwischen Kirche und weltlicher Herrschaft« sei es in Italien »weder zu einer so weit gehenden Identifizierung mit Kirche und Staat wie in Deutschland, noch zu einer einseitigen Identifizierung mit der einen oder anderen Seite, wie dies seit der Aufklärung in Frankreich der Fall war, gekommen«. »Ähnlich wie in Italien bildete die Kirche in Polen«, so Höllinger (1996, 258f.), »eine eigenständige Gegenmacht zur weltlichen Herrschaft«, schuf eine »enge Bindung ... an Rom«, was die kirchliche »Unabhängigkeit von den polnischen Königen und Fürsten« gestärkt habe. Auch für Irland ist – trotz des staatlichen Konfessionsschulsystems – »die beiderseitige Distanziertheit im Staat-Kirche-Verhältnis« typisch, womit der Kirche dort »viele Konflikte erspart blieben« (Hill 1999, 84f.). Schon im Mittelalter hat sich die »gesellschaftliche Stellung der Kirche in Irland, Polen und Italien ... in wesentlichen Punkten vom germanischen Landeskirchentum« unterschieden, indem sich die Kirche als eine Institution etablierte, »die zwar mit der weltlichen Herrschaft kooperierte, zu dieser aber eine kritische Distanz hielt« (Höllinger 1996, 259).

Perspektiven

1. Der – unterschiedlich stark verlaufende – Rückgang kirchlicher Bindungen in den europäischen Ländern lässt keinesfalls den Schluss zu, dass Kirchen und Christentum als Kulturmacht unerheblich geworden seien. Dafür spricht schon, dass mit dem sinkenden Einfluss auf Lebensführung und Lebensstil

keineswegs eine nennenswerte öffentliche Gegnerschaft gegen die Kirchen oder die christlichen Traditionen einhergeht, wie dies etwa im 19. Jahrhundert der Fall war. Freilich sind die Variationen einer ethischen Gegnerschaft des – selbst wieder pluralisierten – Christentums und die zur Skandalisierung neigenden Massenmedien als relativierende Kräfte der Kirchen kaum zu unterschätzen. In den meisten europäischen Ländern ist die Mehrheit der Bevölkerung zumindest formal Mitglied einer Kirche bzw. – wo das nicht mehr der Fall ist wie z.B. in den Niederlanden (1990: 59 %; 1999: 64 %) – religiös nicht uninteressiert. Tschechien und Ostdeutschland bilden freilich auch diesbezüglich eine Ausnahme, wo sich inzwischen nur noch 43 Prozent bzw. 29 Prozent (1999) selbst als religiös beschreiben. Zumeist bleiben die Kirchen in einigen zentralen Bereichen des privaten Lebens von unersetzlicher Bedeutung, insbesondere für die Ritualisierung der biographischen Lebenswenden wie Geburt, Heirat und Tod. In der von der modernen Gesellschaft selbst hervorgerufenen »Steigerung von Risiko, Angst und Unsicherheit, der Vervielfältigung der Zukunftsgefährdungen« (Gabriel 1996, 144) und der Ausweitung von – massenmedial gesteigertem – kollektivem Kontingenzbewusstsein dürfte auch in der Gegenwart zumindest situativ erheblicher Religionsbedarf vorhanden sein. Die Kräfte einer weitgehend säkularisierten Kultur, insbesondere die Deutungsmuster der Wissenschaften, welche schon von ihren Prämissen her die Option eines Glaubens an welttranszendierende Mächte ausschließen, haben als Antwort auf die Erfahrung der »Weltunvollkommenheit« (Max Weber) in der ungleichen Verteilung von Glück und Unglück eigentlich keine als hinreichend empfundenen Antworten parat. Die Kirchen hätten deshalb ihre Traditionen als ertragreiche Quellen von Sinnressourcen und als Handlungsmuster der Sinnstiftung neu zu erschließen.

2. Ähnliches gilt auch für die Aufgaben der christlichen Kirchen, mit dem Wachhalten des »monotheistischen Impulses« (Assmann 2003) in der Frage nach Gott einen ethischen Horizont der Hoffnung auf Integrität und Freiheit aller Menschen und auf den Vorzug gewaltfreier Konfliktlösungen aufrechtzuerhalten. Ist doch zu vermuten, »dass mit dem Verzicht auf die Frage nach Gott auch das kulturelle Selbstverständnis des Menschen radikal verändert werden würde« (Kaufmann 2000, 130).

3. Der kultursoziologisch und sozialhistorisch vergleichende Befund legt nahe, dass die »alten religiösen Establishments Europas« mit der wachsenden Konkurrenz und Lockerung der alten Verbindungen mit der Staatsmacht und dem Territorium nicht nur Nachteile erwarten müssten, ja sich »als hervorragende Konkurrenten auf dem religiösen Markt herausstellen« könnten (Martin 1996, 178f.). Damit wäre freilich eine *Verlagerung* ihres öffentlichen Engagements von der staatlichen und der parteipolitischen Bindung in die Arena des zivilgesellschaftlichen Raums der Öffentlichkeit (Casanova 1996, 186; Taylor 1996; Hahn 1997, 26.) verbunden und die *Umstellung* der Kirchen von einer religiösen Verwaltung und ›Untergangsverwaltung‹ auf religiöses Unternehmertum. Hierzu gehört auch die souveräne Duldung einer

wachsenden gesellschaftlichen Unverbindlichkeit ihrer religiösen Lehren (Hahn 1997, 27) sowie die Zulassung einer – durchaus auch spielerischen, frechen, wenn auch auf einige Kreise blasphemisch wirkenden – religiösen Kulturproduktion (Theater, bildende Kunst, Kino, Medien usw., auch in der Popkultur), welche mit Versatzstücken der christlichen Tradition laboriert und experimentiert.

4. Immer weniger ist Europa »verstehbar, wenn man es nur im Lichte seiner eigenen religiösen und kulturellen Traditionen betrachtet« (Hahn 1997, 30), zu der – bei aller Dominanz des Christlichen – auch die Jahrhunderte lange jüdische Präsenz (vgl. Brenner 2004) und die islamische Präsenz auf der iberischen Halbinsel, auf Sizilien und auf dem Balkan zählt (Kuschel 2004). Die wachsende Zahl von Migrantinnen und Migranten lassen die von ihnen importierte Religion in einem doppelten Sinn erkennen. »Einmal ist sie die kulturspezifische Form, in der für die eingewanderten Gruppen Sinngebung formuliert und Transzendenz erfahren werden kann. Zum anderen aber ist sie zugleich Ausdruck der anderen kulturellen Identität und damit für die Außenstehenden eben auch Zeichen von Fremdheit. Dies gilt insbesondere dann, wenn mit dieser Demonstration fremder Identität neuartige Ansprüche artikuliert oder Integrationsforderungen abgelehnt werden« (Hahn 1997, 30; Wohlrab-Sahr 2004, 377f.).

5. Allerdings wird Europa wohl auch *nicht* konstruktiv gestaltbar sein durch die bloße Behauptung des jeweils nationalkulturellen Eigensinns der Legierung von Religion und Politik, von Religion und Gesellschaft und den Versuch, einen solchen nationalen Eigensinn zum europäischen Eigensinn durchzusetzen – etwa das französische Modell der Laicité, der religionsfeindlichen Trennung von Religion und Staat. Schon für das neue EU-Beitrittsland Polen, wo, »auf das sowjetische Koordinationsmodell zwischen Kirche und Staat verzichtend«, »viele Beobachter die Annahme des französischen Modells vorgeschlagen haben, welches man als das einzige hinstellte, das mit den demokratischen Prinzipien übereinstimmt«, würde eine solche »›Desinfektion‹ des öffentlichen Raumes von allen Anzeichen der Religion (...) nur mit totalitärer Macht assoziiert« werden (Mazurkiewicz 2003, 182). Die neue europakulturelle Herausforderung und Perspektive der Legierung von Religion und Politik, von Religion und Gesellschaft, liegt m. E. vielmehr in der Anerkennung der friedlichen Koexistenz verschiedener religiöser Gemeinschaften auch im öffentlichen Raum, welche die Integrität und Freiheit aller Menschen respektieren und dieser dienen. Mit einer solchen Selbstverpflichtung auf die Friedens- und Freiheitslogik könnten die verschiedenen (national-)christlichen und außerchristlichen religiösen Gemeinschaften nicht nur untereinander, sondern auch für die Atheisten und Agnostiker akzeptabel sein.

Zum Weiterlesen

Ebertz, Michael N., Kirche und Öffentlichkeit – Chancen und Grenzen, in: Ziebertz, Hans-Georg (Hg.), Erosion des christlichen Glaubens? Umfragen, Hintergründe und Stellungnahmen zum ›Kulturverlust des Religiösen‹, Münster 2004b, 15-27.
Ebertz, Michael N./Schultheis, Franz (Hg.), Volksfrömmigkeit in Europa, München 1986.
Gabriel, Karl (Hg.), Religionen im öffentlichen Raum: Perspektiven in Europa, Jahrbuch für Christliche Sozialwissenschaften, Band 44, Münster 2003.
Kallscheuer, Otto (Hg.), Das Europa der Religionen. Ein Kontinent zwischen Säkularisierung und Fundamentalismus, Frankfurt 1996.
Soskice, Janet/Melloni, Alberto, Europa neu denken, in: Concilium. Internationale Zeitschrift für Theologie 40 (2004), H. 2, 119-244.

Literatur

Assmann, Jan, Die Mosaische Unterscheidung oder der Preis des Monotheismus, München 2003.
Bogensberger, Hugo, Religion und Kirche in Österreich. Ein Paradigmenwechsel, in: Fechtner, Kristian u.a. (Hg.), Religion wahrnehmen. Festschrift für Karl-Fritz Daiber zum 65. Geburtstag, Marburg 1996, 85-93.
Brenner, Michael, Das Judentum in Europa. Geschichte und Gegengeschichte, in: Concilium 40 (2004), H. 2, 162-167.
Casanova, José, Chancen und Gefahren öffentlicher Religion. Ost- und Westeuropa im Vergleich, in: Kallscheuer, Otto (Hg.), Das Europa der Religionen. Ein Kontinent zwischen Säkularisierung und Fundamentalismus, Frankfurt a.M. 1996, 181-210.
Ebertz, Michael N., Kirche und Staat – wohin? Perspektiven und Fragen, in: Gemeinschaftswerk der Evangelischen Publizistik (Hg.), Dokumentation: 50 Jahre Partnerschaft Staat und Kirche – Perspektiven für die Zukunft. Vorträge einer Tagung vom 27. Februar bis 1. März 2002 in der Evangelischen Akademie Bad Boll, Frankfurt a.M. 2002, 101-109.
Ebertz, Michael N., Aufbruch in der Kirche. Anstöße für ein zukunftsfähiges Christentum, 2Freiburg 2003.
Ebertz, Michael N., Jugend und Kirche, Kirche und Jugend. Ein wechselseitig problematisch gewordenes Verhältnis, in: Impulse o.Jg. (2003a), H. 65, 3-6.
Ebertz, Michael N., Laufen der Kirche die Frauen davon?, in: Sonntagsblatt 23. 2. 2003b, 6-8.
Ebertz, Michael N., Die Zivilisierung Gottes. Der Wandel von Jenseitsvorstellungen in Theologie und Verkündigung, Ostfildern 2004.
Ebertz, Michael N., Die Wüste lebt. Spiritualität statt Frömmigkeit?, in: Jepsen, Maria (Hg.), Evangelische Spiritualität heute. Mehr als ein Gefühl, Stuttgart 2004a, 13-31.
Ebertz, Michael N., Kirche und Öffentlichkeit – Chancen und Grenzen, in: Zie-

bertz, Hans-Georg (Hg.), Erosion des christlichen Glaubens? Umfragen, Hintergründe und Stellungnahmen zum ›Kulturverlust des Religiösen‹, Münster 2004b, 15-27.

Ebertz, Michael N./Schultheis, Franz (Hg.), Volksfrömmigkeit in Europa, München 1986.

Ferrari, Silvio, Von der Toleranz zum Recht – Religionen im Einigungsprozess, in: Concilium 40 (2004), H. 2, 153-161.

Foss, Öyvind, Zwischen nationaler Tradition und ökumenischen Perspektiven. Religion in den skandinavischen Ländern, in: Gabriel, Karl (Hg.), Religion im öffentlichen Raum: Perspektiven in Europa, Jahrbuch für Christliche Sozialwissenschaften Band 44, Münster 2003, 143-160.

Gabriel, Karl, Religion und Gesellschaft revidiert: Religionssoziologie jenseits des Säkularisierungsparadigmas, in: Fechtner, Kristian u.a. (Hg.), Religion wahrnehmen. Festschrift für Karl-Fritz Daiber zum 65. Geburtstag, Marburg 1996, 139-145.

Greschat, Martin, Die christliche Mitgift Europas, in: Fürst, Walter/Honecker, Martin (Hg.), Christenheit – Europa 2000. Die Zukunft Europas als Aufgabe und Herausforderung für Theologie und Kirchen, Baden-Baden 2001, 137-143.

Hahn, Alois, Religion, Säkularisierung und Kultur, in: Lehmann, Hartmut (Hg.), Säkularisierung, Dechristianisierung, Rechristianisierung im neuzeitlichen Europa. Bilanz und Perspektiven der Forschung, Göttingen 1997, 17-31.

Hill, Roland, Der irische Katholizismus und die Modernität der Gesellschaft, in: Internationale katholische Zeitschrift Communio 28 (1999), H. 1, 79-88.

Höllinger, Franz, Volksreligion und Herrschaftskirche. Die Wurzeln religiösen Verhaltens in westlichen Gesellschaften, Opladen 1996.

Hünermann, Peter, Wurzeln europäischer Identität. Der Zusammenhang von Philosophie, Religion und Ideologie in der Geistesgeschichte Europas, in: Riedel-Spangenberger, Ilona/Franz, Albert (Hg.), Fundamente Europas. Christentum und europäische Identität, Trier 1995, 5-29.

Jagodzinski, Wolfgang/Dobbelaere, Karel, Der Wandel kirchlicher Religiosität in Westeuropa, in: Sonderheft 33 der Kölner Zeitschrift für Soziologie und Sozialpsychologie: Religion und Kultur, Opladen 1993, 68-91.

Kaufmann, Franz-Xaver, Wie überlebt das Christentum?, Freiburg u.a. 2000.

Kuschel, Karl-Josef, Euro-Islam: Herausforderungen oder Chance?, in: Concilium 40 (2004), H. 2, 176-185.

Konrad-Adenauer-Stiftung (Hg.), Religion und Politik, Tabellenband, Bonn 2002.

Kriedte, Peter, Katholizismus, Nationsbildung und verzögerte Säkularisierung in Polen, in: Lehmann, Hartmut (Hg.), Säkularisierung, Dechristianisierung, Rechristianisierung im neuzeitlichen Europa. Bilanz und Perspektiven der Forschung, Göttingen 1997, 249-275.

Luks, Leonid, Der ›Sonderweg‹ des polnischen Katholizismus (1945-1989), in: Lehmann, Hartmut (Hg.), Säkularisierung, Dechristianisierung, Rechristianisierung im neuzeitlichen Europa. Bilanz und Perspektiven der Forschung, Göttingen 1997, 234-248.

Martin, David, Europa und Amerika. Säkularisierung oder Vervielfältigung der Christenheit – zwei Ausnahmen und keine Regel, in: Kallscheuer, Otto (Hg.), Das Europa der Religionen. Ein Kontinent zwischen Säkularisierung und Fundamentalismus, Frankfurt a.M. 1996, 161-180.

Máté-Tóth, András, Vergangene Wendezeit. Katholische Kirche im heutigen Ungarn, in: Diakonia 35 (2004), H. 1, 52-57.
Mazurkiewicz, Piotr, Religion auf der Schaukel – Rückkehr und am Rande stehen. Die Religion im postkommunistischen Polen zwischen Säkularisierung und Rekonfessionalisierung, in: Gabriel, Karl (Hg.), Jahrbuch für Christliche Sozialwissenschaften, Band 44, Religion im öffentlichen Raum: Perspektiven in Europa, Münster 2003, 173-183.
Melloni, Alberto, Bilder Europas und europäische Herausforderungen für die Kirche. Ein historischer Blick auf den Katholizismus, in: Concilium 40 (2004), H. 2, 133-143.
Müller, Alois, Allmähliche Entspannung statt Neuauflage des ›Krieges‹ der beiden Frankreich – Über den Platz der Religionen im öffentlichen Raum in Frankreich, in: Gabriel, Karl (Hg.), Jahrbuch für Christliche Sozialwissenschaften, Band 44, Religion im öffentlichen Raum: Perspektiven in Europa, Münster 2003, 73-84.
Müller, Anselm W., Europäische Tradition der Ethik und Moral der Zukunft, in: Riedel-Spangenberger, Ilona/Franz, Albert (Hg.), Fundamente Europas. Christentum und europäische Identität, Trier 1995, 143-174.
Punsmann, Hermann, Ambivalenz mit Optimismus. Kontinuitäten und Wandlungen in den Äußerungen italienischer Religiosität, in: Gabriel, Karl (Hg.), Jahrbuch für Christliche Sozialwissenschaften, Band 44, Religion im öffentlichen Raum: Perspektiven in Europa, Münster 2003, 99-114.
Puza, Richard, Recht und Religion in Italien als Vorbild für andere Länder – Das Beispiel Polen, in: Evangelische Akademie der Pfalz (Hg.), Die Rolle der Religionen in Europa. Trialogue vom 12.-14. März 2004 (= Speyrer Protokolle), Speyer 2004, 1-21.
Rendtorff, Trutz, Zur Säkularisierungsproblematik, in: Matthes, Joachim (Hg.), Religion und Gesellschaft, Reinbek 1967, 208-229.
Saurer, Edith, Zur Säkularisierung des Sündenkonzeptes. Die Genese des strafrechtlichen Konzepts der ›Erregung öffentlichen Ärgernisses‹, in: Weinzierl, Michael (Hg.), Individualisierung, Rationalisierung, Säkularisierung. Neue Wege der Religionsgeschichte, Wien/München 1997, 200-219.
Stark, Rodney, Die Religiosität der Deutschen und der Deutschamerikaner, in: Gerhards, Jürgen (Hg.), Die Vermessung kultureller Unterschiede. USA und Deutschland im Vergleich, Wiesbaden 2000, 111-125.
Szawiel, Tadeusz, Glaube und Kirche in Europa, in: Ost-West. Europäische Perspektiven 4 (2003), H. 1, 18-27.
Taylor, Charles, Drei Formen des Säkularismus, in: Kallscheuer, Otto (Hg.), Das Europa der Religionen. Ein Kontinent zwischen Säkularisierung und Fundamentalismus, Frankfurt a.M. 1996, 217-246.
Weinzierl, Michael, Kein first amendment und wenig Laicité. Versäumte Gelegenheiten zur Verwestlichung der Beziehung zwischen Kirche und Staat in Österreich, in: Weinzierl, Michael (Hg.), Individualisierung, Rationalisierung, Säkularisierung. Neue Wege der Religionsgeschichte, Wien/München 1997, 246-258.
Wohlrab-Sahr, Monika, Politik und Religion. ›Diskretes‹ Kulturchristentum als Fluchtpunkt europäischer Gegenbewegungen gegen einen ›ostentativen‹ Islam, in: Sonderband 14 der Sozialen Welt, Baden-Baden 2004, 357-381.

Klaus Lefringhausen

Politische Rahmenbedingungen für interreligiöses Lernen

Die Beschreibung politischer Rahmenbedingungen, denen sich Ansätze interreligiösen Lernens nicht entziehen können, argumentiert für ein Klima, das den produktiven Umgang mit kultureller Verschiedenheit ermöglicht. Dabei wird Religionsfreiheit als Gestaltungsauftrag der Politik verstanden und die religiöse Neutralität des Staates als kooperative und fördernde Haltung gegenüber den vorfindlichen religiösen Bekenntnissen beschrieben. Es geht um Möglichkeiten einer »kulturellen Koevolution«, in der durchaus Eigeninteressen ihren Platz haben, allerdings im Rahmen gemeinsam gestalteter Zukunft, die über bestehende tagespolitische Dynamiken hinaus eine Herauforderung für alle darstellt.

Wenn überhaupt, dann muss in Europa eine Alternative zum Kampf der Kulturen gelingen. Dabei ist die Integration zugewanderter Ethnien, Kulturen und Religionen ein besonderes Übungsfeld für den produktiven Umgang mit kultureller Verschiedenartigkeit. Dafür muss der Staat politische Rahmenbedingungen setzen, doch diese lassen sich nur durch ein starkes Bürgerengagement mit Leben füllen.

Diese kulturpolitische Perspektive wird jedoch immer wieder von tagespolitischen Vorgängen wie dem Streit um das Kopftuch muslimischer Lehrerinnen, um das betäubungslose Schächten, um kulturelle Besonderheiten von Bestattungen oder um Details des Zuwanderungsrechtes überlagert, die mehr zu einem Lernen gegeneinander als miteinander geführt haben.

Es geht also um ein interkulturelles Lernen von Politik, Verwaltung, Wirtschaft, Gesellschaft und insbesondere der Religionsgemeinschaften. Nicht gemeint sind Bekehrungs-, Anpassungs- und Unterwerfungslernen oder kulturelle Kolonisierung, sondern *kulturelle Koevolution*, denn ohne interreligiöses Lernen entstände ein Vielvölkerstaat mit kultureller Apartheid, ein Land mit ethnisch orientierten Kommunikationsinseln und eine kulturelle Parallelgesellschaft.

Ein interkulturelles Lernklima ist nicht machbar, sondern muss wachsen und braucht deshalb Zeit, denn, so die afrikanische Weisheit, »das Gras wächst nicht schneller, wenn man daran zieht«. Doch haben wir noch die Zeit, die unser nachhinkendes Bewusstsein beansprucht? Kann eine chronische Fünf-Nach-Zwölf-Politik warten, bis das wache Bürgerbewusstsein sie treibt, oder hat sie von sich aus Bedingungen zu schaffen, die zum interkulturellen Lernen einladen?

Der Staat braucht die Lernbereitschaft der Bürger auf dem weiten Weg vom Gegeneinander über das Nebeneinander zum Miteinander der Religionen. Dabei ist er nicht distanzierter Zuschauer, sondern Partner, weil er auf Werte angewiesen ist, die die pluralistische Gesellschaft zusammenhalten, und diese Werte dürfen nicht auf demokratische Verfahrensgrundsätze zusammenschrumpfen. »Der freiheitliche, säkularisierte Staat«, so das berühmte Zitat von Ernst-Wolfgang Böckenförde, »lebt von Voraussetzungen, die er selbst nicht garantieren kann. Das ist das große Wagnis, das er, um der Freiheit willen, eingegangen ist.« Er ist also nicht wertneutral, doch er hat kein sinnstiftendes Mandat.

Zu den politischen Rahmenbedingungen für interreligiöses Lernen gehört also die

Religiöse Neutralität des Staates

Die Neutralität des Staates ist nicht eine kalt distanzierte, sondern eine kooperative und fördernde. Das hat das Bundesverfassungsgericht im Kopftuchurteil ausdrücklich mit den Worten bestätigt: »Die dem Staat gebotene religiös-weltanschauliche Neutralität ist ... nicht als eine distanzierende im Sinne einer strikten Trennung von Staat und Kirche, sondern als eine offene und übergreifende, die Glaubensfreiheit für alle Bekenntnisse gleichermaßen fördernde Haltung zu verstehen.« (BVerfG 2003, Abs. 43)

Politisch umstritten ist dabei, ob der Staat auf die Bindekraft kultureller Homogenität setzen und diese fördern soll, was indirekt für andere Kulturen diskriminierend ist, oder ob eine offene Identität und kulturelle Vielfalt zu seinen zentralen Werten und Stärken zählen.

Die Antwort dürfte für ein Land, das mehr als andere in Globalisierungsprozesse eingebunden und deshalb auf interkulturelle Öffnung angewiesen ist, auf der Hand liegen. Gleichwohl gab es Anlass für den früheren Bundespräsidenten Johannes Rau, darauf hinzuweisen, dass man nicht Symbole einer Religion verbieten und die anderer erlauben dürfe: »Die Religionsfreiheit, die unser Grundgesetz garantiert, gilt (...) nicht nur für die christlichen Kirchen. Sie gilt, auch wenn das manchen nicht ausreichend bewusst ist, auch für andere Religionsgemeinschaften und gewiss für den Islam.« (Rau 2003)

Doch Religionsfreiheit ist ein Gestaltungs- und kein Zulassungsauftrag. Wenn der Staat hingegen nur reaktiv und defensiv auf religiöse Forderungen antwortet und die Themensetzungskompetenz abgibt, dann wird er mit einem Themenniveau konfrontiert, das sich fast nur aus Streitthemen zusammensetzt und ein kooperatives Verhältnis zwischen Staat und Glaubensgemeinschaften verhindert.

Rivalisierende und im internen Richtungsstreit blockierte Glaubensgemeinschaften können von sich aus kaum das Themenniveau heben, wenn sie ihre Forderungen einfach aufaddieren und so zu Maximalforderungen kommen, um sich auf eine gemeinsame Position zu verständigen. Das aber bringt die Politik stets in die Rolle des Neinsagers, was die Verbände wiederum als religionsfeindlich auslegen und nutzen, um ihre Unverzichtbarkeit zu beweisen. So werden Verbände leicht zu Gewinnern, denn wenn sie sich durchsetzen, triumphieren sie, und wenn sie sich nicht durchsetzen, dann gehört es zur Glaubenspflicht, sie zu stärken.

Interkulturelle Öffnung ist politisches Neuland. Themen wie VIKZ-Internate[1], Religionsunterricht, Kopftuch, Moscheebauten und Gebetsruf, EU-Fähigkeit der Türkei, zu erwartende Prozesse zum Opferfest gegen Schächterlasse, Quasi-Urteile der Verfassungsschutzberichte, Friedhofsordnungen, juristische Instanzenwege für den islamischen Religionsunterricht und etwaige Ausweitungen der Klagen auf Themen wie schulische Adventsfeiern können insbesondere in Wahlkämpfen Kulturkampfatmosphären entstehen lassen.

Nicht nur Fundamentalisten haben das Kopftuch politisiert, sondern auch die Politik hat zu dem beigetragen was sie befürchtet, nämlich zu falschen Solidarisierungen als Antworten auf pauschale Verdächtigungen und kollektive Demütigungen. Einseitige Härte verhärtet, führt zu Lernverweigerungen und blockiert die Reformen, die eigentlich nur von innen und nicht durch Druck von außen zu erwarten sind.

Für eine Islampolitik gibt es den engen Korridor zwischen einer Sozialpädagogisierung, die als Schwäche gedeutet wird, und einer demonstrativen Härte, die zu falschen Solidarisierungen bis hin zu gegenseitig sich aufschaukelnden Polarisierungen führt.

Verletzter Stolz ist der eigentliche Nährboden für Sympathien gegenüber Fundamentalisten, die weniger wegen ihrer Ideologien Zulauf erhalten, sondern weil sie emotionale Bedürfnisse bedienen. Jede demütigende Maßnahme stärkt diese Bedürfnisse und damit auch Sympathien.

So ist die Kopftuchfrage nur Unterthema einer zu entwickelnden Islampolitik und nicht umgekehrt. Zudem wirkt der Kopftuchstreit verharmlosend, wenn unterstellt wird, mit einem Kopftuchverbot sei das Problem vom Tisch.

Der Streit um das Kopftuch weist zudem auf das Problem hinter den Problemen hin, nämlich auf einen rückwärts gerichteten Islam, der seit Medina die Frage diskutiert, wie islamische Mehrheiten mit »andersgläubigen« Minderheiten umzugehen haben, der aber der Frage ausweicht, wie sich muslimische Minderheiten in eine säkularisierte Gesellschaft integrieren können.

Aber auch bei den Einheimischen gibt es ein nachhinkendes Bewusstsein. So hat der Verfassungsschutz ein wichtiges analytisches Mandat. Doch das Gestaltungsmandat hat die Politik, und das geht weitgehend vom bewährten Prinzip des Wandels durch Annäherung aus. Wer nämlich den Prob-

1 VIKZ: Verband der Islamischen Kulturzentren e.V.

lemgruppen grundsätzlich das Gespräch verweigert, macht sie noch problematischer. Allerdings gibt es auch hier nur einen schmalen Korridor, denn je problematischer die Gruppe, desto größer ist ihr Interesse, Gesprächspartner zu instrumentalisieren.

Islamische Religionsgemeinschaften haben keine kirchenähnlichen Ordnungsstrukturen und deshalb Probleme, als Körperschaft des öffentlichen Rechts anerkannt zu werden. Ein Vereinsstatus und erst recht das Ausländerrecht sind jedoch nicht ausreichend. Deshalb sollte für sie eine neue Rechtsform oberhalb des Vereinsrechtes erfunden werden.

Der Kopftuchstreit war letztlich eine Auseinandersetzung darüber, ob sich die Gesellschaft als Glaubens- oder als Wertegemeinschaft definieren soll. Eine politische Option für die Wertegemeinschaft ist auf interreligiöses Lernen angewiesen, denn die Bevölkerung hat sich durch Zuwanderung ethnisch und kulturell verschoben.

Gesprächspartner aus muslimischen Mehrheitsgesellschaften begreifen kaum, dass in pluralistischen Gesellschaften Akzeptanz wichtiger ist, als es Siege vor den Gerichten sind, denn Siege können sich in Niederlagen in der öffentlichen Akzeptanz verwandeln. Wer eine Klimawende herbeiführen will, muss also den Dialogthemen den Vorzug geben, die den Muslimen Akzeptanz in der Gesellschaft vermitteln. Das aber sind die Themen des Gemeinwohls und nicht religiöse Sonderinteressen.

Das aber stieß auf eine ähnliche Lernverweigerung wie die Notwendigkeit, in einem Zuwanderungsgesetz die Einsicht festzuschreiben, dass Deutschland für Fremde nicht Durchgangs-, sondern Bleibeland geworden ist und dass sich aus der demographischen Entwicklung ganz neue Aufgaben kultureller Nachbarschaft ergeben.

Ob die Diskussion um das Zuwanderungsgesetz das Integrationsklima befördert hat, kann mit guten Gründen bezweifelt werden. Zu lange zog sich die Debatte hin und endete mit einem für viele fragwürdigen Kompromiss. Das nun beschlossene Gesetz bezieht sich auf die Regelungen für Neuzuwanderer, nicht aber auf die nachholende Integration für Migranten der zweiten und dritten Generation. Es ist zudem eher ein Zuwanderungsbegrenzungsgesetz. Grundsätzlich gibt es für Ausländer nur noch zwei Aufenthaltstitel: eine (befristete) Aufenthalts- und eine (unbefristete) Niederlassungserlaubnis. Es legt die Aufenthaltsgenehmigung und die Arbeitserlaubnis durch ein internes Zustimmungsverfahren zusammen. Der Aufnahmestopp für ausländische Arbeitnehmer bleibt grundsätzlich erhalten und nur hoch qualifizierten Wissenschaftlern und kapitalkräftigen Investoren kann von Anfang an eine Niederlassungserlaubnis erteilt werden. Der Flüchtlingsstatus wird auch bei nichtstaatlicher und bei geschlechtsspezifischer Verfolgung gewährt. Neuzuwanderer müssen Sprach- und Integrationskurse besuchen. Wer nicht teilnimmt, bekommt u. U. seine Aufenthaltserlaubnis nicht verlängert. Es gibt Studenten nach dem Examen eine einjährige Arbeitserlaubnis, beendet die Kettenduldungen durch eine Aufenthaltserlaubnis, wenn sich die Abschiebung um 18 Monate verzögert, und begrenzt die Abschiebung von vermuteten Terroristen auf eine Tatsachen gestützte Gefahrenprognose. Zudem verlagert es die Kosten und die Kompetenz für die Basis- und Aufbausprachkurse sowie für die staatsbürgerlichen Orientierungskurse auf die Bundesebene, die für Grundstruktur, Dauer, Lerninhalte und Zulassung der Kursträger zuständig geworden ist.

Das Integrationsklima – hoch entzündungsfähig

Die Bereitschaft zu einer offenen Identität statt der Ab- und Ausgrenzungen mit Identität bildender Schärfe braucht ein lernoffenes Integrationsklima. Dieses wird von vielen Faktoren bestimmt: von der weltpolitischen Großwetterlage, von vagabundierenden Ängsten in der Innenpolitik, vom Medientrend zu negativer Genüsslichkeit, vom politischen Populismus und vom Abgrenzungsverhalten, mit dem die Glaubensfamilien Überlegenheitsbewusstsein, Auserwählungsglauben und Gemeinschaft bildende Wir-Gefühle stärken.

Noch gibt es erhebliche kulturelle und religiöse Vorbehalte gegenüber der Integration. So fragen viele, ob Integration Volkstumswechsel, Einebnung von Identität, Assimilation, kollektive Demütigung und kulturellen Imperialismus zumutet, oder ob sie mehr eine gemeinsame Baustelle ist, eine *kulturelle Koevolution*, ein mitwandernder Horizont und eine Einladung, im Gehen die Weglosigkeit in eine interreligiöse Zukunft zu überwinden.

Natürlich gibt es auch einen idealisierten Integrationsbegriff, angstfrei anders sein zu dürfen, sich zu verändern, ohne sich zu verbiegen, sich anzunähern, ohne sich selbst aufzugeben, aus Altem und Neuem etwas Drittes zu schaffen, eine neue Heimat zu finden, ohne die alte zu verlieren, Milieuvielfalt im stadtgesellschaftlichen Klima zu pflegen, von problem- zu chancenorientierten Debatten überzugehen, Freiraum zu geben, sich selbst zu integrieren, statt integriert zu werden, und der Würde der eigenen Tat und dem aufrechten Gang eine Chance zu geben.

Was *Integration* letztlich ist, lässt sich nicht abschließend formulieren, wohl aber vorläufig festhalten:

- Integration ist kein Fertigprodukt, sondern ein Suchbegriff. Sie braucht den fröhlichen Sisyphos, der nicht nur nach Gefahren und Problemen fragt, sondern auch nach ungenutzten Chancen.
- Sie lässt sich nicht verordnen oder »herbeiverwalten«, sondern ist ein aufsuchendes Programm. Sie erfordert intensive Beziehungsarbeit, die verhindert, dass die Migranten ihre Ressentiments bunkern und mental ins innere Ausland re-emigrieren.

- Integration ergibt sich nicht aus einer Summe von Machbarem, sondern ist ein unverfügbarer, verletzbarer Bewusstseinsprozess.
- Integration ist eine gesamtgesellschaftliche Aufgabe, wenn die Zugewanderten in der Mitte der Gesellschaft ankommen sollen.
- Integration ist keine Einbahnstraße, denn auch die Mehrheit muss sich neu integrieren, denn die Gesellschaft, von der sie herkommt und in der sie zu leben glaubt, gibt es so nicht mehr, weil sie sich ethnisch und kulturell verschoben hat. Neu zu deuten ist also auch das Eigene, nicht nur das Fremde.
- Alternativen zur Integration sind Vergreisung, Vielvölkerstaat und kulturelle Einfalt statt Vielfalt.
- Integration lässt sich nicht sozialpädagogisieren und nicht ökonomisieren, sondern ist ein ganzheitlicher Prozess, also weder Ausländer-Sozialhilfe noch etwas, was nur gilt, wenn es sich rechnet.
- Integration ist ein Rudern gegen den Strom. Wer aufhört, treibt zurück.
- Migranten, die sich in Selbstmitleid und eine Opferrolle flüchten, machen sich für die Integration unerreichbar.
- Integration ist der Gegenbegriff zur ethnisch-kulturellen Parzellierung der Gesellschaft.
- Integration orientiert sich an der Zielvorstellung der offenen Gesellschaft, die nicht zu ertragen, sondern auch mitzutragen ist.
- Integration braucht eine einladende Gesellschaft mit Lust an der Vielfalt der Menschen.
- Integration gleicht nicht dem Tropfen im Meer, der seine Identität verliert, sondern dem Stein im Mosaikbild, der erhalten bleibt, einen neuen Stellenwert gewinnt und sich nicht mehr wegdenken lässt.
- Integration braucht eine kulturelle Klimawende, in der die Religionen und Kulturen Integrationsbrücken werden statt Identitätswächter religiöser Abwehrkulturen zu sein.
- Integration gelingt nur, wenn sie einladenden Charakter hat und von einer Anerkennungskultur geprägt ist.

Integrationspolitische Defizite führen dazu, dass Glaubensgemeinschaften Orte der Ersatzintegration werden und zu einem Sprach- und Denkraum, in dem sich verletzter Stolz erholt und Empörung artikuliert.

Das gilt vor allem für die besonders schwierige Lage von Flüchtlingen. Sie leben in einer Grauzone der Politik, zwar geduldet, aber nicht erwünscht, zwar unerwünscht, aber nicht abschiebbar, Menschen also, deren Hauptproblem darin besteht, dass es sie gibt.

Posttraumatische Belastungen zeigen sich in Gestalt von Depressionen mit Suizid-Gefahr, Schlafstörungen, Atemnot, Magenschmerzen, Panikattacken, Ausbrüchen bei re-traumatisierenden Situationen wie Geräuschen und Gerüchen, die Erinnerungen wecken, oder bei Abschiebeandrohungen und anderen Behördenerfahrungen.

Allein die Caritas in Köln hat in einem Jahr über 800 traumatisierte Flüchtlinge behandelt, die zwar vom Ort des Geschehens weit weg geflohen sind, doch das Geschehene bleibt nahe, weil es in Gestalt von immer wieder neuem Nacherleben mitgereist ist.

Traumatisierte Flüchtlinge kamen in den letzten Jahren aus dem Irak, dem Iran, aus Nahost, aus dem Kosovo, dem Kongo, aus Bosnien und der Türkei. Traumatisierte Menschen gibt es aber auch in Palästina und in Israel. In beiden Ländern wird Leben ausgelöscht und wird die psychische Gesundheit lebenslänglich zerstört. Ich verstehe, dass das einige parteilicher sehen, doch genau das ist der Grund, warum sich die Mechanismen von Gewalt und Gegengewalt nicht ausbremsen lassen.

Die Leistungsgesetze halten die Krankenkassen nicht auf Hilfe für Behandlungen von Traumata an, weil, so die irrige Vorstellung, traumatische Erfahrungen mit der Zeit von selbst ausheilen. Doch je älter ein Mensch wird, desto näher kommt ihm die Vergangenheit, sodass mit dem zeitlichen Abstand der Therapiebedarf sogar wachsen kann.

Wenn etwas heilen würde, dann das Gefühl einer neuen und verlässlichen Sicherheit, eine Zukunftsperspektive durch Bildungs- und Ausbildungsangebote, durch Arbeitserlaubnis, durch eine verstehende Nachbarschaft und insbesondere durch die seismographische Wachheit einer sensiblen Kirchen- oder Moscheegemeinde.

Bevorzugtes Medien- und Stammtischthema ist die *Kriminalitätsrate* jugendlicher Migranten. Es gehört zu einem Meinungsklima, das die Zugewanderten überwiegend in ihren Defiziten wahrnehmen lässt. Das wird verstärkt durch eine fehlende oder ungenaue Statistik, die sich nicht an der Herkunft, sondern an ihrem aufenthaltsrechtlichen Status orientiert. Das fehlende empirische Fundament öffnet demagogischem Missbrauch und angstbesetzten Gerüchten Tür und Tor.

So wird in der politischen Debatte bei Vergleichen zur Kriminalität oft die absolute Zahl der Zugewanderten herangezogen. Da es aber überwiegend um Jugendkriminalität geht, wäre beim Vergleich zu berücksichtigen, dass die Zahl der Zugewanderten im kriminalitätsaktiven Alter erheblich höher liegt als die der Jugendlichen der Mehrheitsgesellschaft.

Kriminalität der Zugewanderten ist ein angstbesetztes Thema, bei dem sich Arbeitsmarkt-, Sicherheits- und Überfremdungsängste gegenseitig hochschaukeln. Dieses Angstbündel verfestigt sich selbst und wird leichte Beute für Demagogen. Deshalb wäre eine korrektere Statistik, die die demographischen Unterschiede zwischen Zugewanderten und Mehrheitsgesellschaft berücksichtigt, eine der Voraussetzungen für ein Integrationsklima, bei dem sich Zugewanderte angenommen und nicht abgewiesen fühlen. Mit einer differenzierteren Strafverfolgungsstatistik wäre zugleich ein erster Schritt zur Bekämpfung von Kriminalität getan. Es ist zu begrüßen, dass manche Kreispolizeibehörden eine eigene, wenn auch inoffizielle Statistik führen.

Für die Kriminalitätsprävention haben einzelne Maßnahmen einen guten Stellenwert, doch dieser relativiert sich, wenn die Maßnahmen nicht auch das Integrationsklima beeinflussen. Deshalb wären Projekte zu Programmen zu bündeln, bei denen sich einzelne Initiativen stützen, um dann gemeinsam den Meinungstrend so zu lenken, dass auch die Mehrheitsgesellschaft die Probleme struktureller Diskriminierung als kriminalitätsfördernd erkennt.

Der Horizont aufgeklärter Eigeninteressen

Politikfähig werden Integrationsziele nur, wenn zugleich auch aufgeklärte Eigeninteressen thematisiert werden. Solche Interessen markieren zwar nicht die Grenzen der Integrationsbemühungen, doch sie bedeuten einen wesentlichen Motivationsschub. Interessen gelten für religiöse Weltbilder als zwielichtig und keineswegs als Teil der Hochethik. Sie werden gerne moralisierend abgewertet, obwohl sie manche Themen erst mehrheits- und politikfähig machen. Zudem sind Interessenbeziehungen oft würdiger als Betreuungsbeziehungen, weil sie die Selbstachtung nicht berühren.

Sie helfen zudem, vagabundierenden Ängsten die destruktive Wirkung zu nehmen – seien es soziale Abstiegsängste oder die Furcht vor einer »Entgermanisierung der Städte«. Diese Ängste nehmen die Gefahren nicht wahr, die ohne Migration und Integration entstünden. So steht fest, dass ohne Zuwanderung Vergreisung und Abwanderung, Verlust weiterer Arbeitsplätze und erhebliche Verteuerung der Infrastruktur drohen, während gelingende Integration zum Standortvorteil werden kann.

Ferner reicht der Arbeitsmarkt ohne Zuwanderung für viele Bereiche nicht aus. So berichten 72 Prozent von befragten Unternehmen, dass der Fachkräftemangel die eigentliche Wachstumsbremse und mangelnde Qualifizierung das größte Hindernis für Einstellungen sind.

Erfolgreiche Unternehmen stellen bewusst nicht homogene, sondern interkulturelle Arbeitsteams zusammen, weil diese für Problemlösungen besonders kreativ sind. Kulturelle Vielfalt statt Einfalt gehört deshalb zum Kern des diversity-managements, das systematisch auf eine interkulturelle Öffnung hinarbeitet. Diese Grundidee bewusster Förderung von Vielfalt ist durchaus übertragbar, denn auch die schöpferische Kraft einer Kommune wächst durch konstruktiven Umgang mit interkulturellen Möglichkeiten oder gar Spannungen.

So fördern sie systematisch die berufliche Qualifizierung Jugendlicher mit Migrationshintergrund, weil es wirtschaftlicher Luxus ist, ihre Ausbildungs- und Qualifizierungsreserven brachliegen zu lassen.

Ihre Sprach- und Kulturkompetenz eröffnen den Unternehmen an der Schwelle zum Weltmarkt auch neue Marktchancen. Zudem fördern Wirtschaft und Politik intensiv die Existenzgründungen von Zugewanderten. Die große Zahl türkischer Unternehmen zeigt, dass sie nicht nur Arbeitsplätze beanspruchen, sondern auch schaffen.

Interkulturelle Kompetenz der Verwaltungen kann zu einem erweiterten Dienstleistungsbegriff beitragen und den Verwaltungsalltag erleichtern, denn sie erspart Missverständnisse, Nacharbeit, doppelten Schriftverkehr und korrigierende Vorsprachen.

Integration erspart zudem die direkten und indirekten Kosten der Nicht-Integration, denn sie würde ethnische Ballungsprozesse auflockern, Spezialdienste überflüssig machen, Selbstverantwortung im Wohnumfeld stärken und mit abnehmender Arbeitslosigkeit auch den Sozialhilfebedarf mindern.

Integration schafft die eigentliche Motivation für den Spracherwerb, denn es gibt auch eine Wechselwirkung und nicht nur ein Nacheinander von Spracherwerb und Integration. Es widerspricht kommunalen Integrationsinteressen, wenn die mitgebrachte und meist hohe Motivation der Migranten durch verzögerte oder wenig effiziente Sprachkurse versandet.

Ferner ermöglicht Integration erlebbare Subjektrollen und erleichtert den Zugang zur Demokratie. Kommunale Mitgestaltungsrechte für Migranten schaffen Ansprechpartner für Politik und Verwaltungen, fördern die Bereitschaft zur Selbstverantwortung und zu ehrenamtlichem Engagement und schaffen Zugang auch zu solchen, die sich nur noch von der eigenen Ethnie ansprechen lassen. Deshalb sind Kommunen interessiert an erweiterten Kompetenzen und mehr Effizienz der Selbstvertretung der Migranten.

Integration mindert die oft erheblichen Konflikte der Erziehungsstile und -ziele zwischen öffentlichen Schulen, Elternhäusern und Moscheegemeinden bzw. Freikirchen aus Osteuropa. Diese Konflikte werden in einer dialoglosen Situation weitgehend auf dem Rücken der Kinder ausgetragen und schlagen Wunden, die sich nicht nur bei Ab- und Ausgrenzungen auf dem Schulhof zeigen.

Integration fördert die Konsensfindung zwischen Mehrheiten und Minderheiten wie z.B. bei Moscheebauten, die andernfalls zu erheblichen Polarisierungsfaktoren werden.

Voraussetzung für eine gelingende Integration ist, dass nicht Opportunismus und Feigheit vor dem Freunde Schweigezonen entstehen lassen, sondern dass ein belastbares Dialogklima entsteht, das verlässlich ist, weil Eigeninteressen und nicht nur wechselnde Stimmungen im Spiel sind.

Der Integrationsauftrag der Schule

Die Schule ist funktionaler und intentionaler Integrationsfaktor: *Funktional* wirkt sie durch die Gemeinsamkeit des Schulalltags. Erforderlich ist insbesondere, dass ungeachtet ethnischer Zugehörigkeit allen Schüler/innen mit gleichem Bildungsrecht, gleichem Leistungsanspruch und gleichen Disziplinerwartungen begegnet wird. *Intentional* wirkt die Schule deshalb, weil sie die Schüler/innen zu Toleranz, Vorurteilsfreiheit, friedlicher Konfliktregelung, Bereitschaft zum Perspektivenwechsel und Achtung vor religiöser Besonderheit anregt. Sie sollte ein Raum sein, in dem man ohne Angst verschieden sein kann.

Zur Integration gehört eine intensive Elternarbeit, denn Schüler/innen sind niemals nur Individuen, sondern jeweils Teil eines prägenden Beziehungsgeflechtes. Wenn jedoch die Elternarbeit scheitert, weil die Eltern die Kultur der neuen Heimat ablehnen, dann kann es weder zum Wohl des Kindes gehören noch im politischen Interesse liegen, eigene Schulformen zu schaffen, die zu Desintegrationsanstalten werden und die Integrationskrise nicht lösen, sondern nur vertagen und oder gar verschärfen.

Wenn die Schulen religiös motivierte Integrationsverweigerungen nicht akzeptieren und zugleich Kinder den Eltern nicht entfremden dürfen, kann eine vorläufige Lösung des Zielkonfliktes nur darin bestehen, auf Zeitgewinn zu setzen, denn Horizonte lassen sich nicht aufbrechen, sondern müssen wachsen.

Was mit Integration pädagogisch gemeint ist, lässt sich nur dialektisch ermitteln, denn sie bedeutet Anpassung, aber auch Entwicklung von Ichstärke, sie bedeutet Traditionsabbruch, aber auch Traditionsbesinnung im Interesse verknüpfenden Lernens, sie bedeutet – zumindest in Übergängen – Identität in der Schwebe zu halten und zugleich Selbstbewusstsein zu entwickeln.

Integrationspädagogik will Wege ebnen vom fremdelnden Gegeneinander über beziehungsloses Nebeneinander ethnischer Schülergruppen zu einem kooperativen Miteinander der Verschiedenen. Dazu fehlt aber noch die Grundentscheidung über das Integrationsmandat der Schulen, denn das gehört zu den Rahmenbedingungen für interreligiöses Lernen.

Einladung zu gemeinsamer Zukunftsverantwortung

Interreligiöses Lernen ist Teil einer Anerkennungskultur, von der auch die Integrationspolitik geprägt sein muss. Ausdruck höchster Anerkennung wäre es, die großen Zukunftsaufgaben des Landes so darzustellen, dass alle Religionen sich eingeladen und gewürdigt wissen, an ihrer Lösung mitzuwirken und dabei ihr eigenes Profil mit einzubringen.

Dazu gehört z.B. eine »mentale Stadtsanierung«, bei der zu fragen wäre, wie kumulative Negativfaktoren auszuhebeln sind, wie zu vermeiden ist, dass ganze Stadtteile zu demokratiefreien Zonen werden, wie Selbsthilfeimpulse der Migranten geweckt und gestärkt werden können, wie das Stadtteilimage im Interesse der Wirtschaft, der Vermieter, der Arbeitnehmer und aller Bewohner aufgewertet werden kann, wie Lethargie und Aggression zu bekämpfen sind und wie Stigmatisierungen von Ausländerkonzentrationen abzubauen sind.

Die Kommunen haben Ausländer- bzw. Integrationsbeauftragte benannt, die das Mandat haben, die Integrationspolitik als ämterübergreifende Querschnittsaufgabe aller Behörden zu profilieren und bewusstseinspflichtig zu machen. Sie moderieren die Entwicklung kommunaler Integrationsstrategien, bereiten Entscheidungsvorlagen für kommunalpolitische Gremien vor und bringen integrationspolitische Themen in kommunale Ausschüsse und umgekehrt kommunale Aspekte in den Integrationsrat/Ausländerbeirat ein. Zudem übernehmen sie die Umsetzungsverantwortung für kommunale Integrationsentscheidungen und nehmen Mitspracherechte und -pflichten bei allen kommunalen Entscheidungen, die die Migranten betreffen, wahr. Sie organisieren interkulturelle Weiterbildung, wirken an strategischen Konzepten der Personalentwicklung und an der Modernisierung des Dienstleistungsbegriffs der Behörden mit und thematisieren strukturelle Diskriminierungen, behördliches Abschreckungsverhalten und entmündigende Integrationsgängelei.

Im Außenbereich sind sie Makler zwischen Mehrheiten und Minderheiten, zwischen den Ethnien, Religionen und Kulturen und zwischen Politik und Netzwerken. Sie sind Agenten für eine lernende Politik in einer lernenden Gesellschaft und Anlaufstellen und Lotsen für Migranten, die sich im Dschungel der Kompetenzen verlieren. Sie erfüllen Ombuds- und Vermittlungsaufgaben insbesondere in den Bereichen Schule und Polizei, fördern Initiativen mit Modellcharakter und entwickeln auf kommunaler Ebene Ansätze einer Anerkennungskultur.

Offen bleibt die Frage, wie die Kommunen die Sogwirkung von Ballungsprozessen mindern können, um eine wachsende ethnische Segregation zu vermeiden. Diese wird vor allem dann gefährlich, wenn ethnische Verdichtungen so stark geworden sind, dass man dort durchaus ohne Deutschkenntnisse leben und sich der Integration verweigern kann. Es gibt Kommunen, die an dem entscheidenden Motiv für die Migration anknüpfen, nämlich an dem, dass es die Kinder einmal besser haben sollen. Dieses Motiv führt aus der Falle der Ethnisierung der Stadtteile, denn die Eltern befürchten Nachteile für etwaige Getto-Kinder. Zudem ist dieses Motiv durchaus belastbar, wirkt sehr aktivierend, ist relativ frustrationsfest und öffnet in besonderer Weise, weil es nicht an Ethnien, Religionen und Kulturen gebunden ist. Eine

Integrationspolitik, die systematisch und nachhaltig an diesem Elternmotiv anknüpft, wird schneller zum Ziel führen als eine Politik, die damit ausgelastet ist, Streitthemen aus dem Weg zu räumen.

Eine andere politische Großaufgabe wäre es, eine interkulturelle Grundwertedebatte anzuregen. Eine solche Debatte wäre aus mehreren Gründen fällig:

Sie würde der Werte-verschwiegenen Gesellschaft helfen, sich auf die eigenen Wert-Wurzeln zu besinnen. Sie könnte im Spiegel anderer Kulturen deutlicher erkennen, dass der Übergang angesagt ist vom ausschließenden Entweder-Oder Denken zu dem des Sowohl-als-Auch, vom zergliedernden Analysieren zum ganzheitlichen Erfassen des Wesenhaften und vom Schalthebel-Denken des Technikers zum pflegenden des Gärtners.

Eine Grundwertedebatte würde den Zugewanderten helfen, sich in eine Gesellschaft zu integrieren, die keineswegs Werte-los ist, sondern ihr Pluralismus wurde mit Blut und Tränen erstritten und hat zur Humanisierung der Menschheit beigetragen.

Sie würde auch den Migrantinnen und Migranten aus dem Osten helfen, denn in ihrem Langzeitgedächtnis leben noch die autoritären Strukturen fort, aber auch die Erfahrung, dass das Pendel der Geschichte in das Gegenteil, nämlich in eine Werteanarchie ausschlug. Sie haben nun Probleme, eine pluralistische Gesellschaft in diese Erfahrungen einzuordnen.

Eine interkulturelle Wertedebatte kann ein wichtiger Schritt zur überfälligen Anerkennungskultur sein, denn sie öffnet nicht nur den Blick für das Wertebewusstsein der Zugewanderten, sondern hilft auch, sie nicht bei ihren Defiziten wahrzunehmen, sondern sie bei dem Besten, das sie zur Lösung gemeinsamer Zukunftsaufgaben einbringen, in Anspruch zu nehmen. Sie würde denen, die Religion und Kultur gerne zu den weichen Themen der Politik zählen, die harten Folgen solcher Unterschätzung bewusst machen.

Bei einer solchen Grundwertedebatte geht es nicht um argumentative Sieger und Besiegte, wohl aber darum, sich in der Solidarität der Verlegenheit derer zu treffen, die in den Sachfragen der Politik anthropologische Grundfragen aufdecken und das Rätsel des zu bewahrenden Lebens aufspüren.

Es wäre viel gewonnen, wenn die Politik den Religionen gemeinsame Dialogaufgaben stellen und sie fragen würde:

- Ist der Mensch eine wurzellose Luftpflanze, also bedingungslos migrationsfähig,
- ist er genetisch determiniert, hilfloser Schwamm in der Sintflut der Informationen, willenloses Rädchen im weltwirtschaftlichen Getriebe, austauschbarer Rollenträger in der arbeitsteiligen Gesellschaft,
- ist er ein spirituell ausgetrockneter Fachmensch, eine Schachfigur im fremden Spiel und ein Vogel, der im Flug keinerlei Spuren hinterlässt?

Offen ist auch eine Frage, die sich aus der notwendigen Globalisierung des Verantwortungshorizontes ergibt. Der Mensch wird nämlich ökologisch und friedenspolitisch mehr denn zum Subjekt der Erdgeschichte. Doch wird das Zusammenwachsen der Einen Welt durch Überfremdungs- und Orientierungsängste und durch die Furcht vor religiöser Horizontverschmelzung blockiert.

Haben Politik und Religionen nicht parallele Aufgaben und wie können sie sich gegenseitig Impulse geben? Es gilt nämlich nicht nur, günstige Rahmenbedingungen für interreligiöses Lernen zu schaffen, sondern ihm durch inhaltliche Aufgaben kräftige Impulse zu geben. Das wäre Ausdruck einer mitdenkenden und Ergebnisse erwartenden Politik.

Literatur

Bundesministerium des Inneren, Gesetzestext des Zuwanderungsgesetzes sowie Zusammenfassung der wesentlichen Aspekte, http://www.bmi.bund.de/nn_165090/Internet/Content/Themen/Zuwanderung/DatenundFakten/Einzelheiten__des__Zuwanderungsgesetzes__Id__95111__de.html.

Bundesverfassungsgericht, BVerfG, 2 BvR 1436/02 vom 3.6.2003, Absatz-Nr. 43 http://www.bverfg.de/entscheidungen/rs20030924_2bvr143602.htm.

Rau, Johannes, Religionsfreiheit heute – zum Verhältnis von Staat und Religion in Deutschland, Rede zum 275. Geburtstag von Gotthold Ephraim Lessing am 22. Januar 2003, zugänglich über: http://www.uni-kassel.de/fb10/frieden/themen/Rassismus/rau.html.

Lefringhausen, Klaus (Hg.), Integration mit aufrechtem Gang. Wege zum interkulturellen Dialog, Wuppertal 2005.

Oestreich, Heide, Der Kopftuch-Streit, Frankfurt a.M. 2004.

Herbert, Ulrich, Geschichte der Ausländerpolitik in Deutschland. Saisonarbeiter, Zwangsarbeiter, Gastarbeiter, Flüchtlinge, München 2001.

Martin Affolderbach

Migration, Religion und Bildung – national und international

Migration hat es zu allen Zeiten gegeben. Konflikte und Vertreibungen sind die häufigste Ursache für erzwungene Migration. Deutschland ist in der zweiten Hälfte des 20. Jahrhunderts zu einem faktischen Einwanderungsland geworden. Unter den Migranten befinden sich über drei Millionen Muslime, über zwei Millionen römisch-katholische und rund eine Million orthodoxe Christen. Die religiöse Landschaft in Deutschland ist dadurch vielfältiger geworden, hat jedoch auch zu zahlreichen Konflikten besonders mit der muslimischen Religion und Kultur geführt. Während die Arbeitsmigranten aus den ehemaligen Anwerbestaaten zum Teil über ein geringes Bildungsniveau verfügten, kommt auch ein wachsender Anteil von hoch Qualifizierten nach Deutschland. Die Integration von auf dauerhaft ansässigen Migranten ist nicht nur eine soziale und zivilgesellschaftliche Aufgabe, sondern auch eine Herausforderung für den Bildungsbereich.

Die Bedeutung von Migrationsbewegungen

Migration als Schlüsselbegriff

Den Begriff »Migration« kannte der Duden bis vor kurzem nur zur Beschreibung der Wanderung von Zugvögeln. Dass in den Ausgaben der letzten Jahre auch die soziologische Dimension, also die Bedeutung im Hinblick auf Wanderungen von Menschen, aufgenommen wurde, signalisiert ein neues gesellschaftliches Bewusstsein für ein altes Phänomen.

Im Lateinischen bedeutet »migrare« weggehen an einen anderen Ort, um dort zu wohnen. Der davon abgeleitete Begriff »Migration« schließt heute eine Vielzahl von Wanderungsprozessen ein: Ein-, Aus-, Rückwanderung, Flucht, Mobilität und Freizügigkeit.

Der jährliche »Migrationsbericht« der Integrationsbeauftragten der Bundesregierung unterscheidet folgende Zuwanderergruppen (Migrationsbericht 2004): EU-Staatsangehörige, die von der Freizügigkeit innerhalb der EU Gebrauch machen, nachziehende Familienangehörige von Nicht-EU-Bürgern, Spätaussiedler, jüdische Zuwanderer aus den ehemaligen Gebieten der UdSSR, Asylbewerber, Kriegs-, Bürgerkriegs- und De-facto-Flüchtlinge, Arbeitsmigranten (aus nicht EU-Staaten), IT-Fachkräfte, ausländische Studierende sowie rückkehrende deutsche Staatsbürger. Eine weitere Gruppe sind illegal Zuwandernde (Menschen ohne Aufenthaltsstatus). Binnenwanderungen innerhalb eines Staates werden nicht unter diesen Begriff gefasst. Da dieser Terminus eine gewisse Dauer des Aufenthaltes unterstellt, werden Touristen und Berufspendler – der lateinischen Bedeutung folgend – nicht als Migranten bezeichnet.

Nicht selten sind Migranten auf Grund ihrer ethnischen, nationalen, kulturellen oder religiösen Herkunft von Misstrauen, Fremdenfeindlichkeit und Rassismus bedroht oder Diskriminierungen ausgesetzt.

Migration in der Menschheitsgeschichte

In der Geschichte der Menschheit hat es zu allen Zeiten Migrationsbewegungen gegeben. Klimatische Veränderungen, Suche nach Siedlungsraum, Hungersnöte, politische oder religiöse Unterdrückung und Kriege waren die häufigsten Ursachen.

Bereits in den Berichten der Bibel finden sich zahlreiche Beispiele von Migration. Mit dem Aufbruch und der Neuansiedlung Abrahams und seiner Sippe, dem Auszug des Volkes Israel aus Ägypten und der Wüstenwanderung der Stämme Israels, der Deportation in die babylonische Gefangenschaft und der Rückkehr von dort verbinden sich zentrale Glaubenserfahrungen und theologische Einsichten. Deshalb stehen im Alten Testament Fremde und Flüchtlinge unter einem besonderen Schutz (u.a. Lev 19, 33ff.), ein Gedanke, der in den zurückliegenden Jahrzehnten im Zusammenhang mit Fällen von Kirchenasyl zu einer Neubesinnung auf die christliche Beistandspflicht für bedrohte Menschen beigetragen hat.

Die Kettenreaktion der Wanderungsbewegungen germanischer Stämme zwischen dem 3. und 6. Jahrhundert, die das Ende des Römischen Reiches besiegelten, wird traditionell als Völkerwanderung bezeichnet. Auch in anderen Weltregionen gab es große Wanderungsbewegungen in Folge von Kriegen, Invasionen oder anderen Katastrophen.

Flucht und Migration aus religiösen Gründen hat es in den zurückliegenden Jahrhunderten in Europa unter anderem bei der Vertreibung der Hugenotten aus Frankreich und den Auswanderungen von christlichen Minderheitengruppen von Deutschland und Großbritannien nach Nordamerika gegeben.

Deutschland als Zuwanderungsland

Europa war bis Anfang des 20. Jahrhunderts ein Auswanderungskontinent, den zwischen 1815 und 1930 60 Millionen Menschen verlassen haben sollen (Bade 2002, 142). Wie etliche andere europäische Länder auch ist Deutschland in der zweiten Hälfte des letzten Jahrhunderts zu einem faktischen Einwanderungsland geworden. In der Folge des Zweiten Weltkriegs gab es große Flüchtlingsbewegungen. Zwischen dem Kriegsende 1945 und der deutschen Vereinigung 1990 kamen ca. 15 Millionen Flüchtlinge und Vertriebene, DDR-Bürger sowie Aussiedler aus Osteuropa nach Westdeutschland. Von dem Zuzug der rund 14 Millionen sog. Gastarbeiter von 1955 bis zum Anwerbestopp 1973 kehrten 11 Millionen zurück. Zur Jahrtausendwende betrug der Zuwanderungsüberschuss der letzten 40 Jahre knapp 9 Millionen Personen.

Anfang der 90er-Jahre erreichte der Zustrom nach Deutschland, bedingt durch die Öffnung der Grenzen nach Osten sowie dem Kriegsgeschehen auf dem Balkan, einen Höhepunkt. 1992 betrug der Wanderungsüberschuss annähernd 800.000 Personen. Auch auf Grund der Asylgesetzänderungen erreichten die Zahlen 1997 und 1998 einen Tiefpunkt und haben sich seitdem um einen Wert von 200.000 Personen eingependelt (2002: +219.288 Personen). Von diesen kamen 16 % aus EU-Ländern, gefolgt von Polen (12 %), Russland (9 %), dem ehemaligen Jugoslawien (7 %), der Türkei (7 %) und Kasachstan (5 %). Die restlichen 44 % stammen aus zahllosen Nationen, was die große Bandbreite in der Herkunft der Migranten dokumentiert. Die östlichen Bundesländer, mit Ausnahme Berlins, sind an dem Migrationsgeschehen nur minimal beteiligt (Migrationsbericht 2004, 5ff.).

Die EU-Binnenmigration ist derzeit die häufigste Form des Zuzugs, gefolgt von Saisonarbeitnehmern, Spätaussiedlern, rückkehrenden deutschen Staatsbürgern, nachziehenden Familienangehörigen von Drittstaatsangehörigen und Asylbewerbern. Rund ein Fünftel der Migranten sind Deutsche, die Deutschland verlassen oder nach Deutschland zurückkehren. Das zum 1.1.2000 geänderte Staatsangehörigkeitsrecht will Einbürgerungen erleichtern, um die Integration von Migranten zu fördern. Da zahlreiche Zuwanderer von der Möglichkeit der Einbürgerung Gebrauch gemacht haben, sind diese rechtlich gesehen keine Ausländer, sondern Deutsche mit »Migrationshintergrund«. Auch die große Zahl bi-nationaler Familien bedeutet, dass Kinder mit unterschiedlichem ethnischen und kulturellen Hintergrund und Traditionen aufwachsen. Mit dem Begriff des Ausländers, mit dem die formale staatsbürgerliche Zugehörigkeit bezeichnet wird, wird nur ein Teil der Migranten erfasst. Zudem ist stets in Rechnung zu stellen, dass eine zunehmende Zahl von in Deutschland lebenden Deutschen persönliche Migrationserfahrungen haben.

Migration als weltweites Phänomen

Migration ist ein weltweites Phänomen. Der UNO zufolge haben um die Jahrtausendwende über 100 Millionen Menschen als Arbeitsmigranten ihre Heimat verlassen – nicht mitgerechnet die Menschen, die innerhalb eines

Landes zur Wahrnehmung von Arbeit migrieren. Es wird vermutet, dass sich die gleiche Zahl von Arbeitsmigranten illegal im Ausland aufhält. Das Volumen der Geldüberweisungen von Arbeitsmigranten in ihre Heimatländer übersteigt die Summe aller öffentlichen Entwicklungshilfegelder.

In den zurückliegenden Jahrzehnten vollzog sich Arbeitsmigration in Europa vor allem von Süden nach Mitteleuropa. Die USA erlebten in dieser Zeit das Einströmen von Arbeitsmigranten aus Mexiko und Zentralamerika. Südafrika war und ist das Ziel zahlreicher Zuwanderer aus den umliegenden Staaten. Auf der arabischen Halbinsel lebt eine große Zahl asiatischer Arbeiter, wobei in den Arabischen Emiraten mit einem Arbeitsmigrantenanteil von 85 % der Bevölkerung ein weltweiter Spitzenwert erreicht wird.

Etwa 50 Millionen Menschen sind weltweit Opfer von Flucht und Vertreibung. 22 Millionen von diesen sind Flüchtlinge im Sinne der Genfer Flüchtlingskonvention. Der UNHCR betreut neben diesen auch zahlreiche Flüchtlinge, die Schutz bedürfen, sich aber innerhalb ihres Herkunftslandes befinden (vgl. Amt des Hohen Flüchtlingskommissars der Vereinten Nationen 2000). Der Mangel an natürlichen Ressourcen, zum Beispiel Wasser, kann künftig weitere Wanderungsbewegungen auslösen. Zudem leben schätzungsweise über 1,5 Milliarden Menschen in ökologisch kritischen Gebieten.

Die internationalen Mechanismen zur Prävention und zur Verhinderung solcher Krisen wie auch zur Bekämpfung der Ursachen von erzwungener Migration sind nur unzureichend entwickelt. Migration und Flucht verschlechtern in der Regel die Bildungsmöglichkeiten wie auch umgekehrt Menschen mit geringeren Bildungsmöglichkeiten tendenziell stärker durch Fluchtursachen bedroht sind.

Die europäischen Länder haben in den zurückliegenden Jahren fast alle Zuwanderung erfahren. Dabei wirken sich historische Verbindungen aus. Beispielsweise wandern vor allem Tunesier, Marokkaner und Algerier nach Frankreich zu oder Inder und Pakistani nach Großbritannien. Die höchsten Anteile von Zuwanderern verzeichnen Deutschland, Großbritannien, Spanien, Frankreich, die Niederlande und die Schweiz in dieser Reihenfolge. Im Vergleich mit der Zahl der Einwohner liegt jedoch Luxemburg weit vor der Schweiz und Irland (Migrationsbericht 2004, 79ff.).

Religion und Migration

Religionen von Migranten in Deutschland

In den zurückliegenden Jahrzehnten hat sich insbesondere durch die verstärkten Migrationsbewegungen eine neue religiöse Vielfalt in Deutschland herausgebildet.

Ein Blick zurück in die Geschichte zeigt, dass für Deutschland charakteristisch war, dass die überwiegende Mehrheit der Bevölkerung dem römischen Katholizismus und dem Protestantismus angehörten – neben einer kleinen Minderheit von Freikirchen, kleineren christlichen Gruppen und dem Judentum. Diese zusammen kann man dem wissenschaftlichen Sprachgebrauch folgend als »autochthone«, also ursprünglich ansässige Religionen in Deutschland bezeichnen. Die absolute Minderheitensituation von Menschen anderer Religionszugehörigkeit macht die folgende Zahl deutlich: Bei der Volkszählung im Deutschen Reich 1925 gehörten nur 2.968 Personen einer anderen Religion als Christentum und Judentum an. Diese Situation hat sich durch die Zuwanderung in Westdeutschland seit Mitte der 50er-Jahre deutlich verändert.

In der DDR bestand jedoch die beschriebene Situation fort. Bei der dortigen Volkszählung 1964 gaben lediglich 1.920 Personen an, »Angehörige nichtchristlicher Religionsgemeinschaften« zu sein, eine Situation, die sich bis zum Ende der DDR nicht nennenswert veränderte.

Zuwanderung und die Veränderung der christlichen Konfessionen

Von der Zuwanderung nach Deutschland hat in erster Linie die *Römisch-Katholische Kirche* zahlenmäßig profitiert, deren Gesamtmitgliederbestand sich auf rund 27 Millionen beläuft. Es gibt ca. 2,7 Millionen römisch-katholische Christen ausländischer Herkunft, die in 560 muttersprachlichen Pfarreien von ca. 530 Pfarrern oder Priestern betreut werden. Da es nach Auffassung der römisch-katholischen Kirche keine »Ausländergemeinden« gibt, wird von fremdsprachigen Missionen gesprochen. Für knapp 30 Nationalitäten bestehen Angebote, von denen die italienischen, die spanischen, polnischen und kroatischen Gemeinden zu den zahlenmäßig größten gehören.

Die Zahl der *evangelischen Ausländer in Deutschland* ist demgegenüber vergleichsweise klein und kann wohl auf 150.000 bis 200.000 geschätzt werden (vgl. dazu Kirchenamt der EKD 1997; 2001). Dies hat seinen Grund darin, dass Länder mit protestantischen Mehrheiten nur einen geringen Anteil der Migranten in Deutschland stellen. Evangelische Christen ausländischer Herkunft (die größten Gruppen sind Niederländer mit ca. 23.500; Dänen ca. 18.000; Schweden ca. 16.000; Finnen ca. 13.000 und Ungarn mit ca. 12.500) sind teilweise wie selbstverständlich in die Gemeinden der Gliedkirchen der EKD integriert. Andere bilden eigene Gemeinden außerhalb der landeskirchlichen Strukturen. Für deutschstämmige Migranten aus Osteuropa bestehen in etlichen evangelischen Landeskirchen gesonderte Angebote (Aussiedlerarbeit).

Einige *orthodoxe und altorientalische Kirchen* unterhalten schon seit längerem Gemeinden in Deutschland, die jedoch nur sehr wenige Gläubige umfassten. Durch die Migrationsbewegungen der letzten Jahrzehnte sind ca. 1,2 Millionen orthodoxe und altorientalische Christen nach Deutschland gekommen, die heute in mehr als 2000 Hauptgemeinden mit 15 Bischöfen und etwa 270 Priestern und Diakonen organisiert sind. Griechisch-orthodoxe Christen bilden unter diesen mit etwa 400.000 Gläubigen die größte Gruppe, gefolgt von den Rumänen (ca. 300.000), den Serben (ca. 250.000), Bulgaren (etwa 60.000), Armenier (ca. 35.000), Äthiopier (ca. 20.000) sowie kleiner Gruppen von Ukrainern (etwa 3.600), Rum-Orthodoxe (ca. 10.000) und andere (Angaben nach Basdekis 2001).

Die 13 in Deutschland bestehenden *anglikanischen Gemeinden* bilden ebenfalls eine recht kleine Gruppe mit international gemischten Mitgliedern, die überwiegend Migranten sind. Die (konfessionellen und evangelischen) *Freikirchen* verfügen über zahlreiche fremdsprachliche Angebote, verstehen diese aber als Bestandteil ihres gemeindlichen Lebens. Zudem sind in einigen Freikirchen die Zahl der Russlanddeutschen nennenswert.

Zu den so genannten *neuen religiösen Bewegungen* kann man auch unabhängige christliche Gruppen wie Pfingstler und charismatische Gruppen zählen. Gruppen von christlichen Afrikanern mit charismatischer oder pfingstlerischer Ausrichtung sammeln sich oft um eine Person mit besonderer Ausstrahlung. Diese Gruppen haben oft geringe Konstanz und unterschiedlichen Organisationsgrad.

Die Bedeutung der Zuwanderung für andere Religionen in Deutschland

Das *Judentum* ist eine seit Jahrhunderten in Deutschland ansässige Religionsgemeinschaft. In den 1950er-Jahren gab es in der Bundesrepublik Deutschland und West-Berlin knapp 17.000 Juden, die in 72 Gemeinden organisiert waren. Deren Zahl hat sich vor allem durch die Zuwanderung von jüdischen Emigranten aus Osteuropa in den 1990er-Jahren deutlich erhöht, was für die jüdischen Gemeinden eine große Integrationsaufgabe bedeutet. Der seit 1950 existierende Zentralrat der Juden, der eine Körperschaft des öffentlichen Rechts ist und im Jahr 2003 einen Staatsvertrag mit der Bundesrepublik Deutschland abgeschlossen hat, verfügt heute über rund 100.000 Mitglieder. Neben der im Jahr 2002 gegründeten Union Progressiver Juden mit ca. 2.500 Mitgliedern in 13 Gemeinden gibt es auch Gemeinden, die keiner Dachorganisation angehören.

Im Gegensatz zum Judentum ist der *Islam* in Deutschland fast ausschließlich eine Zuwandererreligion. Obwohl eine erste Moschee (der Ahmadiyya-Gruppe aus Indien) bereits 1928 in Berlin-Wilmersdorf gebaut wurde, gab es bis zur Gastarbeiterzuwanderung in Deutschland nur sehr wenige Muslime. Die Volkszählung von 1961 registriert für Westdeutschland nur 28.900 Personen, die dem Islam oder einer »anderen Volks- und Weltreligion« zugehören. Kurz vor der deutschen Vereinigung, nämlich 1987, ergibt die Volkszählung mit einer eigenen Kategorie »Islam« 1.650.952 Muslime; das sind 2,7 % der westdeutschen Bevölkerung. Die aktuellen Angaben zu Muslimen in Deutschland schwanken zwischen 1,7 und 3,3 Millionen, was sicherlich seinen Grund darin hat, dass der Islam kein Mitgliedschaftsverständnis kennt und sich deshalb die Schätzungen mehr an nationalen Zugehörigkeiten orientieren als an religiöser Praxis oder Zugehörigkeit zu einem Moscheeverein. Rund 80 % der in Deutschland lebenden Muslime sind türkischer Herkunft, von denen etliche die deutsche Staatsangehörigkeit haben. Deutschstämmige Muslime werden auf 11.000 Personen geschätzt. 10 % bis 15 % der Muslime sind in Moscheevereinen organisiert, und etwa 30 % nehmen aktiv am religiösen Leben teil. In Berlin besteht der höchste Anteil von Muslimen, nämlich mit 6,3 % der Bevölkerung, in den östlichen Bundesländern der geringste. Nach den evangelischen und den römisch-katholischen Christen sind die Muslime vor den orthodoxen Christen zur drittgrößten Religionsgruppe in Deutschland angewachsen.

Die *Aleviten* sind eine aus dem Islam hervorgegangene Gemeinschaft, die von diesem aber nicht als zum Islam gehörig anerkannt wird. In Deutschland leben schätzungsweise 500.000 Aleviten, die in ihrem Herkunftsland Türkei über 20 % der Bevölkerung ausmachen, aber über keine offizielle Anerkennung verfügen. Seit 1967 gibt es alewitische Vereine in Deutschland. Mit dem Islam verwandt ist ebenfalls die *Ahmadiyya-Bewegung* mit derzeit sechs Moscheen in Deutschland. Die ursprünglich aus dem Iran stammende *Bahai-Religion* hat in Deutschland eine Anhängerschaft von etwa 5.000 Mitgliedern.

Vermutlich leben 20.000 deutschstämmige und 35.000 bis 40.000 asiatische *Buddhisten* in Deutschland, von denen viele Flüchtlinge sind. Die Deutsche Buddhistische Union gibt deutlich höhere Zahlen an und spricht von ca. 100.000 deutschen und ca. 120.000 asiatischen Buddhisten (vor allem Vietnamesen und Thai) und rund 600 Zentren und Gruppen.

Der *Hinduismus*, dessen Anhängerschaft in Deutschland auf ca. 100.000 geschätzt wird, ist fast gänzlich durch Migranten und Flüchtlinge nach Deutschland gekommen, abgesehen von einigen deutschen Anhängern von reformhinduistischen Strömungen. Wie der Islam und der Buddhismus befindet sich der Hinduismus in einer Aufbauphase, in der an festeren Organisationsformen und der Etablierung von Tempeln gearbeitet wird.

Etwa 25.000 – eigenen Angaben zufolge ca. 30.000 – *Yeziden* leben derzeit in Deutschland, die vor allem als Flüchtlinge aus den kurdischen Siedlungsgebieten und der Kaukasusregion geflohen sind. Im Hinblick auf andere Religionsgruppen und spirituelle Vereinigungen ist die Situation so vielfältig, dass sich keine generellen Aussagen zur Rolle von Migranten treffen lassen.

Bei der Darstellung der Religionsgemeinschaften sollte nicht unerwähnt bleiben, dass sich die Zahl der Menschen ohne formale Religionszugehörigkeit vergrößert hat. Schätzungsweise ca. 23 Millionen und damit rund 28 % der deutschen Wohnbevölkerung sind religionslos, wobei die Bevölkerung der östlichen Bundesländer einen hohen Anteil stellt. Migranten spielen in dieser Gruppe keine signifikante Rolle.

Pluralisierung, Säkularisierung und die Rückkehr der Religion

Die Migrationsbewegungen und die Zuwanderung nach Deutschland in der zweiten Hälfte des 20. Jahrhunderts, aber auch durch die deutsche Vereinigung, haben das religiöse Profil Deutschlands nachhaltig verändert. Diese Entwicklung ist noch nicht abgeschlossen.

Pluralisierung

Die erste Dimension der Veränderung ist eine Pluralisierung der Religionslandschaft. Die christliche Konfessionslandschaft ist durch die Präsenz orthodoxer Kirchen und zahlreicher Christen anderer nationaler und kultureller Herkunft vielfältiger geworden und hat damit die hier ansässigen evangelischen und katholischen Kirchen und Gemeinden zu verstärkter ökumenischer Zusammenarbeit herausgefordert. Der Islam wird als eine neue, also zugewanderte Religion in Deutschland wahrgenommen. Er wird nicht nur als Bereicherung, sondern auf Grund seiner Fremdheit und Andersartigkeit oft auch als Bedrohung empfunden. Nachdem Muslime ihre Religion in Hinterhofmoscheen eher unbemerkt praktiziert haben, vollzieht sich seit einigen Jahren eine sichtbare gesellschaftliche Etablierung des Islam, die nicht nur in Moscheebauten, sondern auch in einer verstärkten Organisierung von Gruppen von Muslimen und deren Erwartungen an Zusammenarbeit mit Staat, Kirchen und gesellschaftlichen Gruppen zum Ausdruck kommt. Die Frage des Zusammenlebens mit Muslimen ist deshalb eine der aktuell schwierigen und strittigen innenpolitischen Fragen in Deutschland. Die Notwendigkeit zu interreligiösem Dialog ist eine gesamtgesellschaftliche Gestaltungsaufgabe.

Säkularisierung

Die gewachsene Zahl der Konfessionslosen ist ein Ergebnis der zunehmenden Säkularisierung, die sich vor allem als ein Schwinden von Traditionsbindung beschreiben lässt. Die in den kommenden Jahren auch weiterhin rückläufige Zahl der evangelischen und katholischen Christen ist jedoch auch zu einem deutlichen Anteil auf die demographische Entwicklung zurückzuführen.

Die religiöse Landschaft in Deutschland ist mehr als ein Jahrzehnt nach der Vereinigung weiterhin im Osten und Westen sehr unterschiedlich. Während die oben beschriebene Pluralisierung besonders in den städtischen Ballungsgebieten des ehemaligen Westdeutschlands und in West-Berlin anzutreffen ist, sind die Konfessionslosen in Ostdeutschland die eindeutige Mehrheit.

Die Zuwanderung von Migranten hat an der Entwicklung nur einen geringen Anteil. Obwohl es auch Migranten gibt, die keiner Religionsgemeinschaft angehören oder sich ihr zugehörig fühlen, ist die Säkularisierung ein Phänomen, das sich in vielen, jedoch nicht allen europäischen Ländern zeigt.

Die größere Zahl von Religionsgemeinschaften weist keineswegs als solche auf eine Renaissance der Religionen hin. Vielmehr sind alle Religionsgemeinschaften, wenn auch in unterschiedlicher Weise, von Säkularisierung und Globalisierung betroffen.

Die Rückkehr der Religion
Die fortschreitende Etablierung des Islam in Deutschland hat zu einer neuen Sichtbarkeit von Religion beigetragen, nachdem der christlich-kirchliche Anteil im öffentlichen Leben in Deutschland stetig zurückgedrängt wurde. Der Streit um das Kopftuch, um Moscheebauten und andere Fragen im Zusammenleben mit Muslimen haben religiöse Aspekte erneut in die öffentliche Diskussion gebracht. Ob diese Entwicklungen zu einer stärkeren Trennung von Religion und Staat führen werden oder der Religion eine neue gesellschaftliche Rolle verschaffen, lässt sich derzeit noch nicht übersehen.

International

Weltweit gesehen kann die Zugehörigkeit zu einer bestimmten Religion ein Grund für Migration oder Flucht sein. Oft ist jedoch die Religionszugehörigkeit mit anderen Merkmalen wie beispielsweise der ethnischen Zugehörigkeit verbunden. Zudem spielen soziale, politische und ökonomische Faktoren eine Rolle. Die bewaffneten Auseinandersetzungen und Kriegshandlungen in Ex-Jugoslawien sind ein Beispiel für das komplizierte Ineinandergreifen unterschiedlicher Dimensionen eines Konfliktes, bei dem die Religionszugehörigkeit ein Merkmal, aber nicht das allein ausschlaggebende ist. Die Zerstörung von Kirchen und Moscheen wird eingesetzt, um den anderen in seiner Identität verletzend zu treffen.

Zahlreiche Christen haben die Länder des Nahen und Mittleren Ostens verlassen, da sie sich einer eingeschränkten Religionsfreiheit und begrenzten Lebensmöglichkeiten ausgesetzt sahen (Kirchenamt der EKD 2003). In Südostanatolien und in Palästina ist der Exodus von Christen auf deren Situation zwischen rivalisierenden Fronten zurückzuführen. Fehlende Religionsfreiheit und Toleranz hat zur Auswanderung von Bahai aus dem Iran beigetragen. Ethnische und religiöse Aspekte verbinden sich bei der Flucht von Yeziden aus deren ursprünglichen Siedlungsgebiet im Nordirak. Radikale und extremistische religiöse Gruppen können Konflikte schüren und dabei auch Flucht, Vertreibung und Auswanderung provozieren (wie beispielsweise im aktuellen Konfliktfeld im Sudan).

Migranten und Bildung

Die Fälle von erzwungener Flucht und Migration bedeuten fast immer für die betroffenen Menschen eine Minimierung von Bildungsmöglichkeiten. Die Sicherung des reinen Überlebens hat Vorrang. In der Fremde fehlt es oftmals nicht nur an Möglichkeiten, Bildungsangebote in Anspruch zu nehmen, sondern teilweise bestehen auch rechtliche, kulturelle und sprachliche Hindernisse.

Freiwillige Migration wird dagegen oft unternommen, um die persönlichen Bildungsmöglichkeiten zu erweitern. Schüleraustausch, Studium im Ausland oder berufliche Tätigkeiten in anderen Ländern dienen der Erweiterung von Kenntnissen und Erfahrungen.

Bildungssituation von Migranten und deren Kinder in Deutschland

Angaben über die Bildungssituation von Migration in Deutschland sind nur für bestimmte Sektoren verfügbar. Am besten ist dabei die Beteiligung im Ausbildungsbereich zu überblicken (Bildungsbericht 2003).

In der Phase der sog. Gastarbeiterzuwanderung kamen Migranten aus Mittelmeeranrainerstaaten nach Deutschland, die auf Grund ihrer Anwerbung für Berufe mit geringen Qualifikationsanforderungen oft über eine geringe formale Bildung verfügten. Fehlende Sprachkenntnisse in Deutsch bei der Zuwanderung erschwerten Integration und beruflichen Aufstieg. Einige Frauen vor allem aus dem traditionellen muslimischen Kulturkreis sind bis heute in der benachteiligten Situation, dass sie durch die Bindung an den Haushalt gehindert werden, Deutschkenntnisse zu erwerben und zu vertiefen. Darunter kann auch der deutsche Spracherwerb der Kinder leiden. Doch die Gruppe der Migranten ist insgesamt keine homogene Gruppe. So bieten die im Folgenden genannten Daten nur den statistischen Durchschnitt.

Der Besuch eines *Kindergartens* ist für die späteren schulischen Leistungen wie auch für soziale Kompetenzen ausschlaggebend. Ausländische Kinder besuchen fast genauso häufig einen Kindergarten wie Deutsche.

Der Anteil ausländischer Schüler an der Gesamtschülerzahl liegt bei 9,4 %; bei Hinzurechnung von Schülern mit Migrationshintergrund und Aussiedlern steigt die Prozentzahl auf etwa 12 % (vgl. Gogolin u.a. 2001). Die von der Konferenz der Kultusminister vorgelegte Übersicht über die *Schulabschlüsse* ergibt folgendes Bild (Bildungsbericht 2003, 171ff.):

Schulbesuch und Schulabschlüsse	*deutsche Jugendliche*	*ausländische Jugendliche*
Hauptschulbesuch	28,5 %	42,4 %
ohne Hauptschulabschluss	8,5 %	17,9 %
Realschulabschluss	50,4 %	32,0 %
allgemeine Hochschulreife	30,2 %	8,2 %
Fachhochschulreife	10,1 %	5,1 %

Auf Grund der unterschiedlichen Schulformen in den einzelnen Bundesländern lassen sich nur bedingt vergleichbare Aussagen über die Bildungsbeteiligung von ausländischen Jugendlichen machen. Das trifft vor allem für den Grundschulbereich zu.

Die PISA-Stichproben lassen einen ungünstigen Einfluss des Migrationshintergrundes auf die Bildungsbeteiligung erkennen. Auch weisen solche Jugendliche eine signifikant höhere Wiederholungsquote auf, was auf eine mangelnde Förderung hinweist, ein Phänomen, das in den unteren Klassen deutlicher auftritt und sich in den höheren Klassen angleicht.

Der Anteil der deutschen Jugendlichen im *dualen Ausbildungssystem* betrug 2001 9 %, der von ausländischen Jugendlichen lediglich 5,5 % und dies mit rückläufiger Tendenz, was vor allem auf die schlechte Situation des Ausbildungsstellenmarktes zurückzuführen ist. In einigen Berufen sind ausländische Jugendliche überproportional vertreten, wie beispielsweise im Einzelhandel, im Friseurhandwerk und in Arztpraxen, jedoch am wenigsten in Serviceberufen, im Medienbereich und in IT-Berufen. »Die Berufe, die vor allem von Ausländern ergriffen werden, zeichnen sich durch ein höheres Arbeitsplatzrisiko sowie geringere Verdienst- und Aufstiegschancen aus.« (ebd., 217) Ausländische Jugendliche sind zudem im Bereich solcher beruflichen Schulen überrepräsentiert, die vorherige Bildungsabschlüsse nachholen oder eine Funktion als »Warteschleifen« haben. Entsprechend sind ausländische Jugendliche auch in den Bildungsangeboten, die zu Studiengängen an Fachhochschulen oder Universitäten befähigen, unterdurchschnittlich vertreten.

Auch bei der Beteiligung von Ausländern an den *Hochschulstudien*gängen machen sich die soziale Schichtung und das Bildungsniveau der Migranten aus den Anwerbestaaten deutlich bemerkbar. Während Eltern aus den Anwerbestaaten nur zu 17 % über eine Hochschulzugangsberechtigung verfügen, jedoch zu 40 % keinen Schulabschluss haben, kommen die Eltern der anderen Nationalitäten auf 74 % Hochschulzugangsberechtigung. Während etwa 17 % aller deutschen Jugendlichen ein Hochschulstudium absolvieren, liegt der Anteil bei Jugendlichen nichtdeutscher Herkunft unter 4 %. Von den Jugendlichen, die ihren Hochschulzugang in Deutschland erworben haben (sog. »Bildungsinländer«), haben 79 % eine europäische Staatsbürgerschaft. Der Anteil türkischer Studierender unter den Bildungsinländern entspricht jedoch mittlerweile etwa dem statistischen Anteil der türkischen Wohnbevölkerung unter den Ausländern in Deutschland. An den Hochschulen in den östlichen Bundesländern ist der Anteil ausländischer Studenten am geringsten. Im zurückliegenden Jahrzehnt hat sich die Zahl der Studierenden aus dem Ausland (Bildungsausländer) verdoppelt (2003: 163.000) und ist damit fast drei Mal so hoch wie die Zahl der Bildungsinländer mit Migrationshintergrund.

Auch im Bereich der *Weiterbildung*sangebote sowie der beruflichen Weiterqualifizierung sind Ausländer deutlich weniger vertreten (ebd., 219).

Rechtliche Aspekte

Das Schulrecht bietet teilweise ungünstige rechtliche Rahmenbedingungen für Migrantenkinder (Reuter 2001, 111-199). Nicht in allen Bundesländern existieren gesetzliche Regelungen für die Beschulung dieser Kinder. Der Aufenthaltsstatus kann Auswirkungen auf die Bildungsmöglichkeiten haben, da Kinder von Asylbewerbern und Kriegs- oder Bürgerkriegsflüchtlingen nicht in allen Bundesländern schulpflichtig sind.

Zur Förderung der Integration sollen Zuwandererkinder grundsätzlich in deutschen Regelklassen unterrichtet werden.[1] Wo erforderlich, sollen mangelnde Sprachkenntnisse durch Vorbereitungs- oder Förderunterricht ausgeglichen werden. Durch eine so genannte Feststellungsprüfung kann die Fähigkeit eines Migrantenjugendlichen in einer elterlichen Sprache bescheinigt und die Befreiung von einer Pflichtfremdsprache erfolgen.

Der in Artikel 7 Absatz 3 des Grundgesetzes garantierte bekenntnisorientierte *Religionsunterricht* ist nicht nur auf christlichen Religionsunterricht anwendbar, sondern auch für andere Religionsgemeinschaften offen, sofern diese die dafür notwendigen Voraussetzungen erfüllen. Neben dem evangelischen, katholischen und vereinzelt jüdischen Religionsunterricht gibt es in einigen Regionen auch (griechisch-, russisch- oder serbisch-)orthodoxen Religionsunterricht, der im Wesentlichen von Migrantenkindern wahrgenommen wird.

Religiöse Unterweisung für die schätzungsweise 750.000 muslimischen Kinder und Jugendliche (bis 16 Jahre) wurde weitgehend im Rahmen des muttersprachlichen Ergänzungsunterrichts oder auf privatrechtlicher Grundlage von Moscheevereinen angeboten. Die Einrichtung eines muslimischen Religionsunterrichts als ordentliches Lehrfach scheiterte bislang weitgehend

1 In Deutschland bestehen nur einige wenige Ersatz- oder Ergänzungsschulen für ausländische Kinder (z.B. griechische Lyzeen in Trägerschaft des griechischen Staates oder muslimische Grundschulen in Bayern und Berlin).

an der fehlenden religiösen Autorität, die dem Staat als Partner zur Festlegung der Inhalte der Lehrpläne zur Verfügung stehen kann. Es existieren jedoch Modellversuche mit Zwischenlösungen (Bayern und Nordrhein-Westfalen) oder landespezifische Regelungen, die den Unterricht in die alleinige Verantwortung einer Religionsgemeinschaft legt (Berlin und Brandenburg). Im Interesse einer Integration von Muslimen in das gesellschaftliche Leben und der Kontrolle radikaler Einflüsse sollte der Staat selbst Interesse haben, diese Modelle weiter zu entwickeln.

Migration und Integration

Bildung kann wesentlich dazu beitragen, Ursachen für erzwungene Migration zu beseitigen. Die Erziehung zu einer kritischen Sensibilität für Menschen-, Minderheiten- und Freiheitsrechte kann langfristig die Schaffung und Erhaltung gerechter und partizipativer gesellschaftlicher Strukturen fördern. Zu diesen globalen Bildungszielen gehört auch die Schaffung eines Bewusstseins dafür, dass bedrohte Menschen Schutz benötigen und dass Andersartigkeit und kulturelle Fremdheit Respekt erfordern.

Während erzwungene Migration zu vermeiden ist, kann freiwillige Migration die Verständigung von Menschen unterschiedlicher Prägung begünstigen und Toleranz und Offenheit fördern. Bildung kann diesen Prozess wesentlich beeinflussen.

Religionen können Ursache von Spannungen und Konflikten sein insbesondere dort, wo sie mit einem Überlegenheitsanspruch auftreten oder die Akzeptanz anderer vermissen lassen. In den meisten Religionen stecken jedoch auch starke Kräfte für die Anerkennung der Menschenwürde, für Gerechtigkeit, Frieden und Versöhnung. Diese müssen noch stärker zur Geltung kommen. Eine vordringliche Aufgabe interkultureller Pädagogik im Allgemeinen wie auch von religiöser Bildung im Besonderen ist es, für Toleranz, wechselseitiges Verständnis der Religionen und Kulturen einzutreten sowie Extremismus und Radikalismus entgegenzuwirken.

Für die Kirchen ist die Fürsorge für Flüchtlinge und Migranten seit langem ein wichtiger Teil ihres gesellschaftsdiakonischen Engagements. Neben den Angeboten von Fach- und Beratungsdiensten für Migranten und Hilfen zur Integration haben sich die Kirchen seit den 60er-Jahren öffentlich für ein tolerantes Miteinander, für Maßnahmen der Integration und Aktionen gegen Fremdenfeindlichkeit und Rassismus eingesetzt. Dazu gehören unter anderem die auf kirchliche Initiative gegründete und seit 1975 bestehende »Woche der ausländischen Mitbürger/Interkulturelle Woche« und das Arbeitsvorhaben der Arbeitsgemeinschaft Christlicher Kirchen in Deutschland »Lade deine Nachbarn ein!«. Auf Weltebene ist das Programm des Ökumenischen

Rates der Kirchen für »entwurzelte Menschen« (uprooted people) zu erwähnen. Die Evangelische Kirche in Deutschland hat sich mehrfach für eine zukunftsorientierte Migrations- und Integrationspolitik ausgesprochen und dabei unter anderem auch die Bedeutung der Bildung unterstrichen (Kirchenamt der EKD u.a. 1997b; Zusammenleben mit Muslimen in Deutschland, 2000; Zusammenleben gestalten 2002). Integration ist ein kontinuierlicher und wechselseitiger Prozess, der nicht nur den Migranten Anpassungsleistungen auferlegt, sondern auch die Mehrheiten in einem gesellschaftlichen Wandel hineinnimmt. Bildung kann helfen, diesen Wandel friedvoll und zukunftsorientiert zu gestalten.

Zum Weiterlesen

Beauftragte der Bundesregierung für Migration, Flüchtlinge und Integration (Hg.), Migrationsbericht der Integrationsbeauftragten im Auftrag der Bundesregierung, Berlin: Eigenverlag Januar 2004.

Kirchenamt der EKD, »Bestandsaufnahmen zur Situation von Gemeinden anderer Sprache und Herkunft in Deutschland«, Bericht an die Synode der EKD, Hannover, November 2001. Zugänglich unter www.ekd.de/migrantengemeinden/kap_dokumente.html.

Zusammenleben gestalten. Ein Beitrag des Rates der EKD zu Fragen der Integration und des Zusammenlebens von Menschen anderer Herkunft, Sprache oder Religion, Hannover 2002.

Literatur

Amt des Hohen Flüchtlingskommissars der Vereinten Nationen (Hg.), Zur Lage der Flüchtlinge in der Welt. 50 Jahre humanitärer Einsatz, Bonn 2000. Verzeichnis aller Publikationen unter www.unhcr.de.

Bade, Klaus-J., Einwanderungskontinent Europa. Migration und Integration am Beginn des 21. Jahrhunderts, Osnabrück 2001.

Basdekis, Athanasius, Die Orthodoxe Kirche. Eine Handreichung für nicht-orthodoxe und orthodoxe Christen und Kirchen, Frankfurt a.M. 2001.

Gogolin, Ingrid/Neumann, Ursula/Reuter, Lutz R., Schulbildung für die Kinder aus Minderheiten in Deutschland 1989-1999. Schulrecht, Schulorganisation, curriculare Fragen, sprachliche Bildung, Münster u.a. 2001.

Henkel, Reinhard, Atlas der Kirchen und der anderen Religionsgemeinschaften in Deutschland – eine Religionsgeographie, Stuttgart u.a. 2001.

Kirchenamt der EKD (Hg.), Kirchen und Gemeinden anderer Sprache oder Herkunft, Hannover u.a. 1997a.

Kirchenamt der EKD/Sekretariat der Deutschen Bischofskonferenz/Arbeitsgemeinschaft Christlicher Kirchen in Deutschland (Hg.), »... und der Fremdling, der in deinen Toren ist.« Gemeinsames Wort der Kirchen zu den Herausforderungen durch Migration und Flucht, Bonn u.a. 1997b.

Kirchenamt der EKD (Hg.), Bedrohung der Religionsfreiheit. Erfahrungen von Christen in verschiedenen Ländern. Eine Arbeitshilfe, EKD-Texte 78, Hannover 2003.

Klöcker, Michael/Tworuschka, Udo (Hg.), Handbuch der Religionen. Kirchen und andere Glaubensgemeinschaften in Deutschland, München 1997.

Reuter, Lutz R., Schulrecht für Schüler nichtdeutscher Erstsprache, in: Zeitschrift für Ausländerrecht 21 (2001), H. 3, 111-119.

Ständige Konferenz der Kultusminister der Länder, Bildungsbericht für Deutschland, Opladen 2003.

Zusammenleben mit Muslimen in Deutschland. Gestaltung der christlichen Begegnung mit Muslimen. Eine Handreichung des Rates der EKD, Gütersloh 2000.

Bernhard Dressler

Religiöse Bildung und Schule

In diesem Beitrag geht es um Bedingungen und Möglichkeiten religiöser Bildung an öffentlichen Schulen. Die multireligiöse Schule wird dabei als Chance für den Religionsunterricht, aber auch für Religion als soziale und kulturelle schulische Praxis erachtet. Die Anknüpfungspunkte für Fragen interreligiösen Lernens werden aus bildungstheoretischer Perspektive gleichsam markiert.[1]

Pluralisierung, Religion, Bildung

Oft wird vorschnell von einem »Paradigmenwechsel« in der Religionspädagogik geredet. Wenn ein solch ambitiöser Begriff überhaupt zu rechtfertigen ist, dann hinsichtlich der gegenwärtigen Umstellung des Reflexionshorizontes religiöser Bildungsprozesse: Bis vor nicht allzu langer Zeit galt die rasch voranschreitende Säkularisierung und der damit verbundene soziale und kulturelle Bedeutungsverlust der Religion als Fluchtpunkt religionspädagogischer Theoriebildung. Nunmehr jedoch richtet sich bei allem Nachdenken über die Bedingungen und Möglichkeiten religiöser Bildung das Hauptaugenmerk auf die wachsende religiöse und weltanschauliche Pluralisierung unserer Gesellschaft (Schweitzer u.a. 2002). Strittig ist dabei nicht das Faktum der Pluralisierung, sondern die Frage, welche Folgerungen der empirische Befund nahe legt, sei es im Sinne einer Umstellung religiöser Bildungsprozesse als – notgedrungene – *Reaktion* auf diese Entwicklung, oder sei es im Sinne eines zu begrüßenden Gewinns an individuellen Freiheitsspielräumen und damit auch an Lernspielräumen. Zwei Begleiterscheinungen der Pluralisierung nötigen, wenn nicht zur Korrektur, so doch zumindest zur Differenzierung der Säkularisierungsprognosen: Die vielfältigen Formen der fast schon zum Schlagwort gewordenen »Wiederkehr der Religion« einerseits und der gleich-

1 Diese Anknüpfungspunkte werden in ihren Ausgestaltungsmöglichkeiten möglicherweise begrenzter eingeschätzt, vielleicht sogar hinsichtlich der wünschbaren Ziele interreligiösen Lernens zurückhaltender beurteilt als in anderen Beiträgen dieses Handbuchs. Damit die Position des Autors zum Thema interreligiösen Lernens trotz der thematischen Einschränkung an dieser Stelle transparent wird, sei hingewiesen auf: Dressler 2003, 113-124.

wohl fortschreitende Bedeutungsverlust kirchlich-christlich institutionalisierter und normierter Religion andererseits.

Religiöse Bildungsprozesse werden in ihren Gehalten wie in ihren Gestalten von dieser Entwicklung berührt. Im Zuge des kulturellen Modernisierungsschubes seit den späten 1960er-Jahren wächst ein Rationalisierungsdruck, der etwa das deutsche Modell eines konfessionellen Religionsunterrichts an staatlichen Schulen schon massiv in Frage gestellt hat, bevor das Pluralisierungsthema (geschweige denn das Thema der Multikulturalität) in den Aufmerksamkeitsmittelpunkt rückte – damals noch unter dem Vorzeichen des Säkularisierungsparadigmas. Der Plausibilitätsverlust dieses Modells scheint sich nun in einer eher laizistischen Positionen zuneigenden Bildungslandschaft noch weiter zu verschärfen. Aus dem Bedeutungszuwachs von Religion und ihrer gleichzeitigen Pluralisierung wird in dieser Perspektive nicht ein wachsender Bedarf an religiöser Bildung gefolgert, über deren Gestaltung dann im Weiteren zu diskutieren wäre. Vielmehr schiebt sich – eingestanden oder unbewusst – unter dem Vorzeichen eines sozialen und kulturellen Integrationsbedarfs die Bemühung um eine Neutralisierung des tatsächlichen oder vermeintlichen Konfliktpotenzials religiöser Differenzen in den Vordergrund. Neutralisierungsabsichten verstärken den Ruf nach dem religiös neutralen Staat, der, wenn der Bedarf an religiöser Bildung überhaupt anerkannt wird, an öffentlichen Schulen zunehmend als deren einzig denkbarer Träger erscheint, auch wenn die dabei zum Zuge kommende Neutralität weltanschaulich-religiös alles andere als voraussetzungslos ist.

Andererseits ist mittelfristig keine parlamentarische Zweidrittelmehrheit in Sicht, die den Artikel 7 des Grundgesetzes, wonach der Religionsunterricht an staatlichen Schulen als »ordentliches Lehrfach« und »in Übereinstimmung mit den Grundsätzen der Religionsgemeinschaften« zu erteilen ist, abschaffen oder abändern könnte. Sogar die zaghaften Ansätze zu einem konfessionell-kooperativ zu erteilenden christlichen Religionsunterricht, dem die Mehrheit der evangelischen und katholischen Religionslehrerschaft zuzuneigen scheint[2], sind gegen den eher wachsenden Vorbehalt der katholischen Amtskirche wenig aussichtsreich. Auf kirchlicher Seite unumstritten ist, dass Art. 7 GG auch für einen deutschsprachigen islamischen Religionsunterricht heranzuziehen ist. Alle Veränderungen des Religionsunterrichts, wenn sie denn für notwendig erachtet werden, haben sich also pragmatisch auf diesen Rechtsrahmen einzustellen.[3] Davon unberührt bleibt, dass konfessionsheterogene

2 Vgl. die empirischen Daten in der niedersächsischen Religionslehrer-Untersuchung: Feige u.a. 2000, 314-323. Die derzeit noch nicht veröffentlichte evangelisch-katholische Replikationsstudie in Baden-Württemberg kommt zu ähnlichen Ergebnissen.

3 Dabei werden verstärkt unterschiedliche regionale Spielräume zu nutzen sein, die zu einem Modellpluralismus im Rahmen von Art. 7 GG führen werden. Kaum verallgemeinerbar wird dabei das sog. »Hamburger Modell« eines evangelischen Religionsunterrichts »für alle« sein, da es von der andernorts nicht erwartbaren

und z.T. auch religiös heterogene Lerngruppen längst zur Normalität des Religionsunterrichts – zumindest des evangelischen – gehören. Ob man diese Situation nun bedauern mag oder nicht – im Folgenden wird von ihr ausgegangen, nicht ohne freilich zu betonen, dass diese Rechtslage auch unter den Bedingungen radikalisierter Pluralität einer positiven Lesart offen steht, wenn man sie nicht als ein klerikales Privileg interpretiert – was sie sowohl nach dem Wortlaut als auch nach der Mehrheit der verfassungsrechtlichen Kommentatoren nicht ist. Hier soll Art. 7 GG als *Subsidiaritätsmodell* interpretiert werden, wonach der Staat im Blick auf seine weltanschaulich-religiöse Neutralität die inhaltliche Ausgestaltung des Religionsunterrichts den Religionsgemeinschaften zu treuen Händen überträgt, um den Religionsunterricht zugleich in der durch das Grundrecht der positiven Religionsfreiheit (Art. 4 GG) gebotenen Positionalität gestalten zu können. Diese seit der EKD-Denkschrift zum Religionsunterricht von 1994 (Rat der EKD 1994) üblicherweise als »konfessorisch« bezeichnete Positionalität unterscheidet dann den Religionsunterricht auch in didaktischer Hinsicht sachgerecht von einer neutral informierenden Religionskunde. Im Zusammenhang mit dem Pluralitätsthema sei daran erinnert, dass das deutsche Staatskirchenrecht (die sog. »hinkende« Trennung von Staat und Kirche) historisch als religionspolitische Folge der besonderen Situation konfessioneller Pluralität in Deutschland verstanden werden kann, und deshalb vielleicht in besonderer Weise geeignet ist, dem wachsenden religiösen Pluralismus gerecht zu werden. Wenn denn »Differenzkompetenz« (Korsch 2003), wie noch zu zeigen ist, das wesentliche Lernziel religiöser Bildung sein sollte, dann wird das unter wie auch immer konkret zu gestaltender Beteiligung der Religionsgemeinschaften besser erreichbar sein als unter der alleinigen Ägide des weltanschaulich neutralen Staates und der damit unweigerlich verbundenen Neutralisierung religiöser Differenzen. Das gilt allerdings nur unter dem Vorbehalt, dass der Staat und alle Beteiligten den Religionsunterricht nicht in erster Linie als eine soziale, politische und kulturelle Integrationsveranstaltung verstehen, sondern als Befähigung zur aktiven Inanspruchnahme eines staatlichen Grundrechts, des Rechts auf aktive wie passive Religionsfreiheit. Selbstverständlich gehört dazu kritische Urteilsfähigkeit in religiösen Dingen ebenso wie die Möglichkeit, sich für eine religionsabstinente Lebensführung zu entscheiden.

Nun hat die Bedeutung des Zusammenhangs von Pluralisierung, Religion und Bildung speziell im Blick auf die Schule dadurch an Dringlichkeit gewonnen, dass sich nirgendwo im öffentlichen Raum Menschen unterschiedlicher kultureller Herkünfte und religiöser Zugehörigkeiten in gleicher Vielfalt, in gleicher Nähe und Intensität begegnen wie an der Schule. Schule ist nicht mehr denkbar ohne Begegnung mit *den* Fremden, die zugleich nahe sein können und dennoch fremd bleiben, und *dem* Fremden, das im kulturel-

---

Voraussetzung eines Verzichts sowohl der Katholiken als auch – derzeit noch – der Muslime auf einen ›eigenen‹ Religionsunterricht an staatlichen Schulen lebt.

len Klima der Pluralität mehr und mehr auch das fremde Eigene sein kann. Diese Begegnungen verlangen, das ist allgemeiner Konsens, verstärkte Anstrengungen in interkultureller Bildung. Leider werden häufig, wenn interkulturelle Verständigungsaufgaben im Blick sind, die dabei eigentlich evidenten religiösen Aspekte entweder übersehen oder nur als Stör- und Konfliktpotenzial wahrgenommen. Mit diesem folgenreichen Missverständnis wird verkannt, dass Respekt vor fremder Religiosität nicht ohne deren Kenntnis, vor allem aber auch nicht ohne religiöse Selbstvergewisserung entwickelt werden kann. Unzulänglich ist zumal die in interkulturellen Lernzusammenhängen häufig zu beobachtende Praxis, Religion zu exotisieren und zu folklorisieren oder als bloß lexikalischen Lernstoff zu behandeln. So können z.B. islamische Gebetsriten von Nichtmuslimen eigentlich erst auf Grund einer eigenen, reflektierten Frömmigkeitspraxis nachvollzogen werden. Und wenn schon nicht nachvollzogen, so doch zumindest als etwas verstanden werden, was nicht verächtlich ist und vor öffentlicher Herabwürdigung zu schützen ist.[4] Natürlich – nicht immer und nicht bei allen Menschen kann sich eine solche Hermeneutik des Fremden auf die Reflexion eigener religiöser Praxis rückbeziehen. Bei religiös abstinenten oder indifferenten Menschen wird dann aber zumindest die ernsthafte Reflexion der eigenen Entscheidung für eine a-religiöse oder religiös distanzierte Lebensform die Voraussetzung für die gebotene Toleranz sein müssen.

4 Beispielsweise kann die Weigerung, das Kopftuch bei muslimischen Frauen als authentischen Ausdruck einer *religiösen* Praxis anzuerkennen (so schwer dies auch fallen mag), einem Mangel an Empathie zugerechnet werden, der mit der Verschließung vor einer *eigenen* religiösen Binnenperspektive zusammenhängt. Aus der dann allein möglichen Außenperspektive erscheint es legitim, gleichsam das Deutungsmonopol über ein fremdes religiöses Zeichen sich anzumaßen und zu behaupten, das Kopftuch sei ein antidemokratisches »politisches Symbol« – was es natürlich *auch* sein kann. Der Mangel an religiöser Empathiebereitschaft kommt nun gerade darin zum Ausdruck, dass die grundsätzliche Deutungs*offenheit* religiöser Zeichen (und das damit unumgängliche Recht auf Selbstinterpretation) nicht anerkannt und einem aufklärerisch-rationalistischen Vereindeutigungs-Bedürfnis geopfert wird. Eben dieser Mangel an Bereitschaft zur wechselseitigen Perspektivenübernahme kann als ein Problem *mangelnder religiöser Bildung* verstanden werden, wenn diese, wie weiter unten ausgeführt, durch den Wechsel von Binnen- und Außenperspektive charakterisiert wird.

Schule als Lern- und Lebensraum

Der gegenwärtige tief greifende Bedeutungswandel der Schule ist natürlich nicht nur ein Pluralisierungsphänomen. Zu beobachten sind in vielerlei Hinsicht gleichzeitige Bedeutungsverluste und Bedeutungszuwächse der Schule, die hier im Vergleich zum Pluralitätsthema nur kurz skizziert werden sollen. Der zentrale Bedeutungsverlust der Schule folgt aus dem Verlust ihrer bisherigen Monopolstellung für Wissenszugänge. Kinder und Jugendliche erwerben heute einen Großteil ihres kognitiven und enzyklopädischen Wissens (nicht mehr nur, wie schon immer, ihres lebensweltlichen Orientierungswissens und moralischen Regelwissens) *an der Schule vorbei*. Das liegt an der vor allem medial vermittelten größeren Kontextoffenheit (und auch in dieser Hinsicht: an der wachsenden Pluralität) des Lebens von Kindern und Jugendlichen. Damit geht gleichsam dialektisch ein Bedeutungszuwachs einher: Die Schule muss umso mehr Hilfen zum Verstehen und zum Verarbeiten des über nichtschulische Quellen vermittelten Wissens geben. Hierzu gehört, dass andere Religionen nicht mehr nur aus Büchern oder anderen Medien bekannt sind, sondern eben aus der unmittelbaren Nähe, in der Schule wie im Wohnviertel.

Zugleich ist die Schule von Phänomenen einer (oft vorschnell als »Werteverlust« diagnostizierten) schwindenden Erziehungskraft betroffen, deren komplexe, v. a. in den gewandelten familialen Sozialisations- und Erziehungsmustern liegenden Ursachen hier nicht zu erörtern sind. Dass freilich in der öffentlichen Wahrnehmung diese neuen erzieherischen Probleme und Aufgaben der Schule oft mit den als fremd empfundenen Lebens- und Erziehungsstilen ethnischer und kultureller Minderheiten in Zusammenhang gebracht werden, verweist auch hier auf die Bedeutung und die Brisanz der Pluralisierungsfolgen. Die Sache wird eher noch komplizierter, wenn anerkannt wird, dass bei den gerade genannten Zuschreibungen nicht immer nur Ressentiments im Spiel sind.

Schließlich: Die Deregulierungs- und Ökonomisierungsprozesse im Bildungsbereich bedrohen die Sozialgestalt der Schule als eines die sozialen und kulturellen Herkunftsdifferenzen der Schüler überwölbenden gemeinsamen Erfahrungsraums. Umso mehr wächst die politische Bedeutung der Schule als Lernraum der Demokratie. Hierzu gehört auch, dass immer mehr Kinder und Jugendliche nur noch im Raum der Schule die Chance haben, verlässliche Verhaltensorientierungen und nicht-ökonomistische Wertmaßstäbe zu erfahren (gewaltfreie Konfliktlösungen, Zuwendung für Schwächere etc.). Nicht zuletzt ist dies ein Grund für die seit spätestens 15 Jahren zunehmende Aufmerksamkeit für die Schule als Lern- *und Lebens*raum. Der Schule stellt sich dabei die Aufgabe, das Verhältnis von Bildung und Unterricht einerseits und Erziehung andererseits neu zu bestimmen und auszubalancieren. Jürgen Baumert formuliert dieses Verhältnis pointiert: »In der Schule der Moderne bildet der Unterricht und erzieht primär die Organisation.« (Baumert 2002, 106) Auch wenn Erziehung und Bildung in der Schule empirisch ineinander fallen – im Unterricht kann nicht nicht erzogen werden –, bleibt die mit dieser Feststellung vollzogene *analytische* Unterscheidung zwischen Erziehung und Bildung bedeutsam – nicht zuletzt auch und gerade für den Religionsunterricht, und zwar auch und gerade angesichts verstärkter öffentlicher Zuschreibungen, wonach der Religionsunterricht in besonderem Maße einer sozial-integrativen »Werteerziehung« zu dienen habe. Werteerziehung, wenn man sich auf diesen problematischen Terminus überhaupt einlassen will (vgl. Dressler 2002, 256-269), ist nicht die Sache des Unterrichts, schon gar nicht eines Faches, sondern eine Aufgabe der Schule insgesamt. Eckart Liebau plädiert deshalb für Werteerziehung im Zusammenhang einer »Pädagogik der Teilhabe« als aktiver Beteiligung von Kindern und Jugendlichen an relevanten Aufgaben des Zusammenlebens (Liebau 1999). Dazu gehören z.B. die Konzepte der Gestaltung von Schule als »just community« (vgl. Schweitzer 1996, 62ff., bes. 78). Im »Lernen an Modellen« und in der Teilhabe am gestalteten Schulleben ist so etwas wie »ein handlungswirksames emotionales Gedächtnis« zu stiften (Nipkow 2002, 63), dessen Wirkungen nur schwer zu operationalisieren sind, von dem aber ungleich größere Nachhaltigkeit als von moralischen Appellen, kognitiven Belehrungen über Werte und unterrichtlich vermitteltem Handlungswissen zu erwarten ist (vgl. Joas 2002, 58-77). Nachhaltiges interkulturelles und interreligiöses *Lernen* an der Schule wird überwiegend den schulischen *Lebens*formen zuzurechnen und weniger als Resultat interkultureller und interreligiöser *Didaktik* zu erwarten sein.

Allgemeine Bildungsaufgaben der Schule

Je mehr gegenwärtig bildungs*politische* Fragen in den Aufmerksamkeitsmittelpunkt rücken, umso umstrittener und unklarer erweist sich der Bildungsbegriff. Problematisch ist die verbreitete Reduktion des Bildungsbegriffs auf ökonomische Effizienzkalküle. Wenn bestenfalls Ausbildung gemeint ist, wo von Bildung die Rede ist, kann man sich nicht mit dem Problem auseinander setzen, dass man etwas lernen muss, obwohl man nicht wissen kann, was man in Zukunft wissen muss (vgl. Giesecke 2001, 51). Bildung kann heute nicht mehr durch einen Kanon lexikalisch-materialen Wissens definiert werden. Natürlich gehören Lernen und Bildung zusammen: Ohne Lernen ist Bildung nicht möglich. Aber ohne Bildung wird Lernen zur Dressur. Es geht in der Bildung immer auch um Orientierungen des bewussten Lebens, um die Förderung von Selbst- und Weltdeutungen, um die Gewinnung von Selbstachtung und Respekt gegenüber anderen, um die Fähigkeit, aufgeklärtes Wissen mit lebenstragenden Gewissheiten zu verbinden und so in einer immer unsichereren Welt ohne falsche Sicherheiten auskommen zu können. Insofern ist Bildung sperrig gegenüber Zwecksetzungen. Bildung hat ein »reflektiertes Selbstverhältnis« (Tugendhat 1979, 31) zum Ziel, und zwar so, dass dieses Ziel keineswegs den kognitiven und intellektuellen Standards und Gehalten sog. »höherer« Bildung vorbehalten bleibt. Gewiss lassen sich gesellschaftlich notwendige und auch in allen Berufsfeldern geforderte Schlüsselqualifikationen zu großen Teilen nur durch übendes Lernen erwerben. Aber sie benötigen als Fundament ein Verstehen der Welt und von sich selbst, das sich nur in der Bildung der Persönlichkeit und ihrer Daseinsgewissheit, ihres Weltvertrauens erschließt. Deshalb kann Bildung nur dann funktional sein, wenn sie nicht *nur* funktional ist (vgl. Peukert 2002, 56). Die moderne Bildungsidee »beruht ... im Wesentlichen auf der Einsicht, dass der Mensch mehr ist, als in seinem Alltag von ihm verlangt und erwartet wird.« (Giesecke 2001, 51) Die Analogien zur Religion als einer nicht auf funktionale Zwecke reduziblen Deutungskultur liegen auf der Hand, ebenso die Analogien zu einer durch die Metapher von der Gottebenbildlichkeit bezeichneten Vorstellung von Menschenwürde, die rechtfertigungstheologisch dadurch präzisiert wird, dass der Mensch weder die Summe seiner Taten noch die Summe seiner Kompetenzen ist. Damit ist zugleich anerkannt, dass Bildung keine Garantien für moralische Güte einschließt. Wohl aber wird die moralische Qualität ethischen Lernens vermutlich gerade dann verfehlt, wenn der Bildungsprozess moralerzieherisch funktionalisiert wird.

Vor diesem Hintergrund ist die Unterscheidung zwischen Verfügungs- und Orientierungswissen hilfreich, um den Bildungsbegriff zum einen in Augenhöhe mit der Bildungspraxis zu beschreiben, und um ihn zum anderen für religiöse Fragen anschlussfähig zu halten. Mit Hilfe dieser Unterscheidung kann zwischen Tatsachen und der Deutung von Tatsachen unterschieden werden. In Bildungsprozessen wird, wie in allen Lernsituationen, immer schon beides vermittelt: Verfügungswissen und Orientierungswissen, und zwar unabhängig davon, ob alle Beteiligten sich dieses Unterschiedes bewusst sind oder nicht. Wenn in Bildungsprozessen freilich nicht nur praktisches Wissen im Sinne von Qualifikationen erstrebt wird, sondern die Möglichkeiten einer bewussten Lebensführung erschlossen werden sollen, dann muss in ihnen dieser Unterschied reflexiv bewusst werden. So gesehen ist Bildung, auch darin der Religion verwandt, vor allem Unterscheidungsfähigkeit. Bildungsprozesse in der Schule sind dann gefährdet, wenn das schulische Lernen insgesamt in allen Fächern auf Verfügungswissen abzielt. Wissenschaftstheoretisch formuliert: Wenn sich das schulische Lernen dem Szientismus ausliefert, einem Rationalitätstypus also, der *alles* zum Gegenstand positiven Wissens macht – und alle Wissensgegenstände zum Material technischer Machbarkeit. Nun haben sich in den modernen Lebensverhältnissen unterschiedliche kulturelle Wertsphären, Rationalitätsformen und Systemlogiken so weit ausdifferenziert, dass kein einigendes Band mehr das Ganze inhaltlich konsistent zusammenhalten kann – das gilt auch für die Schule und ihren Fächerkanon (vgl. Dressler 2004, 3-17). Für das Gute, das Wahre und das Schöne, für Ethik, Wissen und Ästhetik sind keine kompatiblen Urteilsmaßstäbe mehr heranzuziehen. Der Verlust eines substanziell gehaltvollen Begriffs von Allgemeinbildung hat weniger mit der Aufsprengung des Bildungskanons durch die Beschleunigung der Wissensvermehrung zu tun, sondern ist als Resultat dieses Ausdifferenzierungsprozesses zu verstehen. So gehört es zur Bildung, dass in ihr unterschiedliche Weltzugänge, unterschiedliche Horizonte des Weltverstehens eröffnet werden, die nicht wechselseitig substituierbar sind: Empirische, logisch-rationale, hermeneutische, musisch-ästhetische Weltzugänge mit ihren jeweils unterschiedlichen Potenzialen an Verfügungswissen und Orientierungswissen, ihren jeweils eigenen Rationalitätsformen (Baumert 2002, 106f.). Zum »Kerncurriculum« schulischer Bildung gehören deshalb die »Aufgaben einer szientifischen, historischen, ideologiekritischen, transzendentalkritischen sowie den Perspektivenwechsel zwischen den verschiedenen Weltverhältnissen reflektierenden Bildung« (Benner 2002, 78), zugleich damit die Einübung des Perspektivenwechsels zwischen alltäglichen »Umgangsverhältnissen« und szientifischer Weltbetrachtung (Benner 2002, bes. 74). Eben deshalb – und nicht etwa auf Grund obsolet gewordener enzyklopädischer Vollständigkeitskriterien eines Stoffkanons – gründet die Schule auf einem *Ensemble* von Fächern. Es gehört allerdings (noch) nicht zur selbstverständlichen schulischen Praxis, die wechselseitigen Geltungsansprüche und -reichweiten dieser Fächer dadurch zu klären, dass ihre Unterschiede thematisiert werden. Aber nur über die Reflexion dieser Differenzen kann die Schule einen anspruchsvollen Begriff von Allgemeinbildung zurückgewinnen. Das »einigende Band« ist nicht mehr in den Gegenständen selbst, sondern am Ort des Subjekts und dessen Unterscheidungsfähigkeit zu finden. Dem Religionsunterricht kommt dabei besondere Bedeutung zu.

Religionsunterricht und Allgemeinbildung

Religiöse Bildung

Von religiöser Bildung ist nicht allgemein, unter Absehung empirischer Religionen, zu sprechen. Aus christlicher Perspektive gründet die Möglichkeit religiöser Bildung auf der elementaren Unterscheidung zwischen dem Glauben und seinen Lebens- und Reflexionsformen, d.h. zwischen Glauben und Religion. Religion ist dabei zu verstehen als die Kultur symbolischer Kommunikation des Glaubens. Glaube ist kein Bildungsziel – aber mittels religiöser Kommunikationsformen kann über Glauben nachgedacht und reflektiert werden, können Glaubenstraditionen dargestellt und erschlossen werden, können Ausdrucksformen des Glaubens erlernt werden. In solchen Lern- und

Bildungsprozessen kann der Glaube vor Missverständnissen bewahrt werden. Auch vor dem Missverständnis, beim Glauben handele es sich um eine besondere, mit dem Bildungswissen nichtgläubiger oder andersgläubiger Menschen konkurrierende Form erlernbaren Wissens über Tatsachen oder Sachverhalte. Bildungsangebote aus der Perspektive des christlichen Glaubens setzen den Glauben in ein Verhältnis zum Wissen (und zu den mit diesem Wissen verbundenen Problemen) unserer Zeit. Eingedenk der Unterscheidung zwischen Verfügungswissen und Orientierungswissen versucht religiöse Bildung, den fatalen Riss zu überbrücken, den Jürgen Habermas in den säkularisierten Gesellschaften des Westens diagnostiziert hat: Den Riss zwischen einer ideologisch gewordenen Aufklärung und der Religion (Habermas 2001, 53), den Riss zwischen jenem Wissen, das sich nur noch als Verfügungswissen im Sinne technischer Machbarkeiten versteht, und jenen Gewissheiten, die ins Private verdrängt werden, öffentlich nicht mehr zur Diskussion stehen und deshalb keine orientierende Kraft mehr gewinnen. Aufgeklärtes Wissen ohne Gewissheit, ohne Selbstvergewisserungskraft, verliert die Fähigkeit zur Daseinsorientierung (vgl. hierzu Meyer-Blanck 2002, 173-182). Gewissheit ohne aufgeklärtes Wissen, ohne Reflexionsvermögen und Reflexionsbereitschaft, ist anfällig für Fundamentalismus. Neben religiösem Fundamentalismus gibt es auch den platten Aufklärungsfundamentalismus. Religiöse Bildung ist kritische Auseinandersetzung mit jeder Form von Fundamentalismus – und interreligiöses Lernen wird als Bildungsprozess, ohne wechselseitige Suprematsansprüche und Missionierungsabsichten, so überhaupt erst möglich.

Neben der Unterscheidung zwischen Glaube und Religion ist im Blick auf religiöse Bildung eine weitere, für das neuzeitliche Christentum konstitutive Differenz zu bedenken: *Die Differenz zwischen religiösem Reden* (in dem sich der Glaube artikuliert und zugleich von sich selbst verschieden weiß und das alle nichtsprachlichen, z.B. liturgischen Formen symbolischer Kommunikation einschließt) *und dem Reden über Religion* (Meyer-Blanck 2001, 414-424). Zugleich *»über« Religion* kommunizieren zu können und *religiös* bzw. *»als« Religion* kommunizieren zu können – in dieser mit der Geschichte der konfessionellen Differenzierung des europäischen Christentums verbundenen doppelten Fähigkeit sieht Niklas Luhmann eine der bedeutsamsten kulturellen Errungenschaften des alten Europas (Luhmann, unveröffentlichtes Manuskript, 17). Mit Hilfe dieser Unterscheidung ist die für Bildungsprozesse unabdingbare Möglichkeit zur Selbstdistanz eröffnet, in der sich Subjekte von sich selbst und von ihrem Glauben unterscheiden können. So wird es möglich, sich »über Religion zu verständigen«, auch wenn man sich »religiös nicht verständigen« kann (Meyer-Blanck 2003, 105) – eine gegenüber manchem interreligiösen Verständigungsüberschwang realistischere, aber immer noch hinreichend ehrgeizige Zielformulierung.

Ohne die damit verbundene Perspektivendifferenz zu reflektieren und urteilsfähig die sprachlichen Ausdrucksformen wechseln zu können, würde die eine Perspektive die andere dementieren: Religiöse Reflexion würde religiöse Praxis verstellen und religiöse Praxis würde sich gegen religiöse Reflexion versperren. Wir würden entweder nur beobachten können, wie Religion die Welt beobachtet – also »über« Religion reden. Oder wir wären darauf beschränkt, religiös die Welt zu beobachten. Eben die Fähigkeit zum Perspektivenwechsel zwischen religiösem Reden und Reden über Religion soll hier gebildeter Religion zugerechnet werden – und eben deshalb erfordern pluralistische Bedingungen religiöse Bildung, es sei denn, man optiert für eine fundamentalistische Position, die aber schon deshalb, weil sie auch nur *als Option* denkbar ist, die Spuren kultureller Modernität gar nicht abschütteln kann.

Der Beitrag des Religionsunterrichts zur allgemeinen Bildung

Bildung ist, das sollte im Blick auf die Pluralisierung der Lebenswelt und die Ausdifferenzierung ihrer Wissens- und Reflexionsgegenstände deutlich geworden sein, nicht mehr als »integrativer Gesamtbegriff« zu denken. Zugleich ist angesichts der Differenzen des Lebens »eine Kompetenz nötig, die es erlaubt, zu den technisch-praktischen Verrichtungen und den moralischen Verpflichtungen eine beurteilende und eigene Aktivität freisetzende Distanz zu gewinnen, sodass man sagen kann, Religion sei Differenzkompetenz des eigenen Lebens (...) Die Voraussetzung dafür ist (...) die Fähigkeit, sich selbst zu deuten, also eine solche Distanz zu sich selbst einzunehmen, die ein Zurückkommen auf mich erlaubt.« (Korsch 2004, 17). Diese Einsicht kann nun den Beitrag religiöser Bildung zur allgemeinen Schulbildung genauer erschließen. Religiöse Bildung kann dabei als Paradigma allgemeiner Bildung verstanden werden. Wenn nämlich Bildung die Differenzen des Lebens in sich aufnimmt, ohne sie zu einer Gesamtperspektive integrieren zu können, wird damit zugleich »die Besonderheit religiöser Bildung« umso deutlicher. Es stellt sich nämlich die Frage, woher sich in dieser Situation »denn eigentlich die Einheit des Subjekts als eines freien und selbstbewussten deuten (lässt)«. (Korsch 1997, 139) Religiöse Bildung sieht sich mithin innerhalb der Gesamtheit aller Bildungsvorgänge auf die Frage nach dem Grund und nach den Grenzen menschlicher Subjektivität verwiesen.

In Bildungsprozessen sehen sich Menschen als Subjekte genötigt und befähigt, für die kohärente Gestaltung ihres Lebens eine synthetisierende Kraft aufzubieten: Die ausdifferenzierten Wertsphären und Rationalitätsformen, in denen sie immer schon leben und mit denen sie in Bildungsprozessen noch einmal in reflexiver Distanz konfrontiert sind, in ihre Vorstellungen von gelingendem Leben zu integrieren (hierzu und zum Folgenden siehe Dressler 2004, 16f.). Sie können das aber nicht, wollten sie die Pluralität ihrer Lebenswelt und die Ausdifferenzierung von Wissensformen hintergehen. Sie müssen situativ angemessen die Sprachspiele wechseln können und sie müssen für diesen Wechsel urteilsfähig werden. Dazu gehört, die wechselseitige Anschlussfähigkeit unterschiedlicher Sprach- und Rationalitätsformen erkennen zu können, z.B. die Grenzen zwischen Sachverhaltsfeststellungen und Metaphern, zwischen symbolischer Kommunikation und diskursiver Rede nicht zu überspringen, wohl aber zwischen diesen Sprach- und Rationalitätsformen vermitteln zu können. Eben dies geschieht in religiösen Bildungsprozessen, für die der Wechsel zwischen Binnen- und Außenperspektive, zwischen religiöser Rede und Reden über Religion konstitutiv ist. Auch deshalb ist Bildung ohne Religion recht eigentlich nicht zu denken. In religiöser Bildung kommt der Bildungsgedanke selbst an seinen Kern. Religion hält im Ensemble der unterschiedlichen Weltzugänge und Rationalitätsmuster die Frage nach dem Ganzen offen und schützt sie zugleich vor objektivierenden, vor allem aber vor totalisierenden Zugängen.

In religiösen Bildungsprozessen wird, so lässt sich zusammenfassend sagen, zu einem Weltbetrachtungsexperiment eingeladen: Anders als in authentischer religiöser Praxis selbst, aber mit Bezug auf die Sprachformen religiöser Praxis, sollen die Lernenden sich selbst und die Welt – und damit auch die Wissensbestände und Geltungsansprüche anderer, z.B. wissenschaftlicher Weltsichten – probeweise in eine religiöse Perspektive rücken. In religiösen Bildungsprozessen kann deshalb die Arbeitshypothese des methodischen Atheismus (»*etsi deus non daretur*«) als die für empirischen Wissenschaften unumgängliche Perspektive *anerkannt* werden. Es wird aber der gleichsam als »heimlicher Lehrplan« wirksame Anspruch *bestritten*, den Bildungsprozess *insgesamt* unter die methodisch-atheistische Arbeitshypothese zu stellen. Die Anerkennung der Regeln und Hintergrundannahmen neuzeitlicher Wissensmuster kann nur dann reflektiert erfolgen, wenn es in Bildungsprozessen Raum für die Hypothese Gott gibt, Raum für Religion. Wenn es in der modernen Gegenwartskultur zu einer Frage der Bildung wird, religiös zu sein, lässt sich umgekehrt auch sagen: In der modernen Gegenwartskultur ist es vielleicht möglich, gebildet zu sein, ohne religiös zu sein, es ist aber nicht möglich, gebildet zu sein, ohne sich mit religiösen Fragen sachangemessen auseinander zu setzen, und das heißt unter den pluralistischen Bedingungen der Gegenwart: ohne interreligiöse Verständigungsfähigkeit.

Religion und Schule in interreligiöser Perspektive

Zur Pluralität der Schule gehört es, dass weiterhin dezidiert a-religiöse weltanschauliche Positionen in der Schülerschaft anzutreffen sind, freilich oft nicht mehr mit der ehemals charakteristischen Aggressivität, sondern eher verbunden mit einer indifferenten Haltung. Religiöse Indifferenz scheint gar zur charakteristischen Haltung der Mehrheit der Kinder und Jugendlichen zu werden. Demgegenüber hat sich der Islam in Deutschland zu einer im Vergleich zum Christentum signifikant lebensstilprägenden Religion entwickelt.[5] Religiöse Differenzen können dabei freilich oft nur schwer von kulturellen Differenzen unterschieden werden. Nicht zuletzt deshalb darf die allgemein geforderte interkulturelle Bildung nicht um die religiöse Dimension verkürzt werden.

Dass in die religiöse Bildung an der Schule eine interreligiöse Lernperspektive gleichsam einzubauen ist, sollte deutlich geworden sein. Das ist allerdings leichter gefordert als angemessen praktiziert. Wie sind aus der Perspektive des Christentums an der Schule interreligiöse Dialoge zu führen, wenn das Christentum selbst überwiegend zur »Fremdreligion« geworden ist? Werden Schülerinnen und Schüler nicht überfordert und in eine für religiöses Lernen problematische Haltung gedrängt, wenn sie als »Experten« für die jeweils eigene Religion in Anspruch genommen werden? Ist mit der für Bildungsprozesse konstitutiven Selbstdistanz und der damit unabdingbaren »Künstlichkeit« schulischen Lernens die Forderung nach authentischen Dialogen überhaupt vereinbar? Handelt es sich beim »interreligiösen Dialog« nicht ohnehin eher um eine Erwachsenenfantasie, noch dazu aus einem schmalen Segment des Bildungsmilieus? Und was geschieht mit der Religion, wenn sie in diesem Zusammenhang moralerzieherisch – zum Beispiel mit der Forderung nach religiös-kultureller Integrationsbereitschaft – verengt wird, zuweilen wohl auch funktionalisiert wird?

Im Wechsel vom Säkularisierungs- zum Pluralitätsparadigma rücken nicht nur die herkömmlichen Themen und didaktischen Verfahrensweisen religiöser Bildung insgesamt in eine neue Perspektive, sondern die Pluralität selbst ist unterrichtlich zu thematisieren. Dabei wird es vor allem hermeneutisch um die Dialektik von Eigenem und Fremdem, von Selbst- und Fremdverstehen gehen. Die Idee vollständigen Verstehens steht dabei – auch und gerade als regulative Idee – eher im Wege. Gerade die »Wut des Verstehens« missachtet die Differenz. Verstehen und Verständigung sind nicht das Gleiche. Man kann und muss sich verständigen, ohne sich vollständig zu verstehen.

Unter den Aspekten Urteilsbildung und Handlungsorientierung geht es darum, in der Auseinandersetzung mit den Problemen religiöser Pluralität den Schülerinnen und Schülern die Fähigkeit zu erschließen, das Grundrecht auf Religionsfreiheit sowohl für andere anzuerkennen als auch für sich selbst praktisch in Anspruch zu nehmen. Dieses Ziel wird in dem Maße anspruchsvoller, wie ein gewisser euphorischer, oft nur »ästhetisch-kulinarischer« Multikulturalismus ernüchtert wird – unter dem Eindruck wachsender Integrationsprobleme und nicht zuletzt auch auf Grund der Sorge um fundamentalistische Strömungen im Islam. Das Kriterium, sich durch die Anwesenheit von Fremden »bereichert« zu fühlen – wie es oft in einer eher rhetorischen Floskel heißt –, stößt dann an Grenzen. Der Ernstfall der Toleranz ist die blei-

5 Zur diesbezüglichen Differenz zwischen Schülerinnen und Schülern deutscher und türkischer Herkunft vgl. Shell 2000, 157–180.

bende, schärfer noch: die bleibend irritierende, Differenz. Religiöse Bildung wird in interreligiöser Perspektive am besten dann zur Toleranz beitragen, wenn sie Toleranz nicht zum Projekt macht, sondern indem sie tut, was ihr Geschäft ist, nämlich religiös zu bilden. Toleranz ist nicht pädagogisch-intentional zu erzeugen. Aber alle Erfahrung spricht dafür, religiöse Toleranz eher bei denen zu erwarten, deren Lebensführung selbst eine Religionspraxis einschließt, zu der »Differenzkompetenz« gehört. Entscheidend für die Nachhaltigkeit des Lernens im Umgang mit religiöser Differenz ist allerdings, dass in einer Schule, in der Religion im Unterricht zum Thema wird, Religion auch im schulischen Leben von Bedeutung ist.[6]

Religion im »Haus des Lernens«

Die Schule schließt als »Haus des Lernens« Lebensformen ein, die ohne die für jedes zivilisierte Leben konstitutiven »symbolischen Ordnungen« keine Integrationskraft entwickeln können. Zur Schulkultur gehört deshalb auch der charakteristische Wechsel zwischen Arbeit und Muße, Routine und Spannung, Alltag und Fest. Eine solche Schulkultur wäre ohne Religion unvollständig. Mit der Gestaltung ihrer eigenen Sozialität gewinnt die Schule einen intermediären Raum zwischen ihrer rechtlichen, administrativen und organisatorischen Institutionalität und den intimitätsförmigen, entformalisierten Mustern der Alltagskommunikation (vgl. hierzu Ziehe 1995, 77-116). Dem stummen Zwang systemkonformen Verhaltensdrucks und der zeitlichen Verdichtung von Arbeitsvollzügen kann die Schule daher gleichsam *Moratorien* entgegensetzen, wodurch die Selbstinterpretations- und Selbstregulierungschancen aller Beteiligten erweitert werden. Der naturwüchsige Selbstlauf der Dinge, die vermeintlichen Sachzwänge, können unterbrochen werden, *Kompetenzen für Unterbrechungen* werden vermittelt. Eben dies ermöglicht Religion. Die Fähigkeit, innezuhalten, Rezeptivität an Stelle eines immer nur aktiven Weltbezugs gelten zu lassen, kann wahrscheinlich nicht ohne religiöse Erfahrungsdimensionen vermittelt werden.

Die öffentliche Schule hat dabei die Balance genau auszutarieren zwischen ihrer weltanschaulichen Neutralität und einem Verständnis von Religionsfreiheit, für das öffentlicher Bekenntnisraum und nicht Abdrängung der Religion ins Private konstitutiv ist. Die Entwicklung einer Feierkultur und symbolisch-ästhetischer Gestaltungsformen des schulischen Raumes eröffnen Schülerinnen und Schülern die Erfahrungsmöglichkeit, dass ihr Leben immer wieder jenseits von Leistungserwartungen aufglänzen kann. Ohne

---

6 Religion kann auch »im Ethikunterricht (nur dann) gehaltvoll zur Sprache kommen (...), wenn sie zur Wirklichkeit dieser Schule gehört« (Zimbrich 1998, 432).

sichtbare Lebensformen vertrocknet Religion zu papierenem Text oder gestaltungsunfähiger Innerlichkeit. Religion braucht mehr als »Gesinnungsinnenräume« – sie drängt in den öffentlichen Raum. Religion *ist* selbst ein »bewohnbarer Raum« (Geertz 1983, 44), zu dem andere Aufenthaltsbedingungen gehören als nur kognitive Blicke durchs Fenster von außen.

Die trotz des wachsenden Bedürfnisses nach einer schulischen Feierkultur gleichwohl starken Gestaltungsunsicherheiten hängen vermutlich damit zusammen, dass kaum auf erprobte Traditionen zurückgegriffen werden kann. Noch bis vor kurzem waren schulische Feiern in Deutschland mit besonders rigidem Regel- und Hierarchiebewusstsein verbunden und lebten oft von den Resten einer als Staatsreligion verkannten Christlichkeit. Zivilreligiöse Formen sind in Deutschland nicht so ungebrochen in Gebrauch zu nehmen wie in den USA. Gegenüber ihren affirmativen, den Staat und seine Institutionen selbst quasi-religiös überhöhenden Funktionen wird in Deutschland zu Recht Zurückhaltung gefordert. Christliche Schulgottesdienste sind nur über ihre zweifellos auch wirksamen Integrationsfunktionen hinaus zu rechtfertigen als eine religiöse Praxis, die auch hierarchiekritische und die Institution Schule transzendierende Funktionen übernimmt. Dadurch wird zum Ausdruck gebracht, dass die Schule um ihre Grenzen weiß und sich nicht selbst genügt. Im Rahmen der christlichen Religion kann davon ausgegangen werden, dass religiöse Feiern in der Regel ökumenisch gestaltet werden. Demgegenüber ist die Gestaltung religiöser Feiern in einem multireligiösen Kontext ungleich schwieriger und anspruchsvoller. Jede Uniformität ist ebenso zu vermeiden wie Beteiligungszwang. Separate Gottesdienste, Andachten oder Gebetszeiten können oft angemessener sein als religiöse Einheitsrituale. Die zum Jahresfestkreis gehörenden Feieranlässe haben auch dann eine genau zu bedenkende religiöse Dimension, wenn sie nicht als religiöse Begehung gestaltet werden. Wie feiert man z.B. in einer Schule Weihnachten, ohne die nichtchristliche Schülerschaft zu vereinnahmen, aber auch ohne sie auszuschließen? Wie kann dabei jenseits folkloristischer Banalisierung etwas vom Glanz des Christfestes für alle – wenn auch aus unterschiedlichen Beteiligungs- und Beobachtungsperspektiven – spürbar werden? (siehe Sieg in diesem Band).

In der multireligiösen Schule kann exemplarisch gelernt werden, dass die Alternative zur Staatsreligion nicht die Religion als Privatangelegenheit ist. Die Möglichkeiten der Darstellung von Religion im öffentlichen Raum der Schule sind freilich erst wieder neu zu entdecken. Die weltanschauliche Neutralität des Staates läuft jedenfalls nicht darauf hinaus, Religion als Privatangelegenheit aus den öffentlichen Räumen auszusperren. Wenn Kinder und Jugendliche lernen sollen, das Grundrecht auf aktive Religionsfreiheit reflektiert in Gebrauch zu nehmen und unter den Bedingungen wachsender weltanschaulich-religiöser Pluralität zu bewähren, brauchen sie solche Erfahrungen mit öffentlichen Gestaltungsformen von Religion.

Zum Weiterlesen

Dressler, Bernhard, Religion geht zur Schule. Fachlichkeit und Interdisziplinarität religiöser Bildung, in: Zeitschrift für Praktische Theologie 56 (2004), H. 1, 3-17.

Schweitzer, Friedrich, Pädagogik und Religion. Eine Einführung, Stuttgart 2003.

Simon, Werner, Religiöse Bildung im Kontext allgemeiner Schulentwicklung aus religionspädagogischer Sicht, in: Hahn, Matthias (Hg.), Religiöse Bildung und religionskundliches Lernen in ostdeutschen Schulen, Münster u.a. 2000, 127-143.

Literatur

Baumert, Jürgen, Deutschland im internationalen Bildungsvergleich, in: Killius, Nelson u.a. (Hg.), Die Zukunft der Bildung, Frankfurt a.M. 2002.

Benner, Dietrich, Die Struktur der Allgemeinbildung im Kerncurriculum moderner Bildungssysteme. Ein Vorschlag zur bildungstheoretischen Rahmung von PISA, in: Zeitschrift für Pädagogik 48 (2002), H. 1, 68-90.

Dressler, Bernhard, Religionsunterricht als Werteerziehung? Eine Problemanzeige, in: Zeitschrift für Evangelische Ethik 46 (2002), H. 4, 256–269.

Dressler, Bernhard, Interreligiöses Lernen – Alter Wein in neuen Schläuchen?, in: Zeitschrift für Praktische Theologie 55 (2003), H. 2, 113-124.

Dressler, Bernhard, Religion geht zur Schule. Fachlichkeit und Interdisziplinarität religiöser Bildung, in: Zeitschrift für Praktische Theologie 56 (2004), H. 1, 3-17.

Feige, Andreas/Dressler, Bernhard/Schöll, Albrecht/Lukatis, Wolfgang, Religion bei ReligionslehrerInnen, Münster 2000.

Geertz, Clifford, Dichte Beschreibung. Beiträge zum Verstehen kultureller Systeme, Frankfurt a.M. 1983.

Giesecke, Hermann, Am Ende pädagogischer Illusionen? Erwägungen für ein Bildungskonzept der Zukunft, in: Grimm, Andrea/Burmeister, Hans Peter (Hg.), Bildung neu denken, Loccum 2001 (Loccumer Protokolle 66/99), 51-57.

Habermas, Jürgen, Glaube und Wissen, Frankfurt a.M. 2001.

Joas, Hans, Wertevermittlung in einer fragmentierten Gesellschaft, in: Killius, Nelson u.a. (Hg.), Die Zukunft der Bildung, Frankfurt a.M. 2002, 58-77.

Kirchenamt der EKD (Hg.), Die Denkschriften der EKD, Bd. 4/1. Bildung und Erziehung, Gütersloh 1987, 56-63.

Korsch, Dietrich, Religion mit Stil. Protestantismus in der Kulturwende, Tübingen 1997.

Korsch, Dietrich, Religion – Identität – Differenz. Ein Beitrag zur Bildungskompetenz des Religionsunterrichts, in: Evangelische Theologie 63 (2003), H. 4, 271-279.

Korsch, Dietrich, Wie bildet sich Religion?, in: Dressler, Bernhard/Feige, Andreas/ Schöll, Albrecht, Religion – Leben, Lernen, Lehren, Münster 2004.

Liebau, Eckart, Erfahrung und Verantwortung. Werteerziehung als Pädagogik der Teilhabe, Weinheim u.a. 1999.

Luhmann, Niklas, Religion als Kultur; unveröffentlichtes Manuskript.

Meyer-Blanck, Michael, Zwischen religiöser Rede und der Rede über Religion: Die Praktische Theologie als Vermittlungstheorie zwischen Theologie, Kirche und Kultur, in: Evangelische Theologie 61 (2001), H. 5, 414-424.

Meyer-Blanck, Michael, Aufgeklärte Gewissheit. Christliche, islamische und staatsbürgerliche Identität als schulische Bildungsaufgabe, in: Sielke, Sabine (Hg.), Der 11. September 2001. Fragen, Folgen, Hintergründe, Frankfurt a.M. 2002, 173-182.

Meyer-Blanck, Michael, Religionsunterricht in der pluralistischen Gesellschaft. Praktisch-theologische Standortbestimmung, in: Bedford-Strohm, Heinrich (Hg.), Religion unterrichten, Neukirchen-Vluyn 2003, 96-106.

Nipkow, Karl Ernst, Bildung in evangelischer Perspektive. Eine analytisch-kategoriale Skizze, in: Rupp, Hartmut u.a. (Hg.), Zukunftsfähige Bildung und Protestantismus, Stuttgart 2002.

PISA 2001, Opladen 2001.

Peukert, Helmut, Reflexionen über die Zukunft religiöser Bildung, in: Religionspädagogische Beiträge o.Jg. (2002), H. 49, 49-66.

Rat der EKD (Hg.), Identität und Verständigung, Standort und Perspektiven des Religionsunterrichts in der Pluralität. Eine Denkschrift, Gütersloh 1994.

Schleiermacher, Friedrich, Über die Religion. Reden an die Gebildeten unter den Verächtern. Fünfte Rede: Über die Religionen, in: Braun, Otto/Bauer, Johannes (Hg.), Friedrich Daniel Ernst Schleiermacher, Werke, Band 4, Leipzig [2]1928, 207-400.

Schweitzer, Friedrich/Englert, Rudolf/Schwab, Ulrich/Ziebertz, Hans-Georg, Entwurf einer pluralitätsfähigen Religionspädagogik, Gütersloh u.a. 2002.

Schweitzer, Friedrich, Grundformen ethischen Lehrens und Lernens in der Schule, in: Adam, Gottfried/Schweitzer, Friedrich (Hg.), Ethisch erziehen in der Schule, Göttingen 1996, 62-80.

Shell 2000. 13. Shell-Jugendstudie, Opladen 2000.

Tugendhat, Ernst, Selbstbewusstsein und Selbstbestimmung. Sprachanalytische Interpretationen, Frankfurt a.M. 1979.

Zander, Helmut, Religionspolitik!, in: Merkur 52 (1998), H. 7, 582-597.

Ziehe, Thomas, Schule – Aurazerfall und Subjektivierung, in: Ziehe, Thomas, Zeitvergleiche. Jugend in kulturellen Modernisierungen, Weinheim u.a. 1991, 77-116.

Zimbrich, Fritz, Möglichkeiten und Grenzen der Thematisierung von Religion im Ethikunterricht, in: Zeitschrift für Praktische Theologie 50 (1998), H. 4, 424-432.

Barbara Huber-Rudolf

Von Missionaren, Managern und Mediatoren – eine Typologie interreligiös Lernender

Aus der Darstellung von drei unterschiedlichen Typen im interreligiösen Dialog werden drei Thesen zur Zielsetzung und zum Stand des interreligiösen Dialoges abgeleitet, die Herausforderungen und Anregungen für Arrangements interreligiösen Lernens beinhalten. Mit historischen Rückgriffen werden nicht nur die Typen des Missionars, des Managers und des Mediators lebendig, sondern gleichzeitig auch Kriterien und Voraussetzungen für einen gelingenden, an Verständigung und Konvivenz orientierten Dialog vorgestellt.

Nach der Sichtung des Diskurses über den interreligiösen Dialogs stellt sich die Frage, ob über Wissenserwerb allein Konvivenz gefördert werden kann und ob über die Pädagogisierung eines politischen Konfliktes die Problemlage nicht ihre spezifische Lösungsstrategie verliert. Interkulturelles und interreligiöses Lernen leisten nicht schon von selbst die Entspannung, sie können allenfalls Veränderungen in der Einstellung gegenüber der jeweils anderen Kultur und Religion befördern: »Interreligiöses Lernen verfolgt auch nicht nur das Ziel einer besseren Respektierung der jeweils anderen Religion. Es will Menschen vielmehr dazu anregen, stärker darüber nachzudenken, inwieweit religiöse (und religiös geprägte kulturelle) Faktoren die Beziehungen zwischen Menschen bereichern oder auch belasten können, die zur Gestaltung des gesellschaftlichen Lebens aufeinander angewiesen sind. Interreligiöses Lernen kann bewusstseinsbildend wirken (vor allem in der Schule), kann dazu beitragen, dass Mitglieder verschiedener Religionen sich gegenseitig ein Stück weit öffnen und vielleicht auch aufeinander zugehen.« (Rickers 1998, 120)

Vielleicht gerade weil die Ziele und bislang nachzuweisenden »Erfolge« des interreligiösen Lernens nicht mit gesellschaftlichen Erwartungen korrespondieren, zeigen sich Spuren der Erschöpfung – deutlich aus der eben erschienenen Bestandsaufnahme von Renz/Leimgruber (2004) zu spüren – und der Kritik. Im Innehalten und Aushalten von Kritik greife ich auf die schon dokumentierte Auseinandersetzung mit der Ausländerpädagogik zurück, die begrifflich vom interkulturellen und interreligiösen Lernen abgelöst wurde. Hartmut M. Griese (2004) kommt in seiner Analyse zu mindestens drei Vorwürfen.

- *Die Motivation der Pädagogen*: Die Ausländerpädagogik führte und führt zur Qualifizierung der (deutschen) Pädagogen, weniger der Ausländer. Das Ausländerproblem ist eine Legitimation für mehr Pädagogik, d.h. für mehr Planstellen für Pädagogen. Pädagogen haben damit ein Interesse an der Ausländerproblematik.« (Griese 2004, 13) Das Argument ist deshalb ernst zu nehmen, weil sich mit der genannten Intention die interreligiöse Pädagogik ad absurdum führt und, schlimmer noch, die zur Beteiligung verobjektivierten Menschen demütigt.

- *Die Objektivierung der Ausländer.* Interessant scheint mir an der Beobachtung Grieses, dass die Erörterung des Lerngegenstands zurücktritt, deshalb wohl, weil der Ausländer bzw. Andersgläubige mit den Daten, die den Standard des deutschen, christlichen Schülers definieren, einfach nur nachgerüstet werden soll. Es müsste in der Tat angesichts dieses Vorwurfs darüber nachgedacht werden, wie die Standards pluralisiert werden könnten.
- *Besseres Verstehen als Kontrolle.* Ein dritter Vorwurf Grieses formuliert, was sich im interreligiösen Dialoggeschehen der Kirchen in der Anfangsphase ebenfalls beobachten ließ. Es ist die Betulichkeit, mit der die ehemals so genannten muslimischen »Gastarbeiter« vermeintlich integriert werden sollten, die ihnen selbst jedoch die Freiheit zu Entscheidung und Entwicklung beschnitt und die sie als paternalistisch empfinden mussten. Griese spitzt zu: »Gastarbeiterforschung liefert immer auch Herrschaftswissen, produziert sie doch auch ›gläserne Objekte‹. Das sicher gut gemeinte Ziel des ›besseren Verstehens‹ der Menschen und Erkennens der Probleme erlaubt immer auch die bessere Kontrolle und Manipulation der Betroffenen.« (Ebd., 16)

An dieser Stelle möchte ich mit den Überlegungen einsetzen, die von der Vermutung ausgehen, die Art des Umgangs mit muslimischen Zuwanderern hänge mit der Zielsetzung des Dialogführenden, die in einem Typus Gestalt gewinnt, zusammen. Tatsächlich meine ich, in der Szene des interreligiösen Dialogs auf Seiten der Nichtmuslime bestimmte Typen oder Charaktere beobachtet zu haben, die ich völlig entkleidet und idealtypisch skizziere, um anhand dieser Klischees eine Hinführung zum weiten Feld des interreligiösen Lernens zu versuchen. Um es vorweg zu sagen: Persönlich erkenne ich mich und Kollegen in den variierenden Situationen in nicht nur einem, sondern in allen drei Typen wieder: dem Missionar, dem Manager und dem Mediator.

Missionare

Missionare sind nicht nur aber auch ein Phänomen der Geschichte. Anhand der Biografie dreier ausgewählter Missionare nähere ich mich dem Charakter.

Johannes von Damaskus (675-753 n. Chr.) gilt als einer der ersten und klassischen Theologen, die sich mit dem Islam auseinander setzten. Im 8. Jahrhundert, als der Islam selbst erst ein Jahrhundert alt ist, sich jedoch schon mit großem Erfolg in das Byzantinische Reich hinein schiebt, geht der Kirchenvater mit den Muslimen und ihrem Glauben nicht zimperlich um. Johannes von Damaskus wählt in seiner Apologetik Themen aus dem logischen System des Islam aus, die er dann losgelöst aus ihrem Kontext mit der spitzen Feder und dem scharfen Geist des christlichen Dogmatikers widerlegt. Dabei bemüht er sich nicht um ein angemessenes Urteil, sondern insistiert eher noch auf Nebensächlichkeiten aus der Sicht eines Muslims, der ihm eine Verfälschung des Islam wohl schnell nachweisen könnte. Johannes von Damaskus verfolgte nicht das Anliegen des wissenschaftlichen Disputs und auch nicht des konstruktiven Dialogs, sondern sein Anliegen konzentrierte sich auf die Proklamation des trinitarischen christlichen Glaubens gegenüber dem islamischen Monotheismus. Man möchte fast vermuten, er habe nie mit einem Muslim Auge in Auge diskutiert; er erwartet keine Antwort und erreicht deshalb auch keinen Erkenntniszugewinn (Huber, 1990).

Eine weitere Etappe der Entwicklung der christlichen Sendung zu Muslimen markiert das Werk des Zeitgenossen und Ordensbruders von Thomas von Aquin, Riccoldo da Monte di Croce (1243-1320). Der Dominikaner hat schon einen Aristoteleskommentar verfasst und das »studium generale« seines Ordens konzipiert, als er dem Aufruf des Papstes zur Orientmission folgt. Er erlebt den Fall Akkos im Jahr 1291, sieht die unzähligen christlichen Gefangenen und betrauert die toten Mitbrüder in Bagdad. Das friedliche, das theologische Gespräch ist ihm nicht mehr möglich. Er verfasst die Auseinandersetzung Contra legem Saracenorum, in der er die Konversionen zum Islam als Anlass dafür nimmt, das Gesetz Christi als schwer verständlich und schwer einzuhalten im Vergleich zum islamischen Gesetz einstuft. Das Urteil über den Islam erlaubt sich Riccoldo da Monte di Croce angesichts seiner Studien, der Kenntnis der Sprache und der Menschen, mit denen er im Orient lebte. Er nutzt seine theologischen und philologischen Studien zur Diskriminierung des Islam, auf der Negativfolie Islam wirkt das Christentum umso positiver (Huber 1991).

Bis an den Rand der Erde ist Franz Xaver (1506-1552) aus Navarra gegangen, um seinen Glauben zu verkünden. Student aus gutem Hause, der er war, ließ er sich mit fünf weiteren Freunden von Ignatius von Loyola dazu gewinnen, sich aus dem Glauben heraus für die Ärmsten einzusetzen, besonders im Dienst in den Spitälern: die ersten Jesuiten. Nach Beendigung der Studien in Jahr 1539 stellten sie sich dem Papst zur Verfügung, damit dieser in seiner Verantwortung für die Weltkirche beurteilen könne, wo die Not am größten sei und sie dorthin senden werde.

In diese Situation fiel eine Anfrage des portugiesischen Königs beim Papst nach Priestern der neuen Gemeinschaft. In seinen indischen Territorien waren erste Einheimische getauft worden, ohne aber wirkliche Unterweisung im Glauben zu erhalten. 1541 zog Xaver los in die unbekannte Welt. Dabei musste der Missionar die Erfahrung machen, dass Mission nur unter Berücksichtigung der tieferen Wurzeln einer Kultur sinnvoll ist.

Der unerschöpfliche Eifer für seine Sendung ist es, was zu allen Zeiten an Xaver faszinierte. Das Evangelium in Asien zu verkünden und den »Seelen zu helfen und sie zu retten«, ließ ihn kaum ruhen. Die Menschen, die ihn trafen, waren beeindruckt von der inneren Glut, mit der er den Gott verkündete, der ihn all diese Wege leitete, und von dem selbstlosen Dienst an allen Menschen ohne Unterschiede.

Sowohl der Missionar nach innen zur Profilierung des eigenen Glaubens, Johannes, wie die beiden Missionare zur Ausdehnung der Glaubensgemeinschaft nach außen, Riccoldo und Franz Xaver, folgen je in ihrer Art dem religionstheologischen Axiom »extra ecclesiam nulla salus« und damit dem christlichen Exklusivismus. In dieser ekklesiozentrischen Tendenz spricht der Christ – immer unter der Voraussetzung der idealtypischen Theorie – den anderen Religionen Wahrheitsansprüche und Heilsvermittlungskompetenz ab.

Im zeitgenössischen Dialoggeschehen finden wir die klischeetypischen Missionare im verzagten und im fundamentalistischen Christentum. Letzteres versucht die Beschreibung der Charakteristika des Islam in unangemessener Weise den Charakteristika des Christentums gegenüberzustellen und sie darüber hinaus mit verurteilungswürdigen und verwerflichen Ereignissen in der islamischen Welt zu illustrieren. Diesem Typ »Missionar« fehlen die Eigenschaften, die Franz Xaver auszeichnen. In der polemischen Taubheit vor den Einwürfen des Gegenübers, ähnlich wie der Kirchenvater Johannes und der Konzentration auf die Verarbeitung der negativen Erfahrungen wie Riccoldo, scheint sich die Hinwendung zum Menschen gepaart mit der Begeisterung für die Botschaft und der Überzeugung von der heilsamen Wirkung dieser Botschaft zu verflüchtigen.

Doch schlechter Erfahrung gemäß läuft die missionarische Einstellung Gefahr, im Widerspruch zur christlichen Überzeugung vom universalen Heilswillen Gottes die Würde des einzelnen Menschen in Ausübung der individuellen Religionsfreiheit zu verletzen und die Religion des anderen als Irrlehre zu verurteilen.

Muslime sind vor der Haltung ebenso wenig gefeit und werden in Informationsveranstaltungen über den Islam oft sogar in die Rolle des Missionars gedrängt. Es wird ihnen dabei ein hoher Grad von Rechtfertigungsleistungen abverlangt. Diese erbringen sie mittlerweile auch immer offensiver. Die Christen degradieren sich in dieser Phase oft zu Konsumenten, die in religiöser Sprachlosigkeit verharren. Was Not tut für einen fruchtbaren Dialog ist das Erlernen von Sprache und Vermittlungstechnik, von der eigenen Hoffnung Rechenschaft ablegen zu können und dabei dem Eindruck zu wehren, es stünden sich Islam und Christentum gegenüber wie Wahrheit und Irrtum.

Hat denn, so nun die Vermutung, das Modell Mission ausgedient? In der weit verbreiteten, dem Dialog vermeintlich wohlwollenden Sicht zeichnet sich tatsächlich die Einstellung ab, der Dialog unter den Monotheisten der sog. Abrahamitischen Religionen habe zumindest zwischen diesen Adressaten die Mission abgelöst.

Der Meinung, Mission sei überholt oder gar durch den Dialog ersetzt, widerspricht die offizielle römische Kirche. Das Dokument »Dialog und Mission« des Päpstlichen Sekretariates für die Nichtchristen von 1984 definiert den Begriff Dialog wie folgt: Das Wort »bezeichnet nicht nur das Gespräch, sondern das Ganze der positiven und konstruktiven Beziehungen zwischen den Religionen, mit Personen und Gemeinschaften anderen Glaubens, um sich gegenseitig kennen zu lernen und einander zu bereichern«. Es wird nicht außer Acht gelassen, dass »auch beim Dialog der Christ normalerweise in seinem Herzen das Verlangen nährt, seine Christuserfahrung mit dem Bruder aus der anderen Religion zu teilen«.

Daraus formuliere ich eine *erste These*:
Die Zielvorstellung des Dialogs konzentriert sich auf »die Begegnung und den Austausch in der zumindest tendenziell gemeinsamen Sache jeder Religion, in Erfahrung und Verehrung des Heiligen«. Dagegen liegt die Zielvorstellung der Mission in der Einheit aller Menschen in der einen Kirche, d.i. das Reich Gottes. Das Ziel der Mission ist der Transfer einer eschatologischen Größe, in deren innerweltlicher Perspektive das interreligiöse Lernen fungiert.

Manager

Das Zweite Vatikanische Konzil hat in der katholischen Kirche nicht nur die theologischen und pastoralen Grundlagen für die Wendung hin zur dialogischen Haltung gegenüber nicht christlichen Religionen gelegt, sondern auch die entsprechenden Institutionen im Vatikan geschaffen bzw. in den Teilkirchen angeregt. Papst Paul VI. errichtete zu Pfingsten 1964 das Sekretariat für die Nichtchristen, das 1988 in den Rat für den Interreligiösen Dialog umbenannt wurde. Es handelt sich dabei um das zentrale Büro der katholischen Kirche zur verständnisorientierten Förderung des interreligiösen Dialogs und der Zusammenarbeit mit den Angehörigen der verschiedenen religiösen Traditionen. Dazu gehört u.a. die Ermutigung zu religionswissenschaftlichen Studien und die Verbesserung der Ausbildung von Dialogmanagern (»persons dedicated to dialogue«, zitiert nach www. vatican.va/ roman_curia/ pontifical_councils/inter-relg). Gleichzeitig verlegte der Papst das Ausbildungszentrum der auf den Dialog mit Muslimen spezialisierten Afrikamissionare nach Rom und gründete damit das Päpstliche Institut für

Studien der Arabistik und Islamwissenschaften (P.I.S.A.I. http://village.flashnet.it).

Ähnlich verwaltet wird der interreligiöse Dialog in den Diözesen, wo Zuständige in den Referaten für weltkirchliche Aufgaben oder weltanschauliche Fragen verpflichtet wurden. Die Ausbildung dieses Personenkreises steckt in Deutschland noch in den Kinderschuhen. Einen Anfang allerdings setzt im katholischen Spektrum die Hochschule der Jesuiten in Frankfurt, wo der Studiengang »Islam und christlich-muslimische Begegnung« als Zusatzqualifizierung angeboten wird. Das studienbegleitende Programm macht mit verschiedenen Praxisfeldern der christlich-muslimischen Begegnung bekannt, die in Tutorien und Werkstattgesprächen reflektiert werden. Vorlesungen und Hauptseminare behandeln die Kritik und die Anfragen des Islam an Leben, Glauben und Denken der Christen und greifen die Herausforderung auf, den christlichen Glauben Muslimen gegenüber in »verständlicher« Weise zu verantworten. Neben den vielen strukturellen und phänomenologischen Berührungspunkten gibt es die Reibungsflächen, die einander fremd wirken lassen. Mit dem Programm, das besonders für solche Mitarbeiterinnen und Mitarbeiter geeignet ist, die in der Pastoral als Multiplikatoren in den verschiedenen kirchlichen Arbeitsbereichen tätig sind oder werden wollen, soll Einsicht in die kulturelle und religiöse Andersartigkeit gewährt, damit eventuellen Spannungen und Konflikten zwischen Christen und Muslimen vorgebeugt werde und die christlichen Manager des interreligiösen Dialogs in ihrer Professionalität unterstützt werden.

Die heute tätigen Manager der Dialogindustrie nehmen Dialog als Beitrag zur gesellschaftlichen Kultur wahr und beschäftigen sich daher auch mit der Kultur des Fremden als Ausländer und insbesondere als Türke. Sie nennen folglich ihre Plattform z.B. »Arbeitskreis Integration« (im Bistum Essen) und organisieren Bildungsreisen in die Türkei (wie der Beauftragte im Bistum Osnabrück). Sie pflegen die Kontakte zu den repräsentativen islamischen Organisationen und eruieren deren Verbindungen zu den Parteien und meinungsbildenden Verbänden in den Herkunftsländern z.B. in den Diözesen Rottenburg-Stuttgart, Freiburg und Aachen. Sie engagieren sich auch in der Beseitigung von ökonomischer und sozialer Ungerechtigkeit. Deshalb zeigt sich diese Weise dialogischen Verhaltens u.a. in Akten der Nächstenliebe. Vor allem die sozial-karitative Arbeit der einzelnen Gemeinden sowie der (Caritas-)Verbände wird von vielen Muslimen, wenn sie sie nicht wie eingangs erwähnt als Paternalisierung verstehen müssen oder wollen, dankbar angenommen: in den Ausländerberatungsstellen, in der Ehe-, Familien-, Lebens- und Erziehungsberatung für Mütter in Not, für Behinderte, Straffällige und Suchtkranke, in der Öffnung der kirchlichen Kindergärten, in der Einrichtung von Sprach- und Hausaufgabenhilfen, durch die Einrichtung von Kleiderstuben und Nähkursen, durch gemeinsame Jugendarbeit, durch Bildungs- und Begegnungsabende. Durch solche Unternehmungen können die Gemeinde am Ort und die Kirche als ganze Fremdenfeindlichkeit und Ängste vor Muslimen abbauen und in der Öffentlichkeit auf Chancengerechtigkeit hinwirken (vgl. dazu Arbeitshilfe 173, 2003).

Ein Beispiel aus dem nichtkirchlichen interkulturellen Dialoggeschehen ist eine Initiative, die das Islamreferat des Umweltministeriums in Berlin unterstützt. Im Frauencafé des Beratungszentrums für Flüchtlinge in Göttingen entstand 1995 die Idee, Bosnierinnen aus dem Kriegsgebiet zurückzugeben, was sie am meisten vermissen: »Unsere Gärten!« Ein Jahr später wird das erste Gartengrundstück von einer Gruppe bosnischer, persischer, deutscher, kurdischer, irakischer, äthiopischer und afghanischer Familien bearbeitet. Die Vision von internationaler Gartenarbeit entsteht, die ein kulturübergreifendes, verbindendes Potenzial besitzt. Wie die Pflanzen so verwurzeln sich auch die Menschen nach und nach in den Gärten in Göttingen.

300 Menschen aus 20 Nationen gestalten die soziale Praxis der Internationalen Gärten. Aus der gärtnerischen Arbeit entsteht ein Konzept, das neben dem biologischen Anbau von Gemüse, Obst und Kräuter auch Jugendaktionen, handwerkliche, kunsthandwerkliche und Bildungsaktivitäten integriert. Die Beteiligten leisten einen aktiven Beitrag zu einer vielschichtig verlaufenden Integration und wechseln aus der Opferperspektive in die Akteursperspektive.

Und nun die Klammer zurück zum interreligiösen Lernen: Mit der Umsetzung des religiösen Anliegens im Gleichklang mit den politischen, sozialen und ökonomischen Interessen der säkularen Gesellschaft treffen sich die kirchlichen Dialogmanager mit denen der Stiftungen, Parteien und Ministerien. Interreligiöses Lernen geschieht nicht losgelöst von politischen Interessen und kulturellen Konvergenzen. Im Gegenteil wird interreligiöses Lernen, das sich auf sein Spezifikum der Religion und Spiritualität konzentriert, der Blauäugigkeit und Naivität bezichtigt (vgl. Kandel o.J., 2003).

Soziale Gerechtigkeit, innen- und außenpolitische Friedenssicherung sind das die vornehmsten Zielvorgaben des Dialoges, den Christen und Muslime miteinander führen? Wenn sie diesen Dialog als Gewerkschaftler, als Referenten der Ministerien, als Sozialarbeiter und Parteipolitiker usw. führen, mag ihnen diese Zielvorgabe angemessen erscheinen. Christen wollen sich als Zeugen ihres Glaubens in den religiösen Dialog einlassen und beschreiten damit einen anderen Weg.

Wiederholt haben Interpreten des Ereignisses am 11. September 2001 darauf hingewiesen, dass als Zielscheibe des Attentats ein Symbol der westlichen Wirtschaftsmacht und keine Kathedrale der Christenheit herhalten musste. Es gehört für mich zu einer der »sündhaften Konsequenzen« aus dem Anschlag, dass die Terroristen als Mitglieder der islamischen Gemeinschaft identifiziert und ihre Verbrechen als Angriff auf die westliche Christenheit gedeutet werden konnten.

Am 12.3.2000 hatte sich der Papst für die Kreuzzüge des Mittelalters entschuldigt und um Vergebung gebetet: »Herr der Welt, Vater aller Menschen, durch deinen Sohn hast du uns gebeten, auch den Feind zu lieben, denen Gutes zu tun, die uns hassen, und für die zu beten, die uns verfolgen. Doch oft haben die Christen das Evangelium verleugnet und der Logik der Gewalt nachgegeben. Die Rechte von Stämmen und Völkern haben sie verletzt, deren Kulturen und religiöse Traditionen verachtet. Erweise uns deine Geduld und dein Erbarmen! Vergib uns! Darum bitten wir durch Christus, unseren Herrn.«

Unter dem Anspruch, dem Wirken des Dialogmanagers mehr zuzutrauen und zuzumuten, als ausschließlich die Dialogstrukturen zu verwalten, dabei auch der Kirchenleitung das Alibi gegenüber Muslimen zu verschaffen, man bemühe sich um den interreligiösen Dialog, seien die Beispiele der Aktivitäten aus den Bistümern Essen und Osnabrück erinnert, das Integrationsforum und die Auslandsreise. Integration des Fremden und Öffnung für den Andersdenkenden sind Merkmale der religionstheologischen Kategorie des Inklusivismus. Karl Rahner, Vertreter des Inklusivismus, sprach vom »anonymen Christen«, dem Menschen, der prinzipiell offen ist für das göttliche Geheimnis; das Zweite Vatikanische Konzil findet in den nicht christlichen Religionen die Samenkörner der göttlichen Wahrheit und dennoch bleibt für die Konzilsväter die christliche Religion wahr und heilsvermittelnd, während die anderen Religionen eine graduell je eigene Teilhabe am Heil genießen, das Christentum dagegen den Superioritätsanspruch. Dogmatisch nachvollziehbar, steht die Haltung des Konzils im ersten Teil der Grundeinstellung des interreligiösen Lernens nahe, das eine Basis im hermeneutischen Inklusivismus findet (Baudler 1997, 6).

Ich formuliere zusammenfassend eine *zweite These*:

Kirchen und Religionsgemeinschaften sind gerade wegen ihrer Einbindung in und Verbindung mit gesellschaftlichen Vorgängen und Entwicklungen nicht vor Banalisierung im Diesseitsgeschäft, Diffamierung des Fremden oder Dominierung des anderen gefeit. Das Gegenserum ist die Stärkung personaler, freier und dialogischer Gottesbeziehung. Dieses Ziel ist nicht identisch mit der Zielvorstellung der Mission, die in der eschatologischen Einheit aller Menschen im Reich Gottes liegt, und es unterscheidet sich qualitativ vom »Judas-Syndrom«, das den Frieden, den diese Welt doch nicht geben kann, sucht.

Mediatoren

Erst mit dem Zweiten Vatikanischen Konzil lässt sich vom dialogischen Ansatz der katholischen Kirche in der Verhältnisbestimmung der Religionen zueinander reden. Die Wertschätzung, der die Konzilsväter in den bekannten Texten der dogmatischen Konstitution »Lumen Gentium« (Nr. 16) und in der Erklärung über das Verhältnis der Kirche zu den nicht christlichen Religionen »Nostra Aetate« (Nr. 3) die Muslime eindeutig versicherte, wird theologisch durch die Aussage übertroffen, der Heilswille Gottes umfasse auch die Muslime. Die Konzilsväter vermieden es, die Reibungsflächen in der Begegnung mit den Muslimen und die Konfliktfelder in der theologischen Auseinandersetzung mit dem Islam zu benennen. Sie schätzen an den Muslimen deren Bemühen um die sittliche Lebenshaltung und setzen sich dafür ein, mit ihnen gemeinsam für »Schutz und Förderung der sozialen Gerechtigkeit, der sittlichen Güter und nicht zuletzt des Friedens und der Freiheit für alle Menschen« einzutreten.

In dem Bemühen um konzertierte Aktionen von Christen und Muslimen erfüllen die Leiter und Begleiter des interreligiösen Geschehens die Aufgabe von Mediatoren. Der Mediator unterstützt einen Prozess der Interessenvermittlung, an dem alle Beteiligten, in unserem Fall Christen und Muslime, freiwillig, eigenverantwortlich und vor allem gemeinsam eine fallspezifische Lösung erarbeiten. Das interreligiöse Geschehen und damit auch das auf dieses Geschehen vorbereitende Lernen trifft auf zu lösende Fälle auf verschiedenen Ebenen, die erstmals in Texten des Päpstlichen Rates für den Interreligiösen Dialog systematisiert wurden. Sie unterscheiden drei Ebenen des Dialogs: »Eine erste Form wird heute als Dialog des Lebens bezeichnet. Diese Form des Dialogs kann jeder praktizieren, der mit Gläubigen einer anderen Religion zusammenlebt oder zu tun hat.« (...) »Eine zweite Ebene ist der Dialog des Handelns, die praktische Zusammenarbeit. Christen und Muslime setzen sich gemeinsam für Fortschritt und Freiheit in all ihren Formen ein.« (...) »Eine dritte Ebene ist der Dialog des theologischen Austausches, der Dialog über Fragen des Glaubens und der Lehre.« (vgl. Kurzfassung bei Arinze 1997)

Unbedingte Voraussetzungen für die Mediation im Allgemeinen, aber speziell im interreligiösen Dialog, sind Freiwilligkeit und Authentizität auf beiden Seiten. Letztere beinhaltet die Aufforderung, nicht das Ideal der einen Religion mit der Realität der anderen zu vergleichen. Sie beinhaltet aber vor allem, dass sich Muslime und Christen im Dialog nicht verstellen, nichts wegleugnen und nichts vorspielen. Erklärungen müssen richtig und Loyalitäten echt sein.

Der Mediator hat es im interreligiösen Dialog mit dem spezifischen Interesse der Positionierung der eigenen Heilswahrheit zu tun. Der Interessenausgleich kann daher nicht auf die Mitteilung der Voreinstellungen zum und Vorerfahrungen mit dem Anderen verzichten. Zur Illustration zitiere ich die islamischen Quellen, die bereits die Voreinstellung zum Christentum prägen:

Das Christentum habe das eine Evangelium Jesu verfälscht (Sure 5,47) und vier Evangelien kanonisiert. Daher seien die Christen irregeleitet (Sure 9,30). Die Christen beteten drei Götter an (Sure 4,172), Christen verschlössen sich der Wahrheit und leugneten das Prophetentum Muhammads. Zudem warnt der Koran vor der Mission der Juden und Christen (Sure 2,120).

Aus den Konversionsberichten wissen wir, dass es für Muslime unverständlich und keineswegs ein die Welt deutendes Angebot ist, wenn sie hören, dass die Christen von der Sünde Adams als einer auf alle Menschen vererbten Schuld reden. Im Gegenteil erfahren Muslime die Vorstellung von der Erbsünde als eine Gott unwürdige Ungerechtigkeit. Von Juden und Christen behauptet der Koran untermauernd, sie seien das Volk der Ungerechten, denen Gott den Weg nicht weist (Sure 5,51). Logischerweise kann Muslimen daher die Erlösungstat Jesu Christi nicht sinnvoll erscheinen – sie ist in ihrem Denken unmenschlich, ungerecht, unnötig und wäre ein Zeichen für die Leugnung des Prophetentums Jesu nach islamischer Theologie, die einen Propheten als Auserwählten Gottes nicht scheitern lassen will. Die Frage schließlich, ob die Unterscheidung zwischen weltlichen und religiösen Angelegenheiten nicht mangelndes Interesse an den menschlichen Problemen in dieser Welt bedeutet, stellt auch eine Anfrage an die praktischen Regeln, die das Christentum für das diesseitige Leben anbietet.

In der Phase der Verständigung über die eigenen Interessen und Werte offenbaren die Gesprächspartner einander ihre religiösen Identitäten. Dies in einem spezifischen Segment unterstützend hat CIBEDO (F/V)[1] einen Kirchenführer für Muslime (Huber-Rudolf/Rudolf 2003, vgl www.huber-rudolf.de) vorgelegt.

Theoretisch spielt der Mediator die Rolle des externen und allparteilichen Dritten. Deshalb gerät auch im interreligiösen Dialog der Funktionär in die theologischen Aporien des Synkretismus und des Pluralismus. Der Pluralismus als religionstheologische Kategorie setzt die Metaperspektive voraus. Von ihr aus blickt der Mediator auf die beteiligten Gesprächspartner und ihr Interesse in der Verkündigung der jeweiligen Heilswahrheit. In der Konkretion des Interessenausgleichs liegt es nahe, der Versuchung nachzugeben, synkretistisch Phänomene, die ausschließlich der Manifestation der Heilswahrheit dienen, unberechtigterweise zu mischen.

Abschließend komme ich zur Formulierung einer *dritten These*:

Wenn es nun auf der Hand liegen mag, als sei speziell die Rolle des Mediators denkbar ungeeignet für den interreligiösen Dialog, weil es im Dialog gerade um die Begegnung von verschiedenen religiösen Identitäten gehen soll, scheint mir die Übernahme der Metaperspektive in der Rolle des Mediators eine zeitlich begrenzte notwendige Voraussetzung zu schaffen, um verstehensorientierten Dialog überhaupt führen zu können. Ein kritischer Versuch der möglichen Relativierung eigener religiöser Überzeugungen darf sich als Beitrag zur Aufgabe des Sich-Rechtfertigen-Könnens vor dem anderen verstehen. Der interreligiöse Dialog ist dafür der optimale Ort und der Ort, an dem Christen Aspekte ihres Glaubens neu oder besser verstehen.

In der Fortführung des Anliegens, als Christ vom Muslim zu lernen und als Christ dem Muslim Glaubenserfahrung mitzuteilen, verweist die Praxis des interreligiösen Lernens immer häufiger darauf, die »geistlichen Bande, die uns einen«, anzuerkennen und das verbindende Moment des Glaubens an den einen Gott zu betonen. Darauf möchte ich abschließend eingehen, um einen Ausweg aus den vorgestellten Modellen und der Profilkrise des interreligiösen Dialogs zu weisen.

1 Christlich Islamische Begegnung – Dokumentationsstelle.

Perspektiven zur Verbesserung des interreligiösen Dialogs

Den bekennenden Dialog führen Christen, die auch dem muslimischen Gesprächspartner zumuten, dass sie das Wort Gottes verkünden und in der gelebten Botschaft das Wort Gottes zum Hören zu bringen. Das bedeutet auch, dass Christen lernen, den Glauben an Christus nicht nur dem anderen mitzuteilen, sondern diesen Glauben in der Verheißung des anderen zum Ausdruck bringen.

Um aus dem bekennenden Dialog nicht ein rein religionstheologisches Grundsatzproblem zu machen, bedarf es in der pastoralen Situation einer expliziten Spiritualität des Dialogs.

Diese Spiritualität des Dialogs nährt den Glauben in der Selbstvergewisserung, die der Dialogpartner erlebt, der sich auf die Aufgabe des Zeugen und Auskunftgebenden einlässt. Der Gesprächspartner will wissen, mit wem er es zu tun hat und will die religiösen Ausdrucksmöglichkeiten und Glaubensinhalte kennen lernen. Die Spiritualität, die den christlich-islamischen Dialog tragen soll, lebt aus dem Glauben, der Hoffnung und der Nächstenliebe. Da ist der Glaube an Gott und sein Wirken, das der Mensch mit seiner Vernunft nicht durchdringen kann. Die Hoffnung charakterisiert den Dialog, der keine schnellen Erfolge erzielen will, sondern daran festhält, dass die Zeit der Ernte nur der Vater kennt. In der Nächstenliebe gibt der Christ die Gnade Gottes an seine Mitmenschen weiter. So ist der interreligiöse Dialog eine Aktivität aus der Mitte des Glaubens in die Mitte des Glaubens hinein. Die Spiritualität des Dialogs wird durch das Gebet genährt. Wenn die Beteiligten feststellen, dass der Andersgläubige nicht oder zumindest nicht sofort auf das Gesprächsangebot eingeht, bedarf es der geistlichen Stärke noch eine Meile zusätzlich mitzugehen. Interreligiöses Lernen speist sich aus geistlichem Lernen.

Zum Weiterlesen

Bsteh, Andreas (Hg.), Christlicher Glaube in der Begegnung mit dem Islam, Reihe: Studien zur Religionstheologie, Mödling 1996.

Schreijäck, Thomas (Hg.), Religionsdialog im Kulturwandel: Interkulturelle und interreligiöse Kommunikations- und Handlungskompetenzen auf dem Weg in die Weltgemeinschaft, Münster u.a. 2003.

Stubenrauch, Bertram, Dialogisches Dogma: Der christliche Auftrag zur interreligiösen Begegnung, Reihe: Quaestiones disputatae 158, Freiburg u.a. 1995.

Literatur

Arinze, Francis, Begegnung mit Menschen anderen Glaubens: Den interreligiösen Dialog verstehen und gestalten, München u.a. 1997.

Baudler, Georg, Interreligiöse Symbolerziehung: RU im Weltdorf Erde – drei Thesen, in: Christlich-pädagogische Blätter 110 (1997), H. 1, 6-8.

CCEE/KEK, Ausschuss »Islam in Europa, Christen und Muslime, Gemeinsam beten?« Überlegungen und Texte, Genf/St. Gallen 2003.

Griese, Hartmut M., Kritik der »interkulturellen Pädagogik«, [2]Münster 2004.

Günther, Bernd, Bis an den Rand der Erde: Franz Xaver, der erste Jesuitenmissionar, in: weltweit – Das Missionsmagazin der deutschen Jesuiten (Dezember 2001).

Huber, Barbara, Johannes von Damaskus (650/675 – 753), VIP der christlich-islamischen Begegnung, in: CIBEDO-Beiträge 4 (1990), H. 4, 113-118.

Huber, Barbara, Riccoldo da Monte di Croce, VIP der christlich-islamischen Begegnung, in: CIBEDO 5 (1991), H. 1, 1-16.

Huber-Rudolf, Barbara/Rudolf, Alexander, Einladung – ein Kirchenführer für Muslime, Frankfurt a.M. [2]2003.

Kandel, Johannes, »Lieber blauäugig als blind?« Anmerkungen zum »Dialog« mit dem Islam. Reihe: Islam und Gesellschaft 2, Berlin o.J. (2003).

de Libera, Alain, Denken im Mittelalter, München 2003.

mathematik.net/homepage/islam/islam.htm: Christenverfolgung: Koran, die Hadithe und die Islamisten. Recherchiert am 22.3.2004.

Miksch, Jürgen, Abrahamische und interreligiöse Teams, Frankfurt a.M. 2003.

Renz, Andreas/Leimgruber, Stephan, Christen und Muslime: Was sie verbindet, was sie unterscheidet, München 2004.

Rickers, Folkert, Interreligiöses Lernen: Die religionspädagogische Herausforderung unserer Zeit, in: Rickers, Folkert/Gottwald, Eckart (Hg.), Vom religiösen zum interreligiösen Lernen: Wie Angehörige verschiedener Konfessionen lernen. Möglichkeiten und Grenzen interreligiöser Verständigung, Neukirchen-Vluyn 1998, 119-139.

Schirrmacher, Christine, Die Kreuzigung Jesu, in: www.evangelium.de/weltmission/religion/islam/kreuz.htm.

Sekretariat der Deutschen Bischofskonferenz, Christen und Muslime in Deutschland. Arbeitshilfen 172, Bonn 2003.

Sekretariat der Deutschen Bischofskonferenz, Leitlinien für multireligiöse Feiern von Christen, Juden und Muslimen. Arbeitshilfen 170, Bonn 2003.

Zirker, Hans, Interreligiöses Lernen aus der Sicht der katholischen Kirche und Theologie, in: Rickers, Folkert/Gottwald, Eckhart (Hg.), Vom religiösen zum interreligiösen Lernen: Wie Angehörige verschiedener Konfessionen lernen. Möglichkeiten und Grenzen interreligiöser Verständigung, Neukirchen-Vluyn 1998.

II. Theologische und sozialphilosophische Positionen

Friedrich Schweitzer

Evangelische Perspektiven zum interreligiösen Lernen

Die Rede von »evangelischen Perspektiven« und also von einer Mehrzahl von Sichtweisen im Blick auf das Verhältnis zum interreligiösen Lernen in der derzeitigen Situation in der evangelischen Kirche und Theologie scheint sehr angemessen. Die evangelische Position zum interreligiösen Lernen bzw. zum Verhältnis des christlichen Glaubens zu anderen Religionen oder Glaubensüberzeugungen gibt es daher nicht. Dies darf aber nicht so (miss-)verstanden werden, als gäbe es hier prinzipiell nur unverbindliche Auffassungen von Einzelpersonen. Evangelisch bedeutet nicht Beliebigkeit. Zudem gibt es in der neueren Diskussion durchaus zunehmende Gemeinsamkeiten, die allerdings noch deutlicher herausgearbeitet werden müssen. Auf solchen Gemeinsamkeiten soll im Folgenden ein Schwerpunkt liegen.

Die evangelische Diskussion zu interreligiösen Fragen hat einerseits eine durchaus lange Tradition, andererseits aber hat sie sich erst in den letzten Jahren intensiviert. Insofern befinden wir uns noch auf dem Weg zu klareren Perspektiven, in vieler Hinsicht eher noch am Anfang eines solchen Weges. Immerhin scheint sich die Einsicht durchzusetzen: Es gehört zu den großen und unausweichlichen Herausforderungen in Gegenwart und Zukunft, diesen Weg nun entschieden einzuschlagen und weiter voranzukommen. Wie sich im Folgenden zeigen soll, verdienen dabei auch Erfahrungen aus dem Bereich von Praktischer Theologie und Religionspädagogik mehr Aufmerksamkeit in Theologie und Kirche, als sie bislang erfahren haben.

Was sind evangelische Perspektiven?

In der evangelischen Kirche gibt es bekanntlich kein Lehramt, das mit dem der römisch-katholischen Kirche vergleichbar wäre. Manchmal wird daraus geschlossen, dass es im evangelischen Bereich keinerlei Verbindlichkeit gäbe, sondern allein die Freiheit zur eigenen Glaubensüberzeugung und die entsprechenden Meinungsäußerungen jedes und jeder Einzelnen. Eine solche Sicht der evangelischen Kirche widerspricht aber deren theologischem Selbstverständnis, wie es von den Reformatoren beispielsweise in der Confessio Augustana niedergelegt worden ist. Evangelisch ist zwar die Freiheit des Evangeliums, aber evangelisch heißt nicht Beliebigkeit. Neuere Stellungnahmen heben deshalb zu Recht hervor, dass es zumindest ein evangelisches Äquivalent zum katholischen Lehramt gibt, wobei ein solches evangelisches Lehramt anders als das katholische als differenziertes Zusammenspiel unterschiedlicher Kommunikationsprozesse und Institutionen von Kirche und Theologie, Praxis und Theorie zu sehen ist (vgl. Herms 2001).

Evangelische Perspektiven finden sich demnach in entsprechenden Stellungnahmen von Kirche und Kirchenleitungen, aber auch in den Gemeinden und deren Praxis. Sie finden sich ebenso in der Theologie, wobei hier nicht nur an die theologische Disziplin der Dogmatik bzw. an die Systematische Theologie zu denken ist, sondern prinzipiell an alle theologischen Disziplinen. Evangelische Perspektiven werden daher auch in der religionspädagogischen Praxis beispielsweise des interreligiösen Lernens entwickelt. Das Verhältnis der einzelnen Kommunikationsprozesse ist dabei freilich nicht einfach additiv zu fassen oder nach dem Modell der Suche nach einem größten oder kleinsten gemeinsamen Nenner zu begreifen. Es bedeutet vielmehr, dass die Identifikation evangelischer Perspektiven alle diese Bereiche einschließen muss. In gewisser Weise spiegelt sich dies bereits in der bislang am weitesten reichenden kirchlichen Studie »Religionen, Religiosität und christlicher Glaube«, die 1991 im Auftrag des Vorstandes der Arnoldshainer Konferenz (AKf) und der Kirchenleitung der Vereinigten Evangelisch-Lutherischen Kirche Deutschlands (VELKD) herausgegeben wurde (Arnoldshainer Konferenz 1991). Dort werden zwar vor allem exegetisch- und systematisch-theologische Erkenntnisse aufgenommen, daneben aber auch Erfahrungen aus der »interreligiösen Praxis«, die »am Beispiel christlich-islamischer Begegnung in der Bundesrepublik« (79ff.) erörtert wird. Neben Exegese und Dogmatik tragen Kirchengeschichte sowie besonders die Missionswissenschaft und Religionswissenschaft ebenfalls zu dieser Diskussion bei. In meiner Sicht gehört aber auch die Religionspädagogik mit zur Theologie und sollte deshalb als genuine Quelle theologischer Erkenntnisse zum interreligiösen Lernen nicht weniger ernst genommen werden. Ähnliches gilt für die Diakoniewissenschaft, die sich in den letzten Jahren unübersehbar mit der Präsenz anderer Religionen in Deutschland konfrontiert sieht (z.B. Hildemann 2003, zum weiteren Hintergrund Schibilsky/Zitt 2004).

Angesichts des damit umrissenen Charakters evangelischer Perspektiven ist leicht einsehbar, dass ein Konsens über evangelische Perspektiven zwar prinzipiell durchaus erreicht werden kann, jedoch keineswegs von vornherein vorausgesetzt werden darf oder in jedem Falle auch tatsächlich erreicht wird. In der Frage des Verhältnisses der Religionen zueinander ist ein solcher Konsens im evangelischen Bereich jedenfalls derzeit nicht ohne weiteres gegeben, sodass wir uns in einem weiteren Schritt zunächst der Diskussionslage vergewissern müssen.

Zur theologischen Ausgangssituation

Als theologische Ausgangssituation soll in diesem Abschnitt aus den genannten Gründen nicht nur die wissenschaftliche Theologie zählen, sondern gemeint ist die Diskussionslage im evangelischen Bereich insgesamt, nämlich hinsichtlich der hier vertretenen theologischen Auffassungen im Blick auf interreligiöses Lernen.

Wie bereits gesagt, besitzt diese Diskussion durchaus geschichtliche Wurzeln, die heute allerdings – u.a. auf Grund der mit den theologischen Neuaufbrüchen des 20. Jahrhunderts verbundenen Diskontinuitäten und der Abkehr von interreligiösen Interessen – häufig vergessen sind (zum Überblick vgl. Ratschow 1979, zum Religionsunterricht Tworuschka 1983). Zugleich wird zu Recht betont, dass auf evangelischer Seite ein deutlicher Nachholbedarf besteht: »Der evangelischen Theologie ist es bisher nicht gelungen, diese Vielfalt der Wahrnehmung anderer Religionen durch den Glauben so aufzunehmen, dass daraus Impulse für die Begegnungen und Dialoge hervorgehen könnten.« (Arnoldshainer Konferenz 1991, 9) Die evangelische Theologie und Kirche seien »unvorbereitet und ungerüstet ... für eine Begegnung mit anderen Religionen« (Arnoldshainer Konferenz 1991, 11). Diese Äußerungen aus dem Jahre 1991 gelten heute vielleicht nicht mehr ohne Einschränkung. Bezeichnend ist es gleichwohl, dass beispielsweise die Gesellschaft für Evangelische Theologie tatsächlich im Jahre 1999 zum »ersten Mal in ihrer über fünfzigjährigen Geschichte« »die theologische Beschäftigung mit dem Islam und hier insbesondere die Frage von Dialog und Mission im Verhältnis von Christen und Muslimen zum Thema einer Jahrestagung gemacht« hat (Weth 2000, Vorwort VII). Immerhin sind über die genannte Studie von 1991 hinaus inzwischen eine Reihe kirchlicher Stellungnahmen etwa zum »Zusammenleben mit Muslimen in Deutschland« oder zum Thema »Christlicher Glaube und nichtchristliche Religionen« erschienen (Kirchenamt der EKD 2000a; 2003a). Diese Veröffentlichungen sind jedoch bezeichnenderweise deutlich als »Handreichungen« oder »Beiträge« gekennzeichnet (vgl. ähnlich Kirchenamt der EKD 2002), offenbar nicht zuletzt in dem Bewusstsein, dass es im »Bereich der EKD ... unterschiedliche Auffassungen über das Verhältnis von christlichem und islamischem Glauben sowie über das gebotene christliche Verhalten gegenüber Muslimen« gibt: »Es finden sich offizielle Äußerungen, in denen die Rede ist von ›demselben, dem einen Gott‹, vor dem Christen und Muslime stehen, auch wenn ›von ihren Gotteserfahrungen her‹ ihr Gottesverständnis verschieden ist. Und es finden sich andere Äußerungen, in denen die Unvereinbarkeit des christlichen Glaubens mit dem als widerchristlich beurteilten islamischen Glauben betont wird.« (Kirchenamt der EKD 2000a, 14f. mit Hinweis auf die Veröffentlichungen: Evangelische Kirche im Rheinland 1998 und Christlicher Glaube und Islam. Erklärung der Lausanner Bewegung 1997) Diese Unterschiede im evangelischen Bereich können offenbar derzeit nicht aufgehoben werden. Theologisch grundlegende Klärungen stehen noch aus, was m.E. nicht nur auf divergierende Überzeugungen verweist, sondern zugleich auf den bereits konstatierten Nachholbedarf hinsichtlich entsprechender Diskussionen und Analysen.

Deutlich anders stellt sich allerdings die Diskussion zum Verhältnis von Christentum und Judentum insofern dar, als hier von der EKD in den Jahren 1975, 1991 und 2000 drei wichtige Studien vorgelegt worden sind (Kirchenamt der EKD 1975; 1991; 2000b). Auch in diesem Falle gibt es in der evangelischen Kirche durchaus unterschiedliche Auffassungen, aber ebenso deutlich ist die nicht zuletzt geschichtlich bedingte Sensibilität für das auch theologisch besondere Verhältnis zwischen Christentum und Judentum, das nicht einfach durch allgemeine und deshalb entdifferenzierende Begriffe wie »interreligiöser Dialog« u.Ä. verdunkelt werden darf. In der Studie von 2000 heißt es: »In den folgenden Fragen hat sich ein Einverständnis herausgebildet, das für alle Gliedkirchen gelten kann. Dabei wurden fünf Punkte benannt:

- Die Absage an den Antisemitismus
- Das Eingeständnis christlicher Mitverantwortung und Schuld am Holocaust
- Die Erkenntnis der unlösbaren Verbindung des christlichen Glaubens mit dem Judentum
- Die Anerkennung der bleibenden Erwählung Israels
- Die Bejahung des Staates Israel« (Kirchenamt der EKD 2000b, 9).

Obwohl es auch zu diesen Gesichtspunkten eines Konsens »Rückfragen« und zum Teil »Widerspruch« gibt, wie in der Studie festgestellt wird, zeigen solche Feststellungen zumindest exemplarisch, dass die Verständigung im Blick auf das Verhältnis zwischen Christentum und Judentum viel weiter vorangeschritten ist als im Blick auf das Verhältnis zwischen Christentum und Islam oder anderen Religionen.

Auch im Bereich der wissenschaftlichen Theologie sind in den letzten Jahren für die Frage interreligiösen Lernens wichtige Veröffentlichungen zu verzeichnen. Untersuchungen kommen zum einen aus dem Bereich der Missionswissenschaft, wo vor allem Theo Sundermeier mit dem Begriff der »Konvivenz« (dazu noch unten) wichtige Impulse gegeben hat (vgl. Sundermeier 1995). Zum anderen ist aus dem Bereich der Systematischen Theologie als bislang detaillierteste Darstellung die von Hans-Martin Barth vorgelegte »Dogmatik. Evangelischer Glaube im Kontext der Weltreligionen« zu nennen, die ebenfalls wichtige Anregungen für interreligiöses Lernen in sich schließt (2001). Weitere systematisch-theologische Untersuchungen zum Thema bewegen sich im Horizont der Pluralismusdiskussion (etwa Schwöbel 2003).

Die religionspädagogische Diskussion im evangelischen Bereich reicht hinsichtlich der Thematisierung anderer Religionen im Religionsunterricht erstaunlich weit zurück (Tworuschka 1983). Eine konsequente Umstellung und Hinwendung zu interkulturellem und interreligiösem Lernen ist aber ebenfalls erst in den letzten Jahren zu erkennen (Überblick bei Scheilke 2002; als grundlegende Einzelveröffentlichungen vgl. Rickers/Gottwald 1998, Nipkow 1998). Besonders zu nennen sind – neben wichtigen Einzeldarstellungen – die Ansätze der Nürnberger Foren (siehe Lähnemann in diesem Band), der Interreligiösen Arbeitsstelle (INTR°A) in Iserlohn (Paul Schwarzenau, Reinhard Kirste, Udo Tworuschka u.a. siehe Kirste in diesem Band), die Hamburger Bemühungen um einen evangelischen »Religionsunterricht für alle« (Folkert Doedens, Wolfram Weiße u.a.), die Duisburger Arbeitsstelle Interreligiöses Lernen (Folkert Rickers, Eckart Gottwald u.a.) sowie das Comenius-Institut (Literaturnachweise bei Scheilke 2002). Schon diese Nennung macht deutlich, dass auch im Bereich der evangelischen Religionspädagogik mit einem ganzen Spektrum unterschiedlicher Ansätze und Ausrichtungen zu rechnen ist, die im Folgenden berücksichtigt werden müssen. – In der Religionspädagogik sind die Verbindungen über die Konfessionsgrenzen hinweg besonders ausgeprägt. Deshalb ist es wichtig, auch die katholischen Veröffentlichungen mit im Blick zu haben (vgl. zusammenfassend van der Ven/Ziebertz 1995; Ziebertz/Leimgruber 2001).

Auf dem Wege zu Leitlinien interreligiösen Lernens in evangelischer Sicht

Die oben umrissene Diskussionslage lässt es nur sehr bedingt zu, gemeinsame evangelische Perspektiven zu formulieren. Dennoch gibt es Trends und Tendenzen, die in diesem Abschnitt zusammengestellt werden können. In meiner Sicht dient es der weiteren Verständigung, auf der Grundlage der genannten Diskussionen und diese übergreifend Leitlinien für interreligiöses Lernen herauszuarbeiten. Ob sich dabei bereits ein tragfähiger Konsens abzeichnet, wird sich in der weiteren Diskussion, aber auch in der Praxis von Religionspädagogik zeigen müssen. Fünf Leitlinien scheinen mir besonders wichtig:

- *Menschen mit nicht christlicher Religionszugehörigkeit in der Gesellschaft und in der einen Welt respektvoll begegnen, ihre Glaubensüberzeugungen kennen lernen und sich gemeinsam mit ihnen für ein Zusammenleben in Frieden, Toleranz und Gerechtigkeit einsetzen.*

Diese Forderung dürfte weithin Zustimmung finden. In der EKD-Handreichung von 2000 wird festgehalten, es sei »nötig, dass die Glieder der verschiedenen religiösen Gemeinschaften in unserer Gesellschaft einander begegnen und sich näher kennen lernen« (Kirchenamt der EKD 2000a, 23). Und in den Theologischen Leitlinien von 2003 wird ausdrücklich die »gegenseitige Pflege und Achtung der Differenzen der verschiedenen Religionen ... als der richtige Weg empfohlen, der religiöse Konflikte vermeiden hilft« (Kirchenamt der EKD 2003a, 7). Weiterhin gehe es um den »Abbau falscher Vorstellungen von der anderen Religion, um den Versuch des Verstehens des besonderen Profils ihrer Grundlagen und ihrer Praxis und vielleicht um die Entdeckung von Dimensionen der Gemeinsamkeit« – im Dialog zwischen den Religionen (Kirchenamt der EKD 2003a, 16). Entsprechende Bemühungen sind seit langem besonders im Bildungsbereich üblich – etwa beim »ökumenischen Lernen«, das sich zwar nur in eingeschränkter Weise auf die Begegnung der Religionen bezieht, aber doch das »Zusammenleben aller Menschen auf dieser Erde« mit im Blick hat (vgl. Kirchenamt der EKD 1985, 11). Auch in der Bildungsdenkschrift der EKD von 2003 wird ausdrücklich darauf hingewiesen, dass Globalisierung »interkulturelle und interreligiöse Bildung« erforderlich macht (Kirchenamt der EKD 2003b, 75). Damit ist eine durch Dialogoffenheit und Kooperationswillen bestimmte Haltung vorgegeben – beispielsweise auch im Blick auf einen islamischen Religionsunterricht und dessen mögliche Zugehörigkeit zu einer gemeinsamen Fächergruppe (vgl. Kirchenamt der EKD 1994, 73ff., 90f., Kirchenamt der EKD 1999) – eine Haltung, die sich allerdings noch ganz in einem sozialen und also nicht in einem theologischen Sinne verstehen lässt. Es geht dann um das Zusammenleben mit anderen Menschen, noch nicht um ein inneres, den eigenen Glauben betreffendes Verhältnis zu deren Glaubensüberzeugungen oder Religion, das eine weit größere Herausforderung bedeuten kann. Auch eine solche ethische Haltung besitzt jedoch eine theologische Grundlage, wie sie dann in weiteren Bestimmungen klarer hervortritt.

- *Kein vorschneller (Schein-)Konsens zwischen den Religionen – keine Einigungsversuche »oberhalb« bestehender Differenzen!*

Habe man in der Vergangenheit, etwa im Geiste des Kolonialismus, die »Überlegenheit der christlichen Religion herauszustellen versucht«, so werde heute »in der Begegnung mit anderen Religionen oft die Besonderheit des eigenen Glaubens zurückgestellt und das uns angezündete Licht unter den Scheffel gestellt«. »Vorschnell«, so die EKD-Stellungnahme »Zusammenleben mit Muslimen«, behaupte »man einen Grundkonsens« und erkläre »die Religionen als Ausdrucksformen ein und derselben Wahrheit« (Kirchenamt der EKD 2000a, 25). Aus evangelischer Sicht sei die manchmal behauptete »Ökumene der Religionen«, so die Stellungnahme »Christlicher Glaube und nichtchristliche Religionen«, aber schlicht ein »Irrweg« (Kirchenamt der EKD 2003a, 19). Entsprechende Vorstellungen der so genannten religionsdialogischen Theologie werden ausdrücklich abgelehnt. Mit Nachdruck wird auf den »*Gegensatz* zu anderen Religionen« verwiesen, der darin besteht, »dass andere Religionen auf Grund anderer religiöser Erfahrungen Jesus Christus *nicht als Ereignis der Wahrheit* anzuerkennen vermögen« (Kirchenamt der

EKD 2003a, 14). Allerdings sei durchweg zu beachten, dass die Berufung auf Jesus Christus »unter keinen Umständen zu Feindschaft und tödlichem Streit treibt« (Kirchenamt der EKD 2003a, 16). Dies entspreche auch der für die evangelische Sicht kennzeichnenden Selbstrelativierung und -kritik – die Wahrheit werde »niemals ein menschlicher Besitz«, auch nicht der Christen: »Ihre Lehre, ihre Lebensformen und -ordnungen sind nicht *die* wahre Religion« (Kirchenamt der EKD 2003a, 15). Wir müssen »eingestehen, dass in allen Religionen Gottes Gaben von Menschen verkehrt werden« (Kirchenamt der EKD 2000a, 29).

In der theologischen Diskussion entspricht dieser – die Differenzen bewusst nicht überspielenden – Position eine Wendung sowohl gegen »den apologetischen Vergleich zwischen dem Christentum und den anderen Religionen« (wobei das Christentum als die am weitesten entwickelte Religion dargestellt wird) als auch gegen den »Weg der Selbstminimalisierung« (bei dem alle eigenen Überzeugungen eingezogen werden) sowie gegen den Weg der »pluralistischen Theologie« (die doch letztlich einem Inklusivismus folge) (Sundermeier 2000, 3f.). Die Möglichkeit einer »interreligiös sensiblen christlichen Dogmatik«, so Hans-Martin Barth, beruhe notwendig auf der Abgrenzung von einem bloß religionsgeschichtlichen oder religionsphänomenologischen Vergleich, dem Streben nach einer Welteinheitsreligion und nach einer pluralitätskonformen Apologetik (Barth 2001, 39ff.). Es gibt demnach keine übergreifende bzw. übergeordnete Perspektive, von der aus sich die Gegensätze wirksam überbrücken oder auch nur gleichsam objektiv beurteilen ließen. Statt um eine solche Super-Perspektive geht es um einen »Pluralismus aus Prinzip« (Herms 1995) – um die Wahrnehmung nicht bloß eines »weichen«, sondern eines »harten Pluralismus«, wie auch in der Religionspädagogik betont werden kann (so Nipkow 1994; mit anderen Akzenten vgl. auch Lähnemann 1998).

Nicht zu übersehen ist jedoch auch, dass ein solcher Grundsatz besonders im Bereich der Religionspädagogik durchaus umstritten ist und zumindest unterschiedliche Auslegungen zulässt – etwa im Umkreis eines »Religionsunterrichts für alle« (Hamburg), selbst wenn er »in evangelischer Verantwortung« geschieht (vgl. dazu die Diskussionen in Weiße/Doedens 2000; Weiße 2002). In diesem Falle wird im Interesse der allgemeinen Zugänglichkeit dieses Religionsunterrichts häufig vor allem das Gemeinsame oder Verbindende zwischen den Religionen hervorgehoben, wobei nicht immer klar wird, wie mit den gleichwohl nicht zu übersehenden Unterschieden oder Gegensätzen umgegangen werden soll – ein Problem, das auch vom multifaith-Religionsunterricht in Großbritannien her bekannt ist (vgl. Copley 1997, 99ff.).

- *Toleranz muss aus der Verständigung zwischen den Religionen selbst erwachsen. Sie kann nicht durch eine immer weiter reichende Ausdehnung des Bereichs weltanschaulicher Neutralität erzwungen werden.*

In der Politik breitet sich zum Teil, etwa in den Organen der Europäischen Union, die vor allem von der französischen (laizistischen) und der US-amerikanischen Tradition (radikale Trennung von Staat und Kirche) geprägte Vorstellung aus, Toleranz als Voraussetzung für ein Zusammenleben in Frieden lasse sich durch eine Beschränkung von Religion auf den Privatbereich gewährleisten. Demgegenüber ist aus evangelischer Sicht am Öffentlichkeitsanspruch des christlichen Glaubens festzuhalten sowie daran, dass eine Verständigung der Religionen selbst als Weg zu Frieden und Toleranz anzusehen ist. Die Aufgabe besteht dann darin, »die Quellen der Toleranz in den religiösen Traditionen selbst zu suchen« (Schwöbel 2003, 227). Auch im Blick auf den in der Politik vor allem befürchteten religiösen Fundamentalismus gelte: »Die Therapie des Fundamentalismus kann ... nur auf dem Boden der religiösen Tradition selbst erfolgen« (Schwöbel 2003, 226). Damit wird nicht nur entsprechenden Tendenzen einer Privatisierung von Religion widersprochen, sondern nicht zuletzt auch einer aus der von Jürgen Habermas u.a. entwickelten Diskursethik erwachsenden, einflussreichen philosophischen Sicht, die eine betont von allen religiösen Begründungen absehende Auffassung von Toleranz empfiehlt (vgl. Forst 2003).

- *In der Begegnung der Religionen verbinden sich Dialog, Mission bzw. gegenseitiges Zeugnis und Konvivenz.*

Diese Verbindung wird in den kirchlichen Stellungnahmen durchweg hervorgehoben (s. bes. Arnoldshainer Konferenz 1991, 117ff.; Kirchenamt der EKD 2000a, 35ff.). Dialog und Konvivenz werden bejaht, aber auf Mission soll deshalb nicht verzichtet werden. Für pädagogische Zusammenhänge u.a. des interreligiösen Lernens ist dabei besonders der Missionsbegriff problematisch, da er einer pädagogischen Begründung eines solchen Lernens widerspricht. Die Rede vom »gegenseitigen Zeugnis« ist wohl besser geeignet, das Gemeinte zum Ausdruck zu bringen – dass es auch beim interreligiösen Lernen um sich wechselseitig ausschließende Wahrheitsansprüche geht, die nicht einfach verschwiegen oder eingezogen werden dürfen (so auch Kirchenamt der EKD 2003a, 14ff.). Interreligiöses Lernen würde sinnlos und langweilig, wenn es nur mögliche Gemeinsamkeiten in den Blick nehmen sollte.

Jürgen Moltmann hat allerdings unlängst vorgeschlagen, einen anderen Weg zu gehen und Mission anders als zum Teil in der Vergangenheit »nicht als einen aggressiven Zugriff auf das Ganze« zu verstehen, »sondern als eine Einladung zur Zukunft Gottes«. Dann »beginnen wir bei jener universalen Zukunft der Völker und der Erde und vergegenwärtigen sie im Evangelium der Hoffnung und in der Diakonie der Liebe. Wir laden Menschen anderer Religionen und Weltanschauungen zur Zusammenarbeit an jener Zukunft ein, die wir in den Symbolen ›Reich Gottes‹, ›ewiges Leben‹ und ›Neuschöpfung von Himmel und Erde‹ uns vorzustellen versuchen.« – Von einer solchen Reformulierung aus kann er dann sagen, es gehe »in diesem Zusammenhang nicht« um »die Frage, ob andere Religionen auch ›Heilswege‹ sein können, ob Menschen auch in anderen Religionen als dem Christentum nach Gott suchen und möglicherweise Gott finden können (...) Es ist in diesem Zusammenhang vielmehr die Frage nach dem Leben in anderen Religionen und ebenso natürlich auch die Frage nach dem Leben in der nichtreligiösen, säkularen Welt (...) Alles, was in anderen Religionen und Kulturen dem Leben dient, ist gut und muss in die kommende ›Kultur des Lebens‹ aufgenommen werden.« (Moltmann 2000, 45ff., 48). Ob dieser – innovative, aber auch kontroverse – Vorschlag, das Missionsverständnis im Horizont der »Zukunft Gottes« neu auszulegen, auch geeignet ist, die mit den unterschiedlichen Wahrheitsansprüchen angezeigten Probleme zu lösen, ist allerdings nicht ohne weiteres deutlich.

- *Die Frage nach dem Verständnis anderer Religionen muss als theologische Frage aufgenommen und weiter geklärt werden.*

Wie eingangs festgestellt, ist die Frage nach dem theologischen Verständnis nichtchristlicher Religionen erst in der jüngeren Vergangenheit intensiver vorangetrieben worden. Dabei hat sich herausgestellt, dass ein *theologisches*, vom christlichen Glauben selbst ausgehendes Verständnis unerlässlich ist. Die Kirche ist herausgefordert, »ihr Verhältnis zu anderen Religionen theologisch zu klären – eine Herausforderung, deren Dringlichkeit in den religionsphilosophischen Diskursen der von der Aufklärung bestimmten Theologie, aber auch unter dem Einfluss der frühen ›dialektischen Theologie‹ nicht hinreichend wahrgenommen wurde«, wobei anerkennend festgestellt wird, die »römisch-katholische Kirche« habe sich »auf dem Zweiten Vatikanischen Konzil dieser Herausforderung mit bemerkenswerten Überlegungen zu stellen versucht« (Kirchenamt der EKD 2003a, 5). Für die evangelische Kirche können die katholischen Überlegungen, die von bestimmten, aus evangelischer Sicht nicht zustimmungsfähigen Lehrgrundlagen abhängig sind, nicht einfach übernommen werden. Eine evangelisch-theologische Klärung kann nur auf der Grundlage der evangelischen Theologie und eines evangelischen Kirchenverständnisses erreicht werden. Immerhin gibt die Theologie des Zweiten Vatikanischen Konzils dazu wichtige Anstöße.

Auf dem Wege zu Leitlinien interreligiösen Lernens in evangelischer Sicht – so ist dieser letzte Abschnitt überschrieben, der die Diskussion vor allem durch eine Systematisierung entsprechender Leitlinien vorantreiben sollte. Auch am Ende ist noch einmal zu betonen, dass weitere Klärungen in Kirche und Theologie, in Praxis und Theorie erforderlich sind, damit wir auf diesem Weg weiter vorankommen. Dem Ziel auch nur eines weiteren Vorankommens werden wir allerdings nur näher kommen, wenn gezielt auch weitere Erfahrungen mit interreligiösem Lernen angestrebt und ermöglicht und wenn die dabei gewonnenen Einsichten sorgfältig ausgewertet werden – nicht zuletzt in der Zusammenarbeit zwischen Systematischer Theologie und Religionspädagogik. Deshalb sei noch einmal festgehalten: Das Zusammenleben von Menschen mit unterschiedlichen religiösen Überzeugungen, Prägungen und Zugehörigkeiten sowie die Verständigung zwischen ihnen gehört zu den großen und unausweichlichen Herausforderungen von Gegenwart und Zukunft. Diesen Herausforderungen werden sich auch die evangelische Theologie und Kirche in Zukunft stellen müssen.

Zum Weiterlesen

Nipkow, Karl Ernst, Bildung in einer pluralen Welt. Bd. 2: Religionspädagogik im Pluralismus, Gütersloh 1998.

Kirchenamt der EKD (Hg.), Christlicher Glaube und nichtchristliche Religionen. Theologische Leitlinien. Ein Beitrag der Kammer für Theologie der EKD, Hannover 2003.

Barth, Hans-Martin, Dogmatik. Evangelischer Glaube im Kontext der Weltreligionen. Ein Lehrbuch, Gütersloh 2001.

Literatur

Arnoldshainer Konferenz/Lutherisches Kirchenamt Hannover (Hg.), Religionen, Religiosität und christlicher Glaube. Eine Studie. Hg. im Auftrag der VELKD und der Arnoldshainer Konferenz, Gütersloh 1991.

Barth, Hans-Martin, Dogmatik. Evangelischer Glaube im Kontext der Weltreligionen. Ein Lehrbuch, Gütersloh 2001.

Christlicher Glaube und Islam. Erklärung der Lausanner Bewegung, Deutscher Zweig, Stuttgart 1997.

Copley, Terence, Teaching Religion: Fifty years of religious education in England and Wales, Exeter 1997.

Evangelische Kirche im Rheinland (Hg.), Christen und Muslime nebeneinander vor dem einen Gott. Zur Frage des gemeinsamen Betens. Eine Orientierungshilfe, Düsseldorf 1998.

Forst, Rainer, Toleranz im Konflikt. Geschichte, Gehalt und Gegenwart eines umstrittenen Begriffs, Frankfurt a.M. 2003.

Herms, Eilert, Pluralismus aus Prinzip, in: Herms, Eilert, Kirche für die Welt. Lage und Aufgabe der evangelischen Kirchen im vereinigten Deutschland, Tübingen 1995, 467-485.

Herms, Eilert, Das Lehramt in den Kirchen der Reformation, in: Materialdienst des Konfessionskundlichen Instituts Bensheim 52 (2001), H. 5, 83-93.

Hildemann, Klaus D. (Hg.), Religion – Kirche – Islam. Eine soziale und diakonische Herausforderung, Leipzig 2003.

Kirchenamt der EKD (Hg.), Christen und Juden, Gütersloh 1975.
Kirchenamt der EKD (Hg.), Ökumenisches Lernen. Grundlagen und Impulse. Eine Arbeitshilfe der Kammer der EKD für Bildung und Erziehung, Gütersloh 1985.
Kirchenamt der EKD (Hg.), Christen und Juden II. Zur theologischen Neuorientierung im Verhältnis zum Judentum, Gütersloh 1991.
Kirchenamt der EKD (Hg.), Identität und Verständigung. Standort und Perspektiven des Religionsunterrichts in der Pluralität. Eine Denkschrift, Gütersloh 1994.
Kirchenamt der EKD (Hg.), Religionsunterricht für muslimische Schülerinnen und Schüler. Eine Stellungnahme des Kirchenamtes der EKD, Hannover 1999.
Kirchenamt der EKD (Hg.), Zusammenleben mit Muslimen in Deutschland. Gestaltung der christlichen Begegnung mit Muslimen. Eine Handreichung des Rates der EKD, Gütersloh 2000a.
Kirchenamt der EKD (Hg.), Christen und Juden III. Schritte der Erneuerung im Verhältnis zum Judentum, Gütersloh 2000b.
Kirchenamt der EKD (Hg.), Zusammenleben gestalten. Ein Beitrag des Rates der EKD zu Fragen der Integration und des Zusammenlebens mit Menschen anderer Herkunft, Sprache oder Religion (EKD-Texte 76), Hannover 2002.
Kirchenamt der EKD (Hg.), Christlicher Glaube und nichtchristliche Religionen. Theologische Leitlinien. Ein Beitrag der Kammer für Theologie der EKD (EKD-Texte 77), Hannover 2003a.
Kirchenamt der EKD (Hg.), Maße des Menschlichen. Evangelische Perspektiven zur Bildung in der Wissens- und Lerngesellschaft. Eine Denkschrift des Rates der EKD, Gütersloh 2003b.
Lähnemann, Johannes, Evangelische Religionspädagogik in interreligiöser Perspektive, Göttingen 1998.
Moltmann, Jürgen, Dialog oder Mission? Das Christentum und die Religionen in einer gefährdeten Welt, in: Weth, Rudolf (Hg.), Bekenntnis zu dem einen Gott?, Neukirchen-Vluyn 2000, 36-49.
Nipkow, Karl Ernst, Ziele interreligiösen Lernens als mehrdimensionales Problem, in: van der Ven, Johannes A./Ziebertz, Hans-Georg (Hg.), Religiöser Pluralismus und interreligiöses Lernen, Kampen 1994, 197-232.
Nipkow, Karl Ernst, Bildung in einer pluralen Welt. Bd. 2: Religionspädagogik im Pluralismus, Gütersloh 1998.
Ratschow, Carl Heinz, Die Religionen (Handbuch Systematischer Theologie Bd. 16), Gütersloh 1979.
Rickers, Folkert/Gottwald, Eckart (Hg.), Vom religiösen zum interreligiösen Lernen. Wie Angehörige verschiedener Religionen und Konfessionen lernen. Möglichkeiten und Grenzen interreligiöser Verständigung, Neukirchen-Vluyn 1998.
Scheilke, Christoph Th., Von Religionen lernen in der Pluralität. Ansätze, Aufgaben und Entwicklungserfordernisse eines interreligiösen Religionsunterrichts im Überblick, in: Schweitzer, Friedrich (Hg.), Der Bildungsauftrag des Protestantismus (Veröffentlichungen der WGTh 20), Gütersloh 2002, 164-178.
Schibilsky, Michael/Zitt, Renate in Zus. mit Klaus D. Hildemann/Reinhard Schmidt-Rost (Hg.), Theologie und Diakonie (Veröffentlichungen der Wissenschaftlichen Gesellschaft für Theologie 25), Gütersloh 2004.

Schwöbel, Christoph, Christlicher Glaube im Pluralismus. Studien zu einer Theologie der Kultur, Tübingen 2003.

Sundermeier, Theo, Konvivenz und Differenz. Studien zu einer verstehenden Missionswissenschaft. Anlässlich des 60. Geburtstages von Theo Sundermeier, hg. v. Volker Küster, Erlangen 1995.

Sundermeier, Theo, Konvivenz und Differenz, in: Weth, Rudolf (Hg.), Bekenntnis zu dem einen Gott?, Neukirchen-Vluyn 2000, 1-16.

Tworuschka, Udo, Die Geschichte nichtchristlicher Religionen im christlichen Religionsunterricht. Ein Abriss, Köln 1983.

van der Ven, Johannes A./Ziebertz, Hans-Georg, Religionspädagogische Perspektiven zur interreligiösen Bildung, in: Ziebertz, Hans-Georg/Simon, Werner (Hg.), Bilanz der Religionspädagogik, Düsseldorf 1995, 259-273.

Weth, Rudolf (Hg.), Bekenntnis zu dem einen Gott? Christen und Muslime zwischen Mission und Dialog, Neukirchen-Vluyn 2000.

Weiße, Wolfram/Doedens, Folkert (Hg.), Religiöses Lernen in einer pluralen Welt. Religionspädagogische Ansätze in Hamburg: November-Akademie '99 (Religionspädagogik in einer multikulturellen Gesellschaft Bd. 2), Münster u.a. 2000.

Weiße, Wolfram (Hg.), Wahrheit und Dialog. Theologische Grundlagen und Impulse gegenwärtiger Religionspädagogik (Religionspädagogik in einer multikulturellen Gesellschaft Bd. 4), Münster u.a. 2002.

Ziebertz, Hans-Georg/Leimgruber, Stephan, Interreligiöses Lernen, in: Hilger, Georg/Leimgruber, Stephan/Ziebertz, Hans-Georg, Religionsdidaktik. Ein Leitfaden für Studium, Ausbildung und Beruf, München 2001, 433-442.

Stephan Leimgruber

Katholische Perspektiven zum interreligiösen Lernen: Konziliar und inklusivistisch

In der Geschichte der katholischen Kirche und ihrer Theologie finden sich Hintergründe und Positionen, die für interreligiösen Dialog und interreligiöses Lernen von Bedeutung sind. Das Zweite Vatikanische Konzil (1962-1965) würdigte erstmals offiziell die religiösen Erfahrungen in den großen Religionen. Das Gemeinsame mit dem christlichen Glauben wurde betont und das Differente respektiert. Außerdem ist das inklusivistische religionstheologische Modell zu berücksichtigen, das Impulse für eine interreligiöse Praxis gibt.

Das Engagement im interreligiösen Dialog

Beginnen wir mit einem Zitat aus der Erklärung über das Verhältnis der Kirche zu den nicht christlichen Religionen:

»In unserer Zeit, da sich das Menschengeschlecht von Tag zu Tag enger zusammenschließt und die Beziehungen unter den verschiedenen Völkern sich mehren, erwägt die Kirche mit umso größerer Aufmerksamkeit, in welchem Verhältnis sie zu den nicht christlichen Religionen steht. Gemäß ihrer Aufgabe, Einheit und Liebe unter den Menschen und damit auch unter den Völkern zu fördern, fasst sie vor allem das ins Auge, was den Menschen gemeinsam ist und sie zur Gemeinschaft untereinander führt.

Deshalb mahnt sie ihre Söhne, dass sie mit Klugheit und Liebe, durch Gespräch und Zusammenarbeit mit den Bekennern anderer Religionen sowie durch ihr Zeugnis des christlichen Glaubens und Lebens jene geistlichen und sittlichen Güter und auch die sozial-kulturellen Werte, die sich bei ihnen finden, anerkennen, wahren und fördern.« (NA 1-2)

Mit diesen geradezu prophetischen Worten haben vor vierzig Jahren die 2450 Konzilsväter für den Dialog und die Kooperation mit den Angehörigen der großen nicht christlichen Religionen geworben. Juden und Muslime, Hindus und Buddhisten wurden in ihren authentischen religiösen Erfahrungen erstmals gewürdigt und die schuldhafte Geschichte der Christen im Verhältnis zu den Religionen eingestanden. Das Bekenntnis zur Religionsfreiheit (DH) bildete den Ermöglichungsgrund für eine Neubestimmung des Verhältnisses der Kirche zum Judentum, zum Islam wie auch zu anderen Weltreligionen (LG, NA). Papst Johannes XXIII. gründete eine »Kommission für die Nichtchristen«, die 1980 in den »Päpstlichen Rat für den interreligiösen Dialog« umbenannt wurde und die auf höchster Ebene eine ganze Reihe von Dialog- und Trialogpartnerschaften eingegangen ist mit dem Ziel der Annäherung und des gegenseitigen Lernens, nicht etwa der Überredung oder Abwerbung. In der Folge entstanden an der Basis recht viele Initiativen von »Runden Tischen« mit Austauschmöglichkeiten und soziale Solidaritätsaktionen bis hin zu multireligiösen Gebeten zwischen Angehörigen verschiedener Religionen.

Die Öffnung der Katholischen Kirche auf die anderen Religionen hin, verbunden mit einer Selbstkorrektur des eigenen Kirchenverständnisses, und die Option, den anderen »mit Hochachtung« (NA 2) zu begegnen, zeigten Wirkung auf andere christliche Konfessionen und den Ökumenischen Rat der Kirchen. Es kam eine Besinnung auf das gemeinsame »abrahamitische Erbe« der Religionen Judentum – Christentum – Islam in Gang, ohne die bestehenden Differenzen zu nivellieren. Symbolisch zeigte sich der neue Geist und die nunmehr geschärfte Wahrnehmung der anderen Religionen in den multireligiösen Gebeten in Assisi, wo Papst Johannes Paul II. Vertreter der Religionen zu gemeinsamem Fasten und sukzessiven Fürbitten einlud (1986, 1993, 2002) und damit die tiefere Einheit der Menschen auf Grund ihrer Geschöpflichkeit und Würde zum Ausdruck brachte. Der interreligiöse Dialog im Kleinen kommt – wenn auch in unterschiedlicher Dichte – in den zahlreichen Ehen (zwischen Christen und Andersglaubenden) und Familien zum Tragen, die in den letzten Jahren gegründet wurden (vgl. Deutsche Bischofskonferenz 2003, 186-201). Analog zu den ökumenischen (konfessionsverbindenden) Ehen bieten interreligiöse Lebensgemeinschaften Herausforderungen und Chancen für interkulturelles und interreligiöses Lernen.

Zur Entwicklung eines didaktischen Konzepts interreligiösen Lernens

In den vergangenen Jahren sind verschiedene Konzepte für interreligiöses Lernen entwickelt und diskutiert worden, etwa ein Assimilations- oder Integrationskonzept bis hin zu einem wechselseitigen interreligiösen Lernen. Zunehmend wird Letzteres in den Lehrplänen und Schul- bzw. Religionslehrbüchern rezipiert, zumal das »Thema Weltreligionen« zu den beliebtesten Themen im Religionsunterricht gehört. Eine auf Begegnungslernen ausgerichtete »Didaktik der Weltreligionen« ersetzt die frühere Religionskunde. Auch die Tongebung wechselte von der einst negativ-disqualifizierenden Redeweise von den »Ungläubigen« (z.B. Thomas von Aquin) oder den »Gegnern« (Reformation und Gegenreformation) zu den »Schwestern und Brüdern im Glauben« (Johannes Paul II.). Ein neuer vorurteilsfreier Umgang unter den Kindern und Jugendlichen verschiedener Religionen bahnt sich in Schule und Religionsunterricht an, selbst wenn es immer wieder zu Konflikten kommt und im Hintergrund Ängste vor Terror oder »Überflutung durch Fremde« nicht geringer werden. Was gehört zu diesem Konzept des interreligiösen Lernens?

Interreligiöses Lernen setzt *interkulturelle Kompetenz* voraus, was einen Umgang mit anderen Kulturen und einen Wechsel von einem kulturellen Milieu in ein anderes mit einer gewissen Leichtigkeit impliziert. Interkulturelles wie interreligiöses Lernen beginnen mit der achtsamen Wahrnehmung fremder kultureller und religiöser Lebensräume und Zeugnisse. In ihrer Hauptform ereignet sich interreligiöses Lernen in dialogischen Begegnungen, von denen bereits Kinder erlebnismäßigen und nachhaltigen Nutzen ziehen. Reflexives interreligiöses Lernen setzt einen eigenen religiösen Standpunkt wie auch theologische Kompetenz und die Fähigkeit zum Perspektivenwechsel voraus. Neu wird die spirituelle Dimension interreligiösen Lernens entdeckt (Renz/Leimgruber 2004, 47-48), ohne die eine »Kultur der Anerkennung der andern in ihrem Anderssein« (Johann Baptist Metz) nur schwer möglich ist.

Interreligiöses Lernen bezieht sich auch auf *Inhalte* und kommt nicht ohne *Gedächtnis und Erinnerungsvermögen* aus. Doch ist es primär *subjektgeleitetes Aneignen* und Verarbeiten von *Begegnungserfahrungen* und damit weit mehr als Wissensanhäufung und Behalten vorformulierter Katechismusantworten. Es trägt zur Selbstwerdung und Identitätsbildung bei und lässt die eigenen weltanschaulichen, religiösen und ethischen Standpunkte nicht außen vor. Ziel dieses Lernens ist weder das Einebnen der kulturellen Besonderheiten noch der Rückzug auf den größten gemeinsamen theologischen Nenner, sondern die Anerkenntnis der andern und das gegenseitige Verstehen. Interreligiös kompetent ist, wer Zeugnisse fremder Religionen aus deren soziokulturellen Kontext zu interpretieren weiß und sich mit Angehörigen anderer Religionen einfühlsam verständigen kann.

Im Blick auf das religionsdidaktische Konzept sind die Unterschiede zwischen den Konfessionen und Religionen inzwischen minimal. Akzente sind etwa aus katholischer Sicht die Priorität eines konfessionell-kooperativen, diakonisch ausgerichteten Unterrichts mit interreligiösen Projekten, während ein multireligiöser Unterricht und das Fach Lebensgestaltung-Ethik-Religionskunde LER eher als »Vorformen« religiösen Lernens gesehen werden (Sekretariat der Deutschen Bischofskonferenz 1996, 60). Spezifisch katholische Aspekte kommen jedoch in Bezug auf die religionstheologischen Modelle zum Tragen.

Über das Verhältnis der Kirche zu den nicht christlichen Religionen

Die Lehre des Zweiten Vatikanums zeichnet sich diesbezüglich durch drei Merkmale aus:

Die nichtkatholischen Konfessionen und die nicht christlichen Religionen werden erstens nicht mehr als »ungläubig« taxiert und als vom Heil abgeschnitten betrachtet, sondern gruppieren sich gleichsam zwiebelschalenförmig um die Kirche Christi, auf die hin sie geordnet sind. Die katholische Kirche ist in der Kirche Christi verwirklicht (subsistit, LG 8), zu welcher auch die orientalischen Kirchen und die kirchlichen Gemeinschaften der Reformation gehören.

Zweitens wird die Lehre der Väter erneuert, wonach die nicht christlichen Religionen »Körner der Wahrheit« oder »Strahlen der Wahrheit« (NA 2) aufweisen. Die römisch-katholische Kirche anerkennt alles, was diesen Religionen wahr und heilig ist. Sie besinnt sich auf die gemeinsamen Wurzeln mit dem jüdischen Volk, welches sie nicht bekehren will, denn unwiderruflich sind Gnade und Berufung, die Gott gewährt (Röm 11,29). Sie betrachtet die Muslime »mit Hochachtung«, weil die Glaubenden denselben Schöpfer und Richtergott wie alle Angehörigen der »abrahamitischen Religionen« anbeten. Damit hat sich die katholische Kirche erstmals positiv gegenüber den anderen Religionen ausgesprochen und gleichzeitig sich selbst als Sakrament, als Instrument im Dienst der Vereinigung zwischen Gott und den Menschen betrachtet (SC 5; 26), nicht mehr als »vollkommene Gesellschaft«.

Das dritte Merkmal der konziliaren Aussagen war die Betonung des allgemeinen Heilswillens Gottes. Gott hat sich bereits den Vätern und den Propheten geoffenbart. Er will, »dass alle Menschen gerettet werden und zur Erkenntnis der Wahrheit gelangen« (1 Tim 2,4). Die Fülle der Offenbarung geschah nach christlichem Verständnis in Jesus Christus. Und sie wird durch die Gabe des Geistes weitergeführt. Denn: »Der Geist des Herrn erfüllt den Erdkreis« (Weish 1,7), bis hin in das alltägliche, gewöhnliche Leben hinein, auch in der Natur mit ihren Reichtümern und vor allem im gerechten Tun. Damit ist Gottes Wirken weit umfassender gesehen, als es frühere Positionen mit ihrer Begrenzung auf die katholische Kirche taten.

Das Konzil hat die Religionen zwar nicht als »Heilswege« betrachtet, wohl aber gesehen, dass Gottes heilbringende Gnade auch nicht christlichen, suchenden Menschen zuteil wird »auf Wegen, die er (Gott) kennt« (AG 7). Die Konzilsväter respektierten den Weg der Juden, die in Jesus ihren Bruder sehen, nicht aber die Fülle der Wahrheit, und sie respektieren die Muslime, die Jesus als Propheten verehren (NA 3).

Diese vorangeschrittene Form des interreligiösen Denkens wird nicht im Widerspruch zum ursprünglich missionarischen Auftrag der Kirche gesehen. Vielmehr gehören interreligiöser Dialog und Verkündigung eng zusammen. Die Kirche soll nie aufhören Jesus Christus als »Weg, Wahrheit und Leben« (Joh 14,6) zu verkünden, wie es auch in der umstrittenen Erklärung »Dominus Jesus« heißt:

»Dieser Dialog, der zum Evangelisierungsauftrag der Kirche gehört, führt zu einer Haltung des Verständnisses und zu einer Beziehung der gegenseitigen Kenntnis und der wechselseitigen Bereicherung, und zwar im Gehorsam gegenüber der Wahrheit und mit Respekt vor der Freiheit.« (DI 2)

Unangemessen erschien dort jedoch die Aussage über die Angehörigen der nichtchristlichen Religionen, »dass sie sich objektiv in einer schwer defizitären Situation befinden im Vergleich zu jenen, die in der Kirche die Fülle der Heilsmittel besitzen« (DI 22).

Das inklusivistische Modell der Religionstheologie

Etwas deutlicher unterscheidet sich nun das überzeugte Festhalten der katholischen Tradition am inklusivistischen religionstheologischen Modell gegenüber der auf den ersten Blick evidenteren pluralistischen Religionstheologie. Während Letztere besagt, dass die verschiedenen Wege zum Heil einander ebenbürtig und gleichwertig sind, sieht das inklusivistische Modell Heil und Wahrheit auch der nicht christlichen Religionen in expliziter oder impliziter Verbindung mit Jesus Christus. Zwar wird auch katholischerseits das von Cyprian über Thomas, Martin Luther und Petrus Canisius bis ins 20. Jahrhundert vertretene exklusivistische Modell (außerhalb der Kirche kein Heil) nicht mehr vertreten (Ratzinger 2003, 66).

Mit Abstützung auf sehr viele neutestamentliche Texte gilt aber, dass nur jener das Heil erlangt, der an Christus, den menschgewordenen Sohn Gottes, glaubt. Das Neue Testament zeigt zugleich Gottes universellen Heilswillen und die Bindung der Rettung an die Erlösung Jesu Christi und an seine einzige Mittlerschaft für jeden Menschen, selbst für die, die Jesus nicht kennen (Internationale Theologenkommission 1996, 39). Jesus Christus gilt als Ursprung und Ziel der menschlichen Geschichte, als »Alpha und Omega«, als »Anfang und Ende« (Off 22,13), als Punkt, auf den alles zustrebt (Teilhard de Chardin), als Mittelpunkt der Menschheit und als »Erfüllung ihrer Sehnsüchte« (DI 15), kurz als Retter und Richter. »Denn aus ihm und durch ihn und auf ihn hin ist die ganze Schöpfung.« (Röm 11,36) (Die »Gleichwertigkeit« bezieht sich eher auf die allen Menschen zuteil gewordene Würde.) Weitere neutestamentliche Begründungen liefert der Kolosserbrief mit der auf Christus hingeordneten Schöpfungs- und Erlösungsordnung (Kol 1,15-20): Jesus ist der Erstgeborene der ganzen Schöpfung (Kol 1,15); »Alles ist durch ihn und auf ihn hin geschaffen.« (Kol 1,16) Alles, was die Menschen tun in Verbindung mit Gott, tun sie durch Jesus Christus unter der Mitwirkung des

Geistes (DI 12). Er ist das Leben und das Licht, das jeden Menschen erleuchtet (Joh 1,3-5) und das die Fülle des Lebens schenkt. All diese Aussagen kann eine pluralistische Religionstheologie nicht abdecken.

Karl Rahner SJ (1904-1984) hat versucht, diese theologische Finalisierung durch die Theorie der anonymen Christen plausibel zu machen. Nach ihm sind viele Angehörige nichtchristlicher Religionen, die ihrem Gewissen folgen und wahre, heilige Lebensweisen pflegen, »anonyme Christen«. Doch wird diese Theorie als Vereinnahmung betrachtet, welche zu wenig vom Selbstverständnis der jeweiligen Religionen ausgeht, besonders etwa vom Judentum und vom Islam.

Johannes Paul II. betont mit dem Konzil die Einheit der »Menschheitsfamilie«, die der Diversität und Pluralität der Religionen vorgeordnet ist. Auf den Punkt gebracht: »Die religiös-pluralistische Welt wird christologisch interpretiert und dabei die Wahrheit der nichtchristlichen Religionen insofern akzeptiert, als sie an der Wahrheit in Jesus Christus partizipieren.« (Böttigheimer 2004, 55) In gleicher Weise, wie die Religionen auf die Kirche hingeordnet sind, nehmen sie auch am Heil in Christus teil. Dem entspricht die Auffassung der katholischen Kirche. Zuzugeben ist aber auch, dass sie keinen absoluten Standpunkt aus höherer Warte hat. Die anderen Religionen sehen dies aus ihrer Perspektive je anders.

Konsequenzen für das interreligiöse Lernen

- Begegnung und Dialog sind heute nicht zu umgehende Notwendigkeiten, für die es eigentlich keine ernsthaften gewaltfreien Alternativen gibt. Das dialogische Begegnungslernen soll auch in der Schule und besonders im Religionsunterricht ausgebaut werden.
- Leitend bleibt für jegliches interreligiöse Lernen die grundsätzlich positive Einstellung zu den Angehörigen nichtchristlicher Religionen, sind doch alle Menschen mit göttlicher Würde, Freiheit und eigenem Willen ausgestattet. Toleranz gegenüber anderen Glaubensauffassungen ist auch dann zu wahren, wenn diese direkt mit christlichen Auffassungen kollidieren.
- Ebenso wichtig ist es, Juden, Muslime, Hindus und Buddhisten aus dem Kontext ihrer eigenen religiösen Zeugnisse und Glaubensgrundlagen sehen zu lernen und aus ihrer eigenen Perspektive zu verstehen. Unabdingbare Voraussetzungen für einen gelingenden Dialog sind Grundhaltungen wie das Hören und Zuhören, das einfache Dasein – noch vor jeder Verkündigung (Evangelii nuntiandi).
- Für Christen im interreligiösen Dialog ist es sinnvoll und möglich, kenntlich zu machen, auf welchen eigenen Fundamenten das eigene

Leben ruht, die religiösen Wurzeln des Lebens und Handelns zu bezeugen, ohne die anderen zu vereinnahmen.

- Aus christlicher Sicht kann man die ganze Menschheit durchaus als Gemeinschaft sehen, deren Wurzelgrund und Ziel in Gott ist. Das »Sh^{e}ma Israel« ist für Israel wie für die Kirche unverrückbare Grundlage der Existenz: »Höre, Israel! Der Herr, unser Gott, der Herr ist einzig. Darum sollst du den Herrn, deinen Gott, lieben mit ganzem Herzen, mit ganzer Seele, mit ganzer Kraft« (Dtn 6,4 f.).
- Gemeinsam mit dem Islam gilt auch das erste Gebot »Du sollst keine fremden Götter neben mir haben«. (Ex 20,3; Dtn 5,7) »Es gibt keinen Gott neben Allah« (Sure 2, 116-117). Jesus Christus spielt in den abrahamitischen Religionen eine bedeutende Rolle: im Judentum ist er der Bruder, im Islam ein Prophet und Diener Gottes, im Christentum ist er der Bruder, der Prophet und die unüberbietbare Offenbarung Gottes.
- Aus katholischer Sicht stimmt die pluralistische Religionstheologie nicht mit der biblischen Sicht überein, wenngleich anderen Religionen diese Sicht zugestanden wird. Aus biblischer Sicht ist die zentrale Stellung Jesu Christi am Erlösungsgeschehen der ganzen Menschheit nicht wegzudenken.

Zum Weiterlesen

Deutsche Bischofskonferenz (Hg.), Christen und Muslime in Deutschland, Arbeitshilfen 172, Bonn 2003.

Leimgruber, Stephan, Interreligiöses Lernen, München 1995.

Renz, Andreas/Leimgruber, Stephan, Christen und Muslime. Was sie verbindet, was sie unterscheidet, München 2004.

Literatur

Böttigheimer, Christoph, Christlicher Heilsweg im Religionspluralismus, in: Stimmen der Zeit 122 (2004), 51-62.

Dekret über die Missionstätigkeit der Kirche »Ad gentes« (= AG), in: Rahner 2002, 607-653.

Deutsche Bischofskonferenz (Hg.), Kongregation für die Glaubenslehre, Erklärung Dominus Jesus. Über die Einzigkeit und die Heilsuniversalität Jesu Christi und der Kirche, Bonn 2000 (= DI).

Deutsche Bischofskonferenz (Hg.), Christen und Muslime in Deutschland, Arbeitshilfen 172, Bonn 2003.

Die dogmatische Erklärung über die Kirche »Lumen gentium« (= LG), in: Rahner, 2002, 123-200.

Erklärung über das Verhältnis der Kirche zu den nicht christlichen Religionen »Nostra aetate« (= NA), in: Rahner 2002, 355-359.

Erklärung über die Religionsfreiheit »Dignitatis humanae« (= DH), in: Rahner 2002, 661-675.

Internationale Theologenkommission, Das Christentum und die Religionen, in: Sekretariat der Deutschen Bischofskonferenz (Hg.), Arbeitshilfen 136, Bonn 1996.

Kirchenamt der EKD (Hg.), Identität und Verständigung. Eine Denkschrift der Evangelischen Kirche in Deutschland, Gütersloh ²1995.

Konstitution über die heilige Liturgie »Sacrosanctum Concilium« (= SC), in: Rahner 2002, 51-90.

Metz, Johann Baptist, Die Eine Welt als Herausforderung an das westliche Christentum, in: Una Sancta 44 (1989), H. 4, 314-327.

Rahner, Karl/Vorgrimler, Herbert, Kleines Konzilskompendium. Sämtliche Texte des Zweiten Vatikanums. Allgemeine Einleitung – 16 spezielle Einführungen – ausführliche Sachregister, Freiburg u.a. [29]2002.

Ratzinger, Joseph Kardinal, Glaube Wahrheit Toleranz. Das Christentum und die Weltreligionen, Freiburg i.Br. 2003.

Renz, Andreas/Leimgruber, Stephan, Christen und Muslime. Was sie verbindet, was sie unterscheidet, München 2004.

Renz, Andreas/Leimgruber, Stephan (Hg.), Lernprozess Christen Muslime. Gesellschaftliche Kontexte – Theologische Grundlagen – Begegnungsfelder, Forum Religionspädagogik interkulturell Bd. 3, Münster 2002.

Sekretariat der Deutschen Bischofskonferenz (Hg.), Die bildende Kraft des Religionsunterrichts. Zur Konfessionalität des katholischen Religionsunterrichts, Bonn 1996.

Jonathan Magonet

Jüdische Perspektiven zum interreligiösen Lernen

Voraussetzungen und Kontexte werden benannt, die für jüdische Perspektiven zum interreligiösen Lernen von Bedeutung sind. Ein Schwerpunkt liegt in der Darstellung, wie das Studium des Judentums heute zu einer Annäherung und zu einem Dialog mit anderen Religionen beitragen kann. Unterschiede und Gemeinsamkeiten werden deutlich. Ebenso kommen geschichtliche Erfahrungen zum Tragen, wie das Judentum zwischen Christentum und Islam überleben musste.

Im Titel sind zwei Möglichkeiten angedeutet, wie das Thema behandelt werden kann. Die erste besteht darin, die jüdischen Einstellungen zum interreligiösen Dialog und alle damit zusammenhängenden Punkte zu bedenken. Dies wurde in den letzten Jahren zunehmend getan und kann als gut bearbeiteter Bereich betrachtet werden.

Die andere Möglichkeit besteht darin, darüber zu diskutieren, wie das Studium des Judentums in seinen historischen und gegenwärtigen Kontexten ein sinnvolles Instrument sein kann, um sich anderen, in Beziehung damit stehenden religiösen Traditionen anzunähern oder allgemeiner, die Rolle und die Aufgaben von Religionen heute zu bearbeiten. In diesem Zusammenhang ist darauf hinzuweisen, dass das Judentum während der letzten 2000 Jahre meistens im Kontext christlich dominierter Gesellschaften existierte und sich darin definieren oder redefinieren musste, und ebenso für etwa 1300 Jahre unter dem Islam. Deshalb finden sich im Judentum selbst Merkmale, die aus diesen zwei Erfahrungen stammen. Dennoch ist es gelungen, eine eigene jüdische Identität zu erhalten, die interessante Perspektiven für die zwei »Schwesterreligionen« beinhaltet.

Eine Konsequenz aus diesen intensiven Erfahrungen ist, dass Juden zwar ›Einstellungen‹ zu diesen zwei Glaubensrichtungen haben, aber bis vor kurzem wenig zu anderen religiösen oder philosophischen Traditionen zu sagen hatten.[1] Eine bedeutsame Ausnahme besteht im Blick auf den Buddhismus, weil es eine beachtliche Zahl von amerikanischen Juden gibt, die dem Buddhismus angehören und das Phänomen der »Jubu« (Jüdische Buddhisten) bilden. Ein Effekt ist das zunehmende Interesse an Meditation in jüdischen Kreisen, aber erst mit der Zeit werden wir feststellen können, welcher

1 Für einen Überblick und zur Diskussion der jüdischen Positionen in einem weiteren religiösen Spektrum siehe Solomon, 1991.

größere Einfluss, wenn überhaupt, dieses Phänomen auf das »normative« Judentum haben wird.

Bevor wir uns mit dem zweiten der vorgestellten Ansätze beschäftigen, ist es wichtig, auf zwei Merkmale der jüdischen Einstellungen zum interreligiösen Dialog hinzuweisen. Erstens gibt es eine tiefe Ambivalenz innerhalb der jüdischen Gemeinschaft über die Natur und die Möglichkeiten von Dialog. Obwohl darin natürlich theologische Fragen eine Rolle spielen, ist dies zum großen Teil eine Konsequenz der jüdischen Erfahrung unter dem Christentum und dem Islam während der letzten Jahrhunderte. Man braucht hier nicht erneut und im Detail das durch Christen geprägte Schicksal der jüdischen Gemeinschaften aufzuzählen: Pogrome, gewaltsame Bekehrungen, Vertreibungen, Anklagen als rituelle Mörder und konsequente Zerstörung ganzer Gemeinschaften, Gettoisierung, öffentliche Verbrennung von heiligen jüdischen Schriften und im letzten Jahrhundert der Horror der Shoah, die innerhalb des christlichen Europa stattfand. Dies alles wurde unterstrichen durch eine tiefe christliche theologische Ambivalenz über die anhaltende Existenz des jüdischen Volkes, dessen religiöser Glaube schon lange durch die Christianisierung hätte abgelöst werden können. Im Vergleich dazu war die Behandlung der Juden unter dem Islam wesentlich besser, obwohl auch hier nicht ohne vernichtende Erfahrungen unter fanatischen Regierungen und einem nicht angemessenen Gebrauch des Dhimi-Status[2]. Positiv gesehen ist auch klar, wie oben bereits angedeutet, dass vieles von dem, was wir nun als zentrales jüdisches Denken und jüdische Praxis ansehen, während der gleichen Jahrhunderte entstand und tief beeinflusst wurde durch die christlichen und muslimischen Umgebungen – durch eine selektive Aufnahme der sie umgebenden Ideen und Werte. Symbiose und Konflikt gingen Hand in Hand.

Der zweite Punkt, und in diesem unterscheidet sich das Judentum von den beiden anderen Glaubensrichtungen, ist, dass das Judentum im Gegensatz zu den beiden anderen die Religion eines spezifischen Volkes ist, und die beiden Elemente, ethnische Identität und religiöser Glaube miteinander in verschiedener Weise in den verschiedenen geschichtlichen Perioden interagieren.[3] In der biblischen Zeit dominierte das nationale Element in der Bestimmung von ›jüdischer‹ oder besser gesagt: ›israelitischer‹ Identität, und wie die umgebenden Nationen hatte Israel seinen eigenen Gott mit einzigartigen Merkmalen, der konkrete Forderungen an die Nation hatte. Während der fast 2000 Jahre im Exil, ohne Land, ohne König, ohne Tempel oder Gottes-

2 Dieser Begriff bezieht sich auf Nicht-Muslime, die unter dem Schutz muslimischer Herrschaft lebten; ein Status, der nichtsdestotrotz oft missbraucht wurde.

3 Diese Unterscheidung gibt es in der Praxis nicht so absolut, weil regionale Verschiedenheiten und nationale Elemente ihre Rolle spielen in der Eigendefinition von Christen und Muslimen in jedem lokalen Kontext, aber von theologischer Perspektive aus, soweit ich diese verstehe, gibt es nur eine Kirche und eine islamische Nation.

dienst, haben sich die Juden selbst wieder als Glaubensgemeinschaft konstituiert, für die das ethnische oder nationale Element zwar vorgegeben war, aber nicht dominierte. (In der biblischen Zeit hat man als Mitglied einer Nation automatisch den lokalen Gott angenommen; in der rabbinischen Zeit war die jüdische Identität allein bestimmt durch den Status der Mutter oder durch einen Prozess der Konversion durch anerkannte Formen und unter einschlägigen rabbinischen Autoritäten.) Seit der Emanzipation der Juden, die im 18ten Jahrhundert begann, haben diese zwei Komponenten, die ethnische und die religiöse, eine Spaltung zwischen einer völlig säkularen nationalen Identität als ein Extrem und eine selbstgenügsame Identität auf der anderen Seite verursacht, aber mit jeder denkbaren Kombination beider Elemente. Es ist notwendig, dies als gegensätzliche Einstellungen zum interreligiösen Dialog klarzustellen, die aus diesen unterschiedlichen Ausgangspunkten hervorgehen.

Wir wollen nun die Frage behandeln, in welcher Weise Juden den beiden Gastreligionen gleichen und sich von ihnen unterscheiden. Ein Effekt der genannten geschichtlichen Erfahrungen und Interaktionen ist, dass es für Juden relativ leicht ist, in einen Dialog mit beiden Glaubensgemeinschaften zu treten, da beachtliche Gemeinsamkeiten entdeckt werden können.

So ist die Hebräische Bibel oder das Alte Testament ein mit den Christen gemeinsam geteilter religiöser Text, auch wenn dieser in verschiedenen christlichen Traditionen unterschiedlich angereichert wurde. Man sollte hier auch hinzufügen, dass das Bestehen der Juden auf dem hebräischen Text und die größere christliche Vertrautheit mit umgangssprachlichen Übersetzungen manchmal den Eindruck erwecken, dass nicht das gleiche Buch gelesen wird. Natürlich müssen zu diesem Feld, das zugleich Kontakt und Verschiedenheit repräsentiert, die christliche Hinzufügung des Neuen Testamentes vermerkt werden und 2000 Jahre getrennter exegetischer Traditionen. Aber selbst in diesem zuletzt genannten Punkt hat es über die Jahrhunderte Gelegenheiten des Austausches gegeben, meistens dann, wenn Christen sich an jüdische Lehrer gewandt haben, um einen Zugang zum hebräischen Text zu erhalten, aber auch dann, wenn Juden durch zeitgemäße christliche wissenschaftliche Methoden beeinflusst wurden, meistens aus der Notwendigkeit heraus, eine jüdische Position in der Sprache bestehender Glaubenssysteme oder Methodologien zu verteidigen. So haben die Juden im Mittelalter gelernt, die Hebräische Bibel unter vier exegetischen Kategorien zu studieren. Peshat (einfache Bedeutung), Remez (Allegorie), Derash (angewandte Bedeutung), Sod (esoterische Bedeutung) unter der Rubrik PaRDeS (ein aus dem Persischen geliehenes Wort in der Hebräischen Bibel, das Garten bedeutet und im talmudischen Gebrauch ein Begriff für mystische Spekulation ist). Obgleich dies eine jüdische Form und Terminologie ist, wurde das System von zeitgemäßen christlichen Methodologien übernommen. Aber tatsächlich bietet die Bibel ein Instrument an, um eine Diskussion und Debatte zwischen Juden und Christen zu eröffnen.

Auf der anderen Seite teilen die Juden in Diskussionen mit Muslimen ein reiches Vokabular durch die Ähnlichkeiten zwischen Hebräisch und Arabisch. Ebenso wurde die gesamte mittelalterliche jüdische Philosophie innerhalb eines islamischen Milieus entwickelt, das auch zu Konzepten und zur hebräischen Sprache beitrug. (Mittelalterliche hebräische religiöse und säkulare Poesie ist eine direkte Konsequenz der Aufnahme arabischer Beispiele.) Aber wichtiger noch ist die Tatsache, dass das Judentum in seiner klassischen Form, wie der Islam, auf dem Recht basiert, ein Recht, das jeden Aspekt des privaten und öffentlichen Lebens umfasst. So gehörten Religion und Politik als untrennbare Teile einer gesamten Weltsicht zusammen, oder allgemein formuliert: »Judentum« (und in diesem Sinne auch Islam) ist keine Religion, sondern eine Lebensweise. So wie die Einstufung der Gegenstände ähnlich ist (von Essensvorschriften, Hochzeit und Scheidung bis zur Rechtfertigung von Kriegen), so sind auch die rechtlichen Methoden zur Beurteilung dieses Bereiches gleich. Während dieser Kontaktpunkt zentral ist, ist auch richtig, dass sich das Judentum seit der Aufklärung und der Zeit der Emanzipation im Westen tief greifenden Veränderungen unterzogen hat, wobei die ganze Autorität der Halachah, des jüdischen Gesetzes, in Frage gestellt wurde durch die verschiedenen ›reformierenden‹ und ›konservativen‹ religiösen Bewegungen, durch säkulare jüdische Bewegungen vom Sozialismus zum Zionismus und durch eine große Mehrheit von heutigen Juden, die sich selbst als ethnische Juden verstehen, aber sich nicht einer spezifischen jüdischen Glaubensrichtung verpflichtet sehen.[4]

Um die Idee, das Judentum als vergleichendes Werkzeug für das Studium der beiden anderen Glaubensrichtungen weiter zu treiben, können wir die folgenden Beispiele sinnvoll nutzen. Im Falle des Christentums ist der Schwerpunkt überwiegend theologisch bestimmt: »klassische« Konzepte wie Schöpfung, Offenbarung und Erlösung; Messianismus; die Auswirkungen und die Bedeutungen des Leidens; das Konzept der Liebe und seine Beziehung zur Gerechtigkeit; das Wesen von »Sünde« als ein »Zustand« oder als eine »Aktion« und von »Buße«; und heutzutage Antworten auf die Säkularisierung und besonders die Auswirkungen des historisch-kritischen Zugangs zur Bibel.

Obwohl gleiche oder ähnliche Themen im Zusammenhang mit dem Islam aufgenommen werden könnten, kann man sich auch eine andere Auswahl vorstellen: Vergleichende Studien in Philosophie und der Mystik; Standpunkte zu Wissenschaft und Beziehungen zwischen Vernunft und Glaube; das Konzept der Nation und das Wesen von Politik; die Beziehung zwischen dem Individuum und Gott, besonders hinsichtlich von Schicksal und Bestimmung.

---

4 Während ich dies aus der Perspektive eines westlich europäischen ›Ashkenazi‹-Juden schreibe, ist es auch klar, dass sephardische Juden, speziell jene aus Nordafrika, größere soziale und religiöse Affinitäten mit den vor-aufklärerischen moslemischen Gesellschaften beibehalten.

Sowohl mit dem Christentum wie mit dem Islam bietet die Spannung zwischen Partikularismus und Universalismus ertragreiches Material wie auch eine Darlegung der Unterschiede zwischen den Glaubensrichtungen wie Christentum und Islam, deren Erfahrung auf Macht und einem Mehrheitsstatus beruhen, und dem Judentum, das diese Frage während der meisten Zeit seiner Geschichte unter dem Vorzeichen politischer Machtlosigkeit und eines Minderheitenstatus behandeln musste.

In dieser Sichtweise steht das Judentum auf vielfache Weise zwischen den beiden anderen Religionen, beide erhellend und dadurch seine eigene Abhängigkeit und Einzigartigkeit enthüllend. Diese mittlere Lage ist nicht viel anders als die vermittelnde Rolle, die Juden im Mittelalter gespielt haben, als sie philosophische, theologische und wissenschaftliche Texte des Islam vom Arabischen ins Hebräische übersetzt haben und folglich auch vom Hebräischen in Latein.[5]

Wenn wir uns nun einem breiteren Rahmen und gegenwärtigen Themen zuwenden, dann gibt es zumindest drei Bereiche, in denen jüdische Erfahrungen ein Licht auf allgemeine religiöse Fragestellungen werfen. Die erste bezieht sich konkret auf die einzigartige Mischung einer ethnischen und einer religiösen Basis jüdischer Identität. In Folge der Emanzipation wie der Erfahrung der Trennung von religiös und säkular waren Juden extrem mit der Frage beschäftigt: wer ist ein Jude? Es geht um die die Autorität von 2000 Jahren spezifisch jüdischen Rechts und die sozio-politische Infrastruktur der rabbinischen Macht, die dieses Recht in der Vergangenheit unterstützt hat. Es ist Gegenstand der bittersten Kämpfe innerhalb und zwischen diesen Strömungen, die sich auf dem religiösen Terrain zwischen ›Orthodoxen‹ und ›Reformierten‹ bewegen. Es ist jedoch auch ein wichtiger Faktor in der Entstehung eines jüdischen Staates, der verständlicherweise für sich das Recht in Anspruch nimmt, die nationale Identität seiner Bürger zu bestimmen, aber intern tief gespalten darüber ist, wie die religiöse Identität innerhalb des Staates bestimmt werden kann. Aber zusätzlich zu diesen doch sehr spezifischen und gewissermaßen ausschließlichen Angelegenheiten von internem jüdischem Interesse, haben Juden auch ihre individuelle Identität innerhalb der westlichen Gesellschaft in der besten Zeit von zwei Jahrhunderten erkundet. In welchem Maße sollten sie sich selbst als Bürger wie alle anderen verstehen und dies als ausschlaggebend für ihre Identität ansehen, und in welchem Maße ist ihre jüdische Identität eine Alternative oder vorrangige Weise sich selbst zu definieren? Im Blick auf die Ironien und den Schmerz, die in dieser

5 Ich werde an eine interessante Analogie erinnert. Eine der Aufgaben, die Computer tun sollen, ist, Sprachen zu übersetzen. Dennoch muss in jedem Fall ein spezielles Programm entwickelt werden. Es wurde vorgeschlagen, dass Esperanto, das entwickelt wurde von dem jüdischen Linguisten Lazarus Ludwig Zamenhof, eines Tages eine gemeinsame vermittelnde Sprache für alle solche Übersetzungen sein soll.

Debatte enthalten sind, muss man nur auf die Juden hinweisen, die für ihre jeweiligen Länder auf beiden Seiten des ersten Weltkrieges gekämpft haben und gestorben sind. Dann sollte dies mit dem Schicksal der Überlebenden verbunden werden, die entdeckten, dass ihre Loyalität in Deutschland nach 1933 nichts zählte. Im 19ten Jahrhundert haben sich die Juden allgemein als Engländer oder Deutsche mosaischer Glaubensrichtung verstanden. Religion wurde in die Privatsphäre verbannt. Ihre Enkel, wenn sie sich überhaupt noch mit dem jüdischen Volk identifizieren, werden sich wohl selbst vorrangig als Juden verstehen, die in Israel oder in der Diaspora leben. In dieser Hinsicht formen die Juden das Rätsel, das sich einer zunehmenden Zahl von Individuen stellt, die sich freiwillig oder gewaltsam mit ihren Familien an anderen Orten als ihrer Heimat niederlassen müssen, sei es ein geographischer Ort oder ein ethnischer oder religiöser Status. Diese mehrdeutigen inneren jüdischen Konflikte, Strategien und Lebensweisen sind es wert, ausführlicher betrachtet zu werden.

Davon bestimmte jüdische Erfahrungen werden insbesondere durch zwei Ereignisse im 20sten Jahrhundert verstärkt, die in ihrer spezifischen Ausprägung exklusive jüdische Erfahrungen waren, heute jedoch in ihrer Bedeutung und Natur universell sind: Der Völkermord durch die Shoah (Holocaust) und die nationale Bevollmächtigung, geboren im Kontext eines bitteren Konfliktes durch die Bildung des Staates Israel.

An dieser Stelle möchte ich gerne eine Anekdote von einem der führenden Rabbis im britischen progressiven Judentum nach dem Krieg, Rabbi Hugo Gryn einwerfen, selbst ein überlebendes Kind von Auschwitz. Auf einer Konferenz, kurz vor seinem Tod, hat er über zwei »Sicherheiten« gesprochen, die er in den Konzentrationslagern erlebt hat. Die erste war, dass nach einer Situation, in der Juden unabhängig von ihrem »halachic«, ihrem rechtlichen Status, zusammengeworfen wurden und das gleiche Schicksal miteinander teilten, Juden niemals wieder solche Gründe als Quelle eines inneren jüdischen Konfliktes erlauben würden. Die zweite Überzeugung war, dass nach all dem, was dem jüdischen Volk widerfahren ist, die Welt niemals wieder einen solchen Akt des Völkermordes tolerieren würde. Die bittere Ironie seiner Bemerkungen wurde im Publikum wohl bemerkt.

In dem zuletzt genannten Fall kann vieles erforscht werden im Blick auf die verschiedenen jüdischen Reaktionen auf die Shoah, von der Notwendigkeit des Bezeugens hin zu einem bestimmten Zusammenhalt auf der Basis von »niemals wieder soll uns so etwas passieren« bis hin zu den tastenden und hoch konfliktgeladenen Versuchen, wenn nicht eine Theologie, so doch zumindest einen religiösen Weg zu erlangen, um auf den Horror der Amputation eines Drittels unseres Volkes antworten zu können und mit dem tiefen Misstrauen der westlichen Zivilisation zu leben, das diese begleitet hat. Darüber hinaus bietet die Wahrnehmung des Phänomens des Einflusses der Shoah auf die zweite Generation, die Kinder der Überlebenden und die langfristigen psychologischen Konsequenzen eines solchen Traumas Lehrstunden für andere Gemeinschaften, die in ähnlicher Weise betroffen sind. (Wiederum unterstreicht die jüdische Weigerung, Religion von Politik zu trennen, wie wichtig dieses Thema für unseren Zusammenhang ist.)

Die Gründung des Staates Israel wurde als jüdische Rückkehr in die Geschichte angesehen, das heißt, wieder eine Nation innerhalb der Familie der Nationen zu sein. Der anhaltende Konflikt mit der arabischen Welt und die katastrophalen Beziehungen zum palästinensischen Volk sind vierundzwanzig Stunden am Tag im Rampenlicht, während vergleichbare religiöse Themen weniger aufmerksam wahrgenommen werden. Wichtig ist in diesem Zusammenhang das interne religiöse Problem, mit Macht zurechtzukommen nach einer 2000-jährigen spirituellen Entwicklung, die auf Machtlosigkeit beruht, und die Notwendigkeit, sich Politiken und Launen externer Kräfte anzupassen. Begleitet von einem verstehbaren, jedoch letztlich psychologischen Status der Selbstverteidigung als Opfer entdecken Juden nur langsam, wie sie theologisch oder gar politisch damit zurechtkommen können, Macht über andere zu haben. Dies erinnert an die biblische Generation, die Ägypten als Sklaven verlassen hat und von ihrer eigenen Sklavenmentalität gefangen waren – und deshalb unfähig waren, das Risiko auf sich zu nehmen, in das versprochene Land zu gehen. Diese Generation musste in der Wildnis aussterben und ersetzt werden durch eine Generation, die in Freiheit geboren war, bevor sie ihre Verantwortung für ihr Schicksal übernehmen konnte. Diese Analogie ist nicht sehr glücklich, denn sie bezieht sich auf die Eroberung des Landes, aber das Thema eines radikalen Überdenkens einer tausendjährigen Zeit religiöser Lehren und Selbstwahrnehmung ist ein anderer wichtiger Bereich mit weiteren Auswirkungen in der heutigen Zeit.

In diesem Artikel habe ich versucht, einen bestimmten Bereich in einem größeren Zusammenhang darzulegen. Juden waren sehr oft Gegenstand anderer Leute Fantasie und Projektionen, sowohl theologisch als auch politisch. Vielleicht gibt es nun die Gelegenheit, die aktuellen inneren Erfahrungen des jüdischen Volkes als ein Instrument zu benutzen, um die Werte und Einstellungen der zwei Hauptreligionen zu erkunden, sowohl positiv wie auch negativ, zwischen denen das jüdische Schicksal überleben musste. Umgekehrt können von einer jüdischen Perspektive her die Wege, in denen die anderen beiden Glaubensrichtungen erfahren wurden, gebraucht wurden, missbraucht wurden und während der letzten Jahrhunderte ihre Position der Macht durchleuchtet haben, wichtige Lektionen für diesen herausfordernden neuen Ansatz bedeuten.

(übersetzt aus dem Englischen von Peter Schreiner)

Kommentierte Literatur

Bayfield, Tony/Braybrooke, Marcus (Hg.), Dialogue with a Difference. The Manor House Group Experience, London: SCM Press 1992. Eine fortschrittliche jüdische Sicht bietet diese wegweisende Publikation in diesem Gebiet, speziell der Beitrag von Bayfield, Tony, ›Making Theological Space‹, 15-28.

Bayfield, Tony/Brichto, Sidney/Fisher, Eugene (Hg.), He kissed Him and They Wept: Towards a Theology of Jewish-Catholic Partnership, London: SCM Press 2001. Diese Publikation, erstellt von vielen der genannten Autoren, ist das Ergebnis einer jüdisch-katholischen Konferenz in London 2000.

Fry, Helen P. (Hg.), Christian-Jewish Dialogue: A Reader, Exeter: University of Exeter Press 1996. Enthält eine hilfreiche Übersicht über den gegenwärtigen Stand des jüdisch-christlichen Dialogs.

Kampling, Rainer/Weinrich, Michael, Dabru Emet – redet Wahrheit: eine jüdische Herausforderung zum Dialog mit den Christen, Gütersloh 2003. Dabru Emet ist ein wichtiges Dokument, das eine aktuelle jüdische Perspektive zum Dialog mit dem Christentum darbietet. Enthält eine deutsche Diskussion mit Dabru Emet mit jüdischen und christlichen Kommentaren zu allen Bereichen.

Magonet, Jonathan, Abraham – Jesus – Mohammed. Interreligiöser Dialog aus jüdischer Perspektive, Gütersloh 2000. Beschreibt meine eigenen Erfahrungen in dem Bereich. In erweiterter Fassung erschienen in: Magonet, Jonathan, Talking to the Other: Jewish Interfaith Dialogue with Christians and Muslims, IBTauris, London/New York 2003.

Sacks, Jonathan, ›The Dignity of Difference‹. Revised with a new preface, London/New York: Continuum 2003. Hauptrabbi Jonathan Sacks hat aktuell über den Umgang mit Differenz geschrieben und viel Kritik aus orthodoxen Kreisen geerntet, die dazu geführt hat, dass er sein Buch überarbeitet hat.

Solomon, Norman, Judaism and World Religion, New York: St. Martin's Press 1991. Bietet einen Überblick über die wichtige und einflussreiche jüdische Position, die bei Rav Soloveitchik zu finden ist.

Solomon, Norman, »Die Soloveitchik Linie« im Dialog, in: Cohn-Sherbok, Dan (Hg.), Probleme gegenwärtiger jüdischer Theologie, Lewiston/Queenston/Lampeter, The Edwin Mellen Press 1991, 225-240.

Rabeya Müller

Islamische Perspektiven zum interreligiösen Lernen: Wie »inter-« ist der Islam?

Der Beitrag behandelt die Frage, ob es im Islam aus theologischer Sicht Voraussetzungen für interreligiöses Lernen gibt und ob es einen Austausch in muslimischen Fachkreisen darüber gibt. Dabei wird beleuchtet, wie sehr gängige bzw. traditionelle theologische Sichtweisen diese Perspektiven prägen. Schließlich geht es auch um die Frage, wie Bekenntnisse zum interreligiösen Lernen in einer multireligiösen Gesellschaft in den praktischen Alltag umgesetzt werden und ob sich diese z.B. in Lehrplänen und Unterrichtsmaterialien niederschlagen.

In den islamischen Gemeinschaften in Europa ist der Begriff des interreligiösen Lernens keine unbekannte Größe mehr, obwohl viele Muslime und Musliminnen meinen, es handle sich dabei um ein Lernen von uns *und* den anderen, sie also grundsätzlich interreligiöses Lernen in der Perspektive der Differenz sehen. Was aber sagt der Qur'an zu interreligiösen Vorstellungen?

Interreligiosität als Logik der Schöpferkraft

Da der Qur'an von sich als von einem »sich wiederholenden« – im Sinne von früheren *Offenbarungen* erneuernd – und nicht von einem »neuen« Buch spricht, müssen wir von einer prinzipiell interreligiösen Einstellung des »Autors« ausgehen. Das mag zunächst seltsam anmuten, aber eine monotheistische Vorstellung geht theologisch gesehen von *einem* Schöpfer bzw. einer Schöpferkraft aus, zu dem/der dann viele Wege führen. (Der Qur'an betrachtet dieses in gleicher Weise.) Muslime und Musliminnen können in vielerlei Hinsicht keinen Anspruch auf Exklusivität erheben und müssen sich diese aber auch nicht zuschreiben lassen. So ist z.B. Allah nur das arabische Wort für »Der Gott«, und auch arabischsprachige Christen und Christinnen sagen »Allah«, wenn sie von Gott sprechen.

Dieser Schöpfer hat Aussagen über Sich selbst in Seinen Offenbarungsschriften getan, also auch im Qur'an; und die Muslime und Musliminnen erheben keinen anderen Anspruch als den, dass sie diese Aussagen des Schöpfers über Sich selbst im Qur'an als das Einzige betrachten, was sie tatsächlich über Ihn wissen können. Freilich sagt dies noch nichts über die vielfache Möglichkeit der Interpretation dieser Aussagen und über das Schöpfer-Geschöpf-Verhältnis aus.

Das bedeutet, dass auch muslimische Menschen ihre individuelle Vorstellung von der Schöpferkraft haben. Solange diese auch als persönliche Perspektive eingeschätzt werden und nicht in normative Auffassungen einfließen, ist ein Umgang damit sicher einfacher, als wenn ein Individuum seine persönliche Sicht als die einzig richtige betrachtet und, z.B. im schulischen Bereich, nur diese zulassen will.

So sagt der Schöpfer selbst, dass Er sich Seiner Schöpfung und Seinen Geschöpfen gegenüber zur Barmherzigkeit verpflichtet hat: *Sprich: »Wem gehört das, was in den Himmeln und was auf Erden ist?« Sprich: »Allah.« Er hat Sich Selbst Barmherzigkeit vorgeschrieben. ... [6:12]*

Außerdem betont Er im Qur'an, dass Er dem Menschen näher sei als dessen Halsschlagader: *Und wahrlich, Wir erschufen den Menschen, und Wir wissen, was er in seinem Innern hegt; und Wir sind ihm näher als (seine) Halsschlagader. [50:16]*

Die hier bekundete Nähe Gottes zu den Menschen, verbunden mit Gottes Selbstverpflichtung, menschliches Denken und Handeln in Barmherzigkeit zu werten, ist für interreligiöses Lernen sehr wichtig: Diese Verpflichtung, die Gott Seinem Geschöpf gegenüber übernimmt, ermöglicht es den Menschen unterschiedlicher Konfessionen und Glaubensrichtungen, sich vom Schöpfer angenommen zu fühlen. Diese Geborgenheit, die vom Geschöpf mit Aufrichtigkeit beantwortet wird, ist eine elementare Voraussetzung für Lernen in der Interreligiosität.

Wichtig ist zu erkennen, dass der Schöpfer hier nicht spezifisch von einer Gruppe Menschen spricht, sondern von der Schöpfung »Mensch« schlechthin. In der theologischen Praxis bedeutet dies, dass Muslime und Musliminnen sich mit allen Menschen auf der Ebene der Geschöpflichkeit wiederfinden. Es gibt also keine Zweiklassengesellschaft, die sich noch dazu in der Differenz Muslime/innen und Nichtmuslime/innen erschöpft. Wenn nun eine Gruppe sagt, dass sie Gottes Wohlgefallen dadurch erlangen möchte, dass sie herausfinden will, was Er von den Menschen fordert und dafür der Qur'an die relevante Auskunftsquelle sei, gilt es zunächst, die Aufforderungen des Schöpfers ernst zu nehmen, die u.a. lauten:

O ihr, die ihr glaubt, wenn ihr auszieht auf dem Weg Allahs, so stellt erst gehörig Nachforschungen an und sagt zu keinem, der euch den Friedensgruß bietet: »Du bist kein Gläubiger.« (...) [4:94]

Das schließt zunächst einmal für Menschen, die dieses Buch ernst nehmen, aus, über andere in Bezug auf ihr religiöses Verständnis zu urteilen oder gar ihre Gesinnung anzugreifen.

Wenn z.B. muslimische Kinder mit solchen oder ähnlichen Versen aufwachsen, dann haben diese aus einer für sie selbst essenziellen Quelle eine Grundlage, um miteinander zu reden und zu leben. Es ist nicht so einfach, sich über einen anderen zu erheben, wenn wir uns ständig vergegenwärtigen, dass es sich um ein ebenbürtiges Mitgeschöpf handelt.

Eine gegenteilige Haltung wird von Gott selbst als satanisch entlarvt. Als

Iblis sich weigert, der Schöpfung Mensch seine Ehrerbietung zu zeigen und sich vor ihr zu verneigen, sagt dieser:

»Ich bin besser als er. Du hast mich aus Feuer erschaffen, ihn aber erschufst du aus Lehm!« [7:12].

Kinder sollten ohne eine solche falsche Vorstellung von Überlegenheit aufwachsen, denn erst so kann dem Anspruch des Qur'ans Genüge getan werden. Nur bei einem Verständnis für gleichberechtigtes und gleichwertiges Nebeneinander ist es überhaupt möglich, interreligiöse Grundlagen für das Lernen zu legen.

Allerdings ist diese Sichtweise in der islamischen Gemeinschaft in Europa und auch in der Bundesrepublik bislang kein Allgemeingut. In Lehrplänen und Unterrichtsmaterialien wird häufig noch von der Gemeinschaft der Muslime und Musliminnen einerseits und von ›den Anderen‹ andererseits gesprochen. Zwar wird in Dialogforen und Gesprächen immer wieder die besondere Stellung der ahlu-l-kitab (der Völker der Schrift) betont, aber viele beziehen diese Bezeichnung nur auf die christliche und jüdische Ursprungsgemeinde und unklar ist häufig, wie denn Vertreter/innen anderer Religionsgemeinschaften z.B. des Buddhismus und Hinduismus begegnet werden sollte. Auch die Frage nach den Beziehungen zu Agnostikern oder erklärten Nichtgläubigen ist weitgehend ungelöst.

Ein innerislamischer Diskurs unter Fachleuten scheint hier dringend notwendig.

Da wir in einer Zeit der Globalisierung leben, in der eben nicht nur Vertreter/innen der »in Europa vorherrschenden Mehrheitsreligionen« im öffentlichen Leben und besonders in Kindergarten und Schule präsent sind, scheint es wichtig, auch muslimische Kinder in ihrer eigenen Religion das interreligiöse Moment entdecken zu lassen, um mit den »anderen« angstfrei und natürlich umgehen zu können.

Auf dieser Grundlage wird nachvollziehbar, dass auch Muslime und Musliminnen einen adäquaten konfessionellen Religionsunterricht brauchen. Eine gründliche Beschäftigung mit dem eigenen Glauben ist auch eine Grundlage für interreligiöses Lernen. Dabei kann nicht erwartet werden, dass sich muslimische Gemeinden in Riesensätzen auf das etablierte interreligiöse Lernen zubewegen und dabei Grundsätze übernehmen, die von anderen Religionsgemeinschaften bereits erarbeitet wurden und damit vorgegeben werden. Interreligiöses Lernen müsste beinhalten, dass auch muslimische Menschen ihre eigene Vorstellung von Interreligiosität entwickeln und einbringen können und nicht gedrängt werden, Grundsätze übernehmen, die sie theologisch vielleicht gar nicht mittragen können.

Interreligiosität und interreligiöses Lernen ist der Wunsch vieler global denkender Praktiker und Praktikerinnen und eine logische Folge konfessionellen und allgemein religiösen Denkens.

Interreligiöses Lernen ist zunächst auch Lernen der Lehrpersonen, Erzieher/innen und Multiplikator/innen. Dabei ist nicht zu unterschätzen, wie wesentlich die Authentizität der Lehrkräfte, die ein solches Wissen weiter vermitteln wollen, in Bezug auf den interreligiösen Gedanken ist.

In muslimischen Kreisen herrscht oft eine geradezu panische Angst, dass durch eine zu starke Betonung des Interreligiösen das Eigene verloren gehen könnte. Zu wackelig sind noch die »konfessionellen Beine«, auf denen islamischer Religionsunterricht steht. Hinzu kommt die verinnerlichte Erwartung, die innerislamisch bestehenden Forderungen und Standards einfach zu übernehmen. Im Grunde würde ein ausgeprägtes, gesundes Selbstkonzept einer jeden Religionsgemeinschaft ausreichen, sich auf Interreligiosität einzulassen.

Die Beflissenheit im interreligiösen Dialog erstreckt sich in vielen Fällen auf das Abstecken und stetige Geraderücken von Grenzen, die unter allen Umständen gewahrt bleiben sollen: Ein ständiges Abwägen zwischen Nähe und Abstand halten. Wir betonen unsere Gemeinsamkeiten, nicht ohne sogleich in einem Nebensatz zu versichern, dass wir dies tun, ohne die Unterschiede verwischen zu wollen. Wovor haben wir Angst? Vor zu viel Gemeinsamkeit? Vor zu viel Annäherung? Vor dem Verlust der eigenen Identität?

Auch beim jeweiligen Gegenüber im interreligiösen Dialog zeichnet sich der Wunsch nach ›Profil‹ ab. Das ist verständlich und richtig, nur: wäre es nicht logischer, diese Profilierung im Herausarbeiten der interreligiösen Elemente der eigenen Religion zu suchen?

Eine Scheu davor kann sich zumindest nicht auf den Qur'an stützen:

Dieser geht von der Einheit der Menschen insgesamt als Geschöpfe des Einen aus, aber er entgeht dem häufigen Vorwurf der Leugnung der Geschichte. Jedes Volk hat seine eigene Geschichte. Die göttlichen Nachrichten an die Menschen erfolgen in der Zeit und der Qur'an ist sich dieser Tatsache bewusst.

So haben die Völker jeweils ihre individuellen Wege zu Gott (Schar'ia):

»Und vor (diesem Buch) war schon das Buch von Mose eine Führung und Barmherzigkeit; und dies hier ist ein Buch der Bestätigung in arabischer Sprache, auf dass es diejenigen warne, die freveln, und denen eine gute Nachricht (bringe), die Gutes tun.« [46:12]

Der Qur'an geht stets davon aus, das die Qur'angläubigen sehr wohl beständig ihr Denken und Handeln einer Reflexion unterziehen müssen. Die Geschöpflichkeit und die Subjektivität des Menschen bedingen dies geradezu.

Und sagt nicht auf Grund leichtfertiger oder absichtlicher Aussagen: »Das ist erlaubt, und das ist verboten«, sodass ihr eine Lüge gegen Allah erdichtet. Wahrlich, diejenigen, die eine Lüge gegen Allah erdichten, haben keinen Erfolg. [16:116]

Religionsgemeinschaften sind Lerngemeinschaften; daraus kann eine große interreligiöse Lerngemeinschaft erwachsen.

Der bloße Wissenserwerb über eine Religion bleibt an der Oberfläche. Entscheidend ist ein innerer Entwicklungsprozess aus religiösem Empfinden und dessen Erarbeitung, auch um letztendlich andere Ideologien verstehen und bestimmte Denk- und Handlungsweisen nachempfinden zu können. Das ist die Voraussetzung für gemeinsames Weiterlernen.

Die Auffassung, dass durch interreligiöses Lernen Kinder und Jugendliche dazu angehalten werden, auch über die eigenen Vorstellungen und religiösen Werte zu reflektieren und kritische Fragen zu stellen, scheint nicht nur bei Muslimen und Musliminnen gewisse Ängste auszulösen.

Bei muslimischen Kindern, die nicht mit ihrer Schrift konfrontiert werden, sondern in traditioneller Katechese unterrichtet werden, heißt es oft: »Ich habe den Islam schon gelernt!« Die in diesem kurzen Satz versteckte Auffassung, dass es sich dabei um ein zeitlich und inhaltlich begrenztes Lernprogramm bezüglich der Riten handle, ist der Erarbeitung interreligiöser Lernziele mehr als abträglich.

Wir sehen uns hier einer Denkweise gegenüber, die klar und deutlich umreißt, was ein/e Muslim/a sei und was sie/er zu wissen habe. Demnach erfährt dann religiöses Leben und Wissen eine Stagnation, während es doch notwendig wäre, die Dynamik in der eigenen Religion zu erkennen und damit eine Weiterentwicklung zu Gewähr leisten. Gerade ein reflektiertes Wissen lässt religiöse Wurzeln schlagen. Eine Korrelationsdidaktik benötigt kritische Fragen und transferierende Angebote.

Es geht letztlich darum, Interreligiosität im Eigenen und im Fremden zu erfahren. Die Geschichte lehrt uns, dass dies hin und wieder einzelnen Gruppierungen auch gelungen ist. Andalusien bzw. Spanien ist ein solches Beispiel.

Der Qur'an bestätigt uns dies eindrucksvoll im Falle der christlichen Glaubensgemeinschaft: *Und wenn sie (Die Christen und Christinnen) hören, was zu dem Gesandten herabgesandt worden ist, siehst du ihre Augen von Tränen überfließen ob der Wahrheit, die sie (darin) erkannt haben. Sie sagen: »Unser Herr, wir glauben, so schreibe uns unter die Bezeugenden.« [5:83]*

Die Muslime und Musliminnen werden aufgefordert, sowohl in den Angelegenheiten des Glaubens als auch des praktischen Zusammenlebens mit denen gemeinsam zu wirken, die bereits über ein eigenes Buch göttlicher Rechtleitung verfügen:

Und vor dir (Muhammad) entsandten Wir (auch) Männer, denen Wir die Offenbarung gegeben haben; so fragt die, welche die Ermahnung besitzen, wenn ihr (etwas) nicht wisset. [16:43]

Kinder und Jugendliche stellen traditionelle Muster der Lebensführung mehr und mehr in Frage, sie verlieren für sie an Bedeutung. Dabei spielt es für sie eine Rolle, wie von Seiten ihrer Religion damit umgegangen wird. Diese Herausforderung und das Bedürfnis nach der gemeinsamen Gestaltung einer zunehmend komplexeren Gesellschaft brauchen Leitgedanken zur Lebensorientierung, die einen tatsächlichen *Nutzen für alle* darstellen könnten. Dabei gilt es, diesen Entwicklungsprozess nicht zu irgendeinem Zeitpunkt als abgeschlossen zu betrachten.

Die Vorstellung, im Besitz der alleinigen und einzigen Wahrheit zu sein, verbietet sich für Muslime und Musliminnen schon auf Grund der Tatsache, dass sie anerkennen, dass andere Gemeinschaften vor ihnen bereits andere Offenbarungen aus der gleichen Quelle erhalten haben.

Die im Qur'an eindringlich beschriebene Würde, die Gott Seiner Schöpfung Mensch verliehen hat, schließt die Barmherzigkeit göttlicher Vorsorge auch durch die direkte Ansprache des Menschen durch den Schöpfer ein, damit der Mensch seinen Weg selbstverantwortlich wählen kann. Jeder Mensch ist so ausgestattet, dass er eigenständig denken kann und damit die Fähigkeit zur Erkenntnis hat. Wir sprechen hier nicht von unterschiedlichen Intelligenzgraden, sondern von der »Grundausstattung«, die jedem Menschen in Bezug auf Zwischenmenschliches eigen ist, die ihn aber auch in die Pflicht nimmt. Die Barmherzigkeit liegt einerseits in der Möglichkeit des eigenen, freien Willens und der Erkenntnisfähigkeit, woraus dann aber auch die Eigenverantwortlichkeit resultiert, und andererseits in der Hilfestellung, die der Schöpfer Seinem Geschöpf durch Seine direkten Äußerungen zukommen lässt.

Die qur'anische Offenbarung macht jedoch deutlich, dass die Begrenztheit des Menschen und damit die Grenze seines Wissens ihn verpflichtet, die Vielfalt der Meinungen anderer zu akzeptieren und mit dieser respektvoll umzugehen. Die Vielfältigkeit der Interpretation göttlicher Worte kalkuliert der Schöpfer mit ein und warnt davor, dass Einzelne sich befugt fühlen, die einzige Wahrheit zu verkünden,

»Er ist es, Der dir das Buch herabgesandt hat. Darin sind eindeutig klar verständliche Verse – sie sind die Grundlage des Buches – und andere, die verschieden zu deuten sind. Doch diejenigen, in deren Herzen (Neigung zur) Abkehr ist, folgen dem, was darin verschieden zu deuten ist, (nicht zum Zwecke der Zunahme an Wissen, sondern) um Zwietracht herbeizuführen und Deutelei zu suchen, (indem sie) nach ihrer (persönlichen) abwegigen Interpretation trachten. Aber niemand kennt ihre Deutung außer Allah. Diejenigen aber, die ein tiefbegründetes Wissen haben, sagen: »Wir glauben wahrlich daran. Alles ist von unserem Herrn.« Doch niemand bedenkt dies außer den Einsichtigen. [3:7]

Das Beharren auf exklusivem Besitz göttlicher Weisheit wirkt in Anbetracht der Vielfältigkeit menschlicher Entwicklungsprozesse absurd. Ebenso wie das Fixieren auf Unterschiede als entscheidendem Faktor im Hinblick auf die Einzigartigkeit des Schöpfers kurios anmutet.

Das heißt, die Herausforderung für die islamische Theologie besteht darin, das zuzulassen, was der Qur'an fordert: Universalität statt Globalisierung, den Iǧtihad[1] statt der einseitigen Auslegung des Wortes Gottes und die Umsetzung dieses Inhalts im Religionsunterricht. Denn Kinder, die lernen, dass der Gedanken- und Glaubensprozess des/der anderen gleichwertig dem eigenen ist, entwickeln Respekt statt Drang zur Missionierung, Akzeptanz statt nur duldende Toleranz. Damit wird dem qur'anischen Prinzip Rechnung ge-

1 Gedankliche Anstrengung, um in hermeneutischer Textentschlüsselung das in einem Text oder Gedanken Initiierte über den Text hinaus zu entschlüsseln.

tragen, dass ein unmittelbarer Zusammenhang zwischen dem Erforschen der Schrift und deren Vermittlung besteht.

Eine religiös begründete Pädagogik kann und sollte durch ein Identitätsdenken geprägt sein, das sich nicht in einer falsch verstandenen Ganzheit auflöst, die ihrerseits ihr kollektives Denken in der Unterscheidung der eigenen Gruppe zur anderen sucht. Wesentlich ist, die eigene Identität zu erkennen, eine gemeinsame Grundlage aller Identitäten zu identifizieren und bestehende Differenz zu anderen als gleichberechtigt zu akzeptieren. So kann sich eine weltanschaulich-religiöse Pluralität ohne Dominanzanspruch entwickeln.

Wie könnte nun die eindeutig aus der genuinen Schrift der Muslime und Musliminnen erkennbare Interreligiosität diesen und insbesondere den Heranwachsenden zur Entwicklung einer interreligiös-islamischen Persönlichkeit verhelfen? Mittel- und langfristig kann nur durch die Verwendung entsprechender Lehrpläne und Unterrichtsmaterialien ein tieferes Nachdenken über die bisher vertretenen Erziehungsziele Abhilfe schaffen. Notwendig sind Materialien und Lehrpläne, welche die Interreligiosität des Qur'ans nicht auf wenigen Seiten abhandeln, sondern ermöglichen, die qur'anische Denkweise im Unterricht zu verwirklichen. Dies bedeutet auch, dass solche Pläne und Lehrmaterialien, sollen die Angesprochenen in gewünschter Weise erreicht werden, auf die Lebenswelt der Kinder und Jugendlichen bezogen sein müssen. Der Import solcher Materialien aus Ländern mit anderen Gesellschaftsformen schließt sich dabei zwangsläufig aus.[2]

Eine der modernen Pädagogik angepasste islamische Religionsdidaktik gehört zu einem regulären islamischen Religionsunterricht. Das ist übrigens eine Einsicht, die sich nicht nur bei den muslimischen Gemeinschaften, sondern auch in den Bildungsbehörden noch durchsetzen muss und sich auch nicht ausschließlich auf die Geschlechterdifferenz beschränken kann.

Das lange Hinauszögern der Kultusbehörden und die abwartende Haltung der Muslime und Musliminnen ohne Einsicht in die Entwicklung einer eigenen Fachdidaktik erfordern langen Atem und Geduld. Wichtig ist, dass Menschen aller Religionen und Ideologien, deren Anliegen das interreligiöse Lernen ist, dieses auf ein friedliches und kooperatives Zusammenleben in der Gesellschaft hin vorantreiben.

2 Siehe hierzu Lehrplan des Instituts für Interreligiöse Pädagogik und Didaktik (IPD) für die Jahrgangsstufen 1-4 und 5-6, sowie die dazu gehörigen Lehrbücher und Materialien unter www.ipd-Koeln.de.

Ismail Kaplan

Alevitische Grundlagen zum interreligiösen Lernen

Das Alevitentum entstand aus dem Islam und dem islamischen Sufismus heraus. Hauptkennzeichen ist die Verehrung Alis als Teilhaber an der Göttlichkeit und als vollkommener Heiliger. Zentrum der Ethik ist die Hochachtung des Menschen als Abbild Gottes. Daraus ergeben sich gegenseitiger Respekt und Solidarität, die durch das Herstellen von Einvernehmen und durch die Weggemeinschaften in der Glaubenspraxis verankert sind. Sie zeichnet sich durch Gleichberechtigung der Geschlechter, Streben nach Ausgleich und Widerstand gegen Ungerechtigkeit aus. Demokratie und Dialog lassen sich aus dem ethischen System »Vierzig Tore« begründen.

Einleitung

Der Begriff »Alevi« geht auf den Heiligen (Hz.) Ali, den Schwiegersohn des Heiligen Propheten Mohammed zurück. In Deutschland wird die Zahl der Aleviten auf ca. 700.000 geschätzt.

Die Glaubensgrundlagen von Aleviten gehen zum Teil auf die Zeit der Entstehung des Islam zurück. Das heutige Alevitentum entstand jedoch im Zeitraum vom 13.-16. Jahrhundert in Anatolien.

Als die bedeutenden Wurzeln der alevitischen Glaubensgrundlagen können genannt werden:

- Der Islam, insbesondere ismailitische Vorstellungen wie z.B. »innere« Deutungen der heiligen Texte (*batini yorum*),
- Die Lehre von *Hacı Bektaş Veli,* (sufistische Elemente aus dem islamischen Glaubensvollzug in Zentralasien).

Ferner finden sich Elemente des Schamanismus aus dem vorislamischen Volksglauben der Turkvölker und aus den Sufi-Orden der Safaviden in Persien (insbesondere bei den *Kızılbaş*-Aleviten). Diese Wurzeln des Alevitentums wurden unter dem Druck der Jahrhunderte währenden Verfolgungen zusammengeführt und entwickelten sich unabhängig vom orthodoxen Islam weiter.

Geschichtliche Entwicklung

Viele Muslime waren nach dem Tod Mohammeds überzeugt, dass der Nachfolger aus der Familie des Propheten kommen sollte. Ihrer Meinung nach war Ali von Mohammed persönlich berufen worden, so wie ja auch Abraham persönlich von Gott berufen worden war und die Verheißung Gottes für seine leiblichen Nachkommen empfangen hatte. Sie sahen Wahlen und somit die ersten drei Kalifen als ungerecht und als ungeeignet an, denn die Botschaft Mohammeds sollte durch einen Geistlichen weitervermittelt werden. Damit wurde das Kalifat als Amt der Nachfolge des Propheten Mohammed von einem Teil der Muslime nicht anerkannt. Die Ermordung Husains, eines Enkelkindes des Propheten, am 10. Oktober 680 in Karbala/Irak durch das Heer des »unrechtmäßigen« Kalifen Yazid I besiegelte schließlich die Spaltung des Islam in die »Anhänger Alis«, die zunächst »Aliden« und später »Schiiten« bzw. »Aleviten« genannt wurden, und die Anhänger der im Auftrag der »unrechtmäßigen« Kalifen erstellten »Sunna«, den »Sunniten«.

Ein wesentlicher Teil der alevitischen Glaubenslehre geht auf die Lehre von den Zwölf Imamen zurück, die geistlichen Führer und Nachfolger des Propheten, die leiblich von ihm abstammten. Imam bedeutet hier Ehrenbezeichnung für Nachkommen des Heiligen Ali und seiner Frau Fatima, der Prophetentochter. Aus jeder Generation wurde der würdigste Sohn zum Imam ernannt. Ihm allein gestehen Aleviten und Schiiten das Recht zu, die Gläubigen geistig zu führen. Sie gelten für die Aleviten als schuldlose Personen, die die wahre Lehre vertraten, ihr Leben danach ausrichteten und sie an die Gemeinde vermittelten. Als erster Imam gilt der Heilige.

Aleviten glauben daran, dass Gott dem Heiligen Mohammed den Koran offenbarte, aber sie sind auch gleichzeitig davon überzeugt, dass der Koran nicht mit dem ursprünglichen Inhalt bewahrt wurde. Die heute von den sunnitischen und schiitischen Muslimen verwendete Fassung des Korans wurde vom 3. Kalifen Othman redigiert und wird deshalb von Aleviten als nicht authentisch angesehen. Die Gültigkeit dieser heute vorliegenden Fassung ist nach alevitischem Verständnis deshalb nur insoweit anzuerkennen, als alevitische Quellen, insbesondere »Das Gebot« *buyruk,* darauf Bezug nehmen. Nach Ansicht der Aleviten besitzt der Koran, wie andere heilige Schriften, neben einer äußeren *(zahir)* auch eine verborgene (*batin/batiniya*: inneres, verborgenes) Bedeutung, die von Aleviten bevorzugt verwendet wird: Heilige Schriften, insbesondere Äußerungen über Welt, Menschen, Namen, Gebete, Gebote und Verbote, beziehen sich als Symbole und Andeutungen auf einen nicht offensichtlichen Gehalt, der nur den gereiften Menschen zugänglich ist.

Nach alevitischem Glauben wird der ursprüngliche Koran nur bei dem Heiligen Ali aufbewahrt. Ali ist der *veli* Gottes, d.h. der Helfer, Beistand, Freund und nahe Stehende Gottes und auch der *Aliy-yün veli-yullah,* der Freund Gottes, der engste Begleiter von Mohammed. Ali repräsentierte in all seinem Reden und Handeln in vollkommener Weise den Willen Gottes. Sein Leben und Tun ist die Grundlage des alevitischen Glaubens. Dabei geht man nicht nur von Ali als dem vierten Kalifen und der geschichtlichen Person aus, sondern vom Ali des Glaubens, dessen Gestalt durch die Jahrhunderte von Generation zu Generation unter den Aleviten überliefert wurde. Nach dieser Vorstellung besaßen Mohammed und Ali das gesamte Wissen, das die Menschheit über die Wahrheit und über den Weg zur Wahrheit erhalten hat.

Theologische Grundlagen des alevitischen Glaubens

Glaubensbekenntnis

Aleviten glauben an den einen und einzigen Gott (Allah/Hak). Gott ist für die Aleviten der Schöpfer, der Gerechte, der Allgegenwärtige und der Weise, wobei diese Aufzählung nicht vollständig ist. Allah hat alles geschaffen, was existiert. Nach dem Glauben der Aleviten wollte Gott durch die Schöpfung sein Geheimnis offenbaren. Gott lässt alle Lebewesen an sich Anteil haben. Gott erscheint den Menschen als die Wahrheit, doch: »*Nur diejenigen können diese Wahrheit sehen, die den Vervollkommnungsprozess durchmachen.*«

Aleviten glauben an den Propheten Mohammed als den Gesandten Gottes und drücken dies in ihrem Glaubensbekenntnis aus: »Es gibt keinen anderen Gott außer Allah, Mohammed ist sein Prophet und Ali sein Freund«; in einer Kurzform: »*Ya Allah, ya Muhammed, ya Ali*«. Aleviten glauben an eine Identität, eine geistige Gleichartigkeit zwischen Gott, Mohammed und Ali und sprechen als Kultspruch »*allah-muhammed-ali*«. Das lässt sich in vier konkrete Glaubensgrundsätze fassen:

1. Es gibt einen Gott: Aleviten bezeichnen Gott als *Tanrý, Allah, Hu, Hak (Wahrheit), Hüda, Şah, Ulu.* Gott ist überall zu fühlen und zu sehen. Göttlichkeit ist überall vorhanden.
2. Mohammed ist sein Prophet und Heiliger. Er vermittelte die Gottesbotschaft.
3. Ali ist sein Heiliger. Er lebte heilig und zeigte den Menschen den Weg zu Gott.
4. Allah – Mohammed – Ali sind Eins. Sie werden zusammen an- und ausgesprochen und in gleicher Weise angebetet. Mohammed und Ali werden zum Lichte Gottes, das diese Welt seit ihrer Schöpfung erhellt.

Der Glaube an die heilige Kraft (kutsal güç)

Aleviten glauben an die heilige Kraft des Schöpfers, die vor allem durch Mohammed und seinen Schwiegersohn, Ali, sowie durch dessen Nachkommen bis heute an die Menschen weiter gegeben wird. Danach wird der Mensch als Widerspiegelung (*yansıma*) Gottes betrachtet. Nach alevitischem Verständnis hat jeder Mensch, sei er Alevit, Christ, Sunnit oder Schiit, Frau oder Mann, die heilige Kraft. Gott wollte seine Schöpfermacht und Schönheit durch die Erschaffung des Menschen zeigen. Nach diesem Verständnis ist der Mensch das vollkommenste und schönste Lebewesen im Universum, auch wenn die Menschen diese Eigenschaften durch äußere Einflüsse verlieren können.

Für die Aleviten beinhaltet die heilige Kraft auch den Verstand (*akıl*), der ermöglicht, dass die Menschen Gott und seinen Willen erkennen können. Der Verstand des Menschen als Gabe Gottes hat zur Konsequenz, dass jeder Mensch für die Führung seines Lebens verantwortlich ist. Der Mensch kann ein Scheitern nicht auf Gottes Willen zurückführen. Auch das Leid ist nicht auf Gottes Willen zurückzuführen, sondern entsteht durch menschliches Versagen bzw. durch das kollektive Fehlverhalten der Menschen. Der Glaube an die heilige Kraft im Menschen fordert von jedem Menschen ein aktives Bemühen um persönliche Vervollkommnung und den Dienst in der alevitischen Gemeinde. Viele alevitische Gelehrte und Dichter formulierten diesen Schöpfungsglauben mit dem Spruch *En-el hak*: Ich bin identisch mit Gott. Das heißt, ich bin sein Ebenbild und mein Ebenbild liegt in Seinem Wesen umschlossen.

Der Glaube an den Weg zur Vervollkommnung der Menschen (insan- i kamil olmak)

Aleviten glauben, dass jeder Mensch seine heilige Kraft, die eine Gabe Gottes ist, durch den eigenen Weg in sich entdecken kann. Gott hilft und gibt den Menschen Kraft, diesen Weg einzuschlagen. Aleviten schöpfen immer wieder Zuversicht aus dem Glauben daran, dass sie die heilige Kraft in sich haben und dass Gott ihnen die Kraft und den inneren Frieden schenkt, sich auf den Weg der Wahrheit zu begeben. Dieser Glaube ist die Quelle der Hoffnung auf Vervollkommnung. Aleviten glauben daran, dass am Ende dieses Prozesses der einzelne Mensch, wenn er seine heilige Kraft wieder entdeckt hat, sich mit Gott wiedervereinigen kann. Das nennt man im Alevitentum »die Vervollkommnung«. Für Aleviten ist der Mensch mit Hilfe seines Verstandes fähig, selbstständig zwischen Gut und Böse zu unterscheiden. Aleviten beten zu Gott nicht aus Furcht vor der Hölle oder aus Hoffnung auf das Paradies, sondern um seiner ewigen Schönheit willen.

Aleviten haben ein Bild von der Freiheit des Menschen vor Gott und von einem Verhältnis des Menschen zu Gott, das nicht von der bedingungslosen Unterordnung bestimmt wird, sondern von der Fürsorge Gottes für den freien Menschen, von der Hilfe Gottes bei dem Bemühen des Menschen, Gott immer näher zu kommen. Um dieses Ziel zu erreichen, glauben die Aleviten, dass sie nicht nur ein Leben auf dieser Erde haben, sondern dass Gott ihnen viele Leben gibt, um sich ihm immer mehr anzunähern. Die Aleviten glauben, dass jede Alevitin und jeder Alevit durch den Anteil der heiligen Kraft Gottes zur Erkenntnis der Wahrheit Gottes kommen kann, wenn sie ihr Leben regelmäßig und vollkommen nach den oben genannten Stufen führen.

Die Aleviten schließen dabei nicht aus, dass Menschen anderer Religionszugehörigkeit auf eigenen Wegen Gott erkennen und ihre eigene heilige Kraft entdecken können. Jeder Mensch kann seine heilige Kraft entdecken und Gott näher kommen. Der »alevitische Weg« führt durch »Vier Tore«, für die jeweils zehn Stufen gelten. Ein wesentlicher Teil dieser Stufen (*makam*) im Alevitentum ist der Bestandteil allgemein gültiger Tugenden, die in der Erziehung und Bildung als Richtziele vorgeschrieben sind: zum Beispiel das Lernen, die Fürsorge für andere zeigen, die Natur lieben und schützen, Gutes wollen und tun, das eigene Ego beherrschen und bekämpfen, nicht hinterhältig und nachtragend sein, gerecht sein, ehrliches und rechtmäßiges Verhalten zeigen, Ehrfurcht und Achtung haben, ein harmonisches (konfliktfreies) Leben in der Gemeinschaft anstreben, geduldig sein, bescheiden sein, freigebig sein, alle Menschen als gleich betrachten und die Wahrheit frei aussprechen. Die »Vier Tore und Vierzig Stufen« sind nicht als lineare Richtung, als hintereinander stehende Reihe von Regeln zu verstehen. Es sind Werte und äußerliche Regeln, die untereinander in Beziehung stehen, die gleichzeitig einzuhalten und zu fühlen sind. Es ist für die Gläubigen eine lebenslange Aufgabe, sich mit diesen Werten auseinander zu setzen und das eigene Ego zu besiegen. Aleviten formulieren das Ziel dieser Aufgabe durch eine einfache Formel: »Beim Tor *şeriat* gibt es Besitzstandbezeichnungen wie meins und deins. In den Toren *tarikat* und *marifet* sowohl deins als auch meins. Beim Tor *hakikat* weder deins noch meins.«

Der Glaube an die Unsterblichkeit der Seele (canın ölmezliği)

Die Aleviten glauben, dass die Menschenseele als Geschöpf heilig ist. Gott schuf die Menschenseelen gleichwertig und gleichzeitig. Die Seelen kommen von Gott und gehen zurück zu Gott. Die Körper sterben, jedoch nicht die Seelen. Alle Seelen ruhen bei Gott, bis sie Gestalt annehmen und zur Welt kommen. Nach dem Glauben der Aleviten stirbt die Seele eines Menschen nicht, sondern kehrt heim zu Gott, um nach einer angemessenen Zeit in einen neuen Körper überzugehen. Dieser Kreislauf dauert so lange, bis die Seele die Vervollkommnung erreicht. Wenn Seelen sich noch nicht in diesem Kreislauf befinden, so warten sie bei Gott darauf, dass ein neues Kind entsteht.

Nach diesem Glauben bedeutet die Existenz der Seele gleichzeitig die geistige Existenz eines Menschen. Für Aleviten ist Menschsein ohne Seele undenkbar, denn die Seele begründet das Menschsein des Individuums.

Der Begriff Sterben wird von Aleviten als ein biologischer Begriff verstanden. Das biologische Sterben für Aleviten ist nicht identisch mit dem Ende des Lebens. Deshalb drücken Aleviten das Sterben des Körpers mit dem Ausdruck »*Hakka Yürümek*« aus: »zu Gott gehen« oder »sich mit Gott vereinigen«. Das bedeutet, dass sich die Seele eines Menschen nach dem körperlichen Tod Gott zuwendet bzw. dass die Seele eines Menschen ihren Körper wechselt (*don değiştirmek*).

Vom alevitischen Glaubensverständnis heraus gibt es keinen gewollten Märtyrerstatus, also kein Sterben für den Glauben. Aleviten nennen nur solche Persönlichkeiten Märtyrer, die ermordet wurden, weil sie sich zum Alevitentum bekannten und sich für die Wahrheit aussprachen. Der Selbstmord auf einen angeblichen »Gottesweg« auf Kosten anderer Menschenseelen gilt bei Aleviten als Ungehorsam gegenüber Gott und als schwerste Sünde.

Lebenspraxis und Sozialordnung

Einvernehmen (rızalık) im Alevitentum

Für die Aleviten hat der Begriff *rızalık* eine zentrale Stellung, was so viel wie Zufriedensein, Einvernehmen, Einverständnis und Zustimmung bedeutet. Im Gottesdienst hat der Geistliche die Aufgabe, das Einvernehmen in der Gemeinde sicherzustellen. Dazu fragt er rituell drei Mal hintereinander, ob alle Gemeindemitglieder miteinander einverstanden (*razı*) sind. Er spricht dabei die Gewissen aller anwesenden Gemeindeglieder an, damit sich diejenigen zu Wort melden, die gekränkt sind oder von einer anderen Person ungerecht behandelt wurden. Gemeindeglieder sollten auch vortreten, wenn sie Zeugen eines Vorfalls oder einer Unstimmigkeit geworden sind und diese zum Ausdruck bringen.

Nicht nur im Gottesdienst, sondern bei jeder Zusammenkunft von Aleviten sollte Einvernehmen erzielt werden. So wird z.B. am Anfang des Religionsunterrichts in der Klasse das Einvernehmen unter Leitung des Lehrers hergestellt.

Nach dem Buch »*Buyruk*« gibt es drei Aspekte von Einvernehmen bzw. Einklang (*rýzalýk*):

- Die erste Art des Einvernehmens einer Person ist der *Einklang mit sich selbst*: Das bedeutet, dass ein Gläubiger sich prüft und beurteilt. Es ist die Konfrontation mit seinem Ich, über sich selbst zu Gericht zu sitzen ohne Zeugen, ohne Anklage, und zu versuchen eigene Fehler selbst zu erkennen.

- Die zweite Art des Einvernehmens ist *die harmonische Integration der Person in die Glaubensgemeinschaft.* Dazu gehört die Auseinandersetzung mit der Gemeinde, ob ein Gläubiger seine Hand gegen Stehlen und Gewalt, seine Zunge gegenüber Lügen und seinen Körper gegenüber unerlaubten Sexualtrieb unter Kontrolle hält. Wenn sich jemand nicht unter Kontrolle hat, kann er kein Angehöriger der Gemeinde werden oder als Angehöriger in der Gemeinde bleiben.
- Die dritte Art des Einvernehmens ist die *Bereitschaft des Gläubigen, sich auf den mystischen Weg zu begeben*: Die Gläubigen treten freiwillig und auf eigenen Wunsch in die Gemeinde ein. Der 6. Imam, *Cafer-i Sadık* verkündete dazu Folgendes: Alle Gemeindemitglieder, sei es der Geistliche (*pir*), sei es der Schüler (*talip*), müssen alle Handlungen jederzeit auf eigenen Wunsch tun. Sie müssen auch untereinander eine Vertrauensbasis finden. Solches Vertrauensverhältnis in der Gemeinde beginnt bei den Weggefährten *musahip.* Weggefährten sind Ehepaare, die eine Weggemeinschaft unter zwei Familien eingegangen sind. Ein harmonischer Zusammenhalt in der Gemeinde fördert die Zufriedenheit der Einzelnen mit sich selbst. In einem solchen Netz reicht einer dem anderen die Hand (*el ele el hakka*), wobei Gott/*Hak* im Zentrum steht.

Nach alevitischem Glaubensverständnis kann es ohne Gemeinschaft unter den Menschen keine Gemeinschaft mit Gott und seinen Heiligen geben. Die Hinwendung zu Gott geht durch die Liebe zu Gott und zu Mohammed – Ali und zu allen anderen Geschöpfen.

Gegen den eigenen Egoismus zu kämpfen ist die Lebensaufgabe der Aleviten. Viele Handlungen der Aleviten haben das Ziel, das eigene Ego zu bekämpfen und es zu besiegen. Die Liebe zu Gott und zu den Menschen entsteht durch die Reinigung der Seele von ihren Belastungen wie Besitzehrgeiz und Ego. Das Ego einer Person behindert nicht nur das Wohlbefinden der eigenen Person, sondern verletzt auch die Rechte anderer Menschen. Die alevitische Erziehung in der Familie soll bewirken, dass die Kinder durch das Besiegen des eigenen Ego (*nefs*) das Gefühl zum Wohlbefinden entwickeln. In diesem Sinne fördert der alevitische Glaube die Fähigkeit, Ungerechtigkeit, Verlogenheit, Besitzehrgeiz und Zügellosigkeit im Umgang mit Menschen und Natur zu erkennen, und verstärkt die Bereitschaft, diese zu überwinden.

Widerstandstradition gegen Ungerechtigkeit und Aussprache für Gerechtigkeit

Die Wachsamkeit gegen Ungerechtigkeit ist in der alevitischen Tradition fest verankert: An Hz. Alis begonnener Wiederherstellung des Rechtes gegen ungerechte Maßnahmen während seiner Zeit als Kalif wird mit folgenden Worten gedacht: »*Verbeugt euch nicht vor Ungerechtigkeit!*« Auch der Heilige Hüseyin hat Ungerechtigkeiten gegen die Familie des Propheten und gegen das Volk, sowie Willkür und Massaker im Namen der Religion nicht hingenommen. Er hat sich gewehrt und gekämpft. In *Kerbela* hat er sich den Soldaten von Yazid nicht unterworfen, im Gegenteil, er hat bis zuletzt durchgehalten.

Die Aleviten erinnern sich jedes Jahr an dieses dramatische Ereignis und erziehen ihre Kinder gegen Unrecht und Unterdrückung. Dabei ist wichtig zu erwähnen, dass die Aleviten sich bei dieser Andacht auf keinen Fall selbst verletzen, wie es bei den Schiiten der Fall ist. Aleviten üben weder gegen andere noch gegen sich selbst Gewalt aus.

Im Alevitentum ist der Grundsatz, niemandem Ungerechtigkeit zuzufügen, nicht nur eine Richtlinie, sondern die Einhaltung dieses Grundsatzes wird von der Gemeinschaft kontrolliert und Verstöße dagegen sanktioniert. Vor dem Gebet wird das Einvernehmen erzielt, wobei der Kläger und der Beklagte zu Wort kommen und das festgestellte Unrecht behoben wird. Allerdings können heute in alevitischen Gottesdiensten nicht mehr alle Streitigkeiten erörtert werden, wie es früher in den alevitischen Gemeinden Anatoliens geschah. Auch Aleviten tragen heute manche Konflikte in dieser Gesellschaft vor Gericht aus, um zu ihrem Recht zu gelangen. Das Bemühen um Einvernehmen unter Aleviten in ihren Gottesdiensten entspricht dem staatlichen Bemühen, Gerichtsverfahren Moderatoren oder Schlichter vorzuschalten.

Die alevitische Lehre besagt, dass es nicht reicht, selbst kein Unrecht zu tun. Genauso wichtig ist es, gegen Unrecht anzugehen, wo immer man Zeuge von Unrecht wird. So ist es als eine zu beherzigende Forderung in dieser Gesellschaft zu verstehen, zum Beispiel Ausländer, die in öffentlichen Verkehrsmitteln angegriffen werden, oder Frauen, die sexuell oder anderweitig belästigt werden, zu Hilfe zu kommen und sie zu verteidigen.

Gleichberechtigung von Mann und Frau

Nach alevitischem Glauben hat Gott alle Menschen als gleichwertig erschaffen. Es gibt keinen Grund und keine rechtliche oder religiöse Grundlage für eine Ungleichbehandlung. Auch in Büchern wie dem *Buyruk* oder der *Velayetname* ist immer nur von »Geschwistern« (*bacı-kardeş*) die Rede. Schon im Gottesdienst der Vierzig Heiligen (*Kırklar Cemi*) unter Leitung von Hz. Ali vollzogen 17 Frauen und 23 Männer zusammen den rituellen Tanz *semah*.

Die alevitischen Familien erziehen ihre Töchter und Söhne zur Gleichberechtigung. Dieser Aspekt wurde immer schon als wichtig erachtet und vertreten. Der Grundsatz »*Beherrsche deine Hände, deine Zunge und deine Lenden*« gilt für beide Geschlechter gleichermaßen. So wird bei den Aleviten den Frauen nicht unterstellt, dass sie auf das sexuelle Begehren der Männer provozierend wirken. Deshalb brauchen sich alevitische Frauen auch nicht zu verhüllen und kein Kopftuch zu tragen. Auch die Polygamie ist unter Aleviten verpönt. Diejenigen (Männer), die sich ohne einen akzeptablen Grund von ihren Frauen trennen, werden als ausgestoßen (*düşkün*) bezeichnet und u. U. aus der Gemeinde ausgeschlossen. Heute arbeiten alevitische Frauen verantwortungsvoll in jedem Lebensbereich. Dazu ist es unbedingt notwendig, dass das Bildungsniveau alevitischer Mädchen angehoben wird und die Frauen sich am Berufsleben beteiligen. Das würde auch die Lösung frauenspezifischer Probleme erleichtern.

Erziehung zum Gemeinwohl

Traditionell haben die Aleviten es als Sünde angesehen, sich an Gütern oder Geld zu bereichern, die durch nicht eigenen Fleiß erworben wurden. Die Ethik ist auf Ausgleich ausgerichtet. Solidarischer Umgang mit Mitmenschen ist ein hoher Wert. So bringen die Teilnehmerinnen und Teilnehmer zum Cem-Gottesdienst irgendetwas Essbares mit, was dort gerecht an alle Gemeindemitglieder und Besucher verteilt wird. Die »Weggemeinschaft – musahiplik« (s. o.) fördert Solidarität unter den Familien, was sich positiv auf die Erziehung der Kinder auswirkt, weil sie sehr früh lernen, die Güter mit anderen Kindern zu teilen. Das fördert insbesondere ihre Beziehungsfähigkeit. Die Aleviten haben sich gesellschaftspolitisch immer gegen eine Ausbeutung der Arbeitnehmerinnen und Arbeitnehmer gewandt und aus diesem Grunde auch berechtigte Anliegen der Gewerkschaften unterstützt. Aleviten bekennen sich auch zu der Solidargemeinschaft Deutschlands z.B. dem Generationenvertrag. Die alevitischen Gemeinden schöpfen zudem alle Möglichkeiten aus, um an die Öffentlichkeit zu treten und so allen möglichen Vorurteilen insbesondere gegen türkische Migranten entgegenzuwirken. Ganz besonders müssen sie der deutschen Öffentlichkeit bewusst machen, dass pauschale Vorurteile gegen diese Migranten unberechtigt sind und dass nur eine Minderheit unter diesen Migranten den Aufbau einer Parallelgesellschaft und eine bewusste Selbstisolierung/Gettoisierung betreibt.

Akzeptanz aller Menschen als gleichwertige Geschöpfe

Das alevitische Menschenbild wird in der Lehre auf verschiedene Weise umschrieben. Einige Sprüche zum Menschenbild der Aleviten sind:

- *Meine Kaaba ist der Mensch.*
- *Was du auch suchst, suche es in dir.*
- *Wer sein Innerstes kennt, kennt auch Gott.*
- *Gott ist im Menschen sichtbar.*

Diese Sprüche zeigen, dass der Mensch in der alevitischen Lehre im Mittelpunkt steht. Die Gleichstellung aller Rassen und Glaubensgemeinschaften, also deren Akzeptanz, ist ein weiterer Grundsatz alevitischer Ethik. So heißt es: »*Die Vier Bücher (Thora, Talmud, Bibel, Koran) sind Gottesoffenbarungen.*« In der alevitischen Lehre werden die eigene Rasse und der eigene Glaube nicht als überlegen angesehen, im Gegenteil, solch eine Haltung wird als Verstoß gegen die Gottesgerechtigkeit strikt abgelehnt.

Alevitische Gemeinschaft als Teil der demokratischen Gesellschaft

Innerhalb der letzten 20 Jahre bildeten die Aleviten in ganz Europa über 170 Gemeinden. Allein in Deutschland gibt es 110 alevitische Gemeinden, von denen 100 in der Alevitischen Gemeinde Deutschland vereint sind. Wie die bisherigen Ausführungen unschwer erkennen lassen, fügt sich die Alevitische Glaubensgemeinschaft ohne Probleme in eine demokratische Gesellschaft ein. Sie akzeptiert den verfassungsrechtlichen Konsens ohne Vorbehalte.

Beste Voraussetzungen für ein dauerhaftes friedliches Miteinander werden dadurch gelegt, dass Kinder aus unterschiedlichen Gesellschaftsgruppen mit unterschiedlichen Vorstellungen frühzeitig die Möglichkeit erhalten, sich untereinander kennen zu lernen, ihre Lebensentwürfe miteinander abzustimmen und gegebenenfalls zu korrigieren. Alevitinnen und Aleviten sind bestrebt, sich für die Belange dieser Gesellschaft auf allen Ebenen (in Parteien, Medien, Bildungseinrichtungen u.a.) einzusetzen und zu engagieren.

Dialog aus der Sicht der Aleviten

Im alevitischen Gebetbuch »*Buyruk* – das Gebot« wird mehrfach und mit Betonung formuliert: »Betrachte 72 Volksgruppen bzw. Religionsgemeinschaften als gleichberechtigt.« In dieser Formulierung erkennen Aleviten die gleichberechtigte Koexistenz der Völker bzw. Religionsgemeinschaften an.

Zum Bekenntnis der Aleviten gehört der Glaube an Gott, der sich in seinem vollkommensten Geschöpf, dem Menschen als heilige Kraft manifestiert. Aus diesem Grund gebührt dem Mitmenschen Respekt und Achtung. Der

Mensch ist nicht Sklave Gottes, sondern sein selbstverantwortliches Geschöpf. Daraus ergeben sich Werte wie Solidarität und soziale Gerechtigkeit. Die religiös begründete ethische Leitlinie orientiert sich daran, den inneren Frieden der Gemeinschaft zu wahren und ihren Bestand und möglichst auch ihre Geschlossenheit zu sichern.

Diese Leitlinie hat einen gewichtigen Platz im alevitischen Wertesystem gefunden. Das alevitische Wertesystem »Vier Tore und Vierzig Stufen« hat zur Toleranz folgende Aussage:

- Die 8. Stufe des ersten Tors: *şefkatli olmak*: Das heißt, alle Geschöpfe sollen liebevoll behandelt werden und allen soll Fürsorge gezeigt werden.
- Die 10. Stufe des zweiten Tors heißt: Die Umwelt schützen und schonen. Die alevitische sinnstiftende Deutung schafft durch das harmonische Einssein Hoffnung auf Frieden unter allen Geschöpfen. Die harmonische Mensch-Welt-Beziehung kann nach alevitischem Schöpfungsverständnis nur durch die Wahrnehmung der Verantwortung seitens der Menschen erhalten bleiben.
- Die 1. Stufe des vierten Tors: alle Menschen gleich behandeln und an die Gleichheit der Menschen glauben: *Tüm insanları bir görmek*. Unabhängig von Religion, Sprache, Rasse und Geschlecht werden alle Menschen als Gleiche gesehen. Das ist vergleichbar mit dem Konzept der versöhnten Verschiedenheit im Christentum, die im Rahmen der ökumenischen Begegnung angesprochen wird.
- Der alevitische Gelehrte (*pir*) erteilt dem Schüler (*talip*) während der Aufnahme in den mystischen Weg u.a. den folgenden Ratschlag (*nasihat*): »*Füge keinem Geschöpf Schaden zu. Beleidige keinen Menschen. Betrachte alle Menschen als gute Wesen, denke nicht hinterhältig.*«
- Ein alevitisches Sprichwort besagt das Gleiche mit folgender Formulierung: »Akzeptiere alle Geschöpfe des Schöpfers wegen.« Zur Toleranz sagt der Heiliger Hacı Bektaş Veli im 13. Jahrhundert: »*incinsen de incitme!*« und bedeutet etwa: Auch wenn du beleidigt wirst, beleidige niemals!

Der interreligiöse und interkulturelle Dialog ist aus der Sicht der alevitischen Glaubenslehre ein Gebot und in einer multireligiösen und multikulturellen Gesellschaft eine Notwendigkeit, um ein friedliches Zusammenleben für alle zu schaffen.

Da diese Grundsätze in den Lehren des Alevitentums verankert sind, sind sie auch Gegenstand der Erziehung und Bildung in der Familie, der Gemeinde und dem Religionsunterricht. Alevitische Gemeinden organisieren Informationsveranstaltungen, wie z.B. Tag der Offenen Tür oder Tagungen zum Thema »Alevitentum« und machen die Öffentlichkeit auf sich und auf die alevitische Glaubenslehre und Kultur aufmerksam.

Literatur

Bozkurt, Mehmet Fuat, Das Gebot – Mystischer Weg mit einem Freund, Hamburg 1988.

Dressler, Markus, Die Alevitische Religion, Würzburg 2002.

Engin, Ismail/Franz, Erhard (Hg.), Alewiten, Bd. 1, 2, 3. Identität und Geschichte, Deutsches Orientinstitut, Hamburg 2000-2001.

Kaplan, Ismail, Das Alevitentum – eine Glaubens- und Lebensgemeinschaft in Deutschland, Alevitische Gemeinde Deutschland, Köln 2004.

Web-Seiten:
www.alevi.com
www.alewiten.com

Robert Lusch (Dharmadipa)

Buddhistische Grundlagen zum interreligiösen Lernen

Der Beitrag erläutert die Einstellung des historischen Buddha anhand verschiedener Texte und betrachtet auch seine Methode des Gesprächs. In der Literatur, die in den letzten Jahren zum Dialog des Buddhismus mit anderen Religionen, normalerweise dem Christentum, erschienen ist, findet sich im deutschsprachigen Raum nur wenig, das sich mit dem historischen Buddha beschäftigt. Dabei stand der Buddha in häufiger Auseinandersetzung mit den religiösen und philosophischen Ansichten seiner Zeit und man findet in den frühen Schriften des Pali Kanons eine pragmatische und differenzierte Herangehensweise, die sich von bestimmten Ideen klar distanzierte und bei anderen die Gemeinsamkeiten als Grundlage des Gesprächs nahm. Die Schriften aus dem Pali Kanon stehen deshalb im Mittelpunkt der Betrachtungen, weil sich hier einige der ältesten buddhistischen Schriften finden, die mit größerer Wahrscheinlichkeit auf den historischen Buddha zurückgehen.

Das Umfeld des Buddha

Zur Zeit des Buddha existierte in Nordindien ein lebendiges philosophisches und religiöses Leben. Es gab zwei Haupttraditionen. Es gab die brahmanische Religion, die sich auf die Veden und die Upanishaden gründete. Hauptmerkmale davon waren das Kastenwesen, das besagt, dass nur die Brahmanenschicht Priesterfunktionen ausüben konnte. Daneben spielten Opferrituale, in denen oft Tiere geopfert wurden, eine starke Rolle. Das war die frühe Form des Hinduismus. Daneben gab es die Tradition der Shramaneras. Dies waren Wanderasketen, die unabhängig davon verschiedene Dinge gelehrt und praktiziert haben. Zu dieser Strömung gehörte der Buddha. Man bekommt von den frühen buddhistischen Schriften den Eindruck, dass es sich um eine Gesellschaft handelte, in der gerne und viel über Religion und Philosophie diskutiert und debattiert wurde.

Die Grundlehre des Buddha

Um die Haltung, die der Buddha zu anderen Ansichten hatte, verstehen zu können, muss man sie vor dem Hintergrund der buddhistischen Lehre betrachten. Die wohl bekannteste und zentralste Formel, die der Buddha benutzt hat, sind die Vier Edlen Wahrheiten.

Der Buddha hatte wenig oder kein Interesse an metaphysischen Spekulationen über das Wesen des Universums. Auf Fragen nach der Endlichkeit oder Unendlichkeit des Universums angesprochen antwortete er mit: »Alles, was ich lehre, sind Leiden und das Aufhören des Leidens.«

1. Die Wahrheit vom Leiden: Es gibt Leiden auf der Welt. Das Leben ist unvollkommen, es ist unmöglich, im Weltlichen einen wirklich zufriedenstellenden Zustand herzustellen. Der Buddha hat nicht gesagt, dass alles Leiden unangenehm ist, sondern nur, dass Leiden existiert.
2. Die Ursache: Natürlich hat das Leiden viele Ursachen, es geht hier nur um die Ursachen, die man selber beigetragen hat und an denen man etwas ändern kann. Hier wird Gier (wörtlich Durst) stellvertretend für alle egoistischen Emotionen genannt.
3. Aufhören des Leidens: Es gibt eine Alternative, es ist möglich, frei von selbst verursachtem Leiden zu sein. Dies ist Erleuchtung, Buddhaschaft, Nirvana.
4. Der Weg zum Aufhören des Leidens. Dies zu erreichen geschieht nicht willkürlich, sondern man kann etwas dafür tun. Hier wird normalerweise der Edle Achtfältige Pfad genannt, der eine umfassende Beschreibung der buddhistischen Praktik bietet.

Die Vier Edlen Wahrheiten sind keine metaphysischen Wahrheiten, sondern eine Methode, mit denen Menschen arbeiten können. Sie sollen die Welt nicht erklären, sondern eine Grundlage für Praktik bieten. Und der Buddha sprach vom Leiden, weil ein Gefühl von Unzufriedenheit wohl die Hauptmotivation von Menschen ist, etwas zu verändern.

Die verschiedenen Ansichten, mit denen der Buddha zu tun hatte, werden daran gemessen, ob sie zu weniger Leid führen oder das Leid vergrößern.

Ansichten, die zu mehr Leid führen, ethisches Leben oder menschliche Freiheit und Verantwortung leugnen, werden klar abgelehnt. Ansichten, die das Leid verringern und Ethik und Verantwortung lehren, werden anerkannt, wobei aber oft ihre Begrenztheit aufgezeigt wird.

Die Reden des Buddha sind immer in einem bestimmten Kontext gegeben, den man sich vor Augen halten muss, wenn man eine Lehre betrachtet. Der Anspruch ist, dass der Buddha immer dem Publikum angemessen gelehrt hat. Hier einige Beispiele, in denen der Buddha über verschiedene Ansichten spricht:

Das Kalama Sutta (Angereihte Sammlung III, 66)

Die Bewohner der Stadt Kalama waren durch die widersprüchlichen Ansichten der verschiedenen spirituellen Lehrer, die dort lebten, verwirrt. Mit diesem Problem gingen sie zum Buddha und er gab ihnen nicht seine Sicht der Wirklichkeit, sondern Methoden, mit denen sie Ansichten beurteilen können. Erst nannte er einige Kriterien, die nicht völlig sicher sind: »Geht, Kalamer, nicht nach Hörensagen, nicht nach Überlieferungen, nicht nach Tagesmeinungen, nicht nach der Autorität heiliger Schriften, nicht nach bloßen Vernunftgründen und logischen Schlüssen, nicht nach erdachten Theorien und bevorzugten Meinungen, nicht nach dem Eindruck persönlicher Vorzüge, nicht nach der Autorität eines Meisters!« (Angereihte Sammlung, Bd. 1, 168). Dies sind sowohl Kriterien, die auf äußere Autorität schauen, als auch solche, bei denen man sich auf die eigene Meinung und eigene Vorlieben verlässt. Dann gibt er ihnen verlässlichere Kriterien: »Wenn ihr aber, Kalamer, selber erkennt: ›Diese Dinge sind unheilsam, sind verwerflich, werden von Verständigen getadelt, und, wenn ausgeführt und unternommen, führen sie zu Unheil und Leiden‹, dann o Kalamer, möget ihr sie aufgeben.« (ebd., 168) Das Kriterium ist hier ein ethisches. Wenn eine Ansicht zu ethischem Leben führt, soll man sie annehmen, wenn nicht, soll man sie ablehnen. Nach einer Aufforderung, Emotionen von Liebe und Mitgefühl zu pflegen, endet das Sutta mit dem »vierfachen Trost«. Der besagt, dass man immer sicher ist, wenn man ethisch handelt. Wenn es ein Leben nach dem Tod gibt und sich unser Handeln in diesem Leben dort auswirkt, hat man bei einer ethischen Lebensweise dann nichts zu fürchten. Wenn es kein Leben nach dem Tod gibt, hat man bei einer ethischen Lebensweise auch nichts zu fürchten.

Das Sandaka Sutta (Mittlere Sammlung; 76)

Im Sandaka Sutta ist das Publikum eine Gruppe Asketen, die sich wohl etwas besser mit der damaligen Gedankenwelt auskannten, und so ist die Lehre genauer und differenzierter. Hier ist es nicht der Buddha, sondern sein Schüler und Begleiter Ananda, der spricht.

Ananda trifft auf eine Gruppe anderer Asketen und spricht mit ihnen über verschiedene Arten von Lehren. Erst nennt er vier Ansichten, die ein spirituelles Leben negieren und unmöglich machen. Diese sind:

1. Materialismus: der Glaube, dass mit dem Tod alles aus ist.
2. Der Glaube, dass Handlungen ohne Folge bleiben, also eine Ansicht, die keine Ethik kennt.
3. Fatalismus: freier Wille wird negiert und man geht davon aus, dass die

Menschen, ohne darauf Einfluss nehmen zu können, erlöst oder verdammt werden;
4. Determinismus: alles ist vorbestimmt und Erlösung für alle garantiert.

Dann folgt eine Liste von vier Ansichten, die zwar ein spirituelles Leben möglich machen, die aber keine völlige Sicherheit bieten. Diese sind:
1. Eine Religion, die sich auf die Allwissenheit ihres Gründers beruft
2. Lehren, die sich auf Tradition berufen
3. Lehren, die sich auf logische und metaphysische Spekulation berufen
4. Skeptiker, Menschen, die jede Ansicht von vornherein ablehnen.

Hier zeigt sich eine differenzierte Sichtweise. Die erste Gruppe von Ansichten, die Ethik, menschliche Freiheit und Verantwortung von vornherein verneinen, werden deutlich abgelehnt. Am stärksten spricht der Buddha über Makkhali, der eine Art Fatalismus lehrte: »Keinen Menschen kenne ich, ihr Mönche, der so viel Volke zum Unheil wirkt, so vielem Volke zum Unglück und Schaden, wie Makkhali, der verblendete Mensch. Wie wenn man da an einer Flussmündung ein Netz auswirft, vielen Fischen zum Verderb und Leiden, zum Unheil und Missgeschick, ebenso, ihr Mönche, ist da auch Makkhali, der verblendete Mensch, in der Welt erschienen, vielen Wesen zum Unheil, zum Verderb und Missgeschick.« (Angereihte Sammlung, Bd. 1, 33)

Eine ähnliche Liste findet sich in der Angereihten Sammlung III, 62: Es gibt drei Glaubensstandpunkte, die »in Untätigkeit enden«. Dies sind die Ansichten, dass alles, was man erlebt, man 1. auf Grund eigener früherer Handlungen, 2. durch einen Gott und 3. ohne Ursache und Grund erlebt. Dies sind wieder Ansichten, die die menschliche Freiheit und Verantwortung betreffen (Angereihte Sammlung, Bd. 1, 136).

Solche Lehren stehen in direktem Widerspruch zur 4. Edlen Wahrheit, wonach es einen Pfad zur Erlösung gibt, den man selber gehen kann und muss.

Die zweite Gruppe von Ansichten macht ein spirituelles Leben möglich, bietet aber keine völlige Sicherheit, weil man über Grundlagen, wie Tradition und metaphysische Spekulation, verschiedener Ansicht sein kann.

Das Brahmajala Sutta (Längere Sammlung, 1)

Dies ist der erste Text der »Längeren Sammlung« und damit in der traditionellen Unterteilung der Schriften der erste Text des Kanons.

Der Text beginnt mit einer Begebenheit. Die Mönche des Buddha bekommen mit, wie ein Wanderasket den Buddha und seine Lehre stark ablehnt, während der Schüler dieses Asketen den Buddha verteidigt. Sie erzählen dem Buddha davon und er sagt ihnen, sie sollen bei Ablehnung nicht ärgerlich werden und bei Zustimmung nicht erfreut sein. In beiden Fällen solle man einfach die Fakten der Lehre darstellen. Dann, im Hauptteil der Rede, nennt der Buddha 62 falsche Ansichten. Dieser Text hat den Anspruch, alle Ansichten, die es damals gab, abzudecken. Danach beruhen falsche Ansichten oft auf Wünschen. So ist der Glaube an ein ewiges Leben ein Ausdruck des Wunsches nach Existenz. Diese Kritik am Glauben an ein Leben nach dem Tod gibt es heute noch. Allerdings beruht auch der Glaube, dass mit dem Tod alles aus ist, auf einem Wunsch – dem Wunsch nach Nicht-Existenz. Eine andere Quelle von Ansichten ist das Interpretieren von Erfahrungen, die man in Meditation machen kann. Dies betrifft vor allem die Ideen über ein Atman, eine Art Seele, die ewig und göttlich ist.

Der Absolutheitsanspruch des Buddha

In manchen Texten sagt der Buddha sehr eindeutig, dass er die höchste Wahrheit erkannt hatte und dass andere Lehrer nicht an ihn heranreichen. Solche Texte haben häufig den Begriff »Löwengebrüll« im Titel. So wie der Löwe, als König der Tiere, sich nicht zurückhalten muss, muss der Buddha sich nicht zurückhalten. Solche Reden wurden meistens vor seinen eigenen Mönchen gehalten, nicht vor anderen Zuhörern.

Ein Beispiel ist das Culasihanada Sutta aus der Mittleren Sammlung. Der Buddha macht deutlich, dass es nur in seiner Lehre wirklich Heilige gibt. Der Grund ist, dass auch andere Lehrer das Problem des Anhaftens erkennen, aber nicht so weit gehen wie der Buddha. Sie sehen das Problem des Anhaftens an Sinneseindrücken, Ansichten und Regeln, aber nur der Buddha lehrt das Problem des Anhaftens an ein Selbst (Mittlere Sammlung, Bd. 1, 175ff.).

Die Frage nach der Toleranz

Der Buddha in den Schriften des Pali Kanons erscheint als jemand, der seine Lehre deutlich von den anderen Lehren abgrenzt und nicht zögert, Ansichten, die seiner Meinung nach schädlich sind, abzulehnen. Dieses Bild scheint im Widerspruch mit dem Ruf des Buddhismus als friedfertige und tolerante Religion zu stehen. Es gibt aber einige Bereiche der buddhistischen Lehre, die verhindern, dass diese Abgrenzung zu Gewalt führt.

Diese Abgrenzung ist keine absolute, der Buddha sagte nicht, dass Menschen, die ihm nicht folgen, verdammt oder verloren sind, sie können, je nachdem welcher Ansicht sie folgen, spirituelle Fortschritte machen, nur sind diese begrenzt. Dann ist Mitgefühl neben Weisheit ein zentrales Ideal im Buddhismus, im Pali Kanon finden sich einige Stellen, in denen der Buddha dieses Ideal betont. Der Buddha lehrte auch, dass man bei Kritik nicht empfindlich sein soll. Diese Einstellung findet sich im Brahmajala Sutta, das ich oben erwähnt habe, aber noch deutlicher im Bodhicaryavatara (Eintritt in das Leben zur Erleuchtung), einem Text aus dem 8. Jh. in einem Vers aus dem Kapitel über Geduld: »Auch die, die Bilder, Stupas, die Wahre Lehre zerstören und schmähen, verdienen meinen Hass nicht, denn die Buddhas und die anderen Vollendeten leiden nicht darunter.« (Shantideva, 70)

Der Buddha im Gespräch

Dialog findet nicht abstrakt auf der Ebene von Ideen statt, sondern zwischen Menschen. Mit Anhängern von Systemen, die ein spirituelles Leben nicht von vornherein unmöglich machen, führte der Buddha fast ›sokratische‹ Dialoge. Er widersprach den Leuten nicht direkt, sondern führte sie durch Fragen. Ein gutes Beispiel ist das Upali Sutta (Mittlere Sammlung, Bd. 2, 64ff.).

Upali, ein Anhänger der Jains, sucht das Gespräch mit dem Buddha. Die Streitfrage zwischen den beiden ist, ob Handlungen mit dem Körper (die Ansicht der Jains) oder mit dem Geist (die Ansicht des Buddha) stärker sind. Das Gespräch beginnt mit dem Klären der Begriffe: was für den Buddha »Handlungen« sind, ist im Sprachgebrauch der Jains »Rute«. Erst als sie über die Begriffe einig sind, kommt es zur eigentlichen Diskussion. Jeder stellt seinen Standpunkt dar und in dem etwas trockenen Stil des Pali Kanons fragt jeder drei Mal nach, ob er den anderen richtig verstanden hat. Sie stellen also wirklich sicher, dass sie einander verstehen, bevor sie den nächsten Schritt im Gespräch machen. Der Buddha stellt Upali einige Fragen, in denen er Grundlagen der Lehre der Jains selber benutzt, um Upali zu überzeugen. An keiner Stelle widerspricht er ihm. Dann, als Upali vom Buddha überzeugt ist, gibt der Buddha ihm eine stufenweise Belehrung. Diese Art von Belehrung findet sich häufig in den Schriften. Wieder beginnt der Buddha mit den Dingen, über die sich alle einig sind. Den Wert von Großzügigkeit, Ethik, Entsagung, Transzendenz. Dann erst kommt er mit seiner eigenen spezifischen Lehre, den Vier Edlen Wahrheiten.

Ein anderes Beispiel für diese sokratische Methode ist ein Text aus der Angereihten Sammlung (Angereihte Sammlung, Bd. 1, 152ff.). Sangarava, ein Brahmane, kritisiert den Buddha dafür, dass seine Religion nichts für die normale Bevölkerung bietet, während die brahmanische Religion dies durch die Opferrituale tut. Der Buddha stellt die Gegenfrage, ob es nicht für die Welt viel besser ist, wenn ein Erleuchteter erscheint. Sangarava muss das zugeben. Ananda versucht nun, Sangarava in die Ecke zu drängen: »Welche nun von diesen beiden Handlungen, Brahmane, glaubst du, beansprucht weniger Mittel, verursacht weniger Schaden, ist segensreicher und verdienstvoller?« Der Brahmane scheint noch nicht so weit zu sein, seinen Standpunkt aufzugeben und flüchtet sich in Höflichkeitsfloskeln: »Solche, wie den Herrn Gotama (den Buddha) und den Herrn Ananda, die muss ich ehren, die muss ich loben.« Ananda drängt weiter: »Nicht frage ich dich ja, Brahmane, wen du ehrst und lobst, sondern ich frage dich, welche von jenen beiden Handlungen nach deiner Ansicht weniger Mittel beansprucht, segensreicher ist und verdienstvoller.« Der Buddha erkennt, was geschieht, und beschließt, dem Brahmanen aus seiner Lage zu helfen: »Wahrlich, selbst zum dritten Male gerät Sangarava, der Brahmane, nachdem ihm Ananda eine berechtigte Frage gestellt hat, in Verlegenheit und antwortet nicht. Wie, wenn ich ihn nun aus der Verlegenheit befreie?« Er stellt dem Brahmanen eine weitere Frage, die es dem Brahmanen leichter machte, seine Ansicht aufzugeben. Der Buddha hatte hier kein Interesse daran, Sangarava in einer Debatte zu besiegen, sondern wollte ihn dazu bringen selber zu erkennen, was richtig ist.

Zum Weiterlesen

Jayatilleke, K. N., The Buddhist Attitude to other religions, Kandy (Sri Lanka), Buddhist Publication Society, 1991.

Schumann, Hans W., Der historische Buddha, München 1995.

Weil, Alfred, Dialog der Religionen – ist Gott noch zu retten?, in: Forum. Buddhistische Zeitschrift für Frieden, Kultur und Erziehung o.Jg. (1997), H. 12.

Weil, Alfred, Identität und Verständigung – der produktive Umgang mit verschiedenen religiösen Traditionen im Buddhismus, in: Lähnemann, Johannes (Hg.), Interreligiöse Erziehung 2000. Die Zukunft der Religions- und Kulturbegegnung, Hamburg 1998, 35-42.

Literatur

Die Reden des Buddha – Längere Sammlung, übers. von Karl Eugen Neumann, Stammbach 1996.

Die Lehrreden des Buddha aus der Angereihten Sammlung. Anguttara Nikaya, übers. von Nyanaponika, 5 Bde. , Freiburg 1984.

Die Lehrreden des Buddha aus der Mittleren Sammlung. Majjhima Nikaya, übers. von Kay Zumwinkel, 3 Bde. , Uttenbühl 2001.

Verse zum Aufatmen – die Sammlung Udana und andere Strophen des Buddha und seiner erlösten Nachfolger, übers. von Fritz Schäfer, Stammbach 1998.

Shantideva. Eintritt in das Leben zur Erleuchtung (Bodhicaryavatara), übers. von Ernst Steinkellner, Düsseldorf/Köln 1981.

Reinhold Bernhardt

Pluralistische Theologie der Religionen

»Pluralistische Theologie der Religionen« (PTR) ist die zusammenfassende Bezeichnung einer überkonfessionellen und in der Tendenz sogar überreligiösen Bewegung, deren zentrales Anliegen es ist, die Bestimmung der Beziehung zwischen den Religionen auf eine neue Grundlage zu stellen. Dabei soll auf jede Form von Absolutheitsansprüchen konsequent verzichtet werden. Das betrifft sowohl die Exklusivansprüche auf Alleingeltung als auch die inklusiven Ansprüche auf höhere oder höchste Geltung einer Religion. Stattdessen vertreten die ›Pluralisten‹ die Position: »Die großen Weltreligionen mit ihren vielfältigen Lehren und Praktiken bilden authentische Wege zum höchsten Gut.«[1] Daraus ergibt sich ein Verhältnis der Ebenbürtigkeit zwischen ihnen, das zur Beziehungsform des Dialogs führen muss.

Es lassen sich drei Wege unterscheiden, auf denen die Vertreter der PTR ihren Ansatz entwickelt haben: Der Weg religionsphilosophischer Reflexion, der Weg religiöser Erfahrung und der Weg ethischer Reflexion und moralischer Praxis.[2] Die Unterscheidung ist nicht trennscharf, sondern zeigt nur Schwerpunktsetzungen an. Im Folgenden wird jeder der drei Wege durch den – in den Augen des Autors bedeutendsten – Vertreter vorgestellt.

---

1 So das sechste der neun Grundprinzipien, die auf dem sog. »Pluralist Summit« in Birmingham am 09.09.2003 verabschiedet wurden. Sie werden zusammen mit den dort gehaltenen Vorträgen in einem von Paul F. Knitter herausgegebenen zweiteiligen Sammelband unter dem Titel »The Pluralist Model for Understanding Religious Pluralism« veröffentlicht.

2 In Anlehnung an die »drei Brücken« über den »theologischen Rubicon« zu neuen Ufern der Religionstheologie, wie sie in der Einleitung zum initialen Manifest der PTR – Hick/Knitter 1987 – genannt sind: der »historico-cultural bridge«, der »theologico-mystical bridge« und der »ethico-practical bridge«. Siehe auch Knitter 2002, 112-149.

Der Weg religionsphilosophischer Reflexion

Als Vordenker der PTR kann *John Hick* (geb. 1922) gelten. Er zählt zu den profiliertesten Religionsphilosophen und Theologen in der englischsprachigen Welt. Als junger Jurastudent am University College in Hull erlebte er eine Bekehrung und wurde »zu einem Christen von stark evangelikaler, ja fundamentalistischer Prägung« (Hick 2001, 16; siehe auch Hick 2000). Er beschloss, Geistlicher zu werden und begann mit dem dazu notwendigen Philosophiestudium in Edinburgh, gefolgt von theologischen und pastoralen Studien. Als Hick – nach einigen Stationen seiner Laufbahn als Pfarrer und dann als akademischer Theologe – 1967 auf einen Lehrstuhl für Theologie in Birmingham berufen wurde, begann er unter dem Eindruck der multireligiösen Atmosphäre dieser Stadt nach neuen Wegen in der Religionstheologie zu suchen. Die Erfahrung, die ihn zu dieser Suchbewegung nötigte, beschreibt er selbst folgendermaßen: »Während ich nun gelegentlich Gottesdienste in der Moschee, der Synagoge, im Tempel und im Gurdwara besuchte, wurde mir klar, dass dort im Wesentlichen das Gleiche geschieht wie in einer christlichen Kirche – nämlich dass sich hier Menschen einer höheren göttlichen Wirklichkeit öffnen, die sie als einen personalen und guten Gott kennen, der Gerechtigkeit und Liebe zwischen den Menschen gebietet.« (Hick 2001, 20) Von 1980 bis zu seiner Emeritierung lehrte er als Religionsphilosoph an der Claremont Graduate School, CA.[3]

Die zentrale religionstheologische These John Hicks lautet[4]: Wie das Christentum, so gründen auch die anderen großen, traditionsreichen Religionen der Welt auf authentischen und heilseröffnenden Erschließungen der einen göttlichen Wirklichkeit (von Hick »The Real« genannt). Die Formen, in denen sich dieses Gewahrwerden des Transzendenzhorizonts ereignet, sind und bleiben sehr unterschiedlich – von einer *Gleichheit* der Offenbarungen oder gar der Religionen kann nach Hick keine Rede sein. In ihrem Kern vermitteln sie jedoch den gleichen Erlösungsimpuls. Er bewirkt die Durchbrechung der individuellen und kollektiven Selbstbezüglichkeit, der Egozentrik, der Selbstliebe – »amor sui« (Augustin) –, des »in-sich-verkrümmten-Herzens« (wie Luther sagte) und führt zur Öffnung für die Mitmenschen, die natürliche Umwelt und letztlich für den Grund aller Wirklichkeit – die Dimension Gottes. Diese ›Umkehr‹ trägt auch ethische Früchte. Sie lässt Achtung vor dem Leben wachsen und verpflichtet auf elementare Lebensregeln, die menschliche Gemeinschaften vor ethischer Korruption bewahren. Und schließlich führt sie zu einer theologischen Anerkennung anderer religiöser

3 Sein literarisches Werk erschließt sich am besten aus Badham 1990 und aus der ›Summe‹ seiner Theologie: Hick 1989; siehe auch Hick 1995.

4 Zum Folgenden siehe Hick 1989, wo diese These dargestellt und mit religionswissenschaftlichem Material belegt ist.

Traditionen und zur dialogischen Beziehungsgestaltung gegenüber ihren Anhängern.

Das Christentum braucht seinen Anspruch auf Einzigartigkeit des in Christus vermittelten Erlösungsweges nicht aufzugeben, es soll aber anerkennen, dass es daneben andere einzigartige religiöse Wege zum heilschaffenden Grund allen Seins gibt. So kann es zu einer Heilspartnerschaft der Religionen kommen, in der sich die Religionen im offenen Dialog in prinzipieller theologischer Gleichberechtigung begegnen. Zwischen ihnen soll ein Verhältnis der Parität herrschen.

Ordnet Hick damit – so fragen viele Kritiker – nicht das Interesse an einem Dialog der Religionen dem biblischen Fundament der Theologie über? Verdrängt das Dialogprinzip das Christusprinzip als Norm der Theologie? Einerseits versteht Hick seinen Entwurf nicht als partikular christliche Religionstheologie, sondern als eine religionsphilosophische Hypothese, die anschlussfähig für die Traditionen aller großen Weltreligionen sein soll. Und so führt er auch Material aus allen diesen Religionen zur Stützung seiner These an. Andererseits ist damit der Anspruch verbunden, dass auch die Traditionsquellen der *christlichen* Religion hier zur Geltung kommen. Immer wieder bezieht er sich auf zwei theologische Überzeugungen, die für eine biblisch begründete Auffassung des christlichen Glaubens zentral sind: zum einen auf die Überzeugung von der Universalität des in den Religionen wirksamen Erlösungsimpulses und zum anderen auf die Einsicht in die radikale Transzendenz der göttlichen Letztwirklichkeit, die allen religiösen Erfahrungen und Vorstellungen uneinholbar voraus liegt.

(1) Die Überzeugung von der religionsübergreifenden Kraft der Seinsgrundes begegnet in der christlichen Überlieferung als Glaube an den universalen Heilswillen Gottes: Gottes Wille, seine Gerechtigkeit, seine Gnade und sein Heil gelten prinzipiell der ganzen Schöpfung. Es kann nicht sein, dass die Zuwendung Gottes an eine bestimmte Glaubensform oder Religionszugehörigkeit gebunden ist, und d.h. an die Wirkungsgeschichte eines einzigen Gottesmittlers. In der traditionellen christlichen Theologie hat man die Frage, wie jene Menschen von der Christusbotschaft erfasst werden, die zeitlich vor Christi Geburt und/oder räumlich außerhalb christlicher Religionskulturen leben, verschieden beantwortet: etwa mit dem Hinweis auf die Universalität des »Christus praesens«, der ›anonym‹ auch im Existenzvollzug von Nichtchristen zur Wirkung kommt, oder durch die Lehre von der Hadesfahrt Jesu Christi, der nach seinem Tod »hinabgestiegen in das Reich der Toten« sei, um auch ihnen den göttlichen Heilswillen zu verkünden. Das sich in diesen Deuteversuchen artikulierende Problem lässt sich zusammenfassen als Spannung zwischen dem Postulat der Universalität des göttlichen Heilswillens (Heil für alle Menschen) und dem Postulat der Partikularität des in Christus vermittelten Heilsweges (Heil allein durch Christus – »solus Christus«). Nimmt man die geschichtliche Verfasstheit der Christusbotschaft ernst, dann ist dieses Problem unausweichlich – und die Frage unumgänglich, in-

wiefern der zufällige Geburtsort und -zeitpunkt eines Menschen seine »Heilschance« (Karl Rahner) erheblich mitbestimmt. Hicks Auflösung dieser Spannung besteht darin, dass er die Universalität des göttlichen Erlösungsimpulses in einer *Vielfalt* partikularer Heilswege realisiert sieht. Es gibt eine Mehrzahl von authentischen Offenbarungswahrnehmungen, die von ihrem kulturellen und religiösen Kontext geprägt sind. Und es gibt eine Mehrzahl von Mittlerfiguren bzw. Instanzen, die diese Wahrnehmungen vermitteln und selbst Teil ihres Inhaltes sind – ›Christusgestalten‹ neben Christus: Buddha etwa oder der Koran. Jesus Christus ist für Hick der vollkommen für Gott offene, an ihn hingegebene, von seinem Geist und seiner Liebe erfüllte und in diesem Sinne ›wahre‹ Mensch, die Gestaltwerdung der Liebe Gottes. Er schöpft tief aus dem Brunnen des göttlichen Wesens, aber er *er*schöpft ihn nicht, denn dieser Brunnen ist unerschöpflich. Deshalb können auch andere Religionen mit anderen Gefäßen daraus das Wasser des Lebens schöpfen.

Damit ist die Brücke zum zweiten theologischen Grundsatz geschlagen, der für Hicks PTR fundamental ist: Die Betonung der radikalen Transzendenz des göttlichen Grundes aller Wirklichkeit.

(2) »The Real« liegt allen Formen, in der er/sie/es erfahren und zum Ausdruck gebracht wird, uneinholbar voraus. Keine Religion, keine Offenbarung, kein Gottesmittler kann beanspruchen, seine Fülle ganz und vollkommen in sich zu schließen und sie damit für sich allein – für ihre religiösen Überzeugungen und Vollzüge – zu reklamieren. Alle diese Überzeugungen und Vollzüge sind Repräsentationen des Seinsgrundes, dessen Wesen unerschöpflich ist.

Damit nimmt Hick eine Einsicht auf, die in der jüdisch-christlichen Tradition tief verwurzelt ist – etwa im Bilderverbot der Hebräischen Bibel – und die besonders in der auf Calvin zurückgehenden reformierten Theologie eine wichtige Rolle spielt. Sie ist aber auch in den anderen Offenbarungsreligionen anzutreffen: Die Offenbarung der göttlichen Wirklichkeit löst deren Mysterium nicht auf. Sie führt in es ein, lässt es aber in seiner Geheimnishaftigkeit bestehen. Es bleibt immer eine Differenz zwischen der sich offenbarenden Wirklichkeit und der kulturell konditionierten religiösen Erfahrung und Darstellung dieser Offenbarung. Und diese Differenz kann religionskritisch in Anschlag gebracht werden, wo eine Religion das Unendliche verendlicht, die Offenbarung in ihren Besitz nimmt und sich zu ihrer alleinigen Verwalterin erklärt. Wo eine Religion auf diese Weise ihre Erscheinungsformen – und dazu gehört auch ihre Zentraloffenbarung – verabsolutiert, wird sie nicht nur dialogunfähig, sie verfehlt auch ihr eigenes Wesen und verfällt dann selbst in jene Egozentrik, die der Erlösung bedürftig ist. Darin liegt denn auch der (pragmatische) Maßstab zur Beurteilung von Religionen: In welcher Weise fordert und fördert eine Religion die Transformation von Egozentrik zur Ausrichtung auf die Wirklichkeit im Ganzen und auf den Grund der Wirklichkeit – bei ihren Anhängern und durchaus auch bei sich selbst?

Weder die Überzeugung von der Universalität des in allen Religionen wirksamen Erlösungsimpulses noch die Einsicht in die uneinholbare Transzendenz des göttlichen Seinsgrundes führt mit Notwendigkeit zur Annahme einer Vielfalt von authentischen Erfahrungsformen dieser Letztwirklichkeit und der von ihr ausgehenden Erlösung. Hick gesteht das unumwunden zu, beharrt aber darauf, dass seine Hypothese erklärungskräftiger ist als die Antworten, die die einzelnen religiösen Traditionen bisher auf die Frage gegeben haben, wie die Vielfalt der Religionen (nicht historisch, sondern theologisch) zu deuten ist.

Der Weg religiöser Erfahrung

Während John Hick eher an der Ausarbeitung der religionsphilosophischen Grundlagen der PTR interessiert ist, gründet *Raimon Panikkars* (geb. 1918) religionstheologisches Denken in seiner existenziellen Pilgerschaft auf den spirituellen Wegen mehrerer Religionen. Diese ›mystische‹ Erfahrung hat ihn in der Einsicht bestärkt, dass alle diese Wege letztlich auf die eine, vom Geist Gottes durchdrungene Wirklichkeit ausgerichtet sind.

Panikkar sagte von sich selbst: »Ich bin als Christ ›gegangen‹, habe mich als Hindu ›gefunden‹ und ich bin als Buddhist ›zurückgekehrt‹, ohne doch aufgehört zu haben, ein Christ zu sein.« (Panikkar 1990, 51)[5] Das ist die Zusammenfassung seiner interreligiösen Existenz, die eine spirituelle Reise zwischen Christentum (vor allem römisch-katholischer Prägung), Hinduismus und Buddhismus war. Sohn einer katalanischen Mutter und eines indischen Vaters, lebte er Zeit seines Lebens in verschiedenen Ländern und religiösen Kontexten. Die Breite seiner akademischen Qualifikationen (er hat Doktorate in Chemie, Philosophie und Theologie, lehrte in Rom, in Lateinamerika, in Indien und in den U.S.A.), seiner Sprachkenntnisse (er spricht über zehn Sprachen) und seiner Publikationen (er hat über 45 Bücher und mehrere hundert Aufsätze veröffentlicht) weist ihn als einen Universalgelehrten aus.[6]

Das aus dieser profunden multireligiösen Erfahrung gewonnene religionstheologische Konzept Panikkars unterscheidet sich charakteristisch von dem Hicks. So sehr er einerseits die letzte Einheit der Wirklichkeit betont, so sehr hält er doch andererseits daran fest, dass dies eine Einheit in unaufhebbarer Vielfalt ist. Das hat seinen Grund darin, dass die göttliche Wirklichkeit nach Panikkar nicht eine in sich bestehende numinose Entität ist, die jenseits der kosmischen Wirklichkeit »in unzugänglichem Lichte« wohnt (1 Tim 6,16)

5 Korrektur der Übersetzung – R.B.

6 Eine Darstellung von Panikkars Leben und Werk findet sich in von Sinner 2003, 201ff.

– wie Hicks unbestimmbares »The Real«, das an das neuplatonische ›an sich‹ seiende Eine erinnert. Vielmehr durchdringen sich die drei Dimensionen des Göttlichen, des Menschlichen und des Weltlichen permanent und machen zusammen die dynamische ›trinitarische‹ Struktur der Wirklichkeit aus. Panikkar nennt dies die kosmotheandrische Realität. Sie ist Gegenstand der kosmotheandrischen Erfahrung, die darin besteht, jener lebendigen Allgegenwart des Göttlichen in Mensch und Welt innezuwerden, die in allem pulsiert.

Das Göttliche ist nicht das von Hick in »God has many names« (Hick 2001) beschriebene Eine, das von den Religionen nur mit unterschiedlichen Namen belegt wird. Nach Panikkar besteht es nicht anders als in den Weisen seiner Erfassung in seiner Beziehung zur Welt und zum Menschen und d.h. in unhintergehbarer Pluralität. Gott besteht in seinen ›Namen‹, die kondensierte Erfahrungen mit ihm zum Ausdruck bringen. Daraus ergibt sich, dass auch die Religionen unaufhebbar verschieden (inkommensurabel) sind. Sie stellen je eigene Erfassungen der einen, in sich vielfältigen kosmotheandrischen Wirklichkeit dar. Es gibt keinen gemeinsamen Nenner zwischen ihnen, keinen Grundvorgang, in dem sie übereinstimmen (wie die von Hick beschriebene Transformation von Selbstbezüglichkeit zur Zentrierung auf die in »The Real« gründende Realität), erst recht keine Identität zwischen den von ihnen gewiesenen Wegen und auch keinen religionsphilosophischen Überbau über ihren spirituellen Lehren.

Weil es aber eben diese *eine* (in sich plurale) kosmotheandrische Wirklichkeit ist, nach deren Inspiration sich die Religionen ausstrecken, kann man durchaus »homöomorphische« Entsprechungen zwischen ihnen aufdecken und auf dieser Grundlage Beziehungen zwischen ihnen herstellen. Der Beziehungsreichtum innerhalb der kosmotheandrischen Wirklichkeit spiegelt sich in den Beziehungen zwischen den Religionen wider. So kann Panikkar die Christologie im Bezugsrahmen hinduistischer Traditionen entfalten und gibt damit ein Beispiel für die in seinen Augen mögliche und nötige gegenseitige Befruchtung zwischen den Religionen. Die interreligiöse Kommunikation führt unmittelbar zur intrareligiösen Weiterentwicklung: die daran beteiligten Anhänger der verschiedenen Religionen schreiten auf ihrem spirituellen Weg weiter voran und vertiefen ihn.

Die Bedingung der Möglichkeit solcher bereichernden Beziehungsbildungen besteht aber darin, dass es nicht zu Aufhebungen der Differenzen durch Identifizierungen oder Vermischungen kommt. Nur so – in bleibender Verschiedenheit – kann (und muss) nach Panikkar ein echter Dialog zwischen den Religionen stattfinden. Er führt nicht zur Überwindung der Verschiedenheiten, sondern zum intensiveren und umfassenderen Erfahren und Deuten der kosmotheandrischen Wirklichkeit auf den von der je eigenen religiösen Tradition gewiesenen Wegen. Es ist ein Dialog der Erfahrungen, die sich dabei gegenseitig erweitern und transformieren, sodass jede sich ihres eigenen Erfahrungsgegenstandes tiefer bewusst wird.

Der Weg ethischer Reflexion und moralischer Praxis

Während die religionsphilosophische Reflexion John Hicks den Blick auf den transzendenten Grund aller Religionen und das von ihm bewirkte Erlösungsgeschehen richtete und sich der Weg religiöser Erfahrung, wie ihn Raimon Panikkar beschritt, auf die mystische Wahrnehmung der göttlichen Tiefendimension in aller Wirklichkeit konzentrierte, blicken diejenigen, die den Weg ethischer Reflexion und moralischer Praxis einschlagen, auf die aktuelle politische, soziale, wirtschaftliche und ökologische Situation der Welt und sie fragen nach der aktiven Verantwortung der Religionen für eine humanisierende Mitgestaltung dieser Verhältnisse.

Ein wichtiger Anstoß dazu ist das Eingeständnis der Schuldgeschichte des Christentums, wie sie sich etwa in aktiver Beteiligung an – und/oder passiver Legitimation von – Kreuzzügen, Kolonialisation und Antijudaismus niedergeschlagen hat. Liegt eine der Wurzeln der darin zum Ausdruck kommenden Herrschaftsansprüche nicht in der Überzeugung, dass allein der Christusweg das Nadelöhr sei, auf dem der Mensch zum Heil Gottes und Gottes Heil zum Menschen gelangen könne? Musste es von daher nicht geradezu als ein Werk christlicher Nächstenliebe erscheinen, Nichtchristen auf diesen Weg zu bringen – und sei es durch Zwangstaufen, wie in der mittelalterlichen Judenmission?

Andererseits: Liegt in den Religionen nicht ein beachtliches ethisches Potenzial, das genutzt werden kann, nicht nur um religiös motivierter Gewaltanwendung entgegenzutreten, sondern um sich den globalen Herausforderungen der Weltgesellschaft zu stellen? Doch dazu müssen die Religionen kooperieren, die z.T. geschichtlich gewachsenen Feindschaften zwischen ihnen aufarbeiten und überwinden, ihre ethischen Grundüberzeugungen in einen interreligiösen Dialog einbringen und ihre Stimme dann mit Nachdruck in den politischen Diskursen erheben.

Nicht um Orthodoxie geht es auf dem Weg moralischer Praxis, sondern um Orthopraxie. Die Lehren der Religionen mögen verschieden sein und bleiben. Entscheidend ist der Einsatz für Frieden (gegen alle Formen von Gewalt), Gerechtigkeit (gegen Ausbeutung und Unterdrückung), Bewahrung der Schöpfung (gegen die Zerstörung der natürlichen Lebensgrundlagen), der Kampf gegen Armut, die Forderung, die Menschenwürde zu achten und die Menschenrechte einzuhalten usw.

Einer der (auch im deutschen Sprachraum) bekanntesten Vertreter dieser Richtung der PTR ist *Paul F. Knitter* (geb. 1939). In seinem Ansatz einer »Befreiungstheologie der Religionen« fließen befreiungstheologische und religionstheologische Anliegen zusammen. Im Rückblick schreibt er, dass es vor allem zwei ›andere‹ gegeben habe, die sein Leben und seine Theologie beeinflussten: das *religiös* andere und das *leidende* andere (Knitter 1997, 13).

Ähnlich wie bei John Hick führt auch Knitters theologische Entwicklung über mehrere Stationen von einer exklusivistischen Grundhaltung über den religionstheologischen Inklusivismus Karl Rahners und des Zweiten Vatikanischen Konzils hin zur PTR, wie er sie bei John Hick, Raimon Panikkar und anderen kennen gelernt hatte.[7]

Ursprünglich wollte er Missionar werden. Nach dem Noviziat trat er 1958 der »Societas Verbi Divini« (SVD), den Steyler Missionaren bei, erkannte aber schon dort, dass die ihm vermittelten missionstheologischen Deuteansätze der Vielfalt und dem Reichtum der real existierenden nicht christlichen Religion nicht gerecht wurden. An der Päpstlichen Universität in Rom wurde er von der Aufbruchstimmung im Rahmen des Zweiten Vatikanischen Konzils erfasst und nahm die »Erklärung über das Verhältnis der Kirche zu den nicht christlichen Religionen (Nostra aetate)« und die Theologie Karl Rahners mit Begeisterung auf. In einer Freundschaft zu einem Muslim empfand er jedoch das Ungenügen der Rahnerschen Lehre vom ›anonymen‹ Christentum. Er suchte den Dialog mit den östlichen Religionen und wendete sich einem pluralistischen Ansatz der Religionstheologie zu (Knitter 1985). Begegnungen mit Flüchtlingen aus El Salvador und Nicaragua und Besuche in diesen Ländern führten zur Aufnahme befreiungstheologischer Anliegen (Hick/Knitter 1987, 178ff.). Mit der Erkenntnis, dass es sich bei dem leidenden ›anderen‹ nicht nur um Menschen, sondern um die ganze Schöpfung handelt, und durch die Begegnung mit der Naturspiritualität amerikanischer Ureinwohner kam die Verantwortung der Theologie für die Bewahrung der Schöpfung in den Blick (Knitter 1995; 1996).

Nach Knitter liegt das Gemeinsame der Religionen nicht primär in ihnen selbst, sondern in der Herausforderung durch das Leiden der Menschen und der natürlichen Umwelt. Interreligiöser Dialog hat nicht nur der Verbesserung der Beziehungen zwischen den Religionen zu dienen, sondern der Bewältigung dieser Herausforderung. Durch diese ›themenzentrierte Interaktion‹ kommt es dann allerdings auch zur vertieften Verständigung zwischen den Religionen.

Die Parteinahme für die Armen wird geradezu zu einem Wahrheitskriterium – zum Maßstab für die ›Evaluation‹ religiösen Engagements. Dabei zeigt sich, dass die PTR keineswegs alles und jedes, was im Gewand der Religion daherkommt, für gleich gültig (und damit letztlich für gleichgültig) erklärt. Sie enthält ein stark religionskritisches Motiv, dem sie alle religiösen Erscheinungen unterwirft. Nicht das ›anything goes‹ eines grenzenlosen Beliebigkeits-Pluralismus ist ihr Maß und Ziel, sondern die pluralismuskritischen Prinzipien der Befreiung der Unterdrückten, der Schaffung gerechter Lebensverhältnisse und der Bewahrung der Schöpfung.

7 Das Folgende nach Knitter 1997, 15-26.

Konsequenzen für Theorie und Praxis interreligiösen Lernens

Nicht wenige Befürworter eines überkonfessionellen, bekenntnisneutralen, religionskundlichen Religionsunterrichts sehen in der PTR eine Rahmentheorie für dieses Programm. In der Forderung, religiöse Alleingeltungs- oder Überlegenheitsansprüche zu überwinden und die interreligiösen Beziehungen auf eine paritätisch-dialogische Grundlage zu stellen, sehen sie eine grundlegende Voraussetzung für die Umsetzung ihres Anliegens.

Man darf dabei jedoch nicht übersehen, dass die Vertreter der PTR gerade nicht anstreben, Informationen über verschiedene Religionen in außenperspektivischer, religionswissenschaftlicher Neutralität unverbindlich und präferenzfrei darzustellen. Vielmehr wenden sie sich an Menschen, die in religiösen Bindungen und Loyalitäten leben, gerade als solche aber vor der Frage stehen, wie die Vielfalt der religiösen Orientierungen mit ihren je eigenen Verpflichtungsansprüchen zu deuten ist. Relativieren sie sich nicht gegenseitig? Unter Vermeidung von Verabsolutierung und Relativierung suchen die Vertreter der PTR ein Deutemuster anzubieten, das es ihnen erlaubt, ihrer Überzeugung treu zu bleiben, ohne den Wahrheitsgehalt anderer Überzeugungen von vorne herein leugnen zu müssen und so eine dialogische Beziehung zu blockieren. Damit ist die Auseinandersetzung um die konkurrierenden Wahrheitsauffassungen nicht vermieden, sondern gerade umgekehrt ermöglicht und gefordert. Die religiösen Bindungen bleiben bestehen, werden aber in ihrer letztlich unaufhebbaren Verschiedenheit in ein dialogisch-kommunikatives Verhältnis zueinander gesetzt. Mehr noch: Indem die PTR die Anhänger der Religionen von der Tendenz zur Selbstverabsolutierung der eigenen Religion befreit, eröffnet sie ihnen die Möglichkeit, sich unbefangen auf die Erfahrung interreligiöser Begegnungen einzulassen. Solche Exkursionen – im Sinne eines nicht nur kognitiven, sondern existenziellen Lernens – weiten und vertiefen die eigene religiöse Identität. Darin liegt eine der praktischen Zielsetzungen der PTR.

Menschen ohne ausgeprägte religiöse Bindung fassen die PTR demgegenüber leicht als Bestätigung ihrer Gleichgültigkeitshaltung auf und missdeuten sie als theoretischen Unterbau eines religiösen Relativismus.

Die PTR kann und will zum interreligiösen Lernen in dialogischen Begegnungen mit Angehörigen anderer Religionen motivieren, indem sie religiöse Monopolansprüche kritisiert – und das weniger unter Berufung auf ein aufklärerisches Toleranzpostulat, sondern aus der Mitte der jeweiligen Religionen heraus, die in ihrem Wesenskern über sich hinausweisen auf den göttlichen Grund der Wirklichkeit. Dazu gehört die Dialektik des Bei-sich-Seins in der eigenen Tradition, des Aus-sich-Herausgehens in andere Traditionen und der bereicherten, horizonterweiterten Rückkehr in die eigene Tradition.

Dass dieser fortwährende Prozess des interreligiösen Lernens die Kritik an religiösen Erscheinungen und Überzeugungen einschließen kann und aus Treue zur eigenen Identität auch einschließen muss, dass in der dialogischen Begegnung also durchaus auch normative Wertungen im Spiel sind, widerspricht nicht der PTR, sondern liegt in der Konsequenz ihres Ansatzes.

Zum Weiterlesen

Bernhardt, Reinhold (Hg.), Horizontüberschreitung. Die Pluralistische Theologie der Religionen, Gütersloh 1991.

Hick, John (Hg.), An Interpretation of Religion. Human Responses to the Transcendent, London 1989; dt.: Religion. Die menschlichen Antworten auf die Frage nach Leben und Tod, München 1996.

Schmidt-Leukel, Perry, Theologie der Religionen. Probleme, Optionen, Argumente (Beiträge zur Fundamentaltheologie und Religionsphilosophie 1), Neuwied 1997.

Schwandt, Hans-Gerd (Hg.), Pluralistische Theologie der Religionen. Eine kritische Sichtung, Frankfurt a.M. 1998.

Literatur

Badham, Paul (Hg.), A John Hick Reader, Houndmills u.a. 1990.

Hick, John (Hg.), Gott und seine vielen Namen, Frankfurt a.M. 2001 (engl. Erstauflage 1980).

Hick, John/Knitter, Paul F. (Hg.), The Myth of Christian Uniqueness, Toward a Pluralistic Theology of Religions, Maryknoll, N.Y. 1987.

Hick, John (Hg.), The rainbow of Faiths. Critical Dialogues on Religious Pluralism, London 1995.

Hick, John, An Autobiography, Oxford 2002.

Knitter, Paul F. (Hg.), No Other Name? A Critical Survey of Christian Attitudes Towards the World Religions, London 1985; dt.: Ein Gott – Viele Religionen. Gegen den Absolutheitsanspruch des Christentums, München 1988.

Knitter, Paul F. (Hg.), Jesus and the Other Names. Christian Mission and Global Responsibility, Maryknoll, N.Y. 1996.

Knitter, Paul F. (Hg.), Horizonte der Befreiung. Auf dem Weg zu einer pluralistischen Theologie der Religionen, Frankfurt a.M. u.a. 1997.

Knitter, Paul F. (Hg.), One Earth Many Religions. Multifaith Dialogue and Global Responsibility, Maryknoll, N.Y. 1995; dt.: Die Zukunft der Erde. Die gemeinsame Verantwortung der Religionen, München 1998.

Knitter, Paul F. (Hg.), Introducing Theology of Religions, Maryknoll, N.Y. 2002.

Panikkar, Raimon (Hg.), Der neue religiöse Weg: Im Dialog der Religionen leben, München 1990 (engl. 1978).
von Sinner, Rudolf, Reden vom dreieinigen Gott in Brasilien und Indien. Grundzüge einer ökumenischen Hermeneutik im Dialog mit Leonardo Boff und Raimon Panikkar (Hermeneutische Untersuchungen zur Theologie 43), Tübingen 2003.

Volker Küster

Interkulturelle Theologie

Nach Klärung der Begriffe »Kultur« und »Religion« und ihres Verhältnisses wird das Entstehen kontextueller Theologien aus dem Aufbruch der Dritten Welt[1] *nachgezeichnet. Die Theorie kontextueller Theologie erschließt Befreiungs-, Inkulturations-, Dialog- und Feministische Theologien. Am Beispiel von Christologie und Bibelinterpretation lassen sich Konsequenzen für den interkulturellen Dialog aufzeigen. Interkulturelle Theologie stützt sich methodisch neben Hermeneutik und Kommunikationstheorie heute auch auf Globalisierungstheorie und postkoloniale Kritik.*

Wer heute am Diskurs über die *Verhältnisbestimmung von christlichem Glauben und Kultur* teilnehmen will, sieht sich mit mindestens vier Präfixen konfrontiert: *multi-*, *inter-*, *cross-* und *trans*kulturell. Die Wahl des Präfixes ist zurzeit vielfach noch abhängig von den Präferenzen derjenigen, die es verwenden. Es kommt daher zu Überschneidungen und synonymem Gebrauch. Bei genauerem Hinsehen lassen sich die Präfixe jedoch sowohl auf Grund ihrer Etymologie als auch ihrer überwiegenden Verwendung in anderen Wissenschaftszweigen deutlich voneinander abgrenzen:

multi-kulturell beschreibt zunächst einmal den Sachverhalt, dass mehrere Kulturen nebeneinander in einer Gesellschaft existieren. Theorien der multikulturellen Gesellschaft ergründen die Rahmenbedingungen für ein gutes Zusammenleben, das die kulturellen Differenzen ausdrücklich anerkennt und ihnen Raum gibt. Darin unterscheiden sie sich vom Assimilationsmodell, das die völlige Anpassung an die »Leitkultur« der aufnehmenden Gesellschaft fordert.

inter-kulturell nimmt Bezug auf den Raum »zwischen« den Kulturen. Der postkoloniale Kritiker Homi Bhabha spricht in diesem Zusammenhang von einem »Dritten Raum« (*Third Space*), in dem sich die Kulturen begegnen. In einer Typologie des Kulturkontakts lassen sich erster Kontakt, Konflikt und Wechselwirkung (Urs Bitterli) unterscheiden. Die Dialogregeln müssen in der Begegnung immer wieder neu ausgehandelt werden.

cross-kulturell bezeichnet das Überschreiten kultureller Grenzen, sowohl um einen Vergleich mehrerer Kulturen anzustellen, als auch im Sinne der Vermischung von mehreren Kulturen. Im Musik- oder Modediskurs etwa

1 Über den Begriff »Dritte Welt« hat es auch in theologischen Kreisen eine lange Diskussion gegeben. Theologinnen und Theologen der Dritten Welt selbst haben ihn jedoch programmatisch aufgenommen.

wird mit *cross-over* bzw. *cross-dressing* die Vermischung verschiedener Stilrichtungen beschrieben.

trans-kulturell setzt voraus, dass es anthropologische Konstanten jenseits kultureller Differenzen gibt. Alle Menschen etwa bestatten ihre Toten, wie das geschieht und gedeutet wird, ist dann wiederum kulturell-religiös äußerst divers.

In der Diskussion wird oft übersehen, dass die Präfixe keine inhaltlichen Aussagen über das »kulturell« selbst machen, sondern eine Näherbestimmung äußerer Umstände bzw. Relationen sind. Das sich hier abzeichnende Differenzierungspotenzial sollte zur Beschreibung der komplexen Phänomene des Kulturkontakts genutzt werden. Der Kulturbegriff bedarf einer eigenen Klärung.

Kultur und Kulturen

Das hohe Maß an Abstraktion, mit dem der Begriff »Kultur« im Vorangegangenen gebraucht wurde, könnte suggerieren, dass Kulturen klar definierbare Entitäten sind. Die Überzeugung, dass das Gegenteil der Fall ist, setzt sich in der Kulturtheorie immer mehr durch. Kulturen sind einem ständigen Wandel unterworfen. Sie sind äußerst vielschichtig, vereinigen in sich diverse Subkulturen und sind in einem fortwährenden wechselseitigen Austausch miteinander begriffen. Dennoch lassen sich aus den verschiedenen Mischverhältnissen kulturell distinkte Identitäten herauskristallisieren. Noch immer gibt es »Kulturkreise« wie Afrika, Asien, Lateinamerika und Europa. Nordamerika und Australien sind durch die Nachkommen der europäischen Migranten geprägt. Nordafrika unterscheidet sich wiederum vom Afrika südlich der Sahara, Ostafrika von West- und Südafrika, Südostasien von Nordostasien, Westeuropa von Süd- und Osteuropa usw. Zugleich gilt, dass viele Völker eine *Diaspora* in anderen Ländern haben, die in einem regen Austausch mit ihrem jeweiligen Herkunftsland steht. Besteht keine solche Gemeinschaft, in der das kulturelle Erbe bewahrt und zugleich eine neue hybride Identität geschaffen wird, ist die Chance groß, dass Migranten und vor allem ihre Kinder sich der Kultur ihres Gastlandes assimilieren. Noch Generationen später kann es aber auch wieder zu Identitätsfindungsprozessen kommen, die die verlorene Identität zu rekonstruieren versuchen.

Der Begriff »Kultur« ist polysem. Alfred L. Kroeber und Clyde K. Kluckhorn haben bereits in den 50er-Jahren des 20. Jahrhunderts über 160 Definitionen von Kultur aufgelistet. Größtmögliche Offenheit bietet ein semiotischer Kulturbegriff.

»Der Kulturbegriff, den ich vertrete (...) ist wesentlich ein semiotischer. Ich meine mit Max Weber, dass der Mensch ein Wesen ist, das in selbstgesponnene Bedeutungsgewebe verstrickt ist, wobei ich Kultur als dieses Gewebe ansehe. Ihre Untersuchung ist daher keine experimentelle Wissenschaft, die nach Gesetzen sucht, sondern eine interpretierende, die nach Bedeutungen sucht.« (Geertz 1995, 9)

Geertz erschließt sich Kulturen mit Hilfe »dichter Beschreibung« und hermeneutischer Methoden. Mit »Ideen«, »Performanz« und »Material« unterscheidet Jens Loenhoff drei Dimensionen der Kultur, die es jeweils näher zu beschreiben und zu interpretieren gilt (Loenhoff 1992). Für den Kulturvergleich stützt sich Geert Hofstede auf kulturelle Tiefendimensionen wie Machtkonstellationen, den Umgang mit Differenz und Ambivalenz, die Verhältnisse zwischen Individuum und Gemeinschaft und den Geschlechtern, sowie die Ausrichtung im Kontinuum von Vergangenheit, Gegenwart und Zukunft (Hofstede 2002).

Kultur und Religion

Eine zweite Frage, die in diesem Zusammenhang diskutiert wird, ist die nach der Verhältnisbestimmung von Kultur und Religion. Wiederum mit Geertz verstehe ich Religion als ein kulturelles System. Anders als dieser gehe ich jedoch davon aus, dass sie Ausdruck einer »Resonanzerfahrung« (Gerd Theißen) ist. Diese setzt einen transzendenten Bereich voraus, der von den Religionen unterschiedlich gefüllt wird. Kultur und Religion sind wechselseitig aufeinander bezogen und durchdringen einander. In unterschiedlichen Kulturen erhalten Religionen unterschiedliche Ausprägungen. Dabei kann eine Kultur multi-religiös sein, oder eine Religionsgemeinschaft multi-kulturell. Migranten und Migrantinnen nehmen einen Teil ihrer Kultur mit und kultivieren sie in ihrer Diasporasituation. Türkischer Islam trifft dann in Europa auf den marokkanischer oder indonesischer Prägung. Die streng zentralistisch organisierte katholische Hierarchie hat ebenso mit diesem kulturellen Pluralismus zu ringen wie die strukturell schwachen konfessionellen Weltbünde der Protestanten. Während die katholische Hierarchie die Migranten jedoch der jeweiligen Ortskirche zuordnet und damit die Assimilation fördert, kommt es im Protestantismus viel häufiger zu Kirchengründungen. Viele Pfingstler nehmen für sich in Anspruch, ein globales Phänomen zu sein, haben oft aber in den Milieus ihre größten Erfolge, wo sich ihnen kulturell-religiöse Anknüpfungspunkte bieten. Strukturparallelen mit dem koreanischen Schamanismus oder der Funktion afrikanischer Heiler sind dafür häufiger genannte Beispiele. Neue Impulse erhielt die Diskussion über das Verhältnis des christlichen Glaubens zu Kulturen und Religionen in der zweiten Hälfte des 20. Jahrhunderts durch Theologen und Theologinnen aus der Dritten Welt.

Der Aufbruch der Dritten Welt

Die Neuordnung der Welt nach dem Ende des Zweiten Weltkrieges markiert eine Epochengrenze. In Afrika und Asien kommt es zu einem Dekolonialisierungsschub. Im Zuge säkularer Emanzipations- und Demokratisierungsbewegungen lösen sich auch die christlichen Kirchen in der Dritten Welt von westlicher Vormundschaft. Protestantischerseits wird von »jungen Kirchen« gesprochen, im Katholizismus gewinnen die *Ortskirchen* mehr Eigenständigkeit – eine Entwicklung, die durch das Zweite Vatikanische Konzil (1962-1965) unterstützt wird. Die christlichen Intellektuellen in der Dritten Welt wollen ihren Beitrag zum Prozess der Nationwerdung (*nation building*) leisten. Als Anhänger der Religion der ehemaligen Kolonialherren sehen sie sich dabei vor die Aufgabe gestellt, eine glaubwürdige christlich-kontextuelle Identität herauszubilden. Ende der 60er, Anfang der 70er-Jahre des 20. Jahrhunderts entstehen überall in den Ländern der Dritten Welt kontextuelle Theologien, die einen epistemologischen Bruch mit der akademischen Theologie des Westens vollziehen.

»Wir müssen nämlich, um dem Evangelium und unseren Völkern treu zu sein, uns über die Wirklichkeiten unserer eigenen Situation Gedanken machen und das Wort Gottes im Verhältnis zu diesen Wirklichkeiten interpretieren. Eine bloß akademische Theologie, die vom Handeln getrennt ist, weisen wir als belanglos zurück. Wir sind bereit, in der Epistemologie einen radikalen Bruch zu vollziehen, der das Engagement zum ersten Akt der Theologie macht und sich auf eine kritische Reflexion oder die Realitätspraxis der Dritten Welt einlässt.«

Die Gründungsversammlung der »Ökumenischen Vereinigung von Dritte-Welt-Theologinnen und Theologen« (EATWOT) 1976 in Daressalam/Tansania, aus deren Manifest dieses Zitat stammt, wurde unter Anspielung auf die Gründung der Vereinigung der Blockfreien Staaten in Bandung/Indonesien (1955) auch als »Bandung der Theologie« bezeichnet. Das Motto ihrer zweiten Vollversammlung in Oaxtepec/Mexiko (1986) »Gemeinsamkeiten, Unterschiede und wechselseitige Befruchtung« umreißt den heuristischen Rahmen des nach einer ersten Bestandsaufnahme sich rasch entwickelnden interkulturellen Dialogs.

Theorie kontextueller Theologie

Von Anbeginn der Entwicklung kontextueller Theologien in der Dritten Welt lassen sich zwei »Schulen« unterscheiden. Die *Befreiungstheologien* setzen sich mit der sozio-ökonomischen und politischen Dimension ihres jeweiligen

Kontextes auseinander. Neben der lateinamerikanischen Theologie der Befreiung sind mit der Schwarzen Theologie der afrikanischen Diaspora in den USA und in Südafrika und der Minjung-Theologie zeitgleich auch in Afrika und Asien Befreiungstheologien formuliert worden. Neuere Entwicklungen wie die Dalit-Theologie in Indien oder die Burakumin-Theologie in Japan haben von ihren Vorläufern gelernt, setzen aber eigene kontextuelle Akzente. Die *Inkulturations-* und *Dialogtheologien* Afrikas und Asiens wenden sich demgegenüber der kulturell-religiösen Dimension ihrer Kontexte zu. Während die Inkulturationstheologien dem christlichen Glauben eine einheimische Gestalt geben und dabei teilweise auch Elemente der anderen Religionen integrieren, suchen die Dialogtheologien das Gespräch mit ihnen. Zumindest indirekt leisten sie damit aber auch einen Beitrag zur Inkulturation der christlichen Gemeinschaft. Als neue *generative Themen* (Paulo Freire) kommen die Ökologie und die Frage nach der Geschlechterdifferenz hinzu. Die ökologische Krise beförderte die Restitution der Dignität der primären Religionen mit ihrem ganzheitlichen Zugang zur Natur, was nicht ohne Einfluss auf die christliche Schöpfungstheologie blieb. Mit dem von Mercy Amba Oduyoye proklamierten »Aufbruch im Aufbruch« meldeten sich in der zweiten Generation der Dritte-Welt-Theologien die Frauen zu Wort. Sie suchten ihren eigenen Weg zwischen westlich-feministischen und den jeweiligen kontextuellen Theologien ihrer männlichen Vorgänger (siehe auch Meyer in diesem Band).

»Weder die Männer der Dritten noch die Frauen der Ersten Welt können darüber bestimmen, was Dritte-Welt-Frauen auf ihre Tagesordnung setzen. Die Dritte-Welt-Frauen sind der Ansicht, dass das Problem Sexismus nicht isoliert angegangen werden sollte, sondern im Kontext des gesamten Kampfes um Befreiung in ihren Ländern.«

Kontextuelle Theologen und Theologinnen sind sich heute trotz unterschiedlicher Schwerpunktsetzungen der Mehrdimensionalität ihrer Kontexte bewusst und haben die Einseitigkeiten der frühen Jahre korrigiert. Der EATWOT-Prozess hat daran wesentlichen Anteil und kann schon heute als gelungener interkultureller Diskurs gelten. Auf Grund ihrer Vernetzung bezeichnet Robert Schreiter die Befreiungstheologien und die feministischen Theologien auch als *globale theologische Strömungen* – eine Kategorisierung, die auch für die Inkulturations- und Dialogtheologien zutreffend ist.

Inneres Strukturprinzip der kontextuellen Theologien ist der hermeneutische Zirkel zwischen Text und Kontext, der angesichts des *Relevanz-Identitäts-Dilemmas* immer wieder abgeschritten werden muss. Aus der Perspektive des Kontextes erhebt sich die Frage nach der Relevanz der christlichen Botschaft für die jeweilige Situation (*Relevanzkriterium*). Die sich entwickelnde kontextuelle Theologie muss fortwährend am Text überprüft werden (*Identitätskriterium*). In diesem Prozess werden die *generativen Themen* des Kontextes mit den ihnen korrelierenden generativen Themen des Textes verwoben. Im Kontext von Armut und Unterdrückung beispielsweise gewinnt die Kreuzestheologie besondere Relevanz. Der sich gerade in Dritte-Welt-Ländern rapide verändernde Kontext ist die *Variable* im hermeneutischen Prozess. Dadurch eröffnen sich immer wieder neue Perspektiven auf den Text (*relationale Konstante*). Jede kontextuelle Theologie muss sich dem ökumenischen Forum der globalen Erzähl- und Interpretationsgemeinschaft des Christentums stellen. Dieses *Dialogkriterium* setzt die Entwicklung einer interkulturellen Theologie notwendig voraus.

Zur Rezeption kontextueller Theologie

Bei der Rezeption kontextueller Theologie lassen sich im Wesentlichen drei Modelle unterscheiden, (1.) die konservativ evangelikale Gegenposition, (2.) die eurozentrisch westliche Position und (3.) das Projekt einer interkulturellen Theologie. Konservative Evangelikale wie Peter Beyerhaus stellen die Befreiungstheologien pauschal unter Ideologieverdacht. Sie führen zu einer »Humanisierung« des christlichen Glaubens, bei der die Soteriologie auf der Strecke bleibe. Analog werden die Inkulturations- und Dialogtheologien unter Synkretismusverdacht gestellt. Sie verwahrlosten den christlichen Missionsauftrag. Dass dieser doppelte Häresieverdacht nicht das letzte Wort von evangelikaler Seite bleiben muss, zeigt ein Seitenblick auf die Diskussion innerhalb der 1974 als evangelikaler Gegenpol zum Genfer Ökumenischen Rat der Kirchen gegründeten Lausanner Bewegung. Evangelikale aus der Dritten Welt, wie Orlando Costas oder Rene Padilla, nehmen angesichts ihrer eigenen kontextuellen Erfahrungen eine wesentlich differenziertere Haltung ein als die nordatlantischen »Scharfmacher«. Sie fordern soziales Engagement auch der Evangelikalen und wollen sich mit den Herausforderungen des kulturell-religiösen Pluralismus konstruktiv auseinander setzen. Hier zeichnet sich ein innerevangelikaler Pluralismus ab.

In den Kreisen akademischer Theologie wird im Allgemeinen eine eurozentrisch-westliche Position gegenüber den Dritte-Welt-Theologien vertreten. Ihre Kritik wird schnell unter Reproduktionsverdacht gestellt, sie wiederhole nur, was die westliche Theologie schon längst an Selbstkritik geleistet habe. Dabei appellieren westliche Theologen zugleich an die Dritte-Welt-Theologinnen und Theologen, nicht in einen unseligen Partikularismus zu verfallen und die Botschaft des christlichen Glaubens auf politische Aussagen zu reduzieren. Dieser anti-partikularistische und anti-reduktionistische Appell speist sich aus einem selbstreferenziellen Universalitäts- und Absolutheitsanspruch. Das Projekt einer interkulturellen Theologie will diese Selbstreferenzialität eurozentrisch-westlicher aber auch konservativ-evangelikaler Theologie durchbrechen. Durch das Einbeziehen der Position des Gegenübers vollzieht sie einen radikalen Perspektivenwechsel und erkennt die Differenzen an. Exemplarisch lassen sich die interkulturellen Kommunikationsprozesse an den kontextuellen Christologien oder dem kontextuellen Umgang mit der Bibel erforschen.

Christologie interkulturell

Wer die kontextuellen Theologien auf die großen generativen Themen der christlichen Tradition wie Gotteslehre, Pneumatologie, Rechtfertigung etc. befragt, wird selten unmittelbar fündig werden. Eine Ausnahme bildet die Christologie, entscheidet sich an ihr doch nicht zuletzt auch für die Betroffenen selbst, ob der christliche Glaube in ihrem jeweiligen Kontext einheimisch wird oder nicht. Es fällt auf, dass die generativen Themen des Textes mit denjenigen des Kontextes korrelieren. Im Kontext von Armut und Unterdrückung in Lateinamerika etwa ist es der leidende Christus, dessen Gegenwart im Leiden der kleinen Leute als heilsam erfahren wird. Diese Glaubenserfahrung restituiert ihre Würde vor Gott und ihren Mitmenschen auch kontrafaktisch zu ihren Lebensverhältnissen. Vor dem Hintergrund afrikanischer und asiatischer Religionen und Weltanschauungen war die Vorstellung von einem Gott, der leidet und am Kreuz stirbt, lange Zeit undenkbar. Hier war es der kosmische Christus, der *Christus victor*, der noch am Kreuz der Herr ist, der die Christusbilder bestimmte. In Afrika wurde Jesus Christus als Häuptling, ältester Bruder, Heiler oder Ahn angesprochen. Im Kontext des Hinduismus erschien er als *avatara*, der Inkarnation eines Gottes neben anderen. Im buddhistischen Kontext wurde Jesus als *boddhisatva* angesehen, als ein Mensch, der die Erleuchtung erreicht hat und an der Schwelle zum *nirvana* steht. Christus als die den Menschen zugekehrte Seite Gottes und der Mensch Jesus treten dadurch allerdings auseinander. Erst die Entdeckung des *Christus praesens* im Leiden der kleinen Leute in der Schwarzen Theologie und der Minjung-Theologie ermöglicht einen genuinen Zugang zur Kreuzestheologie.

Bibel interkulturell

In den lateinamerikanischen Basisgemeinden wurden anfangs direkte Parallelen zwischen den biblischen Texten und dem eigenen Kontext gezogen. Diese komparative Leseweise ist heute einer hermeneutischen gewichen, wie sie das Modell vom hermeneutischen Zirkel beschreibt. Den armen und unterdrückten Leserinnen und Lesern wird jedoch noch immer das »hermeneutische

Privileg« eines unmittelbareren Zugangs zu den Bibeltexten attestiert. Bei der Übersetzung der Bibel in andere Sprachen wurden etwa »Gott« oder »Heiliger Geist« mit Begriffen aus der einheimischen Sprache übersetzt, hinter denen die Gedankenwelt anderer Religionen stand. Wenn das Christentum eine Übersetzungsbewegung ist (Lamin Sanneh), dann gehört auch die Interkulturalität zu seinen Wesensmerkmalen. Die Dialogtheologien schließlich fragen nach dem Verhältnis zwischen der Bibel und den heiligen Texten anderer Religionen (vgl. Mitchell in diesem Band). Gelegentlich werden dabei Stimmen laut, die das Alte Testament durch die heiligen Schriften oder die mündliche Überlieferung der eigenen Tradition ersetzen, sie zumindest aber einander gleichstellen wollen. Auch der hermeneutische Umgang mit heiligen Texten in anderen Religionen ist Gegenstand der Betrachtung. Während die Befreiungstheologien sich in ihrer *Hermeneutik des Verdachts* noch auf Auslegungskritik beschränkten, den Kanon selbst aber nicht in Frage stellten, kommt es in den Inkulturations- und Dialogtheologien zu einer Dekonstruktion des Kanons aus der Perspektive der heiligen Texte der anderen (Kwok 1996). Feministische Kritik entlarvte den Kanon als Produkt patriarchaler Konstruktion. Postkoloniale Kritik schließlich zeigt auf, dass die Bibel der Verknüpfung von Mission und Kolonialismus diente und selbst nicht frei von imperialistischer Ideologie ist (Dube 2000; Sugirtharajah 2002).

Projekte zum interkulturellen Bibellesen bringen die verschiedenen kontextuellen Lesarten und hermeneutischen Zugänge miteinander ins Gespräch. Exemplarisch sei hier auf das von Hans de Wit (de Wit u.a. 2004) im Auftrag der Protestantischen Kirchen in den Niederlanden geleitete Projekt »Durch die Augen der Anderen« genannt. Im gleichen Zeitraum haben ca. 200 Gruppen in der ganzen Welt die Geschichte von der samaritanischen Frau am Brunnen (Joh 4) gelesen. Danach tauschten sie ihre Protokolle mit einer Partnergruppe irgendwo anders in der Welt aus. In einem dritten Schritt reagierten die Gruppen auf die Lektüre der jeweils anderen. Hans de Wit spricht in diesem Zusammenhang von einer »empirischen interkulturellen Hermeneutik«. Während die kontextuelle Hermeneutik inzwischen gut durchdacht ist, ist der interkulturelle Überbau noch in der Entwicklungsphase.

Genese interkultureller Theologie

Der kirchliche und theologische Aufbruch der Dritten Welt im letzten Drittel des 20. Jahrhunderts verschärfte die schon seit der Zeit zwischen den beiden Weltkriegen schwelende Krise der Mission noch. An vielen Theologischen Fakultäten im Westen werden nach 1945 Lehrstühle für Missionswissenschaft und Ökumenik oder Religionswissenschaft eingerichtet, um den sich abzeichnenden Paradigmenwechsel zu bearbeiten und die Entwicklungen in der Weltchristenheit zu beobachten. Der Begriff »Mission« ist für viele allerdings belastet mit dem kolonialen Erbe. Die Einführung des Neologismus *Interkulturelle* Theologie ist eng verbunden mit den Namen der Gründungsherausgeber der Reihe »Studien zur interkulturellen Geschichte des Christentums«, Walter Hollenweger, Hans Jochen Margull und Richard Friedli. Mit seiner dreibändigen »Interkulturellen Theologie« hat Hollenweger ein enormes Reservoir an Fallgeschichten zusammengetragen, ohne allerdings schon einen theoretischen Rahmen zu umreißen. Margull, der sein akademisches Œuvre noch mit einer Darstellung der »Theologie der missionarischen Verkündigung« eröffnete und federführend an der ÖRK-Studie »Mission als Strukturprinzip« beteiligt war, hat früh auf die *Schwerpunktverlagerung des Christentums* in die Dritte Welt hingewiesen. Eine Beobachtung, die er mit seinen katholischen Kollegen Walbert Bühlmann und Johann Baptist Metz teilte, die von einer »Dritten Kirche« bzw. einer »polyzentrischen Weltkirche« sprachen. In einer Reihe von Literaturberichten zur »Überseeischen Christenheit« lässt Margull diese »Tertiaterranität« Gestalt annehmen. Als erster Programmleiter der Dialogabteilung des ÖRK wird Margull zu einem der Pioniere der modernen Dialogbewegung, der er im Begriff der »Verwundbarkeit« ein kreuzestheologisches Fundament gibt. Die in diesen Jahren ins Bewusstsein tretenden interkulturellen Kommunikationsprozesse hat Richard Friedli auf den Begriff der »(inter-)kulturellen Zirkulation« gebracht. Die Erfahrung der Fremdheit in der Begegnung mit Angehörigen anderer Religionen sieht er allerdings in der transkulturell gültigen Fremdheit des Menschen vor Gott aufgehoben. In der zweiten Generation der deutschen Nachkriegsmissiologen unternahm Theo Sundermeier den groß angelegten Versuch, die Missionswissenschaft in der *Hermeneutik* neu zu begründen. Er grenzt sich dabei scharf gegen die Kommunikationstheoretiker der Zunft ab. Der exemplarisch mit Heinrich Balz geführte Disput über das von Sundermeier postulierte Primat der Hermeneutik vor der Kommunikation lässt sich im Rückblick in der wechselseitigen Bezogenheit von Hermeneutik und Kommunikation versöhnen. Mit seiner »Hermeneutik des Fremden« schafft Sundermeier der Alterität Raum. Es gilt die Fremdheit auszuhalten und zu respektieren. Vornehmster Ort der Begegnung ist das Fest. Sundermeier will darin anders als Werner Simpfendörfer die Differenz nicht aufheben, sondern geradezu feiern. Dieses heortistische Element in Sundermeiers Theologie speist sich aus seiner Erfahrung als Missionar im südlichen Afrika. Gemeinschaft und gutes Leben sind die generativen Themen afrikanischer Religion und Weltanschauung. Aus der lateinamerikanischen Befreiungstheologie übernimmt er den Begriff der *Konvivenz*, die er als Hilfs-, Lern- und Festgemeinschaft definiert. Das *Partikularitäts-Universalitäts-Dilemma* des christlichen Glaubens wurde exemplarisch von dem katholischen Missionswissenschaftler Robert J. Schreiter in zwei im Abstand von zwölf Jahren erschienenen Büchern bearbeitet. Während er sich 1985 noch ganz auf die lokalen bzw. kontextuellen Theologien konzentriert, die er mit Hilfe von Kommunikationstheorien und Semiotik analysiert, proklamiert Schreiter 1997 eine neue Katholizität. Sein theoretisches Instrumentarium ist nun erweitert um Globalisierungstheorie und postkoloniale Kritik. Im Anschluss an Ludwig Wiedenhöfer, der Katholizität als »Ganzheit und Fülle durch Austausch und Kommunikation« definiert, will Schreiter die christliche Tradition in den interkulturellen Diskurs einbringen. Das Modell der neuen Katholizität ist inspiriert von den Erfahrungen der katholischen Weltkirche, der Protestanten institutionell nichts Vergleichbares entgegenzusetzen haben. Andererseits hat gerade der Protestantismus auf Grund seiner inneren Verfasstheit einen genuinen Zugang zum Pluralismus.

Funktionen Interkultureller Theologie

Interkulturelle Theologie erforscht die interkonfessionellen, interkulturellen und interreligiösen Dimensionen des christlichen Glaubens. Aus der Perspektive einer Theologie der Kultur nimmt sie Fragestellungen auf und führt sie weiter, die an theologischen Fakultäten traditionell in den Disziplinen Missionswissenschaft, Ökumenik und vergleichender Religionswissenschaft verortet sind. Durch ihre Interdisziplinarität und Multimedialität ist Interkulturelle Theologie nicht nur thematisch breiter angelegt als ihre Konkurrenten Pluralistische Religionstheologie und Komparative Theologie. Sie hat heute mindestens vier Funktionen:

Heuristische Funktion: Interkulturelle Theologie entwickelt ein methodisches Instrumentarium für interkulturelle Kommunikationsprozesse. Dafür ist zunächst das Einüben in das Verstehen des Fremden notwendig (*Hermeneutik*). Diese Verstehensbemühungen sollten getragen sein von einem Habitus des Respekts, der die Fremden in ihrer Fremdheit anerkennt. Um das fremde Referenzsystem jedoch erschließen zu können, kommt es zunächst zu Übersetzungsversuchen ins eigene System und damit zum Vergleich (*Komparatistik*). Der katholische Praktische Theologe Adolf Exeler hat eine *Vergleichende Theologie* gefordert. In Amerika gibt es die *cross-cultural studies* und die *comparative theology*. Im Vergleich wird jedoch irgendwann ein Punkt erreicht, an dem das eigene durch das fremde Referenzsystem in Frage gestellt wird und vice versa. Zugleich kann es aber auch zu fruchtbaren Wechselwirkungen kommen. Dieser interkulturelle Austausch (*Dialogik*) steht unter dem Doppelgebot des Dialogs: (1) den anderen so verstehen zu lernen, dass er sich in der Wahrnehmung seines Gegenübers wiedererkennen kann und (2) das Beste der eigenen Tradition einzubringen. Im Fall interreligiöser Kommunikation gewinnt Letzteres Zeugnischarakter.

Anamnetische Funktion: Interkulturelle Theologie sammelt und bewahrt das kontextuelle Wissen.

Fundamentaltheologische Funktion: Interkulturelle Theologie reflektiert über die Verhältnisbestimmung von Evangelium und Kultur oder eine Theologie der Religionen. Sie klärt Kategorien wie Synkretismus und Fundamentalismus oder Inkulturation und Dialog. Im interkulturellen Diskurs handelt sie Dialogregeln aus.

Ethische Funktion: Interkulturelle Theologie kultiviert nicht nur einen Habitus des Respekts für die interkulturellen Kommunikationsprozesse, sondern bearbeitet auch interkulturelle Konflikte.

Globalisierungstheorie und postkoloniale Kritik

Im Fall der Berliner Mauer 1989 verdichtet sich symbolhaft der Übergang zum Zeitalter der Globalisierung. Es ist gekennzeichnet durch die *Ausbreitung* des neo-liberalen Kapitalismus nach dem Zusammenbruch des kommunistischen Blocks bei gleichzeitiger *Verdichtung* der Welt durch die neuen Kommunikationstechnologien. Mit dem nach 1945 entstandenen Koordinatensystem des Ost-West- und Nord-Süd-Konfliktes lassen sich die komplexen Zusammenhänge der Globalisierung nicht mehr erfassen. Es hat eine deutliche Umorientierung nach den im Osten sich öffnenden Märkten stattgefunden. Die Ost-Erweiterung der EU zerreißt endgültig den »Eisernen Vorhang« des Kalten Krieges. Das traditionelle Aufmarschgebiet im Süden hat nach dem Wegfall des Gegners an strategischer Bedeutung verloren. Afrika ist dadurch geradezu zum vergessenen Kontinent geworden, der die Globalisierung als Zaungast erlebt. Die politische Landschaft hat sich auch in der Dritten Welt dramatisch verändert. Die Militärdiktaturen Lateinamerikas sind von jungen Demokratien oder populistischen Regimen abgelöst worden. In Südafrika hat Nelson Mandela einen friedlichen Wandel vollzogen (1994) und in Südkorea ist die Symbolfigur der Demokratisierungsbewegung, Kim Dae-Jung, noch spät ins Präsidentenamt gewählt worden (1998-2003). Die alten Feindbilder greifen nicht mehr, dennoch weitet sich die Schere zwischen Arm und Reich stets weiter. Gleichzeitig hat die postkoloniale Kritik Kolonisierte und Kolonisierer gleichermaßen zu Subjekten des interkulturellen Diskurses über Gerechtigkeit, Kultur und Religion gemacht.

Versöhnung, *Wiederaufbau* und *Entschädigung* sind die neuen generativen Themen auf sozio-ökonomischem und politischem Gebiet. Eine überzeugende politische Theologie der Gerechtigkeit ist allerdings noch ein Desiderat. Die komplexen Kulturkonzeptionen lassen die Frage laut werden: Inkulturation in welche Kultur? Die Ikonen der mit der Globalisierung sich ausbreitenden Hyperkultur des Konsumerismus haben Sozialwissenschaftler zu Neologismen wie »McDonaldisierung« oder »CocaColonisierung« der Welt inspiriert. Zugleich ist es jedoch zu einem Erstarken der lokalen Kulturen in hybridisierter Form gekommen. Roland Robertson spricht in diesem Zusammenhang auch von »Glokalisierung«. Kontexte und Kulturen sind heute in zunehmendem Maße deterritorialisiert. Am deutlichsten sichtbar wird das an der Situation der jeweiligen Diaspora. Im christlichen Bereich sind dabei die Migrantenkirchen von besonderem Interesse. Gleichzeitig entwickeln sich allerdings auch *lokale Logiken* wie Ethnizität und Fundamentalismus, die gewalttätige Konflikte heraufbeschwören. Der Versuch, das in der Theologie der Religionen angelegte *Exklusivismus-Inklusivismus-Dilemma* durch die Integration der Position des anderen in einer Theologie des Dialogs zu überschreiten, stößt an seine Grenzen. Wer führt mit wem über was einen Dialog? Fundamentalisten und Terroristen teilen den notwendigen Habitus des Respekts und die Gesprächsbereitschaft gegenüber Angehörigen anderer Religionen nicht. Den Selbstreinigungskräften der Religionen kommt darum im intra-religiösen Dialog eine Schlüsselfunktion zu. Eine Vorreiterrolle nehmen die Frauen ein, die sich gegen den patriarchalen und fundamentalistischen Missbrauch ihrer jeweiligen Religion auf den Stifter selbst berufen.

Zum Weiterlesen

Küster, Volker, Die vielen Gesichter Jesu Christi, Neukirchen-Vluyn 2000.

Kwok, Pui-Lan, Interpretation als Dialog. Eine biblische Hermeneutik aus Asien, Fribourg 1996.

Schreiter, Robert, Die neue Katholizität, Frankfurt a.M. 1997.

Literatur

Dube, Musa W., Postcolonial Feminist Interpretation of the Bible, St. Louis, Missouri 2000.

Geertz, Clifford, Dichte Beschreibung. Beiträge zum Verstehen kultureller Systeme, Frankfurt a.M. ⁴1995.

Hofstede, Geert, Culture's Consequences. Comparing values, behaviors, institutions, and organizations across nations, Thousand Oaks ²2002 (¹1980; dt. 1997 u. ²2001).

Hollenweger, Walter/Margull, Hans Jochen/Friedli, Richard (Hg.), Studien zur interkulturellen Geschichte des Christentums, Frankfurt a.M. 1974ff.

Hollenweger, Walter, Interkulturelle Theologie, 3 Bde., München 1979ff.

Küster, Volker, Theologie im Kontext. Zugleich ein Versuch über die Minjung-Theologie, Nettetal 1995.

Küster, Volker, Die vielen Gesichter Jesu Christi, Neukirchen-Vluyn 2000.

Kwok, Pui-Lan, Interpretation als Dialog. Eine biblische Hermeneutik aus Asien, Fribourg 1996.

Loenhoff, Jens, Interkulturelle Verständigung. Zum Problem grenzüberschreitender Kommunikation, Opladen 1992.

Schreiter, Robert, Abschied vom Gott der Europäer, Salzburg 1992.

Schreiter, Robert, Die neue Katholizität, Frankfurt a.M. 1997.

Sugirtharajah, R.S., Postcolonial Criticism and Biblical Interpretation, Oxford 2002.

Von Gott reden im Kontext der Armut. Dokumente der Ökumenischen Vereinigung von Dritte-Welt-Theologinnen und -Theologen 1976-1996, Freiburg i.Br. 1999.

Wit, Hans de, Through the Eyes of Another. Towards Intercultural Reading of the Bible, in: Interkulturelle Hermeneutik und lectura popular, Beiheft zur Ökumenischen Rundschau o.Jg. (2002), H. 72, 19-64.

Wit, Hans de/Jonker, Louis/Kool, Marleen/Schipani, Daniel (Hg.), Through the Eyes of Another. Intercultural Reading of the Bible, Elkhart, Ind.: Institute of Mennonite Studies 2004.

Lidwina Meyer

Feministische Theologien und interreligiöses Lernen

Auf den ersten Blick haben feministische Theologien und interreligiöses Lernen bzw. interreligiöser Dialog nur sehr wenig miteinander zu tun, im Besonderen, wenn die deutsche Situation betrachtet wird. Bei beiden Konzepten handelt es sich um relativ junge Fragestellungen und Entwicklungen, die ständig im Prozess einer kritischen Auseinandersetzung mit neuen Erkenntnissen der Forschung und globalen Herausforderungen stehen. Anhand von drei unterschiedlichen »Spuren« bringt der Beitrag beide Bereiche miteinander in Beziehung und gibt Anregungen zum zukünftigen Verhältnis von interreligiösem Lernen und feministischer Theologie.

Feministische Theologie gibt es wohl nur noch im Plural, derart vielfältig sind inzwischen die Ansätze und Kontexte: ökofeministische Befreiungstheologie oder Latina-Theologie und Womanist Theology in den U.S.A., die Fülle asiatischer, lateinamerikanischer und afrikanischer Entwürfe (siehe z.B. Fabella/Oduyoye 1992; Russell u.a. 1988). Von feministischer Theologie kann in Deutschland erst seit den 70er-Jahren des vorigen Jahrhunderts gesprochen werden; ebenso ist die Beschäftigung mit anderen Religionen, z.B. von Seiten des Ökumenischen Rates der Kirchen (ÖRK), erst seit ca. 30 Jahren verstärkt in den Mittelpunkt des Interesses gerückt[1] (siehe Ucko in diesem Band). Im Vergleich zu anderen Ländern spielen beide Themen- und Arbeitsbereiche für die deutsche akademische Theologie nach wie vor eine eher marginale Rolle.[2]

1 Vom ÖRK wurde der Bereich Dialogue with People of Living Faiths and Ideologies 1971 eingerichtet. In Amerika ist der Beginn der feministischen Theologie mit Mary Daly (1968 und 1973) verbunden. An der Harvard Divinity School wurde 1973 das Women's Studies in Religion Program eingeführt, das unzählige Impulse und Veröffentlichungen hervorgebracht hat. Natürlich sind beide Daten nicht ohne Vorläufer: das erste Treffen des World's Parliament of Religions in Chicago 1893 wird oft als Beginn der interreligiösen Bewegung bezeichnet, für die feministisch-theologische Bewegung kann die Veröffentlichung von Elizabeth Cady Stantons Woman's Bible 1892/1895 als Beginn betrachtet werden.

2 Der einzige evangelische Lehrstuhl für Feministische Theologie bundesweit ist der von Dr. Renate Jost in Neuendettelsau. Für die katholische Seite sieht es im Jahr 2004 schlecht aus: in Bonn wird der katholische Lehrstuhl für Altes Testament und Frauenforschung gerade eingespart, in Münster trifft es demnächst das Seminar für theologische Frauenforschung.

Innerhalb der feministischen Bewegung(en) und Forschung gibt es einen langen Lernprozess hinsichtlich der verwendeten Kategorien und Methodologien. Inzwischen wurde deutlich: die Kategorie »Frau(en)« ist von vielfachen Differenzen sozialer, ethnischer, religiöser und politischer Art durchzogen und durchaus nicht einheitlich.[3] In Zeiten der Gender- und Queer-Studies und des Gender-Mainstreamings klingt schon der Begriff Feminismus leicht antiquiert. Aber auch die Konzepte des interkulturellen und interreligiösen Lernens müssen sich auf Grund der Globalisierung und Hybridisierung der Tatsache stellen, dass es keine geographisch begrenzten, einheitlichen, in sich abgeschlossenen Kulturen und Religionen mehr gibt – und dies spätestens seit der Kolonialisierung, wenn nicht schon immer.

Die Kulturwissenschaften und Postcolonial Studies (Williams/Chrisman 1993; Bhaba 1994, 1996; Spivak 1999) zeigen auf, dass nicht mehr von den sozial konstruierten äußeren Differenzen zwischen Religionen, Rassen, Geschlechtern, Ethnien, Kulturen, Nationen, Klassen ausgegangen werden kann, sondern dass diese vermeintlichen Einheiten Konstruktionen sind, die in sich selbst vielfach differenziert erscheinen. Der Blick richtet sich in der Forschung mehr auf interne Differenzen zwischen Frauen, zwischen sozialen, kulturellen, religiösen und ethnischen Gruppen und auf Modelle der Identitätskonstruktion, die verschiedenste Bezüge an einem neuen, dritten Ort, jenseits gängiger Zuschreibungen miteinander verhandeln und verknüpfen (Hybridität).[4] Derartige akademische Erkenntnisse, auch wenn sie den realen gesellschaftlichen Entwicklungen nachträglich interpretierend hinterherlaufen, brauchen in der Regel eine Weile, bis sie im allgemeinen öffentlichen Diskurs und der Praxis ankommen.

Im Folgenden werde ich versuchen, zunächst einige gegenwärtige Entwicklungen und historische Spuren aufzunehmen, um das (bisherige) Verhältnis von feministischen Theologien und interreligiösem Dialog zu beleuchten, und im letzten Teil einige Vorschläge machen, wie in Zukunft mit vielfältigen Differenzen und Pluralität umgegangen werden könnte.

---

3 Vgl. zur wissenschaftlichen Konstruktion der Kategorien Frau, Sex, Gender und der Auflösung des Genderbegriffs Meyer 1999, 25-31; 344-357.

4 Zum Hybriditätsbegriff Bhaba 1994; als Konzept interkultureller Philosophie: Polylog – Zeitschrift für interkulturelles Philosophieren 8, Themenheft Hybridität (2001).

Erste Spur: Interreligiöses Lernen und Feministische Theologien haben noch zu wenig miteinander zu tun

In einem Artikel »Feminismus: die fehlende Dimension im Dialog der Religionen« (King 1998) zieht Ursula King eine bittere Bilanz hinsichtlich des Zusammenhangs zwischen feministischer Theologie und dem interreligiösen Dialog: Weder seien auf der Ebene des offiziellen Dialogs, seiner Programme und Tagungen ausreichend Frauen mit ihren Themen vertreten, noch seien Erkenntnisse und Erfahrungen von Frauen in der theologischen Auseinandersetzung mit anderen Religionen rezipiert worden. Zur Zeit des ersten World Parliament of Religions in Chicago 1893 wurden Frauen mehr gewürdigt als während der Hundertjahrfeiern zu diesem Anlass. Auch in den Versuchen, eine Theologie der Pluralität zu entwickeln, bleibt der Genderaspekt fast durchgehend unberücksichtigt, konstatiert King. Auf der anderen Seite hat jedoch die feministische Theologie die Frage, wie in einer religiös pluralen Situation Theologie zu treiben sei, noch nicht als Aufgabe und Herausforderung begriffen.

Auch ohne theologisch-systematischen Fahrplan treffen sich mehr und mehr Frauen der verschiedenen Religionen in kleinen Zirkeln und größeren Netzwerken. Ich wage die Behauptung, dass Frauen verschiedener Religionen längst an ihrer eigenen Ökumene arbeiten, nicht unbedingt getrennt von den Männern und globalen sozialen Bewegungen, aber mit ihren je kontextuell spezifischen Inhalten und Verfahren. Ein wichtiges verbindendes Element ist die Dekonstruktion von religiösen Traditionen und ihre Rekonstruktion als befreiende und lebensschaffende Praxis. Aus dieser Praxis entstehen auch schon erste theoretische Entwürfe.

Zweite Spur: aktuelle interreligiöse Aufbrüche von Frauen

Europäische Projekte

Nur für den europäischen Bereich seien drei sehr spannende, ganz unterschiedliche Projekte angeführt, in denen Frauen verschiedener Religionen gemeinsam theologisch und politisch denken und arbeiten:

Im *European Project of Interreligious Learning* (www.epil.ch) werden muslimische und christliche Frauen ausgebildet, um in einem Europa vieler Religionen zu leben: Von 2002-2004 fanden Treffen in einem »vagabundierenden« College statt, das für seine jeweiligen Module in fünf verschiedenen Orten Europas und des Mittleren Ostens tagte. Im Vordergrund stehen muslimisch-christliche Beziehungen und der Beitrag von Frauen zu einem Klima sozialen und religiösen Friedens, wobei auf die besondere Geschichte des Islam in Europa eingegangen wird. Religion und Kultur sollen nicht nur als Quelle von Identität, sondern auch als Ausgang für die Anerkennung von Unterschieden entwickelt werden. Zurzeit (2004) werden Abschlussarbeiten geschrieben, die hoffentlich neue Erkenntnisse bringen.

Sarah-Hagar ist ein interreligiöses feministisches Projekt der »Überparteilichen Fraueninitiative Berlin – Stadt der Frauen« (www.sarah-hagar.de). Dieses Projekt lief von 2002 bis 2004. Es bezog jüdische, christliche und muslimische Frauen ein und versuchte, die Themen Religion, Gender und Politik zu verknüpfen. Es wurden vier Workshops mit den Themen »Sarah und Hagar«, »Mahl«, »Macht der Tradition – Tradition und Macht«, »Bilder und Bildung«, weitere Kooperationsveranstaltungen und eine Abschlusstagung im Mai 2004 durchgeführt. Nach Ende der zweijährigen Projektphase wird über eine Fortführung unter dem Arbeitstitel »Interreligiöses Lernhaus für Frauen« nachgedacht.

Im Jahr 2003 fand die *Europäische Frauensynode* in Barcelona statt (www.synodalia.net). Bei diesem zweiten Treffen mit dem verheißungsvollen Titel »Daring Diversity« standen die Herausforderungen eines religiös vielfältigen Europas im Vordergrund. Entstanden ist die Idee unabhängiger Frauensynoden in den 1980er-Jahren, die erste Frauensynode fand 1996 in Gmunden in Österreich statt. Die Synoden dienen als Foren für Frauen aus unterschiedlichen religiösen Traditionen und fördern die Verbindung von Politik und Spiritualität. War in Barcelona noch ein christlicher Schwerpunkt zu erkennen, so soll die nächste Synode 2008 wirklich interreligiös werden. Ein Fazit aus dem letzten Treffen formulierte die holländische Theologin Manuela Kalsky: »Vielfalt und Unterschiede wirklich ernst nehmen und nicht länger in Monokategorien denken, bedeutet, dass Theologie nicht länger von den vorgegebenen Lehren einer Institution bestimmt werden kann. Die Bedeutung von Heil kann nur in gemeinsamen Suchprozessen offenbar werden. Wir müssen daher eine postkoloniale und postpatriarchale Theologie entwickeln und können das nur gemeinsam tun.« (www.synodalia.net/de/press.htm)

Internationale interreligiöse Entwicklungen

Ähnliche Forderungen nach einer multireligiösen und multikulturellen Befreiungstheologie erhebt Lieve Troch, katholische Systematikerin in Nijmegen. Sie geht dabei von ihren vielfältigen Erfahrungen der theologischen Arbeit mit Frauen anderer kultureller und religiöser Herkunft in Südamerika und Asien aus (Troch 2002). In einem Artikel beschreibt sie eine Frauengruppe unterschiedlicher religiöser und auch säkularer Provenienz aus Sri Lanka, die sich seit Jahren gemeinsam für soziale und kulturelle Veränderungen und die Einhaltung von Frauen- und Menschenrechten auch durch die Religionen einsetzt (Troch 1998, 100f.). In der Zusammenarbeit werden frauenfeindliche Elemente von Religionen und Kultur aufgedeckt und die Traditionen gemäß den aktuellen Erfahrungen rekonstruiert. Die Frauen überwinden dabei ethnische, soziale und religiöse Barrieren und kritisieren alle Akteure, die sich befreiender Praxis widersetzen. Sie selbst hätten ihre Arbeit nie als interreligiöse beschrieben, aber genau darauf besteht Lieve Troch. Für sie formiert sich in solchen Gruppen ein neues feministisch-befreiungstheologisches Paradigma, jenseits akademischer Abstraktionen und religiöser oder sonstiger Zugehörigkeit. Ein solcher Dialog engagierter Frauen sei immer ein interreligiöser Dialog, selbst wenn Religion darin keine Rolle spiele (Troch 1998,107).[5]

Auf theologisch-akademischer Ebene sind einige Periodika zu nennen, die sich neben der Kritik der christlichen Tradition mit feministischen Ansätzen aus anderen Kulturen und Religionen beschäftigen. Die Europäische Gesellschaft für die theologische Forschung von Frauen publiziert nach ihren Konferenzen die Jahrbücher (Bd. 1-11, 1993-2003); die Zeitschriften Concilium und Schlangenbrut geben Vertreterinnen anderer Religionen in ihren Themenheften, aber auch immer wieder in Einzelbeiträgen, Raum. Für den englischsprachigen Bereich ist das gut eingeführte Journal of Feminist Studies in Religion zu nennen, das in den Ausgaben der letzten Jahre nicht nur feministische Ansätze aus anderen Religionen additiv vorstellt, sondern sie als Anfrage an die feministische theologische und religionswissenschaftliche Theoriebildung begreift.

Christlich-islamischer Dialog in Deutschland

In Deutschland wird der christlich-islamische Dialog von Frauen auf der Graswurzelebene seit langem geführt. Die meisten Publikationen darüber haben eher einen deskriptiven Charakter,[6] die Inhalte des Dialogs sind häufig das gegenseitige Kennenlernen, der Austausch über gelebte Glaubenspraxis und Themen wie Kindererziehung. Hier liegt noch ein großes Potenzial, wenn der Dialog sich auch auf politische Themen wie z.B. das Zusammenleben der Religionen in Deutschland (institutionell sind die Muslime noch benachteiligt) bzw. Europa, den Konnex von Religion, Gender und Migration oder konkrete Fragen im Stadtteil[7] erweitern würde. Auch für die Kritik an frauenfeindlichen Elementen der islamischen Tradition stehen kompetente

5 Die Überzeugung, dass religiöse Frauen Akteurinnen des sozialen Wandels sein können, findet sich auch in dem älteren Sammelband von Diana Eck und Devaki Jain (Eck/Jain 1986).

6 Siehe die spezielle Literaturliste am Ende des Artikels.

7 Für einen solchen Ansatz steht z.B. das Moscheeprojekt in Duisburg-Marxloh (www.duisburg.de/egdu/marxloh/moscheeprojekt.php).

muslimische Gesprächspartnerinnen zur Verfügung. Die Pionierarbeit einer frauenfreundlichen Koranexegese betreiben z.B. das Zentrum für islamische Frauenforschung und Frauenförderung in Köln (www.zif-koeln.de) und das Netzwerk Huda (www.huda.de).

Dritte Spur: Lernprozesse der feministischen Theoriebildung können auch für die theologische und praktische Auseinandersetzung mit Differenzen nützlich sein

Dekolonialisierung und Dekonstruktion

Feministische Theologie ist zusammen mit der säkularen Frauenbewegung entstanden. Kritikpunkte, z.B. die Androzentrik aller Diskurse, hat sie übernommen und auf Theologie und Kirchen übertragen. Von Anfang an hat sie sich neben der eigenen auch mit anderen Religionen beschäftigt, sowohl im Positiven als auch im Negativen. In der ersten Euphorie des Göttinnenfeminismus wurden Religionen, in denen Göttinnen verehrt wurden, als positive Vorbilder gefeiert (Christ/Plaskow 1979). Später setzte sich die Erkenntnis durch, dass die gesellschaftliche Position von Frauen trotz Göttin marginalisiert sein kann. Mary Daly, eine der Mütter der feministischen Theologie, wiederum zog nach eingehender Analyse chinesischer, indischer, afrikanischer sowie euroamerikanischer Praktiken in Gyn/Ecology (Daly 1978) den Schluss, dass das Patriarchat die einzige weltweite Religion ist, und lehnte damit alle Religionen ab. Ihre Auswahl und Interpretation einzelner Praktiken (Witwenverbrennung, Genitalverstümmelung) sowie die dominierende Geste, nicht-weiße Frauen nur als Opfer darzustellen, wurde früh von nicht-weißen und aktuell von postkolonialen Feministinnen kritisiert (Lorde 1984; Narayan 1997, 43-80; Kwok 2002, 69-79). Es wurde darauf hingewiesen, dass Daly mit ihrer Darstellung gängige Topoi des kolonialen Diskurses aufnimmt (Spivak 1988, 93ff.).

Dies ist eine der bitteren, aber heilsamen Lernerfahrungen, die auch andere Feministinnen mit euroamerikanischem Hintergrund erlebten. Sie mussten sich sagen lassen, dass die Annahmen, Interpretationen, Kategorienbildung und Forschungsmethoden partikular und selektiv, homogenisierend, eurozentrisch, oftmals rassistisch und ahistorisch seien, und die Stimme der anderen Frauen stumm machten – sie sich also nicht erheblich von weißen Männern unterschieden.[8] Ähnliche Denkvoraussetzungen wurden auch bei der Auseinandersetzung um die antijudaistischen Tendenzen in der Feminis-

8 Entscheidend zu dieser Praxis: Spivak 1988.

tischen Theologie aufgedeckt, in der das Judentum als Negativfolie u.a. für die frauenbefreiende Praxis Jesu diente (siehe dazu Plaskow 1993).

Eine Konsequenz solcher Lernerfahrungen ist, die jeweilige Subjektposition offen zu legen – d.h. den sozialen, kulturellen, genderbezogenen Hintergrund, aus dem geforscht und gesprochen wird – und eine selbstkritisch-reflexive Haltung bei allen Aussagen über »andere« einzunehmen. Wie die/der/das Andere jeweils konstruiert wird, sagt oft mehr über die Sprecherin und ihren Kontext aus als über die/das/den Andere/n (siehe dazu Messerschmidt in diesem Band).

Diese Erkenntnis bricht darüber hinaus alle einheitlichen Lieblingskategorien des Feminismus (Frau, Patriarchat, weibliche Erfahrung) und des hegemonialen wissenschaftlichen Diskurses auf und diversifiziert sie, denn sie sind von Anfang an bestimmt von den jeweiligen historischen, ethnischen, sozialen und kulturellen Bedingungen. Sie entlarvt die Konstruktion von Differenz in hierarchischen Oppositionen wie

> Geist/Kultur = Zivilisation = Moderne = Emanzipation = Weiß
> gegenüber
> Natur = Barbarei = Prämoderne = Oppression = Nicht-Weiß

als symbolische Machtausübung, an der auch Frauen partizipierten und partizipieren. Sie macht folglich Schluss mit den androzentrischen und auch den gynozentrischen Metaerzählungen und deckt das Machtgefälle zwischen Frauen, zwischen Hautfarben, Nord und Süd, Kolonialisierenden und Kolonialisierten[9] auf, die nun nicht mehr verdrängt werden können.

Feministisches Missionsverständnis und interreligiöser Dialog

Diese Einsichten haben nicht zuletzt feministische Theologinnen aus der Zwei-Drittel-Welt mit befördert. Sie dekonstruieren den Zusammenhang von (europäischer) Kultur und Evangelium, entwerfen eine nicht-triumphalistische, partikulare Christologie und wehren sich zum Teil sehr entschieden gegen die Abwertung der autochthonen Religionen.[10] Sie reflektieren die Interdependenzen von Kolonialisierung, Mission und Genderkonstruktionen kritisch (vgl. Oduyoye 1988; Kwok/Donaldson 2002; International Review of Mission Vol. 95, No. 368, 2004: Women and Mission; Heidemanns 2003),[11]

9 Wobei auch dieses Machtgefälle genauer betrachtet werden muss: die Kolonialisierten waren nicht nur passive Opfer, die Kolonialisierenden gespalten und ambivalent in ihren Maßnahmen, z.T. waren sie auch so genannte kulturelle Überläufer.

10 Siehe Oduyoye 1988; Pobee/Wartenberg-Potter 1986; Fabella/Oduyoye 1992; Russell et. al. 1990; als Beispiel für die Aufnahme der religiösen Traditionen Koreas in einen theologischen Entwurf: Chung 1992; vgl. auch Kalsky 1996.

11 Wie ich aus eigener Feldforschung weiß, verfügen manche afrikanischen Religio-

kommen zu neuen Einschätzungen der historischen Gegebenheiten, entwickeln ein kontextuelles Verständnis von Mission, ja eine feministische Missiologie (siehe Heidemanns 2004; Russell 2004) – und damit auch eine andere Ekklesiologie. Fast durchgängig wird in diesen missiologischen Ansätzen ein Paradigma des Hörens, des Aufeinander-Hörens, im Gegensatz zur monologisch empfundenen Verkündigung entwickelt (z.B. Heidemanns 2004, 113, 118). In den Theologien stehen die Glaubenspraxis und der lokale und globale gesellschaftliche Einsatz für ein Leben in Fülle im Vordergrund. Als erkenntnisleitende biblische Geschichte wird die Speisung der Fünftausend (Mt 14,13-24 parr.) genommen. Es gilt, das Leben spendende Brot im Volk einzusammeln und zu teilen, damit alle satt werden (Heidemanns 2003, 436).

In diesem Verständnis von Mission wird für mich die stets neu aufflammende Diskussion über das Verhältnis von Mission und Dialog überwunden. In beiden Fällen ginge es darum, sich mit anderen – über alle vermeintlichen Differenzen und über den Austausch von Glaubensinhalten hinaus – selbst- und ideologiekritisch für Leben spendende gesellschaftliche Verhältnisse einzusetzen.

Der befreiungstheologische Impetus einiger Theologinnen scheint im Angesicht der realen Machtverteilung und ökonomischen Entwicklung mitunter recht utopisch. Die wachsende Christenheit in der Zwei-Drittel-Welt ist jedoch hauptsächlich eine Frauenbewegung (Robert 2004, 58ff.). Das Potenzial von Frauen als Akteurinnen sozialer und politischer Veränderungen besonders in der Zwei-Drittel-Welt wurde lange unterschätzt, sowohl von der westlich-geprägten Frauenbewegung als auch von den Trägern der internationalen Kooperation. Noch mehr wurde das Potenzial religiöser Frauen unterschätzt: Religion spielte in den für die weltweite Frauenrechtsbewegung einflussreichen Resolutionen der Weltfrauenkonferenz von Beijing 1995 noch keine Rolle.

Mittlerweile wurde jedoch deutlich, dass Religion für Frauen soziologisch betrachtet als Identitäts-, Modernisierungs-[12] und Mobilisierungsfaktor dienen kann. Zwei Beispiele, die nicht gerade dem liberalen Emanzipationsideal entsprechen, mögen das illustrieren. Durch die Mitgliedschaft in südamerikanischen Pfingstgemeinden mit ihren teilweise rigiden Moralvorstellungen gelingt es Frauen, den Status ihrer Familien zu stabilisieren. Das Ideal des christlichen Heims bringt die Männer dazu, in sozial extrem instabilen

nen über eine flexible, nicht-binäre Genderkonstruktion, die Frauen große soziale und symbolische Spielräume verleiht (Meyer 1999). Durch die Christianisierung und Kolonialisierung wurden solche flexiblen Konstruktionen (nicht ohne erbitterten Widerstand) teilweise abgeschafft und zum Nachteil der Frauen eine binäre Genderideologie eingeführt; vgl. Dube 2002, 110-115.

12 Ich verstehe in diesem Zusammenhang Moderne und Modernisierung nicht als Privileg des Westens, sondern gehe von parallel existierenden Modernen aus.

Verhältnissen wieder (finanzielle) Verantwortung in der Familie zu übernehmen und Alkohol, Drogen und außereheliche Affären aufzugeben (als ein Beispiel: Brusco 1995). In islamistischen Bewegungen übernehmen Frauen nach und nach auch einflussreiche Positionen. Trotz einer Genderideologie, die Frauen als gleichwertig, aber nicht gleichberechtigt einstuft, werden sie öffentlich sichtbar und erobern sich Spielräume, in denen sie (u.a. unter Rekurs auf eine andere Interpretation der Tradition) auch Veränderungen der sozialen und politischen Situation von Frauen vorantreiben (vgl. z.B. Pusch 2003).

De-Essenzialisierung von Differenzen

Tradition, Kultur, Religion, Geschlecht werden – nicht nur in der feministischen Forschung – seit längerem nicht mehr als ontologische, unwandelbare Kategorien, als Wesen, das hinter den Erscheinungen aufzufinden ist, betrachtet. Sie werden vielmehr als soziale Konstruktionen und als Effekte der Diskurse und normierender Praktiken untersucht. Tradition und Kultur oder Geschlecht sind also nicht schon immer da, sondern werden gesellschaftlich – auch durch einander widersprechende – Diskurse und Praktiken erst hergestellt.

Feministische Theologie hatte sich aufgemacht, die verdrängte Pluralität innerhalb der eigenen Tradition freizulegen und die Definitionsmacht darüber, was die Tradition sei, zu erschüttern. Sie hat die Partikularität auch ihrer eigenen Theoriebildung (s. o.) erkennen können und gelernt, Essenzialisierungen von Differenzen zu vermeiden. Die feministische Theoriebildung hat sich zunächst an der Dekonstruktion eines essenzialistisch-biologistisch aufgefassten Wesens der Frau (als der Anderen des Mannes) abgearbeitet. Erkenntnistheoretisch konstituiert sich der männlich geprägte Subjektbegriff westlicher Philosophien über die hierarchisierende und ausschließende Differenz zu Frau und Natur (Irigaray 1980, 169-299). Die Dekonstruktion dieser Opposition erschüttert zum einen die philosophische Kategorie des einheitlichen Subjekts und eröffnet zum anderen die Hinterfragung anderer binärer Konstruktionen von Alterität in der westlich geprägten Kultur.

In der Praxis der feministischen Theologie in der Zwei-Drittel-Welt werden Differenzen und kontextuelle Bezüge nicht übergangen und verschwiegen, sie sollen vielmehr zur Sprache gebracht und anerkannt werden. Sie werden zwar als Differenz bestehen gelassen, gelten jedoch nicht als letzte Zuordnung, als unüberwindlich und unwandelbar. Gleichzeitig richtet sich der Blick auch auf mögliche Allianzen über diese Differenzen hinaus. So kann eine Gruppe in Sri Lanka zugleich in sich ethnisch und religiös different sein, zudem auch noch interne Differenzen zwischen den ethnisch und/oder religiös gleichen Teilnehmerinnen aufweisen und sich dennoch auf gemeinsame/gleiche Ziele einigen.

Angesichts der globalen Interdependenz und Überlappung aller Systeme sind binäre Zuordnungen überholt. Frauen, ob aus dem Norden oder Süden, sind eingeschrieben in mehrfache Bezüge und vielfache Effekte von Macht und Ohnmacht, die es zu analysieren gilt. Dann können wach und kritisch sowohl Differenzen als auch Gleichheit verhandelt und strategisch gemeinsame Ziele verfolgt werden. Differenzen vervielfältigen sich fast unendlich, wenn auf die internen Differenzen geschaut wird. Die äußeren Differenzen wie Rasse und Geschlecht hingegen, werden als Konstruktionen kritisch untersucht. Differenz kann nicht mehr als fixierte und monolithische Zuschreibungen des Anderen fungieren, sondern eröffnet den Blick auf die Bezogenheit und Interdependenz des Eigenen und Anderen sowie auf die Pluralität und Möglichkeit vielfältiger Verortungen innerhalb dieser angenommenen Einheiten.

Zum zukünftigen Verhältnis von interreligiösem Lernen und feministischer Theologie

In der theoretischen Bearbeitung interreligiösen und interkulturellen Lernens wird ebenfalls seit einiger Zeit Abstand von kulturellen und religiösen Essenzialisierungen und Fixierungen genommen (Siedler 2003, 136-139). Die Pluralität innerhalb religiöser Traditionen und innerhalb von Kulturen sowie der historische und aktuelle Austausch von Ideen und Praktiken werden (wieder)entdeckt. Bei dem Konzept von Transkulturalität und Transreligiosität, das in diesem Zusammenhang diskutiert wird, scheint mir der Aspekt von Dominanz- und Machtverhältnissen jedoch noch ungenügend reflektiert.[13]

Die Ergebnisse der feministischen Theoriebildung in diesem Zusammenhang werden weder in der Forschung noch in der Praxis interreligiösen Lernens und theologischer Arbeit hinreichend berücksichtigt. Die Erkenntnisse von christlichen Theologinnen aus der Zwei-Drittel-Welt in Bezug auf Machtasymmetrien und der Verflochtenheit von Kolonialgeschichte und aktuellem Umgang mit Alterität, die stets einen Genderaspekt aufweisen, könnten eine wesentlich (selbst-)kritischere Praxis des interreligiösen Lernens befördern. Sie könnten z.B. die Agenda von interreligiösen Dialogen in Richtung einer Bearbeitung von Macht- und Dominanzverhältnissen zwischen Kulturen und Religionen und einer verstärkten Aufmerksamkeit für gesellschaftliche, globale Bedingungen von Migration, Religion und Gender verändern. Zu berücksichtigen wäre auch, dass nicht nur christliche Theologinnen religiöse Praxis und Auslegung der religiösen Tradition kritisch re-

13 Siehe dazu einen Ansatz, der Macht für den Bereich interkulturellen Lernens thematisiert: Weiß 2001, die auch postkoloniale Ansätze aufnimmt.

flektieren, sondern dies längst auch von Expertinnen anderer Religionen geleistet wird.

Für die deutsche feministische Theologie, die sich nur sehr eingeschränkt mit religiöser Pluralität auseinander setzt, ergäbe sich daraus ein sehr großes, systematisch zu bearbeitendes Aufgabenfeld. Trotz der Bezogenheit von sozialen und historischen Männlichkeits- und Weiblichkeitskonstruktionen glaube ich, dass eine feministische Positionierung – in einem strategischen, nicht essenzialistischen Sinne – im Rahmen der theologischen und gesellschaftlichen Diskurse weiter nötig bleibt. Die Erfahrungen der internationalen Frauenbewegung zeigen, dass die Position von Frauen sich nur durch anhaltende Forderungen, Einmischung und Bewusstmachung verändert, und das müssen in der Regel immer noch die Frauen selbst in die Hand nehmen.

Zum Weiterlesen

Donaldson, Laura/Kwok, Pui Lan (eds.), Postcolonialism, Feminism and Religious Discourse, New York/London 2002.

Siedler, Dirk Chr. (Hg.), Religionen in der Pluralität. Ihre Rollen in postmodernen transkulturellen Gesellschaften, Berlin 2003.

Literatur

Bhaba, Homi K., The Location of Culture, New York 1994.

Bhaba, Homi K., Postkoloniale Kritik. Vom Überleben der Kultur, in: Das Argument 215 (1996), 345-361.

Brusco, Elizabeth E., The Reformation of Machismo: Evangelical Conversion and Gender in Colombia, Austin, Texas 1995.

Christ, Carol/Plaskow, Judith (eds.), Womanspirit Rising. A Feminist Reader in Religion, New York 1979.

Chung, Hyun Kyung, Schamanin im Bauch – Christin im Kopf. Frauen Asiens im Aufbruch, Stuttgart u.a. 1992.

Daly, Mary, The Church and the Second Sex, Boston 1968.

Daly, Mary, Beyond God the Father. Toward a Philosophy of Women's Liberation, Boston 1973.

Daly, Mary, Gyn/Ecology, the Metaethics of Radical Feminism, Boston 1978.

Donaldson, Laura/Kwok, Pui Lan (eds.), Postcolonialism, Feminism and Religious Discourse, New York u.a. 2002.

Dube, Musa W., Postcoloniality, Feminist Spaces, and Religion, in: Donaldson, Laura/Kwok, Pui Lan (eds.), Postcolonialism, Feminism and Religious Discourse, New York u.a. 2002, 100-120.

Eck, Diana L./Jain, Dvaki (eds.), Speaking of Faith: Cross-cultural Perspectives on Women, Religion and Social Change, London 1986.
Fabella, Virginia/Oduyoye, Mercy Amba (Hg.), Leidenschaft und Solidarität. Theologinnen der Dritten Welt ergreifen das Wort, Luzern 1992.
Heidemanns, Katja, Mission und Frauen, in: Dahling-Sander, Christoph/Schultze, Andrea/Werner, Dietrich/Wrogemann, Henning (Hg.), Leitfaden Ökumenische Missionstheologie, Gütersloh 2003, 420-437.
Heidemanns, Katja, Missiology of Risk? Explorations in Mission Theology from a German Feminist Perspective, in: International Review of Mission, Vol. 93 (2004), No. 368, 105-118.
Irigaray, Luce, Speculum. Spiegel des anderen Geschlechts, Frankfurt a.M. 1980.
Kalsky, Manuela, Christaphanien. Ein Beitrag zur Re-Vision der Christologie aus feministisch-theologischer Sicht, in: Jost, Renate/Valtink, Evelyn (Hg.), Ihr aber, für wen haltet ihr mich? Auf dem Weg zu einer feministisch-befreiungstheologischen Revision von Christologie, Gütersloh 1996.
King, Ursula, Feminism: the missing dimension in the dialogue of religions, in: May, John D'Arcy (ed.), Pluralism and the religions. The theological and political dimensions, London 1998, 40-55.
Kwok, Pui Lan, Unbinding Our Feet: Saving Brown Women and Feminist Religious Discourse, in: Donaldson, Laura/Kwok, Pui Lan (eds.), Postcolonialism, Feminism and Religious Discourse, New York u.a. 2002, 62-81.
Lorde, Audre, An Open Letter to Mary Daly, in: Lorde, Audre, Sister Outsider: Essays and Speeches, Trumansburg/NewYork 1984, 66-71.
Meyer, Lidwina, Das fingierte Geschlecht. Inszenierungen des Weiblichen und Männlichen in den kulturellen Texten der Orìshà- und Vodún-Kulte am Golf von Benin, Frankfurt a.M. u.a. 1999.
Narayan, Uma, Dislocating Cultures: Identities, Traditions, and Third World Feminism, New York 1997.
Plaskow, Judith, Anti-Judaism in Feminist Christian Interpretation, in: Schüssler Fiorenza, Elisabeth (ed.), Searching the Scriptures, Vol. One: A Feminist Introduction, New York 1993, 117-129.
Pobee, John/von Wartenberg-Potter, Bärbel (Hg.), New Eyes for Reading. Biblical and theological reflections by women from the third world, Genf 1986.
Pusch, Barbara, Neue muslimische Frauen in der Türkei, in: Rumpf, Mechthild/Gerhard, Ute/Jansen, Mechthild M. (Hg.), Facetten islamischer Welten. Geschlechterordnungen, Frauen- und Menschenrechte in der Diskussion, Frankfurt a.M. 2003, 242-256.
Oduyoye, Mercy Amba, Wir selber haben ihn gehört. Theologische Reflexionen zum Christentum in Afrika, Freiburg/Schweiz 1988.
Robert, Dana, Women in World Mission: Controversies and Challenges from a North American Perspective, in: International Review of Mission, Vol. 93 (2004), No. 368, 50-61.
Russell, Letty M./Kwok, Pui Lan/Isasi-Diaz, Ada Maria/Cannon, Katie Geneva (eds.), Inheriting Our Mothers' Gardens: Feminist Theology in Third World Perspective, Philadelphia 1988.
Russell, Letty M., God, Gold, Glory and Gender: A Postcolonial View of Mission, in: International Review of Mission, Vol. 93 (2004), No. 368, 39-49.
Siedler, Dirk Chr., Pluralität – Religionen – Dialog. Interreligiöses Lernen ange-

sichts transkultureller gesellschaftlicher Entwicklungen, in: Siedler, Dirk Chr. (Hg.), Religionen in der Pluralität. Ihre Rollen in postmodernen transkulturellen Gesellschaften, Berlin 2003, 109-139.

Spivak, Gayatri Chakravorti, Can the Subaltern Speak?, in: Nelson, Cary (ed.), Marxism and Interpretation, Basingstoke 1988, 271-313.

Spivak, Gayatri Chakravorti, A Critique of Postcolonial Reason, New York u.a. 1999.

Troch, Lieve, Swimming like Salmons against the Stream. Some Reflections on Interreligious Communication from a Feminist Perspective, in: Gössmann, Elisabeth (Hg.), Jahrbuch der Europäischen Gesellschaft für Frauenforschung 6 (1998), 99-110.

Troch, Lieve, A Feminist Dream. Towards a Multicultural, Multireligious Feminist Liberation Theology, in: Journal of Feminist Studies in Religion 18 (2002), H. 2, 115-121.

Williams, Patrick/Chrisman, Laura (Hg.), Colonial Discourse and Postcolonial Theory, New York 1993.

Weiß, Anja, Macht und Differenz. Ein erweitertes Modell der Konfliktpotenziale in interkulturellen Auseinandersetzungen. Berghof Report Nr. 7, Berghof Forschungszentrum für konstruktive Konfliktbearbeitung, Berlin 2001.

Literatur zum christlich-islamischen Dialog von Frauen

August, Ulla, Wechselbeziehungen: Erfahrungen aus dem christlich-islamischen Dialog, in: Schlangenbrut 13 (1995), H. 48, 5-8.

Bechmann, Ulrike/Demir, Sevda/Egler, Gisela, Frauenkulturen. Christliche und muslimische Frauen in Begegnung und Gespräch, Düsseldorf 2001.

El-Zayad, Sabiha, Stolpersteine im Dialog der Kulturen. Von Projektionen und (Wunsch-)Vorstellungen im Dialog zwischen muslimischen und nicht-muslimischen Frauen, in: Polis 2 (2003), 18-19.

Erbakan, Amina, Islamische feministische Theologie – Chance oder Sackgasse?, in: Vauti, Angelika/Sulzbacher, Margot (Hg.), Frauen in islamischen Welten – Eine Debatte zur Rolle der Frau in Gesellschaft, Politik, Religion, Frankfurt a.M. 1999, 57-84.

Fritsch-Oppermann, Sybille (Hg.), Frauen im Gespräch mit Gott. Die politische Bedeutung weiblicher Spiritualität in Christentum und Islam, Loccumer Protokolle 56/1992, Rehburg-Loccum 1993.

Grüning-Lumpe, Petra, Mit dem Gott Sarahs und Hagars bis nach Güstrow: Erfahrungen einer christlich-muslimischen Frauenbegegnung, in: Schlangenbrut 13 (1995), H. 48, 9-12.

Hurkens, Helma, Vom Seminarraum zum Küchentisch: Über den Dialog von Christinnen und Musliminnen, in: Schlangenbrut 13 (1995), H. 48, 13-15.

Müller, Rabeya, Christlich-islamische Frauenarbeit, in: Praktische Theologie 38 (2003), H. 2, 127-130.

Palm, Dorothee, Dialog der Herzen. Christlich-islamische Paare, Begegnung Christen und Muslime Bd. 3, Münster u.a. 2003.

Spenlen, Jeanette, Eine Investition in die Zukunft! Zum Dialog zwischen muslimischen und nicht-muslimischen Frauen, in: Schlangenbrut 20 (2002), H. 77, 20-24.

Wilke, Annette/Kemper, Renate, Dialog von unten: Musliminnen und Christinnen im Austausch, in: Pahl, Irmgard/Klaus, Andrea (Hg.), LAG Theologische Frauenforschung/Feministische Theologie, Soziale Rollen von Frauen in Religionsgemeinschaften, Projektbericht I, 123-142, Bochum 2001.

Johannes Rehm

Weltethos – Ethik – Werte in den Religionen

Das Weltethosprogramm hat weit gehende länder- und religionenübergreifende Übereinstimmungen in elementaren Erfahrungen gelingenden Lebens benannt. Diese können zu religionspädagogischen Modellen und Projekten anregen, die Multikulturalität und Multireligiosität besonders berücksichtigen. Jene ermöglichen und fördern interreligiösen Dialog zunächst über Grundregeln menschlichen Handelns, aber auch einen Dialog über die dahinter stehenden Glaubensüberzeugungen. Beides ist Voraussetzung für gelingendes Zusammenleben von Menschen in Frieden und Gerechtigkeit. Dieser in Schule und Erwachsenenbildung zu führende interreligiöse Dialog über das Weltethosprogramm stellt speziell für die Weltreligionen-Didaktik eine neue Perspektive dar, die ethische Fragen besonders akzentuiert. Dabei handelt es sich um ein religionspädagogisches Projekt in der Spannung von Identität und Verständigung, das lebenserfahrungsorientiert und traditionsorientiert zugleich ist. Sein besonderes Profil erhält dieses Projekt durch die Integration globaler Zusammenhänge und Entwicklungen in die ethische Erziehung unter interreligiöser Perspektive.

Hans Küngs »Projekt Weltethos«

Der religiöse Hintergrund politischer Konflikte im Zusammenhang einer ethischen Orientierungskrise (vgl. Rehm 1994) ist der Ausgangspunkt der Überlegungen des katholischen Theologen Hans Küng, der in einer viel beachteten, weltweit verbreiteten programmatischen Schrift mit dem Titel ›Projekt Weltethos‹ eine intensive interdisziplinäre Diskussion ausgelöst hat (Küng 1990). Das Buch sollte nach dem Willen des Autors nichts weiter sein als »... der vorläufige Versuch einer Zeitanalyse des gegenwärtigen Umbruchs und der sich bereits abzeichnenden Gesamtkonstellation des neuen Makroparadigmas« (Küng 1990, 13). Auf die aktuelle Herausforderung der Gegenwart wollte Küng mit seiner Programmschrift reagieren, in der er die Notwendigkeit eines Ethos für die Gesamtmenschheit thesenartig entfaltet: »Immer deutlicher wurde mir in den letzten Jahren, dass die eine Welt, in der wir leben, nur dann eine Chance zum Überleben hat, wenn in ihr nicht länger Räume unterschiedlicher, widersprüchlicher oder gar sich bekämpfender Ethiken existieren; diese eine Weltgesellschaft braucht gewiss keine Einheitsreligion und Einheitsideologie, wohl aber einige verbindende Normen, Werte, Ideale und Ziele.« (Küng 1990, 14)

Eine lebhafte Diskussion schloss sich dem Vorstoß Küngs an, die über den engeren Wissenschaftsbereich hinaus die politische Ebene erreichte und auf die Frage hinauslief, wie die Menschenrechtserklärung der Vereinten Nationen von 1948 »... durch eine internationale, interkulturelle und interreligiöse Weltethoserklärung heute wirkungsvoll weitergeführt werden kann, um im Blick auf die Probleme der Welt und ihre Zukunft verantwortungsvolle und praktikable Maßstäbe zu setzen ...« (Jaspert 1993). Küng sieht die Welt im Übergang von der Moderne zur Postmoderne begriffen, sieht den Beginn eines sich abzeichnenden Paradigmenwechsels. Entzaubert sind die modernen Fortschrittsideologien in einer Welt, die auf dem Weg ist zu einer postindustriellen Gesellschaft. Aber diese heraufkommende neue Weltkonstellation der Postmoderne muss, so die Ansicht von Küng, nicht notwendig eine Welt ohne Ethos sein. Nicht notwendigerweise Wertezerfall, wohl aber ein fundamentaler Wertewandel bedeutet dieser Eintritt ins neue Paradigma. Dass es einen Wertewandel hin zu einer ethisch verantwortlichen Wissenschaft, Technologie, Industrie und Demokratie geben könnte, ist die positive ethische Vision Küngs für das neue Zeitalter.

Doch für dieses anbrechende Zeitalter der Postmoderne braucht es einen »(...) *minimalen Grundkonsens* (...)«, so wie keine Demokratie ohne Grundkonsens auskommen kann (Küng 1990, 48f.). Dieser Konsens kann natürlich nicht autoritär autokratisch festgelegt werden, sondern muss in einem dynamischen Prozess jeweils neu, entsprechend der jeweiligen Situation, gefunden werden: »Ein Minimum an gemeinsamen Werten, Normen, Haltungen« (Küng 1990, 49). Ohne diesen Minimalkonsens kann keine Demokratie – Küng nennt als Beispiel die Weimarer Republik – funktionieren und in innerem Frieden leben. Um eine ethische Grundorientierung, die sich der planetarischen Verantwortung bewusst ist, geht es Küng in seinem Programm. Er grenzt sein Konzept gegen eine reine Erfolgs- und Gesinnungsethik zu Gunsten einer die Mitwelt, Umwelt und Nachwelt einbeziehenden Verantwortungsethik ab. Er meint eine Verantwortungsethik, die sich um die Bedingungen eines Überlebens der Menschheit und der Menschlichkeit allen Lebens sorgt. Der Mensch selbst, seine Menschlichkeit, die Menschlichkeit seiner Umwelt und der Gesellschaft ist für Küng Ziel und Kriterium jeder Ethik. Gesetze, Verordnungen und Regeln reichen dafür nicht aus, denn das Recht bedarf eines moralischen Fundaments. Doch in einer Zeit der globalen Vernetzung und der weltweiten Zusammenhänge sind partikulare Regeln und Normen zu wenig: »... was aber ist eine Weltordnung ohne ein – bei aller Zeitgebundenheit – *verbindendes und verbindliches Ethos* für die gesamte Menschheit, ohne ein *Weltethos*?« (Küng 1990, 57). Für die inhaltliche Näherbestimmung wie für die Verbreitung eines solchen Weltethos kommt den Religionen eine herausragende Rolle zu.

Publizität sollte dem politischen Anliegen des Weltethosprogramms zusätzlichen Nachdruck verleihen. Am 16. November 1991 veröffentlichte Küng in verschiedenen überregionalen Zeitungen einen von ihm und dem amerikanischen katholischen Theologen Leonard Swidler verfertigten Aufruf »Für eine ›Universale Weltethos-Erklärung‹«, die versucht, auf dem Hintergrund der Einsicht in die religiöse Dimension politischer Konflikte einen positiven, Friedensprozesse fördernden Beitrag der Weltreligionen einzufordern (Küng/Kuschel 1993a, 218ff.). Prominente Religionsvertreter, Theologen und Religionswissenschaftler verschiedener Religionsgemeinschaften haben diesen Aufruf unterschrieben. An ihm wird, neben der publizistischen, die dialogische Dimension des Küngschen Projekts deutlich. Gefordert wird in ihm ein wissenschaftlich fundierter Dialog, der zur Erarbeitung einer Weltethos-Erklärung führen soll. Nach einem Prozess interreligiöser Grundlagenforschung gilt es, die erarbeitete Weltethos-Erklärung in die politische Diskussion auf höchster Ebene einzubringen mit dem Ziel, ihr eine der allgemeinen Menschenrechtserklärung vergleichbare Funktion mit verpflichtendem Charakter zuzuerkennen.

Ein interreligiöses Konzil: Das Weltparlament der Religionen und seine Erklärung zum Weltethos

Noch sehr viel weitere Kreise zog die Weltethosidee im Jahr 1993, als sich das Weltparlament der Religionen den Vorstoß Küngs zu Eigen machte. Die Tagung des Councils des Parlaments der Weltreligionen im Herbst 1993 in Chicago bildete einen Höhepunkt in der Diskussion über das ›Projekt Weltethos‹ (Küng/Kuschel 1993b, 10ff.). In dieser Form erstmalig in der Geschichte der Religionen unter Beteiligung von 6500 Menschen aus verschiedenen Religionsgemeinschaften verabschiedete das Parlament nach einem langwierigen Diskussions- und Erarbeitungsprozess eine gemeinsame Erklärung zum Weltethos.

Der Verabschiedung der Weltethos-Erklärung durch das Weltparlament der Religionen ist ein vielschichtiger, interreligiöser Konsultationsprozess vorausgegangen. Der Autor der Erklärung, Hans Küng, stand seit 1989 in Kontakt mit der Gruppe, die die Vorbereitung und Durchführung der Jahrhundertfeier des Weltparlaments der Religionen in Chicago im September 1993 in die Hand nehmen sollte. Dieses Vorbereitungskomitee beauftragte Küng mit der Erarbeitung eines Entwurfs der Erklärung. Bei seiner Arbeit stand Küng ein von ihm aufgebautes internationales Konsultationsnetzwerk mit Beratern aus allen Religionen zur Verfügung. Küng kam es in Bezug auf Struktur und Stil der Erklärung auf Klarheit und Allgemeinverständlichkeit an. Nach der Fertigstellung des Textes durch Küng im Juli 1993 wurde das Dokument dann den Delegierten des Weltparlaments vorab zugesandt. Damit lag ein Dokument vor, das »... für die Angehörigen aller Religionen akzeptabel sein sollte« (Küng/Kuschel 1993b, 61). Um der Gefahr inhaltlicher Profillosigkeit zu entgehen, sollte die Gestaltung des Textes in den Händen einer Person liegen, die dann die Anregungen und Vorschläge anderer in die Erarbeitung mit einbezog.

In einem ersten Teil wollte Küng eine präzise Definition des Weltethosbegriffs leisten bei klarer Unterscheidung der ethischen von der juristischen und politischen Ebene. Daran schließt sich ein zweiter Teil an, in dem das Humanum und die so genannte ›Goldene Regel‹ als grundlegende ethische Minimalforderung des zwischenmenschlichen Zusammenlebens expliziert werden. Der folgende dritte Teil sollte die Konkretion dieser ethischen Grundforderungen anhand der in allen großen Religionen zu findenden Lebensweisungen darstellen: »Nicht töten, nicht stehlen, nicht lügen, nicht Unzucht treiben!« (Küng/Kuschel 1993b, 62f.) Eine theologische, für die Erklärung hochbedeutsame Weichenstellung ist der Verzicht auf eine theologische Begründung des Weltethos, da eine auf den Namen Gottes des Allmächtigen sich berufende Erklärung automatisch den Ausschluss des Buddhismus bedeutet hätte. Gegenüber einer synkretistischen Interreligiosität nimmt Küng eine deutliche Abgrenzung vor: »Es braucht nicht wiederholt zu werden, dass mit dem Weltethos nicht eine Weltideologie oder eine einheitliche Weltreligion jenseits aller bestehenden Religionen, noch eine Mischung aus allen Religionen angestrebt werden soll und kann. Deutlich dürfte ebenfalls sein: Auch in Zukunft soll das Weltethos nicht etwa die Tora der Juden, die Bergpredigt der Christen, den Koran der Muslime, die Bhagavadgita der Hindus, die Reden des Buddha oder die Sprüche des Konfuzius ersetzen. Wie könnte jemand auf die Idee kommen, den verschiedenen Religionen die Grundlage für ihr Glauben und Leben, Denken und Handeln entziehen zu wollen?« (Küng/Kuschel 1993b, 83ff.) Das Ziel und die Intentionen der Weltethos-Erklärung liegen nicht vornehmlich im theologischen oder religiösen Bereich, die Zielsetzung der Erklärung ist auf Ethos, auf Ethik und letztlich auf Praxis hin ausgerichtet.

Die Einführung der Erklärung setzt ein mit einem verbalen Paukenschlag: Die Welt liegt in Agonie. Die Agonie, von der die Erklärung und damit das sie verantwortende Komitee des Parlaments der Religionen spricht, wird gesehen in der Friedlosigkeit, der Naturzerstörung, einem gesellschaftlichen Klima der Angst voreinander, der Entfremdung der Geschlechter bis hin zum Tod von Kindern. Dieser Zustand ist aus Sicht der Verantwortlichen des Weltparlaments abscheulich, und dagegen richtet sich der Protestschrei der Erklärung.

In apodiktischen Sätzen verurteilt die Erklärung die verschiedenen Symptome dieser globalen Agonie. Diese beschriebene Agonie stelle kein Naturgesetz dar, so die Überzeugung des Komitees des Parlaments der Religionen. Der Ausweg ist nun die Besinnung auf die bereits existierende Grundlage für ein Ethos. Das Komitee stellt sich als eine Gruppe von religiösen Frauen und Männern vor, die sich zu den ethischen Grundsätzen und den religiösen Praktiken der Weltreligionen bekennt, als Menschen, die geleitet sind von der Überzeugung, dass die Religionen einen gemeinsamen Grundbestand von zentralen Werten haben, die die Basis für ein Weltethos darstellen. Die Erklärung geht davon aus, dass es die letztgültige Norm für menschliches Zusammenleben sowie uralte Weisungen für das Verhalten längst gibt und dass diese sich in den ethischen Lehren der Weltreligionen finden lassen.

Das ethische Fundamentalprinzip der Erklärung ist die sich in den verschiedenen religiösen und ethischen Traditionen findende Goldene Regel: »Was du nicht willst, das man dir tu', das füg' auch keinem anderen zu. Oder positiv: Was du willst, das man dir tut, das tue auch den anderen!« (Küng/Kuschel 1993b, 27f.) Dieses Fundamentalprinzip dekliniert die Erklärung dann anhand von »Vier Unverrückbaren Weisungen« durch. Die unverrückbaren Weisungen werden in ihrer negativen und, dies ist ganz besonders wichtig zu beachten, auch in ihrer positiven Bedeutung entfaltet. Vier Appelle sind es, die die Erklärung nachdrücklich einschärft:

1. »Du sollst nicht töten! Oder positiv: Hab Ehrfurcht vor dem Leben!« (Küng/Kuschel 1993b, 29)
2. »Du sollst nicht stehlen! Oder positiv: Handle gerecht und fair!« (Küng/Kuschel 1993b, 32)
3. »Du sollst nicht lügen! Oder positiv: Rede und handle wahrhaftig!« (Küng/Kuschel 1993b, 35)
4. »Du sollst nicht Unzucht treiben! Oder positiv: Achtet und liebet einander!« (Küng/Kuschel 1993b, 38)

Den Abschluss der Erklärung bildet die Forderung eines Bewusstseinswandels, die Ausarbeitung zeitgemäßer Ethikcodices für bestimmte Berufsgruppen und die Formulierung des spezifischen Ethos einzelner Religionsgemeinschaften. Diesen Appell zu einem allgemeinen Bewusstseinswandel sowie die Erklärung insgesamt machen sich durch ihre beigefügten Unterschriften Vertreterinnen und Vertreter aller großen Religionsgemeinschaften zu Eigen. In einer einfachen und allgemein verständlichen Sprache greift die Erklärung zum Weltethos die großen Fragen und Probleme der Zeit auf und versucht, sie durch einen Appell an die Menschlichkeit und durch das In-Erinnerung-Rufen der ethischen Traditionen der Religionen zu beantworten. Deutlich spürbar ist der Rückgriff des Autors auf die biblische Tradition, die Aufnahme der zweiten Tafel des Dekalogs bei der Formulierung der konkreten Weisungen und Prinzipien des Weltethos.

Dass die Weltethos-Erklärung nicht nur ein religiöses Dokument, sondern ein politisches Programm ist, zeigt der von Küng herausgegebene Reaktionen-Band (Küng 1995). Darin kommt die Sorge von Politikern um die ethischen Voraussetzungen und Grundlagen der Demokratie sowie um den für eine Gesellschaft unverzichtbaren Gemeinsinn eindrücklich zur Sprache. Immer wieder wird die Bedeutung ethischer Orientierung auch als Aufgabe für die Religionsgemeinschaften angesprochen und vor einer Nivellierung des religiösen Profils der verschiedenen Religionsgemeinschaften gewarnt. Die Weltethos-Erklärung scheint eine ethische Gemeinsamkeit zum Ausdruck zu bringen, die auf überraschend eindeutige Weise von verschiedenen Vertretern des Judentums, des Islams und der östlichen Religionen bestätigt wird, ohne dass das Gefühl entsteht, die Integrität des religiösen Erbes der einzelnen Religionsgemeinschaften werde angetastet. Aus der islamischen Welt gibt es allerdings auch scharfe Kritik gegen den Verzicht auf eine theologische Begründung des Weltethos. Immer wieder streichen Autorinnen und Autoren der verschiedenen Religionsgemeinschaften in ihren Reaktionen gerade die Bedeutung der erzieherischen Dimension der Erklärung heraus und fordern eine pädagogische Umsetzung der Weltethos-Erklärung (vgl. Lähnemann 1995).

Insbesondere auf politischer Ebene fand die »Erklärung zum Weltethos« große Resonanz (vgl. Küng 2002). So legte der Inter Action Council ehemaliger Staats- und Regierungschefs unter Federführung des ehemaligen Bundeskanzlers Helmut Schmidt 1997 eine »Allgemeine Erklärung der Menschenpflichten« vor, an der Küng maßgeblich als Berater mitgearbeitet hatte und die sein Weltethos-Anliegen zustimmend aufgriff. Die Generalversammlung der Vereinten Nationen wird darin aufgefordert, sich diese Erklärung als gemeinsamen Maßstab für alle Völker und Nationen zu Eigen zu machen, »da die Anerkennung der allen Mitgliedern der menschlichen Familie innewohnenden Würde und der gleichen unveräußerlichen Rechte die Grundlage für Freiheit, Gerechtigkeit und Frieden in der Welt ist und Pflichten oder Verantwortlichkeiten (»responsibilities«) einschließt, da das exklusive Bestehen auf Rechten Konflikt, Spaltung und endlosen Streit zur Folge hat und die Vernachlässigung der Menschenpflichten zu Gesetzlosigkeit und Chaos führen kann«, so die Erklärung der Staatsmänner (Küng 2002, 100). Auch das 3. Parlament der Weltreligionen in Kapstadt 1999 greift die Weltethos-Erklärung von Chicago noch einmal auf und appelliert in einem »Aufruf an unsere führenden Institutionen«, sich ihrer Verantwortlichkeit bewusst zu werden und entsprechend den Maßstäben eines Weltethos zu einem gelingenden Miteinander auf dieser Welt beizutragen. Ebenso sieht auch das Manifest zum Dialog der Kulturen »Brücken in die Zukunft« (»Crossing the Divide«) (Annan 2001), erarbeitet von der von UN-Generalsekretär Kofi Annan berufenen »Gruppe hochrangiger Persönlichkeiten« für das Jahr 2001, dem Internationalen Jahr des Dialogs der Kulturen, in den vier Säulen des Weltethos – Frieden, Gerechtigkeit, Partnerschaft und Wahrheit – Säulen eines Veränderungsprozesses als Antwort auf den Teufelskreis endlosen Hasses.

Ein ethischer Minimalkonsens? Kritische Rückfragen

Von Anfang an gab es zum Weltethos-Projekt von Hans Küng kritische Rückfragen. So war der evangelische Theologe Wolfgang Huber der Aufforderung Küngs, seinen Aufruf für eine universale Weltethos-Erklärung zu unterzeichnen, nicht gefolgt, denn ihm komme es bei aller Übereinstimmung mit Küng stärker auf »... die Anerkennung des Fremden in seinem Fremdsein und seiner eigenen Identität an« (Huber 1993a, 72). Huber würdigte dabei durchaus die Bedeutung von Küngs Vorschlägen für die öffentliche Debatte. »Doch die Zustimmung zu seiner Intention schließt Kritik an ihrer Durchführung nicht aus. Kritisch will ich vermerken, dass Küng die ethische Pluralität in der heutigen Welt und ihre produktive Bedeutung nicht ernst genug nimmt. Er fordert eine größere Einheitlichkeit, als ich sie für nötig halte.« (Huber 1993b, 8) Huber glaubt nicht, dass das Heil der Menschheit in einer konfliktfreien Ethik zu suchen sei.

Die Diskussion über ein Weltethos wurde und wird auf der politischen Ebene, aber auch in systematisch-theologischer, religionswissenschaftlicher und philosophischer Perspektive geführt. Folgende Aspekte erweisen sich in der weiteren Debatte als besonders klärungsbedürftig bzw. diskussionswürdig: Da ist zuallererst die Frage der Begründung eines Weltethos, die noch nicht in einer allgemein überzeugenden Weise geklärt zu sein scheint. Wegen der Zusammengehörigkeit von Glaube und Ethos kann die Begründung eines Weltethosprogramms für den christlichen Glauben nur im Credo liegen. Andere Religionsgemeinschaften werden die Frage nach der Begründung auf ihre Weise beantworten, deshalb wird an diesem Punkt bewusste Pluralität von manchen Diskussionsteilnehmenden für weiterführender gehalten als eine Gemeinsamkeit, die an einem abstrakten, aus westlicher Philosophie gewonnenen Humanum orientiert ist.

Auch die Verhältnisbestimmung zwischen der interreligiös notwendigen Allgemeinheit ethischer Weisungen und der lebenspraktisch erforderlichen Konkretheit und Kontextualität stellt ein Hauptproblem des Weltethos-Projekts dar. Ferner ist die Frage nach der Zuordnung von Weltethos und so genanntem Hochethos der Religionen möglicherweise noch nicht in einer Weise beantwortet, die die Ethiken der verschiedenen Religionsgemeinschaften nicht relativiert und bestehende Unterschiede nicht nivelliert.

In diesem Zusammenhang, wie im interreligiösen Dialog überhaupt, stellt sich grundsätzlich die Frage nach der Verhältnisbestimmung und Dynamik von Austausch- und Abwehrmechanismen bei den Angehörigen der Religionsgemeinschaften. Deshalb ist das Bedürfnis nach unterscheidbarer religiöser Identität und dem damit verbundenen Abgrenzungsbedürfnis bis hin zu gegenseitiger Aggression im Kontext des einseitig um Verständigung bemühten Weltethosprogramms noch nicht in einer ausreichenden Weise erörtert.

Diese kritischen Anfragen sind nicht von der christlichen Theologie allein zu lösen, sondern stellen wichtige Aufgaben und Themenbereiche für den weiteren interreligiösen Dialog insgesamt dar.

Die ›Erklärung zum Weltethos‹ aus evangelischer Sicht

Die interreligiöse Weltethos-Erklärung bedarf der Aneignung und Rezeption durch die verschiedenen Religionsgemeinschaften (vgl. Rehm 2000, 62ff.). Dabei wird jede Religionsgemeinschaft und Konfession aus ihrer Glaubenstradition ihre spezifische Sicht in den interreligiösen Dialog einbringen und so das Gespräch anregen und ergänzen. Die vier unverrückbaren Weisungen der Weltethos-Erklärung zeigen Gemeinsamkeiten ethischer Überzeugung und konkreter Lebenspraxis auf, die in einer Zeit pluraler Ethiken eine Antwort darstellen können auf die Frage nach der Einheit in der Vielfalt. In der Weltethos-Erklärung drückt sich zwar eine Sehnsucht nach Einheit und Einheitlichkeit im Ethos aus, aber unter Respektierung der multikulturellen und multireligiösen Vielfalt unserer Zeit. Die Erklärung ist nicht als dogmatisches Traktat, sondern als Protestschrei religiöser Menschen gegen die notorische Verletzung elementarer, uralter Lebensregeln in unserer Zeit zu verstehen. Menschen der verschiedenen Religionsgemeinschaften haben sich in der Erklärung und dem darin formulierten Minimalkonsens ethischer Überzeugung bezüglich ihrer Lebens- und Glaubenserfahrungen auf überraschende Weise wiedergefunden – von daher ist die Erklärung nicht in erster Linie als Konsenspapier bezüglich verbindlicher Werte und Normen zwischen den verschiedenen Religionen zu verstehen, sondern als Artikulation religionenübergreifender Erfahrungen vom guten und gelingenden Leben. Die Weltethos-Erklärung stellt eine eindrückliche und nachdrückliche Erinnerung an uralte Lebensweisheit und bewährte Lebensregeln dar, die über die Zeiten hinweg geholfen haben, das Zusammenleben von Menschen gelingen zu lassen. Eine Lebensweisheit, die ihren Grund hat in dem Glauben an Gott als dem Geber des guten und gelingenden Lebens und die am Ineinander und Beieinander von Gottesglaube und Ethos festzuhalten lehrt. Der spezifisch christliche Beitrag zum interreligiösen Dialog über das Weltethosprogramm besteht nicht in abstrakten Prinzipien, sondern in konkreten Erfahrungen in und mit der Geschichte Jesu. Aus der Sicht evangelischer Theologie werden die Weisungen der Weltethos-Erklärung insbesondere auf Modelle und Erzählungen biblischer Geschichte vom guten und gelingenden Leben zu befragen sein, um aus der Perspektive biblischer Theologie den Diskurs um ein die Religionen verbindendes Weltethos voranzutreiben. Die christliche Besinnung auf das Weltethosprogramm kann in dem Vertrauen erfolgen, dass das Evangelium von Jesus Christus in der Suche nach neuen Lebensregeln vom Zwang der

Vollkommenheit und neuer Gesetzlichkeit entlastet. Evangelische Besinnung auf das Weltethosprogramm wird stärker an einer verantwortungsethischen als an einer individualisierenden tugendethischen Interpretation der Erklärung interessiert sein. Dieser spezifisch christliche Zugang zum Weltethosprogramm bewahrt denjenigen, der sich darauf einlässt, davor, die in der Erklärung formulierten Weisungen als reines Gesetz und abstrakte Prinzipienethik misszuverstehen.

Perspektiven – Weltethos praktisch

Auf den verschiedensten Ebenen findet gegenwärtig eine Suche nach verbindlichen, zeitgemäßen Lebensregeln statt. Insofern wird auch insbesondere in der christlichen Religionspädagogik erneut und verstärkt nach ethischer Erziehung gefragt. Auf diesem Hintergrund ist das von Hans Küng initiierte Projekt Weltethos von großer pädagogischer Relevanz, da es eine konkrete Antwort zu geben versucht auf die Frage nach verbindenden und verbindlichen ethischen Maßstäben für ein gelingendes Leben in einer pluralen, multikulturellen und multireligiösen Gesellschaft (vgl. Lähnemann 1998, 217ff.). Trotz mancher kritischer Anfragen fasst die Weltethos-Erklärung überzeugend zusammen, was in vielen Modellen und Projekten Multikulturalität und Multireligiosität berücksichtigender Religionspädagogik längst gemeinsames Ethos und übereinstimmendes Ziel ethischer religiöser Erziehung ist. Weil es sonst wohl keinen interreligiösen Text gibt, in dem sich so viele Menschen in ihrer religiösen Überzeugung und ethischen Haltung wiedergefunden haben, stellt der Text der Erklärung ein ideales Curriculum für Phasen und Projekte eines Religionen übergreifenden Unterrichts dar, der im Sinne ökumenischen und interreligiösen Lernens Kultur- und Religionsbegegnung in Gang setzt und einübt (vgl. Rehm 2003, 171ff.). Die unterrichtliche Behandlung des Weltethosprogramms kann als durch Lehrerinnen und Lehrer der verschiedenen Religionsgemeinschaften gemeinsam geschehende Hinführung und Einführung zum interreligiösen Dialog für Schülerinnen und Schüler gestaltet werden, damit diese anhand des Gesprächs über ethische Fragestellungen die anderen Religionsgemeinschaften und ihre Glaubensgrundlagen besser kennen lernen. Die im Glauben begründete Ethik wird so zum hermeneutischen Schlüssel für das Kennenlernen anderer Religionen. Dies würde für die Weltreligionen-Didaktik einen alternativen Zugang eröffnen zu dem in englischsprachigen Ländern verbreiteten phänomenologischen Ansatz. Das Weltethosprogramm eignet sich vor allem auch als Orientierung für die Formulierung eines Schulethos – eines Schulethos speziell für die Schule in multikulturellem und multireligiösem Kontext. So sehr die Erklärung zum Weltethos sich nahe legt als Orientierungshilfe für ein Schulethos sowie als

Gegenstand des interreligiösen Lernens in Schule, aber auch in Gemeindepädagogik und Erwachsenenbildung, so sehr muss man sich aber der Schwierigkeit ethischer Erziehung insgesamt bewusst sein, denn die Besinnung auf Werte, Normen und Traditionen allein führt noch nicht zu ethischem Urteil und ethischer Haltung. Die durch das Weltethosprogramm angestrebte Gemeinsamkeit der Lebensbewältigung und Lebensgestaltung ist (dabei) weniger in normativen Sätzen als vielmehr im konkreten Handeln der Anhänger der verschiedenen Religionsgemeinschaften zu sehen. Die Erklärung zum Weltethos ist in ihrer lebenspraktischen Ausrichtung für den Religionsunterricht der verschiedenen Religionsgemeinschaften geeignet, da sie im Gegensatz zu den theologisch-religionswissenschaftlichen Spekulationen über eine etwaige letzte Einheit der Religionen in der pluralistischen Theologie der Religionen diese gerade vermeidet und den Religionen ihre Verschiedenheit belässt, gleichzeitig jedoch hinweist auf wesentliche, religionspädagogisch relevante Punkte der Übereinstimmung und Gemeinsamkeit.

Zum Weiterlesen

Klöcker, Michael/Tworuschka, Monika/Tworuschka, Udo (Hg.), Wörterbuch Ethik der Weltreligionen: die wichtigsten Unterschiede und Gemeinsamkeiten, Gütersloh 1995.

Küng, Hans/Senghaas, Dieter (Hg.), Friedenspolitik. Ethische Grundlagen internationaler Beziehungen, München 2003.

Küng, Hans, Spurensuche. Die Weltreligionen auf dem Weg, München ^{4}2000.

Rehm, Johannes, Weltethos praktisch – Perspektiven für den interreligiösen Dialog, Mainz 2004.

Literatur

Annan, Kofi (Hg.), Brücken in die Zukunft, Frankfurt a.M. 2001.

Huber, Wolfgang, Menschenrechte und Planetarisches Ethos, in: Jaspert, Bernd (Hg.), Hans Küngs ›Projekt Weltethos‹, Hofgeismar 1993a, 69-90.

Huber, Wolfgang, Ohne Konflikte kein Heil, in: Publik-Forum, N.5, 12. März 1993b, N.8.

Jaspert, Bernd, Vorwort, in: Jaspert, Bernd, (Hg.), Hans Küngs ›Projekt Weltethos‹. Beiträge aus Philosophie und Theologie. Zum 65. Geburtstag von Hans Küng, Hofgeismar 1993, 5-7.

Küng, Hans, Projekt Weltethos, München 1990.

Küng, Hans (Hg.), Ja zum Weltethos, München u.a. 1995.

Küng, Hans, Dokumentation zum Weltethos, München 2002.

Küng, Hans/Kuschel, Karl-Josef (Hg.), Weltfrieden durch Religionsfrieden, München 1993a.

Küng, Hans/Kuschel, Karl-Josef (Hg.), Erklärung zum Weltethos, München 1993b.

Lähnemann, Johannes (Hg.), »Das Projekt Weltethos« in der Erziehung: Referate und Ergebnisse des Nürnberger Forums 1994, Hamburg 1995.

Lähnemann, Johannes/Haußmann, Werner (Hg.), Unterrichtsprojekte Weltethos I/II, Hamburg 2000.

Lähnemann, Johannes, Weltethos und Erziehungspraxis: 10 Thesen, in: Küng, Hans/Kuschel, Karl-Josef (Hg.), Wissenschaft und Weltethos, München 1998, 217-238.

Rehm, Johannes (Hg.), Verantwortlich leben in der Weltgemeinschaft: zur Auseinandersetzung um das ›Projekt Weltethos‹, Gütersloh 1994.

Rehm, Johannes, Das Weltethosprogramm als Projekt interreligiösen Lernens – 10 Thesen, in: Goßmann, Hans Christoph/Ritter, André (Hg.), Interreligiöse Begegnungen: ein Lernbuch für Schule und Gemeinde, Hamburg 2000, 62-67.

Rehm, Johannes, Erziehung zum Weltethos – Projekte interreligiösen Lernens in multikulturellen Kontexten, Göttingen 2002.

Rehm, Johannes, Ökumenisches Lernen im 21. Jahrhundert. Eine Herausforderung für Gemeindepädagogik und kirchliche Erwachsenenbildung, in: Pohl-Patalong, Uta (Hg.), Religiöse Bildung im Plural, Schenefeld 2003, 171-182.

Rehm, Johannes, Weltethos praktisch – Perspektiven für den interreligiösen Dialog, Mainz 2004.

Astrid Messerschmidt

Befremdungen – oder wie man fremd wird und fremd sein kann

Fremdheit unterliegt einer Definitionsmacht, der Umgang mit Fremden findet in einem Gefüge von Machtverhältnissen statt. Das Fremde verunsichert die Ordnung des Eigenen und Nichteigenen. Dagegen richten sich Strategien, Fremdheit zu identifizieren und zu typisieren. Fremde werden zu Gegenständen der Untersuchung und mit Wissen besetzt. Fremde, die kommen und bleiben, fordern Zugehörigkeit bei gleichzeitiger Verschiedenheit. Wie können Lernprozesse aussehen, die Fremdes weder zum Verschwinden bringen noch es für eigene Projektionen vereinnahmen? Plädiert wird dafür, Fremdheit zuzulassen und dem eigenen Wissen über die Fremden zu misstrauen.

Besetzungen des Fremden

Auf vielfältige Weise bildet Fremdheit eine Zuschreibung in sozialen Prozessen. Zugänglich ist uns Fremdes erst dadurch, dass es einen Diskurs über *das Fremde* gibt, d.h. einen Zusammenhang von Geltungen, Definitionen und sozialer Praxis. Mit jeder Aussage über das Fremde bin ich an diesem Diskurs beteiligt und trage dazu bei, Fremdheit kommunikativ zu erzeugen. Zugleich ist Fremdheit ein Beziehungsbegriff und kommt nur in Relation zu etwas anderem zu Stande, das als nicht fremd gilt. Mit dem Fremden wird eine Grenze zum Eigenen gezogen, durch die das Eigene konstituiert und profiliert wird. Das Fremde steht für das andere des Eigenen. In der Begegnung mit dem Fremden bin ich mit meiner eigenen Beschränktheit konfrontiert, mit der nicht realisierten Möglichkeit, anders zu sein. Insofern entwertet der/die/das Fremde meinen eigenen Standort. Die Reaktion darauf besteht häufig in der entwertenden Abwehr des Fremden. Es kann aber auch eine andere Möglichkeit eröffnet werden, nämlich die Unzulänglichkeit des Eigenen anzuerkennen und im Fremden eine Antwort auf diese erfahrene Beschränktheit zu sehen. Dabei begegnet mir auch der Fremde mit seinen Grenzen, es kommt zu einer Beziehung, die auf wechselseitig zugestandener Unvollkommenheit beruht. Diese psychologische Sicht auf die Verunsicherungen, die durch die Begegnung mit dem Fremden ausgelöst werden, bleibt aber ungenügend, wenn sie nicht durch eine historische Reflexion ergänzt wird, die nach der Geschichte der Unterwerfung und Aneignung des Fremden fragt.

Die Begegnung mit dem Fremden war in der westlich-abendländischen Tradition keineswegs eine unter Gleichen, sondern stellte sich immer wieder als eine Geschichte der Bemächtigung dar. »In der Begegnung mit Fremden begegnet uns nicht nur die eigene Selbstzerrissenheit und individuelle Borniertheit, sondern eben auch die reale Geschichte, eine Geschichte von Eroberung, von Rassismus und Antisemitismus, die sich in unser Denken und Fühlen eingeschrieben hat.« (Rommelspacher 1995, 147) Die als Fremde identifizierten anderen des europäischen Subjekts galt es zu unterwerfen. Durch die Entgegensetzung zu den Fremden konnte sich das europäische Selbstverständnis aufgeklärter Bürgerlichkeit herausbilden. Es bedurfte einer Projektionsfläche für alles, was sich außerhalb dieses Selbstbildes befand – das Undisziplinierte, das Wilde und Ungebildete. In der Auseinandersetzung mit Fremdheit ist deshalb die Geschichte der Beziehungen zu Fremden zu erinnern. Es bedarf einer Gedächtnisarbeit, die Spuren des kolonialen Verhältnisses zum Fremden freilegt und von da aus Machtverhältnisse sichtbar macht, die den aktuellen Umgang mit Fremden beeinflussen. Nur auf einer abstrakten Ebene handelt es sich im Verhältnis von Eigenem und Fremdem um eine wechselseitige Abhängigkeit zwischen beiden Positionen. In sozialen Praxen ist diese Wechselseitigkeit überlagert von Machtprozeduren. Wer andere als Fremde identifiziert, hat die Definitionsmacht inne und gehört zu denen, die als nicht fremd, »normal« oder »zugehörig« angesehen werden. Aus dieser Position wird der/die Fremde als Abweichende/r bestimmt. Insofern geht es im Fremdheitsdiskurs niemals nur um Fremdheit, sondern gleichzeitig um Ungleichheit. Jedes Umgehen mit Fremdheit findet im Gefüge von Machtverhältnissen statt, in einer Dominanzstruktur, in der soziale Verhältnisse durch Über- und Unterlegenheit gekennzeichnet sind. Die Art und Weise, wie Fremdheit besetzt wird, was die Fremdheit zur dominanten Gruppe ausmacht, ist Teil gesellschaftlicher Ordnungsmuster und somit historisch wandelbar.

Fremdheitsfiguren

Fremdheit ist im kulturellen Gedächtnis der abendländischen Tradition von ihren Anfängen her verankert. Bilder von Fremden sind Bilder von Figuren, die eine geltende Ordnung in Frage stellen. Fremdbilder treten als Gegenbilder zu Selbstbildern auf. Exemplarisch dafür stehen in der griechischen Antike die Amazonen – sie sind als Frauen und als weibliche Kriegerinnen die anderen der griechischen Polis, die nicht in die Identitätsmuster dieser Gesellschaftsordnung passen. In ihrer Weiblichkeit und in ihrer sozialen Lebensform sind sie uneindeutig, der bestehenden Ordnung nicht zuzuordnen, sie bilden den Skandal des Fremden, da sie bestehende soziale Muster in

Irritation versetzen. Deshalb hat man sie in zahlreichen Kriegen bekämpft und diese Kämpfe abgebildet, um die Niederlage dieser nichtidentischen Wesen zu demonstrieren. Ins Wanken gerät durch sie die zweiwertige Geschlechterordnung, in der die Schwäche und Unterlegenheit des Weiblichen angelegt ist. Dieses Moment der Irritation macht das Fremde aus, es ist weder das ganz andere in der Ferne noch das Eigene in der Nähe, sondern auf der Schwelle zum Vertrauten, seine Wahrnehmung changiert zwischen Angst und Anziehung (vgl. Wehlte 2002). In die binären Muster des Eigenen und des Nichteigenen bringt das Fremde eine Verunsicherung ein, ein Moment des Uneindeutigen, das den Zuschreibungen entgeht und auf das sich deshalb umso mehr Versuche richten, es festzumachen und als Anderes zu identifizieren. Darin scheint sich bereits die Ahnung auszudrücken, dass das Fremde nicht einfach außerhalb des Eigenen existiert, sondern sich in den identifizierten Fremdheiten Anteile des Eigenen zeigen. Allerdings bestehen Unterschiede zwischen diesen frühen Fremdheitsfiguren und der Art und Weise, wie Fremdheit in der Moderne zu Stande kommt. War das Irritierende der Amazonen ihre Unfassbarkeit, also eine Fremdheit, die eher mit dem Unbekannten verbunden war, so wird der moderne Fremde mit Wissen angefüllt (vgl. jour fixe initiative berlin 2001). In ihm sucht man nach der Wahrheit des Eigenen. Was und wer in der bürgerlich-kapitalistischen Gesellschaft als fremd gilt, sagt mehr über eben diese Gesellschaft als über die so genannten Fremden aus.

Abwehr gegen die Ambivalenz der Fremdheit

Anders als Feinde bilden Fremde nicht einfach das Gegenbild derer, die dazugehören. Sie stellen die Opposition von Freund und Feind in Frage, denn sie können beides sein (vgl. Bauman 1992). Sie lassen sich nicht eindeutig identifizieren und lösen Irritationen aus. Fremde haben die Grenzen der Zugehörigen überschritten und sich nicht zu erkennen gegeben. In Reaktion darauf wird versucht, Fremdes einzugrenzen, zu organisieren und territorial zu beschränken. Der Tourismus kann als ein solcher Versuch, die Begegnung mit dem Fremden zu organisieren, betrachtet werden. Das Fremde wird hier territorial außerhalb des eigenen Lebensraumes verortet und kann erkundet werden. Es bildet dann aber kaum eine Irritation, da es Eigenes nicht in Frage stellt. In dieser Form der Begegnung ist Exotismus das vorherrschende Wahrnehmungsmuster des Fremden. Fremde Lebensformen werden dabei zu Projektionsflächen für eigene unerfüllte Sehnsüchte. Zum »Problem« werden die Fremden aber erst dann, wenn sie in das Territorium des »Eigenen« eingewandert sind und die Ordnung dadurch in Frage stellen. Gegen diese Fremden richten sich die Abwehrstrategien des Ethnozentrismus und des

Rassismus. Beide können als Problematisierungsformen des Fremden angesehen werden. Indem die Fremden zum Problem erklärt werden, kann eine Grenzziehung gegenüber dem Eigenen vorgenommen werden. Untermauert wird diese Grenze durch wissenschaftliche Untersuchungen, durch die sich das Fremde als empirisch anders und nichtvereinbar mit dem Eigenen erweisen soll. Beim Ethnozentrismus kommt es zu einer Verabsolutierung der Werte der eigenen Gruppe, beim Rassismus zu einer hierarchisch wertenden Naturalisierung von Unterschieden. Der biologistische Rassismus ist heute vom Kulturalismus abgelöst worden. »Kultur« wird zum Platzhalter der Identifikation von Unterschieden. In dieser neorassistischen Wendung wird nicht mehr mit phänotypischen Rassemerkmalen argumentiert, sondern mit der angeblichen Unvereinbarkeit kultureller Differenz. Man wertet den Unterschied auf und benutzt ihn zugleich zur Grenzziehung. An Kulturdifferenzen werden Fremdheitspositionen festgemacht. Die kulturalistischen Strategien machen aus dem Fremden einen entindividualisierten anderen, der nur noch Repräsentant (s)einer fremden Kultur ist. Es kommt zu einer Typisierung des Fremden durch Homogenisierung. Dem Fremden wird die Individualität verweigert. Er darf also genau das nicht sein, was in der modernen Leistungsgesellschaft als oberster Wert hochgehalten wird.

Den Ausgrenzungs- und Abwehrstrategien geht die Untersuchung des Fremden voraus. Im Verlauf der Herausbildung der bürgerlich-kapitalistischen Gesellschaft werden Fremde immer mehr zu Gegenständen der Wissenschaft. Man erforscht sie, vermisst ihr Anderssein und fasst es in Begriffe. Der vormals unbekannte Fremde wird mit Diskursen, mit machtvollem Wissen angefüllt. Aus ihm wird der andere – weder Unbekannter noch Gast. Diesem identifizierten anderen begegnet man nicht mit Respekt, sondern mit Projektionen. Die Fremden selbst haben zwei Möglichkeiten, darauf zu reagieren: Sie übernehmen die ihnen zugedachten Projektionen und verlagern die Grenzziehungen in ihr eigenes Bewusstsein in einem Prozess der Introversion. Oder sie eignen sich die Fremdbilder an und deuten sie zu widerständigen Praktiken um in einem Prozess der Performation. Beide Strategien greifen den dominanten Fremdheitsdiskurs auf. Aber während die erste sich diesem unterwirft, inszeniert die zweite die Unterscheidung zwischen Fremden und Nichtfremden so, dass der Prozess des Fremdgemachtwerdens demonstriert werden kann.

In beiden Strategien sind Fremde nicht einfach diejenigen, denen etwas zugeschrieben wird, das sie erleiden. Sie sind nicht nur diejenigen, die definiert und damit auch sozial platziert werden. Sie werden auch selbst zu Akteuren, indem sie einen Anspruch auf Unterschiede zum Ausdruck bringen. Zwar müssen sie mit der Reaktion der Mehrheitsgesellschaft auf diese Unterschiede fertig werden, also wiederum etwas erleiden, das nicht in ihrer Macht steht. Aber gleichzeitig fordern sie die Mehrheitsgesellschaft in ihrem Selbstbild heraus und werfen die Frage auf, ob diese Gesellschaft fähig ist, mit Unterschieden umzugehen, ob Differenz im Inneren möglich ist oder aber ausgegrenzt wird. Hier kehrt sich das Verhältnis um: Fremdheit wird zu einem Anspruch entgegen geltender Homogenitätskonzepte. Fremde beanspruchen Differenz im Innern und stellen die Frage, wie fremd man sein darf, wenn man dazugehören will. Fremdheit wird so zum Ausgangspunkt politischer Handlungsfähigkeit, obwohl die Sprache des Kampfes um Zugehörigkeit von der dominanten Gruppe diktiert ist.

Was passiert aber in einer Gesellschaft, die Pluralität und Differenz zu ihrem Markenzeichen gemacht hat, weil sie wunderbar zu den Gesetzen des globalen Marktes passen? Kann hier Fremdheit überhaupt noch herausfordernd sein oder ist sie nicht immer bereits in die flexiblen Formen globalisierter Marktbeziehungen integriert? Es kommt zu neuen Besetzungen des Fremden, wenn sich die »globale Klasse« (Anil Jain) selbst mit den Attributen des Fremden und der Alterität ausstattet (vgl. Jain 2003). Das Fremde wird auf eine subtile Weise erobert und vereinnahmt in einem Machtsystem, das in der Lage ist, jede Differenz zu integrieren und sich nutzbar zu machen. Wessen Fremdheit ist zugelassen und wann ist Fremdheit in der flexiblen globalen Moderne des Spätkapitalismus noch anstößig? Es bedarf neuer analytischer Instrumentarien, um die Grenze zwischen begehrenswerter Alterität und stigmatisierter Fremdheit erkennen zu können. Wenn sich Macht so perfektioniert, dass sie keine Position außerhalb ihrer selbst zulässt, verschwindet auch das Problem des Fremden. Es transformiert sich in die Frage, wie widerständige Praktiken im Inneren globalisierter Gesellschaften zu erfinden sind. Warum aber gibt es so viel Aufregung um die Fremden in eben diesen Gesellschaften? Möglicherweise ist es einfacher, Fremdes zu stigmatisieren, als die eigene Integration in einen Herrschaftsapparat zu reflektieren und zu bekämpfen.

Eingewanderte Fremde

Fremde kommen und bleiben, sie beanspruchen Verantwortlichkeit und Zugehörigkeit und damit alles das, was den Nichtfremden zusteht. Sie verwischen die Oppositionen und klaren Zuordnungen durch ihr Auftauchen und ihr Bleiben. In der nationalstaatlichen Gesellschaftsordnung wird die Trennlinie entlang der Zugehörigkeit zum nationalen Territorium gezogen. Die Einheimischen sind hier die Nichtfremden, die ihre nationale Identität durch Geburt und über Generationen der Zugehörigkeit erworben haben. Fremd sind auch hier wieder diejenigen, die die Ordnung nationaler Identität durcheinander bringen und durch ihre dauernde Anwesenheit behaupten, dazu zu gehören. Eine Strategie, diese Irritation zum Verschwinden zu bringen, ist die Assimilation der Fremden, ihre Anpassung an die Mehrheitsgesellschaft und damit der Verlust alles dessen, was sie fremd macht. Zwar dürfen die Assimilierten an der Gesellschaft und ihren Rechten und Pflichten teilhaben, aber gleichzeitig müssen sie sich der herrschenden Ordnung unterwerfen. Das liberale Angebot der kulturellen Assimilation bestätigt also nur die Dominanz der Mehrheitsgesellschaft. Im Prozess der Assimilation ist der Fremde dauernd dazu gezwungen zu beweisen, dass er/sie dazugehört. Bekämpft wird die Ambivalenz der Fremden, das gleichzeitige Anerkanntwerden und Anderssein, gleich zu sein und verschieden sein zu dürfen. Anerkennung gibt es nur um den Preis des Verschwindens alles dessen, was die Verschiedenheit ausmacht. Fremde werden zu Gleichen durch *Ent-fremdung*.

In Einwanderungsgesellschaften ist die Wahrnehmung von Migranten als Fremde eine soziale Praxis, in der eine nationalstaatliche Identitätsordnung zum Ausdruck kommt. Durch Einwanderung wird aber das ethnische Projekt gesellschaftlicher Zugehörigkeit brüchig, und genau dagegen richten sich die Grenzziehungen, die entlang der Herkunft verlaufen. Insbesondere in Deutschland werden auch die zweite und dritte Generation der Nachkommen von Migranten auf den Status des Migriertseins fixiert. Es zeigt sich darin eine nationale Strategie, Fremdheit an Herkunft festzumachen, die durch Einwanderung stattfindende Veränderung der Gesellschaft abzuwehren und neue Zugehörigkeiten zu begrenzen. Deutlich wird dies am Umgang mit der zweiten und dritten Generation der Nachkommen von Migranten/innen. Sie sind bereits in dieser Gesellschaft sozialisiert, haben hier ihre Geschichte, werden aber dauernd mit der Unterstellung kultureller Fremdheit konfrontiert und damit immer wieder auf die Herkunft ihrer Vorfahren verwiesen. Sie stellen das ethnische Projekt gesellschaftlicher Zugehörigkeit in Frage und fordern eine Neudefinition dieser Zugehörigkeit heraus. Von der Präsenz der Folgegenerationen im Land gebliebener Einwanderer gehen die Irritationen aus, die das Ungenügen an der Idee homogener nationaler Identitäten demonstrieren. Sie sind jene Fremden, die heute kamen und morgen blieben – für Georg Simmel waren ja gerade diese die paradigmatischen Fremden (vgl. Simmel 1968), die ihren eigenen Fremdheitsstatus fragwürdig werden lassen. Mit ihnen entstehen »natio-kulturelle Mehrfachzugehörigkeiten« (vgl. Mecheril 2003). Diese erweitern den Raum der Zugehörigkeiten und verankern Differenz im Inneren der Identität. Fremdheit ist nicht mehr außerhalb angesiedelt, sondern wird innerhalb des gesellschaftlichen Selbstbildes ermöglicht. Einwanderungsprozesse provozieren eine solche Entwicklung, die allerdings durch vielfältige Strategien der Grenzziehung abgewehrt wird, um an dem Prinzip innerer Homogenität festzuhalten. Gleichzeitig werden aber durch Migrationen nationale Kontexte als Räume der Zugehörigkeit neu besetzt. Damit vervielfältigen sich die Positionen der Fremdheit, geraten in Bewegung und legen sich quer zu den Unterscheidungen nationaler Herkunft.

In vielen pädagogischen Ansätzen, die sich auf die Einwanderungssituation beziehen, sind Annahmen über Fremdheit enthalten und somit implizit vorausgesetzte gesellschaftliche Standards von Nichtfremdheit oder Zugehörigkeit. In diesen Annahmen stecken Machtdifferenzen, die aber nur unzureichend in den Konzeptionen interkultureller Pädagogiken thematisiert werden (vgl. Messerschmidt 2002). Stattdessen zeigen sich normative Forderungen wie kommunikatives Einverständnis, wechselseitige Anerkennung und Verstehen. Hinter diesen Zielsetzungen stehen Auffassungen über die Ursachen von Konflikten in den westlichen Einwanderungsgesellschaften. Innerhalb der Zuschreibung von Fremdheit wird kulturelle Differenz verankert, an der sich dann, so die Annahme, Konflikte entzünden, die durch wechselseitiges Kennenlernen und Verstehen zu überwinden wären. Zwischen die Fremden und die Nichtfremden tritt eine Verständigung, die eine Art Befriedung zum Ergebnis haben soll. Dabei werden die politischen, rechtlichen und ökonomischen Ursachen von Konflikten in Einwanderungsgesellschaften ausgeblendet. Es bleibt unhinterfragt, wer auf welche Weise fremd geworden ist. Wird diese Frage gestellt, kommen die Machtdifferenzen zwischen dem »Eigenen« und dem »Fremden« in den Blick. Damit verändert sich auch der Anspruch der Integration. Problematisiert werden dann nicht mehr die Verhaltensweisen einzelner Gruppen, sondern die gesellschaftlichen Bedingungen, die Zugehörigkeit behindern oder fördern.

Bedingungen interreligiöser Lernprozesse

Unsere Gesellschaft ist hochgradig säkularisiert. Religiosität ist darin selbst zu etwas Fremdem geworden und erzeugt vielleicht gerade deshalb immer wieder Irritationen. Diese kommen häufig in der Auseinandersetzung mit den nicht christlichen Religionen zum Ausdruck. Die fremde Religion holt das Religiöse wieder in den gesellschaftlichen Diskurs. Weil das Selbstverständnis einer anderen Religion anstößig ist, provoziert dieses die Frage nach dem Ort des Religiösen in der säkularisierten Öffentlichkeit. Die Begegnung mit »fremden« Religionen geschieht im gesellschaftlichen Kontext einer Einwanderungsgesellschaft, in dem sich bereits vielfältige Strategien des Umgehens mit Fremdheiten herausgebildet haben. In diesen sozialen und politischen Bedingungen ist interreligiöses Lernen situiert. Die Analyse dieser Bedingungen ist eine Grundvoraussetzung interreligiöser Lernprozesse. Dazu gehört ein grundsätzliches Misstrauen gegenüber dem Fremdheitsdiskurs, also dem öffentlich verhandelten Wissen über die Fremdheit der Fremden. Wer beansprucht dieses Wissen wofür und wann wird Fremdheit zum Problem?

Worum geht es, wenn wir Fremdheit zum Problem interreligiöser Bildung erklären – um Integration, um reibungsloseres Funktionieren, um Verstehen? Was sind die gesellschaftlichen Bedingungen einer Problematisierung von Differenz? Wieso wird Fremdheit überhaupt zu einem pädagogischen und interreligiösen Problem? Die Fragen sind nicht auf Lösungen ausgerichtet, sondern vielleicht eher auf eine Verzögerung in unserer Suche nach pädagogischen Konzepten. Eine Verzögerung, wie sie auch zum Ausdruck kommt, wenn Edouard Glissant vom »Menschenrecht auf Undurchsichtigkeit« spricht. »Es genügt nicht, dem anderen seine Andersartigkeit zuzugestehen. Was ich einklage, ist das Menschenrecht auf Undurchsichtigkeit. Ich muss dich nicht verstehen müssen, um mit dir leben zu können.« (Glissant 2000) Hier wird die Erfahrung von Fremdheit nicht zum Anlass von Verstehensanstrengungen. Eher wendet sich die Fremdheitserfahrung gegen die Instrumentalisierung des Verstehens, dagegen, den anderen durchschauen und entlarven zu wollen. Es geht um eine Erfahrungsdimension, die dauernd in der Gefahr steht, zum Verschwinden gebracht zu werden. Macht man sich bewusst, dass dem Bemühen, den anderen und seine Religion verstehen zu wollen, eine Machtasymmetrie zu Grunde liegt, wird »Verstehen« als Lernziel fragwürdig. Das »Verstehen machtunterlegener Fremder« zielt nicht auf wechselseitige Verständigung, sondern auf die »kommunikative Markierung von Differenz« (Scherr 1999, 63). Mit Glissants Gedanke kommt aber noch ein weiteres Moment hinzu: der Fremde kann beanspruchen, nicht verstanden zu werden. Er muss nicht das Verstandenwerden erreicht haben, um respektiert zu werden und gleichberechtigt zu sein.

Für die interreligiöse Reflexion kann es sinnvoll sein, drei Strategien im Umgang mit dem Fremden zu unterscheiden: die Strategie des Ignorierens, des Projizierens und des Zerstreuens. Der *ignorierende* Blick versucht aus dem Fremdheitsproblem zu flüchten, indem Gleichheit zum normativen Kriterium wird. Dabei stört die Frage, wessen Gleichheit hier gilt und wer bei diesem Gleichheitskonzept wiederum ungleich wird. Mit dem *projizierenden* Blick auf die Beteiligten an interreligiösen Lernprozessen werden Bedeutungen und Identitäten gestiftet. Fremdheit tritt dabei an die Stelle des diskreditierten Vorurteils, sie wird durch Markierungen besetzt. Das Fremde wird an Unterscheidungsmerkmalen identifiziert. Das Fremde am anderen wird zur Projektionsfläche alles dessen, was im eigenen kulturellen Kontext nicht zugelassen ist. Der *zerstreuende* Blick achtet demgegenüber auf den Einsatz der Fremdzuschreibung in sozialen und kommunikativen Prozessen – wie Unterschiede gebraucht werden, wo sie aufgerufen und wo sie dethematisiert werden, wie Fremdheit gebraucht und eingesetzt wird und welchen Interessen dieser Einsatz dient. Gefragt wird hier, was wann als fremd gilt und was sich in dieser Zuschreibung ausdrückt. Die Ambivalenz des Fremden wird nicht durch Besetzungen aufgelöst, sondern bleibt bestehen, das Fremde bleibt unidentifizierbar, in der Schwebe zwischen Eigenem und anderem. Mit diesem Blick kommt man allerdings nicht heraus aus der Widersprüchlichkeit, Fremdheit nicht festmachen und zugleich nicht vernachlässigen zu wollen. Der zerstreuende Blick schaut sich die Verteilung und die Zuteilung von Markierungen des Fremden an, und dazu gehört das eigene (professionelle) Involviertsein in den Prozess des Fremdmachens derer, die zu einer anderen Religion gehören. Mit der reflexiven Selbstanalyse interreligiöser Theorie und Praxis kann es möglich werden, eine dritte Position zwischen Ignoranz und

Projektion einzunehmen. Allerdings handelt es sich um eine Position, die sich ihrer selbst nicht sicher sein kann, die unabgeschlossen und fragil ist. Vielleicht ermöglicht aber diese Position, den gesellschaftlichen Kontext, in dem wir interreligiöse Arbeit entwickeln, schärfer in den Blick zu nehmen. Ein interreligiöser Lerngegenstand ist nach diesem Ansatz nicht das Verstehen der Religion des anderen, sondern in erster Linie die gesellschaftlichen Konstruktionen religiöser/kultureller Fremdheit und die dahinter liegenden Interessen. Im Prozess interreligiösen Lernens kommt somit der Zustand der Einwanderungsgesellschaft in den Blick.

Interreligiöse Arbeit wird zur politischen Bildung, wenn sie die Verschiedenheit der Religionen nicht auf das Problem gegenseitiger Verständigung reduziert, sondern den Raum der Unterschiede und Gemeinsamkeiten als ein gesellschaftliches Terrain erkennt, in dem Bewegungen entstehen, die sich gegen ihre Vereinnahmung wie gegen ihre Festschreibung, gegen ihre Integration wie gegen ihre Ausgrenzung zur Wehr setzen. In diesem inneren Widerspruch liegt die Chance, interreligiöse wie interkulturelle Bildung als Entgegensetzung zu verstehen, als dauernden Einspruch gegen das vermeintliche Wissen über den anderen. Es handelt sich um einen Ansatz, der sich gegen *Entfremdung* richtet, d.h. gegen die Tendenz, alles Fremde zum Verschwinden zu bringen und es zu beherrschen.

Lernprozesse des Befremdens

Interreligiöses und interkulturelles Lernen braucht Gegenstände, anhand derer es möglich wird, fremden Lebensverhältnissen und fremder Religiosität zu begegnen, ohne dass das Fremde sich als Projektionsfläche anbietet. Es bedarf erzählter Geschichten, die uns Vertrautes in den Fremdheiten dieser Welt und Fremdes in vertrauten Kontexten nahe bringen. Diese erzählten Geschichten können in Begegnungen zwischen Menschen unterschiedlicher Religionen ein drittes Element im Dialog bilden, ein Material, das zu keinem gehört. Bildungsprozesse geraten dadurch in Bewegung.

Beispielsweise können Filme einen medialen Zugang eröffnen, der es ermöglicht, sich mit einer künstlerisch bearbeiteten Geschichte zu konfrontieren und darin den Spuren des Fremden nachzugehen. Jenseits des gefälligen und die eigenen Bilder immer nur bestätigenden Mainstreamkinos sind in den letzten Jahren zahlreiche Kinoproduktionen entstanden, die Fremdheit auf eine anspruchsvolle Weise zum Ausdruck bringen. Sie gaukeln uns nicht vor, die Figuren, ihre Handlungen und Geschichten kennen und verstehen zu können. Sie wahren Distanz, eine Art Respekt vor den Fremdheiten in den Geschichten, die sie erzählen. Sie verweigern uns Zuschauern die Identifikation mit den Figuren. Aber der Abstand zu den Figuren und ihren Schicksalen erzeugt keine Gleichgültigkeit, sondern eher eine Anteilnahme ohne Aneignung. Solche Filme erzählen Geschichten fremder Menschen in uns fremden Kontexten, ohne diese Menschen zu Repräsentanten ihrer kulturellen Hintergründe zu machen. Schließlich erleben und erzählen die Figuren immer nur ihre spezielle Geschichte, auch wenn diese vielen anderen auch geschieht. Das Universelle ist in der Erzählstruktur individuell gebrochen. Bleibt man aufmerksam für die Vielfältigkeit der internationalen Filmlandschaft, kann man Filme entdecken, die Lernprozesse des Befremdens befördern. *In this World* von Michael Winterbottom ist so ein Film. Er erzählt die Geschichte zweier afghanischer Cousins, die sich von Peshawar in Pakistan bis nach London durchschlagen. Es ist eine Fluchtgeschichte in der heimatlosen Welt des Transits. Wir Zuschauer werden nicht in diese Welt hineingeführt, sondern sie bleibt uns auf eine unbehagliche Weise fremd, weil wir wissen, dass diese oder ähnliche Geschichten täglich »in this world« passieren – in einer Welt, die eine geteilte ist. Vermittelt über die filmische Konfrontation mit einer fremden Welt erfahren wir etwas über unsere eigene Welt, die wir nur aus begrenzten Perspektiven kennen (vgl. Messerschmidt 2003).

Nicht immer führen uns solche Filme auf ein anderes Territorium. Sie können auch im eigenen Land oder nebenan in Europa spielen. Die Perspektive derer, die nachts den Supermarkt putzen, ist uns mindestens so fremd wie ein unbekanntes Land. *Marie Line* von Mehdi Charef zeigt uns diese Arbeitswelt von Migrantinnen, über deren Nützlichkeit unser Ausländergesetz befindet. In *Blinder Passagier* von Ben van Lieshout wird aus der Perspektive derer, die illegal im Land leben und jeder Sicherheit wie auch jedes Rechts beraubt sind, ein fremder Blick auf unsere Gesellschaft geworfen – ein Blick, der nur deshalb fremd ist, weil die Erfahrung der Illegalität sicher eines der Tabus unserer sich sonst so tabufrei gerierenden Zeit ist. In *Black Dju Dibonga* von Pol Cruchten macht sich der 20-jährige Dju auf die Suche nach seinem Vater, der als Hafenarbeiter in Luxemburg lebt und nur einmal im Jahr zu seiner Familie auf den Kapverden kommt. Wir machen eine »guided tour« durch Luxemburg und sehen die Plätze der Wanderarbeiter, die Baustellen und Wohnheime, in denen alle nur mit dem Gedanken an einen anderen Ort leben. Es ist ein Film über Menschen, deren Stärken und Qualitäten in der Welt, in der sie leben, nicht gefragt sind. Sie sind Fremde und Außenseiter. Und doch sind alle diese Filme keine Anklage gegen die falsche Welt. Es geht nicht um Erfolg oder Scheitern, Rettung oder Untergang. Entscheidend ist die Lebenshaltung der Protagonisten. Sie widersetzen sich beinah sanft den Umständen, sie sind desillusioniert, aber weder zynisch noch resigniert.

Das Medium Film wird in Jugend- und Erwachsenenbildung oft eingesetzt, um damit Grenzen zu überwinden und den Abstand zu überbrücken zwischen den geteilten Welten. Ich meine aber, dass das Medium Film uns demgegenüber gerade mit dem Abstand konfrontiert und auf die Teilung der Welt verweist. Der Film lässt uns in unserer eigenen Zone zurück, in der privilegierten Zone der Zuschauer. Er konfrontiert uns mit einer Situation, in der nicht endlich alle Verschiedenheit in einem allgemeinen Multikulti aufgeht, sondern die eine Situation geteilter Welten ist und tiefer Gräben zwischen Arm und Reich, Süd und Nord. Allerdings kann die Teilung der Welt mitten durchs eigene Land hindurch gehen. Nirgendwo habe ich das deutlicher filmisch reflektiert gesehen als in *Nachtgestalten* von Andreas Dresen. Lakonisch erzählt Dresen von Überlebenskünstlern in Berlin. Eine Berliner Nacht wird zum Schauplatz kleiner und großer Nöte, Regelverletzungen und unkonventioneller Begegnungen. Für die meisten Menschen, die uns in dieser Nacht in Berlin begegnen, ist das Leben ziemlich mühsam, anstrengend und gefährlich. Dauernd verlieren sie etwas. Was sie gewinnen, ist nur ganz kurz und vergänglich. Für empfehlenswert halte ich zudem folgende Filme: *Little Senegal* von Rachid Bouchareb; *Ich kann nicht schlafen* von Claire Denis; *Ali Zaoua* von Nabil Ayouch; *What time is it there?* von Tsai Minh Liang. Dies ist nur eine Auswahl, die einen Einblick geben kann für die Bildungsarbeit mit Filmen im interkulturellen und interreligiösen Bereich.

Solche Filme können in Gruppenprozessen, die interreligiöse und interkulturelle Themen bearbeiten, die Wahrnehmung für Fremdheit schärfen und die Auseinandersetzung mit den eigenen Sehgewohnheiten und Interpretationen herausfordern. Sie sind Gegenstände außerhalb der Beteiligten und können gleichzeitig intellektuelle wie emotionale Ebenen in den gemeinsamen Lernprozess einbringen. Der populäre Ort des Kinos kann zu einem Lernort werden, wenn einerseits das Lernen *en passant*, jenseits der institutionalisierten Orte anerkannt wird und andererseits an diesen anderen Lernorten ein Raum für die Reflexion eröffnet wird. Dies ist nur ein möglicher Zugang, interreligiöse Bildungsprozesse zu initiieren, die sich auf Fremdes einlassen, ohne es als das Andere zu identifizieren und ohne es als Variante des Eigenen zu vereinnahmen.

Zum Weiterlesen

Bizeul, Yves/Bliesener, Ulrich/Prawda, Marek (Hg.), Vom Umgang mit dem Fremden. Hintergrund, Definitionen, Vorschläge, Weinheim 1997.

Frölich, Margrit/Messerschmidt, Astrid/Walther, Jörg (Hg.), Migration als biografische und expressive Ressource. Beiträge zur kulturellen Produktion in der Einwanderungsgesellschaft, Frankfurt a.M. 2003.

Nghi Ha, Kein, Ethnizität und Migration Reloaded. Kulturelle Identität, Differenz und Hybridität im postkolonialen Diskurs, Berlin 2004.

Mecheril, Paul, Einführung in die Migrationspädagogik, Weinheim/Basel 2004.

Oestreich, Heide, Der Kopftuchstreit. Das Abendland und ein Quadratmeter Islam, Frankfurt a.M. 2004.

Literatur

Bauman, Zygmunt, Moderne und Ambivalenz, Hamburg 1992.

Glissant, Edouard, Archipelisches Denken oder das Menschenrecht auf Undurchsichtigkeit, in: Haus der Kulturen der Welt (Hg.), Heimat Kunst, Berlin 2000, 17.

Jain, Anil K., Differenzen der Differenz: Umbrüche in der Landschaft der Alterität, in: Steyerl, Hito/Gutiérrez Rodríguez, Encarnación (Hg.), Spricht die Subalterne deutsch? Migration und postkoloniale Kritik, Münster 2003, 259-269.

jour fixe initiative berlin (Hg.), Wie wird man fremd? Münster 2001.

Mecheril, Paul, Politik der Unreinheit. Ein Essay über Hybridität, Wien 2003.

Messerschmidt, Astrid, Hybride Einsprüche: Anfragen an Interkulturelle Erwachsenenbildung im Zeitalter der Globalisierung, in: Seiverth, Andreas (Hg.), Am Menschen orientiert – Revisionen Evangelischer Erwachsenenbildung, Bielefeld 2002, 545-560.

Messerschmidt, Astrid, Postkoloniale Ansichten. Filme bewegen Bildungsprozesse, in: medien praktisch, 27 (2003), H.105, 73-76.

Scherr, Albert, Die Konstruktion von Fremdheit in sozialen Prozessen, in: Kiesel, Doron/Messerschmidt, Astrid/Scherr, Albert (Hg.), Die Erfindung der Fremdheit. Zur Kontroverse um Gleichheit und Differenz im Sozialstaat, Frankfurt a.M. 1999, 49-65.

Rommelspacher, Birgit, Dominanzkultur. Texte zu Fremdheit und Macht, Berlin 1995.

Simmel, Georg, Soziologie, Berlin 1968.

Wehlte, Christian, Die Kultur des Fremden, in: Schmied-Kowarzick, Wolfdietrich (Hg.), Verstehen und Verständigung. Ethnologie, Xenologie, interkulturelle Philosophie, Würzburg 2002, 36-48.

III. Zum Verständnis interreligiösen Lernens

Heinz Streib

Wie finden interreligiöse Lernprozesse bei Kindern und Jugendlichen statt? Skizze einer xenosophischen Religionsdidaktik

Der Beitrag diskutiert die Bedeutung von Fremdheit und Irritation in interreligiösen Lernprozessen bei Kindern und Jugendlichen. Beispiele aus der Praxis interreligiöser Kommunikation in der Schule werden vorgestellt und auf der Grundlage eines Modells religiöser Stile interpretiert. Als Zielrichtung interreligiösen Lernens wird für eine ›Kultivierung von Fremdheit‹ geworben.

Interreligiöse Lernprozesse und Fremdheit

Wie finden interreligiöse Lernprozesse statt? Religionslehrerinnen und -lehrer, so könnte man annehmen, sollten es wissen. Sie haben tagtäglich praktisch damit zu tun und sie verfolgen mehrheitlich, wenn man die Ergebnisse einer Studie unter über 2000 Religionslehrerinnen und -lehrern in Niedersachsen verallgemeinern darf (Feige u.a. 2000, für die im Folgenden präsentierten statistischen Ergebnisse 224f.), die Förderung ökumenischer und interreligiöser Dialogfähigkeit als Ziel ihres Unterrichts. Man kann dieses Ziel nicht hoch genug bewerten und sollte an die Mehrheit der niedersächsischen Religionslehrerinnen ein Lob aussprechen. Eingeschränkt wird dieses Lob allerdings durch die Antworten auf die Frage nach dem *Weg* interreligiösen Unterrichts. 40 % der Befragten aus Niedersachsen lehnen als Ziel ihres Religionsunterrichts ab, »bestehende Unterschiede zwischen den Religionen und Konfessionen deutlich aufzuzeigen«, und über 60 % wollen »in den Vordergrund stellen, was den Religionen gemeinsam ist«. Wenn diese Ergebnisse einen Trend anzeigen und verallgemeinerbar sind, lehnt mehr als ein Drittel der Religionslehrerinnen und -lehrer es ab, die Unterschiede zwischen den Religionen auch nur aufzeigen, fast zwei Drittel hingegen möchte nur die Gemeinsamkeiten betonen. Das ist in religionsdidaktischer Hinsicht zumindest fragwürdig. Fragwürdig ist die Bedeutung, die Irritation und Fremdheit in einem Konzept interreligiösen Lernens spielen sollen und können. Jedenfalls gehe ich davon aus, dass Erfahrungen von Fremdheit nicht heruntergespielt oder gar ignoriert werden sollten und die Religionspädagogik schlecht beraten wäre, wenn sie das alleinige Ziel verfolgen würde, Fremdheit zu minimieren oder zu beseitigen.

Dies ist der Blickwinkel, unter dem ich die Frage nach den interreligiösen Lernprozessen betrachten möchte. Meine, zunächst noch undifferenzierte These ist: Interreligiöse Lernprozesse finden statt *durch Erfahrungen von Fremdheit,* sofern Fremdheit ihr produktives Potenzial entfalten, d.h. Irritation und Erstaunen auslösen, Neugier und Wissbegier erwecken und Nachdenken, auch über das Eigene, inspirieren kann. Sattsam bekannt ist aber auch die andere Seite: Fremdheit kann Fluchttendenzen auslösen, Kommunikation erstarren lassen, Aggression schüren. Es gibt hier also viel zu lernen. Die damit zusammenhängende Zielrichtung interreligiösen Lernens soll mit der Formel von der ›*Kultivierung von Fremdheit*‹ beschrieben werden.

Zur Begründung der Vorbehalte gegen die Assimilation von Fremdheit an das Eigene kann auf Bernhard Waldenfels verwiesen werden (Wadenfels 1997). Das Fremde ist eine Herausforderung, ein Stachel, der sich an die eigene Identität nicht anpassen lässt und diese nicht bestätigt, vielmehr neue Einsichten freisetzt, einen Mehrwert besitzt.

»Das Fremde macht sich ... bemerkbar als ein Überschuss, der aller Fremdbetrachtung und Fremdbehandlung vorausgeht und über sie hinausgeht. Nicht nur die Reduktion von Fremdem auf Eigenes, auch der Versuch einer Synthese zwischen beiden gehört zu den Gewaltakten, die den Anspruch des Fremden zum Verstummen bringen.« (Waldenfels 1999, 50)

In genereller Übereinstimmung mit Bernhard Wadenfels nennt Yoshiro Nakamura (2000) die Assimilation des Fremden *Exotismus,* und kritisiert diesen als Ersetzung des ›erfahrenen Fremden‹ mit einem ›inszenierten Fremden‹, als ›Ersetzung von Fremdheit mit Andersheit‹ (Nakamura 2000, 72). Diese Kritik gewaltsamer Assimilation und Reduktion des Fremden eröffnet eine kritische Sicht auf Programme wie das von Theo Sundermeier (Sundermeier 1996), der auf ein Verstehen des Fremden zielt – auf Kosten der Begegnung mit dem ›unerwarteten Fremden‹, so Nakamura. Andererseits beinhaltet diese Kritik Nakamuras auch eine Würdigung und Präzisierung des Typus der *Komplementarität,* der in Ortfried Schäffters (1991) Typologie des Fremderlebens bekanntlich als vierter Modus den anderen Modi (das Fremde als Gegenbild, als Resonanzboden des Eigenen, als Bereicherung des Eigenen) gegenübersteht. Schäffters vierter Modus zielt darauf, die Erfahrung des unerwarteten Fremden offen zu halten, das nicht integriert oder assimiliert werden kann.

In dieser (radikal- oder neu-) phänomenologischen Perspektive wird ein Begriff des Fremden vorgestellt, der im Blick auf Lernprozesse – auf interreligiöse Lernprozesse – expliziert werden kann: die Erfahrung des Fremden als Herausforderung, als widerständiger Eigen-Sinn und als Anlass für Neugierde und Lernbegier. Weg und Ziel des so umrissenen interreligiösen Lernens bedürfen der Erläuterung. Die Schritte dieser Erläuterung nehmen ihren Ausgang in Praxisbeispielen aus der Schule, die Befremdung und Harmoniestreben aufzeigen. Die produktive Bedeutung des Fremden, wie diese in Beiträgen von Waldenfels und Nakamura herausgestellt wird, muss daher in einem weiteren Schritt daraufhin präzisiert werden, inwiefern sich daraus Prozesse der Entwicklung und des Lernens ableiten lassen. Abschließend kann die Praxis einer Religionspädagogik skizziert werden, die mit Be-fremden, Ver-fremden und Fremdheit kultivieren Zielbeschreibungen interreligiöser Lernprozesse inszeniert.

Be-fremdung und Harmoniestreben in der interreligiösen Kommunikation – drei Beispiele aus der Schule

Als Beispiele aus der Praxis der interreligiösen Kommunikation in der Schule habe ich drei Forschungsaufnahmen ausgewählt, die sich nicht allein nach dem Alter der Kinder und Jugendlichen voneinander unterscheiden, sondern unterschiedliche Reaktionen und Umgehensweisen mit der Irritation der Befremdung zu erkennen geben.

Der Ruf zum Gebet in einer Grundschulklasse

Das erste Beispiel ist die Videodokumentation einer Unterrichtsstunde einer dritten Grundschulklasse.[1] Knapp die Hälfte der Klasse sind Kinder aus türkischen Immigrantenfamilien. In Anlehnung an das *Gift-to-the-Child*-Material (vgl. Grimmitt u.a. 1991) wurde der Ruf des Muezzin zum Gebet als Eröffnungsimpuls eingesetzt. Nachdem die Lehrerin aus der vorangehenden Stunde verschiedene Signaltöne und deren Bedeutung in Erinnerung gerufen hatte, spielt sie die Tonaufnahme mit dem neuen Ton-Signal, von dem Kinder nicht vorausahnen konnten, dass es in einen religiösen Kontext gehört. Kaum sind die ersten Klänge des Rufs zum Gebet erschallt, da wird die Stille durch freudige Aufschreie durchbrochen, einige melden sich; sie haben eine Idee. Kurz darauf – die erste Sequenz ist noch nicht zu Ende – bricht die gesamte Klasse in schallendes Gelächter aus. Wir können dieses Lachen als Ausdruck von Fremdheit deuten. Besonders den nicht-muslimischen Kindern sind die Melodie und die Gutturale des Arabischen fremd. Es ist also nicht eigentlich die Fremdheit der fremden Religion, die diese Reaktion hervorruft, sondern die Fremdheit der Sprache und der Melodie dieses Rufs.

1 Die Aufnahme gehört zu einem Forschungsprojekt, das unter dem Titel »Fremdheit als Faktor in interreligiösen Wahrnehmungs-, Kommunikations- und Lernprozessen bei Schülerinnen und Schülern der Primarstufe« an der Forschungsstelle Biografische Religionsforschung an der Universität Bielefeld im Sommer 2003 durchgeführt worden ist.

Sekunden später macht in der Klasse ein Flüstergerücht die Runde, das man nur bei genauer Beobachtung wahrnimmt. Darauf lachen bei Ertönen der zweiten Sequenz nur noch wenige, bei der dritten Sequenz lacht keiner mehr. Was da geschehen ist, erfahren wir erst nach der Unterrichtsstunde: Die Warnung ging als Flüsterbotschaft durch die Klasse, beim Ruf zum Gebet ja nicht zu lachen. Eine Gruppe von Mädchen berichtet in einem der Simulated-Recall-Interviews ganz aufgeregt und durcheinander redend, dass muslimische Jungs ihnen erklärt hätten, dass den die Strafe des Allmächtigen träfe, der lacht, wenn der Ruf zum Gebet erschallt. Es kam auf dem Pausenhof gar zu Handgreiflichkeiten, durch die einige muslimische Jungs quasi etwas vom Jüngsten Gericht vorwegnahmen.

Die Interviews lassen erkennen, was in jenem Moment in der Klasse vorging. Das im ersten Moment noch offene, freie Spiel der Fremdheit wurde plötzlich unterbrochen. Es verbreitete sich die bleierne Last einer religiösen Angst in der Klasse, unter der das offene Spiel mit der Fremdheit der für die Hälfte der Klasse fremden Religion sich gar nicht mehr entfalten konnte. Stattdessen hat die Vertrautheit einiger weniger Kinder mit ihrer Religion dominant und unhinterfragbar die Szene bestimmt, und zwar so mächtig, dass die Kinder, die lachen mussten, diesem (fremd-)religiösen Druck nicht widerstehen konnten und, merkwürdig im Blick auf die eigentlich ›fremde‹ Religion, weder kritische Distanz noch Widerspruch wagten. Quasi als Krönung dieser Dominanz wurde der Wortführer der muslimischen Jungs zum Experten gekürt. Er durfte an die Tafel kommen und erklären wie Moslems ihre Religion praktizieren.

Wie finden interreligiöse Lernprozesse statt? Welche Lernprozesse haben zu Beginn dieser Unterrichtsstunde stattgefunden? Ein *hidden curriculum,* das seinem Namen alle Ehre macht und in der Tat zunächst so verborgen war, dass es weder die Lehrerin, noch die Mitglieder unseres Forschungsteams bemerkt haben, und das mit Straf- und Höllenangst operiert, hat sich als mächtiger erwiesen als der nach der *Gift-to-the-Child*-Konzeption geplante offizielle Lehrplan für den Beginn dieser Unterrichtsstunde. Der zunächst verborgene Lehrplan schob sich dominant über den offiziellen Lehrplan. Und wenn dabei irgendetwas gelernt wurde, dann dies: Wer, wenn auch unwissentlich, die Regeln des Islam übertritt, in diesem Fall: wer ungezwungen lacht, wenn der Ruf zum Gebet erschallt, den trifft die Strafe des Allmächtigen in Zeit und Ewigkeit. Als gelungener Prozess interreligiösen Lernens kann dies wohl nicht gelten. Und die Zielsetzung, bestehende Unterschiede zwischen den Religionen *nicht* aufzuzeigen und stattdessen nur die Gemeinsamkeiten zu betonen, hätte zumindest in dieser Unterrichtssituation fatale Folgen.

Eine Mennonitin und eine Muslima in der interreligiösen Kommunikation

Im zweiten Beispiel einer interreligiösen Kommunikation im Rahmen der Schule treffen zwei Schülerinnen aufeinander, die zwar nur unwesentlich älter sind, aber einen ganz anderen Stil der Kommunikation pflegen.[2] Die 9-jährige Mennonitin Kirsten und ihre 11-jährige Freundin Meltem aus einer islamischen Familie sprechen, obwohl sie als Freundinnen viel zusammen sind, anlässlich des Interviews zum ersten Mal so ausführlich über ihre Religion. Die beiden Mädchen erzählen von der religiösen Praxis in ihrer Familie. Regelmäßiger Gottesdienst- bzw. Moschee-Besuch gehört dazu. Zur religiösen Praxis gehören weiterhin Gespräche über Religion im Familienkreis. Meltem ist ganz begierig zu zeigen wie Moslems beten und macht dies auch vor laufender Kamera vor. Gegen Ende des Interviews entdecken die beiden Mädchen immer mehr Gemeinsamkeiten und geraten in ein engagiertes, harmoniesuchendes Wechselgespräch, in dem Übereinstimmungen herausgearbeitet werden und eine gemeinsame »Theologie« sichtbar wird: Die beiden Mädchen sind sich einig in der Ablehnung von Menschen, die von Gott nichts wissen wollen; beide lehnen es ab, eine Religion der anderen gegenüber als überlegen einzustufen; die Geschichten von der leibhaftigen Wiederkunft, dem Totenreich und dem Jüngsten Gericht wird in anschaulichen Details gemeinsam geschildert.

Wie finden interreligiöse Lernprozesse statt? Was wurde hier gelernt? Der auffälligste Lern- und Entdeckungsprozess liegt darin, dass es viele Gemeinsamkeiten zwischen Mennoniten und Moslems gibt; und dass es immer mehr Gemeinsamkeiten zu entdecken gibt, je intensiver man sich unterhält. Freilich darf als starker Faktor in diesem Prozess nicht außer Acht gelassen werden, dass die beiden Mädchen Freundinnen sind. Der Stil der Suche nach Übereinstimmung und Harmonie mag auch wesentlich mit dem Alter der beiden Mädchen zu tun haben. Eine Inszenierung brauchen diese beiden Mädchen jedenfalls nicht, um Gemeinsamkeiten ihrer familialen Religionen zu entdecken, allenfalls die Bereitstellung eines Raumes, in der diese Entdeckung sich entfalten kann. Schon eher könnte man fragen: Wie wird hier mit dem Stachel des Fremden umgegangen? Ist das alles, was wir religionsdidaktisch wünschen?

2 Aus einer Untersuchung der Lehr-Lern-Forschung im Rahmen eines meiner Seminare an der Universität Bielefeld liegen Videoaufnahmen von je zwei religionsverschiedenen SchülerInnen in der ausgehenden Grundschulzeit vor, die in Paarinterviews über ihre religiöse Verschiedenheit Auskunft geben. In meinem Beitrag Streib 2001, 129-149 habe ich eine Analyse dieser Kommunikationsprozesse vorgelegt.

Diskussion in einer Klasse 11 über die Frage »Existiert Gott?«

Ein drittes Beispiel stammt aus einem Hamburger Unterrichtsforschungsprojekt (publiziert in Knauth u.a. 2000; eine Analyse dieser Unterrichtsaufnahme ist auch in Streib 2001a enthalten), in dem Unterrichtsstunden in den Klassen 11 und 12 mit der Kamera aufgezeichnet und so Einblicke in die interreligiösen Dialoge im Klassenzimmer eröffnet wurden. Dabei kamen besonders die Dialoge der Schülerinnen und Schüler untereinander sowie die Verhandlung der religiösen Verschiedenheit ins Blickfeld. Nach der Stundeneröffnung mit der stummen Impuls-Frage »Existiert Gott?« geraten vor allem drei Schüler in heftige Diskussion: Andi, Sohn polnischer Immigranten, argumentiert von einem atheistisch-skeptischen Standpunkt. Özkan, dessen Eltern aus der Türkei stammen, bezeichnet sich selbst als Moslem und argumentiert pro Gottes Existenz. Schließlich mischt sich Vikko, der mit seinen Eltern aus Russland nach Hamburg gekommen ist, als dritter in die Diskussion ein. Vikko bezeichnet sich als Protestant und glaubt felsenfest an Gottes Existenz. Der Streit mit Argumenten wird lebhaft ausgetragen und, wie sich durch die Äußerungen im simulated recall bestätigt, mit heftigen unterschwelligen Aggressionen. Hochinteressant ist die interreligiöse Koalition, die zwischen dem türkischen Moslem und dem aus Russland stammenden Protestanten geschlossen wird, um dem ex-polnischen Atheisten Paroli zu bieten.

Wie finden interreligiöse Lernprozesse statt? Was ist hier gelernt worden? Die Schülerinnen und Schüler dieser Hamburger Klasse 11 scheinen von einer gewissen Selbstverständlichkeit der Fremdheit auszugehen und haben sich während dieses Unterrichts dieser Fremdheit ausgesetzt. Sie haben jedoch etwas dazugelernt oder vertieft: dass man über seine persönliche religiöse Einstellung bei aller Verschiedenheit offen sprechen und mit Argumenten diskutieren kann und dass sich dabei Koalitionen über die Religionsgrenzen bilden können – gute Voraussetzungen, ein guter Anfang für einen altersgemäßen Umgang mit interreligiöser Fremdheit, bei dem allerdings noch nicht ausgemacht ist, ob die interreligiöse Diskussion sich verhärten und erstarren oder sich kommunikativ verflüssigen wird, ob tatsächlich interreligiöse Lernprozesse stattfinden werden.

Im Vergleich der drei Beispiele fallen die Unterschiede ins Auge. Grundlegend verschiedene Umgehensweisen mit Fremdheit, grundlegend verschiedene Modi interreligiöser Verhandlungen werden deutlich: Die Kommunikation in der Hamburger Klasse 11 ist ein streitbarer, unterschwellig aggressiver Abtausch von Argumenten mit dem Ziel, den anderen zu überzeugen; Grenzen, ja Abgrenzungen werden argumentativ aufgerichtet. Im Paarinterview von Kirsten und Meltem dominiert die Suche nach Gemeinsamkeit; Fremdheit wird in Harmonie verwandelt. In der Bielefelder Grundschulklasse schiebt sich eine angstbesetzte, unangreifbare Religiosität über einen verborgenen Lehrplan in den Vordergrund und blockiert offene Lernprozesse; Be-

Fremdung wird erzeugt, die sich dominant, ja absolutistisch auswirkt, die der kommunikativen Verflüssigung entzogen ist und die eine direkte Bearbeitung in dieser Situation äußerst erschwert.

Es sind keine Musterbeispiele interreligiösen Lernens, die da zusammengestellt sind. Sie demonstrieren nicht die interreligiösen Lernprozesse, wie sie im philosophischen oder religionsdidaktischen Buche stehen. Vielmehr sind es mitten aus dem Leben gegriffene Situationen, die Licht darauf werfen, wie und unter welchen Bedingungen interreligiöse Lernprozesse tatsächlich stattfinden können, die jedoch dazu einladen, weiterzudenken und nach systematischen Zuordnungen zu suchen. Sie verweisen darauf, dass es Entwicklungsunterschiede und also auch Entwicklungs*notwendigkeiten* und Lernbedarf gibt. Drei Fallbeispiele machen freilich noch keine Theorie. Aber die These kann anhand der vorgestellten Fälle verdeutlicht werden, dass die Fremdheits-Erfahrungen und die Modi der interreligiösen Kommunikation von Kindern, Jugendlichen und Erwachsenen sich klar voneinander unterscheiden lassen und dass hierbei einerseits Stilunterschiede – und damit wahrscheinlich das Alter und die Klassenstufe – eine nicht unerhebliche Rolle spielen, andererseits aber auch funktionale und situative Bedingungen zum Tragen kommen. Beide dieser Bedingungen möchte ich im Folgenden entfalten.

Stile der inter-religiösen Verhandlungen – Grundlegung eines Lernprogramms

Die in den genannten Fallbeispielen erkennbaren unterschiedlichen Fremdheitserfahrungen und verschiedenen Modi interreligiöser Verhandlungen können im Rahmen eines Modells interpretiert werden, das ich im Anschluss an James Fowlers *faith development theory* (Fowler 1981) und die Arbeiten von Robert Selman (Selman 1980; Selman/Schultz 1988) auf der Grundlage meines Modells religiöser Stile (Streib 2001b; Streib 2005) entworfen habe und in Tabelle 1 vorstelle. Diese Tabelle detailliert nicht nur die Stadien oder Stile der interreligiösen Verhandlungen, sondern auch die Stile von Fremdheit und Vertrautheit. Die Unterschiede erscheinen so als Stadien einer optionalen Entwicklungsfolge, die ich, wie ich anderswo dargelegt habe (Streib 1997; Streib 2001b; Streib 2003), allerdings nicht als Stufenfolge im Sinne einer strikten strukturgenetischen Entwicklungslogik verstehe, sondern als stets verfügbare Stile, für deren Aktualisierung Faktoren wie funktionale Erwartungen und Bedürfnisse und situative Bedingungen eine entscheidende Rolle spielen.

Religiöse Stile (Streib 2001b)	**Stile der inter-religiösen Verhandlung**	**Stile der Fremdbegegnung**	**Stile der Vertrautheit**
Dialogisch	**Inter-religiös / dialogisch** Perspektivenwechsel, in dem die fremde Religion als Geschenk gesehen wird, das unbegreiflich ist, nicht objektiviert werden kann und darf, jedoch Anstöße zur Selbstkritik gibt	**Fremdheit als Widerstand und Herausforderung** Fremdheit der fremden (und der eigenen) Religion als Herausforderung, als Neugierde erweckender Widerstand, der einen ›Mehrwert‹ bietet	**Vertrautheit als Selbstheit** Vertrautheit als Bewusstsein des ›Selbst als ein Anderer‹ (Ricoeur 1996). Befremdungserfahrungen auch gegenüber der eigenen Religion
Individuierend-systemisch	**Explizit multi-religiös** Entweder »hart«-pluralistische Abgrenzung (wegen Inkompatibilität) oder (partielle) reflexive Assimilation der fremden Religion. Die Sorge um die eigene Identität steht im Mittelpunkt	**Fremdheit als Andersheit** Interpretation der Fremdheit der fremden Religion als Andersheit, als Objekt reflexiver Assimilation oder Abgrenzung	**Vertrautheit als Identität** Vertrautheit als reflektierte Identifizierung mit der eigenen Religion und selektive Identifizierung der fremden Religion mit der eigenen Religion
Mutuell	**Implizit multi-religiös** Entweder »weich«-pluralistische Suche nach Harmonie (Schönwetter- Kollaboration) mit der anderen Religion oder konventionsgeleitete Abwehr der fremden Religion	**Fremdheit als Dissonanz** Konventionelles, implizites Gefühl der Fremdheit gegenüber der anderen Religion, worauf mit Abwehr, Harmonisierung oder Exotismus reagiert wird	**Vertrautheit als Resonanz** Vertrautheit als Resonanz mit der anderen Religion – bei unerschütterlichem Festhalten an der Religion der eigenen Gruppe
Instrumentell-reziprok / ›Do-ut-des‹	**Imperialistisch mono-religiös** Inklusive oder exklusive Behauptung der Überlegenheit der eigenen Religion	**Fremdheit als xenopolemische Furcht** Erfahrung von und Reaktion auf Fremdheit der anderen Religion in xeno-polemischer Furcht	**Vertrautheit als unreflektierter Egozentrismus** und egozentrische Unterdrückung von Alternativen zur eigenen Religion
Subjektiv	**Xenophobisch mono-religiös** Verbale Einbahn-Direktiven (oder gar nonverbale Gewalt), um Zustimmung zur eigenen Religion zu erreichen	**Fremdheit als xenophobische Angst** Die fremde Religion, wie überhaupt alles Fremde, löst xenophobische Angst aus. Folgen: blinde Aggression oder Flucht	**Vertrautheit als egozentrische Alternativlosigkeit** ›Blinde‹ egozentrische Vertrautheit mit der eigenen Religion

In der Tabelle kann man zunächst die Stile interreligiöser Verhandlungen aus unseren Praxisbeispielen verorten: die egozentrische, monoreligiöse Variante interreligiöser Kommunikation, die zu Beginn der Unterrichtsstunde mit dem Ruf zum Gebet beherrschend wurde; den bei Meltem und Kirsten erkennbaren Stil der harmoniesuchenden, implizit multi-religiösen Kommunikation; und schließlich den reflexiven und autonomiesuchenden, explizit multi-religiösen Stil der Hamburger Klasse 11. Dieses Modell empfiehlt sich auf diese Weise als heuristisches Instrumentarium, um die verschiedenen Einstellungen, Kommunikations- und Verhandlungsstile zu deuten und einzuordnen. Aufgenommen wurde auch die von Hans van der Ven und Hans-Georg Ziebertz vorgeschlagene Differenzierung der Konzepte interreligiösen Lernens (Ziebertz 1994, 337; van der Ven/Ziebertz 1995), die ebenfalls heuristische Implikationen enthält; allerdings erscheinen diese Konzepte hier in größerer Trennschärfe, indem das mono- und multi-religiöse Konzept noch einmal differenziert und das interreligiöse Konzept präzisiert wird.

Dieses Modell skizziert über die Deskription hinaus auch eine präskriptive Linie, eine Hierarchie des Umgehens mit Fremdheitserfahrungen. Sie weist somit über den deskriptiv-empirischen Bereich hinaus in den Bereich des *Lernens*, indem sie nächste und übernächste Lernschritte aufzeigt. Der jeweils höhere Stil zeigt eine Entwicklungsmöglichkeit auf, ein Fortschreiten zu einem je angemesseneren Stil interreligiöser Verhandlungen. So ist ein implizit multi-religiöser Stil als Fortschritt zu bezeichnen gegenüber einem imperialistisch mono-religiösen Stil. Die Ablösung einer Schönwetter-Kollaboration im implizit multi-religiösen Stil durch den reflexiven, argumentativ vertretenen explizit multi-religiösen Stil stellt ebenso einen Fortschritt dar. Das Modell zeichnet so weit die Entwicklung zur Toleranz, besonders zur reflexiv gestalteten, als durchaus wünschbaren Entwicklungs- und Lernfortschritt, um dann immer noch eine weitere wünschbare Entwicklungsmöglichkeit aufzuzeigen: den Dialog.

Im dialogischen Stil interreligiöser Verhandlung jedoch ist Fremdheit nicht verschwunden. Sie ist keineswegs beseitigt oder aufgehoben. Im Gegenteil: hier spielt Fremdheit die größte, die ihr aus xenosophischer Perspektive zugeschriebene produktive Rolle. Hier ist der deutlichste Widerspruch enthalten zur – leider, wie eingangs gezeigt, auch unter Religionspädagogen/innen – nur allzu verbreiteten Ansicht, interreligiöses Lernen bedeute Fremdheit zu minimieren, das Gegensätzliche zwischen den Religionen zu ignorieren und stattdessen das Gemeinsame herauszustellen. Die Begegnung mit dem Fremden soll jedoch zum entwicklungsoffenen, kreativen religionspädagogischen Prozess werden, der »Kritik an gewohnten Sehweisen« ermöglicht (Zilleßen 1991). Weil also das Fremde und Geheimnisvolle in der Begegnung mit der fremden Religion zwar verunsichert und herausfordert, aber dies in produktiver Weise und mit einem unverzichtbaren *Überschuss*, kann *Kultivierung von Fremdheit* als anspruchsvolle religionsdidaktische Weg- und Zielbeschreibung gelten. Das oben vorgestellte Modell versteht sich als eine Wegskizze der Kultivierung von Fremdheit.

Auf Grund meiner bereits angedeuteten Skepsis gegen eine strikte strukturgenetische Entwicklungslogik, die bekanntlich von einer Ablösung und Aufhebung der vorangehenden Stufen durch die folgenden ausgeht, finde ich nun auch keinen Grund dafür, dass der Stil an der Spitze der Hierarchie nicht schon auf dem Niveau darunter liegender, früherer Niveaus als Entwicklungsoption offen steht, zumindest gesehen und ansatzweise verstanden werden kann. Von den Vorzügen eines dialogischen oder interreligiösen Stils nur darum zu schweigen oder Abstriche zu machen, weil eine Lerngruppe einen imperialistischen, mono-religiösen Stil an den Tag legt und als nächst höherer – und vermeintlich einzig erreichbarer – der implizit multi-religiöse Stil in der Entwicklungsskizze aufgeführt ist, wäre nicht nur ein Missverständnis des obigen Modells, sondern auch eine unzulässige Selbstbeschneidung der Religionspädagogik. Im Gegenteil: von den Vorzügen des Dialogs sollte vom Kindergarten, über die gesamte Schulzeit bis hin in die Erwachsenenbildung in leuchtenden Farben unterrichtet werden.

Fremdheit kultivieren! Zur Praxis einer xenosophischen Religionspädagogik

Die Zielrichtung interreligiösen Lernens, so habe ich bereits eingangs angekündigt, soll mit der Formel von der *›Kultivierung von Fremdheit‹* beschrieben werden. Wie kann dies in die Praxis umgesetzt werden? Es könnte praktisch werden in der Konzeption einer ›inter-religiösen‹ Religionsdidaktik, wie sie von Ziebertz und van der Ven vorgeschlagen wird (van der Ven/Ziebertz 1995), nämlich durch einen *Perspektivenwechsel.* Perspektivenwechsel, so haben die Autoren unbescheiden formuliert, bedeutet die »doppelte, reziproke Eigen- und Fremdinterpretation der eigenen und der anderen Religion« (van der Ven/Ziebertz 267). So attraktiv dieses Konzept ist – ich selbst habe den Begriff des Perspektivenwechsels ja auch in mein Modell aufgenommen –, Klärungsbedarf besteht darüber, ob diese Perspektivenübernahme kognitiv oder erfahrungsbezogen geschehen soll, und fraglich ist, ob und wann dieser Perspektivenwechsel zu einer intellektuellen und emotionalen Überforderung wird, aber problematisch ist die darin anvisierte objektivierende Perspektive. So weise der indianische Spruch auch sein mag, der dies erheblich einfacher, aber anschaulicher beschreibt: »Never judge a man until you have walked a mile in his mocassins« – mit Hans-Günter Heimbrock wird man kritisch fragen müssen, »Wie weit kommt man in den Mokassins eines Fremden?« (Heimbrock 1998). Es ist also zu fragen, was an einem solchen Vorgehen produktiv ist. Meine kurze, aber bedeutungsschwere Antwort: Das Produktive ist nicht zuletzt dies: *zu spüren, wo der Schuh drückt*.

Dies allerdings hat Konsequenzen für die Beschreibung des Wegs, der Methode interreligiöser Lernprozesse, denn es bedeutet: Nicht allein auf Objektivität zu setzen und Identifizierung zu inszenieren, sondern *Be-Fremdung* zulassen, zu kommunizieren, zu reflektieren. Religionsdidaktik, die das Ziel der ›Kultivierung von Fremdheit‹ anvisiert, und die man darum ›xenosophische Religionspädagogik‹ nennen könnte, kann sich weder mit Objektivierung in propositionalem Urteilen und Verstehen, noch mit der Inszenierung gleich-gültiger Empathie zufrieden geben. Sie wird vielmehr ihre fruchtbaren Momente in den Erfahrungen von Fremdheit sehen und diese zu inszenieren und zu begleiten versuchen. Sie wird, wie Dietrich Zilleßen formuliert, von der Hermeneutik zur Ästhetik fortschreiten und an Stelle des *Begreifens* das *Betasten* setzen und dazu anleiten. Es geht also nicht darum, den ›Stachel des Fremden‹ in einem chirurgischen Eingriff zu entfernen oder die Kontingenz des Fremden zu bewältigen, vielmehr: Fremdheitserfahrungen zu beachten und zu kultivieren, jedoch so, dass sie ihr produktives Potenzial entfalten können.

Das oben vorgestellte Modell hat den Anspruch, Lernschritte der Kultivierung von Fremdheit aufzuzeigen. Diese in den pädagogischen Alltag zu übersetzen ist keine leichte Aufgabe. Es bedeutet etwa auch, für solche Situationen, wie sie in den Fallbeispielen erkennbar geworden sind, eine Lernperspektive aufzuzeigen. Auf einige ausgewählte Voraussetzungen interreligiöser Lernprozesse im Sinne einer xenosophischen Religionspädagogik möchte ich hier abschließend die Aufmerksamkeit richten:

Höhere Stile der interreligiösen Verhandlungen, höhere Stile des Umgangs mit Fremdheit müssen bekannt sein, zumindest als hypothetische Möglichkeit; sonst können diese nicht beschritten, nicht angeeignet werden. Aus der Arbeit an Texten, aus Diskussionsrunden, am besten jedoch aus Geschichten sollten gute Gründe für einen gelungenen Dialog, für den argumentativ vertretenen Religionsvergleich, für Toleranz oder für eine vorurteilsarme interreligiöse Begegnung vor Augen stehen, damit diese Möglichkeiten dann auch ergriffen werden. Denken ist Probehandeln. Dabei können auch Beispiele, die Probleme und Schwierigkeiten interreligiöser Kommunikation aufzeigen, oder gar ausgesprochene Dilemmageschichten durchaus produktiv sein.

Wie unsere Fallbeispiele vermuten lassen, sind emotionale, funktionale und situative Bedingungen von großer Bedeutung für interreligiöse Lernprozesse. Äußerungen in den Simulated-Recall-Interviews in der Klasse, in der mit dem Lachverbot beim Ruf zum Gebet eine neue Hackordnung etabliert wurde, lassen vermuten, dass Pöbeleien zwischen Jungs und Mädchen schon vorher an der Tagsordnung gewesen sind. Wenige muslimische Jungs haben die Gunst der Stunde genutzt, um mit Religion zu dominieren. Ganz anders im Paarinterview mit Kirsten und Meltem. Die Mädchen hätten sich wahrscheinlich nicht oder allenfalls nur sehr begrenzt auf die Neuentdeckung interreligiöser Gemeinsamkeiten einlassen können, wenn sie nicht als Freundinnen einander ohnehin vertraut wären und einander gegenseitig verstehen und unterstützen wollten. Auch hat die entspannte Situation in einem Nebenraum und nicht im Klassenzimmer und damit ohne Klassenöffentlichkeit ihren Teil dazu beigetragen, dass die beiden Mädchen sich frei äußern konnten. Dies deutet auf wichtige Bedingungen für interreligiöse Lernprozesse: Interesse aneinander, entspannte Atmosphäre.

Transferleistungen aus benachbarten Domänen können sich anregend auf das interreligiöse Feld auswirken. Dass interreligiöses Lernen mit interkulturellem Lernen zusammenwirkt und beides sich gegenseitig inspiriert, leuchtet unmittelbar ein. Dass der Umgang mit der fremden Religion mit dem Umgang mit der eigenen Religion zusammenhängt, diese Einsicht ist nicht in gleicher Weise verbreitet. Nicht ohne Hintersinn habe ich neben die Stile der Fremdbegegnung die Stile der Vertrautheit gestellt. Besonders wenn man die Stile der Vertrautheit von oben nach unten liest, wird die Verschränkung der beiden Bereiche deutlich: Wer durch Befremdungserfahrungen mit der eigenen Religion bereichert worden ist, kann den Geschenk-Charakter der fremden Religion desto eher einsehen und begrüßen. Konsequent weitergedacht führt dies zu meiner letzten und abschließenden These, dass interreligiöse Lernprozesse nicht zuletzt dadurch in Gang gebracht werden, dass die eigene Religion differenziert betrachtet werden kann. Be-Fremdung heißt sowohl, dass die ›fremde Religion‹ fremd sein darf und bei aller verstehender Bemühung immer ein Geheimnis bleiben wird. Be-Fremdung heißt jedoch auch, dass die eigene Religion, die den Lernenden mehr oder weniger vertraut ist und bekannt zu sein scheint, ›fremd‹ werden darf – und dies aus pädagogischen Gründen. Verfremdung wäre demnach nicht allein ein Stilmittel in Literatur und Kunst, sondern auch für interreligiöse Lernprozesse in Betracht zu ziehen.

Zum Weiterlesen

Nakamura, Yoshiro, Xenosophie, Darmstadt 2000.
Waldenfels, Bernhard, Der Stachel des Fremden, Frankfurt a.M. 1990.
Waldenfels, Bernhard, Topographie des Fremden, Frankfurt a.M. 1997.

Literatur

Feige, Andreas/Dressler, Bernhard/Lukatis, Wolfgang/Schöll, Albrecht, ›Religion‹ bei ReligionslehrerInnen. Religionspädagogische Zielvorstellungen und religiöses Selbstverständnis in empirisch-soziologischen Zugängen, Münster 2000.

Fowler, James W., Stages of Faith. The Psychology of Human Development and the Quest for Meaning, San Francisco 1981.

Grimmitt, Michael/Grove, Julie/Hull, John M./Spencer, Louiser, A Gift to the Child: Religious Education in the Primary School (Teacher's Source Book), London 1991.

Heimbrock, Hans-Günter, Identifikation und Differenz – Wie weit und wohin kommt man in den Mokassins eines Fremden?, in: Heimbrock, Hans-Günter, Religionspädagogik und Phänomenologie. Von der empirischen Wendung zur Lebenswelt, Weinheim 1998, 112-129.

Knauth, Thorsten/Leutner-Ramme, Sybilla/Weiße, Wolfram, Religionsunterricht aus Schülerperspektive, Münster 2000.

Nakamura, Yoshiro, Xenosophie, Darmstadt 2000.

Ricoeur, Paul, Das Selbst als ein Anderer, München 1996.

Schäffter, Ortfried, Modi des Fremderlebens. Deutungsmuster im Umgang mit Fremdheit, in: Schäffter, Ortfried, Das Fremde. Erfahrungsmöglichkeiten zwischen Faszination und Bedrohung, Opladen 1991, 11-42.

Selman, Robert L., The Growth of Personal Understanding: Developmental and Clinical Aspects, New York 1980.

Selman, Robert L./Schultz, Lynn H., Interpersonal Thought and Action in the Case of a Troubled Early Adolescent. Toward a Developmental Modal of the Gap, in: Shirk, Stephen R., Cognitive Development and Child Psychotherapy, New York, London 1988, 207-246.

Streib, Heinz, Religion als Stilfrage. Zur Revision struktureller Differenzierung von Religion im Blick auf die Analyse der pluralistisch-religiösen Lage der Gegenwart, in: Archiv für Religionspsychologie 22 (1997), 48-69.

Streib, Heinz, Inter-Religious Negotiations: Case Studies on Students' Perception of and Dealing with Religious Diversity, in: Heimbrock, Hans-Günter/Scheilke, Christoph Th./Schreiner, Peter, Towards Religious Competence. Diversity as a Challenge for Education in Europe, Münster 2001a, 129-149.

Streib, Heinz, Faith Development Theory Revisited: The Religious Styles Perspective, in: International Journal for the Psychology of Religion 11 (2001b), 143-158.

Streib, Heinz, Variety and Complexity of Religious Development: Perspectives for the 21st Century, One Hundred Years of Psychology of Religion. Issues and Trends in a Century Long Quest, Amsterdam 2003, 123-138.

Streib, Heinz, Faith Development Research Revisited: Accounting for Diversity in Structure, Content, and Narrativity of Faith, in: International Journal for the Psychology of Religion 15 (2005).

Sundermeier, Theo, Den Fremden verstehen. Eine praktische Hermeneutik, Göttingen 1996.

van der Ven, Johannes A./Ziebertz, Hans-Georg, Religionspädagogische Perspektiven zur interreligiösen Bildung, in: Ziebertz, Hans-Georg/Simon, Werner, Bilanz der Religionspädagogik, Düsseldorf 1995, 259-273.

Waldenfels, Bernhard, Der Stachel des Fremden, Frankfurt a.M. 1990.

Waldenfels, Bernhard, Topographie des Fremden, Frankfurt a.M. 1997.

Waldenfels, Bernhard, Der Anspruch des Fremden, in: Renate Breuninger, Andersheit – Fremdheit – Toleranz, Ulm 1999, 31-51.

Ziebertz, Hans-Georg, Mono-, multi-, interreligiös? Religionen als religionspädagogische Herausforderung, in: Der Evangelische Erzieher 46 (1994), H. 4, 328-337.

Zilleßen, Dietrich, Das Fremde und das Eigene. Über die Anziehungskraft von Fremdreligionen, in: Der Evangelische Erzieher 43 (1991), H. 6, 564-571.

Jürgen Micksch

Interreligiöses Lernen und Institutionen

In zunehmend multireligiösen Gesellschaften betonen die verschiedenen Institutionen die Notwendigkeit interreligiösen Lernens. Feststellbar ist eine Diskrepanz zwischen Stellungnahmen und einer entsprechenden Praxis. Der Beitrag stellt Motive und Begründungen für diese Situation vor und benennt anstehende Aufgaben.

In modernen Industriegesellschaften gibt es eine zunehmend größer werdende Vielfalt von Religionen. Durch die internationale Migration, Flüchtlingsbewegungen und den wissenschaftlichen Austausch können die meisten dieser Gesellschaften als multireligiös bezeichnet werden. Eine Folge davon ist, dass von den verschiedensten Institutionen die Notwendigkeit des interreligiösen Lernens betont wird.

Durch interreligiöses Lernen ist es möglich, Gemeinsamkeiten und Unterschiede der Religionen besser zu verstehen und damit umgehen zu können. Dadurch soll zu einem friedlichen Miteinander der Religionen beigetragen werden.

Dieses Ziel findet bei den meisten Religionsgemeinschaften und den modernen Gesellschaften Unterstützung. Dies steht jedoch immer noch in Spannung zum tatsächlichen Verhalten der meisten Religionsgemeinschaften. Durch interreligiöses Lernen werden nämlich auch Fragen an die eigenen Positionen gestellt. Das führt bei vielen religiösen Persönlichkeiten zu Verunsicherungen und Ängsten.

Von daher ist es zu erklären, dass zwar in zahlreichen Stellungnahmen der interreligiöse Dialog befürwortet wird. Wenn er jedoch dann tatsächlich dauerhaft praktiziert wird, dann entstehen beachtliche Schwierigkeiten. Das hat tiefere Wurzeln.

Institutionelles Desinteresse

Religiöse Institutionen gehen davon aus, dass sie die ihnen vorgegebene Wahrheit zu bewahren haben. Diese Zielsetzung macht sie weitgehend resistent gegen die Weiterentwicklung ihrer Lehren. In Jahrhunderte langen Traditionen haben sich Religionen von anderen abgegrenzt und verschiedenste Vorurteile gegenüber anderen Religionen entwickelt und weitergegeben. Abgrenzungen gegenüber anderen Religionsgemeinschaften waren entscheidend zur Bildung der eigenen Identität. Wenn nun solche Vorurteile revidiert oder abgebaut werden sollen, dann entstehen Ängste: Es entsteht die Sorge, dass dadurch Kernaussagen der eigenen Tradition in Frage gestellt werden können.

Solche Mechanismen sind auf den verschiedensten Ebenen religiösen Lebens zu beobachten. Sie hängen mit den Konkurrenzen zwischen den unterschiedlichen Religionen zusammen. Sie sind aber auch Ergebnisse einer meist Jahrhunderte langen Geschichte, in der sich Theologen mit anderen Religionen befassten und ihre Lehren und Riten abgewertet und abgelehnt haben. Wenn daher religiöse Vertreter versuchen, solche tief sitzenden Vorurteile zu überwinden, treffen sie häufig in ihren eigenen Gemeinden auf erbitterten Widerstand.

Aus diesen Gründen ist bei den Religionsgemeinschaften ein institutionelles strukturelles Desinteresse am interreligiösen Lernen festzustellen. In öffentlichen Stellungnahmen wird dies allerdings gern verschwiegen.

Begründungen zur Verhinderung interreligiöser Lernprozesse nehmen in der deutschen Diskussion unterschiedliche Formen an:

Bei den Juden wird häufig und mit Recht betont, dass es nur wenige Gemeindemitglieder gibt, die überwiegend überaltert sind. Es wird die deutsche Geschichte angeführt, die ein interreligiöses Lernen erschwert. Es wird auf die Auseinandersetzungen zwischen Israel und Palästina hingewiesen, die Gespräche insbesondere mit Muslimen für viele unmöglich machen. Allerdings sollte nicht übersehen werden, dass wir in Deutschland angesichts der kleinen Zahl von Juden ein beachtliches Potenzial an eher liberalen Juden haben, die insbesondere bei christlich-jüdischen Gesellschaften aktiv sind.

Bei den Christen wird häufig argumentiert, dass erst noch die eigene Position zum interreligiösen Lernen entwickelt werden müsse. Erst wenn man hier weitergekommen ist, kann auf Dialoge mit anderen Religionsgemeinschaften zugegangen werden.

Bei Muslimen wird zutreffend hervorgehoben, dass es bis jetzt nur wenige ausgebildete und der deutschen Sprache mächtige Persönlichkeiten gibt, die für solche Dialoge vorbereitet sind. Erschwert wird das interreligiöse Lernen auch durch Unsicherheiten über die Hintergründe mancher islamischer Gruppierungen, die teilweise vom Verfassungsschutz beobachtet werden. Das führt zu Unsicherheiten im Miteinander der verschiedenen islamischen Gruppierungen wie auch zu einer Zurückhaltung bei den anderen Gesprächspartnern. Insgesamt ist jedoch die Bereitschaft von Muslimen ausgesprochen hoch, mit anderen Abrahamischen Religionen in einen Austausch einzutreten. Das ist auch die Folge einer Situation, in der sich Muslime durch Vorurteile und Diskriminierungen ausgegrenzt und geschwächt sehen.

Gesellschaftliche Erwartungen

Während sich die Verantwortlichen in religiösen Institutionen aus strukturellen Gründen dem interreligiösen Lernen eher verschließen, gehen gesellschaftliche Erwartungen in eine gegensätzliche Richtung. Zur Festigung des Friedens in der Gesellschaft wird erwartet, dass zwischen den Religionen ein gutes Miteinander entwickelt wird. In der Gesellschaft wird auch mit Recht davon ausgegangen, dass sich Vertreter religiöser Gemeinschaften durch Kompetenz in religiösen Fragen auszeichnen. Diese Erwartung wird in der Regel nicht erfüllt. In ihrer Ausbildung haben religiöse Führungspersönlichkeiten gelernt, sich von anderen Religionen abzugrenzen. Dadurch haben sie Vorurteile entwickelt, von denen sie selbst stark geprägt sind. Konkrete Begegnungen mit Vertretern anderer Religionsgemeinschaften haben sie in ihrer Ausbildung in der Regel nicht eingeübt. Das macht sie nun unsicher, auf andere zuzugehen.

Ich erinnere mich an schockierende Erfahrungen mit evangelischen Pfarrern, die auf Gemeindeversammlungen strikt abgestritten haben, dass Jesus (Isa) überhaupt im Koran vorkommt. Sie mussten sich von eigenen Gemeindemitgliedern und von anwesenden Muslimen eines Besseren belehren lassen und blieben bei ihren Behauptungen. Wo solche Unkenntnisse bestehen, verlieren religiös ausgebildete Persönlichkeiten an Ansehen und sind natürlich selbst kaum bereit, sich dem interreligiösen Lernen zu öffnen.

Die Gesellschaft hat ein Recht darauf, dass religiöses Lehrpersonal auch über andere Religionsgemeinschaften qualifiziert Auskunft geben kann. Durch das Selbstverständnis von religiösen Lehrern, dass sie selbst die Wahrheit verwalten, haben sie kaum eine große Bereitschaft, sich auf solche Lernprozesse einzulassen. Da die Ausbildung von Religionslehrern meist in monoreligiösen gesellschaftlichen Strukturen erfolgt, waren interreligiöse Kenntnisse bisher auch kaum erforderlich. Das hat sich verändert. In der religiösen Ausbildung ist dies in der Regel noch nicht korrigiert worden. Das trägt dazu bei, dass die religiöse Kompetenz dieser Lehrkräfte von der Gesellschaft in Frage gestellt wird.

Kritische Anfragen kommen aber in der Regel nicht aus den eigenen religiösen Gemeinschaften. Vielmehr entstehen sie durch Konflikte im kommunalen Bereich: Wenn z.B. eine Synagoge oder eine Moschee gebaut werden soll, wenn andersgläubige Kinder in den Kindergarten kommen, wenn fremde Religionsgemeinschaften um kirchliche Räume bitten oder wenn es um Inhalte im Religionsunterricht geht oder um die Einrichtung jüdischen oder muslimischen Religionsunterrichts.

Staatliche Verantwortung

Um des religiösen Friedens willen ist es eine Aufgabe von Gesellschaft und Staat interreligiöses Lernen zu fördern. Es hat sich bewährt, wenn sich der Staat nicht in religiöse Belange einmischt. Die Trennung von Staat und Religion sollte möglichst weitreichend sein. Allerdings hat sich gezeigt, dass laizistische Konzepte kaum durchzuhalten sind. So werden in der laizistischen Türkei über 80.000 Imame vom Staat bezahlt und durch eine vom Staat geprägte Anstalt für Religiöse Angelegenheiten beaufsichtigt. In Frankreich hat der laizistische Staat den Muslimen vorgeschrieben, einen Islamrat einzurichten und er hat gleichzeitig auch festgelegt, wer in diesem Gremium den Vorsitz übernimmt. Das wäre in Deutschland nicht denkbar. Hier hat sich die Distanz des Staates zu den Religionen bewährt, mit denen zu verschiedenen Fragen Dialoge stattfinden und Vereinbarungen getroffen werden, die ausgehandelt werden. In der Europäischen Union sollte diese Struktur beibehalten werden.

Die Förderung des interreligiösen Lernens sollte von Staat und Gesellschaft bewusst forciert werden. Darin sehen die Religionsgemeinschaften selbst keine vordringliche Aufgabe. Schon bisher hat es sich bewährt, dass von der Bundesregierung und von Landesregierungen Christlich-Jüdische Gesellschaften gefördert werden. In gleicher Weise geschieht das ansatzweise mit Christlich-Islamischen Gesellschaften. In der Koalitionsvereinbarung der rot-grünen Bundesregierung wurde im Jahr 2002 betont, dass interreligiöse Dialoge zur politischen Bildung gehören. Das ist eine richtige Erkenntnis, die bereits ansatzweise zur Förderung der interreligiösen Fortbildung beiträgt. So werden vom Bundesinnenministerium und der Bundeszentrale für Politische Bildung interreligiöse Fortbildungen für türkische Imame und Veranstaltungen Abrahamischer Teams gefördert, bei denen Juden, Christen und Muslime gemeinsam bei Veranstaltungen Rede und Antwort stehen.

Aufgaben

Für Staat, Gesellschaft und auch die Religionsgemeinschaften stehen verschiedene Aufgaben interreligiösen Lernens im Vordergrund:

a) In der Ausbildung von religiösen Lehrerinnen und Lehrern sind Kenntnisse anderer Religionen unverzichtbar. In den Prüfungsordnungen sollten diese Kenntnisse Berücksichtigung finden. In gleicher Weise sollte im Religionsunterricht an den Schulen ausführlich über andere Religionen informiert werden. Dabei ist »Lernen in der Begegnung« der beste Weg, sich selbst ein Bild zu machen, vorgefertigte Meinungen zu überprüfen und persönliche Beziehungen aufzubauen. »Besuche in Kirchen, Moscheen, Synagogen, Cem-Häusern und anderen religiösen Zentren und besonders die authentische Information von Angehörigen der verschiedenen Religionsgemeinschaften und der Dialog mit ihnen sind Bausteine für aktive Toleranz und wechselseitigen Austausch.« – So hat es der Interkulturelle Rat in Deutschland in einer Erklärung vom 27. Februar 2003 formuliert. »Erziehung zu Begegnung und Dialogbereitschaft ist in den Lehrplänen aller Bundesländer zu verankern (...) Schulbücher sind daraufhin zu überprüfen, ob sie auf wissenschaftlicher Basis entwickelt worden sind, ob sie frei sind von Vorurteilen und Stereotypen und ob sie ein authentisches Verständnis der Religionen und Kulturen vermitteln. In Schulbüchern des konfessionellen Unterrichts sollten die Kapitel, die andere Konfessionen und Religionen behandeln, von kompetenten Angehörigen dieser Konfessionen bzw. Religionen gegengelesen werden.« (Micksch 2003, 67) Nützlich für die Weiterbildung sind Angebote von Interreligiösen Beauftragten oder Islambeauftragten in Landeskirchen und Bistümern, Akademien oder CIBEDO.

b) Ein weiterer wichtiger Ansatz für interreligiöses Lernen sind gemeinsam gefeierte Feste. Für Juden ist es möglich, insbesondere zum Sukkot-Fest Persönlichkeiten anderer Religionsgemeinschaften einzuladen. Christen können in der Weihnachtszeit mit Muslimen zusammen feiern. In der islamischen Tradition ist es üblich, Nachbarn und Freunde in der Zeit des Ramadan einzuladen. Solche Gelegenheiten sollten systematisch ausgebaut und ritualisiert werden. Darüber hinaus gibt es Möglichkeiten, interreligiöse Gesprächsgruppen einzurichten, gemeinsame Informationsveranstaltungen durchzuführen, Ausstellungen zu erarbeiten. Im Rahmen der Interkulturellen Woche sind unterschiedlichste interreligiöse Veranstaltungen möglich, wie z.B. der Tag der Offenen Moschee am 3. Oktober, dem Tag der Deutschen Einheit. Möglich sind Besuche, Grußworte und Gratulationen bei besonderen Festtagen anderer Religionsgemeinschaften und gemeinsame Besuche in Synagogen, Kirchen, Moscheen, Cem-Häusern oder Tempeln, bei denen die jeweiligen Gruppen in den besuchten Einrichtungen willkommen geheißen werden. Es gibt viele Möglichkeiten für Interreligiöses Lernen, die interessant sind und besonders auch jungen Menschen Freude machen. Anregungen dazu gibt es insbesondere bei Tagungen Evangelischer Akademien (z.B. Arnoldshain, Bad Boll, Loccum) oder beim Koordinierungsrat der Christlich-Jüdischen Gesellschaften. Immer häufiger gibt es Begegnungen von Pfarrern und Imamen.

c) Für ein intensiveres Kennenlernen haben sich Abrahamische und Interreligiöse Teams bewährt, die jeweils aus Persönlichkeiten der unterschiedlichen Religionsgemeinschaften zusammengesetzt sind. Sie gehen gemeinsam in Schulen oder zu Veranstaltungen, stellen Positionen ihrer Religionsgemeinschaften zu bestimmten Fragestellungen vor und treten darüber in ein Gespräch ein. Bundesweit ist es möglich, genügend qualifizierte Persönlichkeiten zu finden, die an solchen Gesprächen teilnehmen (vgl. Artikel über Abrahamische Teams).

d) Die seit dem Jahr 2002 beim Interkulturellen Rat in Deutschland und der Groeben-Stiftung eingerichteten Islamforen auf Bundes-, Länder- und kommunaler Ebene sind eine besondere Möglichkeit für den interreligiösen Austausch. In den Islamforen kommt es zu einem kritischen und offenen Gespräch zwischen Persönlichkeiten mit muslimischer und nicht-muslimischer Tradition. Ihnen geht es um die alltäglichen Konflikte und Streitpunkte, die kontrovers debattiert werden mit dem Ziel, über verantwortliche Persönlichkeiten dazu beizutragen, Lösungen zu finden. Im engeren Sinne geht es dabei nicht um ein Interreligiöses Lernen, vielmehr um Bemühungen zu einer friedlichen Verständigung angesichts der praktisch auftretenden Konflikte und Missverständnisse. Es ist wichtig, dass bei diesen Islamforen auch Vertretungen anderer Religionsgemeinschaften anwesend sind, da ihre Erfahrungen oft ähnlich gelagert sind wie die der Muslime. Die Förderung dieser Islamforen ist eine wichtige Aufgabe für staatliche und gesellschaftliche Einrichtungen. Ohne ihre Präsenz und Vermittlung ist es schwierig, die unterschiedlichen Gruppierungen an einen Tisch zu bekommen.

Literatur

Das Deutsche Islamforum, Eine Antwort auf den 11. September, Frankfurt a.M. 2005.

Domay, Erhard (Hg.), Arbeitsbuch interreligiöse Gottesdienste und Veranstaltungen, Gütersloh 2001.

Micksch, Jürgen, Abrahamische und Interreligiöse Teams, Frankfurt a.M. 2003.

Udo Tworuschka

Lernen in den Religionen
Vom Lehren und Lernen religiöser Texte

In der Religionswissenschaft hat die Problematik der Religionsvermittlung bislang wenig Beachtung gefunden. Es geht dabei um Fragen nach: Wer unterweist und wen? Welche Inhalte werden mit welchen Zielsetzungen und Medien weitergegeben? Wo wird mit welchen Methoden und Führungsstilen unterwiesen? Die Fragen werden im Buddhismus, im Hinduismus, im Islam und im Judentum jeweils unterschiedlich beantwortet.

Religionswissenschaft und Religionsvermittlung

Definition

Die Religionswissenschaft beschäftigt sich mit den konkreten Religionen der Vergangenheit und Gegenwart. Dabei tritt dem Religionswissenschaftler Religion(en) immer als ein Ganzes mit verschiedenen Dimensionen entgegen: Gemeinschaft, Handlungen, Lehren, Erfahrungen. Die Erforschung der Religion(en) erfordert die angemessene Berücksichtigung der Beziehungen der Religionen zueinander, ihrer Vorstellungen voneinander, der politisch-ökonomisch-sozialen Determinanten *sowie ihrer vielfältigen Vermittlungen* (vgl. meinen Artikel »Forschungsstelle für religionsvermittelnde Medien« in diesem Handbuch). Über die (historischen) Modelle islamischer, jüdischer, hinduistischer, buddhistischer usw. Religionsvermittlung in Primärgruppen wie Familie, Lebensgemeinschaften (z.B. Kloster, Kibbuz) sowie in Gemeinde/Moschee/Sangha mit ihren normativen Leitvorstellungen (Köster 1986; dazu meine Rezension Tworuschka 1988a) hinaus, ist die faktische Erziehungswirklichkeit von Interesse.

Wenig hilfreich für die Frage nach dem Lernen in den Religionen sind die klassischen Religionsphänomenologien von Gerardus van der Leeuw (van der Leeuw 1956), Gustav Mensching (Mensching 1959/1966), Friedrich Heiler (Heiler 1961), Mircea Eliade (Eliade 1954), Kurt Goldammer (Goldammer 1960) und Geo Widengren (Widengren 1969), in denen die Vermittlungsproblematik allenfalls eine sehr untergeordnete Rolle spielt. Zwar interessierten sich die genannten Gelehrten für den »homo religiosus«, doch hatten sie dabei die (männlichen) »religiösen Virtuosen« im Blick: Stifter, Reformer, Lehrer (Mensching 1966, 107; van der Leeuw 1956, 757ff.), Mystiker, Propheten, Theologen. Kinder, Jugendliche und ihre Eltern, Lehrer, Erzieher sowie die damit verbundenen Probleme der Religionstradierung blieben unbeachtet. Allerdings hat Mensching 1964 »Zum Problem der konfessionellen Erziehung in der Schule« aus religionswissenschaftlicher Perspektive engagiert Stellung bezogen (Mensching1964, 350f.).

Fragenkatalog

Der folgende Fragenkatalog kann die Beschäftigung mit dem religionswissenschaftlich noch recht unerschlossenen Thema methodisch leiten.

Wer unterweist?
Eltern durch Vorbild zu Hause
Ausgebildete Spezialisten / Religionskundige (Professionalisierung)
– Meister-Jünger-Beziehung (Guru, Roshi, Pir)
– Lehrer-Schüler-Beziehung (Rabbiner, Pfarrer, Imam)
Modellhafte Unterweisung durch Stifter / Persönlichkeiten religiöser Autorität
Ausbildung der Spezialisten: wo, wie lange, durch wen, wie?

Wer wird unterwiesen?
Säuglinge – Kinder – Jugendliche (unterschiedliche Lebensphaseneinteilungen)
Mädchen – Jungen; von welchem Alter ab?
Besondere Initiationen?

Was wird unterwiesen?
Anleitung zum »richtigen« Leben in Familie / Gesellschaft (religiöse Grundgebote Sauberkeitserziehung / Verhältnis zu Eltern, Geschwistern, Alten, Mitmenschen, nicht-menschlicher Schöpfung) / Politik / Wirtschaft
Ritualpraxis: z.B. Gebetserziehung, Versorgung des Opferfeuers
Feste als Formen kollektiver Erinnerung
Heilige Schriften – als Ganze, auszugsweise, in nacherzählter Form[1]: Tora – Bibel – Koran – Pali-Kanon usw.
Traditionsliteratur (z.B. Hadithe)
Sind Curricula vorhanden?

Medien der Unterweisung
Printmedien: Bücher, Hefte, AV-Medien

1 Das Erzählen hat eine lange Tradition in der christlichen Unterweisung, und es gibt unterschiedliche »Erzähltheorien« (Ingo Baldermann, Helmuth Kittel, Walter Neidhart, Dietrich Steinwede u.a.). Das Erzählen ist aber auch in anderen Religionen nicht unbekannt (Tworuschka 1988b, 4-22; Tworuschka 1992).

Erziehungsziele

Erziehungstheorien der Religionen
– in heiligen Schriften
– Erziehungsschriften

Wo wird unterwiesen?

Familie
Heilige Stätten: Synagoge – Kirche – Moschee – Kloster
Unterschiedliche Schultypen (Bet ha-Midrasch, Cheder, Talmudhochschule im Judentum; Halqa / Kreis, Maktab / Schreiberschulen, Madrasa / höhere Schule im Islam; Ashram im Hinduismus; Kloster im Buddhismus)

Wie wird unterwiesen?

Modellhafte Formen der Unterweisung durch Stifter / religiöse Autoritätspersonen (Jesus und Buddha als »Lehrer«): Sutra (Lehrrede), Gleichnis, Predigt
Lehr- und Lernmethoden: Memorieren, Diskutieren usw.
Sozialformen (Einzelarbeit, Partner-, Gruppenarbeit usw.)
Aktionsformen: Erzählen, Theaterspielen (Purimspiele, Ramayana-Aufführungen, Passionsspiele bei Schiiten) Malen, Gestalten, Spielen, Singen, Feiern usw.

Führungsstile

Unterrichtsformen: Frage – Impuls – Besprechung – entwickelnde Unterrichtsformen
Die deutsche Religionspädagogik ist weitgehend auf die Reflexion der eigenen (evangelischen, katholischen) Religionstradierung ausgerichtet (Gärtner 1985; Paul 1993). Methodisch und inhaltlich weiterführend sind die ethnographischen und religionspädagogischen Arbeiten zum Hinduismus von Robert Jackson und Eleanor Nesbitt (Jackson 1989; 1994; 1996; Jackson/Nesbitt 1993; 1997).

Ausgewählte Religionstraditionen

Buddhismus

Über die Erziehungsvorstellungen des Buddhismus liegen allgemeine erziehungstheoretische (Braun-Rom 2001; Ven.Wijayarajapura Seelawansa Thero 1996; Gerlitz 2001), erziehungsgeschichtliche (Mookerji 1951; Suresa Candra Ghosa 2002; Keuffer 1991) sowie auf einzelne Länder bezogene Studien (Buddhist education 1961; Keuffer 1991; Bopearachchi 1994; Chandrangaam/ Iddhichiracharas 1980; Dhitiwatana 1984) vor.

Buddha als Lehrer

Buddha (»der Erwachte, Erleuchtete«) gilt als »Erhabener, Heiliger, Vollkommen-Erwachter«, als »Tathâgata« (»So-Gegangener«), als Arzt, aber auch als Lehrer. Bei seiner Verkündigung bediente er sich der »Lehrreden« (Sûtra). Sie enthalten Gleichnisse, mit denen Buddha die abstrakte Lehre verdeutlichte. Wenn in den Texten vom »Wunder der Lehre« die Rede ist, so »ist das Moment geheimnisvoller Hintergrundbezogenheit der Predigt Buddhas deutlich ausgesprochen; denn Buddha steht mit dem Numinosen in Gestalt des Nirvâna in unmittelbarster Verbindung. Das Wunder der Erleuchtung stellt jene Verbindung her; denn in ihr handelt es sich ja nicht um rationale Einsicht in gewisse metaphysische Sachverhalte, sondern eine numinose, impersonale Wirklichkeit wurde im Akt der Erleuchtung im Buddha real« (Mensching 2001, 79 f.). Buddha überredete niemanden zur Lehre, warnte gar vor voreiligen Übertritten. Er besaß die Gabe, andere Menschen zur Einsicht zu führen, sie also zu überzeugen. Je nachdem, welche Zuhörer er vor sich hatte, passte er seine Lehre ihrem Verständnis an. Wenn Buddha »unterwies«, so war dies eine Vorbereitung auf die verkündigende »Predigt«, bei der die Befreiung aus dem Leiden im Mittelpunkt stand.[2]

Lernen im Orden[3]

Dass Buddha selbst einen Mönchsorden gründete, um den herum eine Laienbewegung entstand, ist nach der Quellenlage zwar nicht sicher zu entscheiden, doch spricht einiges dafür. Der Sangha, die buddhistische »Gemeinde« im weitesten Sinne, setzt sich aus Mönchen, Nonnen sowie männlichen und weiblichen Laienanhängern zusammen. Eng gefasst, bezeichnet Sangha nur die Gemeinschaft der nach den Ordensregeln lebenden Mönche und Nonnen. Die Aufnahme in den Mönchsorden vollzog sich in zwei Stufen: Auf die Phase des »aus dem Haus in die Hauslosigkeit« gezogenen Novizen folgte die Vollordination als Bhikkhu (»Mönch«). 10 Jahre blieb der Neuordinierte von seinen Lehrern abhängig. Der Upâdhyâya (»Unterweiser«) belehrte den Ordinierten persönlich, während der Âcârya (»Lehrer«) ihm die Regeln und Zeremonien beibrachte, ihn über »die Liste der von den Mönchen zu befolgenden Regeln« instruierte. Neben dem Vinaya-Pitaka (»Korb der Ordensregeln«) gehörten auch Sûtras (Buddha-»Lehrreden«) und weltliche Wissenschaften zum Lehrstoff. Vor allem in den Klosteruniversitäten, die man erst nach einer Aufnahmeprüfung besuchen konnte, war dies der Fall. In Nâlanda (heutiger Bundesstaat Bihar), der größten Klosteruniversität des Mahâyâna-Buddhismus aus dem 5. Jahrhundert u. Z., gab es Schulen, Vorlesungshallen, Wohnquartiere und vielstöckige Bibliotheksgebäude. Die Schüler studierten nicht

---

2 Mensching weist darauf hin, dass Buddha und Jesus zwischen »Unterweisung und Verkündigung« (bzw. didaskein und keryssein) unterschieden (Mensching 2001, 85ff.).

3 Kieffer-Pülz 2000, 348f.

nur Mahâyâna-Schriften, sondern auch die Lehren der 18 Schulen, ja sogar die Veden und andere Aspekte des Brahmanismus. Außerdem gehörten Logik, Grammatik, Mathematik, Medizin zum Curriculum.

Religiöse Erziehung in Klöstern und Tempeln

Die pädagogische Grundversorgung wurde in den südostasiatischen Ländern ausschließlich von örtlichen Klöstern und Tempeln Gewähr leistet. Dabei gingen die Vermittlung von Kulturtechniken und »rechter« buddhistischer Lehre ineinander über. Der Unterricht über Lesen und Schreiben war Teil der religiösen Unterweisung. Der Sangha ist heute selbst noch in Ländern mit säkularen Regierungen für das geistig-religiöse Leben der Bevölkerung verantwortlich. Die Mönche vermitteln die Lehre, und die Laien haben die Pflicht, das Kloster zum Dank wirtschaftlich zu unterstützen. Jeden Morgen ziehen die Mönche durch die Straßen und lassen sich das Lebensnotwendige in ihre Almosenschalen legen. Insbesondere die Mönche in Sri Lanka, Myanmar und Thailand haben dazu beigetragen, ein relativ hohes Bildungsniveau zu entwickeln.

Bei tibetischen Kindern beginnt die Begegnung mit den Heiligen Schriften schon sehr früh[4]: Gruppenweise lernen Klosterkinder durch ständiges lautstarkes Wiederholen bereits auf den untersten Stufen die traditionellen Texte auswendig. Diese Praxis gehört neben Nachahmen, Erklären und Disputieren zu den klassischen tibetischen Lernmethoden. Die Texte enthalten Lehrgeschichten, Abhandlungen über die Entwicklung von Weisheit und Mitgefühl, über die Pûjâs (religiöse Feier, zu der die Rezitation liturgischer Texte, Rituale, Sakralmusik, Meditation gehört) und Sâdhanas (Meditation und Kontemplation). Einen hohen Stellenwert genießt das Studium der Prajnâpâramitâ, eine Sammlung von etwa 40 mahâyânabuddhistischen Sutras. Ihr Ziel ist die Verwirklichung von Prajnâ (»Weisheit«). Das daran anschließende Studium anderer Sûtra- und Tantra-Texte ist ausschließlich den ordinierten Mönchen vorbehalten. Die vermittelten Traditionstexte und Kommentare variieren von Khenpo (»Meister«) zu Khenpo.

Religiöse Erziehung in der Familie

Religiöse Erziehung in einer traditionellen buddhistischen Familie beginnt mit der Vermittlung einer devotionalen Einstellung. Eine Vorbildfunktion kommt dabei den in Übereinstimmung mit dem Dhamma (»Lehre«) lebenden buddhistischen Eltern (Klar 1975) zu. Sie vermitteln ihren Kindern die rituelle, religiöse und moralische Erziehung, zeigen den Kindern, wie man in angemessener Weise Blumen, Weihrauch und Kerzen vor den Buddha-Statuen darbringt. Die Kinder sollen im Respekt vor Buddha, seinem Dhamma und Sangha aufwachsen. Ihre Achtung vor Eltern und Lehrern bringen sie im

4 Die folgenden Informationen entnehme ich dem prachtvollen Bildband von Olvedi 1997.

Anschluss an die Fastenzeit durch Geschenke zum Ausdruck. In traditionellen myanmarischen Elternhäusern verlassen die Schulkinder morgens nicht das Haus, bevor sie sich nicht vor dem Schrein verbeugt haben, auf dem sich ein Buddhabild sowie Opfergaben befinden. Pädagogisch bedeutsam sind die Feste, in erster Linie die Uposatha-Tage. Sie bieten Gelegenheit, die Silas (»Tugendregeln«) zu üben. Jedes Kind soll die für Laien geltenden fünf Silas auswendig kennen, eventuell sogar in Pali. Einige der für die Laien gedachten Passagen des Anguttara-Nikâya (»Angereihte Sammlung«) sind ebenso Bestandteil der Religionserziehung wie der sich in den Ländern des Theravâda-Buddhismus besonderer Beliebtheit erfreuende Dhammapada, ein aus 426 Versen über die buddhistischen Lehrgrundlagen bestehender Text. Man erwartet von den Kindern, dass sie den einen oder anderen Vers dieser Sammlung auswendig können. Ein besonders wichtiger Text ist das Metta-Sutta, das die individual- und sozialethische Maxime des Buddhismus entfaltet und in dem zentralen Wunsch gipfelt: »Die Wesen alle mögen glücklich sein«. Einen besonderen Platz in der religiösen Erziehung nehmen Geschichten aus den Heiligen Schriften ein (Morgan 1998), allen voran die Jâtakas (»Geburtsgeschichten«). Diese Erzählungen handeln von früheren Leben des Buddha Shakyamuni, seiner Anhänger und Widersacher. Die insgesamt 547 Geschichten, Märchen oder Fabeln demonstrieren die Auswirkungen des Karma-Gesetzes. Buddha Shâkyamuni trug diese Geschichten oft selbst vor, die ihn in verschiedenen Daseinsformen vorstellen: als Prinz, Gottheit, Löwe, Hirsch u.a. In einer Jâtaka wirft sich Buddha einer Tigerin und ihren verhungernden Jungen zum Fraße vor. Die Jâtakas »illustrieren die moralischen Vollkommenheiten oder Ideale des Buddhismus, z.B. die Ideale der Großmütigkeit, des tugendhaften Verhaltens, des Verzichtes, der Fähigkeit, Menschen zu helfen, der Freundlichkeit und des Gleichmutes« (Morgan 1998, 38).

Buddhistische Werte werden außerdem am Vorbild bedeutender Schlüsselgestalten aus der Geschichte des Buddhismus vermittelt: Buddhas Lieblingsmönch Ânanda, der wohlhabende Gönner Anâthapindika, der den Jeta-Hain stiftete, Buddhas Tante Mahâprajâpatî Gautami, die auf ihren Neffen so lange einwirkte, bis dieser – widerwillig – einen Nonnenorden zuließ. Die buddhistischen Helden und Vorbilder demonstrieren, wie Menschen den Dharma verwirklicht haben.

Religiöse Erziehung in staatlichen Schulen

Das im Zuge des Kolonialismus eingerichtete staatliche Schulwesen drängte die Privilegien des Buddhismus zurück und ließ das alte Tempelschulwesen in den Hintergrund (z.B. auf Sri Lanka) treten. Seit vielen Jahren besteht jedoch in Sri Lanka und Myanmar wieder die Tendenz, die buddhistischen Klöster und Tempel erneut mit der Wahrnehmung der allgemeinen Schulbildung zu beauftragen (Benz 1963, 147ff.). In Thailand, das keine Kolonialgeschichte hat, wurde der Anteil der Tempel und Klöster am öffentlichen Bildungswesen weniger beschnitten. Die buddhistische Religion begegnet im staatlichen Schulwesen an verschiedenen Stellen, was exemplarisch am Beispiel der Sriwittayapaknam School für drei- bis 15-jährige Schülerinnen und Schüler in Samut Prakan demonstriert werden soll. Auf dem Schulgelände befinden sich wie Miniaturtempel aussehende »spirit houses« für den Schutzgeist des Landes. Schon vor Schulbeginn erweisen die Schüler ihm sowie dem Brahmā- und Buddha-Schrein ehrfurchtsvolle Verehrung. Manche bringen dem Schutzgeist Speiseopfer oder Blumengirlanden dar, um ihn um schulischen Erfolg zu bitten. Nach der morgendlichen Versammlung mit Nationalhymne sprechen die versammelten Schüler vor einem Buddhaschrein ein Gebet, das von einem älteren Schüler Zeile für Zeile vorgesprochen wird. In jedem Klassenzimmer befinden sich ein Bild des Königs, eine Buddhastatue sowie die Nationalflagge. An Freitagnachmittagen nehmen alle Schüler an einem ca. 20-minütigen Gebet auf Pali teil. Auch wenn sie diese Sprache nicht beherrschen, so werden sie im Laufe der Zeit mit den Texten ihrer heiligen Schriften vertraut. Danach meditieren sie für etwa 5-10 Minuten. Meditation gehört zum Kinder- und Schüleralltag vom Kindergarten an. Eine Stunde wöchentlich wird Religionsunterricht erteilt. Zu seinen Inhalten zählen die Geschichte des Lebens Siddhārta Gautama Buddhas. Seine Hauptgedanken u.a. auch zur Ethik werden anhand klassischer Texte expliziert. Gern werden Mönche eingeladen, um die Schüler moralisch zu belehren. Im Jahreslauf nehmen die Schüler an einer Reihe von buddhistischen Festen teil.

Hinduismus[5]

Das traditionelle Gurukul-System

Die »elitäre Bildungstradition« (Rothermund 1995, 339) Indiens war in alter Zeit auf die Brahmanen beschränkt. Aus brahmanisch-sanskritischer Sicht wird man Hindu erst durch die Initiation. Dadurch erfährt man seine »zweite Geburt« und wird zum »Zweimalgeborenen« (dvija): »für Männer die Geburt in den Veda und aus dem Veda, dem heiligen Wissen« (Michaels 1998, 85). In der vedischen Zeit wurden meist die Söhne von Priestern geweiht. Allerdings erwähnen vedische Texte auch Initiationen von Jungen aus anderen Gesellschaftsschichten, ja sogar Frauen. Ab ca. 500 v. u. Z. »wurde die formalisierte Weihe (*upanayana*) für alle höheren Stände ein Mittel zur Abgrenzung der Āryas gegenüber anderen in Indien beheimateten Bevölkerungsgruppen« (Michaels 1998, 87). Entsprechend der sich gegen Ende der vedischen Zeit verbreitenden Lehre von den vier Lebenszielen (*āshrama*) war der Knabe jetzt ein Brahmacarin (»Brahmanenschüler«). Er sollte etwa ein Jahrzehnt lang in der Gurukul, der »Familie des Lehrers«, die heiligen Schriften, insbesondere den Veda, auswendig lernen, keusch und asketisch leben.

Wichtige Impulse für eine verbesserte Erziehung und Ausbildung gingen

5 Van Dijk 2002.

von neohinduistischen Reformbewegungen aus, z.B. vom Rāmakrishna-Orden und seinen Āshrams. Die Klöster und Missionszentren dieser Bewegung leiteten 1982 vor allem im ländlichen Raum ca. 600 Bildungseinrichtungen unterschiedlichen Niveaus in Indien, die von über 100.000 Lernenden besucht wurden. Auf dem Hintergrund der Bildungsvorstellungen ihres Gründers Vivekānanda setzt man sich für eine ganzheitliche Erziehung von Kopf, Herz und Hand ein. Traditionell religiöse Ideale werden gepflegt, wie »Gehorsam gegenüber dem Lehrer, Fasten, Schweigen, Meditation im Sinne einer Gedankenkontrolle und Beherrschung der Gefühle« (Müller 1986, 122). Zu den bemerkenswerten Erziehungszielen gehört die Toleranz gegenüber anderen Religionen (vgl. Mensching 1996). Während der Morgenandachten wird u.a. auch aus Schriften anderer Religionen rezitiert. Auch für die Râmakrishna-Bewegung ist das Gurukul-System Vorbild.

Religiöse Erziehung durch Geschichten

In der religiösen Erziehung spielen Geschichten aus den Heiligen Schriften der Sanskrit-Tradition und regionaler Überlieferungen eine beträchtliche Rolle. Große Popularität genießen die beiden Epen Rāmāyana (»Lebenslauf Rāmas«) und Mahābhārata (»Großes Indien«). Sie werden nicht als Offenbarungsliteratur (Shruti) verstanden, sondern gelten als »autoritative Erinnerung« und »Tradition« (Smriti). Heldentum, brüderliche bzw. eheliche Treue, Pflichterfüllung sind Ideale des Rāmāyana. Bis heute übt es großen Einfluss auf die Gläubigen aus. Oft ist das Rāmāyana für viele (insbesondere unterkastige) Hindus bzw. »Unberührbare« das einzige Buch, das sie jemals gesehen bzw. gehört oder in Theaterdarbietungen erlebt haben. Die beiden Epen werden oft in Theateraufführungen, in sog. Līlās (kleine Theaterstücke), aufgeführt. Ähnliches gilt für die Bhagavadgītā (»Gesang des Erhabenen«), das bedeutendste Dokument der vishnuitischen Religionsgemeinschaft der Bhagavatas, entstanden im Zeitraum vom 2. Jh. v. u. Z. bis 2. Jh. u. Z. Die Gītā (»Gesang«) hat einen hohen Stellenwert für die praktische Frömmigkeit vieler (städtischer) Hindus – über die Vishnu-Gläubigen hinaus. Für die in den Dörfern lebenden Hindus dagegen ist die Gītā von geringerer Bedeutung. Bei ihnen steht das Bhagavata Purāna, das »Purāna der Anhänger des Erhabenen [Vishnu]«, das sich mit dem Leben Krishnas befasst, im Mittelpunkt. Für die Gebildeten besaß die Gītā schon von Anfang an autoritative Geltung, war sie doch eine der drei Schriften – neben den älteren Upanischaden und den Brahma-Sūtras –, die von den Vedânta-Gläubigen als Grundlage anerkannt war. Die erstaunliche Popularität der Gītā in Indien wie im Westen geht erst auf die 1880er-Jahre zurück. An vielen Orten Indiens werden heute Gītā-Stunden in kleinen Zirkeln abgehalten. Daneben gibt es Massenveranstaltungen mit Gītā-Vorträgen. Nicht nur bedeutende Hindu-Intellektuelle, auch nicht im eigentlichen Sinne Fachleute (Beamte, Industrielle usw.) verfassen Gītā-Kommentare. Die Bhagavadgītā wird von Hindus nicht nur als Heilige Schrift rezipiert und in Form von Zitaten oder größeren Abschnitten in den Pūjas verwendet. Sie wird auch visuell vermittelt, als Buchillustration, auf religiösen Bildern: Wandmalereien in Tempeln, Divāli-Grußkarten, Kalenderblättern usw.

Zu weiteren wichtigen religionsvermittelnden Medien der heiligen Hindu-Schriften gehören neben Rezitation und Dramatisation noch andere Bereiche der Kunst: Religiöse (Wand-)Malereien mit mythologischen Themen, Bildergeschichten auf Bilderrollen, die der Unterhaltung und der religiösen Belehrung dienen. Seit Jahrhunderten ist in Indien die »Tradition der wandernden Bild-Erzähler« (Jain-Neubauer 1995) bekannt.

Islam[6]

Das Streben nach Wissen, Halqa, Maktab und Madrasa

Dem Streben nach »Wissen« (ilm), ein im Koran zahlreich belegter Begriff[7], kommt im Islam seit seinen Anfängen sehr große Bedeutung zu. Ilm meint ein über das Alltagswissen hinausgehendes religiöses Wissen, das dazu hilft, die religiösen Pflichten zu erfüllen und »zu einem friedvollen Tode und einem seligen Leben im Paradies« (Schimmel 1995, 176) führt. Mohammed selbst hatte muslimischen Männern und Frauen das Streben nach Wissen (talab al-ilm) als religiöse Pflicht auferlegt. Auf ihn geht die noch in heutigen Koranschulen verbreitete Halqa-Praxis zurück: Mohammed saß in einem Kreis (halqa) auf derselben Ebene mit den anderen Musliminnen und Muslimen und beantwortete ihre Fragen. Die Zuhörenden wiederholten, zum Teil mehrmals, die Antwort. Aus solchen Koranzirkeln entwickelten sich im Laufe der Zeit die Institutionen Maktab (bzw. Kuttāb) und Madrasa.

In den »Schreiberschulen« (Maktab, Kuttāb) lernten die islamischen Kinder auf der Grundlage des Korans Lesen und Schreiben. »Damit vermischten sich zwei Zuständigkeitsbereiche: Schreiberschulen als ein Ort, wo vorrangig kulturtechnische Grunderziehung betrieben wird, und Koranzirkel als Ort der Glaubenserziehung. In den Maktabs sollte man nicht nur lesen und schreiben lernen, sondern auch Glaubensinhalte und Pflichtenlehre vermittelt bekommen. Dies erhöhte den Rang der schreibkundigen Koranlehrer. Die Lernkreise um diesen Koran- und Schriftgelehrten nahmen zunehmend den Charakter einer Art öffentlichen religiösen Grundschule an.« (Heidari 1998, 89) Die Maktab-Kuttāb-Schule vermittelte die religiösen Grundpflichten sowie einige ausgewählte Suren, die für die Verrichtung des rituellen Pflichtgebetes erforderlich waren. In den nicht-arabischen Gebieten des Islam stand dagegen das Erlernen des Arabischen als Fremdsprache im Mittelpunkt der Grundschul- und Religionserziehung. Madrasas (»Ort, an dem man studiert«), zunächst

6 Lehnert 1993; Heidari 1998; 2001.

7 Als nomen constructum 60 Mal, in anderen Kombinationen und als Verb ebenso oft. Vgl. Banki, Farsin, Sozialer Wandel im Spiegel islamischer Bildung in Iran, in: http://www.banki.ch/person/publication/sowa_final_fn.pdf.

»erweiterte religiöse Grundschulstätten«, entwickelten allmählich einen »gesamtschul-sowie gesamthochschulartigen Charakter« (Heidari 1998, 90).

Moscheeunterricht

Jede größere Moschee besitzt eine Koranschule, in der die wichtigsten glaubenspraktischen Inhalte (Pflichtgebet, Waschungen usw.) sowie der Koran in arabischer Sprache vermittelt werden. Ein des Arabischen kundiger Vorbeter sorgt dafür, dass die Betenden die verschiedenen Teile des Gebets gleichzeitig ausführen. In kleinen Gemeinden werden Vorbeter formlos gewählt, während die Vorbeter an großen Moscheen heute meist eine theologisch-juristische Ausbildung genossen haben. Sie nehmen neben der Leitung der Gebete weitere religiöse und rechtliche Aufgaben wahr. In Deutschland übt der Prediger das Amt des Imam aus. Er ist auch zuständig für die religiöse Erziehung der Kinder. Ein klassisches Dokument für den Koranunterricht sind die Kindheitserinnerungen des ägyptischen Schriftstellers Tāha Hussain (Hussain 1929). In klassischer Zeit waren die Koranschüler zwischen sechs und 18 Jahre alt. Heute leitet man sogar bereits Vier- bis Fünfjährige dazu an, den Koran zu erlernen. Wenn die erste Lektion – meist zu Hause – stattgefunden hat, wird oft ein Fest gefeiert. Üblicherweise steht am Beginn des Koranunterrichts das Erlernen der 96. Sure, die dem Propheten Mohammed als Erste offenbart wurde. Diese Sure unterstreicht die Bedeutung des Rezitierens sowie des »Gebrauchs des Schreibrohres« (bzw. des »Geschriebenen«). Gott erscheint als Lehrender, der den noch unbelehrten Menschen unterrichtet, ihn belehrt. Zusätzlich zum Koranstudium werden heranwachsenden Kindern und Jugendlichen die religiösen Pflichten beigebracht (Abdullah 1979, 9f.). Zum Grundbestand koranischer Texte, die jedes islamische Kind kennt, zählen sodann die erste Sure, die Sūra al-Fātiha, die »Eröffnende«. Weitere Kerntexte des Korans sind die 112. Sure, die Sūra al-Ikhlās (»der aufrichtige Glaube«), die als Basis für das ethische Verhalten der Muslime gilt.

Zu den wichtigsten *Werten*, die islamischen Kindern vermittelt werden, zählt der koranische Grundsatz »Gutes gebieten und Schlechtes verbieten« (3, 110). Ein Muslim soll niemandem Schaden zufügen und sich bemühen, dem Guten zur Geltung zu verhelfen. Ehrlichkeit, Aufrichtigkeit, Zuverlässigkeit sind ebenso islamische Tugenden wie Strebsamkeit und Arbeitsamkeit. (Tworuschka, Monika 1985, 64-84) Das Vertrauen auf Gott soll zu innerer Zufriedenheit und Geduld führen. Die zum Wohle des Menschen erlassenen Gebote Gottes dienen als Richtschnur für ein auf Gott hin ausgerichtetes heilvolles Leben in psychischer und physischer Hinsicht. (Tworuschka, Monika 1985, 69-90; Klöcker/Tworuschka 2005) In der islamischen Werteerziehung spielen die Hadīthe[8] eine große Rolle: Entscheidungen, Handlungen und Aussagen

8 Zu den im deutschsprachigen Raum beliebten Hadithsammlungen gehören u.a.:

Mohammeds und anderer frühislamischer Autoritäten. Muslime ziehen Hadīthe heran, wenn sie eine Handlungsweise rechtfertigten wollen. Abgesehen von Hadîthen über vorbildliche Handlungen und Belehrungen des Propheten gibt es Hadîthe über die Handlungen der Zeitgenossen Mohammeds und der nächsten Generation, von denen vorausgesetzt wird, dass der Prophet sie gutgeheißen hätte. Ein Hadīth kann rechtliche Anweisungen, Empfehlungen oder einfach Polemiken enthalten. Islamische Vermittlungsliteratur hebt den Einsatz für Natur und Mitmenschen hervor. Muslime werden als Menschen charakterisiert, die sich aktiv, sogar unter Einsatz ihres Lebens, einsetzen. Den folgenden Korantext lernen schon Kinder im Grundschulalter kennen: »Gott verändert nicht den Zustand eines Volkes, bis es sich nicht selbst ändert« (13, 11). Geduld und Standhaftigkeit im Glauben sowie Treue zu Mohammed sind groß geschriebene Werte.

Wie im Buddhismus, so dienen auch in der islamischen Vermittlungsliteratur Geschichten frommer Religionsvertreter – der vielen namenlosen wie auch »Heldengestalten« vom Range der Frau Mohammeds, Khadīdja, und seiner Tochter Fātima – dazu, islamische Ideale zu personalisieren: Aufrichtigkeit, Gerechtigkeit, Einsatz gegen Unterdrückung und Armut, Liebe und Hilfsbereitschaft und Brüderlichkeit zwischen den Muslimen.

Quellen islamischer Religionsvermittlung

Ursula Mihciyazgan hat auf die unterschiedliche Bedeutung von Koran und Hadīth im (schriftlich tradierten) »Hochislam« und (mündlich tradierten) »Volksislam« hingewiesen. »Die Hadisen des Volksislam sind (...) nur zu einem geringen Teil identisch mit den (»echten«) Hadithen im Hochislam. Demzufolge unterscheiden sich volks- und hochislamische Handlungsorientierungen zum Teil erheblich. Ebenso hat der Koran unterschiedliche Bedeutungen: Während er im Volksislam (fast ausschließlich) rituelle Funktion hat und einer Interpretation nicht offen steht, wird er im Hochislam (von Professionellen) auf der Grundlage der Sunna interpretiert. Daraus folgt, dass im Hochislam nur diejenigen ›Zugang‹ zum Koran haben, die die Sunna studiert haben, die Islam-Theologen, während im Volksislam keine Notwendigkeit zur Interpretation der Koransuren gesehen wird.« (Mihciyazgan 1994, 197) Der Prozess der »Hochislamisierung« führt in Deutschland dazu, dass »in einigen, nicht in allen Moscheevereinen (...) systematisch der Aufbau eines neuen, hochislamischen Wissensbestandes vorangetrieben (wird). Dies erfolgt nicht in den Freitagspredigten, sondern vor allem in Schulungsseminaren, die von Theologen abgehalten werden. Und die Geschulten wirken wiederum als Multiplikatoren im Alltag, die anderen, auch ihren Kindern,

---

Worte des Propheten 1983; Allahs Gesandter hat gesagt 1984; Sunna des Propheten 1994.

erzählen, was ›falsch‹ und was ›richtig‹ ist« (Mihciyazgan 1994, 201). Die Rolle, die der Koran bei diesen Vermittlungsprozessen spielt, ist ein bislang noch nicht hinreichend erforschter Untersuchungsgegenstand.

Der Tradierungsprozess innerhalb islamischer Familien sowie in verschiedenen Organisationen und ihren Moscheen bedient sich spezifischer religionsvermittelnder Medien (Printmedien/AV-Medien). Auch wenn nur ein kleiner Teil der in Deutschland lebenden Muslime in Verbänden organisiert ist, kommt der sich dort vollziehenden Religionstradierung große Bedeutung zu. Die einzelnen Verbände publizieren eine kaum noch zu überschauende Menge religionsvermittelnder Medien. Weder in der Religionsgeschichte und in der Islamwissenschaft, noch in der interkulturellen Pädagogik bzw. Religionspädagogik haben diese Medien der Religionsvermittlung hinreichende Aufmerksamkeit gefunden.

Neben schulbezogener Literatur sind folgende Mediengattungen von besonderem Interesse:

- Übergangsriten-bezogene Literatur (für Geburt/Namengebung, Beschneidung, Eheschließung, Sterben/Tod/Bestattung) für die Gläubigen sowie entsprechende Handbücher für die Religions-Vermittler.
- Gebets- und Meditationstexte (Freitagspredigten, Predigten bei anderen Anlässen usw.).
- Ratgeber-Literatur für Erwachsene, in der Erziehungsfragen behandelt werden sowie Grundinformationen und spezielle Hinweise zu folgenden Themen enthalten sind: Familie, Gesellschaft, Wirtschaft, Staat, Kultur, andere Religionen (insbesondere Christentum). Erörtert werden auch unmittelbar lebenspraktische Fragen: u.a. Essen und Trinken, Wohnen, Gesundheit, Krankheit, Leiden und Tod. Erhebliche Bedeutung besitzen Informationen über Glaubensinhalte (»Katechismen«, Prophetenbiografien, Lern- und Lesebücher über Grundlagen des Islam), über die verschiedenartigen Regeln und Vorschriften betr. der Glaubenspraxis (Fetwas/Rechtsgutachten, Traktakte, Broschüren, Reden zum Thema »hajj«/Wallfahrt nach Mekka usw.). Auch die spezielle Ratgeber-Literatur für Frauen ist zu erfassen. Die in der Bundesrepublik Deutschland vertretenen mystischen Orden veröffentlichen einschlägige Literatur insbesondere über das Leben ihrer Stifter, deren Werke und über die bei den Meditationen benutzten Texte (evrad).
- Religiöse Kinder- und Jugendliteratur, zu der neben narrativen Texten (Kurzgeschichten, fesselnde Erzählungen, Romane, musterhafte Lebensbeschreibungen usw.) insbesondere auch Hinführungen zu Inhalten und Praxis des Glaubens (Beispiel: »Religionsbuch für moslemische Kinder« bzw. »Muhammad. Geschichte des Propheten« u.a.) gehören sowie Ratgeberliteratur.

Die religionsvermittelnden Medien treten in unterschiedlichen Textformen auf, wobei generell zwischen Printmedien und AV-Medien zu unterscheiden ist: Einladungen (Handzettel/Plakate u.Ä.), Faltblätter, Kleinschrifttum (Hefte, Broschüren ...), Bücher, Periodika (Zeitungen, Zeitschriften ...).

Zunehmend bedient sich die Religionsvermittlung auch im Islam nicht mehr nur der klassischen Printmedien, sondern auch anderer Mediensorten: Videos und Audio-Kassetten (z.B. der Freitagspredigten), CD-ROM, mediale Interaktivitäten. Die Sammlung und systematische Erforschung religionsvermittelnder Medien stellt religionsgeschichtliches Neuland dar und wird in der »Forschungsstelle für Religionsvermittelnde Medien« in Jena betrieben[9] (siehe Tworuschka in diesem Band).

Judentum

»Und ihr sollt sie lehren eure Kinder« – so lautet die Aufforderung Dtn 11,19. Traditionell bezog man diese Anweisung ausschließlich auf die Söhne. Es war Aufgabe der Frau, ihre Söhne zum religiösen Studium anzuleiten. Der Gedanke des unablässigen, lebenslangen Lernens ist für das Judentum[10] bedeutsam. Der Talmud unterstreicht an zahlreichen Stellen die Wichtigkeit des Lernens: »Die Welt hat nur Bestand wegen des Hauches der Schulkinder« (Schabbath 119b). Oder an anderer Stelle: »Man halte Schulkinder nicht vom Unterricht zurück – auch nicht zum Zweck des Tempelbaus« (Jeb 1b). Es wird sogar für möglich gehalten, durch das Lernen die Ankunft des Messias zu beschleunigen (Sanhedrin 99b). Mit dem Lernen soll bereits im Säuglingsalter begonnen werden. Bereits vor der Beschneidung wird dem Kleinkind das Sch`ma Israel (»Höre, Israel«) vorgetragen. Bei seiner Beschneidung weist ein Segensspruch auf die Einführung in den Bund und die Lehre hin. Mit Beginn des Sprechens, also im Alter von etwa drei Jahren, setzt traditionellerweise jüdische Erziehung ein. Zu den Kernelementen der religiösen Erziehung, die dem dreijährigen Sohn vom Vater vermittelt werden, gehören Dt 33,4 und das Sch^{e}ma Israel. Seit alters besteht folgendes Curriculum: »Mit fünf Jahren zur Bibel, mit 10 zur Mischna, mit 13 zu den Geboten und mit

9 Vgl. Tworuschka/Kaweh 1996/97, 32f.; vgl. weiter Kaweh 1998. Das am Lehrstuhl für Religionswissenschaft an der FSU Jena seit 1996 von der DFG geförderte Forschungsprojekt »Religionstradierung außerchristlicher Religionen in Deutschland am Beispiel muslimischer religionsvermittelnder Medien« nimmt eine Bestandsaufnahme und Analyse der einschlägigen Materialien vor. Dem Lehrstuhl für Religionswissenschaft angegliedert ist die »Forschungsstelle für Religionsvermittelnde Medien« (FRM), die sich zur Aufgabe gemacht hat, einschlägige Materialien aus verschiedenen Religionstraditionen zu archivieren und zu analysieren.

10 Vgl. Lapide 1982, 141ff.; schöne Schilderungen jüdischen Lernens finden sich in König 1967 sowie David 1987.

15 zum Talmud« (Abot V,24). In dieser Zeit hat ein jüdischer Junge die hebräische Bibel durchgearbeitet und Mischna sowie Talmud studiert. Wer nach Vollendung des 13. Lebensjahres weiter sein Studium fortsetzt, trat in eine Jeschiwa ein, um dort bei einem angesehenen Rabbi die Kommentare zu studieren.

Tora-Texten begegnen jüdische Kinder u.a. im Kontext familiärer Festlichkeiten, z.B. bei der Bar-Mizwa-Feier. Bar Mizwa (hebr. »Sohn der Pflicht«) ist die Bezeichnung für einen jüdischen Jungen, der das 13. Lebensjahr vollendet hat und religionsmündig ist. Erstmalig legt er die Gebetsriemen an und wird von nun an beim Minjan (»Zahl«) mitgezählt. Der Knabe trägt einen Abschnitt aus der Tora auf Hebräisch vor, anschließend meistens einen Prophetenabschnitt, der inhaltlich mit dem gelesenen Tora-Abschnitt zusammenhängt. Eine neue, in den USA auftretende Entwicklung besteht darin, Jungen und Mädchen über die Erreichung ihrer Religionsmündigkeit hinaus noch weiter jüdisch zu bilden. Beide Geschlechter begehen im Alter von 15 Jahren einen entsprechenden Ritus. Einen besonderen Stellenwert haben die Worte der Schrift insbesondere bei der Sederfeier des Pessachfestes. Die volkstümliche Pessach-Haggada (von hebr. higgid »erzählen«) ist ein liturgischer Text und ein Midrasch (Schriftauslegung). Es geht darum, die Geschichte des Auszugs aus Ägypten mit dem eigenen Leben in Beziehung zu setzen, sich mit den damals Fliehenden zu identifizieren (Loth 1977).

Beim jüdischen Lehrer-Schüler-Verhältnis (Neudecker 1997) steht die (unentgeltliche) Unterweisung in der Tora im Mittelpunkt. »Von tausend Menschen, welche in der Schrift unterrichtet werden, gelangen gewöhnlich nur hundert zur Mischna, von diesen zehn zum Talmud, und von diesen wiederum gelangt nur einer zum Lehramt.« (KohR zu Koh 7,7. Zitiert bei: Neudecker 1997, 45) Ein Talmudabschnitt nennt »48 Bedingungen«, durch die man die Tora erwirbt. Zu ihnen gehören u.a.: Studium, aufmerksames Hinhören, geordnetes Aufsagen, Einsicht des Herzens, Verstand des Herzens, Ehrfurcht, Gottesfurcht, Demut, Freudigkeit, »Bedienung« der Gelehrten (d.h. dem Lehrer als Schüler zu dienen, häusliche Arbeiten zu verrichten), Besprechung mit Kollegen, Disputieren, Überlegung, Schriftlesung, Mischna-Studium. Eine Reihe charakterlicher Vorzüge muss der Studierende besitzen, z.B. Gott, die Menschen und gerechte Taten lieben, nicht stolz sein, dem Nächsten helfen usw. »Man soll ferner beim Lernen überlegt sein, fragen und antworten, hören und dazulernen; lernen, um zu lehren; lernen, um danach zu handeln; seinen Meister weise machen, das Gehörte genau wiedergeben und eine Sache im Namen ihres Urhebers überliefern.« (Av 6,6, zit.n. Neudecker 1997, 45) Wesentliches Merkmal rabbinischen Lehrens und Lernens war das Wiederholen des Stoffes (mindestens vier Mal), das Diskutieren und die Frage-Antwort-Methode. Der intensive Umgang von Lehrer und Schüler (»dienen«), der auch von einer bestimmten Etikette (aufstehen vor dem Lehrer; nicht seinen Sitz einnehmen; ihn nur »Rabbi« nennen, nicht jedoch seinen Namen benutzen, wenn man mit ihm oder über ihn sprach) geprägt war, führte dazu, dass bedeutende rabbinische Gelehrte dies für wichtiger als den Unterricht selber hielten.

Zum Weiterlesen

Köster, Fritz, Religiöse Erziehung in den Weltreligionen, Darmstadt 1986.
Religiopolis – Weltreligionen erleben. CD-ROM im Ernst Klett-Schulbuchverlag, Leipzig 2004.
Tworuschka, Udo, »Bewundern, lieben, aber auch verabscheuen lernen.« Aufgaben Praktischer Religionswissenschaft, in: Yousefi, Hamid Reza (Hg.), Interkulturelle Orientierung. Grundlegung des Toleranz-Dialogs, Teil 1: Methoden und Konzeptionen (Bausteine zur Mensching-Forschung, Bd. 6/I), Nordhausen 2004, 105-124.

Literatur

Abdullah, Mohammed Salim, Weshalb Koranschule? CIBEDO-Dokumentation 3, Köln (Juni 1979).
Allahs Gesandter hat gesagt (Haus des Islam), Lützelbach 1984.
Banki, Farsin, Sozialer Wandel im Spiegel islamischer Bildung in Iran, in: http://www.banki.ch/person/publication/sowa_final_fn.pdf.
Benz, Ernst, Buddhas Wiederkehr und die Zukunft Asiens, München 1963.
Bopearachchi, Elisabeth, L'éducation bouddhique dans la société traditionnelle au Sri Lanka. Les formes de pensée et les formes de socialisation, Paris 1994.
Braun-Rom, Claudia, Buddhismus und Erziehung – ein Weg der Selbsterziehung des Menschen, überarb. Neuausg. Heidelberg 2001.
Mahamakut Educational Council (Hg.), Buddhist education in Thailand. Buddhist University of Thailand, Bangkok 1961.
Buddhistische Gesellschaft Berlin, im Auftrag der Deutschen Buddhistischen Union, Buddhistischer Religionsunterricht, Rahmenplan für die Klassenstufen 1-13, Berlin 2002.
Chandrangaam, Saeng/Iddhichiracharas, Narujohn (Hg.), Buddhism and Education for the Youth in Lanna Thai, in: Buddhism in Northern Thailand. Chiang Mai: Published to Commemorate the 13th General Conference of The World Fellowship of Buddhists at Chiang Mai, Thailand, 1980; 110-113.
Dhitiwatana, Palanee, Buddhism and Thai Education, in: Buddhism and Society in Thailand. Centre for South East Asian Studies 1984, 75-86.
David, Janina, Ein Stück Himmel, Gütersloh 1987.
van Dijk, Alphons, Religiöse Erziehung in den Religionen, 4. Hinduismus, in: Mette, Norbert/Rickers, Folkert (Hg.), Lexikon der Religionspädagogik I, Bd. 2, Neukirchen 2001, Sp. 1652-1656.

Eliade, Mircea, Die Religionen und das Heilige, Salzburg 1954.

Gerlitz, Peter, Religiöse Erziehung in den Religionen, 3. Buddhismus, in: Mette, Norbert/Rickers, Folkert (Hg.), Lexikon der Religionspädagogik, Bd. 2, Neukirchen 2001, Sp. 1644-1651.

Gärtner, Michael, Die Familienerziehung in der Alten Kirche, Köln u.a. 1985.

Goldammer, Kurt, Die Formenwelt des Religiösen, Stuttgart 1960.

Heidari, Mohammad, Muslimische Erziehungsvorstellungen und Glaubenserziehung im Kontext interreligiösen Lernens, in: Rickers, Folkert/Gottwald, Eckart (Hg.), Vom religiösen zum interreligiösen Lernen, Neukirchen 1998, 71-102.

Heidari, Mohammad, Art. Religiöse Erziehung in den Religionen, 2. Islam, in: Mette, Norbert/Rickers, Folkert (Hg.), Lexikon der Religionspädagogik, Bd. 2, Neukirchen 2001, Sp. 1637-1644.

Heiler, Friedrich, Erscheinungsformen und Wesen der Religion, Stuttgart 1961.

Hussain, Taha, Kindheitstage in Ägypten, deutsche Übersetzung München o.J. (1929).

Jackson, Robert, Hinduism: From Ethnographic Research to Curriculum Development in Religious Education, in: Panorama 1 (1989), H. 2, 59-77.

Jackson, Robert/Nesbitt, Eleanor, Hindu Children in Britain, Stoke on Trent 1993.

Jackson, Robert, Ethnography and Religious Education, in: Panorama 6 (1994), H. 1, 115-130.

Jackson, Robert, The Construction of »Hinduism« and its Impact on Religious Education in England and Wales, in: Panorama 8 (1996), H. 2, 86-104.

Jackson, Robert/Nesbitt, Eleanor, Studying British Hindu children and representing them in school texts, in: Holm, Nils G. (Hg.), The Familiar and the Unfamiliar in the World Religions. Challenges for Religious Education Today, Åbo 1997, 26-45.

Jain-Neubauer, Jutta, Handwerk und Volkskunst, in: Rothermund, Dietmar (Hg.), Indien. Ein Handbuch, München 1995, 271-294.

Kaweh, Silvia, Printmedien für Muslime in Deutschland – Hilfen zur Integration?, in: Lähnemann, Johannes (Hg.), Interreligiöse Erziehung 2000. Die Zukunft der Religions- und Kulturbegegnung, Hamburg 1998.

Kieffer-Pülz, Petra, Die buddhistische Gemeinde, in: Heckert, Heinz u.a., Der Buddhismus I. Der indische Buddhismus und seine Verzweigungen, Stuttgart 2000, 281-402.

Keuffer, Josef, Buddhismus und Erziehung. Eine interkulturelle Studie zu Tibet aus erziehungswissenschaftlicher Sicht, Münster u.a. 1991.

Klar, Helmuth, How to teach Buddhism to Children, Bodhi Leaves No. B 9, hg. von der Buddhist Publication Society, Kandy 1975.

Klöcker, Michael/Tworuschka, Udo (Hg.), Ethik der Weltreligionen. Ein Handbuch, Darmstadt 2005.

König, Joel, Den Netzen entronnen. Die Aufzeichnungen des Joel König, Göttingen 1967.

Köster, Fritz, Religiöse Erziehung in den Weltreligionen, Darmstadt 1986.

Lapide, Pinchas, Mit einem Juden die Bibel lesen, Stuttgart u.a. 1982.

Lehnert, Amal Ingrid, Grundzüge der islamischen Erziehungslehre, Köln 1993.

van der Leeuw, Gerardus, Phänomenologie der Religion, ^{3}Tübingen 1956.

Loth, Heinz-Jürgen, Die Pessach-Haggadah, in: Tworuschka, Udo/Zilleßen, Dietrich

(Hg.), Thema Weltreligionen. Ein Diskussions- und Arbeitsbuch für Religionspädagogen und Religionswissenschaftler, Frankfurt a.M. u.a. 1977, 145-154.

Mensching, Gustav, »Zum Problem der konfessionellen Erziehung in der Schule«, in: Vorgänge. Eine kulturpolitische Korrespondenz 1964, H. 10, 350f.

Mensching, Gustav, Die Religion, Stuttgart 1959, TB-Ausgabe München 1966.

Mensching, Gustav, Toleranz und Wahrheit in der Religion (Original 1955), neu hg. von Udo Tworuschka, Weimar 1996.

Mensching, Gustav, Buddha und Christus (Originalausgabe 1978), neu hg. von Tworuschka, Udo, Freiburg i.Br. 2001.

Mihciyazgan, Ursula, Die religiöse Praxis muslimischer Migranten. Ergebnisse einer empirischen Untersuchung in Hamburg, in: Lohmann, Ingrid/Weiße, Wolfram (Hg.), Dialog zwischen den Kulturen. Erziehungshistorische und religionspädagogische Gesichtspunkte interkultureller Bildung, Münster u.a. 1994, 195-206.

Michaels, Axel, Der Hinduismus, München 1998.

Mookerji, Radhakumud, Ancient Indian education, London 1951.

Morgan, Peggy, Geschichten – der buddhistische Weg, in: Howarth, Roger B./ Schultze, Herbert (Hg.), Religion leben, Religion lehren (Religionsunterricht Konkret, Heft 8, Amt für Religionspädagogik, hg. von Manfred Kwiran), Wolfenbüttel 1998, 37-41.

Müller, Hans-Peter, Die Ramakrishna-Bewegung, Gütersloh 1986.

Nayyeri, Mostafa, Darstellung des Schulwesens im Iran seit 1850. Diss., Köln 1960.

Neudecker, Reinhard, Meister und Jünger im rabbinischen Judentum, in: Dialog der Religionen 7 (1997), H. 1, 42-53.

Olvedi, Ulli, Buddhas Kinder. Kindheit und Jugend im Tibetischen Exilkloster, München 1997.

Paul, Eugen, Geschichte der christlichen Erziehung, Bd. 1: Antike und Mittelalter, Freiburg u.a. 1993.

Rothermund, Dietmar, Das Bildungswesen, in: Rothermund, Dietmar (Hg.), Indien. Ein Handbuch, München 1995, 339-348.

Schimmel, Annemarie, Die Zeichen Gottes, München 1995.

Sunna des Propheten (Islamische Bibliothek), Köln 1994.

Tworuschka, Monika, Arbeit [im Islam], in: Klöcker, Michael/Tworuschka, Udo (Hg.), Ethik der Religionen – Lehre und Leben, Bd. 2: Arbeit, Göttingen u.a. 1985, 64-84.

Tworuschka, Monika, Gesundheit [im Islam], in: Klöcker, Michael/Tworuschka, Udo (Hg.), Ethik der Religionen, Bd. 4, Göttingen u.a. 1985, 69-90.

Tworuschka, Monika und Udo (Hg.), Vorlesebuch Fremde Religionen, Bd. I: Judentum – Islam, Lahr u.a. 1988b.

Tworuschka, Udo, Religions-Erziehung in außerchristlichen Religionen, in: Biehl, Peter (Hg.), Jahrbuch der Religionspädagogik JRP, Bd. 5, Neukirchen-Vluyn 1988a, 271-277.

Tworuschka, Udo, Ernstnehmen der Religionen durch Geschichten, in: Lähnemann, Johannes (Hg.), Das Wiedererwachen der Religionen als pädagogische Herausforderung, Hamburg 1992, 278-286.

Tworuschka, Udo/Kaweh, Silvia, Der Islam in der Diaspora. Religionsvermittelnde Medien von Muslimen in Deutschland, in: Forschungsmagazin der Friedrich-Schiller-Universität Jena, Heft 5, WS 1996/97, 32f.

Ven Wijayarajapura Seelawansa Thero, Erziehung aus buddhistischer Sicht, in: Kwiran, Manfred/Schreiner, Peter/Schultze, Herbert (Hg.), Dialog der Religionen im Unterricht. Theoretische und praktische Beiträge zu einem Bildungsziel, Münster 1996, 253-256.

Widengren, Geo, Religionsphänomenologie, Berlin 1969.

Suresa Candra Ghosa, Civilisation, education, and school in ancient and medieval India. 1500 B.C. – 1757 A.D.; Ancient India, 1500 B.C. – 1192 A.D., Vedic schools and the Buddhist viharas and medieval India, 1192 A.D. – 1757 A.D., Maktabs and madrashas, mosques and khanqahs, Frankfurt a.M. [u.a.] 2002.

Winter, Michael, Prinzipien religiöser Erziehung im heutigen Islam, in: Abdoldjavad Falaturi (Hg.), Drei Wege zu dem einen Gott, Freiburg i.Br. [3]1997, 141-161.

Worte des Propheten (Haus des Islam), Lützelbach 1983.

Barbara Asbrand/Annette Scheunpflug

Zum Verhältnis zwischen interreligiösem, interkulturellem, ökumenischem und globalem Lernen

Interreligiöses Lernen ist eingebettet in einen pädagogischen Diskurs, in dem Konzeptionen des interkulturellen, ökumenischen und globalen Lernens eine Rolle spielen. Jeder der Konzeptionen geht es um den Umgang mit Differenz. Im Folgenden werden diese Differenzen genauer beschrieben und damit eine Verhältnisbestimmung von interreligiösem Lernen zu den verwandten Konzeptionen ermöglicht. Dabei wird von der These ausgegangen, dass globales Lernen diejenige Konzeption darstellt, die sich explizit auf die Globalisierung bzw. die Entwicklung zur Weltgesellschaft bezieht. In diesem Sinne wird im Diskurs des globalen Lernens auf die gesellschaftlichen Entwicklungen rekurriert, die ebenfalls für das interreligiöse, interkulturelle und ökumenische Lernen prägende Erfahrung darstellen. Von daher wird das Verhältnis zu den jeweils anderen pädagogischen Ansätzen vor diesem konzeptionellen Hintergrund bestimmt und zunächst mit dem Diskurs globalen Lernens begonnen.

Globales Lernen

Globales Lernen als pädagogische Konzeption versteht sich als eine Reaktion auf die Entwicklung zur Weltgesellschaft. Von daher bleibt eine Darstellung des Diskurses globalen Lernens unscharf, wenn sie nicht zunächst diese Entwicklung in ihren Umrissen skizziert.

Die Entwicklungstatsache zur Weltgesellschaft und die Globalisierung

Die heutige Gesellschaft wird häufig mit dem Begriff der ›Globalisierung‹ charakterisiert und als ›Weltgesellschaft‹ gekennzeichnet; gleichwohl werden der Stellenwert und die inhaltliche Ausfüllung beider Konzepte sehr unterschiedlich diskutiert. Charakteristisch für *Globalisierungsentwicklungen* – und darin herrscht ziemliche Übereinstimmung – ist die durch sie angeregte *Infragestellung der Grundprämisse des modernen Nationalstaates*, in dem die Konturen der Gesellschaft als weitgehend identisch mit denen des Nationalstaats gedacht wurden. »Mit Globalisierung in all ihren Dimensionen entsteht demgegenüber nicht nur eine neue Vielfalt von Verbindungen und Querverbindungen zwischen Staaten und Gesellschaften. Viel weitergehender bricht das Gefüge der Grundannahmen zusammen, in denen bisher Gesellschaften und Staaten als territoriale, gegeneinander abgegrenzte Einheiten vorgestellt, organisiert und gelebt wurden. Globalität heißt: Die Einheit von Nationalstaat und Nationalgesellschaft zerbricht; es bilden sich neuartige Macht- und Konkurrenzverhältnisse, Konflikte und Überschneidungen zwischen nationalstaatlichen Einheiten und Akteuren andererseits, transnationalen Akteuren, Identitäten, sozialen Räumen, Lagen und Prozessen andererseits.« (Beck 1997, S. 46f.) Die Globalisierung zeigt sich an unterschiedlichen *Phänomenen*:

(1) Zunächst lässt sich die Entwicklung unserer Gesellschaft auf der *Sachdimension* durch eine Zunahme an Komplexität (über den Problemzusammenhang eines weltgesellschaftlichen Kommunikationsnetzes; vgl. Luhmann 1975; 1995; Stichweh 1995; 2000) beschreiben. Die Komplexität ist gekennzeichnet durch *neuartige Problemlagen* sowie deren vielfältig vernetzte und rückgekoppelte Kausalbeziehungen. Wir werden Zeugen einer Problemlast, die das Überleben der Menschheit als Ganzes ernstlich in Frage stellt (UNDP 1999, 2f.): Die wirtschaftliche Kluft zwischen den Ländern des Nordens und des Südens sowie innerhalb von Gesellschaften, der weltweite Ressourcenverbrauch, die Einhaltung der Menschenrechte, die Sicherstellung von Demokratie und Partizipation, sowie der Schutz vor Krieg, Terror und Gewalt stehen als drängende Probleme an. Das Leben in unserer globalisierten Weltgesellschaft ist dadurch gekennzeichnet, dass diese Zusammenhänge komplex, d.h. in ihren Kausalbeziehungen vernetzt und in ihren Rückkoppelungseffekten häufig nicht durchschaubar sind. Es entstehen damit neue Herausforderungen, die für die Beurteilung einzelnen Verhaltens sowie für Fragen von Solidarität und Gerechtigkeit neue Maßstäbe, Verstehenshorizonte und Handlungsperspektiven erfordern.

(2) In der *räumlichen Dimension* bedeutet Globalisierung eine Entgrenzung von Räumen. Die Dinge verlieren ihre Verankerung im Raum. Durch die neuen Medien und Kommunikationsformen spielt der Raum eine immer geringere Rolle. Personen können zum Beispiel an Ereignissen über das Internet teilnehmen, ohne selbst anwesend zu sein. Es entstehen Strukturen, die in neuen gesellschaftlichen Netzwerken (vgl. Castells 2002) organisiert sind: Über Internet treffen sich Gleichgesinnte – seien es politisch Aktive, Aktienhändler oder Schüler in interaktiven Spielen. Gleichzeitig ist die Bedeutung von Räumen als Bezugsgröße für Handeln (beispielsweise in der individuellen Familienplanung) nach wie vor von Wichtigkeit. Migration und Tourismus sind weitere beredte Beispiele für die Entgrenzung von Räumen, die zu großer kultureller Pluralität führt. Der britische Soziologe Robertson (1995; Beck 1997, 90) spricht deshalb von »Glokalisierung« und meint damit die gleichzeitige Bedeutungszunahme von *lokalen wie globalen Prozessen.*

(3) Bezogen auf die *zeitliche Dimension* führt Globalisierung, bedingt durch die modernen Medien, zu einer »Schrumpfung der Zeit« (UNDP 1999, 1) und einer *Beschleunigung* des sozialen Wandels. Die weltweite Kommunikation wird immer schneller und überfordert nicht selten den Menschen mit seinem evolvierten Zeitempfinden (zum Beispiel im Umgang mit E-Mails). Wir leben heute in der historischen Situation, dass der soziale Wandel schneller geworden ist als die Zeitspanne eines Generationenwechsels. Konflikte zwischen Modernität und Tradition sind an vielen Orten der Welt die Konsequenz.

(4) In der *Sozialdimensio*n lässt sich die Zunahme sowohl von Individualisierung als auch von Heterogenität feststellen. Angesichts einer immer komplexeren Umgebung steigern Menschen durch Ausdifferenzierung in unterschiedliche Lebensstile und individuellen Ausdruck ihre Anschlussmöglichkeit. Die Individualisierung der Gesellschaft ist damit sozusagen die andere Seite der Medaille einer sich globalisierenden und zu immer größer werdendem Bezugssystem entwickelnden Weltgesellschaft (vgl. Luhmann 1997). Die Unterscheidung in Vertrautes oder Fremdes ist nicht länger nach räumlicher Nähe sortiert, sondern vielmehr ein Ausdruck sozialer Ausdifferenzierung oder Fragmentierung (vgl. Appadurei 1990). Der Unterschied zwischen privilegierten und nicht privilegierten Menschen zwischen und in Gesellschaften nimmt zu, gleichzeitig werden sich Lebenswelten in ähnlichen sozialen Kontexten über den Globus hin ähnlicher.

Die sich neu konstituierenden Netzwerke, die veränderten räumlichen Bezüge und die Ausdifferenzierung sozialer Kontexte sind im Blick, wenn man Gesellschaft als Weltgesellschaft diagnostiziert (vgl. Stichweh 2000). Wer sich Weltgesellschaft allerdings parallel zum Bild des Nationalstaats als eine globalisierte Nation vorstellt, wird ihr nicht gerecht. Die Weltgesellschaft lässt sich nicht als eine homogene Gesellschaft, nicht über die Partizipation aller am Gesellschaftsvertrag oder durch eine politische Zentralmacht beschreiben. Ein weiteres Missverständnis liegt in der Möglichkeit, Globalisierung und Weltgesellschaft als deskriptive wie als normative Beschreibungskategorien zu verwenden. Im Folgenden werden beide Konzepte ausschließlich deskriptiv verstanden.

Die Bildungsherausforderung globalen Lernens

Globales Lernen reagiert auf diese Problemlage in pädagogischer Perspektive. Menschen werden in ihrem alltäglichen Lebensvollzug – freilich in je individuell unterschiedlicher Weise – mit Herausforderungen der Globalisierung konfrontiert: Sie machen Fremdheitserfahrungen im Urlaub oder auf der Straße, sie müssen das Risiko der Arbeitslosigkeit für sich persönlich bewältigen, sie erleben unterschiedlichste Wertvorstellungen in ihrem Umkreis, sie wachsen mit dem Internet auf (oder nicht), und sie machen sich Sorgen über die zunehmende Zerstörung unserer natürlichen Lebensumwelt. Sie haben zum Teil selbst Erfahrungen mit Migration hinter sich, und sie wachsen in eine kulturell sehr heterogene, fragmentierte Gesellschaft hinein.

Zugleich müssen sie diese Situation aber nicht nur für ihren eigenen Lebensvollzug bewältigen, sondern auch dazu erzogen werden, die globalisierte Welt möglichst human zu gestalten – für ihr individuelles Leben, und für das Leben ihrer nahen und fernen Mitmenschen. Beides scheint gleichermaßen schwer – und zudem häufig miteinander unvereinbar. In der pädagogischen Praxis bedeutet dies: sachlich und räumlich geht es um die Ermöglichung von Gerechtigkeit, zeitlich um die humane Bewältigung des sozialen Wandels und sozial um interkulturelles und interreligiöses Verstehen und partnerschaftliches Miteinander.

Was ist also die Lernherausforderung, vor der wir uns angesichts der Globalisierung befinden? (vgl. Treml 1980; 1996a; Scheunpflug 1997; Scheunpflug/Schröck 2002; Lang-Wojtasik 2003; Asbrand/Scheunpflug 2004)

(1) In der Sachdimension: Umgang mit Wissen und Nichtwissen

In der Sachdimension müssen Menschen Wissen über diese globalen Herausforderungen erwerben. Gleichzeitig – und das macht die Situation so schwierig, ist zu lernen, wie damit umgegangen werden kann, dass Wissen in vielen Fällen nicht ausreicht oder aus erkenntnistheoretischen Gründen zu begrenzt ist. Auf der einen Seite wächst das gesellschaftliche Wissen über globale Zusammenhänge – auf der anderen Seite steigt mit diesem gesamtgesellschaftlichen Wachstum aber das individuelle Nichtwissen genauso an. Menschen müssen lernen, mit dieser Situation zurechtzukommen und die Entscheidungstiefe auf nicht-intendierte Nebenfolgen abzustimmen lernen. Es ist zu lernen, mit abstrakten Problemlagen angemessen umzugehen.

(2) In der Zeitdimension: Der Umgang mit Sicherheit und Unsicherheit

Das Tempo des sozialen Wandels zwingt zu lernen, mit Zeitmangel umzugehen. Durch Zeitmangel entstehen Unsicherheiten, die es verantwortungsvoll zu bewältigen gilt. Zu lernen, den sozialen Wandel human zu gestalten, stellt eine nicht zu unterschätzende Herausforderung dar.

(3) In der Raumdimension: Der Umgang mit Raumbezug und Raumlosigkeit

Menschen sollten lernen, mit der neuen Raumlosigkeit im globalen Raum umzugehen. Wenn sich Räume nicht mehr in erfahrbaren Bezügen darstellen, sind abstrakte Vorstellungsräume auszubilden, um sich Konsequenzen für Handlungen auch in anderen Gegenden dieser Welt vorstellen zu können.

(4) In der Sozialdimension: Der Umgang mit Vertrautheit und Fremdheit

In der Sozialdimension liegt die Lernherausforderung darin zu lernen, dass Vertrautheit und Fremdheit nicht länger geographisch vermittelte Erfahrungen sind, sondern eine soziale Herausforderung im Umgang mit Heterogenität. Der Umgang mit sozialen Beziehungen unter Abwesenden ist eine der großen Lernherausforderungen der Globalisierung (Wulf 2002). Dies spielt besonders im Umgang mit Fremden vor Ort – sei es in kultureller oder religiöser Perspektive – eine bedeutende Rolle.

Konzepte globalen Lernens

Die aktuellen Diskurse zum globalen Lernen sind durch den Umgang mit der Normativität des Gegenstandes geprägt und lassen sich grob zwei Richtungen zuordnen: Auf der einen Seite gibt es so genannte handlungstheoretische Entwürfe, die häufig ein holistisches Welt- und Menschenbild zugrundelegen (Schweizer Forum 1995; Bühler 1996; Selby 2000; Selby/Rathenow 2003) und normative Bildungsziele und Inhalte globalen Lernens formulieren, die mittels Bildung erreicht werden sollen, wie z.B. solidarisches Handeln, Toleranz, Empathie, ganzheitliche Weltsicht usw. Auf der anderen Seite hat sich ein Theoriediskurs entwickelt, der globales Lernen aus der Perspektive evolutionärer Theorie reflektiert (Treml 1993, 1996a,b; Scheunpflug 1997; Scheunpflug/Schröck 2002; Asbrand 2003). In diesem Ansatz geht es globalem Lernen darum, Lernende auf das Leben in einer Weltgesellschaft und einer ungewissen Zukunft vorzubereiten, den Umgang mit Komplexität zu lehren und entsprechende Kompetenzen zu erwerben.

Eine weitere konzeptionelle Auseinandersetzung zeigt sich – wenngleich auch eher unterschwellig – in der Auseinandersetzung zwischen den Konzepten einer Bildung für Nachhaltigkeit und globalem Lernen. Seitens der Vertreter einer Bildung für eine nachhaltige Entwicklung wird den Protagonisten globalen Lernens vorgeworfen, Themen nicht integrativ zu sehen und mit der Betonung des regionalen Bezugs sowie der Perspektive auf Gerechtigkeit ein Konzept zu vertreten, das den Anforderungen an Schlüsselkompetenzen im Hinblick auf den Umgang mit Problemen der Nachhaltigkeit nicht gerecht würde. Die Vertreter globalen Lernens befürchten, dass unter der Perspektive der Nachhaltigkeit ökologische Probleme in den Vordergrund rücken und Fragen weltweiter Gerechtigkeit vernachlässigt werden.

Die anstehenden Aufgaben in der Praxis und Theorie globalen Lernens lassen sich folgendermaßen beschreiben:

a) Globales Lernen bedarf in Theorie und Praxis der weiteren Verbreitung. Noch immer ist dieses Gebiet ein randständiges Vorhaben, das im Mainstream der pädagogischen Praxis nicht grundlegend verankert ist. Das Transfer-Programm des Bund-Länder-Kommission-Programms »Bildung 21« ist hier ein wichtiger Meilenstein (siehe de Haan 2002).
b) Der konzeptionelle Diskurs globalen Lernens ist nach wie vor durch die implizite und explizite Normativität des Anliegens herausgefordert. Häufig wird globales Lernen als Instrument zur Erreichung eigentlich gesellschaftspolitischer Ziele wie z.B. Nachhaltigkeit verstanden, und die

unterschiedlichen Zielebenen werden dabei nicht getrennt. Wird globales Lernen als Lernkonzept verstanden, gilt es zwischen den politischen, sozialethischen Zielen im Hinblick auf Gerechtigkeit in der Einen Welt und den pädagogischen Anliegen klar zu unterscheiden: Konzeptionen politischer Bildung dürfen Lernenden nicht ihre Weltdeutung vorschreiben, sondern können allenfalls einen Rahmen bieten, zu eigenen politischen Überzeugungen zu gelangen. Globales Lernen sollte von daher als Lernangebot formuliert werden und den Verlockungen einer politischen Instrumentalisierung widerstehen. Dies ist gerade vor dem Hintergrund eine Herausforderung, dass manche Protagonisten globalen Lernens politische Institutionen oder NGOs sind, die für eindeutige politische Konzepte stehen.

c) Globales Lernen kann als Lernkonzeption letztlich nur im Hinblick auf Kompetenzen gedacht werden. Um an den pädagogischen Diskurs anschlussfähig zu bleiben, bedarf es an dieser Stelle noch einer intensiveren Theoriedebatte sowie konsequenter Bemühungen im Hinblick auf deren Operationalisierung.
d) Eine solche Orientierung an Kompetenzen und deren Operationalisierung böte die Möglichkeit im Hinblick auf eine konsequentere Überprüfung des Lernerfolgs, gerade auch im Hinblick auf die Bildungsangebote von Nichtregierungsorganisationen. Hier wäre die Entwicklung einer stärkeren Evaluationskultur angemessen.
e) Globales Lernen sollte sowohl im Hinblick auf eine fundierte Theoriebildung als auch durch intensive empirische Forschung weitergetrieben werden, um die Bewältigung der beschriebenen Herausforderungen durch konsequente Forschung zu unterstützen.

Verhältnisbestimmung zwischen interreligiösem, interkulturellem, ökumenischem und globalem Lernen

Vor diesem Hintergrund wird schon schemenhaft erkennbar, wie sich das Verhältnis zwischen den im Titel angesprochenen Konzeptionen beschreiben lässt. Auf der konzeptionellen Ebene dürfte es an vielen Stellen keine Unterschiede geben; schließlich geht es in jedem Konzept um soziale Differenz, gesellschaftliche Heterogenität und um den Umgang mit der Komplexität moderner Gesellschaften. Unterscheiden lassen sich diese Konzepte aber im Hinblick auf deren jeweils zu Grunde liegenden Leitdifferenzen.

Interreligiöses Lernen oder die Differenz der Religionen

Interreligiöses Lernen nimmt die durch die Entwicklung zur Weltgesellschaft erkennbar werdende religiöse Heterogenität von Gesellschaften und zwischen Gesellschaften zum Ausgangspunkt. In Deutschland spielt dafür die Erfahrung von Migration eine herausragende Bedeutung (siehe Affolderbach in diesem Band), aber auch Säkularisierungsprozesse, die die autochthone Bevölkerung betreffen.

Dabei geht es zunächst um die sich damit verändernde soziale Nähe ehemals räumlich getrennter Religionen. Interreligiöses Lernen setzt also an der Stelle an, die im Kontext globalen Lernens durch die veränderten sozialen Beziehungen beschrieben wird. So ist auch nahe liegend, dass konzeptionell an dieser Stelle vor allem das Bedürfnis und die Notwendigkeit nach interreligiösem Dialog und Verständigung (siehe Lähnemann in diesem Band) sowie die gemeinsame theologische (Selbst-)Vergewisserung der jeweils unterschiedlichen Weltdeutungen erkennbar werden.

Aus der Perspektive globalen Lernens ist besonders auf die politischen Bedingungen, den unterschiedlichen Zugang zu Macht und kulturellen Ressourcen hinzuweisen. Globales Lernen kann darauf verweisen, dass es zu kurz greifen würde, interreligiöses Lernen nicht unter Fragen gesellschaftlicher und politischer Bedingungen zu diskutieren. Allerdings lässt sich aus den Erfahrungen des globalen Lernens auch zeigen, dass das Konzept interreligiösen Lernens nicht umhin kann, die Herausforderungen durch ungleiche Möglichkeiten des Zugangs zu politischer Macht und die Herausforderung durch Gerechtigkeit immer wieder mit zu thematisieren. Damit sind die politischen Bedingungen nicht der Rahmen interreligiösen Lernens, sondern werden immer wieder selbst zum Thema.

Das Konzept globalen Lernens verweist zudem darauf, dass sich Räume zunehmend in ihrer kulturellen Geschlossenheit aufweichen. Damit ist nicht mehr von »der Religion« und »der anderen Religion« zu sprechen. Ebenso wie sich der Fernbereich und der Nahbereich als »glokale Lebensrealität« im Alltag eines jeden verschränken, ist zu erwarten, dass sich auch religiöse Identitäten radikal pluralisieren. Säkularisierungs- und Pluralisierungsprozesse, die zu religiöser Heterogenität innerhalb der Religionen und über die Religionszugehörigkeit hinausführen, sind ein Merkmal einer modernen funktional-ausdifferenzierten Gesellschaft. Die in der Sozialdimension beschriebene Auflösung eindeutiger Zuschreibungen von eigener und fremder Identität hat auch Konsequenzen für interreligiöses Lernen. Vor diesem Hintergrund liegt die Umstellung von dialogischen Konzeptionen, die von der Begegnung ›eigener‹ und ›fremder‹ Religiosität ausgehen, auf eine differenzorientierte Konzeption interreligiösen Lernens nahe. Aufgabe interreligiösen Lernens in der Weltgesellschaft wäre es demnach, den Erwerb von Kompetenzen im Umgang mit religiöser Heterogenität und Komplexität zu ermöglichen. Notwendig wären Lernkonzepte, die Schüler und Schülerinnen nicht als Angehörige von

Religionen oder Religionsgemeinschaften ansehen, sondern Differenz indirekt thematisieren (vgl. Diehm 1995, 2003) – aufgehoben in einer multireligiösen und multiperspektivischen Betrachtung religiöser Phänomene, in Arrangements, die mit Vielfalt anerkennend umgehen (vgl. Prengel 1995) und die Identifikation oder die Nicht-Identifikation mit religiösen Traditionen den Schülern und Schülerinnen überlassen (vgl. insgesamt Asbrand 2000, 2004).

Interkulturelles Lernen oder die Differenz der Kulturen

Interkulturelles Lernen rekurriert ebenfalls auf die Erfahrung, dass sich kultureller Nah- und Fernbereich in ihrer räumlichen Differenz auflösen und durch Migration, Medien und Tourismus unmittelbar erfahrbar werden. Interkulturelles Lernen kann aus dem interreligiösen Lernen vom Wissen um die Bedeutung und die spezifische Ausprägung religiös verfasster Weltdeutung verfügen; aus dem globalen Lernen wird wiederum die Frage nach globaler Gerechtigkeit und der Ausübung von Macht durch kulturelle Asymmetrie von Bedeutung.

Der Diskurs des interkulturellen Lernens hat in der Vergangenheit besonders auf die Bedeutung von Sprachenpolitik zur Ausübung von politischer Macht hingewiesen (vgl. Krüger-Potratz 1997) und die Bedeutung von Einwanderersprachen in multikulturellen Gesellschaften hervorgehoben (Gogolin 1994; Fürstenau u.a. 2003). Zudem geht es um die Folgen der Migration für das Erziehungssystem und daraus folgend wird der ›Umgang mit Differenz‹ bzw. der ›Umgang mit Heterogenität‹ als Aufgabe beschrieben (vgl. z.B. Diehm/Radtke 1999; Gogolin 2000). Vermehrt steht heute die Erfahrung von Transkulturalität im Mittelpunkt (vgl. Göhlich u.a. 2004). Damit wird auf die Heterogenität und Pluralisierung von Kulturen reagiert – ein Prozess innerhalb von ›Kulturen‹ und ›Ethnien‹ und im Hinblick auf eine insgesamt pluralisierte Gesellschaft. Von diesen Diskursen, die die Auflösung von vermeintlicher Homogenität von ethnischen oder nationalen ›Kulturen‹ ernst nehmen, die sich aber bisher nicht explizit auf Religion(en) beziehen, sondern sich auf kulturelle Kontexte beschränken, könnte das interreligiöse Lernen insofern profitieren, da sich ähnliche Phänomene im Bereich des Religiösen als Pluralisierung von religiösen Identitäten oder als Entstehung neuer Formen von Religiosität beobachten lassen.

Der Diskurs um das interkulturelle Lernen macht sowohl für das globale Lernen als auch für den Diskurs um das interreligiöse Lernen sichtbar, wie schwierig der pädagogische Umgang mit Differenz ist. Durch den Diskurs bzw. durch pädagogische Kommunikation selbst wird letztlich das konstruiert, was durch Bildung überwunden werden soll: die Differenz. So trägt interkulturelles Lernen eben häufig dazu bei, dass kulturelle Differenz geschaffen wird. In der Erziehungswissenschaft wird dieses Phänomen als Ethnisierung durch Bildung diskutiert (vgl. Diehm 1995; Diehm/Radtke 1999; Hamburger u.a. 2003). Differenz verweist auf ein historisch gewachsenes Normalitätskonstrukt. Interkulturelles Lernen darf nicht in die Falle tappen, zu dieser Normalitätskonstruktion beizutragen und eindeutige Identitäten heteronom zuzuschreiben. Vielmehr geht es um die Anerkennung von Heterogenität: »Es geht nicht darum, ob kulturelle Differenzen zwischen Personen und Personengruppen existieren und auch erst in zweiter Linie um die Frage des ›richtigen‹ Umgangs mit ihnen, sondern es geht in erster Linie um eine adäquate Problemdefinition, die nicht den alten Mustern von Homogenitätsdenken verhaftet ist, um von dort aus mögliche Konfliktkonstellationen zu analysieren, zu bearbeiten und eine (vorläufige) Lösung zu finden.« (Krüger-Potratz 2002, 63) Diese heuristische Funktion von Differenz und die damit verbundene Ablösung von Homogenitätskonzepten dürften für die Debatte des interreligiösen Lernens noch einige konzeptionelle Herausforderungen bedeuten. Von Homogenitätskonstruktionen im Bereich interreligiösen Lernens kann zum Beispiel dann gesprochen werden, wenn Lernarrangements dazu führen, dass Schüler und Schülerinnen auf Grund ihrer Religionszugehörigkeit als »fremd« kategorisiert werden. Dies ist beispielsweise dann der Fall, wenn eine christliche Sozialisation als vermeintliche Normalität angenommen und Muslime vor diesem Hintergrund als »die Anderen« angesehen werden. Eine andere konzeptionelle Herausforderung ist die Integration nicht religiös sozialisierter Schüler und Schülerinnen im interreligiösen Lernen. Dort, wo Menschen unterschiedlicher Religionszugehörigkeit miteinander in einen Dialog treten, besteht die Gefahr, dass Menschen ohne Religionszugehörigkeit diejenigen sind, die der unausgesprochenen Normalitätserwartung nicht entsprechen – nämlich sich eine religiöse Identität zuzuschreiben (vgl. Asbrand 2000; 2001; 2004).

Ökumenisches Lernen oder die Differenz der Kirche zur Weltgesellschaft

Globales Lernen ist in seiner historischen Entwicklung wesentlich durch das ökumenische Lernen mitgestaltet worden, ohne dass das heute hinreichend gewürdigt wird.

Bereits in den fünfziger Jahren prägte Walz den Begriff des ökumenischen Lernens für die entwicklungspolitische Bildung der Kirchen (vgl. Walz 1956). Er begründete die entwicklungsbezogene Arbeit der Kirchen mit der »Universalität in Raum und Zeit« des christlichen Glaubens. In den siebziger Jahren wurde das Konzept dann vor allem durch die Arbeiten von Ernst Lange weiter entwickelt. Ökumenisches Lernen in der hier verwendeten Bedeutung bezieht sich auf die »ökumenische Bewegung«. In ihr geht es »nicht allein und in erster Linie um die innerkirchlichen und innertheologischen Probleme, sondern zunehmend um die Fragen, die heute für das Überleben der Einen Menschheit immer vordringlicher werden wie Gerechtigkeit, Friede und Bewahrung der Schöpfung« (Goßmann 1987, 9). Dabei geht es um zwei Aspekte: »Ökumenisches Lernen meint ein Lernen im Horizont der Einen Kirche und geschieht im Modus der brüderlich-schwesterlichen Solidarität für die gesamte Kirche, verstanden als das eine wandernde Gottesvolk. Es meint zugleich ein Lernen im Horizont der Einen Menschheit und geschieht im Modus der Mitverantwortung für die Zukunft.« (Goßmann 1987b, 268) Die zwei Aspekte, die Bezogenheit auf die Solidarität innerhalb der Kirche – vor allem gewonnen aus dem Emanzipationsprozess der Missionen im Kontext der Entkolonialisierung und dem religiös geprägten Engagement in Befreiungsbewegungen – sowie der Bezug auf die Herausforderungen der ›Einen Menschheit‹ prägen das Doppelgesicht ökumenischen Lernens.

Ökumenisches Lernen lässt sich vor diesem Hintergrund als eine spezifisch christlich geprägte Antwort auf die Herausforderung der Entwicklung zur Weltgesellschaft verstehen. In den Aufgabenfeldern dem globalen Lernen eng verwandt, wird hier eine Antwort auf die drängende Frage nach der Gerechtigkeit vor dem Hintergrund eines spezifischen religiösen Werte- und Begründungshintergrunds christlicher Prägung gegeben. Letztlich ist das ökumenische Lernen der Ausdruck der weltgesellschaftlichen Verantwortung der Kirchen.

Im Unterschied zur entwicklungspolitischen Debatte, die vor allem auf Strukturveränderung der Weltwirtschaft setzte, begann im kirchlichen Bereich bereits in den siebziger Jahren der Diskurs, der heute unter der »Nachhaltigkeitsdebatte« weitergeführt wird: der Diskurs um das Überleben der Menschheit und die Verknüpfung des eigenen Lebensstils mit Fragen der Zukunftsfähigkeit. Auf der Vollversammlung des ÖRK in Nairobi 1975 wurde postuliert: »Die Reichen müssen einfacher leben, damit die anderen überhaupt überleben können« (vgl. Voss 1992). Im Mittelpunkt der ökumenischen Bewegung steht die Verknüpfung der Alltagserfahrung mit dem ›Oikos der Einen Welt‹, die Verbindung zwischen eigener, räumlich naher Lebenswelt und der ›Oikumene‹, dem ›bewohnten Erdkreis‹ (Dauber/Simpfendörfer 1981, 30). »Was didaktisch dabei zu leisten ist, ist die Ingangsetzung eines dialektischen Lernprozesses, in dem Globales und Lokales miteinander verknüpft werden – weltweite Krisen in ihrer örtlichen Erscheinungsform entdeckt und bearbeitet, örtliche Fragestellungen in ihren weltweiten Zusammenhängen gesehen und durchdacht werden.« (Simpfendörfer 1978, 531) Die Arbeitshilfe der EKD im Jahr 1985 vertieft das Aufgabengebiet der so verstandenen Ökumene als Lernbewegung (vgl. Koerrenz 1994, 42ff.).

In den letzten Jahren hat das ökumenische Lernen an Profil verloren. Das ist bedauerlich, da die ›Option für die Armen‹ in keiner Weise an Brisanz eingebüßt hat. Das ökumenische Lernen bezieht klar einen normativen Standpunkt, der die Zugangsmöglichkeiten zu Ressourcen einerseits und die Verantwortung derer, die diesen Zugang haben, andererseits deutlich betont. Gerade die Verantwortlichkeit derer die besitzen kann man in Zeiten der zunehmenden Kluft zwischen Arm und Reich nicht müde werden zu betonen. An dieser Stelle setzt das ökumenische Lernen im Vergleich zum interkulturellen und interreligiösen Lernen im gleichen Themenfeld andere Akzente. Im Unterschied zum globalen Lernen wird hier die individuelle Verantwortlichkeit schärfer konturiert.

Zusammenfassung: Der Blick auf das Knäuel des Lebens

Reflexion beginnt mit einer Unterscheidung (Spencer-Brown 1979). Der Blick auf Differenzen ist eine Reflexion, d.h. eine theoretische Unterscheidung. Die hier beschriebenen konzeptionellen Abgrenzungen sind Unterscheidungen, die sich nur im Modus der Reflexion finden lassen – im Leben hängen alle diese Aspekte untrennbar miteinander zusammen. Je nach dem, mit welchem Blick auf das »Knäuel des Lebens« geschaut wird, lassen sich unterschiedliche Fadenverläufe schärfer sehen als andere. Die Brille der Differenz prägt das Bild. Von daher sind alle diese Konzeptionen eng miteinander verwandt, da sie auf den gleichen Gegenstand – das Leben in der Einen Welt – ihren Blick richten und den Umgang mit Differenz pädagogisch bearbeiten; die Brennschärfe ist aber jeweils eine andere. Mit jeder Brille rückt eine andere Facette stärker in den Mittelpunkt. Das macht diese Konzeptionen gegenseitig wichtig; sie ermöglichen jeweils den Blick auf das, was die andere nicht so deutlich in den Blick nehmen kann.

Zum Weiterlesen

Asbrand, Barbara, Zusammen Leben und Lernen im Religionsunterricht, Frankfurt a.M. 2000.

Diehm, Isabell/Radtke, Frank-Olaf, Erziehung und Migration. Eine Einführung, Stuttgart 1999.

Scheunpflug, Annette/Schröck, Nikolaus, Globales Lernen, Stuttgart 2002.

Seitz, Klaus, Bildung in der Weltgesellschaft. Gesellschaftstheoretische Grundlagen Globalen Lernens, Frankfurt a.M. 2002.

Literatur

Appadurai, Arjun, Disjuncture and Difference in the Global Culture Economy, in: Featerstone, Mike, Global Culture: Nationalism, Globalization and Modernity, London 1990, 295-310.

Asbrand, Barbara, Zusammen Leben und Lernen im Religionsunterricht, Frankfurt a.M. 2000.

Asbrand, Barbara, Wer ist fremd? Fremdverstehen als Zusammen Leben und Lernen im interreligiösen Religionsunterricht, in: Zeitschrift für Internationale Bildungsforschung und Entwicklungspädagogik 24 (2001), H. 3, 18ff.

Asbrand, Barbara, Globales Lernen und das Scheitern der großen Theorie. Warum wir heute neue Konzepte brauchen, in: ZEP – Zeitschrift für internationale Bildungsforschung und Entwicklungspädagogik, 25 (2003), H. 3, 13-19.

Asbrand, Barbara, Zusammenleben und Lernen im Religionsunterricht – Ein Beispiel erziehungswissenschaftlicher, qualitativ-empirischer Unterrichtsforschung, in: Johannes Lähnemann (Hg.), Bewahrung – Entwicklung – Versöhnung. Tagungsdokumentation des VIII. Nürnberger Forum 2004 (im Erscheinen).

Asbrand, Barbara/Scheunpflug, Annette, Globales Lernen, in: Sander, Wolfgang (Hg.), Handbuch Politische Bildung, Frankfurt a.M. 2004.

Beck, Ulrich, Was ist Globalisierung? Irrtümer des Globalismus – Antworten auf Globalisierung, Frankfurt a.M. 1997.

Bühler, Hans, Perspektivenwechsel. Unterwegs zum Globalen Lernen, Frankfurt a.M. 1996.

Bundesministerium für Bildung und Forschung (BMBF), Bericht der Bundesregierung zur Bildung für eine nachhaltige Entwicklung, Bonn 2001.

Castells, Manuel, Das Informationszeitalter: Wirtschaft, Gesellschaft, Kultur, 3 Bde. , Opladen 2002.

Dauber, Heinrich/Simpfendörfer, Werner (Hg.), Eigener Haushalt und bewohnter Erdkreis. Ökologisches und ökumenisches Lernen in der ›Einen Welt‹, Wuppertal 1981.

Diehm, Isabell, Erziehung in der Einwanderungsgesellschaft. Konzeptionelle Überlegungen für die Elementarpädagogik, Frankfurt a.M. 1995.

Diehm, Isabell, Pädagogische Arrangements und die Schwierigkeit, Differenz zu thematisieren, in: Heinzel, Friederike/Prengel, Annedore (Hg.), Heterogenität, Integration und Differenzierung in der Primarstufe. Jahrbuch Grundschulforschung Bd. 6, Opladen 2003, 162-170.

Fountain, Susan, Leben in Einer Welt. Anregungen zum globalen Lernen. Praxis Pädagogik, Braunschweig 1996.

Forum Schule für Eine Welt 1995: Lernziele für eine Welt, Jona.

Führing, Gisela, Begegnung als Irritation. Ein erfahrungsgeleiteter Ansatz in der entwicklungsbezogenen Didaktik, Münster 1996.

Führing, Gisela, Globales Lernen. Arbeitsblätter für die entwicklungspolitische Bildungsarbeit. Herausgegeben vom Deutschen Entwicklungsdienst, Berlin 1998.

Fürstenau, Sara/Gogolin, Ingrid/Yağnur, Kutlay, Mehrsprachigkeit in Hamburg. Ergebnisse einer Spracherhebung an den Grundschulen, Münster 2003.

Göhlich, Michael/Liebau, Eckart/Leonhard, Hans-Leonhard/Zierfaß Jörg (Hg.), Transkulturalität und Pädagogik, 2005 (im Erscheinen).

Gogolin, Ingrid, Der monolinguale Habitus der multilingualen Schule, Münster 1994.

Gogolin, Ingrid (Hg.), Migration, gesellschaftliche Differenzierung und Bildung. Resultate des Forschungsschwerpunktes FABER, Opladen 2000.

Goßmann, Klaus, Ökumenisches Lernen als Thema und Problem des schulischen Religionsunterrichts, in: Goßmann, Klaus. (Hg.), Ökumenisches Lernen im Religionsunterricht, Münster 1987, 7-48.

Goßmann, Klaus, Ökumenische Erziehung, in: Bröker, Werner/Heimbrock, Hans Günter/Kerkhoff, Engelbert (Hg.), Handbuch religiöser Erziehung, Band 1, Düsseldorf 1987b, 267 ff.

de Haan, Gerhard, Vorläufiger Bericht zur summativen Evaluation des BLK-Programms »21«, Berlin 2002.

de Haan, Gerhard/Hardenberg, Dorothee, Bildung für eine nachhaltige Entwicklung. Gutachten zum Programm, Bonn 1999.

Hamburger, Franz/Badawi, Tarek/Hummrich, Merle (Hg.), Wider die Ethnisierung einer Generation. Frankfurt a.M. 2003.

Koerrenz, Ralf, Ökumenisches Lernen, Münster 1994.

Krüger-Potratz, Marianne, Ein Blick in die Geschichte ausländischer Schüler und Schülerinnen in deutschen Schulen, in: Kodron, Christoph/von Kopp, Bodo/Lauterbach, Ulrich/Schäfer, Gerlind/Schmidt, G. (Hg.), Vergleichende Erziehungswissenschaft. Herausforderungen, Vermittlung, Praxis. Festschrift für Wolfgang Mitter zum 70. Geburtstag, Frankfurt a.M. 1997, 656-672.

Krüger-Potratz, Marianne, Kulturelle Differenz – Skizze zu einem Reizwort, in: Wulf, Christoph/Merkel, Christine (Hg.), Globalisierung als Herausforderung der Erziehung. Theorien, Grundlagen, Fallstudien, Münster 2002, 59-63.

Lang-Wojtasik, Gregor, Concepts of global learning – the German debate, in: Development Education Journal, 10 (2003), H. 1, 25-27.

Luhmann, Niklas, Die Weltgesellschaft, in: Luhmann, Niklas, Soziologische Aufklärung, Band 2, Opladen 1975, 51-71.

Luhmann, Niklas, Die Gesellschaft der Gesellschaft, Frankfurt a.M. 1991.

North-South-Center of Council of Europe (Hg.), A European Strategy Framework. For Improving and Increasing Global Education to the Year 2015, Maastricht 2002.

Prengel, Annedore, Pädagogik der Vielfalt, Opladen ²1995.

Robertson, Roland, Glocalization, in: Featerstone, Mike/Lash, Scott/Robertson, Roland (Hg.), Global Modernities, London 1995.

Scheunpflug, Annette, Globalization as a Challenge to Human Learning, in: Education Volume 54 (1997), 7-16.

Scheunpflug, Annette, Globalisierung und Erziehungswissenschaft, in: Zeitschrift für Erziehungswissenschaft, 6 (2003), H. 2, 159-172.

Scheunpflug, Annette/Schröck, Nikolaus,Globales Lernen, Stuttgart 2002.

Seitz, Klaus, Bildung in der Weltgesellschaft. Gesellschaftstheoretische Grundlagen Globalen Lernens, Frankfurt a.M. 2002.

Selby, David, Global Education as Transformative Education, in: Zeitschrift für internationale Bildungsforschung und Entwicklungspädagogik 23 (2000), H. 3, 2-10.

Selby, David/Rathenow, Hanns-Fred, Globales Lernen, Praxishandbuch für die Sekundarstufe I und II, Berlin 2003.

Simpfendörfer, Werner, Das christliche Gewissen muss sich einleben in den größeren Haushalt der bewohnten Erde, in: Wissenschaft und Praxis in Kirche und Gesellschaft 67 (1978), H. 10, 527–532.

Spencer-Brown, G.eorge, Laws of form, New York 1979.

Stichweh, Rudolf, Zur Theorie der Weltgesellschaft, in: Soziale Systeme 1 (1995), H. 1, 29-45.

Stichweh, Rudolf, Die Weltgesellschaft, Frankfurt a.M. 2000.

Treml, Alfred, Was ist Entwicklungspädagogik?, in: Treml, Alfred (Hg.), Entwicklungspädagogik. Unterentwicklung und Überentwicklung als Herausforderung für die Erziehung, Frankfurt a.M. 1980, 3-17.

Treml, Alfred, Desorientierung überall – oder Entwicklungspolitik und Entwicklungspädagogik in neuer Sicht, in: Scheunpflug, Annette/ Seitz, Klaus (Hg.), Selbstorganisation und Chaos. Entwicklungspolitik und Entwicklungspädagogik in neuer Sicht, Tübingen/Hamburg1993a, 15-36.

Treml, Alfred, Entwicklungspolitik und Entwicklungspädagogik in evolutionstheoretischer Sicht, in: Scheunpflug, Annette/Seitz, Klaus (Hg.), Selbstorganisation und Chaos. Entwicklungspolitik und Entwicklungspädagogik in neuer Sicht, Tübingen/Hamburg 1993b, 111-134.

Treml, Alfred, Die pädagogische Konstruktion der »Dritten Welt«: Bilanz und Perspektiven der Entwicklungspädagogik, Frankfurt a.M. 1996a.

Treml, Alfred« Die Erziehung zum Weltbürger. Und was wir dabei von Comenius, Kant und Luhmann lernen können, in: Zeitschrift für internationale Bildungsforschung und Entwicklungspädagogik 19 (1996b), H. 1, S. 2-8.

UNDP [United Nations Development Program], Bericht über die menschliche Entwicklung: Globalisierung mit menschlichem Antlitz, Herausgegeben von der Deutschen Gesellschaft für die Vereinten Nationen e.V., Bonn 1999.

VENRO, »Globales Lernen« als Aufgabe und Handlungsfeld entwicklungspolitischer Nicht-Regierungsorganisationen. Grundsätze, Probleme und Perspektiven der Bildungsarbeit des VENRO und seiner Mitgliedsorganisationen, Bonn 2000 (VENRO-Arbeitspapier Nr. 10).

Walz, Hans Hermann, Ökumenische Erziehung als Aufgabe, in: Ökumenische Rundschau, 5 (1956), 94-102.

Voss, Reinhard, Lebe so, dass man dich fragt. Alltag und Glaube in ökumenischer Verantwortung, Hildesheim 1992.

Wulf, Christoph, Globalisierung und kulturelle Vielfalt. Das Andere und die Notwendigkeit anthropologischer Reflexion, in: Wulf, Christoph/Merkel, Christine (Hg.), Globalisierung als Herausforderung der Erziehung. Theorien, Grundlagen, Fallstudien, Münster 2002, 75-100.

Jürgen Kiechle/Hans-Georg Ziebertz

Konfliktmanagement als Kompetenz interreligiösen Lernens

»Interreligiosität ist selbst nicht eine Religion,
der man angehören kann.
Sie ist eine Haltung,
die uns offen und tolerant macht
und verhilft uns,
standhaft gegen Versuchungen
des Fundamentalismus zu sein.«
(Ram Adhar Mall)

Nach begrifflicher Klärung von Kultur und Religion werden Aspekte von gegenwärtiger kultureller und religiöser Vielfalt und Differenz beschrieben. Sie stellen Anforderungen im Blick auf Selbst- und Fremdverstehen sowie auf den Umgang mit Wahrheits- und Geltungsansprüchen. Daraus lassen sich Konsequenzen für eine religionspädagogische Zielperspektive ableiten. Interaktions- und Dialogfähigkeit, die Fähigkeit zum Perspektivenwechsel, Ambiguitätstoleranz und Selbstreflexität als Fähigkeiten des Konfliktmanagements werden beschrieben und in ihrer Bedeutung für eine Kompetenz interreligiösen Lernens dargestellt.

Die Beschäftigung mit den Religionen, die praktische interreligiöse Begegnung oder die Konfrontation mit unterschiedlichen religiösen und kulturellen Vorstellungen kann für viele Jugendliche und Erwachsene zu einer großen Herausforderung werden. Das Fremde und Differente weckt Neugier und Faszination, aber auch Angst und Ablehnung. Schülerinnen und Schüler sowie Lehrerinnen und Lehrer stehen vor der Frage, wie die wahrnehmbaren Spannungen und Differenzen zwischen den verschiedenen Kulturen und Religionen verarbeitet bzw. bewältigt werden können. Die Einsicht ist gewachsen, dass Pluralität sich auch auf den Bereich der »Religionen« und des »Religiösen« erstreckt. Gerade dort, wo Pluralität bewusst wahrgenommen wird, stellt sich immer dringlicher die Frage nach den Kompetenzen und ihrer Förderung, um mit differenten religiös-kulturellen Denkweisen und Handlungspraxen angemessen umgehen zu können. Wir gehen in diesem Beitrag zunächst auf einige Voraussetzungen ein und wenden uns dann den Kompetenzen zu.

Interkulturelle und interreligiöse Dimensionen

Religionspädagogisch besteht kein Zweifel, dass die plurale Gesellschaft einen kompetenten Umgang mit religiös und kulturell begründeten Differenzen erfordert (Schweitzer u.a. 2002). Interreligiöses Lernen wird zu einer gesamtgesellschaftlichen Notwendigkeit in Schulen, in Familien und in den Religionen und Konfessionen selbst, vor allem, wenn ein Dialog und nicht ein exklusivistisches Wahrheitsverständnis zur Grundhaltung werden soll. Mit interreligiösem Lernen wird das edukative Ziel verfolgt, einen verantwortlichen Umgang mit der Vielfalt der Religionen und individuellen Religiositäten zu ermöglichen (Ziebertz 2002, 121-143). Dazu sind im Folgenden einige Voraussetzungen zu klären.

Kultur und Religion

Im derzeitigen wissenschaftlichen Diskurs (Bolten 2001) werden interkulturelle bzw. interreligiöse Begegnungen als Prozesse beschrieben, in denen beteiligte Individuen aus konzeptuell unterschiedlichen kulturellen oder religiösen Lebenswelten miteinander agieren und sich verständigen müssen (z.B. Christen und Muslime). Auch wenn solche Begegnungssituationen zwischen Jugendlichen häufig unkomplizierter sind als bei Erwachsenen, so gibt es dennoch Spannungen und Auseinandersetzungen zwischen Einheimischen und Fremden, zwischen verschiedenen Kulturen und Religionen. Die Frage, wie man kulturell Fremden begegnet, schließt immer auch die Frage ein, wie man fremden Religionen begegnet.

Bisherige interkulturell-pädagogische Entwürfe unterschätzen den Bereich der Religiosität. Da Religiosität sich in verschiedenen sozialen Kontexten ereignet (kulturell, sozial, rechtlich, wirtschaftlich etc.) schließt interkulturelles Lernen die interreligiöse Dimension ein (und umgekehrt). Gerade die enge Verknüpfung zwischen Kultur und Religion bei wenig säkularisierten Menschen oder in entsprechenden Gesellschaften (z.B. Islam in arabischen Ländern) unterstreicht die Bedeutung, den Bereich der Religion in interkulturell-pädagogische Diskurse zu integrieren. Da das »Religiöse« innerhalb der meisten Kulturen eine Schlüsselfunktion innehat, wird die religiöse und kulturelle Pluralität zum Inhalt und zur Kontextbedingung für interkulturelles und -religiöses Lernen in den Schulen.

Was aber ist »Kultur« und welche Rolle spielt »Religion«? *Kultur* im allgemeinen Sinne stellt ein Ensemble gesellschaftlicher Praxen und gemeinsam geteilter Sinnstiftungen/-deutungen dar, in denen die aktuelle Verfasstheit der Gesellschaft (z.B. ökonomische, politische Strukturen) einerseits und ihre Geschichte andererseits zum Ausdruck kommen. Kultur – geprägt durch Traditionen und weltanschaulich-religiöse Wertimplikationen – bestimmt das

Verhalten, die Gefühle, die (Wert-)Einstellungen der Mitglieder einer Gesellschaft und vermittelt zwischen individuellen und gesellschaftlichen Strukturen. Kultur kann als »Orientierungssystem« einer Gesellschaft oder einer Gruppe aufgefasst werden, welches aus bestimmten Symboliken gebildet wird und die spezifische Art der Wahrnehmung, des Denkens, der Deutung, der Bewertung, des instrumentellen und sozialen Handelns der Mitglieder beeinflusst mit der funktionalen Ausrichtung der Umweltbewältigung individualsozialer Gruppierungen (Hansen 2000). *Religion* wiederum ist ein wesentlicher Teil von Kultur und kann ohne Kultur nicht gedacht werden (Ziebertz 2002). Sie ist zum einen institutionell präsent, zum anderen gibt es Religion in den westlichen Ländern auch partiell unabhängig von religiösen Institutionen. Beide Formen sind zudem kulturell geprägt und als Bestandteil einer Kultur eine Realität in der sozial verfassten Wirklichkeitskonstruktion. Religiöse Institutionen verlieren zumindest im Westen das Definitionsmonopol über das Religiöse zu Gunsten des Individuums (Gabriel 1996). Individualisierung und Pluralisierung platzieren sich neben das tradierte Modell des Religiösen und bilden eine komplexe Gemengelage. Der religiöse Gesamtausdruck, der gesellschaftliche Einheit verbürgte, zerfällt in eine Vielfalt religiös-individueller Lebensäußerungen, wobei darin durchaus traditionelle Strömungen erhalten bleiben können. Für nicht autochthone Gruppen in der Bevölkerung gilt dies nicht unbedingt in demselben Maße. Religiöse Organisationen bringen weiterhin Wertkonkretionen (z.B. Normen, Werte, religiöse Sinndeutungen etc.) qualifizierend ins Spiel, repräsentieren in deutenden Formen Weltanschauungen und Menschenbilder und versuchen religiösen Individuen äußeren Halt und Orientierung zu geben. Als funktionale Orientierungssysteme sind beide – Kultur und Religion – inhaltlich verbunden, wenn auch nicht deckungsgleich. Theologisch, bzw. religionspädagogisch besteht der Bedarf, differierende Wertauffassungen, Welt- und Menschenbilder, religiöse Pluralität etc. nicht mit Indifferenz gleichzusetzen, sondern als religiösen Differenzismus zu behandeln (Ziebertz 1999). Damit umzugehen, ist dem Menschen nicht mitgegeben, sondern verlangt Bildung.

Differenzen

Kulturelle und religiöse Pluralität auf der Makro-, Meso- und Mikroebene ist ein Faktum unserer gesellschaftlichen Wirklichkeit. Die Konfrontation mit ihr führt zur Aufdeckung von Differenzen. Die eigentliche Problematik interreligiöser oder interkultureller Begegnungen beginnt mit dem Prozess der Wahrnehmung des »Fremden« und mündet häufig in eine Herausforderung an das eigene, bisher alleingültige Weltbild. Auch im schulischen Alltag fordern religiös-kulturelle Begegnungssituationen das eigene Welt- und Menschbild von Schülerinnen und Schülern heraus, sodass das »Fremde« und »Ungewohnte« nicht selten auch zur Bedrohung für das eigene Verständnis über »die Sicht der Dinge« werden kann.

Die Begegnungen zwischen Religionen/Kulturen und ihren unterschiedlichen religiösen Perspektiven verlaufen daher nicht immer harmonisch. Die Konfrontation mit Differenzen und fremden Standards zeigt, dass es nicht ausreicht, sich in Kreisen Wohlgesinnter gegenseitig der Notwendigkeit eines harmonischen Miteinanders zu versichern. Das Aushalten, der Umgang und die Bearbeitung von Differenz werden ein zentraler Gegenstand interreligiösen Lernens. Eine vornehmliche Orientierung auf Harmonie oder Konsensus erscheint vor diesem Hintergrund nicht als hinreichend – zumindest nicht auf Kosten einer konstruktiven Auseinandersetzung mit differierenden Ansichten. Daher bleibt es unbefriedigend, die Religionen und ihre Wahrheitsansprüche einander gleichzumachen. Vielmehr ist das Problem das Thema, d.h., die Differenzen selbst bilden den Lerngegenstand interreligiösen Lernens. Dem Wahrnehmen von Differenzen im *Innen* wie im *Außen* und dem Lernen *an* und *in* Differenzen kommt daher eine grundlegende Bedeutung zu (Peukert 1984). Offen ist die Frage, wie die qualitative Dimension der interaktiven Beziehungen »zwischen« verschiedenen religiösen und kulturellen Perspektiven beschaffen sein soll, also die Frage, wie »interreligiöse« Begegnung verantwortlich eingeübt und gestaltet werden kann, ohne dass die vorhandenen Differenzen neutralisiert werden.

Eigenverstehen und Fremdverstehen

Die Wahrnehmung von Differenzen beinhaltet grundsätzlich die Unterscheidung zwischen »Eigenem« und »Fremdem« und damit die Wahrnehmung der eigenen und der fremden Kultur/Religion. Wahrnehmung geschieht dadurch, dass man unterscheidet. Jede Kultur/Religion hat ein eigenes *Selbstbild* (Selbstbilder) und ein *Fremdbild* (Fremdbilder). Die scheinbar klare Trennungslinie zwischen Eigenem und Fremdem scheint meist dann zu verschwimmen, wenn Fremdes auch in der eigenen Kultur (intrakulturell) wahrgenommen wird.

Zudem wird die Wahrnehmung von Differenzen zwischen Eigenem und Fremdem von Bewertungen geprägt, wie das »Fremde« gesehen wird – ob als Bedrohung oder als Bereicherung für das eigene religiöse oder kulturelle Selbstverständnis und die eigene Wahrheit. Das Eigenkulturelle und -religiöse kann unter bestimmten Bedingungen als eine homogene Entität positiv gewertet werden und das Fremdkulturelle negativ (z.B. das Tragen des Kopftuchs im Islam). Dabei ist nicht der Gedanke, universalethische Prinzipien und Wahrheiten für sich gefunden zu haben, fundamentalistisch, sondern lediglich die Ansicht, diese auf eine bestimmte Religion bzw. Kultur zurückzuführen.

Die eigentliche Problematik interreligiöser/interkultureller Begegnungen beginnt mit dem Prozess der Auseinandersetzung mit dem Fremden und dem Versuch, das Fremde zu verstehen, den anderen zu akzeptieren, dass er anders ist und (unter bestimmten Rahmenbedingungen) anders sein darf, vielleicht sogar anders sein soll. Die meisten Missverständnisse resultieren daraus, dass man sich der eigenen und der fremden Wahrnehmungsweise nicht hinreichend bewusst ist. Sachverhalte werden unhinterfragt als normal angenommen, welche für die Wahrnehmungsgewohnheiten des anderen keineswegs plausibel sein müssen. Bleibt dieser Plausibilitätsmangel unthematisiert, d.h. fehlt eine Metakommunikation, oder wird der Sachverhalt aus der eigenen Perspektive »passend« uminterpretiert, kommt es zur falschen Annahme einer scheinbar gemeinsamen Argumentationsbasis. Faktisch argumentieren jedoch beide Interaktionspartner unbemerkt auf zwei unterschiedlichen Ebenen mit der Folge schwer auszuräumender Missverständnisse beiderseits.

Der Vorgang des Fremdverstehens ist damit eng an den des Selbstverstehens geknüpft (Hansen 2002). Der Vorgang selbst beschreibt eine Gegenseitigkeitsordnung, eine Korrelation, ein dialektisches Verhältnis zwischen Innen und Außen, z.B. zwischen der eigenen Religion bzw. der eigenen Religiosität und der Religion bzw. der Religiosität des anderen. Das eine existiert allerdings nicht unabhängig vom anderen. Der Umstand, dass wir nicht nur das andere, sondern auch uns selbst über die Einschätzung dieser Beziehung definieren, ist folgenreich, d.h., wir selbst definieren uns immer im Verhältnis zum anderen und umgekehrt. Damit ist gesagt, dass ein Selbstverständnis nicht möglich wäre, wenn es den anderen nicht gäbe, mit dem ich mich vergleichen kann. Unsere Wahrnehmung von Fremdem und Eigenem ist über das direkte Wechselspiel von Fremd- und Selbstverständnis hinaus auch wesentlich dadurch geprägt, was man vermutet und annimmt, was der andere von einem selbst denkt und erwartet. Wenn Fremdes und Eigenes wahrgenommen und verstanden werden, dann geschieht dies auch immer auf der Grundlage des wechselseitigen Zusammenhangs von Fremd- und Selbstbildern. Analog ist Identität nur denkbar, wenn es die Unterscheidung und damit die Differenz zulässt.

Wahrheit

Im Mittelpunkt einer Konfrontation zwischen Eigenem und Fremdem steht nicht selten die Frage nach den jeweils unterschiedlichen Geltungsansprüchen, nach dem Wert und nach der Wahrheit des eigenen und des fremden Selbstverständnisses. Die Frage nach der »religiösen Wahrheit« scheint derzeit höchst unbeliebt, geht man doch von der allgemeinen Auffassung aus, dass alle Religionen »gleich« seien. Das multireligiöse Unterrichtsmodell findet deshalb hohe Zustimmung (Ziebertz 2004). Unterschiedliche Religionen und individuelle religiöse Ansichten werden als »gleiche« nebeneinander gestellt. Als pädagogische Variante dieses Denkens gibt es die Forderung, der Religionsunterricht müsse sich in Zukunft von der Fessel des Konfessionellen lösen, sich multireligiös ausrichten und allen religiösen Überlieferungen in derselben Weise Aufmerksamkeit schenken – eine Überlegung, die unbefriedigend erscheint. Die Folge könnte eine unechte, nur statisch existente Idee von Multireligiosität sein, in dem der eigene religiöse Charakter auf Grund strikter Assimilationsforderungen eingeebnet würde. Ein relativistisches Verständnis ist aus der Eigenperspektive einer jeden Religion/Kultur nicht ohne weiteres akzeptabel.

Eine Begegnung mit anderen Religionen und Religiositäten kann aber auch nicht heißen, eine Stellung der Superiorität einzunehmen. Ein Selbstverständnis von der Überlegenheit einer religiösen Perspektive verhindert eine dialogische Grundhaltung, sodass ein exklusivistisches Wahrheitsverständnis keinen hilfreichen Beitrag für das Kennen- und Verstehenlernen anderer religiöser Ansichten sein kann. Ein solches religiöses Selbstverständnis wirkt zerstörerisch auf der Beziehungsebene. Insbesondere divergierende Wertkonzepte, Interpretations- und Handlungsmodelle, aber auch fehlendes Wissen über den jeweils »Anderen« oder dominantes Verhalten tragen dazu bei, dass auf der Inhaltsebene Fehlinterpretationen, Spannungen, Missverständnisse und gegenseitige Vorurteile entstehen. Insbesondere durch die Vertiefung des Wissens über verschiedene Religionen können Unterschiede entdämonisiert und entmystifiziert werden.

Religionspädagogische Zielperspektive

Die seit einigen Jahren vertiefte Auseinandersetzung innerhalb der Religionspädagogik mit dem Thema »Interreligiosität« hat es sich zur Aufgabe gemacht, dieser Konfliktgefahr entgegenzutreten. Sowohl der traditionell-konfessionelle Religionsunterricht, der in eine bestimmte Religion einführen und nicht nur als Informationsplattform verstanden werden will, als auch der »multireligiöse Unterricht«, der seine Aufmerksamkeit allen Religionen gleichermaßen widmen möchte, ohne den Anspruch zu erheben, in eine bestimmte Religion einzuführen, stehen derzeit im Zentrum religionspädagogischer Kritik. Dabei geht es weniger um die Frage, *ob* das Unterrichtsfach »Religion« überhaupt stattfinden soll, sondern vielmehr das *wie*. Auf diese Wie-Frage wollen Ansätze des »interreligiösen Lernens« Antworten geben (Leimgruber/Ziebertz 2001). Gemeinsam mag ihnen sein, Lernen als dialogisches Lernen zu verstehen, mit dem nicht nur Einblicke in fremde Religionen und ihre Standards ermöglicht werden, sondern auch die faktische religiöse Pluralität thematisiert werden kann. Das Konzept will das Bewusstsein von Differenz und damit die Andersartigkeit des religiösen Anderen schärfen, ohne die Differenzen selbst zu neutralisieren. Der interreligiöse Ansatz hat nicht eine künstlich herzustellende utopische Harmonie zwischen verschiedenen Religionen oder Religiositäten zum Ziel, sondern geht davon aus, dass gerade durch Differenz Kommunikation entsteht. Im Zentrum dieses interreligiösen Ansatzes steht damit die Differenz, auf die sich das »inter« bezieht. Mit »inter« sind nicht nur die Begegnungen zwischen den großen Weltreligionen wie etwa Judentum, Christentum, Islam, Buddhismus, Hinduismus angesprochen, sondern auch die Begegnungen *innerhalb* einer Religion bzw. Konfession. Interreligiöses Lernen gibt es deshalb unter Umständen *intra*religiös und *intra*konfessionell.

Mit interreligiösem Lernen wird das pädagogische Ziel verfolgt, Differenzbewusstsein zu schaffen und die wahrgenommene Differenz bearbeiten zu können, z.B. im Konfliktmanagement. Die zentrale Frage hierbei ist, auf welche Fähigkeiten als Bestandteile eines solchen Konfliktmanagements kommt es an?

Konfliktmanagement als Kompetenz interreligiösen Lernens

Kompetenz soll hier verstanden werden als das Vermögen eines Menschen zu einem bestimmten Wahrnehmen, Beurteilen und sach-, situations- und persongerechten Handeln. Es geht dabei um habituelle Dispositionen, die in einem bestimmten Bereich geordnet sind und zur Bewältigung einer auch situationsübergreifenden spezifischen Praxis befähigen (Heil/Ziebertz 2004). Fähigkeiten sind neben Wissen und Einstellung eine Voraussetzung von Kompetenz. Uns scheint, dass Kompetenzen, wenn sie so verstanden werden, pädagogisch nicht direkt erzeugt werden können. Man wird den »Umweg« über einfacher definierbare Fähigkeiten gehen müssen.

Als Bestandteile des Konfliktmanagements kommen neben anderen *Interaktions- und Dialogfähigkeit*, *Perspektivenwechsel*, *Ambiguitätstoleranz* und *Selbstreflexivität* in den Blick. Sie zusammen genommen können die habituelle Integration zu einer »interreligiösen Kompetenz« schaffen. Die genannten Fähigkeiten haben auf den Erfolg *intra*religiöser bzw. *intra*konfessioneller Interaktion- und Begegnungssituationen Einfluss und sind damit unabdingbare Voraussetzungen, um die Anforderungen an soziales Handeln im Kontext religiöser Begegnungssituationen bewältigen zu können. Sie lassen sich daher nicht als spezifisch *interreligiöse* Fähigkeiten verstehen.

Interaktions- und Dialogfähigkeit

Interreligiöses Lernen in edukativer Hinsicht heißt zunächst, eine konstruktive Auseinandersetzung mit Differenz einzuüben, und versteht sich selbst als prozesshaft-dialogischer Beitrag zur religiös-individuellen und religiös-kollektiven Identitätsbildung. Religiosität als religiös-individuelle Identität kann als ein narrativer Vorgang verstanden werden, der sich im Subjekt selbst als innerer Dialog rekonstruieren lässt, während die religiös-kollektive Identität sich im Kontext eines narrativen Vorgangs als intersubjektiver Dialog ereignet. Religiöse Identitätsbildung nimmt dabei den Weg über den anderen. Wie oben angedeutet, wird ein Wissen darüber, was oder wer man selbst ist, vor allem in Bezug auf den »anderen« gewonnen. Im dialogischen Sich-in-Beziehung-setzen zum anderen wird ein anthropologischer Aspekt wirksam, welcher sich an der Subjekthaftigkeit des jeweils anderen orientiert. Interreligiöse Begegnung beginnt, wenn die Grenze zum anderen respektiert wird; dass der andere das, was man selbst für richtig hält, nicht unbedingt will oder bejaht – und auch nicht soll. Schülerinnen und Schüler sollen lernen können, die Dimensionen der faktischen Pluralität zu erkennen, zu verstehen und rational-argumentativ die eigene Position im Dialog zu vertreten. Damit bilden die differenten Positionen und Meinungen den eigentlichen Lerngegenstand, d.h., es geht um ein Lernen *in* und *an* Differentem. Ein so geführter Dialog zwingt zur argumentativen Stellungnahme, zeigt die unterschiedlichen Perspektiven auf und fragt nach dem »Wert« der jeweiligen Ansicht und damit nach der konkreten Auffassung von Erstrebenswertem. Dabei geht es weniger um einen »Konsens um jeden Preis«. Produktiv ist vielmehr eine kontroverse Auseinandersetzung mit differenten Ansichten, denn sie konfrontiert die eigene wie die andere Überzeugung mit jeweils alternativen Überzeugungen. Damit wird ein Dialog über »Wahrheiten« zum dynamisch-relationalen Prozess. Ein dynamisch-relationales Wahrheitsverständnis beinhaltet eine dialogische Dimension im religiösen Suchen nach der Wahrheit und der Suche nach Gott. Die Ausbildung dieser Fähigkeit kann u.a. durch einen Mangel an Wissen oder durch persönlichkeitstypische Blockaden verhindert werden. Die Entwicklung der Interaktions- und Dialogfähigkeit muss diese Aspekte einbeziehen.

Perspektivenwechsel

Eine weitere wichtige Fähigkeit im Kontext eines Konfliktmanagements als Kompetenz interreligiösen Lernens stellt der Perspektivenwechsel dar. Da interreligiöses Lernen heißt, die faktische (religiöse) Pluralität aufzugreifen und dabei Differenzen nicht nur zu entdecken, sondern auch mit Differenzen grundsätzlich umgehen zu können, ist die Ausbildung der Fähigkeit Perspektiven wechseln zu können ein grundlegendes religionsdidaktisches Ziel. Es geht um das Wechseln zwischen Ich-Perspektive und Du-Perspektive in dialogischem Sinne, also weder um eine dominante Ich-Perspektive, noch um eine rezessive Du-Perspektive und auch nicht um eine indifferente Es-Perspektive, die einen neutralen Standpunkt vorgibt. Dazu kommt die Wir-Perspektive. Sie ist nicht per se identisch mit Übereinstimmung (vgl. Watzlawick u.a. 1969). Auch die Feststellung der Nicht-Übereinstimmung ist ein wichtiger Lernschritt. Dissens wird in diesem Fall nicht übergangen oder verdrängt, sondern festgestellt – was eine neue Qualität der Relation möglich macht. Der Perspektivenwechsel im Kontext interreligiösen Lernens neutralisiert Differenzen nicht und favorisiert kein utopisches Harmoniemodell, welches sich auf Gemeinsamkeiten konzentriert und Gegensätze glättet. Der Perspektivenwechsel als »Ziel-Gebot« fragt deshalb, wie im Kontext interreligiösen Lernens die Ich-Perspektive auf eine Du-Perspektive erweitert werden kann, und zwar mit dem Ziel einer dynamisch-relationalen Beziehung, in der wechselseitiges Verstehen, in dem Respekt und Akzeptanz ebenso beheimatet ist, wie eine kritische Reflexion der Fremd- *und* der Eigenperspektive. Das kann in eine Wir-Perspektive münden: als Übereinstimmung oder Eingeständnis bleibender Differenz. Wechselseitiges Verstehen heißt nicht, die Differenz der individuellen religiösen Deutungen zu beseitigen, sondernd die Diversität der religiösen Welt zu erfassen und das Diverse füreinander transparent zu machen sowie mögliche Missverständnisse, die auf Grund unterschiedlicher Perspektiven notwendig eintreten, kritisch aufzuheben und produktiv zu nutzen. Es ist vielleicht hilfreich zu erwähnen, dass dieser Prozess bereits in jedem Menschen selbst angestoßen wird, wenn dieser bereit und in der Lage ist, das Eigene und Fremde in sich selbst zu sehen und zuzulassen.

Beim Vorgang des Perspektivenwechsels geht es um den Versuch, sich in den anderen hineinzuversetzen (passing over). Interreligiöses Lernen beinhaltet auf der Beziehungsebene, sensibler zu werden dafür, was dem anderen wichtig und wertvoll ist, zu akzeptieren, dass der andere wirklich anders ist. Damit ist auf der Inhaltsebene *nicht* zugleich verbunden, den Standpunkt des anderen gutzuheißen oder zu akzeptieren.

Der Perspektivenwechsel beschreibt zudem das Ziel, die eigene Religion nicht nur aus der eigenen Perspektive, sondern auch aus der Perspektive der anderen Religion zu verstehen, d.h. die eigene Religion aus eigener und aus fremder Sicht zu sehen und die andere Religion nicht nur mit den eigenen Augen, sondern auch mit den Augen der anderen zu sehen. Interreligiöses Lernen umfasst das wechselseitige Eigen- und Fremdverstehen und die damit einhergehenden Interpretationen.

Die Fähigkeit, Perspektiven überhaupt wechseln zu können, ist entscheidend für jede erfolgreiche Kommunikation. Der Perspektivenwechsel als Grundlage des wechselseitigen Verstehensprozesses beschreibt den Vorgang des Lernens in und an Differenzen. Durch das dialektische Verhältnis zwischen Ich-, Du- und Wir-Perspektive trägt er zur Selbstbildung bei und ist daher unerlässlich im Kontext interreligiösen Lernens.

Ambiguitätstoleranz

Ambiguitätstoleranz beschreibt die Fähigkeit, im Vollzug des Perspektivenwechsels das Spannungsverhältnis zwischen unvereinbaren Gegensätzen und die Mehrdeutigkeit von Aussagen aushalten zu können. Da ein zwanghaft oder voreilig herbeigeführter Konsens langfristig in der Regel eher negativ wirkt, weil er religiöse oder kulturelle Differenzen nur verdeckt, aber nicht beseitigt, ist die Fähigkeit wichtig, unterschiedliche Positionen und Perspektiven bewusst auszuhalten. Ambiguitätstoleranz verlangt die Fähigkeit, Differenzen und Spannungen im »Innen« wie im »Außen« wahrzunehmen und – wenn möglich – sich darüber verständigen zu können. Die häufig vertretene Meinung, das Ziel eines interreligiösen Dialoges bzw. interreligiösen Handelns liege ausschließlich in einem Konsens »um jeden Preis«, führt nur allzu schnell dazu, dass sich Beteiligte um ihre (religiöse oder kulturelle) Identität gebracht fühlen und sich in ihrer eigenen Identität nicht mehr entfalten können. Das *inter*religiöse Ziel liegt darin, religiöse oder theologische Standpunkte bewusst halten zu können, sodass eine Akzeptanz aller Interaktionspartner herbeigeführt werden kann. Dies verlangt Selbstdistanz und Dezentrierung, aber auch entsprechende charakterliche sowie persönlichkeitsstrukturelle Voraussetzungen.

Selbstreflexivität

Zum interreligiösen Lernen gehört schließlich Selbstreflexivität, die sowohl Selbstkritik als auch Selbstrelativierung enthält. Die Wahrnehmung religiöser Differenzen ist häufig davon geprägt, wie das religiöse Fremde gesehen wird, wie man ihm begegnet und ob es auch in uns selbst entdeckt werden kann. Menschen erfahren nicht nur Fremdheit oder nehmen diese wahr, sondern sie sind an der Produktion von Fremdheit beteiligt. Die scheinbar klare Trennungslinie zwischen Eigenem und Fremdem scheint dann zu verschwimmen, wenn Fremdes auch in der eigenen Religion bzw. Religiosität wahrgenommen wird. Bei Definitionen des Fremden kommen keine objektiven Kriterien zur Geltung, sondern es geht um eine Einschätzung dieses Fremden in Bezug auf einen selbst. Der Umstand, dass wir nicht nur das andere, sondern auch uns selbst über die Einschätzung dieser Beziehung definieren, ist folgenreich, d.h., wir selbst definieren uns immer im Verhältnis zum anderen und umgekehrt. Damit ist gesagt, dass ein Selbstverständnis nicht möglich wäre, wenn es den anderen nicht gäbe, mit dem ich mich vergleichen kann. Wahrnehmung wird davon gesteuert, was wir vermuten, was der andere von uns denkt und erwartet. In diesem Zusammenhang spricht man von so genannten Metabildern, die handlungsleitend und motivierend wirken können. In der Begegnungssituation mit dem objektiven Anderen, der fremden Religion, kann mit Hilfe einer selbstreflexiven Metakommunikation die eigene religiöse Position bewusst und ggf. relativiert werden.

Die Ausbildung der Fähigkeit zur Selbstreflexivität kommt somit als zentrale religionspädagogische Aufgabe in den Blick, um Interpretationen, Werthaltungen und ihre Entwicklungszusammenhänge erkennen, verstehen und kritisch auf ihren Sinn und ihre Verbindlichkeit hin befragen zu können. Es geht um Lernprozesse, in denen auch religiöse und kulturelle Subjektivierungen relativiert werden. Kritisch-selbstreflexives Lernen hilft schließlich, fundamentalistischen Tendenzen entgegenzuwirken (Ziehe 1992).

Fazit

Konfliktmanagement als Kompetenz interreligiösen Lernens ist aus gesellschaftlicher, bildungstheoretischer und religiös-theologischer Perspektive eine entscheidende religionsdidaktische Aufgabe. Die Einführung des Gedankens des Konfliktmanagements im Kontext interreligiösen Lernens thematisiert den Umgang mit der religiös-kulturellen Diversität, unterschiedliche religiöse Lebenswelten, Lebenseinstellungen, Normen und Werte, die den eigenen religiösen Hintergrund und die Interaktion mit fremdreligiösen Lebenswelten entscheidend mitbestimmen. Interreligiöses Lernen heißt, eine konstruktive Auseinandersetzung mit Differenz einzuüben und versteht sich selbst als prozesshafter Beitrag zur individuellen und kollektiven Identitätsbildung. Interreligiöses Lernen liefert im Dialog Kenntnisse, nicht nur über fremde, sondern auch über eigene religiöse Traditionen und Werthaltungen und bildet die Fähigkeit aus, das Eigene wie das Fremde kritisch und konstruktiv zu reflektieren. Interreligiöses Lernen heißt, eine Offenheit und Bereitschaft zu entwickeln, sich auf etwas »Neues« oder »Fremdes« einzulassen, neue Perspektiven entwerfen zu können, die auf Grund der gegebenen Pluralitäten zu einem erneuerten Verständnis sowohl für den »Anderen« als auch für das »Eigene« führen können. Interreligiöses Lernen thematisiert und eröffnet schließlich in edukativer Hinsicht einen verantwortlichen Umgang mit dem Plural der Religionen/Konfessionen und versteht sich damit als Lernen *in* und *an* Differentem. Religionspädagogisch zielt das Konfliktmanagement als Kompetenz interreligiösen Lernens auf den »pluralistischen Umgang« mit religiöser Pluralität, die in ihr liegenden Chancen zu nutzen und kritisch-selbstreflexiv mitzugestalten.

Literatur

Bolten, Jürgen, Interkulturelle Kompetenz. Landeszentrale für Politische Bildung Thüringen, Erfurt 2001.

Gabriel, Karl, Wandel des Religiösen im Umbruch der Moderne, in: Tzscheetzsch, Werner/Ziebertz, Hans-Georg (Hg.), Religionsstile Jugendlicher und moderne Lebenswelt, München 1996, 47-63.

Hansen, Klaus P., Kultur und Kulturwissenschaft. Eine Einführung, Tübingen u.a. ²2000.

Heil, Stefan/Ziebertz, Hans-Georg, Kompetenzen der Profession Religionslehrer/in, in: Ziebertz, Hans-Georg/Heil, Stefan/Mendl, Hans/Simon, Werner, Religionslehrerbildung an der Universität, Münster 2004.

Leimgruber, Stephan/Ziebertz, Hans-Georg, Interreligiöses Lernen, in: Hilger, Georg u.a. (Hg.), Religionsdidaktik. Ein Leitfaden für Studium, Ausbildung und Beruf, München 2001, 433-442.

Peukert, Helmut, Über die Zukunft von Bildung, in: Frankfurter Hefte 39 (1984), H. extra 6, 129-137.

Schweitzer, Friedrich u.a. (Hg.), Entwurf einer pluralitätsfähigen Religionspädagogik, Freiburg i.Br. 2002.

Thomas, Alexander (Hg.), Psychologie interkulturellen Handelns, Göttingen u.a. 1996.

Watzlawick, Paul/Beavin, Janet H./Jackson, Don D., Menschliche Kommunikation, Bern u.a. 1969.

Ziebertz, Hans-Georg, Religion, Christentum und Moderne. Veränderte Religionspräsenz als Herausforderung, Stuttgart u.a. 1999.

Ziebertz, Hans-Georg, Interreligiöses Lernen und die Pluralität der Religionen, in: Schweitzer, Friedrich u.a. (Hg.), Entwurf einer pluralitätsfähigen Religionspädagogik, Freiburg i.Br. 2002, 121-143.

Ziebertz, Hans-Georg, Models of interreligious Learning. An empirical study in Germany, in: Francis, Leslie/Robbins, Mandy/Astley, Jeff (eds.), Religion, Education and Adolescence, Cardiff: University of Wales Press, 2005 (im Erscheinen).

Ziehe, Thomas, Moralität und Subjektivierung, in: Zoll, Rainer (Hg.), Ein neues kulturelles Modell. Zum soziokulturellen Wandel in Gesellschaften Westeuropas und Nordamerikas, Opladen 1992.

Friedrich Schweitzer

Religiöse Identitätsbildung

Im Blick auf das weithin als zentral angesehene religionspädagogische Ziel, zur Ausbildung religiöser Identität beizutragen, ist die Bedeutung interreligiösen Lernens nicht unumstritten: Stellt es religiöse Identität eher in Frage oder wird religiöse Identität gerade in der Begegnung mit dem anderen erkennbar und plausibel? Im Folgenden werden die komplexe Diskussion um Identität sowie die damit zusammenhängenden pädagogischen Aufgaben und Herausforderungen im Kontext interreligiösen Lernens beschrieben und erörtert.

Häufig wird es als ganz selbstverständlich angesehen, dass »religiöse Identität« ein oder sogar das entscheidende Ziel religionspädagogischen Handelns darstelle. Im Kontext interreligiösen Lernens findet sich darüber hinaus beides: einerseits die Befürchtung, die mit einem solchen Lernen einhergehende Erfahrung religiöser Pluralität könne die religiöse Identität von Kindern und Jugendlichen in Frage stellen oder deren Entwicklung überhaupt verhindern, und andererseits die Hoffnung, gerade durch eine Begegnung mit Menschen anderer Religionszugehörigkeit und Prägung könne die eigene religiöse Identität erkennbar und plausibel werden. Für positive wie negative Erwartungen gilt häufig jedoch gleichermaßen, dass sie kein Bewusstsein der komplexen, in vieler Hinsicht ungelösten Fragen im Blick auf das Verständnis religiöser Identitätsbildung einschließen. Einige dieser Fragen seien vorab genannt:

- Was genau ist unter »Identität« zu verstehen? Kann man eine Identität »haben« oder gar »besitzen«?
- Welche Bedeutung hat Religion für die Identitätsbildung? Braucht jede Identität eine religiöse Grundlage?
- Hat jeder Mensch eine religiöse Identität? Wie verhält sich die religiöse Identität zur Religionszugehörigkeit im Sinne eines institutionellen Verhältnisses?
- In welchem Sinne ist Identitätsbildung als pädagogische Aufgabe zu fassen? Kann Identität überhaupt pädagogisch gebildet werden oder gehört sie vielmehr in den Bereich der Selbstbildung?
- Was bedeutet die pädagogische Unverfügbarkeit des Glaubens für eine religiöse Identitätsbildung im Kontext interreligiösen Lernens?

Die Antwort auf keine dieser Fragen versteht sich von selbst. Der Stand der wissenschaftlichen Diskussion ist in allen diesen Hinsichten als vorläufig zu bezeichnen. Vor allem fehlt es bislang weithin an empirischen Untersuchungen, die Einsicht in die heute zu erwartenden Formen von religiöser Identitätsbildung insbesondere auch bei Kindern und Jugendlichen mit nicht christlicher Herkunft geben könnten. Darüber hinaus sind bereits die entsprechenden Theorien der Identitätsbildung weithin in einem westlich-christlichen Kontext entwickelt worden und können nicht ohne weiteres auf andere Zusammenhänge oder auf von nicht christlichen Religionen geprägte Kinder und Jugendliche übertragen werden.

Identität – ein umstrittener Begriff

In Pädagogik und Religionspädagogik spielt der Identitätsbegriff seit etwa den 1970er-Jahren eine wichtige Rolle (Überblick bei Schweitzer 1985). Er gehört damit in den Zusammenhang der damaligen human- und sozialwissenschaftlichen Neuausrichtung von (Religions-)Pädagogik. Die dabei rezipierten Identitätstheorien gehen allerdings auf das frühe 20. Jahrhundert zurück. Sie haben eine wichtige Wurzel in der amerikanischen Sozialphilosophie des Pragmatismus, die dann in Deutschland durch einflussreiche Autoren wie Jürgen Habermas im letzten Drittel des 20. Jahrhunderts neu zur Geltung gebracht wurde. Ebenso wichtig ist aber eine andere Wurzel – nämlich in der psychoanalytischen Psychologie Erik H. Eriksons, dessen Identitätsbegriff in seinem psychosozialen Modell des Lebenszyklus verankert ist. Demnach stellt die Identitätsbildung die zentrale Entwicklungsaufgabe im Jugendalter dar (vgl. Schweitzer 1985, 41ff.). Die von Eriksons Modell suggerierte Auffassung, die Identitätsbildung könne mit dem Jugendalter abgeschlossen werden, indem sich eine bestimmte persönliche Identität gleichsam als jedenfalls unter sog. normalen Umständen nicht wieder verlierbare Persönlichkeitseigenschaft herauskristallisiert, wird schon seit langem kritisch in Frage gestellt. Identitäten, so wird zu Recht gesagt, bleiben immer offen und bestimmungsbedürftig. Identitätsbildung ist ein lebenslanger Prozess (grundlegend dazu Krappmann 1979, mit Betonung auf dem Begriff des Selbst Leu/Krappmann 1999). In den letzten Jahren hat sich die Kritik an der Erwartung wie auch immer festliegender Identitäten im Jugend- oder Erwachsenenalter, u.a. im Zusammenhang der Postmoderne, noch einmal radikalisiert und wurde ein »Abschied von Erikson« gefordert (s. vor allem Keupp 1997 sowie Keupp/Höfer 1997). *Patchwork statt Identität* – so kann der Einwand gegen den Identitätsbegriff zugespitzt werden.

Inzwischen ist allerdings bereits wieder eine Abkehr von der Totalverwerfung des Identitätsbegriffs festzustellen (dazu Keupp 1999). Auch wenn richtig bleibt, dass Identitäten immer als unabgeschlossen, offen, flexibel, plural usw. sowie als »Fiktionen« und individuelle Konstruktionen anzusehen sind, verweist der Identitätsbegriff doch auf bleibende Orientierungsbedürfnisse und Grundfragen der Persönlichkeitsbildung (so auch die internationale Diskussion, s. dazu Gergen 1991; Giddens 1991). Insofern kann auch in Zukunft auf diesen Begriff nicht verzichtet werden.

Kennzeichnend für die neuere Identitätsdiskussion ist weiterhin die stärkere Beachtung kollektiver Zusammenhänge und politischer Dimensionen. Einerseits wird auf die in politischer Hinsicht identitätsstiftende Kraft eines »kulturellen Gedächtnisses« verwiesen (Assmann 1999), andererseits wird der Begriff »kollektive Identität« als »Plastikwort« ironisiert und in Frage gestellt (Niethammer 2000, 9ff.). Bei Bezügen auf das »kulturelle Gedächtnis« oder auf die »kollektive Identität« kommen auch Religion bzw. die Religionen ins Spiel (vgl. Gephart/Waldenfels 1999).

Identität und Religion – religiöse Identität

Es ist sinnvoll, zwischen dem grundsätzlichen Zusammenhang von Identität und Religion einerseits und der stärker eingegrenzten Frage nach religiöser Identität andererseits zu unterscheiden. Religion kann als allgemeine Dimension der Identitätsbildung verstanden werden, ohne dass deshalb schon von religiösen Identitäten gesprochen werden müsste.

Von Religion als einer allgemeinen Dimension der Identitätsbildung geht etwa E.H. Erikson aus, wenn er einen konstitutiven Zusammenhang zwischen Identität und adoleszenter Sinnfindung feststellt. Dabei spricht er allerdings in übergreifender Form von »Weltanschauung« und lässt damit offen, ob es sich um eine religiöse oder eine andere Form handelt (dazu s. bes. Erikson 1975; 1981). Größeren Einfluss auf die pädagogische Diskussion hat allerdings der von J. Habermas geprägte Begriff einer »postkonventionellen Ich-Identität« ausgeübt. In diesem Falle wird eine solche als Ziel der menschlichen Entwicklung angesehene Identität – gleichsam umgekehrt als bei Erikson – gerade davon abhängig gemacht, dass religiöse Bindungen für diese Identität nicht mehr bestimmend seien (grundlegend zum Folgenden: Habermas 1976; 1981; 1983; 1987). Im Zentrum steht für Habermas die These, dass die einheitsstiftende Funktion traditioneller Weltbilder auf bewusste Kommunikationsprozesse übergehen müsse, sodass alle (u.a. eben auch religiöse) Traditionen reflexiv werden.[1] Demnach verlieren jedenfalls im Blick auf das Weltbild alle Einzelkulturen und -traditionen in der modernen Gesellschaft ihre vormals tragende Bedeutung.

Diese These wird bei Habermas in mehreren Argumentationsgängen dargestellt, differenziert und begründet. Im vorliegenden Zusammenhang ist vor allem die Unterscheidung zwischen *natürlicher Identität*, *Rollenidentität*

1 Hier übernehme ich einige Abschnitte aus Schweitzer 1999, 310f.

und *Ich-Identität* von Interesse. Diese drei Identitätsformationen seien gleichermaßen in der Menschheitsgeschichte wie in der individuellen Entwicklung feststellbar. Und alle drei besitzen Implikationen für das Verhältnis von Identität und Religion:

- Die *natürliche Identität* besitze geschichtlich gesehen ihren Ort in sog. archaischen Gesellschaften, d.h. in Gesellschaften, die durch Stammesbeziehungen bestimmt sind. Die Form von Religion, die auf dieser Stufe festzustellen sei, bezeichnet Habermas als »mythische Weltbilder«. Dazu gehören insbesondere Anthropomorphismus, Animismus und Magie.
- Die *Rollenidentität* entspreche geschichtlich betrachtet den frühen Hochkulturen. Religion ist hier Grundlage für eine »klar geschnittene Gruppenidentität«. Die Identität der Einzelnen hafte jedenfalls an »bestimmten Traditionen, an besonderen Rollen oder Normen«.
  Interessant ist im vorliegenden Fragehorizont besonders die Rolle der Weltreligionen: Durch sie nämlich werde die Rollen- oder Gruppenidentität zwar in Frage gestellt, weil hier die »Ausbildung einer von allen konkreten Rollen und Normen losgelösten Identität des Ich« als Gegenüber Gottes vorgedacht wird. Auf Grund der politischen Verhältnisse komme die so vorgestellte Ich-Identität aber nicht wirklich zum Tragen, was für Habermas nicht zuletzt daran liegt, dass in den Weltreligionen noch Reste früherer Stufen der religiösen Entwicklung erhalten bleiben und dass auch diese Religionen mit ihrer Unterscheidung zwischen Gläubigen und Heiden nicht zu einer wahrhaft humanen universellen Identität vorgestoßen seien.
- Dies werde erst anders mit dem Eintritt in die Moderne, die die Ausbildung einer *Ich-Identität* erlaube. Auch diese Stufe der Identitätsentwicklung sei historisch gesehen durch religiöse Einflüsse geprägt. Am Ende aber verliere Religion ihren Einfluss auf die Identitätsbildung. Von den Universalreligionen bleibe »nicht viel mehr als der Kernbestand einer universalistischen Moral«. (Zitate Habermas 1976, 94, 99-101)

Ohne dass dies hier im Einzelnen dargestellt werden könnte, muss diese Vorstellung einer nicht religiösen Ich-Identität aus religionspädagogischer und theologischer Sicht als unangemessen zurückgewiesen werden (vgl. Schweitzer 2003a, 147ff.). Religion bleibt auf allen Stufen der Identitätsentwicklung bedeutsam. Auf dem von Habermas beschriebenen Niveau der Ich-Identität kann dies allerdings nicht einfach eine etwa bloß durch Kirchenzugehörigkeit u.Ä. bloß äußerlich bestimmte Form von Religion sein. Zu denken ist vielmehr an in reflektierter Form persönlich übernommene religiöse Überzeugungen, so wie dies auch in Theorien der religiösen oder der Glaubensentwicklung auf empirischer Grundlage dargestellt wird (vgl. bes. Fowler 1991, dazu Schweitzer 2004). Dies entspricht im Übrigen auch dem in der Theologie vertretenen Identitätsverständnis, dem zufolge eine im Glauben fundierte Identität nur eine gebrochene, fragmentarische, vom Rechtfertigungsgeschehen bestimmte und insofern auf die Gottesbeziehung und auf Transzendenz verwiesene Identität sein kann (mit Hinweisen u.a. auf W. Pannenberg, G. Schneider-Flume, H. Luther, H.-J. Fraas s. Schweitzer 2004 sowie Meyer-Blanck 1999).

Die Unterscheidung zwischen einer natürlichen Identität, einer Rollenidentität und einer Ich-Identität eignet sich auch dazu, das Verständnis von *religiöser Identität* weiter zu klären (meine entsprechenden Vorschläge hat bes. Marschke 2003 im Kontext interkultureller Erziehung aufgenommen). Von einer *natürlichen religiösen Identität* wäre zu sprechen, wenn die Zugehörigkeit zu einer bestimmten Religionsgemeinschaft als selbstverständliches, durch Geburt und Herkunft vorgegebenes Persönlichkeitsmerkmal – insofern vergleichbar mit Haut- und Haarfarbe, aber auch mit Nationalität – angesehen wird. Unseren eigenen Befunden zufolge sind solche Auffassungen bei Kindern etwa zu Beginn des Grundschulalters auch heute empirisch zu finden (vgl. Schweitzer u.a. 2002, auch mit Hinweis auf ältere Untersuchungsergebnisse von David Elkind; vgl. auch Jackson/Nesbitt 1993). Kinder sprechen davon, dass die Konfessions- oder Religionszugehörigkeit »angeboren« sei oder durch bestimmte Riten wie die Taufe gleichsam hergestellt werde usw. – Eine *religiöse Rollenidentität* würde demgegenüber bedeuten, dass für diese Identität die angestrebte, erwünschte oder auch realisierte Zugehörigkeit zu einer bestimmten religiösen Gruppe oder Gemeinschaft bzw. Kirche bestimmend ist. Hier tritt die soziale Dimension von Identität besonders hervor. Im Blick auf traditionelle gesellschaftliche Verhältnisse leuchtet dies unmittelbar ein. Unter den Voraussetzungen einer multikulturellen und multireligiösen Gesellschaft macht die herkömmliche Vorstellung einer solchen religiösen Rollenidentität aber wenig Sinn. Übergreifende religiöse Konventionen sind kaum noch vorhanden. Religion erscheint nun als zunehmend pluralisiert, privatisiert und individualisiert. So entsteht die paradox anmutende Situation, dass gerade Offenheit und Flexibilität zu einer Konvention werden, an die sich Jugendliche oder Erwachsene um der sozialen Zugehörigkeit willen anpassen. Unter diesen gesellschaftlichen, kulturellen und religiösen Voraussetzungen kann von einem »Gewebe« der Identität gesprochen werden (so Ziebertz 1999, 70ff.). Es liegt auf der Hand, dass eine durch Gruppenzugehörigkeiten bestimmte religiöse Rollenidentität für Vorurteile besonders anfällig ist. In diesen Zusammenhang gehört dann auch die bereits angesprochene Frage kollektiver Orientierungen und Identitäten, wie sie u.a. unter dem Schlagwort »Fundamentalismus« verhandelt werden. Pluralität kann auch als gesellschaftliche Verweigerung von Identität erfahren werden – mit der Folge aggressiver Reaktionen (zur Diskussion s. etwa Gephart/Waldenfels 1999; Bielefeldt/Heitmeyer 1998; empirische Ansätze dazu bei Heitmeyer u.a. 1997; kritisch dazu Pinn 1999). Auch der sog. Synkretismus ist hier einzuordnen. Die Diskussion hat allerdings ergeben, dass die Mischung unterschiedlicher religiöser Einflüsse unter den gesellschaftlichen Voraussetzungen der Gegenwart nicht als ein spezielles Merkmal, sondern als eine allgemeine, einen Großteil der Jugendlichen und Erwachsenen betreffende Erscheinung zu verstehen ist (so verschiedene Beiträge in Drehsen/Sparn 1996; vgl. auch Schweitzer 1998; 2003b). – Von einer *religiösen Ich-Identität* kann erst dann gesprochen werden, wenn, wie bereits gesagt, die durch Herkunft, sozialisationsbedingte Prägungen sowie soziale Zugehörigkeiten vorgegebenen religiösen Orientierungen in reflexiver Form angeeignet werden.

Aus einer solchen entwicklungsbezogenen Auffassung religiöser Identität und religiöser Identitätsbildung ergeben sich wichtige Implikationen für interreligiöses Lernen. Ehe ich darauf genauer eingehe, ist aber noch eine weitere Frage zu klären:

Identitätsbildung als (religions-)pädagogische Aufgabe?

Während die pädagogische und auch die religionspädagogische Diskussion zunächst durchaus so verstanden werden konnte, als wäre Identitätsbildung ein Ziel pädagogischen Handelns, hat sich später zu Recht die Auffassung durchgesetzt, dass dies aus verschiedenen Gründen nicht plausibel ist. Vor allem ergibt sich dies aus einem pädagogisch reflektierten Identitätsverständnis, wie es exemplarisch in den späteren Veröffentlichungen von K. Mollenhauer zu finden ist:

»Mit Identität sollen also höchstens solche Sachverhalte bezeichnet werden, die es mit dem Verhältnis des Menschen, der ›ich‹ sagt, zu dem, was dieses Ich über sich aussagt, zu tun haben, und zwar soll der Begriff selbst *nur dieses Verhältnis* meinen.« (Mollenhauer 1983, 156)

»Identität gibt es *nur als Fiktion*, nicht aber als empirisch zu sichernden Sachverhalt. Diese Fiktion aber ist eine notwendige Bedingung des Bildungsprozesses, denn nur durch sie bleibt er in Gang. Identität ist eine Fiktion, weil mein Verhältnis zu meinem Selbstbild in die Zukunft hinein offen ist, weil das Selbstbild ein *riskanter* Entwurf meiner selbst ist.« (Mollenhauer 1983, 158)

So verstanden – wenn Identität ein Selbst-Entwurf ist – kann die Identitätsbildung von außen lediglich angeregt, nicht aber herbeigeführt werden. Diese Einschätzung ist hinsichtlich allen pädagogisch-intentionalen Handelns wohl als realistisch anzusehen. Im Blick auf die Religionspädagogik leuchtet dies jedenfalls unmittelbar ein: Religionspädagogische Angebote wie Religions- oder Konfirmandenunterricht können sich kaum anmaßen, mehr als einen begrenzten Beitrag zur religiösen Identitätsbildung zu leisten. Schon in zeitlicher Hinsicht sind sie sehr beschränkt, sodass weiterreichende Erwartungen oder auch Versprechungen nicht begründet wären. Umgekehrt formuliert ist allerdings festzuhalten, dass ein solcher Beitrag zur Identitätsbildung gleichwohl sinnvoll ist, eben weil Identitätsbildung zu den Grundaufgaben der menschlichen Entwicklung, insbesondere im Jugendalter, gehört.

Wenn es bei der Identitätsbildung gleichsam um den Kern oder eine innerste Bestimmung des Menschen und seiner Persönlichkeit geht, stoßen Pädagogik und Religionspädagogik aber zudem gleichermaßen auf prinzipielle Grenzen, deren Überschreitung weder pädagogisch noch theologisch als legitim gelten kann. Freiheitliche Pädagogik darf den Entwicklungsprozess von Menschen gerade dort nicht determinieren wollen, wo es um Entscheidungen oder Orientierungen geht, die das gesamte Leben tragen. Die Vermittlung umgrenzter Fähigkeiten ist pädagogisch unproblematisch, nicht jedoch die Vermittlung einer Identität (selbst wenn dies faktisch gar nicht möglich ist, muss doch auch bereits der entsprechende Versuch problematisiert werden). Zum Bereich des aus prinzipiellen Gründen pädagogisch nicht Verfügbaren gehört konstitutiv auch die (religiöse) Identitätsbildung, die deshalb pädagogisch zwar begleitet werden kann und auch begleitet werden muss, jedoch immer ohne über die sich bildende Identität verfügen zu wollen.

Hier trifft sich die pädagogische Reflexion hinsichtlich der Grenzen legitimen Handelns mit theologisch-religionspädagogischen Vorbehalten hinsichtlich der Lehrbarkeit des Glaubens (Hinweise zu dieser Diskussion bei Schweitzer 1991). Auch über den Glauben, der theologisch gesehen den Kern einer religiösen Identität ausmacht, kann und darf pädagogisch bzw. religionspädagogisch nicht verfügt werden. Gerade in der reformatorischen Tradition ist dies immer wieder hervorgehoben worden. Der Glaube bleibt dieser Tradition zu Folge eine freie Gabe Gottes. Die Pädagogik kann und darf nicht an die Stelle Gottes treten.

Religiöse Identitätsbildung und interreligiöses Lernen

Aus dem oben Dargestellten geht zunächst hervor, dass es nicht möglich ist, religiöse Identitätsbildung einfach als religionspädagogische Zielbestimmung zu verstehen. Angemessener ist es – sowohl aus pädagogischen als auch aus theologischen Gründen, von einem *Beitrag* religionspädagogischer Angebote zur (religiösen) Identitätsbildung zu sprechen. Da zwischen Identitätsbildung und Religion zugleich ein grundlegender Zusammenhang besteht, ist dieser Beitrag jedoch als unverzichtbar anzusprechen.

Im Einzelnen können drei Gesichtspunkte noch einmal eigens hervorgehoben werden:

- Unter heutigen Voraussetzungen müssen *religiöse Identitätsbildung* und *interreligiöses Lernen* Hand in Hand gehen. Die Begegnung mit Kindern anderer Religionszugehörigkeit oder auch ohne (formelle) Religionszugehörigkeit gehört heute von früh auf zu den Erfahrungen des Aufwachsens. Insofern ist eine solche Begegnung nicht zu vermeiden und kann auch durch Befürchtungen einer Beeinträchtigung der religiösen Identitätsbildung nicht aufgehoben werden. Umgekehrt ist aber auch die Erwartung, religiöse Identität werde aus der Begegnung mit anderen erwachsen, zumindest dann nicht realistisch, wenn »eigene« Prägungen nicht gesichert sind.

- Die Begleitung und Unterstützung religiöser Identitätsbildung sowie die Ausgestaltung interreligiösen Lernens müssen *entwicklungsbezogen* geschehen. Identitätsentwicklung sowie religiöse Entwicklung schließen unterschiedliche Lernmöglichkeiten und Orientierungsbedürfnisse ein, auf die das jeweilige Lernangebot abgestimmt sein muss. Dabei ist, unseren Untersuchungsergebnissen zufolge (Schweitzer/Biesinger u.a. 2002), nicht nur an Inhalte zu denken, sondern – besonders in der Kindheit – auch an Identifikationsmöglichkeiten. Identitäten bilden sich auch in religiöser Hinsicht durch Identifikationen heraus (für Kinder gesprochen: Identifikationen mit Erwachsenen, d.h. in ihrer Religions- oder Konfessionszugehörigkeit für die Kinder erkennbaren Personen). Deshalb müssen beim interreligiösen Lernen für alle beteiligten Kinder entsprechende Identifikationspersonen verfügbar sein, was etwa bei einem sog. allgemeinen Religionsunterricht mit nur einer Lehrperson kaum möglich ist. Weiterhin ist besonders auf dem Niveau konventioneller (Gruppen-)Identitäten und also im Jugend- und Erwachsenenalter die Vermeidung von Vorurteilsbildungen besonders wichtig.
- Interreligiöses Lernen, das für Fragen der religiösen Identitätsbildung offen ist, muss auf die jeweilige *religiöse Sozialisation* eingestellt sein. Hinsichtlich der bislang vor allem untersuchten, im weitesten Sinne als christlich geprägt zu bezeichnenden Kinder und Jugendlichen versteht sich dies inzwischen von selbst. Interreligiöses Lernen setzt darüber hinaus voraus, dass auch die religiöse Sozialisation beispielsweise islamisch geprägter Kinder und Jugendlicher in den Blick kommt, was bislang noch kaum der Fall ist (zu Hindu-Kindern in England vgl. Jackson/Nesbitt 1993; wichtige Befunde zu jungen Muslimen bei Tietze 2001, ältere Literatur bei Stöbe 1998; als religionspädagogischer Ansatz Jackson 1997).

Der Zusammenhang von Identitätsbildung und Religion ist auch für das interreligiöse Lernen bedeutsam, aber religiöse Identitäten können nicht einfach das Ziel dieses Lernens sein. Angemessener ist es, die Frage der Identitätsbildung bei entsprechenden Lernprozessen durchweg zu beachten. Und schließlich setzt eine reflektierte Identität in kulturell und religiös pluralen Situationen auch eine Orientierung voraus, die ohne interreligiöses Lernen schwerlich zu erreichen ist.

Zum Weiterlesen

Fraas, Hans-Jürgen, Glaube und Identität. Grundlegung einer Didaktik religiöser Lernprozesse, Göttingen 1983.
Ziebertz, Hans-Georg, Religion, Christentum und Moderne. Veränderte Religionspräsenz als Herausforderung, Stuttgart u.a. 1999.
Schweitzer, Friedrich, Postmoderner Lebenszyklus und Religion. Eine Herausforderung für Kirche und Theologie, Gütersloh 2003.

Literatur

Assmann, Jan, Das kulturelle Gedächtnis. Schrift, Erinnerung und politische Identität in frühen Hochkulturen, München [2]1999.
Bielefeldt, Heiner/Heitmeyer, Wilhelm (Hg.), Politisierte Religion. Ursachen und Erscheinungsformen des modernen Fundamentalismus, Frankfurt a.M. 1998.
Drehsen, Volker/Sparn, Walter (Hg.), Im Schmelztiegel der Religionen, Gütersloh 1996.
Erikson, Erik H., Der junge Mann Luther. Eine psychoanalytische und historische Studie, Frankfurt a.M. 1975.
Erikson, Erik H., Jugend und Krise. Die Psychodynamik im sozialen Wandel, Stuttgart 1981.
Fowler, James W., Stufen des Glaubens. Die Psychologie der menschlichen Entwicklung und die Suche nach Sinn, Gütersloh 1991.
Gephart, Werner/Waldenfels, Hans (Hg.), Religion und Identität. Im Horizont des Pluralismus, Frankfurt a.M. 1999.
Gergen, Kenneth J., Saturated Self: Dilemmas of Identity in Contemporary Life, New York 1991.
Giddens, Anthony, Modernity and Self-Identity. Self and Society in the Late Modern Age, Stanford 1991.
Habermas, Jürgen, Zur Rekonstruktion des Historischen Materialismus, Frankfurt a.M. 1976.
Habermas, Jürgen, Theorie des kommunikativen Handelns. 2 Bde., Frankfurt a.M. 1981.
Habermas, Jürgen, Moralbewusstsein und kommunikatives Handeln, Frankfurt a.M. 1983.
Habermas, Jürgen, Eine Art Schadensabwicklung. Kleine Politische Schriften VI, Frankfurt a.M. 1987.
Heitmeyer, Wilhelm/Müller, Joachim/Schröder, Helmut, Verlockender Fundamentalismus. Türkische Jugendliche in Deutschland, Frankfurt a.M. 1997.
Jackson, Robert, Religious Education: An Interpretive Approach, London 1997.
Jackson, Robert/Nesbitt, Eleanor, Hindu Children in Britain, Oakhill 1993.
Keupp, Heiner, Diskursarena Identität: Lernprozesse in der Identitätsforschung, in: Keupp, Heiner/Höfer, Renate (Hg.), Identitätsarbeit heute. Klassische und aktuelle Perspektiven der Identitätsforschung, Frankfurt a.M. 1997, 11-39.
Keupp, Heiner u.a., Identitätskonstruktionen. Das Patchwork der Identitäten in der Spätmoderne, Reinbek 1999.

Keupp, Heiner/Höfer, Renate (Hg.), Identitätsarbeit heute. Klassische und aktuelle Perspektiven der Identitätsforschung, Frankfurt a.M. 1997.

Krappmann, Lothar, Soziologische Dimensionen der Identität. Strukturelle Bedingungen für die Teilnahme an Interaktionsprozessen, Stuttgart [4]1979.

Leu, Hans Rudolf/Krappmann, Lothar (Hg.), Zwischen Autonomie und Verbundenheit. Bedingungen und Formen der Behauptung von Subjektivität, Frankfurt a.M. 1999.

Marschke, Britta, Religionsunterricht und interkulturelle Erziehung – Situation und Perspektiven für Kinder und Jugendliche aus türkischen Migrantenfamilien, Osnabrück 2003.

Meyer-Blanck, Michael, Von der Identität zur Person. Religionspädagogische Redigierungen in der Postmoderne, in: Zeitschrift für Pädagogik und Theologie 51 (1999), H. 4, 347-356.

Mollenhauer, Klaus, Vergessene Zusammenhänge. Über Kultur und Erziehung, München 1983.

Niethammer, Lutz, Kollektive Identität. Heimliche Quellen einer unheimlichen Konjunktur, Reinbek 2000.

Pinn, Irmgard, Verlockende Moderne? Türkische Jugendliche im Blick der Wissenschaft, Duisburg 1999.

Schweitzer, Friedrich, Identität und Erziehung. Was kann der Identitätsbegriff für die Pädagogik leisten?, Weinheim/Basel 1985.

Schweitzer, Friedrich, Zwischen Theologie und Praxis – Unterrichtsvorbereitung und das Problem der Lehrbarkeit von Religion, in: Biehl, Peter u.a. (Hg.), Jahrbuch der Religionspädagogik, Bd. 7, Neukirchen-Vluyn 1991, 3-41.

Schweitzer, Friedrich, Die Suche nach eigenem Glauben. Einführung in die Religionspädagogik des Jugendalters, Gütersloh [2]1998.

Schweitzer, Friedrich, Autonomie ohne Religion – Religion ohne Autonomie? Religiöse Autonomie in strukturgenetischer Sicht, in: Althof, Wolfgang u.a. (Hg.), Autonomie und Entwicklung. Überlegungen zum Lernen und Lehren, zur sozio-moralischen und religiösen Entwicklung und Erziehung. Festschrift zum 60. Geburtstag von Fritz Oser, Freiburg/Schweiz 1999, 301-328.

Schweitzer, Friedrich, Pädagogik und Religion. Eine Einführung, Stuttgart u.a. 2003a.

Schweitzer, Friedrich, Postmoderner Lebenszyklus und Religion. Eine Herausforderung für Kirche und Theologie, Gütersloh 2003b.

Schweitzer, Friedrich, Lebensgeschichte und Religion. Religiöse Entwicklung und Erziehung im Kindes- und Jugendalter, Gütersloh [5]2004.

Schweitzer, Friedrich/Biesinger, Albert zus. m. Boschki, Reinhold/Schlenker, Claudia/Edelbrock, Anke/Kliss, Oliver/Scheidler, Monika, Gemeinsamkeiten stärken – Unterschieden gerecht werden. Erfahrungen und Perspektiven zum konfessionell-kooperativen Religionsunterricht, Freiburg u.a. 2002.

Stöbe, Axel, Islam – Sozialisation – Interkulturelle Erziehung. Die Bedeutung des Islam im Sozialisationsprozess von Kindern türkischer Herkunft und für Konzepte interkultureller Erziehung, Hamburg 1998.

Tietze, Nikola, Islamische Identitäten. Formen muslimischer Religiosität junger Männer in Deutschland und Frankreich, Hamburg 2001.

Ziebertz, Hans-Georg, Religion, Christentum und Moderne. Veränderte Religionspräsenz als Herausforderung, Stuttgart u.a. 1999.

Delia Freudenreich/Norbert Mette

Spiritualität und interreligiöses Lernen

Die Beachtung einer bewussten spirituellen Aufgeschlossenheit des Menschen stellt eine wichtige Grundlage für die Ermöglichung sowohl religiöser als auch interreligiöser Lernprozesse dar. Seit einiger Zeit wird vor allem im angelsächsischen Raum die spirituelle Verfasstheit des Menschen mit Hilfe qualitativer empirischer Studien genauer zu erfassen versucht. Dabei hat sich gezeigt, dass bei Kindern diese Dimension menschlicher Existenz sich noch besonders unmittelbar zeigt.

Wege interreligiöser Begegnung und interreligiösen Lernens

Begegnungen zwischen verschiedenen Religionen und damit einhergehende Lernprozesse der Beteiligten können auf verschiedene Weise vonstatten gehen: Ein Weg ist es, den Austausch untereinander auf die jeweiligen Glaubensinhalte zu konzentrieren, wobei im Vergleich miteinander die Unterschiede und Gemeinsamkeiten herausgearbeitet werden und so möglicherweise bestehende Vorurteile und Verstehensblockaden abgebaut werden. Ein anderer Weg ist es, wie er beispielsweise im »Projekt Weltethos« gegangen wird, das Augenmerk auf die ethische Seite der Religionen zu richten und dabei der ihnen gemeinsamen moralischen Handlungsmaximen gewahr zu werden, woraus dann ein gemeinsames Engagement für mehr Gerechtigkeit, Frieden und Nachhaltigkeit in der Welt erwachsen kann. Ein weiterer Weg besteht darin, dass die verschiedenen Formen des spirituellen Lebens in den einzelnen Religionen in den Vordergrund gerückt werden und man sich gegenseitig einlädt, die je eigenen spirituellen Traditionen und ihre Ausdrucksformen (in Gottesdienst, Gebet, Meditation etc.) kennen zu lernen, indem man nicht nur darüber informiert, sondern sie gemeinsam miteinander vollzieht. Vielfach wird in der Begegnung mit der fremden Spiritualität die eigene Spiritualität bewusster und zugleich bereichert. Die Unterschiede werden damit nicht aufgehoben; doch aus der anfänglichen vordergründigen Neugier für den anderen oder auch aus dem Gefühl des Befremdens davor wird mehr und mehr eine Ehrfurcht vor der spirituellen Praxis des anderen – verbunden mit der Einsicht, dass sich das aller Wirklichkeit zu Grunde liegende Geheimnis letztlich jedem menschlichen Zugriff entzieht. Hier geraten darum auch die beiden anderen Wege interreligiöser Begegnung und interreligiösen Lernens an die Grenze, an die Grenze des begrifflichen Erfassens dessen, worum es in Religion und Glauben geht, einerseits und an die Grenze der Möglichkeit einer durch Menschen zu bewerkstelligenden Vervollkommnung unserer Welt andererseits. Auch dem Weg der Spiritualität ist ein Überschreiten der Grenze verwehrt; aber Spiritualität ist eine besondere Weise des Umgangs mit ihr, nämlich sich – sowohl je für sich als auch gemeinsam mit anderen – darin einzuüben, diese Grenze auszuhalten und offen zu halten. Ist somit möglicherweise Spiritualität ein für religiöses und interreligiöses Lernen besonders geeigneter Weg? Ein Weg, der vielleicht sogar angesichts der Tatsache, dass viele heutige Zeitgenossen Schwierigkeiten mit den traditionellen religiösen Formeln und Geboten haben, in besonderer Weise geeignet ist, ihnen allererst einen Zugang zu einer religiösen Dimension der Wirklichkeit zu eröffnen, sie dafür sensibel werden zu lassen? Das Interesse an Esoterik und Neo-Mythen kann als Indiz dafür genommen werden.

Spiritualität: Nicht nur Weg, sondern Grundlage (inter-)religiösen Lernens

Bislang ist Spiritualität als ein besonderer – wenn auch besonders nachhaltiger – Weg für interreligiöse Begegnung und interreligiöses Lernen in Augenschein genommen worden. Eine andere Blickrichtung ergibt sich, wenn man fragt, ob nicht Spiritualität wesentliche Grundlage für Religiosität und somit unabdingbare Voraussetzung für jegliches religiöses Lernen, also auch interreligiöses Lernen ist. Ob das so ist oder sein kann, hängt entscheidend davon ab, was unter Spiritualität verstanden wird.

Vor allem im angelsächsischen Sprachraum hat sich in jüngerer Zeit ein Sprachgebrauch von Spiritualität herausgebildet, der sich von dem im deutschsprachigen Raum (noch) vorherrschenden Verständnis abhebt. Hier zu Lande gilt Spiritualität gewissermaßen als Unterkategorie von Religion und Religiosität; Spiritualität meint somit eine spezifische religiöse Ausdrucksform im Sinne von innerer Einkehr, Meditation, Gebet oder auch Frömmigkeit generell. Im Englischen ist es gewissermaßen zu einer umgekehrten Bestimmung des Verhältnisses von Spiritualität und Religion gekommen: Religion bzw. Religiosität macht demnach einen Spezialfall von Spiritualität aus. Diese ist somit umfassender, etwas, was jedem Menschen zukommt, auch dann, wenn er sich ausdrücklich nicht als religiös versteht und nicht so verstanden – und damit wider seinen Willen vereinnahmt – werden möchte.

Ein maßgeblicher Vertreter eines solchen Verständnisses von Spiritualität in der aktuellen angelsächsischen Diskussion darüber ist David Hay. Er versteht Spiritualität – bzw., um in seiner Terminologie zu verbleiben, spirituelles Bewusstsein (spiritual awareness) – als eine zum Wesen des Menschen konstitutiv zugehörige Begebenheit, also als eine anthropologische Grundkonstante, dessen Ausgestaltung nicht zwingend mit der Zugehörigkeit zu einer Religionsgemeinschaft verknüpft sein muss, sondern durchaus in säkularen Erfahrungsräumen ihren Ausdruck finden kann (vgl. Hay/Nye 1998, 10f.). Eine Gleichsetzung von Spiritualität und Religion bzw. Religiosität würde, so argumentiert Hay, darauf hinauslaufen, dass nur religiöse Menschen spirituelle Menschen sein könnten. Demgegenüber komme es nicht selten vor, dass auch sich selbst ausdrücklich als nicht religiös deklarierende Menschen von für sie bedeutsamen und durchaus adäquat als spirituell zu charakterisierenden Erfahrungen berichten würden – etwa anlässlich von sie in den Bann nehmenden Naturereignissen oder auch im Zusammenhang von zwischenmenschlichen Begegnungen, beim Hören von Musik oder selbst beim Verrichten von gewohnten Arbeiten. In Abwandlung eines Zitates von Karl Rahner (›Es ist möglich, von Gott zu reden, ohne spirituell zu sein.‹) schreibt er darum: »Es ist möglich, spirituell zu sein, ohne von Gott zu reden.« (ebd., 57)

Die Darlegungen Hays basieren zum einen auf zahlreichen empirischen Studien, die er zu den spirituellen oder religiösen Erfahrungen Erwachsener durchgeführt hat (Hay 1979; Hay/Morisy 1985; Hay/Heald 1987). Zum anderen stützt er seine anthropologischen Ausführungen zum Thema Spiritualität auf den Zoologen Alister Hardy, nach dem eine spirituelle oder religiöse Erfahrung zur biologischen Natur des Menschen gehört und diese im Zuge der Evolution ihm wesentlich zum Überleben verholfen hat (Hay/Nye 1998, 146).

Ansätze zur empirischen Erforschung von Spiritualität

Wenn ausgerechnet ein Biologe, Alister Hardy, meint, von seiner Wissenschaft her die (Hypo-)These vom Menschen als einem homo religiosus – bzw. genauer: homo spiritualis – bekräftigten zu können, dann liegt es nahe zu erkunden, ob man das Phänomen nicht exakter, womöglich mit Hilfe von empirischen Methoden erfassen kann. In der Tat ist es zu einer Reihe von solchen Forschungsprojekten gekommen, von denen die ersten Ende der siebziger Jahre im Alister Hardy Research Center der Universität Oxford durchgeführt worden sind. Ermöglicht wurden diese durch Alister Hardy selbst, der mit Hilfe der Presse öffentlich dazu aufforderte, über »numinose« Erlebnisse zu berichten. Die Auswertung der daraufhin eingegangenen mehr als 5000 Berichte bildete die Grundlage für zahlreiche Forschungen (vgl. Hay 1994, 5); zu nennen ist hier besonders die Studie von Edward Robinson (vgl.

Robinson 1977; vgl. auch Meyer 1999, 176). Dieser ist auf das interessante Phänomen gestoßen, dass eine Vielzahl der von den Erwachsenen erzählten Erinnerungen sich auf religiöse Erfahrungen aus ihrer Kindheit bezog. Beeindruckend war für Robinson die Tatsache, dass diese Kindheitserinnerungen den Personen ihr Leben lang in Erinnerung geblieben sind und viele diesen Erlebnissen eine identitätsstiftende Bedeutung zuschrieben. Auch wenn diese Erinnerungen über die Jahre vielleicht beschönigt dargestellt worden seien, so kommentieren David Hay und Rebecca Nye diesen Befund (vgl. Hay/Nye 1988, 44), sei die Kraft, die hinter den erinnerten Erfahrungen stecke, nicht zu ignorieren.

Insbesondere diese Untersuchung ließ die Frage aufwerfen, ob die Kindheit möglicherweise einen Zeitraum im menschlichen Leben darstelle, in dem die spirituelle Aufgeschlossenheit noch besonders stark und unverfälscht sei. In der Tat meinte Robinson, aus dem ihm vorliegenden Material Hinweise dafür entnehmen zu können, dass gerade in der heutigen säkularisierten Gesellschaft die ursprünglich vorhandene spirituelle Bewusstheit mit zunehmendem Alter zwar nicht verloren gehe, aber unterdrückt und aus dem Bewusstsein verdrängt werde (vgl. ebd., 45).

Ein Forschungsprojekt zur Spiritualität von Kindern

Angeregt durch die so aufgeworfenen Fragen und angestellten Vermutungen wurde ein Forschungsprojekt speziell zur kindlichen Spiritualität (Children's spirituality project) angestoßen, das von 1994 - 1997 an der »School of Education« der Universität Nottingham unter der Leitung von David Hay in Zusammenarbeit mit Rebecca Nye durchgeführt worden ist (vgl. Hay/Nye 1998) und über das im Folgenden berichtet werden soll. Konzipiert war das Projekt als qualitative Untersuchung. Das Datenmaterial kam durch mehrere Einzelgespräche zu Stande, die Rebecca Nye mit insgesamt 38 Kindern im Alter zwischen 6 und 11 Jahren geführt und anschließend transkribiert hatte. Die Kinder waren nicht nach bestimmten Gesichtspunkten ausgewählt worden; es war lediglich darauf geachtet worden, dass genauso viele Jungen wie Mädchen beteiligt wurden. Ein Großteil der Kinder (insgesamt 28) gehörte keiner Religionsgemeinschaft an (vgl. ebd., 85).

Den Ausgangspunkt für die Auswertung bildeten – wie für das Projekt insgesamt – die theoretischen Grundannahmen des Spiritualitätsverständnisses von David Hay. Rebecca Nye hatte sie um eine Reihe von zusätzlichen Bestimmungen und konzeptionellen Entwürfen von Spiritualität ergänzt (vgl. Nye 2002). Schon im Zuge dieser theoretischen Vorarbeiten stieß sie auf die Schwierigkeit, dass sich ein einheitliches Spiritualitätsverständnis nicht ausmachen lässt, geschweige denn, dass sich von daher Möglichkeiten zur Operationalisierung für Forschungszwecke gewinnen lassen. Zusammenfassend resümiert sie: »Manchmal wird Spiritualität als ein Aspekt angesehen, der im Prinzip ›in‹ einer Person liegt oder ›zu‹ ihr ›gehört‹ (...). Manchmal ist sie ›jenseits‹ der Person (...). In anderen Definitionen ist Spiritualität nicht personenbezogen, sondern eher eine Kraft oder Gott.« (ebd., 8) Ambiguität und Heterogenität müssen dem zufolge, so ihre Schlussfolgerung, als essenzielle Merkmale von Spiritualität angesehen werden. Entsprechend legt sie dem Forschungsprojekt eine vorläufige, sehr weit gehaltene Definition zu Grunde, wonach Spiritualität »als eine Qualität menschlichen Lebens« zu verstehen ist, »die sich auf den Sinn und die Geheimnisse in der Tiefe unserer Erfahrung bezieht und diese umfasst« (Nye 1998, 119; Übers. d.d. Verf.).

Um die Gespräche mit den Kindern gezielter auf die Forschungsabsicht hinführen und sie anschließend entsprechend auswerten zu können, haben David Hay und Rebecca Nye eine »Landkarte der Spiritualität« entworfen, die hypothetische Kategorien zur Identifikation kindlicher Spiritualität bereithalten sollte. Sie umfasst drei miteinander in Verbindung stehende Kategorien mit jeweils weiteren Unterkategorien:

(1) Empfindsamkeit für bestimmte Bewusstseinszustände (awareness sensing): vor allem in Form der Konzentration auf das Hier und Jetzt (here and now), aber auch in Form eines In-Übereinstimmung-Seins (tuning), in Form eines Zustandes fließender Aktivität (flow) oder für die Sprache des Körpers (focusing).

(2) Gespür für das Geheimnisvolle der Wirklichkeit (mystery sensing): ausgedrückt in Ehrfurcht und Sich-Wundern (awe and wonder) und in einem Sich-Vorstellungen-Machen (imagination);

(3) Gefühl für Wertvolles (value sensing): ausgedrückt in Freude und Verzweiflung, der Überzeugung oder Hoffnung, dass letztlich alles gut ist (ultimate goodness) sowie Sinngebung (meaning) (vgl. Hay/Nye 1998, 59).

Hay weist darauf hin, dass alle diese möglichen Formen des spirituellen Ausdrucks den Zustand einer erhöhten Aufgeschlossenheit (raised awareness) als etwas Verbindendes aufweisen würden (vgl. ebd., 74). Damit sei ein Bereich angesprochen, den Karl Rahner als die für das menschliche Leben charakteristische Transzendentalität beschrieben habe (vgl. ebd., 19f.).

Diese erhöhte Aufgeschlossenheit als Kernelement von Spiritualität ist nicht zuletzt im Hinblick auf die Ermöglichung interreligiösen Lernens wichtig. Geht es bei solchem Lernen doch letztlich um die Fähigkeit, sensibel sowohl für die eigenen Wahrnehmungen, Empfindungen und religiösen Gefühle als auch die des Gegenübers zu sein, ohne damit die Fremdheit des anderen in einem vollständigen Verstehen einholen zu wollen. David Hay hebt hervor, dass ein Aufmerksamsein für den Bereich der menschlichen Wahrnehmungsfähigkeit im Zuge darauf abhebender Bildungsbemühungen, wie etwa im Religionsunterricht, den Kindern helfen könne, etwa die Erfahrungen eines gläubigen Menschen nachzuvollziehen und zu würdigen. Zu solchem religiösen Verstehen komme es, wenn die Existenz solcher oder ähnlicher spiritueller Bereiche im eigenen Leben wieder erkannt werden könne (vgl. ebd., 56).

Im Zuge der Auswertung des Datenmaterials konnten diese vorläufigen Annahmen zur kindlichen Spiritualität weiter differenziert werden. Es zeigte sich, dass sie sich nicht in ein einheitliches Muster einfangen lässt. Zu vielfältig und facettenreich sind die spirituellen Erfahrungen, Haltungen und Ausdrucksweisen der Kinder. Die – in der Regel – kurzen Phasen in den Gesprächen mit den Kindern, in denen spirituelle Elemente ausgemacht werden konnten, waren dadurch charakterisiert, dass Kinder besondere persönliche Interessen, Beziehungen und Angelegenheiten äußerten (vgl. Nye 1998, 195f.). Für eine Signatur kindlicher Spiritualität ergibt sich nach David Hay und Rebecca Nye somit, dass sie einen je individuellen Charakter aufweist, der die einmalige Disposition eines jeden Kindes widerspiegelt; sie ist Ausdruck der jeweiligen einzigartigen Persönlichkeit (vgl. Hay/Nye 1998, 94).

Damit stellt sich allerdings die Frage, ob angesichts der jeweiligen Individualität kindlicher Spiritualität überhaupt noch etwas Verallgemeinerndes darüber aussagen lasse. Soll das dennoch möglich sein, muss zwei Bedingungen Rechnung getragen werden: Zum einen darf die jeweilige Individualität nicht übergangen werden. Zum anderen muss das Phänomen kindlicher Spiritualität so umschrieben werden, dass damit ein als solches eindeutig auszumachender Bereich in der kindlichen Existenz erfasst wird. Nye hat dafür die Kategorie des »Beziehungsbewusstseins« (relational consciousness) geprägt (ebd., 113). Diese »Kernkategorie« für kindliche Spiritualität hat sich erst aus dem Datenmaterial herauskristallisiert; in den hypothetischen Vorannahmen war sie nicht vorgesehen.

Der Begriff »Beziehungsbewusstsein« geht darauf zurück, dass in dem vorliegenden Datenmaterial das Phänomen kindlicher Spiritualität dann auftrat, wenn (a) die Gesprächspassage im Vergleich zu den übrigen »eine ungewöhnlich starke Bewusstheit (consciousness) oder Perzeption (perceptiveness) aufweist (...) und (b) ihr Inhalt sich darauf bezieht, wie das Kind sich selbst in seinem Verhältnis zu anderen, zu sich selbst, zu Gott oder zur Umwelt sieht.« (Reich 2000, 84; vgl. auch Hay/ Nye 1998, 113)

Nye macht darauf aufmerksam, dass der Begriff »consciousness« in diesem Zusammenhang mehr beinhaltet als Wachsam-sein (being alert) oder Mental-aufmerksam-Sein (mentally attentive); auch mehr als in der »Landkarte der Spiritualität« unter dem Begriff Bewusstsein (awareness) verstanden wurde, da dort mit diesem Begriff nur einzelne Momente eines ungewöhnlichen Gespürs erfasst wurden. Nye vergleicht die Qualität des in der Kernkategorie beschriebenen Bewusstseins mit dem aus der Entwicklungspsychologie stammenden Begriff der »Meta-Kognition«. Es handelt sich um ein ausgeprägt reflektierendes (reflective) Bewusstsein, das es dem Kind bis zu einem gewissen Grad ermöglicht, sich der bemerkenswerten Natur seiner eigenen mentalen Aktivitäten in bestimmten Kontexten bewusst zu sein.

Oftmals sei es diese offensichtliche objektive Einsicht in ihre subjektiven Antworten gewesen, welche eine neue Dimension des Verständnisses, des Sinns und dieser Erfahrung (eines Meta-Bewusstseins) selbst gefördert habe. Die Empfindung, sich seiner selbst objektiv als Subjekt bewusst zu sein, ist in Nyes Analyse wichtige Grundlage für die kindliche Fähigkeit die relationalen Bezüge ihrer Welt zu begreifen (vgl. Hay/Nye 1998, 113f.; vgl. Nye 1998, 238).

Zusammenfassend charakterisiert Nye das »Beziehungsbewusstsein« folgendermaßen: Darin scheint »der elementare Kern kindlicher Spiritualität zu bestehen, aus dem heraus bedeutsame ästhetische Erfahrung, religiöse Erfahrung, persönliche und traditionelle Antworten auf das Geheimnis und das Sein sowie mystische und moralische Einsicht erwachsen kann« (Hay/Nye 1998, 114; Übers. d.d. Verf.).

Zwei Fallbeispiele

Um das bis jetzt Ausgeführte ein wenig plastischer werden zu lassen, seien im Folgenden zwei Fallbeispiele wiedergegeben, die deutlich werden lassen, wie individuell und damit unterschiedlich sich kindliche Spiritualität ausdrückt.[1]

Das Beispiel des Mädchens namens Ruth steht für eine sinnlich-ästhetische Annäherung an Spiritualität (vgl. Hay/Nye 1998, 95f. 114; Nye 1998, 196-198), das Beispiel des Jungen namens Tim steht für ein mentales Ringen mit spirituellen Fragestellungen (vgl. Hay/Nye 1998, 96-99 u. 115; Nye 1998, 198-201).

Ruth ist sechs Jahre alt und wird von Rebecca Nye als ruhiges, fröhliches Mädchen beschrieben. Sie habe einen ausgeprägten Sinn für Wunder und Freude und eine aktive religiöse Fantasie. Ihre individuelle Art, durch die sie dies ausdrücke, könne vor allem als multi-sensorisch, ästhetisch sowie als von der Natur angeregt beschrieben werden.

Beispielhaft dafür ist, wie Ruth ihre Vorstellung vom Himmel beschreibt: »Ein Dunst voll von Düften, mit goldenen Wänden, und ein Regenbogen überspannt Gottes Thron ... aber ein durchsichtiger Nebel, wie ein – ich kann es nicht erklären. Wie eine Duftwolke. Eine richtige Wolke voller Duft, einem lieblichen Duft ... wie der Nebel, der dich empfängt, wenn du an einem grauen Wintermorgen aufwachst, und dann gehst du schlafen, und du wachst auf, und die Vögel zwitschern und die letzten Schneeflocken schmel-

1 Rebecca Nye hat auf der Basis der Kernkategorie ein weiter ausdifferenziertes und ineinander verästeltes Grundgerüst kindlicher Spiritualität konzipiert, auf dessen Wiedergabe hier verzichtet werden kann (vgl. ebd., 120).

zen und die Baumspitzen schimmern in der leicht vom Wind bewegten Luft, und es ist ein Frühlingsmorgen ... (Und sie fügte hinzu) Ich stelle mir dabei nicht eine bestimmte Jahreszeit vor, sondern eben einen freudigen Tag, jeden Tag.« (Hay/Nye 1998, 95; Übers. d.d. Verf.)

In Bezug auf die Merkmale der Kernkategorie macht Nye darauf aufmerksam, dass in dieser Passage das Wort »aufwachen« (wake up) auf eine besondere Qualität des Bewusstseins hinwiese, die entscheidenden Einfluss auf diese Wahrnehmungen Ruths habe. Nye spricht von einer persönlichen Signatur Ruths, die sich in solchen Passagen zeige und die sie näherhin als eine ästhetische Würdigung der natürlichen Welt bezeichnet. Diese Signatur sei ausschlaggebend für ihre spirituellen Antworten, in denen sie sich oftmals auf explizit religiöse Kontexte wie z.B. den Himmel oder den Empfang einer Segnung beziehe. Bis zu einem gewissen Grad scheine Ruth sich dieses Musters individueller Disposition und spiritueller Einstellung bewusst zu sein:

Als sie sich beispielsweise Momente in ihrem Leben vergegenwärtigt, die sie über Gott nachdenken lasse, äußert sie sich folgendermaßen: »Wenn ich ... eh ... die Bäume sehe, wie ihre Knospen aufbrechen. Im Frühling, das liebe ich so. Oder wenn ich die Lämmer in Wales sehe ... oh ... das bringt mich ... oh ... zum Hüpfen und Springen!« (ebd., 96; Übers. d.d. Verf.) Die in der Kernkategorie wesentliche Beziehungskomponente drücke sich in einem starken Gefühl der Verbundenheit mit der Welt aus. Sie nimmt sich selbst wahr, als jemand, die auf Grund der Freude der springenden Lämmer eigene Freude empfindet.

Tim wird von Nye als ein 10-jähriger Junge beschrieben, der sich – ebenso wie seine Familie – als religiös nicht gebunden versteht; nur die Großmutter sei innerhalb des Familienverbandes praktizierende Christin. Die Gespräche, die Rebecca Nye mit Tim geführt hat, hätten, so berichtet sie, gleichwohl oft Themen zum Inhalt gehabt, die in einem weiten Sinne als religiös zu qualifizieren seien, wie z.B.: Reinkarnations-vorstellungen, Polytheismus, Leben nach dem Tod, Moralität und freier Wille. Kennzeichnende Gesamtcharakteristik für die Gespräche mit Tim sei gewesen, dass in ihnen sehr stark so etwas wie ein »inneres Ringen« zu empfinden gewesen sei. Alle Anspielungen auf Spirituelles wären von ihm als konfliktträchtige Vorgaben rezipiert worden, die ihn jeweils zu einer besonderen geistigen Anstrengung veranlasst hätten. Die folgende Passage zeigt nach Nye etwas von Tims spirituellem Dilemma. Er fragt sich, ob es einen Gott gibt und wie wir mit dem Geheimnis der Unendlichkeit umgehen können und merkt dazu an: »Ich denke manchmal darüber nach, ob es da einen Gott gibt und ob ... jeder, gut ... die meisten Leute glauben an einen Gott? Wessen Gott ist wirklich? Eh, ich kann das einfach nicht begreifen. Und manchmal denke ich über das Universum nach, was ... was das Universum ist, ob es immerwährend besteht? Ich weiß es einfach nicht. (I.: Wie fühlt sich das an?) Gut, wenn ich über das Universum nachdenke, das regt mich manchmal ganz schön auf, weil ich niemals denken kann, eh ... also die richtige Antwort bekomme. Oder es kommt mir sogar nahe und, eh, dann ... gut, Dinge, du wunderst dich einfach ...« (ebd., 97; Übers. d.d. Verf.)

Tim sei nach Nyes Beobachtungen durchaus Spirituelles bekannt und er habe es als Gefühl des Emotional-bewegt-Seins zu fassen versucht. Bereitwillig erzähle er von ungewöhnlichen Erfahrungen und Gefühlen, die ihn bei der Besichtigung von Kirchen oder anderen heiligen Stätten überkommen hätten oder die aufkämen, wenn er mit seinen Gedanken in der Nacht allein sei. Diese Gefühle seien jedoch überwiegend negativ konnotiert; und er schildere sie mit Worten wie »unheimlich«, »schaudernd« und »kalt«. Tim versuche mit diesen Erfahrungen fertig zu werden, indem er um eine ihnen möglicherweise zu Grunde liegende Wahrheit und Bedeutung ringe. Mit Blick auf die Kernkategorie interpretiert Nye die Äußerungen Tims folgendermaßen: Viele seiner Aussagen bezögen sich auf die besondere Art des Bewusstseins, welches eine spirituelle Dimension in ihm erzeuge, z.B. das unangenehme Bewusstsein, dass ihm sein Verstand durcheinander geraten vorkomme. Die Beziehungskomponente werde in seinem inneren Kampf ersichtlich, eine angenehme Beziehung zu sich selbst zu finden. Fragen nach Gott und dem Universum müssten als Fragen nach seiner eigenen Identität aufgefasst werden.

Folgerungen für religiöses und interreligiöses Lernen

Die beiden Fallbeispiele veranschaulichen, dass und wie jeweils individuell Kinder sich ihre Spiritualität zu Eigen machen und sie ausdrücken. Zusätzlich wurde ersichtlich, wie diese ihre Spiritualität verbunden ist mit einer Bewusstheit für Beziehungen zu sich selbst, zu den anderen, zur Natur und zu Gott (relational consciousness), die in alltäglichen Erfahrungssituationen so nicht gegeben ist.

Sich selber sowie die Schülerinnen und Schüler für solcherart Bewusstheit zu sensibilisieren, um sie sowohl im eigenen Leben erspüren sowie im fremden Leben wahrnehmen zu können, stellt eine Herausforderung für die Ermöglichung interreligiöser Lernprozesse dar. Wie schwierig dies allerdings ist, gibt Rebecca Nye zu verstehen, wenn sie schreibt: »Die ›Spiritualität‹ versorgt uns nicht mit einer gemeinsamen Sprache, die alle Probleme lösen könnte, die aus der Verschiedenheit religiöser Sprache für Kinder, Lehrer und den Religionsunterricht entstehen. Spiritualität ist weit davon entfernt, so etwas wie der ›Euro‹ des europäischen Religionsunterrichts zu sein! Deshalb besteht die erste und wichtigste Herausforderung darin, dass wir einander zuhören, wie unterschiedlich jeder von uns Spiritualität akzentuiert. Wir könnten sonst die eine oder andere Dimension vernachlässigen, nur weil unsere jeweilige Sprache, religiös oder national, kein Vokabular dafür hat.« (Nye 2002, 7)

Anders formuliert ergibt sich daraus: Einerseits gelangt Spiritualität nicht erst durch die ausdrückliche Annahme einer bestimmten Religion in den Menschen hinein, sondern ist eine existenzielle Verfasstheit, die jedem Menschen zukommt, die bereits in der Kindheit angelegt ist, die allerdings der individuellen Entwicklung gemäß zur Entfaltung gebracht werden muss, wenn sie nicht verkümmern soll. Dieses sich angelegen sein zu lassen, ist Sache einer Erziehung und Bildung, die auch die spirituelle und religiöse Dimension des Menschseins in sich integriert und für sie Möglichkeiten des Sich-Ausdrückens und Sich-Verständigens zur Verfügung stellt. Da es kein »religiöses Esperanto« gibt und geben kann, wird dies unweigerlich in Rückbindung an bestimmte »religiöse Dialekte« erfolgen müssen. Es kommt nur darauf an, dass daraus keine sich voneinander abschottenden Sprachspiele werden, sondern Begegnungen über die Sprachgrenzen hinweg möglich bleiben und auch von früh an praktiziert werden. Die Stärkung des je individuell sich ausformenden, aber für das Andere grundsätzlich offenen »Beziehungsbewusstseins« ist dafür ein viel versprechender Ansatz.

Zum Weiterlesen

Dillon, James J., The Spiritual Child. Appreciating Children's Transformative Effects on Adults, in: Encounter: Education for Meaning and Social Justice 13 (2000), V.4, 4-18.

Hay, David, Spirituality versus Individualism: why we should nurture relational consciousness, in: International Journal of Children's Spirituality 5 (2000), H. 1, 37-48.

Kimes Myers, Barbara, Young Children and Spirituality, London 1997.

Nye, Rebecca, The Spirit of the Child. A Child's Voice in Education, in: Annual Lecture, ed. by The National Society's RE Centre, London 1998.

Nye, Rebecca, Relational Consciousness and the Spiritual Lives of Children: Convergence with Children's Theory of Mind?, in: Reich, Karl Helmut/Oser, Fritz K./Scarlett, W. George (Eds.), Spiritual and religious Development – Being Human: The case of Religion, Vol. 2 – Psychological Studies, Lengerich 1999, 57-82.

Literatur

Hay, David, Religious experience amongst a group of postgraduate students: a qualitative study, in: Journal for the Scientific Study of Religion 18 (1979), H. 2, 164-182.

Hay, David, »The biology of God«: What is the current status of Hardy's hypothesis?, in: The International Journal for the Psychology of Religion 4 (1994), H. 1, 1-23.

Hay, David/Heald, G., ›Religion is good for you‹, in: New Society, 17. April 1987.

Hay, David/Morisy, Ann, ›Secular society/ religious meanings: A contemporary paradox‹, in: Review of Religious Research 26 (1985), H. 3, 213-227.

Hay, David with Nye, Rebecca, The Spirit of the Child, London 1998.

Meyer, Karlo, Zeugnisse fremder Religionen im Unterricht. Weltreligionen im deutschen und englischen Religionsunterricht, Neukirchen-Vluyn 1999.

Nye, Rebecca, Psychological Perspectives on Children's Spirituality,1998 (unveröffentlichte Dissertation, University of Nottingham).

Nye, Rebecca, Spiritualität, Religion, Kinder. Beobachtungen aus englischer Perspektive, in: Christenlehre/Religionsunterricht – Praxis 55 (2002), H. 4, 7-13.

Reich, Karl Helmut, Spiritualität von Kindern. Wie können wir sie erfassen und was daraus lernen?, in: Transpersonale Psychologie und Psychotherapie 2 (2000), H. 2, 79-87.

Robinson, Edward, The Original Vision. A study of the religious experience of childhood, Oxford 1977.

Annette Mehlhorn

Geschlechtsspezifische Dimensionen im interreligiösen Lernen – Erkundungen in Zwischenräumen

Geschlechtsspezifische Zugänge und die Berücksichtigung von Genderfragen werden für interreligiöses Lernen – wie für Bildung und Erziehung im Allgemeinen – zunehmend wichtig. In dem Beitrag wird für eine sachgerechte Berücksichtigung bestehender Rahmenbedingungen genderorientierten interreligiösen Lernens und für einen interdisziplinären Zugang zu solchen Lernprozessen plädiert. »Learning Diversity« beinhaltet einen genderdifferenzierten Blick in die Vielfalt und Vielschichtigkeit religiöser Lernprozesse.

Rahmenbedingungen

Inmitten der globalen Vielfalt kultureller Milieus und Prägungen und der mit ihnen verbundenen Genderkonzepte wird nach Grundlagen und Formen sozialen Zusammenlebens gesucht. Das Ziel der wechselseitigen Integration ermöglicht eine kritische Infragestellung der bisherigen Sicht- und Handlungsweisen auf allen Seiten. Zugleich darf nicht aus dem Auge verloren werden, dass das Bewusstsein um die Notwendigkeit von Gendergerechtigkeit in Deutschland, Europa und weltweit keineswegs zum Allgemeingut gehört. Das gilt erst recht im Blick auf die gegenwärtige Gestalt der meisten Religionen. Der Prozess, der dazu führte, Frauenrechte als Menschenrechte anzuerkennen, ist sehr jung. Selbst in sich als aufgeklärt, emanzipiert und demokratisch verstehenden Regionen/Kulturen/Religionen Europas hat er bis heute noch nicht zu echter Gleichberechtigung geführt.

Rechtsgleichheit und Bildungsgerechtigkeit sind unbedingte Voraussetzungen für gendergerechtes und interreligiös/interkulturell gleichberechtigtes Lernen. Sowohl die deutsche als auch – in noch höherem Maße – die Europäische Verfassung Gewähr leisten beides formal. Damit ist die Einlösung des Verfassungsziels allerdings noch nicht garantiert. Vielmehr stellen die individuellen, sozialen und politischen Grundlegungen für die Umsetzung dieses Verfassungsziels eine dringende – und bisher kaum formulierte – Aufgabe für alle (nicht nur religiöse) Lernprozesse dar. Denn weder zwischen unterschiedlichen religiösen, ethnischen, sozialen Kulturen noch innerhalb jeweiliger Kulturen oder Milieus ist der hohe Anspruch an ein Europa gleichberechtigter Diversity bisher flächendeckend als ein solcher erkannt.

Seit den Beschlüssen des Amsterdamer Vertrags (1997)[1] gibt es im Grundprinzip des Gender-Mainstreaming (Roth/Miethe, Roth, Gerhard 2003; Barz 2001; BFJFS 2002[2]; Stiegler 2000) ein geeignetes Instrument, das gerade bei der Integration kultureller Diversity hilfreich ist und meiner Erfahrung nach von Frauen verschiedener Kulturen gut angenommen werden kann (vgl. Roth 2003). Die geschlechtsspezifische Dimension bekommt dadurch erstmals Querschnittsqualität in allen sozialen, politischen und kulturellen Bereichen. Damit wird (zumindest potenziell) eine Schwierigkeit überwunden, in der sich Genderfragen bisher oft befanden, wenn sie in eigene »Frauenbereiche« abgeschoben wurden und damit von allen übrigen Entwicklungen übergangen werden konnten (vgl. Gerhard 2004). Da die Wechselwirkungen zwischen globalen Regelvorgaben im Bereich Frauenrechte und deren lokaler Umsetzung sehr komplex sind (Heintz 2003), lassen sich auch für lokal sehr begrenzte Lernprozesse Auswirkungen mit größerer Reichweite erhoffen.

Fragestellungen im Zwischenraum von Bildung, Gender und Religion

Bei Genderforschung handelt es sich um einen interdisziplinären Querschnittsbereich, dessen Relevanz für das ganze Gebiet einer jeweiligen Fachdisziplin bisher von vielen Forschenden noch nicht erkannt wurde[3]. Dennoch sind einige Ergebnisse der feministischen und Gender-Forschung inzwischen – wenn auch nicht immer als solche gekennzeichnet – in andere Fachgebiete eingeflossen oder haben sich dort mit Entwicklungen verbunden[4], so-

1 Vertrag von Amsterdam zur Änderung des Vertrages über die Europäische Union, der Verträge zur Gründung der Europäischen Gemeinschaften.

2 vgl. auch die aktuellen Seiten des BFSFJ und der EU: http://www.gender-mainstreaming.net/; http://www.europa.eu.int/comm/employment_social/equ_opp/gms_de.html#def.

3 In den letzten 20 Jahren ist diesbezüglich im Zuge der schrittweisen Institutionalisierung von Genderforschung an einigen Universitäten und Forschungseinrichtungen, sowie der strukturellen Integration damit verbundener Themen in Organisationen und öffentlicher Meinung allerdings ein beachtlicher Entwicklungsprozess in Gang gekommen (vgl. z.B. http://www.uni-frankfurt.de/cgc; http://www.geschlechterforschung.uni-goettingen.de). Initiativen wie »tempo! – Theologie braucht eine geschlechtergerechte Perspektive« (Näheres unter http://www.ekd.de/fsbz/seiten_deutsch/aktion.html) versuchen diesen Prozess auch in Theologie und Kirche zu verankern.

4 Beispiele dafür sind die »Diversity-Debatte« sowie weite Teile der philosophisch-soziologischen Diskurse rund um Dekonstruktion und Differenz (vgl. z.B. Weedon 1990; Krüger 2001; Pritsch 2001).

dass von einer reinen »Nischenexistenz« dieser Forschungen mittlerweile nicht mehr gesprochen werden kann.

Die folgende Abbildung veranschaulicht die Komplexität der Fragestellung dieses Artikels im Schnittpunkt mehrerer Forschungszweige. Wir befinden uns in einem Grenzgebiet (dunkelgraue Fläche), das bisher noch wenig erkundet wurde: Zwischen Genderforschung, Pädagogik und Theologie, betrachtet aus interkultureller und interreligiöser Perspektive in engem Theorie-Praxis-Bezug. Diese Multiperspektivität entspricht einem Wesensmoment von genderorientierten Fragestellungen, für die sowohl die Interdisziplinarität als auch die enge Beziehung von Theorie und Praxis immer kennzeichnend war (vgl. dazu Lidwina Meyer in diesem Band). Zugleich liegt hierin eine schwierige Ausgangsbedingung für konsistente Recherchen, die nur auf wenige gemeinsame Grundlagen im Bereich der Schnittmenge zurückgreifen können. Aus der Abbildung wird verständlich, warum im Bereich der Überschneidungen von jeweils zwei Teilmengen bereits relevante Forschungen vorliegen, während andere Gebiete noch immer weitgehend auf Bearbeitung warten. So hat sich beispielsweise die genderorientierte Pädagogik bisher

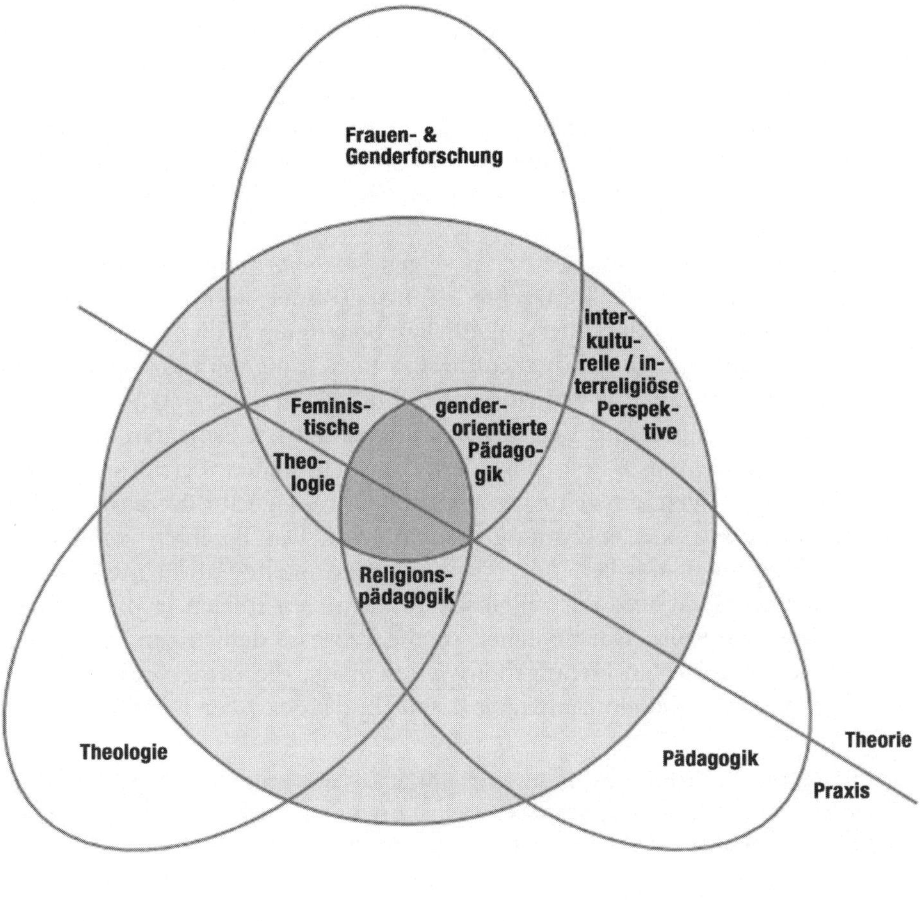

kaum mit Fragen der Religion befasst, und obwohl Fragen im Schnittfeld von Religion und Gender in der feministischen Theologie bereits ausführlich bearbeitet wurden, spielen sie in der Religionspädagogik bisher eine untergeordnete Rolle (Burrichter 1999; Hötger/Wuckelt 2002). Dies gilt umso mehr für die hinzugekommene Perspektive der interkulturellen/interreligiösen Fragestellungen. Deren Bearbeitung steht in allen betroffenen Gebieten noch weitgehend am Anfang. Insbesondere bezüglich der in verschiedenen kulturell-religiösen Kontexten auftauchenden Genderkonzepte stellt sich die Lage in diesem Feld überaus komplex dar. Auch die Untersuchung der Einflüsse durch vielfältige Differenzierungen innerhalb einzelner religiös-kultureller Gemeinschaften und die Einbeziehung indigener und neureligiöser Traditionen steht noch weitgehend aus[5].

Aus den genannten Gründen liegen in der für diesen Artikel relevanten Schnittmenge vorwiegend Dokumente vor, die Genderfragen im interreligiösen Lernen eher auf praktisch-deskriptiver Ebene verhandeln (z.B. Traitler 2004; Dämming/Papst 2004). Dieses empirische Material bietet die erste Grundlage für die folgende Einschätzung des Themas. Es wird ergänzt durch Material aus den benachbarten Fachgebieten. Den Darstellungen liegen darüber hinaus mehrjährige eigene Erfahrungen aus der Interreligiösen Begegnungs-, Bildungs-, Projekt- und Vernetzungsarbeit, sowie dem Engagement in der Moderation interreligiöser Diskurse zu Grunde (vorwiegend mit Erwachsenen, aber auch mit Kindern und Jugendlichen). Da diese bisher kaum öffentlich dokumentiert wurden, werde ich in einigen Fällen solche Erfahrungen skizzieren, um die Hintergründe der Darlegungen zu veranschaulichen. Damit folgen diese zugleich der für feministische Zugänge typischen Theorie-Praxis-Achse.

Auch die Berichte aus der Praxis zeigen, wie schwierig ein gemeinsamer Aufenthalt im genannten Grenzgebiet ist, insbesondere wenn er kritische Reflexionen im Blick auf die unterschiedlichen beteiligten Milieus und Kontexte einschließen soll: jede Form interkultureller Verständigung muss Übergangskrisen bewältigen, um eine gemeinsame Grundlage in der Verständigung aufzubauen. Erfahrungen und Berichte aus interreligiösen Projekten, insbesondere Frauenprojekten – wie z.B. dem internationalen Lernprojekt EPIL (Traitler 2004) zeigen, dass eine gemeinsame Grundlage auf der Basis von Erfahrungsaustausch und Begegnung gesucht wird. Das Erzählen von Biografien und Prägungen, das Benennen von Gemeinsamkeiten und Unterschieden der Frauenschicksale und der religiösen Erfahrungen spielen in dieser Phase eine wesentliche Rolle. Damit stehen solche Prozesse denjenigen lebenswelt- und kontextorientierten Herangehensweisen nahe, die in der evangelischen und katholischen Religionspädagogik seit Ende der 60er-Jahre entwickelt

5 Auf der praktischen Ebene, in interreligiösen Zusammenschlüssen wie dem Weltparlament der Religionen http://www.cpwr.org und der United Religions Initiative (www.uri.org) zeichnen sich am ehesten Schritte in diese Richtung ab.

und in feministischen religionspädagogischen Konzepten aufgegriffen wurden (Pithan 1999a; Becker 1999; Pithan 1999b). Sie stellen eine geeignete Grundlage für ein genderdifferenziertes interreligiöses Lernen dar und sollten darum auf Dauer zu gemeinsamen Maßstäben und Zielen führen, die auch für konfessionell getrennte religionspädagogische Kontexte (z.B. in einem künftigen Islamunterricht) im Zuge des »learning diversity« Gültigkeit erlangen müssen[6].

»Religionspädagogisch heißt das, Anregungen und Raum zu geben, die körperlichen Gesten und Zeichen, die das Fühlen, Riechen, Schmecken, Tasten und das ganze atmosphärische Empfinden ausdrücken (...).« (Becker 1999, 205): Im Erfahrungsaustausch der Sarah-Hagar-Gruppe (siehe Mehlhorn in diesem Band), aber auch in anderen interreligiösen Projekten der Jugend- und Erwachsenenarbeit der Evangelischen Akademie Arnoldshain werden Lebenswelten über leibliche Wahrnehmung im Erzählen und Teilnehmen erschlossen: jüdische Frauen erzählen von der Bedeutung der Mikwe, wir erleben den Duft der Kerzen und der Challa beim Kiddusch, wir hören Beschreibungen von Vorbereitungen der Festtage in Küche und Haus, wir erleben und besprechen das Gebet in der Moschee vom Frauenraum her, wir nehmen unterschiedliche Kopftuchmoden wahr und lassen uns erzählen, wie frau sich damit fühlt. Wir lauschen dem Singen von Suren oder Liedern, erleben/beobachten, wie Frauen und Männer knien, sich bekreuzigen, segnen, sich verneigen, den Kopf wenden, die Schuhe ausziehen, sich reinigen. Manche dieser leiblichen Gestaltungsformen sind vorwiegend geschlechtsspezifisch besetzt, andere werden primär im Rahmen des eigenen oder fremden religiösen Erlebens wahrgenommen. Ein Wechsel zwischen den »üblichen« Formen irritiert und eröffnet Reflexionsräume im Crossover zwischen eigener Genderidentität und eigener religiöser Prägung und deren möglicher Veränderung. So wurde z.B. während eines »interreligiösen Lernhauses« an der EAA zum Beginn des Shabbat der Kerzensegen von einem Mann gesprochen und ein Mann übernahm die Gestaltung des interreligiösen Kinderprogramms, während die gottesdienstlich-liturgischen Aufgaben von Frauen wahrgenommen wurden.

Die auf die erste Begegnungsphase unvermeidlich folgende Auseinandersetzung mit divergierenden Deutungen und divergierenden Interessen am Schnittpunkt von religiösen, kulturellen und genderorientierten Fragestellungen und die theoretische Auswertung des empirischen Materials müssen die

6 Die Abkehr von normativen Vorgaben des Glauben-Lernens hin zu empirisch-induktiven Konzeptionen, Erfahrungsorientierung und Lebensbegleitung und die empirische Wendung zur systematischen Erforschung und Berücksichtigung der Lern- und Lebensbedingungen von Schülerinnen und Schülern im Blick auf die Dimension des Religiösen, die Überprüfung unterrichtlicher Vermittlungs- und Handlungsformen im Blick auf Sach- und Personenorientierung, hat in den meisten muslimischen religionspädagogischen Kontexten noch nicht stattgefunden (Müller 2004).

fast unvermeidlichen Ungleichheiten bezüglich der sozialen, kulturellen und bildungsbedingten Voraussetzungen in interreligiösen Zusammenhängen ebenso in alle Reflektionen einbeziehen wie ein differenziertes Verstehen der Rolle von ModeratorInnen/LehrerInnen (zum Umgang mit Differenz und Dominanz vgl. Lutz 2001; Mehlhorn 2004).

Im Fall des Projektes EPIL führte diese komplizierte Gemengelage offenbar dazu, dass sich die Frauen entschlossen, auf die explizite Auseinandersetzung mit Genderthemen zu verzichten[7]. Dadurch fehlt im Projektbericht ein durchgängiger »Genderfaden«, während verschiedene Aspekte interreligiöser Verständigung thematisiert werden. Das ist deshalb bemerkenswert, weil es sich bei EPIL explizit um ein interreligiöses Frauenprojekt handelte. Zugleich zeigen die dort aufgeführten Beispiele aus Bosnien und dem Libanon, wie insbesondere in Kriegs- und Konfliktzonen die Genderdimension an Relevanz gewinnt. An Konfliktpunkten wird deutlich, wie sehr kulturelle/soziale Ungleichheiten zwischen Frauen der Reflexion von Genderfragen entgegenstehen[8].

Zur geschlechtsspezifischen Dimension im Lernen

Trotz aller Differenzen und Kontroversen zwischen unterschiedlichen Zugängen in der Genderforschung besteht in einem Punkt Einigkeit: Bei Geschlecht (›gender‹, im Unterschied zu ›sex‹[9]) handelt es sich um ein soziales Konstrukt, das unter jeweiligen historischen und kulturellen Bedingungen sehr verschiedenen Bestimmungsfaktoren unterliegt (Prengel 1995). Das erste Anliegen einer genderdifferenzierten Pädagogik liegt darum in der Öffnung sozialer Rollenbilder für neue Aspekte möglicher Ausprägungen und deren individuelle Gestaltung durch selbst verantwortlich lernende Subjekte. Dabei steht die Unterstützung emanzipatorischer Bestrebungen im Vordergrund. Differenzierungen in und zwischen vorgegebenen Rollenmustern können nur jenseits eingefahrener Dichotomien entwickelt werden. Darum gehört in die Überlegungen zu Genderperspektiven in Lernprozessen neben der Förderung von Mädchen und Frauen ein bewusster Umgang mit den Rollenbildern von

7 »The concept of gender roles appeared to be the greatest barrier to the establishment of relationships of partnership and sisterly solidarity beyond religious beliefs. As soon as the gender issue was discussed strong emotions surfaced and made it difficult for the women to listen to each other, and to accept and understand other experiences and views.« (Traitler 2004, 154).

8 In einem Blick »von außen« auf den EPIL Prozess diagnostiziert Alye Yegane darum »If women take the concept of dialogue between equals seriously, they will need to deal with issues of inequality.« (Traitler 2004, 154).

9 Zur Unterscheidung vgl. den Artikel von Lidwina Meyer in diesem Band.

Männern und Jungen und ihren sozialen Verortungen. Die aus dem Prozess des Gendermainstreaming herrührende Orientierung an »Wahlfreiheit« als entscheidendem Maßstab für Gendergerechtigkeit (die die Öffnung bisher als »weiblich« definierter Räume und Verhaltensformen für Jungen und Männer einschließt) stellt eine geeignete Grundlage für experimentelle Neuausrichtungen dar.

Alle an einem Lernprozess Beteiligten – einschließlich der Lehrenden – tragen sich im aktuellen Stand ihrer Genderidentität in einen Lernprozesses ein. Sie bestimmen damit die Art und Weise, wie geschlechtsspezifische Aspekte in diesem Lernprozess auftauchen (vgl. z.B. Pithan 1999b; Fischer 1999; Davies 2004). In interkulturellen/interreligiösen Lernprozessen spielt dabei die Tatsache eine Rolle, dass es sich bei Pädagogik um eines derjenigen Felder handelt, in dem Frauen auch/gerade in patriarchalen Kulturen in der Praxis schon immer einen Platz hatten und oft sehr früh einen professionellen Status erlangen konnten. So, wie in den christlichen Kirchen Gemeindehelferinnen, Pfarrfrauen und Katechetinnen schon immer und gerade auch in Zeiten der Diskriminierung von Frauen eine Aufgabe zugesprochen wurde, haben auch in anderen religiösen Kulturen Frauen einen entscheidenden Platz in Erziehung und Bildung (z.B. Jonker 2003). Dieser kann sowohl über die Familienrolle als auch über den Beruf bestimmt werden.

In der geschlechtsspezifischen Prägung und Bestimmung pädagogischer Aufgabenbereiche und Berufe werden gesellschaftliche Rollenzuschreibungen offensichtlich: Während Frauen auf der Ebene der Primärerziehung und -bildung vielerorts eine entscheidende Rolle spielen, nimmt die Mitwirkung von Frauen an Erziehung und Bildung mit zunehmendem Bildungsniveau und Alter der Lernenden ab. Zugleich zeigen Untersuchungen zum Selbstverständnis von Lehrenden, dass Frauen ihre Aufgabe vorwiegend auf der Beziehungs- und Männer vorwiegend auf der Sachebene sehen (Pithan 1999 (a-c); Fischer 1999; Fischer/Schratz/Seidel 1999; Tomaševski 2004). Aus solchen Ergebnissen wird eine Geschlechterdichotomie offensichtlich, die im Rahmen allgemeiner differenzorientierter pädagogischer Konzepte bisher wenig diskutiert wird. Dies erscheint aus zwei Gründen merkwürdig: a) Bei körperlicher und sexueller Differenz handelt es sich um eine der ersten und bedeutsamsten Differenzerfahrungen, die ein Mensch in seinem Leben macht. Ihre Nichteinbeziehung in die Reflexion differenzorientierter pädagogischer Konzepte muss wohl aus der weiterhin vorhandenen Dominanz des »Normalmodell Mann« erklärt werden. b) Die verbreitete Verschiebung der Schwerpunkte von sachorientierten zu lebenswelt-, kontext- und beziehungsorientierten Zugängen in pädagogischen und didaktischen Überlegungen legt die Reflexion unterschiedlicher Genderidentitäten als kontextuelle Voraussetzung für ein jeweiliges Selbstbild der Lehrenden nahe.

Überlegungen in diesem Feld werden umso dringlicher, als sich die Differenzierungsnotwendigkeiten in interreligiösen/interkulturellen Lernzusammenhängen vervielfachen. Erfahrungen und Untersuchungen zeigen, dass in verschiedenen religiösen und kulturellen Milieus sehr verschiedene Konzepte von geschlechtlicher Differenz anzutreffen sind (z.B. Jonker 2003; Stauch 2004). Es kann keineswegs davon ausgegangen werden, dass Rollenmodelle, die in anderen als christlich-westlichen Zusammenhängen entwickelt wurden, per se und pauschal das gleiche oder weniger Potenzial zu emanzipatorischer Neugestaltung differenzierter Genderkonzepte im Rahmen demokratisch-pluralistischer Partizipation bieten.

Aus diesem Grund bietet interreligiöses/interkulturelles Lernen in einem Gender sensiblen Kontext ein ideales Feld für doppelte Differenzwahrnehmung. Bewirkt doch die Einbeziehung der geschlechtsspezifischen Dimension eine Re-Flexion, die in mehrfacher Hinsicht die Entschleierung kultureller Dominanzen auf intra- und interkultureller Ebene ermöglicht. Emanzipatorische Momente in unterschiedlichen kulturellen Konstrukten können dabei aufgegriffen und genutzt werden. Allein im Blick auf muslimische Kulturen bieten schon erste Begegnungen ein verwirrend vielfältiges Bild unterschiedlicher Genderkonzepte zwischen iranischen, marokkanischen, pakistanischen und türkischen Musliminnen, zwischen Stadt und Land innerhalb dieser Kulturen, zwischen verschiedenen Sozial- und Bildungsschichten. Zugleich werden in vielen dieser Kulturen tradierte Rollen schon längst im Zuge von Globalisierung, Migration und unter dem Einfluss internationaler Regelvorgaben aufgebrochen. Rollenunsicherheiten oder -konflikte bei Frauen/Mädchen und Jungen/Männern entstehen insbesondere dort, wo entweder im Rahmen einer Gastgesellschaft ein Bildungsstand erreicht wurde, der den bisherigen Status überschreitet, oder wo Umbrüche im internationalen Recht Rückwirkungen auf nationale Gepflogenheiten haben (vgl. Heinz 2003).

Die Einbeziehung einer genderdifferenzierten Wahrnehmungskultur ermöglicht innerhalb und zwischen den Kulturen die Benennung von Dominanz- und Differenzbeziehungen als Grundlage für den kritischen Umgang mit ihnen[10]. Exponentinnen einer Perspektive auf »kritische Differenz« sind insbesondere Frauen und Mädchen mit Migrationshintergrund. Sie brauchen auf Grund der Tatsache ihrer Mehrfachdiskriminierung (als Frauen/Mädchen in patriarchal geprägten Herkunftsgemeinschaften und als Mitglieder von durch die Mehrheitsgesellschaft dominierten Kulturen) besondere Förderung, damit der Gleichheitsgrundsatz unserer Verfassung eingelöst werden kann. Gelänge es, diesem Anspruch in interkultureller/interreligiöser Bildung gerecht zu werden, wüchsen »Grenzgängerinnen par exellence« heran, die als Mütter und Familienfrauen, Bürgerinnen, Lehrerinnen, Gläubige, Wissen-

10 Z.B. wird das Fehlen von Mädchen aus bestimmten Herkunftskulturen in gemischtgeschlechtlichen offenen Jugendzusammenhängen von den anwesenden Mädchen aus anderen Kulturen benannt. Ebenso kommen Fragen des Umgangs mit sexueller Differenz oder mit internen Differenzen innerhalb einer bestimmten Kultur (z.B. dem Umgang mit »religiösen Abweichlern«) auf den Tisch.

schaftlerinnen etc. die doppelten Stärken eines konstruktiven Umgangs mit Differenz in formelle und informelle Bildungsprozesse einbringen könnten.

Genderdimensionen in interreligiösen Lernprozessen

Innerhalb der meisten Religionen bzw. religiösen und kulturellen Gruppierungen sind die Geschlechterbeziehungen noch immer vorwiegend hierarchisch und patriarchal geordnet. »Women's great invisibility, marginality and voicelessness in world religions are paralleled by the marginality and voicelessness of women in interreligious dialogue.« (King 1998, 52)[11] Auch hat es trotz aller emanzipatorischen Bestrebungen im letzten Jahrzehnt einige Ernüchterungen bezüglich der Frage gegeben, wann/wie/ob solche hierarchischen Konstellationen durch Bildungsprozesse abbaubar sind (z.B.Volkmann 1999, 138). Asynchrone Entwicklungen im Rahmen von Anpassungen und/oder Blockaden bezüglich der Integration in globale Prozesse kommen hinzu. Auch diese erhalten in der Genderperspektive ein eigenes Profil:

Die Auseinandersetzung mit globaler und lokaler Vielfalt stellt – insbesondere in religiösen Fragen – wachsende Anforderungen an die persönliche Wahl- und Entscheidungskompetenz einzelner Subjekte (Berger 1992). Immer weniger kann ein »Pauschalangebot Religion« (Barz 2004) Gewissheit vermitteln. Religiöse Identität wird zunehmend zu einer Frage der Entscheidung. Individuen in religiösen Lernprozessen im Aufbau eigener Glaubensmodelle zu unterstützen, heißt auch, ihnen Kritikfähigkeit und persönliche Orientierung mitzugeben. Denjenigen, die den damit verbundenen Herausforderungen an persönliche und religiöse Kompetenz gewachsen sind, bietet diese Situation erhöhte Wahl- und Differenzierungsfreiheit (Mehlhorn 2004). Mitten im Umbruch der Entwicklung neuer Modelle religiöser Individualität und Kompetenz führt allerdings die Überforderung durch die gewachsenen Anforderungen und Möglichkeiten nicht selten zum Griff nach der scheinbaren Sicherheit fundamentalistischer Gewissheiten als »Vergemeinschaftungen in einem Kulturkonflikt« (Riesebrodt 2000). Fast alle »Spielarten des Fun-

11 Das zeigt sich bisher auch in vielen wichtigen und interessanten Zugängen zu interreligiösen und differenzorientierten Lernprozessen. Auf globaler interreligiöser Ebene – z.B. im »Parliament of world's Religions« – gehört das Bekenntnis zur Geschlechtergerechtigkeit zwar – ähnlich, wie auf der globalen politischen Ebene – zum Standard der »political correctness« (vgl. »Towards a global Ethics«, Chicago 1993 und »Call to our guiding institutions«, Cape Town 1999 www.cpwr.org) –, die Umsetzung dieser Forderungen steht aber ebenfalls noch weitgehend aus. Sie führte beim 4. Weltparlament der Religionen (2004 in Barcelona) zur Bildung von Fraueninitiativen innerhalb des Parlamentes, deren Erklärungen in die offiziellen Verlautbarungen nicht aufgenommen wurden.

damentalismus, ob charismatisch oder legalistisch-literalistisch, ob christlich oder muslimisch (scheinen sich) darüber einig zu sein, dass die ideale Sozialordnung auf patriarchalischer Grundlage zu ruhen habe, dass die patriarchalische Familie und nicht das Individuum die soziale Einheit darstelle, auf der Gesellschaft aufbaut und dass die Geschlechterrollen von »Gott« oder von »Natur« aus unterschiedlich, aber aufeinander bezogen konzipiert seien.« (Riesebrodt 2000, 117)

Die Genderfrage stellt also ein wesentliches Unterscheidungsmerkmal in demokratischen Diskursen und Bildungsprozessen dar. Zugleich sind fundamentalistische Rückzugstendenzen als Ausdruck von Überforderungen oder vermeintlicher Absicherung gegen Fremddominanz und Machterosion ein relevanter Faktor in interreligiösen Prozessen. Das führt zu einer komplizierten Ausgangslage geschlechtsspezifischer Fragen im interreligiösen Lernen:

»Im Kontext des Religionsunterrichts begegnet (...) Differenz vergleichsweise oft, nämlich in der Auseinandersetzung mit dem Ausschluss und der Diskriminierung von Frauen in religiösen Gemeinschaften in Vergangenheit und Gegenwart. Dabei erweisen sich Verstehen und Kritik des Umgangs mit Mädchen und Frauen in der eigenen oder fremden Kirche bzw. Religion als äußerst sensibler Bereich, der gleichermaßen Loyalität und Zugehörigkeit zu einer Gemeinschaft wie auch Identität und Integrität der eigenen Person zutiefst berührt. (...) Angesichts differenter Positionen ist die eigene Position so zu formulieren, dass das Eigene zur Geltung kommt und das Fremde als Fremdes seine Geltung behält. Das bedeutet vor allem die konkrete Auseinandersetzung mit Kontextualität.« (Burrichter 1999, 19f.)

Damit sind die wesentlichen Kernthemen/probleme und -aufgaben eines emanzipatorisch orientierten geschlechtsspezifischen Zugangs zu interreligiösem Lernen formuliert: Einerseits speist sich ein pariarchatskritischer Blick auf religiöse Traditionen zu einem gewichtigen Anteil aus dem »Hermeneutischen Verdacht« (siehe Meyer in diesem Band) und damit aus der kritischen Analyse der eigenen Tradition. Zugleich lebt ein emanzipatorisch orientierter interkonfessioneller und interreligiöser Dialog von der grundsätzlichen Bereitschaft, »ein paar Schritte in den Schuhen der anderen« zu gehen, bzw. sich selbst »im Spiegel der Augen der anderen« (Traitler 2004) zu sehen. Das schließt die Wahrnehmungsbereitschaft für Blockaden durch unterschiedliche Ebenen der Dominanz ebenso ein wie die Offenheit für unbekannte oder verloren gegangene emanzipatorische Potenziale des eigenen religiös-kulturellen Milieus. Auch wenn in diesem Zusammenhang das Thema »Macht- und Herrschaftskritik« nicht grundsätzlich ausgeschlossen werden darf, können die Wege zur kritischen Reflexion durchaus verschieden sein. Aus der »Pädagogik der Unterdrückten« (Freire 1973) haben viele politisch-emanzipatorisch arbeitende Praktiker und Praktikerinnen die Konsequenz gezogen, dass Entwicklungen nur unter Einbeziehung der Erfahrungen beteiligter Subjekte möglich sind. Das Prinzip des Dialogs steht deshalb methodisch-didaktisch an erster Stelle – es kann durch differenzierte Kooperations- und Kommunikationsmodelle gestaltet werden (vgl. auch Habringer-Hagleitner 1999).

Die Entwicklung gemeinsamer Orientierungsmaßstäbe als notwendige Voraussetzung für die Ausrichtung geschlechterdifferenzierter interreligiöser Lernprozesse kann zunächst selbst eine der Aufgaben solcher Lernprozesse darstellen. Dabei gilt es, Grundannahmen genderspezifischer Blickweisen und der aus ihnen folgenden Konsequenzen für den gemeinsamen Lernweg zu klären. Um hier zu Differenzierungen bei gleichzeitiger Konsensbereitschaft und individueller Verantwortungsübernahme zu gelangen, ist meiner Erfahrung nach die kulturelle Mischung und die Begegnung mit anders denkenden, lebenden oder erfahrenden Menschen aus kulturell nahen Milieus (z.B. der gleichen Religion) entscheidend. Sie ermöglichen die Öffnung der Wahrnehmung für die innere Differenzierung des eigenen Milieus und erleichtern dadurch den Konsens mit Dialogpartnern/partnerinnen aus einem anderen Milieu. Auf diese Weise können über Erfahrung und Dialog auch Schritte zu Diskurs und Argumentation – also zu kritischer Reflexion und Abgrenzung in Sachfragen – gegangen werden.

Ausblick

In religiösen Lernprozessen spielt die Verbindung von persönlicher Kompetenz und Sachwissen eine besondere Rolle. Dies gilt ähnlich für genderdifferenzierte Lernprozesse, wenn sie eine Ausdifferenzierung patriarchaler Genderkonstruktionen und damit eine oft prekäre Erkundung von persönlichem und sozialem Neuland zum Ziel haben. Je differenzierter das Bild von den an einem Lernprozess beteiligten Individuen und ihren jeweiligen Hintergrundprägungen wird, umso offener muss die wechselseitige Beziehung zwischen Lehren und Lernen gestaltet werden. Das gilt im Prozess interreligiösen Lernens in besonderer Weise, denn hier ist die Ausschnitthaftigkeit der individuellen Kenntnis eines jeweiligen religiös-kulturellen Milieus besonders offensichtlich. Darum steht der/die Lehrende, der/die oft genug eher ein/e »DiskursmoderatorIn« als ein/e »Unterrichtende« ist, mit ihrer/seiner Person für den Lernprozess ein und braucht hierfür eine gute persönliche Bildung und Ausbildung – sowohl bezüglich der Positionierung im interreligiösen/-kulturellen Kontext als auch bezüglich des bewussten Umgangs mit der eigenen Genderidentität.

Wegen der Unsicherheiten und Ungewissheiten, die solche Lernprozesse mit sich bringen, spielt die Frage von Autorität und Führung und der »Ethik des Lehrens/Leitens« eine wichtige Rolle. Ihre notwendige Reflexion könnte an die Ausführungen der Diotima-Frauen anknüpfen (Diotima 1999 a und b). Die Frauen aus Milano haben in ihrer Suche nach »weiblicher Freiheit«

den positiv besetzten Raum umrissen, der aus der Positionierung und Sozialisation von Frauen für eine Neugestaltung der Geschlechterbeziehungen gewonnen werden kann. Aus ihm resultiert eine eigene Form von Macht und Stärke, von »Empowerment« durch Wechselseitigkeit, Vernetzung und Für-Sorge als wesentlicher Kategorie für den Aufbau eines demokratischen Sozialwesens, die in feministischen Ethik-Entwürfen fortgesetzt werden (z.B. Conradi 2003).

Wer Genderfragen im Kontext interreligiöser Themen bearbeitet, ähnelt einer/einem Forschenden, die/der ein wenig bekanntes Land aus treibenden Schollen durchwandert, um es zu kartografisieren. Kaum glaubt sie/er, eine der Schollen erfasst zu haben und wechselt den Ort, entschwindet das Erkannte im staunenden Blickwechsel zu neuen Perspektiven. Auf der Reise durch bewegtes Land werden Forschende zu Pilgernden. Wer in einem solchen Gelände nach Orientierung sucht, tut gut daran, sich der eigenen Ausrichtung zu vergewissern: Boden unter den Füßen, Himmel über dem Kopf, wache Sinne und ein offenes Herz für Begegnungen und Augenblicke, Vorfahren im Rücken, Nachkommen im Blick. Vom Reiseproviant im Rucksack darf gezehrt und verteilt werden – Pilgernde werden von anderen beschenkt. Derart gestärkt brauchen sie sich vor Steinen, Abgründen und Bergen nicht zu scheuen. Das Land ist weit: Gott und die anderen werden sich darin finden lassen.

Zum Weiterlesen

Bundesministerium für Familie, Senioren, Frauen und Jugend (Hg.), Gender Mainstreaming. Was ist das? 2002.

Rumpf, Mechthild/Gerhard, Ute/Jansen, Mechtild M. (Hg.), Facetten islamischer Welten. Geschlechterordnungen, Frauen- und Menschenrechte in der Diskussion, Bielefeld 2003.

Sarah und Hagar. Religion-Politik-Gender: Leitlinien für die Sozialpolitik. Erscheint im Herbst 2005 (vgl. Projektbeschreibung in diesem Band).

Traitler, Reinhild (ed.), In the Mirror of Your Eyes. Report of the European Project for Interreligious Learning, Zürich and Beirut 2004.

Literatur

Barz, Heiner, Von der »Religion ohne Entscheidung« zur »Religion ohne Institution«. Bemerkungen zur religiösen Erfahrung im Jugendleben, in: Wulf, Christoph/Macha, Hildegard/Liebau, Eckart (Hg.), Formen des Religiösen. Pädagogisch-anthropologische Annäherungen, Weinheim/Basel 2004, 135-145.

Barz, Monika, Gender-Mainstreaming – eine europäische Perspektive, in: Burbach, Christiane/Schlottau, Heike (Hg.), Abenteuer Fairness. Ein Arbeitsbuch zum Gendertraining, Göttingen 2001.

Becker, Sybille, Art. Geschlechtsspezifische religiöse Sozialisation, in: Bittner, Gottfried u.a. (Hg.), Neues Handbuch religionspädagogischer Grundbegriffe, München 2002, 260-263.

Berger, Peter L., Der Zwang zur Häresie. Religion in der pluralistischen Gesellschaft, Freiburg i.Br. 1992.

Bundesministerium für Familie, Senioren, Frauen und Jugend (Hg.), Gender Mainstreaming. Was ist das? 2002.

Burrichter, Rita, Lebensgeschichtliche Perspektiven ernst nehmen: fachdidaktische Anfragen einer Feministischen Religionspädagogik, in: Religionspädagogische Beiträge o.Jg. (1999), H. 43,13-24.

Conradi, Elisabeth, Feministische Ethik, in: Dingel, Irene (Hg.), Feministische Theologie und Gender-Forschung. Bilanz-Perspektiven-Akzente, Leipzig 2003, 155-177.

Dämming, Lara/Pabst, Irene, Nach Verständnis suchen statt nach Schwachstellen. Erfahrungen aus dem interreligiösen Projekt Sarah-Hagar, in: Schlangenbrut 22 (2004), H. 84, 39-41.

Davies, Geraint, Gender and attitudes towards religious education in primary schools, in: British Journal of Religious Education 26 (2004), H. 1, 85-99.

Diotima u.a., Die Welt zur Welt bringen. Politik, Geschlechterdifferenz und die Arbeit am Symbolischen, Königstein 1999a.

Diotima, Jenseits der Gleichheit. Über Macht und die weiblichen Wurzeln der Autorität, Königstein 1999b.

Fischer, Dietlind/Schratz, Michael/Seidel, Giesela, Schulentwicklung – weiblich/männlich?, in: Pithan, Annebelle/Elsenbast, Volker/Fischer, Dietlind (Hg.), Geschlecht-Religion-Bildung. Ein Lesebuch, Münster 1999, 37-41.

Fischer, Dietlind, Beruf: Lehrerin. Wie Lehrerinnen Professionalität entwickeln, in: Pithan, Annebelle/Elsenbast, Volker/Fischer,Dietlind (Hg.), Geschlecht-Religion-Bildung. Ein Lesebuch, Münster 1999, 70-77.

Foitzik-Eschmann, Dorothee, Nur für Mädchen?! Gedanken zu parteilicher Mädchenarbeit und feministischer (Religions)Pädagogik in der kirchlichen Jugendarbeit, in: Religionspädagogische Beiträge o.Jg. (1999), Nr. 43, 55-64.

Freire, Paulo, Pädagogik der Unterdrückten. Bildung als Praxis der Freiheit, Reinbek 1973.

Gerhard, Ute, Die Europäische Union als Rechtsgemeinschaft und politische Gelegenheitsstruktur – Feministische Anfragen und Visionen, in: Miethe, Ingrid/Roth, Silke (Hg.), Europas Töchter. Traditionen, Erwartungen und Strategien von Frauenbewegungen in Europa, Opladen 2003, 41-62.

Gerhard, Ute, Die Menschenrechte der Frauen – Diskurs und Geltung, in: Deutsches Institut für Menschenrechte (Hg.), Jahrbuch Menschenrechte 2005, Frankfurt a.M. 2004, 17-27.

Gössmann, Elisabeth, Feministische Kritik an universalen Wahrheitsansprüchen, in: Peter, Anton (Hg.), Christlicher Glaube in multireligiöser Gesellschaft. Erfahrungen, Theologische Reflexionen, Missionarische Perspektiven. Neue Zeitschrift für Missionswissenschaft 1996, 312-350.

Habringer-Hagleitner, Silvia, Lebendige Frauenbildungsarbeit der Zukunft, in: Religionspädagogische Beiträge o.Jg. (1999), Nr. 43, 83-94.

Hartkemeyer, Martina/Hartkemeyer, Johannes F., Dialogue. A Different Approach to Learning, in: Traitler, Reinhild (Hg.), In the Mirror of Your Eyes. Report of the European Project for Interreligious Learning, Zürich and Beirut 2004, 11-15.

Heintz, Bettina, Die Macht des Globalen. Frauenrechte im Kontext der Weltgesellschaft, in: Dingel, Irene (Hg.), Feministische Theologie und Gender-Forschung. Bilanz – Perspektiven – Akzente, Leipzig 2003, 197-227.

Hötger, Andrea/Wuckelt, Agnes, Art. Feministische Religionspädagogik, in: Gössmann, Elisabeth (Hg.), Wörterbuch der Feministischen Theologie, Gütersloh [2]2002, 138-144.

Jonker, Gerdien, Vor den Toren: Bildung, Macht und Glauben aus der Sicht religiöser Muslimischer Frauen, in: Rumpf, Mechthild/Gerhard, Ute/Jansen, Mechtild M. (Hg.), Facetten islamischer Welten. Geschlechterordnungen, Frauen- und Menschenrechte in der Diskussion, Bielefeld 2003.

King, Ursula, Feminism: The Missing Dimension in the Dialogue of Religions, in: May, John (Hg.), Pluralism and the Religions: The Theological and Political Dimensions, London 1998, 40-55.

Krüger, Marlis, Feminismus um die Jahrtausendwende: Rückblick und Ausblicke, in: Das Argument 43 (2001), H. 3 (Sonderheft »Feminismus quo vadis?«), 205-307.

Lutz, Helma, Differenz als Rechenaufgabe: über die Relevanz der Kategorien Race, Class und Gender, in: Lutz, Helma/Wenning, Norbert (Hg.), Unterschiedlich verschieden, Opladen 2001, 215-230.

Mehlhorn, Annette, Mit Konfliktstoff auf Tuchfühlung. Interreligiöse Aspekte einer Bekleidungsfrage, in: Kopftuch-Dialog. Interreligiöses Gespräch über eine Bekleidungsfrage. Sondernummer der »mitteilungen« der EFD 2004, 13-34.

Müller, Rabeya, Islamischer Religionsunterricht und sein konzeptioneller Beitrag zur zukünftigen Gestaltung der Gesellschaft in der Bundesrepublik Deutschland, in: Gottwald, Eckart/Rickers, Folkert (Hg.), Die Zukunft des Religionsunterrichts im Horizont von Globalisierung und Multikulturalität, Nordhausen 2004, 109-118.

Pithan, Annebelle, Trivialisierung und Ent-Trivialisierung in der Religionspädagogik, in: Religionspädagogische Beiträge o.Jg. (1999), Nr. 43, 3-12 (1999a).

Pithan, Annebelle, Differenz als hermeneutische Kategorie im Vermittlungs- und Aneignungsprozess, in: Pithan, Annebelle/Elsenbast, Volker/Fischer, Dietlind (Hg.), Geschlecht-Religion-Bildung. Ein Lesebuch, Münster 1999b, 9-15.

Pithan, Annebelle, Zur Beteiligung von Religionslehrerinnen an innovativer Schulentwicklung, in: Pithan, Annebelle/Elsenbast, Volker/Fischer, Dietlind (Hg.), Geschlecht-Religion-Bildung. Ein Lesebuch, Münster 1999c, 46-51.

Prengel, Annedore, Pädagogik der Vielfalt. Verschiedenheit und Gleichberechtigung in Interkultureller, Feministischer und Integrativer Pädagogik, Opladen [2]1995.

Pritsch, Silvia, Modernisierungen und Monstrositäten: Konflikte feministischer Theorie und Kritik, in: Das Argument 43 (2001), H. 3 (Sonderheft »Feminismus quo vadis?«), 311-324.

Riesebrodt, Martin, Die Rückkehr der Religionen. Fundamentalismus und der »Kampf der Kulturen«, München, 2000.

Roth, Silke/Miethe, Ingrid, Die EU als Chance und Herausforderung für die Frauenbewegungen, in: Miethe, Ingrid/Roth,Silke (Hg.), Europas Töchter. Traditionen, Erwartungen und Strategien von Frauenbewegungen in Europa, Opladen 2003, 9-20.

Roth, Silke, Gender-Mainstreaming und EU-Erweiterung, in: Miethe, Ingrid/Roth, Silke (Hg.), Europas Töchter. Traditionen, Erwartungen und Strategien von Frauenbewegungen in Europa, Opladen 2003, 63-77.

Stauch, Karimah Katja, Die Entwicklung einer islamischen Kultur in Deutschland. Eine empirische Untersuchung anhand von Frauenfragen. Berliner Beiträge zur Ethnologie, Bd. 8, Berlin 2004.

Stiegler, Barbara, Wie Gender in den Mainstream kommt. Konzepte, Argumente und Praxisbeispiele zur EU-Strategie des Gender Mainstreaming, Bonn: Friedrich-Ebert-Stiftung, Abteilung Arbeit und Sozialpolitik 2000.

Tomaševski, Katarina, Geschlechtergerechtigkeit durch Bildungsrechte, in: Deutsches Institut für Menschenrechte (Hg.), Jahrbuch Menschenrechte 2005, Frankfurt a.M. 2004, 80-89.

Traitler, Reinhild (ed.), In the Mirror of Your Eyes. Report of the European Project for Interreligious Learning, Zürich and Beirut 2004.

Volkmann, Angela, Mädchen und Frauen im Religionsunterricht. Impulse feministischer Theologie für die Schule, in: Religionspädagogische Beiträge o.Jg. (1999), Nr. 43, 135-144.

Weedon, Chris, Wissen und Erfahrung. Feministische Praxis und poststrukturalistische Theorie, Dortmund 1990.

Erfahrungen im interreligiösen Dialog

Saraswati Albano-Müller

Erfahrungen im interreligiösen Dialog – eine hinduistische Perspektive

Es ist offensichtlich, dass eine große Notwendigkeit für interreligiöse Dialoge besteht. Unsere heutige Gesellschaft wird kleiner, und wir haben Nachbarn, die anderen Religionen angehören. Um miteinander leben zu können, müssten wir wissen, welchen Glauben sie besitzen. Über ihren Glauben wissen wir zu wenig. Das Wissen von anderen Glauben sollte in irgendeiner Weise ein Bestandteil unserer Bildung werden.

Ich lebe in einer Kleinstadt in Nordrhein-Westfalen. Seit Jahren sammle ich Spielzeug aus Indien und aus anderen Ländern. Symbole aus allen Religionen haben bei mir zu Hause ihren Platz. Ich lade oft Kinder, Jugendliche und Erwachsene jeglichen Alters ein, um mit ihnen über Religion zu sprechen. Ich werde auch von Kirchengemeinden, Vereinen und zu Seminaren in ganz Deutschland eingeladen. Es scheint ein großes Bedürfnis vorhanden zu sein, mehrere Wege zu Gott kennen zu lernen. Zu Beginn vieler Gespräche steht oft die Frage: Wer ist Gott? Verschiedene Vorstellungen werden dann zusammengetragen: Gott als eine abstrakte Idee, Gott als Mensch (Inkarnation), Gott als geheime Kraft, Gott nur als Christus, Gott als zentraler Ort, als Quelle in mir.

Meine religiöse Erziehung zu Hause war davon bestimmt, allen Religionen mit Respekt und Achtung zu begegnen. Meine Schulbildung fand in einer theosophischen Schule in Indien statt. Diese prägte in mir eine Haltung gegenüber anderen Religionen als Wege zu ein und demselben Ziel, das wir als Gipfel sehen und Gott nennen. Mein Mann ist evangelisch, ich eine Hindu, wir beten zu Hause in vier Sprachen und betonen die Ähnlichkeit in jedem Gebet. Wie erklärt man das ZIEL? Jeder von uns will in Harmonie mit sich und seiner Umwelt leben, will ein inneres Gleichgewicht finden, einen Glückszustand, die Vermeidung von Leiden. Diese Ziele nennt der Hinduismus Eins mit Gott werden – *tatvam asi*.

Alle Wege führen, abhängig von der jeweiligen Kultur, zu Gott. Ich habe die Erfahrung gemacht, dass jede und jeder diese offene Einstellung ohne

Vorbehalt versteht. Jeder Weg kennt natürlich auch Hindernisse, aber keiner ist der einzig richtige. In der Missionsarbeit wird oft ein exklusives Recht betont. Manche glauben sogar, alle Andersgläubigen müssten beseitigt werden. Dies ist eine große Gefahr. Eine liberale Erziehung, die Achtung, Respekt und Liebe für jegliche Andersartigkeit fördert, ist meines Erachtens die größte Herausforderung unserer Zeit.

Ein Problem für den interreligiösen Dialog liegt im Mangel an Kontakten und an der oft fehlenden Zeit. Wenn die Deutschen in den Urlaub fahren und mit anderen Kulturen in Berührung kommen, kehren sie häufig mit einer positiven Haltung zurück, die jedoch bald verblasst. Das Böse in unserer Zeit ist der Mangel an Interesse für andere. Vielleicht fürchten die Menschen interreligiöse Gespräche, weil sie Angst haben, dadurch sich selbst zu verändern oder etwas Eigenes abzugeben? Aber wenn sie ihre eigene Religion als Grundlage haben, sind sie nicht ängstlich. Einst fragte ein Sohn seinen Vater: »Welche Religion ist die beste?« Der Vater sagte, dass er sterben würde, bevor er mit dem lange dauernden Studium aller Religionen fertig sein würde. Deshalb solle er seiner eigenen Religion folgen, aber von anderen lernen.

Der Weg, einen interreligiösen Dialog zu beginnen, ist die Schaffung von Kontakten und menschlichen Begegnungen, mit anderen Freundschaft zu schließen und sie kennen zu lernen. Ich beziehe Gott bei jeder Konversation und bei jeder Begegnung mit ein: »Wenn Sie traurig sind, woher schöpfen Sie Ihre Kraft?« Zuerst sind die Menschen durch diese Frage erschrocken, denn über Religion wird normalerweise nicht diskutiert. Aber dann werden sie sehr positiv und zeigen Interesse für dieses Thema. Interreligiöse Dialoge sollten sich auf den Mangel an ethischer Disziplin im Alltag richten. Was ist die Grundethik?

Andere Fragen sind: Wie erklären Sie Ihren Kindern Gott? Wie halten wir Gott lebendig im Herzen der Menschen? Wie können wir uns zusammenschließen und uns für Mutter Erde interessieren? Wie können wir den Menschen beibringen, dass sie nie jemanden verletzen oder etwas Lebendiges töten sollen? Während unsere Gesellschaft die Wichtigkeit der physischen, intellektuellen und wirtschaftlichen Entwicklung betont, wird die spirituelle Entwicklung vernachlässigt.

Frauen können sehr viel in dieser Richtung tun, da sie sehr viele Lebenserfahrungen einbringen können. Frauen haben auch zunehmenden Einfluss in der Gesellschaft. Kontakte zwischen Glaubensrichtungen können den eigenen Glauben stärken und zu einer Wiederbelebung der in ihm schlummernden besten Elemente beitragen. Zum Beispiel: Als junge Menschen sich in den 1980er-Jahren für die Spiritualität der östlichen Religionen zu interessieren begannen, machten die Kirchen sie auf die christliche Meditationstradition aufmerksam und fingen an, von Hildegard von Bingen und anderen zu sprechen. Solche Kontakte zwischen Religionen sind eine intellektuelle Herausforderung, die meines Erachtens hilft, ihre Vitalität zu bewahren. Ich bin fest davon überzeugt, dass ohne religiöses Verständnis kein wahrer Frieden möglich ist.

Manche Religionen wirken befreiend, andere engen ein. Ein Schüler schrieb mir in einem Brief: »Manchmal braucht man einen Fremden, der einem hilft, seinen Nächsten zu verstehen.«

Ich bin hier die Fremde. Eine gebürtige Inderin aus der alten Hindu-Pilgerstadt Benares. Meine 42 Jahre hier in Deutschland sind wie eine Pilgerfahrt auf der Suche nach Gott im alltäglichen Leben. Durch meine religiöse Erziehung zu Hause und durch meine Schulbildung bin ich von einer umfassenden Sichtweise geprägt worden, die alle Religionen wertschätzt. Durch diese liberalen Ansichten fühle ich mich überall zu Hause. In einer Kirche, in einem Tempel oder in einer Synagoge bin ich für Begegnungen bereit. Ich schließe die Augen und rezitiere ein kurzes Gebet in Sanskrit. Ich schaue mich um und verhalte mich nach den Gepflogenheiten der anwesenden Mitmenschen. Wenn die anderen knien oder aufstehen zum Beten, mache ich das auch. Meine religiöse Einstellung ermöglicht ein solches Verhalten. Diese Haltung basiert auf einer bildlichen Vorstellung, die ich in meiner Schule gelernt habe: »Alle Wege führen zu einem Gott, der unser aller Schöpfer ist, unser Symbol für alles, was ethisch, ästhetisch und moralisch das Beste ist.«

In unserer Schule sangen wir jeden Morgen ein Lied aus einer anderen Religion. Für Hindus ist Religion ein freudiges Erlebnis. Gleichzeitig ist es ein strenger Weg zu einem höheren geistigen Zustand. Es fördert ein asketisches, moralisches und ethisches Alltagsbewusstsein, um ein gutes Leben führen zu können. Gott und nicht Geld ist die höchste Freude. Was heißt eine liberale religiöse Erziehung? Diese offene Haltung ermöglicht einen freien Umgang mit Andersgläubigen. Die Lehre ist: »Lerne von allen und nimm das Gute, was du bei anderen findest, in deine Gedankenwelt auf.« Das war auch eine der wichtigsten Lehren des berühmten Mahatma Gandhi. Er schrieb: »Jesus nimmt in meinem Herzen den Platz eines der großen Menschheitslehrer ein, die mein Leben beträchtlich beeinflusst haben... Ich bin zu dem Schluss gekommen, dass, wer die Lehren anderer Religionen ehrfürchtig studiert – ganz gleich zu welchem Glauben er sich selbst bekennt –, sein Herz weitet und nicht verengt. Ich betrachte keine der großen Religionen der Menschheit als falsch. Alle haben sie die Menschheit bereichert. Eine großzügige Erziehung sollte ein ehrfürchtiges Studium aller Religionen miteinschließen.«

Meine ersten Erfahrungen als Kind mit christlichen Missionaren in Indien waren beängstigend. Sie kamen, uns zu bekehren. Nur ihr Weg war der einzig Richtige. Ihr Anspruch auf die letzte Wahrheit war einengend – genau das Gegenteil dessen, was zu unserer Erziehung gehört. Dieses Erlebnis in meiner Kindheit, die Begegnung mit dem Christentum, hat mich stark beeinflusst.

Religiöse Erziehung

Religiöse Erziehung fängt – wie wir alle wissen – im Elternhaus und nicht in der Schule an. Ein Kind wird mit Gott und Engeln schrittweise bekannt gemacht. Die Erkenntnis Gottes kann nur in Etappen gewonnen werden. In einer Phase betont die Religion das Ritual, in einer anderen die Mythologie, in einer dritten die Doktrin und die geistigen Übungen, die ihre Philosophie ausmachen.

In der Kindheit ausgeübte Rituale haben eine sehr wichtige Bedeutung für das ganze Leben. Religiöse Haltungen, Glocken, Musik, Blumen, Licht, Bilder, Geschichten und Feste sind Bestandteil jeder Religion. Protestantismus und Islam haben eine andere Art von Ritualen als Hinduismus und die römisch-katholische Kirche. Symbole veranschaulichen abstrakte Ideen. Ein Gotteshaus sollte nach hinduistischer Auffassung mehr emotional als nur intellektuell gestaltet werden.

Geistige Freiheit – Bindung im sozialen Bereich

Oft vergleiche ich die Menschen und ihren Glauben. Das Christentum, wie ich es sehe, basiert sehr auf Dogmen, Gottesdienst, Taufe, Konfirmation, Kommunion. All das bedeutet feste Abläufe. Heirat und Tod sind mit kirchlichen Zeremonien verbunden. Weihnachten und Ostern sind zwei wichtige Feste. Es wird viel Zeit für die ästhetische Vorbereitung gebraucht. Das viele Schenken ist zu einem Zeichen der Nächstenliebe geworden und, wie ich es sehe, leider das Wesentliche.

Wie sieht der Alltag in dieser Kultur aus? Wo kann ich die wichtigsten Merkmale dieser weltweit verbreiteten Religion finden? Ich frage Freunde, was Religion für sie bedeutet, und bin überrascht über die vielen konfusen Antworten. Vielleicht sind viele Menschen im Herzen gläubig. Aus Indien bin ich gewöhnt, dass der Begriff Gott in der Alltagssprache oft gebraucht wird. BHAKTI ist im Hinduismus ein Begriff für die Liebe zu Gott. Musik und Tanz stehen häufig im Zusammenhang mit der Liebe zu Gott. Interreligiöse Gespräche machen nachdenklich. Sie wecken Fragen über den eigenen Glauben. Man fängt an, über seine eigene Religiosität und deren Bedeutung nachzudenken. Das ist der Beginn, um mit seinem Denken in eine höhere Dimension zu gelangen und neue Erfahrungen und Erlebnisse zu sammeln. Man wird reicher durch die Begegnungen mit dem Fremden, der andere Denkmuster vorträgt. Angst tritt im Dialog dann auf, wenn man sich in seinen eigenen Ansichten unsicher fühlt.

Es ist Zeit, dass pädagogisch interessierte Menschen sich darin üben, die Bedeutung des Dialogs zu suchen. Wichtig ist nicht, was der andere über seinen Glauben sagt, sondern was dieser Glaube aus ihm macht. Schulen sollten, wenn es geht, einen Lehrer für die »Kunst des Lebens« einstellen. Dieser würde zum bewussten Umgang mit menschlichen Beziehungen erziehen. Diese Lehrkraft sollte eine Fortbildung in »Interreligiösität« gemacht haben. Eine Basis für Offenheit einzelner Religionen füreinander ist keine Utopie. Warum hat man davor Angst?

Aus der Sicht andersgläubiger Menschen – Islam, Buddhismus, Hinduismus – sieht die christlich orientierte Gesellschaft leer aus. Im Alltag gibt es hier für Religion wenig Platz. Religion hat nicht die tiefe Bedeutung für das Leben der Einzelnen. Einem Priester begegnet man bei besonderen Familienereignissen. Christen haben Probleme mit manchen Grundfragen. Ist die Kirche notwendig für meinen Glauben? Wie kann ich die Lehre meiner Religion in meinem Alltag umsetzen? Möchte ich spirituelle Erfahrungen haben? Woher komme ich, wohin gehe ich? Bin ich verantwortlich für mein Handeln? Viele Fragen beschäftigen die Gedanken. Mit wem soll man darüber sprechen? »Wie könnte ein religiöser Tag in meinem Leben aussehen?«, fragte ein Schüler. Er braucht nur einen Tag in einem christlichen oder buddhistischen Kloster zu erleben. Für viele Menschen wirkt Religiosität wie ein strenges ernstes Leben. Ein Hindu ist an seine asketische Haltung gewöhnt. Es ist leichter, Gott in einem einfachen Leben zu finden!

Im Dialog zwischen Christen und Hindus merkt man, dass die Frage der »Schuld« ein zentraler Punkt ist. Ist der Mensch schlecht, unwürdig? Ist er nicht in der Lage, aus eigener Kraft seinen geistigen Zustand zu verbessern? Sind wir total abhängig von Gottes Gnade? »Jesus ist für uns gestorben.« Gibt dieser traurige Gedanke neue Kraft? Ein Hindu kann es sich schwer vorstellen. Für Hindus und Buddhisten sind Wahrheiten, die nur bestimmten Gruppen von Menschen offenbart werden, schwer zu verstehen. Absolute Wahrheit kann man nur fühlen und nicht erklären. Unsere menschlichen Erklärungen sind nur »relative Wahrheiten« – Ergebnis unserer Interpretationen.

Für uns, die wir in religiöser Erziehung tätig sind, sollte es oberste Priorität sein, religiöse Gespräche zwischen verschiedengläubigen Menschen zu führen. Es ist die einzige Hoffnung für unsere Welt, eine Geisteshaltung, die alle Religionen vereinen könnte. So, wie es ein uraltes hinduistisches Gebet zum Ausdruck bringt:

Führe mich von Dunkelheit zu Licht.
Von Unwissenheit zu Wissen.
Vom Tod zur Ewigkeit.

(Dieser Aufsatz basiert auf mündlichen Vorträgen der Autorin, die sie im Zeitraum mehrerer Jahre zu unterschiedlichen Anlässen gehalten hat.)

Andrea Zielinski

Erfahrungen im interreligiösen Dialog – Co-Teaching – Identitätenbildungen und Interkulturelles Lernen

Gemäß dem neuen Rahmenplan für den Religionsunterricht für die Sekundarstufe II der Hansestadt Hamburg, ist einer der zentralen didaktischen Leitgedanken des Religionsunterrichts die Förderung der interreligiösen Wahrnehmung und Dialogorientierung. Darunter entfalten sich Themenbereiche, wie u.a. ›Der Mensch/Stellung des Menschen in der Welt/Verantwortung/Weltverantwortung und ethische Gegenwartsfragen im Gespräch der Religionen‹. Nichts liegt daher näher, als schon in der universitären Ausbildung zwei Fliegen mit einer Klappe zu schlagen: Die Studenten erhalten eine Einführung in die Vielfalt der Judaismen, von der Antike bis zur Gegenwart, und zusätzlich einen Kurs im Interkulturellen Lernen unter besonderer Berücksichtigung des Interreligiösen Dialogs.

Auf Grund der Mehrdimensionalität des Unterfangens wurde die Technik des Co-Teachings gewählt. Die Akteure sind: Tim Schramm (Christ, Theologe-NT), Andrea Zielinski (Jüdin, Sozialanthropologin-RelWiss) und 30-40 Studenten (verschiedene christliche Denominationen, Agnostiker, Muslime).

Co-Teaching ist eine spezielle Form des interreligiösen Dialogs

Zunächst und vordergründig wird unter Co-Teaching verstanden, dass jeweils ein Vertreter einer Religionsgemeinschaft mit einem Vertreter einer anderen Religionsgemeinschaft gemeinsam lehrt. Sie unterrichten über ihre persönlichen Glaubensinhalte, Kanonische Glaubensinhalte (so vorhanden), Historie, gegenwärtige Erscheinungsformen, Spiritualität, politologische und soziologische Fragestellungen und über kulturelle und philosophische Traditionen.

So weit – so gut, doch was ist interreligiöser Dialog?

Interreligiöser Dialog ist eine Streitkultur, die nicht den Konsens sucht

Wir haben es hier mit einer Revitalisierung des antiken Disputs zu tun, einer Form des Streitgesprächs, die dem Verständnis der gegenüberstehenden Position dient, nicht aber deren Annahme.

Co-Teaching ist also, neben der Vermittlung von Inhalten, kognitiven Mustern und Terminologie, ein Methodentraining.

Das Setting

Jedes zweite Semester bietet sich für Studenten im Fach Religion an der Theologischen Fakultät der Universität Hamburg die Gelegenheit, eine ›Einführung in das Judentum‹ zu hören. Der Zuspruch ist sehr groß, 30-40 Teilnehmer, davon 80 % Lehramtsstudenten aus dem Grundschul-Mittelstufe-Sekundarstufe II-Bereich, die verbliebenen 20 % verteilen sich ungefähr gleich auf Volltheologen, Islamkundler/Orientwissenschaftler, Religionswissenschaftler, Philosophen und Kulturwissenschaftler.

Man mag sich nun die Frage stellen, warum, neben der ›Einführung in das Judentum‹, nicht auch eine ›Einführung in das Christentum‹ gegeben wird? Die Antwort ist recht einfach:

Co-Teaching ist ›Playing-the-vis-á-vis‹[1]

Jede Form des interreligiösen Dialogs dient der eigenen Verortung in der Gesellschaft. Das heißt konkret auf unser Setting bezogen, dass jeder Teilnehmer im Hinblick auf ›das‹ Gegenüber und zugleich unter dem Aspekt des jeweiligen Sitzungsthemas selbst Position bezieht, und zwar innerhalb seiner persönlichen Glaubensinhalte, Kanonische(n) Glaubensinhalte (so vorhanden), Historie, gegenwärtige(n) Erscheinungsformen, Spiritualität, politologische(n) und soziologische(n) Fragestellungen (s. o.) und in seinen kulturellen und philosophischen Traditionen. Dieses geschieht tagtäglich und automatisch und keiner von uns ist von diesem Mechanismus ausgeschlossen. Das Co-Teaching dient hier aber sowohl der Bewusstwerdung der eigenen Position im Playing-the-vis-á-vis, als auch der Einordnung des neugewonnenen Wissens. Mit anderen Worten: auch das Christentum und christliche Positionen werden gelernt, im Gegenüber. Co- Teaching holt das tägliche ›Playing-the-vis-á-vis‹ ins Labor, den Seminarraum. Der Zeitrahmen ist klar: während der gesamten Lehrveranstaltung.

Themenbeispiele

- *Gott und Mensch im christlichen und jüdischen Verständnis*
  Perek Aleph – Perek Bet/Genesis 1-3, Grundlagen des religiösen Judentums: Volk, Land, Gott, Tora, Mishnah, Talmud, Halachah

1 Jenkins 1996, 6f.

- *Judentum in Zahlen*
  Juden in absoluten Zahlen heute: USA/Israel/Europa/Asien/Afrika und gegenwärtige Migrationen – nummerische Verteilung: Praktizierend religiös, orthodox, konservativ, reformerisch, liberal, säkular, traditionell, agnostisch, Religion strikt ablehnend
- Wer ist Jude? Demarkation und Exklusivität
- *Judentum in Aufklärung und Moderne*
  Gotthold Ephraim Lessing »Nathan der Weise« (1779)
  Sigmund Freud »Der Mann Moses und die monotheistische Religion« (1939)
- *Religionsgesetz und Tradition*
  Biblisches Gesetz – Rabbinisches Gesetz/Der Mann in Liturgie und Religion
  Biblisches Gesetz – Rabbinisches Gesetz/Die Frau in Liturgie und Religion
- *Besuch der Synagoge*
  Vorbereitung: Entwicklung eines Fragenkatalogs ›Klärung des Gaststatus‹, ›Gutes Benehmen‹
  Nachbereitung: Wahrnehmung des Raumes, Gesprächssituation, Selbstdarstellung durch Gemeinde
- *Judentum im Museum*
  Studenten führen durch die Dauerausstellung im Museum für Hamburgische Geschichte
  Wie wird das Judentum ausgestellt? Identitätsmuster der Selbst- und Fremddefinition, Hauptaussagen, didaktisch-methodische Grenzen
- *Judentum im öffentlichen Raum*
  Studenten führen durch eines der ehemals jüdisch geprägten Stadtviertel
- *Judentum in Deutschland nach '45*
  Micha Brumlik »Kein Weg als Deutscher und Jude« (1995)
  Ralph Giordano »Die zweite Schuld oder Von der Last Deutscher zu sein« (1986)
  Die Debatte um das »Zentrale Mahnmal der Schoah«
- *Wo war Gott in Auschwitz? Judentum und Christentum nach der Schoah*
  Die Frage nach Verantwortung. Christlich-jüdischer Dialog (z.B. Geschichte der Gesellschaft für christlich-jüdische Zusammenarbeit)
  Harold Kushner »Wenn guten Menschen Böses widerfährt« (2001/1981)
- *Synagoga et Ecclesia*
- *Judentum in Hamburgischen Schulbüchern*
- *Moderation zur Diskussion* »Ein jüdisches/muslimisches Kind sitzt in meinem Religions-/Ethikunterricht – was nun?«
- *Eschatologie*
  Jean-Marie Lustiger »Die Verheißung. Vom Alten und Neuen Bund« (2003)
  KAIROS – wann ist der Rechte Moment?

- *Ritual: Wiederholung als Heilsgeschehen*
  Die biblischen jüdischen Feste
  Die nachbiblischen jüdischen Feste
- *»Dein Reich wird kommen!«*
  Messianisch-apokalyptische Heilsvorstellungen in Judentum und Christentum
  Jenseitsvorstellungen im Judentum
- *Judentum im Überblick*
  Judentum im Internet

Die größte Gefahr: Die Homogenisierung des Gegenübers

Jeder, der sich schon einmal themenbezogen und womöglich auf einem Podium in die Situation des Interreligiösen Dialogs begeben hat, weiß um das Problem der Verallgemeinerung. Die Tendenz, sein Gegenüber zu simplifizieren auf Standpunkte, die so genanntes Allgemeinwissen darstellen z.B. Judentum ist eine Gesetzesreligion, Christentum ist jenseitsorientiert, ist weit verbreitet und zeugt von einer eindimensionalen Gesprächskultur. Die Homogenisierung des Gegenübers ist darüber hinaus verschwistert mit der Bestrebung, sich selbst als eine Facette eines sonst heterogenen religiösen und sozialen Phänomens darzustellen. Die Gründe dafür liegen u.a. in der Unkenntnis der gegenüberstehenden Religion. Um bei den Beispielen »Judentum ist eine Gesetzesreligion« und »Christentum ist jenseitsorientiert« zu bleiben, ist die Kenntnis von gänzlich unterschiedlichen Kognitionen im Hinblick auf die Begriffe ›Gesetz‹ und ›Jenseits‹, die ja immerhin über weite historische Epochen einen wesentlichen Unterschied zwischen den beiden Religionen ausmachten, unerlässlich. Ein weiterer Grund für die ›Homogenisierung des Gegenübers‹ und die ›Heterogenisierung des Selbst‹ liegt meist in der Unkenntnis des Kanons (so vorhanden) der eigenen Religion, zumal in der Dimension des Historischen. Auch, wenn einem Christen im Dialog heute die Theologie der Erbsünde persönlich nicht immer verbindlich zu sein scheint, muss ihre Rolle für die lutherische Eschatologie bekannt sein. Auch wenn das Messianische Judentum heute kaum noch eine Rolle innerhalb des weltweiten Judentums spielt, müssen Eliyahu und Henoch usw. einem Juden im Dialog bekannt sein.

Nun sollte aber der interreligiöse Dialog nicht Fachkreisen vorbehalten sein. Und hier setzt ebenfalls das Co-Teaching an. Wöchentlich werden die Studenten (und Dozenten) in ihren Begrifflichkeiten verunsichert und auf sich selbst und ihre notwendige Positionierung zurückgeworfen. Das übt nicht nur die bloße Kenntnis des Eigenen, sondern auch ihre Darstellung. Arbeitsaufträge, wie »Erklären Sie Genesis 1-3 einem Ethnologen von weit her«, vermittelt Grundwissen über Judentum, Christentum (und Islam), aber auch verschiedene Lesarten, wie Derasch, oder die historisch-kritische Methode.

Jeder Teilnehmer lernt zu fragen und zu antworten und wird sensibilisiert für Fragerichtungen und ›emotionale Fallen‹.

Der Homogenisierung des Gegenübers ist am besten gegenüberzutreten, indem die Diversität der eigenen Religion bewusst erfahren wird. Das Kanonische Wissen (so vorhanden) ist unerlässlich, das – auch emotionale – Wissen um die Heterogenität der Erscheinungsformen des Eigenen lässt die Diversität des anderen ertragen. Und dieses ist eine Grundvoraussetzung des interreligiösen Dialogs, jenseits hochtheologischer Fachdiskussionen.

Das Prototypsyndrom

Aller Anfang ist schwer, insbesondere, wenn bald klar wird, dass jeder Teilnehmer als Spezialist für seine Tradition angesehen wird und das Unbehagen ob der Verantwortung wächst. Die Vorstellungsrunde, eröffnet von den Dozenten, die bemüht sind möglichst vielfältig zu erscheinen, bringt viele christlichen, muslimischen und säkularen Denominationen ans Licht. Je vielfältiger das Erscheinungsbild der Veranstaltung ist, desto einsamer sind die einzelnen Akteure. Dieser Zustand nimmt das Gefühl der Majorität und jeder bemüht sich nicht als ›normaler/typischer‹ Vertreter seiner Tradition zu gelten, um Gruppenbildung, um Regelungen der Kommunikation.

Dieses ist eine ›emotionale Falle‹, die zu erkennen man üben muss. Natürlich hat jeder das Recht und im interreligiösen Dialog sogar die Pflicht, vor dem Hintergrund der Religions- und Kulturgeschichte sein eigenes Juden- bzw. Christentum, oder seinen Islam zu vertreten. Keiner hat das Recht für seine Religion generell zu sprechen und keinem Teilnehmer kann die Verantwortung für seine Religionsgemeinschaft aufgebürdet werden. Die Regelungen der Kommunikation, das geforderte Fairplay, hat genau dieses zum Ziel: Es gibt keine Majorität. Jeder spricht für sich.

Fairplay: Egalitäre Kommunikationsebenen

Egalitäre Kommunikationsebenen hieße eigentlich, dass jeder Teilnehmer und natürlich auch die Dozenten und später die Lehrer und Schüler auf gleicher Ebene gleichberechtigt kommunizieren. Dieses ist ein Ideal, sogar ein Trugbild. Selbstverständlich sind Seminarräume und Klassenzimmer Mikrokosmen unserer Gesellschaft und so werden allgemeine soziopolitische Problemstellungen in diese Labors hineingetragen:
die Leitkulturdebatte,
die Kopftuchdebatte,
der Überdruss an ›Vergangenheitsbewältigung‹,
Golfkrieg II und mögliche religiöse Motive

um nur wenige zu nennen. Besonders schwer wiegt für die Praxis, dass auch die Kirchen die gesellschaftliche Partizipation unterschiedlicher christlicher Denominationen klein halten. In Hamburg kann nur Religionslehrer werden, wer evangelischen Bekenntnisses ist, von Juden und Muslimen ganz zu schweigen. Unter diesen schwierigen Umständen sind dialogische Formen des Religionsunterrichts ein Wagnis. Da haben es die Kollegen von ›Ethik und Weltanschauung‹ einfacher und wir an den Universitäten natürlich auch.

Literatur

Abrams, Dominik/Hogg, Michael (ed.), Social Identity Theory: Constructive und Critical Advances, New York 1990.

Assmann, Jan, Religion und kulturelles Gedächtnis, München 2000.

Audisio, Gabriél, Religion et identité. Actes du colloque d'Aix-en-Provence, octobre 1996, Aix-en-Provence 1998.

Banton, Michael (ed.), Anthropological Approaches to the Study of Religion, London 1966.

Bloch, Maurice (ed.), Ritual, History and Power. Select Papers in Anthropology, London 1997/1989.

Brumlik, Micha, Individuelle Erinnerung – kollektive Erinnerung. Psychosoziale Konstitutionsbedingungen des erinnernden Subjekts, in: Loewy, Hanno/Moltmann, Bernhard (Hg.), Erlebnis – Gedächtnis – Sinn: authentische und konstruierte Erinnerung, Frankfurt a.M. 1996, 31-46.

Cohen, Anthony P. (ed.), Symbolizing Boundaries: Identity and Diversity in British Cultures, Manchester 1986.

Cohen, Anthony P., Self Consciousness: An Alternative Anthropology of Identity, London 1994.

Cook, Karen, Microfoundations of Social Structure: An Exchange Theory, in: Huber, Joan (ed.), Macro-Micro Linkages in Sociology, New York 1984, 29-45.

Dandridge, Thomas, Cultural Identity and Global Process, London 1994.

Edelstein, Wolfgang/Hoppe-Graff, Siegfried (Hg.), Die Konstruktion kognitiver Strukturen: Perspektiven einer konstruktivistischen Entwicklungspsychologie, Bern 1994.

Failing, Wolf-Eckart/Heimbrock, Hans-Günter, Gelebte Religion wahrnehmen. Lebenswelt – Alltagskultur – Religionspraxis, Stuttgart 1998.

Farasani, Tshenuwani Simon (ed.), In transit between the image of God and the image of man, o.O. 1990.

Featherstone, Mike, Undoing Culture: Globalization, Postmodernism, and Identity, London 1995.

Gephart, Werner (Hg.), Religion und Identität im Horizont des Pluralismus, Frankfurt a.M. 1999.

Hettlage, Robert, Kollektive Identität in Krisen. Ethnizität in Religion, Nation, Europa, Opladen 1997.

Jenkins, Richard, Social Identity, London 1996.
Jerolimov, Dinka/Zrinšèak, Siniša/Borowik, Irena (eds.), Religion and patterns of social transformation, Zagreb o.J.
Joshi, Sumit, Re-Publicizing Religiosity: Modernity, Religion and the Middle Class, in: Peterson, Derek/Walhof, Darren (eds.), The Invention of Religion: Rethinking Belief in Politics and in History, New Brunswick 2002, 79-99.
Konferenz Europäischer Kirchen (Hg.), Nationale Minderheiten und religiöse Identität. Bericht der Arbeitstagung Europäischer Kirchen, Wien/Genf 1991.
Kotkin, Joel (ed.), Tribes how race, religion, and identity determine success in the new global economy, New York 1993.
Mews, Stuart (Hg.), Religion and national identity. Papers read at the nineteenth summer meeting and the twentieth winter meeting of the Ecclesiastical History Society, in: Studies in church history 18. XY/N-1, Oxford 1982.
Spindler, George/Spindler, Louise, Pathways to Cultural Awareness. Cultural Therapy with Teachers and Students, London 1994.
Volf, Miroslav (ed.), Exclusion and embrace. A theological exploration of identity, otherness, and reconciliation, Nashville 1996.

Oliver Petersen

Erfahrungen im interreligiösen Dialog – Transformation durch Begegnung – eine buddhistische Sicht

Grundlagen des Dialogs bildet die Ethik, in der es unter den Religionen große Gemeinsamkeiten gibt. Die Lehren der Religionen sind im Kern gut, wurden aber missbraucht. Das kann vermieden werden, wenn sie sich demokratisieren und ständig überprüfen. Über die Ethik hinaus ist den Religionen die Geistesschulung und Mystik sowie der Glaube, dass der Tod nicht das letzte Wort und menschliches Verhalten Konsequenzen hat, gemeinsam. Die Unterschiede in der Philosophie dürfen aber nicht verdeckt werden. Die Vielfalt der Religionen entspricht den vielfältigen Veranlagungen der Menschen. Der Buddhismus kann seine Erfahrung mit Vielfalt und seine Verbindung von Religion und Wissenschaft eintragen. Richtig gelebte Religionen vertragen sich gegenseitig.

Als Mitarbeiter des Tibetischen Zentrums e.V. Hamburg – das unter der Schirmherrschaft des Dalai Lama steht – hatte ich seit den frühen 1980er-Jahren Gelegenheit in der Hansestadt an den dort erfreulich vielfältigen interreligiösen Aktivitäten teilzunehmen. Darüber hinaus werde ich vom Vorstand der Deutschen Buddhistischen Union oft gebeten, den buddhistischen Standpunkt zum Dialog in Deutschland darzulegen. Meine Ausführungen dürften der Auffassung der Mehrheit der deutschen Buddhisten entsprechen. Die Grundlage für diese Möglichkeiten des Dialoges scheint mir die historisch einmalige Offenheit der vorherrschenden Religion, dem Christentum, für das Gespräch mit den nicht angestammten Traditionen zu sein. Ich glaube, dass dies in sich schon eine wirklich gelungene Form des Miteinanders von Einheit und Vielfalt ist: dass Christen einerseits ihre eigene Tradition pflegen und gleichzeitig offen sind für die anderen. Dies halte ich für vorbildlich.

Diese Einstellung kommt auch in einem Grußwort zum Ausdruck, das die Hamburger Bischöfin Maria Jepsen gehalten hat, als uns 1998 der Dalai Lama besuchte: »Was hindert uns, unseren Weg zu gehen und den anderen ihren Weg zu lassen und uns zu begegnen, ohne uns absolutistisch zu gerieren, ohne das eine Glück gegen das andere auszuspielen. Wir wollen alle der kälter werdenden Gesellschaft Wärme und Sinn wiedergeben, Ängste und Vorurteile abbauen.« Das ist ein sehr wichtiges Wort.

Diese Offenheit der Christen erleben wir in Hamburg in verschiedenen interreligiösen Projekten. So besteht seit mehr als 15 Jahren ein theologisches Diskussionsforum an der Universität. Darüber hinaus bereiten wir einen interreligiösen Religionsunterricht für die Schulen am Pädagogisch-Theologischen Institut vor, und vor einiger Zeit haben wir ein Forum der Religionen in Hamburg gegründet, das sich vorwiegend mit sozialen und politischen Fragen beschäftigt. Vorarbeiten für eine Akademie der Weltreligionen mit starker Dialogorientierung sind auf den Weg gebracht worden. Das sind Projekte, in denen zurzeit auch wir vom Tibetischen Zentrum involviert sind, in Übereinstimmung mit den Wünschen des Dalai Lama und unter der langjährigen geistlichen Leitung des unlängst verstorbenen Geshe Thubten Ngawang. Vertreter des Tibetischen Zentrums besuchten auch regelmäßig evangelische und katholische Akademien und die Kirchentage beider christlicher Konfessionen und empfingen Gemeindegruppen im buddhistischen Tempel.

Grundlagen des Dialogs: Gemeinsamkeiten der Ethik – Vielfalt der Philosophie

In meinen Dialogerfahrungen ist mir vor allem deutlich geworden, dass die Ethik in den Religionen sehr ähnlich ist. Ich muss gestehen, dass ich das Christentum gar nicht richtig kannte, bevor ich Buddhist geworden bin. Je intensiver ich mich dann mit dem Buddhismus beschäftigte, desto mehr konnte ich feststellen, wie groß die ethischen Übereinstimmungen zwischen diesen beiden großen Religionen sind. Das ist eine Grundlage dafür, dass wir auch wirklich zusammenarbeiten können: Wenn ich jemandem begegne, frage ich nicht zuerst nach seiner Philosophie, sondern schaue mir an, wie er sich mir gegenüber verhält. Von daher kann ich entscheiden, ob es sinnvoll ist, etwas mit ihm zusammen zu tun. Und wenn wir am Verhalten viele Übereinstimmungen zwischen den Religionen erkennen, dann können wir auch in den entscheidenden Fragen der Menschheit zusammenarbeiten – im Einsatz für den Frieden, für die Umwelt und die Gerechtigkeit.

Ich selber habe die Hoffnung, dass die Religionen eine Art Lobby für die Menschen sein könnten, denn wer sonst sollte diese Rolle übernehmen? Alle anderen Gruppen verfolgen am Ende ihre selbstsüchtigen Interessen. Auch wenn die Selbstsucht oft auch in die Religionen hinein wirkt, sind sie doch eigentlich dafür zuständig: für das gemeinsame Menschliche zu arbeiten. Wenn dies stattfindet, dann wird es auch wieder mehr Vertrauen zur Religion beziehungsweise zum Religiösen geben. Wenn wir an Religionen interessiert sind, dann ist es ganz natürlich, dass wir den Wunsch haben, dass sich auch andere wieder für das Religiöse öffnen. Wenn wir gemeinsam konstruktiv auftreten, dann brauchen wir uns um die Zukunft der religiösen Tradition keine Sorgen zu machen. Wir sollten uns dabei nicht betrachten wie konkurrierende Fußballvereine, sondern, wenn wir zusammenarbeiten, wird jede einzelne Religion genug Anhänger für sich finden. Worauf es dabei ankommt und was uns verbindet, ist, dass unsere Gesellschaft das Wissen des Kopfes mit der Entwicklung eines guten Herzens verbindet. Wir verfügen über eine große Intelligenz, aber es fehlt uns oft an der guten emotionalen Einstellung, an dem guten Herzen. Auch die Wissenschaft muss mit einer positiven Motivation verbunden werden, und dabei ist die Rolle der Religion, oder allgemein gesprochen, der Spiritualität, ganz unverzichtbar.

Berechtigtes Vertrauen in die Religionen – Missbrauch der Religionen

Ich glaube tatsächlich, dass es gerechtfertigt ist, den Religionen wieder mehr Vertrauen entgegenzubringen, weil die Lehren aller Weltreligionen im Kern gut sind. Nach meiner Überzeugung haben sie Millionen Menschen geholfen. Aber sie sind auch missbraucht worden. Ich denke, es kommt daher, dass Menschen auch dann, wenn sie sich einer Religion anvertrauen, keineswegs vollkommen sind. Sie bringen ihre angestammten Fehler mit in die Religion hinein und vermischen ihre eigensüchtigen Interessen mit ihrer Religionspraxis. Das kommt in allen Religionen vor. Wenn wir jetzt den Dialog suchen, ist es wichtig, dass wir nicht die Fehler der anderen mit den eigenen Idealen vergleichen. Es geschieht sehr leicht, dass man die eigenen heiligen Schriften zitiert und voller Eifer auf die Fehler zeigt, die die Anhänger anderer Religionen im Alltag begehen. Aber das ist nicht fair.

Was in unserer modernen Zeit alle Religionen gut lernen können, ist, dass sie sich demokratisieren müssen. Sie müssen transparenter und liberaler werden. In dieser Hinsicht haben alle Religionen ihre Defizite. Die Zeit ihrer politischen Herrschaft ist, zumindest in den aufgeklärten Ländern, vorbei. Hinter diese wesentliche Errungenschaft der Differenzierung von Politik und Religion in der Moderne darf es kein Zurück mehr geben. Das Dogma kann den freien Geist nicht mehr unterjochen. Der Buddha selber sagte:

»Glaubt nicht einfach an mich, weil ich der Buddha bin, sondern weil ihr meine Lehre geprüft habt, so wie man Gold prüft, indem man es schneidet, brennt und feilt und damit feststellt, ob es wirklich von Wert ist.«

Genauso müssen die Religionen sich gefallen lassen, sich immer wieder überprüfen und kritisieren zu lassen. Sie müssen ihren Wert beweisen. Institutionen gegenüber gilt es stets skeptisch zu sein und zu überprüfen, ob sie den Menschen dienen oder nur noch sich selber. Der Dalai Lama hat einmal gesagt: »Wenn die Religionen noch mehr Leid in die Welt bringen, dann muss man darüber nachdenken, ob man sie abschafft.« Aber auf der anderen Seite ist er natürlich davon überzeugt, dass die Religionen im Kern positiv sind, und dass nach wie vor durch die Religionen mehr Nutzen entsteht als ohne sie.

Die Gemeinsamkeiten der Weltreligionen

Der Inhalt einer Religion ist etwas sehr Subtiles. Denn er weist über die Sinne hinaus und wird deshalb oft nicht leicht geglaubt. Aber das, was den Religionen gemeinsam ist, ist ganz einfach zu verstehen: dass wir andere nicht schädigen sollten, dass wir anderen – wo immer es uns möglich ist – helfen sollten, dass wir Geduld entwickeln, Ehrlichkeit, Menschlichkeit, Zufriedenheit, Brüderlichkeit. Ich denke, das sind Stichworte, die für alle Religionen gelten.

Darüber hinaus ist gerade aus buddhistischer Sicht aber auch die Entwicklung des Geistes sehr wichtig: die Geistesschulung. Die Hinwendung zum Mystischen, zur Veränderung im eigenen Inneren, ist heute ein entscheidender Beitrag, den die Religionen leisten müssen. Denn es geht letztlich darum, unseren Egoismus zu verringern, und das können wir nur durch Arbeit an uns selber. Weitere wichtige Beiträge sind die Beziehungsfähigkeit des Einzelnen, der Glaube, dass der Tod nicht das letzte Wort hat, dass die Handlungen in diesem Leben eine Auswirkung auf unser langfristiges Schicksal nach dem Tod haben, und dass wir zur Erlösung fähig sind.

Auf der ganz praktischen Ebene ist es meines Erachtens auch möglich, dass Menschen verschiedener Religionen gemeinsame Gebete durchführen – etwa in Form von Kettengebeten, bei denen jeder seine Gebete einzeln vorträgt, aber alle doch gemeinsam auftreten. Es sind vielleicht auch gemeinsame Pilgerreisen an die heiligen Orte der verschiedenen Religionen möglich. Diskussionsforen gibt es sowieso. Aber auch gemeinsame Stille und gemeinsame Meditation wären neben den bloßen Worten sehr hilfreich.

Wenn es so etwas wie eine universelle Religion gibt, dann – denke ich – ist das die Liebe. Und man sollte sie nicht allein für eine Religion reservieren – etwa indem man sagt, das Christentum hätte die Liebe alleine als höchsten Wert, und der Buddhismus oder andere Religionen hätten sie nicht. Das ist nicht richtig. Ich glaube, dass in allen großen Religionen mit der wahren Liebe das Gleiche gemeint ist: es ist der Wunsch, dass es anderen Wesen gut geht, insbesondere wenn sie sehr starkes Leiden erleben. Und das ist letztlich auf dem Gebiet der Praxis der gemeinsame Kern aller Religionen.

Unterschiede und gegenseitige Inspirationsmöglichkeiten der Religionen

Gleichzeitig ist aber die Verschiedenheit zwischen den Religionen nicht unter den Teppich zu kehren. Es gibt Unterschiede auf philosophischem Gebiet. Der Buddhismus benutzt zum Beispiel nicht den Ausdruck Gott, sondern er spricht vom Karma, d.h. von den Handlungen, durch die die Wesen letztlich ihr Schicksal selbst bestimmen. Das Erstaunliche ist aber, dass das Ergebnis für die praktische Lebensführung trotz dieser unterschiedlichen Philosophie ähnlich ist. Dabei handelt es sich um ein unterschiedliches Bekenntnis, und es macht keinen Sinn, die Religionen einfach zu einer Art Einheitsreligion zu vermischen, so wie man auch nicht unterschiedliche schmackhafte Gerichte zu einer Suppe anrührt. Da der Buddhismus etwas anders angelegt ist als die anderen Religionen, können die anderen Religionen sich im Dialog mit dem Buddhismus sehr gut spiegeln und selbst erkennen.

Es ist viel besser, wenn wir ein breites Angebot von verschiedenen Religionen haben, die den Veranlagungen der einzelnen Menschen am meisten entsprechen. Religionen sind ja in verschiedener Zeit an verschiedenem Ort für unterschiedliche Menschen entstanden. Deshalb können sie sich nicht vollkommen gleich ausdrücken, auch wenn ihre mystische oder tiefste Erfahrung ähnlich zu sein scheint. Sobald man Erfahrungen in Begriffe kleidet, muss es zwangsläufig Unterschiede geben. Und deshalb ist es gut, dass es verschiedene Religionen gibt, die verschiedenen Menschen entgegenkommen. Am Ende kann man ja auch durchaus Freude daran haben, dass es eine solche Vielfalt von Religionen gibt. Wenn wir also jemanden treffen, der ernsthaft an eine Religion glaubt, dann ist das ein Grund zur Freude. Wir können dann hoffen, dass diese Person auch daran interessiert ist, in dieser globalisierten Welt menschliche Werte zu etablieren und nicht alles den Kräften des Marktes allein zu überlassen. Auf jeden Fall ist die Welt kleiner geworden durch die modernen Verkehrs- und Kommunikationsmittel und die Situation zwingt uns dazu, uns kennen und verstehen zu lernen. Dazu gibt es keine Alternative. Die Zeit aggressiver Mission scheint mir denn auch vorbei zu sein. Besser als die Haltung der Eifersucht und Konkurrenz ist es, sich daran zu freuen, wenn eine Tradition offenbar zu einer Person passt und sie glücklich macht. Aber ich denke, dass es im Allgemeinen gut ist, erst einmal in seiner angestammten Tradition zu bleiben. Anstatt neue Religionen zu schaffen wäre es geschickter, die alten Traditionen neu zu beleben. Darüber hinaus gibt es natürlich in Sonderfällen Menschen in unserem Kulturkreis, die sich zu anderen Religionen als dem Christentum zuwenden, so wie es ja umgekehrt etwa auch in Asien heute Christen gibt.

Der Buddhismus kann vielleicht zu einem friedlichen Nebeneinander in den heutigen multikulturellen Metropolen des Westens seinen Beitrag leisten, weil er eine gewisse Erfahrung mit tolerierter Vielfalt hat. In seiner eigenen Tradition gibt es sehr verschiedene Untertraditionen, und dabei ist nie die Absicht aufgekommen, sie alle gleich zu machen. Das hat im Buddhismus relativ gut funktioniert. Wir begründen die Unterschiede dadurch, dass die Religionsstifter sehr genau wussten, mit welchen Mitteln sie die Menschen ihrer Zeit und Umgebung so erreichen können, wie es für sie am besten ist. Man nennt das im Mahayana-Buddhismus die »Geschickten Mittel«. Es gibt ja auch keine Medizin, die für alle gleichermaßen geeignet ist, sondern jeder sollte die einnehmen, die für seine Situation zuträglich ist. So kann man zwar seine eigene Religion für sich selber für die beste halten und doch die anderen tolerieren. So sieht der Buddhist etwa die Stärke seiner eigenen Religion in der analytischen Schärfe mit der Philosophie des so genannten »Entstehens in Abhängigkeit«, die auch mit dem Namen Leerheit bezeichnet wird, erläutert wird und kann doch den ihm fremden Begriff Gott als für andere nützlich erachten.

Einen weiteren Aspekt des Buddhismus, der im Blick auf die Frage nach Einheit und Vielfalt der Religionen konstruktiv sein kann, sehe ich in einer

Brückenfunktion zwischen Religion und Wissenschaft, weil er einerseits sehr wissenschaftliche Züge hat und andererseits doch spirituell eingestellt ist. Darüber hinaus liegt die Stärke des Buddhismus in der Meditationspraxis, mit der er die anderen Religionen dazu inspirieren kann, ihre eigenen geistlichen Übungen, die heute in der westlichen Öffentlichkeit stark nachgefragt werden, wieder zu beleben. Die theistischen Religionen dagegen sind ein Vorbild in Bezug auf die Entwicklung von Vertrauen und praktizierter Nächstenliebe, auch für Buddhisten.

Arbeit an einer menschenwürdigen Kultur des Mitgefühls

Ich persönlich bin überzeugt: Wenn wir unsere Religion nicht nur benutzen, um Recht zu behalten, sondern sie wirklich anwenden und leben, dann werden wir uns auch gegenseitig vertragen und werden unseren Glauben auch für die Gesellschaft konstruktiv umsetzen können. Es ist vor allem eine Frage der Anwendung, nicht nur der Theorie. Dazu möchte ich an ein schönes Wort von Carl-Friedrich von Weizsäcker, gesprochen auf einer Tagung mit dem Dalai Lama, über den Menschen des 21. Jahrhunderts erinnern: Ideal sei aus seiner Sicht ein Mensch, der gleichzeitig die Ethik des Christentums praktiziert und dabei auch die mystische Weisheit des Buddhismus und das Wissen der modernen Naturwissenschaft in sich vereint. Wenn alle drei Aspekte in einem Menschen zusammenkämen, dann wäre die Chance groß, dass die Menschen im 21. Jahrhundert wirklich glücklicher werden als im 20. Jahrhundert mit all seinen Leiden.

In diesem Zusammenhang ist die religiöse Erziehung der Jugendlichen von entscheidender Bedeutung. Das Gefühl für das Religiöse muss am Leben erhalten bleiben, damit die nachwachsende Generation nicht nur ihren Verstand, sondern auch das gute Herz und ein gutes Verhalten schulen lernt. Nur so wird es möglich sein, in einer pluralistischen Kultur die Standpunkte der jeweils anderen zu respektieren und gewaltsame Auseinandersetzungen zu vermeiden. So heißt es etwa im Hamburger Lexikon der Religionsgemeinschaften: »Die religiösen Spuren sind so alt wie die Spuren der Menschheit überhaupt, und darum spricht viel dafür, diesem Geheimnis selbst eine inhärente Lebendigkeit zuzutrauen. Als Arbeitshypothese für den praktischen Umgang mit den Religionen in Hamburg empfiehlt es sich, in Ehrfurcht und Respekt das Geheimnis der jeweiligen Religionen gelten zu lassen und in diesem Respekt eine Geisteshaltung einzuüben, die für die Zukunftsgestaltung dieser Stadt von fundamentaler Bedeutung ist.« (Grünberg/Slabang/Meister-Karnikas 1994, 221) An dieser Aufgabe müssen die Religionen in der Tat gemeinsam arbeiten. Die Formulierung der letzten Dinge kann ruhig unterschiedlich sein, solange in diesen sozialen Fragen eine gemeinsame Verantwortung erkannt wird.

Dialog als spirituelle Erfahrung des Einzelnen

Neben diesen wünschenswerten Wirkungen des interreligiösen Dialogs auf die Gesellschaft möchte ich hervorheben, dass ich selber erfahren durfte, wie hilfreich es für die eigene persönliche spirituelle Entwicklung ist, sich auf das Abenteuer dieses Austausches einzulassen. So lernt man im Dialog die eigene Religion aus einer anderen Perspektive zu sehen und kann den eigenen Horizont erweitern. Fern davon, seinen Glauben zu verlieren, stärkt sich das Verständnis des Wesens und des Nutzens der Religion überhaupt, wenn man ihre verschiedenen Spielarten kennen lernt. Damit wird man gefeit gegen dogmatisches, starres und absolutistisches Denken, und genau das scheint mir ein wesentliches Ziel aller Religionspraxis zu sein: zu erkennen, dass alle Dinge in Veränderung begriffen sind und nur in wechselseitiger Beziehung existieren können. Diese Erkenntnisse führen dann auch zu der Einsicht, dass wir auf diesem kleiner werdenden Planeten heute nur noch überleben können, wenn wir unsere grundlegende Einheit in Erfahrung bringen und uns an der daraus hervorgehenden Vielfalt erfreuen lernen. Insofern kann die Begegnung im interreligiösen Dialog auf vielen Ebenen zu Transformationen des Einzelnen und der Gesellschaft hin zu einer Kultur des Mitgefühls beitragen.

Literatur

Brück, Michael von/Whalen Lai, Buddhismus und Christentum, München 2000.

Grünberg, Wolfgang/Slabaugh, Dennis/Meister-Karnikas, Ralf, Lexikon der Hamburger Religionsgemeinschaften, Hamburg 1994.

Dalai Lama, Das Herz aller Religionen ist eins, München 1999.

Tibetisches Zentrum Hamburg, Buddhistische Stellungnahme »Zur Konzeption des Religionsunterrichts«, in: Doedens, Folkert/Weiße, Wolfram (Hg.), Religionsunterricht für alle, Hamburger Perspektiven zur Religionsdidaktik, Münster 1997, 50-52.

Petersen, Oliver, Konzepterarbeitung zur Buddhologie an der Akademie der Weltreligionen, in: Knauth, Thorsten/Weiße, Wolfram, in: Akademie der Weltreligionen, Konzeptionelle und praktische Ansätze, Dokumentation Erziehungswissenschaft. Schriften aus dem FB 06 der Universität Hamburg, Hamburg 2002.

Hans-Christoph Goßmann

Erfahrungen im interreligiösen Dialog – eine christliche Sicht

Wer einer Religionsgemeinschaft angehört, stellt sich in die religiöse Tradition dieser Gemeinschaft und eignet sich deren religiöse Tradition an. Dies verbindet sie bzw. ihn mit den anderen Mitgliedern dieser Gemeinschaft. Der Prozess der Aneignung religiöser Tradition vollzieht sich jedoch individuell, d.h., jede und jeder Gläubige hat einen je eigenen Zugang zu den Elementen der Tradition und füllt dementsprechend die zentralen Begriffe dieser Tradition inhaltlich auf eine je eigene, dem Stand der eigenen religiösen Entwicklung entsprechenden Art und Weise. »Wenn auch Grundprinzipien, Symbole und Ausdrucksformen von den Mitgliedern einer Gemeinschaft akzeptiert werden, so müssen diese nicht notwendigerweise von allen Mitgliedern in gleicher Weise verstanden werden. Besonders ein lebendiger Glaube (dynamic faith) tendiert dazu, sie in originären Begriffen (original terms) zu interpretieren, die nicht unbedingt den Konsens aller Mitglieder der Gemeinschaft treffen.« (Schumann 2003, 13; Übersetzung durch Hg.) Dies hat Konsequenzen für die Rolle von Mitgliedern religiöser Gemeinschaften in einem interreligiösen Dialog: »Nichtsdestotrotz ist im Blick auf den interreligiösen Dialog festzuhalten, dass jedes Mitglied, ob Christ/in, Muslim/a, Jude/Jüdin, Buddhist/in, Hindu usw., nur für sich selbst sprechen kann und nicht im Namen seiner/ihrer Gemeinschaft – d.h., er/sie spricht als Christ/in (und ist als solche erkennbar), aber nicht im Namen der christlichen Gemeinschaft oder des Christentums.« (ebd.) Als grundlegende Aussage über den Charakter des interreligiösen Dialogs ist somit festzuhalten: »Interreligiöser Dialog ist kein Dialog zwischen Religionen, sondern ein Dialog zwischen Gläubigen oder Anhängern verschiedener Religionen: jede/r spricht in seinem/ihrem eigenen Namen, als ein Mitglied und nicht als Repräsentant/in seiner/ihrer Gemeinschaft.« (ebd.)

Wenn ein interreligiöser Dialog dementsprechend nicht ein Dialog zwischen Religionen ist, sondern zwischen Menschen, die auf ihre je eigene, unverwechselbare Art und Weise in ihrer jeweiligen religiösen Tradition beheimatet sind, so bedeutet dies: Wer etwas *über* den interreligiösen Dialog erfahren möchte, kann dies nur dergestalt tun, dass er *im* Dialog selbst Erfahrungen macht, d.h. sich in den Dialog begibt, indem sie bzw. er die Begegnung mit Menschen anderer Religionszugehörigkeit sucht.[1] »Erfahrung

1 Dialog wird nicht nur als Gespräch verstanden, sondern als Begegnung von Menschen, bei der diese sich wirklich aufeinander einlassen, vgl. Goßmann 2000, 19f.

kennt keine Stellvertretung. Jeder muss sie selbst machen.« (Bauer 2002, 521)

Erfahrungen können sowohl zur Erweiterung des eigenen Horizontes (Biehl 2001, Sp. 426) als auch zur Verunsicherung führen. Diese Ambivalenz wird auch durch den Begriff ›Erfahrung‹ zum Ausdruck gebracht: »Das Wort ›erfahren‹ leitet sich von ›fahren‹ her. E. [=Erfahrung; HCG] ist das, was einem auf der Fahrt, der Reise begegnet. E. hat mit ›Gefahr‹ zu tun. E. ist das, was der Mensch auf der Reise an Gefahren zu bestehen hatte u. was er als Ergebnis der Reise in Erinnerung behält.« (a.a.O., Sp. 422)

Diese Ambivalenz prägt auch Erfahrungen, die im interreligiösen Dialog gemacht werden. Dieser kann als Zugang zum Verstehen der jeweils anderen Religion erlebt werden – und auch als Zugang zu Elementen der eigenen religiösen Überlieferung, die bis dahin keine Relevanz für den eigenen Glauben und die eigene *praxis pietatis* hatten. Dann erweist sich die Erfahrung des interreligiösen Dialogs als Bereicherung und birgt die Chance in sich, aus einem solchen Dialog mit neuer Glaubensgewissheit herauszugehen und auf diese Weise die eigene religiöse Identität weiterzuentwickeln (Bernhard 1996, 215f.). Folkert Doedens geht in seinen »Thesen zum interreligiösen Lernen« (Doedens 1996) noch einen Schritt weiter und vertritt die Auffassung, dass Identität überhaupt erst im Dialog entsteht: »Identität entsteht im Dialog mit dem anderen; in der Begegnung mit dem Fremden entwickelt sich Eigenes.« (a.a.O., 7, Anm. 10)

Der interreligiöse Dialog kann jedoch auch als radikale Verunsicherung und Infragestellung der eigenen Person und des eigenen Glaubens erlebt werden. Denn jedes Sich-einlassen auf einen solchen Dialog ist zweifellos mit einem Risiko verbunden – dem Risiko, sich zu verändern und sich gegebenenfalls auch von als Wahrheiten geglaubten Überzeugungen verabschieden zu müssen. Der Missionswissenschaftler Hans Jochen Margull sprach in diesem Zusammenhang von »Verwundbarkeit« im Dialog (Margull 1992).[2]

Im Folgenden soll anhand der Aktion »Advent – Ramadan / Ramadan – Advent« exemplarisch dargelegt werden, welche Erfahrungen im christlich-islamischen Dialog[3] auf Gemeindeebene gemacht werden können: Diese Aktion wurde im Jahr 1999 zum ersten Mal durchgeführt. Den Anlass dafür bot

2 Vgl. auch die vom Evangelischen Missionswerk in Deutschland (EMW) herausgegebene Orientierungshilfe »Die Begegnung von Christen und Muslimen«: »Das christliche Zeugnis führt in die Verwundbarkeit.« (Evangelisches Missionswerk in Deutschland EMW 2001, 48-50, Anm. 13).

3 Wenn aus der Vielzahl der Erfahrungen im interreligiösen Dialog hier ein Beispiel aus dem christlich-islamischen Dialog ausgewählt ist, so ist diese Entscheidung dadurch bedingt, dass Musliminnen und Muslime unter den in der Bundesrepublik Deutschland lebenden Menschen nicht christlichen Glaubens in weiten Teilen Westdeutschlands die Mehrheit darstellen und somit Christinnen und Christen im interreligiösen Dialog in unserer Gesellschaft die meisten Erfahrungen mit Menschen islamischen Glaubens machen.

die Tatsache, dass sich in den Jahren 1999, 2000, 2001 und – wenn auch nur um wenige Tage – 2002 die christliche Adventszeit und der islamische Fastenmonat Ramadan zeitlich überschnitten haben. Hamburger Musliminnen und Muslime hatten festgestellt, dass die Adventszeit nach alter kirchlicher Tradition ebenfalls eine Fastenzeit ist. Bemerkenswert ist, dass sie auf diese Gemeinsamkeit durch die Lektüre des Adventskalenders »Der andere Advent« aufmerksam wurden. Viele Musliminnen und Muslime nehmen also sehr aufmerksam wahr, wie Christinnen und Christen ihrem Glauben sichtbaren Ausdruck verleihen. Die Entdeckung dieser Gemeinsamkeit war für sie Anlass, eine gemeinsame Aktion vorzuschlagen, die einen Rahmen für christlich-islamische Begegnungen bietet. Diese Anregung wurde aufgenommen, und es entstand eine Arbeitsgruppe, die aus Christinnen und Christen der Nordelbischen Kirche und aus Musliminnen und Muslimen der Schura, des Rates der islamischen Gemeinschaften in Hamburg, bestand. Diese Gruppe plante die Aktion »Advent – Ramadan / Ramadan – Advent« und bereitete sie vor. Das Ziel dieser gemeinsamen Aktion bestand darin, dass sich Christen und Muslime in ihrer *praxis pietatis* gegenseitig wahrnehmen und erleben. Deswegen sollten keine zusätzlichen, besonderen Gemeindeveranstaltungen durchgeführt werden, sondern die Gemeindeveranstaltungen in dieser Zeit sollten für Gäste aus der jeweils anderen Religion geöffnet werden. Es sollten also Kirchengemeinden angeregt werden, Musliminnen und Muslime aus ihrer Nachbarschaft zu Adventsfeiern einzuladen. Entsprechend sollten auch Moscheegemeinden angeregt werden, Christinnen und Christen aus ihrer Nachbarschaft zum Iftar, dem allabendlichen Fastenbrechen, einzuladen. Bei der Vorbereitung wurde deutlich, dass es nicht zweckmäßig wäre, sich mit einem gemeinsamen Brief an die Kirchengemeinden und an die Moscheegemeinden zu wenden, sondern stattdessen mit je einem Brief an die Kirchengemeinden sowie an die Moscheegemeinden heranzutreten. Um ein Höchstmaß an Transparenz zu erreichen, wurde beschlossen, dass die Gemeinden auch den Text des nicht an sie gerichteten Briefes erhalten sollten. Darüber hinaus erschien es sinnvoll, den Briefen als Anhang Hinweise für Kirchengemeinden wie für Moscheegemeinden beizulegen, was bei der Einladung der andersgläubigen Gäste beachtet werden sollte, sowie Hinweise auf Gemeinsamkeiten zwischen den beiden Religionen, die in der Adventszeit und im Monat Ramadan von Bedeutung sind. Die beiden Briefe hatten folgenden Wortlaut:

Advent – Ramadan / Ramadan – Advent 1999

An die Moscheevorstände

Liebe Geschwister!
Wie ihr wisst, liegt dieses Jahr der gesegnete Monat Ramadan zu großen Teilen im Dezember und überschneidet sich daher mit der Adventszeit der Christen. Wie ihr vielleicht nicht wisst, ist die christliche Adventszeit eine Zeit der Besinnung

und ursprünglich sogar Fastenzeit. Um dies zu fördern, gibt es die christliche Aktion »Der andere Advent«. Die christlichen Gemeinden bemühen sich, die Adventszeit als Zeit der Einkehr zu gestalten und alte Adventsbräuche zu pflegen.
Es wäre gewiss eine gute Sache, wenn ihr euch entschließen würdet, mit einer christlichen Gemeinde in eurer Nachbarschaft in dieser doppelt gesegneten Zeit Kontakt aufzunehmen und sie z.B. zum Fastenbrechen (Iftar) einzuladen. Gewiss liegt ein Segen darauf, mit den ahl-ul-kitab (Leuten des Buches) eine gute Nachbarschaft zu pflegen.
Bei der Kontaktaufnahme sind wir euch gerne behilflich. Dieses Schreiben geht auch an die christlichen Gemeinden, und – so Gott will – kommen Rückmeldungen gleich von Gemeinden in eurer Nähe.

Rat der islamischen Gemeinschaften in Hamburg
Mustafa Yoldas, Leitender Vorsitzender der Schura

Advent – Ramadan / Ramadan – Advent 1999

An die nordelbischen Kirchengemeinden des Sprengels Hamburg

Liebe Schwestern und Brüder!
Seit langem leben Musliminnen und Muslime in unserer Nachbarschaft. In vielen Bereichen des Lebens kommt es zu Begegnungen mit ihnen. In diesem Jahr fallen der islamische Fastenmonat Ramadan und die christliche Adventszeit zusammen. Von muslimischer Seite wurde angeregt, dies zum Anlass zu nehmen zu gegenseitigen Besuchen in dieser Zeit. Eine Einladung von Musliminnen und Muslimen zu einer Ihrer Adventsfeiern kann – wie auch ein Besuch beim Iftar, dem abendlichen Fastenbrechen im Ramadan – dazu beitragen, sich besser kennen zu lernen und die Religion der jeweils anderen besser zu verstehen, vielleicht auch eigene Glaubenstraditionen und -aussagen neu zu begreifen.
Neben allen Unterschieden zwischen christlichen und islamischen Bräuchen können wir in diesen Begegnungen eine Gemeinsamkeit wieder neu entdecken: die Tradition des Fastens. Denn auch die Adventszeit ist nach alter kirchlicher Tradition Fastenzeit, wie es die liturgische Farbe violett und die Texte der Sonntage deutlich zeigen.
Bei der Kontaktaufnahme mit muslimischen Nachbarinnen und Nachbarn ist Pastor Hans-Christoph Goßmann Ihnen gerne behilflich; auch sie erreicht dieses Schreiben.

Nordelbische Evang.-Lutherische Kirche
Maria Jepsen, Bischöfin für den Sprengel Hamburg

Durch diese Aktion kam es zu zahlreichen Begegnungen von Christinnen und Christen mit Musliminnen und Muslimen. Bemerkenswert ist, dass dabei der von den Initiatorinnen und Initiatoren der Aktion angedachte Rahmen z.T. überschritten wurde: So wandte sich so manche Moscheegemeinde an die nächste Kirche, auch wenn diese gar nicht evangelisch-lutherisch ist, und bezog sie auf diese Weise mit ein. Dies hatte zur Folge, dass die römisch-katholische Kirche Mitveranstalterin der Aktion »Advent – Ramadan / Ramadan – Advent« wurde. Entsprechend wurden auch christlicherseits Gemeindeglieder von Moscheegemeinden eingeladen, die nicht der Schura angehören. In der Schura sind ca. 80 % der islamischen Gemeinden Hamburgs vertreten. Es gibt in Hamburg also auch Moscheegemeinden, die diesem Rat nicht beigetreten sind. Durch diese Ausweitung der Aktion auf Gemeindeebene wurde also neben dem *inter*religiösen auch der *inner*religiöse Dialog gefördert. Damit bestätigte sich die These, dass interreligiöse Begegnungen im Rahmen der abrahamitischen Ökumene also durchaus zu ökumenischen Öffnungen innerhalb der beteiligten Religionsgemeinschaften führen können.

Die gegenseitigen Besuche wurden von den Beteiligten als Bereicherung wahrgenommen, denn sie boten die Möglichkeit, die religiösen Traditionen der jeweils anderen kennen zu lernen, miteinander ins Gespräch zu kommen und so nicht übereinander, sondern miteinander zu reden. Dabei haben Musliminnen und Muslime die Christinnen und Christen nach der Bedeutung der Geburt Jesu für den christlichen Glauben befragt. In diesem Zusammenhang wurde auch die Gottessohnschaft thematisiert. Dies stellte die Christinnen und Christen vor die Aufgabe, über den eigenen christlichen Glauben Auskunft zu geben. Dabei wurde vielen von ihnen ihre mangelnde Sprachfähigkeit hinsichtlich ihres eigenen Glaubens bewusst. Musliminnen und Muslimen ging es z.T. ganz ähnlich, als sie nach der religiösen Bedeutung des Fastens im Monat Ramadan befragt wurden, als es also nicht nur darum ging, wie dieser Monat in muslimischen Familien und Gemeinden gestaltet wird, sondern auch um die Frage, auf welche Korantexte, Überlieferungen und Traditionen diese Bräuche zurückgehen.

Der Dialog kann also denjenigen, die sich an ihm beteiligen, gegebenenfalls ihre mangelnde Sprachfähigkeit in Bezug auf den je eigenen Glauben deutlich machen. Zugleich bietet er dadurch jedoch auch den Anlass, sich diese anzueignen. Damit erweist sich der Dialog als Ort der Bildung von religiöser wie auch von interreligiöser Kompetenz.

Literatur

Bauer, Eva-Maria, Art. Stilleübungen, in: Bitter, Gottfried/Englert, Rudolf/Miller, Gabriele/Nipkow, Karl Ernst (Hg.), Neues Handbuch religionspädagogischer Grundbegriffe, München 2002, 518-522.

Bernhardt, Reinhold, Identität und Kommunikation. Der dialogische Indikativ als Proprium des Christlichen, in: Kirste, Reinhard/Schwarzenau, Paul/Tworuschka, Udo (Hg.), Wertewandel und religiöse Umbrüche (Religionen im Gespräch, Bd. 4), Balve 1996, 208-218.

Biehl, Peter, Art. Erfahrung, in: Mette, Norbert/Rickers, Folkert (Hg.), Lexikon der Religionspädagogik, Bd. 1, Neukirchen-Vluyn 2001, Sp. 421-426.

Doedens, Folkert, Thesen zum interreligiösen Lernen – wider den Vorwurf der neutralisierenden Religionenkunde, in: Feuervogel 2 (1996), H. 1, 4-11.

Evangelisches Missionswerk in Deutschland (EMW) (Hg.), Die Begegnung von Christen und Muslimen. Eine Orientierungshilfe mit pädagogischen Hinweisen für die Arbeit in Gruppen, Hamburg, 6., durchgesehene Auflage, 2001.

Goßmann, Hans-Christoph, Interreligiöser Dialog und christliche Identität, in: Goßmann, Hans-Christoph/Ritter, André (Hg.), Interreligiöse Begegnungen. Ein Lernbuch für Schule und Gemeinde (Studien zum interreligiösen Dialog, Bd. 4), Hamburg 2000, 19-29.

Margull, Hans Jochen, Verwundbarkeit. Bemerkungen zum Dialog, in: Evangelische Theologie 34 (1974), H. 5, 410-420; nachgedruckt in: Margull, Hans Jochen, Zeugnis und Dialog. Ausgewählte Schriften (Perspektiven der Weltmission, Bd. 13), Ammersbek bei Hamburg 1992, 330-342.

Schumann, Olaf, Some Reflections on the Meaning and Aims of Interfaith Dialogue, in: Sicard, Sigvard von/Wulfhorst, Ingo (Hg.), Dialogue and Beyond: Christians and Muslims together on the Way (LWF Studies 2003/1), Genf 2003, 11-22.

Lamya Kaddor

Erfahrungen im interreligiösen Dialog – Christlich-islamischer Dialog in Lohberg

Die Arbeit des christlich-islamischen Arbeitskreises wurde vor mehr als zwei Jahren in Dinslaken im Stadtteilbüro Lohberg aufgenommen. Die Idee, diesen Arbeitskreis ins Leben zu rufen, hatte anfangs eine Pastorin in dem Stadtteil, woraufhin ein katholischer Religionslehrer und gleichzeitig Religionsbeauftragter seiner Kirche die Initiative ergriff und zum ersten Mal zu einem Dialogkreis einlud. Daraufhin kam es zu keinem weiteren Treffen. Einige Zeit verstrich und es flammten erneut Bemühungen auf, diesen Dialogkreis weiter zu erhalten bzw. noch mal ins Leben zu rufen.

Es gelang schließlich in christlich-islamischer Kooperation, den Dialogkreis regelmäßig bis heute tagen zu lassen. Der Pastoralreferent der evangelischen Kirche an der Gemeinde St. Marien in Dinslaken, einer der Initiatoren, ist verantwortlich für den Inhalt und das Design der Internetseite www.dinslaken-lohberg.de. Zweck dieser Seite ist eine umfassende Darstellung des Stadtteils Lohberg, ergänzt durch aktuelle Informationen, die den interessierten und engagierten Lohberger immer auf dem neuesten Wissensstand hält. So erfährt man beispielsweise, welche Kirchen und Moscheen rund um Lohberg existieren. Außerdem informiert die Seite über Aktionen und Feste, Freizeittipps und Ideen, Lohberger Wirtschaft, Vereine und Gruppen, Schulen und Kindergärten, Politik und Gremien und über verschiedene Diskussionen und Themen. Für den christlich-islamischen Dialogkreis wurde ein Logo entwickelt, um den Arbeitskreis nach außen hin zu repräsentieren.

Auf muslimischer Seite ist der stellvertretende Vorsitzende des Fördervereins »Forum Lohberg e.V.«, gleichzeitig aktives Mitglied des Ausländerbeirats der Stadt Dinslaken, treibende Kraft des Dialog-Kreises. Das Stadtteilbüro des »Forum Lohberg e.V.« wurde am 17. November 2000 auf dem Marktplatz Lohberg feierlich eröffnet. Der Förderverein beschäftigt zwei Mitarbeiterinnen und eine Verwaltungskraft. Der Verein steht jedem Lohberger für seine Probleme, aber auch für seine Ideen zur Verbesserung der Situation zur Verfügung. Auf der Internet-Seite des Forums werden insgesamt zwölf Aufgaben genannt, in denen das Forum aktiv bleiben will:

»Das Stadtteilbüro des ›Forum Lohberg e.V.‹, die Schaltzentrale für den Entwicklungsprozess des Stadtteils Lohberg, liegt am Johannesplatz in einem der historischen Häuser der alten Bergarbeitersiedlung Lohberg.« (...)

Was wollen wir also tun?

- Unsere Sprachprobleme bewältigen
- Unser Wohnumfeld mitgestalten
- Unser Image verbessern
- Unsere Arbeitsplätze sichern, neue schaffen und Umstrukturierungen unterstützen
- Anpassung der sozialen Infrastruktur
- Mitwirkung an künftigen, städtebaulichen Entwicklungen
- Unser Kultur- und Bildungsangebot erweitern
- Lösung von Ver- und Entsorgungsproblemen
- Unsere Vernetzung mit Stadt, Trägern und Wirtschaft ausbauen
- Unsere Freizeitangebote für Kinder, Jugendliche und Erwachsene verbessern
- Unsere Umwelt/Natur schützen
- Schaffung eines multikulturellen Bürgerzentrums!«

Der Förderverein »Forum Lohberg e.V.« ist der Trägerverein für Maßnahmen, die im Rahmen des Landes-Förderprogramms für »Stadtteile mit besonderem Erneuerungsbedarf« in den nächsten Jahren in Lohberg gestartet werden.

Die Schaffung eines »multikulturellen Bürgertums« verwirklicht sich in der Rolle des Gastgebers für den christlich-islamischen Dialog.

Die beiden Initiatoren hatten die Idee, sowohl türkisch-islamische Vereine als auch Religionslehrer, die in Lohberg bzw. Dinslaken tätig sind, zu diesem Gesprächskreis einzuladen. Folgende Vereine wurden eingeladen, personell im Gesprächskreis mitzuwirken: 1. Türkisch-islamischer Kulturverein, 2. Islamische Gemeinschaft Milli Görüş, 3. DITIB (Türkisch-Islamische Union der Anstalt für Religion e.V.), 4. ATIB (Union der Türkisch-Islamischen Kulturvereine in Europa e.V.), 5. VIKZ (Verband der Islamischen Kulturzentren e.V.) und 6. ein Arabischer Kulturverein.

Der Dialogkreis hat keine schriftlich definierten Ziele, jedoch wurden diese mündlich festgelegt: Es wurde von Anfang an bestimmt, dass es a) nicht um eine Missionierung der anderen Gläubigen geht, sondern darum b), Unterschiede als auch Gemeinsamkeiten zusammen herauszuarbeiten, um dadurch eine Basis zu finden, auf der man sich kritisch – sowohl mit der eigenen, als auch mit der fremden Religion – auseinander setzen und verstehen kann. Es geht also hauptsächlich um einen Austausch ohne Bewertung. Ziel ist nicht eine Einigung im Sinne einer Übereinkunft der jeweiligen Positionen, sondern eine Einigung im Sinne einer gegenseitigen Toleranz des Andersgläubigen. Der christlich-islamische Arbeitskreis trifft sich alle sechs bis acht Wochen für etwa zwei Stunden. Das Thema der jeweils kommenden Sitzung wird von allen Mitgliedern des Dialogkreises gemeinsam festgelegt. Zu Beginn der ersten Dialogphasen ging es inhaltlich um Lohberg, seine Bewohner, seine Politik und seine Geschichte. Gerade die Situation der Bevölkerung in Lohberg wurde zu einem wesentlichen Inhalt der Dialoggespräche.

Schließlich einigte man sich darauf, gemeinsame Themen abwechselnd aus der jeweiligen Religionsperspektive darzustellen. So wurden z.B. die Themen Krieg, Frieden und Geschlechtererziehung behandelt. Meist folgt der Darstellung eine intensive Diskussion, die Fragen, Hintergrundinformationen und oft auch die Verblüffung über die vorher bestandene Ahnungslosigkeit zu Tage fördert. Die Einladungen und Moderation des Dialogkreises übernimmt eine Mitarbeiterin des oben genannten Fördervereins. Bei den meisten Treffen sind etwa zehn Mitglieder anwesend; darunter neben den Initiatoren der für die DITIB eingesetzte Hodscha in Lohberg, der Vorsitzende des Vereins ATIB e.V. und stellvertretende Vorsitzender des Ausländerbeirats Dinslaken. Der Kern des christlich-islamischen Arbeitskreises besteht aus Theologen, Lehrern, Politikern und Sachkundigen beider Religionen. Willkommen sind ferner interessierte Bürger.

Im Folgenden soll ein Auszug aus dem Alltag des Dialogkreises einige Probleme illustrieren.

Anfang Juli 2004 fand für das abgelaufene Schuljahr 2003/2004 der letzte Dialogkreis statt. In der Sitzung einige Wochen zuvor meldete eine der beiden Sachkundigen ihr Interesse an, über das islamische Recht zu sprechen. Dieser Vorschlag wurde durch eine Mehrheit in der Abstimmung der Mitglieder aufgegriffen und zum Thema der nächsten Sitzung bestimmt. Da der Hodscha von DITIB in der vorletzten Sitzung ein Referat zu Jesus aus islamischer Sicht übernommen hatte, wurde nun vorgeschlagen, dass ich zu diesem Thema referieren sollte. So sprach ich am 5. Juli über das Thema Scharia in gewohnter Umgebung des Stadtteilbüros am Marktplatz in Lohberg. Es kamen neun Personen an diesem Abend zusammen.

Als der Hodscha über Jesus referierte, waren Dolmetscher nötig. Diese Rolle übernahm wie immer eine türkischstämmige Soziologin. Der Hodscha hielt einen theologisch komplexen und inhaltlich anspruchsvollen Vortrag in Türkisch, der einer entsprechenden deutschen Übersetzung bedarf. Eine exakte Übersetzung konnte jedoch an vielen Stellen nicht gelingen, da die Übersetzerin als Soziologin weder über entsprechend ausreichende Fachkenntnisse noch über das deutsche Fachvokabular verfügt. So gingen große Teile des Inhalts zwischen Übersetzung und Nachfragen verloren.

In der Sitzung nach dem Vortrag referierte der Pastoralreferent der ev. Kirchengemeinde über die Stellung Jesu aus christlicher Sicht. Die Situation war ebenfalls nicht einfach für den Vortragenden, da bei den Nachfragen der Zuhörer wiederum einige Teilnehmer nicht zu unterschätzende Sprachschwierigkeiten hatten. Ein Gespräch im Sinne eines Dialogs kam nur mühsam und schleppend zu Stande. Wie gewöhnlich fungierte A. als Dolmetscherin, aber auch andere Anwesende bemühten sich, das Referat sinn- und wortgemäß zu übersetzen.

Der Vorschlag, dass ich über das Thema Scharia sprechen sollte und nicht der Hodscha, sollte somit auch die sprachliche Verständigung erleichtern. Ich erwartete Rückfragen seitens der Zuhörer, vor allem auch sprachliche seitens des Hodschas. Die Atmosphäre, in der wir uns austauschten, wurde zunehmend angespannter, da es tatsächlich vermehrt zu Korrekturen bzw. wiederholten Ausführungen in türkischer Sprache kam, die dann ins Deutsche übersetzt werden mussten. So erörterte ich beispielsweise die Rechtsfähigkeit eines Menschen aus islamischer Sicht. Demnach ist ein Mensch rechtsfähig, sobald er Gut von Böse unterscheiden kann. Insbesondere der Hodscha verstand kaum die Zusammenhänge, die ich vortrug, und ständig gab es Einwürfe, Nachfragen und Erklärungen. Es kam nur mühsam eine Art von Dialog zu Stande. Was ich mir persönlich als anregendes Gespräch vorstellte, entwickelte sich mehr und mehr zu einem Monolog seitens des Hodscha, der zudem versuchte, den von mir bereits geschilderten Sachverhalt nochmals auf Türkisch auszuführen. Sicherlich ist es schwer, wenn man nur kurze Zeit in Deutschland lebt, die Sprache ausreichend zu verstehen, um Fachtermini und etwas komplizierte Ausführungen zu begreifen, jedoch rechtfertigt dies in einem Dialogkreis nicht, die Autorität eines anderen Redners durch häufige Einwürfe, Nachfragen und Korrekturen zu diskreditieren, zumal mir Dritte zusicherten, den gleichen Sachverhalt präzise wiedergegeben zu haben.

Nach etwa einer Stunde kam es zu einer kurzen internen Auseinandersetzung zwischen dem Hodscha und der Übersetzerin. Es ging darum, seine Ausführungen für die übrigen Teilnehmer in Deutsch zu übersetzen. Mein Referat war zu dieser Zeit bereits beendet und es wurden mir einige Fragen zum Thema gestellt. Ich ließ zunächst die Übersetzung der Frage zu, um daraufhin zu antworten. Als ich mit meinen Erläuterungen begann, kam es synchron dazu, dass auch der Hodscha zu reden anfing, worauf ihm die Übersetzerin, mittlerweile selbst sichtlich genervt, auf Türkisch zu verstehen gab, dass nicht ihm die Frage gestellt worden sei, sondern mir und dass ich die Referentin sei. Der Hodscha schien nun offenbar beleidigt zu sein, denn er packte seine mitgebrachten Bücher und seinen Koran in seine Tasche und verzichtete fortan auf weitere Ausführungen. Die Übersetzerin überspielte ein wenig die Situation, indem sie uns den Wortwechsel nicht übersetzte. Die letzte halbe Stunde beteiligte sich der Hodscha nicht mehr an unserem Gespräch und wartete die Zeit ab, um sich von den übrigen Zuhörern zu verabschieden.

Aus diesem Beispiel lässt sich erkennen, wie wichtig es ist, jeden Teilnehmer und seine Meinung ernst zu nehmen und sich nüchtern und sachlich über ein bestimmtes Thema unterhalten zu können. Darin sehe ich ein großes Problem für einen Dialog – egal über welches Thema man sprechen möchte. Ausreichende Sprachkenntnisse müssen bei jedem Teilnehmer vorhanden sein und sind auf jeden Fall notwendig, um genau solchen Problemen aus dem Weg zu gehen. Ebenfalls sollten geschlechterspezifische Vorurteile vorher aus dem Weg geräumt werden. Ich persönlich empfand die Bemühungen des Hodschas als Versuche, mit mir zu konkurrieren. Ein Problempotenzial liegt sicherlich darin, dass ich a) eine junge b) eine muslimische Frau bin, die c) in Deutschland geboren und studiert hat und d) perfekt

Deutsch spricht. Ich trage weder ein Kopftuch noch passe ich in ein typisches, vorherrschendes orientalisches Frauenbild, in dem der Frau keine Eigenständigkeit gebilligt wird und ihr ebenso eine gewisse Naivität auf dem Gebiet der Religion unterstellt wird. Jungen Musliminnen, die kein Kopftuch tragen, werden fast automatisch diese Naivität, Freizügigkeit und sogar Ungläubigkeit unterstellt. Es scheint, dass der Hodscha diese Haltung in dem einen oder anderen Punkt mit sich bringt und mir damit Fehlerhaftigkeit und Naivität auf dem Gebiet unterstellt, obwohl er zuvor mit sehr großem Interesse nach meinem Studium fragte. Das Studium der Islamwissenschaft in Deutschland wird von Muslimen, die in einem Land studiert haben, in dem der Islam vorherrschend ist, nicht sehr hoch geschätzt. Es ist mir schon öfter begegnet, dass Bekannte, die dieses Studium in ihrem Heimatland absolviert haben, den Inhalten meines Studiums nicht trauen. Der Islam würde nicht richtig dargestellt und zum Feindbild gemacht werden. Ich vermute, dass in dem Dialogkreis unterschwellig diese Meinung über meine Person und mein Studium in Deutschland in deutscher Sprache vorhanden ist.

Abschließend lässt sich sagen, dass es sehr schwierig ist, sich als junge muslimische Frau auf dem Gebiet der Religion durchzusetzen. Ein Dialog aber lässt sich nur durch Toleranz gegenüber andersgläubigen, andersgeschlechtlichen und kulturell anders geprägten Menschen Gewähr leisten. Die oben definierten Ziele des Arbeitskreises, dass es a) nicht um eine Missionierung der anderen Gläubigen geht, sondern darum b), Unterschiede als auch Gemeinsamkeiten zusammen herauszuarbeiten, um dadurch eine Basis zu finden, auf der man sich kritisch – sowohl mit der eigenen, als auch mit der fremden Religion – auseinander setzen und verstehen kann, werden nur zum Teil erfüllt. Die Andersgläubigen nicht zu missionieren wird strikt von allen Teilnehmern des Dialogkreises eingehalten, allerdings wird der zweite Teil nicht immer erreicht. Hieran gilt es also noch intensiver zu arbeiten. Tatsächlich kommt es nur bedingt zu einem Gegenüberstellen der beiden Religionen, um sich anschließend kritisch aber vor allem »zusammen« damit auseinander zu setzen.

IV. Elemente interreligiösen Lernens

Karl Ernst Nipkow

Ziele interreligiösen Lernens als mehrdimensionales Problem

Die Frage nach den Zielen interreligiösen Lernens wird in mehreren Analyseschritten aufgenommen. Zunächst stellt der Autor die Entwicklung verschieden nuancierter Konzepte in den 1980er- und 1990er-Jahren vor, die sich unterschiedlichen regionalen und organisatorischen Rahmenbedingungen verdanken. Anschließend werden die Ziele mehrdimensional und unter Berücksichtigung lerntheoretischer Grundvoraussetzungen beschrieben. Deutlich wird, dass religionsdidaktische Grundstrukturen und bildungstheoretische Ziele mit interreligiösem Lernen korrespondieren. Der Beitrag schließt mit fünf interreligiösen Leitzielen, die sich an normative Dialogregeln anlehnen.

Zur Diskussionsentwicklung

Paradigmenwechsel: »Interreligiöse Kommunikationsfähigkeit« und »Kulturbegegnung« (1980er-Jahre)

Der Begriff des *»interreligiösen Lernens«* hat sich seit Anfang der 90er-Jahre durchgesetzt (Ziebertz 1991; Nipkow 1991; van der Ven/Ziebertz 1994). Nach U. Tworuschka (1994) scheint sich die neue Begrifflichkeit »nicht nur vor die traditionelle Bezeichnung ›Weltreligionen im Unterricht‹ zu schieben ..., sondern auch eine neue Qualität im Umgang mit den Religionen (zu) signalisieren« (171).

Pioniere unter den Religionspädagogen und Religionswissenschaftlern haben die Sache selbst unter etwas anderen Begriffen schon ein Jahrzehnt zuvor entdeckt und Zielperspektiven entwickelt, die bereits einen ähnlichen Paradigmenwechsel anstreben, nämlich eine Interaktion *zwischen* Angehörigen verschiedener Religionen an Stelle nur einer Belehrung *über* sie. »Der RU soll das *Ziel interreligiöser Kommunikationsfähigkeit* anstreben.« (Tworuschka 1983, 54). In Schule und Studium soll *»Kulturbegegnung«* zum Leitziel werden (Lähnemann 1983a). Der Ausdruck der »Begegnung« (Aldebert 2001, 207-246) meint schon dem Wortsinn nach ein Zusammentreffen von *gleichwertigen* Dialogpartnern. In Frage kommt nur ein »wechselseitiger Prozess« (Lähnemann 1983b, 258). Inzwischen ist das Sprachspiel um den Begriff »Begegnung« (»Begegnungsdidaktik«, »Begegnungslernen«) lexikonreif geworden (Rickers 2001, 877, 879).

Lernortspezifische Mehrdimensionalität der Ziele: lokal, regional, international

In der Bundesrepublik Deutschland ergeht die hauptsächliche Herausforderung seit jener Zeit von Seiten des Islam. Sie bezieht sich grundsätzlich jedoch auf alle großen Religionen (s. die Reihe »Religionen im Gespräch« [RIG], hg. von Kirste/Schwarzenau/Tworuschka ab 1990, bes. Kirste et al. 1994) und führte auch in den von J. Lähnemann organisierten »Nürnberger Foren« bald über das Zusammentreffen mit Muslimen hinaus, sofern Vertreterinnen und Vertreter des Judentums, des Hinduismus, des Buddhismus und der Baha'i-Religion aus mehreren Kontinenten zu *fachlichem interreligiösem Austausch* zusammenkommen (u.a. Lähnemann 1998b; 2001). Durch interreligiöse Arbeitskreise und »Religiöse Wochen« mit gemeinsamen Gottesdiensten in Kirchen der Stadt Nürnberg wie in anderen Städten wurde ferner der Schritt von Schule und Hochschule zum *interreligiösen Lernen im Gemeinwesen* getan. Die Nürnberger Gruppe verfolgt ferner auf die Friedensthematik bezogene *interreligiöse Begegnungsprojekte in globalen Krisenfeldern* (vgl. den Beitrag von Lähnemann in diesem Band). Inzwischen ist eine *internationale interreligiöse Schulbuchforschung* in mehreren islamischen Ländern (Ägypten, Türkei, Iran u.a.) hinzugetreten. »Ziele« sind schon deswegen mehrdimensional, weil geographisch mehrdimensional etwas unternommen werden muss: lokal, regional, international.

Interreligiöses Lernen als Lerndimension des Religionsunterrichts

Es herrscht Einigkeit, dass »interreligiöses Lernen« (seit van der Ven/Ziebertz 1994 auch mit Großschreibung) »keine neue rp Unterrichtskonzeption, sondern eine *Lerndimension*« ist (Rickers 2001, 875). Über ihre angemessene Ausgestaltung am Lernort *Schule* gibt es jedoch innerevangelische Meinungsverschiedenheiten bis hin zum Streit darüber, wann überhaupt von »interreligiös« gesprochen werden dürfe. Sofern er auf Missverständnissen beruht, kann er auf Grund von Fakten entkräftet werden.

Das mehrdimensionale Konzept J. Lähnemanns geht anders, als F. Rickers es sieht, auch in der Schule vom konkreten gemeinsamen Lernen zwischen Schülern verschiedener Religionsgemeinschaften aus. Am evangelischen Religionsunterricht nehmen zum Teil in großer Zahl seit Jahren muslimische Schülerinnen und Schüler teil. »Begegnung« vollzieht sich damit beim Nürnberger Ansatz nicht nur »in erster Linie auf der Ebene von *Unterrichtsstoffen*« (Rickers 2001, 880). Auf den »Nürnberger Foren« sind die

Vertreter/innen nichtchristlicher Religionen auch nicht etwa nur »*Gäste*«, die man aus einer christlichen »Warte ... *zulässt*«, »sodass hier kaum von ›dialog.‹ u. ›interrel.‹ gesprochen werden kann« (Rickers ebd.).

Abhängigkeit der Ziele vom Theorierahmen

Hinter der anderen Interpretation von »Dialog« und »Begegnung« bei Rickers (2001, 875) verbirgt sich eine nach wie vor aufklärungsbedürftige systematische Problematik. Der Streit würde dann nämlich fundamentaler Natur sein, wenn das zitierte Urteil besagen sollte, dass eine »Evangelische Religionspädagogik in interreligiöser Perspektive« (Lähnemann 1998a) darum nicht oder kaum wirklich »dialogisch« und »interreligiös« sein könne, weil der theoretische Bezugsrahmen von einer »evangelischen« Theologie und Religionspädagogik bestimmt ist. Eine solche Annahme würde bedeuten, dass *grundsätzlich* auch keine jüdische, islamische, buddhistische Religionspädagogik usw. dialogfähig, begegnungsfähig und interreligiös kommunikationsfähig sein könne. Ein solches Vorverständnis muss aber den Dialog von vornherein schwer belasten. Er untergräbt eine interreligiöse »Hermeneutik des Vertrauens« (Ritschl 2003).

Eine logische Gegenfrage ist, welcher alternative Theorierahmen stattdessen in Frage kommen könnte. Ist es ein westlicher aufklärerischer Referenzrahmen, der bestimmte Züge auswählt und andere ausklammert? Man könnte an eine religionsphilosophisch ansetzende »*universale Theologie der Religion*« denken (vgl. Swidler 1987; Hick 1989), deren Kategorien wie bei der »natürlichen Religion« der Aufklärung übergreifende, von den historischen Religionen abstrahierte Momente sind. Ein solcher Versuch ist aber in der deutschsprachigen Religionspädagogik als umfassender Entwurf in hinreichender theoretischer Qualität bislang noch nicht unternommen worden, auch nicht von der Richtung um F. Rickers (zur Rezeption Hicks siehe Kirste 2001, zur dt. Neuausgabe von Hick 1980/2001). Er ist außerdem aus der Sicht bedeutender internationaler Dialogtheologen wie R. Panikkar (1987; 1990) grundsätzlich fragwürdig und schon länger umstritten (Nipkow 1991, 307f.; 1992, 175ff.). Panikkar wendet sich gegen eine »universal theory« mit einem »supersystem« (1987, 119, 125), das vereinheitlichend mit Einklammerungen (»bracketing«) an alle Religionen angelegt wird.

»Es muss ein echtes *gegenseitiges Vertrauen* zwischen allen an der Begegnung Beteiligten geben, was nur möglich ist, wenn alle Karten auf dem Tisch liegen, das heißt, wenn keiner der Partner seine persönlichen Überzeugungen ›einklammert‹.« (Panikkar 1990, 98) Für P. F. Knitter gilt: »Will man religiös und somit dialogfähig sein, muss man in irgendeiner Weise einer bestimmten religiösen Tradition zugehören.« (1988, 157)

Hiervon gehen ebenso die in der innerdeutschen Diskussion bekannt gewordenen islamischen Dialogtheologen A. Falaturi, S. Baliæ, M. Talbi aus (vgl. Nipkow 1998, II, Kap. 10). Ein wirkungsvoller *Dialog hat aus der Mitte der Religionen selbst* hervorzugehen, wenn er authentisch sein soll. Sonst tritt als Intention (Ziel) ein glättendes Gespräch mit der Übertonung des Gemeinsamen (»schwaches Pluralismusbild«) an die Stelle des Ringens um Verständigung angesichts nicht weg zu leugnender Unterschiede und Gegensätze (»starkes Pluralismusbild«) (Nipkow 1992, 173f.; 1994, 204-207).

Zielverfolgung unter unterschiedlichen regionalen und organisatorischen Rahmenbedingungen – interreligiöses Lernen als Aufgabe der ganzen Schule

In der Beurteilung J. Lähnemanns durch F. Rickers wird als Alternative auf den Hamburger »*Religionsunterricht für alle*« verwiesen, weil an ihm Vertreter anderer Religionen gesprächsweise curricular »mitwirken«, was verallgemeinert bedeuten würde, »dass Theologie u. RP schon in ihrer Entwicklung *dialog.* konzipiert werden müssten (Dialog als Strukturprinzip)« (Rickers, 2001, 879).

Elementar ausschlaggebend scheint für Rickers vor allem aber der Umstand zu sein, dass sich wie in Hamburg *ständig* Kinder und Jugendliche verschiedener Religionen begegnen. Dies ist in Hamburg möglich, weil es neben dem evangelischen Religionsunterricht keinen katholischen gibt und bis Kl. 8 auch keinen Ethikunterricht. Das Modell beansprucht keine »Allgemeingültigkeit«, solle nicht ohne weiteres auf die Bundesrepublik übertragen werden, es wäre ein »Missverständnis« (Doedens/Weiße 1997, 9). Gemeinsames interreligiöses Lernen im Klassenverband ist eine große Chance. Es ist aber auch sonst im evangelischen Religionsunterricht der Fall, sofern Schüler anderer Religionen teilnehmen. In den ostdeutschen Bundesländern ist es wegen des sehr geringen Ausländeranteils nur sporadisch realisierbar. Gemeinsames Lernen ist ferner phasenweise in Gestalt interreligiöser Kooperation möglich, wenn etwa wie in einem Projekt an einer Reutlinger Schule muslimische Ethikschüler/innen einer 8. Hauptschulklasse Unterrichtsmaterialien zum Islam entwickeln, »mit deren Hilfe sie Schüler/innen anderer Glaubensgemeinschaften im Rahmen des konfessionellen Religionsunterrichts über ihre Religion informieren und mit ihnen darüber ins Gespräch kommen« (Lambrecht 2000, 186). Zu erinnern ist ferner daran, dass an sehr vielen Schulen in allen übrigen Fächern ›multireligiöse‹ Heterogenität herrscht – eine wichtige Aufforderung an Fachlehrer geeigneter Fächer, diese Situation möglichst fächerübergreifend zu ›interreligiöser‹ Bildung zu nutzen. Die Ziele interreligiösen Lernens betreffen die *ganze Schule.*

Interreligiös bildende Begegnungen sind zusammengefasst auch unter unterschiedlichen Voraussetzungen überall gleich energisch anzustreben. Da die Schulentwicklung von einer Zusammenarbeit der Schule mit öffentlichen Partnern ausgeht, sind je nach Lage geeignete Formen des konkreten Kennenlernens außerhalb der Schule wahrzunehmen. Innerhalb der Schule ist interreligiöses Lernen im Schulleben, in geeigneten Fächern und zwischen ihnen anzugehen. Ein Einheitspflichtfach für Religion ist in der deutschen Situation nicht realistisch und problematisch (zu »Religion und Kultur« im Kanton Zürich Nipkow 2005).

Interreligiöse Ziele im pluralismustheoretischen Rahmen (1990er-Jahre)

Für die Beschreibung des Diskussionsstandes liegt es nahe anzunehmen, dass in dem beleuchteten Zeitraum die Religionspädagogik durch die *Theologie* Orientierungshilfen erhalten haben könnte. Das war jedoch kaum der Fall. Während die katholische Seite durch das Zweite Vatikanische Konzil wichtige, wenngleich nicht unumstrittene Anstöße (»Inklusivismusvorwurf«) zum Umgang mit nicht-christlichen Religionen erhielt (Erklärung »Nostra aetate«), die sich langsam auch religionspädagogisch niederschlugen (Ziebertz 1991; Leimgruber 1995), hat die evangelische Theologie keine »Theologie der Religionen« entwickelt (ein älterer Versuch C.-H. Ratschow). Nur in ganz wenigen Ausnahmen wird das Verhältnis zum Islam breiter systematisch-theologisch erörtert (Leuze 1994). Die einfache Frage eines gläubigen Christen, wie die Existenz einer nachchristlichen Offenbarungsreligion theologisch zu interpretieren ist, wurde nicht aufgeworfen.

Gegen Ende der 90er-Jahre sahen sich daher evangelische Religionspädagogen veranlasst, selbst den theologischen Grund- und Voraussetzungsfragen nachzugehen, ohne die eine interreligiöse Didaktik theologisch in der Luft hängt. Die geschah dadurch, dass beim *allgemeinen Pluralismusproblem* unserer Zeit angesetzt wurde (Wunderlich 1997; Nipkow 1998 I und II). Seitdem wird in evangelisch-katholischer Kooperation pluralismustheoretisch weitergearbeitet (s. die Reihe »Religionspädagogik in pluraler Gesellschaft«, Bd. 1: Schweitzer/Englert/Schwab/Ziebertz 2002). Der interreligiöse wissenschaftliche Grundlagendialog kommt zu den schulischen und außerschulischen, nationalen und internationalen Feldern der »Begegnung« als unerlässliches Forum für Grundsatzanalysen hinzu.

Mehrdimensionale Entfaltung

Lerntheoretische Grundvoraussetzung – Lernen als Selbstorganisation und Bildung zu religiöser Selbstständigkeit

Der Begriff des »Ziels« verführt dazu anzunehmen, man könne »Lernziele«, die seit der Curriculumdiskussion der 70er-Jahre bis heute in Lehrplänen als zu erreichende »Lernergebnisse«, d.h. »Lernresultate« verstanden werden, im direkten didaktischen Durchgriff erreichen. Dies ist ein Irrtum. Lernen ist aus der Sicht der Hirnforschung eine Sache der »Selbstorganisation« (»Autopoiesis«) des menschlichen Bewusstseins, »eine aktive Tätigkeit des lernenden Subjektes, die von außen – also von der Erfahrung – nicht direkt, sondern immer nur indirekt beeinflusst werden kann« (Treml 2000, 23; Scheunpflug 2001). Auch Lernarrangements mit »authentischen Begegnungen und Erfahrungen« (Rickers 1998, 121; Siedler 2003, 165) können sich nie im Voraus sicher sein, wie Menschen, Jung und Alt, die Begegnung mit religiös und kulturell Fremden für sich persönlich verarbeiten, ob etwa Fremdenfurcht wächst oder abgebaut wird, ob man Muslimen starke Toleranz entgegenbringt als Wille zum Zusammenleben oder nur schwache Toleranz als widerwillige Duldung. »Charakteristika interreligiösen Lernens« sind daher auch unter dieser Begründung »*Unabgeschlossenheit*« und »*Prozesshaftigkeit*« (Siedler 2003, 163). Lernen als Selbstorganisation fordert stattdessen dazu auf, für interreligiöses Lernen das Bildungsziel religiöser Selbstständigkeit anzustreben.

Erziehungstheoretische Unterscheidung von intentionaler, funktionaler und extensionaler interreligiöser Erziehung

Kein »Lernen« vollzieht sich ohne die Einflüsse der Umwelt. Für diese Seite, die komplementär zu Lernen als Selbstorganisation für den Bildungsprozess konstitutiv ist, steht schon immer der Begriff der »Erziehung«. Es ist folglich sachgemäß, auch von »interreligiöser Erziehung« zu sprechen. Im englischen Sprachgebrauch ist ohnehin die Rede von »inter-religious education« üblich (Nipkow 1990). Wer diesen Terminus gebraucht, muss sich nicht vorwerfen lassen, er dächte statt vom Kind und Jugendlichen von den Lern- oder Unterrichtsinhalten her. Umgekehrt würde sich jemand, der einseitig auf das Lernen des Subjekts abhebt, über die Rolle von »Erziehen« und »Lehren« täuschen und schließlich unfähig werden, diese pädagogischen Handlungen konstruktiv einzuschätzen. Die Rede von »Zielen« impliziert ausdrücklich die verantwortliche Reflexion auf die Objektseite. Wir haben es hierbei mit drei Erziehungsformen zu tun.

»Ziele« betreffen erstens eine geplante, »*intentionale Erziehung*«. Zweitens wird im Alltag ständig auf Grund der Auswirkungen ungeplanter, »*funktionaler Erziehung*« gelernt (ähnlich die Unterscheidung zwischen »formellem« und »informellem Lernen«). Einheimische Heranwachsende und solche aus Migrantenfamilien lernen »interkulturell« und »interreligiös« beim Spielen und im Sport, in jugendkulturellen Szenen und über Informationen und Bilder aus den Medien. Das intentionale Lernen ist definitionsgemäß zielbewusst und strebt ein gewisses systematisches Lernen an, das funktionale ist zufällig. Es ist zugleich nicht-zufällig, wenn etwa eine Gesellschaft Fremde unterschwellig diskriminiert. Folglich ist es notwendig, wünschbare und unerwünschte Ziele *normativ* zu erörtern, was häufig unterbleibt, so als ergäben sich die wünschbaren Resultate von selbst, wenn man nur die Kinder und Jugendlichen in einem heterogenen Klassenverband ›zusammenbringt‹.

Die Vorteile des zielbezogenen Lehrens und Lernens kann man mit den Vorteilen des funktionalen Lernens verbinden, indem man eine bestimmte »funktionale« Lernumwelt bewusst »intendiert«. Diese dritte Form ist gerade für interreligiöses Lernen wichtig geworden. Im Elementarbereich beginnend, werden an Lernanreizen reiche oder spezifisch ausgerichtete »Lernumwelten« bewusst »modelliert«. Für diese dritte Form der erziehenden Einflüsse (zuerst Rousseau im »Emile« 1762) ist 1967 von Ph. Eggers der Terminus der *»extensionalen Erziehung«* vorgeschlagen worden, ausführlich beschrieben bei Treml (2000, 74-81). Der etwas sperrige Terminus ist zweitrangig, die Sache selbst einleuchtend. Ein Beispiel ist der »A Gift to the Child«-Ansatz innerhalb des »multi-faith approach« in England und Wales (M. Grimmitt, J. M. Hull). Den Kindern werden Elemente der verschiedenen Religionen zugänglich gemacht (Rosenkranz, Ganesha-Figur usw.), damit sie an ihnen diesen oder jenen Grundzug einer Religion entdecken (»learning by discovery«).

Während die Modellierung der »Lernumwelt« für unterrichtliche Zwecke auf den Religionsunterricht beschränkt bleibt, ist eine *»interreligiöse Schulkultur«* nachhaltiger bildungswirksam. Wenn das auf Umgangsregeln und Werten beruhende »Schulklima« zur selbstverständlichen Norm wird, schließt man sich leichter an.

Der didaktische Implikationszusammenhang – Ziele in Wechselbeziehung mit Lernorten, Inhalten, Methoden, Akteuren und Wirksamkeitsannahmen

Der gemeinte Zusammenhang ist bereits von der Berliner Didaktik (P. Heimann, W. Schulz, G. Otto) in den 60er-Jahren beschrieben worden. Das heißt für Ziele interreligiösen Lernens unter anderem:

Wer funktionales und informelles Lernen am *Lernort Gesellschaft* beim Zusammentreffen von Angehörigen verschiedener Religionen im Alltag aus guten Gründen hinsichtlich religiöser Einstellungsänderungen für *wirksamer* hält, besonders für den mühsamen Abbau von Vorurteilen, wird *außerschulische* Zielsetzungen gegenüber *schulischen* stärker gewichten, nach dem Motto: Wenn nicht die Gesellschaft im Ganzen fremdenfreundlich wird und sich faktisch zu einer offenen multikulturellen Gesellschaft entwickelt, ist schulische interreligiöse Erziehung ineffektiv. Wer umgekehrt das *institutionelle, formelle* Erziehungs- und Bildungssystem als internationales Erfolgsmodell für wirksam hält (Schule als »Weltmodell« nach Ch. Adick), setzt seine Hoffnungen auf schulische Anstrengungen. Plausibel ist eine *Integration beider Zielrichtungen.*

Oder: Wenn man auf der Ebene der *Inhalte* ernst nimmt, wie gläubige Muslime den Koran als tägliche Richtschnur für die »Rechtleitung« durch Allah befolgen und gläubige Christen die Bibel, wird man geneigt sein, beim interreligiösen Lernen auf jeden Fall schwerpunktmäßig auch die jeweiligen »Heiligen Schriften« zu behandeln. Die »Ziele« sind dann von dem Stellenwert dieser Inhalte abhängig und betreffen die Befähigung zu genauem Lesen und textgemäßem Verstehen (»inter-religious literacy«). Besonders ist darauf hinzuwirken, dass jede Religionsgemeinschaft die Heiligen Schriften der anderen auszugsweise im eigenen Religionsunterricht behandelt (Koranlektüre im christlichen, Bibellektüre im islamischen RU).

Wer dagegen von einer Situation postmoderner »religiöser Individualisierung« hauptsächlich westlicher Provenienz ausgeht, wird den obigen Ansatz eher vernachlässigen. Seine Zielvorstellungen richten sich stattdessen auf eine von den Lehrenden wenig gelenkte religiöse Erkundung der unterschiedlichen Religionen durch die einzelnen Schülerinnen und Schüler. Was immer subjektiv angeeignet wird, die Hauptsache ist eine allgemeine religiöse Toleranz, mag auch das interreligiöse Wissen mäßig oder ausgesprochen schwach bleiben. Religiöse »Lehren« zählen nicht oder wenig.

Ein drittes Beispiel betrifft die *Schüler und Schülerinnen.* Viele Religionspädagogen plädieren konzeptionsübergreifend für eine »bewusste Begegnung mit dem Glauben anderer ..., (die) am besten personbezogen, erlebnisbezogen, projektmäßig« stattfindet (Lähnemann 2002, 285). Umfänglich ist eine strikt »dialog-orientierte« Konzeption bei W. Haußmann entfaltet worden (1993, 307-310). Die Ziele eines auf den Dialog ausgerichteten Ansatzes liegen entsprechend auf den primär »*sozialen*« und »*kommunikativen*« Zielebenen wie »Verständigungsbereitschaft«, »Kooperationsfähigkeit« und »Konfliktlösungsbereitschaft« (311), weniger auf der Zielebene im Inhaltsbereich »Texte«, ohne sie zu vernachlässigen. Das zurzeit von allen Religionspädagogen einhellig unterstrichene Ziel der Förderung des »Verstehens« meint jetzt neben Textverstehen besonders personenbezogenes Verstehen; darum wird von W. Haußmann eine »Erziehung zur Empathie« als »unerlässlich« eingeschärft (ebd.).

Manchmal wird so gewichtet, dass anscheinend ausschließlich eine Sicht des Ansatzes der »Begegnung mit Menschen« Erfolg versprechend sein soll. Für F. Rickers und die »Arbeitsstelle interreligiöses Lernen« (Universität Duisburg) wird gegen die Nürnberger Schule (J. Lähnemann, W. Haußmann, H. Aldebert) betont: »Ansatzpunkt ist die Überzeugung, dass die Lerndimension I.L. (= interreligiöses Lernen, Vf.) *nicht* über Inhalte zu entwickeln ist, sondern nur in der Begegnung mit Menschen, die interrel. aufeinander treffen, in der Schule, am Arbeitsplatz, in der Hochschule, im Krankenhaus, im Altersheim, im Stadtviertel etc.« (Rickers 2001, 880). Diese Auffassung muss prüfen, ob und wie sie in der Schule unterrichtskompatibel bleibt. Sie hätte zu überlegen, wie sie sich in das einleuchtende *Gefüge von religionsdidaktischen Grundstrukturen* mit je eigenem Recht nach P. Biehl (2002, 441-445) noch fügt.

Ziele und religionsdidaktische Grundstrukturen

Die »traditionserschließende«, hermeneutische Grundstruktur rechtfertigt einen Unterricht über die historischen Ursprünge von Christentum und Islam. Die »thematisch-problemorientierte« ermöglicht exemplarische Aufschlüsse über gesellschaftliche (Einwanderungsland, Xenophobie), religionspolitische (Islamismus, Gewalt) und ökologische Probleme. Die »korrelative« Grundstruktur von »Glaube und Leben«, die »symboldidaktische« und die »mehrperspektivische Struktur« des Tübinger »Elementarisierungsansatzes« entbinden wieder andere Möglichkeiten. Das Zusammenspiel dieser Strukturen ist nach Biehl »der *integrative Kern* eines offenen Ensembles didaktischer Strukturen.« (445) Es ist notwendig, die klassische allgemeindidaktische Einsicht von der wechselseitigen Abhängigkeit der verschiedenen didaktischen Faktoren festzuhalten, um auf diese Weise einseitige religionsdidaktische Verlagerungen zu vermeiden. Dies gilt auch für den nächsten Analyseschritt.

Ziele unter religionswissenschaftlichen und theologischen Qualitätsansprüchen

Eine Religion ist ein komplexes kulturelles Zeichensystem und zugleich ein soziales Gefüge. Ein einseitiges ›Abrufen‹ lediglich bestimmter Seiten einer Religion kann erstens in den Augen der Religionswissenschaftler wie z.B. der Islamwissenschaftler schwer verantwortbare sachliche Informationslücken und Bedeutungsverluste zur Folge haben und sich zweitens berechtigte Kritik von Seiten der Glieder einer Religionsgemeinschaft einhandeln, nämlich den Vorwurf zentraler theologischer Verkürzungen; die Gläubigen erkennen sich mit ihren religiösen Überzeugungen nicht wieder. Das berechtigte Gegenargument lautet, dass eine Religionsdidaktik weder ein Abbild von auf Vollständigkeit bedachter religionswissenschaftlicher Forschung sein könne und dürfe noch ein Abbild der Theologien der Religionen. Die Ablehnung einer »Abbilddidaktik« ist unstrittig. Aber die Konsequenz kann im Umkehrschluss nicht lauten, für interreligiöses Lernen seien bei Lehrenden und Lernenden gründliche Kenntnisse entbehrlich. Wenn sie fehlen, bleiben Dialoge unaufgeklärt in der Sache und wenig hilfreich für die angestrebte Kommunikation zwischen den Personen. Interreligiöses Lernen erfordert gute Kenntnisse in den Religionen, heute besonders im trialogischen Verhältnis von Judentum, Christentum und Islam (K.-J. Kuschel, F. Rickers).

Bildungstheoretische Ziele: interreligiöses Wissen, Verstehen, Urteilsvermögen, Interkulturalität als innere Kultur

»Interreligiöses Lernen« hat sich wie alles Lernen bildungstheoretisch auszuweisen. Wenn Sachverhalte unaufgeklärt bleiben, wird der Anspruch religiöser »Bildung« verfehlt, lerntheoretisch gesprochen das von der EKD-Bildungsdenkschrift geforderte »bildende Lernen« (EKD 2003, 14, 16), die Anbahnung von »Interkulturalität« als »innere Kultur« (Ram Adhar Mall) (EKD 2003, 56). Eine grundlegende pädagogische Zielperspektive ist deshalb *»bildendes interreligiöses Lernen«*, das in den Sachanalysen an klaren bezugswissenschaftlichen Kategorien orientiert ist.

Mit der erwähnten Denkschrift sei Bildung als ein »Zusammenhang« verstanden, der gegen eine einseitige staatliche und ökonomische Instrumentalisierung von »Lernen« geltend zu machen ist. Die leitende Definition der evangelischen Kirche spricht vom »Zusammenhang von Lernen, Wissen, Können, Wertbewusstsein, Haltungen (Einstellungen) und Handlungsfähigkeit im Horizont sinnstiftender Deutungen des Lebens« (EKD 2003, 66); ergänzt sei das Merkmal des »Verstehens«.

Eine erste selbstverständliche Zielsetzung betrifft Vermittlung, Erläuterung und Erwerb *genauer und mehrperspektivischer Informationen* über die Religionen. Man muss wissen, um was es geht. Die Lernenden sollten sich ferner bewusst werden, was gemeint ist, wenn man Aussagen trifft; bildend ist nur *reflektiertes Wissen*. Empirische Befunde (Hanisch/Hoppe-Graff 2002) zeigen, dass den Schülern und Schülerinnen trotz der im Religions- und Ethikunterricht gewonnenen Kenntnisse vielfach der »Begriff« von dem fehlt, was sie behalten haben, das »Verständnis« von dem, was Worte meinen. Stattdessen geht man in der Klasse zu schnell zu »Meinungen« und »Urteilen« über, ohne dass diese im »Begreifen« gründen.

»*Verstehen*« ist für interreligiöses Lernen hoch relevant, aber nicht leicht! Es muss systematisch im Unterricht gefördert werden und verlangt die Verschränkung von »Selbstverstehen« und »Fremdverstehen« (ausführlich Nipkow 2002, 110-114). Zu wünschen wäre, dass in elementarer Weise 1) die christlichen Schüler/innen das Christentum und 2) die muslimischen Schüler/innen den Islam verstehen (jeweiliges Selbstbild), ferner dass jede Seite (3 und 4) zugleich die andere versteht (jeweiliges Fremdbild), einschließlich der Art und Weise, wie die anderen jeweils (5 und 6) einen selbst sehen (das eigene Selbstbild als Aspekt des anderen Selbstbildes) – eine vielfache Kreuzung von Perspektiven. Das bekannte Bildungsziel, zu *mehrseitiger »Perspektivenübernahme«* zu befähigen, ist für die Ausbildung interreligiösen *Urteilsvermögens* unerlässlich.

Die am schwierigsten zu erreichenden Ziele sind *Verhaltensänderungen* und anzubahnende *Handlungsbereitschaften*. Es geht zum Teil um ausgesprochen tiefenstrukturell zu nennende Fähigkeiten. Sie sind der entscheidende Prüfstein für die Fähigkeit (*»Können« als soziale »Kompetenz«*), gegebenenfalls gegen innere Widerstände zu handeln, um so »Interkulturalität« als »innere Kultur« zu bewähren.

Interreligiöse Leitziele in Anlehnung an normative Dialogregeln

Es ist verständlich, dass man einheitliche Leitziele wünscht, die auf alle Religionen passen. Die eigenen Untersuchungen haben zwar einerseits ebenfalls zu übergreifenden Kommunikations- und Dialogregeln geführt (1998, II, 112-123), andererseits aber zu spezifischen Aufgaben und Zielen interreligiöser Bildung, denn für Christen liegt eine je eigene Geschichte mit der jüdischen Religion, dem Islam und den asiatischen Religionen vor. Daraus folgt eine »*plurale Hermeneutik und Religionsdidaktik*«, gleichsam mit je eigenen Kapiteln für die anderen Konfessionen, Religionen und Weltanschauungen (Nipkow 1998, Kap. 8-10, 12). Es geht darum, »das *Gemeinsame inmitten des Differenten zu stärken*, in einer Bewegung durch die Differenzen hindurch, nicht oberhalb von ihnen« (EKD 1994, 65). Der Hintergrund des Folgenden (in modifizierender Anlehnung an Nipkow 2001a, 147-163; 2001b, 88-103) ist eine »Pädagogik und Theologie des anderen«.

(1) *Förderung religiösen Erlebens und Verstehens im Eigenbereich als Voraussetzung der Kommunikation mit fremden Bereichen*

A. Falaturi bedauerte schon vor über zwanzig Jahren, dass im Christentum wichtige Elemente der Alltagsfrömmigkeit wie das Fasten und das tägliche Gebet abgestorben sind. Wenn aber »die Christen im Allgemeinen (von den Ausnahmen abgesehen) nicht mehr fasten, so ist es für sie schwer nachzuvollziehen, wie ein Muslim bereit ist, vom Vorbeginn der Morgendämmerung bis zum Sonnenuntergang (im Sommer in der Bundesrepublik Deutschland ca. 22 Stunden) nichts zu essen, nichts zu trinken und trotzdem zu arbeiten« (1983, 77). Begegnung mit dem Islam und mit asiatischen Religionen betrifft jedoch gerade die *religiöse Praxis*! Verallgemeinert: Ohne jegliche eigene praktische religiöse Erfahrungen fehlt eine elementare Grundlage, andere Religionen in ihrer religiösen Praxis zu verstehen. »Interreligiöse« Erziehung hat daher »religiöse« Erziehung zu sein, um wenigstens ansatzweise einen Resonanzboden für das Fremde im Eigenen anzubahnen. Grundbedingung spezifischen wechselseitigen religiösen Verständnisses ist der »Sinn für« Religion überhaupt (Schleiermacher 1799/1967, 104ff.).

(2) *Das Leitziel der Anerkennung des anderen durch Erziehung zur Aufmerksamkeit und Achtung*

Eine andere Religion nur »zur Kenntnis zu nehmen«, verrät kein tieferes Interesse für den anderen. Tiefer als »flüchtiges Beachten« reicht gesammelte »Aufmerksamkeit«; sie bezeugt »Achtung«. »Achtung« oder »Respekt« sind nicht identisch mit »Liebe« als persönliche Sache des Herzens, die man nicht erwarten und verlangen kann (Lessings »vorurteilsfreie Liebe« meint m.E. etwas anderes, Kirste 2003). Weckung von Achtung zielt als Leitziel auf jene »Anerkennung«, die jeder einer anderen gläubigen Person wegen ihrer Menschenwürde schuldet.

Philosophisch hat das Prinzip der Anerkennung international großes Gewicht erhalten.[1] In ihr soll »die Vielheit nicht mehr von der Einheit«, sondern umgekehrt »die Einheit von der Vielheit her« gedacht werden (Schlüter 1996, 138), wodurch eine »Beherrschungshermeneutik« in eine »Anerkennungshermeneutik« verwandelt wird (144).

(3) Die Leitregel der Wechselseitigkeit der Anerkennung auch bei fortbestehendem Dissens

Wechselseitigkeit gründet in der uralten Reziprozitätsregel, der »Goldenen Regel«, die in allen Religionen anzutreffen ist. Ihre gewaltvermeidende Funktion ist kaum zu überschätzen, selbst wenn sie nur zu gegenseitiger Kooperation (Handel) führt. Aus dem Alltag ist sie nicht wegzudenken, denn sie stabilisiert »zivile« Umgangsformen. Für die Diskursethik (K. O. Apel, J. Habermas) soll im »Diskurs« idealiter die reziproke Gleichwertigkeit jedes Teilnehmers unterstellt werden. Im Dialog zwischen den Religionsgemeinschaften wird der Begriff »Dialog« missbraucht, wenn er nicht ebenfalls gleiche Rechte zuerkennt.

Ein praktischer pädagogischer Prüfstein ist stets, ob mit derselben Elle gemessen wird, und zwar auf mehreren Ebenen. Wird den Muslimen verfassungspolitisch ein eigener Religionsunterricht zuerkannt (Cavdar 1993; Heidari 1998, 98)? Wird ihnen religionsdidaktisch abgenommen, dass sie interreligiöses Lernen aus der Mitte der Erfahrung ihres eigenen »Glaubens« angeleitet wissen wollen, wobei die »Beziehung des Individuums zu Gott ... eindeutig im Mittelpunkt der islamischen Religiosität« steht (Heidari 1998, 99)? An einem glaubens- und gottzentrierten Religionsunterricht könnten sich westliche Vertreter eines modernen subjektzentrierten Unterrichts stoßen.

Ein weiterer Prüfstein ist die Beurteilung gesellschaftlicher Werte. Wer in sublimer Weise die eigenen religiösen und moralischen Ansichten zum Maßstab für die anderen erhebt, verletzt das Prinzip der Wechselseitigkeit, das Anerkennung verlangt, selbst wenn es schwer fällt. Wechselseitige Anerkennung bedeutet nicht, in den ethischen und religiösen Sachurteilen übereinzustimmen (hier darf es auch in der öffentlichen Schule kontroverse Diskurse geben), sondern die Träger anderer Auffassungen als Personen zu respektieren. Im konkreten Unterricht wird Gegenseitigkeit ferner dadurch

1 J. Habermas, A. Honneth; auf theologisch-katholischer Seite J. Werbick, 1996, 119; in der Ökumene der evangelische Theologe K. Raiser 1989; 1994. Ferner meine Leitformel von einer »Hermeneutik und Didaktik der wechselseitigen Anerkennung in Wahrhaftigkeit«, 1998, II, 361 u. ö.

bewiesen, dass muslimische Schüler/innen in ihren islamischen Auffassungen gleichwertig anerkannt werden und die Interaktion symmetrisch verläuft. »Konsens« um jeden Preis ist kein taugliches Ziel; es geht um Anerkennung auch im Dissens, mit D. Ritschl um »eine Hermeneutik des Vertrauens inmitten differierender semiotischer Systeme« (2003).

(4) Das Prinzip der Wahrhaftigkeit und das Bildungsziel einer starken, aktiven Toleranz

»Toleranz« ist eine schwache und billige Leistung, wenn man wegen allgemeiner religiöser Gleichgültigkeit toleriert. Sie ist auch dann schwach und noch dazu unaufrichtig, wenn fremde Religionen geduldet werden, weil der gute Ton es verlangt. Sie wird anstrengend, wenn anderer Glaube einem ganz und gar unplausibel erscheint und einem besonders andere Werte und Verhaltensnormen ›gegen den Strich‹ gehen.

Der tunesische Dialogtheologe M. Talbi will die »Pflicht des Apostolats«, d.h. die glaubensbezogene Stellungnahme, auf keinen Fall dem »Dialog« aufopfern. Er ist davon überzeugt, dass das konfessorische Zeugnis »sich vereinen lässt mit dem Respekt vor dem anderen Menschen und den anderen Konfessionen«, allerdings unter zwei Bedingungen. Es hat erstens »ohne Polemik« zu erfolgen, ohne »eine neue Form des Proselytismus ..., als Mittel, die Überzeugungen des anderen zu untergraben und seinen Zusammenbruch oder seine Übergabe herbeizuführen ...«. Zweitens taugt zum religiösen Dialog nicht der »Kompromiss«. »Niemand, Gläubiger oder Atheist, darf mit seinem Glauben oder seinen Ideen mogeln.« Dialog und interreligiöses Lernen setzen »totale Aufrichtigkeit voraus« (Talbi 1976, 153, 155).

(5) Das Prinzip entwicklungsgemäßer Abstimmung von Vertrautmachen und Distanznahme, Selbst- und Fremdreferenz

Alles Lernen baut sich über die *Verarbeitung von Differenz* auf – mehr oder weniger persönlich relevant allerdings. Bei ethischen Werten oder religiösen Überzeugungen sind Menschen existenziell stärker betroffen. Der Unterschied von Gut und Böse in Moral und Religion ist nicht vergleichbar mit der digitalen Logik in der Informatik. Kognitive Dissonanzen halten jedes Lernen in Gang. Ob allerdings Religionsgemeinschaften damit einverstanden sind, dass »andere«, »fremde«, den eigenen »widersprechende« Glaubensüberzeugungen gelernt werden dürfen, ist in und zwischen den Religionen umstritten.

»Interreligiöses Lernen« lebt jedoch definitionsgemäß vom beabsichtigten Vergleich von Unterschieden in Relation zu möglichen Gemeinsamkeiten oder zumindest Ähnlichkeiten. Es ist »Bearbeitung von Differenz« (Ziebertz 2002, 132) und zielt auf die »Integration von Perspektiven« (138). Es mutet den Heranwachsenden zumindest teilweise zu, was im Glaubensdialog von Erwachsenen im Falle eines sich dem Fremden (sächlich und personal verstanden) aussetzenden Aufeinandertreffens und Zusammenlebens Risiko oder Chance der Konversion mit sich bringen kann, je nach den Kriterien, die man anlegt.

Dass man in der Religionspädagogik vom »interreligiöses Lernen« und vom »Dialog« häufig synonym spricht, verschleift einen Unterschied. M. Hayward (1989) hebt vom »interfaith dialogue« der Dialogtheologen das Fach »Religious Education« mit seinen interreligiösen Zielsetzungen ab. Aus zentralen *pädagogischen* Gründen, aus der Perspektive der Kinder, mit denen wir als Subjekte des Lernens begannen, ist stets zu prüfen, welches Ausmaß an religiöser Differenz zugemutet werden darf. Es geht bei Religion und Religiosität um Gewissensfragen, die unter dem Schutz der Religionsfreiheit stehen. Ziele interreligiösen Lernens[2] sind *entwicklungspsychologisch* zu durchdenken: Wie sind das Vertrautwerden mit dem Eigenen und die Distanznahme durch das andere und Fremde aufeinander abzustimmen? Das emotional getönte Erzählen einer biblischen Geschichte oder einer Geschichte über Mohammed gehören zur vertraut machenden einen Seite bildenden Lernens (»education to« oder »from« einer bestimmten Religion aus). Die Besprechung aus der Warte eines Vergleichs mit analytischen Mitteln (»education about«) ist die Abstand schaffende zweite Seite, um freien Raum für ein selbstständiges »bildendes Lernen« zu ermöglichen, das Kritik an der eigenen Religion einschließt. M. E. gehören alle drei Ansätze zusammen (Nipkow 2002, 108f.).

Der moderne christliche, besonders der protestantische Religionsunterricht kennt schon längst eine erste Form reflektierender Distanznahme durch die historisch-kritischen *geschichtswissenschaftlichen* Auslegungsmethoden in der Exegese, die seit dem hermeneutischen Religionsunterricht der 60er-Jahre nicht mehr hintergehbar sind. Eine zweite Form der Distanzierung ist unter dem Einfluss der *Sozialwissenschaften* in Gestalt funktionaler Betrachtung hinzugekommen: Was leistet eine Religion individuell und kollektiv? Neuerdings hat der Neutestamentler G. Theißen zu einer aufschlussreichen »Doppellektüre« der »Religion der ersten Christen« eingeladen, zu einer »Sicht von innen und von außen« (2003, 18); einmal die übliche theologische Deutung der Zeugnisse als »Glaubenszeugnisse« (Selbstreferenz), das andere Mal die religionstheoretische Deutung von »Religion als kulturellem Zeichensystem« (Fremdreferenz) (19). Die zweite Sicht von außen wird gesteigert, wenn drittens die »fremde« Religion und die »eigene« zusammen von einem *religionswissenschaftlichen* Referenzrahmen aus betrachtet werden.

2 Ausdifferenziert für die Schulstufen bei Lähnemann 1998, 297ff., 331ff., 367ff.

Ausblick auf Bedingungen zur Verwirklichung von Zielen

Die sich zuletzt abzeichnenden Probleme warten noch auf ihre eingehende Untersuchung, besonders von den theologischen Voraussetzungen der verschiedenen Religionen diesseits und jenseits der Wasserscheide des aufklärerischen Bewusstseins aus. Die zuletzt gestreifte Dialektik von gleichzeitiger Innen- und Außensicht trifft zwischen Theorie und Praxis ferner auf mehrere potenzielle Widerstände: die möglicherweise fehlende selbstkritische theologische Hermeneutik in bestimmten Religionsgemeinschaften, die unzureichende Befähigung der Lehrenden zu einem oszillierenden Unterrichten zwischen den angedeuteten zwei Perspektiven von innen und außen und generell in der Bevölkerung die mangelnde Bereitschaft, sich überhaupt auf das Fremde und die Fremden einzulassen. Wie dialog-, toleranz- und damit letztlich auch friedensfähig ist unsere Spezies? (Nipkow 2003). Diese Frage nach den inneren anthropologischen Bedingungen geht über das Thema des Artikels hinaus.

Zum Weiterlesen

Lähnemann, Johannes, Evangelische Religionspädagogik in interreligiöser Perspektive, Göttingen 1998.

Nipkow, Karl Ernst, Ziele Interreligiösen Lernens als mehrdimensionales Problem, in: van der Ven, Johannes A./Ziebertz, Hans-Georg (Hg.), Religiöser Pluralismus und interreligiöses Lernen, Weinheim 1994, 197-232.

Schweitzer, Friedrich/Englert, Rudolf/Schwab, Ulrich/Ziebertz, Hans-Georg, Entwurf einer pluralitätsfähigen Religionspädagogik (Religionspädagogik in pluraler Gesellschaft, Bd. 1), Gütersloh u.a. 2002.

Literatur

Aldebert, Heiner, Spielend Gott kennen lernen. Bibliodrama in religionspädagogischer Sicht, Päd. Beiträge zur Kulturbegegnung, Bd. 19, Hamburg 2001.

Biehl, Peter, Religionsdidaktische Konzeptionen, in: Bitter, Gottfried/Englert, Rudolf/Miller, Gabriele/Nipkow, Karl Ernst (Hg.), Neues Handbuch religionspädagogischer Grundbegriffe, München 2002, 440-446.

Cavdar, Ibrahim, Islamischer Religionsunterricht an deutschen Schulen, in: Recht der Jugend und des Bildungswesens 41 (1993), H. 4, 265-275.

EKD-Kirchenamt (Hg.), Identität und Verständigung. Standort und Perspektiven des Religionsunterrichts in der Pluralität. Eine Denkschrift, Gütersloh 1994.

EKD-Kirchenamt (Hg.), Maße des Menschlichen. Evangelische Perspektiven zur Bildung in der Wissens- und Lerngesellschaft. Eine Denkschrift, Gütersloh 2003.

Doedens, Folkert/Weiße, Wolfram (Hg.), Religionsunterricht für alle. Hamburger Perspektiven zur Religionsdidaktik, Münster 1997.

Falaturi, Abdoldjavad, Bereitschaft und Hemmnisse in der Religionsbegegnung aus der Sicht des Islam, in: Lähnemann, Johannes (Hg.), Kulturbegegnung in Schule und Studium. Türken – Deutsche, Muslime – Christen. Ein Symposion, Hamburg 1983, 67-79.

Hanisch, Helmut/Hoppe-Graff, Siegfried, »Ganz normal und trotzdem König«. Jesus Christus im Religions- und Ethikunterricht, Stuttgart 2002.

Haußmann, Werner, Dialog mit pädagogischen Konsequenzen? Perspektiven der Begegnung von Christentum und Islam für die schulische Arbeit, Päd. Beiträge zur Kulturbegegnung, Bd. 13, Hamburg 1993.

Hayward, Mary, »Passing Over« and »Coming Back«. Interfaith Dialogue and Religious Education, in: Brown, Alan/Goßmann, Klaus (eds.), Fundamental Conditions for the Studies of World Religions, hg. im Auftrag des Comenius-Instituts in Zusammenarbeit mit der Intereuropean Commission on Church and School, Münster 1989, 28-40.

Heidari, Mohammad, Muslimische Erziehungsvorstellungen und Glaubenserziehung im Kontext interreligiösen Lernens, in: Rickers, Folkert/Gottwald, Eckart (Hg.), Vom religiösen zum interreligiösen Lernen. Wie Angehörige verschiedener Religionen und Konfessionen lernen. Möglichkeiten und Grenzen interreligiöser Verständigung, Neukirchen-Vluyn 1998, 71-102.

Hick, John, Gott und seine vielen Namen, hg. von Reinhard Kirste, Frankfurt a.M. 2001.

Hick, John, An Interpretation of Religion. Human Responses to the Transcendent, New Haven and London: Yale University Press 1989.

Kirste, Reinhard, Interreligiöser Dialog unter pluralistischen Vorzeichen. Geleitwort zur Ausgabe von John Hick: Gott und seine vielen Namen, hg. von Reinhard Kirste, Altenberge 1985, 7-15 (Wiederabdruck in Neuausgabe von Hick 1980/2001, 170-178).

Kirste, Reinhard, »Vorurteilsfreie Liebe« als wesentliche Zielvorstellung interreligiösen Lernens, in: Gottwald, Eckart/Mette, Norbert (Hg.), Religionsunterricht interreligiös. Hermeneutische und didaktische Erschließungen (Festschrift für Folkert Rickers), Neukirchen-Vluyn 2003, 37-55.

Kirste, Reinhard/Schwarzenau, Paul/Tworuschka, Udo (Hg.), Interreligiöser Dialog zwischen Tradition und Moderne, Religionen im Gespräch, Bd. 3, Balve 1994.

Knitter, Paul F., Ein Gott – viele Religionen. Gegen den Absolutheitsanspruch des Christentums, München 1988 (am.: No Other Name? A Critical Survey of Christian Attitudes Toward the World Religions, Maryknoll, N.Y.: Orbis 1985).

Lähnemann, Johannes (Hg.), Kulturbegegnung in Schule und Studium. Türken – Deutsche, Muslime – Christen, Hamburg 1983a.

Lähnemann, Johannes, Kulturbegegnung und Ausländerpädagogik – Zielvorstellungen und Konsequenzen, in: Lähnemann, Johannes, Kulturbegegnung, Hamburg 1983b, 254-265.

Lähnemann, Johannes, Evangelische Religionspädagogik in interreligiöser Perspektive, Göttingen 1998a.

Lähnemann, Johannes (Hg.), Interreligiöse Erziehung 2000. Die Zukunft der Religions- und Kulturbegegnung (Päd. Beiträge zur Kulturbegegnung, Bd. 16), Hamburg 1998b.

Lähnemann, Johannes (Hg.), Spiritualität und ethische Erziehung. Erbe und Herausforderung der Religionen, Päd. Beiträge zur Kulturbegegnung, Bd. 20, Hamburg 2001.

Lähnemann, Johannes, Interreligiöses Lernen I: Islam, in: Bitter, Gottfried u.a. (Hg.), Neues Handbuch religionspädagogischer Grundbegriffe, München 2002, 283-287.

Lambrecht, Joachim, Muslimische Ethikschüler/innen erstellen Unterrichtsmaterialien zum Islam. Kooperation Ethikunterricht – Religionsunterricht in einer 8. Hauptschulklasse, in: Lähnemann, Johannes/Haussmann, Werner (Hg.), Unterrichtsprojekte Weltethos I: Grundschule – Hauptschule – Sekundarstufe I, Päd. Beiträge zur Kulturbegegnung, Bd. 17, Hamburg 2000, 185-224.

Leimgruber, Stephan, Interreligiöses Lernen, München 1995.

Leuze, Reinhard, Christentum und Islam, Tübingen 1994.

Nipkow, Karl Ernst, Ecumenical and Inter-religious Education. Observations and reflections from a West German perspective, in: Journal of Empirical Theology, 3 (1990), H. 2, 5-22.

Nipkow, Karl Ernst, Ökumenisches Lernen – Interreligiöses Lernen – Glaubensdialog zwischen den Weltreligionen. Zum Wandel von Herausforderungen und Voraussetzungen, in: Orth, Gottfried (Hg.), Dem bewohnten Erdkreis Schalom. Beiträge zu einer Zwischenbilanz ökumenischen Lernens, Comenius-Institut Münster 1991, 301-320.

Nipkow, Karl Ernst, »Oikumene«. Der Welt-Horizont als notwendige Voraussetzung christlicher Bildung und Erziehung im Blick auf die nicht christlichen Religionen, in: Lähnemann, Johannes (Hg.): Das Wiedererwachen der Religionen als pädagogische Herausforderung. Interreligiöse Erziehung im Spannungsfeld von Fundamentalismus und Säkularismus (Päd. Beiträge zur Kulturbegegnung, Bd. 10), Hamburg 1992, 166-189.

Nipkow, Karl Ernst, Ziele Interreligiösen Lernens als mehrdimensionales Problem, in: van der Ven, Johannes A./Ziebertz, Hans-Georg, Religiöser Pluralismus und interreligiöses Lernen, Weinheim 1994, 197-232.

Nipkow, Karl Ernst, Bildung in einer pluralen Welt, Bd. 1: Moralpädagogik im Pluralismus, Bd. 2: Religionspädagogik im Pluralismus, Gütersloh 1998.

Nipkow, Karl Ernst, Dialogprinzipien eines pluralismusfähigen Religionsunterrichts am Beispiel von Christentum und Islam, in: Baumann, Urs (Hg.), Islamischer Religionsunterricht. Grundlagen, Begründungen, Berichte, Projekte, Dokumentationen, Frankfurt a.M. 2001, 144-163, 2001a.

Nipkow, Karl Ernst, Das Eigene und das Fremde. Perspektiven für ein evangelisches Bildungsverständnis im Pluralismus, in: Bitter, Stephan (Hg.), Nachdenken – Vordenken. Evangelische Perspektiven zur Jahrhundertwende, Rheinbach 2001, 81-105, 2001b.

Nipkow, Karl Ernst, Multikulturelle und multireligiöse Erziehung in der Schule, in: Zeitschrift für Pädagogik und Theologie 54 (2002), H. 2, 101-118.

Nipkow, Karl Ernst, God, Human Nature and Education for Peace: New Approaches to Moral and Religious Maturity, Aldershot: Ashgate 2003.

Nipkow, Karl Ernst, Der religiöse Bildungsauftrag der Schule im Pluralismus. Zum Fach »Religion und Kultur« im Kanton Zürich, in: Nipkow, Karl Ernst, Pädagogik und Religionspädagogik zum neuen Jahrhundert, Bd. 2, Gütersloh 2005.

Panikkar, Raimon, The Invisible Harmony: A Universal Theory or a Cosmic Confidence in Reality?, in: Swidler, Leonard (ed.): Toward a Universal Theology of Religion, Maryknoll, N.Y.: Orbis 1987, 118-153.

Panikkar, Raimon, Der neue religiöse Weg. Im Dialog der Religionen leben, München 1990 (am.: The Intrareligious Dialogue, New York: Paulist Press 1978).

Raiser, Konrad, Ökumene im Übergang. Paradigmenwechsel in der ökumenischen Bewegung, München 1989.

Raiser, Konrad, Wir stehen noch am Anfang. Ökumene in einer veränderten Welt, Gütersloh 1994.

Rickers, Folkert, Interreligiöses Lernen: Die religionspädagogische Herausforderung unserer Zeit, in: Rickers, Folkert/Gottwald, Eckart (Hg.), Vom religiösen zum interreligiösen Lernen, Neukirchen-Vluyn 1998, 119-139.

Rickers, Folkert, Interreligiöses Lernen, in: Rickers, Folkert/Mette, Norbert (Hg.), Lexikon der Religionspädagogik (LexRP), Bd. 1, Neukirchen-Vluyn 2001, Sp. 874-881.

Ritschl, Dietrich, Theorie und Konkretion in der Ökumenischen Theologie. Kann es eine Hermeneutik des Vertrauens geben inmitten differierender semiotischer Systeme?, Münster 2003.

Scheunpflug, Annette, Evolutionäre Didaktik. Unterricht aus system- und evolutionstheoretischer Perspektive, Weinheim/Basel 2001.

Schleiermacher, Friedrich, Über die Religion. Reden an die Gebildeten unter ihren Verächtern (1799), hg. von Rudolf Otto, 6. Aufl., Göttingen 1967.

Schlüter, Richard, Toleranz in der innerchristlichen Ökumene? Zur Diskussion um die Einheit der Kirche, in: Broer, Ingo/Schlüter, Richard (Hg.), Christentum und Toleranz, Darmstadt 1996, 135-161.

Schweitzer, Friedrich/Englert, Rudolf/Schwab, Ulrich/Ziebertz, Hans-Georg, Entwurf einer pluralitätsfähigen Religionspädagogik (Religionspädagogik in pluraler Gesellschaft, Bd. 1), Gütersloh u.a. 2002.

Siedler, Dirk Chr., Abrahamische Ökumene als Anfrage an christliche Theologie und Religionspädagogik – Folkert Rickers' Ansatz ›Im Entwurf des Glaubens Abrahams leben‹, in: Gottwald, Eckart/Mette, Norbert (Hg.), Religionsunterricht interreligiös. Hermeneutische und didaktische Erschließungen (Festschrift für Folkert Rickers), Neukirchen-Vluyn 2003, 163-180.

Swidler, Leonard (ed.), Toward a Universal Theology of Religion, Maryknoll, N.Y.: Orbis 1987.

Talbi, Mohamed, Islam und Dialog, in: Fitzgerald, Michael/Khoury, Adel Th./Wanzura, Werner (Hg.), Moslems und Christen – Partner?, Graz u.a. 1976, 144-177.

Theißen, Gerd, Die Religion der ersten Christen. Eine Theorie des Urchristentums, 3. durchgesehene Aufl., Darmstadt 2003.

Treml, Alfred K., Allgemeine Pädagogik. Grundlagen, Handlungsfelder und Perspektiven der Erziehung, Stuttgart 2000.

Tworuschka, Udo, Perspektiven einer neuen Islam-Didaktik – vor dem Hintergrund bisheriger Behandlung des Islam in Schulbüchern und Unterrichtsmodellen, in: Lähnemann, Johannes (Hg.), Kulturbegegnung in Schule und Studium. Türken – Deutsche, Muslime – Christen, Hamburg 1983, 39-55.

Tworuschka, Udo, Weltreligionen im Unterricht oder Interreligiöses Lernen?, in: van der Ven, Johannes/Ziebertz, Hans-Georg, Religiöser Pluralismus und interreligiöses Lernen, Weinheim 1994, 171-196.

Van der Ven, Johannes A./Ziebertz, Hans-Georg (Hg.): Religiöser Pluralismus und Interreligiöses Lernen, Weinheim 1994.

Werbick, Jürgen, Toleranz und Pluralismus. Reflexionen zu einem problematischen Wechselverhältnis, in: Broer, Ingo/Schlüter, Richard (Hg.), Christentum und Toleranz, Darmstadt 1996, 107-121.

Wunderlich, Reinhard, Pluralität als pädagogische Herausforderung (Arbeiten zur Religionspädagogik, Bd. 14), Göttingen 1997.

Ziebertz, Hans-Georg, Interreligiöses Lernen. Herausforderungen der religiösen Erziehung durch Theologien des interreligiösen Dialogs, in: Katechetische Blätter 116 (1991), H. 5, 316-327.

Ziebertz, Hans-Georg, Interreligiöses Lernen und die Pluralität der Religionen, in: Schweitzer, Friedrich/Englert, Rudolf/Schwab, Ulrich/Ziebertz, Hans-Georg, Entwurf einer pluralitätsfähigen Religionspädagogik (Religionspädagogik in pluraler Gesellschaft, Bd. 1), Gütersloh u.a. 2002, 121-143.

Ursula Sieg

Inhalte interreligiösen Lernens

Alles, was Glaubensinhalt und Lebensäußerung von Religionen bzw. ihrer Gläubigen ist, kann auch Inhalt interreligiösen Lernens sein. Didaktisch qualifiziert ist interreligiöses Lernen, wenn der Themenauswahl Entscheidungen und Zielsetzungen zu Grunde liegen. Für die Themenfindung relevant sind die Zugangsweise zu Religion, die Bestimmung des Verhältnisses der Religionen zueinander, die Lernenden als Subjekte des Lernens und ihrer Identitätsentwicklung, der Kontext des Lernens und die Zielsetzung. Sie bestimmen die Auswahl wie auch die Art und Weise der Thematisierung.

Perspektivverschiebung

Je näher uns eine Religion rückt, desto komplexer und konkreter werden ihre Inhalte. Wenn eine Religion als außerhalb unserer konkreten Lebensvollzüge stehend gilt – oder wir aus analytischen Gründen von unserer Lebenswirklichkeit absehen –, können wir sie als systematisches Ganzes in den Blick nehmen und »Islam« thematisieren oder den »Buddhismus«. Auch Querschnittsthemen können aus dieser Fremdperspektive aufgegriffen werden: »Tod und Bestattung« oder »Reichtum und Armut« in den Religionen (vgl. Klöcker/Tworuschka 1985ff.). Geht es aber z.B. um die Teilnahme an der Beerdigung eines Muslims, werden detaillierte Informationen nicht nur interessant, sondern für Beziehungen und Zusammenleben wichtig. Will eine Gemeinde Dialog-Beziehungen aufnehmen, konkretisiert sich »Reichtum und Armut« als Frage nach den Gestaltungsmöglichkeiten, dem Bildungsniveau, dem gesellschaftlichen Einfluss sowie der Moderation von sozialem Gefälle. Wenn Schüler/innen einer Klasse verschiedenen Religionen und Weltanschauungen angehören, treten ihre Inhalte in Beziehung zu Situationen und Konflikten im Schulalltag und zu Themen der schulischen Fächer. Die Fragestellungen und möglichen Zugänge vervielfältigen sich. Entsprechend wichtig ist es, die Frage- und Problemstellungen, Situationen und Vorhaben zu klären und adäquat zu authentischen Inhalten der Religionen in Beziehung zu setzen.

Inhalt und Thema

Die Interdependenz von Inhalt und didaktischen Entscheidungen hat Wolfgang Klafki beschrieben: »Mit ›Inhalten‹ ... sollte man im Zusammenhang didaktischer Erörterungen Sachverhalte bezeichnen, die noch nicht im Sinne pädagogischer Zielvorstellungen ausgewählt und präzisiert worden sind, die sich also in einem Prüfstadium befinden unter dem Gesichtspunkt, ob ihnen pädagogische Bedeutung abgewonnen bzw. zugesprochen werden kann. Indem ein ›Inhalt‹... unter einer pädagogischen Zielvorstellung, einer als pädagogisch relevant erachteten Fragestellung für die Behandlung im Unterricht ausgewählt wird, wird er zum ›Thema‹.« (Klafki 1996, 118) Dabei ist vor allem interessant, nach welchen Kriterien die Entscheidungen auf dem Weg vom Inhalt zum Thema getroffen werden.

Mögliche Inhalte

Indem stichwortartig in den Blick genommen wird, was eine Religion jeweils beinhalten kann, entfaltet sich ein Universum. Es ließe sich über »Gott und die Welt« reden:

- Glaubens- bzw. Lehrinhalte, Systematik.
- Kommunikationsformen: Symbole, Texte, Traditionen, Heilige Bücher, Predigt, Literatur.
- Äußerungen gelebten Glaubens: Zeiten und Feste, Orte, Rituale, Speisegebote, Gottesdienst, Musik, Kunst.
- Innenseite gelebten Glaubens: Gebet/Meditation, Glaubenserfahrung, Mystik, Lebensweisheit.
- Lebensbegleitung: Religiöse Einbettung von Geburt, Erwachsenwerden, Partnerschaft, Glück, Krisen, Tod.
- Gemeinschaftsgestaltung nach innen: Ethik, Recht, Geschlechter- und Generationenverhältnis, Organisation der Glaubensgemeinschaft.
- Gemeinschaftsgestaltung nach außen: Gesellschaftsorganisation, Philosophie, Weltdeutung, Verhältnis Religion-Politik, Säkularität, Verhältnis zu anderen Religionen und Weltanschauungen.
- Unterschiedliche theologische Richtungen, verschiedene gesellschaftliche und kulturelle Ausprägungen, offizielle Lehre und subjektive Interpretation.
- Systematisierungs- und Strukturierungsmöglichkeiten, Religionsgeschichte.

Wenn sich Menschen unterschiedlicher Religionszugehörigkeit begegnen, werden sie im interreligiösen Lernen selbst zum »Inhalt«:

- mit ihrer subjektiven Realisierung ihres Glaubens.
- mit ihren Identitäten und Gruppenzugehörigkeiten als Frauen und

Männer, Jungen und Mädchen, Familienmitglieder, Berufstätige, mit ihrer gesellschaftlichen Stellung, ihren Biografien.

Und interreligiöses Lernen selbst generiert Inhalte, die in Lernprozessen thematisiert werden können:

- Analysefähigkeiten und Wissen bezüglich des gesellschaftlichen Kontextes, in dem die Religionen – in ihren Inhalten wie auch als Personen oder Institutionen – einander begegnen und in Lernprozesse treten: Gesellschaftliche, wirtschaftliche Stellung, Schichtzugehörigkeit, Mechanismen der Integration und Segregation, Migrationshintergründe und ihr Einfluss auf die Interpretation und Ausübung von Religion und auf die Lernsituation.
- Sozial- und Kommunikationskompetenz: Dialogregeln, Konfliktbearbeitung, Selbstreflexion, Abbau von Vorurteilen.
- Reflexion von Erfahrungen im Dialog, Wahrnehmung von Veränderungsprozessen.

In der Schule, bei Dialogen auf kommunaler Ebene u.Ä. sind Menschen, für die bestimmte Weltanschauungen leitend und auch inhaltlich auszudifferenzieren sind, ebenfalls Dialog- und Lernpartner. Sie wären inhaltlich auch auszudifferenzieren.

Entscheidungskriterien auf dem Weg vom Inhalt zum Thema

Zunächst scheint es nahe liegend, sich an den klassischen Didaktiken der Religionspädagogik zu orientieren – Bibeldidaktik, Korrelationsdidaktik, Symboldidaktik, Themen- und Problemorientierter RU – sowie an Schularten und -stufen und Arbeitsfeldern wie Kindergarten, Schule, Gemeinde oder Gemeinwesen. Aber die Didaktiken werden nicht mehr in Konkurrenz zueinander gesehen. Mögen sie auch als für den ganzen RU umfassend angelegt worden sein, liefern sie heute Elemente für gelingendes Lernen und werden allesamt für interreligiöses Lernen in Anspruch genommen. Die Kriterien der Themenwahl liegen quer zu den Didaktiken und ebenso zu den Altersstufen.

Die Entscheidungen, die letztlich zu Themen in Unterricht und Dialog führen, beginnen bereits bei der Erhebung und Interpretation der Inhalte. Sind die Bezugswissenschaften, die die Inhalte für interreligiöses Lernen bereitstellen, die Religionswissenschaften oder die Theologien der Religionen, oder beide? Von wo aus werden Religionen dargestellt? Von außen anhand allgemeiner Strukturmerkmale oder von ihrer Verortung in der Religionsgeschichte? Von innen als persönliches Zeugnis oder auf Grund qualifizierter Ausbildung und einer institutionalisierten Position? Ist die religiöse Bewältigung des Alltags relevant oder die Systematik einer Religion an sich? Gibt es einen Bewertungsmaßstab? Liegt er innerhalb der jeweiligen Religion – z.B. Kanon, Mitte, Autoritäten, verbindliche Verfahren – oder außerhalb z.B. die Menschenrechte, Aufklärungsniveau, Urreligion ...?

Inhaltliche Entscheidungen in der Geschichte interreligiösen Lernens

Diesen Fragestellungen liegen bereits historische Entwicklungen zu Grunde (Tworuschka 1983; Lähnemann 1997, 41-107). Die Schule hat immer die griechische und römische Mythologie bearbeitet. Vom Christentum aus gab es abgrenzende und aufgeschlossene Positionen dazu. Neue Entwicklungen beginnen mit der Aufklärung, zu der parallel der Pietismus einerseits durch Mission die Religionswissenschaft belebte, andererseits die biblische Geschichte in Beziehung zum Alltag setzte und in die allgemeine Religionsgeschichte integrierte. So bildete sich »Religion« als Begriff, der in weiteren Entwicklungen zum Oberbegriff wurde, unter den das Christentum subsumiert und seine Relativierung besiegelt wurde. »Religion« entwickelte ein Eigenleben als »natürliche Religion« oder »Vernunftreligion«, was zur Konsequenz hatte, dass

- fremde Religionen zum Bildungsinhalt wurden,
- das Christentum in den Kontext der Universalgeschichte gestellt wurde, die sich evolutionär entwickelnd gedacht wurde. Die konkreten »positiven« Religionen wurden entweder als unvollkommene Abbilder der angestrebten vernünftigen Religion verstanden und ihre Differenzen damit unerheblich oder das Wesentliche einer Religion wurde in ihrer Besonderheit gesehen, die aber als historisch begrenzt zu sehen sei.
- Toleranz zur Leitidee wird, bis heute wirksam formuliert mit der Ringparabel in Lessings »Nathan der Weise« (1779). Im »Nathan« ist nicht Christentums- und Religionsfeindschaft ein wahrer humaner Standpunkt, sondern sittlich-religiöser Idealismus, der das Positive in einer Religion bedingt anerkennt.
- ein Religionsunterricht gefordert wurde, der eine allgemeine Sittenlehre und Weltanschauungsunterricht (Moralunterricht) biete und von den Kirchen unabhängig sein sollte bzw. sich bei Freidenkern auch gegen die Kirchen wenden konnte. Dem haben die Kirchen selbstverständlich Widerstand entgegengebracht.

Im 19. und beginnenden 20. Jahrhundert entstand die vermittelnde liberale Richtung, die den Religionsunterricht im gegebenen kirchlichen Rahmen didaktisch-methodisch verbessern und religionsgeschichtliche Stoffe aufnehmen wollte. Andere sahen die Notwendigkeit, gegenwartsrelevante Themen zu integrieren, so auch die relevanten nicht christlichen Religionen. Diese Tradition ist in der protestantischen Religionspädagogik durch die Zurückweisung des Religionsbegriffes in der dialektischen Theologie und deren Rezeption in der Evangelischen Unterweisung zunächst beendet worden. Die Evangelische Unterweisung thematisiert nichtchristliche Religionen nicht (vgl. Tworuschka 1983, 32-36, 50, 85-88 und 131ff.).

Gemeinsamkeiten, Unterschiede, Differenz im »Themenkanon«

Die geschichtliche Entwicklung wirkt sich nach wie vor auf didaktische Entscheidungen im interreligiösen Lernen aus, besonders auf Länderebene in der Diskussion um Art. 73 des GG. Bei didaktischen Entscheidungen über einzelne Inhalte betrifft die Möglichkeit, dass religiöse Inhalte auch unabhängig von konkreten Religionen formuliert werden können, vor allem die Bewertung von Gemeinsamkeiten und Unterschieden.

Ist z.B. Abraham zwischen Juden, Christen und Muslimen trennend oder verbindend? Werden Abraham, Sara und Hagar als gemeinsame Glaubensvater und -mütter thematisiert mit je anderer Interpretation oder als konkurrierende Traditions- und Interpretationssysteme der rabbinischen Auslegung, der paulinischen Typologie und der islamischen Tradition, die Kaaba und Hadsch begründet? Folgende Positionen können skizziert werden:

- Die Religionen sind letztlich eins: Sie fußen in einem mystisch erfahrbaren oder als theoretisch vorausgesetzten letzten gemeinsamen Urgrund, oder in einer umfassenden bzw. übersteigenden (s. o.) Religion, wie auch immer sie qualifiziert wird.
- Die Religionen sind unterschieden und eigenständig, aber die Übereinstimmungen sind größer und gewichtiger als die Differenzen: Beziehung ähnlicher, aufeinander bezogener Religionen.
- Die Religionen sind unterschieden und eigenständig. Die Differenzen sind größer und gewichtiger als die Übereinstimmungen und machen sie bedeutungslos: Beziehung völlig verschiedener, aber aufeinander bezogener Religionen.
- Die Religionen sind unterschieden und eigenständig. Eine Beziehung erfolgt über Faktoren außerhalb der Religionen, z.B. über Alltagserfahrungen, Demokratie und Menschenrechte. Theologische Gemeinsamkeiten und Unterschiede sind nicht relevant.
- Die Religionen sind unterschieden und eigenständig. Eine Beziehung ist nicht im Blick oder nicht beabsichtigt. Die Religionen können trotzdem Thema werden, es ist aber nicht mehr *inter*religiöses Lernen.

M.E. stößt die Thematisierung von Gemeinsamkeiten auf die historisch begründete Sorge, sie könnten sich verselbstständigen und bezogen auf eine

Urreligion oder als synkretistische Neubildung sich von den institutionalisierten Religionsgemeinschaften lossagen oder sogar gegen sie wenden. Diese Entwicklung ist möglich, war aber in der Geschichte und ist heute keineswegs zwingend: Interreligiös Lernende nehmen Überschneidungen in Traditionsbeständen, partielle Übereinstimmungen in der Lehre und weit gehende Übereinstimmungen in der Ethik wahr. Und gerade in ihren Religionen stark verwurzelte Menschen machen im interreligiösen Lernen und Dialog die Erfahrung von Gemeinschaft mit Andersgläubigen (siehe Ucko in diesem Band). Sie versuchen diese Einsichten und Erfahrungen in ihren Glauben auch in seiner institutionalisierten Lehre und Form zu integrieren. Benötigt wird dafür eine Theologie und Religionspädagogik, die Gemeinsamkeiten nicht prinzipiell problematisiert oder negiert, sondern von der eigenen Systematik her reflektiert und integriert.

Für interreligiöses Lernen im Religionsunterricht auf der Grundlage von Art. 7,3 des GG ist es konstitutiv, dass Gemeinsamkeiten jeweils auf die institutionalisierten Religionen und damit auch auf die Unterschiede zwischen den Religionen und den Lehrsystemen bezogen bleiben. Demgegenüber zweitrangig ist die Bewertung und Gewichtung von Gemeinsamkeiten und Unterschieden, was kontrovers diskutiert wird. Die Positionen fußen m.E. weniger auf historischen Fakten und theologischen Lehrinhalten selbst, als auf ihrer Interpretation, die wiederum neben der Geschichte interreligiösen Lernens durch gesellschaftliche Faktoren beeinflusst sein kann. So lehrt z.B. die Vorurteilsforschung, dass es leichter ist Gemeinsamkeiten mit anderen anzuerkennen, wenn sie gesellschaftlich gleichrangig sind. Sind die »anderen« jedoch gesellschaftlich niedriger gestellt, wirken Gemeinsamkeiten bedrohlich (Six/Schütz 1995, 61f.). Solche Faktoren müssen in die Diskussion einbezogen werden. Wichtig ist, dass auf dem Weg vom Inhalt zum Thema die eigene Position reflektiert und dann auch vertreten und umgesetzt, nicht aber absolut gesetzt wird.

Feste, Heilige Orte, Traditionen

Indem ich einige Beispiele aufführe, möchte ich eine weitere Problematik einbeziehen: die pädagogisch und entwicklungspsychologisch motivierte Frage nach der Auswirkung und der Verarbeitung von Unterschieden:

- Führt die Wahrnehmung von Unterschieden zwischen Klassenkameraden nicht zu kultureller Zuschreibung, Verstärkung von Vorurteilen und Ausgrenzung?
- Müssen nicht die Unterschiede gerade thematisiert werden, weil sie sich dann eher konflikthaft auswirken, wenn sie nicht geklärt und verständlich werden?
- Ist es – altersabhängig – nicht eine Überforderung, z.B. unterschiedliche Versionen der gleichen Erzählung zu hören (z.B. »Opferung« Isaaks oder Ismaels).

Nach Lähnemann (2003, 96f.) sind Feste und Besuche Heiliger Stätten der Religionen Hauptinhalte einer »interreligiösen Öffnung«, bei der es um Lernen »miteinander übereinander« geht, und zwar »am besten personenbezogen, erlebnisorientiert, projektmäßig« (a.a.O., 97). Daneben kommen grundlegende Traditionen (z.B. Koran, Mohammed, Fünf Säulen; Judentum meist nur im Zusammenhang der Feste und Heiligen Orte, was aber sehr weit reichend sein kann; ähnlich Buddhismus) häufig schon in den Grundschullehrplänen vor. So können »Feste, Heilige Orte, grundlegende Traditionen« (vgl. Kapitel »Methoden und Zugänge« in diesem Band) als »Kanon« interreligiösen Lernens gelten. An diesem Kanon sei aufgezeigt, wie sich obige Fragestellungen thematisch auswirken:

- Berger u.a. (1989) geht im Rückgriff auf Paulo Freire von einem Situationsansatz aus, nach dem der (gesellschaftliche) Konflikt die grundlegende Sozialisationserfahrung in der multikulturellen Gesellschaft der 1980er-Jahre in Deutschland ist. In einzelnen Situationen können Konflikte dialogisch-problemformulierend bearbeitet werden. Von da aus werden die Unterschiede zwischen Hinterhofmoschee und Stadtteilkirche, zwischen biblischem und islamischem Abraham, zwischen Festen geradezu aufgesucht, aber auch neu gewonnene Kenntnisse und Verstehensmöglichkeiten sowie Gemeinsamkeiten zur Konfliktlösung herangezogen.
- Jürgensen (1989) stellt die Differenzen zwischen den Religionen bewusst in den Hintergrund. Von Schleiermacher inspiriert, soll der »himmlische Funken« aufgesucht werden. Religiosität ist auf das Innerste der jeweiligen Religionen verwiesen, die aber alle von »*einer* überirdischen Kraft« herrühren. Sie möchte die traditionell-religiösen Hintergründe der christlichen und islamischen Kinder aufzuspüren und erfahrungsbezogenes Begegnen ermöglichen. Das soll zur wechselseitigen Vertiefung schon vorhandener, verbindender Elemente in beiden Kulturtraditionen beitragen und den sozialen Zusammenhalt stärken. Sie bringt Themen theologisch qualifiziert ein, thematisiert die Unterschiede aber nicht (a.a.O., 5). Alle können alles gleichermaßen bearbeiten, da es letztlich eins ist.
- Asbrand (2003) sieht in den Gemeinsamkeiten der Religionen kein Potenzial für sozialen Zusammenhalt, sondern für die Ausgrenzung von Schüler/innen ohne Religionszugehörigkeit oder religiöse Erfahrung. Die Wahrnehmung von Unterschieden führt zu Zuschreibungen von Fremdheit (vgl. Messerschmidt in diesem Band), wenn z.B. muslimische Schüler/innen »ihre« Feste erklären, »ihre« Moschee vorstellen oder »ihre Geschichten« erzählen, wie es Berger und Jürgensen beide empfehlen. Die zu thematisierenden und vertiefenden Gemeinsamkeiten der Schüler/innen liegen vielmehr außerhalb der Religionen (Klassengemeinschaft, Geschlecht, Interessen, Freundschaften), in deren Kontext Unterschiede der Religionen nur indirekt thematisiert werden dürfen. Dazu soll sich der Unterricht an der Didaktik des Sachunterrichts orien-

tieren, anhand des »Kanons« Religion erkunden, Erzähl- und Gesprächskultur pflegen, aber »ohne die Erörterung theologischer Fragen im engeren Sinne« (a.a.O., 186).

Nach Auernheimer (2003) hängt »der jeweilige Standpunkt ... von komplexen Motiven und den jeweiligen Weltbildern bzw. theoretischen Orientierungen ab« (a.a.O., 133, Diskussion 132-137). So formuliert der Rat der EKD für den Religionsunterricht in der Grundschule (Fischer 2001, 17): »Eine zunehmend multikulturelle und multireligiöse Lebenssituation erfordert Orte und Zeiten, in denen diese Situation zum besseren gegenseitigen Verständnis thematisiert, erhellt und in ihren möglichen Konfliktstrukturen aufgeklärt werden kann.« Auch diese Fragestellung ist noch nicht ausdiskutiert (siehe Kiechle/Ziebertz und Streib in diesem Band) und sollte auf die jeweilige Klassensituation hin bedacht werden. Deutlich ist aber, dass die jeweilige Entscheidung das »Was« und »Wie« innerhalb des »Kanons« beeinflusst. Konsens scheint inzwischen darin zu bestehen, dass vermieden werden sollte, Schüler/innen in eine Expertenrolle ihrer Religion hineinzubringen, und – auch um der Schüler/innen ohne religiöse Erfahrung willen – Informationen und Begegnung durch Medien und Personen von Außen erfolgen sollten. Gerade auch, wenn Unterschiede und Konflikte thematisiert werden sollen, ist es wichtig – im Sinne Asbrands – überlappende Identitäten zu stärken: Klassenverband, Fans von XY etc.

Die Wahrnehmung direkter Unterschiede, z.B. zwischen biblischer und islamischer Version der Abrahamsgeschichte, wird häufig auch mit der Wahrheitsfrage verbunden. Kinder wollen wissen, welche Geschichte denn nun stimme; was wahr sei. Meines Erachtens sollte damit ähnlich umgegangen werden, wie mit der Unterscheidung zwischen Bericht historischer Tatsachen und Glaubenszeugnis. So wenig wie historische Tatsachen, werden objektive (Glaubens)Wahrheiten tradiert. »Das hebräische Wort für Wahrheit ist *emeth.* Das bedeutet eine Realität, die fest, zuverlässig, gültig und verpflichtend ist. Die Betonung liegt nicht so sehr auf Wahrheit im ontologischen Sinne, als auf Wahrheit als Ehrlichkeit, Vertrauenswürdigkeit und Verlässlichkeit. Gott ist wahr. Man kann sich auf Gott verlassen«. (Ucko 2000; Übersetzung aus dem Englischen U. Sieg) Wahrheit ist vorrangig ein Beziehungsbegriff. Um auszudrücken, dass Gläubige einem Gebot, einem Erwählten oder Gesandten etc. verpflichtet sind, erzählen sie davon in ihrem Kontext und in ihren Möglichkeiten (Kaaba statt Tempelberg), von ihrem Vorfahren (Ismael statt Isaak). Es drückt die herausragende Wichtigkeit einer Glaubenserfahrung aus, wenn sie von sich nahe stehenden Menschen erzählen. Halima Krausen schreibt zu der Isaak/Ismael-Thematik: »In der arabischen Überlieferung (...) wird der Name des Sohnes in dieser Geschichte im Qur'an gar nicht erwähnt. Man kann daraus schließen, dass es zwar für die Nachfahren der beiden Brüder natürlich ist, ihren jeweils eigenen Vorfahren in dieser Rolle sehen zu wollen, aber dies ist weder zum Verständnis der Geschichte als existenzieller menschlicher Erfahrung wesentlich, noch sollte es gar ein Streitgrund sein (...) Der Qur'an konzentriert sich auf die Einheit Gottes hinter der Vielfalt der Menschheit«. (nach Sieg 2003b, 80) »Die zentrale Bedeutung der Geschichte liegt vielmehr in der existenziellen Erfahrung, der sich Vater und Sohn ausgesetzt sehen«. (a.a.O., 135) Für diese verschiedenen Wahrheitsverständnisse kann bei Schüler/innen Verständnis angebahnt werden.

Lehrpläne als Themenvorgabe »geöffneten« Religionsunterrichtes

Der Themenkanon »Feste, Orte, Traditionen« findet sich sowohl im konfessionellen Religionsunterricht, der Begegnungen mit anderen Religionen sucht, als auch in einem Unterricht, wo im Religionsunterricht beständig Schüler/innen verschiedener Religionen und Weltanschauungen zusammen sind und die Nötigung zur »Öffnung« (Arbeitsausschuss 1992) des gesamten Religionsunterricht gesehen wird. Die Öffnung des gesamten Religionsunterrichts bedeutet die Übernahme der Entscheidungen, die in den Lehrplänen bzw. Curricula schon enthalten sind: Zielsetzungen, zu denen Verständigung und Perspektivenwechsel hinzukommt, und Einschätzungen über entwicklungspsychologische Lernvoraussetzungen und lebensweltliche Relevanz, aber auch aus christlicher Theologie begründete Entscheidungen. Werden nun Lehrplanthemen lediglich aus Lektüre durch Perspektiven weiterer Religionen ergänzt, können leicht Gewichtungen oder ganze Themen sachfremd in andere Religionen eingetragen werden, z.B. das Thema »Sünde und Vergebung«, das in jüdischer oder islamischer, erst recht buddhistischer Systematik u. U. nicht so relevant ist, dass es in einen Lehrplan übernommen würde. Das kann vermieden werden, wenn die »Öffnung« im Dialog mit Vertreter/innen der einzubeziehenden Religionen geschieht. Über die Notwendigkeit entwicklungspsychologischer Fundierung und lebensweltlicher Verortung und Lernziele, z.B. orientiert an den Schlüsselproblemen Klafkis, kann schnell Konsens hergestellt werden. Auch die Methoden sind z.B. für Muslime weitgehend akzeptabel, da sie längst hinter den unter europäischem Einfluss eingeführten Frontalunterricht zurückfragen nach eigenen Methoden mit starker Betonung von Textarbeit und freier Diskussion.[1] Eine Ausnahme bildet die Elementarisierung und das Erzählen von Bibeltexten, die auf alle Heiligen Schriften (Koran) übertragen werden können. Für die Inhalte ergeben sich die Prinzipien der »Authentizität« und der »Dialogorientierung« (Hamburger Rahmenpläne) für Themenwahl, Materialerstellung und

1 Vortrag der Islamwissenschaftlerin Muna Tatari in der Missionsakademie Hamburg am 13.1.2005.

Methodik. Zu den geöffneten Themen des christlichen Lehrplans, treten genuine Themen anderer Religionen hinzu.

Bei einer interreligiösen Öffnung des Religionsunterrichts wird häufig die Frage nach der Auswirkung auf Beheimatung und Identitätsentwicklung gestellt. Nun wird die Notwendigkeit zur interreligiösen Öffnung vor allem in Situationen gesehen, wo dem Religionsunterricht die Möglichkeit zur Beheimatung im Christentum ohnehin längst genommen ist, weil für die Schüler/innen keinerlei Zusammenhang mehr zwischen Religionsunterricht, Familie und Gemeinde besteht. Dafür unterstützt aber die interreligiöse Öffnung Schüler/innen darin, Subjekt ihres Lernens und auch ihrer Identitätsentwicklung zu werden und darin, Religion – als Spiritualität und religiöse Sprachfähigkeit, wie als konkrete an Institutionen gebundene Religion – einzubeziehen. Für den Versuch, zu einem Thema sowohl Perspektiven verschiedener Religionen als auch die Subjektivität und Identitätsentwicklung der Schüler/innen zu vereinen, hat sich nachstehendes Konzept bewährt (ausführlich Sieg 2003b):

Im Grundschulalter vollzieht sich Identitätsentwicklung als Pendeln zwischen äußeren Ansprüchen und inneren Vorstellungen. Diese können im Unterricht verortet werden als Bewegung zwischen Gesamtunterricht und Binnendifferenzierung. Ein Inhalt, dessen Eignung als Thema überprüft wird, wird auf Erfahrungen, Themen, Probleme hin befragt, die alle miteinander teilen können und die lebensweltlich, gesellschaftlich wie auch in den Religionen relevant sind, und auf Elemente hin, die mit den Methoden der Binnendifferenzierung zur Auswahl gestellt werden können. Nahezu jedes (traditionelle Religionsunterrichts-) Thema kann auf diese Weise mehrperspektivisch interreligiös geöffnet werden (vgl. Sieg 2003a und 2004):

Pendeln zwischen

Gemeinsamem Gesamtunterricht		Eigenem Binnendifferenzierung
Themenentfaltung, Exkursionen zu Gebetsorten, Gemeinsame Stilleübung ohne religiösen Bezug (auch ohne christlichen Bezug). Unter Umständen stellen Kinder die (Gebets)Texte ihrer Wahl vor.	Gebet	Freiarbeitsstationen jeweils mit Gebeten und Gebetshilfen aus den Religionen, denen Kinder angehören, mit Gedichten und Meditationsworten ohne religiösen Bezug. Anleitung zu eigenem Ausdruck. Stilleecke.
	⟺	
Gemeinsam werden Erfahrungen gemacht und das Symbol erarbeitet, Information und Austausch über die Konkretionen: z.B. Wasser	Symbol	Konkretionen: Mikwe, Taufe, Waschungen vor dem Gebet, Wassergeschichten aus Bibel, Islam etc., Märchen, Eigenproduktionen
der gleichen Sache		aus verschiedenen Perspektiven

Schulprogramm als Themenvorgabe für interreligiöses Lernen

Wenn Schulen ein sehr ausgeprägtes Schulprogramm entwickelt haben, werden die Themen aller Schulfächer davon bestimmt sein müssen, so auch Religion, zumal wenn der Religionsunterricht nicht mehr in ausgewiesenen Fachstunden erteilt wird. Ein Beispiel bietet Margot Rickers, Leiterin der Ev. Annaschule in Aachen. Das Schulprogramm orientiert sich zum einen am Konziliaren Prozess für Frieden, Gerechtigkeit und Bewahrung der Schöpfung und zum anderen an der Weltethos-Erklärung des Parlaments der Weltreligionen (siehe Rehm in diesem Band). Zum einen wird eine ausgeprägte Umwelterziehung und Erziehung zur Gewaltfreiheit auch als Teil des Religionsunterrichts gesehen (M. Rickers 2000), zum anderen werden Reaktionen und Perspektiven nichtchristlicher Schüler/innen auf Inhalte des Religionsunterrichtes sensibel und inhaltlich qualifiziert aufgegriffen, was auch zur interreligiösen Öffnung klassischer Themen des Religionsunterrichts führt, so z.B. Perspektiven verschiedener Konfessionen und Religionen auf Jesus, die mit Hilfe Geistlicher und der Eltern intensiv recherchiert werden (M. Rickers 1999). Zentral ist die Beschäftigung mit verschiedenen Schöpfungsmythen: »Kinder und Lehrerinnen erkennen gemeinsam durch Vergleichen, dass die Weltentstehungsgeschichten der Menschen – so unterschiedlich sie sein mögen – von einer hohen Wertschätzung dieser Erde sprechen und die Gläubigen auf Erhalt der Welt und zu sorgsamem Umgang verpflichtet«. (M. Rickers 2000, 7) Dies Beispiel zeigt, wie Ökumenisches Lernen sich auch interreligiös versteht, wenn es sich auf »die ganze bewohnte Erde bezieht« (vgl. Noormann/Becker 2004, 181-184).

Begegnung, Dialog oder Alltagserfahrung

Ein zentraler Stellenwert im Blick auf Inhalte interreligiösen Lernens kommt dem Konzept der »Begegnung« zu, das wesentlich von den »Nürnberger Foren« ausstrahlt (siehe Lähnemann in diesem Band). Bereits auf dem ersten Nürnberger Forum 1982 wurden Leitlinien für Begegnung formuliert: »Begegnung (...)

(...) bezeichnet ein Zusammenkommen von Menschen, bei dem sich mehr ereignet als nur ein teilnahmsloses Nebeneinanderleben oder eine bloß distanzierte Auseinandersetzung mit dem Denken der anderen. Bei wirklicher Begegnung wird der Mensch vom anderen vielmehr so in seinem Kern berührt, dass dadurch sein eigenes Leben verändert wird.

(...) setzt nicht einen ›überkonfessionellen‹ Standpunkt voraus. Sie bedarf vielmehr eines guten Verstehens der eigenen religiösen und kulturellen Herkunft, weil nur so ein ›substanzieller‹ Dialog möglich wird.

(...) betrifft Kenntnisse, Einstellungen und Verhalten: Informationen sind notwendig. Sie allein aber genügen nicht, um Vorurteile abzubauen und ein besseres Verstehen anzubahnen (...) Ebenso wichtig aber ist das Finden konkreter Möglichkeiten der Begegnung.« (Lähnemann 1983, 64)

Lähnemann geht von einem nach Konfessionen getrennten Religionsunterricht aus. Muslimische Schüler/innen besuchen den Ethikunterricht. Im evangelischen Religionsunterricht geht es um Vertrautmachen mit der eignen Kultur und Religion als »verantwortetes Sinnsystem« – und um orientierende Öffnung für andere Traditionen, um »nicht indoktrinierende Begegnung mit den im Lebensvollzug der Heranwachsenden besonders relevanten Religionen als lebendigen strukturierten Größen«. Für höhere Klassen werden die »lebendig strukturierten Größen« umrissen in »Didaktik der Weltreligionen« (Lähnemann 1994; 1996).

Begegnung vollzieht sich z.B., indem die Muslime der Klasse zu einem Thema zum evangelischen Religionsunterricht dazukommen (Lähnemann 2004, 9), sowie durch den »Themenkanon« (s.o.). Wo direkte Begegnung nicht möglich ist, kann personenbezogenes Lernen auch durch »Personalisierung« erreicht werden. Nach Haußmann wird dabei das Selbstverständnis einer anderen Religion an »ideal-typischen« Gestalten deutlich, wodurch Begegnungsfelder geschaffen werden, die Zugang erleichtern (Haußmann 1992, 295). Dabei wird einer fiktiven Person die Erläuterung zentraler Inhalte eines Glaubens in den Mund gelegt bzw. möglichst realistische Situationen geschildert, um eine nicht realisierbare reale Begegnung zu ersetzen. Deutlich ist, dass die Begegnung sehr vorstrukturiert ist, die Differenzerfahrung im Zuge der didaktischen Entscheidungen sozusagen »portioniert« wird. Die Schüler/innen werden einander nicht notwendig selbst gegenseitig zum Thema, sondern die Wahrnehmung des »Anderen« konzentriert sich auf dessen Religion. Das Prinzip der Personalisierung findet sich in vielen Unterrichtsmaterialien (so z.B. in Tworuschka/Tworuschka 2004). Didaktische Entscheidungen liegen darin, von wo aus und in welche Richtung die fiktive Person spricht. Häufig sprechen fiktive muslimische Kinder von einem »islamischen Land«, meist die Türkei, aus, das »ihr Heimatland« sei (z.B. Schwikart 1996; Lähnemann 2004), zu christlichen Kindern in Deutschland. Demgegenüber steht die Sichtweise, dass die Kinder, meist in zweiter Generation in Deutschland geboren, mitsamt dem Islam in Deutschland ihre Heimat haben und der Islam, wie auch zunehmend alle anderen Religionen, als »Nachbarschaftsreligionen« (Doedens 1997) zu thematisieren seien und Unterrichtsmaterial eine dialogische Situation abbilden sollte.

Damit Begegnung tatsächlich geeignet ist, Vorurteile abzubauen, sind einige Bedingungen zu beachten. Die Angehörigen der Minoritäten müssen gleichen oder höheren sozialen Status haben. Eine Gruppe sollte in sich möglichst heterogen sein, da Bestandteil von Vorurteilen die Vereinheitlichung der anderen ist (Alle... sind so.). Der Kontakt sollte durch eine Institution, Autorität oder das soziale Klima unterstützt sein und einen belohnenden

Charakter haben und keine Konkurrenz erzeugen. Ein enger Kontakt wirkt günstiger als ein zufälliger. Besonders günstig ist es, wenn die Gruppen zu gemeinsamen Aktivitäten bei Entwicklung gemeinsamer, übergeordneter Ziele finden (Six/Schütz 1995, 60).

Ansätze interreligiösen Lernens, in denen Dialog zentral ist, finden sich vor allem in Situationen, in denen Schüler/innen nicht in unterschiedliche Lerngruppen auseinander gehen. Während im Konzept der Begegnung der Dialog seinen Ort im Rahmen der Begegnung hat, ist hier Dialog Modus des gesamten interreligiösen Lernens. Nach Wolfram Weiße geht es »um einen Dialog, in dem sich Schülerinnen und Schüler mit ihren unterschiedlichen und unterschiedlich stark ausgeprägten religiösen und weltanschaulichen Hintergründen einbringen sowie... auch eigene Positionen entwickeln können. Frage nach dem Sinn des Lebens und Sterbens, nach dem letztlich Tragenden, nach dem Heiligen und Göttlichen prägen diesen Unterricht ebenso wie sozialethische Fragen nach Gerechtigkeit, Frieden und Schöpfungsbewahrung. In diesem Spektrum gibt es viele Gemeinsamkeiten zwischen den verschiedenen Konfessionen und Religionen« (Weiße 2004, 13f.). Aber: »Eigene Positionen sollen nicht in Vermischung mit anderen erahnt, sondern im Angesicht anderer Positionen gefunden werden« (a.a.O., 14). Dabei soll der Dialog, der u.a. von Baldermanns Dialogbegriff in der Bibeldidaktik (a.a.O., 14f.) her definiert wird, nicht Ziel, sondern Strukturprinzip sein und nicht auf die inter*religiöse* Dimension eingegrenzt werden: »Sowohl unterschiedliche ökonomische und soziale Rahmenbedingungen als auch die in diesem Kontext zu interpretierenden kulturellen Unterschiede von Religionen und Weltanschauungen sollten zum Tragen kommen. Hierbei spielt die Perspektive »von unten« eine entscheidende Rolle. Das heißt, dass nicht nur die Großorganisationen von Religionen in ihrer sozial-ökonomischen Einbettung zu beachten sind, sondern gerade auch die Bedingungen, unter denen einzelne Personen und Gruppen von Menschen mit jeweiligem religiösem Hintergrund in einer Gesellschaft leben« (ebd.).

Hier wird auch der Dialog selbst zum Thema. Leonard Swidler hat 10 Grundregeln formuliert, die mittlerweile als klassisch gelten können. Zwei der wichtigsten lauten:

4. Im interreligiösen, interideologischen Dialog sollten wir nicht unsere Ideale mit der Praxis unserer Partner vergleichen, sondern unsere Ideale mit den Idealen unserer Partner, unsere Praxis mit der Praxis unserer Partner.
5. Jeder Teilnehmer muss seine/ihre Position selbst erläutern und klar umreißen. Ungekehrt: Der/Die von außen her Interpretierte muss in der Lage sein, sich selbst in der Interpretation wieder zu erkennen.

Rickers schließlich versteht interreligiöses Lernen als Querschnittsaufgabe des gesamten Unterrichts einschließlich des RU. Es wird selbst nicht religiös begründet, sondern philosophisch-pädagogisch an den Menschenrechten orientiert. Lerngegenstand ist nicht vorrangig der Traditionsgehalt der Religionen, sondern Alltagserfahrungen der Schüler/innen, in denen Religion eine Rolle spielt oder spielen kann (2002, 184).

Gemeinde und Erwachsenenbildung

Auf Gemeindeebene spielen die für den Religionsunterricht erläuterten Inhalte und Themenfindungen ebenso eine Rolle. Zentral ist auch hier das Konzept der Begegnung, auch hier häufig kombiniert mit dem »Kanon« Feste, Heilige Orte, grundlegende Traditionen. Darüber hinaus werden auf kommunaler Ebene gemeinsame Projekte z.B. zur Verbesserung der Lebenssituation, kulturellen Bereicherung oder Friedensengagement angegangen. Bildungsinstitutionen klären wissenschaftlich fundierte Fragen, die der interreligiöse Dialog aufwirft, z.B. derzeit zum Verhältnis Menschenrechte und Toleranz, Säkularität und Religionsfreiheit. Die JCM-Tagung 2005 hat das Thema »Leben in einer Kultur der Angst« (siehe Krausen in diesem Band). Eine Besonderheit des Gemeindebereiches ist, dass manche Gläubige sich spirituell auf die Glaubenspraxis anderer Religionen sehr weitgehend einlassen (siehe z.B. Süss in diesem Band). In diesem Bereich ist es wichtig, die eigenen Grenzen der Teilhabe und besonders auch die Grenzen der Teilhabe, die eine Religion Andersgläubigen gewähren kann, zu erkunden und zu respektieren. Die gilt auch für Lehrkräfte, die z.B. beim Schulgebet hier Verantwortung für Schüler/innen haben (vgl. Sieg zu Feste in diesem Band).

Zum Weiterlesen

Doedens, Folkert/Weiße, Wolfram (Hg.), Religionsunterricht für alle. Hamburger Perspektiven zur Religionsdidaktik, Münster 1997.

Dommel, Christa (Hg.), Werte schätzen. Religiöse Vielfalt und Öffentliche Bildung, Frankfurt a.M. 2003.

Noormann, Harry/Becker, Ulrich/Trocholepczy, Bernd (Hg.), Ökumenisches Arbeitsbuch Religionspädagogik, Stuttgart 2004.

Rickers, Folkert (Hg.), Alltagserfahrungen im interreligiösen Kontext, Neukirchen-Vluyn 2000.

Literatur

Arbeitsauschuss der Vereinigung evangelischer Religionslehrer in Hamburg e.V., Memorandum zum Religionsunterricht, Hamburg 1992, in: Der evangelische Erzieher 45 (1993), H 1, 29-34.

Asbrand, Barbara, Religiöses Lernen aus Grundschulpädagogischer Perspektive, in: Speck-Hamdan u.a. 2003, 183-188.

Auernheimer, Georg, Einführung in die Interkulturelle Pädagogik, Darmstadt 2003.

Berger, Hartwig/Großhennig, Ruthild/Schirmer, Dietrich, Von Ramadan bis Aschermittwoch. Religionen im interkulturellen Unterricht, Weinheim 1989.

Doedens, Folkert, Interreligiöses Lernen im Religionsunterricht für alle. Vielfalt in Gemeinsamkeit lernen, in: Doedens, Folkert/Weiße, Wolfram (Hg.), Religionsunterricht für alle. Hamburger Perspektiven zur Religionsdidaktik, Münster 1997, 55-79.

Fischer, Dietlind (Hg.), Religion lernen in der Grundschule. Ein Lesebuch, Münster 2001.

Freie und Hansestadt Hamburg. Behörde für Bildung und Sport (Hg.), Bildungsplan Grundschule, Rahmenplan Religion, Hamburg 2004.

Freie und Hansestadt Hamburg. Behörde für Bildung und Sport (Hg.), Bildungsplan Haupt- und Realschule, Rahmenplan Religion, Hamburg 2004.

Haußmann, Werner, »... in den Schuhen eines anderen gehen«?!, in: Lähnemann, Johannes (Hg.), Das Wiedererwachen der Religionen als pädagogische Herausforderung, Hamburg 1992, 295-302.

Jürgensen, Eva (Hg.), Feste und Gestalten im Jahreslauf: Jesus und Mohammed, Lahr 1989.

Kirchenamt der EKD (Hg.), Religionsunterricht in der Grundschule, in: Fischer, Dietlind (Hg.), Religion lernen in der Grundschule. Ein Lesebuch, Münster 2001.

Klafki, Wolfgang, Neue Studien zur Bildungstheorie und Didaktik, Weinheim 1996.

Klöcker, Michael/Tworuschka, Udo (Hg.), Ethik der Religionen – Lehre und Leben, München/Göttingen, 5. Bde., 1984-1986.

Lähnemann, Johannes (Hg.), Kulturbegegnung in Schule und Studium. Türken – Deutsche, Muslime – Christen – ein Symposium, Hamburg 1983.

Lähnemann, Johannes, Weltreligionen in Unterricht. Teil 1: Fernöstliche Religionen, Göttingen 1994.

Lähnemann, Johannes, Weltreligionen in Unterricht. Teil 2: Islam, Göttingen 1996.

Lähnemann, Johannes, Evangelische Religionspädagogik in interreligiöser Perspektive, Göttingen 1998.

Lähnemann, Johannes., In ökumenischer und interreligiöser Offenheit, in: Speck-Hamdan u.a. 2003, 94-99.

Lähnemann, Johannes, Interkulturelles Lernen im Religionsunterricht, in: Grundschule 36 (2004), H. 4, 8-9.

Nipkow, Karl-Ernst, Bildung in der Pluralen Welt, Bd. 2, Gütersloh 1998.

Noormann, Harry, Becker, Ulrich, Trocholepczy, Bernd (Hg.), Ökumenisches Arbeitsbuch Religionspädagogik, Stuttgart 2004.

Rickers, Folkert, Interreligiöses Lernen, in: Jahrbuch der Religionspädagogik 18, Neu 2002, 182-192.

Rickers, Margot, Jesus Christus in den Weltreligionen. Über den Umgang mit der Thematik in einer städtischen evangelischen Grundschule, in: Jahrbuch der Religionspädagogik 15, 1999, 3-16.

Rickers, Margot, Schöpfung, Frieden, Gerechtigkeit. Aspekte des Schulprogramms einer evangelischen Grundschule, in: ru 30 (2000), H. 1, 6-9.

Schwikart, Georg, Gott hat viele Namen. Kinder aus aller Welt erzählen von ihrem Glauben, Düsseldorf 1996.

Speck-Hamdan, Angelika/Brügelmann, Hans/Fölling-Albers, Maria/Richter, Sigrun (Hg.), Kulturelle Vielfalt. Religiöses Lernen. Jahrbuch Grundschule IV, Seelze 2003.

Sieg, Ursula, Feste der Religionen, Düsseldorf 2003a.

Sieg, Ursula, Interreligiöses Lernen im Pendeln zwischen Eigenem und Gemeinsamem, in: Dommel, Christa (Hg.), Werte schätzen. Religiöse Vielfalt und Öffentliche Bildung, Frankfurt a.M. 2003b, 234-255.

Sieg, Ursula, Beten und was dabei hilft, in: Grundschule 36 (2004), H. 4, 16-18.

Six, Bernd/Schütz, Heidi, Stereotype und Vorurteile Bd. 3. Diskriminierendes Verhalten und Änderungsprogramme. Kurs zu Vorurteilen, Hagen 1995.

Swidler, Leonard, Interreligiöser und interideologischer Dialog, in: Pastoraltheologie 75 (1986), H. 7, 315-317.

Tworuschka, Udo, Die Geschichte nichtchristlicher Religionen im christlichen Religionsunterricht, Köln 1983.

Tworuschka, Monika/Tworuschka, Udo, Feste der Religionen Kindern erzählt, Gütersloh 2004.

Ucko, Hans, Truth or Truths, Vortrag in Malibu Nov. 2000. (unveröffentlicht).

Weiße, Wolfram, Dialogischer Religionsunterricht für alle, in: Grundschule 36 (2004), H. 4, 13-15.

Ulrike Baumann

Akteure interreligiösen Lernens

Die individuellen und subjektiven Voraussetzungen der am Lerngeschehen direkt oder indirekt Beteiligten werden in diesem Beitrag beschrieben. Mögliche Dynamiken und Auswirkungen in interreligiösen Begegnungen und in interreligiösem Lernen werden skizziert, die den jeweiligen sozialen und religiösen Hintergrund sowie den institutionellen Zusammenhang berücksichtigen. Gestaltungsperspektiven und -anforderungen werden ausgehend von den Prinzipien des interreligiösen Dialogs (Karl Ernst Nipkow) am Beispiel von Schulleben und Religionsunterricht konkretisiert.

Kinder und Jugendliche sind hinsichtlich ihrer religiösen Überzeugungen nicht festgelegt, auch wenn sie bestimmten Religionen und Konfessionen angehören. Sie befinden sich auf der Suche nach eigenen Gewissheiten und eigenem Glauben. Dass die Identifizierung des Eigenen innerhalb der zugeschriebenen religiösen Tradition gelingt, ist in der pluralen Situation der postmodernen Gesellschaft nicht selbstverständlich. Junge Erwachsene folgen häufig dem gesellschaftlichen Trend zur Individualisierung und wollen selbst bestimmen, was wahr ist. Sie fühlen sich verpflichtet, ihre Sinnsuche individuell zu begründen, ob sie sich einem religiösen Bekenntnis zugehörig fühlen oder nicht. Aber individuelle Identitätsbildung erfolgt unter Rückgriff auf kollektive Erfahrungen und kulturelle Ressourcen. Hinsichtlich der Pluralität der Kulturen und Religionen mit ihren Differenzen bleiben auch die Erwachsenen Lernende. Um zusammen leben zu können, muss man sich genauer und tiefer verstehen. Ein interkultureller und interreligiöser Dialog ist unabdingbar. Deshalb sind Kinder, Jugendliche und Erwachsene gemeinsam Akteure im Prozess des interreligiösen Lernens.

Lernende und Lehrende

In religiös heterogenen Lerngruppen Kinder und Jugendliche als Expertinnen und Experten für die Religion, der sie angehören, anzusprechen, führt zu Überforderungen. Sie befinden sich »in der Entwicklung« und haben ein Recht auf die eigene Suche nach Orientierung. Aus geringer Sicherheit über die eigene Position resultiert bei ihnen häufig Zurückhaltung gegenüber

Fremdem. Es ist Aufgabe der Erwachsenen, mit Kindern und Jugendlichen über Erwartungen und Ängste, Missverständnisse und Vorurteile zu sprechen, damit sie durch die religiöse Pluralität in der Gesellschaft nicht unnötig irritiert werden. Eltern tragen hier besondere Verantwortung und sollten verlässliche Gesprächspartner sein, zu denen die Kinder einschließlich ihrer Freundinnen und Freunde mit allen Fragen kommen können.

In der Kindheit kommt auch den Erzieherinnen und Erziehern in den Tageseinrichtungen eine Mitverantwortung für das interreligiöse Lernen zu, denn die Vielfalt der Kulturen und Religionen gehört bereits früh zum Alltag, nicht zuletzt in den Einrichtungen selbst. Die Kinder möchten sich in ihrer Verschiedenheit besser kennen lernen. Welche elementaren Erfahrungen des Eigenen und des Fremden ermöglichen ihnen die Erzieherinnen? Sind sie selbst in der Lage, die Vielfalt, die ihnen durch die Kinder und deren Familien begegnet, als Bereicherung zu entdecken und anzunehmen? Der respektvolle Umgang mit anderen Religionen sollte eine Grundhaltung in Einrichtungen in kirchlicher Trägerschaft sein. Seitens der Träger gehört dazu der Respekt vor der Entwicklung der Erzieherinnen und Erzieher, die zwischen der Verwurzelung im Eigenen und der Achtung des Fremden selbst nach einer Identität suchen.

In der Freizeit ist die Begegnung zwischen den Kulturen und Religionen in unserer Gesellschaft eher dem Zufall überlassen. Deutsche Jugendliche ohne Migrationshintergrund bleiben in ihren Peergroups gern unter sich. Die öffentliche Schule jedoch bringt die Kulturen und Religionen zusammen; hier ergeben sich die häufigsten Kontakte. Die Kategorien »jüdisch«, »christlich«, »muslimisch«, »ohne Bekenntnis« enthalten jedoch eher Zuschreibungen, als dass sie geeignet sind, Ansatzpunkte für das interreligiöse Lernen zu bieten. Bei den Schülerinnen und Schülern selbst sind die Lernvoraussetzungen sehr heterogen, auch wenn sie formal einer bestimmten Religion und Konfession angehören. Viele wollen sich nicht festlegen und suchen doch Halt in religiösen Überzeugungen, die sie mit anderen teilen können. Deshalb stehen manche z.B. christlichen oder muslimischen Gruppen nahe; manche lehnen Religion völlig ab. Viele zeigen ein eher schwebendes Interesse an bestimmten religiösen Phänomenen. Andere verhalten sich scheinbar gleichgültig gegenüber Religion und Glaube. Ein tieferes Verstehen des Religiösen hängt davon ab, dass im Jugendalter das eigene Ich als Ganzes erlebt und reflektiert wird und dass sich elementar ein Selbst- und Weltverständnis ausbildet. Im Zuge dieser Entwicklung kann es in der Schule zwischen Jugendlichen verschiedener Religionen zu heftigen Auseinandersetzungen über »Gott und die Welt« kommen. Diese religiöse Heterogenität ist ein Thema der ganzen Schule, und der Umgang mit ihr ist schwierig.

Wie sie die Äußerungen und das Verhalten der Lehrerinnen und Lehrer in dieser Situation einschätzen, ist für die Schülerinnen und Schüler ein wichtiger Faktor zur Orientierung. Was brauchen die Lehrerinnen und Lehrer in dieser Lage, um mit einer religiös heterogenen Schülerschaft in der

Schule zusammenzuleben und sie zumindest phasenweise zusammen unterrichten zu können? Notwendig ist eine »Didaktik der Vielfalt« (Nipkow 2001, 102), die sich zunächst immer wieder darum bemühen muss, genau wahrzunehmen, welche religiösen Erfahrungen Kinder und Jugendliche in die Schule mitbringen und welche religiösen Traditionen in ihren Familien gelebt werden. Unterrichtende sollten sich für die religiösen »Erbschaften« ihrer Schülerinnen und Schüler, ihre unterschiedlichen Erfahrungen und deren Entstehungskontexte interessieren und ihnen einen Ort geben, wo sie zum Ausdruck gebracht werden können. Diese Didaktik ist riskant, weil sie die eigene Identität berühren und zur Auseinandersetzung mit der eigenen religiösen Tradition führen kann, die einem möglicherweise selbst fremd geworden ist. Die Strategien zum Umgang mit religiöser Heterogenität werden von Fach zu Fach verschieden sein. Aber in den meisten Ansätzen der interkulturellen Pädagogik und Didaktik wird das Thema »Religion« nur am Rande gestreift. Fragen des interreligiösen Lernens sind jedoch nicht nur Angelegenheit der Religionspädagogik. Bisher leistet sie mit der Bearbeitung des Themas eine stellvertretende Arbeit für die ganze Schule. Weil eine Vernetzung mit der interkulturellen Pädagogik noch kaum erfolgt ist, müssen wir uns mit der Frage nach den Akteuren im interreligiösen Lernen hauptsächlich auf Diskussionsstränge in der Religionspädagogik beziehen.

Dabei kommen besonders die christlichen Religionslehrerinnen und Religionslehrer in den Blick. Sie sind herausgefordert, die christlichen Jugendlichen in der Beurteilung anderer Religionen zu der Sorgfalt zu erziehen, die man sich auch gegenüber der eigenen Religion wünscht. Sie müssen sie so weit fördern, dass sie einen Standpunkt in der eigenen Religion finden, der sie zum Dialog in Differenz und Toleranz befähigt. Den anderen Schülerinnen und Schülern sollten sie signalisieren, dass sie ihre andere Kultur und Erfahrungswelt und die ihrer Familien respektieren. Religionslehrerinnen und -lehrer sollten offen sein für Begegnung und Dialog mit Menschen der anderen Religionen und Traditionen, die im Bildungssystem präsent sind. Wie weit ermöglicht ihnen das ihre eigene Religiosität? Es ist deutlich, dass sie bei ihrer Aufgabe als ganze Person gefragt und herausgefordert sind. Gerade weil ihnen das Evangelium von der Rechtfertigung der Sünder menschliche Begrenztheit und Fehlbarkeit zugesteht, können sie die Aufgaben des interreligiösen Lernens frei und verantwortungsvoll wahrnehmen.

Die meisten Religionslehrerinnen und -lehrer haben ein reflektiertes Verhältnis zu ihrer religiösen Lebenspraxis und wollen den Zusammenhang zwischen ihrer gelebten und gelehrten Religion auf eine theologisch fundierte Grundlage stellen. Sie lassen sich also bei den Inhalten des christlichen Glaubens behaften. Diese reflektierte Religion wird noch einmal reflektiert auf die Didaktik religiösen Lernens und die Unterrichtsgestaltung hin (Dressler 2002, 7-9). In dieser doppelten Reflexion erkennen viele Religionslehrerinnen und -lehrer geradezu die Besonderheit ihres Berufs. Sie bearbeiten die Distanz zwischen der gelebten und gelehrten Religion, weil ihnen das für die Initiierung von Lernprozessen notwendig erscheint. Auch für das interreligiöse Lernen erweist sich das Spannungsverhältnis zwischen gelebter und gelehrter Religion als didaktisch fruchtbar. Der pluralen Lage müssen sich alle stellen, und darum ist die Kompetenz zur durchdachten und begründeten christlichen Rechenschaftsabgabe dringend erforderlich. Wie weit Unterrichtende dabei auch von grundlegenden eigenen Erfahrungen der Fremdheit im Glauben sprechen wollen, sollte ihnen selbst überlassen bleiben.

Das Evangelium hat eine weltweite Dimension, und deshalb ist der evangelische Religionsunterricht offen für alle Schülerinnen und Schüler, für die Kooperation in einer Fächergruppe und für den interreligiösen Dialog. In ihrer Denkschrift »Identität und Verständigung« beschreibt die Evangelische Kirche in Deutschland Perspektiven für einen Religionsunterricht in der Pluralität: Sie tritt für einen jüdischen und islamischen Religionsunterricht ebenso ein wie für einen konfessionellen christlichen, um die Auseinandersetzung mit der eigenen Tradition zu ermöglichen. Hinzu kommen Phasen der Begegnung und Kooperation, um das Gemeinsame und das fremd Bleibende zu thematisieren (Kirchenamt der EKD 1994). Das Wort der katholischen Bischöfe in Deutschland »Die bildende Kraft des Religionsunterrichts« betont die Konfessionalität und ist hinsichtlich der Offenheit zurückhaltender (Sekretariat der Deutschen Bischofskonferenz 1996). Aber auch die katholische Religionspädagogik bemüht sich um einen dialogisch konzipierten Religionsunterricht in der Schule und eine Verbindung von interkulturellem und interreligiösem Lernen (Ziebertz 2002, 138). Dass die Religionszugehörigkeit der Unterrichtenden explizit zur Perspektive dieses Unterrichts gehört, dient der Transparenz und geht nicht zwangsläufig mit der Herabsetzung anderer Positionen einher. Was können die Lehrenden dazu beitragen, dass in ihrem Religionsunterricht die Vielfalt zu Hause ist und dass sich Schülerinnen und Schüler mit unterschiedlicher Religionszugehörigkeit in der Schule wohl fühlen?

Der Vielfalt begegnen

Solange im Religionsunterricht lediglich allgemein von »Heil« und »Sinn« die Rede ist und er nur fragt, was Religionen leisten, verschwindet die Wahrheitsfrage. Interreligiöses Lernen ist aber theologisch von Gewicht: Weil Gott das Heil für alle Menschen will, ist der respektvolle Umgang mit anderen Religionen als christliche Grundhaltung zu verstehen. Was bedeutet das für das gemeinsame Leben und Lernen mit Schülerinnen und Schülern? Sie sollten im Unterricht religiöse Verschiedenheit produktiv nutzen können, indem sie beim Miteinander-Lernen voneinander lernen. Dabei geht es nicht einfach um religionskundlich-lexikalische Kenntnisvermittlung oder um Folklore.

Die Nachahmung der Feste und Rituale anderer Religionen überschreitet schnell die Grenzen des Taktes. Gemeint ist vielmehr eine Konfrontation mit dem anderen, die hilft, durch fest gefügte Schemata blockiertes Denken zu überwinden.

Fremde Religionen begegnen heute nicht mehr nur in Texten, sondern sind als fremde Religiosität in der Öffentlichkeit sichtbar. Sie sind bei den Mitschülerinnen und Mitschülern anzutreffen, mit denen man mehr oder weniger vertraut ist. Die Nähe des Fremden ist mit anderen affektiven Resonanzen verbunden, als wenn man ihm nur auf dem Papier begegnet. Zugleich ist vielen Jugendlichen die eigene Religion fremder geworden. In dieser Lage sollen die Religionslehrerinnen und -lehrer auf der Basis einer christlichen Identität sachlich und versöhnungsfördernd unterrichten. »Schüler sind einzuüben, sich zu vertragen, obwohl man mit etwas ganz und gar nicht einverstanden ist.« (Nipkow 2002, 106) Dies erfordert sachgemäße Information, die Vermittlung von Kenntnissen und Verständigungsbereitschaft. Dabei geht es weder um stofflich-thematische Vollständigkeit noch um vollständiges Verstehen, denn Verstehen und Verständigung sind nicht das Gleiche. Oft werden Lernprozesse gerade dort ausgelöst, wo das Fremde mich bedrängt. Deshalb sollten Unterrichtsmedien und Materialien so ausgewählt werden, dass sie nicht nur das Schöne der anderen Religion zeigen, sondern das Fremde im Alltäglichen hervorheben und das Rätselhafte im Normalen. Neue Aufmerksamkeit für das Eigene lässt sich durch künstlerisch-verfremdende Darstellungen wecken.

Der Unterricht richtet sich an konkrete Schülerinnen und Schüler, und sie können sich ihrer Entwicklung entsprechend verständigen, ohne sich vollständig zu verstehen. Er sollte deshalb auch bei den äußeren Kennzeichen der Kinder und Jugendlichen selbst ansetzen, z.B. bei dem Kreuzkettchen, dem Chaosstern, dem Kopftuch, der Rezitation des Koran in Arabisch, die immer Teile des islamischen Unterrichts bestimmen wird. Dazu brauchen die Unterrichtenden Mut, Einfühlungsvermögen und Gesprächsfähigkeit. Es ist zu beachten, dass Heranwachsende sich in allen Religionen durch Regeln gebunden fühlen können, die eine Mischung aus religiösen und kulturellen Vorgaben darstellen. Dass Kinder und Jugendliche deswegen innerhalb oder außerhalb des Unterrichts in sinnlose Streitigkeiten hineingezogen werden, gilt es zu verhindern. Das partnerschaftliche Zusammenleben mit den Angehörigen verschiedener Religionen ist ein wichtiges Ziel auch für die Schule. Die Konkretionen des Rechts auf freie Religionsausübung bilden hier aber gerade ein Problem, das z.B. den christlich-islamischen Dialog belastet. Die Lösungen für dieses Problem können nicht nur pädagogisch, sie müssen auch politisch und gesellschaftlich gefunden werden. Religionslehrerinnen und Religionslehrer können aber Vorbild für die Auseinandersetzung damit sein. Einzugehen wäre auf die gesellschaftliche Debatte um das Tragen von Kopftüchern durch muslimische Mädchen und Frauen, weil dieses Detail die öffentliche Diskussion um Erziehung und Unterricht mit beeinflusst. Dem

Koran zufolge soll niemand zu einer Kleiderordnung gezwungen werden; das Kopftuch ist vielmehr Teil der traditionellen Kleidung der muslimischen Frau. Unabhängig davon, was wir für emanzipiert halten, ist die Entscheidung eines muslimischen Mädchens, das Kopftuch zu tragen, in einer Gesellschaft, in der Religionsfreiheit besteht, zu respektieren. Auf der Basis christlicher und islamischer Theologie darf man hier nur so weit urteilen, wie das Gewissen des bzw. der anderen nicht beschädigt wird.

Die eigene Religion kritisch unter dem Gesichtspunkt wahrzunehmen, ob sie dem sozialen und humanen Fortschritt unserer Gesellschaft dient, ist für viele Heranwachsende noch eine Zumutung. Wie weit dieses nichtreligiöse Urteilskriterium der Anpassung von Menschen mit Migrationshintergrund an die Mehrheitskultur dient, wäre zu diskutieren. Diese Diskussion ist in der Oberstufe angebracht, in der viele Schülerinnen und Schüler sich für Grundprobleme der Ethik und der Globalisierung interessieren. Aber sie wollen auch etwas über die Weltreligionen selber lernen, ohne sie gleich am Kriterium des gesellschaftlichen Fortschritts messen zu müssen. Als fruchtbar hat sich in der Oberstufe ein Weg erwiesen, bei dem die Schülerinnen und Schüler sich die Weltreligionen zunächst als Fremdreligionen erarbeiten und sie sich anschließend gegenseitig mit ihren elementaren Strukturen vorstellen. Erfahrungsgemäß fällt Schülerinnen und Schülern, die in einer konkreten Religion verwurzelt sind, diese Aufgabe leichter, weil sie ein größeres Gespür dafür haben, was an »Religion« wichtig ist. Die eigene Religion durch Mitschüler vermittelt zu bekommen, kann aber eine neue Erfahrung sein. Durch eine fremde Stimme schließt sich die möglicherweise fremd gewordene oder nicht zu Eigen gemachte eigene Religion vielleicht (wieder) ein wenig auf (Obst/Volkwein 2004, 83). Dieses interreligiöse Lernen hilft zur Entwicklung von Identität, von Eigenständigkeit und Gemeinsamkeit. Es fördert den Dialog auf der Basis des eigenen Standpunktes als Beitrag zur Begegnung und zum Zusammenleben von Menschen.

Authentische Begegnungen

Interreligiöses Lernen ist Begegnungslernen, und die stärkste Tiefendimension haben Direktbegegnungen mit authentischen Vertreterinnen und Vertretern einer Religion. Für Folkert Rickers hängt das interreligiöse Lernen überhaupt daran, ob es zu einem dauerhaften und sich stabilisierenden Austausch zwischen Menschen verschiedener Religionen kommen kann (Rickers 1998, 127). Aber die pädagogische Diskussion sollte nicht mit dem *Mythos der Authentizität* belastet werden. Unter den Bedingungen schulischen Unterrichts, der nicht mit dem ganzen Leben identisch sein kann und darf, ist Authentizität immer nur in inszenatorischer Gebrochenheit denkbar. Trotzdem ist es richtig, religiöse Begegnungserfahrungen und das gemeinsame schulische Leben als Voraussetzung interreligiösen Lernens zu begreifen. In der Praxis besteht aber häufig Unsicherheit, wie weit man Kinder und Jugendliche dem Fremden aussetzen soll. Experten für den Dialog sollten in erster Linie erwachsene Vertreterinnen und Vertreter der Religionen im Sinne von Repräsentanten sein, denen die Schülerinnen und Schüler einer Lerngruppe angehören. Sie können auf Unverständnis eher mit Geduld reagieren und auf Provokationen, mit denen unter Jugendlichen auch zu rechnen ist, unter Umständen mit dosierter Gegenprovokation antworten. Aber auch sie brauchen Zeit, um im Dialog ihre eigene Stimme zu finden. Authentizität durch pädagogisches Kalkül methodisch herbeizuführen, ist unmöglich. Hilfreich als regulative Ideen auch für authentische Begegnungen im Religionsunterricht sind die von Karl Ernst Nipkow entwickelten Prinzipien für interreligiöse Dialoge (Nipkow 2001, 88-100):

Das Prinzip des Überwältigungs- und Indoktrinationsverbots: In einem Gespräch darf der andere nicht von oben herab überredet werden. Ein Glaubensgespräch ist aus der Sicht evangelischer Bildungsverantwortung mit Zwang unvereinbar.

Das Prinzip des Verstehens: Verstehen schließt das Wissen um die Geschichte des anderen ein und die Erkenntnis der Motive seines Verhaltens auf der Grundlage seiner Frustrationen.

Das Prinzip der Anerkennung: Den Andersgläubigen oder Nichtgläubigen sind wir die Achtung als Personen in ihrer Menschenwürde schuldig. Verstehen, das auf Achtung zielt, wird durch das Einüben von Empathie und Perspektivenübernahme gefördert.

Das Prinzip der Wahrhaftigkeit: Der Dialog würdigt die persönliche Bindung der Gläubigen an die von ihnen vertretene Wahrheit als ein Verhältnis in Wahrhaftigkeit. Die Unterscheidung zwischen Gottes Handeln und dem der Menschen belässt Gott, was allein sein Werk ist. Das führt zu einer religiösen Gewissheit, die nicht erkenntnistheoretische Sicherheit ist.

Das Prinzip des eigenen Standorts und Zeugnisses: Was Angehörigen verschiedener Religionen lebenswichtig ist, muss im Miteinander-Reden gesagt werden. Das konfessorische Stellung-Nehmen fällt nicht unter das Überwältigungsverbot. Jugendliche brauchen die Auseinandersetzung mit einer durchgehaltenen Standpunkthaftigkeit, um im Wechsel von Zustimmung und Abgrenzung herauszufinden, was ihre eigene Überzeugung sein kann.

Das Prinzip der Priorität des Glaubens: Die Wurzel aller Religionen ist die Transzendenzerfahrung. Deshalb thematisiert der Religionsunterricht Religion als ein Verständnis der Wirklichkeit im Ganzen, geprägt durch Erfahrungen, die aus der Gottesbeziehung hervorgehen.

Das Prinzip der Bildung eines dialogischen Selbst: Die neuzeitliche Bildungstheorie steht im Bann des Selbst bzw. Ich. Die Bibel sieht menschliche Selbsterkenntnis anders. Erst die Wahrnehmung des anderen erzeugt im Bewusstsein das Eigene und das andere. Heute kann Identität nur angesichts pluraler Differenz, möglicher harter Gegensätze und biografischer Brüche gefunden werden.

Das Prinzip der Verbindung von Beheimatung und Begegnung: Kinder brauchen eine entwicklungsoffene Begleitung. Sie sollen sich in einer Religion vertrauensvoll verwurzeln können. Ihre Fähigkeiten, religiöse Differenz zu verarbeiten, müssen sich langsam herausbilden. Auf dem Weg eines religions- und konfessionsgebundenen Unterrichts, der sich zugleich fremden Religionen öffnet, ist die Diskursfähigkeit zu stärken.

Ein wirklicher Dialog setzt allerdings voraus, dass die daran beteiligten Gesprächspartner sich ihrer selbst einigermaßen gewiss sind, dass sie mit einiger Sicherheit sagen können, wer sie sind, welche Geschichte sie haben und wozu sie gehören. »Sie müssen sagen können, was ihre Haupttexte und was ihre Hauptlieder sind, was sie lieben und was sie verachten«, so der Religionspädagoge Fulbert Steffensky (Steffensky 1997, 4). Von solcher Kenntlichkeit als Voraussetzung der Dialogfähigkeit kann in der Regel auch bei den älteren Schülerinnen und Schülern in der Oberstufe noch nicht die Rede sein. Die Schule muss aber auf Grund ihres allgemeinen Bildungsauftrags ein Interesse daran haben, dass sie sich auf eine für sie angemessene Weise mit »Religion« zumindest als Teil ihrer kulturellen Identität kritisch auseinander setzen. Annedore Prengel hält als Vertreterin der interkulturellen Pädagogik fest, dass mit »der Kenntnis der eigenen Kultur ... die Fähigkeit zur Wahrnehmung auch der anderen Kultur unter Beibehaltung des wechselseitigen Respekts entwickelt werden« soll (Prengel 1995, 85). Der Religionsunterricht bietet darüber hinaus für Schülerinnen und Schüler, Lehrerinnen und Lehrer die Gelegenheit, Äußerungen des christlichen Glaubens sowie anderer Religionen und Weltanschauungen auf ihre sinnstiftende Kraft hin zu befragen. Dazu ist eine dialogische Grundhaltung notwendig, »die sich bemüht, die anderen Traditionen von ihrem Selbstverständnis her wahrzunehmen, auf ihre Stärken und ihre – oft ambivalenten – geschichtlichen Realisationen den Blick zu richten und den Gesprächspartner – sei er persönlich, sei er in ›objektivierten Äußerungsformen‹ gegenwärtig – ›voll ausreden‹ zu lassen«, so Johannes Lähnemann in seiner evangelischen Religionspädagogik in interreligiöser Perspektive (Lähnemann 1998, 437).

Von dieser Grundhaltung sollten die Religionslehrerinnen und Religionslehrer als Erwachsene bestimmt sein. Von ihnen wollen die Schülerinnen und Schüler zuerst erfahren, was die angemessene Haltung ist, um mit den Traditionen anderer Religionen und nicht-christlicher Lebensdeutungen umzugehen. Aus evangelischer Sicht ist es die Haltung einer engagiert fragenden Offenheit (a.a.O., 436). Damit ist auch die Offenheit für die Möglichkeit gemeint, dass sich für manche Jugendliche durch das Christentum nicht nur die Sinnfrage stellt, sondern dass sie seine Antworten als befreiend erfahren. Aber Jahrhunderte nach der Entstehung des Christentums ist mit dem Islam eine konkurrierende Universalreligion entstanden, und die beiden Universalitätsansprüche stehen vorerst bestenfalls nebeneinander. Der Dialog kann sich nicht mit klaren Grenzen absichern, damit auf keinen Fall die Wahrheit zur Disposition steht. Dass der echte Dialog der Christen mit dem Islam nicht zu haben ist ohne die Relativierung der eigenen Position auf eine mögliche bessere Einsicht hin, wird vielleicht schon manchen Schülerinnen und Schülern deutlich werden. Es ist zu würdigen, was z.B. der tunesische Gelehrte Mohamed Talbi aus islamischer Sicht über Dialogregeln sagt. Wenn er Aufrichtigkeit einfordert, spricht er genau zur Wahrheitsfrage. Als Ziel des Dialogs sei nicht um jeden Preis der Konsens anzustreben; es sei schon viel geleistet, wenn einfach mehr Klarheit und Offenheit in der Debatte erreicht werden (Talbi 1976, 176). Zur Verständigung gehört es, verständnisvoll mit Dissens umgehen zu können. Interreligiöses Lernen bedeutet, in der Begegnung mit anderen Religionen Gemeinsamkeiten und Unterschiede zu entdecken und auch zu akzeptieren, dass Fremdes fremd und verschlossen bleiben kann. Menschen aus unterschiedlichen Religionen, die sich aufrichtig über ihren Glauben verständigen, kommen zu einem glaubwürdigeren und wirkungsvolleren gemeinsamen Handeln.

Vom Glaubensdialog zwischen Erwachsenen ist die Situation interreligiösen Lernens mit Kindern und Jugendlichen abzuheben. Seine Wirksamkeit muss sich in der Praxis von Schule und Unterricht erweisen. Zur Bildung gehört nicht nur das Wissen und Werten vor dem Hintergrund von Lebensdeutungen, sondern auch das Können, das ein Resultat des Übens ist. Das Miteinander verschiedener Religionen muss in wichtigen Praxisfeldern der Schule eingeübt werden, in denen auch die religiöse Heterogenität zum Tragen kommt. Dazu brauchen wir z.B. islamischen Religionsunterricht in der Schule, zur Begegnung, zum Austausch und zum gemeinsamen Handeln. Zugleich brauchen wir konfessionellen christlichen Religionsunterricht, der in ökumenischer Weite erteilt wird.

Gestaltung des Schullebens

Die notwendige Orientierung im Bereich der Sinn- und Wertfragen und eines entsprechenden Handelns werden die Schülerinnen und Schüler am ehesten erhalten, wenn der Religionsunterricht auf eine Fächergruppe und darüber hinaus auf das Schulleben bezogen ist, sodass sie eine Gesamtbemühung wahrnehmen können. Wie lässt sich interreligiöses Lernen auf der Ebene der Schulkultur planmäßig verwirklichen? Es wäre noch stärker nach den gemeinsamen Beiträgen der Religionen zum Schulleben zu fragen. Damit soll keinem Synkretismus das Wort geredet werden. Muslimische Kinder sollen nicht christlich beten oder umgekehrt. Aber sie können zu den Gebeten und Festen der Religionen zusammenkommen, was etwa in Grundschulen schon häufig geschieht. Für die feinen Unterschiede müssen Lehrerinnen und

Lehrer im Rahmen von Fortbildungen sensibilisiert werden. Wie z.B. reagieren Unterrichtende, die einen aufgeklärten und aufklärenden Umgang mit Religion einüben wollen, wenn muslimische Schülerinnen und Schüler in ihrer Schule die Einrichtung eines Gebetsraums beantragen? Wird die Grundsatzfrage nach dem Ort von Religion in der Schule offen diskutiert, oder bestimmt sie erhitzte Debatten nur mehr oder weniger unterschwellig? (vgl. Obst/Volkwein 2004, 85)

Aus guten Gründen erwartet der Religionspädagoge Bernhard Dressler religiöse Toleranz eher bei den Mitgliedern einer Schulgemeinschaft, deren Lebenspraxis selbst eine Religionspraxis einschließt. Für den im Schulleben notwendigen Respekt werde die Erfahrung einer eigenen Religionspraxis bedeutsamer sein als die unterrichtlich erworbenen Kenntnisse über die eigene und die jeweils andere Religion. Interreligiöses Lernen könnte nach Dressler viel mit der Ästhetik von Lebensformen und der daraus lebenden Haltungen zu tun haben. In diesem Zusammenhang sei die Unterscheidung zwischen funktionalem und intentionalem Lernen wahrscheinlich fundamental. Über die bewusste Gestaltung der funktionalen Schulstrukturen sei nachzudenken, weil sich alle Beteiligten eher im über den Unterricht hinausgreifenden schulischen Leben authentisch begegnen (Dressler 2003, 120-124).

Bei der Entwicklung von religiöser Identität kommt auch den Lernorten Elternhaus und Gemeinde eine wichtige Bedeutung zu. Lehrerinnen und Lehrer beklagen oft, dass die Haltung muslimischer Väter und die Zurückhaltung muslimischer Mütter dazu führen, dass sie mit ihnen nur schwer in Kontakt kommen. Mangelnde Sprachkenntnisse gibt es auf beiden Seiten, was wiederum zu Zurückhaltung und Missverständnissen führen kann. Hier hilft es als ein erster Schritt, sich an eigene Erfahrungen als Fremde zu erinnern. Oft sehen sich Muslime bei uns immer noch als Minderheit, die auf Grund ihrer Andersartigkeit als störend empfunden wird. Deshalb kommt es darauf an, dass deutsche, nicht-muslimische Lehrerinnen und Lehrer ihnen signalisieren, dass sie ihre Präsenz in der Schule ausdrücklich begrüßen. Zum größten Teil verstehen sich diese Eltern als gläubige Muslime und nehmen deshalb die Aufgabe der Kindererziehung als eine religiöse Pflicht sehr ernst. Sie betrachten – wie gläubige Christen auch – ihre Kinder als ihnen von Gott anvertraute Menschen. Doch alle Kinder versuchen herauszufinden, wo bei ihren Eltern die Grenzen sind. Was islamische Identität in einer pluralen, aber vom Christentum geprägten und stark säkularen Gesellschaft ist, muss erst noch entwickelt werden. Eine spezifische Identität als Muslime in Deutschland kann nur durch Einbindung in Lernprozesse und das Leben in dieser Gesellschaft entstehen. Ihre Eltern werden kaum etwas dagegen haben, wenn muslimische Jungen und Mädchen hier gleichberechtigt Verantwortung zu übernehmen lernen. In diesem Punkt sind Religion und Politik zu trennen, denn Integration darf keine Christianisierung sein, und sie erlaubt keine unterschwellige Islamisierung in der Auslegung der Grundrechte. Universalistische Normen und Vorstellungen sind daraufhin zu prüfen, wie weit in ihnen partikularistische Lebensformen zu Geltung kommen können.

An die Stelle eines christlichen Absolutheitsanspruchs, soweit es ihn in der Religionspädagogik tatsächlich gegeben hat, sind im Kontext interreligiösen Lernens andere Kriterien getreten, z.B. die Aufgeschlossenheit für das Zusammenleben mit Angehörigen fremder Religionen und Kulturen. So können Lehrerinnen und Lehrer die Gemeinden darauf aufmerksam machen, wie die lokale Umgebung die Begegnung mit anderen Religionen ermöglicht oder geradezu herausfordert. Es kann gemeinsam überlegt werden, wie man dazu Projekte organisiert. Im Rahmen solcher Projekte ist einerseits an das Schöne zu denken, das wir Kindern und Jugendlichen von den Religionen zeigen können. Aber wir müssen auch das Bedrängende aufnehmen, das die Schülerinnen und Schüler beim Zusammentreffen mit einer fremden Religion und Kultur in ihrer Umgebung belastet und sich manchmal gewaltsam entlädt. Zum interreligiösen Lernen gehört der Abbau von Vorurteilen. Die persönliche Begegnung von Gegnern im Nahbereich enthält bleibende Chancen, wenn es darum geht, neues Vertrauen zu schaffen. Schwellenängste können bei Heranwachsenden oft schnell überwunden werden, wenn die Erwachsenen ihnen vorangehen und von sich aus die ersten Schritte unternehmen. In der facettenreichen pluralen Situation haben Erwachsene viel mit Kindern und Jugendlichen gemeinsam zu erkunden. Weil Freiheit ein Leitprinzip des Protestantismus ist, ist es für die evangelische Kirche unabdingbar, dass Schülerinnen und Schüler, Lehrerinnen und Lehrer zu eigener Suche frei sind. Es geht um ihren eigenen Glauben. Aus Einzelbeispielen eine veränderte Kultur des Unterrichtens und Lernens zu entwickeln, bleibt eine Aufgabe der gemeinsamen Anstrengung aller Beteiligten.

Literatur

Dressler, Bernhard, Gelebte und gelehrte Religion – eine produktive Spannung? Biografie und Religion bei Religionslehrerinnen und Religionslehrern, in: Schule und Kirche o.Jg. (2002), H. 2, 7-12.

Dressler, Bernhard, Interreligiöses Lernen – alter Wein in neuen Schläuchen? Einwürfe in eine stagnierende Debatte, in: Zeitschrift für Pädagogik und Theologie 54 (2003), H. 2, 113-124.

Kirchenamt der EKD (Hg.), Identität und Verständigung. Standort und Perspektiven des Religionsunterrichts in der Pluralität, Gütersloh 1994.

Lähnemann, Johannes, Evangelische Religionspädagogik in interreligiöser Perspektive, Göttingen 1998.

Nipkow, Karl Ernst, Das Eigene und das Fremde. Perspektiven für ein evangelisches Bildungsverständnis im Pluralismus, in: Bitter, Stephan (Hg.), Nachdenken – Vordenken. Evangelische Perspektiven zur Jahrhundertwende, Rheinbach 2001, 81-105.

Nipkow, Karl Ernst, Multikulturelle und multireligiöse Erziehung in der Schule, in: Zeitschrift für Pädagogik und Theologie 53 (2002), H. 2, 101-118.

Obst, Gabriele/Volkwein, Karin, Aylin erklärt Markus das Christentum. Produktiver Umgang mit religiöser Heterogenität, in: Heterogenität, Friedrich Jahresheft 2004, H. 22, 82-85.

Prengel, Annedore, Pädagogik der Vielfalt. Verschiedenheit und Gleichberechtigung in interkultureller, feministischer und integrativer Pädagogik, Opladen [2]1995.

Rickers, Folkert, Interreligiöses Lernen. Die religionspädagogische Herausforderung unserer Zeit, in: Rickers, Folkert/Gottwald, Eckart (Hg.), Vom religiösen zum interreligiösen Lernen, Neukirchen-Vluyn 1998, 119-139.

Sekretariat der Deutschen Bischofskonferenz (Hg.), Die bildende Kraft des Religionsunterrichts. Zur Konfessionalität des katholischen Religionsunterrichts, Bonn 1996.

Steffensky, Fulbert, Die Gewissheit im Eigenen und die Wahrnehmung des Fremden, in: ru 26 (1997), H. 1,2,4,5.

Talbi, Mohamed, Islam und Dialog, in: Fitzgerald, Michael/Khoury, Adel-Th./Wanzura, Werner (Hg.), Moslems und Christen – Partner?, Graz u.a. 1976, 144-177.

Ziebertz, Hans-Georg, Interreligiöses Lernen und die Pluralität der Religionen, in: Schweitzer, Friedrich/Englert, Rudolf/Schwab, Ulrich/Ziebertz, Hans-Georg, Entwurf einer pluralitätsfähigen Religionspädagogik, Freiburg u.a. 2002, 121-143.

Johannes Lähnemann

Lernergebnisse: Kompetenzen und Standards interreligiösen Lernens

Was soll und was kann bei interreligiösem Lernen erwartet werden? Wer nach Lernergebnissen in Form von Kompetenzen und Standards fragt, dem geht es nicht bloß um Faktenwissen oder die Aneignung eines Gefühls von Toleranz. Vielmehr gehen Antworten auf die Frage von einem engen Zusammenhang kognitiven, emotionalen und sozialen Lernens aus. Auf dieser Grundlage geht es um ein zusammenhängendes Verstehen mit der Fähigkeit, Informationen durchdacht und kritisch zu verarbeiten, begründete, zukunftsfähige Einstellungen und eine Bereitschaft zum Zusammenwirken auch über längere Zeiträume und schwierige Wegstrecken hinweg.
An Fallbeispielen verdeutlicht, werden vier grundlegende Zielkompetenzen interreligiösen Lernens vorgestellt, die als Gesamtrahmen interreligiösen Lernens in den unterschiedlichen Bildungsbereichen zu konkretisieren sind.

Eine Grunderfahrung aus der Praxis interreligiösen Lernens ist, dass es sich um ein komplexes Feld handelt, das sich gegen gradlinige Lernwege und zu einfach formulierte Standards sperrt. Karl Ernst Nipkow hat Recht, wenn er bei seiner Reflexion von Zielen interreligiösen Lernens von einem mehrdimensionalen Problem spricht (siehe Nipkow in diesem Band).

Drei Fallbeispiele

1) In einem Seminar der Universität Erlangen-Nürnberg zum Thema »Weltreligionen im Unterricht«, das christlichen und muslimischen Studierenden (des im Aufbau befindlichen Studiengangs Islamische Religionslehre) kooperativ angeboten wird, besteht die Aufgabe, jeweils ein Thema für den (eigenen) Unterricht aufzuarbeiten, das die andere Religion betrifft. So wird das Thema »Jesus« von einem muslimischen Studierenden für das 5./6. Schuljahr islamischen Religionsunterrichts erarbeitet, das Thema »Rolle der Frau« mit dem Fokus »Kopftuch« von einer christlichen Studierenden für die Sekundarstufe II.

Für das Thema »Jesus« hat sich der muslimische Student bemüht, Versatzstücke aus christlichen Religionsbüchern und Ansatzpunkte aus islamischen Lehrplanentwürfen zu kombinieren – in Verbindung mit den Voreinstellungen zum Prophetentum Jesu aus seiner eigenen religiösen Sozialisation. Das führt zu intensiven Diskussionen im Seminar:

Muslimisch kann durchaus ein Zugang zum Wirken des irdischen Jesus (zu den Wundern, zur Interpretation der Torah, aber auch zur Bergpredigt, zu den Gleichnissen sowie – beim Weg Jesu – zu den Widerständen, auf die Jesus mit seiner Gottesbotschaft stößt, und zur Bewahrung durch Gott am Ende seines irdischen Wirkens) gefunden werden. Schwierigkeiten aber tauchen bei der christologischen Frage auf: dass in Jesus Gott Mensch wurde, dass er in ihm ganz gegenwärtig ist; dass Jesus Gottes Willen nicht nur gezeigt, sondern ihn auch für uns gelebt hat. Kann es in der unterrichtlichen Darstellung gelingen, nicht nur bei einer vordergründigen Darstellung konträrer Überzeugungen zu bleiben, sondern sichtbar zu machen, welche oft zentralen Erfahrungen in Grundüberzeugungen des anderen Glaubens liegen (das gilt auch für die Kreuzigung Jesu, die ja im Koran negiert wird, für die Auffassung von der Erlösungsbedürftigkeit des Menschen, für Jesu Auferstehung, für das Verständnis seiner Gottessohnschaft usw.)? Im Seminar werden wechselseitig pauschale Vorstellungen aufgetischt: von der »Erbsünde« im Christentum, die den einzelnen Menschen (ohne sein Verschulden) böse sein lasse, vom Islam wiederum, der die Sünde verharmlose. Der Lerngewinn der intensiven Diskussion ist beidseitig: von christlicher Seite wird der tiefere anthropologische Sinn der Rede von der grundlegenden Fehlbarkeit des Menschen deutlich gemacht, von muslimischer Seite, was mit der »Rechtleitung Gottes« gemeint ist. Zugespitzt wird die Auseinandersetzung auf die unterrichtliche Situation bezogen:

Wie kann man das Gemeinsame der Prophetenvorstellungen in Christentum und Islam verantwortet darstellen? Wie kann man die unterschiedlichen Auffassungen einführen und erläutern, ohne dass es zu Verwirrung und/oder vordergründiger Abqualifizierung der Anschauungen der anderen kommt?

Deutlich wird: Ohne kognitiv-intellektuelle Wahrnehmung der Glaubensgrundlagen in den Religionen, ohne ihre authentische Explikation, ohne argumentative Auseinandersetzung bleibt interreligiöses Lernen vordergründig. Nur wer sich orientieren kann, ist in der Lage, der Verdummung durch Pauschalvorstellungen und deren oft medial gestützte Verbreitung zu entgehen.

Das Gleiche gilt für die Thematik »Rolle der Frau« mit dem Fokus »Kopftuch«: Die Studentin lässt die Seminargruppe an schriftlich wiedergegebenen Interviews mit muslimischen Frauen arbeiten, die teils das Kopftuch tragen, teils nicht. Sichtbar wird, wie viele verschiedene Gründe – neben den Traditionen aus Koran und Hadith – für und gegen das Kopftuch ins Feld geführt werden können, besonders aber auch, wie bei den Frauen durchgängig das jeweils andere Verhalten toleriert wird, weil es nicht zu einer prinzipiellen Frage des Muslim-Seins hochstilisiert wird. Verzichtet hatte die Studentin nach vorsichtigen Vorgesprächen aber auf direkte Interviews mit den anwesenden muslimischen Studentinnen, weil diese sich persönlich in einer z.T. nicht einfachen Rechtfertigungslage für ihr Nicht-Kopftuch-Tragen gegenüber den männlichen muslimischen Studierenden sahen.

Deutlich wird hieran, wie die intellektuelle Begegnung häufig nicht ohne Berücksichtigung der spezifischen Vordispositionen bei Einzelnen oder einer Gruppe möglich ist und wie notwendig die Einfühlungsfähigkeit in die Befindlichkeiten der Teilnehmenden ist.

2) Wir sind mit der Nürnberger Gruppe der *Religionen für den Frieden* (World Conference of Religions for Peace/WCRP) zu Besuch in der baptistischen Gemeinde in Nürnberg, in der ein junger Theologe aus unserer Gruppe seine erste Predigt hält. Der Pastor der Gemeinde bittet uns, den interreligiösen Charakter unserer Gruppe nicht in den Vordergrund zu stellen, da dies für die Gemeinde zu ungewohnt sei und Abwehr hervorrufen könne. Als ein Mitglied unserer Gruppe bei der Begrüßung trotzdem deutlich sagt: »Wir sind die Gruppe der *Religionen für den Frieden* in Nürnberg«, gibt es erstaunte und skeptische Blicke. Bei dem Predigtnachgespräch meldet sich eine Muslima zu Wort und bedankt sich herzlich: Es wäre ein großartiges Erlebnis gewesen, hier zu Gast zu sein, die Lieder zu hören, die inhaltlich ansprechenden Gebete und die Predigt auf sich wirken zu lassen und sich willkommen geheißen zu fühlen. Bei diesem Beitrag ist förmlich zu spüren, wie Mauern an Vorurteilen bei den überwiegend evangelikal geprägten Teilnehmenden des Gesprächs zusammenfallen.

Der Lerngewinn ist bei diesem Beispiel überhaupt erst einmal die Lern-Disposition, die durch eine Direktbegegnung und -erfahrung hervorgerufen wird. Ein in kontinuierlicher Begegnung gewachsenes Vertrauen gerade auch an den spirituellen Orten religiöser Praxis erweist sich als wesentliche emotionale Disposition für eine tiefer gehende Verständigung.

3) Auf der praktisch-sozialen Ebene ist es ein zukunftsweisendes Ergebnis interreligiösen Lernens, wenn man sich religionsübergreifend zu humanitären Anliegen zu Wort melden kann, wie etwa gegenüber immer neu aufkeimender Fremdenfeindlichkeit in Deutschland oder zu Beginn des Irakkrieges. Es ist kein leicht zu gewinnendes Resultat, wenn in einer Stadt wie Nürnberg, von der einmal die Rassegesetze der Nationalsozialisten ausgegangen sind, Juden, Christen und Muslime gemeinsam Stellung beziehen und betonen:

»In allen Religionen gibt es eine fundamentale Friedensbotschaft und die Überzeugung, dass der innere Friede, den ein religiöser Glaube verleiht, auch zu aktivem Einsatz für den Frieden zwischen Völkern, Kulturen und Religionen führen muss. Wir sind uns darin einig, dass für die Probleme auf jeden Fall eine andere Lösung als der Krieg gesucht werden muss. Kriege zu führen heißt, das Wohlergehen der eigenen sowie der anderen Nationen aufs Spiel zu setzen.« (Nürnberger Friedensaufruf vom 15. Februar 2003)

Ohne intellektuelles Bemühen ist ein solches Resultat ebenso wenig erreichbar wie ohne geduldige – und keineswegs erfolgssichere – »vertrauensbildende Maßnahmen«.

Die drei Beispiele zeigen: Zukunftsweisende Lernergebnisse werden am ehesten dort erzielt, wo ganzheitlich, differenziert und Prozess orientiert gelernt wird:

Kenntnisse ohne persönliche Begegnung und Erfahrung, ohne eine Gesamtatmosphäre dialogischen Engagements bleiben leicht leer. – Freundliches Beisammensein ohne inhaltlichen Austausch steht in Gefahr, orientierungslos und unkritisch zu werden und damit anfällig zu bleiben für Fanatisierungen in Konfliktsituationen (wie etwa im ehemaligen Jugoslawien). – Bloßer Aktionismus ohne Verankerung in spirituellen Grundlagen entbehrt des »langen Atems«, der religiöses und interreligiöses Lernen beflügeln kann.

Unter der Klammer, dass ganzheitliches, wechselseitiges und kontinuierliches Lernen am ehesten zu Konversionen und Transformationen führt, werden im Folgenden wesentliche Kompetenzen umrissen, die in den Blick zu nehmen sind und auf die hin zu arbeiten ist. Den Leitfaden dafür bilden vier weltreligionendidaktische »Grundregeln«, die das Aufgabenfeld hinreichend komplex abdecken (vgl. Lähnemann 1996). Sie beschreiben »Ziel-Kompetenzen«, die noch nicht im Blick auf bestimmte Lerngruppen und Schulstufen geordnet sind, sondern dazu der jeweiligen Spezifizierung bedürfen. Andererseits stellen sie einen Gesamtrahmen dar, auf den sich das Bemühen in den konkreten Lernzusammenhängen ausrichten kann.

- *Kompetenz 1: Lehrende und Lernende sollten in der Lage sein, der religiös-weltanschaulich pluralen und komplexen Gegenwartssituation Rechnung zu tragen*

Es geht hier um die Fähigkeit, von uniformierten Vorstellungen im Blick auf unseren Gesellschaftszustand wie auch die Befindlichkeit der Individuen Abschied zu nehmen, genau hinzuschauen, die Verhältnisse nüchtern wahrzunehmen und gleichzeitig gesellschaftsübergreifende Herausforderungen im Bewusstsein zu halten.

Die Inhomogenität zeigt sich bereits bei einem Überblick über verschiedene Regionen in Deutschland:

In westdeutschen Ballungszentren finden sich neben den evangelischen und römisch-katholischen Gemeinden, die zahlenmäßig noch ein Großteil der Bevölkerung als Mitglieder aufweisen können, große Gruppen von Muslimen (etwa 5 % der Bevölkerung), griechisch-orthodoxe Gemeinden, zahlreiche Freikirchen, einzelne israelitische Kultusgemeinden, aber auch kleinere Zentren buddhistischer und hinduistischer Tradition.

In ostdeutschen Ballungsräumen gehört – nach 40-jähriger atheistischer Propaganda – nur noch eine Minderheit der evangelischen, eine noch wesentlich kleinere der katholischen Kirche an. Neben dem Konsumismus als größter Ersatzreligion gibt es Versuche verschiedenster religiöser Sondergruppierungen Fuß zu fassen.

In ländlichen Gebieten finden sich noch Regionen mit starker traditioneller Kirchlichkeit – so in Oberbayern, Schwaben, der Rhön, im Siegerland, im Osten im Vogtland/Erzgebirge. Aber auch hier gelangt durch die moderne Medienkultur die Pluralität der gegenwärtigen Weltsituation in jedes Haus und in jede Familie.

Die geschilderte Situation spiegelt sich in den Schulen: Von den genannten Gebieten mit kirchlich-traditionell gebundener Bevölkerung reicht die Palette bis zu Stadtteilen in Großstädten, wo Kinder aus 10 oder mehr Nationen eine Grundschulklasse besuchen oder wo Hauptschulklassen zu 40 % oder mehr aus Muslimen bestehen.

Lehrkräfte sollten deshalb in der Lage sein, die Lernenden in ihrem jeweiligen Kontext wahrzunehmen und ernst zu nehmen: Was weiß ich über ihre Vorprägungen – religiös-/sinnbezogen –, über ihre Erfahrungen, Nöte, Freuden, Fragen. »Es gibt kein Kind, das nichts kann, das nichts Wissenswertes und Interessantes zu erzählen hat, das nicht Mitschüler oder Lehrer begeistern oder überraschen kann durch Fähigkeiten, die vielleicht lange Zeit im Verborgenen blühten.« (Pommerin-Götze 1992, 355) Alle Lernenden haben einen unverwechselbaren Weg, auf dem sie zu begleiten sind; jede Lerngruppe ist ein eigener Organismus im Rahmen der Pluralität, die oben beschrieben wurde. Lehrkräfte haben hier die Entdeckungsaufgabe, in Gespräch, Arbeit, Zusammensein mit den Lernenden diese Unverwechselbarkeit sichtbar und fruchtbar zu machen. Jede/r/ stellt – laut oder leise – die grundlegenden Lebensfragen: nach Leben und Tod, nach dem Sinn des Lebens, aber auch nach Gott, nach Recht und Unrecht, Himmel und Hölle, gleich in welcher Kultur oder Religion es aufwächst, auch da, wo es keine festen weltanschaulichen Vorprägungen gibt (siehe hierzu das schöne Buch von Coles 1992).

Ebenso wichtig ist die *Selbstwahrnehmung der Lehrkraft* in diesem Zusammenhang: Wo habe ich meinen Ort, wo ist mein Weg in der weltanschaulich-religiösen Pluralität?

Komplementär zur Wahrnehmung der individuellen und gruppenmäßigen Prägungen in ihrer Vielfalt kommt es auf die Fähigkeit an, *globale Zusammenhänge im Blick zu haben*: Das Bewusstsein der Mitverantwortung für Gerechtigkeit, Frieden und Bewahrung der Schöpfung, das im Konziliaren Prozess auf die Tagesordnung der Welt gesetzt wurde, ebenso wie in der Weltethoserklärung des Parlaments der Weltreligionen (Küng/Kuschel 1993), hat eine starke interreligiöse Komponente: sowohl was die Konflikte angeht, an denen die Religionen häufig verstärkend beteiligt sind, als auch hinsichtlich der Motivationskraft für ethisch verantwortliches Handeln, das den Religionen innewohnt und das sich nicht zuletzt in eindrucksvollen Beispielgestalten verkörpert.

Dabei sollten die Lehrkräfte auch in der Lage sein, *Vor-Urteile aufzuspüren und zu identifizieren.* Das Inhaltsfeld der Religionen und Weltanschauungen ist in besonderem Maße mit Vorprägungen und Vor-Urteilen belegt und belastet. Die christlichen Identitäten im Abendland haben sich über Jahrhunderte hinweg vor allem in konfessionellen Wahrheitsansprüchen artikuliert, die die Abgrenzung vom anderen und meistens auch seine Abwertung einschlossen. Das Bewusstsein der 1000-jährigen Bedrohung des Abendlandes durch den Islam (»Türken vor Wien«), die Angst vor kolonialer Überfremdung mit »westlichen« Werten auf islamischer Seite sind auf beiden Seiten immer noch prägend und werden durch die Mediendarstellungen bewusst oder unbewusst weitgehend unterstützt; die Geschichte des Judentums in Europa trägt ihre spezifischen Belastungen in sich. Dieses wahrnehmen, berücksichtigen und hinterfragen zu können, ist eine Qualifikation, die einer offenen wechselseitigen Einschätzung und Verständigung Nachhaltigkeit verleiht.

Schließlich gehört zu der erstgenannten Kompetenz die Bereitschaft, sich Problemfragen zu stellen, wie sie sich im anfangs geschilderten Beispiel aus dem Erlanger Weltreligionenseminar zeigen: Jeder, der überzeugter Zeuge seines Glaubens sein will, wird die Vorstellung in sich tragen, dass die ihm zuteil gewordene Wahrheit (das, was ihn im Leben und Sterben trägt und bestimmt) auch für andere die hilfreiche Wahrheit werden sollte. »Wahrheitsanspruch und Toleranz« markieren die zentrale Problemfrage in der Religionsbegegnung, mit der sich Lehrkräfte auseinander gesetzt haben sollen. »Ideal und Wirklichkeit«, »Fremdheit und Faszination« markieren weitere immer wiederkehrende Problemsachverhalte, die interreligiöses Lernen spannend und schwierig machen können. Sich ihnen offen zu stellen und die Lernenden zu ihrer Artikulation ermutigen zu können, ist bereits Ergebnis eines differenzierten Lernprozesses.

- *Kompetenz 2: Wahrnehmungsfähigkeit für die verschiedenen Religionen in ihren spezifischen historischen und gegenwärtigen Strukturen und Kontexten sowie in ihren Beziehungen zueinander*

Hier geht es darum, in der Lage zu sein, strukturiertes Wissen zu erwerben. Dass diese kognitive Dimension nicht zu vernachlässigen ist, wurde schon bei dem anfangs genannten ersten Beispiel deutlich. Freilich gehört zu dieser Lernaufgabe auch eine entsprechende Grundeinstellung:

Voraussetzung ist hier sensible Neugier, der Wille, sich differenziert zu informieren, hinzuhören und wahrzunehmen, was Menschen in den verschiedenen Religionstraditionen wichtig und »heilig« ist, und dieses ohne dogmatische Scheuklappen zu tun. Dabei ist nicht die Entäußerung von dem eigenen Standort bzw. Weg gefordert, auch nicht der unkritische Blick auf die anderen Traditionen, sondern eine Haltung der Aufmerksamkeit, die für Entdeckung und Begegnung mit Neuem offen ist. Es ist wichtig, sich vor Augen zu halten, dass die verschiedenen Religionen jeweils nichts Statisches sind, sondern etwas Gewachsenes – wie ein Baum, der aus seinen Wurzeln lebt, oder wie ein Fluss, der aus seinen Quellen gespeist wird –, und dass sie jeweils in einer kontextuellen Beziehung zu ihrer kulturellen, geschichtlichen und politischen Umgebung leben und diese vielfältig mit beeinflusst haben.

Elemente dieser Kompetenz sind

1) die Orientierung an möglichst authentischer Information,
2) die Erschließung der Religionen in ihren wichtigsten Dimensionen,
3) dem Eigencharakter der jeweiligen Religion Rechnung zu tragen,
4) Verbindendes, Konvergierendes und Unterscheidendes differenziert herausarbeiten zu können.

Zu 1) Die Geschichte der gegenseitigen Wahrnehmung der Religionsgemeinschaften hat im 20. Jahrhundert zu Bemühungen geführt, die eigene Religion auch Andersgläubigen zu explizieren, ohne sie gleich als Missionsobjekte zu betrachten, aber auch, andere Religionen so darzustellen, dass deren Anhänger sich in dieser Darstellung weitgehend richtig verstanden sehen. Unter erstere sind Bücher wie Smail Balic' Buch »Ruf vom Minarett« (1984) zu rechnen oder Ram Adhar Malls »Der Hinduismus« (1997), unter letztere etwa die Bücher von Annemarie Schimmel (1995), Hans Küng (1999) und die Taschenbücher »Was jeder vom Judentum wissen muss« (Baumann 1999) und »Was jeder vom Islam wissen muss« (2001). Sie sind oft im Gespräch mit Anhängern der Religionen entstanden und leisten, weil sie von Denkern unseres Kulturkreises verfasst sind, eine wichtige »Dolmetscherarbeit«.

Zu 2) In allen Religionsgemeinschaften gibt es Fundamente, aus denen sie leben, Texte und Riten, in denen sie ihre Anschauungen zentral ausgedrückt finden, geschichtliche Erfahrungen, die für ihr Selbstverständnis und ihre Erscheinungsform wesentlich sind.

Nach Ninian Smart lassen sich in jeder Religion folgende Dimensionen unterscheiden: die soziale, die doktrinale, die mythologische, die ethische, die rituelle und die erfahrungsbezogene (Smart 1969, 15-25).

Freilich darf das nicht zu vorschnellen Parallelisierungen oder Vereinheitlichungen führen.

Es gilt gerade, die je spezifischen Ausprägungen bei diesen verschiedenen Dimensionen zu entdecken und den inneren Zusammenhang, den sie innerhalb dieser einen Religionstradition haben. Beim Hinduismus als einer Religion ohne Stifter und Dogma gibt es eben ganz andere Schwerpunkte als beim Christentum.

Es kommt also darauf an, die genannten Dimensionen als Hilfe zur Frage und zur Erkundung zu nehmen, um sie dann vom Eigencharakter der jeweiligen Religion erweitern oder relativieren zu lassen.

Zu 3) Bei der Wahrnehmung des je eigenen Charakters der Religionen gilt es zu erkennen, dass es »Religionsfamilien« – man könnte fast sagen: unterschiedliche »Religionswelten« – mit je ganz spezifischen Grundanschauungen gibt. Von Glasenapp unterscheidet fundamental die »Religionen des ewigen Weltgesetzes« (Hinduismus, Buddhismus, chinesische Religionen) und die »Religionen der geschichtlichen Gottesoffenbarung« (Judentum, Christentum, Islam) (1991, 9f.). Zu den Religionen des ewigen Weltgesetzes gehört die Vorstellung vom Kreislauf der Welten und Wiedergeburten, zu den Religionen der geschichtlichen Gottesoffenbarung die Vorstellung von dem einen Gott, dem Schöpfer, Erhalter und Weltenrichter, von der einen Geschichte und der jeweils einen, unverwechselbaren Existenz des Menschen. – Nicht erfasst ist hierbei der Bereich der sog. Volks- oder Naturreligionen, zu denen die indianischen Religionen, aber z.B. auch der Shintoismus zu rechnen ist.

Innerhalb der großen Religionsfamilien kommt dann jeder Einzelreligion wiederum eine ganz spezifische Ausprägung zu, die auch bei parallelen Grundvorstellungen zu konkurrierenden und gegensätzlichen Einzelanschauungen führen kann.

Coles lässt etwas davon sichtbar werden, wenn er die Gespräche, die er mit christlichen Kindern geführt hat, unter der Überschrift »Christliche Erlösung« zusammenfasst, die Gespräche mit muslimischen Kindern unter der Überschrift »Islamische Gottesgefolgschaft« und die mit jüdischen Kindern unter »Jüdische Gesetzestreue« (Coles 1992, 174, 196, 246).

Zu 4) Um Verbindendes, Konvergierendes und Unterscheidendes differenziert wahrzunehmen, ist eine geschichtliche und kontextbezogene Betrachtungsweise erforderlich: Die Wurzeln des Buddhismus im Hinduismus, die Wurzeln des Christentums im Judentum sind Beispiele gewachsener Verbindungen, ohne die die jeweilige Religion nicht verstanden werden kann. Ebenso wichtig sind die zeitbezogenen Kontexte, in denen die Religionen entstanden sind und sich entwickelt haben: Die Situationen in Mekka und Medina zur Zeit des Auftretens Mohammeds sind ebenso relevant als Interpretationshintergrund zum Koran wie die Situation in Palästina zur Zeit der römischen Besatzung für das Verständnis des Weges Jesu.

Mit solcher kontextueller Betrachtungsweise wird es möglich, das wirklich Verbindende wie das Trennende so herauszuarbeiten, dass es weder zu gegenseitiger Vereinnahmung noch zu gegenseitiger vordergründiger Abwehr kommt.

- *Kompetenz 3: Fähig und bereit sein, die eigenen religiösen Traditionen für die Begegnung differenziert zu vergegenwärtigen*

Es mag verwundern, dass diese Kompetenz im Zusammenhang mit interreligiösem Lernen aufgeführt wird und – dass sie erst hier genannt wird. Das hängt mit der Grunderfahrung zusammen, dass die eigene Glaubenstradition viel deutlicher angefragt ist, wenn Lehrende und Lernende vor dem Problem stehen, sie Anhängern einer anderen Religion zu verdeutlichen. Sie ist für die Befähigung zum Dialog wesentlich: Wie spreche ich etwa zu Muslimen über die Gottessohnschaft Jesu, zu Hindus über Gnade und Vergebung? Es mag angesichts verbreiteter religiöser Desozialisation auch in christlicher Traditionsumgebung argumentiert werden, die Identitätsentwicklung der Lernenden vollziehe sich im säkular geprägten west- und mitteleuropäischen Kontext ganz überwiegend jenseits verfasster religiöser Strukturen. Gerade dies aber spricht für ein Orientierungsangebot anhand konturierter, zusammenhängender Inhalte, das durch seinen fachlich fundierten Anspruch herausfordert und hinsichtlich religiöser Thematiken sprach- und diskursfähig macht.

Für eine verantwortete Weltreligionendidaktik stellt sich deshalb die Aufgabe, die unsere Kultur und Gegenwart bestimmende christlich-abendländische Tradition als »verantwortungsfähiges Sinnsystem« wahrzunehmen, es in Relation zu den Gegenwartsherausforderungen zu setzen und auf den eigenen Lebensentwurf zu beziehen. Hierzu kann ein konfessionsbezogener Religionsunterricht, der dialogisch offen ist, in besonderem Maße beitragen. Doch auch in einem konfessionell-kooperativen, ökumenischen oder religionsübergreifenden Religionsunterricht müsste die Vergegenwärtigung der Grundstrukturen und -erscheinungsformen des christlichen Glaubens in unserem Lebenskontext einen vorrangigen Stellenwert haben.

Ein positives Beispiel für die Wahrnehmung dieser Aufgabe stellt das bayerische »Globalziel« für den Evangelischen Religionsunterricht von 1970 dar, jetzt als »Neue Leitlinien für den RU in Bayern« in überarbeiteter und von der Landessynode 2004 verabschiedeter Fassung. Dieser Unterricht hat »die Aufgabe, der Kommunikation der Schülerinnen und Schüler mit der christlichen Tradition in der gegenwärtigen Welt zu dienen«. »Kommunikation« bedeutet nicht »Verkündigung« und nicht »Einübung«, aber auch nicht bloße Information. Es soll vielmehr eine Begegnung mit der christlichen Tradition eröffnet, ein Verstehen ermöglicht werden, das Schülerinnen und Schülern den christlichen Glauben als mögliche Grundlage ihrer Lebensorientierung nahe bringt. Die Öffnung für die Begegnung mit außerchristlichen Sinnhorizonten ist in die Aufgabenstellung eingeschlossen: »Der Religionsunterricht informiert und orientiert über die christliche Tradition und ihre jüdischen Wurzeln, über die Kirche in Geschichte und Gegenwart, über Fragen der Ökumene und des interreligiösen Dialogs sowie über philosophische und außerchristliche Deutungen von Mensch und Welt.« Entsprechend stellt sich die Aufgabe des Kompetenzerwerbs auch für den Religionsunterricht anderer Konfessionen (katholisch, orthodox ...) und Religionen (jüdisch, muslimisch ...).

Die Doppelqualifikation, die hier anvisiert ist, lässt sich am ehesten erreichen, wenn es ein durchdachtes, aufbauendes Lernen gibt. Als hilfreich erweist es sich, wenn die religiösen Dimensionen, die bei der Behandlung der Weltreligionen eine Rolle spielen, an vergleichbaren bzw. konvergierenden Sachverhalten der eigenen Religionstradition vorher oder parallel erarbeitet wurden bzw. werden und wenn im Unterricht überlegt wird, wie Grundlagen des eigenen Glaubens Menschen anderen Glaubens erklärt werden können.

- *Kompetenz 4: Bereitschaft und Fähigkeit zum Lernen in der Begegnung und durch die Begegnung*

Interreligiöses Lernen lebt – wie jeder gute Unterricht – von möglichst authentischer Begegnung. Bei ihm ist sie besonders wichtig, weil es (im Unterschied zu vielen anderen unterrichtlichen Inhalten) immer *Menschen* sind, die dem, wofür die Religionen stehen, Gesicht und Ausdruck geben. Wo es einzurichten ist, sollte deshalb die religiöse Erziehung in Kontakt und Zusammenarbeit mit Vertretern verschiedener Glaubensgemeinschaften erfolgen.

Dies ist nicht an allen Orten in gleicher Weise möglich. Vor allem ist es noch wenig eingeübt. Oft bestehen Ängste und Vorbehalte:

Kann ich mich auf einen Moscheebesuch einlassen angesichts dessen, was in den Medien über den »aggressiven Islam« gesagt wird? Dringe ich nicht zu sehr in die »Privatsphäre« anderer ein, wenn ich sie nach einer Darstellung ihres Glaubens frage? Verhalte ich mich angemessen unter Menschen aus einem ganz anderen Kulturkreis? Bin ich auskunftsfähig, wenn ich nach meinem eigenen Glauben gefragt werde?

Wichtig ist es hier, sich darauf einzulassen, dass das Lernen in der Begegnung ein Prozess ist, der von den verschiedenen Seiten aus das Wagnis des ersten Schrittes einschließt und der – wenn man mit Sensibilität auf die Signale des anderen achtet – Überraschendes und Bereicherndes erbringen kann. Das zweite Beispiel in diesem Beitrag – der Besuch in der baptistischen Gemeinde – ist dafür ein guter Beleg.

Ganzheitliche Begegnung bedeutet: die Beteiligung ›von Kopf‹ (Interesse, Wissbegier, Lernen) – ›bis Fuß‹: Hingehen zum anderen. Wichtig ist gerade das Letzte: Die Erfahrung, sich persönlich zu kennen, das Erleben der Gastfreundschaft, das Abenteuer einer Freundschaft führt zu dem nötigen Staunen, führt dazu, neue Horizonte zu entdecken.« (Lähnemann 1983, 258)

Die folgende Skizze (ebd., 257) kann die wichtigsten Schritte der Begegnung verdeutlichen:

Sich gegenseitig kennen
Sich gegenseitig verstehen
Sich gegenseitig achten
Voneinander lernen
Füreinander eintreten

Ein Schritt wirkt auf den nächsten hin. Dabei muss die intellektuelle Bemühung nicht notwendig das Erste sein. Oft wird sie erst von existenzieller Betroffenheit getrieben werden. Prinzipiell gilt: Wenn man den anderen mit zurückhaltender Freundlichkeit aufsucht, eine Haltung zeigt, die Hör- und Lernwilligkeit (nicht eine Überlegenheitshaltung) erkennen lässt, ist man eigentlich immer zu Gespräch und Austausch willkommen.

So gut es ist, den anderen als expliziten Gesprächspartner zu haben, so viele Möglichkeiten gibt es heute, den anderen zumindest als impliziten Gesprächspartner kennen zu lernen, wo das direkte Gespräch nicht möglich ist: in Erzählungen, in Biografien, in der Darstellung von Erfahrungen aus der Sicht von Betroffenen. Werner Haußmann bringt hier das Prinzip der »Personalisierung« als einen möglichen unterrichtlichen Weg ein: Mit ihr soll eine Verknüpfung verschiedener Elemente des Unterrichtsgeschehens mit

Beispielgestalten gelebten Glaubens erreicht werden (Haußmann 1992, 295ff.). In der Gestalt von Gleichaltrigen begegnen hier den Schülerinnen und Schülern Gläubige anderer Religionen, die bei verschiedenen Anlässen vom religiösen Leben in ihrer Familie, von ihrem Glauben und ihrer Gemeinde erzählen.

Ähnliches können auch Jugendbücher leisten, in denen das Leben und der Lebensweg von Kindern einer bestimmten Kultur bzw. Religion dargestellt wird – wie Hans Peter Richters Roman »Damals war es Friedrich« (die Geschichte eines jüdischen Jungen aus den 1920er-Jahren bis hin zu den Judenpogromen im »Dritten Reich« aus der Sicht seines deutschen Freundes – München 1974) oder Radha Batts Erzählung »Das Mädchen aus Kumaon. Weg zur Unabhängigkeit« (Würzburg 1988), in dem die Verfasserin selbst ihr Aufwachsen in einem indischen Dorf schildert.

Das »Hingehen« zu den anderen ist heute aber auch bereits in den meisten deutschen Ballungszentren möglich. Moscheen gibt es – wenn oft auch erst in Hinterhöfen – fast in jeder westdeutschen Kleinstadt und nicht selten sogar in Dörfern, Synagogen in allen größeren Städten. Vom Imam oder Hodscha geführt zu werden, sich die Gebetshaltungen erläutern zu lassen oder sogar bei einem Freitagsgebet zu Gast zu sein, ist immer ein besonders lebendiger Lernweg. Neben den Besuchen religiöser Gemeinden (z.B. auch buddhistischer Zentren) gibt es inzwischen Begegnungsinstitutionen und -gruppen – wie die Gesellschaften für Christlich-Jüdische Zusammenarbeit, Christlich-Islamische Gesellschaften, Regionalgruppen der *Religionen für den Frieden* (WCRP – s. hierzu: www.wcrp.de) –, die Kontakte und Treffen ermöglichen und auch bereit sind, Schülergruppen Einblick in ihre Dialogarbeit zu geben.

Andere einzuladen ist eine weitere Möglichkeit: Erste Ansprechpartner für Begegnung in der Schule sind Lehrerinnen und Lehrer, Schülerinnen und Schüler anderen Glaubens. Aber auch Eltern oder Geistliche können zu »Gastdozenten« werden. Wenn sie Symbole, Bilder, religiöse Gegenstände mitbringen und erläutern, wird der andere Glaube plastisch und lebendig.

In religiös sehr gemischten Schulen taucht auch verschiedentlich die Frage auf, wie Schulandachten, -gottesdienste und -gebete gehandhabt werden sollen. Als hilfreich haben sich die Grundregeln von WCRP erwiesen: Es sollte hier keine »Vermischung« der Religionstraditionen (»Synkretismus«) geben. Wenn Gläubige verschiedener Religionen zur Andacht zusammenkommen, ist das also nicht ein interreligiös ausgeweiteter ökumenischer Gottesdienst. Das Motto lautet nicht: Wir beten zusammen; wohl aber: Wir kommen zusammen zu den Gebeten der Religionen. Bei solchen Gebetsstunden der Religionen kann man gegenseitig zu Gast sein bei den Meditationen, Gebeten, Lesungen, Liedern der verschiedenen religiösen Traditionen, dabei den Ernst und die Tiefe der verschiedenen spirituellen Ausdrucksformen wahrnehmen und achten lernen – und verbunden sein in der Suche nach Frieden und Gemeinschaft.

Wenn auf diesen Wegen Verstehen und aktive Toleranz wachsen und gleichzeitig die eigene Glaubenstradition klarer und lebendiger bewusst wird, ist ein wichtiger Schritt für die Zukunft eines fruchtbaren Zusammenlebens der Religionen und Kulturen und der in ihnen beheimateten wie der »suchenden« Menschen getan.

Zum Weiterlesen

Kwiran, Manfred/Schreiner, Peter/Schultze, Herbert (Hg.), Dialog der Religionen im Unterricht. Theoretische und praktische Beiträge zu einem Bildungsziel, Münster 1996.

Haußmann, Werner/Lähnemann, Johannes (Hg.), Mein Glaube – dein Glaube. Interreligiöses Lernen in Schule und Gemeinde, Göttingen 2005.

Lähnemann, Johannes (Hg.), Bewahrung – Entwicklung – Versöhnung. Religiöse Erziehung in globaler Verantwortung, Pädagogische Beiträge zur Kulturbegegnung, Bd. 21, Hamburg 2005.

Literatur

Balic, Smail, Ruf vom Minarett. Weltislam heute – Renaissance oder Rückfall. Eine Selbstdarstellung, Hamburg ^{3}1984.

Baumann, Arnulf H. (Hg.), Was jeder vom Judentum wissen muss, Gütersloh ^{8}1997.

Coles, Robert, Wird Gott nass, wenn es regnet? Die religiöse Bilderwelt der Kinder, Hamburg 1992.

Glasenapp, Helmut von, Die 5 Weltreligionen, München ^{11}1991.

Haußmann, Werner, »...in den Schuhen eines anderen gehen«? Möglichkeiten und Grenzen der Öffnung für andere Religionen im konfessionellen Religionsunterricht, in: Lähnemann, Johannes (Hg.), Das Wiedererwachen der Religionen als pädagogische Herausforderung, Pädagogische Beiträge zur Kulturbegegnung, Bd. 10, 287-302, Hamburg 1992.

Küng, Hans/Kuschel, Karl-Josef (Hg.), Erklärung zum Weltethos. Die Deklaration des Parlaments der Weltreligionen, München 1993.

Küng, Hans, Spurensuche. Die Weltreligionen auf dem Weg (Multimedia-Projekt), Hannover 1999.

Lähnemann, Johannes, Kulturbegegnung und Ausländerpädagogik – Zielvorstellungen und Konsequenzen, in: Lähnemann, Johannes (Hg.), Kulturbegegnung in Schule und Studium, Pädagogische Beiträge zur Kulturbegegnung, Bd. 1, 254-265, Hamburg 1983.

Lähnemann, Johannes, Weltreligionendidaktische Grundregeln, in: Groß, Engelbert/König, Klaus (Hg.), Religionsdidaktik in Grundregeln. Leitfaden für den Religionsunterricht, Regensburg 1996, 49-67.

Lähnemann, Johannes, Evangelische Religionspädagogik in interreligiöser Perspektive, Göttingen 1998.

Lehrplan Evangelische Religion an Grundschulen in Bayern, Heilsbronn 1993.

Lohmann, Ingrid/Weiße, Wolfram (Hg.), Dialog zwischen den Kulturen. Erziehungshistorische und religionspädagogische Gesichtspunkte interkultureller Bildung, Münster/New York 1994.

Lutherisches Kirchenamt der Vereinigten Evangelisch-Lutherischen Kirche Deutschlands/Kirchenamt der Evangelischen Kirche in Deutschland (Hg.), Was jeder vom Islam wissen muss, Gütersloh [6]2001.

Mall, Ram Adhar, Der Hinduismus. Seine Stellung in der Vielfalt der Religionen, Darmstadt 1997.

Nipkow, Karl Ernst, Bildung in einer pluralen Welt. Bd. 1: Moralpädagogik im Pluralismus. Bd. 2: Religionspädagogik im Pluralismus, Gütersloh 1988.

Pommerin-Götze, Gabriele, Orient und Okzident im Klassenzimmer, in: Lähnemann, Johannes (Hg.), Das Wiedererwachen der Religionen als pädagogische Herausforderung, Pädagogische Beiträge zur Kulturbegegnung, Bd. 10, 342-355, Hamburg 1992.

Rickers, Folkert/Gottwald, Eckart (Hg.), Vom religiösen zum interreligiösen Lernen. Wie Angehörige verschiedener Religionen und Konfessionen lernen. Möglichkeiten und Grenzen interreligiöser Verständigung, Neukirchen-Vluyn 1998.

Schimmel, Annemarie, Die Zeichen Gottes. Die religiöse Welt des Islams, München 1995.

Schweitzer, Friedrich/Schwab, Ulrich/Ziebertz, Hans-Georg/Englert, Rudolf, Entwurf einer pluralitätsfähigen Religionspädagogik, Religionspädagogik in pluraler Gesellschaft, Bd. 1, Gütersloh 2002.

Smart, Ninian, The Religious Experience of Mankind, New York: Charles Scribner's Sons 1969.

V. Orte und Handlungsfelder interreligiösen Lernens

Wolfram Weiße

Interreligiöses Lernen in unterschiedlichen religionspädagogischen Kontexten

Die Religionspädagogik steht zunehmend vor schwierigen Aufgaben, zumal die Religiosität von Jugendlichen sich nicht länger entlang der Linien konfessioneller und religiös-institutioneller Zuordnung verstehen lässt. Damit die Herausforderungen auf diesem Feld nicht zu überzogenen Erwartungen und Aufgaben in allen religionspädagogischen Feldern führen, wird eine entlastende Arbeitsteilung vorgeschlagen: Statt in allen Bereichen dieselben Probleme lösen zu wollen, sollten sich Familie, Gemeinde und Schule jeweils auf ihre Stärken besinnen und Prioritäten für ihre Arbeit entwerfen. Es wäre vermessen, religiöses und interreligiöses Lernen allein einer Institution aufzubürden. Die Schule kann dies nicht leisten und sollte dies auch nicht versuchen, weil einige grundlegende Aufgabenstellungen religiöser Erziehung besser in der Familie und in der Gemeinde aufgehoben sind. Eine Aufgabenverteilung stärkt die verschiedenen Dimensionen religiöser und interreligiöser Erziehung und kann durch Kooperation dieser drei Instanzen dazu beitragen, dass Kinder und Jugendliche ein für sie notwendiges und differenziertes Angebot im religionspädagogischen Feld bekommen.

Religiosität von Jugendlichen und die Frage nach einer religionspädagogischen Arbeitsteilung

»Dass ich bei den Baptisten (eine evangelische Freikirche) gelandet bin – oh Gott, das war Zufall. Ausgangsbasis war Jugendarbeit, darum ging's. Dadurch, dass ich sehr viel Kontakt zu den türkischen Gangs hatte, konnte ich viele Probleme aus der Welt schaffen. Man ist da sehr verbunden als türkischer Jugendlicher und die hören auch auf einen. Die offene Art der Baptisten-Gemeinde war schon toll. Man lernt viele Leute kennen, wir haben Bilderausstellungen und Partys veranstaltet. Ich hab Musik gemacht, ich habe auch Rap gesungen, beim Hip-Hop-Gottesdienst vorm Altar gestanden, ich war bei Taufen dabei und was weiß ich. Religion hat aber keine Rolle gespielt. Da war es locker. Man musste sich nicht entscheiden. Ich bin ja als Moslem geboren, bin aber Atheist. Ich bewundere jeden, der einen Glauben hat. Ich selber, ohne Glauben, hab keinen Halt. Ich such' meine Hoffnung im Sinn des Lebens. Das wird meine Lebensaufgabe sein, glaube ich. Für mich ist Sinn des Lebens das Gespräch, das Zwischenmenschliche.« (Mehmet in: Deutsche Shell, Bd. 2, 58f.)

Die Welt – auch die religiöse – ist schnelllebiger, vielfältiger, interessanter, aber auch komplizierter, uneindeutiger, fragmentarischer geworden. Was dies für die Frage von Religiosität heißen kann, wird aus der eingangs skizzierten Aussage eines Jugendlichen offensichtlich, der auf Grund seiner Herkunft Muslim, auf Grund seiner institutionellen Zugehörigkeit baptistischer Christ und nach eigener Selbsteinschätzung Atheist ist: und der sich nach einer religiösen Geborgenheit sehnt, die auf Grund seiner Biografie sehr verständlich ist.

Was ist unsere religionspädagogische Antwort auf diese Jugendlichen und auf andere, bei denen sich – nach bei uns üblichen Maßstäben – vielleicht nicht derartige Gegensätze zeigen, die aber ganz überwiegend auch nicht durch klar umrissene religiöse oder konfessionelle Profile bestimmt werden können? Betrachten wir die Lage der Kinder und Jugendlichen, mit denen Religionspädagogik in allen Bereichen – gleich ob in Schule, Gemeinde oder Familie – zu tun hat, ein wenig genauer, so können wir zuschärfend pointiert feststellen: Interessant wird es erst dann, wenn wir die große Bandbreite von religiösen Positionen innerhalb von vermeintlich homogenen Gruppen zur Kenntnis nehmen. Hierauf hat schon vor rund zehn Jahren der Soziologe Fred-Ole Sandt in einer qualitativen Studie aufmerksam gemacht (Sandt 1996) und dies findet sich mit zunehmender Tendenz bis heute bestätigt. Die großen Unterschiede in Glaubensinhalten und Glaubenspraxis betreffen nicht nur christliche Schülerinnen und Schüler, sondern auch muslimische oder buddhistische Jugendliche (Beuchling 1999, 59ff.), und dazu – was erst neuerdings erforscht wird – jüdische Kinder und Jugendliche in Deutschland (vgl. Müller 2004).

Lösen sich die klaren religiösen Zugehörigkeiten so auf, dass es stattdessen eine Vielzahl von partikularen, quer durch religiöse Mitgliedschaften gehenden Selbstbeschreibungen gibt und geben wird? Und was bedeutet dies für interreligiöses Lernen? Tritt die selbst gefertigte religiöse Inszenierung innerhalb von religiöser Mitgliedschaft und zwischen religiösen Systemen stärker heraus als traditionelle religiöse Profile?

Wir haben auf diese Tendenz zu achten, ohne zu ignorieren, dass bis heute Mitgliedschaften zu Religionsgemeinschaften auch für Jugendliche von großer Bedeutung sind, zumal wenn wir den Vergleich zu Jugendlichen ohne religiöse Mitgliedschaft ziehen. So hat die Shell-Jugend-Studie 2000 deutlich gezeigt, dass Jugendliche, die einer religiösen Gemeindegruppe angehören, sich stärker für öffentlich-politische Fragen interessieren. Und ein weiteres nennenswertes Ergebnis besteht darin, dass Jugendliche, die glauben und beten, weniger für Ausländerhass empfänglich sind als solche ohne Glaubenszugehörigkeit (Deutsche Shell, Bd. 1, 166). Es liegt die Vermutung nahe, dass die christlichen Jugendlichen – und sie stellen die Mehrzahl der Befragten in der Shell-Studie –, durch Texte der religiösen Traditionen geleitet sind, das Gebot der Nächstenliebe und das Gleichnis vom barmherzigen Samariter als Potenzial für die Formierung von Alltagseinstellungen und Alltagsverhalten zu nutzen. Hier liegt also eine Ressource vor, die gestärkt werden sollte.

Vor schnellen religionspädagogischen Fehlschlüssen ist allerdings zu warnen. Zum einen ist die Zahl derer, die sich im oben genannten Sinne in einer religiösen Jugendgruppe engagieren und weniger Ausländerfeindlichkeit zeigen, klein, sodass die Vorstellung von einer »Front« dieser Jugendlichen gegenüber denen, die religiös nicht gebunden sind, abwegig wäre. Eher ist hier an eine Sauerteigfunktion zu denken – ein Bild, das eng mit dem Wachsen von Gemeinde und der Erwartung des Reiches Gottes verbunden ist. Zum anderen gibt es gerade bei denen, die sich religiös-institutionell engagieren, ein geringeres Interesse am Austausch mit anderen Religionen (vgl. Deutsche Shell, Bd. 1, 180). Was bedeutet das für interreligiöses Lernen? Arbeiten wir gerade bei denen, die sich im religiösen Feld engagieren, auf unfruchtbarem Boden? Und: Haben wir es bei denen, die auf interreligiöses Lernen ansprechbar sind, vorwiegend mit einer Klientel zu tun, die sich im Feld religiöser Interessen ohne traditionelle und gemeindliche Einordnung bewegt?

Diese Fragen, die auf der Basis der Shell-Studie »Jugend 2000« aufgeworfen, nicht aber beantwortet werden können, zeigen, wie kompliziert das religionspädagogische Aufgabenfeld geworden ist. Vielleicht ist hierin der Grund dafür zu sehen, dass in Schule und Gemeinde oft dieselben Fragen gestellt, dieselben Methoden gewählt und dieselben Probleme beklagt werden: Die Lage ist komplex und alle versuchen gleichermaßen, darauf zu antworten, alle wissen gleichermaßen um ihre Unzulänglichkeit.

In dieser Situation schlage ich vor, sich auf die eigenen Stärken zu besinnen: In Familie, Gemeinde und Schule sollte man jeweils dort ansetzen, wo die spezifischen Potenziale liegen, und nicht in allen Bereichen alles oder nichts machen. Lebendige Beziehungen und aktive Kooperation zwischen diesen Bereichen können und sollen den Zusammenhang sichern. Ansonsten ist es aber notwendig, durch Arbeitsteilung für Entlastung und Fokussierung zu sorgen. Was bedeutet das für religiöses und interreligiöses Lernen?

Religiöse Erziehung in Familie, Gemeinde und Schule

1. *Familie:* Es ist zu respektieren, wie Eltern ihre Kinder erziehen. Dies gilt auch für den religiösen Bereich. Viele Eltern sehen von einer religiösen Erziehung ab, weil sie selber Distanz zu institutionalisierter Religion haben und *gleichzeitig* den Weg ihrer Kinder offen halten wollen. Hierbei wird – zumindest subkutan – von der Vorstellung ausgegangen, dass religiöse Erziehung eine Festlegung, dagegen eine nichtreligiöse Erziehung eine Öffnung darstellt. Kinder sind aber nicht »unbeschriebene Blätter« und offen, weder im Blick auf Werte noch im Blick auf Religionen, sondern werden durch Freundeskreise und die Umwelt insgesamt geprägt. Dies kann z.B. bedeuten, dass Kinder in einer Gesellschaft, die

zunehmend durch ökonomische Disparitäten gekennzeichnet ist und in der ein wachsender Trend zur Abgrenzung vorliegt, unter der Hand in eine solche Haltung »hineingezogen« werden. Eltern könnten in einer religiösen Erziehung dafür sorgen, dass Geborgenheit und Nächstenliebe eine enge Verbindung eingehen. Die Erziehung der Kinder steht nach dem Grundgesetz primär den Eltern zu, diese sind dafür zuständig und können sich der Verantwortung für die Entscheidung nicht entheben,

- ob ihr Kind religiös erzogen werden soll oder nicht und wie – bei positiver Entscheidung – eine Hinführung zur »eigenen« Religion aussehen soll. Dies ist vor allem in den ersten Lebensjahren des Kindes die Entscheidung der Eltern bzw. der Familie, und erst späterhin die des/der Jugendlichen,
- welche grundlegenden Einstellungen ihr Kind zu womöglich »anderen« Formen von Religiosität im Kreis von Freunden, Verwandten und Spielkameraden gewinnt,
- auf welche Elemente religiöser oder weltanschaulicher Tradition das Kind mit der bewussten oder unbewussten Absicht, dass das Kind diese Traditionsströme übernehmen soll, aufmerksam gemacht wird. Dies liegt in den ersten Lebensjahren im familiären Aufgabenfeld, das im Laufe der Zeit zunehmend der Gemeinde übertragen werden kann,
- wie Religiosität praktisch ausgeübt wird: Gebet und Gottesdienst, Feier von Gemeinschaft auf dem Hintergrund anerkannter und anzueignender gemeinsamer religiöser Tradition.

Eltern müssen nicht die ganze Last religiöser Erziehung tragen, sondern können sich »Bündnispartner« in Gemeinde und Schule suchen. Sie können Gemeinschaft und Feier im Raum der Gemeinde für ihre Kinder erfahrbar werden lassen. Und sie können mit Schule kooperieren und sich dort für eine religiöse Erziehung stark machen, die ihren Wünschen entspricht. So schrieb eine Mutter mit muslimischem Hintergrund als Wunsch für ihre Tochter, die damals in die Grundschule ging: »Für mich ist die Schule eine Keimzelle einer Gesellschaft im Kleinen, in der Kinder und Heranwachsende modellhaft das Miteinander erlernen können, in der Bewusstsein und Haltung entsteht. Ich wünsche mir in der Schule daher einen Religionsunterricht, in dem alle Religionen als gleichwertig gesehen und gleichberechtigt behandelt werden. Ich denke, dass ein wirklich interreligiöser Unterricht den Kindern einen ganz wichtigen Lernprozess ermöglicht: Die anderen Weltreligionen kennen zu lernen und meine Klassenkameraden bzw. meinen Klassenkameraden in seiner Religion und ihrem/seinem kulturellen Hintergrund schätzen zu lernen.« (Weiße 1999, 293)

2. *Gemeinde:* Für den gemeindlichen Bereich gibt es tragfähige Ansätze und vielfältige Formen von Verständigungsarbeit zwischen den Religionen. Mit dem ökumenischen Lernen ist seit den 1980er-Jahren eine konzep-

tionelle Grundlage geschaffen worden, von der aus interreligiöses Lernen Priorität gewann. In der Theologie wurden tragfähige Ansätze entwickelt, die einen Absolutheitsanspruch des Christentums gegenüber anderen Religionen ablehnen und eine Theologie des Dialogs nahe legen (siehe Bernhardt in diesem Band). Dies trifft auch auf andere Religionen zu, so z.B. den Islam, innerhalb dessen eine dialogorientierte Theologie entwickelt wurde (vgl. Falaturi 1996). In Rückkoppelung mit diesen Ansätzen entstanden im gemeindlichen Bereich zahlreiche Initiativen, die auf Dialog und interreligiöse Verständigung ausgerichtet sind. Interreligiöse Gebete, gemeinsame Friedenswochen, wechselseitige Hospitationen in Moschee, Kommunion- und Konfirmandenunterricht, faire wechselseitige Interessenvertretung – so die Unterstützung christlicher Gemeinden bei Bauanträgen für Moscheen – und viele andere Kontakte bildeten Elemente besseren Verstehens zwischen den Angehörigen von Religionen auf gemeindlicher Ebene. Der Hauptansatz besteht in einem Alltagsdialog mit Nachbarn, der bereichert, der aber auch auf Barrieren trifft. Hierbei geht es nicht nur um sozialethische Probleme, sondern um die Notwendigkeit, Klarheit über den eigenen Glauben zu gewinnen und so über ihn sprechen zu können, dass auch andere, die nicht der eigenen Religionsgemeinschaft angehören, eigene Auffassungen, Rituale und Feste verstehen. Neuser schreibt hierzu: »Das Eigene mit fremden Augen und Ohren neu zu erleben, wird als bereichernd erfahren. Der interreligiöse Dialog hat gemeindeaufbauende Wirkung.« (Siehe Neuser in diesem Band)
Genau dieser Zirkel von

- Einübung in eigenes religiöses Glaubensleben,
- Dialog mit anderen und
- Rückkoppelungen für das, was einem im Glauben und Leben der eigenen Gemeinde wichtig ist,

erscheint mir als zentrale religionspädagogische Aufgabe im Bereich der Gemeinde. Singen, Beten, Gottesdienste, Ausflüge, Projekte, Erzählungen, Reflexionen in der Gemeinde bilden einen Ausgangspunkt für Beheimatung, die religiöses Leben und Erleben ermöglicht. Diese ist so anzulegen, dass die Erfahrung in der eigenen Gemeinde und Gruppe nicht mit Angst, Isolation oder Verurteilung anderer Konfessionen oder Religionen verbunden ist, um den Weg zum interreligiösen Lernen nicht zu verbauen. Man lernt eine eigene religiöse Sprache kennen – und womöglich lieben –, ohne eine Eigentumsmentalität durch undurchdringliche Grenzzäune anderen gegenüber zu ziehen. Nicht Volks- und Eigentümlichkeit, sondern Wahrnehmen, Einüben und Leben der eigenen Religion stehen im Zentrum. Wer in der eigenen Gemeinde beheimatet ist, kann die Grenzen hin zu anderen Religionen ohne Angst überschreiten, kann neue Erfahrungen machen und – zurückkommen. Hier steht gemeindliche Religionspädagogik vor zentralen Aufgaben: Abgesehen von den Schwierigkeiten, Gemeindeleben für Jugendliche als attraktiv erscheinen zu lassen, ist in der oben herangezogenen Shell-Studie deutlich geworden, dass Jugendliche mit Gemeindebindung kein großes Interesse am Dialog mit anderen Konfessionen und Religionen haben. Damit sind m.E. aber auch die beiden zentralen Foci für gemeindliche Kinder- und Jugendarbeit benannt:

(1) Vermittlung eines lebendigen, für die Altersgruppe attraktiven Glaubenslebens in der Gemeinde, in der Einzelne gestützt, gefördert, getröstet, an das Hoffnungspotenzial von Religion und an solidarische Gemeinschaft herangeführt werden und

(2) ein Rahmen für Begegnungen mit Gruppen aus anderen Konfessionen und Gemeinden, der dem Zirkel von Selbsterklärung, Explikation anderen gegenüber und erweiterter Selbstwahrnehmung folgt. Beide Aufgaben müssen je für sich verfolgt werden, können aber nur dann gelingen, wenn sie von Anfang an auch mit einem wechselseitigen Öffnungspotenzial verbunden sind.

Beide Aufgabenbereiche sollten und können bereits in den kirchlichen Kindergärten ins Auge gefasst werden. Es ist zu begrüßen, dass die Kirchen zunehmend die Relevanz dieses Arbeitsfeldes entdecken und die Mitarbeiterinnen ihrer Kindergärten und Kindertagesstätten entsprechend qualifizieren. So richtet sich die theologisch-religionspädagogische Aufbauqualifizierung für Erzieherinnen in Nordelbien auf die folgenden Ziele:

- »Die Auseinandersetzung mit der religiösen Vielfalt im eigenen Leben wahrzunehmen,
- biblische Orientierung für den interreligiösen Dialog zu erhalten und kirchliche Unterstützung zu nutzen,
- in den interreligiösen Dialog zu treten und nach der eigenen Identität zu fragen,
- die Kindertageseinrichtung für die multi- und interreligiöse Arbeit zu öffnen« (zitiert nach einem Schreiben von Martina Jürgs an den Autor vom 15.7. 2004).

Die Kirchen haben auf dem Gebiet der Kindergärten ein außergewöhnlich wichtiges, für die entsprechende Altersgruppe fast als konkurrenzlos zu bezeichnendes Arbeitsfeld. Es sollte noch stärker als bisher genutzt werden, um den eigenen Nachwuchs entsprechend zu bilden und gleichzeitig wichtige Voraussetzung im Gebiet religiöser Erfahrungen und interreligiösen Lernens für die Kinder zu schaffen, die nach der Zeit im Kindergarten in die Schule gehen.

3. *Schule:* Im Bereich der schulischen Religionspädagogik sind in den letzten 10 bis 15 Jahren tragfähige Ansätze für Dialog und interreligiöse Verständigung erarbeitet worden. Erfreulich ist es, dass entsprechende Konzeptionen von Protestanten, Katholiken, Muslimen, Juden und Buddhisten entworfen worden sind und man darüber hinaus durch empirische Studien in zunehmendem Maße weiß, wie eine derartige Ver-

ständigungsarbeit im Religionsunterricht »funktioniert« und wo ihr Grenzen gesetzt sind. Manchmal erscheint es so, dass dem schulischen Religionsunterricht alles zugetraut, aber auch alles aufgebürdet wird, was an religiöser Sozialisation in Familie und Schule nicht gewollt wird oder nicht gelingt. Hiervon kann und soll sich schulischer Religionsunterricht befreien.

Schulischer Religionsunterricht hat mit Respekt zu beachten, welche Voraussetzungen Kinder und Jugendliche in religiöser Hinsicht in den Unterricht mitbringen, hat aber von einer direkten Beeinflussung für eine bestimmte Konfession, Religion oder Weltanschauung abzusehen. Schüler/innen muss im Religionsunterricht die Möglichkeit gegeben werden, sich mit dem eigenen religiösen Hintergrund vertiefend zu befassen, dies aber nicht unter der Zielsetzung einer durch den Unterricht bewirkten Heranführung an eine bestimmte religiöse Gemeinschaft oder das Einüben in die religiöse Praxis einer Religionsgemeinschaft. Im Rahmen der Schule gelten andere Prioritäten:

- Hier muss beides notwendig sein, nämlich der Erwerb von Kenntnissen über und Annäherung an Religionen mit der Zielsetzung einer – soweit möglich – empathischen Sicht in die Lebens- und Glaubensformen sowie Traditionsbezüge und sozialen Formen von Religionen, vor allem unter Berücksichtigung der vielfältigen Schattierungen und Akzentsetzungen in unterschiedlichen kulturellen und persönlichen Aneignungen von Religion; aber auch Distanzierung von Religion sowohl im Blick auf die Wahrheitsfrage bei traditionellen Lebens- und Glaubensformen als auch im Blick etwa auf soziale oder ethische oder psychologische Implikationen.
- Hier geht es aber auch über Rückbezüge zu einer bestimmten Konfession oder Religion hinaus – und damit anders als in Familie oder Gemeinde – um die Beachtung der womöglich ganz unterschiedlichen Hintergründe in der Schülerschaft. Diese können binnenkonfessionell oder binnenreligiös ausgeprägt sein, werden aber angesichts einer gesellschaftlichen Situation, die durch zunehmende weltanschauliche und religiöse Pluralität geprägt ist, auch in der Beachtung unterschiedlicher religiöser und weltanschaulicher Positionen aufgenommen werden müssen.
- In der Schule geht es nicht primär um eine Vermittlung einer religiösen Tradition, sondern – von unterschiedlichen Standpunkten aus – um eine von Respekt getragene Begegnung mit unterschiedlichen Formen und Anliegen von Konfessionen, Religionen und Weltanschauungen. Hierbei ist Sorge zu tragen, dass die Schüler/innen ihre jeweiligen Hintergründe angemessen wiedererkennen, sie durchdringen und vertiefen können – aber auch die Freiheit zu Distanz *und/oder* verstärkter Aneignung durch kritische Anfragen haben.

- Im Religionsunterricht der Schule wird die Thematisierung von Glaubenstraditionen von einem anderen Blickwinkel aus betrieben als im gemeindlichen Kontext. Geht es hier um die – womöglich auch kritische und kontroverse – Einübung in konfessionell-religiöse Lebens- und Glaubensformen, geht es in der Schule stärker um die Auseinandersetzung mit ihnen, wobei in der methodisch-didaktischen Anlage des Unterrichts sowohl für identifikatorische wie für distanzierende Haltungen auf der Seite von Schülerinnen und Schülern Raum gegeben sein muss.
- Im Religionsunterricht der Schule wird interreligiöses Lernen anders angelegt sein als im gemeindlichen Rahmen. Geht man hier auf dem Hintergrund der von allen Beteiligten – mehr oder minder – geteilten gemeinsamen religiösen Überzeugung aus, so gilt diese Vorannahme für den schulischen Bereich ganz überwiegend nicht mehr. In der Schule ist die in der Gesellschaft insgesamt zunehmende Pluralisierung auch in religiöser Heterogenität der Schülerschaft abgebildet. Unter der Voraussetzung, dass Schüler/innen nicht nach Konfession, Religion und Weltanschauung im Religionsunterricht getrennt werden, ist damit im Bereich der Schule eine Heterogenität schon im Klassenzimmer vorhanden. Interreligiöses Lernen ist damit nicht nur von einer Öffnung nach außen abhängig, sondern kann auch mit den Möglichkeiten eines Dialogs im Religionsunterricht arbeiten, in dem unterschiedliche Standpunkte über beteiligte Personen mit eingetragen werden können.
- Der Dialog im Klassenzimmer führt mit Notwendigkeit zurück zu religiösen und weltanschaulichen Positionen, die in verstärktem Maße zur Kenntnis genommen werden müssen: Traditionen werden ausgehend von lebensweltlichen Fragen auf ihre Relevanz für gegenwärtige Sinndeutungen, Handlungsperspektiven und Hoffnungen abgeklopft. Und auch umgekehrt werden religiöse Grundthemen so aufbereitet, dass z.B. die in religiösen Traditionen verankerten Forderungen nach Gerechtigkeit oder Zusagen auf Menschenwürde oder Verheißungen auf Gnade ungeachtet von Leistung oder die zentrale Würdigung der Armen gegen dominante gesellschaftliche Entwicklungen bei uns für die Schüler in ihrem Reibungs- und Identifikationspotenzial wahrgenommen werden können. Hierbei wird – auch angesichts ihrer kulturellen geschichtlichen und gegenwärtigen Relevanz – das Christentum und das Judentum eine starke Beachtung erfahren. Nicht zuletzt wegen ihrer Wirkungsgeschichte, aber auch zur Klärung gegenwärtiger Positionen wird der Islam in verschiedenen Ausprägungen und werden die Weltreligionen, wie z.B. der Buddhismus, eine angemessene Beachtung finden.
- Religionsunterricht in der Schule nimmt die religiösen und welt-

anschaulichen Positionen von Schülerinnen und Schülern, die von Eltern, Freunden, Vereinen und Gemeinden geprägt sind, auf und versucht eine von Respekt gegenüber Sachen und Personen getragene Klärung auf religiösem Gebiet herbeizuführen. Anders als im gemeindlichen Bereich muss in der Schule keine Homogenität der religiösen oder weltanschaulichen Überzeugungen Voraussetzung für die Beschäftigung mit religiösen Themen sein. Im Gegenteil erscheint – zumindest aus Hamburger Perspektive mit seinem seit langem praktizierten Ansatz eines Religionsunterrichts für alle – die Einbindung von Schüler/innen mit möglicherweise ganz unterschiedlichen oder auch wenig ausgeformten religiösen Positionen als Chance dafür, in diesem Rahmen in einen Dialog zu treten, der im größeren gesellschaftlichen Bereich angesichts zunehmender Fragmentierungen und Gegensätzlichkeiten oft nicht mehr oder nur unter erheblichen Belastungen stattfindet.

Fazit

Religionspädagogik hat in den verschiedenen Feldern unterschiedliche Aufgaben für religiöse Erziehung und interreligiöse Verständigung. Im Blick auf den schulischen Religionsunterricht heißt das, dass er sich mit Recht von ihm zugeschriebenen Aufgaben entlasten muss, die mit Priorität entweder von Eltern oder von der Gemeinde erfüllt werden können. Statt kurzschlüssig dem schulischen Religionsunterricht alles zuzuweisen, was sich in anderen Bereichen als schwierig erweist, scheint mir ein anderer Weg angemessener, nämlich den Gründen der Defizite in (Teil-)Familien und Gemeinden nachzugehen und zu fragen, wie religiöse Erziehung in diesen beiden Bereichen auf dem Hintergrund der eigenen Traditionen, der heutigen Lebenswelt und tragfähiger theologischer Ansätze begründet werden und umgesetzt werden kann. Statt schnell die eigenen Aporien in immer neue Forderungen an den schulischen Religionsunterricht umzumünzen, sollten die Voraussetzungen und Möglichkeiten religiöser Erziehung im häuslichen und gemeindlichen Bereich gründlich durchbuchstabiert werden. Ernüchterung und Neuansätze, die eine klarere Priorisierung und einen frischen Wind in diesen Bereichen mit sich bringen könnten, sind nur nach dieser Durcharbeitung möglich. Damit wären dann aber auch wichtige Voraussetzungen gegeben, die speziellen Aufgaben, die in dem Gesamtfeld religiöser Erziehung der schulische Religionsunterricht zu erfüllen hat, unbelasteter und klarer zu definieren.

Unterschiedliche Arbeitsfelder und Prioritäten sind notwendig, um von den eigenen Stärken ausgehend Prioritäten formulieren und umsetzen zu können. Das hilft, religionspädagogisch konkret und zielgerichtet zu arbeiten, sich von Komplexität nicht erdrücken, sondern in ihrem Rahmen sich bewegen zu können. Und: Durch wechselseitige Verständigung gilt es, voneinander zu wissen, gezielt miteinander zu kooperieren und berechtigt davon ausgehen zu können, dass man interreligiöse Verständigung insgesamt am besten dadurch vorantreibt, indem man die Potenziale zunehmend ausschöpft, die im eigenen Arbeitsfeld liegen und durch Kontakte mit anderen Arbeitsfeldern eine Arbeitsteilung sichert und durch gezielte Kooperationsprojekte überschneidende Aufgaben zusammen angeht.

Zum Weiterlesen

Weiße, Wolfram (Hg.), Vom Monolog zum Dialog. Ansätze einer dialogischen Religionspädagogik, Münster u.a. ^{2}1999.

Goßmann, Hans-Christoph/Ritter, André (Hg.), Interreligiöse Begegnungen. Ein Lernbuch für Schule und Gemeinde, Hamburg 2000.

Literatur

Bernhardt, Reinhold, Die Pluralistische Religionstheologie. Relativitätsschock für den christlichen Glauben?, in: Weiße, Wolfram, Wahrheit und Dialog. Theologische Grundlagen und Impulse gegenwärtiger Religionspädagogik, Münster 2002, 19-34.

Beuchling, Olaf, Buddhistische Religiosität junger Vietnamesen in der Bundesrepublik Deutschland, in: Weiße, Wolfram (Hg.), Vom Monolog zum Dialog. Ansätze einer dialogischen Religionspädagogik, Münster u.a. ^{2}1999, 59-89.

Deutsche Shell (Hg.), Jugend 2000. 13. Shell Jugendstudie, 2 Bde. , Opladen 2000.

Falaturi, Abdoldjavad, Der Islam im Dialog, Hamburg ^{5}1996.

Müller, C., Die Bedeutung von Religion für jüdische Jugendliche in Deutschland. Eine empirische Untersuchung (Arbeitstitel), Diss. an der Univ. Hamburg (im Entstehen).

Sandt, Fred-Ole, Religiosität von Jugendlichen in der multikulturellen Gesellschaft, Münster u.a. 1996.

Weiße, Wolfram (Hg.), Vom Monolog zum Dialog. Ansätze einer dialogischen Religionspädagogik, Münster u.a. ^{2}1999.

Christa Dommel

Interreligiöses Lernen im Elementarbereich: Kindertagesstätten und Kindergärten

Die Rahmenbedingungen für Tageseinrichtungen für Kinder in Deutschland werden skizziert und ihr Bildungsauftrag diskutiert. Vor dem Hintergrund der Rolle von Religion in der Allgemeinbildung und im Bildungswesen werden katholische, evangelische, islamische und jüdische Perspektiven im Blick auf interreligiöses Lernen in den Kindertageseinrichtungen veranschaulicht. Religion und Identität sind hierbei differenziert zu sehen, dementsprechend sind Begriffe wie »Beheimatung«, »Begegnung« oder »multireligiöser Ansatz« entwicklungsbedürftig. Das religionswissenschaftlich ausgerichtete religionspädagogische Modell »A Gift to the Child« aus England wird vorgestellt und für Perspektiven fruchtbar gemacht.

Bildung von Anfang an?

»Unter Elementarbereich werden alle Einrichtungen familienergänzender Bildung und Erziehung nach Vollendung des dritten Lebensjahres bis zum Beginn der Schule verstanden.« Nach dieser Definition des Strukturplans des Deutschen Bildungsrats und der Bund-Länder-Kommission für Bildungsplanung (1970/1971) zählen zum Elementarbereich in der Bundesrepublik Deutschland diejenigen Einrichtungen freier und öffentlicher Träger der Kinder- und Jugendhilfe, die Kinder zwischen drei Jahren und Schulbeginn aufnehmen. Überwiegend gehört der Elementarbereich rechtlich nicht zum Bildungssystem, sondern in die Zuständigkeit der Sozialbehörden (Stand: 2004). Trotz anders lautender bildungspolitischer Willenserklärungen wird er faktisch eher als Entlastung des familiären Bereichs als im Sinne eines eigenständigen Bildungsauftrags ausgestaltet: Es gibt – anders als im Schulbereich – keine verbindlichen Lehrpläne (allerdings haben viele Bundesländer »Rahmenpläne für frühkindliche Bildung« als mehr oder weniger verbindliche Vorgaben formuliert); das Angebot ist für die Eltern beitragspflichtig; die Festschreibung des Rechtsanspruchs jeden Kindes ab drei Jahren auf einen Kindergartenplatz 1996 im Sozialgesetzbuch (SGB VIII, §24) erfolgte nicht im Sinne eines Bildungsanspruchs des Kindes, sondern als Betreuungsanspruch im Zusammenhang mit der Änderung des §218 StGB. Die Umsetzung dieses Rechtsanspruchs ist bislang nicht flächendeckend gewährleistet:

In den alten Bundesländern stehen für ca. 75 % aller Kinder zwischen vier und sechs Jahren halbtags Kindergartenplätze zur Verfügung (Carle 2000). Traditionell wird in Deutschland die essenzielle Differenz des Kindergartens zur Bildungsinstitution Schule hervorgehoben – »Verschulung« wird tendenziell als Gefahr empfunden.

Gleichwohl steht der Bildungsauftrag des Elementarbereichs vor allem seit Veröffentlichung der internationalen Vergleichsuntersuchungen (PISA 2001 und 2004 für die 15-Jährigen; IGLU 2003 für die Grundschule; Early Childhood Policy Review 2002-2004) weit oben auf der bildungspolitischen Agenda in Deutschland (wie bereits in den 1960er- und 1970er-Jahren), denn die soziale Herkunft entscheidet offenbar hier mehr als anderswo über den Bildungserfolg eines Kindes. Der Vorschulphase kommt eine zentrale Rolle für die spätere Integrationsfähigkeit in die Gesellschaft zu, wie im Rahmen einer EU-weiten Studie (Eurydice 1995) festgestellt wurde, die messbare Vorteile für die gesamte Schullaufbahn insbesondere von Kindern aus den benachteiligten Schichten nachweisen konnte: Bildungsdefizite im familiären Umfeld können durch Vorschulpädagogik zumindest teilweise kompensiert werden, und aus Sicht der Neurobiologie sind die ersten Lebensjahre grundsätzlich die entscheidenden für Entwicklungsprozesse im Gehirn, die die Grundlagen für Lernen und Gedächtnisbildung legen. Die Forschungsergebnisse unterstützen also die Ausdehnung des Begriffs »Bildung« auch auf Kleinkinder, allerdings nicht im Sinne bloßer Wissensvermittlung.

Das »Forum Bildung« (2001) formuliert einen Bildungsbegriff, der den Erwerb von *Schlüsselkompetenzen* als wesentliches Ziel einer Bildungsreform hervorhebt und der ausdrücklich auch auf den Vorschulbereich bezogen wird: Lernen des Lernens, Verknüpfung von Wissen mit der Fähigkeit zu dessen Anwendung, instrumentelle Kompetenzen (Sprachen, Medien, Naturerkundung), soziale Kompetenzen, Wertorientierung und Erkundung der Lebens- und Arbeitsumgebung. Seit 2000 befasst sich die Nationale Qualitätsinitiative im System der Tageseinrichtungen für Kinder des Bundesfamilienministeriums mit nationalen und internationalen Qualitätskonzepten. Der hier zu Grunde liegende Bildungsbegriff geht von einer co-konstruktivistischen Perspektive aus: Kultur, Kind und soziale Umwelt konstruieren gemeinsam die Entwicklung und Bildung des Kindes. Das Kind ist – je nach Entwicklungsstand in verschiedener Form – von Anfang an selbst aktiv an seiner Bildung beteiligt und keineswegs nur »Empfänger« von Bildungsinhalten (Tietze 2001; Tietze/Viernickel 2002), und die realen Lebenssituationen von Kindern und ihren Familien formen die pädagogische Praxis (Preissing 1998). Der »Gemeinsame Rahmen der Länder für die frühe Bildung in Kindertageseinrichtungen« (von Jugendministerkonferenz und Kultusministerkonferenz 2004 beschlossen) formuliert explizit Bildungsverständnis, -ziele und -bereiche für den Vorschulbereich.

Gehören Religionen zum »Weltwissen«?

Bildung im Zusammenhang mit Religion(en) im Elementarbereich – das heißt in diesem Sinne: Kinder im Vorschulalter als Ko-Konstrukteure ihrer eigenen religiösen Bildung und Entwicklung. Angesichts der heute oft internationalen und religiös-weltanschaulich vielfältigen Zusammensetzung der Kindergruppen ist die konkrete Umsetzung dieses Bildungsbegriffs eine große Herausforderung für die Aus- und Fortbildung des pädagogischen Personals. Ähnlich wie im schulischen Bereich spielt Religion eine Sonderrolle und wird auch beim Thema »Interkulturelles Lernen« häufig ausgeklammert. Gerade im Hinblick auf Kleinkinder sind die Befürchtungen von Eltern und Erzieher/innen groß: Religiöse Vielfalt ist ein Thema, das in der Regel (noch) nicht mit einem Kanon der Allgemeinbildung bzw. des »Weltwissens« (Elschenbroich 2001) in Verbindung gebracht wird, sondern in erster Linie mit Konflikten und Fanatismus. Zudem werden Bedenken formuliert, dass die religiöse Identitätsbildung verwirrt werden könnte, wenn Kinder schon von klein auf mit mehreren religiösen Traditionen konfrontiert werden, deren Wahrheitsansprüche einander zum Teil widersprechen. Das Schwergewicht liegt daher in der Religionspädagogik im Elementarbereich bislang eher auf »Erziehung« denn auf »Bildung«. Andererseits sieht der »Gemeinsame Rahmen« (s.o.) religiöse Bildung im Sinne »Thematisierung religiöser Fragen« als Bestandteil eines Bildungsbereiches vor, die interkulturelle Bildung wird als Querschnittsaufgabe gesehen.

Theoretische Konzepte und Praxismodelle, die die religiös vielfältige Wirklichkeit in Kindergärten ausdrücklich aufgreifen, werden – wenn überhaupt – in Deutschland bislang fast ausschließlich von kirchlichen Fachhochschulen (Böhm u.a. 2002; Harz 2001a, 2001b) oder den freien Kindergartenträgern der evangelischen und der katholischen Kirche (Bundesvereinigung Evangelischer Tageseinrichtungen für Kinder BETA, Verband Katholischer Tageseinrichtungen für Kinder KTK) entwickelt, die gut die Hälfte aller deutschen Kindergärten bundesweit betreiben (in den alten Bundesländern ist der Anteil höher, dagegen sind in den neuen Bundesländern 79 % aller Kindergärten in öffentlicher Trägerschaft, vgl. Oehler 1999). Die ohnehin an deutschen Universitäten schwach vertretene Kleinkindpädagogik und die Träger ohne religiöse Ausrichtung scheuen bislang noch die direkte Auseinandersetzung mit dem heißen Eisen »Religionen im Kindergarten«, obwohl im Alltag nicht nur an Festen und Feiertagen wie Weihnachten oder Ramadan das Thema unausweichlich erscheint und ein großer Klärungsbedarf besteht, welchen Ort religiöse Traditionen in der Einrichtung einnehmen können. Die beiden christlichen Kirchen als Träger sind sich im Wesentlichen einig über ihre Zielsetzungen.

Katholische Perspektiven

»Dem grundsätzlichen Prinzip der ›Evangelisierung‹ als Zeugnis der Güte und Menschenfreundlichkeit Gottes folgt hier schon als erstes Leitprinzip die ›Lebensweltorientierung‹. Der Offenheit der Einrichtungen für alle Kinder ›Katholizität‹ entspricht die primär ›diakonische‹ Begründung der Kindergartenarbeit. ›Subjektorientierung‹ und ›Anwaltschaft‹ nehmen die Perspektive der Kinder und ihrer Eltern wahr. Der Kindergarten erfüllt seine Aufgabe auch über das rechtlich geforderte Maß hinaus (›Barmherzigkeit‹). Kindertageseinrichtungen sind in das Gemeinwesen und die Arbeit der Gemeinde eingebunden (›communio‹) und gehen bei der religiösen Erziehung von den Fragen der Kinder aus (›Religion‹). Sie legen Wert auf die allseitige Qualifizierung ihrer Mitarbeiterinnen (›Personales Angebot‹) und pflegen die Kommunikation unter allen an der Erziehung Beteiligten (›Dialog‹). Schließlich sorgen sie für eine ausreichende Ausstattung, die die kirchliche Identität erkennen lassen.« (Lechner 1999)

Unter »Evangelisierung« werden professionelle Erziehung und Pädagogik verstanden, die paritätische und gleichberechtigte Beziehungen mit Kindern ermöglichen, die als Befreiungserfahrung im Sinne des Evangeliums gedeutet werden (mit Berufung auf das nachkonziliare Schreiben Papst Pauls VI. »Evangelii nuntiandi«) – selbst dann, wenn dieses Engagement ohne Worte, ohne religiöse Rede oder Liturgie zum Ausdruck kommt. Die betonte Zurückhaltung in der Forderung nach demonstrierter religiöser Erziehung unterscheidet den katholischen Trägerverband von seinem evangelischen Pendant (s. u.). Speziell zur multireligiösen Situation in Kindertageseinrichtungen verabschiedete der KTK Leitlinien für Ausbildung, Fortbildung und Fachberatung und hält darin fest:

»Interreligiöse Erziehung meint: Sich mit anderen Religionen vertraut machen und ›im vergleichenden Miteinander die eigenen religiösen Ansichten und Lebensformen vertiefen. Das Finden von Gemeinsamkeiten bei gleichzeitigem Gewahrwerden der Eigenheiten und spezifischen Merkmale der Religion, in der man zu Hause ist, kann neue Formen von Beziehung und Gemeinschaft hervorbringen und die Menschen, die sich auf diesen Prozess einlassen, bereichern. Wichtig ist vor allem, dass die Kinder erleben, was gemeinsam und verbindend sein kann, dass es möglich ist, an den besonderen Ausdrucksformen, Festen und Lebensstilen des anderen teilnehmen zu können und diesem ebenso Einblick zu geben in das Leben der eigenen Religion.‹« (KTK 2001, 37)

Die Anstellung von nicht christlichen Erzieher/innen ist in katholischen Einrichtungen nicht vorgesehen, die Öffnung für Kinder und Eltern verschiedener religiöser Herkunft ist möglich und erwünscht.

Im Kontext der Bewegung des interreligiösen Dialogs entstand eine inzwischen mehr als 20-jährige Tradition der interreligiösen Fortbildung vor allem zur christlich-islamischen Begegnung, in der auch didaktisches Material für Kindergärten entwickelt wurde (Mainzer Projekt zur Förderung der Begegnung zwischen Christen und Muslimen der Dokumentationsstelle Christlich-Islamische Begegnung CIBEDO). Aus der Arbeit der CIBEDO sind detaillierte Praxishilfen speziell für Kindergärten mit elementarisierten Erläuterungen zu Unterschieden und Gemeinsamkeiten der Glaubenshaltungen in Christentum und Islam hervorgegangen (Huber-Rudolf 2002).

Evangelische Perspektiven

»Im Kindergartenalltag ist die Kirche von Morgen schon lebendig; in den sich hier vollziehenden Integrationsprozessen wird die Gesellschaft der Zukunft exemplarisch vorweggenommen.« (Wolfgang Huber, Vorsitzender des Rates der Evangelischen Kirche in Deutschland EKD, Vorwort in Kirchenamt der EKD 2004, 9)

Die EKD formuliert zum Auftrag evangelischer Kindertagesstätten 14 Thesen, die Selbstverständnis und Zukunftsperspektiven beschreiben. »Interreligiöses Lernen« taucht darin nicht auf, in der Einleitung wird die »missionarische Perspektive« kirchlicher Elementarbildung betont (a.a.O., 13), und die Herausforderung durch religiöse Vielfalt wird mit dem Konzept der »Gastfreundschaft« beantwortet (These 6):

»Evangelische Kirchengemeinden und ihre Kindertagesstätten leben inmitten kultureller und religiöser Vielfalt. In dieser Situation möchten sie ihr evangelisches Profil zum Ausdruck bringen. Es gehört zum Selbstverständnis evangelischer Kirchengemeinden und ihrer Kindertagesstätten, in Verbundenheit mit Menschen anderer Herkunft christliches Profil zu zeigen und Gastfreundschaft zu üben. (...)« (a.a.O., 41)

Zur religionspädagogischen Arbeit insgesamt wird in These 3 festgehalten: »Sie eröffnet den Kindern, gleichgültig, welchen religiösen Hintergrund sie mitbringen, eine spezifisch christliche Daseins- und Handlungsorientierung und lädt sie zu einer konstruktiven Beschäftigung und Auseinandersetzung mit dem christlichen Glauben ein. Diese Auseinandersetzung geschieht in einem Raum der Freiheit. Sie lädt ein, Erfahrungen mit dem christlichen Glauben zu machen. Sie legt aber nicht fest und grenzt sich von aller religiösen Vereinnahmung ab.« (a.a.O., 23)

Das Prinzip der »Gastfreundschaft« (Harz 2001a; 2001b) im evangelischen Kindergarten regt an, die religiösen Feste zu nutzen als Gelegenheit zu interreligiösen Klärungen gemeinsamer Lebensthemen bei gleichzeitiger Thematisierung der Differenzen: beim St. Martins-Fest geht es um die Bereitschaft, eigenen Reichtum mit Bedürftigen zu teilen – ein zentrales Motiv auch im Islam; beim Erntedankfest ist der Glaube an Gott als Schöpfer ähnlich maßgebend wie beim islamischen Aschura-Fest. In der Kindertagesstätte kann jedes dieser Feste gemeinsam gefeiert werden, zu den islamischen Festen würden die muslimischen Eltern als »religiöse Gastgeber« auftreten. Schwieriger wird es bei Festen wie Weihnachten oder Ostern, wenn der Festinhalt direkt im Widerspruch zu den Glaubensvorstellungen der muslimischen »Gäste« steht: nach den Aussagen des Koran ist Jesus weder Gottes Sohn noch am Kreuz gestorben noch auferstanden.

»Das Modell von Gastgeber und Gästen muss sich darin bewähren, dass den Gästen ihre andere Sichtweise bewusst zugestanden wird. Christliche Gastgeber bringen zum Ausdruck, dass sie um die andere Überzeugung ihrer Gäste wissen und sie achten und dass deren Dabeisein keinesfalls als Zustimmung zu den christlichen Inhalten zu verstehen ist. So kann es gelingen, die Gegensätze bewusst auszuhalten.« (Harz 2001b, 10)

Zahlreiche Anregungen und Materialien für interreligiöses Lernen im Kindergarten entlang religiöser Feste bieten die verschiedenen thematisch zusammengefassten Festreihen (Sieg 2003b). Spiele, Geschichten und Bräuche zu Festen aus Judentum, Christentum, Islam, Buddhismus, Hinduismus und Alevitentum werden mit jeweils verwandten Traditionen aus den Nachbarreligionen kombiniert, wobei gemeinsame Motive von verschiedenen Seiten beleuchtet und gewürdigt werden. Zum Thema Weihnachten gibt es hier z.B. Materialien über islamische Perspektiven zu Maria und Jesus (Maryam und Isa) und das jüdische Chanukkafest, die im Kindergarten einbezogen werden können, um nichtchristliche Kinder vor Vereinnahmung zu schützen.

In evangelischen Kindertageseinrichtungen können Erzieher/innen ohne Kirchenmitgliedschaft in einer Kirche der Arbeitsgemeinschaft Christlicher Kirchen (ACK) in der Regel nicht angestellt werden, allerdings gibt es in einigen Landeskirchen Ausnahmen von dieser Regelung (vgl. Kirchenamt der EKD 2000, 75; Evangelische Kirche im Rheinland 2001).

Den katholischen und evangelischen Konzepten, die sich für interreligiöses Lernen im Kindergarten einsetzen, ist neben einem christlich geprägten Bildungsbegriff und dem Auftrag zur konfessionellen Profilbildung außerdem die Überzeugung gemeinsam, dass Bildung und »Fremdheitskompetenz« in Sachen Religion nicht nur im Hinblick auf religiöse Minderheiten, sondern auch auf die Mehrheitsgesellschaft immer wichtiger werden (vgl. Hugoth 2003; BETA 2002; BETA/KTK 2002) und keineswegs auf die »Ausländerthematik« reduziert werden können. Grundlage für diese Erkenntnis ist unter anderem die religionsübergreifende Erfahrung, dass die Mitgliedschaft in organisierten Religionsgemeinschaften tendenziell abnimmt, dass religiöse Themen in der Öffentlichkeit tabuisiert werden und bei der jungen Generation der jeweils eigene religiöse Hintergrund bereits oft »Fremdreligion« ist, während gleichzeitig ein Trend zur Respiritualisierung zu beobachten ist. Dies wirft auch die Frage nach der Definition von Religion neu auf (KTK 2003, 9ff.).

Islamische Perspektiven

Anders als die beiden christlichen Großkirchen verfügen die Muslime als religiöse Minderheit in Deutschland bislang über keine vergleichbare Infrastruktur als Kindergarten-Träger. In mehreren Großstädten werden islamische Kindergärten von einzelnen Trägervereinen betrieben (z.B. Berlin, Hamburg, Karlsruhe, Wiesbaden, München). Eine offizielle Stellungnahme einer oder mehrerer islamischer Verbände zur Thematik interreligiösen Lernens im Kindergarten liegt daher nicht vor. Interreligiöse Konzepte und Fortbildungsmaßnahmen für den Kindergartenbereich aus islamischer Perspektive sind daher (noch) nicht ausschließlich für separate islamische Einrichtungen konzipiert worden, sondern appellieren an die Integrationsbereitschaft der öffentlichen Kindergärten.

Ali-Özgür Özdil, der Gründer des Islamischen Wissenschafts- und Bildungsinstituts (IWB) in Hamburg, beschreibt die Situation muslimischer Kinder und Eltern in deutschen Kindergärten so:
»Ein offenes Gespräch mit den Erziehern und ein Entgegenkommen von Seiten der Kindergärten, sodass auch die muslimischen Feiertage mit in das Leben der Kinder einbezogen werden, könnte m.E. helfen, Ängste vor einer Christianisierung zu vermeiden. Viele Kindergärten, besonders staatliche, sind von dieser Idee noch fern, da sie sich darauf berufen, eine öffentliche Einrichtung zu sein und daher der Einfluss der Eltern im Vergleich zu privaten Einrichtungen geringer ist. Auf Weihnachten und Ostern möchten sie aber trotzdem nicht verzichten, was von muslimischer Seite auch gar nicht gefordert wird. Vielmehr liegt das Problem in der Auffassung von Festen: während man bei Muslimen von einer religiösen Motivation ausgeht, weiß man, dass viele Deutsche z.B. Weihnachten auch feiern, ohne gläubige Christen zu sein. Insofern müsste muslimischen Eltern klar gemacht werden, dass Weihnachten im Kindergarten nicht als Fest gläubiger Christen begangen wird, sondern lediglich als allgemein praktiziertes Brauchtum in die Arbeit des Kindergartens integriert wird. (...) Ob Muslime in Deutschland ihre Feste als »nur kulturell« in Kindergärten feiern dürfen, scheint, was die Quellen anbetrifft, sowohl islamrechtlich als auch staatsrechtlich noch nicht geklärt worden zu sein.« (Özdil 1999, 20f.)

Deutlich wird das Spannungsverhältnis, das entsteht, wenn das »kulturelle Erbe« und die Quelle gemeinsamer Werte unserer religiös und weltanschaulich pluralistischen Gesellschaft ausschließlich auf die dominante Religion (das Christentum) reduziert wird, selbst wenn dieses Christentum in seiner »nur kulturell« definierten, nicht aggressiv missionierenden Variante auftritt. Özdil würdigt ausdrücklich bilinguale und bikulturelle Konzepte in Kindergärten, in denen »keine Separierung wie in den meisten kirchlichen Einrichtungen angestrebt (wird), sondern vielmehr die Vermittlung zweier Kulturen gleichzeitig, sodass auch die deutschen Kinder die Möglichkeit haben, Türkisch zu lernen. Die Kinder werden hierbei als ›Vermittler zwischen zwei unterschiedlichen sprachlichen und kulturellen Systemen gesehen‹.« (a.a.O., 22)

Der enge Zusammenhang zwischen sprachlicher, kultureller und religiöser Bildung – und zwar auf gegenseitiger Basis – wird hier betont. Ein Plädoyer für interreligiöses Lernen aus einer solchen, für Austausch offenen islamischen Perspektive heraus erfordert zunächst die Schaffung gleichberechtigter Zugangsbedingungen auch für Muslime zu einem solchen Bildungsgeschehen. »Dies wiederum bedeutet, dass interkulturelle Ausbildungs- und Fortbildungsmöglichkeiten geschaffen werden müssen, an denen sich auch Menschen nicht-deutscher Herkunft beteiligen sollten. Je länger diese Tatsachen übersehen oder notwendige Veränderungen hinausgezögert werden, bleibt jenen muslimischen Eltern, die ihren Kindern auch eine islamische Identität anerziehen wollen, keine andere Alternative als die Forderung und Einrichtung privater islamischer Kindergärten nach kirchlichem Modell (...).« (a.a.O., 23)

Es wird deutlich, dass das wachsende Interesse an islamischen Kindergärten eine Reaktion auf ein pädagogisch unzureichendes Angebot der deutschen Kindertageseinrichtungen darstellt – viele muslimische Eltern möchten ihre Kinder nicht von der Mehrheitsgesellschaft sprachlich und kulturell isolieren und suchen gleichzeitig nach mehr Sichtbarkeit ihrer kulturellen Traditionen einschließlich des Islam.

Jüdische Perspektiven

Jüdische Kindergärten haben in Deutschland eine lange Tradition – der Kindergarten als Institution verdankt seine Entstehung und weltweite Verbreitung seit dem 19. Jahrhundert nicht zuletzt der aktiven Unterstützung und Weiterentwicklung durch jüdische Pädagog/innen (z.B. Johanna Goldschmidt, Julia Salis-Schwabe). Die Anfänge der Kindergartenbewegung um Friedrich Fröbel waren nicht von den christlichen Kirchen geprägt, sondern durch eine religionsübergreifende soziale Bewegung im Kontext der demokratischen Bestrebungen um 1848, an der vor allem christliche Außenseiter (Freikirchen) und liberale Juden beteiligt waren, die ein gemeinsames Ethos verband (Dommel 2003; Prelinger 1987). In Hamburg gab es bis 1933 zahlreiche private jüdische Kindergärten, aber keinen, der zur jüdischen Gemeinde gehörte (Runde 2001). Das jüdische kulturelle Erbe in der deutschen Kindergartengeschichte geriet durch die nationalsozialistischen Vernichtungen in Deutschland nahezu völlig in Vergessenheit. Jüdische Kindergärten »im Land der Täter« gibt es 60 Jahre nach Ende der Shoa in mehreren Großstädten, die neu gewonnene Normalität ist jedoch verletzlich, und jüdische Kindergärten stehen heute wie Synagogen unter Polizeischutz. Unter den Bedingungen bedrohter jüdischer Existenz schließt interreligiöses Lernen aus jüdischer Sicht gezwungenermaßen immer auch die Thematisierung von Antisemitismus in der Mehrheitsgesellschaft mit ein. Gleichzeitig wächst in der jungen Generation deutscher Juden das Bedürfnis, jüdische Tradition nicht ausschließlich in Verbindung mit dem Nationalsozialismus zu thematisieren, um zu zeigen, dass und wie Juden heute in Deutschland leben.

Die Jüdische Volkshochschule in Berlin bietet Fortbildungsangebote über das Judentum auch für Erzieherinnen an, die Bibliothek der jüdischen Gemeinde steht ebenfalls nicht-jüdischen Nutzern offen. Bundesweit ist die »Gesellschaft für christlich-jüdische Zusammenarbeit« hilfreiche Anlaufstelle für entsprechende Kontakte in der jeweils eigenen Region. Ziel dieser jüdisch-christlichen Initiative ist es, Interessierten die Schwellenangst zu nehmen und Austausch zu fördern – die Elementarpädagogik kann hier aus einem reichen Fundus schöpfen (Brum 1995; 1996).

Religiöse Identitäten im Kindergarten

Das Nichtvorhandensein von separaten »Fächern« bietet im Kindergarten die Chance, Religion nicht isoliert zu betrachten, sondern im Kontext von Lebenssituationen, in denen Religion und Religiosität in andere Lernfelder integriert werden können (z.B. bei Themen wie »Reisen«, »Zeit«, »Tod und Trauer«). Religiös-weltanschaulich gemischte Kindergruppen machen die Institution Kindergarten zu einem besonders geeigneten Ort, an dem interreligiöse Pädagogik im ganzheitlichen Sinne weiterentwickelt werden könnte – Lernen an lebensweltlichen Themen, mit allen Sinnen und generationsübergreifend (mit Eltern und Erzieher/innen) lässt sich hier leichter realisieren als im Schulbereich. Dem steht leider entgegen die Identitätsdebatte, die in der deutschen religionspädagogischen Diskussion an starren Religionsbegriffen orientiert ist. »Religion« wird entgegen allen empirischen Befunden zur Religiosität in Deutschland im konfessionellen Sinne enggeführt mit »Kirche« bzw. »Moschee« oder »Synagoge« verbunden. Anders als im englischen Sprachraum, wo z.B. der weiter gefasste Begriff »Spiritualität« positiv besetzt ist, werden nicht institutionell verankerte Äußerungen von Religion hier zu Lande pädagogisch ignoriert oder mit Argwohn beobachtet. Friedrich Schweitzer (1999, 149ff.) fasst die vorherrschenden Auffassungen zum angemessenen Umgang mit religiöser Pluralität und Identitätsbildung im Vorschulalter in drei konkurrierenden Modellen zusammen:

- das *Beheimatungsmodell*: Kinder brauchen zur Ausbildung einer stabilen eigenen religiösen Identität zunächst eine religiös-konfessionelle Einheitlichkeit in ihrer Umgebung – d.h. neben der familiären religiösen

Sozialisation in einer Glaubensrichtung auch einen religiös homogenen Kindergarten;

- das *Begegnungsmodell*: die eigene religiöse Identität wird einem Kind erst durch die Begegnung mit anderen religiösen Traditionen und Glaubensrichtungen wirklich bewusst;
- das *multireligiöse Modell*: Elemente aus den verschiedenen Religionen sollen Kindern zugänglich und vertraut gemacht werden, z.B. die großen Feste (Weihnachten, Zuckerfest, Passafest), und damit interreligiöses Lernen gefördert werden.

Seitens der Entwicklungspsychologie sind, wie Schweitzer anmerkt, die Ergebnisse über das Religionsverständnis von Kindern höchst vorläufig und wenig gesichert, und es liegt von dieser Seite kein Einwand gegen interreligiöses Lernen im Vorschulalter vor, »wohl aber muss diese Entwicklung bei der Gestaltung von Lernmöglichkeiten sorgfältig beachtet werden. Für die Möglichkeit interreligiösen Lernens schon in der Kindheit spricht im Übrigen auch die weithin beobachtete Offenheit, mit der gerade Kinder einander begegnen. Demnach gelingt es Kindern im Unterschied zu Jugendlichen und Erwachsenen viel besser, Verbindungen über die Grenzen von Kultur, Nationalität, Sprache und Religion hinweg aufzubauen.« (a.a.O., 155) Er plädiert daher für eine bewegliche Kombination der richtigen Einsichten der drei genannten Modelle, je nach Voraussetzungen und Gegebenheiten der einzelnen Einrichtung.

Wie im Kindergartenalltag den Beteiligten deutlich wird, sind hier nicht in sich einheitliche »Religionen« und »Kulturen« vertreten, sondern Familienkulturen, die unter anderem durch religiöse Traditionen geprägt sind, die auch innerhalb derselben Religion sehr unterschiedlich sein können. Wenn sich die öffentliche Wahrnehmung von »Religion« auf Vertreter der Religionsgemeinschaften beschränkt, wird dabei die Mehrheit der Gläubigen ignoriert. Christoph Elias (1983, 130ff.) etwa weist auf die Notwendigkeit hin, dass sich öffentliche Erziehung auf die religiös-kulturelle Identität der *Eltern* beziehen muss, dass z.B. »die säkularisierten türkischen Bewohner nicht als atypische Randgruppe unter den Muslimen vernachlässigt werden dürfen«. Das theologische Dialog-Modell von »Begegnung« oder »Gastfreundschaft« zwischen »den Religionen« kann daher kein hinreichendes Konzept für religiöse Bildung von Anfang an sein, wenn damit den Familien ein festes Korsett von Zuschreibungen bestimmter religiöser Attribute aufgezwungen wird, die nicht unbedingt ihrer Selbstdefinition entsprechen. Außerdem legen Begriffe wie »Dialog« oder »gegenseitige Gastfreundschaft« eine strukturelle Gleichrangigkeit der Beteiligten nahe, die nicht den realen Machtverhältnissen entspricht. Selbst wenn muslimische Eltern es zu schätzen wissen, dass Religion generell in kirchlichen Einrichtungen nicht tabuisiert, sondern gewürdigt wird, muss nach den europäischen Qualitätszielen für Kindertageseinrichtungen für jedes einzelne Kind mehr als ein bloßer

»Gaststatus« realisiert werden im Hinblick auf die Religion nichtchristlicher Kinder: »Die Erziehung und das Lernumfeld sollten die Familie jedes Kindes, sein Zuhause, seine Sprache, das kulturelle Erbe, seinen Glauben, seine Religion und sein Geschlecht widerspiegeln und wertschätzen.« (Netzwerk Kinderbetreuung der Europäischen Kommission 1996, Ziel 20)

Gefühle von Vertrautheit oder Fremdheit sind für jedes Kind und seine Lernmotivation äußerst wichtig: Kinder, die im Kindergarten mit viel Fremdem konfrontiert sind, haben es schwerer als andere, Sprechbereitschaft und Lernmotivation zu entwickeln. Die Diskussion um »religiöse Beheimatung« muss daher dringend weiterentwickelt werden – ähnlich wie die Debatte um den Gebrauch von Deutsch als Zweitsprache im Kindergarten, in der sich nach jahrzehntelangem Streit inzwischen die Erkenntnis durchgesetzt hat, dass Kinder unterschätzt und sogar in ihrem Sprachlernprozess gehemmt werden, wenn sie im Kindergarten »künstlich« nur dem Deutschen als Zweitsprache begegnen, unter Vermeidung ihrer Muttersprache (Militzer u.a. 2000; Ulich u.a. 2000). Für das religiöse Lernen in Bildungseinrichtungen des Elementarbereichs steht eine entsprechende Theoriedebatte um kindliche Lernprozesse im Zusammenhang mit Religion und Religionen noch aus. Die Voraussetzungen einer solchen Weiterentwicklung im Sinne einer Pädagogik der Vielfalt wären, nicht nur auf Missionsansprüche zu verzichten, sondern auch auf »kulturalisierende« Konzepte der religiösen Identitätsbildung (Kiesel 1996, 136ff.). Die Auffassung von einem Konflikt der »Kulturen« und »Religionen« im Sinne einheitlicher, in sich abgeschlossener Blöcke bringt oft erst die Eigenschaften hervor, die den fiktiven »Kulturen« von außen zugeschrieben werden (a.a.O, 185).

Identität wird realitätsnäher beschrieben im Konzept der »balancierenden Identität« (Krappmann 1971, nach Kiesel a.a.O.), das davon ausgeht, dass jeder Mensch seine eigene Identität in sozialer Interaktion immer wieder neu herstellen muss. Angesichts von widersprüchlichen Normensystemen, eigenen Bedürfnissen und Umwelterwartungen sind subjektive Interpretationen notwendig, um balancierende Identitäten und damit die Chance individueller Autonomie zu entwickeln. Bezogen auf die religiöse Entwicklung in der Kindheit ist es gerade diese Fähigkeit zum reflektierten Umgang mit widersprüchlichen Normen, die Kinder im religiös pluralistischen Kontext dringend brauchen. Dafür sind Erfahrungen religiöser oder philosophischer »Beheimatung« durchaus notwendig, und die Familie als primäre Bezugsgruppe eines Kindes ist dabei von größter Bedeutung. Das direkte Einbeziehen jeder Familienkultur (Wagner 2003) im Kindergarten, der Austausch mit den Eltern und ihre aktive Mitwirkung sind Voraussetzung für die notwendige Einzelfallanalyse, bei dem jedem Kind die Sicherheit gegeben werden soll: »Ja, ich bin *besonders*, so wie jeder Mensch *besonders* ist, aber ich bin *nicht anders*!« (Wagner 2001, 19). Die Religionspädagogik ist herausgefordert, endlich auch Konzepte zu entwickeln für *alle* Kindertageseinrichtungen, die als »Kommunikationsforum über religiöse und kulturelle Grenzen hinweg« verstanden werden können (Jackson 1997 im Blick auf Schule und Religionspädagogik in England). Kirchliche Träger stehen durch ihren Auftrag in einem strukturell vorgegebenen Spannungsfeld, können es jedoch durch ihre jeweilige Interpretation dieses Auftrags im Sinne aller Kinder ausgestalten.

Religionspädagogik für alle Kinder: Das englische Beispiel »A Gift to the Child«

Religionswissenschaftlich orientierte religionspädagogische Entwürfe sehen ihre didaktische Aufgabe in der Informationsvermittlung über Religionen und Religiosität, die gleichzeitig als integrativer Bestandteil eigener religiöser Sozialisation verstanden wird (z.B. Tworuschka/Zilleßen 1977; Tworuschka/Tworuschka 1982; Lott 1992; Antes 1998). Ziel einer religionswissenschaftlich orientierten Religionspädagogik ist nicht die Hinführung zu einem bestimmten religiösen Glauben, sondern Hilfe zur Orientierung in der heterogenen Umwelt der Kinder, zum Fremdverstehen und – insbesondere für jüngere Kinder – das Ermöglichen von Erstbegegnung mit Religion(en) und existenziellen Fragen. Diese religionswissenschaftlich orientierte Richtung der Religionspädagogik steht in Deutschland allerdings für den Elementarbereich noch am Anfang.

In England ist die Religionswissenschaft stärker an den Universitäten präsent, und die Frühpädagogik wird mittlerweile offiziell dem Bildungsbereich zugeordnet. Unter Mitwirkung theologisch versierter Vertreter verschiedener Glaubensrichtungen wurde ein religionswissenschaftlich-pädagogisch fundierter Ansatz speziell für Kinder von drei bis sieben Jahren entwickelt, der sich auch in Grundschulen großer Beliebtheit erfreut: »A Gift to the Child« – »Ein Geschenk für das Kind« (Grimmitt u.a. 1991). Ausgangsbedingung für ein solches Konzept ist die Säkularität der englischen Religionspädagogik an staatlichen Bildungseinrichtungen, in der Religionen als Bildungsinhalt nicht nur religiösen Kindern vorbehalten sind: »Es ist diese Säkularität, die auch von der Theologie anerkannt wird, die das Thema freisetzt von kirchlichen Vorannahmen, frei vom Verdacht auf Bevormundung und Bekehrung, und die die Religionspädagogik als legitimes Erbe der europäischen Aufklärung präsentiert, das einerseits kritisch gegenüber Religion ist und gleichzeitig in einem kontinuierlichen Austausch mit ihr steht.« (Hull 2003, 56f., Übersetzung d. Verf.) Das Konzept genießt hohe Akzeptanz in kirchlichen Einrichtungen in England, und die Kirchen unterstützen den multireligiösen Ansatz.

Vor diesem Hintergrund beschäftigte sich ein mehrjähriges Forschungsprojekt an der Universität Birmingham von 1987 bis 1989 mit »Religionspädagogik in der frühen Kindheit«, entwickelte Fortbildungsprogramme für

Vorschul- und Grundschulpädagog/innen und veröffentlichte ein Lehrerhandbuch mit Tonkassette sowie 14 Bilderbücher für Kinder. Der Titel der Publikationsreihe »A Gift to the Child« signalisiert die Überzeugung der Verfasser/innen, dass die nähere Erkundung der hier ausgewählten sieben Gegenstände bzw. Motive aus fünf verschiedenen Religionen ergiebig ist für die *persönliche Entwicklung aller* Kinder, mit verschiedenem oder ohne religiösen Hintergrund:

- Madonna von Lourdes (katholisches Christentum)
- Ganesha (Hinduismus)
- Lied des Guru Nanak (Sikhismus)
- Der Gebetsruf (Islam)
- Engel (Judentum, Christentum, Islam)
- Prophet Jona (Judentum, Christentum, Islam)
- Der Begriff »Halleluja« (Judentum und Christentum).

Im Erkundungs- und Lernprozess sind Kind- und Inhaltszentrierung miteinander verbunden – wie ein und derselbe Schnürsenkel, der den Schuh von beiden Seiten zusammenhält (»boot-strapping« approach). Die entsprechende pädagogische Handlungsstrategie besteht aus sechs Schritten, in deren Beschreibung bemerkenswerterweise die Aktivitäten der Kinder aufgenommen sind:

- Interesse wecken
- Zugangsstation
- Erkundungsphase
- Distanzierungsstation
- Kontextualisierung
- Reflexion

Die ausgewählten religiösen Motive erheben keinen Anspruch auf umfassende Darstellung einer religiösen Tradition in ihrer Gesamtheit (ein solcher Anspruch wäre per se unerfüllbar), sondern wollen erste Zugänge eröffnen, die später ausgebaut werden können. Einige der vorgestellten Beispiele sind auf unterschiedliche Art in mehreren Religionen verankert, wie der Begriff »Prophet«. Hier werden anhand der Jona-Geschichte aus Bibel und Koran Unterschiede und Gemeinsamkeiten in der jüdischen, christlichen und islamischen Überlieferung anschaulich und erlebbar gemacht. Mit verschiedenen Methoden – Geschichten und Klänge hören, Bilder und Fotos betrachten, Sprechanreize schaffen, kreatives Gestalten – werden der kindliche Forschungsdrang unterstützt und die Fähigkeit zum Fragenstellen, zu Identifikation und Perspektivenwechsel angeregt. Ziel ist, eine Interaktion zwischen religiösen Erfahrungswelten, die nicht die eigenen sein müssen, und der Lebensrealität der Kinder zu ermöglichen. Die pädagogische Leitfrage lautet: Was trägt die Jona-Tradition, der Gebetsruf oder das Halleluja zur Persönlichkeitsentwicklung jedes Kindes bei? Die Antworten sind nicht vorgefertigt, sondern können für jedes einzelne Kind verschieden ausfallen, je nachdem, ob das Kind zur jeweiligen Religion gehört oder nicht, und je nach individueller Interaktion zwischen Kind und religiösem Motiv. Das Konzept geht davon aus, dass nicht nur die »eigene«, sondern auch die so genannten »fremden« religiösen Traditionen etwas zur Persönlichkeitsentwicklung eines Menschen beitragen, und dass auch nichtreligiöse Menschen Wertvolles in diesen Traditionen finden können – ohne dadurch selbst religiös werden zu müssen.

Das Lehrerhandbuch bietet detaillierte religionskundliche und pädagogische Hinweise zur Bedeutung der einzelnen Elemente jedes Themenbereiches, verbunden mit Anregungen, welche Fähigkeiten und Grundhaltungen der Kinder dadurch entwickelt und gefördert werden können. Beispiele von möglichen Reaktionen der Kinder aus der Erprobungsphase werden vorgestellt und Tipps für eventuell auftretende Probleme gegeben. Die Antworten der Kinder dokumentieren eindrucksvoll ihre Fähigkeit, eigene theologische und philosophische Kreativität zu entwickeln (vgl. Hull 1997; Beer 2003): Die 7-jährige Arfeena würde vom Turm rufen, wenn sie wie ein Muezzin dazu die Gelegenheit hätte: »*Gott will nicht, dass die Leute sterben. Gott will, dass die Leute spielen.*«

Für einen religiös nicht einheitlichen gesellschaftlichen Kontext muss das Konzept religiöser Bildung die Fähigkeiten zur Identifikation und Abgrenzung, zum Fragenstellen und Wertschätzen von Unterschieden in der Persönlichkeitsentwicklung der Kinder fördern – ausgehend von ihrem eigenen Erleben. Zweifellos ist dies ein hoher Anspruch, und »interreligiöse Kompetenz« als Teil der religiösen Entwicklung bei Kindern zu fördern, setzt bei den Erwachsenen, Erzieher/innen wie Eltern, die Bereitschaft voraus, sich und das eigene Selbstverständnis in Bezug auf Religion zu reflektieren. Kaum ein Bereich hat ähnliche emotionale und existenzielle Dimensionen – auch für diejenigen, die sich von Religion abgrenzen. Mehr als alles andere ist daher eine *vertrauensvolle Atmosphäre der Zusammenarbeit* Grundvoraussetzung für das Lernen im Zusammenhang mit Religionen. Eine Neukonzeption der Religionspädagogik im Elementarbereich bedarf einer Kombination aus Inhalt und Methode, basierend auf einer Überprüfung der eigenen Wertgrundlagen. Was durch interreligiöse Pädagogik aufgebaut wird, ist »nicht so sehr eine interreligiöse Gemeinschaft als vielmehr eine religiös plurale Gemeinschaft, in der es positive Interaktion gibt zwischen Menschen verschiedener Glaubensgemeinschaften und Ansichten. Die Werte, die man braucht, um eine solche Gesellschaft zusammenzuhalten, sind aktive, prozedurale, demokratische Werte.« (Ipgrave 2003, 314)

Das englische frühpädagogische Konzept »A Gift to the Child« ist ein gelungenes Beispiel für den respektierenden Umgang mit religiösen Unterschieden, die nicht verwischt werden, die aber auch nicht zum Separationsmerkmal zwischen den Kindern und ihren Familien hochstilisiert werden: Die religiösen Gegenstände, Geschichten oder Klänge, deren »Numen« (Heiligkeit) wertgeschätzt wird, werden den Kindern im Rahmen des Unterrichts zugänglich gemacht zur Erkundung, nicht zur Anbetung oder religiösen Verehrung. Jedes Kind soll individuell reagieren und antworten können, auf der Grundlage von Respekt für den Gegenstand und für die religiöse Tradition, zu der er gehört. Dabei werden unterschiedliche Zugehörigkeiten deutlich: »Religionen verbinden und Religionen trennen. Du bist das, aber nicht jenes.« Es geht um Lernen mit allen Sinnen und das Wertschätzen religiöser Traditionen, ohne sie zur Norm für alle zu machen. Eine andere Methode aus dem englischen Sprachraum eignet sich ebenfalls für dieses pädagogische Ziel und wird in Deutschland bereits erfolgreich vom Berliner Projekt »Kinderwelten« eingesetzt: die Arbeit mit Puppen, die eine Biografie haben – »Persona Dolls« (Enßlin/Henkys 2003).

Perspektiven

Die Stärkung des Anteils von »Bildung« in der Elementarpädagogik im Sinne von Förderung der Schlüsselkompetenzen, die das Forum Bildung nennt, erfordert ein nachhaltiges Umdenken im Hinblick auf die Relevanz von Religionspädagogik in *allen* Tageseinrichtungen für Kinder. Das Konzept einer »säkularen« Sphäre als Gegensatz zur »religiösen« Sphäre der Religionsgemeinschaften ist nicht tragfähig, weil auch der säkulare öffentliche Bereich religiös geprägt ist – spürbar meist nur für religiöse und weltanschauliche Minderheiten. Angesichts von Globalisierung und Migration treten nationale Identitäten in den Hintergrund, der Faktor Religion gewinnt zunehmend an Bedeutung für die kulturelle Selbstdefinition der zweiten und dritten Generation der Immigrantenfamilien. Auch in der Mehrheitsgesellschaft wächst das Interesse an religiösen Themen, lässt sich jedoch nicht auf die Mitgliedschaft in religiösen Institutionen reduzieren. Weit verbreitetes Misstrauen gegenüber dem Anliegen »Mission« der Religionsgemeinschaften wirft die Frage nach einer selbstkritischen Neukonzeptualisierung auf, die sich besonders im Vorschulbereich vertrauensfördernd auf Familien und Erzieher/innen auswirken würde – ein theologisches Verständnis von Mission (von lat. mittere = senden) im Sinne von »We are sent to each other« (Roger Hooker, früherer Berater des Bischofs von Birmingham) könnte Gegenseitigkeit, die den eigenen Horizont erweitert, statt Mitgliederwerbung signalisieren. Die aktive Beteiligung von Minderheiten wie Konfessionslosen (der zahlenmäßig größten »religiösen Minderheit« in Deutschland), Muslimen, Juden oder Buddhisten an Konzeptentwicklung und Umsetzung einer allgemein bildenden, inklusiven Bildung im Zusammenhang mit Religion von Anfang an ist notwendig und wünschenswert. Interreligiöses Lernen in Kindertageseinrichtungen muss sich vor zwei Sackgassen hüten: vor Exotisierung und Festlegung der Religionen auf starre Bilder über die »fremde« und die »eigene« Tradition, und vor einer »Farbenblindheit«, die bestehende Unterschiede, auch bezüglich Status und gesellschaftlicher Macht, leugnet. Säkulare und religiös neutrale Träger sollten sich verstärkt ihrer Verantwortung bewusst werden und einer Tabuisierung von Religion in ihren Einrichtungen entgegenwirken. Vorhandene pädagogische Ansätze aus dem europäischen Ausland bieten wichtige Anregungen für den deutschen Kontext:

»Die theologische Perspektive wird durch eine anthropologische ergänzt, vielfach sogar überlagert, indem die Menschen heute weniger daran interessiert sind, welche Religion am ehesten den Nachweis ihrer Wahrheit erbringen kann, sondern daran, mit welcher Religion sich am besten leben lässt, und was die Religionen zusammen für den Erhalt und die Weiterentwicklung der Welt beitragen können.« (Uhde/Hugoth 2001, 13)

Zum Weiterlesen

Dommel, Christa/Heumann, Jürgen/Otto, Gert (Hg.), WerteSchätzen. Religiöse Vielfalt und Öffentliche Bildung, Frankfurt a.M. 2003.

Harz, Frieder, Ist Allah auch der liebe Gott?, München 2001a.

Literatur

Antes, Peter, Religionswissenschaftliche Didaktik, in: Zeitschrift für Pädagogik und Theologie 50 (1998), H. 4, 416-432.

Beer, Peter, Kinderfragen als Wegmarken religiöser Erziehung. Ein Entwurf für religionspädagogisches Arbeiten im Elementarbereich, München 2003.

Böhm, Dietmar/Böhm, Regine/Deiss-Niethammer, Birgit, Handbuch Interkulturelles Lernen. Theorie und Praxis für die Arbeit in Kindertageseinrichtungen, Freiburg i.Br. u.a. 2002.

Brum, Axel/Heuberger, Rachel/Levy, Manfred/Staszewski, Noemi/Volkersen, Dodie (Hg.), Ich bin, was ich bin, ein Jude. Jüdische Kinder in Deutschland erzählen. Mit einem Vorwort von Ignatz Bubis, Köln 1995.

Brum, Axel/Heuberger, Rachel/Levy, Manfred/Staszewski, Noemi/Volkersen, Dodie (Hg.): KinderWelten. Ein jüdisches Lesebuch, Eichenau 1996.

Bundesvereinigung Evangelischer Tageseinrichtungen für Kinder e.V. (BETA), Vielfalt leben – Profil gewinnen. Interkulturelle und interreligiöse Erziehung und Bildung in evangelischen Tageseinrichtungen für Kinder, Stuttgart 2002 (= BETA 2002).

Bundesvereinigung Evangelischer Tageseinrichtungen für Kinder e.V. (BETA)/Verband Katholischer Tageseinrichtungen für Kinder (KTK) – Bundesverband e.V., Bildung von Anfang an. Der Bildungsauftrag von Kindertageseinrichtungen in kirchlicher Trägerschaft, Stuttgart/Freiburg 2002 (= BETA/KTK 2002).

Carle, Ursula, Die getrennte Institutionalisierung von Kindergarten, Grundschule und Sonderschule, in: Carle, Ursula, Was bewegt die Schule?, Baltmannsweiler 2000.

Dommel, Christa, Kindergartenpädagogik und Religion in Deutschland. Von Fröbel zum Situationsansatz, in: Dommel, Christa/Heumann, Jürgen/Otto, Gert (Hg.), WerteSchätzen. Religiöse Vielfalt und Öffentliche Bildung, Frankfurt a.M. 2003, 206-222.

Elias, Christoph, Identität. Veränderungen kultureller Eigenarten im Zusammenleben von Türken und Deutschen, Hamburg 1983.

Elschenbroich, Donata, Weltwissen der Siebenjährigen. Wie Kinder die Welt entdecken können, München 2001.

Evangelische Kirche in Berlin-Brandenburg, Beheimatung und Begegnung. Kinder mit Migrationshintergrund in evangelischen Kindertageseinrichtungen, Berlin 2000.

Evangelische Kirche im Rheinland, Abteilung IV »Erziehung und Bildung«, Tageseinrichtungen für Kinder/Fortbildung in den ersten Berufsjahren (FeBE), Verantwortung der Gemeinden für die evangelische Erziehung, Bildung und Betreuung von Kindern/Gesamtkonzept für evangelische Kindertagesstätten, Düsseldorf 2001.

EURYDICE – das Bildungsinformationsnetz in der Europäischen Union, Die Vorschulerziehung in der Europäischen Union – Ein Problemaufriss, Brüssel 1995.

Fthenakis, Wassilios E./Eirich, Hans (Hg.), Erziehungsqualität im Kindergarten. Forschungsergebnisse und Erfahrungen, Freiburg 1998.

FORUM BILDUNG, Empfehlungen und Einzelergebnisse des Forum Bildung. Ergebnisse des Forum Bildung II, Bonn 2001. (http://bildungplus.forum-bildung.de).

Grimmitt, Michael/Grove, Julie/Hull, John/Spencer, Louise, A Gift to the Child, Cheltenham 2000 (erste Auflage Hemel Hempstead 1991).

Harz, Frieder, Ist Allah auch der liebe Gott?, München 2001a.

Harz, Frieder, Gastgeber und Gäste, in: Kinderzeit 52 (2001b), H. 11, 9-11.

Henkys, Barbara/Ensslin, Ute, Vielfalt ins Gespräch bringen mit Persona Dolls, in: Preissing, Christa/Wagner, Pera (Hg.), Kleine Kinder, keine Vorurteile? Interkulturelle und vorurteilsbewusste Arbeit in Kindertageseinrichtungen, Freiburg 2003, 118-131.

Huber-Rudolf, Barbara, Muslimische Kinder im Kindergarten. Eine Praxishilfe für alltägliche Begegnungen, München 2002.

Hugoth, Matthias, Fremde Religionen – fremde Kinder? Leitfaden für interreligiöse Erziehung, Freiburg 2003.

Hull, John M., Wie Kinder über Gott reden. Ein Ratgeber für Eltern und Erziehende, Gütersloh 1997.

Hull, John M., The Blessings of Secularity: Religious Education in England and Wales, in: Journal of Religious Education (Australian Catholic University), Vol. 51 No. 3, 2003, 51-58. (http://www.johnmhull.biz/).

Ipgrave, Julia, Religionsunterricht und Bildung für Staats- und Weltbürger (Citizenship Education) in England. Theorie und Methoden, in: Dommel, Christa/Heumann, Jürgen/Otto, Gert (Hg.), WerteSchätzen. Religiöse Vielfalt und Öffentliche Bildung, Frankfurt a.M. 2003, 301-318.

Jackson, Robert, Religious Education. An Interpretive Approach, Hodder and Stoughton, Abingdon 1997.

Kiesel, Doron, Das Dilemma der Differenz. Zur Kritik des Kulturalismus in der interkulturellen Pädagogik, Frankfurt a.M. 1996.

Kirchenamt der EKD (Hg.), Im Dialog über Glauben und Leben. Zur Reform des Lehramtsstudiums Evangelische Theologie / Religionspädagogik, Gütersloh 1997.

Kirchenamt der EKD (Hg.), Zusammenleben mit Muslimen in Deutschland. Gestaltung der christlichen Begegnung mit Muslimen, Gütersloh 2000.

Kirchenamt der EKD (Hg.), Wo Glaube wächst und Leben sich entfaltet. Der Auftrag evangelischer Kindertageseinrichtungen, Gütersloh 2004.

Lechner, Martin, Beten, Beichten, Kirchenbesuch? Vom notwendigen Paradigmenwechsel als Voraussetzung einer Kinderpastoral, unveröff. Ms. 1999.

Lott, Jürgen, Die Beschäftigung mit fremder Religiosität als Bestandteil eigener religiöser Sozialisation. Religionsunterricht und »interkulturelles Lernen«, in: Lott, Jürgen (Hg.), Religion – warum und wozu in der Schule?, Weinheim 1992, 321-340.

Mette, Norbert, Voraussetzungen christlicher Elementarerziehung. Vorbereitende Studien zu einer Religionspädagogik des Kleinkindalters, Düsseldorf 1983.

Militzer, Renate/Demandewitz, Helga/Fuchs, Ragnhild, Hallo, Hola, Ola. Sprachförderung in Kindertagesstätten, Berlin: Beauftragte der Bundesregierung für Ausländerfragen 2000.

Netzwerk Kinderbetreuung und andere Maßnahmen zur Vereinbarkeit von Beruf und Familie für Frauen und Männer der Europäischen Kommission. Qualitätsziele in Einrichtungen für kleine Kinder. Vorschläge für ein zehnjähriges Aktionsprogramm, o.O. 1996.

Oehler, Elisabeth, Vorschulerziehung. Schwerpunktheft von Bildung und Wissenschaft 4, Inter Nationes, Bonn 1999.

Özdil, Ali-Özgür, Aktuelle Debatten zum Islamunterricht in Deutschland. Religionsunterricht – Religiöse Unterweisung – Islamkunde, Hamburg 1999.

Preissing, Christa, Evaluation des Erprobungsprogramms, in: Fthenakis, Wassilios E./Eirich, Hans, Erziehungsqualität im Kindergarten. Forschungsergebnisse und Erfahrungen, Freiburg 1998, 54f., 104ff., 140f.

Prelinger, Catherine, Charity, Challenge and Change. Contributions in Women's Studies No. 75, London 1987.

Röckemann, Antje, Weihnachtsbaum und Chanukia. Ein Gespräch mit Rachel Bendavid-Korsten über jüdisch-christlichen Dialog an Grundschulen, in: Schlangenbrut 17 (1999), Sonderheft 2, 35-37.

Runde, Ortwin, Erziehung muss immer auch Menschenrechtserziehung sein. Rede des Ersten Hamburger Bürgermeisters Ortwin Runde zur Eröffnung des jüdischen Kindergartens in Hamburg 2001 (http://www.hamburg.de/Behoerden/Pressestelle/Meldungen/tagesmeldungen/2001/juni/w23/di/pr05a.htm).

Scheilke, Christoph Th./Schweitzer, Friedrich (Hg.), Kinder brauchen Hoffnung. Religion im Alltag des Kindergartens, Gütersloh 1999.

Schweitzer, Friedrich, Das Recht des Kindes auf Religion. Ermutigungen für Eltern und Erzieher, Gütersloh 2000.

Schweitzer, Friedrich, Nachdenken, in: Scheilke, Christoph Th./Schweitzer, Friedrich (Hg.), Kinder brauchen Hoffnung. Religion im Alltag des Kindergartens, Gütersloh 1999, 137-166.

Sieg, Ursula, Feste der Religionen. Werkbuch für Schulen und Gemeinden, Düsseldorf 2003.

Tietze, Wolfgang, »Brauchen wir eine Bildungsoffensive für die frühe Kindheit?«, Podiumsdiskussion auf der Jahrestagung 2001 der Deutschen Liga für das Kind, http://www.liga-kind.de/pages/401 podium.htm.

Tworuschka, Udo/Zilleßen, Dietrich (Hg.), Thema Weltreligionen. Ein Diskussions- und Arbeitsbuch für Religionspädagogen und Religionswissenschaftler, Frankfurt a.M. 1977.

Tworuschka, Udo/Tworuschka, Monika, Methodische Zugänge zu den Weltreligionen. Einführung für Unterricht und Studium, Frankfurt a.M. 1982.

Uhde, Bernhard/Hugoth, Matthias, Glauben wir nicht alle im Grunde dasselbe? Absolutheitsanspruch und Dialogbereitschaft – wie aus einem Spannungsfeld ein gemeinsamer Lebensraum der Religionen werden kann, in: Verband Katholischer Tageseinrichtungen für Kinder (KTK), Die Welt der Religionen im Kindergarten. Grundlegung und Praxis interreligiöser Erziehung. Dokumentation Religionspädagogische Jahrestagung 2000, Freiburg 2001, 7-15.

Ulich, Michaela/Oberhuemer, Pamela/Soltendieck, Monika, Interkulturelle Arbeit und Sprachförderung in Kindertageseinrichtungen, München: Staatsinstitut für Frühpädagogik 2000.

Tietze, Wolfgang/Viernickel, Susanne (Hg.), Pädagogische Qualität in Tageseinrichtungen für Kinder. Ein nationaler Kriterienkatalog, Weinheim u.a. 2002.

Verband Katholischer Tageseinrichtungen für Kinder (KTK), Die Welt der Religionen im Kindergarten, Grundlegung und Praxis interreligiöser Erziehung, Dokumentation Religionspädagogische Jahrestagung 2000, Freiburg 2001.

Verband Katholischer Tageseinrichtungen für Kinder (KTK), Religion für alle Kinder? Konfessionslose und andersgläubige Kinder in katholischen Kindertageseinrichtungen. Leitlinien und Materialien für die religiöse Erziehung, Freiburg 2003.

Wagner, Petra, Vorurteile tun im Herzen weh – Interkulturelle Arbeit in Kindertageseinrichtungen, in: KiTA aktuell MO 13 (2001), H. 1, 17-22.

Wagner, Petra, Und was glaubst du? Religiöse Vielfalt und vorurteilsbewusste Arbeit in der Kita, in: Dommel, Christa, Heumann, Jürgen, Otto, Gert (Hg.), WerteSchätzen. Religiöse Vielfalt und Öffentliche Bildung, Frankfurt a.M. 2003, 223-233.

Wehrmann, Ilse (Hg.), Kindergärten und ihre Zukunft, Weinheim u.a. 2004.

Dietlind Fischer

Interreligiöses Lernen in der Grundschule

Interreligiöses Lernen beginnt spätestens in der Grundschule. Konzeptionen und Ansätze einer Didaktik interreligiösen Lernens orientieren sich an den Grundsätzen einer Bildung für alle Kinder am Ort der Grundschule. Besondere Aufgaben stellen sich dort dem Religionsunterricht und dem Umgang mit Religion im Schulleben.

Die Grundschule als Ort grundlegender Bildung

Die Grundschule in ihrer heutigen Gestalt als verpflichtende Schule für alle Kinder existiert erst seit 1920. Sie löste die bis dahin bestehenden Vorschulen für das niedere und das höhere Schulwesen ab. Vermutlich gab es zu Beginn der Weimarer Republik nur eine sehr kurze Zeit, in der eine undifferenzierte Einheitsschule für alle Kinder politisch durchsetzbar war. Der Weimarer Schulkompromiss konnte zu Stande kommen, weil die Sozialdemokraten Abstriche an ihrem umfassenderen Einheitsschulprogramm hinnahmen und dem Zentrum Zugeständnisse bezüglich der Einrichtung von Bekenntnisschulen machten. Eine Klausel in Artikel 146 der Weimarer Verfassung gab den Erziehungsberechtigten ein Antragsrecht zur Einrichtung von Bekenntnisschulen (vgl. Götz/Sandfuchs 2001). Die Grundschule wurde je nach der konfessionellen Zusammensetzung der Bevölkerung entweder als katholische, evangelische, jüdische oder als Simultanschule institutionalisiert. Die Auflösung der Vorschulen zog sich jedoch bis in die 1930er-Jahre hin und wurde erst endgültig 1939 vollzogen unter den Voraussetzungen der Diktatur.

Trotz der heftigen Widerstände gegen die einheitliche, vierjährige Grundschule für alle 6- bis 10-Jährigen (sechsjährige Grundschule in Berlin und Brandenburg) in der Gründungszeit entwickelte sich diese Schule zu einer allgemein akzeptierten Institution. Die Befürchtung ihrer Gegner, dass sich die soziale Zusammensetzung der Schüler an höheren Schulen ändern würde, trat nicht ein, die soziale Selektion blieb weitgehend erhalten, sodass es keinen Grund mehr für die Ablehnung gab. Ein weiterer Faktor für die breite Akzeptanz dieser Schulform war die reformpädagogische Prägung der Schule als Stätte grundlegender und kindgemäßer Bildung.

Die konfessionell geprägten Schulen wurden in den 1960er-Jahren – im Zuge der Landschulreformen und der Gliederung der Volksschulen in Grund- und Hauptschulen – abgeschafft, in Bayern ausdrücklich aus Kostengründen, weil die Kommunen die parallel geführten konfessionellen Schulen nicht mehr tragen konnten. Lediglich in Nordrhein-Westfalen und Niedersachsen blieben konfessionell geprägte Grundschulen erhalten. Ein plebiszitäres Element im Schulgesetz erlaubt es den Eltern, über den konfessionellen Charakter der Schule zu bestimmen. In den Simultan- bzw. Gemeinschaftsgrundschulen wird der Religionsunterricht nach Konfessionen getrennt erteilt.

Man muss sich diese historische Entwicklung vor Augen halten, um die Veränderungen zu verstehen, die durch die Mischung ehemals konfessionell homogener Milieus einsetzten und sich mit der Zuwanderung von Migranten mit nichtchristlichem Hintergrund fortsetzten. Die Grundschule hat von Anfang an mit heterogenen Lerngruppen in den Jahrgangsklassen rechnen müssen: die Heterogenität bezieht sich nicht nur auf kognitive oder sprachliche Leistungsunterschiede und Lernvoraussetzungen, sondern auch auf soziale und familiale Merkmale (Roßbach 2001), und – seit den späten 1960er-Jahren – auf die ethnische, kulturelle, sprachliche und religiöse Herkunft der Kinder. Während die Grundschule auf die leistungsbezogene, soziale, ethnische und geschlechtliche Heterogenität der Jahrgangsklassen mit pädagogischen Konzepten antwortet, die unterrichtsmethodisch differenzieren und individualisieren, beispielsweise durch Freiarbeit, Wochenplan- und Werkstattunterricht, ist die kulturelle, sprachliche und religiöse Heterogenität ein Problem geblieben, für das es erst in Ansätzen Lösungsvorschläge gibt.

Religion in der Grundschule

Der Religionsunterricht in der Grundschule ist nach dem Grundgesetz ordentliches Lehrfach und wird nach Konfessionen getrennt erteilt. Lediglich in Berlin und Brandenburg wird der Religionsunterricht in Schulen von den Kirchen verantwortet, und in Bremen ist er als Fach »Biblische Geschichte« konfessionell nicht gebunden. »Evangelisch« ist der Religionsunterricht, wenn die Lehrerin und die Inhalte evangelisch gebunden sind; »katholisch« ist der Religionsunterricht, wenn die Lehrkraft, die Inhalte und die Schüler sich diesem Bekenntnis zuordnen. In einigen Regionen gibt es staatlich geförderten griechisch-orthodoxen und jüdischen Religionsunterricht. Islamischer Religionsunterricht ist Teil des muttersprachlichen Ergänzungsunterrichtes (in NRW), wird als Unterricht in Verantwortung islamischer Glaubensgemeinschaften erteilt (in Berlin) oder als Pilotprojekte »Schulversuch: Islamische Unterweisung in deutscher Sprache« erprobt (in NRW, Bayern und

Niedersachsen). Niedersachsen will als erstes Bundesland flächendeckend Islamunterricht einführen (ab 2005).

Die Konstitutionsbedingungen der Unterrichtsfächer Evangelische und Katholische Religionslehre gelten in weiten Teilen der schulischen Realität uneingeschränkt, allerdings mit erheblichen regionalen und auch lokalen Varianten. Im Zuge der Abschwächung milieubedingter religiöser Prägungen wird es nicht allein organisatorisch, sondern vor allem pädagogisch-didaktisch als zunehmend problematisch angesehen, den Religionsunterricht durch Formen der äußeren Differenzierung (»Streaming«) in parallele Lerngruppen an Stelle der inneren Differenzierung (»Setting«) innerhalb einer Schulklasse zu erteilen. In der Begründung werden unterschiedliche Akzente gesetzt:

- Eine christlich-religiöse Erziehung findet in den Familien nur noch ausnahmsweise oder bei einem kleinen Teil der Grundschulkinder statt. Der Religionsunterricht leistet Aufgaben, die einer »religiösen Alphabetisierung« gleichkommen. Diese Einführung in grundlegendes religiöses und biblisches Wissen und in Formen von Ritus und Spiritualität kann nicht gleichzeitig auch eine konfessionelle Differenzierung leisten.
- Zu den Aufgaben grundlegender Bildung gehört in der Grundschule auch die Integration in eine Lerngruppe, die von vielfältigen und sehr unterschiedlichen Bedürfnissen und Interessen geprägt ist. Eine frühzeitige Trennung der Lerngruppe nach konfessioneller Zugehörigkeit steht in Spannung zur Aufgabe der sozialen Integration.
- Kinder wachsen zunehmend in bi-konfessionellen oder gemischt-religiösen Familien und multireligiösen Nachbarschaften auf. Ihnen begegnen religiöse Differenzen in ihrem Alltag, und sie brauchen Anleitung und Unterstützung zur Unterscheidung. Unterscheiden zwischen Konfessionen und Religionen kann man nur, wenn man beide/mehrere kennt.
- Die religiöse Orientierung darf weder gänzlich tabuisiert noch sollte sie völlig privatisiert werden. Es braucht deshalb in der Schule einen Ort, an dem eine Auseinandersetzung mit differenten religiösen Phänomenen kontinuierlich geführt werden kann, und zwar nicht nur innerhalb der eigenen Religion, sondern auch mit der Religion der anderen.
- Das Zusammensein in religiös heterogenen Lerngruppen erfordert Formen des Verstehens und der Verständigung über das Gemeinsame und das Unterscheidende. Es muss eingeübt werden, dass und wie sich Menschen in ihrer religiösen Herkunft unterscheiden.

Aus der Perspektive der Kinder ist Religion in der Grundschule ein beliebtes und in der Regel positiv besetztes Fach. Anton Bucher (2000) fasst die Akzeptanz des Religionsunterrichts, die er in einer empirischen Studie an knapp 1.500 Grundschülern erfragt hatte, so zusammen:

- »Die SchülerInnen besuchen ihn mehrheitlich gerne und fühlen sich in ihm wohl.

- Sie attestieren ihm überwiegend, aktiv und tätig sein zu können.
- Mehrheitlich schätzen sie ihn als wichtig für ihr Leben ein.
- Religiöse Themen sind nicht randständig, im Gegenteil: Am häufigsten komme die Rede auf Gott und Jesus« (Bucher 2000, 53).

Mit ähnlicher Tendenz äußern sich Schüler/innen der Sekundarstufe II, die sich an ihre religionsunterrichtliche Geschichte erinnern. Der Religionsunterricht der Grundschule ist ihnen mit seinen Geschichten, Bildern, Frömmigkeitsritualen und anregungsreichen Arbeitsformen besonders positiv in Erinnerung geblieben (Fischer 2001).

Ob jüngere Kinder die multireligiöse Situation in einer Klasse als Problem oder als Herausforderung empfinden, ist bisher empirisch nicht erforscht. Vermutlich ist das Interesse an Gemeinsamkeit und Zugehörigkeit zur sozialen Gruppe erheblich stärker ausgeprägt als das Bedürfnis nach Unterscheidungen (vgl. Fischer 1993). In empirischen Studien wurden die Angehörigen religiöser Minderheiten in einzelnen Schulklassen bisher nicht befragt. Man kann jedoch annehmen, dass das soziale Klima einer Klasse oder einer Schule insgesamt für das individuelle Wohlbefinden weit bedeutsamer sind als das Wissen um religiöse Differenz.

Interreligiöses Lernen in der Grundschule: Konzeptionen

Die Denkschrift der EKD formuliert als Leitmodell eine doppelte Bildungsaufgabe: »Die Schülerinnen und Schüler sollen in der Schule die möglichen *Gemeinsamkeiten* zwischen den Konfessionen, Religionen und Weltanschauungen im Spannungsfeld klar erkennbarer *Unterschiede* und Gegensätze kennen lernen.« (1994, 73; kursiv im Original) Das soll »durch differenzierenden und kooperierenden Unterricht, in getrennten Lehrgängen und durch gemeinsame Lehrformen« (72) geschehen.

Die konfessionelle Kooperation im Religionsunterricht wird auch von der katholischen Kirche angestrebt. Im Anfangsunterricht des ersten Schuljahres ist in den ersten Wochen ein gemeinsamer Religionsunterricht für alle Kinder möglich; danach ist unter bestimmten Bedingungen eine konfessionelle Kooperation in unterschiedlicher Form erwünscht. Erfahrungen aus Niedersachsen mit förmlich beantragten Versuchen konfessioneller Kooperation zeigen: der RU wird thematisch deutlicher, positioneller, und konfessionelle Unterschiede treten stärker hervor als bei konfessioneller Trennung (Kampermann/Klöppel 2001). Darüber hinaus wird das didaktische Konzept der Elementarisierung als eine weiterführende Herausforderung interreligiösen Lernens verstanden (Froese 2003).

Sind die Versuche konfessioneller Kooperation als »Anfang« interreligiösen Lernens zu deuten? Friedrich Schweitzer, der die evangelisch-katholische Zusammenarbeit in einem Modellversuch mit konfessionell kooperativem Religionsunterricht wissenschaftlich begleitet hat (Schweitzer/Biesinger 2002), kommt zu dem Ergebnis, dass »ein kooperativer Religionsunterricht eine unerlässliche Voraussetzung für die erfolgreiche Verwirklichung interreligiösen Lernens in der Schule« darstellt (Schweitzer 2003, 97). Er formuliert vor diesem Hintergrund sechs Kriterien interreligiösen Lernens (98f.):

- Es sei »als Beitrag zu Frieden, Toleranz und Verständigung« zu entwickeln.
- Es setze »Wissen und Information über verschiedene Religionen« voraus, das vor allem durch persönliche Begegnung und gemeinsames Lernen unterstützt werden soll.
- Die »Selbstinterpretation der Religionen« aus der jeweils eigenen Perspektive sei eine unerlässliche Ergänzung zur Fremdperspektive und dem Wechsel zwischen beiden.
- Ein interreligiöses Lernen »an sich« gibt es nicht. Vielmehr ist es jeweils z.B. zwischen Christentum und Islam, Christentum und Judentum zu konkretisieren.
- Interreligiöses Lernen müsse sich orientieren an den tatsächlich gelebten Formen von Religion im Alltag der Kinder und Jugendlichen.
- Ebenso sei »ein kindgemäßer Zugang« zu fordern, der die entwicklungspsychologischen Verstehensmöglichkeiten der Kinder berücksichtige.

Insgesamt zeigt sich in diesen Kriterien ein deutlich erweitertes Verständnis religiöser Bildung: es geht nicht mehr nur um ein einführendes Verstehen einer christlichen Konfession, sondern zugleich um den Umgang mit Differenz auf mehreren Ebenen.

Als Zielsetzung religiöser Bildung formulieren Lähnemann/Haussmann: »dass Schülerinnen und Schüler für eine Situation der Begegnung ausgerüstet werden, die nicht von Vorurteilsbarrieren belastet ist, in der vielmehr ein Hören aufeinander und ein Lernen voneinander möglich wird, das zur Entgrenzung und Bereicherung der Horizonte auf beiden Seiten führt. Dabei sollen nicht nur ein besseres Verständnis der religiösen und kulturellen Wurzeln des anderen, sondern auch gerade des eigenen Glaubens gewonnen werden bzw. Orientierungshilfen zur Gewinnung einer religiösen Identität angeboten werden.« (2002, 269)

In welcher Weise ist interreligiöses Lernen bisher schon in der Grundschule und im Religionsunterricht konkretisiert worden? Welche Möglichkeiten und Grenzen zeigen sich in den unterschiedlichen Ansätzen interreligiösen Lernens?

Es sind vor allem institutionelle, organisatorische, thematische und didaktische Aspekte, unter denen interreligiöses Lernen konkret und praktisch entwickelt wird.

(1) Dem Hamburger Konzept eines »Religionsunterrichts für alle« Kinder einer Grundschulklasse geht ein kontinuierlicher Diskurs in einem repräsentativ zusammengesetzten interreligiösen Gesprächskreis voraus und die Zustimmung der darin beteiligten religiösen Gruppen zu einem Lehrplan, der religiöse Themen aus unterschiedlichen Perspektiven aufgreift (Doedens/Weiße 1997; Weiße 2004). Der Religionsunterricht in evangelischer Verantwortung ist interreligiös geöffnet und thematisch differenziert. Die Begegnung mit den Religionen der Kinder einer Klasse und mit der im Stadtteil gelebten Religion steht im Mittelpunkt. Die Kinder haben die Chance, Grundfragen religiöser Orientierung und Traditionen aus unterschiedlichen Perspektiven wahrzunehmen und zu erörtern (Sieg 1997).

Der empirischen Untersuchung von Barbara Asbrand (2000) liegen qualitative Mikroanalysen von Unterrichtsverläufen in vier verschiedenen Schulklassen zu Grunde, unter anderem auch von Hamburger Grundschulklassen, in denen erstmalig interreligiöses Lernen erprobt wird. Sie kommt am Ende zu einer kritischen Einschätzung des zu Grunde liegenden Dialogparadigmas, insbesondere dann, wenn Schüler/innen als Repräsentanten/innen ihrer Religion angesprochen werden. Diese Studie wird häufig als Beleg dafür genommen, dass interreligiöses Lernen im Klassenverband generell problematisch sei und seine Ziele nicht erreiche. Ich halte diese Rezeption für weit überzogen. Asbrand macht deutlich auf praktische Realisierungsprobleme interreligiös orientierten Unterrichts aufmerksam, die in einer frühen Entwicklungsphase geradezu unvermeidlich sind. Darüber hinaus ist diese Studie jedoch ein weitgehend neuartiger Ansatz, das konkrete »Binnengeschehen« (Bucher) des RU zu untersuchen. Seit den Mainzer Studien von G. Stachel u.a. aus den 1970er-Jahren und den Tübinger Studien Mitte der 1990er-Jahre gibt es bisher keine relevanten Ansätze der empirischen Erforschung konkreter religionsunterrichtlicher Lernprozesse. Dass vergleichbare »Schwächen« der dialogischen Strukturierung auch in jedem ganz normalen konfessionell homogenen Religionsunterricht vorkommen, macht schon eine einzelne Fallanalyse deutlich (Fischer 2003). Es ist unfair, dem »Neuen« etwas vorzuwerfen, was man im »Alten« deshalb nicht wahrnimmt, weil es dort empirisch nicht erforscht wird.
Ganz anders die niederländische empirische Studie zum Interreligiösen Lernen (Sterkens 2001). Sterkens prüft die Wirksamkeit eines interreligiösen Curriculums in 27 Schulklassen mit dem Ergebnis unter anderen, dass Kinder mit christlichem Hintergrund von diesem auf dialogische Struktur angelegten Curriculum am meisten profitieren.

(2) Ein interreligiös geöffneter (evangelischer oder katholischer) Religionsunterricht greift religionskundlich bedeutsame Themen und Aspekte auf. Dabei handelt es sich in der Grundschule nicht um systematisches Wissen über Weltreligionen. Vielmehr steht einerseits die Wahrnehmung und Erkundung von *Orten der gelebten Religionen* im unmittelbaren Erfahrungsraum der Kinder im Mittelpunkt: Kirchen und Moscheen, Synagogen und Sozialstationen, Friedhöfe und karitative Einrichtungen werden von den Kindern erkundet. Andererseits werden die *Feste der Religionen* als Ausdruck der gelebten Religion thematisiert: Ostern und Weihnachten, Ramadan und Opfer-

fest, Chanukka und Laubhüttenfest (vgl. Themenhefte der Zeitschrift Grundschule Religion). Für beide Ansätze gibt es inzwischen vielfältige didaktisch-methodisch arrangierte Materialien und Arbeitsmittel, von denen einige im Hamburger Zusammenhang entwickelt und publiziert wurden, einige auch unter Verwendung niederländischer Erfahrungen.

Einen besonderen Bereich stellt die Praxis *interreligiöser Einschulungsfeiern* dar, die an nordrhein-westfälischen Grundschulen entwickelt wurden. Die Lehrkräfte bereiten diese Feiern gemeinsam mit dem evangelischen, katholischen und islamischen Geistlichen vor; jeder bekommt einen Anteil an der Gestaltung, und es wird darauf geachtet, dass das Trennende der Religionen – beispielsweise der dreieinige Gott der Christen – nicht im Vordergrund steht (vgl. Krauss/Radtke 1995; Schulz 2003).

(3) Das Modell der niederländischen Basisschool Juliana van Stolberg in Ede ist auch in den Niederlanden nicht an andere Schulen transferiert worden und hat sich mit der zunehmenden Abwanderung christlicher Schüler/innen von dieser Schule in der Substanz verändert. Es soll hier jedoch noch einmal ausdrücklich genannt werden, weil es als ein weiteres, realisierungsfähiges Modell Interreligiösen Lernens die Prinzipien von Begegnung und dialogischem Austausch zwischen Religionen in den Mittelpunkt stellt. Das gleiche Thema (z.B. Gottesverständnis, Propheten, Gebote) wird als niveau-gestuftes Curriculum in allen Jahrgängen und jeweils parallel in einer christlichen und einer islamischen Lerngruppe unterrichtet. Zusätzlich gibt es eine weitere Religionsstunde, die »Herkenningsles« genannt wird und in der sich die Lerngruppen begegnen und wieder erkennen, was in der eigenen und der anderen Religion zum Thema Bedeutung gewonnen hat. Die Herkenningsles kann auch der Morgenkreis zu Beginn der Unterrichtswoche oder die gemeinsame Abschlussveranstaltung am Ende einer Schulwoche sein (vgl. Fischer u.a. 1996; ten Broek 2001; Rickers/Siedler 2001).

(4) Der englische Ansatz »A Gift to the Child« (Grimmitt 1991; Hull 1995) für Kinder im Alter von 5 bis 10 Jahren, bearbeitet das jeweilige Thema didaktisch so, dass sich in den Köpfen der Kinder nicht die Religionen vermischen, sondern schrittweise differenzieren (siehe Dommel in diesem Band). Das Problem, wie die Kinder ein zusammenhängendes Wissen von der eigenen Religion oder der fremden erwerben können, ist bei diesem thematisch fokussierten Vorgehen noch nicht gelöst.

Didaktik interreligiösen Lernens in der Grundschule

Die Notwendigkeit und Forderung nach interreligiösem Lernen stößt inzwischen in der Religionspädagogik auf keinen Widerstand mehr (vgl. EKD 1999; Schweitzer 2003). Die konkrete unterrichtliche Praxis jedoch, wie interreligiös gelehrt und gelernt werden kann, ist noch zu entwickeln und vor allem zu erproben, auch mit empirischer Kontrolle.

Die *Ziele* interreligiösen Lernens in der Grundschule werden in der Regel als vorbereitende, anbahnende oder tendenziell zu erreichende formuliert: als Beitrag zur Toleranz, zur Friedenserziehung, zur Begegnung mit dem anderen, zum vergleichenden Austausch zwischen dem Eigenen und dem Fremden, zum Dialog und zur Konvivenz der Religionen. Dies sind vor allem legitimierende Begründungen. Die zu erreichenden Kompetenzen, Fähigkeiten, Fertigkeiten und Einstellungen bei den SchülerInnen wurden bisher nur sehr zurückhaltend formuliert. Hier besteht noch ein erheblicher Nachhol- und Entwicklungsbedarf.

Dass Kinder in der Grundschule nicht den »Dialog der Religionen« führen und dann jeweils als Experten ihrer eigenen Religion diskursiv-argumentative Auseinandersetzungen um Wahrheitsansprüche führen, liegt auf der Hand. Was eine erwachsene Gesellschaft nicht leistet, kann sie nicht der Schule als zu lösende Aufgabe stellen. Stattdessen können Kinder jedoch durchaus lernen, die sie umgebenden religiös relevanten Phänomene differenzierend wahrzunehmen und ihre Bedeutung – auch vergleichend – kennen zu lernen. Das setzt voraus, dass ein »bloß religionskundlicher« Unterricht nicht länger diffamiert wird, sondern definierbare und erlernbare Wissensbestände und Bedeutsamkeiten für die verschiedenen Altersstufen deutlich formuliert werden. Respekt und Toleranz gegenüber einer anderen religiösen Überzeugung gibt es nicht losgelöst von inhaltlichem Wissen, Erfahrungen und konkreten Begegnungen mit Menschen, die diese Religion leben. Wer nichts weiß von Ramadan und Fasten, von Gebetspraxen und Fronleichnamsprozessionen, von Kreuzwegen und Bilderverboten, der kann dieses auch nicht würdigen, respektieren oder tolerieren.

Es ist deshalb von besonderer Bedeutung, die Zielsetzungen religiösen Lernens in der pluralen Schule perspektivisch anzureichern. Rudolf Englert macht dazu Vorschläge (Englert 2002, 93 ff.). Darin sind perspektivisch auch die Lernpotenziale und Lernchancen enthalten, die für das interreligiöse Lernen in der Grundschule gelten sollten: Es geht um das Wahrnehmen, Kennenlernen und Aneignen von Wissen über Religion in unterschiedlichen Erscheinungsformen, wobei an die gelebte und erlebbare Religion anzuknüpfen ist. Aus der Erfahrung mit Phänomenen und aus der Begegnung mit Personen der verschiedenen Konfessionen und Religionen können die Kinder lernen, mit religiöser Differenz im Alltag umzugehen, sich in Verständigung und Deutung zu üben und Bedeutsamkeiten der religiösen Orientierung zu begreifen.

Die *Inhalte und Themen,* an denen Wahrnehmung, Erfahrung, Auseinandersetzung und Wissenserwerb ermöglicht werden, sind insbesondere die Feste der Religionen, die Religionsstifter Moses – Jesus – Mohammed, die Vätergeschichten von Abraham/Ibrahim, der Umgang mit Sterben und Tod, die Erkundung von Kirche, Moschee, Synagoge, die Heiligen Schriften Tora – Bibel – Koran, Schöpfungsmythen (siehe Sieg in diesem Band).

In der Grundschule muss das *methodische Arrangement* besonders anregungsreich, erfahrungsnah und vielseitig sein und unterschiedliche Zugangsmöglichkeiten zum Thema sowie differenzierende Formen der Auseinandersetzung eröffnen. Das werden dann nicht nur die »großen Erzählungen« aus der Perspektive der jeweiligen Religion sein (Tworuschka 1988) oder aus dem Blickwinkel von Kindern (Tworuschka 1997), sondern auch Formen eigenständigen und didaktisch strukturierten Erkundens und Erforschens von Orten gelebter Religion, originale Begegnung mit Menschen unterschiedlicher Konfession und Religion, Gestaltung und Teilhabe an Festen und Feiern, meditative Rituale mit Gesang und Bewegung und die Präsentation von Ergebnissen des Lernens und der Auseinandersetzung. Es kommt vor allem auch im Unterricht darauf an, selbstständiges Lernen zu ermöglichen, die Kinder an der Gestaltung der Unterrichtsprozessen, aktiv zu beteiligen und ihnen durch das Angebot von Wahlmöglichkeiten einen Raum für Distanzierung und Nähe zu überlassen. Das Lernen an Stationen, Formen der Freiarbeit und projektförmiges Lernen sind methodische Arrangements, in denen Wissen eigenaktiv in wechselnden sozialen Situationen erworben und angewandt wird und in denen zugleich fachlich relevante Werthaltungen und Einstellungen im Umgang miteinander zu erwerben sind.

Zusammenfassung und Perspektiven

Es ist inzwischen weithin unbestritten, dass die gesellschaftliche Pluralität von Religionen und das Zusammenleben der verschiedenen einer pädagogischen Berücksichtigung und Gestaltung in der Schule bedürfen. Unklar und auch strittig sind die Formen, in denen eine pluralitätsfähige Religionspädagogik zu entwickeln ist. Zwar gibt es Ansätze einer interreligiösen Thematik und Praxis des Unterrichts (s. o.), aber deren Verbreiterung bleibt eine Aufgabe künftiger Entwicklungen. Die gegenwärtige Realität schulischen Religionsunterrichts ist nach wie vor, dass zwar die Schülerschaft einer Klasse konfessionell und religiös gemischt ist, dass der Unterricht jedoch – sei es evangelische oder katholische Religionslehre – darauf nicht einzugehen vermag oder will. Die drei muslimischen Mädchen und der eine Hindu-Junge bleiben in der Regel so etwas wie Zaungäste in einem evangelisch-christlichen oder katholisch-christlichen Religionsunterricht. Es ist noch nicht hinreichend erforscht, welchen Beitrag der Religionsunterricht in der einen oder anderen Form zur Identitätsbildung leistet (Ziebertz 2002b).

Die größte Schwierigkeit interreligiösen Lernens besteht gegenwärtig noch darin, dass Lehrende sich bisher interreligiöse Kompetenzen meist nicht in systematischer Aus- und Fortbildung haben erwerben können, sondern auf autodidaktisch erworbene Kenntnisse angewiesen sind.

Auch theoretisch ist noch nicht hinreichend ausgearbeitet, welcher Art die zu erwerbende hermeneutische Kompetenz sein muss, die beim interreligiösen Lernen von Bedeutung ist und die es zu vermitteln gilt (Ziebertz 2002a, 74).

Eine weiterführende, Praxis entwickelnde und grundlegende Forschung religionspädagogischer interreligiöser Schul- und Unterrichtspraxis bleibt ein dringend zu bearbeitendes Desiderat, auch und gerade im Interesse der Kirchen, die über die Inhalte des Religionsunterrichts in der Schule mitbefinden.

Zum Weiterlesen

Englert, Rudolf, Skizze einer pluralitätsfähigen Religionspädagogik, in: Schweitzer, Friedrich u.a., Entwurf einer pluralitätsfähigen Religionspädagogik, Gütersloh u.a. 2002, 89-120.

Gottwald, Eckart/Mette, Norbert (Hg.), Religionsunterricht Interreligiös. Hermeneutische und didaktische Erschließungen. Festschrift für Folkert Rickers, Neukirchen-Vluyn 2003.

Schulz, Doris, Der eine Gott, der uns begleitet, in: Grundschule Religion o.Jg. (2003), H. 5, 22-23.

Literatur

Asbrand, Barbara, Zusammen Leben und Lernen im Religionsunterricht. Eine empirische Studie zur grundschulpädagogischen Konzeption eines interreligiösen Religionsunterrichts im Klassenverband der Grundschule, Frankfurt a.M. 2000.

Broek, Bart ten, Die interkulturelle und interreligiöse Juliana van Stolbergschule in Ede in den Niederlanden, in: Rickers, Folkert/Siedler, Dirk C. (Hg.), Interreligiöses Lernen in den Niederlanden. Ein Beitrag zur Vergleichenden Religionspädagogik, Berlin 2001, 11-19.

Bucher, Anton, Religionsunterricht zwischen Lernfach und Lebenshilfe. Eine empirische Untersuchung zum katholischen Religionsunterricht in der Bundesrepublik Deutschland, Stuttgart u.a. 2000.

Doedens, Folkert/Weiße, Wolfram (Hg.), Religionsunterricht für alle. Hamburger Perspektiven zur Religionsdidaktik, Münster 1997.

Englert, Rudolf, Dimensionen religiöser Pluralität, in: Schweitzer, Friedrich u.a.: Entwurf einer pluralitätsfähigen Religionspädagogik, Gütersloh u.a. 2002, 17-74.

Englert, Rudolf, Skizze einer pluralitätsfähigen Religionspädagogik, in: Schweitzer, Friedrich u.a., Entwurf einer pluralitätsfähigen Religionspädagogik, Gütersloh u.a. 2002, 89-120.

EKD (Hg.), Identität und Verständigung. Standort und Perspektiven des Religionsunterrichts in der Pluralität. Eine Denkschrift, Gütersloh 1994.

EKD-Kirchenamt (Hg.), Religionsunterricht für muslimische Schülerinnen und Schüler, Hannover 1999. (Nachdruck in: Schreiner, Peter/Wulff, Karen (Hg.), Islamischer Religionsunterricht. Ein Lesebuch, Münster: Comenius-Institut 2001, 57-60.)

Fischer, Dietlind/Schreiner, Peter/Doyé, Götz/Scheilke, Christoph Th., Auf dem Weg zur Interkulturellen Schule. Fallstudien zur Situation interkulturellen und interreligiösen Lernens, Münster 1996.

Fischer, Dietlind, Kinder und Konfession. Zur Aneignung von Religion beim Aufwachsen in einem konfessionell gemischten Milieu, in: ru 23 (1993), H. 3, 104-107.

Fischer, Dietlind, »... mehrheitlich von positiven Elementen geprägt«. Rückblicke auf Religionsunterricht in der Grundschule, in: Kliemann, Peter/Rupp, Hartmut (Hg.), Tausend Stunden Religion. Wie junge Erwachsene den Religionsunterricht erleben, Stuttgart 2000, 9-20.

Fischer, Dietlind, Eine Religionsunterrichts-Stunde – sequenzanalytisch untersucht, in: Fischer, Dietlind/Elsenbast, Volker/Schöll, Albrecht (Hg.), Religionsunterricht erforschen. Beiträge zur empirischen Erkundung von religionsunterrichtlicher Praxis, Münster 2003, 120-142.

Froese, Regine, Mehr als nur Kinderfasching: Elementarisierung als Herausforderung für interreligiöses Lernen in der Grundschule, in: Schweitzer, Friedrich, Elementarisierung im Religionsunterricht. Erfahrungen Perspektiven Beispiele, Neukirchen-Vluyn 2003, 147-159.

Gottwald, Eckart/Mette, Norbert (Hg.), Religionsunterricht Interreligiös. Hermeneutische und didaktische Erschließungen. Festschrift für Folkert Rickers, Neukirchen-Vluyn 2003.

Götz, Margarete/Sandfuchs, Uwe, Geschichte der Grundschule, in: Einsiedler, Wolfgang u.a. (Hg.), Handbuch Grundschulpädagogik und Grundschuldidaktik, Bad Heilbrunn 2001, 13-30.

Grimmitt, Michael u.a., A Gift to the Child. Religious Education in the Primary School, London: Hemel Hempstead 1991.

Hull, John, How can we make children sensitive to the values of other religions through religious education?, in: Lähnemann, Johannes (Hg.), Das Projekt Weltethos in der Erziehung, Hamburg 1995, 301-314.

Kampermann, Ernst/Klöppel, Walter, Vierter Bericht kirchlicher Schulreferenten: zu ökumenischer Zusammenarbeit im konfessionellen RU, in: Loccumer Pelikan o.J. (2001), H. 1, 38-40.

Krauß, Angelika/Radtke, Sybille, Unsere islamisch-christliche Einschulungsfeier, in: Die Grundschulzeitschrift 9 (1995), H. 90, 16-17.

Lähnemann, Johannes/Haussmann, Werner, Lernprozesse Christen-Muslime im Evangelischen Religionsunterricht, in: Renz, Andreas/Leimgruber, Stephan (Hg.), Lernprozess Christen Muslime, Münster 2002, 265-273.

Rickers, Folkert/Siedler, Dirk (Hg.), Interreligiöses Lernen in den Niederlanden. Ein Beitrag zur Vergleichenden Religionspädagogik, Berlin 2001.

Roßbach, Hans-Günther, Heterogene Lerngruppen in der Grundschule, in: Einsiedler, Wolfgang u.a. (Hg.), Handbuch Grundschulpädagogik und Grundschuldidaktik, Bad Heilbrunn 2001, 143-148.

Scheilke, Christoph Th., Interreligiöses Lernen in der Schule, in: Praktische Theologie 38 (2003), H. 2, 105-116.

Scheilke, Christoph Th., »Weil ein Gespräch wir sind ...«. Elemente interreligiösen Lernens im Dialog – auch in der Grundschule, in: Rupp, Hartmut u.a. (Hg.), Zukunftsfähige Bildung und Protestantismus, Stuttgart 2002, 194-209.

Schulz, Doris, Der eine Gott, der uns begleitet, in: Grundschule Religion o.Jg. (2003), H. 5, 22-23.

Schweitzer, Friedrich, Christus und die Welt der Religionen – Aufgaben interreligiösen Lernens, in: Biehl, Peter u.a.(Hg.), Jahrbuch der Religionspädagogik 15, Neukirchen-Vluyn 1999, 159-172.

Schweitzer, Friedrich/Biesinger, Albert u.a., Gemeinsamkeiten stärken – Unterschieden gerecht werden. Erfahrungen und Perspektiven zum konfessionell-kooperativen Religionsunterricht, Freiburg u.a. 2002.

Schweitzer, Friedrich, Kooperativer Religionsunterricht: Hindernis oder Voraussetzung interreligiösen Lernens?, in: Gottwald, Eckart/Mette, Norbert (Hg.), Religionsunterricht interreligiös. Hermeneutische und didaktische Erschließungen. Festschrift für Folkert Rickers. Neukirchen-Vluyn 2003, 97-108.

Sieg, Ursula, Ein interreligiös geöffneter Religionsunterricht an Grundschulen in Hamburg, in: Doedens, Folkert/Weiße, Wolfram (Hg.), Religionsunterricht für alle. Hamburger Perspektiven zur Religionsdidaktik, Hamburg 1997, 124-129.

Sterkens, Carl, Interreligious Learning. The Problem of Interreligious Dialogue in Primary Education, Leiden/Boston/Köln: Brill 2001.

Tworuschka, Monika/Tworuschka, Udo (Hg.), Vorlesebuch fremde Religionen. Bd. 1: Judentum/Islam. Bd. 2: Hinduismus/Buddhismus, Lahr 1988.

Tworuschka, Monika/Tworuschka, Udo (Hg.), Die Weltreligionen. Kinder erzählen. Wie andere leben – was andere glauben, Gütersloh 1997.

Weiße, Wolfram, Dialogischer Religionsunterricht für alle, in: Grundschule 36 (2004), H. 4, 13-15.

Ziebertz, Hans-Georg, Grenzen des Säkularisierungstheorems, in: Schweitzer, Friedrich u.a., Entwurf einer pluralitätsfähigen Religionspädagogik, Gütersloh u.a. 2002a, 51-74.

Ziebertz, Hans-Georg, Interreligiöses Lernen und die Pluralität der Religionen, in: Schweitzer, Friedrich u.a., Entwurf einer pluralitätsfähigen Religionspädagogik, Gütersloh u.a. 2002b, 121-143.

Reinhard Kirste

Interreligiöses Lernen im Sekundarbereich (Sekundarstufe I und II)

Voraussetzungen für interreligiöses Lernen im Sekundarbereich werden im Zusammenhang von Migration, Religion und Schule skizziert und damit zusammenhängende Werte- und Normfragen diskutiert. Es folgt eine Zusammenstellung von Zielvorstellungen und Aufgaben für diese Bildungsstufen. Damit wird ein Rahmen beschrieben, in den sich die zahlreichen konkreten Beispiele gut einordnen lassen. Insgesamt wird deutlich, inwiefern interreligiöses Lernen eine wichtige Gestaltungsanforderung für den Sekundarbereich darstellt.

Migration, Religion und Schule

Die gesellschaftlichen Veränderungen der letzten Jahre und Jahrzehnte in Deutschland wirken sich auf die Schule wie auf den Religionsunterricht (RU) aus. Ende der sechziger Jahre des 20. Jahrhunderts gab es einen verstärkten Zustrom aus dem Ausland (Einwanderung der »Gastarbeiter«, insbesondere aus der Türkei). Inzwischen sehen die hier Geborenen dieses Land automatisch als ihre Lebensmitte an. Die Schule wird zu einem Kristallisationspunkt, an dem die zunehmende gesellschaftliche Vielfalt konstruktiv gestaltet werden muss.

Inzwischen gibt es insbesondere in den klassischen Industrieregionen und Großstädten Grundschulen mit einem hohen Anteil sog. ausländischer Kinder. Im Sekundarbereich finden sich insbesondere in der Hauptschule und der Sonderschule hohe nicht-deutsche Anteile in der Schülerschaft.

Auf diesem Hintergrund wird die Frage des interreligiösen Lernens virulent, dessen pädagogische Gestaltung altersspezifische Voraussetzungen und vorhandene didaktische Möglichkeiten ebenso berücksichtigen muss wie die bestehenden rechtlichen Rahmenbedingungen.

Werte- und Normfragen in der Schule

Implizit und explizit spielen im Unterricht ständig *Wert- und Normfragen eine Rolle.* Es gehört zu den Aufgaben der Schule, diesen Rahmen zu thematisieren, ihn zu hinterfragen und einer Überprüfung zu unterziehen. Dazu gehört u.a. die Beschäftigung mit der christlichen Tradition und dem Anspruch des christlichen Glaubens als Angebot für Wert- und Sinnfindung, aber auch die Einführung in andere Wert- und Glaubenssysteme. Dies geschieht in einer Situation, in der Schülergenerationen heranwachsen, die nicht mehr in der Weise von der christlichen Tradition geprägt sind, wie das in früheren Zeiten noch der Fall war. Der Religionsunterricht als Fach, in dem explizit christliche und religiöse Werte und Normen thematisiert werden, braucht die Kooperation mit anderen Fächern, um das Ziel der Orientierung und religiösen Identitätsbildung im Auge zu behalten und sich nicht innerhalb des Fächerkanons selbst zu isolieren.

Wenn eine Aufgabe von Schule darin gesehen wird, die heranwachsenden Schüler/innen zu unterstützen, sich in unserer ständig wandelnden Welt zurechtzufinden, so sollten die veränderten Rahmenbedingungen stärker als bislang berücksichtigt werden. Die Zusammensetzung der Schülerschaft ist pluraler geworden, überwiegend durch die muslimischen Schüler/innen in den Schulen, und vielfach werden andere Fächer als Wahlmöglichkeit zum christlichen RU angeboten. In der veränderten Situation hat der konfessionelle Religionsunterricht seine Monopolstellung verloren. Dabei haben die Versuche in mehreren Bundesländern, einen islamischen RU an den Schulen ohne abgesicherte Gesetzeslage und ohne ausreichende Kooperation mit bestehenden islamischen Institutionen einzurichten, eher zu neuen Problemen geführt als zu einem adäquaten, ergänzenden Angebot zu den bestehenden Angeboten eines christlichen RU. Umso drängender wird die Forderung nach interreligiösen Lernformen, auch in den Sekundarschulen.

Die bestehenden Lehrpläne für die Sekundarschule in allen Bundesländern weisen aus, dass es im christlichen RU nicht um Glaubensunterweisung der Kirchen geht, sondern um Dialog und Auseinandersetzung mit den Grundelementen menschlicher Existenz, zu denen die religiöse Dimension gehört. Allerdings wird der christliche Glaube hervorgehoben, nicht nur als historische Größe, sondern als ein Phänomen, das auch in einem weitgehend säkularisierten Staats- und Gesellschaftsverständnis als Tiefendimension wirksam bleibt. Religion, ausdifferenziert in institutionalisierte, private und öffentliche Religion, wird durch den jeweiligen Kontext geprägt, mit seinen verschiedenen historischen und aktuellen Schichtungen und Dimensionen.

Für die religiöse Bildung in den Schulen lässt sich festhalten, dass die bestehende multikulturelle und multireligiöse Situation eine Öffnung hin zu anderen, nicht christlichen Ideologien, Wertvorstellungen und Religionen erfordert, wenn sich der konfessionelle RU nicht in eine Ghetto-Situation drängen lassen will und dadurch zunehmend an Bedeutung verlieren würde.

Zielvorstellungen für interreligiöses Lernen

Wenn wir diese Ausgangssituation als Grundlage nehmen, so lassen sich für die religiöse Bildung in der Schule einige allgemeine Ziele formulieren: Es geht zunächst um kompetente Information über das Feld gegenwärtiger religiöser Erscheinungsformen, um Möglichkeiten einer sachgemäßen Auseinandersetzung mit ihnen und um ein sympathisches Verstehen, das auch der eigenen Orientierung und Identitätsentwicklung dienen kann. Dabei stellen sich insbesondere zwei Herausforderungen:

- Der konfessionelle RU braucht angesichts der unterschiedlichen Voraussetzungen, die Schüler/innen mitbringen, eine dieser pluralen Situation angemessene Didaktik. Es sollte eine »Didaktik des Übergangs« sein, in der andere, nichtchristliche Religionen und Wertesysteme sachgemäß thematisiert und einbezogen werden.
- Angesichts der Spannungen durch das Aufeinandertreffen unterschiedlicher Kulturen, Sitten und Gebräuche unter dem Dach der Schule, müssen Möglichkeiten der Konfliktlösung angeboten und erarbeitet werden. Die jeweiligen heiligen Schriften können Basis und Ausgangspunkt interreligiösen Lernens sein. Gleichzeitig ist die Orientierung an individuellen, interpersonellen und gesellschaftlichen Gegebenheiten notwendig, und an der dauerhaft religiös pluralen Situation in Deutschland insgesamt. In der Schule sollte die Auseinandersetzung mit bestehenden Wertsystemen und daraus folgenden Handlungsmodellen einen breiten Raum einnehmen. Dabei sind praktische Erfahrungen nicht auszublenden, sondern bewusst zu integrieren.

Aufgaben

Die allgemeinen Zielvorstellungen sind Ausgangspunkt und Grundlage für eine Reihe von Aufgaben und Herausforderungen, die sich für interreligiöses Lernen in der Sekundarschule stellen. Die nachfolgende Auflistung beruht auf eigenen Unterrichtserfahrungen in der Sekundarschule und auf vielen Lehrerfortbildungsmaßnahmen in diesem Bereich. Dadurch werden eine Reihe von praktischen Beispielen interreligiösen Lernens im anschließenden Abschnitt vorbereitet.

- Jugendliche brauchen eine allgemeine Hinführung zum Religiösen, wie es als Kern in allen Religionen zu finden ist. Selbst Kinder und Jugendliche mit einer mehr oder minder ausgeprägten christlichen oder islamischen religiösen Sozialisation werden durch die Vielfalt religiöser Traditionen, wie sie sich heute in der deutschen Gesellschaft zeigt, genötigt, ihre eigene Tradition im Spiegel der anderen neu zu sehen und zu definieren.
- Einer Verengung konfessionellen Denkens sollte entgegengewirkt werden. Konfessionalität steht in der Gefahr, die Vielfältigkeit der religiösen Möglichkeiten zu Gunsten der dominierenden Religionen bzw. Konfessionen (Katholizismus, Protestantismus, Islam) zu hierarchisieren. Alle anderen Religionen folgen unter »ferner liefen«. Diese Einschätzung verschärft sich durch die neuen religiösen Bewegungen, deren Ernsthaftigkeit oft und allzuschnell mit dem Vorurteil der »Sekte« disqualifiziert wird.
- Die sachgemäße Darstellung der verschiedenen Religionen sollte ein übergreifendes Unterrichtsprinzip sein. Auch bei einer religionskundlichen Vermittlung können Probleme dadurch entstehen, dass in der Schule durch die Fächerorientierung nur bestimmte Teilaspekte zur Sprache kommen, z.B. in Geschichte, Geografie und Politik, oder dass Wertungen vorgängig sind, die aus dem christlichen Traditionsrahmen kommen und damit eine authentische Begegnung mit einer anderen Religion verzerren können. Auch kann sich die konfessionelle Trennung gerade bei heranwachsenden Jugendlichen im Religionsunterricht als hemmend auswirken bis hin zu Ablehnung alles Religiösen, sofern es von Kirche oder Moschee kommt, denn die Trennung zementiert nicht nur theologisch, sondern auch didaktisch als trennend, was keineswegs trennend sein muss.
- Eine der vordringlichsten Aufgaben eines wie immer gearteten Religionsunterrichts ist es, die vielen Namen und Bilder Gottes zu entdecken und Verständniskriterien für die Vielfalt der göttlichen Erscheinungsformen bzw. einer letzten oder transzendenten Realität zu erarbeiten. Damit wird auch die Unterscheidung zwischen monotheistischen, polytheistischen, traditionalen und a-theistischen Religionen differenzierter zu bearbeiten sein, wie dies bisher durchweg in allen Schulbüchern und Unterrichtsmodellen kaum vorherrschend ist.
- Die Spannung von Wandelbarkeit und Unwandelbarkeit Gottes, von Chronologie und zyklischem Denken gehört zu den Grundrhythmen jeder Religion, für die im Schulleben erfahrbare Nachvollzüge gefunden werden sollten. Dazu gehört z.B. das Feiern verschiedener religiöser Feste, wobei Schüler/innen nicht nur Zuschauer in einer anderen Religion sein sollten, sondern »als Gäste« in diesen Festrhythmus einbezogen und die Feste mit vorbereiten sollten. Man denke etwa an den Weihnachtsfestkreis im Christentum oder an das Ramadanfasten im Islam.

- Bei der Begegnung unterschiedlicher Religionen sind nicht nur die vorhandenen ethischen Gemeinsamkeiten anzusprechen (z.B. die »Goldene Regel« als ethischer Minimalkonsens), sondern auch, welche ethischen Konsequenzen aus bestimmten religiösen Vorstellungen und Dogmen erwachsen. Im Religionsunterricht wird damit eine nicht menschlich begründete, sondern eine göttlich bezogene Humanität favorisiert, die sich allerdings in den (allgemeinen) Menschenrechten verankern lassen muss.
- Jegliche religiöse Unterweisung muss sich auf Annäherungen im Verständnis Gottes oder des Göttlichen einlassen, denn sonst wäre nur Schweigen möglich, und das würde den Religionsunterricht nicht nur in der Schule völlig lahm legen. Die Spannung der geschlechterspezifischen Aussagen über Gott bzw. das Göttliche ermöglichen auf der einen Seite eine Vielfalt an Formulierungen und die Ausprägung besonderer Theologien, z.B. Feministische Theologien. Zugleich machen sie auf das Grundproblem und die Unsicherheit jedes religiösen Transfers aufmerksam: Finitum non capax infiniti (Calvin, »Das Endliche umfasst das Unendliche nicht«); finitum capax infiniti (Luther).
- Eine kognitive Überfrachtung des Unterrichtes und die Behauptung einer wertneutralen Wissensvermittlung (Religionskunde) sowie die Missachtung von pädagogischen Ansätzen, in denen die Erfahrungsdimension wertgeschätzt wird (Reformpädagogik, Montessori, Steiner, Petersen, Jena-Plan u.a.) verstellen einen Zugang zur mystischen Dimension des Lebens und entziehen dem Lernen wertvolle Impulse für Sinnstiftung und Werteorientierung.
- Interreligiöses und interkulturelles Lernen kann nicht voneinander getrennt werden, ihre Ansätze überschneiden sich. Der bewusste Umgang mit multireligiösen und multikulturellen Situationen in einer Schule bietet die Möglichkeit, im Eigenen das Fremde und im Fremden mehr Vertrautes zu entdecken, als es das bisherige Vorverständnis zuließ. Interreligiöse Unterrichtsprojekte überschreiten deshalb die Grenzen der Konfessionen und der Fächer.
- Die bestehenden unterschiedlichen Wege zur Wahrheit setzen voraus, dass die Welt als ein Ganzes gedacht werden kann. Daraus folgt, vom Gemeinsamen und nicht vom Trennenden auszugehen. Das wäre ein pädagogischer Ansatz von Ökumene in des Wortes originaler Bedeutung, die den gesamten bewohnten Erdkreis umfasst und sich nicht auf einzelne Segmente beschränkt. Das gilt auch für die Religionen, die darum in den jeweiligen Orten und Regionen in unterschiedlicher kontextueller Ausprägung vorkommen. Die Schule als Haus des Lernens und damit auch Welthaus des Lernens und Denkwerkstatt auf dem Weg zur Wahrheit sollte sich auf dieses religions-ökumenische Verständnis einlassen. Die bestehenden Lehrpläne sollten konsequent umformuliert werden, um interreligiöses Lernen in umfassendem Sinne zu ermöglichen, nach der Devise: Global denken, lokal handeln.

- Elementarisierung als didaktisches Prinzip berücksichtigt das jeweilige Alter und die Bildungsvoraussetzungen der Schüler/innen und ihre Erfahrungsfelder. In der Sekundarstufe bekommt Elementarisierung angesichts der sich verändernden Stofffülle eine neue Bedeutung. In Ergänzung zu bereits in der Grundschule begonnenem interreligiösen Lernen sollten verschiedene Religionen im Laufe einer Schullaufbahn behandelt werden, möglichst mit authentischen Begegnungen mit Angehörigen verschiedener Religionen. Auch erfahrungsorientierte Methoden wie meditative Ansätze und narrative Hinführungen bieten weitere vertiefte Möglichkeiten des Zugangs.
- Viele Schüler/innen müssen religiöse Identität erst finden oder neu entdecken. In der Phase der Pubertät, bei den Versuchen zur »Abnabelung« von der elterlichen Autorität treten eine Fülle von Identitätsproblemen für die Jugendlichen auf. Hinzu kommt, dass die klassische Sozialisierung durch die Familienerziehung in vielen Fällen nicht mehr greift. Auch bei vielen Erwachsenen ist höchstens noch eine diffuse Religiosität festzustellen, die sich entsprechend auf die Jugendlichen überträgt.
- Religiöse Identität entwickelt sich nicht (wie oft behauptet wird) durch Abgrenzung, sondern durch Begegnung und Dialog mit dem anderen. Abgrenzungsversuche rufen eher die gegenteiligen Reaktionen bei Jugendlichen hervor. Das nötigt zur Entwicklung von Unterrichtsmodellen, die sich gegebenenfalls in entsprechenden Schulprofilen und Schulprogrammen niederschlagen und die einzelnen Schulstufen gesondert berücksichtigen müssen. Dafür sind zum einen die Reste (der vorherrschenden religiösen) Tradition zu sichten – auch mit ihren regionalen Besonderheiten –, zum andern müssen diese Traditionsstücke mit weiteren religiösen Elementen und eingewanderten Religionen in Verbindung gebracht werden. Die jeweiligen religiösen Traditionen sind deshalb mit ihren heiligen Texten einer Prüfung und Revision zu unterziehen, um auf diese Weise einen auf Humanität bezogenen Umgang einzuüben und dies aus der jeweiligen Tradition aktuell zu begründen.

Praktische Beispiele

Fremde Religionen im konfessionellen Religionsunterricht Beispiel: Islam und Judentum

Neuere Schulbücher für den konfessionellen RU stellen andere Religionen in der Regel nicht (nicht bewusst) abwertend dar; dies gilt auch für den Islam. Da christliche Religionslehrer/innen bislang jedoch überwiegend das Christentum und die dazugehörigen didaktischen Möglichkeiten studieren und andere Religionen nicht in ausreichendem Maße im Studium einbezogen sind, liegt hier ein erheblicher Nachholbedarf vor. Außerdem kann das Kennenlernen anderer Religionen immer nur durch die eigene religiöse Perspektive geschehen.

In anderen Fächern kommt der Islam höchstens in seinen politischen und geografischen Implikationen vor und wird durch die aktuelle Vorurteilslage mit großem Misstrauen betrachtet. Kurzfristig scheint diese Situation nicht grundlegend veränderbar zu sein, umso wichtiger ist es, angemessene Unterrichtshilfen für die Hand des Lehrers/der Lehrerin zu erarbeiten. Nun ist das vorhandene Unterrichtsmaterial zum Islam und Judentum inzwischen so reichhaltig, dass eher das Problem der sachgemäßen Auswahl besteht und weniger die Suche, für die Lehrkraft überhaupt Geeignetes zu finden.

Islamische Schüler auf freiwilliger Basis im konfessionellen RU

Es gibt Religionsklassen, in denen islamische Schüler/innen sitzen, manchmal ausdrücklich mit Billigung ihrer Eltern. Das hat verschiedene Ursachen, besonders bei Eltern, die ihren Kindern ein leichtes Vorankommen in der deutschen Gesellschaft ermöglichen wollen; oder es handelt sich um stark religiöse Eltern, die gegenüber manchen türkischen Lehrer/innen einen Atheismusverdacht hegen. Diese Lösung ist nicht befriedigend und erreicht immer nur einzelne Schüler/innen.

Moschee-, Synagogen- und Tempelbesuche mit Schülern und Lehrern

Begegnungen in der nächstgelegenen Moschee, Synagoge oder Tempel (der Buddhisten, Sikhs oder Hindus) – nicht nur mit Religionsklassen können bei entsprechender Vorbereitung zu tieferer Verständigung führen, besonders weil dadurch die Schüler/innen der anderen Religion (überwiegend geht es hier um den Islam) aufgewertet werden und das Neue im Sinne von neugierig Machendem nachhaltige Effekte zeigen kann. Im Übrigen können solche Besuche auch den Lehrkräften die religiöse Heimat einer Reihe von islamischen Schüler/innen näher bringen.

Gemeinsame Feste in der Schule

Die großen Religionen haben im Jahreskreis Höhepunkte, besonders Weihnachten und Ramadan, Holi, Buddhas Geburtstag usw. (vgl. die interreligiösen Jahreskalender). Als erprobte Möglichkeit gilt, sich gegenseitig einzuladen, zu gratulieren durch Besuche oder auch durch persönlich überbrachte und selbst hergestellte Glückwunschkarten. Es lassen sich in der Schule auch gemeinsame religiöse Feiern organisieren, an denen Pfarrer/innen und Hodschas teilnehmen. Gebete können von Muslimen und Christen gesprochen werden, ohne dass die islamische Seite an einer solchen Feier Anstoß nehmen muss. Meine Erfahrungen beziehen sich bisher nur auf Schulräume, allerdings haben solche »Gottesdienste« auch schon in Kirchen stattgefunden. Die verstärkte Hineinnahme von Hodscha und Gemeindepfarrer/in in bestimmte Bereiche des Schullebens bietet sich von daher geradezu an, gelingt natürlich nicht immer, weil das sehr von der Offenheit der jeweiligen Amtsträger und Gemeindevorstände (auf islamischer wie auf christlicher Seite) abhängt. Es gibt auch gute Erfahrungen damit, dass Schüler/innen im Rahmen bestimmter Festtage verschiedene Speisen aus anderen Ländern (mit Eltern) vorbereiten und gemeinsam essen.

Ausstellungen: Begegnung der Nationen in der Schule

Ausstellungen können ein optisches Hilfsmittel sein, auf das Zusammenleben unterschiedlicher Nationen, Religionen und Konfessionen verstärkt aufmerksam zu machen, besonders wenn eine solche Ausstellung aus der Schularbeit erwächst, z.B. türkisches Leben in einem konkreten Ort, Marokko in unserem Stadtviertel usw.

Partnerschaften

Partnerschaften von Schulen innerhalb Europas, aber auch nach Übersee (auch und gerade durch Nutzung des Internets) eröffnen ebenfalls neue Möglichkeiten, besonders wenn man Länder einbezieht, von denen einige Schüler/innen – auf welchen Wegen auch immer – nach Deutschland gekommen sind: Bosnien-Herzegowina, Türkei, Somalia, Sri Lanka. Einige Schulen pflegen regelmäßigen Austausch mit ihren Partnerschulen, und zwar gerade zwischen der 8. und 10. Klasse. Hier können Begegnungsseminare und Klassenfahrten, z.B. zur Thematisierung von Fremdenfeindlichkeit oder zum Verhältnis mit anderen Religionen, weiterführend sein, die dann am besten noch fächerübergreifend gestaltet werden.

Kontakte mit Flüchtlingsarbeit vor Ort

Überall gibt es »Asylbewerber« und geduldete Flüchtlinge, die oft von einer engagierten Gruppe »Einheimischer« betreut werden. Im Rahmen von Projektwochen finden interkulturelle Begegnungen zwischen diesen Ehrenamtlichen und Flüchtlingen (überwiegend englisch- oder französischsprachig) statt. Die Verbindung zu solchen Aktivitäten können mit einer »Öffnung von Schule« in die Stadt oder in das Dorf einhergehen und konkretes, erfahrungsbezogenes Lernen fördern.

Freizeitgruppen und Schülerbetreuung im Rahmen der Schule

Im Rahmen außerunterrichtlicher Aktivitäten sind der Fantasie keine Grenzen im Blick auf interreligiöse Lernmöglichkeiten gesetzt: Von der (orientalischen) Märchenstunde bis zu den Heilkräutern im Schulgarten, vom Volkstanz über Sportturniere mit sog. ausländischen Vereinen bis hin zur Restaurierung eines jüdischen Friedhofes werden die engen Stadt- oder Dorfgrenzen schnell auf eine für andere Kulturen offene Gesellschaft überschritten, sofern Projektanleiter/innen (Schüler/innen, Lehrer/innen wie Eltern), dazu bereit sind. Gerade Musik, Tanz, Theater, Modenschauen u.Ä. können sehr schnell attraktiven Charakter und auch das durchaus begehrte internationale Flair annehmen, wenn man sich der eigenen Quellen besinnt, die auch in einer kleineren Stadt heute oft schon multikulturell eingefärbt sind z.B. in einer

- Musik-AG mit »fremden« Instrumenten
- Arbeitsgemeinschaft »Tanz international«
- in Sprachkursen mit und ohne Qualifikationsmöglichkeit, besonders in Türkisch, Arabisch, Spanisch, Polnisch
- in einer Theater-AG bzw. im Puppenspiel: deutsche und deutsch schreibende AutorInnen mit asiatischem Einfluss (z.B. Bert Brecht) oder türkisches bzw. indonesisches Schattenspiel
- Exkursionen zu anderen Kulturen in der jeweiligen Stadt oder im Kreis, »Kulturkarawane« zu religiösen Orten, die teilweise in ihrer Vielfalt erst entdeckt werden müssen.

»Cafeteria international« in der Schule

Das Angebot in einer schulischen Cafeteria (hauptsächlich in Ganztagsschulen) bietet sich geradezu an, aus der Chips-, Schokoriegel- und Cola-Mentalität herauszugehen und das internationale und damit auch interreligiöse Flair mit der entsprechenden Attraktion zu erreichen. Verbindungen zu Projekten im Bereich der Entwicklungshilfearbeit und des Schüleraustauschs sind möglich. Besondere Angebote aus einzelnen Ländern machen eine solche Cafeteria attraktiv, umso mehr, je mehr Schüler/innen in die Mitverantwortung einbezogen werden.

Zum Weiterlesen

Bakker, Cok/Beuchling, Olaf/Griffioen, Karin (Hg.), Kulturelle Vielfalt und Religionsunterricht. Entwicklungen und Praxis in vier europäischen Ländern, Münster 2002.

Fischer, Dietlind/Schreiner, Peter/Doyé, Götz/Scheilke, Christoph Th., Auf dem Weg zur Interkulturellen Schule. Fallstudien zur Situation interkulturellen und interreligiösen Lernens, Münster u.a. 1996.

Gottwald, Eckart/Mette, Norbert (Hg.), Religionsunterricht interreligiös. Hermeneutische und didaktische Erschließungen. Festschrift für Folkert Rickers. Neukirchen-Vluyn 2003.

Besondere Möglichkeit im Internet: Bereich interreligiöses Lernen im rpi-virtuell.de, dort auch interreligiöse Kalender im Bereich »Interreligiöses Lernen« und in der »Bibliothek«.

Literatur

Avest, Ina, ter, Kinderen en God verteld in verhalen, Zoetermeer 2003.

Bakker, Cok/Beuchling, Olaf/Griffioen, Karin (Hg.), Kulturelle Vielfalt und Religionsunterricht. Entwicklungen und Praxis in vier europäischen Ländern, Münster 2002.

Baldermann, Ingo/Ruppel, Helmut u.a., Hoffnung lernen. Religion 5/6, Leipzig 1998.

Baldermann, Ingo/Ruppel, Helmut u.a., Versöhnung lernen. Religion 9/10, Leipzig 1997.

Baldermann, Ingo/Ruppel, Helmut u.a., Gerechtigkeit lernen. Religion 7/8, Leipzig 2000, Lehrerband 7/8, Leipzig 1998.

Becker, Ulrich/Büttner, Gerhard/Gutschera, Herbert/Thierfelder, Jörg u.a. (Hg.), Projekt Ökumene. Auf dem Weg zur Einen Welt. Arbeitsbuch Religion-Sekundarstufe I, Düsseldorf/Stuttgart 1997.

Fischer, Dietlind/Schreiner, Peter/Doyé, Götz/Scheilke, Christoph Th., Auf dem Weg zur Interkulturellen Schule. Fallstudien zur Situation interkulturellen und interreligiösen Lernens, Münster u.a. 1996.

Gottwald, Eckart/Mette, Norbert (Hg.), Religionsunterricht interreligiös. Hermeneutische und didaktische Erschließungen. Festschrift für Folkert Rickers, Neukirchen-Vluyn 2003.

Gottwald, Eckart, Didaktik der religiösen Kommunikation. Die Vermittlung von Religion in Lebenswelt und Unterricht, Neukirchen-Vluyn 2000.

Gottwald, Eckart (Hg.), »Islamische Unterweisung« in deutscher Sprache. Eine erste Zwischenbilanz des Schulversuchs in Nordrhein-Westfalen, Neukirchen-Vluyn 2001.

Hisch, Johann, Nachhaltigkeit und Religion(en) – Eine Pilgerreise, in: Eckensperger, Walter/Hisch, Johann/Mayerhofer, Erhard (Hg.), Leben – Glauben – Lernen. Festschrift 25 Jahre rpi Wien 1978-2003, Wien 2003, 70-72. Internet: www.rpi.at/pilgrim.

Internationales Institut für Pädagogik und Didaktik (Hg.), Curricula, Methodenpläne, Arbeitsmaterialien. Serie von Arbeitsmappen, Köln 1998-2003.

Interreligiöses Lernen als Themenheft in: Zeitschrift für Missionswissenschaft und Religionswissenschaft 88 (2004), H. 1.

Kirste, Reinhard/Schwarzenau, Paul, Gespiegelte Wahrheit. Biblische Geschichten und Kontexte anderer Religionen, Iserlohner Con-Texte (ICT), Heft 18, Iserlohn 2003.

Kirste, Reinhard/Schwarzenau, Paul, Interreligiöse Schule – Ein Vorbild aus den Niederlanden, Iserlohner Con-Texte (ICT), Heft 13, Iserlohn 1995.

Kwiran, Manfred/Schreiner, Peter/Schultze, Herbert (Hg.), Dialog der Religionen im Unterricht. Theoretische und praktische Beiträge zu einem Bildungsziel, Münster 1996.

Lafortune, Louise/Gaudet, Edithe, Une pédagogie interculturelle pour une éducation à la citoyenneté, Québec 2000.

Leimgruber, Stephan, Interreligiöses Lernen, München 1995.

Meyer, Karlo, Zeugnisse fremder Kulturen im Unterricht. Weltreligionen in der deutschen und englischen Religionswissenschaft, Neukirchen-Vluyn 1999.

Peirce, Elisabeth, Multi-faith Activity Assemblies. 90 + Ideas for Primary Schools, London/New York 2003.

Rehm, Johannes, Erziehung zum Weltethos. Projekte interreligiösen Lernens in multikulturellen Kontexten, Arbeiten zur Religionspädagogik, Bd. 20, Göttingen 2002.

Religionspädagogisches Institut der Erzdiözese Wien (Hg.), Pilgrim-Schulen, o.O. 1999.

Schweitzer, Friedrich u.a., Entwurf einer pluralitätsfähigen Religionspädagogik, Gütersloh u.a. 2002.

Wilke, Ursula (Hg.), Ich bin gefragt. Ethik 5/6, Berlin 1998.

Wilke, Ursula (Hg.), Ich bin gefragt. Ethik 7/8, Berlin 1999.

Andreas Obermann

»Religion unterrichten zwischen Kirchturm und Minarett« – Entwürfe eines interreligiösen Religionsunterrichts an der Berufsschule[1]

Zur Situation an der Berufsschule

Die Berufsschule mit ihrem ›dualen System‹ ist eine in ihrer gesellschaftlichen Bedeutung und bildungspolitischen Relevanz kaum wahrgenommene Schulform.[2] Als Schulform mit den meisten Schülerinnen und Schülern – nach der Primarstufe – etwa zwei Drittel »eines Altersjahrgangs (gemessen an den 19-Jährigen) schließen eine Ausbildung im dualen System ab« (Klie 2000) – leisten die Berufsschulen einen wesentlichen Beitrag bei der Vermittlung einer den beruflichen Qualifikationen übergreifenden Lebenskompetenz in einer lebensbiografischen Umbruchsituation. Der Eintritt in das Berufsleben bedingt (meist) das erste regelmäßige Einkommen und eine erste Selbstständigkeit durch eine weitgehende finanzielle Autonomie. Die Volljährigkeit und Mobilität durch den Erwerb des Führerscheins steigern zudem die emotionale Wahrnehmung des Erwachsenwerdens. Zugleich sind mit dem Eintritt ins Berufsleben existenzielle Fragen nach dem eigenen »Ich«, den Hoffnungen und Befürchtungen im Blick auf den eigenen Lebensentwurf verbunden: Wird der Ausbildungsberuf zum Traumberuf? Oder ist er eine Sackgasse auf dem Arbeitsmarkt?

Die Gegenwart der berufsbildenden Schulen ist geprägt durch gesellschaftliche und ökonomische Umbrüche (Zuwanderungsgesellschaft, Mas-

1 Vgl. die voraussichtlich 2005 erscheinende Habilitationsschrift des Verf.: Religion unterrichten zwischen Kirchturm und Minarett – dialogisch-konfessorischer Religionsunterricht in gemeinsamer Verantwortung der abrahamischen Religionsgemeinschaften: eine pädagogische Perspektive für den zukünftigen Religionsunterricht an berufsbildenden Schulen.

2 Die Berufsausbildung in der BRD umfasst einen theoretischen und praktischen Teil: Die Berufsschule ergänzt die betriebliche Ausbildung. Die Berufsschulen bestehen aus verschiedenen Schultypen (u.a. Berufsgrundschulen, Berufsfachschulen, Fachoberschulen, berufliche Gymnasien). In Nordrhein-Westfalen, Rheinland-Pfalz und Niedersachsen sind die klassischen Berufsschulen zu »Berufskollegs« erweitert worden (vgl. dazu das Berufskolleggesetz vom 25. November 1997, (GABl. NW. 1, 1998 S. 2) – einer Schulform, in der neben den Berufsabschlüssen eine Doppelqualifikation in Form eines Berufsabschlusses und einer Hochschulreife (AHR/FHR) erlangt werden kann.

senarbeitslosigkeit, Globalisierung, Wissens- und Informationsgesellschaft ...) sowie Neu- und Umorientierungen in der Ausbildung, da das duale System krisenhafte Symptome zeigt: 45 % der Auszubildenden arbeiten später nicht in ihrem Lehrberuf, nur wenige Betriebe bilden aus, die Kooperation zwischen den Betrieben und Schulen lässt insgesamt zu wünschen übrig und die Zahl der außerbetrieblichen Ausbildungsstätten nimmt zu (Verhülsdonk 2001, 52). Als die im europäischen Kontext schon erprobte Lösung gilt die Modularisierung der Berufsausbildung (die Fraktionierung der Ausbildung in kleinere Einheiten). Die Tendenz zur Vereinheitlichung der Berufsausbildung in Europa in ihrer ökonomischen Ausrichtung birgt für den RU u.a. die Gefahr eines steigenden Legitimationszwangs und seiner weiteren Marginalisierung.

Lernvoraussetzungen und Möglichkeiten interreligiösen Lernens an der Berufsschule

Die meisten Lerngruppen der Berufsschule – vor allem mit gewerblicher Ausrichtung – sind multireligiös zusammengesetzt. Neben christlichen Schüler/innen bilden muslimische Schüler/innen die drittstärkste religiöse Gruppe, wobei die Schüler/innen ohne Konfessions- und Religionszugehörigkeit meist zahlreicher sind als die muslimischen Schüler/innen.[3] Die Bundesrepublik Deutschland ist – das zeigt sich auch in den Berufsschulen – eine *multikulturelle Gesellschaft*. Daraus ergeben sich für den Religionsunterricht besondere Bedingungen und Herausforderungen: Die *Multireligiosität der Lerngruppe* stellt ein großes pädagogisches wie didaktisches Potenzial und damit eine Chance für den RU dar. Zum einen sind Verständnis und Handhabung des klassischen Verständnisses von Konfessionalität durch die Großkirchen neu zu bedenken. Zum anderen gilt es, das Potenzial der Multireligiosität zu nutzen und authentische Begegnungen der Schüler/innen unterschiedlichen Glaubens auch durch die Gestaltung des RU zu fördern. In dem in diesem Beitrag vorzustellenden Unterrichtsentwurf wurde zur Realisierung eine muslimische Lehrkraft eingeladen, paritätisch an der Konzeption, Planung und Durchführung des Religionsunterrichtes mitzuwirken. Allein durch diese *interreligiöse Kooperation* kann es neben der Betonung der Gemeinsamkeiten der Religionen zu einer fairen, toleranten sowie ehrlichen Auseinandersetzung mit den Differenzpunkten der Religionen – in einem

3 Auf Grund der absolut wie relativ verschwindend geringen Anzahl von Schüler/innen jüdischen Glaubens – sie kommen in der Schulwirklichkeit der anderen Schüler/innen nicht vor – beschränkt sich das Unterrichtsprojekt auf das Christentum und den Islam.

»*harten Pluralismus*« (Karl Ernst Nipkow) – kommen. Im Vollzug des Unterrichts erwies sich diese *dialogische Anlage des interreligiösen Religionsunterrichtes (IrRU)* als religionspädagogisch und didaktisch hilfreich für Gespräch und Auseinandersetzung, Distanzierung und Identifikation. Juristisch ist eine Realisierung eines IrRU in dialogischer Ausrichtung und multireligiöser Kooperation möglich im Rahmen der Vorgaben für den Religionsunterricht im Sinne von Art. 7,3 GG.

Shalom * Frieden * Salam – ein Projekt interreligiösen Lernens

Die folgende Darstellung basiert auf einem interreligiösen Unterrichtsprojekt des Religionsunterrichtes (IrRU) an einem Wuppertaler Berufskolleg, das der Verfasser mit verschiedenen Lerngruppen erprobt und anschließend didaktisch ausgearbeitet hat. Gedacht ist der IrRU langfristig als Alternative zum herkömmlich konfessionell ausgerichteten RU, wobei der IrRU an der Berufsschule eine Vorreiterrolle für den RU allgemein einnehmen kann.

Was wir glauben – Begegnung und Verstehen über die Schule hinaus

Interreligiöser Religionsunterricht in christlicher Perspektive

In der ersten Phase des IrRU sollten Gemeinsamkeiten der beiden Religionen herausgearbeitet und so das gegenseitige Verständnis zunächst grundlegend verstärkt werden: Unter der Initiative des christlichen Lehrers wurde das Kreuz als grundlegendes christliches Symbol behandelt: Betont wurde das Mitleiden Gottes als Zeichen der Hoffnung inmitten allen Leides. Im Rahmen dieser Einheit wurde in die Bibel eingeführt. Animiert durch Besuche in einer Kirche und einer Ausstellung »Das Kreuz in der Kunst« wurde der Vorschlag unterbreitet, selbst ein Kreuz aus Metall zu fertigen: Nach einem Entwurf mit Hilfe des Werkstattlehrers, Herrn *Gassmann,* fertigten die Schüler ein Kreuz aus metallenen Schablonenreststücken der Zangenherstellung. Anschließend haben die S. »ihr« Kreuz gedeutet: »Bei unserem Kreuz sieht es aus, als ob jemand dranhängt. Guckt mal die Linien – der hat sogar Arme« (muslimisch, 17 Jahre). »Ich finde das Kreuz spitz. Da kann man sich wehtun. Es ist auch so anders als die Kreuze, die wir uns angeguckt haben. Es ist so rau und gar nicht so wie ein niedlicher Halsanhänger« (katholisch, 17 Jahre). »Mir gefällt das Kreuz. Dieses Kreuz weist hin auf die Qualen und die Folter; das, was die Römer mit Menschen und mit Jesus gemacht haben« (katholisch, 17 Jahre). »Unser Kreuz ist aus Zangen gemacht. Mit Zangen kann man Gutes und Schlechtes tun. Die Zangen am Kreuz erinnern mich an all die vielen Menschen, die mit Zangen gefoltert wurden« (evangelisch, 19 Jahre).

Interreligiöser Religionsunterricht in islamischer Perspektive

In der islamischen Unterrichtsphase wurde der Islam in seiner historischen Entwicklung als monotheistische Religion dargestellt. Daneben wurde das Engagement des Propheten für die Entrechteten und Benachteiligten betont und durch eine ausgewählte Koranlektüre inhaltlich vertieft. Nach einer kurzen Einführung in Aufbau und Wesen des Koran wurden in einer Phase gemeinsamen Unterrichtens (team-teaching) Gemeinsamkeiten und Unterschiede von Koran und Bibel benannt. Im Werkstattprojekt stellten die Schüler/innen drei Symbole her: die Kaaba, ein Minarett und einen Halbmond. Auf eine Metallplatte klebten sie die Symbole auf, nachdem drei unterschiedliche Metalle zuvor durch eine spezifische Behandlung verschieden gefärbt wurden.

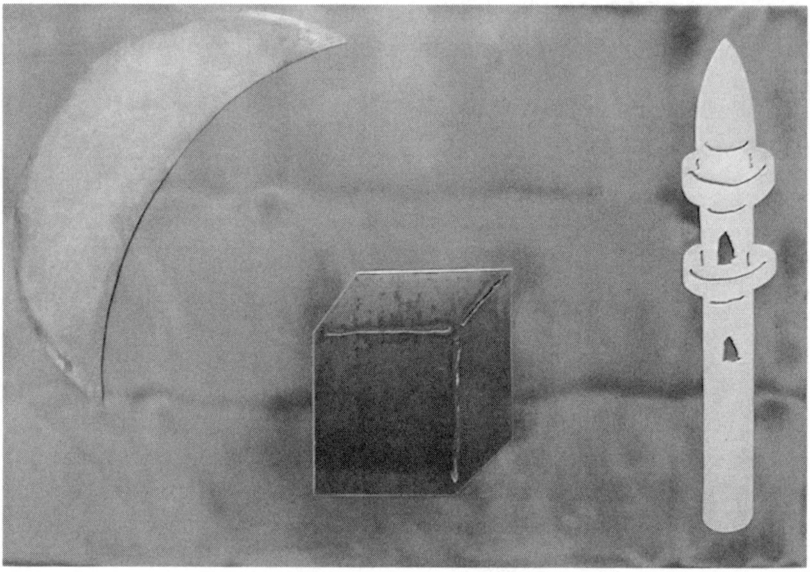

Begegnung mit dem Judentum
Eine Exkursion nach Amsterdam sollte eine Begegnung mit dem Judentum ermöglichen (Besuch der »Portugiesischen Synagoge«, Jüdisches Museum). Nach Wuppertal zurückgekehrt wurde die Frage erörtert, welches jüdische Symbol im Werkstattprojekt hergestellt werden könnte. Das Ergebnis war ein Wandleuchter in der klassischen Form einer Menora.

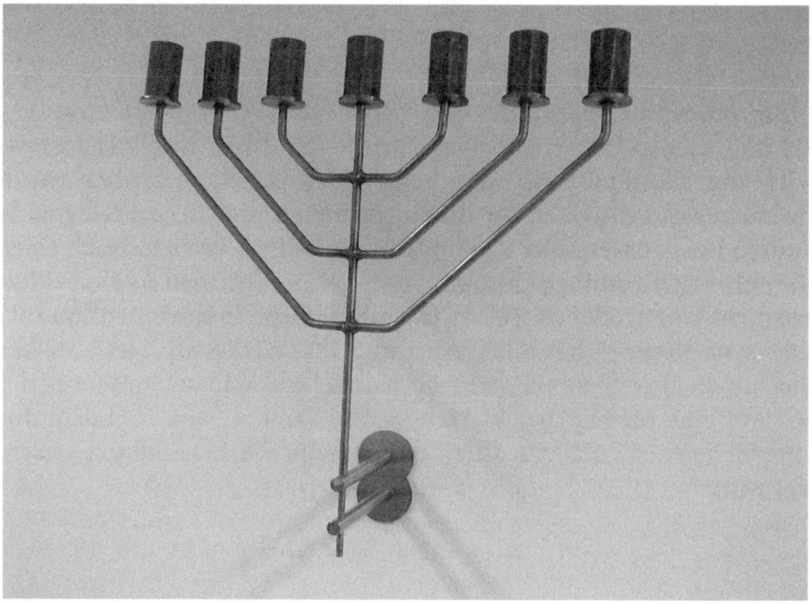

Wie wir zusammenleben wollen – verbindende Friedenshoffnungen

In einer zweiten Unterrichtsphase sollte das Friedenspotenzial der Religionsgemeinschaften erarbeitet werden. Anfangs vergegenwärtigen sich die Schüler/innen durch Fotocollagen sowie Bildgeschichten ihre Friedenserfahrungen: Sie haben meist ein durch Gewalterfahrungen geprägtes negatives Friedensverständnis. Eine Vertiefung erfolgte durch Dilemmageschichten, in denen die Schüler/innen vor die Entscheidung einer friedlichen oder gewalttätigen Problemlösung gestellt und so motiviert werden, über ihre Handlungsmaximen zu reflektieren. Es folgt eine religiös geprägte Einheit, bei der die Bedingungen des Friedens in religionshomogenen Kleingruppen erörtert und dann im Plenum vorgestellt werden (christlicherseits diente hierzu u.a. das Gleichnis vom Barmherzigen Samariter Lk 10,29-37 und islamischerseits eine Geschichte aus dem Mathnawi von Mevlana): Herausgestellt wurde die auf Nächstenliebe, Solidarität sowie Toleranz aufbauende umfassende Gemeinschaft als wesentliche Basis des Friedens (vgl. auch Sure 49,14). Der unbedingte Friedenswille wurde anhand von Röm 12,18 vertieft und zugleich erörtert, dass jeder Wille zum Frieden seine Grenzen beim Friedenswillen des Gegenübers findet.[4] In islamischer Perspektive wurden als grundlegende Bedingung für ein friedliches Miteinander Friede und Barmherzigkeit als verpflichtendes Prinzip Gottes und der Menschen[5] vorgestellt.

Im Werkstattprojekt zum Thema Frieden werden – ausgehend von Sure 57,26 und Jesaja 2,4 – durch die Arbeit mit Eisen dessen ambivalente Verwendung zum Frieden wie zum Unfrieden erfahrbar. Im Zusammenhang des IrRU wurde betont, dass das Eisen für Gerechtigkeit sorgen und diese ermöglichen soll: Dabei wurde der Wille des einzelnen Menschen und seine je persönliche Bereitschaft als wesentlicher Faktor genannt, ohne den es weder gute Bedingungen für einen Frieden noch diesen selber geben könne. Die Besprechung eines Fotos des – das Prophetenwort aus Jesaja 2,4 künstlerisch umsetzenden – Denkmals vor dem UN-Gebäude in New York (ein Schmied bearbeitet mit einem Hammer ein Schwert, sodass schon ein Pflug als Ergebnis seiner Arbeit erkennbar wird) leitet die eigene Werkstattarbeit ein: Die Schüler/innen fertigen Schwerter, die sie anschließend zu einem Pflug schweißen.

---

4 Im Zusammenhang der Aussage von Röm 12,18 kann bei leistungsstärkeren Lerngruppen die 5. These der Theologischen Erklärung von Barmen (1934) eingebracht werden.

5 Die Erarbeitung von Friedensvorstellungen heute, das heißt von Menschen, die spürbar friedensstiftend wirkten oder wirken – zum Beispiel *Martin Luther King* (»I have a dream«) oder *Mahatma Gandhi* (Indien), *Desmond Tutu, Nelson Mandela* (Südafrika) oder *Aung San Suu Kyi* (Burma/Myanmar) –, kann an dieser Stelle nur genannt werden.

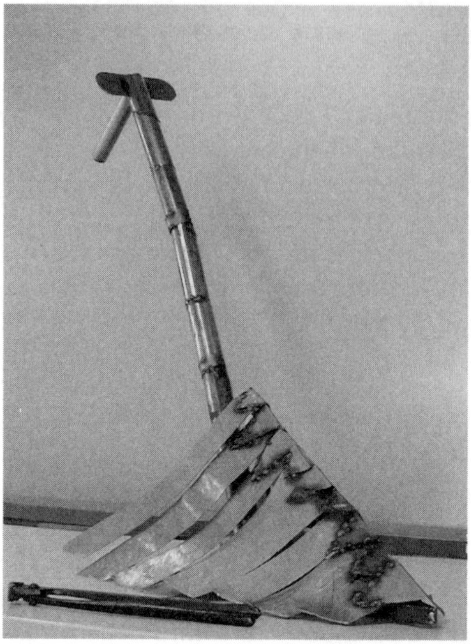

Was trennt, aber nicht entzweit – die unterschiedliche Vielfalt der Religionen, die bereichert

Die dritte Phase des IrRU thematisiert die *Differenzen zwischen Christentum und Islam*, da das Ziel eines IrRU keine synkretistische Einheitsreligion sein kann und darf (harter Pluralismus)! Nach einer Wiederholung von Bedeutung und Verständnis von Bibel bzw. Koran werden die Schüler/innen mit Szenen konfrontiert, in denen Menschen mit Bibel und Koran in den Kampf ziehen. Die Thematisierung des Missbrauchs von Bibel und Koran für kriegerische Zwecke führte die Schüler/innen über die Betonung der Friedfertigkeit im Sinne von Jesaja 2,4 zur Forderung einer gegenseitigen Akzeptanz von Bibel und Koran.[6]

Abgeschlossen wurde das Projekt mit der *Planung einer interreligiösen Stadt*: In Kleingruppen aufgeteilt bekamen die Schüler/innen die Aufgabe, auf einer großen Pappe ihre Stadt zu planen, in der nicht nur alle religiösen Gruppen eine Heimat finden sollten. Pädagogisch konzipiert ist die Planung einer interreligiösen Stadt mit dem Ziel, dass sich die Schüler/innen vor dem

6 Als den Dialog der Religionen belastendes Moment wurde der unterschiedliche offizielle gegenseitige Umgang mit den Heiligen Schriften der je anderen Religion thematisiert: Während der Papst als christlicher Vertreter den Koran würdigen und als Zeichen gar küssen kann, lehnen muslimische Würdenträger einen Umgang mit der Bibel oft vehement ab (vgl. hierzu Tibi 2002).

Hintergrund ihrer persönlichen Lebenswirklichkeit gemeinsam um eine Idee interkulturellen und interreligiösen Zusammenlebens bemühen und damit in einen Dialog, der auf das Zusammenleben gerichtet ist, eintreten.

Didaktische Aspekte interreligiösen Lernens an der Berufsschule

An dieser Stelle gilt es die Aspekte zu nennen, die für eine didaktische Konzeption eines zukunftsfähigen IrRU von Bedeutung sind: Die interkulturell und interreligiös zusammengesetzten Lerngruppen sind als Chance für den Religionsunterricht zu begreifen. Daraus ergibt sich die Folgerung, diese multireligiöse und multikulturelle Zusammensetzung der Lerngruppen auch für den Religionsunterricht bestehen zu lassen. Getragen wird der IrRU durch den Dialog als das den Unterricht antreibende Moment im Sinne des »*dialogischen Prinzips*« (Martin Buber) – und damit letztlich die interreligiöse Zusammensetzung der Lerngruppe. Durch die unterschiedlichen multireligiösen Standpunkte einzelner Schüler/innen entstehen durch die inhaltlichen Differenzen Energien in Form von Frage und Rückfrage, Neugier und Interesse, Ablehnung und Zustimmung, Ablehnung und Identifizierung sowie die Erfahrung von Nähe und Fremde. Diese Energien aus der Lerngruppe heraus stellen die grundlegende Motivation der Schüler/innen für einen interreligiösen Religionsunterricht in gemeinsamer Verantwortung der beteiligten Religionsgemeinschaften dar. Die interreligiöse Zusammensetzung der Lerngruppe gibt zudem Impulse für das je konkrete Unterrichtsgeschehen.

Der multireligiös verantwortete interreligiöse Religionsunterricht schafft eine Lernatmosphäre, die eine dialogische Grundstruktur des Unterrichts auf Augenhöhe und authentische Begegnungen ermöglicht: Durch die Anwesenheit eines muslimischen Lehrers waren muslimische Schüler/innen dem Unterricht gegenüber überaus aufgeschlossen und motiviert. Die Rolle der Lehrer ist die der aktiven Begleiter des Dialogs, wobei sie als jeweils bekennende Vertreter ihrer Religionsgemeinschaft auch selbst Teilnehmer am Dialog sind. Sie fördern so den *konfessorischen* (nicht kirchenrechtlich »konfessionellen«) Charakter des IrRU: In diesem Sinne ist die Konfessionalität ein didaktisches Prinzip! Schon allein die Anwesenheit von zwei authentisch-bekennenden Lehrkräften ist ein selbstredender Impuls, der auch inhaltliche Akzente setzt und verschiedene Organisationsformen des Unterrichtens (team-teaching; ›Einzelunterricht‹; Phasenunterricht – u. U. in Fächergruppen) ermöglicht. Zugleich dienen die Lehrer durch ihre Präsenz als Identifikationsmöglichkeiten für die Schüler/innen.

Aus der Wechselbeziehung der Schüler/innen zur Gesellschaft ergeben sich Folgen für die Themenwahl: Ausgehend von den Schüler/innen und ihrer Rolle und Position in ihren jeweiligen Gesellschaften ist in einem offenen Diskurs mit den Heiligen Schriften, der christlichen und muslimischen Theologie, der Sozialwissenschaft, der Religionspädagogik und der angrenzenden Fachwissenschaften das Thema des Unterrichts zu eruieren. Der Ansatz geht aus von den konkreten, am jeweiligen Schülerinteresse orientierten Themen, die zugleich auf ihre *epochale Schlüsselproblematik* hin reflektiert werden sollen. Die Lehrer moderieren den Themenfindungsprozess.

Die Vermittlung und Aneignung der Unterrichtsstoffe erfolgt als dialogische Kommunikation von Inhalten: Der Dialog der einzelnen Subjekte der religiös homogenen Schülergruppen untereinander und miteinander sind wesentlich schon Inhalt des Unterrichts. Der Dialog ist als Weg der Vermittlung von Inhalten und Einstellungen zugleich der Inhalt des Unterrichts und dessen *Ziel*. Grundlegende Ziele interreligiösen Lernens sind neben einer kognitiven Kompetenz (Kennenlernen und Verstehen der Grundzüge der Lehre der beteiligten Religionsgemeinschaften) eine Kommunikations- und Integrationskompetenz (Einübung in den Dialog, Begegnungslernen) sowie eine Wahrnehmungs- und Deutungskompetenz.

Der IrRU ist als ein offener Unterricht konzipiert, der Raum zur Begegnung gibt und bei dem weder die Meinungen zu Themen noch religiöse Wahrheiten mit einem absoluten Anspruch stehen bleiben dürfen. Zur Überwindung der Verabsolutierungen ist der dialogische Charakter des Unterrichts im Spannungsfeld eigener und fremder Überzeugungen in einem möglichst herrschaftsfreien Ort des Lernens konstitutiv.

Ein IrRU sollte, damit eine *kommunikative Friedenserziehung* möglich wird, mehrdimensional (fächerübergreifend) angelegt sein: Nur in dieser Öffnung eines IrRU kann die Komplexität des Themas in seinen religiösen und gesellschaftlichen Dimensionen in Bezug zur Lebenswelt der Schüler/innen im Unterricht abgebildet werden und sie zu einem Lernen in der Erfahrung der Begegnung motivieren. Das *fächerübergreifende Unterrichten* ist konstitutiv für den dialogischen IrRU. Die signifikanteste fächerübergreifende Kooperation in einer Berufsschule ist die Zusammenarbeit mit der Werkstatt: Die Schüler/innen bearbeiten religiöse Inhalte neben der kognitiven und affektiven Beschäftigung auch auf gestalterische Art. Im Teamwork in der Werkstatt erfahren die Schüler/innen zudem konkret die gegenseitige Anerkennung und Toleranz als Basis einer Verständigung in Verschiedenheit bzw. eines gelingenden gemeinsamen Arbeitens (in Analogie zum Berufsleben).[7]

Ein Lernfeld und ein Raum der Begegnung mit Gläubigen anderer Religionen außerhalb der Schule wurde den Schüler/innen durch Exkursionen eröffnet. Die religionsheterogene Lerngruppe besuchte jeweils eine Synagoge,

7 Zudem sind z.B. Kooperationsmöglichkeiten mit dem Englischunterricht zu nennen: In der Phase der Beschäftigung mit Persönlichkeiten als friedenserzieherische Vorbilder wurde im Englischunterricht Martin Luther Kings Rede »I have a dream« parallel zum IrRU analysiert und besprochen.

eine (evangelische) Kirche und eine Moschee, um Eindrücke religiöser Praxis sammeln zu können. Im Blick auf die drei *abrahamischen Religionen* waren die Besuche vor allem im Blick auf das Judentum von großer Bedeutung, da dieses im IrRU wegen der fehlenden Schüler/innen jüdischen Glaubens weniger berücksichtigt wurde. Umso gewichtiger wurden deshalb die außerschulischen Begegnungen für das Erleben der Schüler/innen. In diesem Zusammenhang sind auch Exkursionen nach Amsterdam und Antwerpen didaktisch und religionspädagogisch einzuordnen: In Amsterdam besuchte die Lerngruppe das Jüdische Museum und die Portugiesische Synagoge, in Antwerpen standen eigenständige Erkundungen der Schüler/innen zum orthodoxen Judentum im jüdischen Viertel auf dem Programm. Religionspädagogisch sollten die Exkursionen den Schüler/innen die Möglichkeit zu Begegnungen und zu Erfahrungen des authentischen Erlebens anderer Religionsgemeinschaften eröffnen: Der konkrete Vollzug der Begegnung mit dem Fremden stellt die praktische Seite des Gehalts des IrRU dar: (1) die authentische Begegnung bei gleichzeitiger Stärkung der eigenen Identität auf dem Weg zu einem offenen und toleranten Dialog und (2) das Zusammenleben in respektierter Verschiedenheit mit Vertretern anderer Religionsgemeinschaften. Die Entwicklung eines konfessorischen Religionsunterrichtes in multireligiöser Kooperation ist als gesellschaftliche wie kirchliche Herausforderung zugleich eine *kirchenpolitische Aufgabe* und ein wichtiger Schritt, der *evangelischen Bildungsverantwortung* gerecht zu werden.

Literatur

Klie, Thomas, Religionsunterricht in der Berufsschule: Verheißung vergegenwärtigen. Eine didaktisch-theologische Grundlegung, Arbeiten zur Praktischen Theologie, Bd. 14, Leipzig 2000.

Verhülsdonk, Andreas, Die Reform der beruflichen Bildung und der Religionsunterricht, in: Religionspädagogik an berufsbildenden Schulen 33 (2001), H. 2, 50-55.

Tibi, Bassam, Selig sind die Belogenen, in: Die Zeit Nr. 23 (29.5.2002), 9.

Bernd Neuser

Gemeinde als Handlungsfeld interreligiösen Lernens

Auf vielfältige Weise aktivieren Kirchengemeinden den Dialog der Religionen und nehmen die andersreligiöse Nachbarschaft als Lernfeld wahr. Ihre Motive sind zum einen der Friedensauftrag und der Abbau von Ängsten, zum anderen die eigene Selbstvergewisserung und Umorientierung und schließlich das Ziel partnerschaftlicher Begegnung. Zur Unterstützung dieser Arbeit hat sich in den letzten 20 Jahren ein Netzwerk an Beratungsmöglichkeiten und Arbeitsebenen gebildet. Kirchliche Verlautbarungen und Handreichungen sind erstellt worden. Vier Beispiele sollen neue Entwicklungen verdeutlichen: Unterrichtende im Korankurs, im Konfirmandenunterricht und im Kommunionunterricht hospitieren gegenseitig in ihren Katechesen. Ein Gemeindehaus wird zum Ort des Lernens durch eine interkulturelle Spinnstube und weckt Interesse an der Herkunftskultur von Migrantinnen. Interreligiöse Gebete brauchen Erfahrung und das Einhalten von Grenzen. Muslimische Frauen gestalten im Gemeindehaus eine Ausstellung zu ihrem Glauben und ihrem Lebensgefühl.

Warum stellt sich christliche Gemeinde der Aufgabe des Dialogs?

Kirchengemeinden entdecken zunehmend den interreligiösen Dialog. Umfragen in den rheinischen und westfälischen Gemeinden zeigen, wie sehr das Interesse seit den 1990er-Jahren gewachsen ist, auf der Ebene der Kirchengemeinde Informationen über den Islam zu erhalten und Begegnungen mit muslimischen Nachbargemeinden zu erleben. Die Liste der Aktivitäten reicht von Dialogveranstaltungen, gemeinsamen Gebeten, interreligiösen Schulfeiern, Islamseminaren der gemeindlichen Erwachsenenbildung, Kirchen- und Moscheeführungen bis zu religionsübergreifenden Studienreisen, Kunstausstellungen und Konzerten.

Die Verantwortung für den nachbarschaftlichen Frieden ist eine Hauptmotivation von Gemeinden zum Dialog. Aus dem Auftrag zur Versöhnung (Joh 3,16; 2 Kor 5,19f.)[1] und aus dem Friedensauftrag heraus versuchen sie,

1 Joh 3,16: Denn also hat Gott die Welt geliebt, dass er seinen eingeborenen Sohn gab, damit alle, die an ihn glauben, nicht verloren werden, sondern das ewige Leben haben.

Vorurteilen und Feindbildern auf beiden Seiten auf die Spur zu kommen. Angesichts einer wachsenden Angst vor islamistischem Terrorismus erleben sie wachsende Vorbehalte gegenüber muslimischen Menschen und gegenüber dem Islam selbst. 65 % der Deutschen misstrauen Muslimen generell, benennt eine Heitmeyer-Studie der Universität Bielefeld (Heitmeyer 2005). Es geht also um ein gesamtgesellschaftliches Phänomen, das alle Kreise der Gesellschaft berührt. Nicht nur in sozialen Brennpunkten ist der Gesprächsbedarf groß, gerade Kirchengemeinden mit geringer muslimischer Nachbarschaft brauchen Austausch und Information und erleben einen großen Lernbedarf. In Kirchengemeinden mit großem muslimischem Migrationsumfeld sinkt dagegen die Bereitschaft zum Dialog. »Das bringt doch nichts!« ist ein Kommentar, der gelegentlich von der muslimischen wie von der Seite der Mehrheitsgesellschaft zu hören ist. Er zeugt von Ermüdung und von der Erfahrung, dass der Dialog des guten Willens an dem Punkt seine Grenzen hat, wo es um Interessenskonflikte geht, um Baugenehmigungen für Moscheen, um die Einführung des islamischen Gebetsrufs oder um die Verteilung öffentlicher Gelder für die Erwachsenenbildung oder Jugendmaßnahmen. Hier sind Runde Tische gefragt, moderierte Gespräche mit allen Beteiligten. Kirchengemeinde kann hier die Rolle eines Katalysators oder Mediators einnehmen. Kontraproduktiv ist es dagegen, wenn sie meint, die Rolle der Gesamtgesellschaft übernehmen zu sollen. An den Runden Tisch gehören die verantwortlichen Entscheidungsträger, die Bürgermeister und Kommunalpolitiker sowie die Verantwortlichen der Verwaltung und des öffentlichen Lebens. Wenn sie fehlen, führt guter Wille eher zu Enttäuschung und damit zum Unfrieden.

Kirchengemeinden engagieren sich im christlich-muslimischen Dialog zur Identitätsbestimmung und Selbstvergewisserung. Erst seit den 1990er-Jahren wächst die Erkenntnis, dass muslimische Migranten ein Teil der deutschen Gesellschaft werden wollen oder es längst sind. Damit erleben sie das erste Mal seit dem II. Weltkrieg, dass eine zweite Religion neben der christlichen existiert, die durch ihre Größe einen verändernden Einfluss auf die Mehrheitsgesellschaft hat. Dieses löst keine geringe Verunsicherung, mitunter auch Anfechtung, aus und wird damit für Kirchengemeinden zu einem Thema der Seelsorge. Während Christen ihr Glaubensleben zunehmend im Verborgenen leben und damit der Scheu des säkularen Menschen Rechnung tragen, nehmen sie muslimische Kopftücher, Gebetsketten und auch Moscheebesuche wahr. Leere Kirchen und ein ständig schwindendes Wissen um den Glauben auf der einen Seite, erleben Christen auf der anderen Seite den

2 Kor 5,19f.: Denn Gott war in Christus und versöhnte die Welt mit sich selber und rechnete ihnen ihre Sünden nicht zu und hat unter uns aufgerichtet das Wort von der Versöhnung. So sind wir nun Botschafter an Christi statt, denn Gott ermahnt durch uns; so bitten wir nun an Christi statt: Lasst euch versöhnen mit Gott!

Bau moderner Moscheebauten. So kam es 2003 im Dortmunder Stadtteil Hörde zu einem massiven Moscheebaukonflikt. Die türkische Moschee des DITIB-Verbandes zeichnete sich durch überdurchschnittliches Engagement im Dialog mit der Kirche und der Öffentlichkeit aus. Dennoch kam es zu erbitterten Protesten, die sich auch am Bauprojekt von einigen Dutzend Wohnungen festmachten, die mit der Moschee errichtet werden sollten. Im Hintergrund des Konflikts stand der Trauerprozess eines Stadtteils im industriellen Strukturwandel. Das Stahlwerk, wirtschaftliches Herz des Ortsteils, symbolisiert durch die Tag und Nacht brennende »Hörder Fackel«, wurde abgebaut. Mit dem Bau von Moschee und Minarett trat eine neue Symbolik an ihren Platz und veränderte die Stadtsilhouette. Es gelang der evangelischen Kirche durch intensive Bemühungen, diesem Wandel und der damit verbundenen Trauer Ausdruck zu geben und in diesem Konflikt zu vermitteln. Die Kreissynode Dortmund-Süd verabschiedete am 01.03.2004: »Wir dürfen nicht unterschätzen, wie stark die Verlustgefühle der Menschen darüber sind und wie groß die Aufgabe ist, hier Trauerarbeit zu leisten und diesen Identitätsverlust auszugleichen. Nehmen wir aber auch wahr, dass muslimische Familien in Hörde ebenso diesen Abschied von der Stahlindustrie vollziehen, die ihnen über Jahrzehnte Arbeit und Lebensraum gegeben hat. Eine Moschee ist immer auch ein Stück öffentlicher Raum und zeigt damit, dass Muslime als gleichberechtigte Partner in der Öffentlichkeit wahrgenommen werden möchten. Damit ist dieses Bauprojekt ein Zeichen für die Integration. Als evangelische Kirche begrüßen wir das Vorhaben, am Grimmelsiepen eine Moschee zu errichten.«

Kirchengemeinden engagieren sich im interreligiösen Dialog, weil Begegnung ein Wesensmerkmal von Kirche ist. »Wenn sich die Kirche den Muslimen zuwendet, treibt sie nicht ein ihr fremdes Geschäft, sondern ihr Sein und ihre Sendung führen sie notwendigerweise zu den ihr religiös Fremden.« (Kirchenamt der EKD 2000, 24) In einem Dialog, der von Respekt und Fairness gekennzeichnet ist, hat auch das Bekenntnis des eigenen Glaubens seinen Ort. Das Bibelwort, mit dem dieser Dialog oftmals begründet wird, steht in 1 Petr 3,15b: »Seid allezeit bereit zur Verantwortung vor jedermann, der von euch Rechenschaft fordert über die Hoffnung, die in euch ist.« Voraussetzung ist dabei ein lebendiger Dialog, ein Dialog des Alltags, der das Leben und Zusammenleben umfasst. Voraussetzung ist auch, dass der Gesprächspartner, der vom eigenen Glauben spricht, mit derselben Intensität bereit ist zuzuhören, wenn sein Gegenüber seinen Glauben benennt. Wer sich diesen Dialog zumutet, wird auch die schmerzliche Erfahrung machen, dass grundlegende Glaubensaussagen im Dialog als unvereinbar stehen bleiben müssen. Er wird aber auch erleben, wie eng beieinander die Schrifttraditionen von Judentum, Christentum und Islam liegen und wie spirituell bereichernd es sein kann, sich mit einem Gegenüber auszutauschen, das seinen eigenen Glauben mit Überzeugung lebt. Ein solch intensiver Dialog ist die Frucht harter Arbeit, denn die Verständigungshürden sind hoch. Gerade mit muslimischen Migranten ist die Verständigung zunächst schlicht ein Sprachproblem. Aber auch jenseits dieses Problems machen Dialogtreibende die ernüchternde Erfahrung, dass sie nach Stunden des Gesprächs merken, über völlig verschiedene Inhalte gesprochen zu haben. Zur Arbeit des Dialogs gehört es, die Inhalte des eigenen Glaubens so neu zu formulieren, dass sie jenseits der eigenen religiösen Sprachwelt verständlich sind. Kirchliche Dialogtreibende, die diese Arbeit leisten, und es zum Beispiel geschafft haben, einem Muslim den Karfreitag oder das Pfingstfest verständlich zu machen, erleben dies als Stärkung des eigenen Glaubens. Das Eigene mit fremden Augen und Ohren neu zu erleben, wird als bereichernd erfahren. Der interreligiöse Dialog hat Gemeinde aufbauende Wirkung.

Seit dem Attentat in New York am 11. September 2001 bekommt der Dialog mit dem Islam von evangelischer Seite in Deutschland eine stärker apologetische Komponente. Es ist immer Teil des Dialogs, Differenzen zu bestimmen und Grenzlinien festzustellen. Ein gelingender Dialog wird aber stärker aus der Mitte des eigenen Glaubens die Mitte des anderen Glaubens zu verstehen suchen als von den Grenzen aus. Dies ist Ausdruck christlicher Freiheit. »Wie Regierungen (Röm 13) können auch Religionen Werkzeuge Gottes sein. Wir begegnen auch im Islam wie in anderen Religionen Menschen, die schon in Gottes Hand sind.« (EKD 2000, 29) In diesem Sinne lehnen die Theologischen Leitlinien auch einen Absolutheitsanspruch des Christentums ab: »Das wäre nämlich ein Anspruch, über den die glaubenden Menschen in ihrer subjektiven Aneignung der Wahrheit verfügen und den sie mit dem Aufgebot weltlicher Mittel gegen andere Religionen und die Menschen, die ihnen anhängen, wenden. Die Geschichte der christlichen Mission ist leider reich an Vorgängen, bei denen die Wahrheit des christlichen Glaubens auf diese Weise vertreten wurde. Das wird dem Christentum bis heute zu Recht vorgehalten. Theologisch geurteilt handelt es sich bei solchen Vorgängen um eine von Menschen in Besitz und in Betrieb genommene Wahrheit und also um ein Werk von Sündern. Die Wahrheit als Ereignis aber wird niemals ein menschlicher Besitz.« (EKD 2003, 14f.)

Unterstützungsstrukturen, Gremien, Aktivitäten

Im deutschen Raum haben alle Landeskirchen Ansprechpartner/innen für den Islam bzw. den christlich-islamischen Dialog betreffende Fragen. Darüber hinaus beschäftigt sich die Evangelische Kirche in Deutschland (EKD) im innerdeutschen wie auch im europäischen Kontext in unterschiedlichen Gremien mit den Handlungsfeldern des interreligiösen Lernens.[2]

2 Namen und Adressen der landeskirchlichen Kontaktpersonen, ausführliche In-

Für die Ebene der Kirchengemeinden und Kirchenkreise bestimmt ist das Heft »Erste Schritte wagen – Eine Handreichung für die Begegnung von Kirchengemeinden mit ihren muslimischen Nachbarn« (Arbeitsgruppe »Islam/Interreligiöser Dialog« 2002; Evang. Kirche von Westfalen 2001).

Folgende Gremien arbeiten überregional am Thema:

- Die »Konferenz für Islamfragen« (KIF) kommt auf Einladung der EKD zusammen, beschäftigt sich mit den Fragen des Zusammenlebens von Christen und Muslimen in Deutschland und bietet Fortbildungen zum Thema an. Mitglieder sind die für Islamfragen zuständigen Fachleute aus Landeskirchen, kirchlichen Werken und Verbänden im Bereich der EKD sowie weitere Organisationen.
- Die bereits 1976 gegründete Islamisch-Christliche Arbeitsgruppe (ICA) legt ihr Augenmerk vorwiegend auf die gemeinsame Lösung praktischer Probleme, die sich aus dem Zusammenleben in Deutschland ergeben. In der Arbeitsgruppe sitzen Vertreterinnen und Vertreter verschiedener islamischer Organisationen sowie Personen aus den Bereichen der römisch-katholischen Kirche, der griechisch-orthodoxen Kirche und der EKD gemeinsam an einem Tisch.
- Einmal jährlich treffen sich seit 1980 die Islambeauftragten der Kirchen auf Europäischer Ebene für mehrere Tage zum »Journees d'Arras«, um Erfahrungen auszutauschen und miteinander zu einem Thema des christlich-islamischen Dialoges zu arbeiten (www.muslims-and-christians.info).
- Auf europäischer Ebene arbeitet weiter der Ausschuss »Islam in Europa«. Die Konferenz Europäischer Kirchen (KEK) und der Rat der Europäischen Bischofskonferenzen (CCEE) sind darin vertreten und haben das Arbeitspapier »Wie können wir Muslimen begegnen?« verfasst (Genf/St. Gallen 2003).
- Im Ökumenischen Rat der Kirchen findet sich das Referat »Interreligious Relations and Dialogue« (www.wcc-coe.org/wcc/what/interreligious/index-g.html). Das Referat macht es sich zur Aufgabe, den Kontakt zwischen Christen und Menschen anderen Glaubens durch multilateralen und bilateralen Dialog mit andersgläubigen Partnern zu fördern und dadurch Vertrauen zu schaffen, gemeinsame Herausforderungen aufzugreifen sowie strittige Fragen zur Sprache bringen.

---

formationen über Aktivitäten der EKD zum Arbeitsbereich des interreligiösen Lernens und einen Überblick über Handreichungen und Stellungnahmen zum genannten Thema findet man im Internet unter www.kirche-islam.de.

Hospitationsprojekt Korankurs – Konfirmandenunterricht – Kommunionunterricht

Im Gemeinderaum einer Duisburger Moschee treffen sich der Imam der Gemeinde, Mitglieder des Moscheevorstands, katholische und evangelische Pfarrer, ehrenamtliche Kommunionmütter und Mitarbeitende im Konfirmandenunterricht. Sie haben eine Arbeitsgruppe gebildet, die sich regelmäßig trifft zum Projekt »Religionspädagogischer Austausch über die Glaubensvermittlung an Kinder und Jugendliche«. Begleitet von den Bildungswerken der Kirchen haben sie in einer Vereinbarung das Ziel formuliert, »über zufällige Begegnungen vor Ort hinaus eine Struktur der Begegnung und eine Kultur des interreligiösen Lernens zu schaffen, um so nachhaltiger das Wissen voneinander zu fördern, die einander fremden Lebenswelten zu öffnen, transparenter zu machen und das Vertrauen zueinander zu festigen, das für ein friedliches Miteinander in Duisburg notwendig ist«.

Gerade angesichts des Misstrauens und der Unwissenheit gegenüber dem Koranunterricht in deutschen Moscheegemeinden wollen sie sich informieren über die Ziele, Methoden und Inhalte des Unterrichts, aber genauso auch Einblick geben in christliche Formen der Glaubensvermittlung an Kinder und Jugendliche. Dabei zeigt sich auch, wie wenig schon Katholiken und Protestanten übereinander wissen. Seit Januar 2003 besucht man sich nun gegenseitig im Unterricht und hospitiert anhand eines Hospitationsleitfadens, den man gemeinsam entwickelt hat. Was die Unterrichtenden verbindet, ist das Bemühen, den Jugendlichen in ihrer überwiegend säkularisierten Lebenssituation nahe zu bringen, was gelebter Glaube ist. Ob muslimische oder christliche Jugendliche, sie haben denselben Lebensraum und besuchen dieselben Schulen. Darum staunen die Unterrichtenden, wie ähnlich die Probleme in Kirche und Moschee sind, wenn es beispielsweise um Konzentration oder Disziplin geht. Obwohl es bei dieser Hospitation immerhin um das Innerste der Glaubensvermittlung geht, ist in der Arbeitsgruppe das gegenseitige Verständnis und die Vertrauensbasis untereinander beeindruckend. Man spricht offen über die Probleme, Schwächen und auch Chancen der eigenen Katechese. Dabei ist die Verständigung schon sprachlich schwierig, weil die muslimischen Theologen kein Deutsch sprechen. Aber auch sonst muss vieles in der eigenen Glaubenskultur Selbstverständliche genau erklärt werden, damit die Hospitierenden sich überhaupt ein Bild machen können von den Inhalten der Katechese. Nach einer Auswertungsphase ist auch an eine Dokumentation des Projektes gedacht.

Die interkulturelle Spinnstube

Eine evangelische Gemeinde im Ruhrgebiet bereitet ihr jährliches Gemeindefest vor und überlegt, wie sie die russland-deutschen Aussiedler der Gemeinde und die türkisch-muslimischen Familien des Stadtteils daran beteiligen kann. Durch den Kindergarten der Kirchengemeinde ist ein verlässlicher Kreis mitarbeitender türkischer Eltern vorhanden. Die Russlanddeutschen, die sich zur Gemeinde halten, sind eher ältere Menschen. Als jemand hört, dass einige ihrer Frauen regelmäßig am Spinnrad sitzen, kommt es zur Idee einer »interkulturellen Spinnstube«. Am Tag des Gemeindefests finden sich in der Stube eine Russlanddeutsche, eine Deutsche, die in der Zeit des ökologischen Aufbruchs das Spinnen am Spinnrad von ihrer Mutter neu gelernt hat, und eine Türkin. Die Letzte arbeitet, zur Verblüffung aller, stehend mit einer Spindel, wie man sie sonst nur noch aus den Märchen kennt. Die Spinnstube ist gemütlich eingerichtet, dafür wurden aus dem Fundus des Krippenspiels ein großes Schaf und die Schaffelle der Hirten von Bethlehem zum Einsatz gebracht. Die Atmosphäre in der Spinnstube fasziniert die Besucher. Im Gespräch äußern sich die türkische wie die russland-deutsche Spinnerin gleichermaßen erstaunt, dass es Interesse in Deutschland gibt an diesen altertümlichen Techniken. Im Laufe des Gemeindefesttages freuen sie sich mehr und mehr am ehrlichen Interesse der Besucher und entwickeln etwas Stolz auf ihre Kenntnisse. Noch ist in der deutschen Mehrheitsgesellschaft das Bewusstsein gering für die Bedeutung der Migrantenkultur. Auch die Migranten selbst haben zumeist wenig Respekt vor ihrer eigenen Kulturgeschichte. Wenn sie ihre Herkunftskultur pflegen, können sie sich nicht vorstellen, dass dieses Erbe auch für die Mehrheitsgesellschaft von Interesse ist oder sogar zu einem Teil des hiesigen Kulturerbes werden könnte.

Interreligiöses Gebet

Dortmund Anfang des Jahres 2003 – der drohende Irakkrieg bedrückt die Menschen und auch die Religionsgemeinschaften. Christen bereiten sich vor, ein überwiegend von Muslimen bewohntes Land anzugreifen – auch so kann man diesen drohenden Krieg betrachten. Umso bedeutungsvoller ist es, dass in Dortmund Christen und Muslime verschiedener Konfessionen und Nationalitäten und Mitglieder der kleinen Baha'i-Gemeinde zusammenkommen und beschließen, ein Friedensgebet zu veranstalten. Sie kennen sich seit Jahren und ihre Vertrauensbasis ist gut. Sie sind nicht in allen politischen Fragen einer Meinung genauso wie sie in Glaubensfragen nicht übereinstimmen. Aber sie kennen und respektieren einander in ihrem Glaubensverständnis, sie nehmen die Ernsthaftigkeit des Gebetes der anderen Religion wahr und sie rechnen damit, dass bei aller Verschiedenheit ihres Glaubens es doch der eine Gott ist, zu dem sie beten. »Die Rede von dem einen Gott sagt nicht dasselbe wie die verbreitete Meinung ›wir glauben doch alle an denselben Gott‹. Denn diese Behauptung lässt offen, wer Gott ist – so, als ob Gott sich nicht offenbart hätte.« (Kirchenamt der EKD 2000, 27)

Es gibt viele Gründe, warum Menschen verschiedener Religion sich veranlasst sehen, gemeinsam zu beten. Am elementarsten erleben dies Eltern in religionsverschiedenen Ehen, die gemeinsam für ihre Kinder beten wollen oder deren Kinder mit ihnen beten. In Stadtteilen mit größerem Anteil an Muslimen kommt es zunehmend am Schulbeginn zu Schulfeiern, bei denen ein muslimischer Imam und ein christlicher Pfarrer oder eine Pfarrerin mitwirken. Sie sprechen Gebete, lesen aus den Heiligen Schriften und segnen die Kinder am Beginn ihres neuen Weges. Oft kommt der Impuls aus der Lehrerschaft, dass man es für wünschenswert hält, eine Klasse ihren Schulweg gemeinsam beginnen zu lassen, damit nicht Christen und Muslime unter sich bleiben.

Gerade nach dem 11. September 2001 bildeten sich in vielen Städten Vorbereitungsgruppen für interreligiöse Gebete, die mancherorts schon mit einer gewissen Regelmäßigkeit stattfinden.

Ein gemeinsames Gebet bedarf sorgfältiger Vorbereitung. Es braucht Umsicht, bis sich ein Vorbereitungskreis bildet. Manche Gemeinden müssen erst gewonnen werden für die Idee, zwischen manchen muslimischen Gemeinden besteht so große Konkurrenz, dass die eine nicht kommt, wenn die andere erscheint. Muslimische Gemeinden haben einen wesentlich geringeren Organisationsgrad als Kirchengemeinden. Umso größer ist die Gefahr, die Parität zu verletzen und übergriffig für sie mitzubestimmen, und sei es noch so gut gemeint. Dies gilt vor allem für ein Veranstaltungsmodell, bei dem die Religionen gleichberechtigte Träger sind. Im Unterschied zu einem Modell der Gastgeberschaft herrscht hier der Anspruch, gleichberechtigt zusammen zu planen und zu verantworten. Das betrifft auch die Auswahl des Ortes. Manche Gebete finden aus Gründen der Parität an neutralen Orten statt wie zum Beispiel im Rathaus, in einem öffentlichen Saal oder auch in einer Schule. Anderen Vorbereitungskreisen ist es wichtiger in der Atmosphäre eines religiösen Raumes zusammenzukommen. Sie streben es an, dass das Gebet mal in einer Kirche, mal in einer Moschee und mal in der Synagoge stattfindet.

Immer wieder gibt es auch Probleme bei der Benennung einer solchen Veranstaltung. Der Begriff des Gottesdienstes ist von christlicher Seite zu vordefiniert. Am weitesten ist die Formulierung »Feier«. Sie hat ihren Sinn zum Beispiel in der Schule, wenn es nicht nur um religiöse Inhalte geht. Wenn es deutlich ist, dass das Gebet im Mittelpunkt der Veranstaltung stehen soll, ist es erfahrungsgemäß sinnvoll, auch von einem gemeinsamen Gebet zu sprechen.

Generell setzt sich der Begriff »interreligiöses Gebet« durch. Der Ausdruck »multireligiöses Gebet«, der betont, dass jede Religion nur ihre eigenen Gebete verantwortet, nimmt nicht wahr, dass das Beten mit mehreren Religionen immer mehr ist als die Addition der verlesenen Texte und der anwesenden Personen. Nicht nur, dass die Veranstaltung als solche von den beteiligten Religionen gemeinsam verantwortet wird, zwischen den Teilnehmenden eines Gebets findet immer auch Bewegung, Begegnung und Interaktion statt.

Ein gemeinsames Gebet der Religionen berührt immer die Grenzen der Religionen. Es wird immer Ausnahme sein, nicht die Regel. Darum darf keiner der Teilnehmenden zum Beten vereinnahmt werden, sondern braucht den Freiraum, ob er nur zuhören, innerlich teilnehmen oder mitbeten möchte. Es ist gerade die Stärke einer Gebetsveranstaltung, dass sie primär eine spirituelle Ebene hat. Darum heißt die Orientierungshilfe der Evangelische Kirche im Rheinland »Christen und Muslime nebeneinander vor dem einen Gott« (Düsseldorf, ^{3}2001). Damit unterscheidet sich das interreligiöse Beten vom Dialog der Religionen, der in seiner Blickrichtung immer das Unterschiedliche herausarbeiten wird. Gemeinsames Beten darf aus demselben Grund auch nicht zu politischen oder anderen Kundgebungen benutzt werden. Dieses wäre ein Missbrauch gegenüber der spirituellen Offenheit der Teilnehmenden.[3]

Die Ausstellung »Jede hat ihren Glauben. Aber es ist ein Gott.«

Ein Projekt interreligiösen Lernens für Kirchengemeinden begegnet uns in der Wanderausstellung »Jede hat ihren Glauben. Aber es ist ein Gott.« Evangelische und katholische Studentinnen der Theologie und Religionspädagogik der RWTH Aachen haben im Rahmen eines Projektes muslimische Frauen interviewt, um die Vielfalt der Lebensentwürfe von muslimischen Frauen kennen zu lernen.[4] In Hinblick auf Alter, Herkunft und auch religiöse Identität begegnen sich sehr unterschiedliche Frauen. Manche identifizieren sich sehr bewusst mit dem Islam, andere verstehen sich als Musliminnen, haben aber ein ambivalentes Verhältnis zu ihrer Religion. Dabei zeigen die Inter-

3 Die spirituelle Seite des Betens wird besonders herausgestellt im Arbeitspapier des KEK/CCEE-Ausschusses »Islam in Europa« der Konferenz Europäischer Kirchen (KEK) und des Rates der Europäischen Bischofskonferenzen (CCEE) »Christen und Muslime: Gemeinsam beten?« (Genf/St.Gallen, 2003).

4 Begleitet wird dieses Projekt durch Dr. Christoph Dahling-Sander, den Leiter der Arbeitsstelle Islam und Migration der Evangelisch-Lutherischen Landeskirche Hannovers.

viewpartnerinnen die Vielfalt muslimischen Lebens und lassen darüber hinaus auch am muslimischen Blick auf eine christlich geprägte Umwelt teilhaben. Ein besonderer Reiz dieser Ausstellung besteht darin, dass sie nicht in sich abgeschlossen ist, sondern sich als ein »work-in-progress« versteht: An jedem Ort soll die Ausstellung durch Interviews mit Musliminnen vor Ort sowie ein ausführliches Begleitprogramm ergänzt werden. Erst durch diese Ergänzungen und lokalen Konkretionen realisiert sich das eigentliche Ziel der Ausstellungsmacherinnen, nämlich den Dialog christlicher und muslimischer Menschen vor Ort zu initiieren bzw. zu vertiefen, um sich gegenseitig kennen zu lernen und zu bereichern.

Zum Weiterlesen

Kirchenamt der EKD (Hg.), Zusammenleben mit Muslimen in Deutschland. Gestaltung der christlichen Begegnung mit Muslimen. Eine Handreichung des Rates der Evangelischen Kirche in Deutschland, Gütersloh 2000.

Evangelische Kirche im Rheinland, Christen und Muslime nebeneinander vor dem einen Gott, Düsseldorf ³2001.

Literatur

Arbeitsgruppe »Islam/Interreligiöser Dialog« der Evang.-Lutherischen Kirche in Bayern (Hg.), »Erste Schritte wagen – Eine Handreichung für die Begegnung von Kirchengemeinden mit ihren muslimischen Nachbarn« in überarbeiteter Auflage ²2002; in überarbeiteter Fassung von der Evang. Kirche im Rheinland und der Evang. Kirche von Westfalen 2001 herausgegeben.

Evangelische Landeskirche in Württemberg, Eine Moschee ist geplant. Wie verhält sich die Kirchengemeinde? Handreichung für Kirchengemeinderäte und engagierte Gemeindeglieder, Stuttgart 2003.

Kirchenamt der EKD (Hg.), Christlicher Glaube und nichtchristliche Religion. Theologische Leitlinien, EKD-Text 77, 2003.

Konferenz Europäischer Kirchen (KEK)/Rat der Europäischen Bischofskonferenzen (CCEE), Wie können wir Muslimen begegnen?, Genf/St. Gallen 2003 (Arbeitspapier).

Heitmeyer, Wilhelm, Gruppenbezogene Menschenfeindlichkeit. Die theoretische Konzeption und empirische Ergebnisse aus den Jahren 2002, 2003 und 2004, in, Heitmeyer, Wilhelm (Hg.), Deutsche Zustände. Folge 3, Frankfurt a.M. 2005, 13-36.

Jürgen Mattis

Jugendarbeit und Jugendsozialarbeit als Orte interreligiösen Lernens

Während in der Praxis Offener Jugendarbeit und Jugendsozialarbeit Prozesse informellen interreligiösen Lernens zunehmend stattfinden und programmatische Äußerungen die Relevanz interreligiösen Lernens unterstreichen, fehlen bislang systematische und nachhaltige Konzepte interreligiösen Lernens in diesem Bereich. Der Beitrag stellt die Situation in diesem pädagogischen Feld anschaulich dar. Dabei werden die Ausgangssituation der Jugendlichen und der haupt- und ehrenamtlichen Mitarbeiter/innen vorgestellt und Beispiele asymmetrischer Dialogsituationen reflektiert.

Kontexte des interreligiösen Lernens in der Jugendarbeit

Programmatik

Als Schlagworte tauchen die Begriffe interreligiöses Lernen und interreligiöser Dialog im Bereich kirchlich und konfessionell gebundener Jugendarbeit verstärkt auf. Ansätze und Konzepte der Praktischen Theologie für die Weiterentwicklung der vorschulischen Erziehung, des Religionsunterrichtes, der Werteerziehung etc. finden ebenso wie die laufenden Bildungsdebatten, die schulpolitischen Diskussionen um den Religionsunterricht und die gesellschaftlichen Diskurse um Konfliktthemen, wie z.B. Kopftuch, Eingang in pädagogische und konzeptionelle Überlegungen für die Jugendarbeit. Programmatisch steht die Forderung nach interreligiösem Lernen dabei schnell im Kontext einer gewollten konzeptionellen Neuorientierung von Kinder- und Jugendarbeit, die den Integrationsaufgaben einer faktischen Einwanderungsgesellschaft und einer zunehmenden europäischen Integration bzw. der Globalisierung als Gegenwartswahrnehmung gerecht werden soll.

So heißt es in einem Grundsatzbeschluss der Arbeitsgemeinschaft Evangelischer Jugend in der Bundesrepublik Deutschland (aej) vom November 2003:

»Der Ausbau des interreligiösen Dialogs ist für die friedliche Gestaltung einer zukunftsfähigen Gesellschaft zwingend notwendig. Dabei spielt die Evangelische Jugend als religiöser Jugendverband eine besondere Rolle. Im interreligiösen Dialog werden elementare Grundfragen des eigenen Selbstverständnisses in der Frage nach der Wahrheit aufgeworfen. (...) Die Vergewisserung des eigenen Glaubens ist Ausgangspunkt und Folge des interreligiösen Dialoges. (...) Die Evangelische Jugend muss sich mit den Chancen und Grenzen des interreligiösen Dialoges auseinander setzen. Im Interesse der Integrationsförderung und der Erweiterung des eigenen Horizonts muss nach Möglichkeiten für dessen Ausbau gesucht werden.« (aej 2003, V)

Und in einem Grundsatzpapier der aej zur Bedeutung von Bildung in der Evangelischen Jugend heißt es:

»Europäisches Zusammenwachsen und die Gestaltung einer zunehmend multikulturell und multireligiös geprägten Gesellschaft erfordern interkulturelle und interreligiöse Kompetenzen.« (aej 2003, X).

Ganz auf dieser Linie fordert die Evangelische Kirche in Deutschland (EKD) in ihrer Stellungnahme zu der Konsultation »Die künftige Entwicklung der Programme der EU in den Bereichen allgemeine und berufliche Bildung und Jugend nach 2006« bei der Europäischen Union die Förderung interreligiösen Lernens insbesondere auch in der Jugendarbeit ein:

»Immer wichtiger werden in Europa Kompetenzen für ein gelingendes Zusammenleben verschiedener kultureller, ethnischer und religiöser Traditionen und Identitäten. Ein Ziel der Bildungsprogramme muss deshalb aus unserer Sicht das ›interkulturelle Lernen‹ sein. Internationale Jugendbegegnungsmaßnahmen, der Europäische Freiwilligendienst, Auslandssemester und andere europäische Bildungserfahrungen bieten den idealen Rahmen für solche Lernerfahrungen. Zu betonen ist aus Sicht der EKD dabei (...): Die kulturelle Identität von Menschen ist wesentlich mitbestimmt von ihrer religiösen Orientierung. Interkulturelles Lernen ist von einem interreligiösen Austausch nicht zu trennen. (...) Dabei ist interreligiöses Lernen von großer Bedeutung sowohl in dem Bereich nicht-formaler Bildung (z.B. Jugendorganisationen) als auch im Bereich der formalen Bildung und bedarf deshalb konkreter Initiativen in den Schulen.« (EKD 2003)

Theoriebildung

Die Forderung nach interreligiösem Lernen in der Jugend- und Jugendverbandsarbeit werden, das machen die angeführten Zitate deutlich, nicht allein im Argumentationszusammenhang religionspädagogischer Überlegungen formuliert, sondern im Kontext von interkulturellem Lernen und gesellschaftlicher Integration. Denn Interkulturelle Pädagogik ist ein inzwischen in der Jugendhilfelandschaft allgemein akzeptierter und öffentlich geförderter Ansatz, insbesondere in der Offenen Jugendarbeit und in der Jugendsozialarbeit mit einem hohen Anteil von Kindern und Jugendlichen mit Migrationshintergrund. In der wissenschaftlichen Fachdiskussion zur Interkulturellen Pädagogik und in der Reflexion interkultureller Praxis findet jedoch die religiöse Dimension interkulturellen Lernens bislang keinen nennenswerten

Widerhall (Auernheimer 2003a und 2003b; zum Interreligiösen Lernen: Rickers 2002, zum Dilemma der Praktischen Theologie: Pohl-Patalong, 2003; Mattis 1998). Für die Praxisfelder der Offenen Jugendarbeit, entsprechend dem Kinder- und Jugendhilfegesetz (KJHG) §11, der Jugendverbandsarbeit, entsprechend dem KJHG §12 und der Jugendsozialarbeit, entsprechend dem KJHG §13 ergeben sich dadurch Spannungen, müssen doch auf Grund der strukturellen Angebotsorientierung, der Fördervoraussetzungen und der Angewiesenheit auf gesellschaftliche Anschlussfähigkeit Projekte und Methoden des interreligiösen Lernens im *Kontext einer interkulturellen Pädagogik* und Integrationspolitik reflektiert und angestoßen werden. Es ist festzustellen, dass innerhalb des religionspädagogischen Diskurses zu den Arbeitsfeldern der Jugendarbeit, Jugendverbandsarbeit und Offenen Jugendarbeit das Thema weniger aktiv verfolgt als kritisch begleitet wird. Das gängige Plädoyer für interreligiöses Lernen wird hier kritisch daraufhin befragt, ob es die produktive Entwicklung eigener religiöser Identität fördert oder eher behindert (dazu Schweitzer u.a. 2002; Dressler 2003).

Zusammenfassend kann festgehalten werden: Entgegen der von kirchlich/konfessioneller Seite hervorgehobenen programmatischen Bedeutsamkeit des interreligiösen Lernens für die Jugendarbeit hat sich in diesem Bereich noch keine nennenswerte Theoriebildung etabliert. Hier liegen Aufgaben eines intensiveren Dialogs zwischen religionspädagogischer und interkultureller Theoriebildung.

Praxis

Wirft man nun einen Blick auf die Praxis Offener Jugendarbeit, Jugendverbandsarbeit und Jugendsozialarbeit so findet man wohl den ein oder anderen Praxisansatz, auch wenn von systematischen und nachhaltigen Konzepten interreligiösen Lernens keine Rede sein kann.

Dabei entstehen Praxisansätze des interreligiösen Lernens im gleichen Kontext wie die der Interkulturellen Pädagogik: in einer multikulturellen Jugend- und Jugendsozialarbeit auf dem Hintergrund von Migration. Vor allem in der Offenen Jugendarbeit und in Angeboten der Jugendsozialarbeit wurden in den 1990er-Jahren, insbesondere in städtisch geprägten Regionen, pädagogische Orte und Settings etabliert, die von jungen Migranten einen hohen Zuspruch erfahren. In der herkömmlichen Jugendverbandsarbeit sind dagegen – ausgenommen bei den Sportverbänden – Migranten nur marginal vertreten. Der Elfte Kinder- und Jugendbericht der Bundesregierung aus dem Jahr 2001 würdigt den Beitrag der Jugendsozialarbeit und der Offenen Jugendarbeit zur Integration von Migranten, kritisiert aber gleichzeitig, dass auf die »weltanschaulich-religiösen Befindlichkeiten der Zugewanderten« in der Offenen Jugendarbeit noch zu wenig Rücksicht genommen würde und die Zugewanderten beim haupt-, neben- und ehrenamtlichen Personal von

Jugendarbeit noch erheblich unterrepräsentiert seien (BMFFJ 2001). Eine multikulturelle Jugendarbeit bietet, zielorientiert betrachtet, ein Forum für interkulturelles Lernen, entsprechend eine multireligiöse Jugendarbeit die Voraussetzung und den Impuls für die Praxis interreligiösen Lernens (Kilb 1998; Brenner 2003). Gerade wo konfessionelle Jugendverbände und Kirchen Träger von Offenen Jugendeinrichtungen und Projekten der Jugendsozialarbeit sind, kommt es zur Integration interreligiöser Dialoge im Kontext einer interkulturellen Pädagogik (Mattis 1996).

Neben den Ansätzen interreligiösen Lernens auf Grund multireligiöser Settings und Lebenswelten finden sich im Bereich der Jugendverbandsarbeit profilierte Projekte interreligiösen Lernens in der Internationalen Jugendbegegnung, der politisch-kulturellen Jugendbildung und der religionspädagogischen Arbeit. Hier können nach dem 11. September 2001 als Themenschwerpunkte insbesondere Besuche in Moscheen, Interreligiöse Dialogveranstaltungen zwischen den drei abrahamitischen Religionen und Bildungsveranstaltungen zu religiösem Fundamentalismus in den Religionen genannt werden. Zwischen diesen eher traditionellen Arbeitsbereichen der Jugendverbandsarbeit und der Offenen Jugendarbeit wie auch der Jugendsozialarbeit gibt es jedoch wie ganz allgemein auch im Hinblick auf interkulturelle und interreligiöse Praxisansätze kaum einen Austausch (Brenner 2003).

Die Jugendlichen

Basieren die Angebote von Jugendarbeit und Jugendsozialarbeit auf Freiwilligkeit, so müssen die Praxisansätze methodisch und didaktisch bei den Interessen und Bedürfnissen der Jugendlichen anknüpfen. Die Jugendlichen selbst entscheiden, ob für sie Angebote des interreligiösen Lernens interessant, spannend, hilfreich oder nützlich sind. Insofern ist es äußerst zweifelhaft, ob sich Ansätze des interreligiösen Lernens in der Jugendarbeit so entwickeln werden wie sie in der Religionspädagogik, orientiert an idealen Begegnungen und Dialogen, angedacht werden. Jugendliche sehen ihren Glauben mehrheitlich als etwas sehr Individuelles an. Er wird subjektiv angeeignet und oft als Patchwork-Religiosität bezeichnet. Sie distanzieren sich von dem was in der Bibel, in der Kirche, im sozialistischen Humanismus oder in ihrer Tradition gilt (Schweitzer/Conrad 2002). Allein muslimische Jugendliche lassen hier eine andere Prägung erkennen und berufen sich auf ihre religiöse Tradition und deren Wahrheitsgehalt. Die 14. Shell Jugendstudie sieht in der Bedeutung von Religiosität und Tradition gar den einzigen signifikanten Unterschied zwischen deutschen und ausländischen Jugendlichen bzw. auch deutschen Jugendlichen mit ausländischer Herkunft unabhängig von ansonsten übereinstimmenden Wertorientierungen der Jugendlichen (Deutsche Shell 2002, 146ff.). Während Religion in den neuen Bundesländern für Jugendliche praktisch bedeutungslos geworden ist, messen ihr noch ein Drittel der deutschen Jugendlichen ohne ausländische Herkunft in den alten Bundesländern und etwa zwei Drittel der Jugendlichen ausländischer Herkunft Bedeutung zu (ebd., 148).

Während in den traditionellen Formen der Jugendverbandsarbeit gerade die deutschen Jugendlichen, die der Religion Bedeutung zumessen, eine tragende Rolle durch ihr ehrenamtliches Engagement einnehmen, finden sich muslimische Jugendliche eher in Formen Offener Jugendarbeit und Jugendsozialarbeit. Die religiös interessierten deutschen Jugendlichen und die Jugendlichen ausländischer Herkunft mit religiösem Selbstverständnis begegnen sich daher innerhalb der Jugendarbeit nur selten.

Die Forderung nach Toleranz wird von Jugendlichen als wichtigster Wert im Umgang mit anderen Religionen gesehen, religiöse Vielfalt wird von ihnen mit Nachdruck vertreten. Die damit einhergehende scheinbare Relativierung der eigenen Religiosität soll jedoch nicht dazu führen, dass ihre Verlässlichkeit keinen Bestand habe. »Der Wahrheitsanspruch der Religionen wird subjektiviert: Er gilt nur für die betreffende Person. Dies lässt sich auch so verstehen, dass die so genannte Toleranz und Akzeptanz anderer Religionen am Ende doch nicht bedeuten, deren Wahrheitsanspruch zu akzeptieren« (Schweitzer/Conrad 2002, 304). Es bedeutet aber, dass die Präsenz anderer Religionen nicht besonders herausfordert und die Wahrheitsfrage von Jugendlichen nicht gestellt wird, möglicherweise um Konflikte zu vermeiden und ein friedliches Zusammenleben zu ermöglichen. Religion gilt für Jugendliche in hohem Maße als Privatsache und muss öffentlich nicht weiter geklärt werden. Diese Zeitdiagnose lässt vermuten, dass sich interreligiöses Lernen für Jugendliche eher in privaten und informellen Kommunikationen im Kontext einer multikulturellen und multireligiösen Lebenswelt vollzieht als in pädagogisch inszenierten Settings und Veranstaltungen. Dem kommt entgegen, dass im Rahmen von Jugendarbeit und Jugendsozialarbeit näheres persönliches Kennenlernen, Freundschaften, Peer-Groups und die Begleitung durch Vorbildpersonen, also letztlich authentische Begegnungen in der eigenen Freizeit, eine entscheidende Rolle spielen.

Zur Praxis interreligiösen Lernens

Im Duktus der oben versuchten Annäherung an die Praxis interreligiösen Lernens in Jugendarbeit und Jugendsozialarbeit liegt es auf der Hand, zunächst das Augenmerk auf Beispiele informeller Lernprozesse in den multikulturellen und multireligiösen Settings von Offenen Jugendeinrichtungen, der Schulsozialarbeit, der Jugendberufshilfe etc. zu werfen. Tragen die vielfältigen nicht-formalen Prozesse interreligiösen Lernens zur Ermöglichung eines multikulturellen und multireligiösen Miteinanders in der Offenen Jugendarbeit bei, auf der Basis von Freiwilligkeit und gewollter Konvivenz, so schaffen die formalen Projekte Interreligiösen Lernens kollektive Symbole für den Wunsch nach Verständigung und einer friedlichen Koexistenz der Religionen in einer pluralen Gesellschaft.

Informelle Praxis interreligiösen Lernens – drei Beispiele

Als nicht-formale Prozesse interreligiösen Lernens lassen sich im Kontext der Offenen Jugendarbeit und der Jugendsozialarbeit Beispiele beschreiben, die sich aus der Situation der multikulturellen Settings heraus ergeben und thematisiert werden. Als Verantwortlicher für über 30 Einrichtungen und Projekte in Frankfurt am Main sind mir diese Beispiele durch mündliche und zum Teil schriftliche Berichte der pädagogischen Mitarbeiter/innen bekannt. Insbesondere die muslimischen Jugendlichen bringen religiöse Themen bei der Bearbeitung und Lösung von Konflikten und bei Fragen der beruflichen und gesellschaftlichen Integration zur Sprache. Immer wiederkehrende Themen sind der Verzicht auf Schweinefleisch; das Fasten und die religiöse Gemeinschaft während des Ramadan; die Gestaltung religiöser Festtage; der Besuch muslimischer Mädchen in Offenen Einrichtungen; die Teilnahme muslimischer Mädchen an Discoveranstaltungen, sportlichen Veranstaltungen etc.; geschlechtsspezifische Angebote für muslimische Mädchen unter Ausschluss von Jungen; das Tragen des Kopftuchs; religiös begründete Rollenzuweisungen der Geschlechter; Erfahrungen öffentlicher Diskriminierung muslimischer Jugendlicher auf Grund ihrer Religion; Probleme mit den Familien auf Grund verbotener christlich-muslimischer Liebesbeziehungen und Verheiratungsabsichten; das religiöse Verbot von Alkohol und Drogenkonsum.

Dagegen spielen die Praxis des täglichen Gebetes, der Besuch der Koranschule, der Besuch der Moschee bzw. des Gottesdienstes im Zusammenleben von Offenen Jugendhäusern und in Projekten der Jugendsozialarbeit keine Rolle.

Besondere Beachtung verdient m. E. die Reflexion darüber, welche Personen im Prozess interreligiösen Lernens Protagonisten und Handlungsträger interreligiöser Verständigung und des Dialogs sind. In der Offenen Jugendarbeit und Jugendsozialarbeit bringen einerseits Jugendliche ausländischer Herkunft, insbesondere muslimische Jugendliche, das Thema der Religion in die Arbeit ein und andererseits wird es von dem pädagogischen Fachpersonal mit überwiegend deutscher Herkunft aufgegriffen. Das Personal in diesem Arbeitsfeld stammt gerade aus Milieus, in denen persönliche Erfahrungen mit traditioneller Jugendverbandsarbeit und christlicher Religion gemacht werden. Die Mehrzahl der Sozialpädagog/en/innen in der Jugendarbeit ist christlich-humanistisch motiviert. Unbeschadet aller theoretischen Warnungen vor einem Herrschaftsgefälle im Setting interreligiösen Lernens scheint die These nahe zu liegen, dass der interreligiöse Dialog in der multikulturellen Jugendarbeit in Deutschland in einer asymmetrischen Kommunikation zwischen muslimischen Jugendlichen ausländischer Herkunft und christlich-abendländisch geprägten Pädagogen/innen deutscher Herkunft geführt wird. Um diese asymmetrische Dialogachse seiner Hauptprotagonisten herum beteiligen sich direkt und indirekt muslimische Eltern und Verwandte ebenso wie christliche Jugendliche deutscher Herkunft an einem Dialog, der Grenzen und Möglichkeiten kultureller Integration auslotet. Der interreligiöse Dialog wird dabei auf Grund seiner Asymmetrie durch eine Reihe von Missverständnissen, Projektionen und Übertragungen gestört (Mattis 1997). Gleichwohl findet interreligiöses Lernen statt. Im Folgenden sollen einige Praxisbeispiele dies verdeutlichen:

Offenes Jugendhaus

Ein 15-jähriges türkisches Mädchen besucht immer wieder gegen den Willen ihrer Eltern das Jugendhaus, um sich mit Freundinnen zu treffen, an Mädchenangeboten teilzunehmen, sich zu schminken etc. Der Bruder, der selbst Besucher des Jugendhauses ist, und der Onkel sind durch die Familie beauftragt, den Besuch des Mädchens zu verhindern und Sorge zu tragen, dass sie nach der Schule nach Hause geht. Der Bruder begründet das elterliche Verbot des Jugendhausbesuches mit der Rolle der Frau im Islam und fordert gegenüber dem pädagogischen Personal die Unterstützung des Verbots auf Grund eines Rechtes zur religiösen Erziehung durch die Familie. Er fordert andere muslimische Jungs auf, ihm sofort per Handy Bescheid zu sagen, wenn das Mädchen das Jugendhaus betritt. Das Mädchen wünscht sich von dem pädagogischen Personal Unterstützung, um die Erlaubnis zum Besuch des Jugendzentrums bei den Eltern zu erlangen. Es kommt zu Handgreiflichkeiten zwischen muslimischen Jungs, die das Mädchen verraten wollen, und anderen, die den unentdeckten Besuch schützen wollen. Neben vielen Einzelgesprächen und Elterngesprächen der Pädagog/en/innen kommt es zur leidenschaftlichen Thematisierung des Falls auf der Vollversammlung des Jugendhauses. Hier beziehen Mädchen wie Jungen, Muslime wie Christen pro und contra Stellung. Die Pädagog/en/innen stellen als Hausregel vor, dass für die Jugendeinrichtung (ab 14 Jahren) das Selbstbestimmungsrecht der Person gilt, d.h., allein das Mädchen entscheidet, ob es in das Jugendhaus kommt und alle Besucher diese Entscheidung akzeptieren müssen. Gleichzeitig bieten sie dem Mädchen Hilfe an, eine Lösung mit ihrer Familie zu erarbeiten. Der Konflikt kann schließlich gelöst werden.

Schulsozialarbeit

In einem dreitägigen außerschulischen Orientierungskurs mit einer 10. Berufsschulklasse mit Schüler/innen ohne Ausbildungsplatz wird über eigene Berufswünsche und realistische Berufschancen, über Eigenwahrnehmung und Fremdwahrnehmungen mit dem Ziel gearbeitet, die Motivation der Schüler/innen zur Erreichung eines realistischen Zieles zu stärken.

Bei der Einheit, in der es um den Umgang mit Frustrationen bei erfolglosen Bewerbungen geht, sagt ein 17-jähriger marokkanischer Jugendlicher, dass sowieso alles durch Allah bestimmt sei. Wenn Allah wolle, dass er einen Ausbildungsplatz bekomme, dann bekäme er diesen auch – und wenn nicht, dann wäre es Allahs Wille. Die Pädagog/en/innen nehmen diesen Einwand sehr ernst und unterbrechen die laufende Einheit. Es folgt eine intensive Diskussion in der Gruppe um die religiösen Grundeinstellungen der Teilnehmer/innen und den Anteil eigenen Handelns und Engagements an dem Verlauf des eigenen Lebensweges. Auch hier gehen die Einstellungen quer zu der Religionszugehörigkeit weit auseinander.

Jugendberufshilfe

Ein 16-jähriges pakistanisches Mädchen in einer Schule für Mode und Bekleidung fragt nach halbjährigem Aufenthalt in Deutschland zu Beginn des ersten Ramadans in der neuen Heimat ihre Sozialpädagogin in dem Betreuungskurs zur Eingliederung, ob sie als Muslima in Deutschland auch fasten müsse. Ihre Eltern würden das behaupten, sie wolle aber nicht. Andere muslimische Mädchen würden nicht fasten und sagen, dass man das nicht müsse. Die christliche Pädagogin antwortet ihr, dass jeder Muslim während des Ramadan fasten solle. Es wäre ein Sollen oder eine Hilfe, aber kein Muss. Denn man solle in der Religion nur das tun was vom Herzen kommt. Sie solle also selber prüfen, ob es für sie gut sei oder nicht und danach entscheiden. Andere muslimische Mädchen stimmen der Pädagogin zu. Beim nächsten Treffen bringt das pakistanische Mädchen den handgeschriebenen Text einer Koransure mit und lässt der Pädagogin von ihren Eltern ausrichten, dass ihre Antwort nicht stimme. Es sei im Koran eindeutig festgelegt, dass jeder rechtgläubige Muslim während des Ramadan fasten müsse – egal ob er wolle oder nicht. Einige muslimische Mädchen stimmen auch dieser Auffassung zu. Die Pädagogin bleibt offensiv bei ihrer Auffassung, dass letztlich die Entscheidung für oder gegen eine religiöse Praxis niemandem abgenommen werden kann und Gott wie Allah sich nur an Dingen erfreue, die von unserem Herzen kämen. Es kam zu einer längeren Diskussion. Es ist unbekannt, zu welchem Schluss das Mädchen schließlich kam. Die Pädagogin machte sich im Nachhinein Sorgen, ob sie mit der authentischen Einbringung ihrer religiösen Gewissheit richtig gehandelt hat.

Projekte Interreligiösen Lernens in der Jugendarbeit – drei Beispiele

In der Jugendarbeit, vor allem in der konfessionell gebundenen Jugendarbeit, gibt es seit dem 11. September 2001 eine verstärkte Integration interreligiöser Lernziele in bestehende Konzepte Internationaler Begegnungsarbeit und interkultureller Pädagogik sowie eigenständige Projekte. Insbesondere authentische Begegnungen und der Austausch mit Vertretern der drei monotheistischen Religionen werden methodisch weiter entwickelt. In der Jugendarbeit werden Besuche in Moscheen in der Nachbarschaft organisiert; Besuche und Kontakte mit religiösen Gemeinschaften werden zu Programmpunkten Internationaler Begegnungen. Die Themen drehen sich um Gemeinsamkeiten und Unterschiede der Religionen, um den Beitrag der Religionen zum Frieden und um Fundamentalismus. Gemeinsam sind den meisten Projekten ihr begegnungstheoretischer Ansatz und ein gleichberechtigter Dialog. Dabei wird immer wieder kritisch daran erinnert, grundsätzlich darauf zu achten, dass Kinder und Jugendliche nicht zu Experten ihrer eigenen Religion gemacht werden. Es soll vermieden werden, dass solche Begegnungen Vorurteile vertiefen und Jugendliche zu Trägern von Differenz gemacht werden. Ob dies gelingen kann, ist zweifelhaft.

Nun muss man sich bei aller Sympathie für neu entstehende Projekte ihre noch marginale Stellung in der Jugendarbeit und ihren selten nachhaltigen Charakter vor Augen führen. So ermöglicht die Auswertung des Programms »entimon – Gemeinsam gegen Gewalt und Rechtsextremismus« des BMFSFJ (Bundesministerium für Familie, Senioren, Frauen und Jugend) für das Jahr 2002 eine gute Einschätzung der quantitativen und qualitativen Gewichtung interreligiöser Projekte im Gesamtkontext. Die Bundesregierung legte für das Projektjahr 2002 den Schwerpunkt auf die Förderung »interkultureller und interreligiöser Lernprozesse«. Über 50 % der 2002 geförderten Maßnahmen mit einem Fördervolumen von zusammen 10 Mill. Euro aus Mitteln des Bundesjugendplans wurden diesem Schwerpunkt zugeordnet. Schaut man die Liste der 245 geförderten Maßnahmen durch, so findet man weniger als zehn explizit durch ein interreligiöses Thema ausgewiesene Projekte. Dabei richten diese sich in der Mehrzahl nicht einmal an Jugendliche selbst, sondern an Multiplikatoren der Jugendarbeit (Auswertung bei www.entimon.de).

So resümiert der Zwischenbericht zum Stand der Umsetzung des Programms nüchtern:
»In Bezug auf die gewünschte Integration interreligiöser Aspekte in inter- bzw. transkulturelles Lernen ist allerdings zu erkennen, dass entsprechende Projektvorhaben im Rahmen des Programms bis auf einige Ausnahmen noch eine Seltenheit darstellten.«[1] Insgesamt scheinen die über den Nahbereich einzelner Stadtteile hinausgehenden Projekte im Wesentlichen durch die Spitzen der Verbände bzw. Institutionen von Jugendarbeit angestoßen und von oben nach unten initiiert zu sein. Dabei liegt ihre Bedeutung eher in der exemplarischen Entwicklung interreligiöser Dialogformen als in der quantita-

1 Siehe Zwischenbericht 2001-2003 unter: www.entimon.de, ebenso: Transkulturelle und interreligiöse Projektpraxis im Rahmen des Aktionsprogramms Entimon, Wissenschaftliche Begleitung durch das Deutsche Jugendinstitut e.V. unter: www.dji.de.

tiven Resonanz bei Jugendlichen.[2] Drei Beispiele können das Gesagte verdeutlichen.

»Abrahamische Teams« in der Jugendarbeit

Im Interkulturellen Rat Deutschlands wurde von dessen Vorsitzendem Jürgen Micksch das Konzept »Abrahamischer Teams« entwickelt (siehe Micksch in diesem Band). Es ist im Wesentlichen die Idee, jüdische, christliche und muslimische Persönlichkeiten zu gewinnen und bundesweit über Ansprechpersonen so zu vernetzen, dass sie für kompetente und authentische Darstellungen ihrer Religion in Schulen und bei Bildungsveranstaltungen abgerufen werden können. Im Jahr 2002 wurden 50 Veranstaltungen durchgeführt. Entsprechend dem Konzept wurden auch »Abrahamische Teams in der Jugendarbeit« von Entimon gefördert. Allerdings erfreute sich das Angebot hier nur geringer Nachfrage (Micksch 2002, 3).

»Trialog – Together in Difference«

Der Bundesverband Jüdischer Studenten in Deutschland e.V. (bjsd), der Bundesverband der Katholischen Junge Gemeinde (KJG) und die Muslimische Jugend Deutschland (MJD) haben sich in dem Projekt »Trialog – Together in Difference« zusammengeschlossen, um Jugendliche und junge Erwachsene zu gemeinsamen Veranstaltungen des interreligiösen Dialoges einzuladen. Auf ihrer 2003 gemeinsam eröffneten Homepage (www.together-in-difference.de) schreiben sie: »Wir möchten euch/Ihnen an dieser Stelle die Entwicklung und Entstehung von ›trialog – together in difference‹ vorstellen. Die drei Verbände bjsd, KJG und MJD sind einen langen gemeinsamen Weg gegangen, bis es zu unserem Projekt kam. Vorurteile mussten abgebaut, Konflikte geklärt und Kompromisse geschlossen werden. Und es ist gelungen: Das gemeinsame Projekt – in der Art und Struktur bisher einzigartig in Deutschland – kann starten. Darauf sind wir stolz. Der Weg zum Projektbeginn kann bereits als wichtiger Schritt im Dialogprozess gesehen werden, daher lohnt es sich, die folgenden Seiten etwas genauer zu betrachten.« Das Gästebuch gibt einen Eindruck von der positiven, aber leider auch spärlichen Resonanz zu diesem anspruchsvollen Ansatz.

Bremer Stadtplan der Religionen

Organisiert und gefördert durch die Bremer Senatskanzlei entstand im Zusammenhang mit der Bremer »Nacht der Jugend« das Jugendarbeitsprojekt »Bremer Stadtplan der Religionen«. Auf der seit 2003 bestehenden Homepage (www.stadtplan-der-religionen.de) stellen die Jugendlichen »ihr« Projekt folgendermaßen dar:

---

2 Projektbeispiele können unter: www.jugendserver.de zu dem Themenstichwort »interreligiöses Lernen« abgerufen werden.

»Wir sind Bremer Jugendliche aus verschiedenen Religionen, die einen Austausch zwischen den Religionen und ein besseres Verständnis des eigenen Glaubens erreichen wollen. Die Begegnung mit unterschiedlichen Religionen macht Spaß und kann das eigene Weltbild erweitern. Der Stadtplan der Religionen bietet ein Forum für Jugendliche aller religiösen Gruppen Bremens, sich während der gemeinsamen Gestaltung kennen zu lernen, sich auszutauschen und das ›Miteinander‹ zu feiern. (...) Das Projekt ist ein Mittel zur interreligiösen Zusammenarbeit, die Voraussetzung für einen interreligiösen Dialog ist. Die bereits erstellte Ausstellung, der Internetauftritt und das Buch sind das Produkt, das ein sichtbares Zeichen dieser interreligiösen Zusammenarbeit und des Dialogs unter Jugendlichen dieser Stadt ist. Der Wunsch nach interreligiösem Dialog ist unter Jugendlichen vorhanden. Diese Möglichkeit ist im Bremer Religionsunterricht nicht ausreichend gegeben. Jugendliche wollen den Glauben und das Leben anderer religiöser Jugendlicher durch diese kennen lernen. Im Vordergrund steht die Neugier auf die Lehre und Praxis in anderen Religionen.« Das Gästebuch gibt einen Eindruck über die durchweg positive, aber auch hier wenig umfangreiche Resonanz dieser Arbeit.

Zum Weiterlesen

Corsa, Mike/Strecker, Martin (Hg.), Mitten drin und außen vor? Kinder und Jugendliche mit Migrationshintergrund und die Evangelische Jugend – auf dem Weg zu Miteinander, Hannover 2004.

Mattis, Jürgen, Religiöse Dimensionen in der interkulturellen Jugendarbeit, in: Breidenstein, Lothar (Hg.), Migration, Konflikt und Mediation. Arnoldshainer Texte Bd. 99, Frankfurt a.M., 1998, 49-62.

Literatur

aej information Nr. 4/10.Dezember 2003, S. V.

aej information Nr. 4/10.Dezember 2003, S. X.

Auernheimer, Georg, Einführung in die Interkulturelle Pädagogik, Darmstadt ³2003a.

Auernheimer, Georg, Interkulturelle Pädagogik. Eine kritische Zwischenbilanz, in: Zeitschrift für Pädagogik und Theologie 55 (2003), H.2, 104-112, 2003b.

Brenner, Gerd, Multi- und interkulturelle Jugendarbeit, in: deutsche jugend, 51 (2003) H. 10, 415-422.

Bundesministerium für Familie, Senioren, Frauen und Jugend, Elfter Kinder- und

Jugendbericht, Bericht über die Lebenssituation junger Menschen und die Leistungen der Kinder- und Jugendhilfe in Deutschland, München 2001.

Deutsche Shell, Jugend 2002, Frankfurt 2000, (insbes. 146ff.).

Dressler, Bernhard, Interreligiöses Lernen – Alter Wein in neuen Schläuchen?, in: Zeitschrift für Pädagogik und Theologie 55 (2003) H. 2, 113-124.

Kilb, Rainer, Multikulturelles Muster, in: Handbuch Offene Jugendarbeit, Münster [2]1998, 173-179.

Mattis, Jürgen, Evangelische Kinder- und Jugendarbeit in einer multikulturellen und multireligiösen Lebenswelt, in: Deutsche Jugend, 44 (1996) H. 12, 527-537.

Mattis, Jürgen, Möglichkeiten zum Dialog, Christliche PädagogInnen und muslimische Jugendliche in einer multikulturellen Jugendarbeit, in: Informations-, Dokumentations- und Aktionszentrum gegen Ausländerfeindlichkeit für eine multikulturelle Zukunft e.V. (IDA), Islam als Herausforderung für die Jugendarbeit, Düsseldorf 1997, 54-59.

Mattis, Jürgen, Religiöse Dimensionen in der interkulturellen Jugendarbeit, in: Breidenstein, Lothar (Hg.), Migration, Konflikt und Mediation. Arnoldshainer Texte Bd. 99, Frankfurt a.M. 1998, 49-62.

Micksch, Jürgen, Abrahamische und Interreligiöse Teams, Konzeptpapier 2002.

Pohl-Patalong, Uta, Praktische Theologie interreligiös?, in: Praktische Theologie 38 (2003) H. 2, 96-108.

Rickers, Folkert, Interreligiöses Lernen, in: Religionsdidaktik, Jahrbuch der Religionspädagogik (JRP) Band 18, 2002, 183-192.

Schweitzer, Friedrich/Conrad, Jörg, Globalisierung, Jugend und religiöse Situation, in: Pastoraltheologie, 91 (2002) H. 7, 293-307.

Schweitzer, Friedrich/Englert, Rudolf/Schwab, Ulrich/Ziebertz, Hans-Georg, Entwurf einer pluralitätsfähigen Religionspädagogik, Gütersloh/Freiburg 2002.

EKD, Stellungnahme zur EU Konsultation »Die künftige Entwicklung der Programme der EU in den Bereichen allgemeine und berufliche Bildung und Jugend nach 2006«; Stellungnahme des Bevollmächtigten des Rates der EKD in Brüssel vom 24. Februar 2003.

Werner Haußmann

Universität und Lehrerausbildung als Orte interreligiösen Lernens

Einer fundamentalen Kritik, die eine große europäische Studie am deutschen Bildungssystem hinsichtlich unzureichendem multikulturellen Lernens formuliert, werden eigene Beobachtungen und Erklärungsversuche im Kontext der wissenschaftlichen Diskussion gegenübergestellt.
Die schwierige Verhältnisbestimmung von Religionspädagogik, Religionswissenschaft und Theologie wird neben der (post)modernen Distanz bzw. Abstinenz gegenüber verfasster Religiosität als Hauptursache dafür gesehen, dass sich interreligiöses Lernen nicht in der Breite durchgesetzt hat, wie es dessen Vertreter wünschen und wofür auch Praxisbeispiele aufgeführt werden. Der Beitrag schließt mit dem Plädoyer, aktuelle Hochschulreformbestrebungen für eine Verstärkung interreligiöser Didaktik zu nutzen.

Beobachtungen zur derzeitigen Lage

Hinsichtlich der Überwindung einer einseitig westlich-christlichen Sicht auf Europa ergeben sich die »größten Widerstände in Deutschland (...) aus der fehlenden interdisziplinären und multikulturellen Hochschulausbildung von künftigem Lehrpersonal in Geschichte, Sprache/Literatur und Religion sowie aus dem preußischen und napoleonischen Beamtenbewusstsein. Das deutsche Hochschulwesen ist nach wie vor stark disziplinenorientiert und es gibt für Lehramtskandidaten, was für die Kulturausbildung besonders hinderlich ist, kaum Gelegenheiten, Judaistik, Islam und gegebenenfalls andere Religionskulturen zu studieren. (...) Die autoritätsgeleitete Mentalität in Deutschland, die während unserer Untersuchung deutlich zu Tage trat, führt überdies dazu, dass sie die naturgemäß immer etwas veralteten Curricula – und seien sie auch in den vergangenen 20 Jahren überarbeitet worden – als bindend betrachtet, die dortigen Vorgaben in Schulbücher überträgt, die auch in den aktuellsten Ausgaben nur wenig über die Curricula hinausgehen, und schließlich den Unterricht ängstlich bestimmt. (...) Vor allem das Lehrpersonal war skeptisch, ob im Unterricht Themen wie Dialog, Trialog oder Multikulturalität angesprochen werden sollten und damit politisch etwas vorweggenommen werden könnte, bevor es die Politik selbst beschlossen und verordnet hätte.« (Vinzent 2004, 44f.)

Da meinten die Protagonisten interreligiösen Lernens zu Beginn des neuen Jahrtausends nach etwa 25 Jahren[1] (Haußmann 1993, bes. 64-123) unermüdlichen Einsatzes ein positives Zwischenfazit ziehen zu können, mit unbestreitbaren Erfolgen die Weltreligionenthematik ins schulische Bewusstsein gehoben zu haben: Die Zahl der Veröffentlichungen, wissenschaftlich oder unterrichtspraktisch, ist enorm; die Qualität von Lehrplänen und Schulbüchern hat sich diesbezüglich verbessert – und dann 2003 diese fulminante Kritik im Rahmen einer europäischen Studie der Herbert-Quandt-Stiftung durch Markus Vinzent, Professor an der Universität von Birmingham und Direktor des »Centre for Intercultural Communication und Human Resource Management« (siehe Kaul-Seidman in diesem Band).

Sieht man einmal über gewisse Schwächen im Untersuchungsdesign (Biener 2004, 388ff.) oder bei der Frage der Repräsentativität der Ergebnisse hinweg, so bleibt doch (selbst)kritisch zu fragen, ob und/oder inwieweit diese Kritik durch eigene Beobachtungen bzw. vorhandene Untersuchungen bestätigt werden kann. Der Fokus ist hierbei nicht nur auf die Schule, sondern auch auf die Hochschule gerichtet, die eben jene Lehrerkräfte hervorgebracht hat:

- Erstaunlich ist die Tatsache, dass Hochschule, respektive Lehrerbildung, auf ihrer gesamten Breite – von wenigen Ausnahmen abgesehen – hinter den Maßgaben für die Schule hinsichtlich interkulturellen/interreligiösen Lernens hinterherhinkt, obwohl die Theoriebildung für die Schule doch von universitären Fachdidaktikern/-innen entwickelt und vorangetrieben wurde.[2]
- Die Bandbreite der Ansätze schwankt immer noch stark zwischen Fremdreligionenunterricht über eine Weltreligionendidaktik bis hin zu Modellen von Begegnungslernen oder religionswissenschaftlichen Kursen. Weithin überwiegt jedoch die Forderung nach größerem Wissen über andere Religionen (und Kulturen).
- Mit dem verstärkten Dialog zwischen den Religionen auf verschiedenen Ebenen einhergehend, der an einigen Stellen über den Binnenrahmen der Theologie hinausgreift (z.B. WCRP, Weltethos, UN-Initiativen), ist im Längsschnitt eine Zunahme fremd-, multi- und/oder interreligiöser Themen in Schule (Lehrpläne, Schulbücher) und Hochschule (Studien-/ Prüfungsordnungen, weniger jedoch im Bereich der Studiengänge) zu

1 Dieser zeitliche Bezugspunkt kommt nicht von ungefähr, denn 1979 wurden die ÖRK-Leitlinien zum Dialog veröffentlicht, die nicht unerheblichen Einfluss auf den Dialog und infolgedessen auf das interreligiöse Lernen hatten.

2 Bei einer Recherche im Nachrichtenarchiv des idw (Informationsdienst Wissenschaft) wurde der Suchbegriff »interreligiöses Lernen« nur in 4 von insgesamt 76251 Dokumenten gefunden, die Kombination von »interreligiös« und »Hochschullehre« ergab ebenso 0 Treffer wie »interreligiös» und »Lehrerbildung«. Auch die Bemühung allgemeiner Suchmaschinen bleibt bei »Interreligiöses Lernen in der Hochschule/Universität« ergebnislos.

beobachten (Kwiran/Schreiner/Schultze 1996; Haußmann 1993; Biener 2004).

- Gleichermaßen ist festzustellen, dass die Wahrnehmung religiöser Phänomene und ihres jeweiligen Kontextes außerhalb des institutionalisierten Religionsunterrichts bzw. universitärer Theologie und Religionswissenschaft verschwindend gering ist[3]. Selbst im Falle der Wahrnehmung durch andere Fächer oder Disziplinen werden solche Inhalte dann an den Religionsunterricht bzw. die Theologie delegiert als »deren« Arbeitsgebiet.
- Erfahrungen gelebten Glaubens (z.B. Gemeinschaft, »Vor-Bilder«, Sinnstiftung in Lebenskrisen) können bei vielen Studierenden oder Lehrkräften ebenso wenig als selbstverständlich vorausgesetzt werden wie religiöses Grundwissen (z.B. christliche Symbole oder Bräuche, allenfalls – bei aller Problematik – in Verbindung mit Passageriten)[4], im Hinblick auf andere Religionen herrscht meist der Eindruck einer »Erstbegegnung« vor.
- Die Zahl der Studierenden, die sich für Theologie oder Religion als Unterrichtsfach entscheiden, ist in den letzten Jahren rückläufig. Selbst bei ihnen sind das Verständnis von Religiosität als auch von Glaubenserfahrungen äußerst unterschiedlich und scheinen in ihrer Heterogenität zuzunehmen (Stichworte: Individualisierung des Glaubens, Patchwork-Identität, abnehmende Bindungskraft der Kirchen).

Kurzum: Die eingangs zitierte Fundamentalkritik am bundesdeutschen Bildungswesen legt den Finger zwar in eine Wunde, der »Fall« als solcher ist jedoch komplexer.

Erklärungs- und Deutungsversuche

- Das Innovations- und Reformpotenzial innerhalb der akademischen Religionsdidaktik, das zweifelsohne vorhanden ist, (Fauth 2000, 95-128; Rothgangel 2003, 51-75) scheint sich in einer Fülle verschiedener, teilweise divergierender, Ansätze zu neutralisieren. Die zunehmende Kom-

3 Diese Schwierigkeit zeigt sich exemplarisch daran, wie schwer man sich im säkularisierten Europa mit dem sozio-politisch-religiösen Phänomen des sog. islamischen Fundamentalismus tut.

4 Die Rede vom »Traditionsabbruch« und einer zunehmenden Distanz zu verfasster Religiosität scheint auch für jene Studierenden zuzutreffen, deren Eltern aus muslimischen Milieus stammen. Deswegen führt die leichtgläubige Annahme, wer aus einer türkischen Familie stamme, sei prädestiniert als Partner für interreligiöses Lernen, schnell ins Leere.

plexität des Handlungsfeldes, die auch die Elementarisierungsdiskussion nicht entscheidend in den Griff bekam, lässt interreligiöses Lernen nur als eines unter vielen Konzepten erscheinen. Die Reformbereitschaft theologischer »Kern«-Disziplinen wird demgegenüber nicht als besonders ausgeprägt angesehen. [5]

- Der Legitimationsdruck, dem sich Theologie und Religionspädagogik in der Hochschullandschaft ebenso ausgesetzt sehen wie der Religionsunterricht in der Schule, führte zwar dazu, dass die Verantwortung und Mitwirkung der Kirchen im öffentlichen Bildungswesen immer wieder neu formuliert werden[6] (Kirchenamt der EKD 1997); dies führte zu einer Profilierung und Positionierung, die aber anscheinend einer interreligiösen Öffnung hinderlich war.
- Das Verhältnis von Religionswissenschaft und Religionspädagogik darf gemeinhin als eher spannungsvoll und widersprüchlich bezeichnet werden (Löhr 2003, 251). Infolgedessen gibt es bisher kaum weit reichende und fruchtbare Allianzen im didaktischen Feld.[7]
- Religionswissenschaft und Religionspädagogik werden beide im Kanon der theologischen Disziplinen nicht unbedingt zum wesentlichen Kernbestand[8] gerechnet. »Insbesondere besteht im Blick auf das Verhältnis von Fachwissenschaft und Fachdidaktik ein Vermittlungsproblem«. (Kirchenamt der EKD 2001; auch findet sich mit keinem Wort die interreligiöse Dimension erwähnt nach: http://www.ekd.de/studium_bildung/5746.html)
- Die »Randständigkeit« von Religionswissenschaft und Religionspädagogik wird noch dadurch verstärkt, dass eine Anbindung an benachbarte »fachfremde« Disziplinen schwierig bzw. das Interesse anderer Wissenschaftszweige an dem, was vermeintlich theologisch ist, derzeit als äußerst gering bezeichnet werden kann.
- Die (post)moderne Distanz bzw. Abstinenz gegenüber verfasster Religiosität stellt interreligiöse Erziehung insofern in Frage, als nicht von einer eindeutigen Bezugsreferenz der Lehrenden und Lernenden aus-

---

5 Ausnahmen bestätigen die Regel, so z.B. Spiegel 2003. Hingegen kommt das interreligiöse Moment in manchen Entwürfen nur am Rande vor, so z.B. Fauth/Bubenheimer 2000.

6 Hier werden durchaus interreligiöse Zusammenhänge thematisiert.

7 Ähnliches hat Ulrike Brunotte für den Bereich der Studiengänge »Ethik als Schulfach« festgestellt (Brunotte 2000, 71-93). Interessanterweise arbeitet sie auch heraus, dass die Religionswissenschaft seitens der Philosophie als (selbst ernannte) Leitwissenschaft dieses Faches lediglich als »Hilfswissenschaft« betrachtet wird.

8 Die marginale Rolle interreligiösen Lernens zeigt sich z.B. auch darin, dass sich in der 2004 für das Internet aktualisierten Fassung »Studium der Evangelischen Theologie. Zur Vorbereitung auf den Pfarrberuf« *(EKD-Texte 28),* weder die Begriffe »interreligiös« oder »Religionen« noch »Islam« oder »Buddhismus« finden.

gegangen werden kann (Was ist das »Eigene«, das in der Begegnung mit dem »Fremden« entdeckt oder gar bereichert werden kann?).

- Die als »religiöse Desozialisierung« wahrgenommene Religiosität von Schüler/innen wie auch von Studierenden führt oftmals – kurzschlüssig – zur Konzentration auf das vermeintlich »Wesentliche« der christlichen Religion unter Ausblendung »randständiger Themen« wie andere Religionen.

Zwischenreflexion

Um die vorfindlichen Ergebnisse im Horizont interreligiösen Lernens deuten zu können, möchte ich das zu Grunde liegende Verständnis in seinen Implikationen für die hier zu verhandelnde Thematik kurz skizzieren:

Interreligiöses Lernen ist

- *mehr als »interkulturelles Lernen«*, indem der je spezifische Bereich des Religiösen bzw. des Glaubens zur Sprache kommt.[9]
- *mehr als »bloße Wissensvermittlung«*, d.h., Fakten bedürfen sowohl einer personalen als auch einer phänomenologischen Kontextualisierung. So wichtig korrekte Informationen sind, ohne die Herstellung persönlicher Relevanz werden handlungsleitende Impulse ausbleiben.
- *mehr als ein »neutrales« Lernen über andere Religionen* (wie teilweise von manchen Religionswissenschaftlern gefordert), sondern vielmehr geprägt durch wechselseitige Perspektivität und/oder den authentischen Austausch mit Angehörigen anderer Religionen (Begegnungsdidaktik), da die Grundform interreligiösen Lernens der »Dialog« ist.[10]

Diese Eingrenzung und Schwerpunktsetzung ist deshalb vonnöten, weil sich das Konzept interreligiösen Lernens seit Anfang der 1990er-Jahre recht großer Zustimmung erfreut und als didaktisch programmatische Aussage in

9 Gute Ansätze schließen nicht automatisch spezifisch Religiöses mit ein; vgl. z.B. Arbeitsstelle Interkulturelle Pädagogik (Uni Münster) http://www.uni-muenster.de/InterkulturPaedagogik/ oder »HOPIKOS« Hochschulübergreifendes Projekt zur Förderung der Interkulturellen Kompetenz von Studierenden, http://www.rrz.uni-hamburg.de/HOPIKOS/index.html.

10 Vgl. Rickers 2001 Sp. 875. »Es ist auffällig u. symptomatisch zugleich, dass dieser Begriff in der did. Lit. u. den amtlichen Unterlagen zum Schulfach RE [Religious Education] nicht begegnet (Bauer 1996, 141).« Trotz prinzipieller Zustimmung zur hier geäußerten Kritik bedarf es des Hinweises auf meine Arbeit »Dialog mit pädagogischen Konsequenzen« (1993), in der ein umfassendes und »didaktisiertes« Verständnis von Dialog entwickelt wird, nebst entsprechenden Perspektiven für den Unterricht (vgl. Anm. 1).

kaum einem Ansatz innerhalb der deutschen Religionspädagogik fehlt. Erst recht im Gefolge des »11. September« wird auch von (bildungs-)politischer Seite wenigstens ein breiteres Wissen über den Islam gefordert und Maßnahmen hierzu gefördert.[11] Reicht das wirklich aus?

Legt man allerdings das oben angedeutete Verständnis interreligiösen Lernens zu Grunde, dann klaffen Programmatik, Anspruch und Wirklichkeit im Hochschulbereich bzw. in der Lehrerbildung oftmals auseinander, selbst wenn man nicht der verabsolutierenden Definition von Rickers folgt, dass interreligiöses Lernen nur dort möglich sei, »wo sich Mitglieder verschiedener Religionen tatsächlich in der täglichen Lebenspraxis begegnen und wo sie Gelegenheit haben, sich über ihren Glauben auszutauschen« (Lexikon der Religionspädagogik). Festzustellen bleibt dennoch, dass nicht alles als interreligiöses Lernen angesehen werden kann, was als solches deklariert wird.

Entwicklungsperspektiven und Beispiele guter Praxis

Auch wenn man interreligiöses Lernen mehr als Lerndimension ansieht, die in allen Fächern und Disziplinen eingelöst werden kann, möchte ich doch das Augenmerk auf theologische und benachbarte Disziplinen richten. Hinzu kommt eine weitere Konzentration, nämlich auf die Lehrerbildung, weil dort am ehesten interessante Befunde zu erwarten sein sollten und Lehrkräften auf Grund ihrer Multiplikatorenfunktion eine besondere Bedeutung zukommt.

Einige grundsätzliche Bemerkungen müssen jedoch noch vorausgeschickt werden, wie sich die Religionenthematik in das Studium integrieren lässt:

- Die Ebenen der Kenntnisse, Überzeugungen und Einstellungen sowie des Handelns im Feld der Religionen müssten in ihrer jeweiligen Besonderheit und Verflochtenheit im Sinne eines »Grundcurriculums« zur Geltung kommen.
- Ergänzt werden könnte dies durch religionsübergreifende thematische Angebote (z.B. spirituelle Themen oder auch z.B. die Friedensfrage, die Rolle der Frau usw.) sowie die Verhältnisbestimmungen von Religion(en) und pluraler, demokratischer Gesellschaft.
- Wesentlich ist, dass die eigene Standortfindung gefördert und authentische Begegnung, Verständigung und Kooperation gesucht wird.

11 Auch der Dialog v.a. der zwischen der »arabischen Welt« und »dem Westen« steht hoch im Kurs (z.B. www.quantara.de).

Beispiel 1: Weltethos mit »Fachfremden«

Im Rahmen aller bayerischen Lehramtsstudiengänge ist im erziehungswissenschaftlichen Grundstudium ein theologisch/philosophischer Pflichtanteil (6 Semesterwochenstunden, 1 »Schein«) abzuleisten. Mein Angebot eines Seminars zum Thema »Das ›Projekt Weltethos‹ in Erziehung und Unterricht« wurde von 30 Interessierten aus diesem Studienbereich wahrgenommen; es handelte sich also ausschließlich um »Fachfremde«. Bereits die ersten Sitzungen zeigten ein hohes persönliches Interesse an Religionen, eher etwas geringer fiel es für das Christentum aus. Deswegen bestand die nächste Phase in einer weitgehend selbsttätigen Gruppenarbeit über ein paar Wochen hinweg, in der Grundinformationen über verschiedene nichtchristliche Religionen, insbesondere deren Ethik/Ethos gesammelt und zur Präsentation aufbereitet wurden. Neben der Nutzung einer umfangreichen Bibliothek sollten dazu auch Angehörige dieser Religionen befragt werden, damit sich deren Selbstverständnis in den Ausführungen wiederfände. Die Präsentationen zeitigten eindrucksvolle Ergebnisse und eröffneten gleichzeitig intensive Gespräche über das eigene Ethos sowie über den christlichen Glauben in Geschichte und Gegenwart.

Von den Studierenden her wurde das Interreligiöse in diesem Kontext zu einem religionshermeneutischen Moment, d.h., es kam durch die Aufklärung über das andere teilweise zur Selbstaufklärung.

Beispiel 2: Von der Kirchenraumpädagogik zur Moscheepädagogik

Bedingt durch die Einrichtung eines Studienganges »Islamische Religionslehre« an der Universität Erlangen/Nürnberg, können Teilnehmende an diesem Studiengang auch Leistungsnachweise in didaktischen Lehrveranstaltungen von evangelischer bzw. katholischer Religionspädagogik erwerben. Ein Seminar zu methodischen Grundfragen wurde gleich von mehreren Muslimen und Muslimas besucht und eine muslimische Gruppe entschied sich bei der Aufgabenverteilung für das Thema »Kirchenraumpädagogik«. In den Vorgesprächen reifte dann allerdings gemeinsam der Gedanke, dieses Thema in ein neues überzuführen, nämlich in »Moscheepädagogik«. In der Vorbereitung lernten die muslimischen Teilnehmenden »en passant« einiges über das Christentum, weil sie sich Konzepten auseinander setzen mussten, die christliche Glaubensformen (Kirche, Kirchenraum, sakrale Kunst) zum Sprechen bringen wollen. Andererseits lernten die künftigen evangelischen Religionslehrkräfte Unmittelbares bei der »Erkundung« der Moschee, noch dazu im persönlichen Bezug, wodurch sich auch die Wahrnehmung der anderen veränderte.

Leimgrubers Phasen eines interreligiösen Lernprozesses erwiesen sich zwar in ihrer Abfolge nicht als zwingend, zur Reflexion des Prozesses waren sie jedoch sehr hilfreich: »a) religiöse Zeugnisse anderer Religionen wahrnehmen;

b) religiöse Phänomene aus ihrem Kontext deuten; c) personale oder mediale Begegnungen initiieren; d) sich persönlich und existenziell auseinander setzen; e) die bleibende Fremdheit akzeptieren und respektieren.« (Leimgruber 2002, 5-16) Auch für mich als Lehrenden eröffnete sich ein neues Lernfeld.

In beiden Beispielen zeigt sich erneut die Bedeutung des religiösen Selbstverständnisses für interreligiöse Lernprozesse, unabhängig davon, ob jede Religion personal repräsentiert ist. Es ist in vierfacher Hinsicht relevant, nämlich im *eigenen Selbstverständnis* (autochthones Selbstbild), im *Verständnis des anderen von sich selbst* (allochthones Selbstbild), im *eigenen Verständnis des anderen* (autochthones Fremdbild) und im *Verständnis, das der andere von mir hat* (allochthones Fremdbild).

Unter institutionellen Gesichtspunkten ist das Handlungsfeld interreligiöses Lernen auch von der Hochschule her zu betrachten. Auch hier finden sich einige nachahmenswerte Beispiele[12]:

- An der Universität Duisburg wurde die *Arbeitsstelle interreligiöses Lernen (AiL)* eingerichtet[13]: Sie verfolgt neben dem Ziel, Seminarteilnehmende mit unterschiedlichen religiösen, konfessionellen und weltanschaulichen Bindungen zum gemeinsamen Lernen zu befähigen, auch institutioneller Ansprechpartner in interreligiösen Fragen zu sein. Darüber hinaus werden z.B. Konzepte interreligiösen Lernens (z.B. integrierte Lehrerausbildung im Bereich ethisch-religiöser Bildung in NRW) entwickelt und in Schule und Öffentlichkeit vermittelt. (Siedler 2001)
- An der Westfälischen Wilhelms-Universität Münster wurde ein *Centrum für Religiöse Studien* eingerichtet, das der religionswissenschaftlichen Forschung und Lehre an der WWU dienen soll, insbesondere der Vertiefung und Ausarbeitung von interreligiösen sowie interkulturellen Fragestellungen und Forschungsperspektiven.
- Die Universität Osnabrück bereitet ein *Weiterbildungs- und Ausbildungsprogramm* für islamische religionspädagogische Lehrkräfte in Zusammenarbeit mit der Universität Erfurt (Lehrstuhl für Islamwissenschaft) und Theologischen Fakultäten in islamischen Ländern vor.
- An der *Universität Hamburg* wird eine »*Akademie der Weltreligionen*« etabliert, geplant mit Lehrstühlen für islamische und jüdische Theologie sowie für Buddhismus. Damit soll ein weites Spektrum der Weltreligionen universitär zugänglich und bearbeitbar gemacht werden. Das Institut soll dialogorientiert Kooperationen mit den bestehenden Fachbereichen suchen und den Studierenden eine wissenschaftliche Ausbildung ermöglichen.

12 Eine Fundgrube hierzu bieten die verschiedenen Bände von »Religionen im Gespräch« (RIG), hg. von Kirste/Schwarzenau/Tworuschka. Deren Inhaltsverzeichnisse finden sich unter: http://www.interrel.de/inter.htm.

13 Nähere Informationen finden sich im Internet unter http://www.uni-duisburg.de/FB1/THEO/42139siedlerartail.htm und http://www.uni-duisburg.de/FB1/THEO/372ailstellungn20001.htm.

- In einen noch weiteren Kontext stellt Patrice C. Brodeur vom *Connecticut College, New London* (USA) die Möglichkeiten interreligiösen Lernens von- und miteinander im *Kontext des universitären Campus* (Brodeur 2005), wobei er differenziert zwischen curricularen, co-curricularen und extra-curricularen Handlungsfeldern, in denen sich interreligiöse (Handlungs)Spielräume eröffnen lassen.

Fazit und Schluss

Unbestritten ist weithin die *Notwendigkeit religionswissenschaftlicher bzw. interreligiöser Inhalte* (Information – Erklärung – Aufklärung – Orientierung – Horizonterweiterung – Toleranz) im schulischen RU und infolgedessen auch in der Lehrerbildung (vgl. dazu auch Lähnemann 2005).

Interkulturelle Bildung sowie interreligiöses Lernen müssen somit als *Pflichtbereich* in den Lehramtsstudiengängen verankert werden.[14]

Gerade die Diskussionen um die Reform der Lehrerbildung (vgl. z.B. Konferenz der Vorsitzenden Fachdidaktischer Gesellschaften o.J. [1998], 21-26; Oelkers 2000), den Stellenwert der (Fach)Didaktik (Konferenz der Vorsitzenden Fachdidaktischer Gesellschaften o.J. [1998], 31-34), Bildungsstandards (Thema »Religiöse Grundbildung« in: Theo-Web. Zeitschrift für Religionspädagogik, 2 (2003), H. 2 und 3 (2004), H. 1) und Stand des Religionsunterrichts im öffentlichen Bildungswesen sind eine Chance, Kompetenzen für interreligiöses Lernen in die Reform-Debatte einzubringen.

Besondere Möglichkeiten ergeben sich an jenen Standorten, an denen Studiengänge für das Fach »Islamischer RU« (vgl. Lähnemann 2004, 49-64) eingerichtet werden, da dort modellhaft leibhaftig und wahrhaftig in einen interreligiösen und interdisziplinären Dialog eingetreten werden kann.

---

14 »Offensichtlich ist ein Zustand, wo es nur fakultative Angebote gibt, oft innerhalb der Fächer marginalisiert, unbefriedigend. Das Gleiche gilt für das bloße Angebot von Zusatzqualifikationen und Zusatzstudiengängen. Eine Vorbereitung auf die schulische Wirklichkeit wie auf ein Bildungsziel, in dem interkulturelle Kompetenzen eine zentrale Dimension darstellen, kann nur als Pflichtbereich organisiert werden.« »Sein Ort wäre derjenige Studienanteil, der in den einzelnen Bundesländern unter unterschiedlichen Bezeichnungen firmiert und das Fachstudium durch gesellschafts- und erziehungswissenschaftliche Grundkenntnisse ergänzt. Die mit Interkultureller Bildung gemeinten Wissens- und Fähigkeitsbereiche wären also einerseits fachwissenschaftlich in verschiedenen Disziplinen zu verankern, andererseits interdisziplinär in diesen Kernbereich der Lehrerausbildung zu integrieren.« Geiger o.J. nach: http://www.kmk.org/doc/publ/Lerngemeinschaft_5.pdf.

Interreligiöse Elemente dürfen aber nicht als Additivum zu den bisherigen Studieninhalten gesehen werden, sondern als integrierendes und verbindendes Moment; sie in das Studium zu implementieren könnte bedeuten, dass

- durch die Auseinandersetzung mit »Anderem« die Relevanz von Studieninhalten für die eigene Person erkannt wird
- durch die Möglichkeit eigene Erfahrungen zu sammeln ein Prozess angestoßen wird, der zu einer Herauskristallisierung des »Eigenen« führt, über die die Begegnung mit dem »Anderen« führen kann
- die »spirituelle Kompetenz« künftiger (Religions)Lehrkräfte gestärkt wird, indem sich Möglichkeiten eröffnen, der eigenen Spiritualität eine bestimmte Form zu verleihen
- das Angebot von Theologie und christlichem Glauben im Horizont verschiedener Religionen als etwas erkannt wird, was mich (Personorientierung) als (Religions)Lehrkraft »unbedingt angeht« und immer wieder neu (Entwicklungsaspekt) entdeckt werden kann (vgl. Haußmann, D. und W. 2001, 396-406, 405f.).

Insgesamt wäre auch die Hochschule als »Haus des Lebens«[15] zu gestalten; »Schulkultur« zu pflegen ist inzwischen eine selbstverständliche Forderung, »Hochschulkultur« wäre eine Aufgabe künftiger Hochschulentwicklung, für die insbesondere die Religionspädagogik einen wertvollen Beitrag nicht nur durch interreligiöses Lernen leisten könnte.

Haben wir Alternativen? Ich schließe mich Nash an, der für amerikanische Universitäten konstatiert:

»My somewhat dramatic contention is that *religious pluralism, if left unattended, is a phenomenon that in the future will threaten to divide students, faculty, and administrators in a way that makes all the other campus divisions look tame by comparison.*« (Nash 2001, 30, Hervorhebung im Original)

Zum Weiterlesen

Brodeur, Patrice C., Interreligious Dialogue on University Campuses: A Means towards Education for Global Responsibility, erscheint in: Lähnemann, Johannes (Hg.), Bewahrung – Entwicklung – Versöhnung. Religiöse Erziehung in globaler Verantwortung, Hamburg 2005.

Lähnemann, Johannes, Orientierungswissen Religionswissenschaft (IX.), in: TLL-Oberstufe, Göttingen 2005.

15 Der »Beitrag der religiösen Bildung zum ›Haus des Lebens und Lernens‹ gehört in das Schulprogramm jeder einzelnen Schule. Die verantwortliche Gestaltung des schulischen Miteinanders ist eine grundlegende Voraussetzung demokratischer Systeme.« (Kirchenamt der EKD 2000, 6)

Literatur

Biener, Hansjörg, Herausforderungen zu einer multiperspektivischen Didaktik. Eine Problemdarstellung anhand einer Lehrplananalyse über die Berücksichtigung des Islam im Religions-, Ethik- und Geschichtsunterricht (Habilitationsschrift Nürnberg 2004).

Brunotte, Ulrike, Religionswissenschaft im Studiengang bzw. Schulfach Ethik/Philosophie – eine produktive Allianz? Dokumentation und Perspektiven, in: Fauth, Dieter/Bubenheimer, Ulrich (Hg.), Hochschullehre und Religion – Perspektiven verschiedener Fachdisziplinen, Würzburg 2000, 71-93.

Fauth, Dieter, Personalisation als Ziel der Hochschuldidaktik in der Religionspädagogik, in: Fauth, Dieter/Bubenheimer, Ulrich (Hg.), Hochschullehre und Religion – Perspektiven verschiedener Fachdisziplinen, Würzburg 2000, 95-128.

Geiger, Klaus, Interkulturelle Bildung im Rahmen der Lehreraus- und -fortbildung, in: KMK-Konferenz ›Lerngemeinschaft‹. Das deutsche Bildungswesen und der Dialog mit den Muslimen. Forum 2: Islam in der Lehrerbildung, nach: http://www.kmk.org/doc/publ/Lerngemeinschaft_5.pdf.

Haußmann, Werner, Dialog mit pädagogischen Konsequenzen? Perspektiven der Begegnung von Christentum und Islam für die schulische Arbeit; ein Vergleich der Entwicklungen in England und der Bundesrepublik Deutschland, Hamburg 1993.

Haußmann, Dorothea und Werner, Glauben erfahren – Spirituelle Elemente in der Ausbildung von ReligionslehrerInnen, in: Lähnemann, Johannes (Hg.): Spiritualität und ethische Erziehung. Erbe und Herausforderung der Religionen, Hamburg 2001.

Kirchenamt der EKD (Hg.), Im Dialog über Glauben und Leben, Zur Reform des Lehramtsstudiums Ev. Theologie/Religionspädagogik, Gütersloh 1997.

Kirchenamt der EKD (Hg.), Religion in der Grundschule. Eine Stellungnahme des Rates der Evangelischen Kirche in Deutschland, Hannover 2000.

Kirchenamt der EKD, Zur Fortführung der Reform des Lehramtsstudiums Evangelische Theologie/Religionspädagogik. Vorschläge der Gemischten Kommission zur Reform des Theologiestudiums vom August 2001.

Kirste, Reinhard/Schwarzenau, Paul /Tworuschka, Udo (Hg.), Religionen im Gespräch, Bde. 1-7, Balve 1990-2002.

Konferenz der Vorsitzenden Fachdidaktischer Fachgesellschaften (KVFF) (Hg.), Fachdidaktik in Forschung und Lehre. Kiel o.J. (1998). (www.sowi-onlinejournal.de/lehrerbildung/kvff-l.htm).

Kwiran, Manfred/Schreiner, Peter/Schultze, Herbert (Hg.), Dialog der Religionen im Unterricht. Theoretische und praktische Beiträge zu einem Bildungsziel, Münster 1996.

Lähnemann, Johannes: Nach langem Anlauf – endlich islamischer Religionsunterricht?, in: Verkündigung und Forschung 49 (2004) H.1, 49-64.

Leimgruber Stephan, Die gesellschaftliche und religionspädagogische Bedeutung interreligiösen Lernens, in: Renz, Andreas/Leimgruber, Stephan (Hg.), Lernprozess Christen Muslime: Gesellschaftliche Kontexte – Theologische Grundlagen – Begegnungsfelder, Forum Religionspädagogik interkulturell 3, Münster 2002.

Löhr, Gebhard: Die Bedeutung der Religionswissenschaft für die Religionspädagogik, in: Ohlemacher, Jörg: Profile des Religionsunterrichts, Frankfurt a.M. 2003, 251-256.

Nash, Robert J., Religious Pluralism in the Academy. Opening the Dialogue, Studies in Education and Spirituality 2, New York u.a. 2001.

Oelkers, Jürgen. Studium als Praktikum? Illusionen und Aussichten der Lehrerbildung, in: sowi-onlinejournal 0 (2000) (http://www.sowi-onlinejournal.de/lehrerbildung/oelkers.htm).

Rickers, Folkert, Interreligiöses Lernen, Lexikon der Religionspädagogik, Neukirchen 2001, Bd. 1, Sp. 874-881.

Rothgangel, Martin, Im Kern verrottet. Anmerkungen zum unterschätzten Reformpotenzial der Fachdidaktiken, in: Hunze, Guido/Müller, Klaus, TheoLiteracy. Impulse zu Studienreform – Fachdidaktik – Lehramt in der Theologie, Münster 2003, 51-75.

Siedler, Dirk Christian, Arbeitsstelle interreligiöses Lernen (AiL), in: Lexikon der Religionspädagogik Bd. 1, Sp. 72f., Neukirchen 2001.

Spiegel, Egon, »Lehramt Theologie – das Studium kannste vergessen!« Berufseffizient elementarisieren – ein hochschuldidaktischer Orientierungsrahmen, Vechtaer Beiträge zur Theologie Bd. 7, Kevelaer 2003.

Theo-Web. Zeitschrift für Religionspädagogik, 2 (2003), H. 2.

Theo-Web. Zeitschrift für Religionspädagogik, 3 (2003), H. 1.

Vinzent, Markus, Europäische Identität und kultureller Pluralismus. Eine Studie zu Curricula, Schulbüchern und Unterricht in Geschichte, Sprache und Religion in acht europäischen Ländern, in: Herbert-Quandt-Stiftung, Interkulturelles Schulwissen und europäische Identität. Dokumentation der internationalen Konferenz vom 24. Juni 2003 in Berlin, Bad Homburg 2004, 38-49.

Bernd Schröder

Interreligiöses Lernen als Herausforderung der Religionspädagogik

Welche Auswirkungen haben die Praxis oder das Desiderat interreligiösen Lernens für die Religionspädagogik als wissenschaftliche Disziplin? Worin bestehen die Herausforderungen für die Religionspädagogik durch dieses Themenfeld? Auf der Grundlage eines Verständnisses von Religionspädagogik als Theorie der Praxis wird nach Kompetenzen, Wissensbeständen und Methoden gefragt, die sich die Religionspädagogik erarbeiten muss, um eine sachgemäße und weiterführende Theorie interreligiösen Lernens entwerfen zu können.

Während mehrerer Aufenthalte in Israel recherchierte ich vor einigen Jahren Literatur und Gesprächspartner zum Thema »jüdische Erziehung in den Schulen des Staates Israel«. Durch die Begegnungen mit Hochschullehrenden, aber durchaus auch durch die Auseinandersetzung mit Texten (in fremder, in diesem Fall: hebräischer Sprache) wurde mir u.a. bewusst, dass eine wissenschaftliche Disziplin »Religionspädagogik« (bzw. ein Äquivalent) außerhalb Deutschlands und außerhalb der beiden christlichen Konfessionskirchen hier zu Lande keineswegs selbstverständlich ist, dass diejenigen, die in Israel im Rahmen akademischer Studien über jüdische Erziehung nachdenken, zwar mit (z.T.) verwandten Fragestellungen, aber anders ausgeprägten Phänomenen zu tun haben und darüber nicht zuletzt einen eigentümlichen Stil der Rechenschaftsablage über ihr Nachdenken entwickeln. Fraglos vollzog sich so ein interreligiöser Lernprozess; ein Prozess freilich, dessen Ergebnisse abstrakt erscheinen mögen, weil sie sich gewissermaßen aus der *Praxis der* religionspädagogischen *Theorie* (-bildung) ergaben – um interreligiöses Lernen auf *dieser* Ebene soll es in diesem Beitrag gehen.

Zu Grunde liegt den folgenden Überlegungen ein Verständnis von Religionspädagogik als Theorie der Praxis. Konkret: Interreligiöses Lernen findet ja bereits statt; es geht der Theoriebildung in der Regel voraus. Religionspädagogik hat diese vorgängige Praxis wahrzunehmen, methodisch ausgewiesen zu beschreiben, einzuschätzen, ggf. zu kritisieren und bestenfalls handlungsorientierende Vorschläge für eine gute oder eben: bessere Praxis zu unterbreiten (vgl. dazu Schröder 2004, 312f.). So ergibt sich im Blick auf interreligiöses Lernen folgende Leitfrage: Welche Kompetenzen, Wissensbestände, Methoden muss sich die Religionspädagogik erarbeiten, um eine sachgemäße und weiterführende Theorie interreligiösen Lernens zu entwerfen?

Im Wesentlichen skizziert der Beitrag dementsprechend Aufgaben zukünftiger Religionspädagogik (Abs. 2); er setzt jedoch ein mit einem problembezogenen Rückblick und einer Bestandsaufnahme, die erhellen sollen, seit wann und in welcher Dichte Religionspädagogik sich des Themas »Interreligiöses Lernen« annimmt (Abs. 1).

Interreligiöses Lernen als *bisheriges* Thema der Religionspädagogik

Schaut man auf die Theoriegeschichte der Religionspädagogik evangelischer und katholischer Provenienz in Deutschland, so steht »interreligiöses Lernen« erst seit kurzem auf ihrer Agenda. Zu einem *terminus technicus* beginnt diese Wendung erst seit Ende der 80er-Jahre zu werden. Programmatische Ausarbeitungen, d.h. solche, die den Begriff explizit hervorheben und konzeptionell entfalten, sind erst Mitte der 90er-Jahre des 20. Jahrhunderts erschienen, namentlich aus der Feder der Religionspädagogen Stephan Leimgruber (1995) und Johannes Lähnemann (1998). Beide Autoren markieren als Spezifikum interreligiösen Lernens das Moment des Lernens »durch den gelebten Dialog« (Leimgruber 1995, 13; Lähnemann 1998, 28) bzw. in der »Begegnung« mit Angehörigen nichtchristlicher Religionen.

Sie betonen allerdings zugleich den Zusammenhang zwischen einem so verstandenen *interreligiösen* Lernen und *anderen* Formen des Lernens über und von nichtchristliche(n) Religionen,[1] die bereits eine längere Tradition haben. In der Tat vermögen religionspädagogische Entwürfe interreligiösen Lernens in anknüpfender oder kritischer Weise auf verschiedene religionsdidaktische, theologische und allgemein-pädagogische Traditionen zurückzugreifen. Zu nennen sind vor allem

- die Tradition des Unterrichts über »Weltreligionen«, vor allem im schulischen Religionsunterricht, die sich cum grano salis bis zu Jan Amos Comenius zurückverfolgen lässt (dazu immer noch Tworuschka 1983, rekapituliert bei Lähnemann 1998, 53ff.; sowie Kwiran/Schreiner/Schultze 1996),
- die rechtliche und didaktische Entwicklung zumindest des evangelischen Religionsunterrichts, der zum Teil seit 1974, prinzipiell seit 1994 offen ist für die Teilnahme von nicht-evangelischen Schülerinnen und Schülern[2] und programmatisch auf die doppelte Zielsetzung »Identi-

1 Als hilfreich erweist sich die Unterscheidung zwischen »learning about« und »learning from religion«, die auf Michael H. Grimmitt zurückgeht und in den »Model Syllabuses for Religious Education« der »School Curriculum and Assessment Authority« (SCAA) aus dem Jahr 1994 programmatische Bedeutung gewann.

2 Diese Öffnung galt zunächst nur für die Sekundarstufe II; als allgemeiner Grundsatz hervorgehoben wird sie in der Stellungnahme »Religiöse Bildung in der

tät[sförderung] und Verständigung« verpflichtet ist (Kirchenamt der EKD 1994),

- das Anliegen des Ökumenischen Lernens, das im Ökumenischen Rat der Kirchen »seit den 50er-Jahren« formuliert wurde und seitdem an verschiedenen Lernorten praktiziert wird (zuletzt ausführlich Böhm 2001),
- die Bewegung hin zur Kooperation und zum theologischen Dialog mit nichtchristlichen Religionen in der Ökumenischen Bewegung wie auch – seit dem Zweiten Vatikanum – in der Leitung der Katholischen Kirche,
- die Wiederentdeckung und systematisch-theologische Entfaltung des Themas »Theologie der Religionen« seit den 80er-Jahren, (siehe Feldtkeller 1999 sowie Bernhardt in diesem Band),
- Erfahrungen bilateralen Lernens vor allem im Christlich-jüdischen Gespräch, später auch in christlich-muslimischen Begegnungen (vgl. etwa Kriener/Schröder 2004; Renz/Leimgruber 2002),
- der Seitenblick auf die Praxis religiösen Lernens in Schulen *anderer europäischer Länder*, insbesondere in England und den Niederlanden, die früher und intensiver als in der Bundesrepublik interreligiös geprägt war (siehe Brown in diesem Band),
- und die Entdeckung inter*kulturellen* Lernens als Dimension des (allgemein-) pädagogischen Handelns in Schule, Jugendarbeit u.Ä. (dazu exemplarisch Auernheimer 2003).

Diese Impulse sind keineswegs alle gleichsinnig, gleichwohl aber wegbereitend gewesen, um die Aufmerksamkeit wissenschaftlicher Religionspädagoginnen und Religionspädagogen auf Lernprozesse zu lenken, die zwischen Angehörigen verschiedener Religionsgemeinschaften in Gang kommen (sollten). Gewiss handelt es sich beim Lernen *in der leibhaftigen Begegnung mit* Angehörigen anderer Religionen um ein qualitativ anderes und – in mancherlei Hinsicht – »anspruchsvollere[s]« Lernarrangement als beim Lernen *über* oder *von* anderen Religionen mit Hilfe von Medien (Texten, Gegenständen, Bildern, Filmen, multimedialen Selbstpräsentationen oder auch elektronischer Kommunikation), doch scheint eine »strikt[e]« Unterscheidung zwischen beiden Formen[3] nur schwer möglich zu sein: Lernen in der Begegnung setzt Lernen *über* voraus und führt umgekehrt auch wieder dorthin. Zudem sind die Grundsätze der Authentizität und des selbstbestimmten, eigenaktiven Lernens sowie das Selbstverständnis von Lehrenden als Mitlernende hier

Schule» der EKD-Synode vom 25. Mai 1997 (Punkt 4). Die katholische Kirche hält demgegenüber an der katholischen »Trias» Lehrer – Schüler – Inhalte fest, nachdrücklich etwa in ihrer Stellungnahme »Die bildende Kraft des Religionsunterrichts« vom 27. September 1996.

3 Eben diese strikte Differenzierung betont Rickers 2001, Sp. 875.

wie dort zur Geltung zu bringen. Als *differentia specifica* des interreligiösen Lernens (das dieser Ansatz freilich mit dem Ökumenischen Lernen teilt) bleibt das Moment des face-to-face-Dialogs und der leibhaftigen Begegnung einerseits, das Moment der persönlichen Positionalität und des commitment der Beteiligten andererseits.

Im deutschen religionspädagogischen Diskurs ist über *interreligiöses Lernen* bisher vor allem *im Blick auf den Lernort »Schulischer Religionsunterricht«* nachgedacht worden; dabei kreist die Diskussion in erster Linie um dessen angemessene organisatorisch-didaktische Gestalt solchen Lernens. Insbesondere drei Konzeptionen stehen konkurrierend nebeneinander:

Die erste Konzeption behält den herkömmlichen konfessionellen Religionsunterricht als Form bei, möchte diesen aber »ökumenisch und interreligiös offen« gestalten. Der Unterricht wird also »in Übereinstimmung mit den Grundsätzen« derjenigen Religionsgemeinschaft erteilt, die für ihn (mit-) verantwortlich zeichnet; allerdings wird der Rahmen des durch Art. 7.3 GG abgesteckten Rechtsraumes möglichst vielgestaltig und weitgehend »für interkonfessionelle und interreligiöse Verständigung und Kooperation« genutzt (so Lähnemann 1998, Zitate 292 und 294, sowie Leimgruber 1995, 61-63).

Das zweite Konzept sieht einen dauerhaft »nicht nach Religionen und Konfessionen getrennte[n]« sog. »Religionsunterricht für alle« vor. Dieser verortet sich ebenfalls »auf der Basis von Art. 7.3 GG«, versteht den zentralen Passus dieses Grundgesetzartikels allerdings in der Weise, dass Religion »in Übereinstimmung mit den Grundsätzen« nicht nur einer Religionsgemeinschaft, sondern all derjenigen Religionsgemeinschaften erteilt werden sollte, die im jeweiligen Unterricht thematisiert werden bzw. sogar repräsentiert sind. Nicht nur die Schülerinnen und Schüler dürfen und sollen demzufolge programmatisch verschiedenen Religionen angehören; es sollen auch Menschen verschiedener Religionszugehörigkeit – in welcher Form auch immer – lehrend am Religionsunterricht mitwirken. Dieses Konzept wird in Hamburg realisiert und ist in einer sog. dialogischen Religionspädagogik grund gelegt (dazu Empfehlungen 1997 sowie etwa Weiße 1996, bes. 181-197 und kritisch Nipkow 2000).

Ein drittes Konzept nennt sich »Alltagserfahrungen im Kontext Interreligiösen Lernens«. Hier geht es – vorerst experimentell – um die Verwirklichung der didaktischen Leitidee, »die Begegnung mit dem Fremden in seinem Fremd- und Anderssein als Lernprozess zu begreifen«. Im Gefälle dessen liegt es, das Einbringen und interreligiöse Interpretieren von Alltagserfahrungen *durch die Schüler/innen* in die Mitte des Religionsunterrichts zu rücken – Voraussetzung ist, dass junge Menschen verschiedener Religionszugehörigkeit auf Dauer gemeinsam am Religionsunterricht teilnehmen; organisatorische Konsequenzen werden bisher nicht hervorgehoben (zusammenfassend Rickers 2001, besonders 880f.).

Eine valide Einschätzung dieser Konzepte ist nach meinem Dafürhalten bisher nicht möglich; dazu fehlt es an empirisch gesicherten Einsichten in die

Leistungskraft des entsprechenden Unterrichts. Gewiss lässt sich das erstgenannte Konzept als dasjenige ausweisen, das dem rechtlichen Rahmen eines Religionsunterrichts nach Art. 7.3 GG (nach bisherigem Verständnis) am ehesten entspricht, doch ist das rechtliche Kriterium nur eines unter mehreren, die hier sinnvollerweise in Anschlag zu bringen sind. So ist zunächst nur festzuhalten, dass die Frage nach interreligiösem Lernen die Religionspädagogik als wissenschaftliche Disziplin zum Experimentieren mit Modellen schulischen Religionsunterrichts veranlasst hat.

Als weiteres Feld religionspädagogischen Nachdenkens im Zusammenhang mit interreligiösem Lernen sind *hermeneutische und wissenschaftstheoretische Überlegungen* zu nennen. Thematisch wird darin allerdings nicht allein interreligiöses Lernen, sondern allgemeiner die *Frage nach der Pluralitätsfähigkeit von Religionspädagogik* gestellt (programmatisch etwa Schweitzer u.a. 2002). Unter diesem Dach ist ein Bündel von Problemstellungen auszumachen: die Frage nach der theologisch-konfessionellen Bindung und dem Kirchenbezug der Religionspädagogik, ihre Fähigkeit zum Gespräch mit den Religionspädagogiken nichtchristlicher Provenienz, die Frage nach einem hermeneutischen Instrumentarium zum Umgang mit dem Nicht-Eigenen sowie nach dem Ziel religiöser Lernprozesse, die Entwicklung einer vergleichenden Religionspädagogik u.Ä.m., schließlich aber auch die Frage nach der didaktischen Gestalt eines Religionsunterrichts, der seinen pluralen Kontext und seine religiös heterogene Schülerschaft ernst nimmt.

Angesichts dieser beiden Diskussionsschwerpunkte – Pluralitätsfähigkeit der Religionspädagogik und Modelle schulischen Religionsunterrichts – ist insbesondere zu bedauern, dass außerschulische Lernorte bisher nahezu gänzlich aus der religionspädagogischen Reflexion ausgespart blieben, etwa die Begegnungs-Lernchancen von Kirchengemeinden (vgl. aber dazu etwa Heinrich 1997, 101-112 sowie Goßmann/Ritter 2000, bes. 132-195), daneben aber auch Fragen interreligiösen Lernens in entsprechend komponierten Familien bzw. Lebensgemeinschaften und interreligiöses Lernen, wie es in Medien widergespiegelt oder angeregt wird (siehe Goßmann und Neuser in diesem Band).

Die bisherigen Überlegungen betrafen allesamt ausschließlich die Religionspädagogik evangelischer und katholischer Provenienz in der Bundesrepublik Deutschland. In aller Kürze ist hier in zwei Richtungen über diesen Kreis hinauszuschauen:

Auf der einen Seite muss festgehalten werden: *Konzeptionen* interreligiösen Lernens aus der Feder etwa jüdischer oder muslimischer Religionspädagog/inn/en in Deutschland liegen bisher kaum vor – auch wenn diese (erfreulicherweise!) nicht selten an einschlägigen Beratungen und Konsultationen beteiligt sind.[4]

4 Davon zeugt die Mitgliederliste des Hamburger Gesprächskreises (Doedens/Weiße 1997) ebenso wie entsprechende Beiträge in den Publikationen der Duisbur-

Auf der anderen Seite ist bewusst zu halten: Der religionspädagogische Diskursteppich zum interreligiösen Lernen ist in Deutschland im Vergleich zu demjenigen in anderen europäischen Ländern (von Ländern außerhalb Europas ganz zu schweigen) *mittel*dicht gewebt. Neben Ländern, in denen es – aus verschiedenen Gründen – so gut wie keine religionspädagogische Befassung mit dieser Herausforderung gibt (etwa Frankreich, Italien oder Polen), stehen andere, in denen entsprechende Diskussionen schon länger und dichter geführt werden (etwa England, die Niederlande und Norwegen).[5]

Zukünftige Aufgaben der Religionspädagogik im Blick auf das Thema »Interreligiöses Lernen«

Angesichts des skizzierten Ist-Standes ergibt sich, dass folgenden acht Aufgaben stärkere Beachtung zu schenken ist:

Projekte interreligiösen Lernens empirisch beschreiben und evaluieren

Vornehmste Aufgabe einer Religionspädagogik, die empirische Arbeit zu ihrem methodischen Instrumentarium zählt, wäre die entsprechende Evaluierung von Projekten interreligiösen Lernens. Wissenschaftlich begleitet und aus religionspädagogischer Perspektive programmatisch entfaltet werden sie schon bisher; doch empirische Untersuchungen fehlen weithin – allein im Falle des sog. Hamburger Modells sind solche Studien intendiert und in beachtlichem Maße bereits durchgeführt worden (vgl. etwa Knauth, 1996 und Knauth/Leutner-Ramme/Weiße 2000); ebenso liegen evaluierende Veröffentlichungen für eine der meist diskutierten Alternativen zum interreligiösen RU, den Religionsunterricht in konfessioneller Kooperation, vor (Schweitzer/Biesinger 2002). Im Blick auf interreligiöses Lernen wären sowohl qualitative als auch quantitative Studien sinnvoll, um die Praxis interreligiösen Lernens realitätsnah und kommunizierbar zu beschreiben, die Erfahrungen von Lehrer/innen wie Schüler/innen auswerten und Methoden wie Ergebnisse dieser

ger »Arbeitsstelle Interreligiöses Lernen« – dazu neben Rickers 2001 auch der gleichnamige Artikel von Siedler 2001, 72f. Von »Ansätze[n] interreligiösen Lernens in der islamischen [türkischen] Religionspädagogik« berichtet etwa Bilgin 2002, 299-310. Auch das Comenius-Institut lädt seit einigen Jahren zu »Werkstattgesprächen« zu Fragen einer interreligiösen Didaktik ein, an denen muslimische Gesprächspartner/innen beteiligt sind.

5 Summarisch sei hier nur auf die Länderartikel in LexRP 2001 verwiesen.

Form dialogischen Lernens einschätzen zu können und, nicht zuletzt, um die Auseinandersetzung um interreligiöses Lernen weniger positionell zu gestalten.

Allerdings muss sogleich hinzugefügt werden, dass eine entsprechende Evaluierung von Projekten interreligiösen Lernens nur gleichsam »die halbe Miete« wäre, solange eben solche repräsentativen Erhebungen für den konventionellen Religionsunterricht nach Art. 7.3 GG weithin fehlen und somit ein zielgenauer Vergleich auf absehbare Zeit schwerlich zu ermöglichen ist.[6]

Anthropologische Voraussetzungen interreligiösen Lernens erhellen

Eine der zentralen religionspädagogischen Fragen im Blick auf Interreligiöses Lernen ist diejenige, welche kognitiven und psychischen Dispositionen als notwendige Voraussetzung für gelingendes interreligiöses Lernen zu gelten haben (siehe Streib in diesem Band).

Im Blick auf diese Frage kommt etwa Johannes Lähnemann, der sich für Schülerinnen und Schüler *von der Primarstufe bis zur Sek II* verstärktes Begegnungslernen wünscht, im Anschluss an die Einsichten Eriksons, Piagets und Osers zu dem Ergebnis, dass insbesondere 10 bis 12-Jährige auf Grund ihres Entwicklungsstandes »um zusammenhängende Grundkenntnisse in der eigenen Glaubenstradition« wie um »Öffnung für andere Glaubensweisen und Lebensformen« bemüht und damit für Begegnungslernen geradezu prädisponiert sind (Lähnemann 1998, 341). Demgegenüber wird weder für unter 10-jährige noch für ältere, pubertierende Jugendliche die entwicklungspsychologische Angemessenheit interreligiösen Lernens einsichtig.

Anhand dieses Befundes lässt sich nunmehr die Frage präzisieren: Ist etwa formaloperationales Denken notwendige Bedingung, um ein kritisches und differenzierendes Verständnis nicht-eigener Religionen aufbauen zu können? Ist die vorgängige Ausprägung einer relativ stabilen Identität notwendig (und überhaupt noch möglich), um einer etwaigen Identitätsdiffusion durch Begegnung mit einer Pluralität von Religionen vorzubeugen? Oder aber ist das Begegnungslernen umgekehrt gerade ein probates Mittel, um die Weiterentwicklung der Denkstrukturen und die Bewusstwerdung von Identität zu fördern? Sind auf dieser Linie schon Kinder nicht nur als »Theologen« und »Philosophen« (dazu zusammenfassend Bucher 2002, 9-27), sondern als grundständig eigenaktiv-kreative Dialogpartner in Sachen Religion zu entdecken?

6 Allein für den katholischen Religionsunterricht in der Bundesrepublik Deutschland hat Anton A. Bucher im Jahr 2000 eine repräsentative Studie vorgelegt, die – in gewissem Maße – vergleichende Aussagen ermöglicht: Religionsunterricht zwischen Lernfach und Lebenshilfe, Stuttgart.

Auch zu dieser Streitfrage begegnen pointierte Positionsbestimmungen, bisher aber noch kaum einschlägige empirisch ausgewiesene Untersuchungen.

Wissen über »religiöses Lernen« in verschiedenen Konfessionen und Religionen bereitstellen

Religionspädagogische Reflexion in Deutschland hat bisher fast ausschließlich religiöse Lernprozesse in (Mit-)Verantwortung der evangelischen bzw. katholischen Kirche in Deutschland als Gegenstand berücksichtigt. Die Wissensbestände hinsichtlich der Praxis wie der Theorie religiösen Unterrichts, religiöser Erziehung und Sozialisation in Gemeinde oder Schule in anderen christlichen Konfessionen (etwa in der Orthodoxie oder den Freikirchen), geschweige denn in nicht christlichen Religionen (etwa dem Islam), sind klein. Solches Wissen ist indes unverzichtbar, um verstehend beschreiben zu können, mit welchen Vorkenntnissen, Einstellungen und prägenden Traditionen Angehörige anderer Konfessionen und Religionen an interreligiösem Begegnungslernen teilnehmen. Es ist ebenfalls unverzichtbar, um den *Lehr-Lern-Traditionen* der an einem interreligiösen Lernprozess beteiligten Religionen Ausdruck und Raum geben zu können: Die Memoriertechniken des Islam oder das disputierende Studium der mündlichen Torah im Judentum sind signifikant anders angelegt als etwa ein symboldidaktisch angelegter Religionsunterricht christlicher Prägung. Eine auf interreligiöses Lernen reflektierende Religionspädagogik kann und muss geradezu deutlich machen, dass es darin nicht nur um den Dialog zwischen Inhalten verschiedener Religionen (bzw. zwischen den jeweils subjektiven Verständnissen dieser Inhalte), sondern auch um die Begegnung zwischen unterschiedlichen Formen religiösen Lernens geht!

Um konkrete Beispiele zu nennen: Es liegen uns kaum Studien zur religiösen Erziehung und Sozialisation in muslimischen Gemeinden in Deutschland vor (Alacacioglu 1999 und etwa Kelek 2002); weitgehend unbekannt sind Ziele und Inhalte (christlich-) orthodoxen Religionsunterrichts in der Schule oder aber die Ausrichtung alevitischer familialer Erziehung; auch das Wissen um gegenwärtige jüdische Erziehung ist keineswegs erschöpfend.

Sind diese Beobachtungen schon im Blick auf die in Deutschland repräsentierten Glaubens- und Religionsgemeinschaften zutreffend, so erst recht im Blick auf Traditionen, gegenwärtige Gegebenheiten und Organisationsformen religiösen Lernens in anderen Ländern, etwa der Türkei, Japan oder Indien.

Dieser Mangel wird noch durch den Umstand verschärft, dass nicht nur die Religionspädagogik bisher kaum Forschungsaktivitäten in dieser Richtung mobilisiert hat, sondern ebenso wenig auch die Religionswissenschaft bzw. entsprechende Fachdisziplinen wie die Islamwissenschaft oder die Indologie. Eine Religionspädagogik, die interreligiöse Lernprozesse in ihrer Theorie einholen will, bedarf somit zukünftig einer umfassenderen konfessionskundlichen und religionswissenschaftlichen Expertise als bisher.

Eine Konzeption und ein methodisches Instrumentarium vergleichender Religionspädagogik entwickeln und pflegen

Sowohl die Erarbeitung von Wissen über »religiöses Lernen« in verschiedenen Religionen und Konfessionen als auch der grenzüberschreitende Blick auf religiöse Erziehung und Sozialisation in anderen Ländern erfordert über entsprechende Sachkunde hinaus eine eigens zu reflektierende Methodik der Forschung. Im Kern geht es dabei um ein Instrumentarium vergleichender Religionspädagogik.

Einschlägige wissenschaftstheoretische Reflexionen liegen vor (Failing 1995, 386-398; Hemel 1984); ebenso vereinzelte konzeptionelle Vorschläge und durchaus beeindruckende Fallstudien (z.B. Schröder 2000; Kaul-Seidman u.a. 2003; Osmer/Schweitzer 2003; Lähnemann 2004) – doch ein Diskurs über diese Fragen ist bisher, obwohl er als Desiderat nicht selten markiert wurde, nicht in Gang gekommen; ein systematisch bearbeitetes Forschungsfeld noch nicht entstanden. Gleichwohl kann »vergleichende Religionspädagogik« als entscheidendes Instrument identifiziert werden, um diese Disziplin für den Umgang mit der realen wie der reflexiven Globalisierung zu rüsten und auf der Ebene der Theorie einzuholen, was sich in interreligiösem Lernen auf der Ebene der Praxis vollzieht oder vollziehen sollte: Entdeckung der eigenen Spezifika (ideographische Funktion) wie der Gemeinsamkeiten (generalisierende Funktion), Schärfung des Blicks für Schwierigkeiten und Chancen der eigenen Praxis resp. Theorie (elenchthische Funktion), Ermöglichung von Verständigung (Dialog initiierende Funktion) (siehe dazu Schröder 2000, 37f.; Schröder 2001, 873-890).

Den interreligiösen Dialog unter Religionspädagoginnen und Religionspädagogen über Fragen religiösen wie interreligiösen Lernens pflegen und verstärken

Das grenzüberschreitende Gespräch zwischen Religionspädagoginnen und Religionspädagogen verschiedener Kulturen (interkulturell), Länder (international) und Religionen (interreligiös) liegt prinzipiell im Gefälle einer religionspädagogischen Theorie, die ihr Wissen über fremde Formen religiöser Erziehung und Sozialisation zu erweitern sucht und vergleichend arbeitet. Dieses Gespräch ist auch bereits auf vielerlei Ebenen zustande gekommen und sogar institutionalisiert worden (Überblick bei Schreiner/Fijn van Draat 1998). Im Blick auf »interreligiöses Lernen« wird das Gespräch über einschlägige Erfahrungen zukünftig an Bedeutung gewinnen (etwa Meyer 1999; Rickers/Siedler 2001).

Die Leistungskraft verschiedener Lernorte abwägen und zusammenschauen

Wie oben in Abschnitt 1 erwähnt, wurde in Deutschland bisher vor allem interreligiöses Lernen *im schulischen Religionsunterricht* thematisch. In hohem Maße, wenngleich häufig nur implizit angestoßen, wird interreligiöses Lernen indes durch Medienrezeption – etwa anhand von Kinofilmen, die Elemente fernöstlicher Religion aufnehmen. Interreligiös gelernt wird innerhalb der Familie bzw. im Rahmen ihrer Nachbarschaftsbeziehungen, die statistisch gesehen immer häufiger Kontakte zwischen Menschen unterschiedlicher religiöser Orientierung einschließen; interreligiöse Lernprozesse kommen zu Stande, wenn Kirchengemeinden dialogische Beziehungen zu benachbarten Religionsgemeinschaften aufbauen. Zu den Aufgaben der Religionspädagogik zählt es angesichts dessen, ihr Wissen um die Verschiedenheit von Lernorten fruchtbar zu machen und auf die besonderen Möglichkeiten einzelner Lernorte und Verzahnungen zwischen ihnen hinzuweisen (vgl. dazu Abschnitt V. dieses Handbuches). Als Beispiel sei die Chance inter-*gemeindlichen* Begegnungslernens angeführt, die darin besteht, in generationenübergreifender, alltagsnaher und sozial eingebundener Weise religiöses Lernen zu stimulieren.

Interreligiöses Lernen in den allgemeineren Rahmen interkulturellen Lernens (als Thema der Erziehungswissenschaft, der Schultheorie und der Didaktik) einzeichnen

Das interkulturelle Lernen kann gleichsam als die ältere Schwester des interreligiösen Lernens gelten. Trotz dieser Verwandtschaft haben Theorien interkulturellen Lernens die religiöse Dimension dieses Lernens nur in Ausnahmefällen im Blick – dieser Befund entspricht der weit verbreiteten Religionsvergessenheit gegenwärtiger Erziehungswissenschaft (vgl. zuletzt Schweitzer, 2003). Umso mehr ist interreligiöses Lernen als eine unverzichtbare Dimension interkulturellen Lernens auszuweisen. Religionspädagogik als Wissenschaft sollte diese Zusammengehörigkeit ausweisen, die Notwendigkeit interreligiösen Lernens vor dem Forum pädagogisch geschulter Vernunft begründen und das einschlägige Gespräch mit der Erziehungswissenschaft suchen (dazu Hellmann 2001).

Interreligiöses Lernen in die Qualifikation von Religionslehrer/innen und Gemeindepädagog/innen integrieren

Religionspädagogik als wissenschaftliche Disziplin hat ihren Sitz im Leben in Institutionen zur Ausbildung von Religionslehrer/innen, Gemeindepädagog/innen, Pfarrer/innen und Erwachsenenbildner/innen. Deshalb zählt es nicht zuletzt zu ihren Aufgaben, neben der Forschung auch die Lehre in einer Weise zu gestalten, die Absolvent/inn/en für die Notwendigkeit, für die Chancen und Grenzen und für die didaktischen Optionen interreligiösen Lernens sensibilisiert (vgl. dazu V. 43 und 44), das oben angemahnte Wissen um religiöses Lernen in anderen Konfessionen und Religionen vermittelt und einschlägige Erfahrungen anbahnt. Exemplarisch leistet dies etwa eine Übung zu »Traditionen des Lernens in Judentum und Islam«, die das Gespräch mit denjenigen einschließt, die in den örtlichen jüdischen bzw. muslimischen Gemeinden Angebote religiösen Unterrichts verantworten, oder aber eine Exkursion in die Türkei bzw. nach Israel, die nicht allein biblische Spuren verfolgt, sondern auch nach den gegenwärtigen »religionspädagogischen« Konstellationen des dortigen Islams, Christentums oder Judentums.

In all diesen Aufgaben erweist sich schon das Studieren, aber auch das Lehren von Religionspädagogik (im Sinne einer wissenschaftlichen Disziplin) als Ort interreligiösen Lernens.

Zum Weiterlesen

Gottwald, Eckart/Rickers, Folkert, Die Zukunft des Religionsunterrichts im Horizont von Globalisierung und Multikulturalität, Nordhausen 2004.

Kaul-Seidman, Lisa/Nielsen, Jorgen S./Vinzent, Markus, Europäische Identität und kultureller Pluralismus: Judentum, Christentum und Islam in europäischen Lehrplänen, Bad Homburg 2003.

Wunderlich, Reinhard, Pluralität als religionspädagogische Herausforderung, Göttingen 1997.

Literatur

Alacacioglu, Hasan, Außerschulischer Religionsunterricht für muslimische Kinder und Jugendliche türkischer Nationalität in NRW, Münster u.a. 1999.

Auernheimer, Georg, Einführung in die interkulturelle Pädagogik, Darmstadt 3. neu bearb. und erw. Aufl. 2003.

Bilgin, Beyza, Ansätze interreligiösen Lernens in der islamischen Religionspädagogik, in: Renz, Andreas u.a. (Hg.), Lernprozess Christen Muslime, Münster u.a. 2002, 299-310.

Böhm, Uwe, Ökumenische Didaktik, Göttingen 2001.

Bucher, Anton A., Religionsunterricht zwischen Lernfach und Lebenshilfe, Stuttgart 2000.

Bucher, Anton A., Kindertheologie: Provokation? Romantizismus? Neues Paradigma, in: Bucher, Anton A. (Hg.), Jahrbuch für Kindertheologie Bd. 1, Stuttgart 2002, 9-27.

Empfehlungen zum RU an öffentlichen Schulen in Hamburg des Gesprächskreis Interreligiöser Religionsunterricht, in: Doedens, Folkert/Weiße, Wolfram (Hg.), Religionsunterricht für alle, Münster u.a. 1997, 35-41.

Failing, Wolf-Eckart, Ansätze einer vergleichenden Religionspädagogik. Eine Problemanzeige, in: der evangelische erzieher 27 (1975), H. 6, 386-398.

Feldtkeller, Andreas, Theologie der Religionen und ihr Niederschlag im Religionsunterricht, in: Verkündigung und Forschung 44 (1999), H. 2, 2-38.

Goßmann, Hans-Christoph/Ritter, André (Hg.), Interreligiöse Begegnungen. Ein Lernbuch für Schule und Gemeinde, Hamburg 2000.

Heinrich, Rolf, Interkulturelles und Interreligiöses Lernen in Stadtteil und Gemeinde, in: Rickers, Folkert/Gottwald, Eckart (Hg.), Verständigung in religiöser Vielfalt, Neukirchen 1997.

Hellmann, Christian, Religiöse Bildung, Interreligiöses Lernen und Interkulturelle Pädagogik, Frankfurt a.M. 2001.

Hemel, Ulrich, Theorie der Religionspädagogik, München 1984.

Kaul-Seidman, Lisa/Nielsen, Jorgen S./Vinzent, Markus, Europäische Identität und kultureller Pluralismus: Judentum, Christentum und Islam in europäischen Lehrplänen, Bad Homburg 2003.

Kelek, Neclá, Islam im Alltag, Münster u.a. 2002.

Kirchenamt der EKD (Hg.), Identität und Verständigung. Eine Denkschrift der Evangelischen Kirche in Deutschland, Gütersloh 1994.

Knauth, Thorsten, Religionsunterricht und Dialog. Empirische Untersuchungen [...] eines Religionsunterrichts im Horizont religiöser und kultureller Pluralisierung, Münster u.a. 1996.

Knauth, Thorsten/Leutner-Ramme, Sibylla/Weiße, Wolfram, Religionsunterricht aus Schülerperspektive, Münster u.a. 2000.

Kriener, Katja/Schröder, Bernd (Hg.), Lernen auf Zukunft hin. Einsichten des christlich-jüdischen Gesprächs, Neukirchen 2004.

Kwiran, Manfred/Schreiner, Peter/Schultze, Herbert (Hg.), Dialog der Religionen im Unterricht. Theoretische und praktische Beiträge zu einem Bildungsziel, Münster 1996.

Lähnemann, Johannes, Evangelische Religionspädagogik in interreligiöser Perspektive, Göttingen 1998.

Lähnemann, Johannes, Interreligiöse Schulbuchforschung und -entwicklung, in: Zeitschrift für Pädagogik und Theologie ZPT 56 (2004), H. 1, 43-49.

Leimgruber, Stephan, Interreligiöses Lernen, München 1995.

Meyer, Karlo, Zeugnisse fremder Religionen im Unterricht, Neukirchen 1999.

Nipkow, Karl Ernst, Bildung in der pluralen Welt, 2 Bde. , Gütersloh 1998.

Nipkow, Karl Ernst, Religionsunterricht für alle? Stellungnahme zum Hamburger Modell, in: Zeitschrift für Pädagogik und Theologie ZPT 52 (2000), H. 3, 293-311.

Osmer, Richard R./Schweitzer, Friedrich, Religious Education between Modernization and Globalization. New Perspectives on the United States and Germany, Grand Rapids u.a. 2003.

Renz, Andreas/Leimgruber, Stephan u.a. (Hg.), Lernprozess Christen und Muslime, Münster u.a. 2002.

Rickers, Folkert, Art. Interreligiöses Lernen, in: Mette, Norbert/Rickers, Folkert (Hg.), Lexikon der Religionspädagogik, Neukirchen 2001, Sp. 874-881.

Rickers, Folkert/Siedler, Dirk Chr. (Hg.), Interreligiöses Lernen in den Niederlanden, Berlin 2001.

Schreiner, Peter/Fijn van Draat, Hans (Hg.), Who's Who in RE in Europe/Who's who im RU in Europa, Münster 1998.

Schröder, Bernd, Jüdische Erziehung im modernen Staat Israel. Studie zur Grundlegung einer vergleichenden Religionspädagogik, Leipzig 2000.

Schröder, Bernd, Praktische Theologie im Zeichen der Internationalisierung!?, in: Theologische Literaturzeitung ThLZ 126 (2001), H. 9, Sp. 873-890.

Schröder, Bernd (unter Mitarbeit von Karin Lange), Religionspädagogik – Theorie des Religionsunterrichts – Religionsdidaktik, in: Heiligenthal, Roman/Schneider, Thomas M. (Hg.), Einführung in das Studium der Evangelischen Theologie, Stuttgart 2004, 311-372.

Schweitzer, Friedrich/Englert, Rudolf/Ziebertz, Hans-Georg und Schwab, Ulrich, Entwurf einer pluralitätsfähigen Religionspädagogik, Gütersloh 2002.

Schweitzer, Friedrich/Biesinger, Albrecht u.a., Gemeinsamkeit stärken – Unterschieden gerecht werden, Gütersloh u.a. 2002.

Schweitzer, Friedrich, Pädagogik und Religion. Eine Einführung, Stuttgart 2003.

Siedler, Dirk, Arbeitsstelle Interreligiöses Lernen, in: Mette, Norbert/Rickers, Folkert, Lexikon der Religionspädagogik, Neukirchen-Vluyn 2001, 72f.

Tworuschka, Udo, Die Geschichte nichtchristlicher Religionen im christlichen Religionsunterricht. Ein Abriss, Köln 1983.

Weiße, Wolfram (Hg.), Vom Monolog zum Dialog, Münster u.a. [2]1999.

Wunderlich, Reinhard, Pluralität als religionspädagogische Herausforderung, Göttingen 1997.

Ulrike Baumann

Interreligiöses Lernen in der Aus- und Fortbildung von Pädagoginnen und Pädagogen

Ausgehend von einer wünschenswerten Praxis und den Grundlinien einer pluralitätsfähigen Religionspädagogik werden Anforderungen an Aus- und Fortbildung skizziert. Möglichkeiten der Ausbildung sowie Ziele und Aufgaben der Fort- und Weiterbildung im Blick auf die Praxisfelder Schule/Religionsunterricht und Kindertageseinrichtungen/Gemeinden werden anhand verschiedener Lernfelder beschrieben.

Erzieherinnen und Erzieher in Tageseinrichtungen für Kinder und vor allem die Lehrerinnen und Lehrer in den Schulen begegnen täglich einer Vielfalt religiöser Traditionen und Ausdrucksformen. Dahinter verbergen sich bei Jugendlichen und Erwachsenen komplexe Lebens- und Herkunftsgeschichten, religiöse Suchbewegungen und Orientierungsversuche, bewusste oder unbewusste Ablösungs- und Annäherungsprozesse, die sich nur zum Teil an den traditionellen Bekenntnissen der großen Religionen und Konfessionen orientieren. Deshalb muss das Gespräch über Religion im öffentlichen Raum der Schule möglich sein und sollte nicht tabuisiert werden. Die religiöse Heterogenität ist ein Thema der ganzen Schule. Damit zumindest grobe Missverständnisse vermieden werden, ist es wünschenswert, dass alle Lehrerinnen und Lehrer Kenntnisse über die großen Religionen und deren Lebensäußerungen haben. Sie sollten für die Wahrnehmung unterschiedlicher religiöser Traditionen und Erfahrungen sowie für deren subjektive Interpretationen durch die Schülerinnen und Schüler sensibilisiert sein.

Religionslehrerinnen und Religionslehrer sollen in ihrem Unterricht das interreligiöse Lernen systematisch anstreben, und dazu müssen sie durch Aus- und Fortbildung ermutigt und befähigt werden. Diese Aufgabe fordert sie nicht nur fachlich und methodisch, sondern auch mit ihrer Persönlichkeit. Mit jeder fremden Religion muss das spezifische Gespräch gesucht werden. Damit die Voraussetzungsprobleme der Begegnung nicht hinter Oberflächenkonflikten versteckt bleiben, ist für die Bildung von Religionslehrerinnen und -lehrern die größtmögliche Klarheit über die Grundlagen der großen Weltreligionen unerlässlich. Die Differenzen zwischen den Religionen erfordern je unterschiedliche didaktische Zugänge. Fremde Religionen könnten allerdings der Erfahrung zugänglicher werden als bisher, weil sich die Dialektik von Fremdheit und Nähe in unserer Wirklichkeit verändert hat. Das Fremde ist uns näher gekommen, und die eigene Tradition ist vielen fremder geworden (siehe Messerschmidt in diesem Band).

Möglichkeiten der Ausbildung

Schon in der Ausbildung von Religionslehrerinnen und Religionslehrern an den Hochschulen und Studienseminaren ist neben der konfessionell-kooperativen die interreligiöse Perspektive unerlässlich. In der Regel sensibilisiert das Studium für den jüdisch-christlichen Dialog. Die Herausforderungen unserer Zeit führen aber weiter in die interreligiöse Dimension hinein, und die Sensibilisierung für die neuen Horizonte sollte schon im Studium angebahnt werden. Evangelische und katholische Hochschullehrer und -lehrerinnen beschreiten heute gemeinsam Wege zu einer pluralitätsfähigen Religionspädagogik (Schweitzer u.a. 2002; vgl. auch Schröder in diesem Band). Hinsichtlich der Weltreligionenthematik sind folgende Anforderungen an die Lehrerbildung zu richten: Neben wissenschaftlich verantworteten Grundkenntnissen über das Christentum sind Elementarkenntnisse im Bereich der Weltreligionen vonnöten. Die qualifizierte Unterrichtsvorbereitung erfordert eine entsprechende fachlich-wissenschaftliche Ausbildung der Lehrerinnen und Lehrer. Über die Ebene des unkritischen Anwendens vorgefertigter Unterrichtshilfen können sie nur hinausgelangen, wenn sie im kritischen wissenschaftlichen Fragen geübt sind (Lähnemann 1998, 438, 419). In die theologische Ausbildung an den evangelischen und katholischen Fakultäten gehören daher auch religionswissenschaftliche Studien. An den Hochschulen steht die kognitive Bearbeitung des Christentums und anderer Religionen eindeutig im Vordergrund. Die Möglichkeit, dass zumindest auch orthodoxe und muslimische Lehrerinnen und Lehrer ein entsprechendes Ausbildungsangebot erhalten, muss im deutschen Hochschulsystem an den meisten Standorten erst noch geschaffen werden. Aber eine pluralitätsfähige Religionspädagogik versteht ihre Vermittlungsbemühungen auch als Dienst am »Lebensglauben« (Fowler: »Faith«) der Menschen heute, nicht zuletzt der Studierenden. Deshalb hebt Rudolf Englert die Möglichkeit hervor, *den Bezug auf andere Religionen als Medium der Identitäts- und Wahrheitsfindung zu begreifen*, um seinen eigenen Weg zu entdecken, später auch unter Verhältnissen, in denen nicht mit homogenen Voraussetzungen auf Seiten der Kinder und Jugendlichen zu rechnen ist (vgl. Englert 2002, 96-98).

Das im Studium erworbene Verständnis für andere Religionen muss nicht unbedingt handlungsleitend werden, weil für die praktische Umsetzung die institutionellen Rahmenbedingungen der Schule entscheidend sind. Unterrichtspraktische Hospitationen führen den Studierenden aber bereits Performanzprobleme vor Augen. Zugleich ist zu wünschen, dass die im Dienst befindlichen Religionslehrerinnen und -lehrer ihre Kenntnisse über andere Religionen im Stil forschenden Lehrens allmählich erweitern. Nach Englert sollten sie sich in wachsenden Ringen um den interreligiösen Dialog bemühen und sich dabei zunächst den so genannten »abrahamitischen Religionen« zuwenden, weil zu ihnen die stärksten lebensweltlichen Bezüge und die deutlichste inhaltliche Verwandtschaft bestehen (a.a.O., 101). Damit sich bei den Religionslehrerinnen und -lehrern überhaupt eine dialogische Motivation einstellt, sollte das Lernen in Begegnung aber schon im Studium seinen Ort haben. Selbst was eine anspruchsvolle Ökumene im Sinne einer konfessionellen Kooperation angeht, hinkt die theologische Ausbildung noch den Bedürfnissen der Praxis hinterher.

In der Ausbildung der Referendarinnen und Referendare spielt die Einübung in lebendige Kommunikationsformen des Unterrichts eine größere Rolle. Im Blick auf ein Lernen in der Konfessions- und Religionsbegegnung müssen aber auch hier Defizite vermindert werden.

Ziele der Fortbildung

Die Arbeit an einem Schulprofil legt es für Schulen nahe, die Relevanz der Migrationsfolgen in ihrem Umfeld stärker zu bedenken. Lehrerinnen und Lehrer sind also gut beraten, sich hinsichtlich des interkulturellen und interreligiösen Lernens fortzubilden. Aber eine Maßnahme, die den Namen Bildung verdient, muss mehr bieten als bloße Information. Sie zielt auf ein Lernen, das sich bei den Teilnehmenden als innerer Vorgang vollzieht. Bei einer Fortbildung zum interreligiösen Lernen soll sich die Begegnung mit dem Anderen und Fremden in der Tiefe ereignen, in der Auseinandersetzung mit dem, was mich fasziniert, und dem, was ich nicht verstehe. Die Wahrheitsfrage ist in diesem Zusammenhang systematisch unvermeidbar, weil Religionen Wege zum Heil sein wollen und durch wahrheitsrelevante Erfahrungen definiert werden.

Damit zwischen Angehörigen verschiedener Religionen eine Begegnung von solcher Tiefe zu Stande kommt, bei der sie bereit sind, unter dem Kriterium der Wahrheit über sich selbst Rechenschaft abzugeben, müssen sie eine *innere Kultur der Interkulturalität und Interreligiosität* entwickelt haben. In der Fortbildung mit Religionslehrerinnen und Religionslehrern muss sich deshalb Interreligiosität als innerer Vorgang in den Personen selbst ereignen können. Darum ist es wichtig, dass die Teilnehmenden sich bewusst werden, welche Bedeutung ihr eigener Glaube und ihre Glaubensgemeinschaft für sie haben und was sie davon in den Dialog mit Angehörigen anderer Religionen an ihrem Praxisort einbringen möchten. Ob wir zu einer uns schwer fallenden Offenheit wirklich innerlich bereit sind, hängt auch davon ab, »ob wir lebensgeschichtliche Veränderungen in unserem Glauben zulassen und verarbeiten, ob wir mit uns selbst gleichsam dialogisch umgehen können« (Nipkow 2001, 98).

Noch schwieriger als die innere interreligiöse Offenheit ist vielleicht die innere Interkulturalität zu erreichen. Nipkow rät deshalb, »die Religionspädagogik stärker analytisch und empirisch im kulturwissenschaftlichen interkulturellen Kontext zu betreiben« (Nipkow 2002, 117). Die ethnisch-kulturellen Barrieren im Blick auf Angehörige anderer Religionen darf die Lehrerfortbildung jedenfalls nicht übersehen. Daraus ergibt sich ein flexibles didaktisches Vorgehen, das mit einem pluralisierenden hermeneutischen Sondieren einhergeht. Eine Fortbildung, die ihren Beitrag zur Elementarisierung interreligiöser Fragen leistet, muss den Teilnehmenden allerdings kritisches Nachdenken zutrauen und zumuten, auch wenn die kognitive Bearbeitung nicht ausschließlich im Vordergrund stehen sollte. Religionslehrerinnen und -lehrer müssen über andere Religionen nicht alles wissen. Sie sollten vielmehr befähigt werden, sich Informationen so anzueignen, dass sie Bezüge zu den Fragen und Erfahrungen, Sorgen und Hoffnungen ihrer Schülerinnen und Schüler herstellen können. Religionspädagogisch sinnvoll ist alles, was dazu beiträgt, dass bei ihnen ein Grundbewusstsein hinsichtlich der fremden und eigenen Religionen wächst. Außerdem sollten Religionslehrerinnen und -lehrer offen sein für kulturelle Fragen ihrer Zeit, denen der christliche Glaube sich zu stellen hat.

Aufgaben der Fortbildung im Blick auf Schule und Religionsunterricht

Im interreligiösen Lernen ist jeder Gesprächspartner auf eigene Weise zu verstehen, und deshalb nimmt das Verstehen eine plurale Gestalt an. Wir brauchen also eine plurale Hermeneutik und eine entsprechende plurale Religionsdidaktik. Um der Wahrheit willen sind die Sachverhalte so spannungsreich anzusprechen, wie sie sind. In der Fortbildung ergeben sich daraus religionspädagogische Lernfelder. Den Glaubensfragen kommt dabei der Vorrang vor den ethischen Fragen zu, weil wechselseitige Anerkennung zwischen Religionen zu einer Hermeneutik in der Wahrhaftigkeit des jeweiligen Glaubens verpflichtet. Mit dem Gewicht des Glaubens und dem Willen zur Wahrhaftigkeit aber rückt die Wahrheitsfrage auf allen Lernfeldern und allen Lernebenen in den Vordergrund. Einige Lernfelder für die Begegnung mit dem Islam, die für Fortbildungsmaßnahmen besonders geeignet erscheinen, seien kurz mit ihren jeweiligen Spannungsbögen benannt:

Das Verhältnis von Bibel und Koran: Hier reichen die Gegensätze zwischen Christen und Muslimen sehr tief, weil sie das Offenbarungsgeschehen betreffen. Der Islam ist seinem Selbstverständnis nach die einzige nachbiblische Offenbarungsreligion, und aus eigener Sicht überholt er damit das Christentum. Bibel und Koran bedeuten nicht dasselbe, sondern haben einen unterschiedlichen Stellenwert. Vereinfacht gesagt: Der Koran ist für den Islam, was Jesus Christus für das Christentum ist. Die Herabkunft des Korans ist für die Muslime die Offenbarung, während die Bibel Gottes Offenbarungen bezeugt. Aber beide Religionen verstehen sich als uneingeschränktes Hören auf das Wort des einen Gottes.

Der Glaube an den einen Gott: Juden, Christen und Muslime glauben an den einen Gott. Aber die christliche Rede von Gott, dem Vater, dem Sohn und dem Heiligen Geist wird von Muslimen auf keinen Fall akzeptiert. Wenn die Rede vom Islam als Offenbarungsreligion ernst gemeint ist, stellen sich für Christen das Problem, ob sie anerkennen können, dass sich Gott über Mohamed im Koran offenbart hat, und die Frage »Was ist Gottes Plan mit dem Islam?« Die Gottesfrage im Kontext von Judentum, Christentum und Islam zu betrachten, führt zum Nachdenken über den Geheimnischarakter von Offenbarung. Weil eine vollständige Offenbarung Gottes eschatologisch, jenseits geschichtlicher Kategorien geglaubt wird, sollte in diesem Lernfeld über Gott als Geheimnis nachgedacht werden. Alle monotheistischen Religionen benennen eine Differenz zwischen Gott selbst und Gott in seinem Offenbarsein.

Die Frage nach dem Menschenbild: Alle drei monotheistischen Religionen würdigen den Menschen als Person, weil er jüdisch-christlich als Ebenbild Gottes und islamisch als Gottes Stellvertreter gesehen wird. Starke Ähnlichkeiten zu christlichen Auffassungen zeigen sich, wenn nach dem Koran die höchste Beziehung Gottes zum Menschen im Sprechen Gottes mit dem Menschen besteht. Der Mensch wird als Gottes Zuhörer definiert, was er nur in Freiheit sein kann. Aber auf das Verständnis von Freiheit und Mündigkeit wirken sich die Unterschiede zwischen Islam und Christentum aus. Christlich leitet sich die Würde der Person daraus ab, dass der Mensch mit Gott in Beziehung lebt, weil Gott selbst trinitarisch in Beziehung gedacht wird. Aus islamischer Sicht erhält der Mensch seine Würde als schlechthin gehorsamer Hörer Gottes, d.h. als Hörer des Korans, der Wort Allahs ist.

Die ethischen Fragen: Mit dem Islam als Weltmacht kommen brisante ökonomische, politische und ethnische Auseinandersetzungen in den Blick. Religiöse Parolen spielen in nahezu allen Konfliktherden auf der Erde eine Rolle. Aber im Koran und in der Bibel ist Gott der Inbegriff des Friedens. In der Fortbildung ist dieser tragende religiöse Grund des Ethischen zu betrachten. Weltreligionen, die plötzlich Nachbarschaftsreligionen sind, haben einen globalisierenden Effekt. Das erzeugt einerseits weltweit ausstrahlende Probleme; andererseits sind die Weltreligionen aufgefordert, diese übergreifenden Probleme gemeinsam anzugehen.

Das Erziehungsverständnis: In manchen Ländern, aus denen bei uns lebende Muslime stammen, haben Mädchen und Jungen einen unterschiedlichen Stellenwert in der Gesellschaft. Daraus folgende Verhaltensmuster können in deutschen Schulen zum Problem werden. Das Erziehungsverständnis ist ein wichtiges Thema im interreligiösen Dialog und im Rahmen der Lehrerfortbildung. Es gilt, auf eine Hermeneutik der Geschlechterdifferenz zuzugehen, weil sich Jungen und Mädchen auch hinsichtlich ihrer religiösen Entwicklung unterscheiden.

Der islamische Religionsunterricht: Damit ist das zentrale religionspädagogische Dialogfeld in der Lehrerfortbildung berührt. Ein islamischer Religionsunterricht wäre eine Anerkennung der bildenden Kraft des Islam, der in unserer Gesellschaft Anhänger hat. Die Frage der Verfassungskonformität und der Trägerschaft sollte in der Lehrerfortbildung mit muslimischen Partnern offen diskutiert werden. Dabei werden sich auf beiden Seiten Definitionsmonopole bemerkbar machen. Deshalb hat die interreligiöse Begegnung eine Hermeneutik des Verdachts nötig, die Definitionsmonopolen auf die Spur kommt. Eine ideologiekritische Hermeneutik ist ein unveräußerliches Merkmal evangelischen Bildungsdenkens.

Die Fortbildung kann diesen Lernfeldern in Lehrgängen entsprechen, die *Werkstattcharakter* haben. Für diese Werkstattarbeit sind den Teilnehmenden ausreichend theoretische und praktische Materialien zur Verfügung zu stellen, vor allem aber eine von Muslimen autorisierte Ausgabe des Koran und eine Synopse gemeinsamer Überlieferungen aus Bibel und Koran. Vor der eigentlichen Werkstattarbeit sollte die Kursleitung eine Einführung in das jeweilige Thema geben. In der Werkstatt machen sich die Teilnehmenden in Eigenarbeit mit den Einzelheiten vertraut. Die Ergebnisse ihrer Arbeit stellen sie möglichst mit authentischem Material vor; es kann auch ein Endprodukt entstehen. Fundamentaltheologische Fragen für das interreligiöse Lernen in der Werkstattarbeit zu erschließen, ist eine religionspädagogische Herausforderung.

In der Fortbildung sollten solche Medien eingesetzt werden, die Erinnerungen an eigene Erfahrungen mit dem Fremden hervorrufen und den Teilnehmenden helfen, eigene Fragen zu entwickeln. Damit die Fortbildung nicht einer »Seid-nett-zueinander-Pädagogik« Vorschub leistet, in der die Realitäten übersprungen werden, brauchen wir eine Hermeneutik des widerständigen Fremden, die über existierende Gegensätze nicht hinwegtäuscht.

Kirchliche Schulreferate und religionspädagogische Institute haben die Chance, Direktbegegnungen mit Vertreterinnen und Vertretern anderer Religionen im Rahmen ihrer Tagungsarbeit zu organisieren. Dabei ist allerdings mehr als ein allgemeiner Austausch von Gedanken zum gegenseitigen Kennenlernen anzustreben. Ernsthafte Religionsdialoge, in denen es um die Wahrheit geht, sind immer mit dem Risiko des Streits verbunden, und das muss mit den entsprechenden Konsequenzen bedacht werden. »Man kann diesen Streit übrigens am besten dann riskieren, wenn er als Religionsdialog den bürgerlichen Frieden gerade *nicht* berührt ... Die Debatte ... wird erleichtert, wenn die Unterscheidung (nicht unbedingt: die Trennung) zwischen Religion und Politik bzw. zwischen Religion und Recht anerkannt wird – was allerdings wiederum ein strittiges Thema von Religionsdialogen sein dürfte.« (Dressler 2003, 120f., Hervorhebung. i. Orig.)

Die Schule kann auch Konflikten, die im Kontext religiöser Heterogenität auftreten, nicht aus dem Weg gehen. Das sind selten Konflikte, die zwischen Anhängern verschiedener Glaubensrichtungen entbrennen. »Vielmehr wird es um Konflikte gehen, in denen die religiöse Würde und Integrität junger Erwachsener auf dem Spiel steht, weil sie auf Grund von Unkenntnis und Ignoranz verletzt, bzw. nicht genügend gefördert wird.« (Obst/Volkwein 2004, 85) Kann die Fortbildung von Religionslehrerinnen und -lehrern dazu beitragen, aus solchen Konflikten zu lernen? Sie kann auf jeden Fall dazu ermutigen, in der Schule Differenzen nicht aufzulösen, sondern durch Perspektivenwechsel zu lernen Differenzen auszuhalten. Das vorschnelle Abheben auf Gemeinsamkeiten unterliegt der Gefahr, unterschwellig dem Fremden das Eigene überzustülpen. Das Überspringen von Differenz als Chance für interreligiöses Lernen kann dazu führen, fremde religiöse Erfahrungen zu negieren, oder es kommt nur zu einem exotischen Begaffen des Fremden. In beiden Fällen bleibt die eigene Person unberührt. Das bewusste Aufgreifen von Differenz dagegen berührt nicht nur die fremde Religion, sondern auch die eigene Tradition, die möglicherweise fremd geblieben oder fremd geworden ist.

Aufgaben der Fortbildung im Blick auf Tageseinrichtungen für Kinder und Kirchengemeinde

Als an den Bürgerrechten teilhabende Mitbürgerinnen und Mitbürger haben die Mitglieder der Religionsgemeinschaften in Deutschland tragfähige zivilgesellschaftliche Einstellungen als ihren Anteil in die gemeinsame Kultur einzubringen (vgl. Schieder in diesem Band). In der öffentlichen Diskussion darum spielt der Begriff der Identität eine wesentliche Rolle. Bei der Entwicklung von Identität kommt auch dem Lernort Gemeinde eine wichtige Bedeutung zu. Folgende Lernfelder, die für die Fort- und Weiterbildung von Mitarbeiterinnen und Mitarbeitern in Tageseinrichtungen für Kinder von Bedeutung sind, können beschrieben werden (vgl. auch Dommel in diesem Band):

»Christen und Muslime nebeneinander vor dem einen Gott. Zur Frage gemeinsamen Betens«, heißt eine Orientierungshilfe der Evangelischen Kirche im Rheinland (Ev. Kirche im Rheinland 1998). Sie verdeutlicht, dass in beiden Religionen das Vor-Gott-Sein das Von-Gott-Reden bestimmt. Vor der lehrhaften theologischen Sprache als der »zweiten Sprache des Glaubens« hat das Sprechen mit Gott oder Schweigen vor Gott, die »erste Sprache des Glaubens«, den Vorrang. Viele Erzieherinnen und Erzieher in den Tageseinrichtungen der Kirchengemeinden wissen das intuitiv auf Grund ihrer täglichen Erfahrungen. Dass *Gebete* Ausdruck eines grundlegenden Vertrauens sind, können sie beim Beten mit den Kindern erkennen. Die Zahl der Kinder, die zu Hause regelmäßig vor dem Essen und vor dem Schlafengehen betet, ist nicht mehr so hoch. Muslimische Kinder im Kindergartenalter kennen rituelle Gebete von ihren Eltern und von Besuchen in der Moschee. Sie selbst müssen noch keine rituellen Gebete sprechen, aber manchmal kommt es vor, dass sie mit ihren Eltern mitbeten. Beim Gebet spielen die Hände eine besondere Rolle, und die Kinder wollen wissen, was die verschiedenen Gebetshaltungen bedeuten, die in ihrem Kindergarten vorkommen. Die christlichen und die muslimischen Kinder sollten sich in der Einrichtung ihre jeweiligen Gebetshaltungen sowie die Inhalte ihrer Gebete gegenseitig vorstellen. Dabei ergibt sich der Bezug zur Gottesfrage. Christen und Muslime beten zu dem einen Gott, mit verschiedenen Formen und Inhalten. Aber Wege der gemeinsamen Meditation mit leisen Tönen können die Erzieherinnen und Erzieher in christlichen Einrichtungen wagen.

Ein weiterer Bereich, in dem es in der Einrichtung zur Begegnung von muslimischem und christlichem Glauben kommen kann, ist der *Bezug zum Schöpfergott*. Die Aufmerksamkeit auf alles Lebendige, der fürsorgliche Umgang mit Tieren und Pflanzen ist ein Thema erster Ordnung für die Kinder, und es führt die Kinder aller Religionen zusammen.

Ein weiteres Lernfeld, das den Bedürfnissen der Kinder entspricht, ist die Auseinandersetzung mit den religiösen *Festen*. Es bieten sich zahlreiche Gelegenheiten, sich mit der Geschichte einzelner Feste, mit Festritualen und möglichen Festerfahrungen vertraut zu machen. Erzählungen und kindgerechtes Material sollten auf Gemeinsamkeiten und Unterschiede hinweisen.

Doch ohne gründliche Vorbereitung und das Einbeziehen der *Eltern* sind solche Vorhaben von den Erzieherinnen nicht zu realisieren. Muslimische Eltern werden leichter zur Kooperation bereit sein, wenn sie den Eindruck gewinnen, dass die evangelischen Einrichtungen eine Erziehung fördern, die die Ausprägung unterschiedlicher religiöser Identitäten zulässt und die Offenheit für bzw. die Achtung vor anderen Kulturen und Religionen einübt. Deshalb müssen die Kirchengemeinden die Erzieherinnen in ihrer Arbeit begleiten und sie zur regionalen und überregionalen Fortbildung freistellen. Religionspädagogische Institute sollten neben Grundkursen für christliche Theologie in Tageseinrichtungen für Kinder Kurswochen anbieten, in denen die Begegnung mit anderen Religionen – vorrangig dem Judentum und dem Islam – im Mittelpunkt steht. Dabei sollte es über religionspädagogische Fragen im engeren Sinn hinaus zur historisch-kritischen Auseinandersetzung mit Bibel- und Korantexten kommen können und zur Diskussion ethischer Fragen, die der persönlichen Orientierung der Erzieherinnen und Erzieher dienen. Inzwischen gibt es auch auf muslimischer Seite aufgeschlossene Religionspädagoginnen und Religionspädagogen, die dafür als Kooperationspartner zur Verfügung stehen.

Evolutionsgeschichtlich gesehen ist Fremdenscheu ein uraltes, genetisch verankertes Verhaltensschema, aber daraus muss nicht zwangsläufig Fremdenfeindlichkeit werden. Ob das geschieht, hängt von uns selbst ab und von dem Klima, das wir in unserer Gesellschaft erzeugen, einschließlich des Klimas in den Kirchen und Gemeinden. Der Widerstand der Bevölkerung gegen Moscheen in deutschen Städten ist nicht gering. Wie offen sind christliche Kirchengemeinden nicht nur für das Gespräch mit der jeweils anderen Konfession, sondern auch mit den anderen Religionen vor Ort? »Die Verständigungsfähigkeit muss aus der Mitte der Religionen selbst erwachsen. Sie haben aus eigenen theologischen Gründen, jüdischen, christlichen und islamischen, zu zeigen, wie weit sie die ›Andersheit des anderen‹ (Emanuel Lévinas) anerkennen. Die dann sich ergebende Anerkennung der anderen Religionen ist authentisch und wahrhaftig.« (Nipkow 2001, 100) Das Fremde beginnt im Eigenen, und deshalb ist das Verhältnis zu den Geschwisterkirchen für die evangelische Kirche der erste Bewährungsraum für die Weite ihrer Gesprächsfähigkeit. Der Bezug auf das Leben in Kirche und Gemeinde und die dort erfahrbaren Äußerungsformen des Glaubens sind für Religionslehrerinnen und Religionslehrer wichtig. Sie bewegen sich in ihrem Beruf immer in der Spannung von gelehrter und gelebter Religion, und deshalb ist für sie die Begegnung mit religiösen Ausdrucksformen und mit Menschen in verschiedenen Glaubenstraditionen und Religionen essenziell.

Literatur

Baumann, Ulrike, Islam in der Fortbildung von Religionslehrerinnen und Religionslehrern, in: Zeitschrift für Pädagogik und Theologie 54 (2003), H. 2, 181-194.

Dressler, Bernhard, Interreligiöses Lernen – alter Wein in neuen Schläuchen? Einwürfe in eine stagnierende Debatte, in: Zeitschrift für Pädagogik und Theologie 54 (2003), H. 2, 113-124.

Englert, Rudolf, Skizze einer pluralitätsfähigen Religionspädagogik, in: Schweitzer, Friedrich/Englert, Rudolf/Schwab, Ulrich/Ziebertz, Hans-Georg, Entwurf einer pluralitätsfähigen Religionspädagogik, Freiburg u.a. 2002, 89-106.

Evangelische Kirche im Rheinland (Hg.), Christen und Muslime nebeneinander vor dem einen Gott – Zur Frage gemeinsamen Betens. Eine Orientierungshilfe, Düsseldorf 1998.

Lähnemann, Johannes, Evangelische Religionspädagogik in interreligiöser Perspektive, Göttingen 1998.

Nipkow, Karl Ernst, Das Eigene und das Fremde. Perspektiven für ein evangelisches Bildungsverständnis im Pluralismus, in: Bitter, Stephan (Hg.), Nachdenken – Vordenken. Evangelische Perspektiven zur Jahrhundertwende, Rheinbach 2001, 81-105.

Nipkow, Karl Ernst, Multikulturelle und multireligiöse Erziehung in der Schule, in: Zeitschrift für Pädagogik und Theologie 53 (2002), H. 2, 101-118.

Obst, Gabriele/Volkwein, Karin, Aylin erklärt Markus das Christentum. Produktiver

Umgang mit religiöser Heterogenität, in: Friedrich Jahresheft (2004), H. 22, 82-85.
Rheinischer Verband Evangelischer Tageseinrichtungen für Kinder e.V., Muslimische Kinder in evangelischen Tageseinrichtungen für Kinder. Politik für Kinder VIII, Düsseldorf 2000.
Schweitzer, Friedrich/Englert, Rudolf/Schwab, Ulrich/Ziebertz, Hans-Georg, Entwurf einer pluralitätsfähigen Religionspädagogik, Freiburg u.a. 2002.

Hans Ucko

Die ökumenische Bewegung und der interreligiöse Dialog

Im Rahmen der ökumenischen Bewegung und insbesondere des Ökumenischen Rates der Kirchen spielt der interreligiöse Dialog eine bedeutende Rolle. Er wirkt sich auf verschiedene Programme des ÖRK aus. Der Artikel stellt wichtige Schritte und thematische Herausforderungen des interreligiösen Dialogs in diesem Feld vor.

Der französische reformierte Theologe F. Lovsky hat in seinem Buch »La Déchirure de l'absence – essai sur les rapports de l'Eglise du Christ et du peuple d'Israël« ein Kapitel überschrieben »Das Volk Israel, pivot œcuménique du peuple de Dieu«. (Calmann-Lévy 1971) Hier setzt er das Mysterium der Kirche und das Mysterium Israels in Beziehung zueinander und sagt, dass uns diese Beziehung dazu verpflichtet, die Einheit der Kirche nicht ohne das Volk Israel erreichen zu können, da es die Wurzel der Kirche bildet. Der andere ist so ein integrierter Teil des Selbstverständnisses und der Einheit der Kirche. Diesen Gedanken weiterführend stellt er dar, dass für ihn die Theorie der Zurückweisung und Exklusion des anderen das leitende Prinzip in Geschichte und Theologie der Kirche war, sehr zu ihrem eigenen Nachteil. Dem Ausschluss der Juden folgten viele andere.

Der Weg zu einem angemessenen christlichen Selbstverständnis würde dann nur durch eine aufrichtige Begegnung mit dem anderen möglich sein. Interreligiöser Dialog hat auf jeden Fall mit der Begegnung mit dem anderen zu tun. Aber Dialog ist gleichzeitig und vielleicht in höherem Maße auch eine Begegnung mit sich selbst. Es gibt unerwartete Entdeckungen über sich selbst in der Begegnung mit dem anderen. Fernand Braudel hat einst einem französischen Studenten geschrieben, der dabei war, Paris für ein Jahr nach London zum Studium zu verlassen: »Für ein Jahr in London zu leben, beinhaltet nicht automatisch, dass du England gut kennen lernen wirst. Aber in der vergleichenden Sicht, im Licht der vielen Überraschungen, die du erfahren wirst, wirst du plötzlich einige der tief gehendsten und originellsten Eigenarten Frankreichs verstehen, solche, die du zuvor nicht kanntest und die du auch nicht auf andere Weise erfahren hättest.« (Braudel 1969, 59)

Die katholische Kirche und viele protestantische Kirchen haben nach dem Holocaust das realisiert, was in den Worten des Berichtes der ersten Versammlung des ökumenischen Rates der Kirchen (Amsterdam 1948) so ausgedrückt ist: »Mit den Juden hat uns unser Gott in einer speziellen Solidarität verbunden, da es unsere Bestimmungen gemeinsam nach seinem Willen vereint.«[1] Das Judentum fordert wahrhaftig christliche Zielsetzungen heraus und der echte Dialog zwischen Juden und Christen über diese zentralen theologischen Fragen hat bislang kaum begonnen. Obwohl das Judentum als spezieller Doppelgänger für christliche Theologie bestehen bleibt, ist der andere, ob er Jude, Muslim, Hindu oder Buddhist, jeder in seiner eigenen Art ein signifikanter anderer, nicht nur für christliche Theologie sondern auch für die Ökumene selbst. Es gibt keine besondere, konfessionelle (lutherische, baptistische etc.) Haltung zum religiösen Pluralismus. Auch wenn es einige interessante konfessionelle Ausprägungen gibt, die durchaus ernst genommen werden sollten, so sind die verschiedenen christlichen Konfessionen und Kirchen doch in hohem Maße in gleicher Weise mit der Realität der religiösen Pluralität befasst. Die Herausforderungen religiöser Pluralität können deshalb als Verstärker der christlichen Gemeinschaft und der Koinonia dienen. Das Anderssein des anderen kann und sollte die Ökumene zwischen Christen in Richtung eines christlichen Verständnisses darüber stärken, was religiöse Pluralität wirklich bedeutet. Das soll nicht heißen, dass sich Christen, unabhängig von ihrer Konfession, zusammentun müssen, um Menschen anderen Glaubens effektiver begegnen zu können. Das wäre ein Gegensatz zum Geist des Dialoges selbst. Stattdessen ist es gerade die Begegnung mit dem anderen, die uns Christen ermöglicht, mehr über uns selbst zu lernen.

Der interreligiöse Dialog hat heutzutage eine bedeutende Rolle im Leben der ökumenischen Bewegung und wird im ÖRK als ein zentrales Thema angesehen.[2] Was lange Zeit am Rande der Arbeit des ÖRK und der ökumenischen Bewegung stattfand und für einige wenige wissenschaftliche Spezialisten reserviert war, wurde oder wird nun ein Prisma dafür, wie mit den thematischen Schwerpunkten des ÖRK umgegangen wird. Man kann an verschiedene ÖRK Programme denken, die versuchen, die interreligiöse Perspektive einzubeziehen: Jugend und interreligiöse Beziehungen, Frauen und interreligiöse Beziehungen, Bildung und interreligiöse Beziehungen, indigene Völker und interreligiöse Beziehungen, um nur einige zu nennen.[3] Mehr als

1 Bericht des Komitees IV Angelegenheiten der Kirchen, Kapitel 3: »Die christliche Betrachtungsweise gegenüber den Juden« (ÖRK: Amsterdam 1948).

2 Nachdrücklich hat der Moderator des Zentralkomitees des ÖRK, H.H. Aram I. im Blick auf die Realität und Herausforderungen des interreligiösen Dialoges in seinem Bericht an den Zentralausschuss im September 2003 Stellung bezogen. (www2.wcc-coe.org/ccdocuments2003.nsf).

3 Die Jugendabteilung brachte Jugendliche verschiedener Religionszugehörigkeit zusammen, die aus Konflikt-Regionen oder Ländern kamen und in interreligiöser Friedensarbeit engagiert sind. Frauen aus unterschiedlichen Religionen waren vom ÖRK im März 2002 auf Grund der Ereignisse am 11. September 2001 eingeladen, um die Gemeinschaft von Frauen aus unterschiedlichen Religionen in Situationen zu vertiefen, in denen sich Religionen gegenüberstehen. Eine Konsultation von indigenen Völkern in Asien beschäftigte sich mit der Spiritualität des Anderen, siehe http://www.wcc-coe.org/wcc/what/interreligious/cd36-11.html.

je spüren wir einen wachsenden Bedarf, nicht nur im Blick auf den Dialog mit Menschen anderen Glaubens, sondern echte Beziehungen mit ihnen. Trotz unserer religiösen Verschiedenheit können wir Themen von gemeinsamem Interesse ansprechen.

Die theologische Interpretation des interreligiösen Dialogs bleibt jedoch innerhalb der ökumenischen Bewegung kontrovers. Was bedeutet es für uns als Christen, Beziehungen zu Menschen anderer Glaubenstraditionen zu haben?[4] Die 1971 erfolgte Einrichtung der Abteilung für Dialog mit Menschen verschiedener Religionen und Ideologien (DFI) wurde im Zentralkomitee des ÖRK in jenen Tagen als »ein gemeinsames Abenteuer« der Kirchen beschrieben. Damit wollte man den Dialog als eine positive Herausforderung für die Kirche bezeichnen, aber der Dialog wurde zunehmend eher als riskantes Abenteuer denn als »etwas Gemeinsames« angesehen und es wurde gefragt, ob diejenigen, die im Dialog engagiert waren, theologisch völlig verantwortlich handelten. Die ÖRK Vollversammlung in Nairobi 1975 gefährdete das gesamte ökumenische Engagement im interreligiösen Dialog und verpflichtete den damaligen Direktor Stanley Samartha in die nördlichen Länder zu fahren und seine Theologie des Dialoges zu erklären.

Trotz der positiven Formulierungen im Blick auf andere Glaubensrichtungen in Stellungnahmen der Kirchen gibt es dennoch eine uneindeutige Haltung in Beziehung zu religiöser Pluralität. Zahlreiche christliche Stellungnahmen betonen auf der einen Seite die Vorherrschaft Christi und erinnern andererseits die Kirche daran, dass Gott kreativ und erlösend im religiösen Leben der ganzen Menschheit wirkt. Es lässt sich fragen: Wenn Gott wirklich im religiösen Leben der Menschheit erlösend aktiv ist, warum gibt es dann eine Vorrangstellung von Christus? Oder was bedeutet die Vorrangstellung von Christus?

Die Entdeckung des anderen als ein signifikant anderer durch den interreligiösen Dialog hat dennoch für einige in der ökumenischen Bewegung eine ungeheuer große Bedeutung. Das wird insbesondere als Resultat des jüdisch-christlichen Dialogs deutlich. Durch den jüdisch-christlichen Dialog entstand in den 1970er-Jahren eine beachtliche Liste von Publikationen von Christen über den christlichen Anti-Judaismus. Es gibt keine »vorherige Erfahrung dieser Art in der Religionsgeschichte«, sagt John Cobb. Wir haben im letzten Jahrhundert erfahren, wie eine Religion wahrnehmen musste, wie ihre Theologie und ihr Lehrverständnis zur Verunglimpfung einer anderen Religion geführt haben. Von der »Lehre der Verachtung« (Jules Isaac) wurden

4 Ich gebrauche im Folgenden »Glaube« (faith) und »Religion« genauso wie »Inter-Glaube« (interfaith) und »interreligiös« als austauschbar, obwohl ich selbst die Begriffe »Religion« und »interreligiös« bevorzuge. Nicht jede Religion versteht sich als Glaube. Aber »interfaith« hat eine Prägung bekommen, die nicht ignoriert werden kann.

die jüdisch-christlichen Beziehungen zu einer Erfolgsgeschichte.[5] Offensichtlich hatte eine solche Konversation ihre Auswirkungen auf das Christentum selbst und das christliche Selbstverständnis. Eine selbstzufriedene Theologie wurde in Frage gestellt. John Cobb fährt fort: »Wenige wollten in den Lehren oder Praktiken fortfahren, nachdem sie ihre antijüdische Natur entdeckt hatten. (Langsam wird wahrgenommen,) dass ein Engagement für Jesus Christus eine dunkle Seite im Blick auf die Implikationen für Juden hat.« (Cobb 1997, 15f.) Diese Lernerfahrung hat eine wichtige Dimension. Der andere ermöglicht es mir, mich selbst in Frage zu stellen, und fordert mich zu einer neuen Haltung heraus. »Für die Kirche bedeutet es zu lernen und in der Interaktion mit Griechen, Römern und Germanen, und nun mit Muslimen, Hindus und Buddhisten in Beziehung zu sein, den Prozess fortzusetzen, den wir in der heiligen Schrift wahrnehmen, bei dem die Hebräer durch Begegnung mit den Kanaanäern, Ägyptern, Babyloniern, Persern und Griechen lernen.« (ebd., 58)

Vergleichbare Erfahrungen haben Christen in anderen interreligiösen Begegnungen gemacht. Ernst Lange hat gesagt, dass das christliche Gewissen lernen muss, sich in den größeren Haushalt einzufügen, nach dem es von Anfang an »verlangte« und auf den es ausgerichtet war, konkret, den Haushalt der ganzen bewohnten Erde (Lange 1978). Dieses Verständnis hat uns zum Ursprung des Wortes Ökumene zurückgeführt, verstanden als »der ganze bewohnte Erdkreis«. Während sich viele Christen nicht verpflichtet fühlen, die Einheit der Kirche Christi zu suchen, so setzen sie doch eine Priorität in ihrer Teilhabe an der Heilung der Schöpfung, gemeinsam mit allen Menschen guten Willens, seien es Gläubige oder Nicht-Gläubige, eine Welt zu schaffen, die gerecht, partizipatorisch und zukunftsfähig ist (just, participatory and sustainable).

Kann die Entdeckung des anderen als anderer, als ein gottgegebener anderer in solchen Unternehmungen dazu verhelfen, dass sich die Kirchen wieder selbst entdecken? Kann die Spiritualität des anderen dazu verhelfen, das christliche Selbstverständnis zu klären? Dringende ethische Fragen bestimmen den Weg, wie Glauben gelebt und reflektiert werden kann. In der Wahrnehmung dieser Fragen wird die Kirche oft herausgefordert mit anderen Gemeinschaften guten Willens zusammenzuarbeiten, ihre Erfahrungen und ihr Engagement miteinander zu teilen. Christen können immer wieder motiviert und herausgefordert werden durch die Dringlichkeit und Bestimmtheit, die andere diesen Fragen entgegenbringen.

Die Akzeptanz der bestehenden religiösen Pluralität beinhaltet Herausforderungen für die Ökumenische Bewegung. Die Welt war immer schon eine plurale Welt. Mit zunehmender Kommunikation und Mobilität hat diese Pluralität in neuer und manchmal herausfordernder Weise jede Stelle

---

5 Rabbi James Rudin nennt den jüdisch-christlichen Dialog die Erfolgsgeschichte des 20. Jahrhunderts.

der ganzen Welt besetzt. Heutzutage ist es offensichtlich, dass keine Religion eine Insel sein kann. Wir nehmen heute eine multireligiöse Realität wahr, die nicht mehr zurückgebildet werden kann. Wir leben nicht länger in geographisch definierten Gebieten: Buddhisten, Christen, Juden, Hindus und Muslime. Wir leben Tür an Tür miteinander in der ganzen Welt.

Das ernsthafte Wahrnehmen religiöser Pluralität ist eine Herausforderung für die Natur und die Reichweite der Ökumenischen Bewegung. Die multireligiöse Pluralität ist in vielen Situationen und Kontexten eine komplexe Realität, die die ökumenische Bewegung herausgefordert hat, auf neue Art und Weise darüber nachzudenken, wie ein geistliches Amt am besten konkretisiert und gelebt wird. Religiöse Pluralität ist ein Gesichtspunkt der ständigen Veränderung der Kirchen, entweder als Problem, das überwunden werden soll, oder als Möglichkeit, mit der zu rechnen ist. Schon 1980 hat Wilfred Cantwell Smith beklagt, dass das Wort »ökumenisch, das in Wirklichkeit die Suche nach der Einheit der ganzen Menschheit bedeutet, unglücklicherweise benutzt wurde, um eine ziemlich interne Entwicklung innerhalb der bestehenden Kirche zu kennzeichnen« (Smith 1980). Der Gebrauch von »Neue Ökumene«, »Mega Ökumene«, »Erweiterte Ökumene« und so weiter ist der Notwendigkeit geschuldet, dass die religiösen Traditionen stärker zusammenwachsen müssten. Aber diese Begriffe wurden nicht sehr positiv aufgenommen. Es wird die Gefahr gesehen, dass dieses Denken letztlich die christliche Suche nach Einheit relativiert. Aber dies ist nicht der Fall. Christen müssen immer wieder Wege finden, darüber zu sprechen, zu handeln und sich gemeinsam dafür zu engagieren, dass der gemeinsame Auftrag, Kirche in der Welt zu sein, erfüllt werden kann. Die ökumenische Bewegung kann sich nicht mehr mit einer Einheit der Kirche zufrieden geben, die auf Kosten der Suche nach einer größeren Einheit geht. Die Beziehung zwischen den beiden Bewegungen sollte sich aufeinander beziehen und auch so verstanden werden. Tatsächlich gab es in der Vergangenheit Versuche mit dieser Frage umzugehen, z.B. in den Studien von Glaube und Kirchenverfassung (Faith and Order) zu »Die Einheit der Kirche und die Einheit der Menschheit«. Das gegenwärtige religiöse Bewusstsein geht weit über die Rahmenbedingungen dieser Studie hinaus. Es ist notwendig, einen neuen Umgang zum Verständnis dieser Fragen zu gewinnen.

Es gibt Widerstände gegen eine Sichtweise, »ökumenisch« im Blick auf die Menschheit, den gesamten bewohnten Erdkreis zu verstehen. Das ÖRK Dokument »Zu einem gemeinsamen Verständnis und einer Vision des ökumenischen Rates der Kirchen« sagt dazu:

»In jüngerer Zeit wurden zunehmend Stimmen vor allem in den Kirchen in Asien, aber auch in Lateinamerika laut, die von der Notwendigkeit einer ›erweiterten Ökumene‹ oder ›Makro-Ökumene‹ sprechen – ein Verständnis, bei dem sich die ökumenische Bewegung anderen religiösen und kulturellen Traditionen über die christliche Gemeinschaft hinaus öffnen würde.

Durch die Unklarheiten im Verständnis dessen, was »ökumenisch« ist, besteht die Gefahr, dass man sich um die wahre Bedeutung streitet und es zu Spaltungen in der ökumenischen Bewegung kommt. (...)

Die ökumenische Bewegung hat ihre Wurzeln im Leben der christlichen Kirchen, auch wenn sie sich an anderen Bemühungen um internationale, interkulturelle und interreligiöse Zusammenarbeit und Gespräche beteiligt.« (ÖRK 1997)

Die Argumentation drückt eine Unsicherheit hinsichtlich der Beziehung zwischen Ökumene und interreligiösen Beziehungen aus. Es gibt Befürchtungen, dass interreligiöse Beziehungen und interchristliche Ökumene miteinander verwoben werden, und darüber hinaus wird die Notwendigkeit entdeckt, theologischen Sinn in unserer Beteiligung am interreligiösen Dialog zu finden. Während man den so genannten Dialog des Lebens begrüßt, ist man weniger daran interessiert, mit theologischen Schlussfolgerungen als Ergebnis interreligiöser Beziehungen zu arbeiten. Es gibt eine gewisse Nervosität, die sich darin begründet, dass die Logik, die einst die ökumenische Bewegung angetrieben hat und das Verlangen nach christlicher Einheit, nun die Gleiche ist, die ein leidenschaftliches Engagement im interreligiösen Dialog von Christen überall auf der Welt hervorgerufen hat. Der Enthusiasmus, den die ökumenische Bewegung ausgelöst hat, kann heute vielleicht unter denen wiedergefunden werden, die die Affinität zwischen Menschen unterschiedlicher Religionen entdeckt haben und die durch den interreligiösen Dialog bereichert wurden. Es gibt viele, die durch den interreligiösen Dialog neue Inspiration gefunden haben. Was wir darüber hören, gleicht einem Bekenntnis. Menschen sagen: »Ich finde es leichter und bereichernder, mit Menschen aus anderen Religionen zu sprechen, über konfessionelle Grenzen hinweg, als mit den Mitgliedern meiner eigenen Kirche.« Die Trennungslinie liegt nicht mehr exklusiv zwischen den Religionen, sondern wird zunehmend als ein theologischer Bruch innerhalb der jeweiligen Religion angesehen. Ernst Simon hat die gleiche Erfahrung folgendermaßen ausgedrückt: »Mit den Menschen, mit denen ich bete, kann ich nicht sprechen, und mit den Menschen, mit denen ich spreche, kann ich nicht zusammen beten.«

Das gegenwärtige Verlangen, Ökumene im Blick auf eine »ausgeweitete Ökumene« neu auszurichten, die Menschen aus verschiedenen Religionen umfasst, ist nicht das Resultat von Indifferentismus oder Erschöpfung innerhalb des traditionellen christlichen ökumenischen Verständnisses. Menschen haben Erfahrungen innerhalb und durch interreligiösen Dialog gemacht und wurden davon überzeugt, dass es notwendig ist, den Grund dieses offenen Horizontes zu klären. Historisch waren theologische Unterschiede durchaus bedeutend, aber heute sind es andere Themen die Menschen interessieren. Zunehmend wird gesehen, dass die Probleme der Welt keine »christlichen Probleme sind, die christliche Antworten benötigen«, sondern menschliche Probleme, die von allen Menschen bearbeitet werden müssen. Ob es sich um die Frage nach Gerechtigkeit, Frieden, Menschenrechte oder der Zerstörung der Umwelt handelt, wir nehmen heute wahr, dass wir grenzübergreifend im Blick auf Religionen, Nationen und Kulturen arbeiten müssen. Es gibt ein wachsendes Interesse an multireligiösen Ansätzen im Blick auf gemeinsame Probleme: Frieden und Religionen als Friedensstifter, Unterstützung der Arbeit der Vereinten Nationen aus einer interreligiösen Perspektive, interreligiöse Initiativen formulieren Forderungen in Erklärungen zu einer globalen Ethik, zu menschlicher Verantwortung, Richtlinien für interreligiöse Aktionen und Engagements, und betonen darin die Bedeutung von Werten und von Ethik. »Andere interreligiöse Initiativen gibt es in Verbindung mit sozialen und globalen Problemen, Ungerechtigkeit, menschliche Armut, Gewalt und Zerstörung der Umwelt. Die Religionen werden aufgefordert, sich nicht vor der Verantwortung im Blick auf unseren Planeten zu drücken, von dessen Fortbestehen unser Leben abhängt. Allianzen werden gefordert zwischen Religionen und Ökonomie, gesellschaftlich oder themenorientierten Institutionen oder Organisationen zu Fragen von wirtschaftlicher Armut, Entwicklung oder Umwelt. Der Austausch zwischen religiösen Führungspersönlichkeiten und politischen und ökonomischen Führungskräften wird gesucht, um die Situation der Welt zu verbessern, um globale Partnerschaften von Wirtschaft, Politik, Intelligenz, religiösen und anderen Führungspersönlichkeiten der Gesellschaft zu schaffen, Schlüsselprobleme auf der globalen Tagesordnung zu definieren und zu diskutieren und um die moralische Autorität der Religion einzubringen, die verhelfen soll, die Probleme, die Gemeinschaften und Nationen trennen, zu lösen.« (Ucko o.J., http://www.wcc-coe.org/wcc/what/interreligious/cd39-14.html)

Wahrer und aufrichtiger interreligiöser Dialog und Engagement fördern eine theologische Reflektion. »Die Frage, wie ökumenisch ›ökumenisch‹ sein soll, ist nicht länger eine Frage der Semantik oder Inklusion, es ist eine theologische Frage. Es hat etwas mit dem Überdenken unseres Verständnisses von Gott zu tun, der Reichweite von Gottes bewahrendem Wirken, und den Agenten von Gottes Auftrag. Diese notwendigen Überlegungen betreffen unser gegenwärtiges Verständnis des Mysteriums der Inkarnation und das Sein und die Bedeutung der Kirche als Leib Christi.« (Ariarajah 1998)

Die neue Aufmerksamkeit gegenüber der religiösen Pluralität wirft Fragen auf über die Grundlagen, der Diskussionen zu Mission und Dialog innerhalb der ökumenischen Bewegung. Es scheint ein neuer Rahmen notwendig zu sein für unsere theologische Diskussion, in der die Realität der anderen religiösen Traditionen und unsere Beziehungen zu ihnen berücksichtigt werden.

Obwohl die ökumenische Bewegung gut dazu geeignet ist, ein Überdenken christlicher Theologie zu organisieren, unter Berücksichtigung dessen, dass auch andere einen Beitrag zu den Themen unseres theologischen Nachdenkens leisten können, ist der vor uns liegende Weg doch schwierig und anstrengend. »Auf der kürzlichen Vollversammlung des Ökumenischen Rates der Kirchen in Vancouver 1983 war die theologische Bedeutung anderer religiöser Traditionen immer noch ein kontroverses Thema. Ein Bericht, in dem zur Kenntnis genommen wurde, dass Gott auch im Leben von Menschen anderen Glaubens zu finden ist und der im Plenum eingebracht wurde, war heiß umstritten. Es wurden etwa ein Dutzend alternative Formulierungen angeboten. (...) Die Vollversammlung legte sich schließlich darauf fest anzuerkennen, dass Gottes kreatives Tun in der Suche nach religiöser Wahrheit unter Menschen anderen Glaubens zu erkennen ist«. In dem Durcheinander der Plenardebatte waren Delegierte schließlich über das »Ergebnis« unsicher. (Eck) Die Frage, ob Menschen Gott finden würden, indem sie ihn in und durch ihre eigenen religiösen Traditionen suchen, wurde im Verlauf der ÖRK Versammlungen nicht angesprochen.

Das heißt nicht, dass dazu nur geschwiegen wurde. Konstruktive und produktive missiologische Gedanken zu religiöser Pluralität waren Ergebnis der Missionskonferenz in San Antonio 1989. Dort wurde das Dilemma der Kirchen im Blick auf Mission benannt. »In Bestätigung des evangelistischen Mandats der ökumenischen Bewegung möchten wir zum Ausdruck bringen, dass wir niemals davon ausgehen, Gottes Wahrheit vollständig verstehen zu können. Wir können auf keinen anderen Weg der Erlösung als auf Jesus Christus weisen, gleichzeitig können wir der rettenden Kraft Gottes keine Grenzen setzen. Dialog hat seinen eigenen Ort und Integrität und ist weder ein Gegensatz noch unvereinbar zu Glaubenszeugnissen oder Verkündigung. (...) Es besteht die Möglichkeit, dass der Gott, den wir in Jesus Christus kennen, uns auch im Leben unserer Nachbarn aus anderen Glaubensrichtungen begegnet. Wir sind uns sehr bewusst, dass diese Überzeugungen und der Dienst des Zeugnisses in Spannung zueinander stehen, mit dem, was wir als Gottes Präsenz in und durch die Arbeit von Menschen anderen Glaubens bestätigen. Wir akzeptieren diese Spannung und versuchen nicht, sie aufzulösen.« (San Antonio Konferenz 1989) Die Frage besteht natürlich, wo uns diese Spannung hinführt, ob sie uns zu vertiefter Erforschung verhilft oder ob sie uns in einer theologischen Schwebe hält. Wie gehen wir mit folgenden Herausforderungen um?

- Sprechen wir über Gottes Wirken im Leben aller Männer und Frauen nur in vorläufiger Hoffnung, dass sie vielleicht etwas von ihm erfahren, oder in positiver Weise, im Sinne von Gottes Selbstenthüllung für Menschen anderen Glaubens?
- Was ist die Beziehung zwischen Gottes universellem Handeln in der Schöpfung und seiner erlösenden Aktion in Jesus Christus?

Bei der breit angelegten ökumenischen Zusammenkunft in Baar, in der Schweiz 1990, versuchte die Abteilung für Dialog des ÖRK auf die Frage von Vancouver und der Erklärung von San Antonio eine Herausforderung für die Vollversammlung in Canberra 1991 zu formulieren. Die Beratungen waren intensiv und drückten die Überzeugung aus, »dass Gott in ihrem Suchen und Finden anwesend war, dass dort, wo Wahrheit und Weisheit in ihren Lehren, und in der Liebe und Heiligkeit ihres Lebens dieses wie andere Weisheit, Einsicht, Wissen, Verständnis, Liebe und Heiligkeit, die zwischen uns zu finden ist, eine Gabe des heiligen Geistes ist.« (Baar 1998)

Es bestand die Hoffnung, dass diese Erklärung dazu verhelfen könnte, die Diskussion bei der siebten Vollversammlung in Canberra im Februar 1991 anzustoßen und zu ermöglichen. Aber das Dokument wurde überhaupt nicht aufgenommen und der methodistische Theologe Kenneth Cracknell kommentiert in einem Artikel über den ÖRK und den interreligiösen Dialog: »Sowohl in seiner Theologie als auch in seiner Politik hat er (ÖRK), meiner Meinung nach, so agiert, dass zwei verschiedene Werthaltungen sichtbar werden, einerseits eine überaus negative und exklusive, eine andere, die offen für Dialog und Kooperation ist.« Er fährt fort mit Bezug auf die Erklärung von Baar: »Der Verlust fast jeglicher Orientierung im Denken des ÖRK im Blick auf die Baar Erklärung zu ›religiöser Pluralität: Theologische Perspektiven und Bestätigungen‹. Es ist zutiefst bedauerlich, dass die Erklärung von Baar von den 4000 Christen, die in Canberra zusammenkamen, in keiner Weise beachtet wurde. Darüber hinaus gibt es keinen Bezug zur Erklärung von Baar im Protokoll der Sitzungen des Zentralkomitees seit 1991. Es scheint so, als ob diese Veranstaltung nicht stattgefunden hätte.« (Cracknell)

Auch wenn es sicherlich viele Bedenken gibt, die Bedeutung der religiösen Pluralität für das christliche Selbstverständnis anzusprechen, gibt es dennoch eine bedeutende Veränderung in der Beurteilung von Religion in der heutigen Zeit. Religion kann Segen wie auch Fluch sein. Natürlich können wir nicht die theologischen Herausforderungen vernachlässigen und unsere Hoffnung ist, dass die nächste ökumenische Missionskonferenz 2005 die Diskussion dort aufnehmen wird, wo sie in San Antonio unterbrochen wurde.[6]

Die potenzielle Rolle von Religion in Konflikten und die wachsende Bedeutung von Religion im öffentlichen Leben erfordern gleichzeitig Aktivitäten im Blick auf größeres gegenseitiges Verständnis und Kooperation zwischen Menschen unterschiedlicher Glaubensrichtungen. Dieser Druck wird unterstrichen in den Ökumenischen Hinweisen für Dialog und Beziehungen mit Menschen anderer Religionen, ein Dokument, das die ÖRK-Richtlinien für Dialog von 1979 aktualisiert[7] (ÖRK 2002). Wie können wir eine gemeinsame Basis finden, um Themen zu bearbeiten, die wir, unabhängig von unse-

---

6 Ein hoffnungsvolles Zeichen ist der dreiseitige theologische Prozess mit der Kommission für Weltmission und Evangelisation (CWME), Glaube & Kirchenverfassung und der Abteilung für Interreligiöse Beziehungen und Dialog, in dem Material zu religiöser Pluralität und christlichem Selbstverständnis zur Beratung für die 9. Vollversammlung des ÖRK in Porto Alegre 2006 vorbereitet wird.

7 Ökumenische Hinweise für Dialog und Beziehungen zu Angehörigen anderer Religionsgemeinschaften, angenommen vom Zentralausschuss (26.8.-3.9.2002) und an die Mitgliedskirchen zur Beratung und praktischem Handeln versandt, Genf: ÖRK 2003 und http://www.wcc-coe.org/wcc/what/interreligious/glines-e. html.

rer religiösen Tradition, als gemeinsame Herausforderung ansehen und in gemeinsamer Verantwortung verstehen? Menschen erfahren viele Probleme, die menschliches Leben betreffen, unabhängig von den bestehenden religiösen Grenzen. Deshalb sollte die ökumenische Bewegung Pionierarbeit leisten, im Blick auf die christliche Bereitschaft, diejenigen Fragen zu bearbeiten, die die ganze Menschheit betreffen, nicht in Isolation, sondern in Partnerschaft mit anderen. Das so genannte Lund-Prinzip von Glaube und Kirchenverfassung in Beziehung zu den inter-kirchlichen Beziehungen, »dass wir nicht getrennt tun sollen, was wir gemeinsam tun können«, sollte auf die Beziehungen und das Zusammenleben mit Menschen aus anderen religiösen Glaubensgemeinschaften ausgeweitet werden.

Der Schwerpunkt in der Arbeit des ÖRK im Bereich interreligiöser Beziehungen und Dialog liegt heute in der Kooperation zwischen den Glaubensgemeinschaften.

Ausdruck einer solchen Kooperation, die gemeinsames Nachdenken einbezieht, ist eine interreligiöse Gruppe, die vom ÖRK gegründet wurde, mit dem Titel »Zusammen Nachdenken« (Thinking together). Die kleine Gruppe besteht aus Mitgliedern verschiedener Glaubenstraditionen, die beachtliche Erfahrungen im interreligiösen Dialog haben und deshalb ohne Zweifel offen sind, gemeinsam einige grundlegende Glaubensfragen zu betrachten. Die Gruppe will mehr tun, als nur die Ideale der verschiedenen Glaubensrichtungen festzustellen oder große Erklärungen zu verabschieden, wie es bei interreligiösen Zusammenkünften oft der Fall ist. Eine spannende Frage entstand durch die Aufnahme des interreligiösen Austausches über Ideen und Realitäten: Wie können wir unter Berücksichtigung unserer religiösen Unterschiede gemeinsame Überzeugungen ausdrücken und zentrale Fragestellungen bearbeiten, die in allen religiösen Traditionen vorhanden sind? Als Menschen, die in ihren jeweils verschiedenen Glaubensüberzeugungen engagiert sind, sind wir uns dessen bewusst, dass wir in einer Welt leben, die heute unsere Glaubensüberzeugungen auf unterschiedliche Weise herausfordert. Die religiöse Pluralität ist eine solche Herausforderung. Wie lässt sich unser Engagement als Gläubige in Beziehungen zu anderen übersetzen? Fordert mich die oder der andere in ihrem Anderssein im Blick auf meinen Glauben oder Religion heraus? Bietet meine Religion Raum für die Integrität des anderen und seiner Andersheit? Können wir in der Gegenwart des jeweils anderen gemeinsam mit einigen der Probleme umgehen, die unsere Glaubensüberzeugungen heute haben?[8] Die neue Aufmerksamkeit für Religion heute enthält für uns Herausforderungen für einen radikalen Aufbruch. Dies zeichnet den Weg voraus. Einige in der ökumenischen Bewegung werden jeden Aufbruch auf diesen Weg als Schritte in eine gefährliche Richtung sehen. Dennoch liegt mei-

8 Eine Vorstellung der Gruppe und ihrer Arbeit zu Religion und Gewalt findet sich in Current Dialogue no. 39/2002 http://www.wcc-coe.org/wcc/what/interreligious/cd39-01.html.

ner Meinung nach hier ein Schlüssel zur Erneuerung der ökumenischen Bewegung.

(übersetzt aus dem Englischen von Peter Schreiner)

Literatur

Ariarajah, Wesley, »Wider Ecumenism: A Threat or a Promise?«, Ecumenical Review, vol. 40, No.3, July 1998, 321-329.

Baar Statement »Theological Perspectives on Plurality«, http://www.wcc-coe.org/wcc/what/interreligious/baar.html.

Braudel, Fernand, Ecrits sur l'histoire, Paris: Flammarion 1969.

Cobb, Jr., John B., Reclaiming the Church, Louisville, Westminster John Knox Press, 1997.

Cracknell, Kenneth, Ambivalent Theology and Ambivalent Policy: The World Council of Churches and Interfaith Dialogue 1938-1999, zitiert nach http://www.wcc-coe.org/wcc/what/interreligious/cd37-09.html.

Eck, Diana L., »On Seeking and Finding in the World's Religions«, http://www.religion-online.org/showarticle.asp?title=770.

Lange, Ernst, »Ecumenical Review«, Vol. 23, No.1, 1978.

Lovsky, Fadiey, La Déchirure de l'absence – essai sur les rapports de ›l'Eglise du Christ et du peuple d'Israël, Paris: Ed. Calmann-Lévy 1971.

ÖRK, Ecumenical Considerations for Dialogue and Relations with People of Other Religions, ÖRK Zentralausschuss 26.8-3.9.2002, http://www.wcc-coe.org/wcc/what/interreligious/glines-e.html.

ÖRK, Towards a Common Understanding and Vision of the World Council of Churches, 1997, http://www.wcc-coe.org/wcc/who/cur-e.html.

The San Antonio Conference, IRM, vol. LXXVIII Nos.311/312, July-October 1989, Reports of the sections: IV Witness among people of other living faiths, p.351-352.

Smith, Wilfred Cantwell, »The Christian in a Religiously Plural World«, in: Hick, John/Hebblethwaite, Brian (eds.), Christianity and Other Religions, Glasgow: Collins 1980.

Ucko, Hans, Reflections on international and global multifaith initiatives, Current Dialogue no. 39, http://www.wcc-coe.org/wcc/what/interreligious/cd39-14.html.

VI. Methoden und Zugänge interreligiösen Lernens

Richard Schlüter

Methoden des interreligiösen Lernens: Grundsätzliche Überlegungen

Bei der Beantwortung der Frage nach den Methoden interreligiösen Lernens ist vom Primat der Didaktik vor der Methodik auszugehen. Die Zielsetzungen sind nicht nur gesellschaftlich und pädagogisch begründet, sondern sie sind auch von theologischen Vorentscheidungen, die das Verhältnis der Religionen zueinander betreffen, grundlegend bestimmt. Sie bedingen die Inhalte und Methoden des interreligiösen Lernens. Dessen wichtigste Dimensionen sind neben dem kognitiven das personale, emotionale und praktische Lernen. Ihnen müssen die Methoden entsprechen. Sie lassen sich generell unterscheiden in solche, die auf die Strukturierung und Organisation des Unterrichts abheben, und in solche, die ein verständigungsorientiertes Beziehungs- und Kommunikationsgeschehen im Unterricht und ein ganzheitliches, erfahrungsorientiertes sowie selbstbestimmtes Lernen ermöglichen.

Die Pluralität unterschiedlicher Nationalitäten, Kulturen, Weltanschauungen und Religionen wird in den Schulen in zunehmendem Maße selbstverständlich. Das interkulturelle Lernen zählt daher im schulischen Bereich inzwischen zu den wichtigsten allgemeinen Lernfeldern (Auernheimer 2003). Es soll – wie auch das interreligiöse Lernen im Religionsunterricht – zur »Pluralitätsfähigkeit« der Schülerinnen und Schüler beitragen.[1] Für die Beantwortung der Frage, welche Methoden dem interreligiösen Lernen generell adäquat sind, ist zunächst grundsätzlich auf den Primat der Didaktik vor der Methodik hinzuweisen. »Methoden im strengen Sinn des Wortes gibt es nur als Wege zu bestimmten Zielen, und ob ein Weg richtig oder falsch, angemessen oder unangemessen ist, das richtet sich (...) danach, ob er zum Ziel führt. Also: Man muss das Ziel kennen, um über den Weg entscheiden zu können.« Oder mit anderen Worten von W. Klafki: »Über Methoden kann nur diskutiert werden, wenn im engeren Sinn des Begriffs didaktische Vorentscheidungen, d.h. (...) Entscheidungen über Inhalte und Ziele gefallen sind.« (Klafki 1980, 16f.; Klafki 1962, 21) Methoden sind also keine »Zwecke« an sich. Sie stehen der Stoffvermittlung zur Verfügung und dienen der Optimierung von Lernprozessen. Sie stellen als Inbegriff der Vollzugsformen von Lernprozessen Beziehungen her zwischen den am Lernprozess beteiligten

1 Vgl. zur Zielsetzung interreligiösen Lernens allgemein: Schreiner/Scheilke 1998; zur Pluralitätsfähigkeit: Schweitzer/Englert/ Schwab/Ziebertz 2002, bes. 121-143; zum Stand der Diskussion um das interreligiöse Lernen: Scheilke 2002, 164-178.

Subjekten und dem Inhalt-Ziel-Zusammenhang. Diesen Sachverhalt im Auge zu behalten kann der – besonders in interkulturellen und interreligiösen Lernprozessen – immer latent vorhandenen Gefahr, Methoden zum Selbstzweck oder gar zu Inhalten im Unterricht hochzuspielen, entgegenwirken.

Die Ziele interreligiösen Lernens, die erst dessen Inhalte und Methoden bestimmen, sind einerseits pädagogisch und gesellschaftlich begründet, sie werden andererseits aber auch in besonderem Maße von theologischen Vorentscheidungen bestimmt, denn »Religion und Religionen im Unterricht zu thematisieren setzt implizit oder explizit einen eigenen ›religionstheologischen‹ Standort voraus« (Ziebertz 1994, 233). Eine Didaktik der Weltreligionen mit Zielumschreibungen, wie sie sich in neueren Didaktiken zu den Weltreligionen finden – z.B. Kenntnisse vermehren, Einsichten vertiefen, Toleranz einüben –, lässt sich nicht losgelöst von einem theologischen Bewusstsein, das Verhältnis der Religionen zueinander betreffend, formulieren. Zwischen diesem (eigenen) theologischen Bewusstsein und dem interreligiösen Lernen im Religionsunterricht, das dann in der Regel auch mit bestimmten (selbst bevorzugten) Unterrichtstypen korrespondiert, besteht ein unmittelbarer Zusammenhang, der sich grundlegend auf Inhalte und Methoden des interreligiösen Lernens auswirkt (Zirker 1998, 51-69).

Theologische Vorentscheidungen und ihre didaktischen Konsequenzen

In den vorliegenden konzeptionellen Entwürfen für interreligiöses Lernen werden zwei Verhältnisbestimmungen der Religionen zueinander favorisiert: das Modell des Inklusivismus und das Modell des Pluralismus. Interreligiöses Lernen auf der Basis des Inklusivismus geht von der Anerkennung anderer Religionen, insoweit sie in irgendeiner Weise mit dem eigenen Glauben übereinstimmen und an ihm teilhaben, aus. Es zielt ab auf ein respektvolles Kennenlernen anderer Religionen und das Erfassen der mit den christlichen Grundwahrheiten übereinstimmenden Wahrheit in diesen Religionen. Es soll zur Klärung, Stärkung und Bereicherung der eigenen Glaubensposition führen und Verständnis und Toleranz gegenüber anderen Überzeugungen fördern. Es impliziert methodisch generell eine grundsätzliche Öffnung zu anderen Religionen und die hierfür notwendige Dialogbereitschaft und -fähigkeit.[2] Im Modell des Pluralismus wird demgegenüber dezidiert von der – hier theologisch nicht zu erörternden – Gleichwertigkeit der Religionen ausgegangen. Anderen Religionen wird die Möglichkeit zugesprochen, dass sie in ihrer Verschiedenheit eigenständig einen gleichen Rang einnehmen. Inter-

2 Vgl. nur katholischerseits Sekretariat der Deutschen Bischofskonferenz 1996.

religiöses Lernen auf der Basis dieses Modells will andere Religionen gerade als verschiedene wahrnehmen. Der dieses interreligiöse Lernen wesentlich prägende positionelle Dialog zwischen gleichberechtigten Partnern zielt – anders als nach dem Modell des Inklusivismus – stärker auf die Selbstprüfung, den Austausch und die Erschließung wirklich neuer Wege und Einsichten ab. Folglich ist dieses interreligiöse Lernen prinzipiell ein offener Lernprozess, in dem die eigene Wahrheit nicht einfachhin vorgegeben, sondern zur Disposition gestellt wird (Ziebertz 1994, 240ff; Rickers 1998).

Nach beiden hier nur kurz angesprochenen religionstheologischen Grundpositionen kann interreligiöses Lernen nicht von einem Standpunkt vor oder über den Religionen aus stattfinden. Es ist vielmehr »an der dynamischen Entwicklung von Differenzbewusstsein und Perspektivenwechsel angesichts der Pluralität von Religion und an den Bezügen und Beziehungen zwischen den Religionen interessiert. Als seine Modi gelten Begegnung, Dialog und Konvivenz.« (Scheilke 2003, 109; Schweitzer/Englert/Schwab/Ziebertz 2002, 121ff.) Ihm geht es – aus christlicher Perspektive – um eine möglichst authentische Kenntnis nichtchristlicher Religionen und insbesondere um eine »authentische Begegnung«, begleitet von der »Bereitschaft (...), sich im Gespräch über Lebenssinn und Heiliges zu öffnen, kultische Verrichtungen des anderen wahrzunehmen, sich zu bemühen, sie zu verstehen und sich in sie einzufühlen, seinen ethischen Prinzipien nachzugehen, die Festtage des anderen mitzuerleben und von Fall zu Fall vielleicht auch mitzufeiern.« (Rickers 1998, 124f.) Es zielt letztlich darauf ab, eine Kultur gegenseitigen Wahrnehmens, Achtens und Verstehens, kreativen Bemühens und Streitens um die Wahrheit, aber auch gegenseitigen Ertragens und Aushaltens der Verschiedenheit zu erlernen. Als methodische Grundstruktur dieses interreligiösen Lernens ist der Dialog zu nennen, der aber nicht enggeführt als bloßes Miteinander-Reden verstanden wird, sondern den Dialog des Lebens, des Handelns, des theologischen Austausches und den Dialog der religiösen Erfahrungen einschließt (Michel 2003; Leimgruber 1995, 60f.; Bochinger 2003, 87). Diese methodische Grundstruktur praktisch werden zu lassen verlangt strukturell zumindest eine verstärkte Realisierung der gegenwärtig mehr diskutierten als praktizierten dialogisch-kooperativen Ausrichtung des (konfessionellen) Religionsunterrichts. Sachentsprechend wäre durchaus auch ein »Religionsunterricht für alle«, wie er zurzeit in Hamburg besteht. »Voraussetzung für d(ies)en Unterricht ist nicht, dass die Schüler/innen fest umrissene religiöse Positionen haben, sondern, dass sie sich mit ganz unterschiedlichen Voraussetzungen auf eine Auseinandersetzung mit Religion einlassen und dabei eine eigene Position vertiefen, verändern oder gewinnen können. Die multireligiöse Zusammensetzung der Schülerschaft wird im Dialogischen Religionsunterricht als Chance für Austausch und Begegnung gesehen.« (Knauth/Weiße 2001, 332f.; zu entsprechenden Tendenzen auf katholischer Seite Mette 2002) Zukunftsweisend könnte m.E. auch die Absicht des Kantons Zürich sein, das Profil des konfessionell-kooperativen Religionsunterrichts durch das und mit dem Fach »Religion und Kultur« strukturell und didaktisch weiter zu entwickeln (Mette 2003).

Didaktische Entscheidungen und ihre methodischen Implikationen

Interreligiöses Lernen kann verstanden werden als eine »Lerndimension« oder als ein »Lernprinzip« (F. Rickers; so auch Jäggle 2002). Dabei geht es weniger bzw. nicht primär um einen inhaltlich und zielorientiert fest umrissenen Unterricht. »Interreligiöses Lernen« fungiert hier vielmehr als eine strukturelle und intentionale Vorgabe für verschiedene Situationen, in denen Menschen unterschiedlicher Religionen sich begegnen mit dem Ziel der Verständigung. Der Begriff »Interreligiöses Lernen« steht aber auch für eine neue didaktische Profilierung des vor ca. 30 Jahren eingeführten Themenbereichs »Weltreligionen« im Religionsunterricht (Tworuschka 1983). Kriterien und Merkmale für diese neue didaktische Profilierung werden in der Religionspädagogik gegenwärtig verstärkt diskutiert (Gottwald 2003,124-139; Lähnemann 1996; Ziebertz/Leimgruber 2001; Langenhorst 2003; Nipkow 1998, 359ff.), von denen einige hier exemplarisch genannt werden sollen. Nach F. Schweitzer (2003) soll interreligiöses Lernen insbesondere von folgenden Kriterien bestimmt sein: es muss (1) als Beitrag zu Frieden, Toleranz und Verständigung konzipiert sein; es impliziert (2) Wissen und Information über verschiedene Religionen, das möglichst durch persönliche Begegnungen und ein gemeinsames Lernen angebahnt und unterstützt werden soll; für interreligiöses Lernen, das Dialog und Verständigung anzielt, ist (3) die Fähigkeit zur Selbstinterpretation der Religionen, welche die Befähigung zum Perspektivenwechsel einschließt, eine entscheidende Voraussetzung; interreligiöses Lernen muss (4) die Geschichte der Religionen und ihr wechselndes Verhältnis zueinander in Vergangenheit und Gegenwart berücksichtigen und einbeziehen; daraus folgt, dass interreligiöses Lernen (5) die tatsächlich gelebten Formen der Religionen im Alltag zum Gegenstand haben muss und nicht auf die rein theologische Ebene konzentriert werden kann und darf. F. Rickers empfiehlt eine ähnliche didaktische Ausrichtung (Rickers 2002). Er unterstreicht darüber hinaus, dass interreligiöses Lernen (a) verstärkt ein schülerorientiertes Lernen realisieren soll, (b) unabdingbar ein authentisches Lernen in der Begegnung sein muss und (c) auf dauerhafte Lernprozesse setzen und auch in religionskritischer Perspektive erfolgen soll. Für E. Gottwald (2003, 135) ist interreligiöses Lernen dezidiert »die religionspädagogisch ausgerichtete Begegnung und Auseinandersetzung mit verschiedenen Religionen *um der Klärung der eigenen Positionalität willen*«. Es zielt ab auf die personale und religiöse Integrität der beteiligten Personen, verstanden als Balance von

Positionalität und Pluralität, und es dient der Integration der offenen Gesellschaft durch die Befähigung zum Dialog und Diskurs zwischen Menschen fremder Kultur und Religion. St. Leimgruber und H.-G. Ziebertz entwerfen eine subjektorientierte »Didaktik der Weltreligionen«, die durch fünf religionsdidaktische Prinzipien bestimmt sein soll: (a) religiöse Zeugnisse wahrnehmen, (b) religiöse Phänomene deuten, (c) durch Begegnung lernen, (d) die bleibende Fremdheit respektieren und (e) in eine existenzielle Auseinandersetzung verwickeln. Diese Didaktik ermöglicht »eine differenzierte Auseinandersetzung mit religiösen Zeugen und Zeugnissen. Sie führt über eine sensible Wahrnehmung zu anfanghaftem, teilweise gelenktem, aber selbst angeeignetem Verstehen. Die Begegnung mit Personen wirkt umso nachhaltiger, je intensiver eine existenzielle Auseinandersetzung geschieht.« (Ziebertz/Leimgruber 2001, 439ff.) In die gleiche Richtung weist das Leitziel interreligiösen Lernens von J. Lähnemann und W. Haußmann. Es ist auf Grund ähnlicher bisher erwähnter Überlegungen zu Grundsätzen, Aufgaben und Prinzipien interreligiösen Lernens formuliert. Es basiert u.a. auf den »Weltreligionsdidaktischen Grundregeln« von Lähnemann, die in die Zielbereiche Verständigungsbereitschaft, Kooperationsfähigkeit und Konfliktlösungsbereitschaft hinein konkretisiert sind. Durch das interreligiöse Lernen sollen »Schülerinnen und Schüler für eine Situation der Begegnung ausgerüstet werden, die nicht von Vorurteilsbarrieren belastet ist, in der vielmehr ein Hören aufeinander und ein Lernen voneinander möglich wird, das zur Entgrenzung und Bereicherung der Horizonte auf beiden Seiten führt. Dabei soll nicht nur ein besseres Verständnis der religiösen und kulturellen Wurzeln des anderen, sondern auch gerade des eigenen Glaubens gewonnen werden bzw. Orientierungshilfen zur Gewinnung einer religiösen Identität angeboten werden.« (Lähnemann/Haußmann 2002, 269) Für H. Halbfas ist interreligiöses Lernen eingebettet in einen interkulturellen Religionsunterricht. Nach ihm sind, um eine fremde Religion und Kultur dem eigenen Verständnis näher zu bringen, eine »solide Sachkenntnis«, eine »partizipatorische Hermeneutik« und eine »multimediale Didaktik« vonnöten (Halbfas 1993, 490f.).

Die knappen Hinweise zur neuen Profilierung einer »Didaktik der Weltreligionen« zeigen, dass interreligiöses Lernen sowohl die Entwicklung von Identität und Mündigkeit im eigenen religiösen Bezugsfeld wie auch die Verständigung mit Menschen, die einer anderen Religion und Kultur angehören, zum Ziel hat. Konsens besteht darüber, dass es inhaltlich und methodisch nicht nur um ein kognitives Lernen gehen kann, sondern, dass personales, emotionales und praktisches Lernen wichtige Dimensionen interreligiösen Lernens sind und sein müssen. Deutlich wird ebenfalls, dass nicht mehr ein eher systematischer Ansatz oder vornehmlich erfahrungsorientierte Zugänge den methodischen Rahmen mitbestimmen, sondern verstärkt auch theologische Differenzpunkte, ethische Probleme gemeinsamer Weltverantwortung und – themenzentriert – vergleichende Ansätze prägend sein sollen (Scheilke 2003, 112f.).

Methodische Merkmale interreligiösen Lernens

Waren »Weltreligionen« noch bis vor ca. 30 Jahren fast ausschließlich ein religionskundliches Thema nur für die gymnasiale Oberstufe, so hat sich – wie Lähnemann konstatiert – inzwischen eine mehrfache Entgrenzung der Thematik vollzogen: (a) die »Entgrenzung des ganz überwiegend kognitiven Zugangs zu den Weltreligionen hin zu einer auch emotionalen und praktischen Begegnung«; (b) »die altersmäßige Entgrenzung von den höheren Klassen der Sekundarstufen der Schulen bis hinein in die Grundschule«; (c) »die Entgrenzung von der Betrachtung religiöser Lehren und Erscheinungsformen hin zu einer kontextuellen Beschäftigung, Auseinandersetzung und Begegnung mit den Weltreligionen – ihrer Geschichte, ihrer Kultur, ihrer verschiedenen Erscheinungsformen«; und (d) »die Bemühung um authentische Information und die Einbeziehung Andersgläubiger als direkte Gesprächspartner.« (Lähnemann 2003, 96; 2002, 285) Generell gesagt braucht es für das interreligiöse Lernen keine eigenen fachspezifischen Methoden zu geben, sondern in ihm kann grundsätzlich auf eine Vielzahl von Methoden und Unterrichtsformen für die Strukturierung der Lernprozesse zurückgegriffen werden, die in der einschlägigen Literatur diskutiert und z.B. in Sozial- und Interaktionsformen, in sprachorientierte und bildorientierte Unterrichtsmethoden, in musikalische, spielerische und meditative Handlungselemente unterteilt werden (Adam/Lachmann 2002; Niehl/Thömmes 1998; Bitter u.a. 2002, 473-522; Schmid 1997; Grom 1996). Von den skizzierten Zielsetzungen interreligiösen Lernens her ergibt sich aber eine gewisse Akzentsetzung von Methoden. Auch dabei gilt allgemein: Die konkrete Wahl der Methoden muss den Lernprozess einer Lerngruppe und ihrer Mitglieder berücksichtigen.

Zunächst ist auf Methoden hinzuweisen, die auf die Strukturierung und Organisation des Unterrichts abheben. Es bieten sich – je nach Situation vor Ort – verschieden strukturierte Unterrichtsformen an. Einige Beispiele seien genannt (in Anlehnung an Leimgruber 1995, 63; Adam 1996, 85):

- Interreligiöses Lernen im Klassenverband: Hier beteiligen sich alle Schülerinnen und Schüler – unabhängig von ihrer Konfessions- und Religionszugehörigkeit – am Unterricht, der von einem oder mehreren Lehrpersonen koordiniert wird.
- Interreligiöses Lernen im fächerübergreifenden Projektunterricht mit mehreren Wahlmöglichkeiten: Hier bearbeiten einzelne Schülerinnen und Schüler konkrete Spezialthemen aus dem Bereich der Religion innerhalb eines umfassenden fächerübergreifenden Rahmenthemas – unter Assistenz einer Lehrperson. An Planung, Durchführung und Reflexion sind alle beteiligt. Als produktorientiertes Lernen akzentuiert kann am Ende z.B. eine Ausstellung, eine Interviewreihe, ein Zeitungsartikel stehen.

- Interreligiöses Lernen im Wechsel von Klassen- und Gruppenunterricht: Die jeweiligen Gruppen werden dabei – unabhängig von ihrer Religionszugehörigkeit – nach Neigungen und Wünschen der Schülerinnen und Schüler zusammengesetzt. Sie erarbeiten ein Unterrichtsthema, wobei sie den Modus der Lernprozesse und deren Zielsetzungen selber bestimmen. Die Ergebnisse werden im Plenum zur Diskussion gestellt.
- Interreligiöses Lernen durch Expertengespräche: Es werden von außerhalb der Schule Experten aus verschiedenen Religionen zum Gespräch eingeladen. Hier geschieht authentische Information und Begegnung über die in der Klasse gegebenen Möglichkeiten hinaus.
- Interreligiöses Lernen durch Unternehmungen mit religiöser Dimension: z.B. Besuch einer Kirche, einer Synagoge, einer Moschee; Teilnahme an verschiedenen religiösen und kulturellen Gebräuchen und Festen im Lebenszyklus.

Diese Organisationsformen eröffnen in besonderer Weise Räume und Möglichkeiten für die genauere Wahrnehmung des anderen, für die eigene Subjektentwicklung und die Profilierung der Beziehungsfähigkeit. Mit ihnen kann ein offenes, entdeckendes und partizipatorisches sowie ein soziales, grenzüberschreitendes und dialogisches Lernen realisiert werden. Diese Organisationsformen ermöglichen es ferner, den Schülerinnen und Schülern – vor allem in den Sekundarstufen – einen Zugang zu religionswissenschaftlichen, theologischen und ethischen, d.h. fachwissenschaftlich relevanten Themen zu erschließen (vgl. als ein gelungenes Unterrichtsbeispiel Kropac 2001). Sie sind zugleich auch eine Konsequenz aus dem Sachverhalt, dass interreligiöses Lernen grundlegend ein »Lernen mit«, d.h. ein Beziehungslernen ist, und erst in zweiter Linie ein »Lernen über«, ein Inhaltslernen (Scheidler 1999, 84ff.). Dieser Bestimmung entsprechen schwerpunktmäßig offene Formen des Lernens wie Freiarbeit, Stationenlernen u.Ä., weil sie gemeinsames und selbstbestimmtes Lernen ermöglichen sowie soziale Kontakte aufbauen helfen (Bock 2003; Rupp-Holmes 2004).

Entsprechend dem didaktischen Profil interreligiösen Lernens kann ein verständigungsorientiertes Beziehungs- und Kommunikationsgeschehen als die allgemeine und umfassende Methode und das Medium interreligiösen Lernens angegeben werden. Daher sind konkret Methoden gefragt, die den am Lernprozess Beteiligten z.B. Möglichkeiten der Anteilnahme und der Anteilhabe aneinander eröffnen, an ihren Lebens- und Glaubenserfahrungen sowie an den in den religiösen Traditionen wurzelnden Inspirationen und Motivationen für ein verständigungs- und versöhnungsorientiertes Miteinander. Hier bieten sich möglichst offene Unterrichtsgespräche, Gruppen- und Partnerarbeit, Erfahrungsaustausch und Diskussionen an, die den Schülerinnen und Schülern auch Möglichkeiten zur Mitgestaltung der Lernprozesse und zur Interaktion geben. Gerade das Gespräch ist der Ort des lebendigen Austausches von Meinungen und Urteilen. Im Gespräch werden Kenntnisse erweitert und vertieft, Standpunkte geklärt oder auch revidiert.

Interreligiöses Lernen ist in besonderer Weise auch ein Lernen am und aus dem Konflikt und ein partizipatorisches Lernen (Meyer 1999). Methoden, Medien und Organisationsformen müssen daher einen verständigungsorientierten Lernprozess eröffnen, Identitätsbildung sowie echte Auseinandersetzung ermöglichen und die Entscheidungsbereitschaft und -fähigkeit der Schülerinnen und Schüler in aller Freiheit fördern.[3] Dazu ist es hilfreich, möglichst durchgehend Wege zu einem mehrdimensionalen, ganzheitlichen Lernen zu gehen, in dem Erleben, Reflexion und Verhalten verbunden sind. Ganzheitliche Methoden im interreligiösen Lernen zur Geltung zu bringen, heißt, den Begriff der Erfahrung ernst zu nehmen. In interreligiösen Lernprozessen als erfahrungsoffene Lernprozesse geht es nicht nur um das kognitive Erfassen und Analysieren von Themen und Problemen, sondern besonders auch um das Erschließen und Gehen von Wegen, die den Erfahrungshorizont der Schülerinnen und Schüler erweitern und sie zu einem reflektierten Umgang mit eigenen und fremden Erfahrungen des Glaubens und Lebens anregen. (Rendle u.a. 1996; Rendle 1998ff.: In diesen Bänden wird dem interreligiösen Lernen breiter Raum gegeben; Schlüter 2004).

3 Vgl. hierzu die inhaltlichen und methodischen Anregungen für die einzelnen Schulstufen u.a. bei Lähnemann/Haußmann 2002; Leimgruber 1995 und Halbfas 1993. Sie schlagen vor, in den ersten Klassen der Grundschule besonders das Schulleben und die weltlichen und religiösen Feste mit Blick auf die Kinder aus verschiedenen Religionen und Kulturen zu gestalten. Sie zum Mit-Teilen, Mit-Gestalten zu bringen wird als ein Weg zur Begegnung und zu einem ersten ganzheitlichen Erfahren von (anderer) Kultur und Religion gewertet. Vgl. dazu auch Hugoth 2002. Leimgruber berichtet von selbst erprobten handlungsorientierten Lernformen in der Sekundarstufe: »Einen Tag mit Schülern in einem Asylbewerberheim verbringen mit gemeinsamen Mahlzeiten und Aussprachen; am ›Tag der Ausländer‹ verschiedene Menus anbieten; ein interreligiöses Gebet mit Lesungen, Gebets- und Liedbeiträgen aus verschiedenen Religionen und Ländern durchführen und eine Ausstellung zum Thema ›Ein Gott – viele Religionen‹ veranstalten.« (in: Leimgruber 1995, 111) Vgl. zum letzteren Vorschlag, der kognitive und emotionale Herausforderungen impliziert, auch Reuter 2003.

Zum Weiterlesen

Gottwald, Eckart/Mette, Norbert (Hg.), Religionsunterricht interreligiös. Hermeneutische und didaktische Erschließungen, Neukirchen-Vluyn 2003.

Meyer, Karlo, Zeugnisse fremder Religionen im Unterricht. »Weltreligionen« im deutschen und englischen Religionsunterricht, Neukirchen-Vluyn 1999.

Renz, Andreas/Leimgruber, Stephan (Hg.), Lernprozess Christen Muslime. Gesellschaftliche Kontexte – Theologische Grundlagen – Begegnungsfelder, Münster 2002.

Schweitzer, Friedrich/Englert, Rudolf/Schwab, Ulrich/Ziebertz, Hans-Georg, Entwurf einer pluralitätsfähigen Religionspädagogik, Gütersloh/Freiburg 2002.

Weiße, Wolfram (Hg.), Wahrheit und Dialog. Theologische Grundlagen und Impulse gegenwärtiger Religionspädagogik, Münster 2002.

Literatur

Adam, Gottfried, Wahrnehmung des Anderen. Religionspädagogische Perspektiven und Materialien zum interreligiösen Dialog und zu konstruktiver Toleranz, in: Glaube und Lernen 11 (1996), H. 1, 84-96.

Adam, Gottfried/Lachmann, Rainer (Hg.), Methodisches Kompendium für den Religionsunterricht, Göttingen 2002.

Auernheimer, Georg, Einführung in die Interkulturelle Pädagogik, Darmstadt 2003.

Bitter, Gottfried u.a. (Hg.), Neues Handbuch religionspädagogischer Grundbegriffe, München 2002.

Bochinger, Christoph, Interreligiöses Lernen in religionswissenschaftlicher Perspektive, in: Praktische Theologie 38 (2003), H. 2, 86-96.

Bock, Ulrike, Dem Islam begegnen. Stationenlernen. Religionsunterricht 1-6, Lahr 2003.

Gottwald, Eckart, Integrität und Integration – Der Religionsunterricht auf dem Weg zur Interreligiösität, in: Gottwald, Eckart/Mette, Norbert (Hg.), Religionsunterricht interreligiös. Hermeneutische und didaktische Erschließungen. Festschrift für Folkert Rickers. Neukirchen-Vluyn 2003, 124-139.

Grom, Bernhard, Methoden für Religionsunterricht, Jugendarbeit und Erwachsenenbildung, Düsseldorf/Göttingen 1996.

Halbfas, Hubertus, Religionsunterricht in Sekundarschulen. Lehrerhandbuch 6, Düsseldorf 1993.

Hugoth, Matthias, Die Welt der Religionen in der Grundschule, in: Katechetische Blätter 127 (2002), H. 6, 410-412.

Jäggle, Martin, Interreligiöses Lernen als Unterrichtsprinzip, in: Katechetische Blätter 127 (2002), H. 6, 406-409.

Klafki, Wolfgang, Didaktische Analyse als Kern der Unterrichtsvorbereitung, in: Roth, Heinrich/Blumenthal, Alfred (Hg.), Auswahl, Hannover 1962.

Klafki, Wolfgang, Zur Unterrichtsplanung im Sinne kritisch-konstruktiver Didaktik, in: Adl-Armini, Bijan/Künzli, Rudolf (Hg.), Didaktische Modelle und Unterrichtsplanung, München 1980, 11-48.

Knauth, Thorsten/Weiße, Wolfram, Dialogischer Religionsunterricht, in: Mette, Norbert/Rickers, Folkert (Hg.), Lexikon der Religionspädagogik, Bd. 1, Neukirchen-Vluyn 2001, 332-335.

Kropac, Ulrich, Was Muslime und Christen mit Gott verbinden. Unterrichtsideen für das 7. Schuljahr zum interreligiösen Dialog, in: Katechetische Blätter 126 (2001), H. 4, 291-298.

Lähnemann, Johannes, Weltreligionendidaktische Grundregeln, in: Groß, Engelbert/König, Klaus (Hg.), Religionsdidaktik in Grundregeln, Regensburg 1996, 49-67.

Lähnemann, Johannes, Interreligiöses Lernen I: Islam, in: Bitter, Gottfried u.a. (Hg.), Neues Handbuch religionspädagogischer Grundbegriffe, München 2002, 283-287.

Lähnemann, Johannes/Haußmann, Werner, Lernprozess Christen – Muslime im evangelischen Religionsunterricht, in: Renz, Andreas/Leimgruber, Stephan (Hg.), Lernprozess Christen Muslime. Gesellschaftliche Kontexte – Theologische Grundlagen – Begegnungsfelder, Münster 2002, 266-273.

Lähnemann, Johannes, In ökumenischer und interreligiöser Offenheit. Neue Perspektiven religiösen Lernens in der Grundschule, in: Speck-Hamdan, Angelika u.a. (Hg.), Kulturelle Vielfalt – Religiöses Lernen. Jahrbuch Grundschule IV, Frankfurt a.M. 2003, 94-99.

Langenhorst, Georg, Interreligiöses Lernen auf dem Prüfstand. Religionspädagogische Konsequenzen der Verhältnisbestimmung von Christentum und Weltreligionen, in: Religionspädagogische Beiträge o.Jg. (2003), H. 50, 89-106.

Leimgruber, Stephan, Interreligiöses Lernen, München 1995.

Mette, Norbert, Dialogorientierte katholische Konzeptionen zum Religionsunterricht, in: Weiße, Wolfram (Hg.), Wahrheit und Dialog. Theologische Grundlagen und Impulse gegenwärtiger Religionspädagogik, Münster 2002, 201-230.

Mette, Norbert, »Menschen leben in Religionen und Kulturen« – ein Unterrichtswerk für interreligiöses Lernen, in: Gottwald, Eckart/Mette, Norbert (Hg.), Religionsunterricht interreligiös. Hermeneutische und didaktische Erschließungen, Neukirchen-Vluyn 2003, 109-123.

Michel, Thomas, Unterwegs zu einer Pädagogik der religiösen Begegnung, in: Concilium 39 (2003), H. 4, 487-495.

Niehl, Franz W./Thömmes, Arthur, 212 Methoden für den Religionsunterricht, München 1998.

Nipkow, Karl Ernst, Bildung in einer pluralen Welt, Bd. 2, Gütersloh 1998.

Petzold, Klaus (Hg.), Werkstatt Religionspädagogik. Kreative Lernprozesse in Schule und Gemeinde, 4 Bde. , Leipzig 1998ff.

Rendle, Ludwig u.a., Ganzheitliche Methoden im Religionsunterricht, München 1996.

Reuter, Ingo, Interreligiöses Gebet als schulisches Projekt – ein Praxisbericht, in: Zeitschrift für Pädagogik und Theologie 55 (2003), H. 2, 210-215.

Rickers, Folkert, Interreligiöses Lernen: Die religionspädagogische Herausforderung unserer Zeit, in: Rickers, Folkert/Gottwald, Eckart (Hg.), Vom religiösen zum interreligiösen Lernen. Wie Angehörige verschiedener Religionen und

Konfessionen lernen. Möglichkeiten und Grenzen interreligiöser Verständigung, Neukirchen-Vluyn 1998, 119-139.

Rickers, Folkert, Interreligiöses Lernen?, in: Bizer, Christoph u.a. (Hg.), Religionsdidaktik (JRP 18), Neukirchen-Vluyn 2002,182-192.

Rupp-Holmes, Friederun, Lernstraße Islam. 15 Stationen für den Unterricht in der Sekundarstufe I, Calw 2004.

Scheidler, Monika, Didaktik ökumenischen Lernens – am Beispiel des Religionsunterrichts in der Sekundarstufe, Münster 1999.

Scheilke, Christoph Th., Von Religionen lernen in der Pluralität. Ansätze, Aufgaben und Entwicklungserfordernisse eines interreligiösen Religionsunterrichts im Überblick, in: Schweitzer, Friedrich (Hg.), Der Bildungsauftrag des Protestantismus, Gütersloh 2002, 164-178.

Scheilke, Christoph Th., Interreligiöses Lernen in der Schule, in: Praktische Theologie 38 (2003), H. 2, 109-116.

Schlüter, Richard, Zum Umgang mit dem religiösen Synkretismus in der pluralen Gesellschaft. Optionen aus religionspädagogischer Sicht, in: Religionspädagogische Beiträge o.Jg. (2004), H. 52, 67-77.

Schmid, Hans, Die Kunst des Unterrichtens, München 1997.

Schreiner, Peter/Scheilke, Christoph Th. (Hg.), Interreligiöses Lernen. Ein Lesebuch, Comenius Institut, Münster 1998.

Schweitzer, Friedrich, Kooperativer Religionsunterricht: Hindernis oder Voraussetzung interreligiösen Lernens?, in: Gottwald, Eckart/Mette, Norbert, Religionsunterricht interreligiös. Hermeneutische und didaktische Erschließungen. Festschrift für Folkert Rickers. Neukirchen-Vluyn 2003, 97-108.

Sekretariat der Deutschen Bischofskonferenz (Hg.), Die bildende Kraft des Religionsunterrichts. Zur Konfessionalität des katholischen Religionsunterrichts, Bonn 1996.

Tworuschka, Udo, Geschichte der nicht christlichen Religionen im christlichen Religionsunterricht, Köln/Wien 1983.

Ziebertz, Hans-Georg, Religiöse Lernprozesse und religionstheologisches Bewusstsein, in: van der Ven, Johannes A./Ziebertz, Hans-Georg (Hg.), Religiöser Pluralismus und Interreligiöses Lernen, Weinheim/Kampen 1994, 233-275.

Ziebertz, Hans-Georg/Leimgruber, Stephan, Interreligiöses Lernen, in: Hilger, Georg/Leimgruber, Stephan/Ziebertz, Hans-Georg, Religionsdidaktik, München 2001, 433-442.

Zirker, Hans, Interreligiöses Lernen aus der Sicht katholischer Kirche und Theologie, in: Rickers, Folkert/Gottwald, Eckart (Hg.), Vom religiösen zum interreligiösen Lernen. Wie Angehörige verschiedener Religionen und Konfessionen lernen. Möglichkeiten und Grenzen interreligiöser Verständigung, Neukirchen-Vluyn 1998, 51-69.

Gordon Mitchell

Heilige Schriften und interkulturelle Bildung

Für viele Menschen sind Heilige Schriften eine Quelle der Inspiration und der moralischen Orientierung. Selbst wenn sie nur eine geringe Kenntnis vom Inhalt haben, billigen sie ihnen doch einen besonderen Status zu. Was genau unter Heiligkeit der Schrift verstanden wird, ist von Mensch zu Mensch und von Glaubensgemeinschaft zu Glaubensgemeinschaft unterschiedlich: Teil des geschätzten, kulturellen Erbes oder unfehlbares Wort Gottes. In einer heterogenen Schulklasse bezeugen einige eine tiefe Achtung, einige vagen Respekt, anderen scheint die Vorstellung, sich einer solchen Autorität unterzuordnen, abwegig. Die Beschäftigung mit den Heiligen Schriften in solchem Kontext gibt Raum, die unterschiedlichen Lebensweisen zu verstehen und anhand der unterschiedlichen Auslegungstraditionen das eigene methodische Repertoire zu erweitern. Aus den verschiedenen Traditionen lassen sich verschiedene Umgangsformen mit Heiligen Schriften ableiten, die gleichermaßen Beachtung finden sollen.

Innerhalb jeder Religionsgemeinschaft existieren bestimmte Unterweisungsmethoden für Kinder und Erwachsene. Einen Überblick über die Rolle Heiliger Schriften in den Weltreligionen gibt Udo Tworuschka (2000a). Er ermöglicht Lehrerinnen und Lehrer auf die Art und Weise, in der ihre Schülerinnen und Schüler mit solcherart Texten umgehen, einzugehen. Gemeinhin wird zu wenig berücksichtigt, dass im schulischen Religionsunterricht weniger die Informationen über fremde Religionen als neu oder schockierend erfahren werden, als vielmehr die didaktische Methode selbst (Lähnemann 1998, 165-181). Daher wird es zunehmend wichtig, Schülerinnen und Schüler darin zu verstehen, wie sie interreligiöses Lernen erleben.

Interreligiöser Dialog

Gemeinhin konzentrieren sich interreligiöse Dialogprogramme auf die Exegese ausgewählter Passagen aus den Heiligen Schriften. Dabei wird es normalerweise für sinnvoll erachtet, mit Themen oder Texten zu beginnen, bei denen sich Überschneidungen finden lassen. In Gruppenkonstellationen von vornehmlich Juden, Christen und Muslimen ist die Abraham-Geschichte besonders beliebt (vgl. Sieg 1995; Hagemann/Hirsch 2002). Obwohl er als Begründer und Vater der drei Weltreligionen angesehen wird, sind in der Realität doch viele gewohnt, dieses Erbe als ihr distinktiv Eigenes zu betrachten (Kuschel 1994). Innerhalb der Erzählung kann der Konflikt zwischen Abrahams Söhnen Isaak und Ismael, die als Väter von Juden und Muslimen betrachtet werden, auch als Archetyp des unlösbaren Nahostkonflikts gelten (Mitchell 1993). In Genesis 22 beabsichtigt Abraham seinen Sohn Isaak zu opfern, in der muslimischen Tradition wird der unbenannte Sohn in Sure 37: 99-113 als Ishmael identifiziert. Es gibt daher genügend Streitpotenzial um die Akkuratheit der jeweiligen Heiligen Schrift. Auch wenn es, wie bei Juden und Christen, einen gemeinsamen Text gibt, kann bereits die Art und Weise seiner Bezeichnung zu Kontroversen führen. Reden wir von einem Text aus dem Tanach oder aus dem Alten Testament? Juden können es als störend empfinden, dass ein für sie einzigartiges Symbol nicht nur »geklaut« wurde, sondern auch noch einen neuen Namen erhalten hat, der dazu noch im Verhältnis zum Neuen Testament eine Unvollständigkeit suggeriert (vgl. Rendtorff 1998). Die Umbenennung des Alten Testaments in »Hebräische Bibel« hat diese Kontroverse gemildert, dennoch zeigt das Beispiel, dass in einem solcherart geteilten Raum immer das Potenzial für einen Besitzstreit enthalten ist.

Ein anderer Ansatz konzentriert sich auf ein breiteres Themenspektrum. Seit 1998 versucht die NRO »ABRAHAM – Vereinigung für interreligiöse Friedensarbeit« (www.abraham.ba) Versöhnung und Frieden in Bosnien-Herzegowina zu befördern. Themen aus Abrahams Leben dienen als Leitprinzipien: Kampf gegen alte und neue Götzen, Gastfreundschaft, Erfahrung des Fremdseins usw. Ein solch konzentrierter Themenfokus schafft beträchtliche Möglichkeiten, sich auf gemeinsame Werte zu einigen. Der Unterschied, ob man die Schriften nun als Wort Gottes oder als geschätztes kulturelles Erbe ansieht, spielt dann nur noch eine geringfügige Rolle. Dennoch bleibt es unumgänglich, der jeweiligen Vorstellung von Heiligen Schriften Wertschätzung entgegenzubringen. Bei genauerer kritischer Exegese kann es zu Unstimmigkeiten kommen, wenn die Methoden von den einen als respektlos gewertet werden, während sie für andere die einzig vernünftige Option bilden.

Das Buch als heiliges Symbol

Wenn man sich zunächst auf die abrahamitischen Religionen bezieht, wird deutlich, dass die Vorstellungen von der Heiligkeit des Buches durch Rituale unterstrichen werden. Dabei fungiert das Buch als zentrales Symbol. Die Torarolle (Sefer Tora) wird in Synagogen mit silbernen oder goldenen Schildern bedeckt. Aufbewahrt wird sie in der heiligen Lade (Aron ha-Kodesch), normalerweise eine Nische in der östlichen Wand, hinter einem künstlerisch gestalteten Schirm. Zum Höhepunkt des Gottesdienstes wird mit Achtung und Würde eine geeignete Passage ausgewählt und melodisch rezitiert. Wenn eine Schriftrolle unbenutzbar wird, beerdigt man sie respektvoll auf einem jüdischen Friedhof. Im Haus werden kurze Texte (Dtn 6,4-9; 11, 13-21) in der Mesusa an den Türrahmen angebracht. In den Kapseln der Tefillin (Gebetsriemen) sind auf Pergament geschriebene Texte (Dtn 6,4-9; 11, 13-21; Ex 13,1-10. 11-16), die am linken Oberarm und der Stirn befestigt werden. Bei der Bar/Bat Mitzwa, dem feierlich begangenen Ritual des Erwachsenwerdens, gilt die Fähigkeit, die Tora auf Hebräisch lesen zu können, als eine Schlüsselkompetenz.

Der Umgang mit den Worten der Heiligen Schriften ist auch in der Sozialisation muslimischer Kinder ein Kernelement. Schon in frühen Jahren fangen sie an, Gebete und Qur'an-Texte in arabischer Sprache auswendig zu lernen. Dabei wird vor allem die fließende Rezitation und nicht die Übersetzungsfähigkeit geschätzt. Als zu erreichendes Ideal gilt in einer Koranschule die Fähigkeit, auswendig den ganzen Qur'an melodiös zu rezitieren. Der Klang der Worte hat eine eigene geistige Kraft und Schönheit (Kermani 1999). Die Kalligraphie unterstreicht dabei die Schönheit und Einmaligkeit der Buchstaben selbst. Exegese und Auslegung bedarf einer Ausbildung, wobei das Wort Allahs nicht in Frage gestellt werden soll. Obwohl nur der Qur'an in Arabisch die echten Worte beinhaltet, sind auch Übersetzungen mit Respekt zu behandeln.

Das europäische Christentum, besonders in der protestantischen Tradition, hat seit der Aufklärung den kritischen Umgang mit der Bibel gelernt. Es entstand eine Atmosphäre, in der es möglicht wurde, sowohl ihre Wahrheitsansprüche als auch ihre Moral unter die Lupe zu nehmen und gleichzeitig den tiefen Respekt für ihre religiösen Inhalte beizubehalten. Befreiungstheologische und feministische Hermeneutik haben große Anteile ideologischer und patriarchaler Unterdrückung in den biblischen Texten ausgemacht. An den europäischen Universitäten ausgebildete Geistliche und Lehrkräfte wurden mehr und mehr in die Lage versetzt, solcherart kritische Auseinandersetzungen im Konfirmandenunterricht oder in Schulklassen moderieren zu können. Es mutet deshalb keineswegs seltsam an, wenn die Mehrheit einer Hamburger zehnten Klasse im Religionsunterricht offen darlegt, dass die biblische Geschichte von Ruth sie befremdet hatte (Koch 2004). Die Lehrerin verfolgte bei der Lektüre einen bewusst postmodernen und feministischen Ansatz. Sie fand, dass die Schulklasse dabei nur wenig Stimulation von ihrer Seite brauchte und auf diesen Gebieten bereits sehr kompetent erschien. Für die Schülerinnen und Schüler wurde durch die Auseinandersetzung mit Ruths Geschichte ein Raum geschaffen, in dem es ihnen ermöglicht wurde, ihre eigenen Positionen zu wichtigen, existenziellen Fragen zu entwickeln.

In dieser Schulklasse bereitete ein solcher Umgang mit den biblischen Texten den muslimischen Schülerinnen und Schülern offenbar wenige Schwierigkeiten. Obwohl diese Texte respektiert werden, kommen sie nicht an den unantastbaren Status der Worte des Qur'an heran. Dabei spielt eine hierarchische Einordnung von Heiligen Texten allem Anschein nach eine entscheidende Rolle. Erstens wird den Texten aus der eigenen religiösen Tradition ein höherer Status zugebilligt, zweitens werden auch innerhalb einer religiösen Gemeinschaft verschiedene Abstufungen von Heiligkeit vorgenommen. Zum Beispiel kommt der Tora mehr Respekt zu als den Kethubim oder dem Talmud. Und selbst in der liberalsten christlichen Gemeinde werden Texte, die mit Jesus zu tun haben, sensibler behandelt als andere.

Wenn man im Religionsunterricht versucht, Kompetenzen in einer möglicherweise kontroversen Methode zu schulen, erscheint es angemessen, mit Texten aus einer eher niedrigen Stufe der Heiligkeit zu beginnen. Dies ist unter anderem ein Grund für die Beliebtheit der Hadithe im Islam. Diese Sammlung von Geschichten über den Propheten gleicht einer bunten Schatzkiste für den Unterricht. Ein Jahrhundert nach seinem Tod waren bereits ca. eine halbe Million dieser Geschichten im Umlauf, was zu einer seither andauernden Debatte über ihre Authentizität führte. Einige Hadithe erfreuen sich unter Muslimen großer Beliebtheit und werden oft als humorvolle Anekdoten zitiert oder als moralische Weisheiten weitergegeben. Es ist deshalb kein Wunder, dass die Hadithe auch in den Unterrichtsmaterialien für die Grundschule (vgl. Sieg 2003) und die Sekundarstufe (vgl. Bauer 2001) eine Rolle spielen. Aber gegen diese Tendenz äußern muslimische Bildungspolitiker ihren Widerstand, da sie den Fokus allein auf den Qur'an gelegt sehen wollen (Mohr 2000). In dieser Auseinandersetzung steht ein wichtiges Prinzip im Mittelpunkt: wer darf eine Religion beschreiben und den Inhalt des Religionsunterrichtes festlegen? Anders ausgedrückt geht es hier um den Unterschied zwischen dem, was Leute glauben sollen, und dem, wie sie ihre Religion in der Realität praktizieren, um den Unterschied zwischen einer normativen und einer deskriptiven Religionsdefinition. Wenn die Aufgabe des Religionsunterrichts die Unterweisung in ein bestimmtes Glaubenssystem sein soll, dann sollten selbst-definierte Schlüsseltexte den Inhalt bestimmen. Ein Religionsunterricht auf sozialwissenschaftlicher und erziehungswissenschaftlicher Grundlage sollte hingegen auch die gelebte Religion ernst nehmen.

Schulbuchautoren haben ihre eigenen Schwerpunkte und Interessen, die manchmal über rein erziehungswissenschaftliche Begründungen hinausgehen. Das Buch von Jochen Bauer versucht den Islam als eine Religion der Toleranz darzustellen. Diskussionstexte aus den Hadithen beschreiben starke Frauenfiguren: Khadidscha und Aischa, Frauen Mohammeds, seine Tochter Fatima und Maria, die Mutter Jesu (Bauer 2001, 93-131). In einer Gesellschaft, in der der Islam oftmals von negativen Stereotypen besetzt ist, wird durch diese Geschichten von unabhängigen Frauen ein alternatives Bild skizziert. Das Augenmerk auf Maria schafft für Muslime und Christen die Möglichkeit, ihr gemeinsames religiöses Erbe zu entdecken.

Hier werden die Ziele interkultureller Bildung gefördert: Gemeinsamkeiten werden unterstrichen und Stereotype abgebaut. Manchmal vermisst man allerdings die Schärfe einer offenen, ehrlichen Kritik. Ungeklärt bleibt beispielsweise die Frage, wie man mit schockierend sexistischen oder furchtbar autoritären Texten umgehen sollte.

Sa'diyya Shaikh (Shaikh 2004) versucht in einer feministischen Exegese der Hadithe nicht nur Bilder von Frauen, wie Aischa, in den Vordergrund zu stellen, sondern konfrontiert die Texte gleichzeitig damit, dass hier die Weiblichkeit als Ablenkung für männliche Frömmigkeit dargestellt wird. Die Hadithe werden in bestimmten sozio-historischen Kontexten dargestellt und dabei ihrer Widersprüchlichkeiten entlarvt, außerdem werden die erbärmlichen Ansprüche männlicher Großartigkeit ins Lächerliche gezogen. Die problematischen Textabschnitte werden hierbei nicht, wie manchmal der Fall, ignoriert, sondern in Orte verwandelt, an denen der Lesende sich mit einer besonderen Eindringlichkeit den Fragen von Sinn und Moral widmen kann.

Die Hadithe beinhalten einen erfrischenden Anflug von Selbstironie und oftmals ein bewusstes Anspielen auf Zweideutiges. Daher eignen sie sich sowohl als schriftliche Texte als auch als mündliche Anekdoten gut für die notwendige Auseinandersetzung mit den Sinnfragen einer unsicheren Welt. Obwohl diese Texte mit Respekt zu behandeln sind, sind sie keine direkte Offenbarung Allahs, wie im Qur'an, und daher in Bezug auf die Historizität oder Moralität bestimmter Stellen eher kritisierbar. Hier besteht auch nicht der Anspruch, dass nur Menschen mit einer besonderen Ausbildung oder einem bestimmten religiösen Status das Recht auf Interpretation hätten.

Heiliger Text und Biblische Exegese

Historisch-kritische und feministische Exegese werden nur in Bezug auf breitere intellektuelle Entwicklungen innerhalb des europäischen Christentums seit der Aufklärung wirklich verständlich. Seit die Bibel in der Reformation in die verschiedenen Landessprachen übersetzt wurde, verbreitete sich der Gedanke, dass jede Person die Pflicht habe, die Bibel selbst zu interpretieren. Ein solch anti-autoritärer Ansatz stand im Kontrast zu den Entwicklungen an den Universitäten. In ihrer einflussreichsten Phase konnten »die gesicherten Ergebnisse der Bibelwissenschaft« über die geschichtliche Authentizität eines Textes befinden. Professoren übertrafen Päpste und Bischöfe in ihrer Funktion als Quelle interpretativer Autorität. Am Ende des zwanzigsten Jahrhunderts hat die Postmoderne zugegebenermaßen zu einer Abnahme dieses Einflusses beigetragen.

Die historisch-kritische Herangehensweise ist nur noch eine von vielen Methoden und ihren Ergebnissen wird nicht allzu viel Beachtung geschenkt (vgl. Lämmermann 1999). Obwohl einige frühere Versuche, Schulklassen mit bibelwissenschaftlichen Methoden vertraut zu manchen, als unnötige Belastung diskreditiert wurden – wie die Arbeit mit Evangelien-Synopsen –, bleiben einige dennoch sehr aktuell und erfolgreich (vgl. Berg 1991; Kalloch 2000, 180-211; Theißen 2003).

Die Arbeit Ingo Baldermanns zu den Psalmen (Baldermann 1993) hat die Methoden der Formgeschichte zum Ausgangspunkt: die Kategorisierung einer literarischen Gattung in einem bestimmten Sitz im Leben. Um beispielsweise mit Klageliedern zu arbeiten, brauchen Kinder eine empathische Vorstellungskraft. Erst einmal vertraut mit der formalen Struktur von Klageliedern, werden die Schülerinnen und Schüler in einem nächsten Schritt aufgefordert, ein eigenes Klagelied zu schreiben oder zu malen. Dadurch werden sie ermutigt, den Sitz des Klagelieds im Leben empathisch aufzusuchen und werden in die Lage versetzt, eine Sprache zu entwickeln, die sich auf die eigene existenzielle Situation bezieht.

Trotz heftiger Kritik, dass Kinder entwicklungspsychologisch gesehen noch nicht in der Lage seien, mit solchen Fragen und Gefühlen umzugehen (Kalloch 2000, 192-195), haben einige Schulklassen gute Erfahrung mit der Methode gemacht. Die Verwendung von Empathie als exegetischem Kernelement der romantischen Strömung kann als Abwendung von einer rationalistischen Strömung innerhalb der Aufklärung gelten.

Die Vorstellung, die Menschlichkeit als solche mit dem Menschen aus biblischen Zeiten zu teilen, erhält für immer mehr Exegeten eine große Bedeutung (vgl. Schramm 2000). Die Methode des Bibliodramas ermutigt Teilnehmerinnen und Teilnehmer, sich mit den Rollen von Charakteren aus einer biblischen Szene zu identifizieren. Da es sich hierbei um eine Kombination von emotionaler Perspektivenübernahme und spielerischer Distanzierung handelt, hat das Bibliodrama viel zu bieten, besonders bei der Förderung von interreligiösem Verständnis (Aldebert 2000 und in diesem Handbuch).

Es gibt nicht nur eine Methode moderner Exegese, sondern mehrere. In der angelsächsischen Diskussion unterscheidet man gemeinhin drei hermeneutische Herangehensweisen:

1) *Reading behind the text.* Für Bibelwissenschaftler bleibt die Herkunft eines Textes ein zentrales Element. Eine wichtige Rolle kommt dabei der Traditionsgeschichte zu, die diese Frage zu beantworten sucht: Die soziale und historische Umgebung, in der die Tradition entstand, die Umwandlung von mündlicher zu schriftlicher Tradition, die Redaktionsgeschichte und die Kanonisierungsprozesse.
2) *Reading in the text.* Als Reaktion auf »Reading behind the text« existiert seit den siebziger Jahren der Versuch, einen Text als Kunstwerk zu studieren, seine Schönheit und seine inneren Strukturen zu entdecken.
3) *Reading in front of the text* meint die Auseinandersetzung mit zeitgenössischen, existenziellen Fragen in Form von Musik, Theater, Kunst oder auch politischen Aktionen, um Texte dann in diesen Formen »widergespiegelt« zu rezipieren.

Obwohl zwischen den verschiedenen Lesarten eine gewisse Konkurrenz besteht, wird immer mehr akzeptiert, dass die eine die andere nicht ausgrenzen muss. Baldermann versucht beispielsweise immer »Reading behind the text« und »Reading in front of the text« zu verbinden. Bibliodrama ist selbstverständlich ein Beispiel für »Reading in front of the text«, aber es beinhaltet auch die sorgfältige Auseinandersetzung mit den zwei anderen Wegen. Innerhalb der postmodernen Akzeptanz konkurrierender Lesarten wird eine Offenheit für die Lesarten anderer Religionen nicht erstaunen.

Erweiterung des Methodenkanons

Der Textzugang über die Erklärung ist nicht der einzig denkbare. So sind ästhetische und mystische Ansätze für manche Menschen ebenso wichtig. Kalligraphie bietet beispielsweise eine Form der Auseinandersetzung mit Schriftbildern, die ihre Schönheit und Heiligkeit unterstreicht. Solche Ansätze finden heute nicht nur im Religionsunterricht, sondern auch im Konfirmandenunterricht Verwendung.

In einer Unterrichtseinheit »Die 99 schönsten Namen Gottes« (Sorkale/Starck 1996) werden die Teilnehmenden zuerst gebeten, die unterschiedlichen Namen für Gott in der Bibel zu benennen. Auf einer schön gestalteten Overhead-Folie finden sich die Namen in Arabisch kalligraphisch dargestellt. Eine Übersetzung steht zur Verfügung, um eine persönliche Auswahl treffen und mit den biblischen Namen vergleichen zu können. Über eine Übung in Kalligraphie werden sie auf einer mystischeren Ebene mit den Namen vertraut. Eine Einführung macht mit der spirituellen Praxis bekannt, in die die »99 schönsten Namen Gottes im Islam« gehören: Im Alltag werden regelmäßig alle Namen rezitiert, oft mit Hilfe einer Gebetskette, der Tesbih. Diese Namen sind auch eine wichtige Tradition im islamischen Religionsunterricht, die sich auf die Sure 7:179: »Und Allahs sind die schönsten Namen. Darum rufet ihn an mit ihnen (...)« bezieht. Der hundertste Name ist ein Geheimnis.

Solche Initiativen sind keine Ausnahmen. Inzwischen gibt es zahlreiche Beispiele für Methoden, die versuchen, eine ästhetische Erfahrung mit dem Text selbst zu vermitteln. Mit Hilfe einer Transkriptionstabelle schreiben Kinder ihre Namen auf Arabisch oder Hebräisch. Mit der gleichen Methode können sie einen Lieblingstext aus dem Qur'an oder der Hebräischen Bibel auswählen und ihn kalligraphisch darstellen. Im Laufe solcher Übungen verliert die Schrift ihre Fremdartigkeit und durch die sorgfältige Arbeit mit der Kalligraphie entsteht ein tieferes Verständnis für die Heiligkeit der Texte. Die Rezitation von Passagen in Hebräisch oder Arabisch wird im schulischen Religionsunterricht ebenfalls ausprobiert. Nebenbei wird so mehr Verständnis und eine neue Wertschätzung für das religiöse Leben von Mitschülerinnen und Mitschülern geschaffen, die nachmittags solcherart Übungen in Bar/Bat Mitzwa Klassen oder in Koranschulen praktizieren. Mit diesen Methoden an Bibeltexten heranzutreten, ist zugleich eine Wiederentdeckung einiger Aspekte sehr alter mystischer und liturgischer Traditionen des Christentums. Interessanterweise verwenden Lehrerinnen und Lehrer bei der Beschreibung solcher Methoden den immer bekannter werdenden Begriff *Mantra,* ein Zeichen für den breiten Einfluss und Bekanntheitsgrad fernöstlicher Religionen in Europa.

Da solche Ansätze nicht in den Kanon der gewöhnlichen hermeneutischen Methoden passen, muss den oben genannten eine vierte hinzugefügt werden: einfach *Reading the text.*

Als Teil einer multikulturellen Gesellschaft erscheint es wahrscheinlich, dass in Europa in der nächsten Zeit eine Reihe von Einflüssen den Zugang zu den Heiligen Texten prägen werden. Es ist aber nicht nur eine Frage des zunehmenden Pluralismus, es ist auch eine Frage der bewussten Entscheidung. Der Heidelberger Alttestamentler Rolf Rendtorff hat die jüdische exegetische Tradition, die in früheren Generationen oft komplett ausgegrenzt wurde, erneut in den Blick gerückt (vgl. Rendtorff 1998). Die Wiederholung der Leitworte ist beispielsweise ein wichtiges Strukturelement in den biblischen Geschichten (vgl. auch Illman 1975). Seine Entwicklung der Kompositionsgeschichte, die die rabbinischen Auslegungsmethoden ernst nimmt, markiert einen signifikanten Richtungswechsel in der Bibelwissenschaft (Rendtorff 1995).

Ein anderes Beispiel für die Wechselwirkung von Methoden findet man im Indien des neuzehnten Jahrhunderts. Die intellektuelle Auseinandersetzung mit dem biblischen Kanon der englischen Missionare brachte nicht nur die Bhagawadgita unter einer Vielzahl heiliger Schriften zu Prominenz. Auch die Gewohnheit, Argumente mit Zitaten zu untermauern, fand Nachahmung (Sugirtharajah 1998, 29-53). In Kontexten sozialer Ungleichheiten sind solche Einflüsse selten wechselseitig. Die meditative und kulturelle Rolle der Heiligen Schriften im Hinduismus wurde daher weitestgehend ignoriert, der Focus verblieb auf einer rationalistischen Ebene. Diesen misslungenen Dialog nennt Sugirtharajah »cultural imperialism«. Die hermeneutische Aufgabe nach Auschwitz und nach dem Kolonialismus ist es nun, die Rolle solcher Ungleichheiten in den Vordergrund zu stellen und sich dabei des politischen Kontextes bewusst zu werden.

Im Problemorientierten Religionsunterricht der siebziger Jahre war »Tradition« ein Gegenstand, den man mit Hilfe einer »Hermeneutik des Verdachts« untersuchte. Seit den neunziger Jahren versuchen Religionspädagoginnen und Pädagogen solche Methoden den Erfordernissen einer pluralistischen Gesellschaft anzupassen. Statt Tradition zu kritisieren, geht es heute darum, diese zu respektieren (Mitchell 2003, 265). Religionsgemeinschaften sollten sich »authentisch« darstellen. In einigen der neueren Schriften des

Problemorientierten Religionsunterrichts werden teilweise einfach Texte aus unterschiedlichen Glaubensgemeinschaften, die als Antworten auf bestimmte persönliche oder soziale Probleme dienen sollen, abgedruckt. Ein Ansatz, der Traditionen nur beschreibt und respektiert, kann einen vorkritischen Umgang mit Texten hervorrufen, bei dem einige moderne Methoden ausgeklammert werden. Junge Leute aller Glaubensrichtungen, sozialisiert in einer Gesellschaft mit solcherart modernen Wertstrukturen, können diesen kritischen Blick manchmal nicht ausklammern, ohne dabei auch ihr Interesse zu verlieren.

Eine Erweiterung des Methodenkanons sollte auch an erziehungswissenschaftlichen Maßstäben gemessen werden. Nach Kieran Egan, Erziehungswissenschaftler an der Universität Chicago, gibt es unterschiedliche Denkweisen – somatisch, mythisch, romantisch, synthetisch und ironisch –, die man bei Lernprozessen beachten sollte (Egan 1997). Die Zusammenstellung einer methodischen Vielfalt aus unterschiedlichen Traditionen nach erziehungswissenschaftlichen Kriterien bietet reichhaltige und interessante Möglichkeiten zum Umgang mit Texten. Weil eine methodische Vielfalt sowohl erziehungswissenschaftlich als auch integrationspolitisch begründet ist, ist die Notwendigkeit einer gleichrangigen Beteiligung von Angehörigen verschiedener Religionen bei den Prozessen zur Planung und zur Durchführung äußerst wichtig. Ein gutes Beispiel für eine solche partizipatorische Curriculumentwicklung ist das Unterrichtsprojekt »Der Seele Flügel verleihen«, bei dem Muslime mit Christen kooperiert haben (Sieg 2000). Durch die Mitgestaltung verschiedener Menschen mit ihren je unterschiedlichen Perspektiven entstehen Materialien, die einen reichen Schatz an Informationen und Methoden bereithalten.

Schlussfolgerungen

Die Textarbeit fällt im Religionsunterricht oftmals übermäßig stark ins Gewicht; für viel beschäftigte Lehrerinnen und Lehrer sind Texte schnell kopiert und verteilt. Nach der protestantischen Lehre der *sola scriptura* und ihrer Äquivalenten im Judentum und im Islam sollen die Heiligen Schriften sogar die Inhalte des Religionsunterrichts bestimmen. Einem deskriptiven Ansatz zufolge beinhaltet Religion aber wesentlich mehr: Rituale, mündliche Überlieferungen, heilige Orte, Recht, Mystik, Kunst usw. Schriften können als Teil einer Hochkultur und als ein wichtiges Element gelebter Religiosität gelten, aber ihre Rolle im Verhältnis zu den anderen Aspekten von Religion sollte man überprüfen.

Schriften spielen im schulischen Religionsunterricht, besonders in einer multireligiösen Gesellschaft, dennoch eine wichtige Rolle. Sie dienen als Heilige Orte, die man besuchen kann, um dort den anderen, als Zeitgenossen oder aber den anderen aus antiken Zeiten, kennen zu lernen.

Es gilt, einen respektvollen Raum für diese Heiligkeit und für die, die daran glauben, zu öffnen. Dies kann bereits durch kleine Änderungen signalisiert werden, beispielsweise durch den Einsatz ungewöhnlicher Methoden, oder aber, indem man Roger Homans Rat befolgt: »Dog-eared photocopies will fail to signal the numinous quality of the word«[1] (Homan 2004, 27). Aber auch den anderen, die viel lockerer mit Heiligen Schriften umgehen, sollte man Respekt entgegenbringen. Schriften bieten eine Möglichkeit, nicht nur über die Religion zu reden, sondern eines ihrer Elemente direkt zu erfahren. Andererseits wird mit der Methodenvielfalt ein unkritischer Dogmatismus untergraben. Je mehr man die Methoden des anderen kennt und respektiert, desto besser ist man in der Lage, eine kritische Distanz zum eigenen hermeneutischen Horizont zu bewahren.

Literatur

Aldebert, Heiner, Bibliodrama der Buchreligionen. Spielende Gemeinschaft zwischen Juden, Christen und Muslimen, in: Goßmann, Hans-Christoph/Ritter, André (Hg.), Interreligiöse Begegnungen. Ein Lernbuch für Schule und Gemeinde. Studien zum interreligiösen Dialog, Bd. 4, Hamburg 2000, 171-195.

Baldermann, Ingo, Wer hört mein Weinen? Kinder entdecken sich selbst in den Psalmen, Neukirchen-Vluyn 1993.

Berg, Horst-Klaus, Ein Wort wie Feuer. Wege lebendiger Bibelauslegung, München 1991.

Egan, Kieran, The Educated Mind. How Cognitive Tools Shape our Understanding, Chicago 1997.

Hagemann, Waltraud/Hirsch, Elke, Unter dem Segen des Einen Gottes. Abraham und seine Familie, Düsseldorf 2002.

Homan, Roger, Religion and literacy: observations on religious education and the literacy strategy for secondary education in Britain. British Journal of Religious Education, 26 (2004), H . 1, 21-32.

Illman, Karl-Johan, Leitwort – Tendenz – Synthese. Programm und Praxis in der Exegese Martin Bubers, Åbo Akademi, Turku 1975.

Kalloch, Christina, Das Alte Testament im Religionsunterricht der Grundschule. Chancen und Grenzen alttestamentlicher Fachdidaktik im Primarbereich, Münster u.a. 2000.

Kermani, Navid, Gott ist Schön. Das ästhetische Erleben des Koran, München 1999.

Koch, Mara, Das Buch Ruth entdecken. Aneignung und Differenz als Strukturelement biblischen Lernens, Landesinstitut für Ausbildung, Hamburg 2004.

1 An Kopien mit Eselsohren wird die Heiligkeit des Wortes nicht erkennbar.

Kuschel, Karl-Joseph, Streit um Abraham. Was Juden, Christen und Muslime trennt – und was sie verbindet, München 1994.

Lähnemann, Johannes, Evangelische Religionspädagogik in interreligiöser Perspektive, Göttingen 1998.

Lämmermann, Godwin/Morgenthaler, Christoph/Schori, Kurt/Wegenast, Philipp (Hg.), Bibeldidaktik in der Postmoderne. Klaus Wegenast zum 70. Geburtstag, Stuttgart u.a. 1999.

Mitchell, Gordon, Abraham in World Religions: Perspectives from Biblical Scholarship, in: Journal of Theology for Southern Africa 85 (1993), 47-52.

Mitchell, Gordon, Religionspädagogik und sozialer Umbruch. Südafrikanischer Religionsunterricht und das Hamburger Modell im Vergleich, in: Dommel, Christa u.a. (Hg.), Werte Schätzen. Religiöse Vielfalt und Öffentliche Bildung. Jürgen Lott zum 60. Geburtstag, Frankfurt a.M. 2003, 256-273.

Mohr, Irka-Christin, Muslime zwischen Herkunft und Zukunft. Islamischer Unterricht in Berlin, Berlin 2000.

Rendtorff, Rolf, Die Bundesformel, Stuttgart 1995.

Rendtorff, Rolf, Als Christ das »Alte« Testament lesen. Drei Vorträge. Christen und Juden heute, Neukirchen-Vluyn 1998, 42-87.

Shaikh, Sa'diyya, Knowledge, Women and Gender in the H)adith: A Feminist Interpretation, in: Islam and Christian-Muslim Relations, Vol. 15 (2004), H. 1, 99-108.

Sieg, Ursula, Wir haben alle Große Namen. Interreligiöse Unterrichtseinheit zur Abrahamerzählung, in: Die Grundschulzeitschrift 9 (1995), H. 90, 18-21.

Sieg, Ursula, Jesus gibt der Seele Flügel. Baustein einer christlich-islamischen Unterrichtseinheit zum Leben und Wirken Jesu, in: Goßmann, Hans-Christoph/ Ritter, André (Hg.), Interreligiöse Begegnungen. Ein Lernbuch für Schule und Gemeinde, Studien zum interreligiösen Dialog, Bd. 4, Hamburg 2000, 231-241.

Sorkale, Florian/Starck, Rainer, Die 99 schönsten Namen Gottes – Namen Gottes kalligraphisch gestalten und mit Namen Gottes aus dem Islam vergleichen, in: Raum für Begegnungen mit Gott. KU – Praxis 34, Gütersloh 1996, 39-44.

Sugirtharajah, R.S., Asian Biblical Hermeneutics and Postcolonialism. Contesting the Interpretations. Maryknoll: New York 1998.

Schramm, Tim, Die Bibel ins Leben ziehen, Stuttgart u.a. 2003.

Taji-Farouki, Suha (Ed.), Modern Muslim Intellectuals and the Qur'an. Oxford University Press: Oxford 2004.

Taji-Farouki, Suha (Ed.), Modern Muslim Intellectuals and the Qur'an. Oxford: Oxford University Press in sociation with The Institute for Ismaili Studies, London 2004.

Theißen, Gerd, Zur Bibel motivieren. Eine Bibeldidaktik, Gütersloh 2003.

Tworuschka, Udo (Hg.), Heilige Schriften. Eine Einführung, Darmstadt 2000.

Tworuschka, Udo, Vom Umgang mit Heiligen Schriften, in: Tworuschka, Udo (Hg.), Heilige Schriften. Eine Einführung, Darmstadt 2000, 1-28.

Hansjörg Biener

Schulbücher und interreligiöses Lernen

Seit Comenius 1658 im Orbis sensualium pictus auch »Judaismus«, »Christianismus« und »Mahometismus« vorstellte, findet sich bei der Darstellung der Weltreligionen in europäischen Schulbüchern Richtiges und Falsches. Nicht immer werden Fehler auf böse Absicht zurückgehen, sondern Selbstverständlichkeiten reproduzieren, deren Problematik erst nachträglich bewusst wird. Aufgrund eigener Lehrplan- und Schulbuchanalysen für Religionslehre, Ethik, Geschichte und verwandte Fächer entfaltet der Autor fachwissenschaftliche, fachdidaktische und gesellschaftspolitische Aspekte der Schulbuchproduktion in Bezug auf »interreligiöses Lernen«.

Am Anfang: Lessings Nathan

Der an deutschen Schulen wirksamste interreligiöse Lesestoff stammt wohl nicht aus einem Religionsbuch, sondern aus Lessings Nathan. Diese Pflichtlektüre in Deutsch erinnert daran, dass weltanschauliches Lernen auch außerhalb des Ethik- und Religionsunterrichts stattfindet und nicht nur Judentum, Islam und weitere Weltreligionen betrifft, sondern auch das Christentum. Mag die Ringparabel die Religionsgemeinschaften zum Wetteifer in der Lebensdienlichkeit aufrufen, ist doch der ursprüngliche Ring, der vor Gott und Menschen angenehm machte, verloren.

Die im Nathan mitthematisierten Kreuzzüge wurden in Untersuchungen zum Geschichtsbewusstsein von Schülern und Schülerinnen zum Exempel für ein didaktisches Problem: »Sie sprechen sich für Vernunft, Toleranz und Frieden aus, für die – ihrer Meinung nach – 1099 weder Christen noch Muslime einstanden.« (von Borries 1994, 176, auch die folgenden Zitate). Trotz Aufforderung werden die »zeitspezifischen Handlungsspielräume und -muster« nicht in die Betrachtung einbezogen, sondern die Ereignisse aus einer »menschenrechtlich getönten« Distanz verurteilt. Dabei geht es nicht nur um die komplexere Erfassung historischer Verhältnisse: »Wer glaubt, er habe niemals wie ein Kreuzritter morden können, der täuscht sich über sich selbst, über Verführbarkeit durch ›edle‹ Ziele, über die eigene Triebausstattung und über die Dünne der zivilisatorisch-kultivierten Rindenschicht menschlichen Verhaltens.« (von Borries 1994, 181; ähnlich Bergmann 2000, 35f.)

Schulbücher als Faktoren interreligiösen Lernens

Wenn man im Begriff des interreligiösen Lernens die Eigenaktivität der Schüler und Schülerinnen betont (Rickers 2001, Sp. 877), ist nicht nur wichtig, was Schulbücher Lehrkräften für ihren Unterricht bereitstellen. Es geht auch darum, wie sehr Schulbücher von Aufmachung und Themenaufbereitung her zum Schmökern einladen und Begegnungslernen von Angehörigen verschiedener Religionen anregen. Man muss nur Geschichtsbücher wie »Forum Geschichte« (Forum Geschichte 2 2001, 72ff.) und deren Methodenseiten mit immer noch zugelassenen älteren Religionsbüchern vergleichen, um die Herausforderung an die Gestaltung zu sehen.

Auch bei subjektorientierten Unterrichtsansätzen bleibt das Schulbuch ein wichtiges Informations- und Anregungsmedium. Wegen der durch Schule beanspruchten Lebenszeit, -lust und -kraft ist für alle Betroffenen von Belang, ob das, was im Namen der Gesellschaft als wissenswert präsentiert wird, sachlich richtig, fachdidaktisch vertretbar und gesellschaftlich zukunftsträchtig ist.

In einer Erklärung »Begegnung der Religionen und Kulturen: Eine Aufgabe für die Schule!« forderte der Interreligiöse Arbeitskreis beim Interkulturellen Rat in Deutschland 2003: »Schulbücher sind daraufhin zu überprüfen, ob sie auf wissenschaftlicher Basis entwickelt worden sind, ob sie frei sind von Vorurteilen und Stereotypen und ob sie ein authentisches Verständnis der Religionen und Kulturen vermitteln. In Schulbüchern des konfessionellen Religionsunterrichts sollten die Kapitel, die andere Konfessionen und Religionen behandeln, von kompetenten Angehörigen dieser Konfessionen bzw. Religionen gegengelesen werden. In Geschichtsbüchern ist darauf zu achten, dass nicht nur die Geschichte der Konflikte und Kriege, sondern auch die wechselseitige kulturelle Befruchtung zum Zuge kommt.« (Interreligiöser Arbeitskreis beim Interkulturellen Rat in Deutschland 2003, 67) Wichtig an dieser Erklärung ist, dass sie sich auch auf die Darstellung des Christentums in Schulbüchern für islamischen Religionsunterricht beziehen würde. Tatsächlich dürften die Autoren an Beispiele guter Praxis wie die Hauptschulreihe »Da sein – Wege ins Leben« aus dem christlichen Religionsunterricht gedacht haben. In der neuen Reihe »Religion im Kontext« für den evangelischen Religionsunterricht an Gymnasien und Realschulen soll die biblisch-christliche Tradition durchgängig im Kontext anderer Religionen und Kulturen wahrgenommen werden.

Schulbücher als Produkte eines vielfach gefährdeten Entstehungsprozesses

Schulbuchautoren und -autorinnen müssen sich über die Konzeption des Werks einigen, den fachwissenschaftlichen Stand auf das schulisch Nötige hin durcharbeiten, die Bedürfnisse von Lehrkräften und Schülern wahrnehmen, termingerecht zu Ergebnissen kommen und über diese erfolgreich mit Verlagen und Ministerien verhandeln. Bei so vielen Herausforderungen ist jedes Schulbuch eine Annäherung an die »Quadratur des Kreises« (Kirchhoff 1984, 262), der Autoren und Autorinnen ihren guten Namen geben, von der Verlage die Bewährung auf dem Markt erwarten und die die Kultusministerien als fach-, schüler- und lehrplangemäß genehmigt haben.

Schulbücher werden meist von Teams geschrieben, in denen sich Berufserfahrung in Stadt und Land, Erfahrung aus früheren Schulbuchprojekten und Forschung und Lehre an der Universität verbinden. Nicht zuletzt leisten Verlagsmitarbeitende ihren Beitrag, so die grafische Abteilung (Lay-out, Bilder etc.), aber auch das Lektorat, das Unstimmigkeiten finden sollte, Druckfehler und sachliche Fehler sowieso. Die Teamlösung ermöglicht die Einbeziehung von Spezialwissen, auch indem man Angehörige anderer Religionen zur Mitarbeit oder zum Gegenlesen einlädt. Im evangelischen Religionsbuch »Religion 7/8. Gerechtigkeit lernen« schrieb der Berliner Muslim Mohsen Mirmehdi das Islamkapitel unter dem Aspekt »Die Moschee – gebauter Glaube im Islam« (Religion 7/8 1996, 112ff.).

Lehrplanbindung und Schulbuchzulassung

Nach einem Grundsatzbeschluss der Kultusministerkonferenz können im Unterricht »nur Schulbücher verwendet werden, die vom zuständigen Kultusministerium für den Gebrauch genehmigt wurden«[1]. Ein Zulassungskriterium ist in allen Bundesländern, dass das Schulbuch »den Anforderungen der Lehrpläne und Richtlinien inhaltlich, didaktisch und methodisch entspricht«. Dies führte im Gefolge der Auseinandersetzungen um »68er« Richtungsentscheidungen und der Curricularen Lehrpläne ab den 1970er-Jahren zu einer Zersplitterung der Schulbuchmärkte nach Bundesländern. Dazu kommen Sonderentwicklungen wie die Kombinationsfächer oder LER und Praktische Philosophie.

1 Nach Beschlüssen von 1951, 1954 und 1961: Richtlinien für die Genehmigung von Schulbüchern (Beschluss 29.6.1972), in: Sammlung der Beschlüsse der Ständigen Konferenz der Kultusminister, Neuwied, Loseblattsammlung, Nr. 490.

Als eine Strategie zur Bewältigung der Vielfalt wurden im Religions- und Ethikbereich etwa bei den »Kursbüchern«, »SpurenLesen« und »Reli« Lehrplansynopsen zu Grunde gelegt. Wegen der Größe des Schulbuchmarkts passen die Bücher dann besonders zu nordrhein-westfälischen Lehrplänen. In einer anderen Strategie werden Grundwerke zum Beispiel im Bildmaterial regional angepasst und durch die länderspezifischen Themen ergänzt. Nur ein Beispiel aus dem Geschichtsbereich sind die Ausgaben des Realschulwerks »Zeitreise«, die für Nordrhein-Westfalen die Darstellungen von »Judentum, Christentum, Islam« 1997 integrieren und 2001 für Brandenburg nach Religionen trennen (Zeitreise 1 1997, 190-251; Zeitreise 5/6 2001, 146-197). Einige Doppelseiten wurden 2001/02 für Bayern in anderen Kontexten wiederverwendet. (Mit anachronistischen Reihenfolgen z.B.: Zeitreise 6 2001, 140-141 Die Ausbreitung des Islams; 142-143 Der Islam auf europäischem Boden; 156-157 Eine neue Weltreligion entsteht – der Islam; Zeitreise 7 2002, 76-77 Gewalt im Zeichen des Kreuzes, 78-79 Die Europäer lernen von den Arabern). Dennoch kann man nicht davon ausgehen, dass etwa das berechtigte Lob für die Religionskapitel in »Durchblick« 5/6 (Hauptschule NRW Geschichte-Politik) auch für Bände dieses Namens in anderen Bundesländern gilt (Durchblick 5/6 2001, 140-173 Allah ist groß; 248-291 Kirche und Welt).

Die Klage von Schulbuchautoren über die staatliche[2] und bei Religionsbüchern auch kirchliche[3] Schulbuchzulassung hat Tradition (Müller 1977). Nach ihrer Argumentation sollte es nicht um eine genaue Passung, sondern nur um Vereinbarkeit mit dem Lehrplan gehen.[4] Dass Schulbuchanalysen immer wieder fachwissenschaftliche und fachdidaktische Fehler nachweisen, führt aber zu einem Paradox: Einerseits sind nicht alle Bücher so gut, dass man auf Kontrollen verzichten könnte. Andererseits sind die Kontrollen nicht so gut, dass sie alle Fehler aufdecken. Schulbuchzulassung bedeutet auch, dass Bücher wieder aus dem Verkehr gezogen werden. Im Jahr 2000 z.B. kam das bayerische Kultusministerium bei einem Hauptschulbuch für Geschichte / Sozialkunde / Erdkunde Einwänden einer Religionsgemeinschaft nach.[5]

2 Zur Genehmigungspraxis im Themenheft Geschichte in Wissenschaft und Unterricht 49 (1998) H.3, Beiträge von Christoph Stillemunkes (Hessen), Herbert Knepper (NRW), Peer Frieß (Bayern) und Sabine Leppek 2002.

3 Nach der Verfahrensordnung für die kirchliche Zulassung von Unterrichtswerken für den katholischen Religionsunterricht (ab 1.3.2002) sind je nach Verlagssitz Kommissionen in Köln, Mainz (Südwestdeutschland, Schweiz) und Regensburg (Bayern, Österreich) für die Gutachten zuständig. Abschließend entscheiden die Bischöfe. In der Evang.-Luth. Kirche in Bayern hat die Kirchenleitung Personen benannt, aus denen das Kultusministerium die externen Gutachtenden wählt, sodass staatliche und kirchliche Begutachtung in einem Zug erfolgen.

4 »Schulbuchautoren sind nicht Vollzugsgehilfen der Lehrplanmacher, zu verlangen ist von ihnen nur, dass sie dem Geist und Buchstaben der Lehrpläne nicht entgegenstehen.« (Rohlfes 1998, 160)

5 Bayerisches Staatsministerium für Unterricht und Kultus: Pressemitteilung 259,

Die Vorgaben der Lehrpläne

Für Gabriele Miller und Jörg Thierfelder »stehen oft die amtlichen Vorgaben den didaktisch-pädagogischen Einsichten im Weg« (Miller/Thierfelder 2002, 535). Dass immer mehr Lehrplanentwürfe zur Kommentierung im Internet stehen, wird dann zur Aufforderung an alle Betroffenen, sich rechtzeitig konstruktiv einzubringen.

Eine diachrone Analyse der bayerischen Hauptschulpläne des 20. Jahrhunderts und der seit den 70er-Jahren eingeführten Sekundarstufe-I-Lehrpläne zeigt, dass die Weltreligionen in den Religionsplänen immer wichtiger werden und Religion insgesamt für den Geschichtsunterricht unwichtiger, während das Bild für Ethik (Bayern), LER (Brandenburg) bzw. Praktische Philosophie (NRW) divergiert.

In Religion gehört der interreligiöse Dialog längst zum Fachprofil. In Bayern können Judentum, Islam und Hinduismus / Buddhismus durch Kopositionierung in interreligiösen Lernsträngen konfessionell-kooperativ behandelt werden. Beim Islam ist teilweise auch Lernbereichsunterricht mit Ethik möglich. Auch in Nordrhein-Westfalen gehört interreligiöses Lernen zu den Kernanliegen. Abwehr gilt nicht mehr, wie bis in die Mitte des Jahrhunderts, den als Konkurrenz wahrgenommenen Weltreligionen, sondern, auch in Ethiklehrplänen (Lehrplan für die bayerische Realschule 1993, 1 197-198); Lehrplan für die sechsstufige Realschule 2001, 402f.), »Sekten«, »Psychogruppen«, »Okkultismus«.

Interreligiöses Lernen findet sich zwischen Religionslehrplänen, die Religion als Lebensoption offen halten, und religionsabstinenten bis -kritischen Vorgaben anderer Fächer. Außer in Religion erscheint das Christentum seit der Neuzeit abgelöst bzw. überwiegend in Negativkontexten von Gewalt und Intoleranz. Der Islam kommt meist bei Konflikten zwischen »Europa« und »Islamischer Welt« in den Blick, selten als eigener Kulturkreis. Das Judentum findet sich häufig in Opferkontexten.

Am ausführlichsten werden die Konsequenzen einer multikulturellen/multireligiösen Gesellschaft in den Grundlegungen der staatlichen Lehrpläne für Haupt- und Realschulen in Nordrhein-Westfalen reflektiert (Richtlinien und Lehrpläne für die Hauptschule in NRW 2001, 59ff.; Richtlinien und Lehrpläne für die Realschule in NRW 2000, 55ff.). Positiv hervorzuheben sind darum die parallel formulierten Themen des Realschullehrplans Geschichte (1993) zu den Kulturen der drei monotheistischen Religionen (Richtlinien und Lehrpläne für die Realschule in NRW 2000, 73-75). Zu Islam und Christentum ist auch der Hauptschullehrplan Geschichte-Politik (1989) mit seinen Themeneinheiten »Allah ist groß« und »Kirche und Welt«

Geschichtsbuch wird in einer mit der Israelitischen Kultusgemeinde abgestimmten Fassung neu aufgelegt (25.10.2000).

zu erwähnen (Richtlinien und Lehrpläne für die Hauptschule in NRW 2001, 54f.).

Nationale und internationale Schulbuchforschung im interreligiösen Interesse

Was tatsächlich in Schulen unterrichtet wird, ist nur mit großem Aufwand zu erheben. Noch aufwändiger wäre eine Untersuchung, was tatsächlich gelernt wird. Da geht es nicht nur um beabsichtigte Effekte von Unterricht, sondern auch um Kenntnisse, Fertigkeiten und Einstellungen, die Schüler und Schülerinnen unabhängig von Interventionen Erwachsener gewinnen. Wegen der Komplexität solcher Untersuchungen wurde die schulische Behandlung gesellschaftlich brisanter Themen traditionell an Schulbüchern diskutiert.

Schulbuchanalysen dienten immer wieder als Arsenal für gesellschaftspolitische Debatten, aber schon nach dem 1. Weltkrieg auch der internationalen Verständigung und nach dem 2. Weltkrieg interreligiösen Fragestellungen. Nachdem in den 1960er- und 1970er-Jahren die »Darstellung der Juden, des Judentums und des Staates Israel« im Mittelpunkt des Interesses stand (Robinsohn/Schatzker 1963; Schatzker 1981; Reck 1990), wurde auch die Darstellung des Islam zum Thema. 1986 bis 1990 veröffentlichte ein interdisziplinäres Team um Abdoldjavad Falaturi und Udo Tworuschka Analysen einschlägiger Passagen in 359 Geschichts-, Religions-, Geographie- und Ethikbüchern und 133 Lehrplänen. (Tworuschka, M. 1986; Tworuschka, U. 1986; Fischer 1987; Vöcking/Zirkler/Tworuschka/Falaturi 1988; Schultze 1988. Zahlen laut Koschinski 1991, IX) Mit der Zusammenfassung liegt seit 1991 eine Formulierungshilfe für Erarbeitung, Lektorat und Prüfung von Kapiteln zum Islam vor (Falaturi/Tworuschka 1991). In der Rezeption wurde als Fazit festgehalten, dass es um den Islam in deutschen Schulbüchern schlecht bestellt sei. Dabei dokumentierte bereits das Kölner Schulbuchprojekt etwa bei »Zeit der Freude« »einen engagierten Lernprozess« von einer für didaktische Elemente gelobten, aber in Sachfragen kritisierten Fassung in den ersten Ausgaben (Trutwin/Breuning 1980, 217-231, bzw. 1981, 2. Aufl. 1982, 202-215) hin zu einem »vorbildlichen Text« in der Neuausgabe 1987 (vgl. Tworuschka 1988, 122-125; mit Nachträgen 1986-1988 zur Analyse der Schulbücher Stöber/Tworuschka/Tworuschka 1990, 61 über Trutwin/Breuning/Mensing 1987, 228-241).

Schon bei der Vorlage des Kölner Projekts regte der Direktor des Instituts für Internationale Schulbuchforschung 1986 ein Gegenstück zur Darstellung des Christentums in islamisch geprägten Ländern (Hinrichs 1986, V). Ab 1999 untersuchte das Nürnberg-Rostocker Schulbuchprojekt Schulbücher aus der Türkei, dem Iran, Ägypten und Palästina, ab 2004 aus Algerien und

Syrien bzw. Libanon und Jordanien (Lähnemann 2004). Auch hier zeigen sich große Aufgaben für die Schulbucharbeit. Das beginnt mit der Revision von Sachfehlern und der Wahrnehmung einheimischen Christentums und endet bei einer Zielvorstellung, das Christentum nicht allein in islamischer Perspektive als zurechtgerückte Tradition, sondern in seinem Selbstverständnis darzustellen.

Wegen der historischen Konflikte von Religionsgemeinschaften und der Geltungsansprüche der Religionen müsste eigentlich auf Repräsentativität und Vorsicht vor Generalurteilen geachtet werden. Dies ist aber nicht der Fall, wenn sich ein Artikel »Die Konfrontation mit dem Fremden findet (noch immer) nicht statt« wesentlich mit dem »Kursbuch Religion 9/10 Neuausgabe« auseinander setzt (Orth 1996, 175ff.) oder sich »Die Darstellung des Islam im katholischen Religionsunterricht« auf drei Religionslehrpläne, ein Hauptschulbuch sowie drei Hilfen für die Lehrerhand bezieht (Gafus 2002, 274). Es ist bezeichnend, dass der Islamrat 2001 eine Buchreihe mit einem Tagungsband über Schulbücher begann. Nach Auskunft von Wolf D. Ahmed Aries hielten die Verlage das Kölner Schulbuchprojekt für verarbeitet, die Muslime jedoch nicht (Aries 2001, 9). Umgekehrt konstatiert Udo Tworuschka nach einem DFG-Projekt »in den islamischen Gemeinden Deutschlands publizierten und benutzten religionsvermittelnden Medien (...) jede Menge Klischees und Stereotypen, insbesondere mit Blick auf die deutsche und westliche Gesellschaft und ihre angebliche Verderbtheit« (Tworuschka 2001, 130ff.).

Nach den Terroranschlägen des 11. September 2001 gaben die finanzierenden Bundesländer beim Georg-Eckert-Institut eine Schulbuchanalyse zur Darstellung des Islam in Auftrag. Die nach der Begutachtung von etwa 150 Geschichts-, Religions- und Ethikbüchern 2003 vorgestellten (Ihtiyar 2003, 201f.) Empfehlungen waren auch ein Jahr später noch nicht in einer Endfassung erschienen, sondern standen als vorläufige Empfehlungen auf der Homepage des Instituts im Internet. Sie lesen sich wie ein déjà vu des Kölner Projekts. Doch trifft mangelnde Sensibilität für zentrale Glaubensinhalte in aktuellen Schulbüchern nicht nur den Islam, wenn etwa die Rekapitulation der Jesus-Geschichte in fünf von sechs Büchern für das bayerische Hauptschulfach Geschichte/Sozialkunde/Erdkunde (6. Klasse) die Auferstehung nicht erwähnt.[6] Zwar ist sie im Rahmen heutiger historischer Wissenschaft nicht greifbar, wohl aber die Wirkungsgeschichte der Auferstehungsbotschaft. Im Kontext von Geschichtsbüchern hätte man gut 1 Kor 15,3-5 als historische Textquelle geben können.

---

6 Schon die Lehrplanlektüre hätte die Autorenteams warnen können, vgl. aus dem katholischen Lehrplan für die Hauptschule 1997, 87, wo »die Bedeutung von Tod und Auferstehung als Dreh- und Angelpunkt biblischen Redens von Jesus Christus« bezeichnet wird.

Fachdidaktische Aspekte

Vor allen fachspezifischen Interessen stehen die Basiskompetenzen der Schülerinnen und Schüler. So stößt man immer wieder darauf, dass Schulbuchtexte »für eine weiträumige, lockere und informierende Lektüre« auch in Realschule und Gymnasium zu schwer sind (von Borries 1991, 138, 153).

Die Einbindung von Fremdtexten, Bildern, Grafiken und Karten veränderte die Schulbücher von textbasierten Lese- und Lernbüchern hin zu Arbeitsbüchern, auch wenn sich das reine Arbeitsbuch nicht durchgesetzt hat. Abgesehen von nicht spezifisch interreligiösen Problemen des Quellenumgangs (sachgemäße Kürzung, zielführende Erschließung, ordentliche Belegung usw.) ist es religiös sensibel, wenn etwa Koranverse und Kalligraphien spiegelverkehrt abgedruckt werden.

Noch problematischer ist erschlichene Authentizität. Beim Vergleich verwandter Islamkapitel fällt auf, dass etwa in »einfach leben 7« (Hauptschule Bayern) viel religiöse Sachinformation in Schülermund gelegt wird, die in der für norddeutsche Bundesländer bestimmten Neufassung von »Mitten unter euch 7/8« als Sachtext geboten wird (Einfach leben 7 2000, 47-63; Mitten unter euch 7/8 2002, 167-182). Im GSE-Buch Durchblick 9 (Hauptschule Bayern Geschichte/Sozialkunde/Erdkunde) wurde, mit Bild, eine in einem Spiegel-Spezial vorgestellte interreligiöse Liebesgeschichte weiterverarbeitet, ohne dass das Paar davon wusste. Doch im selben Umfeld wurden auch Bilder und biographische Texte, die nicht zusammengehören, verwendet. Mag die Geschichte von der muslimischen Mädchen verweigerten Klassenfahrt Schülernähe signalisieren, so wird sie fragwürdig, wenn im Vergleich der vielen Bücher Namen und Orte beliebig sind. Aus dem Schulalltag könnte man ebenso berichten, dass Schüler lieber krank werden, als mit ihrer Klasse wegzufahren. Außerdem machen auch katastrophale Klassenfahrten Schlagzeilen, die Besorgnisse der in den Dilemmageschichten so schlecht wegkommenden muslimischen Väter bestätigen.

Fachwissenschaftliche Aspekte

Es liegt nahe, bei Unterricht über Religionen an Vorkenntnissen anzusetzen und auch zu vergleichen. Aus religionswissenschaftlicher Perspektive ist das nicht unproblematisch, wie Bernard Lewis betont: »Muhammad ist nicht der islamische Christus, der Koran ist nicht die islamische Bibel, die Moschee ist nicht die islamische Kirche. Darüber hinaus ist der Freitag nicht der islamische Sabbath, die ›ulama‹ sind nicht der islamische Klerus, und der Sunnismus ist nicht die islamische Orthodoxie. Obwohl diese verbreiteten Analogien einen Kern Wahrheit enthalten, entstellen und verzerren sie mehr als sie erklären.« (Lewis 1981, 9-25) Nicht alle Punkte träfen aktuelle Lehrpläne und Schulbücher, aber sie markieren eine Gefahr für die primäre Thematisierung von Religionen über Aspekte wie Feste und Heilige Schriften. Die erwünschte Perspektiventreue stellt freilich auch Ansprüche an das fachwissenschaftlich bereitzustellende Material an authentischen Äußerungen und echten Quellen.

Außer der eigenständigen Behandlung der Weltreligionen werden interreligiöse Aspekte zunehmend auch in anderen Themen berücksichtigt. Das klassische Beispiel ist Abraham, bei dessen Darstellung als Glaubensgestalt dreier Religionen aus theologischen wie exegetischen Gründen Sorgfalt zu üben ist (vgl. den Exkurs über Abraham in Edelstein/Oser/Lott/Grözinger 2001, 112ff.), wie überhaupt jede Verwendung des »Alten Testaments« auch »im Angesicht Israels« erfolgt und eine interreligiöse Bedeutung hat. Der immer mehr in Lehrplänen zu findende Begriff »abrahamische Ökumene« nimmt die religionsgeschichtlichen Verbindungen von Judentum, Christentum und Islam als eine besondere Herausforderung zum interreligiösen Dialog auf.

Gesellschaftliche Aspekte

Obwohl Religionszugehörigkeit, Nationalität und kulturelle Bindung häufig zusammengehen, sollte man sie unterscheiden. Sonst gerät die Darstellung des Judentums zu fern vom jüdischen Leben in Deutschland und zu sehr in die politische Situation Israel-Palästinas oder die des Islam zu sehr in den Kontext der türkischen Kultur. Die Präsenz der islamischen Minderheit wird in Religions- und Geschichtslehrplänen zunehmend von der Migrationssituation unterschieden. So wird zum wichtigen Kriterium, ob die Islamdarstellung auch für deutschstämmige Muslime bzw. eingebürgerte Migranten zweiter oder dritter Generation zutreffen würde.

Schon in den 1950er-Jahren wurde bemerkt, dass in westeuropäischen Geschichtsschulbüchern die religiöse Dimension bei der Erwähnung von Weltreligionen weitgehend ausfiel (wiederholt in Bruley/Dance 1960). 2003 legte die Herbert-Quandt-Stiftung eine europaweite Studie zum Schul-»Wissen über die Gemeinsamkeiten der abrahamischen Religionen und Kulturen sowie ihren Beitrag zum geistigen und kulturellen Erbe Europas« vor (Europäische Identität und kultureller Pluralismus 2003; European identity and cultural pluralism. Supplement 2003). Auch hier kam man zu dem Ergebnis, dass der Beitrag der drei Religionskulturen zu dem, was im Weltvergleich als europäisch wahrgenommen wird, gerade auch außerhalb des Religionsunterrichts, zu wenig thematisiert wird. Offensichtlich ist nicht nur »interreligiöse«

Offenheit eine Herausforderung für die europäische Gesellschaft, sondern auch der Umgang mit der eigenen Geschichte.

Zum Weiterlesen

Biener, Hansjörg, Herausforderungen zu einer multiperspektivischen Didaktik. Eine Problemdarstellung anhand einer Lehrplananalyse über die Berücksichtigung des Islam im Religions-, Ethik- und Geschichtsunterricht (Habilitationsschrift), Nürnberg 2004.

Höhne, Thomas, Schulbuchwissen. Umrisse einer Wissens- und Medientheorie des Schulbuches, Frankfurt a.M. 2003.

Lähnemann, Johannes, Interreligiöse Schulbuchforschung und -entwicklung, in: Zeitschrift für Pädagogik und Theologie 56 (2004), H. 1, 43-49.

Olechowski, Rüdiger (Hg.), Schulbuchforschung, Frankfurt a.M. 1995.

Schreiber, Waltraud (Hg.), Die religiöse Dimension im Geschichtsunterricht. Ein interdisziplinäres Forschungsprojekt. Tagungsband, Neuried 2000.

Literatur

Aries, Wolf D. Ahmed, Warum diese Schulbuchtagung?, in: Islamrat für die Bundesrepublik Deutschland (Hg.), Islam im Schulbuch, Kandern 2001, 9-18.

Borries, Bodo von, Empirische Befunde zu Gestalt und Genese von Geschichtsbewusstsein bei Kindern und Jugendlichen, in: Hinrichs, Ernst/Jacobmeyer, Wolfgang (Hg.), Bildungsgeschichte und historisches Lernen, Frankfurt a.M. 1991, 119-156.

Borries, Bodo von, Historische (Re-)Konstruktion, moralisches Urteil und bemerkter Wandel, in: von Borries, Bodo/Pandel, Hans Jürgen (Hg.), Zur Genese historischer Denkformen, Pfaffenweiler 1994, 173-195.

Bergmann, Klaus, Multiperspektivität, Schwalbach 2000.

Bruley, Édouard/Dance, Édouard, Une Histoire de l'Europe?, Leiden 1960.

Durchblick 5/6 (NRW), Braunschweig 2001. ISBN 3-14-110735-1.

Edelstein, Wolfgang/Oser, Fritz/Lott, Jürgen/Grözinger, Karl E., Inhalt und Struktur des Fachs LER, in: Wissenschaftlicher Beirat LER (Hg.), Lebensgestaltung – Ethik – Religionskunde, Weinheim/Basel 2001, 71-142.

European identity and cultural pluralism. Supplement: Country reports, Bad Homburg 2003.

Falaturi, Abdoldjavad/Tworuschka, Udo, Der Islam im Unterricht, Braunschweig 1991.

Fischer, Gerhard, Analyse der Geographiebücher zum Thema Islam, Braunschweig 1987.

Forum Geschichte 2, Berlin 2001. ISBN 3-464-64320-4.

Frieß, Peer, Das bayerische Zulassungsverfahren für Schulbücher im Fach Geschichte, in: Wissenschaft und Unterricht 49 (1998), H. 3, 18,-186.

Gafus, Georg, Die Darstellung des Islam im katholischen Religionsunterricht, in: Renz, Andreas/Leimgruber, Stephan (Hg.), Lernprozess Christen Muslime, Bonn 2002, 274-287.

Hinrichs, Ernst, Vorwort, in: Tworuschka, Monika, Analyse der Geschichtsbücher zum Thema Islam, Braunschweig 1986, V.

Ihtiyar, Nese, Tagungsbericht »Der Islam in deutschen Schulbüchern«, in: Internationale Schulbuchforschung 25 (2003), H. 1-2, 201-202.

Interreligiöser Arbeitskreis beim Interkulturellen Rat in Deutschland, Begegnung der Religionen und Kulturen. Eine Aufgabe für die Schule!, in: Micksch, Jürgen (Hg.), Abrahamische und Interreligiöse Teams, Frankfurt a.M. 2003, 66-68.

Katholischer Lehrplan für die Hauptschule, in: Amtsblatt des Bayerischen Staatsministeriums für Unterricht, Kultus, Wissenschaft und Kunst. Teil 1, Sondernummer 1997,1.

Kaul-Seidman, Lisa R./Nielsen, Jorgen S./Vinzent, Markus/Migura, Helga, Europäische Identität und kultureller Pluralismus: Judentum, Christentum und Islam in europäischen Lehrplänen: Empfehlungen für die Praxis, Bad Homburg 2003.

Kirchhoff, Hans Georg, Islamische Frühgeschichte in einem neuen Schulgeschichtsbuch, in: Fürnrohr, Walter (Hg.), Die Welt des Islams im Geschichtsunterricht der Europäer, Dortmund 1984, 261-265.

Knepper, Herbert, Scheingegensätze im Dienste interessengeleiteter Rhetorik, in: Geschichte in Wissenschaft und Unterricht 49 (1998), H. 3, 175-179.

Koschinski, Michael, Analyse der audio-visuellen Medien zum Thema Islam, Köln 1991.

Lehrplan für die bayerische Realschule, in: Amtsblatt des Bayerischen Staatsministeriums für Unterricht, Kultus, Wissenschaft und Kunst, Sondernummer 1993,1, 1-452.

Lehrplan für die sechsstufige Realschule, München 2001.

Lähnemann, Johannes, Interreligiöse Schulbuchforschung und -entwicklung, in: Zeitschrift für Pädagogik und Theologie 56 (2004), H. 1, 43-49.

Leppek, Sabine, Die Zulassung und Einführung von Schulbüchern und anderen Lernmitteln an staatlichen deutschen Schulen. Verfassungs- und verwaltungsrechtliche Grundlagen, Marburg 2002.

Lewis, Bernard, Der Islam von den Anfängen bis zur Eroberung von Konstantinopel 1, Zürich u.a. 1981.

Miller, Gabriele/Thierfelder, Jörg, Religionsbücher, in: Bitter, Gottfried/Englert, Rudolf/Miller, Gabriele/Nipkow, Karl Ernst (Hg.), Neues Handbuch religionspädagogischer Grundbegriffe, München 2002, 531-535.

Mitten unter euch 7/8 Schülerbuch für den katholischen Religionsunterricht. Neufassung, Donauwörth 2002. ISBN 3-403-02162-9.

Müller, Walter, Schulbuchzulassung, Kastellaun 1977.

Orth, Gottfried, Die Konfrontation mit dem Fremden findet (noch immer) nicht statt, in: Lenhard, Hartmut (Hg.), Arbeitsbuch Religionsunterricht, Gütersloh ³1996, 175-178.

Reck, Ursula, Judentum im katholischen Religionsunterricht – Wandel und Neuentwicklung, Freiburg 1990.

Religion 7/8. Gerechtigkeit lernen, Stuttgart 1996. ISBN 3-12-174120-9.
Richtlinien und Lehrpläne für die Hauptschule in NRW. Geschichte – Politik (1989), Frechen 2001.
Richtlinien und Lehrpläne für die Realschule in NRW. Geschichte (1993), Frechen 2000.
Rickers, Folkert, Interreligiöses Lernen, in: Mette, Norbert/Rickers, Folkert (Hg.), Lexikon der Religionspädagogik I, Neukirchen-Vluyn 2001, Sp. 874-881.
Robinsohn, Saul B./Schatzker, Chaim, Jüdische Geschichte in deutschen Geschichtsbüchern, Braunschweig 1963.
Rohlfes, Joachim, Politische und didaktische Tugendwächter, in: Geschichte in Wissenschaft und Unterricht 49 (1998), H. 3, 157-164.
Sammlung der Beschlüsse der Ständigen Konferenz der Kultusminister, Neuwied, Loseblattsammlung, Nr. 490.
Schatzker, Chaim, Die Juden in den deutschen Geschichtsbüchern, Schulbuchanalyse zur Darstellung der Juden, des Judentums und des Staates Israel, Bonn 1981.
Schlereth, Reinhard (Hg.), Einfach leben 7. Unterrichtswerk für den katholischen Religionsunterricht in der Jahrgangsstufe der Hauptschule, Donauwörth 2000. ISBN 3-403-02655-8.
Schultze, Herbert, Analyse der Richtlinien und Lehrpläne der Bundesländer zum Thema Islam, Braunschweig 1988.
Stillemunkes, Christoph, Die Schulbuchzulassung – Qualitätssicherung und Serviceleistung, in: Geschichte in Wissenschaft und Unterricht 49 (1998), H. 3, 165-174.
Stöber, Georg/Tworuschka, Monika/Tworuschka, Udo, Nachträge 1986-1988 zur Analyse der Schulbücher in der Bundesrepublik Deutschland zum Thema Islam in den Fächern: Ethik, Geographie, Geschichte, Evangelische und Katholische Religion, Frankfurt a.M.1990.
Trutwin, Werner/Breuning, Klaus, Zeit der Freude 5/6, Düsseldorf 1980. ISBN 3-491-75146-2.
Trutwin, Werner/Breuning, Klaus, Zeit der Freude 5/6. Grundfassung Düsseldorf 1981, [2]1982. ISBN 3-491-74146-7.
Trutwin, Werner/Breuning, Klaus/Mensing, Roman, Zeit der Freude 5/6. Neuausgabe, Düsseldorf 1987. ISBN 3-491-75170-5.
Tworuschka, Monika, Der Islam in den Schulbüchern der Bundesrepublik Deutschland, 3. Analyse der katholischen Religionsbücher zum Thema Islam, Braunschweig u.a. 1988.
Tworuschka, Udo, Analyse der evangelischen Religionsbücher zum Thema Islam, Braunschweig 1986.
Tworuschka, Udo, Grenzen des Dialogs, in: Zewell, Rudolf (Hg.), Islam – Die missbrauchte Religion, München 2001, 130-135.
Vöcking, Hans/Zirkler, Hans/Tworuschka, Udo/Falaturi, Abdoldjavad, Analyse der katholischen Religionsbücher zum Thema Islam, Braunschweig 1988.
Zeitreise 1, Stuttgart 1997. ISBN 3-12-411010-2.
Zeitreise 5/6 (Brandenburg), Leipzig 2001. ISBN 3-12-416010-X.
Zeitreise 6 (Bayern), Leipzig 2001. ISBN 3-12-420060-8.
Zeitreise 7 (Bayern), Leipzig 2002. ISBN 3-12-420070-5.

Heiner Aldebert

Interreligiöse Streitkultur lernen im Bibliodrama der Buchreligionen

Begründet wird in dem Beitrag folgende These: »In einem Bibliodrama der Buchreligionen zu parallelen Texten aus Bibel und Koran kann ein Gemeinschaft, religiöse Identität und Toleranz stiftender Lern- und Begegnungsprozess zwischen Juden, Christen und Muslimen in Gang gesetzt werden, bei dem es gleichwohl nicht zu einer unzulässigen Vermischung der Religionen kommt.« Ein Praxisbericht erläutert und begründet die These und stellt Dialogversuche über unterschiedliche Perspektiven der am Bibliodrama Beteiligten vor.

Was spricht für ein trialogisches Bibliodrama mit Juden, Christen und Muslimen?

Sinnvoll und möglich ist ein interreligiöses Bibliodrama nur dann, wenn es gemeinsame Textgrundlagen gibt, die für die beteiligten Vertreter/innen unterschiedlicher Religionen von vergleichbarer Bedeutung sind und auf die sie sich in einem gemeinsamen bibliodramatischen Prozess einlassen können. Tatsächlich besteht eine solche »*Gemeinschaft des Buches*« zwischen Juden (vgl. Baumann 1993), Christen und Muslimen (vgl. Lutherisches Kirchenamt 1991). Die Bücher des sog. *Alten*[1] Testamentes sind gleichermaßen für Juden und Christen – in je spezifischer Weise – Glaubensgrundlage. Aber auch zum Islam besteht die Gemeinschaft des Buches nicht nur formal, insofern ein Buch für Juden, Christen und Muslime zentrale religiöse Bedeutung hat, sondern auch inhaltlich. Zum gemeinsamen Bestand der heiligen Texte aus Bibel und Koran gehören u.a. die Schöpfungs- und Paradiesgeschichte, der Noahkreis, die Abrahamsgeschichte, die Josefsgeschichte, die Erzählungen um Mose, die Jona-Geschichte, sowie viele Erwähnungen biblischer Figuren wie

1 Aus interreligiöser Perspektive fällt die »abwertende« Tendenz der Unterscheidung zwischen *Altem* und *Neuem* Testament besonders ins Auge, die nicht nur innerhalb des Christentums immer wieder zu Versuchen einer einseitigen »Bereinigung« des Kanons geführt hat, sondern über Jahrhunderte hinweg auch ein negatives Bild des Judentums mitgeprägt hat. Im christlich-jüdischen Dialog kann auch vom Tenach (*Tenach* steht für **T**ora, **N**ebiim und **Ch**etubim) als dem Juden und Christen gemeinsamen Bestand an heiligen Texten gesprochen werden.

Elia oder David (Lutherisches Kirchenamt 1991, 128ff.). Mohammed kannte die Texte der Christen und Juden zwar nur aus mündlicher Überlieferung (vgl. Paret 1980, 92ff.), nichtsdestoweniger fanden sie – mit teilweise erstaunlicher Nähe zum biblischen Text, aber auch mit spezifischen Veränderungen – Eingang in die an den Propheten ergangenen Offenbarungen. Bislang gibt es kaum Formen, um die theoretische Gemeinschaft der Buchreligionen am primären Ort ihrer Gemeinschaft, also im »Kraftfeld« der Texte aus dem Buch, aus den Büchern der Buchreligionen konkret werden zu lassen. Vom Textbestand her ist die Frage nach einem »*Bibliodrama der Buchreligionen*« jedenfalls nicht nur möglich und sinnvoll, sondern längst überfällig. Dass Juden, Christen und Muslime traditionell unterschiedliche Zugänge zu den Texten haben, ist kein prinzipieller Hinderungsgrund für ein gemeinsames Bibliodrama, sondern bringt im Gegenteil einen trialogischen hermeneutischen Diskurs in Gang, der erst in den Anfängen steckt. Den Gemeinsamkeiten im Textbestand entspricht auch eine Übereinstimmung in wesentlichen Glaubensinhalten. Alle drei Buchreligionen verbindet das Erbe des Glaubens an den einen Schöpfergott, auf den Juden, Christen und Muslime im Leben und Sterben bezogen bleiben.

Daneben bleiben Gegensätze, die sich exemplarisch am Verständnis der Person Jesu bzw. Mohammeds, aber auch an der Art und Weise festmachen, wie die Heiligen Schriften interpretiert werden.

Vor diesem Hintergrund lautet meine These:

In einem Bibliodrama der Buchreligionen zu parallelen Texten aus Bibel und Koran kann ein Gemeinschaft, religiöse Identität und Toleranz stiftender Lern- und Begegnungsprozess zwischen Juden, Christen und Muslimen in Gang gesetzt werden, bei dem es gleichwohl nicht zu einer unzulässigen Vermischung der Religionen kommt (vgl. Aldebert 2001).

Praxisbericht: Bibliodramatisch »Familienkonflikten« standhalten im Textraum der Josefsgeschichte

Ich wähle ein Textstück aus der Josefsgeschichte, in dem sich das Zerwürfnis zwischen Josef und seinen Brüdern anzubahnen beginnt. Aus bibliodramatischer Perspektive drängte sich im Blick auf die Zusammensetzung der Gruppe sofort die Frage auf: Welches Drama, inszeniert über die Suche nach der eigenen Identität und verbunden mit Zerwürfnissen, ereignet sich innerhalb der »Familie« der Buchreligionen? Der Gruppe liegt ein viersprachiges Textblatt vor. Neben den hebräischen und arabischen Originaltexten und ihren deutschen Übersetzungen steht eine türkische Übersetzung, die von der türkischen Mehrheit der muslimischen Teilnehmer/innen selbstverständlich gelesen wird.

In Genesis 37,9-11, bzw. Sure 12:3-4, wird berichtet, dass Josef träumt, wie sich elf Sterne, die Sonne und der Mond vor ihm verneigen. Die Traumszenen[2] zu Beginn der Josefsgeschichte können auch aus exegetischer Sicht als eigenständige Einheit abgegrenzt werden (Westermann 1982, 25).

1 Mose (Genesis) 37,9-11

9. Danach träumte er noch einen zweiten Traum. Den erzählte er seinen Brüdern und sprach: Siehe, ich träumte noch einen Traum. Die Sonne und der Mond und elf Sterne verneigten sich vor mir.
10. Das erzählte er seinem Vater und seinen Brüdern. Da schalt ihn sein Vater und sprach: Was ist das für ein Traum, den du da geträumt hast? Sollen ich und deine Mutter und deine Brüder etwa tatsächlich kommen und vor dir niederfallen?
11. Seine Brüder aber wurden neidisch auf ihn, sein Vater aber bewahrte die Sache im Sinn.

Sure 12, 3-4, Sura Yusuf (Joseph)

3. Damals sprach Yusuf zu seinem Vater: O mein Vater, ich sah elf Sterne und die Sonne und den Mond, (und) ich sah sie vor mir niederfallen.
4. Er sprach: Du mein Söhnchen, erzähle deinen Traum nicht deinen Brüdern, sie werden sonst eine List gegen dich ersinnen; denn der Satan ist dem Menschen ein offenkundiger Feind.

Exegetische Bezüge – bibliodramatische Perspektiven

Im koranischen Text wird die eigenartig ambivalente Spannung zwischen dem Vater Jakob und seinem besonderen Sohn Josef nicht erwähnt. Zwischen den beiden herrscht ein zumindest heimliches Einvernehmen. Außerdem wird ein Grund für die Herkunft von Neid und Hass angedeutet. Dahinter steckt im Koran der Satan, der offenkundige Feind des Menschen. Die »schwierigere« Version des Bibeltextes (weder Vater, noch Brüder eines Auserwählten verstehen ihn) kann aus der Perspektive eines Bibliodramas der Buchreligionen allerdings nicht einseitig wertend als die bessere, weil ursprünglichere Version angesehen werden. Tatsächlich bringt die koranische Lesart die Besonderheit göttlicher Erwählung zum Ausdruck, der Muslime große Ehrfurcht entgegenbringen. Diese Lesart kann also auch als originaler Ausdruck muslimischer Spiritualität aufgefasst werden, der eine ganz eigene Qualität jenseits von Fragen der Ursprünglichkeit eignet[3]. Besonders das

2 Gen 37,5-8, wird von Josefs erstem Traum berichtet, in dem sich die Garben der Brüder vor den seinen verneigen.

3 Aus rezeptionsästhetischer Perspektive rücken die Unterschiede zwischen dem biblischen und dem koranischen Text in ein neues Licht. Das Kriterium der Ursprünglichkeit ist dann nur noch ein hermeneutisches Kriterium unter anderen.

Motiv des Verzeihens auch schwerster Verfehlungen bewegt muslimische Zuhörer, wenn die Josefs-Sure vorgelesen wird: »Das Volk Noahs wird vernichtet, Pharao und seine Anhänger ertrinken in den Fluten des Meeres. Nichts dergleichen trifft die Brüder Josefs – der barmherzige Gott vergibt ihnen.« (Nagel 1993, 69) Josefs Handeln an seinen Brüdern wurde gewissermaßen zum islamischen Ideal eines Umgangs mit Feinden, die einem einst nahe gestanden hatten.

Aus exegetischer Sicht wird man der biblischen Textversion tiefen Realismus zusprechen. Der Text – gewissermaßen die Exposition der Josefsgeschichte – wird als exemplarischer Fall psychologischer Sensibilität der biblischen Autoren verstanden. Für Gerhard von Rad macht der Beginn der Josefsgeschichte »den Leser viel weniger vertraut mit den äußeren Verhältnissen, in deren Rahmen sich die Geschichte begeben wird, als mit den innermenschlichen Spannungen, um die man wissen muss, um das Folgende richtig zu verstehen. Es wird ein unheimliches Kraftfeld seelischer Affekte skizziert« (1987, 288). Im Gegensatz zu dem Traumbild Jakobs von der Himmelsleiter (Gen 28) fehlt hier ein Deutewort aus dem Mund Gottes, wodurch die Ambivalenz der Traumerfahrung Josefs verstärkt wird. Sie schlägt sich in der Ambivalenz Jakobs nieder, der einerseits seinen Sohn anfährt: »Was ist das für ein Traum« (V. 10), andererseits aber selbst letztlich keine Klarheit über seine Bedeutung gewinnt: »Er bewahrte die Sache im Sinn« (V. 11)[4]. In der Perspektive eines Bibliodramas der Buchreligionen gibt es zu dieser aus dem Text sprechenden Ambivalenz eine Strukturparallele zur Situation einer verheißungsvollen Begegnung der Religionen. Es kommt zu einer neuen, gegenseitigen Wahrnehmung, bei der aber die Geschichte gegenseitiger Abwertung und konfrontativer Formulierung religiöser Absolutheitsansprüche gleichwohl noch mitschwingt. Der Konflikt Josefs mit seinen Brüdern reichte bereits weiter zurück, sie trugen bereits diverse Verletzungen mit sich, als er seine Träume erzählte. Wenige Verse vor unserer Geschichte heißt es, sie konnten ihm kein gutes Wort sagen (Gen 37,4). Wörtlich übersetzt heißt es im hebräischen Text: »Sie konnten ihm kein Wort zum Frieden (Schalom) gewähren« (Westermann 1982, 28). Visionen vom umfassenden, theologisch qualifizierten Schalom, aber auch die Schwierigkeiten damit stellen den Hintergrund und die Motivation zu einem Bibliodrama der Buchreligionen dar. Hinter Sonne, Mond und Sternen verbergen sich in diesem Text keine tieferen mythologischen Bedeutungen oder Symbolismen. Die Botschaft ist klar, es geht um Josefs Herrschaft über die Brüder und seine Eltern (vgl. von Rad

4 Die Spannung besteht zwischen dem Anschein bloßer Überheblichkeit Josefs und der theologischen Bedeutsamkeit, die generell Träumen zuerkannt wurde. Parallel zu Jakob behält Maria nach der Verkündigung »alles in ihrem Sinn« (Lk 2,19). In beiden Fällen entspricht der Ambivalenz des Erlebten aus der Sicht der Betroffenen eine besondere theologische Bedeutung, die erst später offenbar wird.

1987, 287; Westermann 1982, 29f.). Nicht Sonne, Mond und Sterne als Elemente der Bildhälfte des Traumes, sondern Herrschaftsstrukturen und die damit verbundenen Konflikte stehen von daher auch für ein Bibliodrama im Vordergrund. Sowohl im biblischen, als auch im koranischen Text ist die Folge des Offenbarwerdens der zunächst individuellen, inneren Wirklichkeit des Traumes eine Belastung der Familienbeziehungen.

Für ein Bibliodrama der Buchreligionen ergab sich vom Text her daher die Vorgabe, eine realistische, gegenseitige Wahrnehmung ohne Beschönigungen zu ermöglichen. Andererseits durfte die in unserem Textstück zumindest negativ angesprochene Vision vom Schalom nicht übergangen werden. Dem entspricht die zumindest ambivalente Haltung des Vaters im biblischen Text ebenso wie der Ausgang der Josefsgeschichte insgesamt. Der Schalom ist tatsächlich eines der Leitworte der ganzen Josefsgeschichte. Schon im unmittelbaren Anschluss an unsere Geschichte ist in Gen 37,14 wieder zwei Mal vom Schalom die Rede. Schalom ist in dieser realistischen Geschichte allerdings jeweils als ein gefährdeter Frieden verstanden.

Verlaufsbeschreibung und bibliodramatische Reflexion

Ich beschreibe nur wenige elementare Schritte.

Herrschaftsträume aufstellen – Josefs Traum und moderne Machtstrukturen

Im Zentrum von Josefs Traum steht eine Neudefinition seiner Familienverhältnisse:

»Siehe, die Sonne und der Mond und elf Sterne verneigten sich vor mir (...) Sollen ich und deine Mutter und deine Brüder etwa tatsächlich kommen und vor dir niederfallen?« (Gen 37,9c,10c)

Sowohl in Josefs Traum als auch in der Antwort Jakobs in der Bibel werden Herrschaftsstrukturen beschrieben. Welche inneren Bilder entstehen dazu in der Gruppe? Simon, ein junger Israeli, stellt sein inneres Bild auf und benützt dazu Mitglieder aus der Gruppe als Statisten. Es entsteht eine höfische Szene wie aus einem Märchen. Als alle aufgestellt sind, sollen sie ihrer Körperhaltung, ihrer Position in dem Bild nachspüren. Von außen gesehen wirkt das Bild stabil und pompös. Ein König auf der einen Seite, umgeben von Wachen und einem Ratgeber. Ein Spalier von Knienden auf der anderen Seite. Die klassische Hofhaltung. Und dann verbeugen sich noch alle, wie die Sterne, Sonne und Mond im Text. Im Bibliodrama können wir einen Blick in die Innenwelt dieser Szene ausprobieren. Die Spieler/innen werden gebeten, Selbstgespräche in ihrer Rolle laut zu führen. Einige Bittsteller hoffen, erhört zu werden. Aber zunehmend wird auch Aggression laut, die vorgegebenen Körperhaltungen schmerzen, eine Wache denkt daran, den König umzubringen. Wir sind auf der Bildebene des Traumes. Diese Herrschaftsbeziehung, in der es nur ein oben und ein unten gibt, lässt kaum Spielräume. Im Feed-back und im Austausch wird deutlich, dass solche Situationen zwar im Ansatz bekannt sind. Aber unsere persönliche und gesellschaftliche Realität stellen sie nicht dar. Wir haben viele Möglichkeiten, uns zu beteiligen, unsere Positionen selbst zu bestimmen. Egal, ob wir Juden, Christen oder Muslime sind. Natürlich bleiben immer noch viele Fragen offen. Aber keiner von uns hat in seinem momentanen Lebensumfeld Einschränkungen erlebt, weil er Jude, Christ oder Muslim ist. Wir beginnen zu verstehen, wie sehr unser Lebensgefühl – was Macht und Herrschaft betrifft – durch die relativ gesicherten, rechtsstaatlichen Bedingungen geprägt ist, unter denen wir alle in Deutschland leben. Doch da beginnt Abdul zu erzählen, von Afghanistan, als die Russen einmarschierten. Alles, was bis dahin für ihn heil und gut war, wurde zerschlagen. Sein Vater war einer der bekanntesten muslimischen Theologen Afghanistans. Er verschwand, wurde umgebracht. Dann kam die Flucht, ohne Papiere, ohne Familie. Irgendwann kam er in Deutschland an. Als Opfer des ideologischen Erzfeindes erhielt er damals noch Asyl, schließlich einen deutschen Pass. Plötzlich werden Lebensgeschichten erzählt, die unseren gesellschaftlichen Kontext weit übersteigen. Ein jüdischer Teilnehmer flog bis vor kurzem einen israelischen Kampfjet mit dem Einsatzgebiet Irak. Mirjams Vater war in den 1930er-Jahren ein angesehener Notar in Nürnberg. Dann kam das Berufsverbot. Alle Kollegen empfahlen, die kurze Zeit bis zum Ende des Spukes einfach abzuwarten. Aber sie emigrierten nach Palästina, gerade noch rechtzeitig. Sie selbst hat in Deutschland nie Antisemitismus erlebt. Am Ende der Erzählungen schweigt die Gruppe. Was war passiert? Aus einem relativ statischen Machtbild heraus hatten uns erzählte Lebensgeschichten eingeholt, Macht- und Ohnmachtsgeschichten. Das Bibliodrama der Buchreligionen unter den gesellschaftlichen und kulturellen Bedingungen der Bundesrepublik Deutschland bot uns den Raum, sie in einem Kreis aus Juden, Christen und Muslimen zu hören, sie miteinander zu teilen.

Ansprüche an Josef – Konflikte aushalten lernen

In einem großen Spiel soll der ganze Text auf die Bühne kommen. Im Herumgehen finden wir unsere Rollen. *Juden* spielen den Vater Jakob und Josef. *Christen* stellen sich als die Sonne, die Nacht, als der älteste Bruder Ruben vor. *Muslime* besetzen die Rollen: Jakobs Gottvertrauen, die Wahrheit der Geschichte, eine deutsche Muslima will der Brunnen sein, in den Josef später geworfen wird. Sie will nur dabei sein als Wartende, Bergende.

Die Bühne entsteht, indem jeder seinen Platz sucht. Jakob steht auf der einen Seite, neben ihm sein Gottvertrauen. Gegenüber Ruben. Mitten im Raum liegt Josef am Boden. Am Rand der Bühne sitzt die Wahrheit der Geschichte, ihr gegenüber die Sonne. Weit draußen der Brunnen. Die Nacht kniet hinter Josef. Sie beginnt, ihn zu umsorgen, bringt eine Decke, streichelt ihn. Da fordert Johannes in der Rolle des Ruben von Jakob Gerechtigkeit, endlich Gerechtigkeit: »Nach all den Zurücksetzungen der Brüder jetzt auch noch dieser Traum. Eine Unverschämtheit. Der tut sich doch unentwegt nur hervor«. Jakob wirkt unentschlossen, verunsichert. Sein Gottvertrauen steht zwar neben ihm, aber es schweigt. Da bricht Scholem als jüdischer Josef das Schweigen. »Meint ihr, ich habe mir diese Träume gewünscht? Mein Gott, fünf davon wünsche ich jedem von euch! Was soll ich denn damit anfangen? Woher soll ich überhaupt wissen, was dieser Traum bedeutet, wo er her ist? Sonne, Mond und Sterne, das sind doch die Götter der Heiden, ich bin total verwirrt. Außerdem, wieso kommt dieser Traum ausgerechnet zu mir? Ich will ihn nicht!« Ruben fährt dazwischen: »Was soll das Gerede, ich will endlich Gerechtigkeit.« Vom Rand der Bühne meldet sich die Wahrheit der Geschichte zu Wort. Kemal ist ein junger, engagierter Muslim. »Josef, du weißt genau, dass du erwählt bist, um ein Prophet Gottes zu werden, ich bin die Wahrheit der Geschichte.« Josef antwortet: »Was soll das heißen, ich habe nur einen komischen Traum gehabt, den ich besser nicht gehabt hätte.« Der Ton der muslimischen Wahrheit wird zunehmend ärgerlicher: »Nein, so war das nicht, das stimmt überhaupt nicht.« Die anderen Spieler werden zu Statisten eines Konfliktes zwischen einem »jüdischen« Josef, der – anscheinend unempfindlich gegen jede Art von Absolutheitsansprüchen – auf seinen Selbstzweifeln und Ungewissheiten besteht, und einer »muslimischen« Wahrheit der Geschichte, die der unerwartete Widerstand zu verwirren und aggressiv zu machen scheint. Am äußersten Rand der Bühne hält der Brunnen ein Selbstgespräch: »Ich bin warm und trocken, ich werde Josef aufnehmen und beschützen.« Die »christliche« Sonne interveniert: »Ich vertreibe die Schatten der Nacht und des Traumes durch mein Licht... du Wahrheit der Geschichte, ich biete dir Licht von meinem Licht an, damit du mehr siehst als nur dich selbst.« Was hat das zu bedeuten? Bietet Wilfried, ein evangelischer Theologe, in seiner Rolle als Sonne dem Islam etwa das Licht der Aufklärung an? Die Spannung im Raum ist mit Händen zu greifen. Mir kommen Zweifel, ob Kemal überhaupt noch in seiner »Rolle« als »Wahrheit der Geschichte« spielt, oder ob er sich als Kemal, ein entschiedener Muslim im Bewusstsein des Besitzes der Wahrheit gegen eine »unerlaubte« Interpretation wehrt. Trägt ihn der Boden dieses Bibliodramas noch? Ist das die Grenze eines Bibliodramas der Buchreligionen? Aus der Sicht der Leitung eine kritische Situation. Hilft mir der Text weiter? Welches Drama liegt unserem Prozess zu Grunde? Inszenierte sich da plötzlich, völlig unerwartet, aktuell der Bruderzwist der Jakobssöhne neu, als der jüdische Josef scheinbar aus der Rolle fiel? Er zeigte weder Selbstbewusstsein noch den Stolz der Erwähltheit.

Aus der Sicht des muslimischen Teilnehmers bestand genau darin eine »moderne« Form der Anmaßung Josefs, die damals seine Brüder unerträglich finden. Hat Kemal unbewusst die Rolle der Brüder mit übernommen? Oft inszeniert sich die innere Dramatik eines Textes – in diesem Fall der Familienkonflikt – im Bibliodrama an völlig unerwarteter Stelle. Dann ergreift eine uralte Geschichte Besitz von uns. Unsere Lebens- und Glaubensgeschichten, Grundfragen und Muster entfalten sich im Spielraum des Textes. Der Bruderkonflikt brach in unserem Fall auf, als der muslimische Spieler per definitionem die Wahrheit der Geschichte, also ihre »eigentliche« Sicht, ihr »wahres« Verständnis repräsentieren wollte. Seine normativen Ansprüche an die anderen Rollen wurden aber zurückgewiesen. Eine Verständigung im Sinne von Meinungsgleichheit gelang in diesem Spiel nicht. Aber auch der Text verwehrt uns die vielleicht ersehnte Harmonie. Die Einigung zwischen den Brüdern und Josef bleibt aus, er musste den Weg in die Tiefe des Brunnens antreten und rettete so am Ende die Familie. Diese Perspektive hatte sich mit dem bloßen Dabei sein der Rolle des Brunnens bereits mitinszeniert, ohne dass es uns zunächst bewusst geworden war. Es ging vorläufig darum, die Konfliktsituation auszuhalten, sie wirklich zu erleben. Der »Boden« der Gruppe hielt diesem Konflikt stand. Das Spiel wurde beendet mit der Einladung an die Spieler, in ihrer Rolle einen letzten Satz zu sagen, der mit den Worten beginnt: »Wenn ich könnte, wie ich wollte...«. Dieser Abschluss eines Spieles hat eine doppelte Funktion. Erstens entsteht ein Gesamtbild der Schlusskonstellation, zu dem alle Spieler/innen ihren momentanen Stand, ihre Perspektive beitragen, auch wenn sie sich ansonsten nicht aktiv am Geschehen beteiligt hatten. Zweitens ermöglicht es dieser Abschluss, im Spiel unerfüllte Wünsche oder Erwartungen an den Verlauf des Spieles oder das eigene Rollenprofil ohne Gegenrede von anderen zu artikulieren. Dadurch wird die Verabschiedung aus der Rolle erleichtert. Die hier zusammenfassend beschriebenen Einsichten lagen nicht sofort auf der Hand, sondern wurden in einem gemeinsamen Feed-back und einer Prozessreflektion gewonnen. Notwendig blieben die Einsichten dabei fragmentarisch.

Aktualisierung: Fishpool der Religionen

Der überraschend aufgebrochene Bruderkonflikt aus dem Spiel zu Josefs Traum wurde aus dem Prozess heraus in einem weiteren Schritt textbezogen aktualisiert. Historisch trug das Missglücken von Kommunikation zwischen den Buchreligionen zu einer *unnötigen* Verschärfung der Gegensätze bei. Dafür spricht die Tatsache, dass es erst nach der Ablehnung Mohammeds durch Juden und Christen zu einer Veränderung der koranischen Sichtweise der anderen »Leute der Schrift« gekommen ist. In unserem Text wird zwar ziemlich viel gesprochen, aber meist über andere, die gerade nicht dabei sind. Der Vater und Josef über die Brüder (Sure 12,4), die Brüder über Josef (Gen

37,11). Die ganze Wahrheit lässt man selten heraus, die Maske bleibt bestehen. So entsteht mehr und mehr Unverständnis, schließlich Hass. Das ist das Drama des Textes. Worin besteht unser Drama? Welche Saiten bringt der Text in uns zum Schwingen? Reden wir anders, wenn VertreterInnen der anderen Religionen dabei sind, als wenn wir unter uns sind? Wir eröffnen mitten auf der Bühne einen inneren Stuhlkreis, den sog. »Fishbowl«, um den herum ein größerer äußerer Stuhlkreis aufgestellt wird. Jeweils nimmt eine Religionsgruppe in der Mitte Platz und redet »unter sich« über die anderen beiden Religionen und ihre Vertreter/innen, zuerst über die eine, dann über die andere. Die anderen sitzen außen herum und hören nur zu. Natürlich erschließt dieses Gesprächsarrangement keine vollständigen Themenkataloge für den interreligiösen Dialog, wohl aber schafft es in Gruppen, die bereits einen Weg miteinander gegangen sind, eine völlig neue Selbst- und Fremdwahrnehmung, sowie kommunikative Transparenz. Endlich werden auch Vorurteile, Verletzungen und Ängste, auch Überlegenheitsgefühle artikuliert. Einige Zitate aus den gelaufenen Gesprächen können das verdeutlichen:

Die Christen über die Muslime: »Ich habe so viele Vorurteile mitgebracht, noch heute Morgen. Die ganzen Bilder von verhüllten Frauen und das Reden von den Fundamentalisten. Das negative Gefühl ist irgendwie weniger geworden im Lauf des Tages, seit ich konkrete Menschen kenne.« (...) »Es ist schon ein großes Problem für uns, dass Muslime einen so anderen Zugang zu ihrer Heiligen Schrift haben als wir. Ihnen fehlt die Aufklärung. Sie haben keinen kritischen Zugang zum Koran, nehmen ihn einfach hin.« (...) »Aber auch dieser Zugang mit dem Herzen ist wichtig, das hab ich heute erlebt, als ich beim Mittagsgebet der Muslime dabei war. Dieses einfache Annehmen können der Schrift, danach sehne ich mich auch manchmal.« (...) »Ich habe die Muslime um ihre Männergemeinschaft incl. der körperlichen Nähe beim Gebet irgendwie beneidet.« (...) »Die Muslime sind aber auch eingezwängt in ihre enge Kasuistik. Ich darf dies nicht, ich darf das nicht, ich muss dies, ich muss das, wie wenn es darauf ankäme im Verhältnis zu Gott.«

Die Christen über die Juden: »Ich weiß eigentlich gar nicht, wie ich auf Juden zugehen soll. Obwohl ich in den 70er Jahren geboren bin, habe ich massive Schuldgefühle.« (...) »Das Judentum ist mir ungeheuer nahe, das ist unsere Mutterreligion.« (...) »Was die Juden in Israel mit den Palästinensern machen, finde ich schlimm. Aber ständig kommen mir die Bilder von deutschen Gräueltaten hoch, da bleibt mir die Kritik im Hals stecken.« (...) »Warum wollen die meisten Juden mit uns eigentlich gar keine religiösen Beziehungen?« (...) »Ich hab das Gefühl, vielen Juden ist der Dialog ziemlich egal, die wollen für sich bleiben.«

Die Juden über die Christen: Das Gespräch verlief anders, als von den Vorgaben her vorgesehen. Es gab praktisch keine Bezugnahmen auf Inhalte des Christentums. Stattdessen unterhielten sich die Juden über die Frage, welche Erfahrungen sie jeweils in Deutschland bisher gemacht hatten. Tatsächlich scheint immer noch bei einer solchen Veranstaltung in Deutschland bei der Perspektive »Juden sehen Christen« erst einmal der Berg an kollektiven Holocaust-Erinnerungen abgebaut werden zu müssen, bevor etwas anderes in den Blick genommen werden kann. Bevor es zu inhaltlichen Fragen über das Christentum kommen konnte, war die vorher streng festgelegte Zeit abgelaufen.

Die Juden über die Muslime: »Ich fühle mich den Muslimen eigentlich näher als den Christen. Die haben auch ihren Ritus, die Beschneidung etc.« ... »Das Christentum hat sich durch seine Verwestlichung ziemlich von seinen Wurzeln gelöst, wir dagegen nicht und die Muslime auch nicht.« ... »Wir brauchen mehr Dialog zwischen Juden und Muslimen und eine klare Abgrenzung gegen Fundamentalismus auf beiden Seiten, damit wir in Palästina Frieden bekommen«.

Muslime über Christen: »Die Christen lieben ihren Glauben nicht.« (...) »Deshalb haben sie auch Vorurteile gegen die Muslime.« (...) »Die Gemeinschaft mit den Christen, z.B. auch in Begegnungsteestuben und anderswo ist nur oberflächlich.« (...) »Die Christen sind eigentlich die besseren Muslime. Deutschland ist von seiner sozialen Absicherung der Armen her etc. ein Musterstaat im Sinne des Islam. Das beneiden wir Muslime, wenn man sich so in islamisch geprägten Ländern umsieht.« (...) »Aber Christen leben ihre Religion nicht. Die sind total individualisiert.« (...) »Das Problem der Christen ist: Sie haben keine klaren Regeln.« (...) »Aber sie haben doch Regeln. Schaut euch doch die Bergpredigt an. Aber die Christen halten sich nicht daran.« (...) »Die Christen sollen sich mehr mit dem Islam beschäftigen.« (...) »Der Islam steht im Koran und darf nicht mit den Türken verwechselt werden, die man hier in Deutschland sieht.« (...) »Die ganze Säkularisierung im Westen hat die Christen schwach gemacht. Wir dagegen sind stolz; wenn du bei uns in die Moschee kommst, dann ist die brechend voll mit jungen Leuten.«

Muslime über Juden: »Man muss auf jeden Fall die Juden genauso akzeptieren wie die Christen.« (...) »Ich hatte bisher noch nie einen Juden gesehen.« (...) »Die Probleme in Israel sind für mich eigentlich sehr weit weg.« (...) »Ich habe nichts gegen Juden.« Jede Gruppe setzt sich der Übung aus, jede spricht und jede muss/kann zuhören, ohne Möglichkeiten zu Kommentaren. Im Feed-back dominieren Rückmeldungen der Dankbarkeit über so viel Ehrlichkeit. Vertrauen, Nichtablehnung ist entstanden. Aber wir sind uns auch unserer Unterschiede bewusst.

Das bibliodramatische Grundprinzip, die Wahrnehmung und das Aushalten dessen, was ist, an die Stelle vorschneller Urteile zu setzten, hat in dem beschriebenen Prozess dazu beigetragen, dass die Gruppe als Gruppe zusammenbleiben konnte, ohne dass Unterschiede nivelliert werden mussten. Die Offenheit, mit der auch Vorurteile im geschützten Rahmen des »Fishbowls« benannt wurden, half den Teilnehmer/innen, als Mitglieder einer religiösen Gemeinschaft realistisch zwischen der eigenen Selbst- und Fremdwahrnehmung zu unterscheiden.

Zum Weiterlesen

Aldebert, Heiner, Spielend Gott kennen lernen. Bibliodrama in religionspädagogischer Perspektive, Hamburg 2001.

Literatur

Baumann, Arnulf H. (Hg.), Was jeder vom Judentum wissen muss, Gütersloh 1993.
Lutherisches Kirchenamt der Vereinigten Evangelisch-Lutherischen Kirche Deutschlands und Kirchenamt der Evangelischen Kirche in Deutschland (Hg.), Was jeder vom Islam wissen muss, Gütersloh ³1991.
Nagel, Tilman, Der Koran. Einführung – Texte – Erläuterungen, München 1993.
Paret, Rudi, Mohammed und der Koran. Geschichte und Verkündigung des arabischen Propheten, Stuttgart ⁵1980.
Rad, Gerhard von, Das Erste Buch Mose. Genesis, Göttingen ¹²1987.
Westermann, Claus, Genesis, Neukirchen-Vluyn 1982.

Ursula Sieg

Feste – Brücken zu den Religionen

Feste sind soziologisch und theologisch von großer Bedeutung: Sie haben Anteil an der Strukturierung des Lebens und der Moderierung sozialer Beziehungen. Sie machen gesellschaftliche Ansprüche öffentlich geltend und bündeln den Glaubensgehalt einer Religion. Darum ist ihre Beachtung in Gemeinde und Schule wichtig und eröffnet Chancen für den Dialog und für interreligiöses Lernen, wobei unterschiedliche Rollen und Distanzbedürfnisse beachtet werden sollten.

Bei einer Fortbildung leitete die Dozentin für Darstellendes Spiel die Lehrer/innen zu folgender Übung an: Während die Dozentin in gleich bleibendem Rhythmus eine Trommel schlägt, sollen sich zwei Gruppen aufeinander zu bewegen. Eine Gruppe soll auf »drei« einen Schritt nach vorne machen, die andere auf »vier«. Ich schaute lediglich zu, bekam aber ein Gefühl von Eingeklemmtsein; der Magen wand sich. Mit dieser Erfahrung versuchten wir nachzuvollziehen, wie es Menschen gehen mag, die in zwei Kalendersystemen leben. Wenn im September das öffentliche Leben nach den Sommerferien gerade Fahrt aufgenommen hat und eine Aktion die nächste ablöst, feiern Juden drei Wochen lang ihre höchsten Feiertage (Rosch ha-Schana, Jom Kippur, Sukkot, Simchat Tora). Muslime müssen das Fasten im Ramadan häufig aussetzen, weil die Arbeitsanforderungen gleich bleiben oder gerade steigen. Auch evangelische und katholische Christen merken die Gegenläufigkeit von Zeitrhythmen, wenn sie versuchen, Feiertage freizuhalten und zu gestalten, die nicht mehr gesetzlich geschützt sind.

Das Thematisieren und Feiern von Festen steht in der interkulturellen Pädagogik oft unter »Folklore-Verdacht«. Während man sich der Feste freut, bleiben gesellschaftliche Machtverhältnisse und ökonomische Interessen, die über Integration und Segregation entscheiden, unangetastet. Aber gerade der gegenwärtige Kampf um den gesetzlichen Schutz christlicher Feiertage macht deutlich, dass Feste und Feiertage weit in gesellschaftliche Machtbereiche und Interessenkonflikte hineinragen. Wenn religiöse oder ethnische Minderheiten öffentlich ihre Feste feiern, erheben sie damit Anspruch auf Geltung und gesellschaftliche Mitgestaltung. Wenn im interreligiösen Dialog, im nachbarschaftlichen Verhältnis, in der Schule Feste gegenseitig beachtet (Terminplanung, Gratulation, gemeinsame Feier) werden, wird der jeweilige Anspruch anerkannt und unterstützt. Die Feste, ihre Bedeutung und die Art und Weise ihrer Beachtung kennen zu lernen, können nicht das einzige Thema interreligiösen Lernens sein (siehe Sieg zu Inhalte interreligiösen Lernens in diesem Band), ist aber ein wichtiges. Es ist geeignet, gegenseitigen Respekt und Anteilnahme einzuüben, gibt Einblick in die jeweilige Community, stärkt Beziehungen und ist nicht zuletzt theologisch ergiebig. Anhand folgender zehn Stichworte möchte ich die Bedeutung der Feste im Einzelnen erläutern:

Feste sind ...

Hochzeit der Gefühle und Beziehungen: Intensive Gefühle, Beziehungen, Glaube und Überzeugungen, aber auch Ästhetik und Körperkraft können im Alltag oft nicht ausgedrückt werden, sollen ihn aber doch durchdringen und leiten. Darum bekommen sie in den Festen Raum, Zeit und Gestalt.

Kompensatoren der Alltagslasten: Durch Raum für Nichtalltägliches, durch Abwechslung und Arbeitsruhe ermöglichen Feste Erholung von und Verarbeitung der Alltagsmühen und -erfahrungen und Vergewissern des Sinns der Arbeit: des Wertes des eigenen Lebens, der Familie und Gemeinschaft, der Einbettung in einen großen Zusammenhang.

Rhythmusgeber: Feste strukturieren das Leben. Die natürliche Zeitstruktur wird durch die Feste erkennbarer und begehbar. Eine besondere Zeitstruktur ist der Sieben-Tage-Rhythmus. Er stellt eine Rationalisierung dar – es wird gezählt und nicht beobachtet – und passt zu der weit reichenden Unabhängigkeit des heutigen Lebens von der Natur.

Krisenhelfer: Die Zeiträume, die zwischen den Festen entstehen, können von entscheidender Bedeutung für das Leben sein: Sie können besondere Arbeitsleistung und Konzentration erfordern, besonderen Zusammenhalt und Solidarität der Gemeinschaft. In den Festen, zumal der Bußtage und -zeiten, versichern sich die Menschen darum vorher und nachher der Hilfe Gottes und der Verlässlichkeit der zwischenmenschlichen Beziehungen.

Katechismus: Die Inhalte der Feste fassen zusammen, was eine Religion ausmacht. Die Feste thematisieren die jeweils wichtigsten Glaubensinhalte, erzählen die Gründungsgeschichten.

Aushängeschild: Die Feste sind oftmals das Einzige, was von einer Religion wahrgenommen wird. In den Festen überschreiten die Religionen die Schwellen der Gemeindehäuser und »stillen Kämmerlein« und stellen sich öffentlich dar.

Anspruch: Feste öffentlich und mit Arbeitspause zu begehen, ist Ausdruck für den Anspruch auf Religionsfreiheit und gesellschaftliche Anerkennung. Die Religion und die Menschen, die ihr angehören, demonstrieren ihre Daseinsberechtigung und ihren Stellenwert.

Indikator von Vielfalt und Veränderung: Durch die öffentliche Wahrnehmbarkeit der Feste wird auch die Pluralität der Gesellschaft wahrnehmbar. Die Menschen, die sonst in Fabriken, Büros und Wohnungen verschwinden, werden bei ihren gemeinsamen, öffentlichen Festen erkennbar in ihrer Gruppen-, Volks- und Religionszugehörigkeit.

Empfangshalle: Die Feste bieten die Möglichkeit der Annäherung und eines kurzzeitigen, gastweisen Aufenthalts in einer Religion. Anders als die umfangreichen theologischen Systeme sind sie griffig, anschaulich, überschaubar, sie zeigen die vorzeigbare Seite der Religion, während die intime Seite geschützt bleibt. Oft ist das Einladen von Gästen empfohlen oder sogar konstitutiv.

Katalysator für Begegnungen: Die vorgenannten Funktionen prädestinieren Feste zum Anlass für erste oder auch dauerhafte Begegnungen. Ein Fest gibt den Rahmen und das Gesprächsthema vor. Die Kommunikation kann von Zuschauen über Smalltalk bis zum theologischen Gespräch reichen. Einladung wie Besuch signalisieren Wertschätzung.

Feste in der Schule

In der Grundschule und z.T. auch in der 5. und 6. Klasse sind die Feste des Jahreskreises ein herausragender Bestandteil des Schul- und Klassenlebens. Das umfasst säkulare bzw. inzwischen säkularisierte Feste wie zunächst christliche – katholische bzw. evangelische. Nach Müller-Bardorff realisieren sich im Gestalten von Festen durch die Schüler/innen Kreativitätsförderung, Einklang von geistiger Anforderung und Körperhaftigkeit, Sensibilisierung der Wahrnehmungsfähigkeit und Intensivierung des Lebensgefühls (vgl. 2001, 574). Die Bedeutung der Feste musste sich aus pädagogischen Gründen in multikulturellen Situationen zwangsläufig auf die Feste von Schüler/innen anderer Kulturen und Religionen als der Deutschen (bzw. regionalen) und der westlich-christlichen ausweiten. In der multikulturellen Situation sind drei Zugangsweisen auf das Thema Feste auszumachen: »Feste der Völker«, »Feste der Kulturen« und »Feste der Religionen«.

»Feste der Völker« ist oft Überschrift von multikulturellen Festen in Stadt und Stadtteil, die von Migranten-Vereinen mitgestaltet werden, von

Festen, die Internationalität thematisieren, wie z.B. Europafeste oder Treffen von Delegationen aus Partnerstädten. So auch in Schulen, wenn sie ihre eigene Internationalität feiern – die der Schülerschaft, der Beziehungen oder der Themen. Gewissermaßen ist es der universalisierte Plural von Volksfest.

»Fest der Kulturen« wird synonym gebraucht, oft steht aber der inhaltliche Aspekt mehr im Vordergrund, der Rahmen ist kleiner, es wird ein Ausschnitt von Kultur international präsentiert z.B. eine Musikrichtung; der Plural von Kulturfest. Eine Sammlung gelungener Beispiele dieses Zugangs findet sich in den beiden Veröffentlichungen des Amtes für multikulturelle Angelegenheiten der Stadt Frankfurt am Main »Feste der Völker«. (1999; 2000) Emmendörfer-Brößler subsumiert Religion unter Kultur und thematisiert sie nicht eigens. Feste drängen sich aus dem Alltag heraus auf, sind also per se situationsorientiert und ermöglichen Lernen im Handlungszusammenhang (2000, 9). Die Durchführung von Festen durch die Schüler/innen fördert Sach-, Sozial- und Handlungskompetenz. Nahezu zwangsläufig öffnet sich die Institution zu Eltern und Stadtteil-Institutionen sowie der Mehrsprachigkeit. Durch Ausstellungen und Kalender werden »Zuwanderer(feste) in der Institution repräsentiert und damit wertgeschätzt«(2000, 10). Ein Beispiel: »Feste der Völker« als Pausenparty – Projekt der integrierten Klassen 7 bis 9 einer Förderschule.

Die Schule hat kaum Schüler/innen ausländischer Herkunft, die Schüler/innen kaum Gelegenheit zu reisen. So soll die Welt in die Schule geholt werden. Ausgehend von der beliebten Kürbissuppe des Kiosks planen die Schüler/innen eine einstündige Halloween-Party am Vormittag. »Die Klasse machte sich kundig über die USA, die Herkunft des Festes und seine Durchführung. Kostüme wurden hergestellt, ein Gruseltonband erarbeitet, der Spruch ›Trick or treat‹, auf dessen Äußerung man Süßigkeiten bekommt, gelernt und an der Schule verbreitet, Werbeplakate gemalt und über die Dekoration und Beleuchtung der Pausenhalle nachgedacht ...« Der Erfolg führte zu weiteren Partys: Lucia, Karneval in der Karibik, Chinesisches Neujahrsfest, Thanksgiving (2000, 52-56. Autorin: Irene Knappe).

Wenn es um interreligiöses Lernen geht, liegt der Akzent sachgemäß auf den »Festen der Religionen«. Vergleicht man Müller-Bardorff und Emmendörfer-Brößler (s. o.) wird deutlich, dass unter der Perspektive von Religion sehr auf diejenigen Möglichkeiten von Festen geachtet wird, die man »spirituell« nennen könnte. Zudem wird der theologische Gehalt stark gewichtet. So wird der Religionsunterricht immer mit einbezogen oder in fächerübergreifender Offenheit werden Feste Thema des RU. Das heißt nicht, dass unter der Perspektive Religion die »bloß kulturellen« Elemente der Feste nicht eine große Rolle spielen würden und auf die von Emmendörfer-Brößler genannten Lern- und Gestaltungsmöglichkeiten und didaktischen Prinzipien nicht ebenso großer Wert gelegt würde. Letztere sind selbstverständlich. Bei den folgenden Überlegungen zu den Festen der Religionen wird vorausgesetzt, dass auch säkulare Feste gefeiert und thematisiert werden und Schüler/innen ohne Religionszugehörigkeit in ihnen voll und ganz aufgehen können, während sie bei Festen der Religionen wahrscheinlich eine Gastrolle einnehmen. Auch bei säkularen Festen sollte aber bedacht werden, dass sie nicht automatisch jedermanns Feste sind.

Didaktische Prinzipien, Auswahl und Gestaltungsmöglichkeiten

Es ist aus pädagogischen Gründen nötig, die Feste der Religionen zu beachten, denen die Schüler/innen angehören. Vor allem für jüngere Schülerinnen und Schüler ist es wichtig, dass die Höhepunkte des Lebens im Lebensraum Schule Beachtung finden. Kann ein Kind sich mit seiner Festfreude und den Besonderheiten seiner Kultur in den Unterricht einbringen, wird es sich auch mit seinen Stärken und Schwächen leichter einbringen und die Unterrichtsinhalte als zu seiner Welt gehörig wahrnehmen. Für ältere Schüler/innen werden Feste zudem Anlass sein, über den Wert religiöser Praxis, Verhältnis von Gesellschaft – Religion – Privatleben, Geltung der jeweiligen Religion und Kultur in der Gesellschaft zu diskutieren. Die Beachtung der Feste kann in unterschiedlicher Form und Intensität erfolgen. Grundlegend ist es, mit Hilfe eines Festkalenders im Gespräch mit den Schüler/innen und Eltern die individuelle Bedeutung der Feste zu erfragen und den Kindern Gelegenheit zu geben in der Klasse zu erzählen. Dabei ist darauf zu achten, dass Minderheiten innerhalb oder in Nachbarschaft großer Religionen nicht ignoriert werden, so z.B. orthodoxe Christen oder Aleviten. Ihre Feste sind in Kalendern möglicherweise nicht aufgeführt. Im Klassengespräch ist es einerseits wichtig, dass die Erlebnisse des Kindes nicht in Frage gestellt oder bewertet werden, auch wenn sie den Informationen der Lehrerin bzw. des Lehrers widersprechen sollten, da die Ausgestaltung eines Festes je nach Herkunftsländern verschieden sein kann. Der jeweiligen kulturellen Ausprägung kann aber wiederum keine Allgemeingültigkeit beigelegt werden. Vielmehr können die unterschiedlichen Erzählungen der Schüler/innen eine wichtige erste Gelegenheit sein, in der eigenen Religion Vielfalt wahrzunehmen und eigene Erlebnisse zu relativieren. Das fördert auch die Offenheit für die Vielfalt der Religionen und Weltanschauungen. Die Erfahrungen der Schüler/innen sollten gewürdigt werden, die Unterschiede stehen bleiben, wenn möglich erklärt und als Kennzeichen des Reichtums der Religion positiv bewertet werden. Auch das verfügbare Informations- und Unterrichtsmaterial zum Thema Feste der Religionen ist in diese Relativierung durch Vielfalt einbezogen, ohne dass die fachliche Qualität dadurch in Frage gestellt werden muss. Es wird didaktisch am besten eingesetzt, wenn es für Erweiterungen, Erfahrungsaustausch und ausstehende Klärungen offen gehalten wird und diese gerade in Gang bringt. Der Materialeinsatz ist wichtig, damit die Informationslast nicht allein bei den Schülerinnen und Schülern liegt. Sie könnten überfordert werden und das Merkmal Religionszugehörigkeit in der Wahrnehmung der Klassenkameraden/innen dominant werden. Schüler/innen jeweils anderer Religionen, ohne Religionspraxis oder -zugehörigkeit, könnten nichts zum Unterricht beitragen. Wird ein Fest in der Klasse bearbeitet oder gefeiert, ist es auch Thema oder Fest der ganzen Klasse – in differenzierter Beteiligung (s. u.).

Die Schülerorientierung birgt das Problem, dass multikulturell und multireligiös zusammengesetzte Klassen Feste in solch einer Fülle zu bieten haben, dass es alle Möglichkeiten sprengt. Einerseits sollte daran festgehalten werden, dass Feste in der Klasse gewürdigt werden, z.B. als Beitrag im Stuhlkreis, andererseits ist aber für eine breitere inhaltliche Beschäftigung oder eine gemeinsame Feier eine Reduzierung der Anlässe nötig. Häufig haben sich auf Schulebene schon Traditionen herausgebildet, die z.B. neben säkular(isiert)en Festen und ein oder zwei christlichen Festen das islamische Fest des Fastenbrechens mit der ganzen Schule feiern.

In der Klasse ist im Hinblick auf die Zugehörigkeit der Schüler/innen zu Religionen und Weltanschauungen eine ausgewogene Gewichtung nötig und im Hinblick auf den RU zudem eine inhaltliche. Dafür geben die Feste selbst Anhaltspunkte. So gibt es in jeder Religion ein Fest, das am volkstümlichsten und beliebtesten ist, ein anderes, das die zentrale Glaubensaussage thematisiert etc. So kann ein Schuljahr lang ein ähnlicher Festanlass aus den Religionen aufgegriffen werden, denen die Schüler/innen angehören. So können sich z.B. folgende Festreihen ergeben: Kinderfeste, Geburtstage der Religionsstifter, Neujahrsfeste, grundlegende Heilsereignisse. Beispiel Fasten:

Fastenzeiten der Religionen werden zum Anlass genommen, Erfahrungen der Schüler/innen zusammenzutragen. Die Schüler/innen überlegen sich eine Möglichkeit, gemeinsam Verzicht zu üben, z.B. einige Zeit nicht fernzusehen. Zur Vorbereitung werden alternative Freizeitmöglichkeiten erkundet, vorbereitet, Verabredungen angebahnt, die Eltern informiert. Eine Übersicht wird erstellt, in der die Schüler/innen ihre Erfolge eintragen. Während der Verzichtsphase ist es wichtig, Gespräche über die Erfahrungen zu ermöglichen, in denen auch Gründe für Misserfolge geklärt werden können. Nach eigener Wahl beschäftigen sich die Schüler/innen mit den Fastentraditionen der Religionen, stellen sie gegenseitig vor und beziehen sie auf die gerade gemachten Erfahrungen. Wenn Fasten als Jahresthema angelegt ist, kann jeweils zu den Fastenzeiten der Religionen (Jom Kippur, Passions- und Adventszeit, Ramadan, Muharram) die Selbsterfahrungsphase neu aufgenommen werden und mit einer Feier des bzw. der Einladung zum Osterfrühstück, Fest des Fastenbrechens u.Ä. beendet werden. In diesem Fall könnte am Ende ein Fernsehfest stehen.

Für das Auswahlkriterium Schülerorientierung gibt es eine wichtige Ausnahme: Jüdische Feste. Da wir seit dem Holocaust kaum noch jüdische Schüler/innen in den Schulen haben, würden sie wegfallen. Sie sollten aber fraglos und selbstverständlich dazugehören, da zum einen Christentum und Islam sich auf das Judentum beziehen und z.T. ohne Kenntnisse des Judentums, insbesondere seiner Feste, nicht verständlich sind. Auch der kulturelle Einfluss des Judentums ist in Europa immens. Zum anderen besteht in Deutschland nach wie vor eine historische Verantwortung dem Judentum gegenüber, an der die Schulen teilhaben. Diese erschöpft sich nicht darin, das Geschichtswissen über den Holocaust weiterzugeben und eine Auseinandersetzung zu ermöglichen, sondern muss eine positive und zutreffende Bekanntschaft mit dem Judentum einschließen. Vor allem darf nicht der Holocaust die erste (und womöglich) einzige Begegnung mit Judentum sein. Die jüdischen Feste ermöglichen eine frühe, unkomplizierte und sehr schöne erste Begegnung mit dem Judentum, auf die alles Weitere aufbauen kann. Eine fraglos selbstverständliche Einbeziehung der jüdischen Feste begegnet allem noch vorhandenen oder neu aufkeimenden Antisemitismus von Grund auf. Das ist gesamtgesellschaftlich wichtig und darüber hinaus im christlich-jüdischen Verhältnis wie – besonders auf dem Hintergrund des israelisch-palästinensischen Konfliktes – auch im islamisch-jüdischen. Da derzeit die Zahl jüdischer Deutscher durch die Zuwanderung aus Osteuropa kontinuierlich steigt, werden bald an vielen Orten auch wieder jüdische Schüler/innen dazugehören.

Darüber hinaus kann es immer globale Lernziele geben, die weitere Auswahlkriterien nahe legen. Das gilt vor allem für Klassen, die die Pluralität unserer Gesellschaft selbst nicht abbilden. Den Orientierungsrahmen bildet hier die Gesellschaft, in die die Schüler/innen hineinwachsen, die sich über ihre eigene Pluralität hinaus mit dem Zusammenwachsen in Europa, der zunehmenden Öffnung nach Osten und in den islamischen Raum auseinander setzt. Da das Christentum in Europa die größte prägende Kraft entfaltet hat, sind in Klassen, in denen keine Christen sein sollten, natürlich christliche Feste zu thematisieren.

Unter Beachtung dieser Grundentscheidungen lassen sich Feste auch zu Projekten zusammenfassen: So bietet sich für die Neujahrsanfänge die Verbindung mit dem Thema »Zeit« an. In vielen Festen werden Symbole verwendet: Wasser, Licht oder Baum. Das Symbol kann das Verbindende sein, das alle Schüler/innen miteinander erarbeiten und gestalten, und das sich in den verschiedenen Festen unterschiedlich konkretisiert und Möglichkeiten der Binnendifferenzierung eröffnet. Die projektmäßige Beschäftigung mit den Festen kann in einer »Festwand« in der Schule dauerhaft Ausdruck finden. Andere Präsentationsmöglichkeiten sind eine Ausstellung oder eine Erlebnisreise durch das Festjahr einer Religion mit Tänzen, Liedern, Bildern, Filmausschnitten, Gegenständen, Spielszenen und Pantomime sowie verschiedene Präsentationen mit Hilfe von Computern.

Die Erarbeitung in Projekten eignet sich auch für Sek. I und II. Darüber hinaus können die Feste als grundlegende Systematik und Charakteristik einer Religion thematisiert werden, die sich relativ leicht erarbeiten lässt und Vergleichsmöglichkeiten zwischen den Religionen für Theologie wie Glaubenspraxis eröffnet. Wichtig ist es, die Bedeutung von Festen im gesellschaftlich-politischen Bereich zu thematisieren, so im abendländisch-islamischen Spannungsgefüge Ramadan und Hadsch, im israelisch-palästinensischen Konflikt den israelischen Unabhängigkeitstag bzw. Gedenktag der Nakba (Katastrophe der Palästinenser), im kurdischen Unabhängigkeitsstreben den Altiranischen Neujahrstag etc. Hilfreich sind hier die Veröffentlichungen der Bundeszentrale für politische Bildung.

Differenzierte Beteiligung

In unserer an Homogenisierung gewöhnten Schulstruktur neigen wir dazu, die Klasse als »eins« anzusehen, gerade bei Festen, dienen sie doch auch dazu, die Gemeinschaft zu stärken. Diese Sichtweise muss aber im Hinblick auf Feste verschiedener Religionen, von denen jeweils nur einige Schüler/innen einer Klasse sagen können: »Mein Fest« ergänzt werden. Zu dem Gemeinsamen muss ein Raum für das jeweils Eigene hinzukommen, in den sich die Schüler/innen in freier Wahl hineinbegeben können. Lernen geschieht in einer ständigen Bewegung zwischen Gemeinsamkeit und Für-sich-sein (zum »Pendeln« siehe Sieg 1997 u. 2004). Bei der Thematisierung von Festen, z.B. als Projekt, können diese Räume für das Eigene mit den Mitteln offenen Unterrichts hergestellt werden: Wenn im Spätherbst Lichterfeste Thema sind, wird gemeinsam das Phänomen Licht erlebt, gestaltet, seiner Symbolkraft nachgegangen, bei der Konkretisierung in den Festen verschiedener Religionen können die Schüler/innen wählen, ob sie eine Chanukkia basteln wollen oder ein Weihnachtstransparent, die Lichtsure erarbeiten oder eine Beschreibung des Divali-Festes. Die Ergebnisse stellen sie sich gegenseitig vor und erläutern sie. Für das Feiern von Festen ist es hilfreich sich vorzustellen wie es in der Nachbarschaft ablaufen würde: Wenn eine muslimische Familie z.B. eine christliche zum Fastenbrechen einlädt, ist klar, dass die einen Gastgeber sind, die anderen Gäste; die einen feiern ihr Fest, die anderen können daran teilhaben, die einen sind damit vertraut, die anderen nicht und vielleicht unsicher usw. Sobald ein Fest in der Klasse gestaltet werden soll, nimmt es die ganze Klasse in Anspruch. Trotzdem ist es nicht gleichermaßen das Fest *aller* Schüler/innen, es gibt verschiedene Rollen. Auch hier gibt es Gastgeber und Gäste usw. Das sollte in der Vorbereitung bewusst gemacht und eingeübt werden:

Das Fest des Fastenbrechens bereiten die muslimischen Kinder mit Hilfe der Lehrerin und der Eltern vor. Die anderen Kinder bereiten Geschenke vor, überlegen, was sie zur Begrüßung wünschen können, ob es Regeln zu beachten gibt.

Dem Weihnachtsfest können sich nichtchristliche Kinder kaum entziehen. Aber es gibt neben christlichen und säkularen Gestaltungsmöglichkeiten weitere Zugänge: islamische Weihnachten, arabische Herkunft von Weihnachtsspezialitäten und das jüdische Chanukka, die neben die christlich-weihnachtlichen Bräuche gestellt werden können.

Auch Schulgottesdienste oder -andachten lassen sich einbeziehen, wenn vorab die Rollen geklärt werden: z.B. was man als Gast mitmacht oder nicht. So sollten Kinder, die einer Religion nicht angehören, bei Gebeten nur still dabeisitzen. Lieder können Bekenntnischarakter haben und sollten dann auch nicht mitgesungen werden. Es ist wichtig, dass die Texte der Lieder vorab bekannt sind und die Schüler/innen – u. U. mit Hilfestellung – für sich entscheiden können, ob sie mitsingen wollen (vgl. Kuhn 1998).

Feste der Religionen im Kindergarten

Die didaktischen Überlegungen zu Feste der Religionen in der Schule gelten grundsätzlich auch für den Kindergarten. Dort werden die Eltern sehr viel stärker einbezogen sein und die Festanlässe noch sehr viel stärker reduziert werden. Auch hier ist Leitbild: »Beim anderen zu Gast sein«; ein stilles, von Achtung und Ehrfurcht getragenes Dabeisein, das die Schranke zwischen dem eigenen Glauben und dem des anderen respektiert und trotzdem Gemeinsamkeit erleben lässt (Ittmann 2002, 52). Ittmann formuliert u.a. folgende Leitfrage: »Welche Informationen über Festverlauf, Bräuche und Traditionen muss der Gastgeber den Gästen aus anderen Religionen geben, damit sie entscheiden können, ob sie teilnehmen oder fernbleiben wollen?« (53; siehe auch Dommel in diesem Band)

Feste der Religionen in der Gemeinde

Während die Schule allen Kindern der Gesellschaft Ort des Lernens ist und ihnen gerecht werden soll, ist die Gemeinde Ort für die ihr zugehörigen Gläubigen und widmet sich der ihr zugrunde liegenden Religion. Primäre Aufgabe ist es, ihren eigenen Glauben zu feiern, zu lehren und zu praktizieren. Doch auch in der Konzentration auf das Eigene lebt eine Gemeinde inmitten einer pluralen Gesellschaft. Um bei sich selbst zu bleiben, muss sich eine Gemeinde mit ihrem pluralen Kontext auseinander setzen. Gemeinsames Feiern ist eine Möglichkeit von Religionen, ihre Beziehungen in der Pluralität zu gestalten. Die Feste der Religionen stellen Anlässe bereit (s. o. Aushängeschilder, Empfangshalle, Katalysator), an denen sich alle Gemeindeglieder aktiv beteiligen können. Für gegenseitige Einladungen eigenen sich besonders strukturell ähnliche Anlässe, z.B. das abendliche Fastenbrechen (Iftar) der Muslime und ein Adventskaffee-Nachmittag (siehe Goßmann in diesem Band) sowie Anlässe mit inhaltlichen Überschneidungen, z.B. Nikolaus (christlich-muslimisch/türkisch). Neben dem Kennenlernen anderer Religionen und dem Aufbau einer Vertrauensbasis zwischen Nachbarn fordert eine Festeinladung zu Reflexion und Darstellung der eigenen Religion heraus. In der Begegnung werden die jeweiligen Eigenheiten bewusster. Auch hier wollen die Rollen geklärt werden, und die Begegnung auch aus der Perspektive der anderen geplant sein (Speisegebote, Zeiten). Gerade auch diese Vorbereitungen sind ein interreligiöser Lernweg. Dazu ein Beispiel:

Im Judentum und Christentum sind die Festzeiten Pessach bis Schawuot und Ostern bis Pfingsten parallel. Sie werden auf Grund von frühchristlichen Entscheidungen zwar nicht mehr gleichzeitig gefeiert, sind aber inhaltlich eng miteinander verbunden. Das gilt nicht nur für den Bezug der christlichen zu den jüdischen, sondern auch umgekehrt, da die Ausgestaltung der jüdischen Feste auf die christliche Entwicklung reagiert hat. So haben Schawuot und Pfingsten das gleiche Thema: Den Bund mit Gott durch die Gabe Tora bzw. durch die Gabe des Heiligen Geistes. Der liberale Rabbiner Michael Hilton verbindet mit Schawuot und Pfingsten die Vision einer gemeinsamen Feier von Juden und Christen, bei der die Bedeutung des Bundes mit Gott und den Menschen diskutiert würde, ein Tag der Partnerschaft der beiden Schwester-Religionen.

Material und Festdaten

Die ohne Literaturangaben erwähnten Beispiele finden sich alle ausführlich bei Sieg 2004. Dort sind noch weitere Feste mit Unterrichtsmaterial aufbereitet sowie umfangreiche Literatur.

Einen ansprechenden Festekalender in Plakatform von Gertrud Wagemann gibt jedes Jahr heraus: Die Ausländerbeauftragte des Senats von Berlin, Potsdamer Str. 65, 10785 Berlin: »Interkultureller Kalender«. Tel.: 030/ 90172357.

Jüdische Festdaten finden sich u.a. auf der Seite des Zentralrates der Juden: www.zentralratdjuden.de. Langfristige islamische Festdaten finden sich u.a. auf der Internetseite des Zentralrates der Muslime www.islam.de. Auf der Internetseite von Kerstin Probiesch, www.feste-der-religionen.de, kann man auch Fragen zu Festen kleiner Religionsgemeinschaften klären, sowie säkulare Feste.

Zum Weiterlesen

Bieritz, Karl-Heinrich, Das Kirchenjahr. Feste, Gedenk- und Feiertage in Geschichte und Gegenwart, München 2001.

Bundeszentrale für politische Bildung, Erwachsen werden vor dem Hintergrund unterschiedlicher Religionen und Weltanschauungen, Bonn 2004.

Emmendorfer-Brößler, Claudia, Feste der Völker – Ein pädagogischer Leitfaden. Pädagogische Anregungen und Impulse für eine interkulturelle Arbeit in Kindertagesstätten und Schulen, Amt für multikulturelle Angelegenheiten der Stadt Frankfurt a.M. (Hg.), Frankfurt 2000.

Galley, Susanne, Das jüdische Jahr. Feste, Gedenk- und Feiertage, München 2003.

Schimmel, Annemarie, Das islamische Jahr. Zeiten und Feste, München 2001.

Sieg, Ursula, Feste der Religionen. Werkbuch für Schule und Gemeinde, Düsseldorf 2004.

Literatur

Emmendorfer-Brößler, Claudia, Feste der Völker – Ein multikulturelles Lesebuch. 70 Feste aus vielen Ländern und Religionen, Amt für multikulturelle Angelegenheiten der Stadt Frankfurt a.M. (Hg.), Frankfurt a.M. 1999.

Emmendorfer-Brößler, Claudia, Feste der Völker – Ein pädagogischer Leitfaden. Pädagogische Anregungen und Impulse für eine interkulturelle Arbeit in Kindertagesstätten und Schulen, Amt für multikulturelle Angelegenheiten der Stadt Frankfurt a.M. (Hg.), Frankfurt a.M. 2000.

Ittmann, Norbert, Die Begegnung der Religionen, in: Bundesvereinigung Evangelischer Tageseinrichtungen für Kinder e.V. (BETA) (Hg.), Vielfalt leben – Profil gewinnen. Interkulturelle und interreligiöse Erziehung und Bildung in evangelischen Tageseinrichtungen für Kinder, Stuttgart 2002, 37-60.

Kuhn, Elke (Hg.), Gott in vielen Namen feiern. Interreligiöse Schulfeiern mit christlichen und islamischen Schülerinnen und Schülern, Gütersloh 1998.

Müller-Bardorff, Helga, Artikel Fest, in: Mette, Norbert/Rickers, Folkert (Hg.), Lexikon der Religionspädagogik, Neukirchen 2001, Sp. 573-575.

Sieg, Ursula, Ein interreligiös geöffneter Religionsunterricht an Grundschulen in Hamburg, in: Doedens, Folkert/Weiße, Wolfram (Hg.), Religionsunterricht für alle. Hamburger Perspektiven zur Religionsdidaktik,124-129, und in: Schreiner, Peter/Scheilke, Christoph Th. (Hg.), Interreligiöses Lernen. Ein Lesebuch, Münster 1998, 168-170.

Sieg, Ursula, Interreligiöses Lernen im Pendeln zwischen Eigenem und Gemeinsamem, in: Dommel, Christa (Hg.), Werte schätzen. Religiöse Vielfalt und Öffentliche Bildung, Frankfurt a.M. 2003.

Sieg, Ursula, Feste der Religionen. Werkbuch für Schule und Gemeinde, Düsseldorf 2004.

Dirk Christian Siedler

Religiöse Räume erschließen

Religiöse Räume können Lernorte interreligiöser Begegnung werden. Anknüpfend an Erfahrungen der »Kirchenpädagogik« wird es erforderlich eine »Pädagogik religiöser Räume« zu entfalten, die einen ästhetischen Zugang und den Ansatz handlungsorientierten Lernens mit einbezieht. Anhand von Erfahrungen mit Moscheebesuchen werden Fragestellungen für interreligiöses Lernen in den Räumen der eigenen und fremden Religionen entwickelt.

Die unterschiedlichen Religionen sind darin verbunden, dass ihr Glaube auch in der Gestaltung ihrer Räume und heiligen Stätten Ausdruck findet: in Tempeln, Kirchen, Synagogen und Moscheen. Jeder Kultraum in den verschiedenen Religionen hat einen über die eigentliche Raumnutzung hinausgehenden »Mehrwert«, der sich zweckrationalem Denken entzieht.

Religionswissenschaftlich ist umstritten, ob religiöse Räume »heilige Stätten« sind, die gegenüber der sie umgebenden profanen Welt abgegrenzt sind und den Raum in eine sakrale Ordnung einbinden, oder ob solche Grenzziehungen zwischen Religion und Nicht-Religion, zwischen heilig und profan längst fragwürdig geworden sind, weil sowohl »typisch religiösen« als auch »typisch säkularen« Phänomenen »besondere« Zeiten und Räume ausgesondert werden (Schmid 1971). Diese Verschränkung religiöser und säkularer Phänomene wird gerade auch im Vergleich mit der differenzierten Nutzung von Moscheen sowohl als Gebetsorte wie als nachbarschaftliche Begegnungsstätten und von Synagogen als Gemeindezentren augenfällig.

In der christlichen Religionspädagogik hat seit den 1980er-Jahren das Fachgebiet der Kirchenpädagogik oder »Pädagogik des Kirchenraums« (Degen) immer größere Resonanz gefunden. In der Erschließung religiöser Räume kann »die Räumlichkeit als Konstitutionsbedingung gelebter Religion« (Degen 2001, Sp. 1225) erfahren werden. Anders als in der christlichen Religionspädagogik hat sich im Judentum, Islam und Buddhismus jedoch hier zu Lande eine solche am religiösen Raum orientierte Pädagogik bislang noch nicht herausgebildet, obwohl für alle Religionen gilt, dass ihre religiösen Räume erste sichtbare Anlaufstellen für interreligiöse Begegnungen sein könnten.

Der Besuch ihrer religiösen Räume bietet immer auch einen Anlass zur Behandlung weiterreichender Themen diese Religion betreffend und lässt sich daher gut mit Einführungen in diese Religionen verbinden. So lassen sich durch einen Moscheebesuch Vorurteile überdenken und die Glaubenspraxis von Muslimen kennen lernen. Ein Synagogenbesuch kann zu dem Thema führen, dass infolge der Shoa nur noch wenige Synagogen in Deutschland erhalten geblieben sind, und zu der Frage, warum es in den zurückliegenden Jahren zu einer ganzen Reihe von Synagogen-Neubauten gekommen ist.

Im Folgenden wird von Einzelerfahrungen ausgegangen und die Darstellung auf Moscheebesuche beschränkt, da der Islam in Deutschland die zweitgrößte Religion darstellt. Der Beitrag ist allerdings so angelegt, dass die Zugangsweisen und Methoden auf Besuche von Synagogen und anderer religiöser Räume übertragen werden können.

Prinzipiell lassen sich drei verschiedene Zugänge unterscheiden, um religiöse Räume zu erschließen, die sich teilweise überschneiden und miteinander in Beziehung stehen:

1. Zugang durch eine »Pädagogik religiöser Räume« (»kirchenpädagogischer Zugang«),
2. ein ästhetischer Zugang und
3. der Ansatz handlungsorientierten Lernens.

Zugang durch eine »Pädagogik religiöser Räume«

Religiöse Räume dienen nicht nur rein funktional den kultischen und liturgischen Abläufe für die sie bestimmt sind, sondern bringen auch Glaubenselemente der jeweiligen Religion zum Ausdruck. An den religiösen Räumen wird anschaulich, wie sich die religiöse Gemeinschaft als Teil ihres gesellschaftlich-kulturellen Gesamtzusammenhangs sieht.

In der christlichen Religionspädagogik ist dieser Ansatz bereits durch die »Kirchenpädagogik« weit entwickelt, die zu einer »Pädagogik religiöser Räume« weiterzuentwickeln wäre, um sich für die Spezifika der verschiedenen Religionen und ihrer architektonischen Gestalt zu öffnen.

Die Kirchenpädagogik hat darauf aufmerksam gemacht, dass »erst im Schwinden alltagskultureller Zusammenhänge (...) diese Überlieferung zunehmend Fremdsprachen-Charakter« erhält und dadurch erklärungsbedürftig wird. Diese Aufgabe stellt sich nicht nur für christliche Schüler/innen, sondern auch den aus Russland stammenden jüdischen Schüler/innen. Immer häufiger müssen auch muslimische Schüler/innen an ihre Glaubenstraditionen herangeführt werden und die Beziehung von Glaube und Gebäude neu entdecken.

In Hinblick auf nichtchristliche religiöse Räume ist festzustellen, dass sich diese, der Mehrheitsgesellschaft weitgehend unvertrauten Räume und Gebäude, gut dazu eignen, einen Zugang zu der betreffenden Religion zu erschließen und Begegnungen zu initiieren, die ohne einen solchen Anlass über die Grenzen der religiösen Gemeinschaften hinweg nur selten stattfinden. In einem interreligiösen Lernprozess können Schüler/innen verschiedener Religionen auch zur Auseinandersetzung mit ihrer eigenen Religion angeregt und angeleitet werden.

Roland Degen und Inge Hansen (2002) haben eine kirchenpädagogische Methodik entwickelt, die generelle Bedeutung besitzt und auch auf Räume anderer Religionen übertragbar ist. Diese Auflistung kann zur Vorbereitung und Selbstkontrolle dienen, um nicht nur den Besuch einer Kirche, sondern auch einer Synagoge, Moschee, eines Tempels oder eines anderen religiösen Raumes vor- und nachzubereiten (Degen/Hansen 2002, 71-75):

Der Außenraum

- Wahrnehmung von Größe, Material, Ornamentik durch Umrunden des Baus;
- Entdecken von Lage und Funktion im Ort,
- Ergebnis-Sicherung durch Zeichnung von Grundriss-, Turm- und Portalformen u.a.
- Wahrnehmung der Schwellensituation beim Eintreten in den religiösen Raum;

Der Innenraum

- Das Hereinkommen mit geschlossenen Augen (zu zweit, sich gegenseitig führend) wirkt verfremdend und lässt flüchtiges Sehen hinter das meist vernachlässigte verlangsamende Hören, Riechen, Erspüren des Raumes zurücktreten,
- Ausgeteilte (Alltags-)Gegenstände, die im Raum und seinen Einrichtungsgegenständen ihre Entsprechung finden, motivieren zur Suche und Wahrnehmung von Details und ermöglichen thematische Vertiefungen,
- eine Grundriss-Zeichnung hilft sich die Raum-Orientierung und -Funktion bewusst zu machen;

Rahmung gemeinsamer Erkundungen

- Gruppeninteresse, Vorwissen und Verknüpfung mit schulischen, gemeindlichen oder touristischen Absichten sind zu klären,
- eine raumbezogene Begrüßung und Ausklang können Gespräche eröffnen oder die Begegnung noch einmal bündeln,
- das Aufsuchen besonderer Orte kann einen außerordentlichen Eindruck hinterlassen (Kirchturm, Minarett, Mikwe o.Ä.).

Ästhetischer Zugang

Der ästhetische Zugang bietet sich ebenfalls für die Erschließung religiöser Räume an, weil er nicht von vornherein an eine bestimmte Religion gebunden ist, sondern gegenwärtig, z.B. auch in der neueren Islamwissenschaft, eine Renaissance erlebt. Insbesondere der Kölner Islamwissenschaftler Navid Kermani hat die zentrale Bedeutung der »ästhetischen Dimension der Religion im muslimischen Selbstverständnis« (Kermani 1999, 9) in den Mittelpunkt seiner Darstellung des Islams gestellt und darauf hingewiesen, dass die Reichweite ästhetischer Aspekte in den allgemeinen Islam-Darstellungen bisher völlig unbeachtet geblieben ist. Kermani weist diesen Zusammenhang anhand einer detaillierten Koran-Exegese nach, lässt aber auch erkennen, dass die Ästhetik einen umfassenden und grundlegenden Zugang zum muslimischen Glauben darstellen könnte.

Darin treffen sich gegenwärtige Auslegungs- und Darstellungstraditionen, die mittels der Ästhetik das Postulat »mit allen Sinnen zu lernen« einlösen und das an den Schulen dominierende auf Gesetzmäßigkeit, Begrifflichkeit und Messbarkeit verengte Rationalitätskonzept überwinden wollen.

Zahlreiche Berichte über interreligiöse Unterrichtseinheiten und Besuche z.B. von Moscheen belegen Gert Ottos These, »dass Ästhetische Erziehung nicht die Wirklichkeit *beschreibt,* sondern Wirklichkeit *schafft*« (Otto 2001, Sp.15), weil in der Begegnung und gelegentlich auch Konfrontation mit fremden religiösen Traditionen und Angehörigen anderer Religionen neue Einsichten und auch neue (zwischenmenschliche) Beziehungen entstehen können. Peter Biehl hat ästhetisches Lernen gerade im Zusammenhang klassischer Bildungstheorien betrachtet, die »den Prozess der Bildung als Durchgang durch das Fremde, als eine Kultur des Umgangs mit dem Fremden zur Wahrnehmung des Eigenen verstanden« (Biehl 1997, 403). Insofern ist gerade interreligiöses auch ästhetisches Lernen, da es beim Aufsuchen und Wahrnehmen religiöser Räume anderer Religionen in besonderer Weise »um die Wahrnehmung des Fremden und um das Anderssein des anderen« (Otto 2001, Sp.17) geht. In seiner sinnlichen Orientierung und Bezogenheit auf das Subjekt weist es über die eigene sinnliche Wahrnehmung weit hinaus und wird gerade in der Begegnung mit jüdischen, muslimischen und anderen religiösen Lebens- und Glaubenstraditionen an Bedeutung gewinnen. Das ästhetisch geleitete interreligiöse Analysieren von Bauformen, Architektur und Nutzungsmöglichkeiten religiöser Räume führt zu neuen und motivierenden Lernprozessen bei Schüler/innen, Lehrer/innen, Eltern und auch gastgebenden und einladenden Gemeinden und Vereinen.

Handlungsorientiertes Lernen

Von Pestalozzis Forderung eines »Lernens mit Kopf, Herz und Hand« ausgehend, haben sich zahlreiche Varianten handlungsorientierten Lernens entwickelt, die in der Eigen-Produktivität der Schüler/innen den Schlüssel wirksamen Lernens sehen. Auch beim Besuch fremder religiöser Räume können Elemente handlungsorientierten Lernens umgesetzt werden, insofern auch ein solcher Besuch einen Anlass zur Öffnung der Schule bietet und Fähigkeiten fördert, die als gesellschaftliche Schlüsselfähigkeiten gelten können. Dazu können problemorientiertes Denken und kreatives Auseinandersetzen mit der eigenen und fremden religiösen Tradition gezählt werden wie sie durch die Begegnung mit Räumen und Menschen anderer Religion hervorgerufen werden. Die Begegnung über die Grenzen des Vertrauten hinweg kann auch zu einem kreativen Handeln anregen und die Kluft zwischen Leben und Lernen überwinden helfen. Gelingt es beim Besuch fremder religiöser Räume auch, eine Begegnung mit Angehörigen der jeweiligen Religion im ähnlichen Alter zu organisieren, so ergeben sich Elemente handlungsorientierten Lernens wie Selbstverantwortung und kooperatives Handeln fast von ganz allein.

Moscheebesuche – Beispiele

Moscheebesuche bieten sich vorrangig in Regionen an, in denen ein überdurchschnittlicher Anteil muslimischer Bewohner/innen gegeben ist wie in Städten und (ehemaligen) Industrieregionen. Allerdings kann man sich schnell von seinem eigenen Vorurteil in die Irre führen lassen. Auch auf dem Land und in kleinstädtischen Strukturen ist häufig eine Moschee zu finden. Gelegentlich ist ein solcher Besuch der erste organisierte Kontakt, den der Moscheeverein zur Nachbargemeinde aufnimmt. Ein Besuch kann die vielfältigen Nutzungen der Moschee als Gebets-, religiöser Bildungs- und Versammlungsort zeigen.

Moschee mit Minarett in Düren

Zahlreiche Berichte von Moscheebesuchen stimmen darin überein, dass die besuchende Unterrichtsgruppe einer solchen Begegnung mit gemischten Gefühlen entgegensieht: »Wie werden wir aufgenommen?« – »Wie soll man sich verhalten?« Die Erwartung eines strengen Imams und disziplinierenden Umgangs wird häufig durch die freundliche und offenherzige Gastfreundschaft des Moscheevereins überwunden: »Doch es kam anders. Der Empfang durch den Imam war sehr freundlich.« Eine andere Beobachtung, die häufig genannt wird, ist die Faszination, die von einem architektonisch fremden und auch befremdenden Raum auf die Schüler/innen ausgeht, und ebenso die Selbstverständlichkeit, mit der muslimische Gläubige ihre Riten ausführen: »Es war beeindruckend, wie versunken sie in ihre Tätigkeit waren [beim Lesen des Korans]. Sie haben uns kaum beachtet.« Ähnlich kommt eine 7. Klasse im katholischen Religionsunterricht nach ihrem Moscheebesuch zu dem Resultat: »Es ist ein eigenartiges Gefühl in einer Moschee zu sein, sie ist so anders als eine Kirche. Das Bemerkenswerteste (...) war die Freundlichkeit, mit der man uns begegnete.«

Gerade bei Moscheegebäuden bietet ihre städtebauliche Einbindung Anknüpfungspunkte für das Gespräch, insbesondere auch zum Stichwort Integration und Dialog. Je nachdem, ob es sich um eine Hinterhofmoschee handelt oder einen früheren Laden oder Eckkneipe, ob sie über eine Kuppel und/oder ein Minarett verfügt oder nicht, lässt sich die Bedeutung des Islams in unserer Gesellschaft thematisieren. So beschreibt ein Schüler seinen ersten Eindruck folgendermaßen: »Als wir vor einem Gebäude standen, das sich außer durch eine große Tür (...) nicht sehr von den rechts und links anschließenden Häusern unterschied, war ich zunächst etwas enttäuscht, hatte ich mir eine Moschee doch sehr groß, allein stehend und etwas prachtvoller vorgestellt, mit einer runden Kuppel als Dach.«

Mihrab

Besonders auffällig ist die Gastfreundschaft, mit der Unterrichtsgruppen empfangen und häufig auch zu einem Glas Tee eingeladen werden:

»Es war eine kleine Welt für sich, wie ich finde, und es herrschte eine sehr einladende Atmosphäre. Die Gastfreundschaft und die Offenheit, die man uns entgegenbrachte, faszinierten mich sehr. Ich denke, dass diese Begegnung ein richtiger Schritt dahin ist, Vorurteile abzubauen und Verständnis zu wecken für Menschen, die eine andere Religion und Kultur haben als man selbst.« Die Begegnung mit Muslimen bringt die Lerngruppe häufig einmal

Minbar

an denselben Ausgangspunkt: Jede/r verfügt über ähnliches (Un)Wissen, wodurch die Scheu zu fragen verloren geht (Goßmann 1994, 38-42).

Im Rahmen von Moscheebesuchen bietet es sich zuerst an, anhand des Raumes und der Einrichtungsgegenstände Grundlagen des Islams zu klären:

Mihrab (Gebetsnische), Minbar (Treppe, auf der die Freitagspredigt gehalten wird), (Gebets)teppich, Gebetsmantel, Koran, Minarett, Lesepult (Rahla).

Die arabischen oder türkischen Bezeichnungen sind vom bloßen Hören nur schwer richtig zu erfassen. Deshalb empfiehlt es sich, die wichtigsten Wörter aufzuschreiben und den Schüler/innen auszuhändigen.

Manche Moscheen haben ›Richtlinien beim Moscheebesuch‹ verfasst, nach denen man sich vor dem Besuch bei dem betreffenden Moscheeverein erkundigen sollte. Ebenfalls empfiehlt es sich, einen beabsichtigten Besuch rechtzeitig mit dem Verein abzusprechen.

Eine Schulklasse bei einem Moscheebesuch

Über das Kennenlernen des Raumes hinaus können sich leicht weitere religiöse Themen ergeben wie z.B.

- Fasten,
- angesichts der Geschlechtertrennung in der Moschee die Frage nach der Rolle der Frau im Islam,
- Bedeutung des Korans im Islam und der Bibel im Christentum,
- bei Gruppen Erwachsener Eingottglaube und Trinität,
- Entwicklung der Integration seit den 60er-Jahren (Gastarbeiter bewahrten ihre eigene Identität, Deutsche wurden als Freunde wahrgenommen, 1970er-Jahre: große Aufnahmebereitschaft der deutschen Gesellschaft, 1990er-Jahre: seit den Anschlägen von Mölln und Solingen werden Deutsche nicht mehr uneingeschränkt als Freunde gesehen mit der Folge einer inneren Distanzierung, und seit den Terroranschlägen vom 11. September 2001 hat sich die gegenseitige Distanzierung noch weiter verfestigt).
- über Ängste der Mehrheitsgesellschaft und auch von muslimischen Gläubigen,
- Verhältnis des jeweiligen Moscheevereins zu fundamentalistischen Formen des Islams.

Häufig entsteht bei einem Besuch der Wunsch nach der Gegeneinladung der Muslime in eine Kirche. Dies verblüfft die christlichen Besucher regelmäßig und stellt sie vor die seltene Aufgabe, einmal ihren religiösen Raum vorzustellen und von ihrem eigenen Glauben zu erzählen. Kommt es zu einer solchen Verabredung, dann kann der christliche Glaube Muslimen gut anhand von Einrichtungsgegenständen veranschaulicht werden. So hat es sich bewährt, liturgische Geräte auf den Altar bzw. Abendmahlstisch zu stellen, und anhand der Altarbibel, des Abendmahlsgerätes und der Taufschale bzw. des Taufsteins die zentralen Glaubensfragen anzusprechen.

Abschließend sei noch die einzige didaktische Ausarbeitung einer »Moscheepädagogik« von muslimischer Seite dargestellt, die dem Verfasser bekannt geworden ist. Sie wurde durch das Institut für Interreligiöse Pädagogik und Didaktik (IPD Köln) entwickelt und hat in seinen Veröffentlichungen Eingang gefunden hat. Dabei dient die interreligiöse Moscheeerkundung für Kinder dem übergreifenden Ziel »über die allgemeine Information hinausgehend, wesentliche gemeinschaftsfördernde, friedensstiftende Momente setzen« (IPD-Material Köln). Der Entwurf will die Einheit der Religionen anhand der Koran-Sure 3,65-67 erfahrbar werden lassen: »Abraham war weder Jude noch Christ, sondern er war Anhänger des reinen Glaubens, ein *hanif*, und er gehörte nicht zu den Polytheisten.«

Der Stundenentwurf hat folgende Einzelelemente:

1. Funktionen der Moschee: Gebrauchs- und Einrichtungsgegenstände zum Gottesdienst sollen von den Jugendlichen der jeweiligen Original-Einrichtung zugeordnet werden: Minbar/Gebetsmantel, Mihrab/Kompass, Imam/Kippa, Rahla [Lesepult]/Koran u.a.;

2. Unterschiede in der Glaubensausübung und den gottesdienstlichen Haltungen, wie z.B. Sitzbänke in Kirchen/Teppiche in Moscheen, Glocken und Orgel/Gebetsruf;
3. Thematisierung von Person und Geschichte Abrahams als die drei monotheistischen Religionen verbindend (vgl. Sure 3,65-67).

Zum Weiterlesen

Degen, Roland/Hansen, Inge (Hg.), Lernort Kirchenraum. Erfahrungen – Einsichten – Anregungen, Münster 1998.

Planungshilfe Kirchenpädagogik. Kirchen als Lernorte des Glaubens entdecken, hrsg. vom Erzbistum Köln, Hauptabteilung Bildung und Medien, erstellt von Holger Dörnemann, Köln ²2001.

Tworuschka, Udo (Hg.), Heilige Stätten, Darmstadt 1994.

Literatur

Biehl, Peter, Wahrnehmung und ästhetische Erfahrung. Zur Bedeutung ästhetischen Denkens für eine Religionspädagogik als Wahrnehmungslehre, in: Grözinger, Albrecht/Lott, Jürgen, Gelebte Religion, Rheinbach 1997, 380-411.

Degen, Roland, Art. Lernort Kirchenraum, in: Mette, Norbert/Rickers, Folkert (Hg.), Lexikon der Religionspädagogik, Neukirchen-Vluyn 2001, Sp.1124- 1227.

Degen, Roland/Hansen, Inge, Art. Architektur und Kirchenraum, in: Bitter, Gottfried u.a. (Hg.), Neues Handbuch religionspädagogischer Grundbegriffe, München 2002, 71-75.

Goecke-Seischab, Margarete L./Harz, Frieder, Komm, wir entdecken eine Kirche. Räume erspüren, Bilder verstehen, Symbole erleben, München ²2002.

Goßmann, Hans-Christoph, Interreligiöses Lernen im Konfirmandenunterricht. Ein Moscheebesuch und seine Folgen, in: Goßmann, Hans-Christoph, (Hg.), Zwischen Kirche und Moschee. Muslime in der kirchlichen Arbeit, Hamburg 1994, 38-42.

Internet-Link zur Vorbereitung eines Synagogen-Besuchs: Konzeption einer Synagogenführung: http://www.cjzprojektschule.de/Besuch.html

Kermani, Navid, Gott ist schön. Das ästhetische Erleben des Koran, München 1999.

Otto, Gert, Art. Ästhetische Erziehung, Ästhetisches Lernen, in: Mette, Norbert/Rickers, Folkert (Hg.), Lexikon der Religionspädagogik, Neukirchen-Vluyn 2001, Sp. 12-18.

Planungshilfe Kirchenpädagogik. Kirchen als Lernorte des Glaubens entdecken, hrsg. vom Erzbistum Köln, Hauptabteilung Bildung und Medien, erstellt von Holger Dörnemann, Köln ²2001.

Schmid, Georg, Interessant und heilig. Auf dem Weg zur integralen Religionswissenschaft, Zürich 1971.

Tworuschka, Udo (Hg.), Heilige Stätten, Darmstadt 1994.

VII. Modelle, Projekte und Initiativen

Ruthild Hockenjos

Initiative »Werkstatt Religionen und Weltanschauungen«

Die ›Werkstatt Religionen und Weltanschauungen‹ ist eine freie Initiative im Rahmen der Werkstatt der Kulturen in Berlin. Es ist ein offener Arbeitskreis von Menschen, vorwiegend aus dem schulischen Bereich, die aus privatem oder beruflichem Interesse den interreligiösen Dialog nicht nur fördern wollen, sondern ihn konkret suchen und führen. Im Zentrum der freien Initiative stehen die Aktiven des Gesprächskreises, der sich einmal pro Monat zum Dialog trifft. Zurzeit sind Angehörige folgender Religionen und Weltanschauungen daran beteiligt: Afrikanische Religionen, Baha`i, Buddhismus, Evangelisches und Katholisches Christentum, Hinduismus, Islam, Judentum und Weltlicher Humanismus.

Der Rahmen: Werkstatt der Kulturen

Seit ihrer Eröffnung im Oktober 1993 präsentiert sich die Werkstatt der Kulturen der Berliner Öffentlichkeit als Bühne und Plattform der kulturellen Vielfalt Berlins. Sie hat sich zu einem Forum der Begegnung und des politischen Dialogs entwickelt. Träger der Werkstatt der Kulturen ist der gemeinnützige Verein ›Brauerei Wissmannstraße e.V.‹, und der Beauftragte für Migration und Integration des Senats von Berlin fördert die Werkstatt. Die Werkstatt der Kulturen sieht ihre Aufgabe darin, Vereinen, Künstlern, Intellektuellen und freien Gruppen eine kulturell wie politisch offene Plattform für ihre Initiativen und Projekte anzubieten. Damit will die Werkstatt eine Auseinandersetzung zwischen Menschen unterschiedlicher oder kultureller und religiöser Zugehörigkeit oder politischer Auffassung ermöglichen. Eine der Initiativen unter diesem Dach ist die Werkstatt Religionen und Weltanschauungen.

Grundlage der Arbeit

Als Grundlage der gemeinsamen Arbeit wird ein gleichberechtigter Dialog angesehen. Der Ausgangspunkt der Gesprächsrunden kann durch folgende Zielsetzung charakterisiert werden: Bewahrung, Vertiefung und Förderung der eigenen religiösen/weltanschaulichen Identität. Menschen aus unterschiedlichen Sinnzusammenhängen setzen sich mit zu entdeckenden Gemeinsamkeiten und Differenzen auseinander. Dabei ist gegenseitiger Respekt die Basis für Kooperation und offen geführte Diskussion, für Begegnung und Verständigung.

Im Dialog werden die Erfahrung und das ›Lernen von den Religionen/Weltanschauungen‹ in den Mittelpunkt gestellt. Es geht nicht darum, über die ›anderen‹ Religionen und Weltanschauungen zu sprechen, sondern sich miteinander auf einer gleichberechtigten Ebene zu begegnen. Die konkreten Gespräche sind deshalb so organisiert, dass die Felder der Erkundung, der gegenseitigen Wahrnehmung und des Verstehens überaus gewichtig sind. Dabei stehen erfahrungsbezogene Aspekte deutlich im Vordergrund, wenn wir über gelebte Traditionen vor Ort, authentische liturgische Vollzüge, Rituale, Texte, Lieder, persönliche Erfahrungen, Gewissheiten, Weisungen, Brüche und Orientierungen miteinander reden.

Lehrer/innen-Fortbildung und Materialentwicklung

Anfang des Jahres wird gemeinsam nach einem Thema gesucht und eine Lehrer-Fortbildungs-Tagung organisiert (Bisherige Themen: 2000: »Advent und Ramadan. Stille Zeiten und Fastenzeiten in den Religionen«; 2002: »Leben, Sterben und Bestatten im Spiegel unterschiedlicher Religionen und Weltanschauungen«; 2003: »Erwachsenwerden. Leitbilder, Vorbilder, Rituale«; 2004: »Erwachsenwerden. Viele Fragen – unterschiedliche Antworten. Lehrende, Eltern und Jugendliche im Dialog.«) Das Interesse an Inhalten und entsprechenden Materialien führte dazu, dass im Anschluss an die Tagungen ein Materialheft erstellt wurde, das die Ergebnisse und Informationen der Tagungen aufnahm und weiterführte. Glücklicherweise war die Bundeszentrale für politische Bildung bereit, zwei Materialhefte herauszugeben. Dadurch konnte eine breite Öffentlichkeit auch außerhalb Berlins angesprochen werden.

Die erste Tagung zu »Advent und Ramadan ...« war eher als abschließende Veranstaltung einer – wie es schien – nicht zu realisierenden Idee von einer Werkstatt Religionen gedacht. Es fehlte nicht an ideeller Unterstützung, aber die erforderlichen Finanzmittel waren nicht in Sicht. Doch bei einem zweiten Anlauf konnten mit Unterstützung einer Fachfrau für Kultur-Management Mittel aus einem Bundesprogramm (»entimon«) angeworben werden, sodass sich eine erweiterte Runde von Aktiven bildete, die die Arbeit fortführen konnte. Das Thema »Leben, Sterben und Bestatten« führte unsere Dialogrunden in eine ungeahnte Tiefe und Nähe. Sehr persönliche Erfahrungen wurden gegenseitig erzählt und durch regional gefärbtes Quellenmaterial ergänzt. Wir alle lernten in diesem Jahr, mit dem Thema Tod neu umzugehen. Die vielfältigen Denk- und Umgangsweisen ermöglichten mir einen neuen Zugang und eine veränderte Auseinandersetzung mit dem eigenen Tod. Auch wenn wir inzwischen beim nächsten Thema gelandet sind, so werden doch immer wieder neue Informationen oder neu entdeckte Materialien zum Thema Tod ausgetauscht. Interessiert an unseren Diskussionen und Materialien zeigen sich inzwischen auch andere Bereiche wie Krankenhauspersonal, Pflegestationen oder Schulbuchverlag.

Beim anschließenden Thema »Erwachsenwerden« konnten wir auf eine bereits bewährte Dialog- und Tagungsstruktur zurückgreifen. Inzwischen erweist sich die dann anschließende Redaktionsarbeit als eine ebenso intensive Auseinandersetzung wie die Dialogrunden. Während die Dialogrunden im ganzen Kreis geführt werden, finden die Redaktionssitzungen jeweils mit *einer* Religions- bzw. Weltanschauungsgruppierung statt, d.h. die Werkstatt-Leitung berät mit den Vertreter/innen *einer* Gemeinschaft, welche Materialien geeignet sind und gleichzeitig auch eine Binnen-Vielfalt einer Gemeinschaft erkennen lassen. Dies führt zu intensiven Auseinandersetzungen untereinander. Wichtiger Grundsatz ist dabei immer: Es wird nichts gedruckt, was nicht von jedem einzelnen Beteiligten autorisiert worden ist.

Zum Thema »Erwachsenwerden« haben sich so viele Bereiche aufgetan, dass wir uns entschlossen haben, ein weiteres Jahr daran weiter zu arbeiten. Inzwischen wurde eine erste Interview-Reihe mit Jugendlichen durchgeführt, die uns dazu anregte, gemeinsam mit ihnen eine Tagung durchzuführen. Die aktuelle Unübersichtlichkeit von Werteorientierung in unserer globalisierten Gesellschaft soll in unserem Dialog zwischen Lehrenden, Eltern und Jugendlichen zur Sprache gebracht werden. Welche Rolle spielen dabei Religionen und Weltanschauungen? Bieten sie Hilfestellungen zur Einübung des Zusammenlebens in einer Gesellschaft/Gemeinschaft von Verschiedenen? Für eine solche Tagung eignet sich kaum eine herkömmliche Tagungsstruktur mit Vorträgen oder Podiumsdiskussion. Wir entwickeln als Methode ein ›Dialog-Spiel‹, bei dem jede/r Teilnehmende in den Dialog mit eingebunden ist und an jedem Tisch Vertreter unterschiedlichster Interessen und Herkunft sitzen. Die Grundlage des Dialogs ist Respekt und Wertschätzung des anderen; Dialog als Methode praktiziert Respekt und Wertschätzung; Dialog als Austausch bietet Information und damit Verstehen unterschiedlicher Überzeugungen und Werte. Wir möchten eine Einübung anbieten in eine Dialog-Kultur, die nicht *eine* Wahrheit kennt, sondern viele, und in der erfahrbar wird, wie auf der Grundlage von gegenseitigem Respekt ein Werte-Geflecht vorstellbar wird, das seine Wurzeln in unterschiedlichsten Religionen und Weltanschauungen hat und eine Basis für das Zusammenleben in unserer heutigen Gesellschaft bietet.

Aktuell verstärkt sich unser Dialog zu unterschiedlichen Erwartungen zwischen Religion und Demokratie. Von Seiten einer demokratischen Perspektive werden religiöse Vertreter/innen angefragt, was ihr Beitrag zur Stärkung der Demokratie sein kann. Religiös orientierte Menschen wiederum erwarten einen ihnen zugestandenen Freiraum zur eigenständigen Gestaltung ihrer Traditionen, Rituale und Pflichten, den ihnen eine demokratische Gesellschaft ermöglicht.

Materialien

Werkstatt Religionen und Weltanschauungen: Dialog der Religionen und Weltanschauungen – Herausforderungen an die Demokratie. Arbeitshilfen für die politische Bildung, Bonn: Bundeszentrale für politische Bildung, 2003.

Werkstatt Religionen und Weltanschauungen/Bundeszentrale für politische Bildung (Hg.), Erwachsenwerden vor dem Hintergrund unterschiedlicher Religionen und Weltanschauungen, Reihe: Themen und Materialien, Bonn 2004.

Kontakt:
Werkstatt Religionen und Weltanschauungen
Wissmannstr. 12
12049 Berlin
Kulturen@t-online.de
www.werkstatt-der-kulturen.de

Bekir Alboga

Interreligiöses Lernen in einer Moschee in Mannheim

Ein Erfahrungsbericht über ein Erfolgsrezept für eine gemeinsame und friedliche Zukunft!

Die Moschee, ein Gotteshaus zum interreligiösen Lernen

Die Moschee ist das Gotteshaus der Muslime. Sie ist ein Ort des Gebetes, der Andacht, des Segens und des Friedens. Vor allem in Deutschland, wo der Islam und die muslimische Gemeinschaft noch nicht als Religionsgemeinschaft der Körperschaft des Öffentlichen Rechtes anerkannt sind, fungieren die muslimischen Gebetshäuser der eingetragenen und zumeist gemeinnützigen Moscheevereine und Verbände zusätzlich als Ort der religiösen und sozialen Begegnung. Vor allem die repräsentativen Moscheen vielerorts wurden mittlerweile Stätten der sozialen, interreligiösen und interkulturellen Begegnung. Da die Moschee nicht nur ein Gebetssaal ist, sondern im Mittelpunkt des religiösen und sozialen Lebens der muslimischen Gläubigen steht, gibt es hier neben dem Sakralraum eine Bücherei, eine Cafeteria und diverse Räumlichkeiten, die als Begegnungs-, Geschäfts- und Bildungsräume zur Verfügung stehen. Der Gebetssaal dieses Komplexes wurde in Mannheim zum Ort multireligiöser Begegnungen. Da die Türkisch-Islamische Union der Anstalt für Religion e.V. (DİTİB) auf den interreligiösen Dialog unter den Anhängern des Islams, Christentums und Judentums großen Wert legt, erlaubte sie von Anfang an, dass der Gebetssaal der Mannheimer Moschee sich zum Ort interreligiöser Begegnungen entwickelte. Schon der Gesandte Gottes Muhammad, der für die Muslime gestern wie heute bezüglich der Religionsausübung und allgemeiner Lebensgestaltung den ausschlaggebenden Vorbildcharakter hat, erlaubte bereits im 7. Jahrhundert, dass eine christliche Gruppe in der ersten Moschee des Islams in Medina ab 622 n. Chr. ihren Gottesdienst zu Ostern feiern durfte.

Offene Moschee

Die sichtbare Präsenz einer Moschee inmitten eines nicht-muslimischen Milieus verdeutlicht die Öffnung der islamischen Gemeinden für die Begegnung mit der nicht-muslimischen Bevölkerung. Der Auszug aus den Hinterhofmoscheen und die neue Öffentlichkeit der Moscheen tragen dazu bei, der Intoleranz und dem Radikalismus auf beiden Seiten Einhalt zu gebieten. Dem Prozess der Isolation und Abgrenzung wirkt der Bau großer und repräsentativer Moscheen entgegen und fördert somit die Integration ihrer Moscheegemeindemitglieder. Im Rahmen eines solchen Projektes kann auch das Ziel der interreligiösen Annäherung und der Aufklärung über den Islam praktische Umsetzung finden. D. h., die ›Offenen Moscheen‹ bedeuten nicht nur eine Begegnung zwischen Muslimen und Nicht-Muslimen durch die Öffnung eines muslimischen Gotteshauses nach außen, sondern auch Aufklärung, Information, Dialog über und mit der jeweils anderen Religion.

Die Schaffung einer Atmosphäre, die geprägt ist von Offenheit, Akzeptanz und Annäherung zwischen Deutschen und Türken sowie Christen und Muslimen, die Förderung des interreligiösen und interkulturellen Dialoges sowie die verbesserte Integration der islamischen Gemeinden in die städtische Gesellschaft wären ein großer Beitrag für ein friedliches Miteinander und für eine gemeinsame friedliche Zukunft.

Moscheeführungen, ›Nährboden‹ des interreligiösen und interkulturellen Kennenlernens

Ziel des Angebotes einer Moscheeführung ist es, interessierte Besucher unterschiedlicher Art und Divergenz in einen interreligiösen Lernprozess miteinander ins Gespräch zu bringen und ein partnerschaftliches Miteinander zu fördern. Während einerseits die Ursachen der Ängste und Desinformation bezüglich des Islams und der Muslime festgestellt und die Bedingungen für deren Überwindung aufgezeigt werden können, bietet eine offene Moschee andererseits aber vor allem auch dem interreligiösen und interkulturellen Austausch Raum und aktive Gestaltungsmöglichkeit. Im Rahmen dieser Aufklärungs- und Dialogarbeit entwickeln sich die Führungen an den Moscheen allmählich zu einem Schwerpunkt der Angebote der lokalen Moscheevereine innerhalb Deutschlands. Die Tradition der Moscheeführungen in der Mannheimer Moschee hat mittlerweile Vorbildcharakter erhalten. Diese Arbeit wurde zu einer Basis der kontinuierlichen Begegnung von Angehörigen verschiedener Religionen und Gesellschaften, Kulturen, Weltanschauungen und Ethnien.

Zu Beginn einer Moscheeführung wird auf den spezifischen Charakter der Moschee, je nach Alter und Interesse der jeweiligen Besuchergruppe, in unterschiedlicher Gewichtigkeit hingewiesen.

Die interkulturelle und interreligiöse Begegnung beginnt bereits mit der Führung im Erdgeschoss, gewöhnlich bei der Brunnenanlage (Schadirwan) mit der Erläuterung der rituellen Waschung. Anschließend werden die Gäste in den großen Gebetsraum geführt, wo ihnen die klassischen Elemente einer Moschee sowie der Ablauf eines islamischen Gottesdienstes bzw. Gebetes erklärt und demonstriert werden. Die nicht-muslimischen Besucher, Gäste oder Zuschauer haben dabei die Möglichkeit sowohl des passiven Zuschauens wie auch der aktiven Beteiligung. Es entsteht zumindest ein Gefühl der grenzüberschreitenden Spiritualität.

Nach etwa 45-60 Minuten Führung versammelt sich die Besuchergruppe in der Cafeteria, wo bei türkischem Tee oder Kaffee, wenn gewünscht auch bei türkischer Küche, die Möglichkeit besteht, weitere Informationen über Kultur und Lebensweise des Islam zu erhalten. Bei Zimt-, Apfel- und Orangentee und original türkischem Mokka werden viele weitere Fragen der Gäste zur Kultur des Islam besprochen. Das gemeinsame Teetrinken im Teehaus eines Moscheekomplexes schafft eine Atmosphäre, die Menschen unterschiedlicher kultureller und religiöser Herkunft einfaches Kennenlernen und lockere Gespräche ermöglicht. Ängste werden in kleinen Schritten der Freundschaft überwunden. Damit bietet die Moschee eine einmalige Chance und eine gute Möglichkeit, sich nach einer rund einstündigen Führung in einem anschließenden Kurz-Seminar intensiver über das Thema Islam, Kultur und Lebensweise von Muslimen zu informieren.

Manche deutsche Eltern, die nicht persönlich die Erfahrung machen konnten, dass eine Moscheeführung ein konstruktiver Beitrag zum multikulturellen und multireligiösen Verständnis ist, verboten ihren Kindern die Teilnahme an einer Moscheeführung (vgl. Alboga 2003, 62ff.).

Interreligiöse Morgenfeier oder multireligiöse Gottesdienste

Die Tradition der multireligiösen Morgenfeier und Schulgottesdienste begann in Mannheim 1995, parallel zur Eröffnung der Mannheimer Yavuz-Sultan-Selim-Moschee (Alboga/Götz 2003). Bis jetzt sind es etwa sechs Schulen, die in und um Mannheim solche interreligiöse Feiern mit getragen und mit gefeiert haben.

Diese ›natürliche‹ Entwicklung hat sich aus der Situation in der Schule ergeben. Durch die türkischen Migranten kamen viele Schülerinnen und Schüler aus anderen Religions- u. Kulturkreisen. Es gibt viele Schulen in

Deutschland, in denen 2/3, d.h. der größte Teil der Schülerschaft, muslimisch geprägt ist.

Aus dieser neuen Situation in der Schule sollte ein neues Konzept für Schulgottesdienste entwickelt werden. Denn die muslimischen Schüler wurden bis dahin einfach in die Kirche mitgenommen. Sie waren meistens passive Zuschauer einer Morgenfeier, die nach katholischer oder evangelischer Tradition gestaltet wurde. Damit konnte man aber den wesentlichen Beitrag zur Verwirklichung des Erziehungs- und Bildungsauftrags der Schule nur zum Teil und nur sehr einseitig gerecht werden. Denn die gewöhnliche Morgenfeier diente zwar neben dem Religionsunterricht der religiösen Erziehung der Schüler, jedoch nur für die christlich orientierten. Wenn man sie weiterhin nur christlich durchführen würde, könnten die muslimischen Schüler und ihre Eltern dieser Praxis die Absicht einer Missionierung unterstellen. Also wurde es notwendig, dass die Schule nun auf diesem Hintergrund diese Schulgottesdienste immer mehr auf den multireligiösen Kontext der Schülerschaft ausrichtet.

In der letzten Zeit hat man seitens der Kirchenleitung oft darüber diskutiert, ob man gemeinsam beten sollte oder nicht. Wenn ja, wie sollte dies dann genannt oder bezeichnet werden? Sollte man diesen Erziehungsbeitrag »Morgenfeier« oder »Schulgottesdienst« nennen? In der Mannheimer DİTİB-Moschee hat man sich mit solchen Diskussionen nicht auseinander gesetzt. Die muslimischen Schüler machten mit, die Moschee stellte den Gebetssaal zur Verfügung, wie auch manche Kirchen dies in ihren verschiedenen Räumlichkeiten geschehen ließen.

Diejenigen Religionslehrerinnen und Religionslehrer, die Veränderungen der Schulgemeinschaft und Veränderungen in unserer Gesellschaft wahrnehmen wollten, haben zusammen mit muslimischen Partnern neue Wege dieser Praxis in der Schule gefunden. Existenzielle Fragen des Lebens wurden in den Mittelpunkt der Feiern gestellt. Alle Schüler/innen der Schule wurden eingeladen und fast alle kamen auch.

Wir haben beide Begriffe benutzt. Sehr oft benutzten wir die »Morgenfeier«. Dieser Begriff sollte Feiern in Gemeinschaft hervorheben und betonen, dass es um keine »Missionierungsversuche« der jeweiligen anderen Religionsgemeinschaft, sondern um gemeinsames Feiern geht.

Ziele der Morgenfeier

- Zeichen für Toleranz setzen
- Kennen lernen und Einüben kultureller Grundlagen der jeweils anderen Religion

- Christen lernen den Islam kennen und Muslime lernen das Christentum kennen
- Kennen lernen liturgischer Feiern
- Verstärkung der eigenen religiösen Spiritualität und Identität
- Gelebte Tradition zum Grundsatz gegenseitigen Respektierens werden lassen

Zwei Hintergründe vor allem haben uns motiviert:

- Multikulturelle Schulgemeinschaft
- Bewusstsein von Tradition und kulturellen Grundlagen, welches im alltäglichen Umgang immer mehr verloren geht.

Ein Zeichen der Toleranz ist z.B., dass die Morgenfeiern im Wechsel in der Moschee und in der Kirche bzw. in einem christlichen Gemeindehaus stattfinden. Christliche und islamische Lieder (in türkischer Sprache) werden gesungen.

Da dem deutschsprachigen Kulturkreis Melodie und Rhythmus der islamischen Lieder fremd sind, ging der Verfasser dieses Erfahrungsberichts in die Schule und übte mit allen Schülern diese Lieder ein.

An dieser Stelle ist es wichtig anzumerken, dass Gottesdienste in der Moschee keine instrumentale Begleitung von Gesängen kennt. Meditative Instrumentalmusik, von einer CD oder einem Kassettenrecorder abgespielt, kann allerdings z.B. als Vertiefung von Texten und Gebeten eingesetzt werden.

Textstellen aus dem Qur`an werden zunächst in arabischer Sprache rezitiert, dann in deutscher Sprache vorgelesen.

Seit Beginn der interkulturellen bzw. interreligiösen Morgenfeiern haben die Schulen in mir als Imam und Theologen einen zuverlässigen, offenen Dialogpartner gehabt, wie es hinterher immer wieder betont wurde.

Mein Hauptanliegen war und ist, immer wieder zu betonen, wie wichtig es ist, dass Muslime heute, mehr denn je, nicht versuchen sollen, den Islam zu politisieren, sondern das Wort Gottes, den Qur`an als Wertegrundlage des gesellschaftlichen Lebens und als Organisator des inneren Lebens anzusehen.

Die Aufgabe der Christen, als Nicht-Muslime, ist es, die eigentlich theologische Botschaft des Qur`ans verstehen zu lernen.

Zweifeln, ob Muslime und Christen miteinander beten und religiöse Feiern gestalten können, begegnen wir mit unserem Anspruch: Was wir als Gemeinsamkeiten erkennen, drücken wir als solche aus, was uns in den Religionen trennt, lassen wir erkennbar nebeneinander stehen und tolerieren es. Es soll *kein Synkretismus* entstehen.

Fragen, die oft gestellt werden:

Welche *Rituale* vollziehen Nicht-Muslime in der Moschee?

Alle Teilnehmer der Morgenfeiern ziehen als Zeichen des Respekts vor dem Gebetssaal die Schuhe aus.

Für Muslime sind auch weitere Rituale nicht nötig und trotzdem nehmen sie in der Morgenfeier an einem »richtigen« Gottesdienst teil. Gebete während der Morgenfeier zählen zu den freien Gebeten (du' a), die auch als Bittgebete bezeichnet werden können. »Das freie Gebet ist das Gebet, bei dem nach Wunsch und Bedürfnis Gott gerufen werden kann« (vgl. Bechmann/Demir/Egler 2001).

Muslimische Mädchen können ein Kopftuch tragen, müssen es aber nicht. Erfahrungsgemäß tragen jedoch fast alle Mädchen aus Respekt vor dem muslimischen Gotteshaus ein Kopftuch bei der Morgenfeier.

Eine Auswahl von Themen unserer gemeinsamen Morgenfeiern:

Licht (Advent 1995), Engel begleiten uns in die Ferien (Sommer 1998), Wasser (Sommer 2000), Mit allen Sinnen leben und Gott erfahren (Sommer 2001), Unser Leben zieht Kreise (Advent 2001), Angenommen, getragen und geliebt werden (Sommer 2002).

Als die spektakulärste Aktion dieser Tradition haben wir in Mannheim anlässlich des Weihnachtsgottesdienstes 2002 einen christlich-islamischen Schulgottesdienst veranstaltet, den wir als Videofilm herausgebracht haben. Der Videofilm trägt den Titel »Christen und Muslime – der Weg zu einem interreligiösen Miteinander«.

Der Film beschreibt die Vorbereitung zu einem christlich-islamischen Schulgottesdienst in der Mannheimer Yavuz-Sultan-Selim Moschee, den Schüler und Lehrer einer Mannheimer Hauptschule gemeinsam mit dem evangelischen Pfarrer und dem Verfasser dieses Aufsatzes realisiert haben. Im zweiten Teil des Films werden traditionelle Feste des Islams, das Ramadanfest und das Fastenbrechen, erklärt, wie sie im Mannheimer Stadtteil Jungbusch jedes Jahr gemeinsam mit Christen begangen werden. Außerdem zeigt er Ausschnitte aus einer Moscheeführung.

Mit dem Gebet der Vereinten Nationen, das von uns öfters benutzt wird, schließe ich meine Zusammenstellung und wünsche diesem Projekt viel Erfolg in Deutschland und auf der Welt.

»Herr, unsere Erde ist nur ein kleines Gestirn im großen Weltall. An uns liegt es, daraus einen Planeten zu machen, dessen Geschöpfe nicht von Kriegen gepeinigt werden, nicht von Hunger und Furcht gequält, nicht zerrissen in sinnlose Trennung nach Rasse, Hautfarbe und Weltanschauung.

Gib uns Mut und die Voraussicht, schon heute mit diesem Werk zu beginnen, damit unsere Kinder und Kindeskinder einst mit Stolz den Namen Mensch tragen.«

Literatur

Alboga, Bekir, Zärtlicher Dialog und Spiritualität der Religionen – Ein Erfolgsrezept für eine gemeinsame und friedliche Zukunft?, in: Fritsch-Oppermann, Sybille C. (Hg.), Liebe und Zärtlichkeit in maßloser Zeit, Mülheim 2003.
Alboga, Bekir/Götz, Daniela, Multireligiöse Morgenfeiern – Am Beispiel der Humboldt-Realschule in Mannheim, in: IRP – Unterrichtshilfen für den Religionsunterricht an Realschulen 23 (2003), H. 2, Freiburg 2003.
Bechmann, Ulrike/Demir, Sevda/Egler, Gisela, Frauenkulturen, o.O., Klens 2001.

Kontakt:
Türkisch Islamische Union der Anstalt für Religion/DITIB
Venloer Str. 160
50820 Köln

dialog@diyanet.org

Joachim Süss

Der Benediktushof – Zentrum für spirituelle Wege

Unsere Gegenwart ist eine Zeit intensiver Begegnung zwischen Religionen der unterschiedlichsten Herkunft. Die Globalisierung hat zu einer weltweiten Diffusion religiöser Traditionen geführt, die heute für fast jedermann und beinahe überall verfügbar sind. Interreligiöses Lernen kann vor dem Hintergrund dieser Entwicklung nicht allein als kognitiver Prozess verstanden werden, der sich in der Aneignung von Wissen über fremde Kulturen und Bekenntnisse oder in der Einfühlung in eine nichtchristliche Glaubensweise erschöpft. Interreligiöses Lernen vollzieht sich in einer auch in religiöser Hinsicht globalisierten Welt als Interesse an fremden spirituellen Lehren und Praktiken, als Beschäftigung mit nichtchristlichen Glaubensvorstellungen und als Teilhabe an fremdreligiösen Riten wie buddhistischen und hinduistischen Meditationsübungen, schamanistischen Schwitzhütten, Sufi-Tänzen u.v.m. Von besonderer Bedeutung ist dabei das Zusammentreffen christlicher Inhalte mit Vorstellungen und Praxisformen, die den verschiedenen Schulen und Richtungen von Hinduismus und Buddhismus entstammen. Die hier vorzustellende Einrichtung repräsentiert eine Form interreligiösen Lernens, die in der Begegnung von mystischem Christentum und Zen-Buddhismus Gestalt gewinnt.

Geschichte und Struktur

Der Benediktushof in Holzhausen nahe Würzburg ist das Zentrum der Weggemeinschaft Willigis Jäger. Jäger, geb. 1925, ist Benediktinermönch der Abtei Münsterschwarzach, nach dem Studium von Theologie und Philosophie erfolgte die Priesterweihe. Als Vertreter der christlich-mystischen Tradition (Mommaers 1996) vermittelt er den inneren Erfahrungsweg der Kontemplation, der Versenkung in die innere Einheit mit Gott. Als autorisierter Zen-Lehrer unterrichtet er zugleich den fernöstlichen Versenkungsweg der Meditation.

Jäger begann sich schon früh für die Mystik und die kontemplativen Wege des Christentums zu interessieren. Allerdings, so beklagt er, habe er im Rahmen seiner Tradition keine Lehrer finden können, die ihm die Praxis dieser Wege hätten vermitteln können. Seine Suche führte ihn schließlich nach

Japan, wo er mit Billigung seines Ordens in einem Kloster in Kamakura eine sechsjährige Zen-Schulung absolvierte. Dort wurde er 1996 zum Kyo-un Roshi (»Leere Wolke«) der Sanbo-Kyodan- Schule und 86. Nachfolger von Shakymuni Buddha ordiniert.

Sanbo Kyodan, die Schule der drei Schätze (Buddha, Dharma, Sangha), stellt eine noch recht junge und kleine Überlieferungslinie dar, die 1954 in Japan gegründet wurde und Elemente der beiden größten Zenschulen, Rinzai und Soto, in sich vereinigt. Der Zen-Weg, der dort vermittelt wird, ist weder an ein Kloster noch an den Buddhismus gebunden; die Erfahrung des Satori, zu dem er hinführt, wird als eine religionentranszendente, allgemeinmenschliche Erfahrung angesehen (Sanbo-Kyodan-Zen-Schule, www.Benediktushof-holzkirchen.de/sanbo.htm).

Nach seiner Rückkehr aus Japan begann Jäger, die östlichen und die westlichen Wege der Meditation und Kontemplation zu unterrichten. Einen Teil seines Klosters in Würzburg durfte er in ein Zendo umwandeln. Das Haus St. Benedikt, das Jäger bis zum Jahr 2002 leitete, diente seinen Schülern und Freunden noch bis 2002 als spirituelles Zentrum.

Anfang 2002 wurde er mit einem Auftritts- und Publikationsverbot durch die vatikanische Glaubenskongregation belegt. Jäger wurde in der Hauptsache vorgeworfen, er habe die Glaubenswahrheiten der katholischen Kirche seinen persönlichen Erfahrungen untergeordnet. Zentrale katholische Dogmen, zuvorderst das Gottesbild, seien von ihm verfälscht, die singuläre Heilsmittlerschaft Christi von ihm geleugnet worden. Man habe sich daher genötigt gesehen, Maßnahmen zum Schutz der Gläubigen vor solchen Irritationen zu ergreifen (vgl. Jäger 2003, 119-122).

Jäger ging daraufhin – übrigens im fünfzigsten Jahr seines Priesterjubiläums – in Exklaustration, d.h., er hat die klösterliche Gemeinschaft, der er länger als ein halbes Jahrhundert angehörte, für den Zeitraum von drei Jahren verlassen. Auch seine Funktionen als Priester ruhen.

Diese Entwicklungen führten dazu, dass das Würzburger Zentrum nicht länger genutzt werden konnte. Ein neues Domizil war erforderlich geworden. Man wurde in Holzkirchen nahe Würzburg fündig, Standort eines durch die Säkularisation aufgehobenen Benediktinerklosters.

Die ehemaligen Klostergebäude wurden im Jahr 2002 durch eine langjährige Weggefährtin von Willigis Jäger erworben. Nach grundlegendem Umbau und Restaurierung wurde am 1. Dezember 2003 mit der Durchführung von Kursen begonnen.

Das Seminar- und Tagungszentrum bietet zahlreiche religiös-spirituelle Kurse, aber auch Veranstaltungen zu philosophischen, theologischen, psychologischen sowie naturwissenschaftlichen Themen an. Einen besonderen Schwerpunkt bilden Seminare für Führungskräfte und Management.

Die Wirkung Jägers im kirchlichen Bereich und darüber hinaus ist mittlerweile beachtlich: Allein in Deutschland existieren weit über 100 mit ihm verbundene örtliche Meditationsgruppen, im Ausland noch einmal mehr als

20. Durch seine Arbeit inspiriert, entstand der Verein *Spirituelle Wege e.V. – Zen und Kontemplation.* Dieser Verein bildet den organisatorischen Rahmen der verschiedenen Gruppen und weiterer Aktivitäten der Weggemeinschaft Willigis Jäger. Dazu zählen ein Zentrum im Schwarzwald, der *Sonnenhof* in Aitern, sowie die *Würzburger Schule der Kontemplation WSdK,* von Willigis Jäger gegründet. Ihr gehören derzeit ca. 80 Kontemplationslehrer an. Während in den Ortsgruppen, aber auch auf dem Sonnenhof, Zen-Meditationen und christliche Kontemplation nebeneinander angeboten und geübt werden, konzentriert sich die WSdK auf die Vermittlung der spirituellen Praktiken der christlichen Mystikerinnen und Mystiker sowie die Tradition des kontemplativen Gebets.

Seit dem Beginn der Kurstätigkeit im Benediktushof lautet die Selbstbezeichnung der Schüler von Willigis Jäger, der Zen- und Kontemplationslehrer sowie der im Kontext der angeschlossenen Initiativen Tätigen »Weggemeinschaft Willigis Jäger«.

Schwerpunkte und Inhalte

Jäger begründete und vertritt die Konzeption der sog. *integralen Spiritualität* (Jäger 2004, 154ff.), die sich an alle Suchenden gleich welcher religiösen Herkunft richtet. Eingeladen sind besonders auch jene Menschen, die sich als nicht-religiös verstehen. Mit integraler Spiritualität ist eine mystisch geprägte Frömmigkeit gemeint, die weder an eine bestimmte Konfession noch an ein religiöses Bekenntnis gebunden ist, sondern die auf eine religiöse Einheitserfahrung abzielt, die alle partikularen Bekenntnisse in ihrer kulturgebunden und historisch gewordenen Gestalt zu übersteigen beansprucht. Sie soll eine universale Erfahrung des Seinsgrundes jenseits konfessioneller Schranken ermöglichen.

Ihre beiden Hauptwurzeln sind die traditionelle, d.h. vorwiegend die christlich konfigurierte, abendländische Mystik und der Zen-Buddhismus. Darüber hinaus flossen Erkenntnisse der Evolutionstheorie, der Astrophysik und der Bewusstseinsforschung in Jägers Konzeption ein.

Zugleich strebt Jäger einen Dialog mit dem rationalen Weltverständnis der Gegenwart und den Erkenntnissen der Naturwissenschaften an. Insofern steht die Bezeichnung integrale Spiritualität auch für einen holistischen Ansatz, der alle Aspekte der Weltwahrnehmung des modernen Menschen in sich aufzunehmen und damit den alten Gegensatz von Naturwissenschaft und Religion zu überwinden sucht.

Die Konzeption der *integralen Spiritualität* wurde von Jäger in zahlreichen Ansprachen und Vorträgen zunächst mündlich entfaltet. Viele dieser Reden von ihnen werden von unterschiedlichen Anbietern als Audio-Kassetten vertrieben (Auditorium, ZEST u.a.). Inzwischen liegen viele Ansprachen in Buchform vor. Etliche Bücher sind nach der Exklaustration hinzugekommen, teilweise Anthologien von Predigten, Neuauflagen früherer Werke, aber auch spirituelle Textsammlungen und längere Interviews.

Jäger vertritt in allen Schriften einen universalreligiösen Ansatz, den er als Essenz des esoterischen, die innere Seinswirklichkeit ansprechenden Wissens der großen religiösen Traditionen der Welt ansieht (James 1997, 415ff.). Die Religiosität, die er vermitteln möchte, gründet auf der eigenen inneren Erfahrung. Als *esoterische Spiritualität* grenzt er sie zur *exoterischen Frömmigkeit* hin ab, die weniger auf der individuellen Erfahrung als auf dem Nachvollzug dogmatischer Glaubensgrundlagen beruhe. Diese exoterische Frömmigkeit sei gleichsam die sichtbare, kulturgebundene Seite der Religionen, ihre äußere Gestalt. Sie weise zwar auf die Möglichkeit der Gottesbegegnung hin, möglich sei sie jedoch nur, wenn man zum inneren Kern einer jeden Religion vordringe, zu ihrer inhärenten Botschaft.

Alle Religionen verweisen Jäger zufolge auf die gleiche Erfahrung, und zwar ungeachtet aller zeit- und kulturbedingten Unterschiede (Jäger 1999a). Diese liege in der Identität des tieferen Selbst des Menschen mit dem letzten Seinsgrund oder Gott. Nicht das, was sichtbar ist, sei real, sondern das Unsichtbare, der unsterbliche Geist, das Bewusstsein als der Urgrund allen physikalischen Lebens. Bewusstsein vermutet Jäger hinter allen evolutiven Prozessen im Kosmos und beruft sich dabei auf Erkenntnisse der modernen Naturwissenschaft. In der Kombination von Spiritualität mit naturwissenschaftlichen Theorien, die sich wie ein roter Faden durch die Vorträge Jägers zieht, liegt sicherlich ein wesentlicher Grund für die Faszinationskraft und die Aktualität seines Ansatzes.

Das moderne wissenschaftliche Weltverständnis erzwinge auch eine neue Anthropologie: Ihr Paradigma laute nicht mehr, dass der Mensch als physischer Leib Bewusstsein entwickelt hat, sondern dass das universale Bewusstsein (ein allerdings nicht personal zu deutendes Synonym für Gott) zum Menschen evolviert sei und nunmehr eine menschliche Erfahrung in der Zeit mache. Die Personalität des Menschen erscheint hier im Gegensatz zur christlichen Auferstehungslehre nur als eine flüchtige Größe, sie überdauert den Tod nicht. Wie in der Advaita-Philosophie der Veden wird der Mensch zur individuellen, aber vergänglichen Erscheinungsform des umfassenden Göttlichen, welches zugleich sein wahres Wesen ist. Dies zu erfahren, ist das Ziel der integralen Spiritualität wie im Übrigen jeder Mystik.

Praxis

Jäger geht davon aus, dass der zeitgenössische Mensch nicht mehr in der Lage ist, die religiöse Weltdeutung seiner Vorfahren ohne weiteres zu übernehmen. Für viele seien die theologischen Heilsmodelle heute nicht mehr nachvollziehbar. Die religiöse Tradition und deren Bekenntnisformeln korrespondierten nicht mehr mit der alltäglichen Erfahrung. Daher bleibe die Antwort auf die Sinnfrage aus.

Auch die kognitive Einseitigkeit der heutigen Erziehung mit ihrer Ratio-Dominanz wird kritisiert. Sie erlaube keine Schulung für die mystisch-spirituellen Potenzen, über die der Mensch ebenfalls verfüge und die sein individuelles Bewusstsein entgrenzen und ihm Erfahrungen schenken könnten, die über das Intellektuell-kognitive hinausgehen.

Die Konzeption der integralen Spiritualität strebt über diese Spaltung hinaus und intendiert eine ganzheitliche Organisation des Daseins, indem sie mittels Kontemplation und Meditation eine Erfahrung des universalen Seinsgrundes ermöglichen, Diesseits und Transzendenz verbinden und die als krankheitsverursachend angesehene Trennung von der Urwirklichkeit beenden möchte. Was der Mensch zutiefst ist, kann nicht sterben, so lautet die Hoffnungsperspektive und Heilsaussage der integralen Spiritualität in ihrem Kern. Ihre Praxis ruht auf zwei Hauptpfeilern: Kontemplation und Zazen, die parallel angeboten, jedoch nicht synkretistisch miteinander vermischt werden (Jäger 1999b, 71f.). Kontemplation wird als christlicher Weg der Gotteserfahrung auf den Spuren der mittelalterlichen Mystik beschrieben, wobei man sich nicht nur auf christliche Mystiker wie Meister Eckehard, Johannes vom Kreuz oder Teresa von Avila, sondern auch auf islamisch-sufitische, insbesondere Rumi bezieht. Durch Loslassen aller Gedanken und Vorstellungen einschließlich der eigenen Gottesbilder öffnet sich der Praktizierende allmählich für die Erfahrung der Einheit mit dem göttlichen Urgrund.

Zazen heißt Sitzen in Stille und ist eine Form des Zen, der gegenstandsfreien Meditation im Buddhismus. Auch hier wird das Ziel als Einlassen auf das wahre Selbst, die Erfahrungen dessen, wer man wirklich ist sowie die letztendliche Befreiung beschrieben. Darüber hinaus werden im Zentrum Benediktushof Kurse in integralem Yoga, sakralem Tanz, initiatischer Leibarbeit nach Karlfried Graf Dürckheim, Körpergebet, Qi Gong, Fasten, Heilen und andere mehr veranstaltet.

Ein vergleichbares Angebot bietet auch der Sonnenhof.

Perspektiven

Die Weggemeinschaft Willigis Jäger ist ein Beispiel dafür, wie sich traditionelle religiöse Bilder und Deutungsmuster im Prozess interreligiösen Lernens wandeln können. Die Tatsache, dass westliche und östliche Erfahrungswege unter einem Dach unterrichtet werden, scheint vor allem für Menschen attraktiv zu sein, die die eigene christliche Spiritualität vertiefen wollen, ohne sich von ihr zu lösen, oder die sich ihr entfremdet haben und wieder annähern wollen. Die meditativen Wege des Zen dienen dieser Vertiefung als Werkzeug: Der Umweg über eine asiatische Tradition eröffnet einen neuen Verständnishorizont, der dazu beiträgt, die ursprüngliche Religiosität wieder als sinn- und heilstiftend zu erfahren. Dabei kann es jedoch zu nicht unwesentlichen Bedeutungsverschiebungen kommen. Das Gottesbild, das Verständnis Jesu, die Sicht auf die Welt und andere Glaubensmotive nähern sich einem Monismus an, der die Vorstellung eines Gegenübers von Gott und Mensch bzw. Welt als zeitbedingt relativiert und sie dadurch in ihrer Relevanz für die persönliche Frömmigkeit in Frage stellen kann. Die Erfahrungen, die das »Sitzen«, d.i. die Übung der Kontemplation und des Zen mit sich bringen, gelten als die eigentlichen Inhalte von Spiritualität. Die Vorstellungen und Bilder, die zum Bekenntniswort geronnen sind, müssen dem Selbstverständnis der Weggemeinschaft gemäß an dieser Erfahrung gemessen werden.

Literatur

Hesse-Nowak, Ingeborg, Das immerwährende Jetzt, Bericht über eine spirituelle Reise nach innen mit Willigis Jäger, Petersberg 2003.

Jäger, Willigis, Suche nach dem Sinn des Lebens, Bewusstseinswandel auf dem Weg nach innen, Petersberg 51999a.

Jäger, Willigis, Geh den inneren Weg, Texte der Achtsamkeit und Kontemplation, Freiburg i.Br. 21999b.

Jäger, Willigis, Kontemplation, Gott begegnen – heute, Freiburg i.Br. 2002.

Jäger, Willigis, Suche nach der Wahrheit, Wege – Hoffnungen – Lösungen, Petersberg 32002.

Jäger, Willigis, Wohin unsere Sehnsucht führt, Ansprachen – Predigten – Inspirationen, Petersberg 2003a.

Jäger, Willigis, Aufbruch in ein neues Land, Erfahrungen eines spirituellen Lebens, Freiburg i.Br. 2003b.

Jäger, Willigis, Die Welle ist das Meer, Mystische Spiritualität, hrsg. von Christoph Quarch, Freiburg i.Br. 112004a.

Jäger, Willigis, Wiederkehr der Mystik, Das Ewige im Jetzt erfahren, Freiburg i.Br. 2004b.

James, William, Die Vielfalt religiöser Erfahrung, Frankfurt a.M. 1997.
Süss, Joachim, Spirituelle Wege e.V. – Zen und Kontemplation/Würzburger Schule der Kontemplation WSdK/Transkonfessionelle Religiosität, in: Klöcker, Michael/Tworuschka, Udo (Hg.), Handbuch der Religionen, München 2003, II-3.1, 1-4.
Utsch, Michael, Streit um christliche Meditation – öffentliches Redeverbot für Pater Willigis Jäger, Materialdienst der Evangelischen Zentralstelle für Weltanschauungsfragen 65 (2002), H. 3, 68-78.
Würzburger Schule der Kontemplation (Hg.), Kontemplation und Mystik. Zeitschrift, Petersberg: Via Nova Verlag.

Kontakt:
Benediktushof
Seminar- und Tagungszentrum GmbH
Klosterstraße 10
97292 Holzkirchen
info@benediktushof-holzkirchen.de
www.benediktushof-holzkirchen.de

Sonnenhof
Holzinshaus 1
79677 Aitern/Schw.
SONNENHOF-HOLZINSHAUS.@t-online.de

Annette Mehlhorn

Sarah und Hagar
Religion – Politik – Gender

Interreligiöse und überparteiliche Fraueninitiative(n)

Geschichte

Das Projekt »Sarah und Hagar« verbindet interreligiöse Bildung mit einem praktischen Lernprozess in Sachen »Demokratische Partizipation im Europäischen Kontext«. Frauen aus Politik und Religionsgemeinschaften versammeln sich, um sich kennen zu lernen, voneinander zu lernen, über gemeinsame Anliegen nachzudenken und in ihrer gemeinsamen Umsetzung zu erproben. Sie zielen dabei auf einen interreligiösen und interkulturellen Lernprozess durch Multiplikationseffekte: Die gewonnenen Erkenntnisse werden an Frauen (und Männer) in anderen Kontexten weitergegeben, um damit einen breiten gesellschaftlichen Lern- und Verständigungsprozess in Sachen »Diversity« in Gang zu setzen. Ausgangspunkt des Projektes war die Initiative einer Vertreterin des Hessischen Sozialministeriums (HSM) und des AK Frauen an der Evangelischen Akademie Arnoldshain (EAA). Gemeinsam gründeten sie im November 2001 den »Arbeitskreis für frauenpolitische Fragen der jüdischen, christlichen und islamischen Religionsgemeinschaften«. Der Auftrag: Entwicklung gemeinsamer Vorstellungen für die Sozialpolitik auf der Basis des Gender Mainstreaming. Was das bedeutet und wie ein solcher Auftrag umgesetzt werden kann, wusste zu diesem Zeitpunkt keine der Frauen. Was es bedeuten könnte, wurde im Verlauf eines über dreijährigen Lernprozesses allerdings deutlich.

Zunächst stand die Begegnung im Mittelpunkt des Interesses: Die Gruppe versammelte sich alle 1-2 Monate in den Räumen der Religionsgemeinschaft einer der beteiligten Frauen, um sich auszutauschen. Informationen über die gastgebende Gemeinde/Initiative, Erkundung der Rituale und Gepflogenheiten, der Vorbildfiguren, heiligen Texte und Gedankenwelt standen bei den Begegnungen zunächst im Mittelpunkt. Voneinander/aneinander/miteinander lernen geschah hier konkret: über die Erschließung der jeweiligen Lebenskontexte. Die gemeinsamen biblischen Stammmütter Sarah und Hagar – Frauen an der Seite Abrahams, nach dem die drei großen Schriftreligionen meist genannt werden – fanden schnell ein gemeinsames Interesse und gaben der Gruppe später ihren Namen.

In einer Tagung im Jahr 2002 erwarb sich die Gruppe Kenntnisse zum Thema »Gender Mainstreaming« und »Antidiskriminierungsrichtlinien im Europäischen Kontext«. Sie entwickelte daraufhin ihr Lern- und Arbeitsvorhaben: Verständigung über gemeinsame Anliegen im Blick auf die Themengebiete »Familie«, »Arbeit« und »Bildung«.

Zeitgleich mit der Gründung des Arbeitskreises in Hessen entstand in Berlin ein ähnliches Projekt mit gleichem Namen. Es verdankte seine Gründung der »Überparteilichen Fraueninitiative Berlin – Stadt der Frauen« (Üpfi) und hatte sich ebenfalls Ziele im Schnittfeld von Religion, Politik und Gender gesetzt. In diesem Projekt suchten Frauen einen gemeinsamen Bildungs- und Wachstumsprozess über Workshops und einen Kongress zu unterschiedlichen politisch-religiösen Zeitfragen (Gentechnologie, Bildung, Nahrung/Ökologie etc.).

Der folgende Austausch zwischen den Gruppen und die Mitwirkung in Workshops und einem Kongress in Berlin beflügelten die Projektarbeit von »Sarah und Hagar/Hessen« trotz großer Finanznöte in den folgenden Jahren. Dank der Einbindung in die Evangelische Akademie Arnoldshain war die Gruppe immerhin im Erwachsenenbildungskontext institutionell abgesichert. Auf diese Weise war es möglich, notwendige Beratungen und pädagogische Maßnahmen vorwiegend auf ehrenamtlicher Basis zu organisieren und einige kleinere Fördersummen aus kirchlichen Töpfen zu erhalten.

Struktur

Fast alle Beraterinnen, die die Gruppe im Laufe der Jahre zur Erfüllung des Arbeitsvorhabens hinzuzogen, blieben letztlich in der Gruppe »hängen«, weil sie sich von Anliegen und Zielsetzung der Initiative begeistern und für den gemeinsamen Lernprozess gewinnen ließen. Mittlerweile kommen ca. 20 Frauen unterschiedlicher kultureller, nationaler und religiöser Hintergründe regelmäßig in diesem Projekt zusammen.

Eine »ordentliche Struktur« hat sich die Gruppe nie gegeben. Vielmehr ergeben sich Leitung und Management aus der Tatsache, dass die einzige hauptamtlich Beauftragte Studienleiterin in der EAA ist. Diese hat damit eine wichtige pädagogische Aufgabe, denn die Entwicklung von Arbeitsschritten und die Regulierung von Gruppenkonflikten erfordert Fingerspitzengefühl, Einfühlungsvermögen und Moderationskompetenz.

Die Beteiligten erlernen die notwendigen Grundlagen für die Verständigung und Umsetzung der Projektziele im Verlauf der Zusammenarbeit. So werden beispielsweise Schritt für Schritt notwendige Regeln des Dialogs deutlich, denen wir in anderen Zusammenhängen auf strukturierte Weise begegnen (z.B. im Projekt EPIL, das mit Sarah-Hagar/Berlin verknüpft ist – vgl. dazu den Artikel »Geschlechtsspezifische Dimensionen im interreligiösen Lernen« in diesem Band).

Der Kontakt zum Sozialministerium wird ständig gepflegt. Derzeit nimmt eine Referentin des HSM an allen Sitzungen teil und unterstützt die Gruppe im Versuch, die Ergebnisse der Beratungen in den Kreisen des HSM und der Landtagspolitikerinnen bekannt zu machen.

Ziele und Inhalte

Ziel des Projektes ist die Entwicklung von Leitlinien für die Bildungs-, Familien- und Arbeitspolitik im Rahmen des Gender Mainstreaming unter besonderer Berücksichtigung der verschiedenen religiösen Traditionen. Der Arbeitskreis will damit Integrations- und Entwicklungsarbeit im Sinne eines »Diversity-Management« zur Vorbereitung gendergerechter und kulturell pluralistisch ausgerichteter Maßnahmen in der Sozialpolitik leisten.

Die beteiligten Frauen unterschiedlicher religiöser und kultureller Herkunft erarbeiten eine gemeinsame Basis in Fragen des Gender Mainstreaming und seiner sozialpolitischen Umsetzung. Sie verständigen sich anschließend über gemeinsame Anliegen vor dem Hintergrund ihrer religiös-kulturellen Prägungen. Die dabei entwickelten Leitlinien stellen also das Ergebnis eines Dialog- und Lernprozesses im Blick auf den Konsens zwischen religiös und kulturell verschieden motivierten sozialen Einstellungen dar. Sie bilden dadurch eine geeignete Grundlage für Entscheidungen und Maßnahmen in der Bildungs-, Familien- und Arbeitspolitik, die sowohl der Pluralität der Bevölkerung als auch den Vorgaben des Gender Mainstreaming gerecht werden wollen. Der im Verlaufe dieses Vorgehens entwickelte Verständigungsprozess stellt darüber hinaus eine ideale Grundlage für die Verbreitung und Rückbindung der angesprochenen Themen in die beteiligten gesellschaftlichen Gruppierungen dar.

Arbeitsformen

Sowohl zum Thema Gender Mainstreaming als auch zu den drei Zielgebieten Familie-Arbeit-Bildung werden Fachreferentinnen als Beraterinnen hinzugezogen, die den beteiligten Frauen Grundwissen und notwendige Fragestellungen im jeweiligen Themenspektrum vermitteln. Auf dieser Basis wird das Thema diskutiert und Überlegungen bezüglich möglicher gemeinsamer Anliegen im jeweiligen Feld angestellt. Diese werden protokolliert und ausgewertet, um sie anschließend in einen ersten Vorschlag für Leitlinien umzusetzen. Ein solcher Vorschlag wird während der folgenden Treffen so lange bearbeitet, bis er die Zustimmung aller findet.

Die auftauchenden Schwierigkeiten und Konfliktfelder können hier nicht alle benannt werden. Es dürfte jedoch einleuchten, dass die Verfolgung des genannten Arbeitsziels nicht ohne die Begegnung mit Stolpersteinen im interreligiösen/interkulturellen Lernen abgeht. Diese reichen vom Nahostkonflikt und Antisemitismus, über Verhaltensunterschiede und verschiedene Perspektiven auf die Rolle von Frauen und Männern bis hin zur Kopftuchfrage. Anders als in anderen Lernprozessen kann in Konfliktfällen die Anleitende nicht unter Einbeziehung einer formal legitimierten Autorität (»ich bin die Lehrerin, die euch am Ende Noten gibt/die die Autorität der Schule auf ihrer Seite hat« – o.Ä.) zum Ausgleich beitragen, sondern ist selbst Teil des Prozesses. Auch die Hinzuziehung externer Moderatorinnen konnte nicht in allen Fällen die Lösung von Konflikten bewirken.

Die Tatsache, dass das Engagement in diesem Projekt ohne förmlichen Rahmen und Gegenleistungen geschieht, erschwert die Verbindlichkeit. Diese Erschwernis wird durch das große Gefälle in den unterschiedlichen Voraussetzungen, die die Frauen mitbringen, verstärkt. Letzteres erweist sich vor allem deshalb als problematisch, weil Verschiedenheiten unter anderem kulturelle Dominanzen und Differenzen in der Gesellschaft spiegeln, die in einem gemeinsamen Lernprozess nicht immer überbrückt werden können.

Perspektiven

Die Entwicklung von Leitlinien für die Sozialpolitik in den Bereichen Arbeit, Familie und Bildung wurde inzwischen weitgehend abgeschlossen. Das Arbeitsergebnis wird nun mit Fachfrauen aus Religionsgemeinschaften, Politik und Initiativen diskutiert, um danach eine letzte Phase der Bearbeitung anzuschließen. Das endgültige Ergebnis soll gedruckt und verbreitet werden. Geplant ist, dass Frauen aus dem Arbeitskreis als Multiplikatorinnen trainiert werden, die die Leitlinien anschließend in Gruppierungen aus Religionsgemeinschaften, Politik und Initiativen vorstellen können.

Die Leitlinien für die Bildungs-, Arbeits- und Familienpolitik sollen in europäischer Perspektive

a) in religiösen Gemeinschaften zu einem Lernprozess im Blick auf gemeinsame Anliegen in den Feldern Bildung, Arbeit und Familie und die dafür notwendigen politischen Maßnahmen führen;
b) in frauen- und genderorientierten Gruppierungen und Einrichtungen das Bewusstsein über religiöse Aspekte und Interessen in sozialpolitischen Fragen erweitern;
c) in Schulen und Ausbildungseinrichtungen für Lehrende zur Integration von interreligiösen und genderorientierten Maßstäben in die Entwicklung von Lehr- und Ausbildungsplänen beitragen;
d) im Gespräch mit den zuständigen Fachreferaten im HSM sowie mit Verantwortlichen und Beteiligten der Hessischen Landesregierung zu einer differenzierten Meinungsbildung, der Entwicklung von effektiven Handlungs- und Steuerungsmaßstäben/maßnahmen beitragen;
e) im Austausch mit anderen Initiativen ähnlicher Zielsetzung den bundesweiten Verständigungsprozess über Fragen am Schnittpunkt zwischen Religion, Politik und Gender befördern und aus hessischer Perspektive anregen.

Ob diese Ziele erreicht werden können, hängt weitgehend am »Kairos« der gegebenen Bedingungen. Denn die Zeichen der Zeit sagen diesem Projekt derzeit eher Gegen- als Rückenwind an: Sowohl bezüglich des Aspekts »Gender« als auch bezüglich der interreligiösen Orientierung und im Blick auf die ohnehin allerorts vorherrschenden Sparmaßnahmen herrscht gegenwärtig eine keineswegs günstige Wetterlage. Dennoch sind sich Frauen der Berliner und Hessischen »Sarah-Hagar«-Initiativen einig, dass die Ausweitung des begonnenen Prozesses auf das gesamte Bundesgebiet und auf die Europäische Ebene dringend erforderlich ist. Sie ermutigen darum Frauen aus den Religionsgemeinschaften zur Gründung weiterer Gruppierungen auf regionaler und überregionaler Ebene. Auswertung der Entwicklungen und weitere Vernetzungen sollen – insch'Allah, so Gott will und wir leben – in einem Symposium im Jahr 2006 oder 2007 geschehen.

Kontakt:
Dr. Annette Mehlhorn
Franz-Rücker-Allee 10
60487 Frankfurt
mail@Annette-Mehlhorn.de

Dr. Gerdi Nützel
Sorauer Str. 13
10997 Berlin
nuetzelgerdi@t-online.de

Rabeya Müller, ZIF
Postfach 520362
50939 Köln
info@zif-koeln.de

www.evangelische-akademie.de/sarah-hagar.html
www.sarah-hagar.de

Marcus Götz-Guerlin

Religionsphilosophische Schulwochen

Ausgangspunkte

Insbesondere in Ostdeutschland fehlen Schülerinnen und Schülern sowie Eltern und Lehrkräften häufig grundlegende Kenntnisse über Religionen. Unter religionsfernen Jugendlichen findet sich hier allenfalls ein Halbwissen, das sich aus Filmen, Medienberichten und Sensationsmeldungen speist. Häufig bezieht es sich auf spektakuläre Randphänomene, wie z.B. »Satanskulte« oder religiös verbrämten Terrorismus. Eine Kenntnis von alltäglicher, gelebter Religiosität ist ebenso wenig zu finden wie ein Wissen um Glaubensinhalte, Feste oder Praktiken unterschiedlicher Religionen. Zusammen mit Vorurteilen und bruchstückhaftem Wissen führt dies zu einer bestenfalls gleichgültigen, im Regelfall aber eher misstrauisch-feindlichen Haltung gegenüber allem Religiösen und dem, was dafür gehalten wird. Religion ist etwas, mit dem man selber nichts zu tun hat und haben will. In allen Arten und Ausprägungen gilt sie als historisch überlebtes Phänomen, als Synonym für Intoleranz und Verhaftet-Sein in metaphysischen Kategorien. Zuweilen wird ihr eine gleichsam magische Kraft zugeschrieben, die jeden Kontakt mit ihr als bedrohlich erscheinen lässt. Hinzu kommt eine diffuse Angst vor ungewollter »Missionierung«.

Vielen Bildungsverantwortlichen, auch solchen, die für sich selber keinerlei Bezug zu Religion konstatieren, erscheint dies durchaus als Defizit. Der Konsens, dass ein Wissen um die eigenen kulturellen Wurzeln ebenso notwendig ist wie ein Verstehen von Religion, wird immer breiter. Die Einsicht wächst, dass ein fundiertes Verstehen gesellschaftlicher und politischer Prozesse im zusammenwachsenden Europa und einer zusammenrückenden Welt ohne den Faktor Religion schwierig ist.

Die Religionsphilosophischen Schulwochen (RPSW) knüpfen daran an. Sie sind praktischer Ausdruck der Überzeugung, dass das Wissen um Religion und die Kenntnis unterschiedlicher Religionen unverzichtbare Bestandteile des Allgemeinwissens sind. Sie sind der Versuch, in einem a- und anti-religiösen Umfeld Religion als Phänomen, Religionen in ihrer unterschiedlichen Gestalt und gelebte religiöse Praxis für Schülerinnen und Schüler anschaulich werden zu lassen, also gleichsam »religiöse Alphabetisierung« zu leisten.

Geschichte der RPSW

Die RPSW haben ihre Wurzeln in der kirchlichen schulbezogenen Jugend(bildungs)arbeit, wie sie in der Schulwochenarbeit in Berlin (West) in den 1950er- und 1960er-Jahren praktiziert wurde und z.B. in Nordrhein-Westfalen heute noch besteht.[1] Die spezifische Situation in den neuen Bundesländern nach 1990 führte zu einer konzeptionellen und inhaltlichen Neugestaltung der RPSW, mit ihrem Schwerpunkt auf religionskundlichen Aspekten und der Organisation als Projektwoche an Stelle des regulären Unterrichts. Mit den früheren Schulwochen verbindet die RPSW nur noch wenig. Sie sind in Ostdeutschland mittlerweile ein eigenständiges Arbeitsfeld in Trägerschaft unterschiedlicher kirchlicher Einrichtungen geworden.[2]

Konzeptionelle Grundlinien

Die Konzepte RPSW haben sich in den vergangenen Jahren erheblich ausdifferenziert. Es gibt sie für unterschiedliche Klassenstufen und Schularten, orientiert an regionalen und lokalen Gegebenheiten sowie an den Möglichkeiten, über die die jeweiligen Anbieter und die konkreten Schulen verfügen. Vier Strukturmerkmale sind ihnen jedoch gemeinsam:

RPSW sind verbindlich für alle Schülerinnen und Schüler

Da Wissen um und Auseinandersetzung mit Religion als unverzichtbarer Bestandteil der Allgemeinbildung gesehen wird, sind RPSW als Projektwoche, zumindest aber als mehrtägiges Projekt an einer Schule organisiert. Ungeachtet der individuellen religiösen (Nicht-)Bindung nehmen alle Schülerinnen und Schüler einer Jahrgangsstufe oder einer Klasse an der RPSW verbindlich teil. Der reguläre Unterricht wird während dieser Zeit ausgesetzt. Dies ermöglicht Diskurse über das Thema Religion unter den Schülerinnen und Schülern, die unter anderen Rahmenbedingungen so nicht stattfinden wür-

1 Vgl. den »Dienst an den Schulen« der Ev. Kirche von Westfalen (www.pi-villigst.de/home/ arbeitsbereiche/dienstanschulen.htm).

2 Träger der RPSW sind u.a. die landeskirchlichen Ämter für Jugendarbeit in der Ev. Kirche in Berlin-Brandenburg-Schlesische Oberlausitz (www.ejbo.de) oder die Ev. Akademien in Sachsen-Anhalt (www.ev-akademie-wittenberg.de) und zu Berlin (www.eaberlin.de). In den weiteren Zusammenhang gehören auch die »Tage ethischer Orientierung« (TEO) in Mecklenburg-Vorpommern (http://www.evjume.de/teo-projekt/projekte.php3).

den. Schüler mit unterschiedlicher religiöser Bindung und Erfahrung kommen untereinander und mit anderen, die keinerlei Berührung mit Religion haben, ins Gespräch über einen Gegenstand, der üblicherweise nicht thematisiert wird. In Ansätzen findet hier das statt, was ein interreligiöser Dialog und interreligiöses Lernen zum Ziel haben.

Die RPSW sind ein religionskundliches Angebot

Einen großen Raum nimmt die Vorstellung unterschiedlicher Religionen – darunter selbstverständlich auch des Christentums – sowie die Begegnung mit deren Vertreterinnen und Vertretern ein. Feste, Schriften und religiöse Praktiken stehen am Anfang. Diese ersten Kenntnisse werden durch Besuche religiöser Orte (Kirche, Moschee, Synagoge) vertieft. Dabei wird angestrebt, unterschiedliche Aspekte von Religion (z.B. Kontemplation, soziales Engagement, politische Aktivitäten, Gemeinschaftsbildung) in den Blick zu nehmen. Die Schülerinnen und Schüler sollen ein möglichst breites Spektrum von Religion und religiöser Praxis kennen lernen, wobei Differenzierungen innerhalb der jeweiligen Religion, z.B. konfessioneller Art, zunächst zurückgestellt werden.[3]

RPSW werden in der Regel von Einrichtungen der evangelischen Kirche durchgeführt. Sie sind aber geprägt durch die Entscheidung, Religionen durch »authentische Vertreter« der jeweiligen Religionen und nicht durch andere oder von einem »neutralen« Standpunkt aus vorzustellen.[4] Religion und gelebter Glaube können letztlich nur aus der eigenen Praxis heraus angemessen und lebendig – eben nicht im Sinne eines »Redens über« – vorgestellt werden. Selbst ein »learning about religion« geschieht sinnvollerweise vorrangig in einer Begegnung und im Dialog mit den Religionen selber. Die Erfahrungen zeigen, dass gerade dies von den Schülerinnen und Schülern sehr deutlich wahrgenommen wird. Indem das gleichberechtigte Miteinander der unterschiedlichen Religionen programmatisch verankert ist, wird dem Vorurteil begegnet, die RPSW seien christliche Missionsveranstaltungen. Vor dem Hintergrund einer Schullandschaft, die Kirche mit sehr großer Reserviertheit begegnet, ist dies nicht zu unterschätzen.

---

3 Dies gilt v.a. im Blick auf die nicht christlichen Religionen. Das Christentum wird in der Regel mit explizitem Bezug auf eine Konfession vorgestellt.

4 An dieser Stelle (!) befinden sich die RPSW in konzeptioneller Nachbarschaft zum »Fenstermodell« des Unterrichtsfachs Lebensgestaltung – Ethik – Religionskunde (LER).

Die RPSW schlagen eine Brücke zwischen Lebenswelt und alltäglichen Erfahrungen der Jugendlichen und Religion

Die RPSW bleiben nicht bei religionskundlicher Betrachtung stehen. Sie regen zum gemeinsamen und kontroversen Nachdenken und Diskutieren über Religion an und schlagen eine Brücke zu alltäglichen Erfahrungen und lebensweltlichen Bezügen der Schülerinnen und Schüler.

In kleineren Gruppen werden Themen aufgegriffen, die eine solche Verbindung ermöglichen (»Wahlthemen«). Einige sind deutlicher religiös ausgerichtet (z.B. Tod und Sterben, Okkultismus, Meditation), bei anderen erschließt sich ihre religiöse Dimension erst bei genauerer Betrachtung (z.B. Sexualität, politische Themen).

Die RPSW verdeutlichen, dass Religion kein gesonderter Bereich menschlicher Existenz, sondern ein integrativer Bestandteil menschlichen Daseins ist. Die Schülerinnen und Schüler werden zur Auseinandersetzung mit der Frage angeregt, ob und was Religion mit ihnen selber zu tun hat oder zumindest haben könnte. Die RPSW stoßen einen Prozess der offenen und konstruktiven Auseinandersetzung mit Werten, Idealen, Lebensentwürfen und Orientierungen – religiösen und nicht-religiös begründeten gleichermaßen – an, in dem die Schülerinnen und Schüler ihre Wertvorstellungen und die Prämissen ihres Denkens, Fühlens und Handelns reflektieren und mit anderen Vorstellungen in Beziehung setzen. Beides geschieht nicht voneinander abgegrenzt, sondern in einer wechselseitigen Durchdringung. Auch hierbei ist die Auseinandersetzung mit gelebten Positionen und gelebtem Glauben – in Begegnungen mit »authentischen Vertretern« sowie den Teamern und Teamerinnen, die ihren eigenen Kontext in der evangelischen Kirche nicht verbergen – zentral. Sie sind persönliche und positionelle Gegenüber, zu denen die Schülerinnen und Schüler in Beziehung treten und von denen sie sich auch abgrenzen können. Dies befördert die Präzisierung eigener weltanschaulicher und ethischer Positionen mehr als das Aneignen von Wissen, das nicht mit der eigenen Person in Beziehung gesetzt wird.

Die RPSW sind partizipativ

Indem sich eine Schule für eine RPSW entscheidet, öffnet sie sich und kooperiert mit einem außerschulischen Bildungsakteur, dem innerschulisch ein vergleichsweise großer Handlungsspielraum ermöglicht wird. Die RPSW werden von Trägern der außerschulischen Jugendbildung organisiert und in weiten Teilen von Mitarbeitern und Mitarbeiterinnen außerschulischer Organisationen durchgeführt. Bewusst wird weitgehend auf den Einsatz von Lehrkräften der Schule verzichtet.[5] Es geht darum, eine Atmosphäre entstehen zu

5 Nicht zuletzt angesichts begrenzter kirchlicher Mittel gibt es Überlegungen, die

lassen, eine Lernumgebung zu schaffen und geschützte Räume zu bieten, in denen persönliche oder zumindest nicht alltägliche Fragen ungestört miteinander besprochen werden können. Die Präsenz von Lehrkräften, die in anderem Kontext dann wieder begegnen, wirkt sich hier eher hinderlich aus.

Die Träger der außerschulischen Jugendbildung bringen neben ihrer eigenen Methodik vor allem das Anliegen ein, die RPSW mit den Schülerinnen und Schülern partizipativ zu organisieren. In der Regel erfolgt die Vorbereitung in einem längeren Prozess gemeinsam mit Schülerinnen und Schülern, Schulleitung und Lehrkräften. Er beginnt mit der notwendigen Überzeugungsarbeit. Gründliche wechselseitige Information, Vertrauensbildung und Vereinbarungen mit allen Beteiligten sind notwendig, bis die Präsenz einer außerschulischen Einrichtung im Allgemeinen und von Kirche im Besonderen sowie das Thema Religion und die Methodik außerschulischer Jugendbildung in der Schule hinreichend Akzeptanz finden. Der zweite Schritt ist die konkrete Vorbereitung und Planung der Woche mit den Schülerinnen und Schülern. Die Themen, welche die Jugendlichen beschäftigen, müssen in den Blick kommen, um die inhaltliche Ausrichtung entsprechend zu gestalten. Diese Phase gestaltet sich mitunter schwierig, da den Schülerinnen und Schülern das Thema Religion fremd ist und sie zunächst wenig eigene Ideen einbringen können.

Das partizipative Moment setzt sich während der Woche fort. Die Schülerinnen und Schüler merken recht schnell, dass das Gelingen von Diskussionen und Lernprozessen wesentlich in ihrer eigenen Hand liegt. »Wer nicht fragt, bleibt dumm« ist eine Erkenntnis, die ebenso schnell Fuß fasst wie die Einsicht, dass es vorrangig vom eigenen Engagement abhängt, ob eine Basisgruppeneinheit langweilig oder spannend wird. Die Teamerinnen und Teamer stellen hier lediglich einen Rahmen zur Verfügung, der von den Schülerinnen und Schülern selber genutzt und gefüllt werden muss. Es ist eine erstaunliche Erfahrung zu sehen, dass diese Aktivierung weithin funktioniert. Nach kurzer Zeit entwickeln die meisten Schülerinnen und Schüler großes Engagement, das z.T. weit über die Unterrichtszeit hinausreicht. Diskussionszirkel am Nachmittag, erneutes Besuchen von Gesprächspartnern, um Fragen zu vertiefen, oder die selbst organisierte Weiterarbeit an Themen mittels Internet oder Bibliotheken sind keine Ausnahmen.

Fähigkeit und Bereitschaft zu eigenverantwortlichem Lernen sind abhängig von der Lerngeschichte der Schülerinnen und Schüler, der Jahrgangsstufe und der konkreten Schulart. In der gymnasialen Oberstufe bietet es sich an, hinreichend Zeit zu geben, damit die Jugendlichen in frei gewählten kleineren Gruppen eine schulöffentliche Präsentation der Woche vorbereiten. In Wandzeitungen, Kurzvorträgen bis hin zu Theaterstücken, Videoproduktionen und selbst komponierten Liedern können Eindrücke und Erfahrungen aus der Woche verarbeitet und vorgestellt werden.

RPSW nach einigen Jahren auch in die Eigenverantwortung der jeweiligen Schule zu übergeben. Dieser Schritt lässt jedoch einige konzeptionelle Kernfragen offen.

Die Reflektionsphasen in festen Kleingruppen, den »Basisgruppen«, ermöglichen intensiven Austausch, Diskussion und Auseinandersetzung untereinander, aber auch mit den Teamerinnen und Teamern über alle Fragen, die im Laufe der RPSW auftauchen. Die Basisgruppen und die Präsenz der Teamerinnen und Teamer sorgen bei aller eigenständigen Arbeit und aller Vielfalt von einzelnen Eindrücken für Kontinuität. Die Schülerinnen und Schüler werden weder in ihrem Bemühen um selbst organisiertes Lernen noch mit ihren Fragen und Eindrücken aus den unterschiedlichen Begegnungen nicht »alleine gelassen«. Diese »Inseln der Stabilität« sind Orte, an welchen ein Dialog über Religion, über eigene Religiosität und über und mit unterschiedlichen Religionen beginnen kann.

Wochenplan einer RPSW für die 11. Jahrgangsstufe eines Berliner Gymnasiums (Februar 2004; ca. 80 Schülerinnen und Schüler)

Montag	**Religion – Was ist das?**
	Was ist Religion? – Drei Perspektiven auf ein Phänomen (Vorträge im Plenum) Evangelische Pfarrerin Katholischer Religionsphilosoph Westliche Buddhistin
	Was ist Religion? – Reflektionen und Annäherungen in den Basisgruppen (5 Basisgruppen á 16 Schülerinnen und Schülern)

Dienstag	**Einführung in die Weltreligionen** (4 parallele Gruppen, wechselnde Teilnahme)			
1. Durchgang	**Hinduismus** Praktizierende Hinduistin	**Christentum** Ev. Pfarrer	**Judentum** Rabbiner	**Islam** Zwei muslimische Jugendliche
2. Durchgang	**Hinduismus** Praktizierende Hinduistin	**Christentum** Ev. Pfarrer	**Judentum** Rabbiner	**Islam** Zwei muslimische Jugendliche
3. Durchgang	**Hinduismus** Praktizierende Hinduistin	**Christentum** Ev. Pfarrer	**Judentum** Rabbiner	**Islam** Zwei muslimische Jugendliche
	Blitzlichter in den Basisgruppen			

Mittwoch	Weltreligionen – zu Hause in Berlin
Gruppe 1	Buddhistisches Haus, Berlin-Frohnau Kapelle der Versöhnung, Berlin-Wedding
Gruppe 2	Ev. Samariter-Kirchengemeinde, Berlin-Friedrichshain Mevlana-Moschee, Berlin-Kreuzberg
Gruppe 3	Franziskanerkloster mit Suppenküche, Berlin-Pankow Beyazid-Moschee, Berlin-Wedding
Gruppe 4	Kapelle der Krankenhausseelsorge im Virchow-Klinikum Raum der Stille im Brandenburger Tor

Donnerstag	**Wahlthemen**
	Erfahrungen aus den Exkursionen – Austausch in den Basisgruppen
	Wahlthemen (in parallelen Gruppen) Meditation – es muss im Leben mehr als alles geben... Geschlechterrollen und -rechte in den Religionen Tod und Sterben – gibt's ein Leben nach dem Tod? Gewalt und Nächstenliebe – zwei Gesichter von Religion? Okkultismus, Spiritismus, Magie
	Austausch über die Wahlthemen in den Basisgruppen

Freitag	**Auswertung der Woche und Vorbereitung der Präsentation**
	Basisgruppen (Vorbereitung der Präsentation)

Montag-abend	**Präsentation der Religionsphilosophischen Schulwoche**

Weiterführende Literatur

Doyé, Katharina, Mensch, was glaubst'n du eigentlich? Religionsphilosophische Schulprojektwoche, in: Doyé, Götz/Kessler, Hildrun (Hg.), Konfessionslos und religiös. Gemeindepädagogische Perspektiven, Leipzig 2002, 203-211; ausführlicher in: JugendStile (2) 2002, H. 1, 3-9.

Götz-Guerlin, Marcus/Schluss, Henning J., Was hat Religion mit Erfahrung zu tun? Die Religionsphilosophische Schulwoche als religiöse Kommunikation, in: Pastoraltheologie 92 (2003), H. 7, 274-286.

Kontakt:
Marcus Götz-Guerlin
Ev. Akademie zu Berlin
Charlottenstr. 53/54
10117 Berlin
goetz@eaberlin.de
www.eaberlin.de

Eckart Gottwald

inter religion(e)s – Forum für religiöse Bildung e.V. – Verein im Netzwerk interreligiöser Kooperation

Religiöse Bildung im religiös pluralen Kontext

Die Zusammenarbeit der verschiedenen Religionsgemeinschaften in der Öffentlichkeit, in der Schule und in anderen Bildungsbereichen ist für die freiheitliche und pluralistische Gesellschaft unverzichtbar geworden. Denn religiöse und weltanschauliche Pluralität erfordert es, alle Bürgerinnen und Bürger darin zu ermutigen und zu befähigen, ihre grundlegenden Freiheitsrechte wie das der Religionsfreiheit bewusst in Anspruch zu nehmen und auszuüben, aber gleichzeitig auch verbindliche gemeinschaftliche Lebensformen und Wertbindungen zu begründen. Daraus ergibt sich eine fundamentale religionspädagogische und zugleich religions- wie gesellschaftspolitische Herausforderung: religiöse Bildung für alle zu ermöglichen und dabei die Freiheit der einzelnen Person sowie die Vielfalt und Gleichberechtigung der religiösen Bekenntnisse zu wahren und zu fördern. Um diese Aufgabe öffentlich zu verdeutlichen und praktisch zu bewältigen, haben Religionspädagoginnen und -pädagogen verschiedener Religionen und Konfessionen im November 2002 in Duisburg *inter religion(e)s* – Forum für religiöse Bildung e.V., gegründet.

inter religion(e)s soll als »Forum« für alle Fragen der religiösen Bildung die Begegnung und Auseinandersetzung zwischen Menschen verschiedener Religions- und Konfessionszugehörigkeit fördern und Teil eines »Netzwerkes interreligiöser Kooperation« werden. Laien, Pädagog/innen und Theolog/innen verschiedener muslimischer Gemeinschaften, der Baha'í, des Buddhismus sowie der großen christlichen Konfessionen haben sich zusammengeschlossen, um Bedingungen und Perspektiven des interreligiösen Lernens untereinander zu beraten, seine bildungs- und gesellschaftspolitische Relevanz zu verdeutlichen und in gemeinsamen Projekten praktische Anstöße für eine gesellschaftlich relevante, zukunftsfähige religiöse Bildungsarbeit zu geben. Vertreter/innen jüdischer Bildungsarbeit kooperieren mit *inter religion(e)s* von Fall zu Fall.

Religiöse Bildung in der Spannung von Konfessionalität und Pluralität

Vier Leitgedanken haben zur Gründung von *inter religion(e)s* – Forum für religiöse Bildung e.V. geführt; sie bestimmen die Perspektiven für die von ihm angestrebten Entwicklungen und Projekte:

- *Konfessionelle Bildung und Pluralität*

Bildung in konfessioneller Verantwortung hat eine gesamtgesellschaftliche Dimension. Sie dient der Persönlichkeitsbildung junger Menschen – diese sollen sich die Grundlagen ihrer Bekenntnisgemeinschaft aneignen, um auf dieser Basis in Freiheit und Selbstbestimmung ihr persönliches Leben zu gestalten; das aber schließt ihre bewusste Teilnahme am öffentlichen Leben und dessen verantwortliche Mitgestaltung ein. Im Kontext einer freiheitlichen, pluralen und weitgehend säkularisierten Gesellschaft bedeutet die entschiedene Bindung an ein religiöses Bekenntnis deshalb notwendig auch zu lernen, anders lautenden Überzeugungen, Bekenntnissen oder weltanschaulichen Bindungen prinzipiell mit Respekt und verständnisvoller Toleranz zu begegnen. Konfessionelle Bildung beruht deshalb nicht nur auf der *Unterscheidung* der eigenen Konfession *von*, sondern notwendig auch auf ihrer *Zuordnung zu* den anderen Bekenntnissen. Konfessionelle Bildung – ob in christlicher, jüdischer, muslimischer oder jeder anderen Form – braucht deshalb interreligiöses Lernen als eine für sie konstitutive Dimension. *inter religion(e)s* – Forum für religiöse Bildung e.V. will dieser Doppelstruktur religiöser Bildung entsprechen und konfessionelles Lernen in Vernetzung mit religiöser Vielfalt fördern: Die tiefe Verwurzelung im eigenen Glaubens muss heute vom Bemühen um vertieftes Verstehen fremder Glaubenswelten und damit der eigenen Einbettung in religiöse Pluralität begleitet werden.

- *Religiöses Bekenntnis und politischer Diskurs*

Die unterschiedlichen Religionsgemeinschaften tragen nicht nur für sich selbst, sondern auch für den produktiven Dialog untereinander und für den öffentlichen Diskurs über die das Zusammenleben bestimmenden ethischen und weltanschaulichen Grundlagen Verantwortung. Sie können sich nicht ausschließlich auf die Glaubenserziehung ihrer Mitglieder nach dem eigenen Bekenntnis beschränken. Nur in gemeinsamer Verantwortung und in wechselseitig anerkannter Verschiedenheit und Vielfalt können die Religionsgemeinschaften an der Gestaltung des öffentlichen Lebens sinnvoll und erfolgreich mitwirken. Konfessionelle Bildung und politischer Diskurs sind deshalb sachlich aufeinander angewiesen. *inter religion(e)s* – Forum für religiöse Bildung e.V. setzt sich ausdrücklich zum Ziel, in der Öffentlichkeit die Notwendigkeit religiöser Bildung für alle mit ihren konfessionellen Grundlagen und mit ihrer interreligiösen Vernetzung nachdrücklich zu vertreten.

- *Religiöse Bildung in der öffentlichen Schule*

Religionsunterricht nach Art 7,3 GG (»ordentliches Lehrfach [...] in Übereinstimmung mit den Grundsätzen der Religionsgemeinschaften«) bedeutet, dass die öffentliche Schule allen Schüler/innen religiöse Bildung nach der von ihnen persönlich gewählten Konfession ermöglichen soll. Die Schule muss religiöse Bildung aber so vermitteln, dass sie die Schüler/innen insgesamt in der Wahrnehmung und Ausübung ihres Grundrechtes auf positive wie negative Religionsfreiheit fördert und unterstützt. Die Schule muss deshalb den Schüler/innen: beide Wege eröffnen: die vertiefende Auseinandersetzung mit der eigenen Konfessionalität ebenso wie die aufklärend rationale Durchdringung der für *alle* Schüler/innen bedeutsamen Religionen in ihrer Vielfalt unter kritischer Auseinandersetzung auch mit der eigenen Konfession. Religionsunterricht in der öffentlichen Schule muss also *konfessionelle Grundbildung* mit religionswissenschaftlich begründeter und religionskritisch reflektierter *Allgemeinbildung über Religionen* in ihrer Vielfalt sinnvoll verbinden. *inter religion(e)s* – Forum für religiöse Bildung e.V. sieht im Spannungsverhältnis von konfessioneller Bindung und kritischer Aufklärung in allen religiösen und weltanschaulichen Fragen den Grund für eine integrative Weiterentwicklung des Religionsunterricht in der gemeinsamen Verantwortung derjenigen Kirchen und Religionsgemeinschaften, denen die Vielzahl von Schüler/innen und ihrer Eltern angehören.

- *Religiöse Bildung und interreligiöser Dialog*

Die Bemühungen um den interreligiösen Dialog bzw. das Gespräch zwischen den Religionen muss mit der öffentlichen Auseinandersetzung über die Bedeutung der Religionen für das gesellschaftliche Leben insgesamt verknüpft werden. Interreligiöser Dialog und religionspolitischer Diskurs können auf Dauer nur erfolgreich sein, wenn sie in einem pluralitätsfähigen Verständnis von persönlicher Glaubensbindung und Zugehörigkeit zu einer Bekenntnisgemeinschaft gründen und die Vielzahl der Bekenntnisse als prinzipiell gleichwertig und gleichberechtigt anerkennen. *inter religion(e)s* – Forum für religiöse Bildung e.V. schließt deshalb dogmatisch überhöhtes Absolutheitsdenken, fundamentalistisch begründete Exklusivität der eigenen Überzeugungen und Unduldsamkeit gegenüber anderen Bekenntnissen als intolerant und nicht diskursfähig prinzipiell aus. Identitätskonflikte, die sich aus der Konfrontation des eigenen Glaubens mit konkurrierenden Überzeugungen anderer Menschen und Gruppen ergeben können, nehmen seine Mitglieder bewusst auf und versuchen, sie produktiv zu bearbeiten. Nicht Differenzen einzuebnen und aufzulösen bildet das Ziel ihrer interreligiösen Auseinandersetzung, sondern *Differenzen und Konvergenzen* zwischen den verschiedenen Glaubenstraditionen und ihrer sinnstiftenden und gemeinschaftsbildenden Kräfte besser zu verstehen und verträgliche Beziehungen zwischen den Gemeinschaften zu entwickeln, sehen sie als ihre Aufgabe an.

Interreligiöse Bildung als Weg zu persönlicher Integrität und sozialer Integration

Die Mitglieder und Freunde von *inter religion(e)s* – Forum für religiöse Bildung e.V. bemühen sich, der Problematik religiöser Vielfalt und interreligiösen Lernens vor allem in ihren eigenen Lebensbereichen und Handlungsfeldern nachzugehen. Immer schon in unterschiedlichen sozialen Rollen, Positionen und Beziehungen »vernetzt«, wollen sie sich durch die Entwicklung eines *Netzwerkes konfessions- und religionsübergreifender Kooperation* wirksame Möglichkeiten schaffen, religiöse Bildung in gesellschaftlich relevanter und zukunftsfähiger Form zu praktizieren. Dies dient dem zweifachen Ziel, persönliche Integrität im Umgang mit »eigener« und »fremder« Religiosität auszubilden und gesellschaftliche Integration zu fördern. *Gemeinsam lernen in Verschiedenheit und Vielfalt* bildet den Weg dieses vor allem selbst-reflexiven Lernens mit anderen: Die historisch bedingte Gestalt der eigenen Grundüberzeugungen und die persönliche Sicherheit gewährende Identität in den Bindungen an die Sinnmuster und Grundorientierungen der eigenen Konfession erfordern ein hohes Maß an persönlicher Integrität, Widersprüche und Relativierungen durch konkurrierende Glaubenstraditionen, Sinnbilder und Wertbindungen anzuerkennen. Eine solche Integrität ermöglicht es, überzeugend und verbindlich die eigene »Ehrfurcht vor Gott« mit der unbedingten Achtung von Menschen, die »Gott« auf uns fremd erscheinende Weise »ehrfürchtig« achten, zu verbinden und die Gewissensgründe von Dritten zu würdigen, die meinen, »Gott« gar nicht denken oder glauben zu können. Ehrfurcht, Achtung und unbedingte Solidarität miteinander aber bilden die Grundlage gelingender gesellschaftlicher Integration (vgl. Landesverfassung Nordrhein-Westfalen, Art. 7).

Auf dieser Basis verfolgt *inter religion(e)s* – Forum für religiöse Bildung e.V. folgende praktische Ziele:

- *inter religion(e)s* dient der wechselseitigen Information und Beratung seiner Mitglieder über Entwicklungen und Veränderungen in der religiösen Bildung der Kirchen, der Religionsgemeinschaften und – bei übergreifenden Problemen – der weltanschaulichen Verbände und Vereinigungen; es begleitet die entsprechenden Entwicklungen im öffentlichen Bildungssystem kritisch und produktiv.
- *inter religion(e)s* fördert durch Tagungen, Seminare, Projekte und andere geeignete Veranstaltungen den Austausch über Praxis und Theorie der religiösen Bildung und unterstützt die Entwicklung religionspädagogischer Konzepte.
- *inter religion(e)s* informiert und berät die interessierte Öffentlichkeit.
- *inter religion(e)s* strebt die Zusammenarbeit und Vernetzung mit anderen Einrichtungen, Verbänden und Vereinen im In- und Ausland an, die sich der religiösen Bildung und der interreligiösen Kooperation widmen.

- *inter religion(e)s* setzt sich für eine interreligiös akzentuierte Ausrichtung der Ausbildung von Religionslehrer/innen ein. Dazu berät und unterstützt der Verein besonders die *Arbeitsstelle interreligiöses Lernen – AiL* an der Universität Duisburg-Essen sowie sonstige Aus- und Fortbildungseinrichtungen und Akademien.
- *inter religion(e)s* regt an, auf kommunaler und regionaler Ebene Konferenzen der jeweils ansässigen Religionsgemeinschaften und Kirchen einzurichten, um eine kontinuierliche Gestaltung interkultureller und interreligiöser Prozesse »vor Ort« zu initiieren und zu begleiten.

Regeln für eine pluralitätsfähige konfessionelle Bildung

inter religion(e)s legt seinen eigenen Bemühungen um öffentlich relevante religiöse Bildung und interreligiöse Kooperation folgende Prinzipien zu Grunde:

- *Konfessionalität:* Die Begegnung und Auseinandersetzung mit anderen Religionen setzt bewusst die Bindung der beteiligten Menschen an ein *Bekenntnis* voraus; sie strebt dessen verstehende Klärung und praktische Vertiefung an. *inter religion(e)s* bejaht daher die konfessionelle Bindung religiöser Bildung und interreligiöser Kooperation.
- *Authentizität:* Lernen vollzieht sich nur dann wirklich interreligiös, wenn es auf Grund der *authentischen Begegnung* mit Vertreter/innen bzw. Ausdrucks- und Lebensformen einer anderen Religion erfolgt. *inter religion(e)s* fördert deshalb die authentische Begegnung zwischen Menschen verschiedener Konfession und Religion.
- *Reflexivität:* Interreligiöses Lernen führt zur *reflexiven* Auseinandersetzung mit dem eigenen Glauben und der eigenen Bekenntnisbindung. *inter religion(e)s* versteht interreligiöse Kooperation deshalb vor allem als Chance zur produktiven Auseinandersetzung mit der *eigenen* Konfession.
- *Wechselseitigkeit:* Interreligiöses Lernen setzt die *Gleichwertigkeit* und *Gleichberechtigung* der verschiedenen Religionen und Bekenntnisse in der gemeinsamen Auseinandersetzung voraus. *inter religion(e)s* setzt sich deshalb für die rechtliche Gleichstellung der religiösen Gemeinschaften ein.
- *Offenheit für Pluralität:* Interreligiöses Lernen *respektiert die Differenzen* zwischen der eigenen und den anderen Religionen und bearbeitet sie, ohne sie prinzipiell überwinden zu wollen. *inter religion(e)s* engagiert sich deshalb für eine freiheitliche Gestaltung der Beziehungen von Gesellschaft, Staat und Religionsgemeinschaften.
- *Bildungs-Wirksamkeit:* Interreligiöses Lernen dient der *Bildung* der ler-

nenden Personen und gibt zugleich Impulse für interreligiöse und interkulturelle Entwicklungen in der Lebenswelt. *inter religion(e)s* sieht deshalb in interreligiöser Bildung und Kooperation eine zukunftsrelevante Aufgabe für die ganze Gesellschaft.

Interreligiöse Kooperation im Sinn von *inter religion(e)s* nimmt die konfessionellen Traditionen der Kirchen und ihre rechtliche Stellung in Gesellschaft und Staat in Deutschland auf und bezieht die vor allem durch Zuwanderung in Deutschland heimisch gewordenen Religionen und Konfessionen folgerichtig in dieses System ein. Sie stärkt die Mitverantwortung und die Mitwirkungsmöglichkeiten religiöser, kultureller und ethnischer Minderheiten im Bildungssystem und im öffentlichen Leben, sie sieht aber auch die christlichen Kirchen in einer neuen gesellschaftlichen Verantwortung: die abrahamische und darüber hinaus die interreligiöse »Ökumene« in Deutschland ist eine Realität, die gemeinsam gestaltet werden muss.

Literatur

Gottwald, Eckart/Mette, Norbert (Hg.), Religionsunterricht interreligiös. Hermeneutische und didaktische Erschließungen, Festschrift für Folkert Rickers, Neukirchen 2003.

Kontakt:
Prof. Dr. Eckart Gottwald
Leibnizstr. 10
45468 Mülheim/Ruhr
ego@meocom-online.de
www.interreligiones.de

Halima Krausen

Ständige Konferenz von Juden, Christen und Muslimen in Europa (JCM)

Mittlerweile gibt es eine ganze Reihe von Ansätzen zum jüdisch-christlich-muslimischen Dialog auf verschiedenen Ebenen, sei es in Form von Tagungen, Vortragsreihen, Arbeitskreisen oder Veröffentlichungen. Was ist also besonders an der nun schon seit mehr als 30 Jahren bestehenden »Ständigen Konferenz von Juden, Christen und Muslimen in Europa« (JCM)?

Vorläufer waren Wochenendseminare bei der Evangelischen Akademie Berlin Ende der 1960er-Jahre, bei denen sich Angehörige der drei Religionen mit Themen wie dem Nahostkonflikt, ganz bodennah angesichts des Sechstagekrieges, oder theoretischer mit der marxistischen Religionskritik und ganz allgemein mit den Herausforderungen der säkularisierten Gesellschaft auseinander setzten, die für alle von unmittelbarer Bedeutung waren. In der Zusammenarbeit des Leo-Baeck-College in London, des Hedwig-Dransfeld-Hauses in Bendorf am Rhein und der Deutschen Muslim-Liga Bonn entstand Anfang der 1970er-Jahre die Ständige Konferenz von Juden, Christen und Muslimen in Europa, die in jährlichen Tagungen für Theologiestudierende, Sozial- und Gemeindearbeiter und andere Interessierte aus verschiedenen europäischen Ländern ein Begegnungsforum und einen »sicheren Raum« zum Austausch zwischen Angehörigen der Religionsgemeinschaften anbietet.

In dem jeweils einwöchigen Prozess geht es dabei nicht nur um Gedankenaustausch und Diskussion, sondern auch um das gemeinsame Lernen in einem multireligiösen Kontext. Das beginnt schon bei der Vorbereitung durch ein internationales Team, in dem Angehörige der drei Religionen gleichgewichtig vertreten sind und neben der Organisationsarbeit darauf achten, dass die speziellen Bedürfnisse und Empfindlichkeiten der jeweiligen Tradition berücksichtigt werden, darunter z.B. Gebetszeiten und Speisevorschriften, Letzteres in Absprache mit der Küche des Tagungshauses. Fehler und Missverständnisse bleiben dabei nicht aus, können aber auf Grund der langjährigen Erfahrung mit Takt und Einfühlungsvermögen behoben werden.

In der Konferenz selbst gibt es nur drei Leitvorträge. Zu den Themen, die im Laufe der Jahre behandelt wurden, gehören z.B. »Erwähltsein im Selbstverständnis von Juden, Christen und Muslimen«, »Dialog – Mission – Ökumene«, »Der Einfluss von religiöser Erziehung auf den Gebrauch und Missbrauch von Macht«, »Zwischen zwei Welten« mit besonderer Berücksichtigung von Migration und Asyl, »Sind wir Gefangene unserer Geschichte« mit Schwerpunkten auf den neueren Entwicklungen in Europa und dem Zusammenwirken von Männern und Frauen, »Tradition und Veränderung« mit zukunftsbezogenen Fragen vor allem im Hinblick auf das neue Jahrtausend, »Was lernen wir und was lehren wir über uns selbst und andere?« sowie in den letzten Jahren »Dialog in Konfliktsituationen«. In der anschließenden Aussprache werden die Darstellungen der Referenten angeregt und durchaus kontrovers diskutiert.

Die Weiterarbeit geschieht in gemischten Gesprächsgruppen. Im Idealfall sind die drei beteiligten Religionen unter den etwa 80 bis 90 Teilnehmenden gleich stark vertreten. In jedem Fall werden die Gruppen jedoch so zusammengestellt, dass es in jeder jüdische, christliche und muslimische Männer und Frauen verschiedenen Alters und mit unterschiedlichem Wissens- und Erfahrungshintergrund gibt. Sie werden ermutigt, aus der persönlichen Perspektive her, nicht als Vertreter einer Weltanschauung oder Organisation, eigene Gedanken sowohl zu den Vorträgen als auch zu sich daraus ergebenden neuen Fragen zu entwickeln. Das Gesprochene wird vertraulich behandelt, zumal es sich ja nicht um öffentliche Stellungnahmen handelt, sondern als Teil eines sich fortsetzenden Lernprozesses. Im Zusammenhang mit dem gegenseitigen Respekt und der mehrsprachigen Realität wird dabei alles in die Konferenzsprachen Deutsch und Englisch übersetzt.

In Projektgruppen erfolgt dann eine kreative Auseinandersetzung mit dem Thema durch Musizieren und Singen, Malen, Schreiben, meditativen Tanz, vertiefende Arbeit mit Texten der jeweiligen heiligen Schriften zum Tagungsthema und andere Angebote. Entsprechend ihrer jeweiligen Veranlagung wählen die Teilnehmenden selbst ihre Aktivität aus und haben die Möglichkeit, sich noch auf einer anderen Ebene des Gesprächs kennen zu lernen, auszudrücken und zusammenzuarbeiten.

Darüber hinaus gibt es die so genannten »intrareligiösen Gruppen«, in denen man sich mit Angehörigen der eigenen Glaubensgemeinschaft trifft. Dieses Element entstand daraus, dass vor allem jüdische und muslimische Teilnehmende täglich zu ihren Gebetszeiten zusammenkamen und dabei auch Eindrücke austauschten und eigene Fragen besprachen. Für die Gebetszeiten steht mittlerweile jeweils ein Raum zur Verfügung, und zur Diskussion anderer Anliegen wurde auf diese Weise auch Zeit im Programm eingeräumt. Nicht zuletzt wird diese Zeit auch zur Vorbereitung der Gottesdienste am Wochenende genutzt.

Letztere bringen einen neuen Höhepunkt und ein neues Element. Zum muslimischen Freitagsgottesdienst, dem jüdischen Schabbat und dem christlichen Sonntagsgottesdienst laden die Teilnehmenden der jeweiligen Religionsgemeinschaft die anderen ein. Dabei steht es den Einzelnen frei, den fremden Gottesdienst als respektvoller »Zuschauer« zu erleben oder zu erkunden, wie weit er oder sie sich selbst inhaltlich auf das Geschehen einlassen kann. Erfahrungen dabei und Gedanken hierzu können in den bestehenden Gruppen oder auch in persönlichen Gesprächen ausgetauscht werden. Selbstverständlich geht es auch hier nicht darum, die Religionen zu vermischen oder zu vereinheitlichen, sondern um einen Einblick in die Spiritualität des anderen neben der Begegnung auf der intellektuellen und menschlichen Ebene.

Während in den Gottesdiensten oft sehr stark die Unterschiede der Sprache, der Liturgie und auch der Theologie wahrgenommen werden, ist Schweigen etwas, das alle miteinander teilen können. Darauf baut die Morgenmeditation auf. Sie wird täglich abwechselnd von Angehörigen einer Religion mit einem kurzen Text aus der eigenen Tradition eingeleitet, der allerdings keine für eine Gruppe spezifischen theologischen Aussagen enthält, gefolgt von einer Zeitspanne der gemeinsamen Stille.

Ein Plenum für »brennende Fragen« hat sich vor allem in Krisenzeiten wie der Zuspitzung des Nahostkonflikts oder den Kriegen am Golf und auf dem Balkan bewährt, die sich immer wieder indirekt auf die Konferenz auswirken. Auch wenn in erster Linie, der Alltagsumgebung der Teilnehmenden entsprechend, Fragen des Zusammenlebens in Europa im Vordergrund stehen, sind doch einige z.B. durch Angehörige in Krisengebieten oder auf andere Weise mit betroffen, und die dadurch entstehende emotionale Belastung könnte vom Tagungsthema ablenken – oder Unzufriedenheit verursachen, wenn es gar nicht berücksichtigt würde. Zur Erleichterung des Gesprächs im Plenum sitzt man im Stuhlkreis und benutzt Methoden wie »Fishbowl« (wer sprechen möchte, setzt sich auf einen der gesonderten Stühle in der Mitte), die die ausführliche Beschäftigung mit komplexeren Gedankengängen und Gesprächsbeiträgen fördern.

Immer wieder kommt es vor, dass einzelne Teilnehmende eine Erfahrung oder Meinung mitteilen oder ein Projekt vorstellen möchten. Die Möglichkeit gibt es in der Speakers' Corner. Nicht zu unterschätzen ist auch der Austausch, der sich auf informelle Weise in den »freien Zeiten« fortsetzt, etwa bei den Mahlzeiten, die für alle grundsätzlich vegetarisch sind, in den Pausen, in der oft noch sehr angeregt die jüngsten Eindrücke diskutiert werden, bei einer themenbezogenen Exkursion oder bei kulturellen Veranstaltungen am Abend.

Während es keine messbaren Ergebnisse in Form von Resolutionen oder Dokumentationen gibt, baut der intensive gemeinsame Lernprozess Ängste und Vorbehalte ab und wirkt Feindbildern und gegenseitiger Dämonisierung entgegen. Da, wo Menschen verschiedenen Glaubens eine Woche lang zusammen gestritten, gefeiert, geweint, gelacht, geredet, gesungen, geschwiegen, Texte analysiert und Witze erzählt, mit Besorgnis die Nachrichten verfolgt und Zukunftshoffnungen geteilt haben, wächst allmählich Vertrauen und Solidarität, und der Horizont weitet sich. Viele haben erlebt, wie die ganzheitliche Erfahrung einen neuen Ausblick auf das Zusammenleben in einer multireligiösen Gesellschaft mit sich bringt. Dies wirkt sich dann bis in die Heimatgemeinden aus. Ganz individuell veranlasst die Herausforderung bisweilen, sich mit soziopolitischen und theologischen Fragen ganz neu auseinander zu setzen. Oft setzt sich die Begegnung auch in persönlichen

Freundschaften und einem dauerhaften Austausch fort, manchmal sogar in einer regelmäßigen Zusammenarbeit. Wie tragfähig dieses Netzwerk im Laufe der Zeit geworden ist, hat sich vor allem bei schweren Krisen wie dem 11. September 2001 erwiesen, wo per Telefon und E-Mail sehr schnell eine Verständigung über gemeinsame Stellungnahmen und Friedensgebete, aber auch z.B. neue Schwerpunkte der religiösen Erziehung und Jugendarbeit zu Stande kam. Auf diese Weise entstanden in den letzten Jahren auch einige Ableger wie z.B. die Jüdisch-Christlich-Muslimische Konferenz Israel-Palästina, die der Situation vor Ort einen Hoffnungsschimmer der Verständigung entgegensetzt. Für ihre unermüdliche Arbeit erhielt die JCM kürzlich die Hermann-Maas-Medaille von Gengenbach.

Wiederholt ist in den letzten Jahren das Problem angesprochen worden, wie diejenigen erreicht werden können, die nicht von vornherein am interreligiösen Dialog interessiert sind, ihm skeptisch gegenüberstehen oder in der darin gegebenen Herausforderung gar eine Gefahr sehen, denn es genügt nicht, sich unter ohnehin Gleichgesinnten zu verständigen. Es scheint nicht viel Sinn zu haben, diese Abseitsstehenden einzuladen, besonders dann nicht, wenn sie eine fundamentalistische oder extremistische Haltung haben. Umso wichtiger ist es aber gerade da, zunächst innerhalb der jeweils eigenen Religionsgemeinschaft die Initiative zu ergreifen und auf diese Menschen zuzugehen und mit Verständnis für ihre Situation aufzuzeigen, dass Selbstdefinition in Kontrast zum anderen, Absolutheitsansprüche, ausschließliche Konzentration auf vermeintliche oder tatsächliche eigene Interessen, konservative Abgrenzung nach außen oder gar Versuche der militanten Verbreitung der eigenen Sichtweise keine praktikablen und ethisch vertretbaren Wege sind, die Verantwortung in der Welt wahrzunehmen, die uns in unseren drei Religionen gemeinsam ist.

Kontakt:
JCM Geschäftsstelle
Begegnungsstätte Bannmühle e.V.
Stefan Hartmann
55571 Odernheim

Fritz Erich Anhelm

Ohne Angst verschieden sein – Die Interreligiöse Sommeruniversität der Evangelischen Akademie Loccum

Sie dauert acht Tage. Zwischen 100 und 140 Personen nahmen jeweils teil: jüdischen, christlichen und islamischen Glaubens. Vier Mal fand sie inzwischen statt, jedes zweite Jahr seit 1997. Sie wird vorbereitet, durchgeführt und ausgewertet von einer Arbeitsgruppe, die sich aus Vertreter/innen aller drei Religionen zusammensetzt. Sie ist ein Lernexperiment aus Begegnung, Erfahrung, Auseinandersetzung und Reflexion und zugleich eine Übung im Zusammenleben – auf Zeit. Ihr Grundthema ist der verantwortliche Beitrag der Religionen für das Zusammenleben in der Gesellschaft. In der Interreligiösen Sommeruniversität geht es also um das Verhältnis der Religionen zueinander und zum Gemeinwesen. Es geht um respektierte Einzigartigkeit und bejahte Pluralität zugleich, um das, was unterschiedlich bleibt, und das, was als gemeinsam entdeckt werden kann. Acht Tage also. So viel muss schon sein.

In vier *Schriftenauslegungsgruppen*, jeweils parallel an vier ganzen Vormittagen, ist man zentralen Weltdeutungsmustern der drei Religionen auf der Spur. In jeder Gruppe ist theologische Expertise abrufbar, werden die jüdischen, christlichen und islamischen Auslegungstraditionen vorgestellt und auf ihre Bedeutung für das je eigene Verhalten hin befragt. Welchen Einfluss hat das Gottes- auf das Menschenbild? Wie verhält sich die Aussage über die Ebenbildlichkeit des Menschen zum Bilderverbot? Was ist Sünde? Bei der Trinität ist Spannung im Raum. Juden und Muslime sind einander plötzlich näher als beide den Christen. Lässt sich der eine Gott dreifach ausfächern? Man kann eine Stecknadel zu Boden fallen hören. Da geht nichts mehr. Hier gibt es keine Brücke. Der Unterschied bleibt: Jesus der Prophet und Jesus der Christus.

Oder: Der Umgang mit der Schrift. Was gilt? Das Wort an sich oder seine auslegungsfähige Bedeutung in unterschiedlichen geschichtlichen Kontexten? Ist ein historisch-kritischer Zugang zum Koran erlaubt? Eine strittige Frage auch unter Muslimen. Schon die Übersetzung wirft Probleme auf. Der veränderte Bedeutungsgehalt verändert die Deutung. Was nimmt der Islam von der jüdischen und christlichen Religion wirklich auf? Dass er die endgültige Offenbarung verkörpere, kann von Juden und Christen nicht nachvollzogen werden. Diese oft gebaute Brücke erweist sich als nicht tragfähig. Bei Abraham kann man sich treffen. Trifft man sich dabei aber auch beim gleichen Gott?

Die drei zentralen *Podien* im Plenum – zuletzt nannten wir sie *Ringgespräche* – widmen sich ausgewählten gesellschaftspolitischen Entwicklungen, der Bio- und Gentechnologie, etwa in der dritten und der gemeinsamen Aufarbeitung historischer (Vor-) Urteilsmuster in der vierten Sommeruniversität. Wissenschaftliche Expertise findet sich hier im Gespräch mit glaubensgegründeter Normativität, Forschung mit Ethik. Das Machbare ringt mit dem Verantwortbaren, wissenschaftliche Objektivierung mit persönlicher Überzeugung.

In-Vitro-Fertilisation ist im Islam innerhalb der Ehe erlaubt, darüber hinaus nicht. Präimplantationsdiagnostik soll ausschließlich auf Diagnose und Therapie bei kongenitalen Defekten beschränkt bleiben. Klonen stößt auf kategorische Ablehnung bis Abwarten, ob sich damit ein Nutzen für die Menschheit verbindet. Embryonenforschung ist von jüdischen Positionen her nicht grundsätzlich ausgeschlossen. Das Leben beginnt im Mutterleib. Für Christen hat der Embryo bereits einen schutzwürdigen Status. Die theologischen Anbindungen sind nicht einheitlich. Gemeinsam aber wendet man sich gegen jede Form von Selektion menschlicher Individuen. Solche Selektion verbietet sich aus dem Verständnis des Lebens als unverdiente Leihgabe (jüdisch), Geschenk (christlich) und Vertrauenspfand (islamisch) Gottes. Dieses Verständnis schließt eine Bewertung nach Leistungsfähigkeit, Gesundheit oder auch Schönheit grundsätzlich aus.

In den »Ringgesprächen« der bisher letzten Sommeruniversität (Titel: Wie kann Gestern Morgen besser werden?) standen die noch heute wirkenden und politisch nutzbaren (Vor-)Urteilsmuster der Geschichte der Religionen mit – und oft genug gegeneinander, im Mittelpunkt. Persönliche Erfahrungen (z.B. von Vermittlern im Kosovo-Konflikt), Chancen und Grenzen von Mediation bezogen sich auf objektivierende historische Analyse, überlieferte Urteile auf Ansätze zukunftsfähiger Konfliktbearbeitung. Die Differenzierung des Blickes zurück verhalf dazu, emotional stark besetzte Deutungsmuster sachlich geprägter Fragestellung zugänglich zu machen. Erklärung trat an die Stelle verklärender Mythenbildung. Nüchterne Abwägung behauptete sich gegen das schon immer unbefragt Gewusste. Hier muss nichts bis ins Letzte verteidigt werden, weil Dialog statt anzuklagen auf Verstehen zielt.

Dies muss sich in den *Workshops* beweisen. Von der islamischen Eroberung Nordafrikas und Spaniens über die »goldene« Zeit in Andalusien bis zu den Kreuzzügen, vom Osmanischen Reich, den Türken vor Wien, dem Amselfeld und der Kolonialzeit reicht das historische Spektrum. Aber auch die jüngste Zuwanderung russischer Juden nach Deutschland ist Thema. In sieben Workshops wird in je drei Sitzungen durch Vortrag und Diskussion Geschichte zum Gegenstand gegenwärtiger Reflexion über Orientierungen für die Gestaltung der Zukunft, nicht ohne Kontroverse. Nicht alles erlaubt Distanz von persönlichen Verletzungen, von Reflexen der Selbstbehauptung, von unbemerkten alltagssprachlichen Selbstverständlichkeiten, die in ungeahnten Wunden rühren oder auch »nur« Missverständnisse produzieren. Die Kontroverse muss heraus, bearbeitet werden. Die Streitkultur aber weiß sich der gemeinsamen Verantwortung zur Klärung verpflichtet.

Das in der Mitte der Sommeruniversität liegende Wochenende ist ganz dem gegenseitigen *Kennenlernen gottesdienstlicher Praxis* in den drei Religionen vorbehalten. Gebet, Ritual, Liturgie, Feiern als religionskulturelle Ausdrucksformen der Gottesbeziehung können in ihrer je eigenen Tradition miterlebt und danach in Frage und Antwort reflektiert werden. Dazu wird gegenseitig eingeladen.

Es beginnt mit dem muslimischen Freitagsgebet zur Mittagszeit. Erklärungen zu den verschiedenen Gebetsformen, ihren Traditionen und Bedeutungen schließen sich an. Danach wird der jüdische Sabbat mit dem Abendgottesdienst (MA'ARIW) und dem Segen über Wein und Brot eingeleitet. Am Samstag folgt der Morgengottesdienst (SCHACHARIT), der fast den gesamten Vormittag dauert. Die Talmudschule am Nachmittag nimmt eine Fragestellung auf, die sich aus der Sommeruniversität heraus als konfliktträchtig oder erklärungsbedürftig entwickelt hat, um sie aus der Perspektive jüdischer Gelehrsamkeit zu beleuchten. »Auge um Auge, Zahn um Zahn« war z.B. so ein Thema, an dem sich eine heiße Plenardiskussion entzündet hatte. Dass hier in der jüdischen Tradition nicht »Vergeltung«, sondern Kompensation erlittenen Leidens im Vordergrund steht, machte deutlich, wie sehr alltagssprachliche Bedeutungsmuster der Überprüfung bedürfen, wenn sie sich nicht zum Vorurteil verfestigen sollen. Die Beschäftigung mit dem jüdischen Gesetzesverständnis wurde zum Anlass, spontan eine Einführung auch in das System islamischer Rechtsschulen anzuschließen.

Zum späten Samstagabend wird der Sabbat mit dem jüdischen Gottesdienst beendet.

Am Sonntag findet der christliche, ein evangelischer Gottesdienst statt, der der Ordnung des Predigtgottesdienstes ohne Abendmahl folgt. Im Nachgespräch werden die verschiedenen liturgischen Teile erläutert. Für Samstagnacht und Sonntag wurde auch an die Tradition der Stundengebete angeknüpft.

Morgenandachten und -gebete finden wechselnd zwischen den Religionen an allen Tagen statt. Jede Religion hat während der Sommeruniversität ihren eigenen Gebets- und Gottesdienstraum, der ihr die ganze Zeit über zur Verfügung steht. Alle können an allen Gebets- und Gottesdienstveranstaltungen teilnehmen. Das Wochenende aber ist die konzentrierteste Annäherung an die jeweils andere Gebets- und Gottesdienstkultur.

Es ist dieser Teil der Sommeruniversität, der am intensivsten an die fremde Glaubenspraxis heranreicht. Dafür muss diese in ihrer jeweiligen Form aber auch als authentische erkennbar sein. Es darf nichts »aufgeführt« werden. So ist er auch der sensibelste Teil. Das wird von den Teilnehmenden entsprechend empfunden. Sie ordnen sich in für sie fremde Abläufe und Verhaltensformen ein. Aber sie praktizieren ebenso den Ausdruck des eigenen Glaubens wie er ihrer Tradition entspricht. Viele Fragen werden wach, auch solche, die die eigene Religionskultur betreffen. Gerade deren vertieftes Verständnis ist Gegenstand langer Gespräche.

Drei Mal trifft sich das Plenum zu *biographischen Abendgesprächen.* Drei Leben werden betrachtet, das von Ruth Lapide, das von Mehdi Razvi und das von George Khoury zum Beispiel: Eine Jüdin, die sich insbesondere mit christlicher Theologie auseinander setzt, ein Imam, der den Dialog der Religionen in besonderer Weise fördert, und ein Journalist, Christ und in Palästina geboren, aufgewachsen zwischen Juden und Muslimen. Es soll erzählt werden: Was ist wichtig geworden und warum? Was hat ein Leben geprägt, ein Leben mit einer glaubensgegründeten Identität zwischen den Religionen? Was sind die Geschichten, die Ereignisse der Geschichte, die die jeweilige Biografie bestimmen? Was die bleibenden Erfahrungen, die mitgeteilt werden können? Wie wurden sie reflektiert, verarbeitet? Welche Orientierung ging von ihnen aus? Woran bildete sich Identität? Die Dichte, die Aussagekraft dieser Gespräche sind beeindruckend. Oft wird Anekdotisches, Humorvolles zur Quelle tiefer Einsicht. Die Gelassenheit einer entspannten Atmosphäre schafft Raum für das, was Persönlichkeiten formte. Das Erzählte darf stehen bleiben, muss nicht zerfragt werden. Seine Wahrheit wirkt aus sich selbst, wird wahrnehmbar durch die Person, für die sie gilt.

Am letzten Abend der Sommeruniversität feiern wir ein *Fest.* Das Buffet wird den religiösen Essensvorschriften gerecht wie jede Mahlzeit dieser Tage. Fröhlich geht es zu, wenn alle sich danach im Plenum treffen. Es wird gelacht, rezitiert, parodiert, gesungen und getrommelt sogar. Manche Spannung löst sich auf, ohne verdrängt werden zu müssen. Sie hat – wo es gut ging – schon vorher ihre Sprache gefunden in vielen Gesprächen am Rande oder auch im Zwischenplenum, das der Leitungsausschuss vorbereitet, der jeden Tag zusammenkommt, um zusammenzudenken, was in den Schriftenauslegungsgruppen, den Ringgesprächen, den Workshops geschieht. Diese Beobachtung leitet das Schlussplenum am letzten Tag ein. Es ist gemeinsame Reflexion des Erlebten und Gelernten auf Zukunft hin, auf die eigenen Aktivitäten der Beteiligten und die nächste Sommeruniversität. Das wird die fünfte sein, 2005.

Die Interreligiöse Sommeruniversität hat sich von ihren mit Skepsis betrachteten experimentellen Anfängen zu einem komplexen Lernprojekt entwickelt, in dem sich die verschiedenen, inzwischen bewährten methodischen Zugänge stets neu mit Inhalt füllen müssen. Die Vorbereitungsgruppe, ebenso wie diejenigen, die um ihre Expertise gebeten, und die, die zur Beteiligung in offen ausgeschriebener Form eingeladen werden, stellen die Korrespondenz zwischen den Methoden und dem Inhalt immer wieder neu her. Am Anfang stand dabei die Ökumenische Sommeruniversität des Plädoyers für eine ökumenische Zukunft Pate, die alle zwei Jahre alternierend zur Interreligiösen an verschiedenen Evangelischen Akademien stattfindet. Ökumenisches und interreligiöses Lernen sind sich strukturell gesehen durchaus ähnlich, unterscheiden sich jedoch in ihren glaubensbezogenen Inhalten. Das gilt nicht unbedingt für deren gesellschaftsbezogene Dimensionen. Gerechtigkeit, Frieden und die Bewahrung der Schöpfung sind in ihrem Gesellschaftsbezug durchaus auch interreligiös thematisierbar, auch wenn sich die Motivation dazu aus unterschiedlichen Glaubenstraditionen speist. Fragen des Rechtes und der Gesellschafts-, bzw. staatlichen Ordnung sind im interreligiösen Dialog jedoch – gerade nach den Erfahrungen mit der Sommeruniversität – sehr viel komplexer als im ökumenischen. Dies könnte für den Dialog zwischen Juden, Christen und Muslimen ein Ansatz für den nächsten Anlauf sein.

Lässt sich sagen, was in den Interreligiösen Sommeruniversitäten gelernt wird? Sicher wissen die Teilnehmenden am Ende mehr über die je anderen Religionen als zu Beginn. Sie wissen auch mehr über die eigene, deren Glaubenstraditionen und deren systematische Überlieferung, deren lebenspraktische Bedeutung und ihre vielfältigen Brechungen in der Lebenswirklichkeit gesellschaftlichen Alltags. So bieten diese Tage Raum zu reflexiver Selbstorientierung, die insofern als Eigenleistung der Beteiligten angesehen werden kann, als sie auf der individuellen Verarbeitung des Erlebten, Gehörten, Wahrgenommenen beruht. Diese Tage sind anstrengend, weil sie zu solcher Eigenleistung anstoßen. Dazu setzt das Programm mehr als den Rahmen. Es vermittelt den Impuls durch Inhalt und Form. Es verfremdet das für selbstverständlich Gehaltene und sorgt dadurch für Irritation, die neu integriert werden will. Die Integration der Differenz ist ein komplexer Lernvorgang, der die ganze Person umfasst und letztlich ihre Identität und Integrität bestimmt. Das Programm in seinen unterschiedlichen methodischen Zugängen liefert kognitive und emotionale Bezüge, die aufgenommen oder zurückgewiesen werden können. Beides setzt Beteiligung voraus.

Diese individuellen Lernvorgänge bleiben durch die wechselnden Formen des Gesprächs (im Plenum, in Gruppen, in den Pausen) aufeinander verwiesen. Das Bemühen um gegenseitiges Verstehen enthält immer auch Elemente der Verständigung. An ihnen bildet sich Verhalten, das auf gelingendes Zusammenleben zielt. Ob und inwieweit dies gelingt, drückt sich auch atmosphärisch aus. Die Atmosphäre dieser Tage ist ein wichtiger Gradmesser für den gemeinsamen Lernprozess. Sie entwickelt sich aus der Art der Begegnung und kann, wo sie Grund zum Vertrauen bewirkt, auch durch Konflikte tragen. In solcher Atmosphäre darf man ohne Angst verschieden sein.

Gelernt wird eben nicht zuletzt der Dialog selbst. Durch die Themen und Formen hindurch, mit denen er sich verbindet, ist er die eigentliche Investition in die politische Kultur der Gesellschaft, weil er das Verhalten einübt, das Verständigung durch Verstehen bewirkt.

Literatur

Ausgewählte Veröffentlichungen der Evangelischen Akademie Loccum zum interreligiösen Dialog:

Anhelm, Fritz-Erich/Fritsch-Oppermann, Sybille, (Hg.), Ohne Angst verschieden sein – Muslime, Juden und Christen in Deutschland begegnen sich, Loccumer Protokolle 23/97.

Fritsch-Oppermann, Sybille (Hg.), In einem Haus zu Haus. Interreligiöses Leben, interreligiöse Spiritualität, 2. Interreligiöse Sommeruniversität, Loccumer Protokolle 51/99.

Fritsch-Oppermann, Sybille/Anhelm, Fritz-Erich (Hg.), Was macht den Menschen ganz und heil? – Menschen als Gottesgeschöpfe in Judentum, Christentum und Islam, 3. Interreligiöse Sommeruniversität, Loccumer Protokolle 28/01.

Anhelm, Fritz-Erich/Dressler, Bernhard (Hg.), Islamischer Religionsunterricht in Niedersachsen. Perspektiven seiner Einführung, Loccumer Protokolle 91/02.

Das Protokoll zur 4. Sommeruniversität »Wie kann Gestern Morgen besser werden? – Jüdisch, christliche, muslimische Geschichte(n)«, Loccum 2004.

Kontakt:
Evangelische Akademie Loccum
Münchehäger Str. 6
31547 Rehburg-Loccum
eal@evlka.de
www.loccum.de

Alan Brown

Die »Shap Working Party zu Weltreligionen in der Bildung«

Ursprung und Hintergründe

Der offizielle Titel der »Shap Working Party« lautet: »The Shap Working Party on World Religions Limited«. Das klingt zwar umständlich, aber da Shap sowohl eine eingeschränkte Gesellschaft als auch eine eingetragene gemeinnützige Organisation ist, wird der formale Titel gelegentlich benötigt. Die am häufigsten gestellte Frage ist: »Was bedeutet ›Shap‹?« Die Antwort ist einfach und vielleicht ein wenig enttäuschend, da sich der Name von dem Dorf Shap in Nord-England ableitet. Dort wurde die »Shap Working Party« 1969 gegründet. Also sollte man ein wenig von englischer Geographie verstehen. Da einige der ersten leitenden Personen zu Beginn der »Working Party« Smart, Hinnells, Hilliard und Parrinder waren, wird romantischerweise oft angenommen, dass sich der Name aus den Anfangsbuchstaben dieser Namen gebildet hat – aber so prosaisch ist die Wirklichkeit nicht.

Die Geschichte des Religionsunterrichts in England und Wales von Mitte der 1940er bis einschließlich der späten 1960er-Jahre war größtenteils durch biblischen Unterricht geprägt. Religionsunterricht wurde offiziell als religiöse Unterweisung verstanden (oder in einigen Schulen als Theologie und Heilige Schriften). Erst durch das Bildungsreformgesetz von 1988 wurde »Religious Instruction« zu »Religious Education«. In den Schulen gab es nur wenig Unterricht über Religion als weltweites Phänomen, obwohl manche Universitäten seit den späten 1960er-Jahren Abschlüsse in Religionskunde anboten oder das Studium einer Weltreligion als Teil des theologischen Examens ermöglichten. Die Ernennung von Ninian Smart zum ersten Professor für Religionswissenschaft an der Universität Lancaster in den späten 1960er-Jahren war der Beginn einer Veränderung von Charakter und Inhalt des Religionsunterrichts. Die im Shap Wells Hotel durchgeführte Konferenz mit interessierten Lehrer/innen und Dozenten wollten eine frühere Initiative der Universität Newcastle 1968 aufnehmen. Daraus entstand die »Shap Working Party«. Die nächsten zwanzig Jahre waren für »Shap« äußerst wichtig. Der Religionsunterricht entwickelte sich rasant mit dem Ziel, die Weltreligionen einzubeziehen (die meisten Lehrpläne bezogen sich dabei auf: Judentum, Christentum, Islam, Hinduismus, Buddhismus und Sikhismus), das im Bildungsreformgesetz 1988 festgelegt wurde. Die Lehrpläne für den Religionsunterricht in Großbritannien sollten das Christentum und die anderen wichtigen Religionen behandeln. Es war das erste Mal, dass der Inhalt des Religionsunterrichts durch ein landesweites Gesetz vorgeschrieben wurde. Die Arbeit von »Shap« wurde dadurch bestätigt.

Zielsetzungen

Zu Beginn war es das Ziel von »Shap«, den Unterricht von Weltreligionen in Schulen und Universitäten zu fördern, insbesondere durch gute Materialien, mit denen die Vielfalt der Weltreligionen erschlossen werden konnte. Auch heute noch, da in den Medien eine Religion oft mit Stereotypen belegt wird, gibt es Bedarf an präzisen Informationen.

Die »Shap Working Party« sieht sich dazu verpflichtet, eine hohe Qualität im Studium der Religionen zu fördern. Dazu gehören ein sachgemäßes Verständnis der religiösen Glaubensrichtungen und -praktiken und ihre Bedeutung im Leben der Gläubigen. »Shap« unterstützt auch diejenigen, die außerhalb des Bildungswesens mit verschiedenen Religionsgemeinschaften zu tun haben.

Aktivitäten von »Shap«

In den letzten Jahren hat sich »Shap« verstärkt außerhalb von Schulen engagiert, auch auf Grund des großen Erfolges des Kalenders der Weltreligionen. Die Schaffung eines Kalenders mit den religiösen Festtagen der Religionen war die öffentlich bedeutsamste Aktivität der »Working Party« in den letzten 35 Jahren. Dieser Kalender, mit kurzen Erklärungen zu den Bedeutungen der Feste, ist die Grundlage der gesamten Arbeit von »Shap«. Der Kalender wurde in den 1970er-Jahren zum ersten Mal veröffentlicht und die Nachfrage hat über die Jahre immer mehr zugenommen. Inzwischen werden über 15.000 Exemplare verkauft. Das Format hat sich geändert, es enthält jetzt einen großen Wandkalender zusammen mit einem ergänzenden Heft mit ausführlichen Informationen. Eine kleine laminierte Version des Wandkalenders für Taschenkalender wurde hergestellt. Anfangs unterstützt von der »Commission for Racial Equality«, wird der Kalender heute eigenständig hergestellt und bildet die Haupteinnahmequelle von »Shap«. Er wird heute nicht nur an Schulen verkauft, sondern auch an Polizeibehörden, Gefängnisse, große Einkaufszentren, Postämter, Banken und viele lokale Bildungsbehörden und -einrichtungen, die mit Menschen unterschiedlicher Religionszugehörigkeit zu tun haben.

2004 hat die »Working Party« erstmals ergänzend einen Bildkalender veröffentlicht. Dieser besteht aus DIN A4 Farbbildern, die verschiedene Feste darstellen, ein Bild für jeden Monat des Jahres. Auch das ist ein sehr erfolgreiches Produkt geworden. Die Bilder können laminiert auch noch verwendet werden, wenn der Monat vorüber ist.

Wenn man über »Shap« schreibt, ist es schwer, die Bedeutung des Kalenders nicht zu stark zu betonen, da er inzwischen überall bekannt ist und von vielen nationalen Institutionen und Organisationen wegen seiner Genauigkeit und Qualität geschätzt wird. Aber es gibt andere wichtige Aspekte in der Arbeit von »Shap«. So erscheint eine Zeitschrift, die sich jeweils mit einem aktuellen Thema zum Unterricht zu Weltreligionen befasst. Die letzten Titel waren: *Reichtum und Armut*, *Kann ich deine Religion unterrichten?*, sowie: *Religion: Problem oder Antwort?* Die Leserschaft kommt zum größten Teil aus weiterführenden Schulen und Universitäten. Es gibt für Grundschullehrer einen eigenen Teil in der Zeitschrift, der ihnen helfen soll, das ausgewählte Thema mit der Klasse zu bearbeiten.

Seit den späten 1970er-Jahren hat die »Shap Working Party« bislang vier Handbücher für Lehrkräfte zu Weltreligionen veröffentlicht. Diese beinhalten Materialien, Handreichungen und Ratschläge. Da heute ein größeres Bewusstsein über den Stellenwert der Weltreligionen im Unterricht erkennbar ist, hat das Interesse an solchen Publikationen etwas nachgelassen.

Der Erfolg von »Shap« kann auch an einer Reihe von Konferenzen, die zwischen 1970 und 1990 in London, Chichester, York und Lancaster durchgeführt wurden, gemessen werden. Sie sollten Lehrkräfte darin unterstützen, verschiedene Aspekte der Weltreligionen zu erforschen und Theorie und praktische Anwendung gleichermaßen im Unterricht zu beachten.

1999 hat die »Working Party« den »Shap-Award« eingeführt. Diese Auszeichnung wird an Einzelne oder Gruppen vergeben, die hervorragende Medien oder andere Materialien produziert haben, die den Unterricht über Weltreligionen bereichern. Der Preis hat sich bereits zu einer sehr geschätzten Auszeichnung im Rahmen des Religionsunterrichts entwickelt.

Die »Shap Working Party« hat eine Internet-Seite, über die auch fachliche Anfragen beantwortet werden.

Mitgliedschaft

Einer der Gründe für den Erfolg der »Working Party« sind die 35-40 Mitglieder, die sich ein- oder zwei Mal im Jahr treffen. Es wird von den Mitgliedern erwartet, dass sie sich an den Aktivitäten der »Working Party« auch selbst beteiligen. Seit dem Bestehen der »Working Party« hatte sie insgesamt etwa 75 Mitglieder. Zur Mitgliedschaft wird man eingeladen, Mitglieder von »Shap«

erhalten keine Zuwendungen, und sie investieren ihre Freizeit. Nicht nur ihre starke persönliche Motivation für »Shap« zu arbeiten zählt, sondern auch, dass sie an ihren Arbeitsstellen oder in anderen Bereichen bei Bedarf und passender Gelegenheit die »Shap-Vision« einbringen können. Ein Mitglied von »Shap« zu sein bedeutet an subversiven Aktivitäten teilzunehmen. Deshalb ist die Zusammensetzung der Mitgliedschaft – religiös orientierte oder Menschen ohne Religion, aus allen Bildungsbereichen, von Sonderschulen bis zu Universitäten – so wichtig. Sie präsentiert Bandbreite und Tiefe quer durch Bildung und Religion sowohl in den direkten Begegnungen als auch in Bildungsverwaltung und Organisation.

Ausbreitung von Shap

»Shap« hat zwar nur wenige Mitglieder, aber es hat enge Verbindungen zur »Scottish Working Party on Religions of the World in Education« entwickelt. Schottland hat ein anderes Bildungssystem als England und Wales. Deshalb haben die Ziele und Absichten von dem, was sich jetzt »Scottish Shap« nennt, einen unverkennbar keltischen »Beigeschmack«. Durch die Gründung der »European Association for World Religions in Education« (EAWRE) auf dem Europäischen Kontinent können Shap-Erfahrungen mit anderen, weiter entfernt arbeitenden Kollegen ausgetauscht werden. Der Austausch ist keinesfalls nur einseitig, denn von den Perspektiven der »Euro-Mitglieder« hat die »Shap Working Party« einen enormen Nutzen. Eine zentrale Aktivität von EAWRE ist die Herstellung eines dreisprachigen (Deutsch, Englisch, Französisch) religiösen Festkalenders, nach dem Beispiel von Shap, der jedoch auch andere Feste enthält.

Zukunftsperspektiven

Eine der zentralen Diskussionen bei Shap dreht sich um die Frage, welche Perspektiven die weitere Arbeit bestimmen sollen. Die »Working Party« hat immer verschiedene religiöse Traditionen in ihre Arbeit einbezogen, bisweilen einige mehr als andere. Zusätzlich hat sie von Zeit zu Zeit Humanisten und säkulare Religionswissenschaftler einbezogen. Ninian Smart, der bis zu seinem Tod 2001 viele Jahre als Vorsitzender von »Shap« die Richtung der »Working Party« beeinflusst hatte, bevorzugte den Begriff »Weltsicht«, denn aus seiner Perspektive umfasste dieser Begriff besser als andere die Vielfalt religiöser und nichtreligiöser Glaubenseinstellungen und -praktiken. Natürlich war eine gemeinsame Definition des Begriffs »Religion« praktisch unmöglich. Ein Beispiel dafür:

Im Religionsunterricht in englischen Schulen wird immer noch das Christentum als Modell für das Studium anderer Religionen und Weltanschauungen verwendet. Es stellt sich die Frage, ob das so richtig ist (»Shap« wäre damit wahrscheinlich nicht einverstanden), und sogar, wenn es richtig wäre, nach welchem Modell des Christentums man vorgehen solle. Kritisch ist festzuhalten, dass »Shap« mit Lehrkräften aller religiösen Überzeugungen (oder auch keiner) arbeitet, um sie zu überzeugen, dass jede Religion ihr eigenes Verständnis besitzt und in eigenen Begriffen dargelegt werden sollte. Die Auseinandersetzung zwischen diesen beiden Positionen ist noch nicht beendet, obwohl der Begriff »vergleichende Religion« heute weniger verwendet wird als noch vor zehn Jahren. Heute wird eher akzeptiert, dass eine Religion oder Weltanschauung nach ihren eigenen Kriterien wahrgenommen werden sollte. Wie komplex diese Argumentation ist, kann anhand der Frage: »Warum kann ich mich dem Koran nicht in der gleichen Weise nähern wie der Bibel?« dargestellt werden. Mit anderen Worten: Sollten die religiösen Organisationen selbst bestimmen, wie ihre eigene Religion bzw. Weltanschauung in der Klasse unterrichtet werden soll? Oder sind hier ebenso weitere zentrale pädagogische Ansätze zu berücksichtigen? Kommen Religionslehrer dadurch in Konflikt? Sollte der Religionsunterricht geschützte und heilige Aspekte einer Religion herausfordern und sie nach allgemeinen pädagogischen Kriterien prüfen, auch wenn diese in der jeweiligen Religion nicht akzeptabel sind? Für viele Lehrer, die keine religionspädagogische Ausbildung haben, ist diese Argumentation zu kompliziert.

Das Chichester-Projekt

Zur Bearbeitung dieser Fragen wurde das Chichester-Projekt unter der Schirmherrschaft von »Shap« in den frühen 1980er-Jahren begonnen und bis 2002 durchgeführt.

In den 1980er-Jahren begann der Einfluss der Mitglieder von »Shap« und der Philosophie von »Shap« Auswirkungen auf den Religionsunterricht zu zeigen. Es gab eine wachsende Industrie, die Lernkisten mit Material zu verschiedenen Religionen herstellte, und Verlage veröffentlichten zunehmend attraktive Bücher über Feste, Bilder und Familienfeiern. Im Christentum war man aber weiterhin auf die Bibel ausgerichtet, auf christliche Glaubenslehre und christliche Moralerziehung. Das Projekt unter Leitung der »Shap Working Party« wollte einen »Shap-Style« für den Unterricht über Christentum fördern. Die meisten Schüler/innen in den Schulen hatten wenig Ahnung vom Glauben und den Glaubenspraktiken des Christentums, entgegen der

Annahme der Lehrer. Das »Chichester-Projekt« übernahm den weltreligiösen Ansatz, der davon ausging, dass Schüler/innen ebenso viel vom christlichen Glauben wüssten wie von jeder anderen Weltreligion. Ziel war, eine Reihe von Büchern für Studenten in Sekundarschulen und ein Handbuch für Lehrer zu veröffentlichen, um Schüler/innen und Lehrern die Möglichkeit zu geben, Christentum als eine Weltreligion studieren zu können. Später wurde Material über die Weltreligionen für Grundschulen hergestellt, und das Projekt endete mit einer Reihe von acht Büchern für Schüler/innen zwischen 4 und 11 Jahren. Die »neue« Art das Christentum zu lehren war sehr erfolgreich und der Ansatz der Bücher wurde über die Jahre häufig nachgeahmt und weiterentwickelt. Dieses Projekt war für »Shap« wichtig, denn es ließ Kritiker erkennen, dass »Shap« nicht ausschließlich an Religionen und Weltanschauungen außerhalb des Christentums interessiert war.

Perspektiven

Die »Shap Working Party« ist ein Zufallsprodukt. Sie existiert und sie hat begeisterte und engagierte Mitglieder. Es mag eine Zeit kommen, wo seine Aufgabe erledigt ist oder die Mitglieder ihre Dynamik verloren haben. Jedes Jahr werden die Kosten der eigenen Publikation durch Einnahmen gedeckt und, obwohl viele den Kalender kopiert haben, hat doch keiner die Autorität des Shap-Kalenders erlangt. Der Erfolg der »Working Party« wurde eigentlich durch die Tatkraft und Begeisterung der Mitglieder vorangetrieben. Wenn man eingeladen wird, dabei zu sein, dann kommen auch Aufgaben hinzu. Neue Mitglieder bedeuten neue Ideen und neue Initiativen.

Die Mitglieder haben klare Ziele: Gute und genaue Informationen über Weltreligionen und Weltanschauungen zur Verfügung zu stellen, Material vom Kalender und der Zeitschrift bis zu den veröffentlichten Büchern und Handbüchern zu verbreiten. Ein professioneller Beratungsservice von Lehrkräften und Schüler/innen über die Internet-Seite soll ebenfalls die Ziele von »Shap« unterstützen.

»Shap« hat eine erfolgreiche Vergangenheit. Es war bei der Entwicklung des Religionsunterrichts in den 1970er, 80er und 90er-Jahren an zentraler Stelle aktiv und viele seiner ursprünglichen Ziele sind nun erreicht, aber es bleiben noch Aufgaben, die bearbeitet werden müssen.

(übersetzt aus dem Englischen von Peter Schreiner)

Kontakt:
Shap Working Party
P.O. Box 38580
London SW1P 3XF
Internet: www.shap.org

Barbara Rudolph

»Weißt du, wer ich bin?« – Religionsgemeinschaften als Friedensstifter

»Weißt du, wer ich bin?« ist der Titel eines Projektes

- der Arbeitsgemeinschaft Christlicher Kirchen in Deutschland (ACK)
- des Zentralrates der Juden in Deutschland (ZJD)
- des Zentralrates der Muslime in Deutschland (ZMD) und
- der Türkisch-Islamischen Union der Anstalt für Religion (DITIB), das von 2004 bis 2007 durchgeführt wird.

Es wird von der Überzeugung getragen, dass die Religionsgemeinschaften zu einem Frieden stiftenden Zusammenleben von Menschen unterschiedlicher Herkunft beauftragt sind und auf Grund ihrer religiösen Tradition im Besonderen dazu befähigt. Gerade in der gegenwärtigen weltpolitischen Situation kommt einer solchen Initiative eine herausragende Bedeutung zu. Das gemeinsame Projekt »Weißt du, wer ich bin?« von ACK, ZJD, ZMD und DITIB ist Beispiel und Anregung wie sich Menschen unterschiedlicher religiöser Traditionen in Deutschland und Europa dafür einsetzen und sich darin einüben, religiös und kulturell bedingte Vorbehalte zu überwinden und neue Gemeinschaft stiftende Erfahrungen zu sammeln.

Zur Geschichte des Projektes

Von 1994 bis 2003 haben ACK, ZMD und ZJD gemeinsam ein »Arbeitsvorhaben zur Überwindung von Fremdenfeindlichkeit, Rassismus und Gewalt« durchgeführt und dabei wertvolle Erfahrungen für ein friedliches Miteinander und für den Abbau von Vorurteilen zwischen Menschen unterschiedlicher Religion und Kultur gesammelt. Insbesondere durch die bundesweite Initiative »Lade deine Nachbarn ein« und die Förderung durch den »3-F-Fonds« (Fonds »Fremde werden Freunde«) wurden Christen, Juden und Muslime in Deutschland zu gemeinsamen Gesprächen, Aktionen und zu gemeinsamem Handeln veranlasst. Sie hat einen wichtigen Beitrag zur Überwindung von Fremdenfeindlichkeit, Rassismus und Gewalt und zum Abbau von Vorurteilen in Deutschland geleistet.

ACK, ZMD, ZJD und DITIB sind der Auffassung, dass weiterhin Unkenntnis und gegenseitige Vorurteile das Zusammenleben der Menschen in Deutschland belasten. Die Ereignisse des 11. September 2001 und die sich anschließende Entwicklung unterstreichen die Notwendigkeit, dass Menschen unterschiedlichen Glaubens und unterschiedlicher religiöser Prägung miteinander leben und einander respektieren. Ein wichtiges Element in diesem Prozess kann die interreligiöse Zusammenarbeit sein, wenn sie auf möglichst vielen Ebenen geschieht und sich möglichst viele Gläubige für die Begegnung mit den Angehörigen anderer Religionen öffnen.

Die positiven Erfahrungen mit der oben genannten Initiative »Lade deine Nachbarn ein!« und dem 3-F-Fonds legen es nahe, ein Projekt mit dem Schwerpunkt der interreligiösen Zusammenarbeit durchzuführen und dafür die Kooperation der bisherigen Partner zu nutzen und weiterzuentwickeln. Ein solches Projekt soll zu sozialer und kultureller Integrationsfähigkeit unserer Gesellschaft beitragen.

Das Projekt ist im Zusammenhang mit anderen ökumenischen bzw. religions-übergreifenden Initiativen und Aktionen zu sehen, insbesondere

- mit der Charta Oecumenica, in der die Verpflichtung zum Dialog und zur Zusammenarbeit zwischen Christen, Juden, Muslimen und Menschen anderer Religionen hervorgehoben wird (www.cec-kek.org/Deutsch/ChartafinG.htm),
- mit der Ökumenischen Dekade zur Überwindung von Gewalt, koordiniert vom Ökumenischen Rat der Kirchen (www.wcc-coe.org/wcc/dov; www.ekd.de/; www.gewaltueberwinden.org),
- mit der Ökumenischen Friedensdekade (www.friedensdekade.de) und
- nicht zuletzt mit den zahlreichen Initiativen der christlichen Kirchen, der jüdischen Gemeinden und der muslimischen Verbände in Deutschland.

Das Projekt ist in zweijähriger Vorbereitungszeit entstanden und in den Leitungsgremien aller Träger beraten worden. Es ist nicht nur ein Projekt engagierter Einzelner oder Gruppen, sondern der Gesamtheit der Religionsgemeinschaften.

Struktur

Projektträger

Das Projekt wird getragen von:

- Arbeitsgemeinschaft Christlicher Kirchen in Deutschland (ACK)
- Zentralrat der Juden in Deutschland (ZJD)

- Zentralrat der Muslime in Deutschland (ZMD) und
- Türkisch-islamische Union der Anstalt für Religion (DITIB)

Projektausschuss

Die Projektträger bilden für die Durchführung des Projektes einen Projektausschuss als Begleitungs-, Beratungs-, Koordinierungs- und Entscheidungsgremium. Er besteht aus Vertreter/innen der Religionsgemeinschaften, die miteinander alle wesentlichen Entscheidungen treffen. Der Projektausschuss ist gegenüber den Trägern rechenschaftspflichtig.

Zielgruppe

Der Projektausschuss bestimmt bzw. fördert die Bildung von ca. 100 multireligiös zusammengesetzten lokalen Gruppen, die bereit sind, in einem überschaubaren Zeitrahmen (von bis zu einem Jahr) in einen gemeinsamen Erfahrungsaustausch und Prozess über ihre Glaubenstraditionen einzutreten.

Schwerpunkte und Arbeitsformen

Ausgang- und Kristallisationspunkte sind:

1. Besondere Zeiten und Orte (in den Glaubenstraditionen)
   (z.B. Besuch von Kirchen, Synagogen und Moscheen, Teilnahme an Festtagen, Besuch von regelmäßigen gottesdienstlichen Veranstaltungen)
2. Feiertage und Orte des bürgerlichen und politischen Lebens (z.B. 1. Mai; 3. Oktober; 9. November; Tag der Menschenrechte u.a.)
3. Biografische Ansatzpunkte
   (z.B. Geburt, Taufe, Beschneidung, Erziehung: Bar/Bath Mizwa, Konfirmation/Firmung, Hochzeit, Krankheit, Tod)
4. Alltagskonflikte, Stereotypen
   (z.B. Moscheen- oder Kirchenbau, Glocken läuten, Muezzinruf, Friedhof u.a.)
5. Gesellschaftspolitisches Handeln
   (Menschenrechte und Menschenwürde, Fremdenfeindlichkeit, sozialer Frieden, Gerechtigkeit, Bewahrung der Schöpfung u.a.)
6. Pilgerwege
   (z.B. zu historischen Orten jüdischer, christlicher, muslimischer Begegnung oder Verfolgung)
7. Kindergärten, Schulen, Bildungseinrichtungen

Folgende Arbeitsformen werden vorgeschlagen:

- Die Gruppen sollen Vertreter/innen der verschiedenen Religionen und Konfessionen vor Ort umfassen und aus ca. 10 bis 15 Personen bestehen. Je nach Situation und örtlicher Gegebenheit können auch nicht-religiöse Organisationen beteiligt werden oder religiöse Vereinigungen, die nicht Träger des Projektes sind. Antragsteller für Zuschüsse sollen denen der Träger zuzuordnen sein.
- Die regionalen Strukturen der Trägerorganisationen (zum Beispiel lokale und regionale ACKs) sollten bei der Auswahl und Zusammenstellung der Gruppen initiierend tätig sein. Diese – sowie Fachleute aus den Landeskirchen, Bistümern und anderen Organisationen –, sollten für die Dauer der Gruppenarbeit als Ansprechpartner und Ansprechpartnerinnen für die Gruppenmitglieder zur Verfügung stehen.
- Der Projektausschuss stellt den Erfahrungsgruppen einen Leitfaden/Arbeitshilfe mit Anleitungen, Grundinformationen und praktischen Hilfestellungen für ihre Agenda zur Verfügung.
- Die jeweilige Erfahrungsgruppe beschließt selbstständig nach den örtlichen Gegebenheiten über ihre Agenda.
- Nach Ende des festgelegten Zeitrahmens erstellen die Gruppen einen Erfahrungsbericht, der dem Projektausschuss zugestellt wird. Dies kann von regionalen Treffen der Gruppen bzw. von Gruppendelegierten begleitet werden.
- Die Arbeit der Gruppen soll in geeigneter Weise durch Mittel aus dem 3-F-Fonds unterstützt werden.
- Der erste Durchlauf dieser Gruppenarbeit könnte in einen zweiten revidierten Durchlauf münden, der die Erfahrungen des ersten Durchlaufs aufnimmt und weiterführt.

Ziele und Handlungsfelder

Mit der Projektidee können verschiedene Lernziele erreicht und Handlungsfelder erschlossen werden:

1. Ziele

- Wahrnehmung von gemeinsamen Aufgaben der Religionen, gesellschaftliche Koordinierung, Zusammenleben, Wohlergehen der Menschen, friedvolles Zusammenleben, gemeinsame Anstrengung gegen Gewalt und Ausgrenzung bzw. Abgrenzung.
- Religiöse Selbstvergewisserung, Identitätsfindung, interreligiöse Gespräche, wobei »Dialog« Selbstvergewisserung und Identitätsfindung zugleich voraussetzt als auch zum Ziel hat.
- Erarbeitung von Ideen und Projektvorschlägen für überregionale Ver-

antwortung und Unterstützung und Begleitung von Projekten und Initiativen auf lokaler Ebene.
- Erziehungsaufgaben und Signalfunktion in der Gesellschaft.

2. Handlungsfelder
- *Verbindendes entdecken:* Gemeinsamkeiten im religiösen Leben, in der Begleitung von Kindern, Jugendlichen, Alten und Armen, in der Auseinandersetzung mit Säkularismus und Synkretismus, in der Frage nach der Aktualität religiöser Traditionen etc.
- *Unterschiede respektieren:* Unterschiede im religiösen Leben, in Glaubensinhalten, im Zugang und Umgang mit der Bibel, dem Koran, dem Tenach, in der Organisationsstruktur der Religionsgemeinschaft, in der Verhältnisbestimmung von Staat und Religionsgemeinschaft etc.
- *Füreinander einstehen:* Einstehen für Minderheiten, Stärkung der rechtlichen und sozialen Stellung, Abbau von kulturellen und religiösen Vorurteilen, Vermittlung von Grundkenntnissen über die anderen Religionsgemeinschaften aus erster Hand etc.
- *Gemeinsam handeln:* Gemeinsamer Einsatz für Frieden, Gerechtigkeit und Bewahrung der Schöpfung, gemeinsame Aktionen gegen Rassismus, Vertretung von gemeinsamen Interessen im Gespräch mit der Politik und in der gesellschaftlichen Auseinandersetzung etc.

Begleitende Maßnahmen

- Ausarbeitung des Leitfadens durch den Projektausschuss
- Bekanntmachung des Projektes und der Projektidee durch Öffentlichkeitsarbeit
- Werbung für das Zustandekommen der genannten Erfahrungsgruppen (unter anderem Kontakte und Treffen mit regionalen Strukturen der Trägerorganisationen)
- Zur Verfügung Stellung von Mitteln aus dem 3-F-Fonds
- Auswertung rücklaufender Erfahrungsberichte
- Evaluation des ersten Durchlaufs und Aufbereitung für einen zweiten Durchgang
- Öffentliche Auftakt- und Schlussveranstaltung mit politischen Repräsentanten

Perspektive und Kooperationen

Das Projekt »Weißt du, wer ich bin?« knüpft an Initiativen an, die bereits bestehen, und will bestehende Gruppen zu neuen Impulsen ermutigen. Vornehmlich beabsichtigt es, Menschen, die sich der Fragestellung der interreligiösen Begegnung bisher nicht gestellt haben, zu ersten Schritten zu bewegen. Dabei ist es von großer Bedeutung, dass die verantwortlichen Leitungsgremien der Religionsgemeinschaften die Träger sind. Das verpflichtet die Verantwortlichen des Projektes auch Regionen und Strukturen zu bedenken, in denen die interreligiöse Arbeit nur unter erschwerten Bedingungen möglich ist. Ein besonderer Schwerpunkt ist darum die Arbeit im ländlichen Raum und im stark säkularisierten Umfeld der neuen Bundesländer. Während es bisher viele Initiativen der christlich-muslimischen und der christlich-jüdischen Zusammenarbeit gibt, führt das Projekt »Weißt du, wer ich bin?« alle drei monotheistischen Religionen zusammen. Im europäischen und deutschen Kontext bringt das manche zusätzlichen Problemstellungen mit sich, birgt aber auch neue Chancen der Zusammenarbeit, die hoch aktuell sind.

Kontakt:
ACK
Ökumenische Zentrale
Ludolfusstr. 2-4
60487 Frankfurt a.M.
info@ack-oec.de
www.oekumene-ack.de

Udo Tworuschka

Forschungsstelle für Religionsvermittelnde Medien

Fragen der Religionsvermittlung sind bislang nicht sehr häufig Gegenstand intensiver religionsbezogener Forschungen gewesen. Unsere Kenntnisse über die Theorie, vor allem aber über die Praxis der Religionsvermittlung in den religiösen Traditionen der Menschheit sind daher defizitär. Die deutsche Religionspädagogik kreist weitgehend um die Reflexion der eigenen (evangelischen, katholischen) Religionstradierung. Ihr Interesse an anderen Religionen sowie an komparatistischen Fragen ist heute zwar so groß wie wohl noch nie zuvor in der Geschichte dieser Disziplin. Insgesamt gesehen ist jedoch das Interesse an Religionswissenschaft nach wie vor randständig. Auch die deutsche Religionswissenschaft hat dem Vermittlungsaspekt bisher nur geringe Aufmerksamkeit geschenkt. Auf das Ganze gesehen ist die Religions- und Wertetradierung unter besonderer Berücksichtigung ihrer Träger, Strukturen, Vermittlungsprozesse und Inhalte ein wenig beachteter Gegenstand religionswissenschaftlicher Forschung. Nach meiner Arbeitsdefinition gehört zur Erforschung der Religion(en) auch die Beschäftigung mit ihren vielfältigen Vermittlungen. Man kann zwischen Tradierungen nach innen (»primäre Religionstradierungen«) und von/nach außen (»sekundäre Religionstradierungen«) unterscheiden. Bei den »sekundären« Tradierungen geht es um das Fortwirken der Religionen durch Kommunikatoren, Medien und Rezipienten. Religionen werden öffentlich gebraucht (vgl. Falaturi/Klöcker/Tworuschka 1983): in Sprache, Massenmedien, Ausstellungen, in Literatur und Populärkultur, selbst in der Werbung. Primäre Religionstradierung hat es mit den Inhalten und Prozessen der Weitergabe der eigenen Religion an nachkommende Generationen zu tun.

Seit 1993 besteht am Lehrstuhl für Religionswissenschaft (Theologische Fakultät, Friedrich-Schiller-Universität Jena) die *»Forschungsstelle für Religionsvermittelnde Medien« (= FRM).* Hier sind viele der von Religionsgemeinschaften in Deutschland publizierten Print- und AV-Medien archiviert. Die Forschungsstelle unterstützt den Lehrstuhl bei seiner Erforschung und Vermittlung der Religionstradierung lebender Religionen, insbesondere in Deutschland. Ziel der FRM ist die Archivierung und Analyse von Print- und AV-Medien, die der Religionsvermittlung dienen. Derzeitiger Schwerpunkt ist der deutschsprachige Islam. Eine wichtige Grundlage der FRM sind umfangreiche Materialsammlungen, die im Zusammenhang des DFG-Projektes »Religionstradierung außerchristlicher Religionen in Deutschland am Beispiel muslimischer religionsvermittelnder Medien« (1996-1999) entstanden: Bücher, Broschüren, (Jugend- und Kinder-)Zeitschriften, Rundbriefe, Magazine, Audio- und Videokassetten, Katechismen als Anweisung für die Glaubenspraxis, Freitags- und Feiertagspredigten, Gebets-/Meditationstexte, Lieder, Koran- und Hadith-Auslegungen, Rechtsgutachten, auf Übergangsriten bezogene Texte zu Geburt, Namensgebung, Beschneidung, Hochzeit und Tod, Traktatliteratur, Biografien und Erzählungen mit biographischen Zügen über Leben und Wirken Muhammads, der ersten vier Kalifen usw. Diese Materialien sind in der Forschungsstelle einsehbar. Die zurzeit aus über 60 Reihen bestehende Zeitschriftensammlung vieler in Deutschland vertretener Religionsgemeinschaften wird kontinuierlich ausgebaut. Eine Bibliographie zur religiösen Erziehung (Kindheit/Jugend/Erziehung/Bildung) auf der Basis der vorhandenen Materialien befindet sich im Aufbau.

Die FRM unterstützt Forschungsvorhaben, die sich mit dem Phänomen der Religionsvermittlung religiöser Traditionen im deutschsprachigen Raum beschäftigen. Im Aufbau befindet sich eine Sammlung von *Kinder- und Jugendliteratur* mit dem Schwerpunkt »andere Religionen«.

Ein weiterer Schwerpunkt der FRM ist die *Schulbuchforschung*. In erster Linie werden (evangelische/katholische) Religionsschulbücher sowie Ethik- und Geschichtsbücher daraufhin untersucht, wie sie die Religionen thematisieren. Die Forschungsstelle sieht sich in der Tradition der beiden von Abdoldjavad Falaturi (1926-1996) und Udo Tworuschka gegründeten und geleiteten Kölner Schulbuchanalyseprojekte (»Der Islam in den Schulbüchern der Bundesrepublik Deutschland« und, zusammen mit Herbert Schultze, »Islam in Textbooks«).

Die FRM arbeitet eng zusammen mit dem ebenfalls dem Lehrstuhl für Religionswissenschaft angegliederten, von Dr. Joachim Süss koordinierten »*Archiv für neue Religionen (ANR)*«, das schriftliche und audiovisuelle Quellen der jüngeren und jüngsten Religionsgeschichte sammelt. Aufgenommen werden sowohl Veröffentlichungen aus dem Bereich neuerer Religionen, neureligiöse Bewegungen und nichtkonventionelle Spiritualität. Das Archiv enthält darüber hinaus als Sekundärquellen wissenschaftliche und journalistische Materialien, die aus ihrer jeweiligen Perspektive die religionsgeschichtliche Pluralität der Gegenwart reflektieren. Das besondere Schwergewicht der Sammlung liegt auf der Entwicklung in den neuen Bundesländern.

Wichtige Impulse für die Auseinandersetzung mit Fragen der Religionsvermittlung gehen auf den Bonner Religionswissenschaftler Gustav Mensching (1901-1978) zurück, dessen Einsatz für »inhaltliche Toleranz« zur Entstehung einer neuen religionswissenschaftlichen Disziplin beitrug: der *Praktischen Religionswissenschaft* (Tworuschka 2003). Am Lehrstuhl für Religionswissenschaft befindet sich seit mehreren Jahren das *Gustav-Mensching-Archiv* im Aufbau. Hier werden sämtliche Veröffentlichungen des Bonner Religionswissenschaftlers Gustav Mensching archiviert und der wissenschaftlichen Bearbeitung zugänglich gemacht. Über die wissenschaftlichen Werke hinaus spielen insbesondere auch seine publizistischen Arbeiten in den Printmedien und im Hörfunk eine Rolle.

Literatur

Falaturi, Abdoldjavad/Klöcker, Michael/Tworuschka, Udo (Hg.), Religionsgeschichte in der Öffentlichkeit. Kölner Veröffentlichungen zur Religionsgeschichte (KVRG 1), Köln u.a. 1983.

Tworuschka, Udo, Mein Weg zur Praktischen Religionswissenschaft, in: Tworuschka, Udo (Hg.), Religion und Bildung als historische Forschungsfelder. Festschrift für Michael Klöcker zum 60. Geburtstag, Köln u.a. 2003, 389-403.

Kontakt:
Forschungsstelle für Religionsvermittelnde Medien
Friedrich-Schiller-Universität Jena
Postfach
07737 Jena
www.uni-jena.de (Theol. Fakultät/Lehrstuhl für Religionswissenschaft)

Jürgen Micksch

Abrahamische Teams

Nach dem 11. September 2001 erhielt ich häufig Anfragen zu Vorträgen über den Islam. So hat mich eine Lehrerin einer katholischen Schule in Hanau angerufen und um einen solchen Vortrag gebeten. Ich habe ihr gesagt, dass ich gern einen islamischen Theologen für diesen Vortrag vermitteln würde. Die Lehrerin war schockiert: »Unsere Kinder haben Angst vor einem Krieg und vor Muslimen.« Das gelte auch für viele Eltern und Lehrer. Nach einem langen Telefongespräch habe ich ihr angeboten, dass wir eine gemeinsame Veranstaltung mit einer jüdischen und einer muslimischen Persönlichkeit und mir als evangelischem Theologen an ihrer Schule durchführen. Sie wollte das mit den Eltern und dem Lehrpersonal besprechen. Von dieser Lehrerin habe ich nichts mehr gehört. Aber die Idee von »Abrahamischen Teams« war geboren, bei denen qualifizierte jüdische, christliche und muslimische Menschen gemeinsam auf Veranstaltungen gehen, über ihre Religion sprechen, um danach in einen offenen und kritischen Dialog einzutreten.

Dank der Förderung, vor allem durch die Groeben-Stiftung, durch die Europäische Kommission, die Bundesregierung und anderen ist es möglich gewesen, bis Ende 2004 über 100 Veranstaltungen mit Abrahamischen Teams durchzuführen. Bundesweit haben sich über 60 jüdische, christliche und muslimische Persönlichkeiten bereit erklärt, bei solchen Veranstaltungen mitzuwirken. Der Interkulturelle Rat in Deutschland konnte diese Veranstaltungen finanziell unterstützen. Bundesweit wurden solche Begegnungen ermöglicht. Besonders gefördert wurden auch abrahamische Dialoge von Frauen.

Unterschiede zwischen Judentum, Christentum und Islam sind seit Jahrhunderten betont und ausgearbeitet worden. Sie haben zu Konflikten und Kriegen geführt. Im 21. Jahrhundert sollten wir uns stärker darauf konzentrieren, Gemeinsamkeiten herauszuarbeiten. Eine grundlegende Gemeinsamkeit für Juden, Christen und Muslime ist Abraham, der Glaubensvater dieser drei Religionen. Er soll zum Segen für alle Menschen auf Erden werden. Es ist möglich und nötig, eine abrahamische Ökumene zu entwickeln. Europa ist von diesen Religionen geprägt worden und kann sich deshalb als abrahamisches Europa verstehen lernen. Den Menschen in Europa sind die christlichen Prägungen und die jüdischen Wurzeln bewusst. Nur wenige nehmen wahr, dass in der Europäischen Gemeinschaft über 20 Millionen Muslime leben und dass sie zur Geschichte Europas gehören.

Die auf Abraham bezogenen Religionen haben zahlreiche gemeinsame inhaltliche Aussagen: Das Engagement für Gerechtigkeit, für Frieden, für die Erhaltung und Bewahrung der Schöpfung Gottes, für Gastfreundlichkeit und gegen Fremdenfeindlichkeit und Rassismus. Wo solche Werte das Leben bestimmen, da hat ein »Kampf der Kulturen« keinen Platz. Es gibt auch eine abrahamische Spiritualität durch gemeinsame Gebete wie die Psalmen oder die Verehrung der Propheten. Daraus können sich Rituale entwickeln wie gemeinsame Feiern anlässlich des Sukkot-Festes, der Adventszeit oder des Ramadan.

Um solche Gemeinsamkeiten zu fördern, wurde beim Interkulturellen Rat in Deutschland am 5. Februar 2001 ein Abrahamisches Forum eingerichtet. Zu ihm gehören Persönlichkeiten des Zentralrates der Juden in Deutschland, der Arbeitsgemeinschaft Christlicher Kirchen in Deutschland, des Zentralrates der Muslime in Deutschland, der Türkisch-Islamischen Union der Anstalt der Religion, verschiedener Ministerien, Stiftungen und Wissenschaftler. Von diesem Abrahamischen Forum werden die mit den Abrahamischen Teams gemachten Erfahrungen erörtert und ausgewertet.

Bisherige Erfahrungen haben gezeigt, dass besonders auch junge Menschen von den Veranstaltungen ausgesprochen angeregt werden. Für sie ist bedeutsam, wie Menschen unterschiedlicher Religionen miteinander umgehen. Für die Mitarbeitenden bei den Teams ist es eine entscheidende Erfahrung, dass Freundschaften entstanden sind, die vorher kaum vorstellbar waren. Es haben interreligiöse Lernprozesse stattgefunden, die niemand missen will und die dazu beitragen, den Frieden zwischen Menschen unterschiedlicher Religionen zu stärken.

Literatur

Micksch, Jürgen, Abrahamische und Interreligiöse Teams, Frankfurt a.M. 2003.

Kontakt:
Interkultureller Rat
Jügen Micksch
Geschäftsstelle
Göbelstraße 21
64293 Darmstadt
info@interkultureller-rat.de
www.interkultureller-rat.de

Reinhard Kirste

Im Begegnungsfeld von wissenschaftlichem Diskurs und praktischem Dialog: Die Interreligiöse Arbeitsstelle (INTR°A) e.V.

Seit 1985 haben sich im westfälischen Raum regelmäßig Frauen und Männer aus Theologie, Religionswissenschaft, Pädagogik und Ökonomie getroffen, um zu reflektieren, warum, weshalb und wie Menschen unterschiedlichen Glaubens eine gemeinsame Gesprächs- und Handlungsebene entwickeln können und was die theologischen Grundlagen und kulturellen Bedingungen der einzelnen Religionen dazu beitragen. Als Rahmen dieser Initiativen wurde im Februar 1989 die Interreligiöse Arbeitsstelle (INTR°A) gegründet.

Dabei konnte auf vielfältige Erfahrungen sowie auf Begegnungen im christlich-islamischen und christlich-jüdischen Dialog zurückgegriffen werden wie er in Schulen, Akademien, Universitäten und im Rahmen von Volkshochschulen und ähnlichen Einrichtungen stattfindet. Die Arbeit sollte nicht auf den Dialog mit einigen wenigen Religionen (z.B. den abrahamischen Religionen Judentum, Christentum und Islam) beschränkt bleiben, sondern sich generell für die Begegnung mit Menschen anderer Glaubensweisen und Weltanschauungen öffnen.

Auch Forschungs- und Studienprojekte zum interreligiösen Dialog und einer Theologie der Religionen wurden in den folgenden Jahren durchgeführt, sodass es sich als notwendig erwies, der Interreligiösen Arbeitsstelle (INTR°A) eine über eine lockere Arbeitsgemeinschaft hinausgehende Organisationsform zu geben. Im Sommer 1990 konstituierte sich die Arbeitsstelle offiziell.

Die umfassende Förderung von *Toleranz* und *Versöhnung* steht im Zentrum der Aktivitäten. Bewahrung, Vertiefung und Förderung der eigenen religiösen Identität und Spiritualität sind Grundlage eines weiterführenden Dialogs, der danach fragt, was die einzelnen Religionen und religiösen Gruppierungen von der Auslegung und Aktualisierung ihrer Heiligen Schriften und Traditionen her zur Versöhnung unterschiedlich Glaubender leisten.

Angesichts der Tatsache, dass unsere Welt durch mannigfaltige tödliche Bedrohungen herausgefordert ist, können dialogorientierte Beiträge dazu beitragen, die Zukunft glaubwürdiger als bisher wahrzunehmen.

Insgesamt unterstreicht die Arbeit von INTR°A, dass für ein engagiertes Leben die eigene Glaubensanschauung wichtig ist. Aber zugleich sind für eine bewusst gelebte eigene Spiritualität die anderen Glaubensweisen zur Unterstützung und Korrektur des eigenen Verstehens notwendig. So geht es nicht darum, andere Glaubensweisen zu »tolerieren«, sondern mit Sympathie auf die Denk- und Lebensformen anders Glaubender einzugehen:

»Alle Religionen bedürfen einander, nicht nur in ihren Gemeinsamkeiten, sondern gerade auch in ihren Unterschieden, durch die sie einander ergänzen. Wir sollen in der eigenen Religion daheim und in der anderen Gäste sein, Gäste, nicht Fremde«.

Mit diesen Worten beschreibt der Mitbegründer von INTR°A, der emeritierte Dortmunder Theologieprofessor Paul Schwarzenau, recht exakt, was die Arbeitsstelle insgesamt will: entdecken, dass die Religionen einander brauchen. Es ist dieser Komplementaritätsgedanke, der sich sowohl in der wissenschaftlichen Arbeit wie in den praktischen Begegnungen und der Unterstützung interreligiöser Projekte ausdrückt: Gegenseitiges Verständnis und harmonisches Zusammenleben können nur auf einer Basis realisiert werden, in der der »Andere« als sinnvoll und notwendig für die eigene Identität und Authentizität angesehen wird.

INTR°A hat für das interreligiöse Gesamtkonzept immer wieder aktualisierte Leitlinien entwickelt, die für die Arbeit wesentlich sind und für alle religiösen Anschauungen gleichermaßen gelten könnte.

1. Dialog kann nur sinnvoll zwischen gleichen Partnern und Partnerinnen geschehen.
2. Absolutheitsansprüche einzelner Religionen (wie auch des Christentums) dürfen sich nur auf die Verbindlichkeit des eigenen Glaubens beziehen. Das erlaubt kein noch so verdecktes inklusives Denken, das die anderen religiösen Traditionen in irgendeiner Form als minder-wertig einstuft. Es erlaubt auch kein inklusives Vereinnahmen (z.B: »anonyme« Christen, Buddhisten, Muslime usw.).
3. Das Missionsverständnis (besonders im christlichen Glauben) ist im Sinne eines persönlichen Zeugnisses und Engagements zu interpretieren, ohne dabei die anderen zur eigenen Glaubensweise bekehren zu wollen.
4. Die verschiedenen Religionen drücken nicht endgültige Wahrheit aus. Sie sind sprachliche, rituelle und spirituelle Annäherungen an das Transzendente. Ihre Aussagen sind vorläufig. Sie bedürfen ständiger Überprüfung und auf Grund veränderter Situationen kompetenter Revision.
5. Religionen sind eingebunden in vielfältige Kulturen und differierende Denkweisen. Sie sind darum als unterschiedliche Wege zum Heil zu verstehen.

Aus dem Gesagten wird deutlich, dass sich INTR°A der *religionspluralistischen theologischen Diskussion* in großen Teilen verpflichtet weiß.

Mit entsprechenden Veröffentlichungen allgemeiner und wissenschaftlicher Art sowie der Verleihung des *INTR°A-Projektpreises für Komplementarität der Religionen* versuchen die über 70 Mitglieder INTR°A ihre Anliegen in eine möglichst breite Öffentlichkeit zu tragen.

Die Mitglieder von INTR°A kommen aus Europa, den USA und aus Asien. Die meisten stammen aus Deutschland, den Niederlanden und Großbritannien. Sie treffen sich zu thematisch orientierter Arbeit (auf Konferenzen und Tagungen) und zu praktischen Begegnungen mit anderen Religionen, wobei eine Reihe von Kontakten mit islamischen, hinduistischen und buddhistischen Gruppierungen und Einzelpersonen, sowie Vertretern der Baha'i-Religion bestehen. Darüber hinaus wird der Kontakt zu Einrichtungen besonders gepflegt, die den Gedanken der Multikulturalität und Interreligiösität modellhaft umsetzen.

Der Arbeitsstelle ist ein aus Mitgliedern bestehender *Beirat* zugeordnet, dem Wissenschaftler/innen aus verschiedenen religiösen Traditionen angehören. Unter ihnen sind z.B. Lionel Blue, London (GB), Matthew Fox, Oakland (USA), Tsewang Jigme Rinpoche, St. Léon s/Vézère (F), Jonathan Magonet, London (GB), Jørgen Nielsen, Birmingham (GB), Leonard Swidler, Philadelphia (USA), Anton Wessels, Amsterdam (NL), Gregorios Ziakas, Thessaloniki (GR) u.a. (Auch Abdoldjavad Falaturi (Köln/Hamburg) und Annemarie Schimmel (Bonn) gehörten bis zu ihrem Tode dem INTR°A-Beirat an.)

Da der Vermittlung von Erkenntnissen und Ergebnissen eine wichtige Bedeutung zukommt, hat die Lehrerbildungsarbeit einen erheblichen Raum eingenommen, die sich in der Herausgabe der Reihe *Iserlohner Contexte (ICT)* mit unterrichtsspezifischen Themen und Anregungen für die Arbeit mit Schüler/innen zeigt (bisher erschienen 18 Hefte mit bis zu 100 Seiten Umfang). Durch diese Arbeit schafft die interreligiöse Begegnung didaktische Qualität und ermutigt zu Versuchen interreligiösen Lernens.

Forschungsmöglichkeiten, Arbeitsergebnisse und vertiefte Informationen sollen nicht nur durch praktische Begegnungen, Konferenzen, Meditationen und durch die Aufarbeitung einschlägiger Literatur ausgeweitet und weitervermittelt werden, sondern auch kontinuierlich reflektiert werden. Das geschieht durch die Reihe *Religionen im Gespräch (RIG)* in umfangreichen Bänden, die Schwerpunktthemen des interreligiösen Dialogs aufnehmen. Alle RIG-Bände haben einen *Themenschwerpunkt,* Grundsatzbeiträge, Berichte und Dokumente, die durch Rezensionen und Bibliografien ergänzt werden und auch auf der Internet-Seite von INTR°A dokumentiert sind. Diese *Bibliografien* sind in eine Spezial-Bibliothek eingeordnet. Inzwischen gibt es umfangreiche Zusammenstellungen spezifischer themenorientierter Literaturangaben zum interreligiösen Dialog und zum religiösen und religionswissenschaftlichen Umfeld.

Die einzelnen RIG-Themen lauten seit 1990:

RIG 1/1990: Gemeinsam vor Gott. Religionen im Gespräch (vergriffen)
RIG 2/1992: Engel – Elemente – Energien (vergriffen)
RIG 3/1994: Interreligiöser Dialog zwischen Tradition und Moderne (vergriffen)
RIG 4/1996: Wertewandel und religiöse Umbrüche
RIG 5/1998: Die dialogische Kraft des Mystischen
RIG 6/2000: Hoffnungszeichen globaler Gemeinschaft
RIG 7/2002: Neue Herausforderungen für den interreligiösen Dialog

RIG 8/2004: Wegmarken zur Transzendenz. Interreligiöse Aspekte des Pilgerns.

RIG 9/2006: Der Orient in Europa – Europa im Orient

INTR°A hat in eigenen Räumlichkeiten in Nachrodt/Westfalen (30 km südlich von Dortmund) die Möglichkeit, kleinere Sitzungen und Seminare durchzuführen und entsprechende Arbeitsplätze für Studien in der Bibliothek anzubieten.

Ein besonderer Höhepunkt der INTR°A-Arbeit ist die jährliche Verleihung des *INTR°A-Projektpreises für Komplementarität der Religionen*. Der mit 5000 € dotierte Preis, der von der Stiftung »Apfelbaum« aus Köln zur Verfügung gestellt wird, geht an Einrichtungen, Gruppen und Einzelpersonen, die ein Projekt interreligiösen Charakters entwickelt und durchgeführt haben. Wie der öffentlichen Ausschreibung entnommen werden kann, soll das Projekt im wissenschaftlichen, erzieherischen, schulischen, ökonomischen, juristischen, also im umfassend gesellschaftlichen Kontext, angesiedelt sein. Es sollte den Nachweis der Dauerhaftigkeit erbringen.

Die bisherigen Preisträger sind:

- Mile Prerad, serbisch-bosnischer Holzbildhauer aus Menden in Westfalen (Weimar 2000)
- Das Internationale Institut für Pädagogik und Didaktik (IPD), eine islamische Einrichtung aus Köln (Iserlohn 2001)
- Der Kanyakumari Peace Trust mit seinem Zentrum für interreligiöse Studien und gemeinsame Aktion (CIRSA) aus Kanykumari, Südindien (Köln 2002)
- Die Werkstatt Religionen und Weltanschauungen in Berlin (Hagen-Berchum 2003)
- PILGRIM-Schulen in Österreich und das Schulprojekt »Living in the Holy Land« (Israel / Palästina) (Iserlohn 2004)

INTR°A ist ein eingetragener, gemeinnütziger Verein, der sich allein aus Spenden finanziert. Dadurch ist die finanzielle Basis relativ schmal, und die gesamte Arbeit geschieht bisher ehrenamtlich. Mit dem Jahre 2004 eröffneten sich weitere Möglichkeiten durch die Gründung der privaten Stiftung »Omnis Religio«, deren Vorstand und Kuratorium von INTR°A-Mitgliedern gebildet werden. Damit besteht auch eine enge Verbindung zum INTR°A-Vorstand. Alle Gremien sind weitgehend mit Vertreter/innen verschiedener Religionen zusammengesetzt.

INTR°A unterhält mit einigen in- und ausländischen, ebenfalls interkulturell bzw. interreligiös arbeitenden Einrichtungen besondere Beziehungen. Dazu gehören mit teilweise regelmäßigem Austausch:

- Centre for the Study of Christian-Muslim Relations (CSIC) Selly Oak Colleges, GB-Birmingham
- Comenius-Institut, Ev. Arbeitsstätte für Erziehungswissenschaft, Münster

- Dhagpo-Kagyu Ling, Communauté monastique bouddhiste, S. Léon s/Vézère
- EAWRE (European Association for World Religions in Education), Amsterdam/Hamburg
- Foundation for Global Community, Palo Alto, CA, USA
- Global Dialogue Institute, Philadelphia (USA)
- INFOREL (Information Religion), Basel (CH)
- International Interfaith Centre (IIC), Oxford (GB)
- Internet Project: Gift to Humanity, Oklahoma (USA)
- Institut du Monde Arabe (IMA), Paris (F)
- Institut für Internationale Pädagogik und Didaktik (IPD), Köln
- Institut für Waldorfpädagogik, Witten
- Islamwissenschaftliches Institut für deutsch-türkische Integrationsstudien und Interkulturelle Arbeit, Mannheim
- Leo Baeck College, Sternberg Centre for Judaism London (GB)
- Medienzentrum des Märkischen Kreises, Altena (Westfalen)
- Missionswissenschaftliches Institut MISSIO (MWI), Aachen
- Religionspädagogisches Institut virtuell (www.rpi-virtuell.de), Gelnhausen:
- Religious Resource and Research Centre, Universität Derby (GB)
- Stiftung Weltethos, Tübingen
- Theologie Interkulturell im Fachbereich Katholische Theologie der Johann-Wolfgang-von-Goethe-Universität Frankfurt/M.
- Universidad de Alicante, Departamento de Estudios Arabés e Islámicos, Alicante, Spanien
- Universidad de Granada, Facultad de Teologiá, Granada, Spanien:
- Universität Jena, Theologische Fakultät, Religionswissenschaft
- URI – United Religions Initiative, San Francisco, CA, USA
- Weimarer Sommerkurse – Interreligiöser Diskurs, Weimar
- Religion and Peace – WCRP Deutschland
- World Congress of Faiths (WCF), Oxford (GB)
- World Council of Churches (WCC) Ökumenischer Rat der Kirchen (ÖRK),
  Office on Inter-Religious Relations, Genf (CH)

Kontakt:
INTR°A
Postfach 1201
D-58766 Nachrodt
www.interrel.de

Johannes Lähnemann

Interreligiöse Friedens- und Erziehungsarbeit in internationaler Perspektive: Die »Nürnberger Foren zur Kulturbegegnung« und die Bewegung »Religionen für den Frieden (WCRP)«

Wie in wirtschaftlichen und politischen Bereichen wird auf vielen Feldern längst global gedacht und gehandelt. Diese Erkenntnis stellt eine Herausforderung für Religionsgemeinschaften sowie Bildung und Erziehung dar, die im Hintergrund der *Nürnberger Foren für eine Erziehung zur Religions- und Kulturbegegnung* steht.

Seit 1982 haben diese Foren in dreijährigem Abstand inzwischen acht Mal stattgefunden. Die Idee war, Vertreterinnen und Vertreter der Religionen, die im Dialog erfahren sind, zusammenzubringen mit Pädagogen und Experten aus anderen Humanwissenschaften, aber auch Lehrerinnen und Lehrern, Erzieherinnen und Erziehern, die in der Praxis stehen. Sie kommen besonders aus Brennpunkten im Zusammenleben der Kulturen sowie aus pädagogisch und religionspädagogisch beispielhaften Projekten. Es ist regelmäßig auch die politische, die wirtschaftliche und die ökologische Perspektive vertreten.

Schon vor Samuel Huntingtons wirkungsvoller These vom »Clash of Civilisations« als dem eigentlichen Herd der Konflikte im 21. Jahrhundert wurde in Nürnberg gefragt, wo und wie sich religiös mitbedingte Probleme entwickeln, wie die jeweiligen Kontexte aussehen und wie damit konstruktiv umgegangen werden kann.

Die Titel der Foren zeichnen den Weg der sich entwickelnden und immer stärker ausweitenden Perspektiven auf:

- Kulturbegegnung in Schule und Studium. Türken – Deutsche, Muslime – Christen (1982).
- Erziehung zur Kulturbegegnung. Modelle für das Zusammenleben von Menschen verschiedenen Glaubens. Schwerpunkt: Christentum – Islam (1985).
- Weltreligionen und Friedenserziehung. Wege zur Toleranz. Schwerpunkt: Christentum – Islam (1988).
- Das Wiedererwachen der Religionen als pädagogische Herausforderung. Interreligiöse Erziehung im Spannungsfeld von Fundamentalismus und Säkularismus (1991).
- »Das Projekt Weltethos« in der Erziehung (1994).
- Interreligiöse Erziehung 2000. Die Zukunft der Religions- und Kulturbegegnung (1997).

- Spiritualität und ethische Erziehung. Erbe und Herausforderung der Religionen (2000).
- Bewahrung – Entwicklung – Versöhnung. Religiöse Erziehung in globaler Verantwortung (2003).

Der Schwerpunkt Christentum und Islam bei den ersten drei Foren bezieht sich auf das in der damaligen Bundesrepublik, aber auch darüber hinaus, vornehmlich präsente Spannungsfeld. Dieses geriet bei den folgenden Foren nicht aus dem Blick, wurde aber in den größeren Kontext interreligiöser und internationaler Entwicklungen gestellt.

Die Themenbereiche, die bei den Foren im Wesentlichen gleich geblieben sind, vergegenwärtigen miteinander verbundene, aber doch deutlich unterscheidbare Ebenen:

- die Ebene der Selbstinterpretation von Anhängern der verschiedenen großen Religionsgemeinschaften
- die Ebene politischer, ökonomischer und ökologischer Kontexte
- die Ebene grundlegender pädagogischer Fragen
- die Ebene schulischer Arbeit
- die Ebene außerschulischer pädagogischer Aufgabenfelder.

Referate und Arbeitsergebnisse sind in mehr als 300 Einzelbeiträgen in acht Forumsbänden[1] veröffentlicht. Sie spiegeln auf der einen Seite Diskussionsthemen der entsprechenden Jahre (Wahrnehmung der kulturell-religiösen Dimension von Migration; neue Dynamik religiöser Bewegungen und religiös mitbedingter Konflikte nach der »Wende«; die Frage nach einem globalen Ethos bei dem Weltparlament der Religionen 1993, Chicago; die Reflexion über Alternativ-Werte zu einer Profitmaximierung und Konsum-Ideologie ...), weisen aber gleichzeitig eine visionäre Ebene auf, verbunden mit konkreten Zielsetzungen und Projekten. Die Referentinnen und Referenten wie die Teilnehmenden stehen weitgehend an den »Aufbruchslinien« ihrer eigenen Gemeinschaften, erfahren häufig »Gegenwind« (bis hin zu konkreten Verfolgungen und Verhaftungen) und schöpfen Kraft für ihre Arbeit aus den spirituellen Quellen ihrer Glaubensgemeinschaft: Ahangamage Tudor Ariyaratne (Sri Lanka) und Sulak Sivaraksa (Thailand) als Vertreter eines modernen, sozial engagierten und interreligiös offenen Buddhismus; Ram Mall und Vinu Aram mit kulturübergreifender Interpretation und Aktion in hinduistischer Tradition; Eveline Goodman-Thau, Ron Kronish und Jonathan Magoneth für ein modernes, in Friedensfragen engagiertes Judentum; Hans Küng, Elisabeth Moltmann-Wendel, Karl Ernst Nipkow für ein pluralismusfähiges, dem konziliaren Prozess verpflichtetes Christentum; Smail Balic, Beyza Bilgin (Ankara) und Nazr Abu Zaid (Ägypten/Niederlande) für einen der Barmherzigkeit, Gerechtigkeit und dem Dialog verpflichteten Islam; Udo Schäfer für

1 Vgl. die Reihe »Pädagogische Beiträge zur Kulturbegegnung«, herausgegeben von Johannes Lähnemann, Hamburg: E.B.Verlag 1983ff., die auch Dissertationen und Habilitationsschriften zur Gesamtthematik enthält.

ein weltoffenes Baha'i-tum; Maritza Salazar für die in den interreligiösen Dialog zunehmend einbezogenen indigenen Religionen – um nur einige wenige zu nennen. Hans Küng hat 1988, 1994, 2000 und 2003 das Projekt Weltethos, seine Voraussetzungen und Perspektiven, entfaltet; Karl Ernst Nipkow hat grundlegende pädagogische Akzente gesetzt, kontinuierlich die Zusammenfassungen moderiert und dabei immer auf Klarheit und Realitätsnähe sowie das Differente nicht verschleiernde Diskurse geachtet. Regelmäßig waren Brennpunktregionen repräsentiert, in denen religions-begegnendes Lernen eine besondere Notwendigkeit darstellt: Israel/Palästina ebenso wie Nordirland, der Balkan, Südafrika, Indien und Sri Lanka.

Der Grundlagendialog hat sich dabei – in Hermeneutik-Workshops etwa zur Frage »Wie gehen wir mit unseren wechselseitigen Erfahrungen in der Geschichte um?« – als ebenso fruchtbar erwiesen wie die Demonstration und der Austausch über Strukturerfahrungen in kontinuierlicher Begegnungs-Projektarbeit.

Die Forumsbände repräsentieren die jeweils erreichten Standards des interreligiösen Dialogs und der interreligiösen pädagogischen Arbeit im internationalen Rahmen. Ihre Wirkung lässt sich nicht nur an der Beteiligung und den Beiträgen praktizierender Pädagogen ablesen, sondern auch in einer hinsichtlich der interkulturellen und interreligiösen Dimension verbesserten Lehrplanarbeit und in entsprechenden Erziehungsprojekten. Durch ihre Regelmäßigkeit sind die Foren ein Gradmesser für die interreligiöse Bewusstseinsbildung und ein Impulsgeber für Forschungsarbeiten in diesem Feld.

Die Zusammenarbeit mit interreligiös und international arbeitenden Organisationen wie der European Association for World Religions in Education EAWRE und der Intereuropean Commission on Church and School ICCS, aber auch mit national neu gebildeten Gremien wie dem Runden Tisch der Religionen in Deutschland, gehört ebenso dazu wie mit dem weltweiten Netzwerk der *Religions for Peace WCRP* (bis 2003: World Conference of Religions for Peace), dem für die Verknüpfung von internationaler, nationaler und lokaler Arbeit besondere Bedeutung zukommt: Zunächst (1970 bei der 1. Weltversammlung in Kyoto/Japan) als Konferenz-Bewegung gegründet – »In der Verschiedenheit unserer Bekenntnisse kommen wir zusammen in der gemeinsamen Suche nach Frieden« –, hat sie sich in kontinentalen, nationalen und schließlich auch örtlichen Sektionen entfaltet. Es geht dabei nicht um eine Einheit »über den Religionen« – jeder Synkretismus im Sinne einer Verwischung der Konturen der spezifischen Religionstraditionen wird ausgeschlossen; ebenso wird Proselytismus (gegenseitiges »Abwerben«) abgelehnt. Es wird aber davon ausgegangen, dass sich die beteiligten Vertreter und Vertreterinnen der Religionen als »überzeugte Zeugen ihres Glaubens« einbringen. Verbindend ist dabei ein auf spiritueller Basis gründendes Ethos der Bemühung um Frieden und Gerechtigkeit, das in Begegnung und Verständigung herausgearbeitet wird und zu konkreter Zusammenarbeit führt. Unter diesen Rahmenmaßgaben hat WCRP nicht nur in fünfjährigem Turnus Weltversammlungen durchgeführt (Kyoto 1970, Löwen 1974, Princeton 1979, Nairobi 1984, Melbourne 1989, Rom/Riva del Garda 1994, Amman 1999), bei denen sich die Arbeit zunehmend inhaltlich differenzierte, sondern als Non-Governmental Organisation (NGO) auch Beraterstatus bei den Vereinten Nationen und bei der UNESCO erlangt und nicht zuletzt in aktuellen Konflikten vermittelt. Die bisherigen Generalsekretäre Homer Jack, John Taylor und William Vendley sowie die Präsidenten und Moderatoren (Angelo Fernandez, Nikkyo Niwano, M. Aram, Prinz Hassan von Jordanien) haben dabei jeweils spezifische Akzente gesetzt: bei der Überwindung der Apartheid in Südafrika, der Versöhnungs- und interreligiösen Verständigungsarbeit im ehemaligen Jugoslawien, dem Interreligious Council in Sierra Leone und immer wieder in grenzüberschreitenden Initiativen bei den Konflikten im Nahen Osten.

Während der Weltversammlung 1994 in Rom/Riva wurde die Idee geboren, Ständige Kommissionen zu bilden, die sich in zentralen Aufgabenfeldern um kontinuierliche, systematische und praktisch wirksame Arbeit bemühen sollen. Ein Ergebnis ist der Aufbau der Ständigen Kommission für Friedenserziehung/Peace Education Standing Commission (PESC). Die zugrunde liegende Erkenntnis ist, dass es eine Vielzahl von Initiativen und Projekten interreligiöser Friedenserziehung in verschiedenen Weltregionen gibt, dass diese aber oft sehr wenig voneinander wissen und dass der Austausch an wissenschaftlichen Erkenntnissen und praktischen Erfahrungen in diesem Feld kaum entwickelt ist. Von daher ist es ein grundlegendes Ziel, Friedenserziehungs-Projekte mit interkonfessioneller bzw. interreligiöser Ausrichtung wissenschaftlich zu begleiten und zu ihrer Vernetzung beizutragen.

Zur Strukturierung wurden drei Schwerpunktbereiche gebildet:

- Religiöse/Interreligiöse Erziehung (z.B. Lehrplanentwicklung, Schulbuchanalysen, Lehrer/innen-Fortbildung),
- Erziehung zu gewaltfreier Kommunikation und Konfliktlösung (z.B. Begegnungsworkshops, gewaltfreie Trainings, interreligiöse Friedensarbeit in Konfliktregionen),
- Umwelterziehung und Erziehung zu sozio-ökonomischer Entwicklung (z.B. alternative Jugendcamps, internationale Begegnungen, Fortbildungen).

Im Einzelnen hat sich die Arbeit in folgenden Aktivitäten konkretisiert:

- in der Bildung eines internationalen Beirats (Steering Committee/Advisory Council) mit Fachleuten aus den verschiedenen Religionen
- in einer eigenständigen Arbeitsgruppe bei den Weltversammlungen von WCRP
- in Präsentationen und Austausch bei den Nürnberger Foren und anderen internationalen Konferenzen
- in der Dokumentation von interreligiösen Friedenserziehungsprojekten zu den drei Schwerpunktbereichen in (bisher 4) englischsprachigen Broschüren, die in ca. zweijährigem Abstand erscheinen
- in der Präsentation wichtiger Kontaktadressen, beispielhafter Projekte

und bedeutsamer Arbeitsergebnisse im Internet (www.wcrp.de/pesc/ bzw. www.evrel.uni-erlangen.de/pesc/)

Während die Federführung der Arbeit bei Johannes Lähnemann liegt, ist die Detailarbeit beim Aufbau der Kommissionsaktivitäten von Jutta Müller-Schnurr, Yahya Hassan Bajwa, Hans van Willenswaard und Peter Athmann sowie Hansjörg Biener als Kommissions-Koordinatoren geleistet worden. Eine Ironie besteht darin, dass die vom New Yorker Büro von WCRP international vermittelten Gelder für die Kommissionsarbeit nach dem 11. September 2001 nicht mehr gewährt werden konnten, weil in den USA das Sponsoring für »religiöse Aktivitäten« erheblich zurückgefahren wurde. Gleichwohl wird die Arbeit auch unter beschränkten Bedingungen mit viel Engagement weitergeführt.

Für die konkreten Aktivitäten seien zwei Beispiele geschildert:

Im November 1999 wurde im Vorlauf für die WCRP-Versammlung in Amman ein *Interreligiöses Seminar für Friedenserzieher aus Israel und Palästina* zusammen mit Kommissionsmitgliedern aus verschiedenen Weltregionen in den Räumen der dortigen Theodor-Schneller-Schule durchgeführt. Rabbi Howard Bogoth stellte dabei sein dreisprachiges Kinderbuch »Schalom – Salaam – Peace« mit bewegenden Friedensvisionen vor, das danach in Israel und Palästina ebenso wie in anderen Ländern verbreitet wurde, Jakobus Schoneveld die Entwicklung von Unterrichtsmodellen unter dem Titel »Living in the Holy Land: Respecting Differences«. Die Verbindung der bei diesem Seminar beteiligten Pädagogen ist auch während der neuerlichen Intifada unter schwierigen Bedingungen nicht abgerissen und wurde beim Nürnberger Forum 2003 vertieft.

Als eigenständiger Beitrag der Universitäten Erlangen-Nürnberg (Johannes Lähnemann) und Rostock (Klaus Hock) kann das DFG-geförderte Projekt *»Die Darstellung des Christentums in Schulbüchern islamisch geprägter Länder«* gelten. Es ist als Fortführung und Gegenstück zu dem in den 1980er-Jahren unter der Leitung von Abdoldjavad Falaturi und Udo Tworuschka durchgeführten Forschungsprojekt »Islam in deutschen (später auch: europäischen) Schulbüchern« zu verstehen. Untersucht wurden in einem ersten Durchgang die Schulbücher der Türkei und des Iran (Mitarbeiter: Patrick Bartsch), Ägyptens und Palästinas (Mitarbeiter: Wolfram Reiss). Unsere Ausgangshypothese, dass Schulbücher ein Schlüssel für den internationalen pädagogischen und interreligiösen Dialog sein können, hat sich dabei bestätigt:

- sie verdeutlichen den Stand der gegenseitigen Wahrnehmung;
- sie spiegeln die theologische und pädagogische Wissenschaft in dem jeweiligen Land;
- sie ermöglichen den Dialog an einem umgrenzten, exemplarischen Gegenstand.

Wie notwendig dieser Dialog ist, erweist sich immer wieder angesichts der Vorurteile und Stereotype über die jeweils andere Religion und Kultur (»So sind die Muslime« – »So ist der Westen«), die häufig genug politisch instrumentalisiert und medial verstärkt werden.

Schulbücher sind – auch im Zeitalter der Medien – zentrales Mittel der Information und Orientierung in Schulen: mit prägnanten Texten, Bildern, Leitmotiven. Das gilt verstärkt in den meisten islamisch geprägten Ländern. Dort sind die Schulbücher oft die »Lehrer der Lehrenden«. Die Analysen haben gezeigt, dass die Schulbuchinhalte in den verschiedenen Ländern z.T. sehr unterschiedlich sind, dass aber neben der prinzipiellen Würdigung des Christentums als (aus der Sicht des Islam) anerkannter (wenn auch unvollkommener »Vorläufer«-)Religion Vorurteile und Stereotypen an vielen Stellen noch untergründig oder auch sichtbar transportiert werden.

Hier schließt sich der Kreis zu den Nürnberger Foren. Denn beim VIII. Forum im September 2003 waren die muslimischen Kooperationspartner aus den vier Ländern (daneben auch aus Algerien und Syrien, wo die Untersuchung – wie auch in Jordanien und im Libanon – weitergeführt werden soll) zugegen und haben in einem anschließenden Symposium mit dem Forschungsteam Prinzipien internationaler interreligiöser Schulbuchforschung und -entwicklung erörtert: Kann es gelingen, Bilder der anderen Religionen so zu vermitteln, dass diese in ihrer Gesamterscheinung, gemäß ihrem Selbstverständnis und pädagogisch lebendig dargeboten werden?

Als eine Grundbedingung für eine fruchtbare Zusammenarbeit erweist sich das in geduldiger Einzelbemühung aufgebaute wechselseitige Vertrauen, das Wagnis, sich auf die Sichtweise der anderen einzulassen, ein Gespür dafür zu entwickeln, was ihnen wichtig ist und warum es ihnen wichtig ist, welche positiven Erfahrungen und Gefühle vorhanden sind, aber auch welche Empfindlichkeiten und Verletzungen sie geprägt haben. Dabei können Freundschaften entstehen, Horizonte gerade auch in spiritueller Hinsicht erweitert werden – und nicht zuletzt Selbstkritik, Fremdkritik und Religionskritik überhaupt ausgehalten und ernst genommen werden.

Literatur

Lähnemann, Johannes (Hg.), Spiritualität und ethische Erziehung. Erbe und Herausforderung der Religionen, Pädagogische Beiträge zur Kulturbegegnung 20, Hamburg 2001.

World Conference on Religion and Peace/Peace Education Standing Commission, A Soul for Education. Projects for Spiritual and Ethical Learning Across Religions, Nürnberg: Universität Erlangen-Nürnberg, 2002.

Kontakt:
Universität Erlangen-Nürnberg
Lehrstuhl für Religionspädagogik u. Didaktik des Ev. RU
Regensburger Str. 160, 90478 Nürnberg
evrepaed@ewf.uni-erlangen.de
www.evrd.ewf.uni-erlangen.de

Herbert Schultze

Europäische Arbeitsgemeinschaft für Weltreligionen in der Erziehung – EAWRE

Die Gründung von EAWRE

EAWRE (European Association for World Religions in Education) wurde am 26. Februar 1990 von Vertreterinnen und Vertretern religionspädagogischer Theorie und Praxis aus verschiedenen europäischen Ländern in Kronberg im Taunus gegründet. Die Organisation von EAWRE antwortet auf die religionsdemographische und religionspolitische Lage sowie auf die Herausforderungen, die die bildungspolitischen Kontexte, besonders die Schulen in Europa an die Thematik darstellen. Verschiedene nationale Initiativen und die reichen Erfahrungen der Shap Working Party on World Religions in Education (siehe Brown in diesem Band) beeinflussen bis heute die Arbeit von EAWRE, ihre Ziele und Organisation. Voraussetzung für diese Arbeit ist die vielfältige Lage der Weltreligionen und die bildungspolitische Entwicklung in Europa. Diese Voraussetzungen bestimmen Ziele und Organisation der Arbeit.

Die Lage der Weltreligionen in den Ländern Kontinentaleuropas

Die Lage der Weltreligionen auf der britischen Insel gilt seit langem als ein wichtiges und interessantes Beispiel dafür, wie die Verschiedenheit kultureller und religiöser Traditionen dem Gemeinwohl einer Gesellschaft dienstbar gemacht werden können. Die Commission for Racial Equality – CRE – (Kommission für rassische Gleichstellung) wacht seit Jahrzehnten permanent darüber, dass die Religionsgemeinschaften in Großbritannien in Frieden miteinander leben. In der praktischen Verwirklichung der Rechte von Bürgerinnen und Bürgern und ihren Familien, in kulturellen und künstlerischen Veranstaltungen, wer sie organisieren und auf sie Einfluss ausüben darf, in der Sorge um soziale, gesundheitliche und ähnliche Probleme und nicht zuletzt in den vielfältigen Bereichen von Erziehung und Bildung sorgt die CRE dafür, dass keine Angehörigen von Religionsgemeinschaften diskriminiert werden. Mitglieder und Funktionärinnen und Funktionäre der genannten

Kommission sorgen dafür, dass Angehörige unterschiedlicher Traditionen immer die gleichen Rechte erhalten und sie in der Praxis des Alltags verwirklichen können.

Weil die Bürgerinnen und Bürger des Landes um die allgemein anerkannte Aufgabe der genannten Kommission wissen, melden sie dorthin auch Vorkommnisse von Benachteiligung. Andere setzen sich in verschiedenen Lebensbereichen dafür ein, dass Menschen aus verschiedenen Kulturen und Religionen ihren Überzeugungen gemäß leben können. Es verdient Beachtung, dass diese vorbildliche Behandlung von unterschiedlichen Gemeinschaften in dem Land entwickelt wurde, aus dem einst Menschen mit dem Schiff »Mayflower« auswanderten und in den später Vereinigten Staaten von Amerika ein Staatswesen ohne religiöse Bevormundung schufen.

In den kontinentaleuropäischen Ländern ist die Entwicklung anders verlaufen. Aufgrund der politischen und gesellschaftlichen Unterschiede in den verschiedenen Fürstentümern bis ungefähr zum Ende des Ersten Weltkrieges im Jahr 1918 haben die Menschen sehr unterschiedliche Rechte und Pflichten hinsichtlich ihrer Religion gehabt. Diese Erfahrungen in der Geschichte haben die Regeln geformt, nach denen gesellschaftliche Prozesse, vor allem aber die Wege öffentlicher Bildung, geformt wurden. Nach dem Ende der Religionskriege am Ende der Neuzeit wurde für den europäischen Kontinent vorwiegend festgelegt, dass die Rechte der Landeskinder sich nach den religiösen Traditionen ihrer Fürsten zu richten haben. Der Satz »cuius regio eius religio« = In wessen Land (ich lebe), dessen Religion (gehöre ich an), oder im Sprichwort: wes Brot ich esse, des Lied ich singe. Diese gemeinsame Grundregel bringt zum Ausdruck, dass praktische Religion für einzelne Bürgerinnen und Bürger sehr Verschiedenes bedeutet.

Noch bis in die Zeit nach dem Zweiten Weltkrieg gibt es auf dem europäischen Kontinent Länder, in denen eine bestimmte Religion vorherrscht. Bis in die 1970er und 1980er-Jahre bot sich z.B. folgendes Bild: In Schweden bedeutet Religion praktisch evangelisch-lutherisches Christentum, in Spanien dagegen römisch-katholisches Christentum und in Griechenland orthodoxes Christentum. In Frankreich wiederum hat sich möglichst alles im öffentlichen Leben nach dem Grundsatz »Religion ist Privatsache« zu richten. So ist es in Frankreichs öffentlichen Schulen selbstverständlich, dass es keinen an einer bestimmten Kirche orientierten Religionsunterricht gibt. In Polen hat nicht einmal die politische Vorherrschaft eines atheistischen Kommunismus den katholischen Religionsunterricht wirklich aus der Schule vertreiben können. Seit den Tagen der Französischen Revolution gibt es in französischen Schulen nur zwei Kontexte für die Behandlung religiöser Themen, nämlich den Unterricht in Geschichte und Philosophie.

Anders als in Frankreich werden in den meisten europäischen Ländern denjenigen Religionen gesellschaftliche und schulische Privilegien zuerkannt, die von den früheren Fürsten vertreten worden waren. Speziell an den gesetzlichen Regelungen in Österreich und Deutschland lässt sich ablesen, dass die in diesen Ländern historisch nicht privilegierten Religionen, z.B. der Islam, und ihre Anhänger in der Schule eine benachteiligte Position zugewiesen bekommen, in der sie sich organisatorisch nach den vorgegebenen Privilegien einrichten sollen. Faktische Gegebenheiten geben diesen Situationen ihre besondere Farbe. So ist das Schulwesen in Italien durch die Aufklärungsphilosophie bestimmt, in der Praxis verleiht der mit der italienischen Kultur eng verbundene römische Katholizismus dennoch den Anschein, das Bildungswesen sei von dieser Kirche vorherbestimmt. Spezielle Divergenzen zwischen östlichen und westlichen Ländern unterstreichen die religiöse Buntheit des europäischen Kontinents. Für alle Länder gilt, dass Prozesse des Pluralismus und der Säkularisierung nahezu überall ihre Spuren hinterlassen.

Pluralismus und Säkularisierung der Religionen in Europas Schulen

Die traditionell homogen bestimmten religiösen Strukturen auf dem europäischen Kontinent haben sich auf Grund vielfacher Wanderbewegungen und Grenzveränderungen aufgelöst. Auf der 1995 in Stockholm durchgeführten Euro-Islam-Konferenz stellte die schwedische Außenministerin fest, dass ihr Land nach der erwähnten Entwicklung nicht länger nur ein christliches und jüdisches, sondern nun auch ein islamisches Land sei. Vergleicht man Lehrpläne und Schulbücher der Länder Europas, so stellt man ungeachtet nationaler Eigentümlichkeiten überall eine stark gewachsene Offenheit und Sachlichkeit gegenüber früher fremden Kulturen und Religionen fest. Auf allen Schulstufen werden andere als die landestypischen Traditionen unterrichtet. Eine Abgrenzung gegen diese findet allenfalls in fairer Beschreibung statt.

Neben dieser klaren Wahrnehmung des weltanschaulichen Pluralismus wird der Weltoffenheit aller religiösen Systeme Rechnung getragen. Die enge Verbindung von anthropologischen Erfahrungen mit gesellschaftlichen und politischen Prozessen auf der einen Seite, deren religiösen Deutungen auf der anderen Seite, werden in den Lernprogrammen Kontinentaleuropas aufgenommen. Die Organisation versucht dieser Situation Rechnung zu tragen, indem die nationalen und religiösen Verschiedenheiten in die Arbeit von EAWRE einbezogen werden. Das verdient insofern Aufmerksamkeit, als andere europäische Organisationen, wenn sie nationale Grenzen überschreiten, vielfach wenigstens ideologisch Grenzen setzen, z.B. verschiedene christliche Konfessionen oder verschiedene Richtungen des Judentums miteinander verbinden, aber nicht auf interreligiöse Vielfalt übergreifen.

Weil EAWRE ihre Projekte in der Regel eigenständig durchführt, bleibt die Zahl ihrer Mitglieder begrenzt. Weitere Möglichkeiten stehen assoziierten

Mitgliedern offen. Die Mitglieder kommen aus verschiedenen europäischen Ländern, von der Türkei bis nach Großbritannien. Zugleich gehören sie verschiedenen Religionsgemeinschaften an, z.B. dem Hinduismus, Buddhismus, jüdischen, christlichen und islamischen Gemeinschaften. Die jeweils plurale Zusammensetzung der Religionsgemeinschaften erlaubt es den Mitgliedern, ihre Mitarbeit auf einem Austausch verschiedener Konfessionen oder Richtungen der Religionen aufzubauen. Dialogische Strukturen bestimmen deshalb die Arbeit sowohl nach außen wie nach innen.

Auch in der Zusammenarbeit von Angehörigen verschiedener Weltreligionen kommt deshalb eine Vielfalt der Intentionen, Erfahrungen und Ziele zur Geltung. Das bringt eine beachtliche Bereicherung aller Arbeitsvorhaben mit sich. Die Mitglieder bringen Erfahrung und Kompetenz aus zwei Bereichen in die EAWRE Projekte ein, aus den verschiedenen Erziehungsbereichen auf der einen Seite, Primarschulen, Sekundarschulen und Tertiärbildung, dazu aus den verschiedenen akademischen Disziplinen, wie Religionswissenschaft, Religionsphilosophie, Religionsgeschichte, Religionspsychologie, Pädagogik, Theologie (unterschiedlichen religiösen Hintergrundes), Künste und Naturwissenschaften.

Zusätzlich zu den jährlichen Tagungen finden Kolloquien zur Erkundung bestimmter Themen statt, außerdem Austausch mit anderen in Bildungsfragen erfahrenen Einrichtungen, wie z.B, dem Europarat und seinen pädagogischen Aktivitäten.

Im EAWRE-Vorstand sind die Nationen und Religionsgemeinschaften angemessen vertreten. U.a. werden in ihm Veröffentlichungen für weitere Kreise vorbereitet, Internet-Präsentationen erarbeitet und mit anderen kompetenten Organisationen ausgetauscht. Zusätzlich zu den Tagungen und den Veröffentlichungen wird ein bereits begonnener Beratungsdienst weiter ausgebaut. Jährlich veröffentlicht EAWRE ihren Kalender religiöser Feste aus acht Weltreligionen auf ihrer Homepage.

Ziele und Organisation von EAWRE als Antwort auf die Situation von Gesellschaft und Schule

Die Arbeit von EAWRE soll, wie erwähnt, zu einem angemessenen Unterricht über die Weltreligionen beitragen. Dieses Ziel ist nicht auf ein Schulfach Religion begrenzt. Es bezieht sich vielmehr auf alle Fächer und jede Bildungsstufe. Alle Schülerinnen und Schüler, Studentinnen und Studenten sind gemeint, unabhängig von dem jeweiligen religiösen oder nichtreligiösen Hintergrund ihrer Familien. In den Fächern Geschichte, Geographie, Kunst und Literatur z.B. hat die Thematik der Weltreligionen heutzutage oft viel mehr Bedeutung als in einem speziell der Religion gewidmeten Fach. Die täglichen Nachrichten der Massenmedien über gesellschaftliche und politische Vorgänge sprechen deutlich von der umfassenden Bedeutung der Phänomene der Weltreligionen.

Weil EAWRE diesem umfassenden Ziel verpflichtet ist, ist diese Organisation unabhängig und keiner politischen oder religiösen Einrichtung verpflichtet. Allerdings arbeitet sie mit ganz unterschiedlichen Gremien und Stellen in Europa für die Erreichung der gesetzten Ziele zusammen. Diese Ziele können zusammengefasst bezeichnet werden als ein Beitrag zu einem angemesseneren, genauen, entsprechenden und verständnisvollen Unterricht über die Weltreligionen, der ihrem jeweiligen Selbstverständnis und dem akademischen Forschungsstand in Inhalten und Methoden gerecht wird. An der Erreichung dieses Ziels wird ständig weiter gearbeitet.

In der Abgrenzung bedeutet dies, dass EAWRE Mittel und Wege gegen Voreingenommenheit und Vorurteil erkundet, erprobt, hilft zu erkunden und zu erproben. Deshalb sind EAWRE-Mitglieder an der kritischen nationalen und internationalen Untersuchung von Schulbüchern und Lehrplänen beteiligt.

Bis heute ist der Austausch zwischen EAWRE und ihrer »älteren Schwester«, der Shap Working Party on World Religions in Education eng und fruchtbar geblieben. Das schließt gemeinsame Veranstaltungen ein.

Kontakt:
EAWRE
Molenveltlaan 21
NL-2071 BR Santpoort
www.eawre.org

Peter Schreiner

Religiöse Vielfalt und interkulturelles Lernen: ein Projekt des Europarates

Der Europarat

Der Europarat ist eine der ältesten Institutionen politischer europäischer Zusammenarbeit. 1949 gegründet, besteht er zu Beginn des Jahres 2005 aus 46 Mitgliedstaaten. Seit seiner Gründung hat sich der Europarat für die Förderung der Menschenrechte, pluralistische Demokratie und Rechtsstaatlichkeit eingesetzt und Leitlinien für ein demokratisches Europa geschaffen. Deutschland ist seit 1950 Mitglied.

Organe

Die Organe des Europarats sind das Ministerkomitee als Entscheidungsorgan, die Parlamentarische Versammlung (bestehend aus Vertreter/innen der nationalen Parlamente, entsprechend ihrer jeweiligen Zusammensetzung) und der Kongress der Gemeinden und Regionen Europas als beratende Organe. Hinzu kommen der Europäische Gerichtshof für Menschenrechte und das Sekretariat in Straßburg, das in verschiedene Abteilungen untergliedert ist. Abteilung IV beschäftigt sich mit Projekten und Initiativen zu Bildung, Kultur, Jugend und Sport.

Arbeitsschwerpunkte

Ein Schwerpunkt der Arbeit des Europarates in den letzten Jahren ist neben der Weiterentwicklung des Schutzes der Menschenrechte vor allem die Heranführung der neuen Mitgliedstaaten aus Mittel- und Osteuropa an die europäischen Strukturen. Durch umfangreiche Beratungs- und Unterstützungsprogramme, die teilweise von der EU kofinanziert und gemeinsam mit ihr und der OSZE durchgeführt werden, fördert der Europarat den demokratischen Reformprozess und die Angleichung der Rechtsstandards in diesen Ländern.

Gleichzeitig ist die wirksame Überprüfung der von den Mitgliedstaaten mit dem Beitritt eingegangenen Verpflichtungen – das so genannte Monitoring – weiterentwickelt worden. Andauernde schwer wiegende Verstöße gegen die Prinzipien des Europarats können Sanktionen bis hin zum Ausschluss des betreffenden Landes aus der Organisation nach sich ziehen.

Menschenrechtsverstöße können vor den nunmehr ständig tagenden Europäischen Gerichtshof für Menschenrechte gebracht werden, der am 3. November 1998 seine Arbeit aufgenommen hat.

Am 1. Januar 2000 wurde der Spanier Alvaro Gil-Robles in das neu geschaffene Amt des Menschenrechtskommissars des Europarats eingeführt.

Aktivitäten im Bereich Kultur und Bildung

Viele Aktivitäten des Europarates im Bereich Bildung und Kultur fanden in den vergangenen Jahren in den Feldern Geschichte und Sprachen sowie Bildung für ein aktives Bürgerbewusstsein (active citizenship) statt. Die vorhandene Vielfalt in den Gesellschaften Europas hat den Europarat bereits vor vielen Jahren zu eigenen Aktivitäten im Bereich interkulturellen Lernens veranlasst. Mit Projekten für Migrantenkinder und Sprachförderung sowie der Förderung demokratischer Einstellungen, Maßnahmen zur Wahrung der Menschenrechte, insbesondere für Minderheiten, Bildungs- und Kulturaspekten und »Education for democratic citizenship« will man zu einem »learning to live together« beitragen. »Multiperspektivität« ist dabei eine übergreifende Zielsetzung. Als grundlegende Prinzipien gelten die Wahrnehmung von Differenz und die Bekämpfung von Diskriminierung. Instrumente sind Empfehlungen an die Mitgliedstaaten, thematisch orientierte Konferenzen und Seminare, Publikationen und Kampagnen sowie Lehrerfortbildungsmaßnahmen.

Die neue Herausforderung

Eine neue Herausforderung für interkulturelle Bildung wird heute in Fragen bestehender religiöser Unterschiede und des Dialogs in Europa gesehen. Das ist eine Entwicklung, die nicht zuletzt als Reaktion auf die mit den schrecklichen Ereignissen am 11. September 2001 und ihrer religiösen Begründung gesehen werden kann, zumindest wenn man die verschiedenen politischen Stellungnahmen wahrnimmt. So hat der frühere Generalsekretär des Europarates, der Österreicher Walter Schwimmer, bereits 2002 unterstrichen, »dass interkultureller und interreligiöser Dialog eine der Hauptachsen der Entwicklung des Europarates« werden müsse. Bestehende Initiativen zur Stärkung der Demokratie in den Mitgliedstaaten sollten erweitert und ein (neuer) Schwerpunkt im Dialog der Religionen gesetzt werden. Als Konsequenz für Bildung formulierte er: »Die pädagogische Zielsetzung muss breit und positiv sein. Der Vorschlag für ein neues Projekt lautet: ›Die Europäer darin zu unterstützen, einen auf Toleranz und Verständigung beruhenden Dialog zu religiösen Inhalten führen zu können.‹« (Schwimmer 2002)

Wurde im Bereich des interkulturellen Lernens viele Jahre die Dimension »Religion« weitgehend vernachlässigt, oder als Demokratie und Toleranz gefährdender Bereich thematisiert, so geht es jetzt darum, einen anderen Umgang mit der religiösen Dimension zu finden und interkulturelle Bildung neu zu orientieren. Wie also mit Religion umgehen? Religion ist – so formulierte selbst der französische Erziehungsminister – ein kulturelles Faktum, das nicht (länger) ignoriert werden kann. Bislang jedoch fand sich in Empfehlungen des Europarates lediglich die Unterstützung eines »Lernens *über* Religion« als Weitergabe sachgemäßer Informationen zu den verschiedenen in Europa wahrnehmbaren religiösen Traditionen.

Ziele und Aktivitäten

Eine 2002 für die Konkretisierung des Projektes eingesetzte Projektgruppe konnte in Verbindung mit Expertenkolloquien und anderen Arbeitstreffen Aktionen und Stellungnahmen vorbereiten, die der Konferenz der Bildungsminister vom 10. bis 12. Dezember 2003 in Athen vorgelegt wurden. In der dort beschlossenen Erklärung zu »Interkulturelle Bildung im neuen europäischen Kontext« (Declaration 2003) wird der Europarat aufgefordert, dem Bereich Bildung »ein größeres Gewicht zukommen zu lassen«. Es wird empfohlen, dass die Mitgliedstaaten die interkulturelle Dimension in ihrer Bildungspolitik deutlicher berücksichtigen und auch mehr Forschungsinitiativen in diesem Feld anregen und unterstützen sollen. Die Minister begrüßen in ihrer Erklärung die bisherigen Aktivitäten des Projektes als Beitrag zu den Zielen »der Bewusstseinsbildung zu einer europäischen Bildungsdimension, durch die Einführung von Respekt für Menschenrechte und Vielfalt, Grundlagen, um mit Vielfalt umgehen zu können, Offenheit gegenüber anderen Kulturen, interreligiösen Dialog und den ›Euro-arabischen Dialog‹«. In der Erklärung wird betont, dass das begonnene Projekt »einen zentralen Beitrag leisten kann zu den gemeinsamen Zielen der gegenseitigen Verständigung, des Respekts und dem Lernen, zusammenleben zu können«.

Das Projekt will innovativ wirken und theoretische Ansätze interkultureller Pädagogik weiterentwickeln sowie Materialien und Informationen für eine veränderte Praxis zur Verfügung stellen. Zielgruppen sind Politiker auf lokaler, regionaler und nationaler Ebene, Pädagoginnen und Pädagogen sowie Erziehungswissenschaftler/innen, die in ihren Studien auch den Zusammenhang zwischen interkulturellem Lernen und der »Bildung für demokratisches Bürgerverständnis (»education for democratic citizenship«) aufnehmen sollen.

Der Europarat wendet sich mit diesem Projekt auch direkt an Lehrer/innen, um sie zu interkulturellem und interreligiösem Dialog anzuregen und über sie auch die Eltern und den weiteren Schulkontext erreichen zu können.

In folgenden Bereichen konkretisiert sich das Projekt des Europarates:

- *Konferenz*: Im Juni 2004 fand auf Einladung der norwegischen Regierung in Oslo eine internationale Konferenz zu »The Religious Dimension of Intercultural Education« statt, an der Vertreter/innen aus fast allen Mitgliedstaaten teilnahmen. Empfehlungen gingen u.a. dahin, den Austausch zu guter Praxis in den verschiedenen Kontexten Europas zu intensivieren, Vertreter/innen von Nichtregierungsorganisationen stärker an dem Projekt zu beteiligen und die Zusammenarbeit mit ähnlichen Projekten zu suchen (Council of Europe 2004).
- *Kompendium*: Ein geplantes »Kompendium von Beispielen guter Praxis«, in denen in interkulturellen Projekten die religiöse Dimension aufgenommen wird, soll als Material und Ressource für Lehreraus- und Fortbildungsmaßnahmen zur Verfügung stehen.
- *Lehrerfortbildung:* Der Europarat führt Fortbildungsmaßnahmen für Lehrkräfte in Kooperation mit nationalen Fortbildungseinrichtungen durch. Seminare im Rahmen des Projektes haben 2004 in der Türkei und in Donaueschingen/Deutschland mit jeweils 40 Teilnehmer/innen in europäischer Zusammensetzung stattgefunden.
- *Neue Medien:* Geplant sind ferner die Herausgabe einer CD-ROM mit unterstützenden Materialien und die Entwicklung einer Internet-Seite zur Vernetzung nationaler Initiativen mit dem Projekt des Europarates.

Inhaltliche Herausforderungen

Erste Kolloquien und Expertentreffen des Europarates ermöglichten Kontakte zwischen interkulturellen Experten und Religionspädagogen aus verschiedenen Regionen Europas, die unterschiedliche Ansätze religiöser Bildung in öffentlichen Schulen repräsentierten. Im beginnenden Dialog werden bestehende Abgrenzungen hinterfragt und Impulse zur Entwicklung gemeinsamer Zielvorstellungen gegeben. Eher zögerlich wird dabei der Bereich religiöser Bildung aufgenommen, da man befürchtet, schnell in konzeptuell geprägte Kontroversen hineingezogen zu werden und damit mit nationalen Zuständigkeitsbereichen in Konflikt zu kommen. So wurde in einem Konzeptpapier in einem frühen Stadium formuliert, dass die Fragen religiösen Schulunterrichtes und Fragen privater versus öffentlicher Schulen nicht Gegenstand des neuen Projektes sein sollten. Die vom Europarat eingesetzte Projektgruppe verständigte sich auf eine »Arbeitsdefinition« mit der Unterscheidung zwischen »religiöser Dimension« und »religiöser Bildung«: »Die Bearbeitung der religiösen Dimension von interkultureller Bildung bedeutet, sich mit einem konstitutiven Element individueller, gruppenbezogener und kultureller Identität(en) zu beschäftigen. Dieses hat ihre Quellen in den verschiedenen Religionen. Deshalb läuft es darauf hinaus, die religiöse Dimension in der Kultur des anderen (derjenigen, die verschieden von uns sind) zu entdecken und sich der Vielfalt anderer Wertesysteme zu öffnen.« (Project Group 2004, 2)

Literatur

Council of Europe, The Religious Dimension of Intercultural Education. Conference proceedings Oslo, Norway, 6 to 8 June 2004, Strasbourg 2004.

Declaration by the European Ministers of Education on the new on intercultural education in the new European context, »Intercultural education: managing diversity, strengthening democracy«, Athens, Greece, 10-12 November 2003«, http://www.coe.int/T/E/Com/Files/Ministerial-Conferences/2003-Education/decl_final.asp.

Project Group des Europarates: Project description (DGIV/EDU/DIAL (2004) 3 E.

Schwimmer, Walter, Intercultural Education and the challenge of religious diversity and dialogue, opening speech 30 September 2002 (unveröffentlichtes Manuskript).

Kontakt:
Division for the European Dimension of Education
Directorate of School, Out-of-school and Higher Education
Directorate General IV, Council of Europe
F-67075 Strasbourg Cedex
www.coe.int/T/E/Cultural_Co-operation/education

Lisa R. Kaul-Seidman

Europäische Identität und kultureller Pluralismus: Judentum, Christentum und Islam in europäischen Lehrplänen – ein Projekt der Herbert-Quandt-Stiftung

Angesichts der dramatischen demographischen Veränderungen in Europa durch die Globalisierung und die Mobilität der Bevölkerung wurde die Identität künftiger Bürger/innen Europas zu einer dringlichen Frage. Diskussionen in diesem Bereich beschäftigten sich mit der Machbarkeit und den Möglichkeiten, mit den in Europa bestehenden Unterschieden – sozialer, ökonomischer, religiöser, kultureller, politischer Art –, ›entgegenkommend‹, ›handhabbar‹ und ›repräsentativ‹ umgehen zu können. Während manche argumentierten, dass jeder Versuch, mit diesen Unterschieden sinnvoll umzugehen, in einem ›Kampf der Kulturen‹ (Huntington 1997) endet, haben andere wie die Herbert-Quandt-Stiftung die Auffassung vertreten, dass die Idee einer europäischen Bürgerschaft eine ›humanistische‹ Vorstellung sei, das trotz der bestehenden Unterschiede durch einen ›Geist der Zugehörigkeit zu einer gemeinsamen Kultur‹ (Europäische Kommission 1997) bestimmt sei. Im Besonderen hat die Herbert-Quandt-Stiftung auf die pluralistische Vergangenheit und Zukunft Europas hingewiesen und die Auffassung vertreten, dass die Koexistenz solcher Unterschiede nicht unweigerlich zersetzende Folgen haben und ebenso wenig auf einen Weg der bloßen Tolerierung führen muss. Denn wenn sie vom Geist gegenseitigen Verstehens und gegenseitiger Sicherheit getragen werden, können solche Unterschiede gleichsam ein reichhaltiges, komplexes Teppichmuster bilden, dessen Gesamtbild auch dann nicht beeinträchtigt wird, wenn sich gelegentlich ein Faden löst. Darüber hinaus wurde die Auffassung vertreten, dass das Potenzial für ein solches Verstehen primär, doch nicht ausschließlich, latent in den Kulturen vorhanden ist, die aus den drei monotheistischen Weltreligionen hervorgingen, und dass Schulcurricula wichtige Orte sind, an denen dieses Potenzial der Verständigung zwischen den drei abrahamischen Glaubenstraditionen weiter entwickelt werden könne. Zur Klärung dieser Fragen beauftragte die Herbert-Quandt-Stiftung die Theologische Fakultät der Universität Birmingham als Partner mit dem Forschungsprojekt und die Umsetzung von Empfehlungen in die Praxis.

Das auf dieser Grundlage durchgeführte Projekt ging von folgender Prämisse aus: Wenn Lehrpläne in Europa ›Klischees‹ bekämpfen und die ›Fremdheit‹ des ›Anderen‹ (ob Christ, Muslim oder Jude) in Frage stellen, indem sie die wechselseitigen Verbindungen, den soziokulturellen Austausch und die gegenseitigen Einflüsse zwischen diesen drei Glaubenstraditionen und den verschiedenen von ihnen hervorgebrachten Kulturen hervorheben und dabei gleichzeitig die Themen Konflikt und Disharmonie objektiv und ausgewogen behandeln, können sie ein bedeutender Ort für eine Generation, geprägt von ›Verständigung‹ und ›Trialog‹, werden. So wurde in dem Projekt zunächst untersucht, wie und in welchem Ausmaß Schulcurricula für die Fächer Geschichte, Sprache und Literatur sowie Religionsunterricht in ausgewählten europäischen Ländern die Beziehungen sowie die positiven Wechselwirkungen zwischen den drei Glaubenstraditionen und Kulturen behandeln.[1] Davon ausgehend ließ sich vor allem Folgendes herausfinden:

1. »Während die meisten Curricula für Geschichte und Religion Stoffe zu den abrahamischen Religionen enthalten, wird diesem Thema in den Curricula für Sprache und Literatur nur wenig Aufmerksamkeit beigemessen.
2. Der Präsenz von Juden und Muslimen in der Geschichte Europas wird entweder gar nicht oder zu wenig Rechnung getragen.
3. Folglich werden Juden und Muslime schon an sich als fremd und problematisch betrachtet, was wiederum zur Folge hat, dass die Erwähnung von Juden und Muslimen im Laufe der europäischen Geschichte zum Großteil im Kontext von Konfliktsituationen erfolgt.
4. Der fortdauernden Präsenz des Christentums im heutigen Europa wird zu wenig Rechnung getragen. Die Erwähnung von Christen in Europa beschränkt sich größtenteils auf die Zeit des Mittelalters.
5. Nur sehr beschränkte Aufmerksamkeit wird dem wechselseitigen Einfluss gezollt, den die drei Glaubenstraditionen auf den Gebieten theologischen und philosophischen Denkens aufeinander hatten.
6. Beschränkte Aufmerksamkeit erfährt der Transfer oder die Verbreitung von Wissens- und Kulturflüssen zwischen den drei Glaubenstraditionen am Beispiel von Sprache, Kunst und Architektur. Lediglich an einigen wenigen Schulen befasst man sich im Zusammenhang mit dem arabischen Einfluss auf die europäische Kunst und Architektur mit diesem Aspekt.
7. Den Kulturflüssen zwischen den drei Glaubenstraditionen und ihren Kulturen in verschiedenen Ländern auf den Gebieten ritueller Praktiken, Ernährung, Kleidung, soziales Brauchtum und Sprache wird wenig Aufmerksamkeit geschenkt. Dadurch, dass die einzelnen Traditionen gesondert betrachtet werden und die gegenseitigen lokalen Einflüsse weithin übersehen werden, begreift man tendenziell die ›Fremdheit‹ der verschiedenen Gruppen.

1 Ziel war nicht die Erstellung eines repräsentativen statistischen Situationsberichts zu den einzelnen Ländern; vielmehr sollte eine Momentaufnahme bestehender Praktiken geliefert werden. Einzelheiten finden sich in Kaul-Seidman u.a. (2003).

8. Nur selten wird geschichtliches Material herangezogen, um Schülern zu helfen, die Gründe für Vorurteile gegen Juden, Christen oder Muslime zu untersuchen. Wo solches Material verwendet wird, liegt der Schwerpunkt meist in erster Linie auf den Juden und in zweiter Linie auf den Muslimen, und zwar im Zusammenhang mit gegenwärtigen Immigrationsproblemen.
9. Es gibt wenig Anzeichen für die Nutzung literarischer Texte, um den Schülern zu helfen, die klischeehafte Darstellung von Juden, Christen oder Muslimen zu hinterfragen und anzuzweifeln.
10. Nur beschränkte Aufmerksamkeit wird der kulturellen Vielfalt oder den internen Streitpunkten gewidmet, die innerhalb der drei Glaubenstraditionen und -gruppen bestehen.« (Kaul-Seidman u.a., 2003, 11f.)

Ausgehend von diesen Befunden wurden eine Reihe von nicht-normativen ›Leitlinien‹[2] erarbeitet, die folgenden Zielsetzungen dienen sollen:

a. Anregungen zur Ergänzung der Lehrerausbildung in den verschiedenen Einrichtungen.
b. Eine potenzielle Messlatte oder Richtschnur für die Kenntnisse, über die Lehrkräfte verfügen ›sollten‹, um in der Lage zu sein, diese Aspekte des Lehrplans kompetent zu vermitteln.
c. Empfehlungen in Bezug auf Unterrichtsmaterial für Lehrkräfte, die den Wunsch haben, diejenigen Teile des vorhandenen Lehrplans zu ergänzen, der darauf abzielt, Schüler/innen Kenntnisse über Juden und Judentum, Christen und Christentum und Muslime und den Islam zu vermitteln (...)
d. Hinweise auf Stoffe und Themen, welche die Verfasser und Hersteller von Lehrmaterialien nutzbringend in ihre Konzeption einbringen können (ebd., 11).

Im Kern geht es bei den Leitlinien darum, *grundlegendes und kritisches* Wissen über die drei abrahamischen Glaubenstraditionen zu vermitteln. Darunter wird ein Wissen verstanden, das den Schüler/innen einerseits *faktische* Informationen über Juden und Judentum, Christen und Christentum und Muslime und den Islam liefert und es ihnen andererseits ermöglicht, sich mit diesen faktischen Informationen *kritisch auseinander zu setzen.* Schüler/innen sollen dazu ermuntert werden:

- Simplifizierende und stereotype Darstellungen von Identitäten im Zusammenhang mit den drei Glaubenstraditionen in Frage zu stellen. Im Besonderen sollen Schüler/innen lernen, zu erkennen, dass Identitäten

2 Details siehe Kaul-Seidman, Lisa/Nielsen, Jorgen S./Vinzent, Marcus, *European Identity and Cultural Pluralism: Judaism, Christianity and Islam in School Curricula. Recommendations.* Bad Homburg, v.d.H: Herbert-Quandt-Stiftung, June, 2003.

generell und auch im Zusammenhang mit diesen Glaubenstraditionen ›konstruiert‹, ›situativ‹ und ›relational‹ sind.

- Monolithische Darstellungen der drei Glaubenstraditionen in Frage zu stellen. Schüler/innen sollen in der Lage sein, zu erkennen, dass diese Glaubenstraditionen globale Phänomene mit lokalen Varianten sind. Speziell sollen Schüler/innen zu erkennen lernen, wie die lokalen Varianten in die jeweiligen lokalen oder nationalen Kontexte *eingebunden* sind.
- Zu erkennen, dass die meisten Individuen eine Mischung multipler oder gesonderter oder ungleichartiger Identitäten sind, deren Komponenten sich nicht notwendigerweise widersprechen.
- Im Zusammenhang mit den vorherigen Punkten etwas über sich selbst zu lernen. Speziell sollen Schüler/innen lernen, sich in ihren Identitäten sicher zu fühlen und in der Lage zu sein, das Wissen über die Prozesse, die dem Identitätsaufbau zugrunde liegen, auf andere zu transferieren oder zu transponieren.
- Ein kritisches Selbstbewusstsein zu entwickeln und im Stande zu sein, mögliche Unterschiede nicht als Gegensätze zu begreifen.[3]

Zusätzlich haben die Projektpartner die Vermittlung folgender Punkte als konstitutiv für grundlegendes und kritisches Wissen über Juden und Judentum, Muslime und Islam, Christen und Christentum empfohlen:

- Wissensvermittlung zur historischen Entwicklung der drei Glaubenstraditionen und ihrer Kulturen
- Wissensvermittlung zu den wichtigsten charakteristischen Richtungen und Praktiken der drei abrahamischen Glaubenstraditionen und Kulturen
- Wissensvermittlung, die die Unterschiede innerhalb muslimischer, jüdischer und christlicher Gemeinschaften beleuchtet
- Wissensvermittlung, die den wechselseitigen Einfluss, den die drei Glaubenstraditionen auf den Gebieten theologischen und philosophischen Denkens aufeinander hatten, erhellt

3 Diese Empfehlung steht deutlich im Einklang mit dem Konzept einer »interkulturelle Pädagogik«, wie sie 1997 durch die Studiengruppe Allgemeine und berufliche Bildung als Weg vorgeschlagen wurde zur Entwicklung einer umfassenderen Pädagogik in Bezug auf eine europäische Bürgerschaft. In deren Konzept ist eine ›interkulturelle Pädagogik‹ eine Strategie, etwas über kulturell andere zu lernen, indem man kritisch betrachtet, wie Bilder, Darstellungen und Texte und ihre versteckten Botschaften aufgebaut sind. Dieser Ansatz fördert das Lernen wie man seine eigenen ›Grenzen‹, die Grenzen anderer und die Grenzen der äußeren gesellschaftlichen Welt identifizieren kann. Doch unser Vorschlag geht über die bloße Identifizierung von Grenzen hinaus: er stellt auch die Bedeutung und den Inhalt von Grenzen in Frage.

- Wissensvermittlung, die den Einfluss, den Transfer oder die Verbreitung von Wissens- und Kulturflüssen zwischen den drei Glaubenstraditionen in verschiedenen Ländern auf den Gebieten ritueller Praktiken, Ernährung, Kleidung, soziales Brauchtum herausstellt
- Wissensvermittlung, die den Einfluss, den Transfer oder die Verbreitung von Wissens- und Kulturflüssen zwischen den drei Glaubenstraditionen, wie er sich in Sprache, Kunst und Architektur ausdrückt, hervorhebt
- Wissensvermittlung zu unterschiedlichen oder vergleichbaren Interpretationen historischer Ereignisse
- Vermittlung historischer Stoffe, die den Schüler/innen helfen, die Gründe für Vorurteile gegen Juden, Christen und Muslime zu untersuchen und diese Vorurteile selbst aufzulösen
- Vermittlung literarischer Stoffe, die sich mit Konflikt- und Kooperationssituationen zwischen Juden, Christen und Muslimen beschäftigen
- Vermittlung literarischer Stoffe, die es den Schüler/innen ermöglichen, ein kritisches Selbstbewusstsein zu entwickeln, indem sie ein Schlaglicht auf die *Vielfalt* der Faktoren und Situationen werfen, die den Aufbau der eigenen Identität beeinflussen
- Vermittlung historischer und literarischer Stoffe, die den Schüler/innen helfen, die diversen außereuropäischen Einflüsse auf Phänomene (Kunstwerke, Sprachen etc.) zu erkennen, die als ›europäisch‹ gelten und die Schüler/innen so in die Lage versetzen, Europa als autarkes Gebilde in Frage zu stellen
- Vermittlung historischer Stoffe, die es den Schüler/innen ermöglichen, sich in die Lage anderer zu versetzen.

Es sollte festgehalten werden, dass sich das Projekt zwar mit den drei abrahamischen Glaubenstraditionen und dem Trialog zwischen ihnen befasste, aber die Reichweite des Ansatzes ist nicht exklusiv auf diese drei Glaubenstraditionen beschränkt. Vielmehr wird darauf hingewiesen, dass dieser Ansatz auch verwendet werden kann, um eine größere Verständigung zwischen unterschiedlichen Gruppen und Menschen zu erreichen, die das Zusammenleben mit dem ›Anderen‹ als beschwerlich erleben.

(übersetzt aus dem Englischen von Peter Schreiner)

Literatur

Huntington, Samuel P., Der Kampf der Kulturen. Die Neugestaltung der Weltpolitik im 21. Jahrhundert, München [3]1997.

Europäische Kommission, Studiengruppe Allgemeine und Berufliche Bildung, Europa verwirklichen durch die allgemeine und berufliche Bildung. Luxemburg, Amt für amtliche Veröffentlichungen der Europäischen Gemeinschaften, 1997.

Kaul-Seidman, Lisa/Nielsen, Jorgen S./Vinzent, Markus, Europäische Identität und kultureller Pluralismus: Judentum, Christentum und Islam in europäischen Lehrplänen. Empfehlungen für die Praxis, Bad Homburg v.d. Höhe: Herbert-Quandt-Stiftung, 2003.

Kontakt:
Herbert-Quandt-Stiftung
Herbert-Quandt-Haus
Am Pilgerrain 15
61352 Bad Homburg
h-quandt-stiftung@altana.de
www.h-quandt-stiftung.de

Simon Oxley

Ökumenischer Rat der Kirchen und interreligiöses Lernen

»Die Pluralität ist Herausforderung und Chance für interreligiöses Lernen zugleich. Sie erfordert keine eng gefasste religiöse Unterweisung, sondern eine, die sich offen und kritisch mit ihrem Umfeld auseinander setzt. Um eine solche Art von Unterweisung zu verwirklichen, müssen die bestehenden Bildungssysteme verändert werden und die religiöse Unterweisung muss sich stärker mit aktuellen und kontextuellen Fragen auseinander setzen.« (ÖRK 2004) Dieser Aufruf von Aram I., des Vorsitzenden des Zentralausschusses des Ökumenischen Rates der Kirchen (ÖRK), war Teil seines Berichtes bei der Sitzung im August 2003.

In der ökumenischen Bewegung wurden seit den Tagen der Weltmissionskonferenz im Jahr 1910 immer auch die Beziehungen zu anderen Weltreligionen gesucht und reflektiert. Die Hauptrichtung der Aktivitäten des ÖRK seit diesen Jahren lag im Bereich des Dialogs. Demgegenüber hat die Beschäftigung mit dem interreligiösen Lernen im engeren Sinne eine verhältnismäßig kurze Geschichte.

Es fanden Konsultationen statt, bei denen Menschen unterschiedlicher Religionszugehörigkeit mit- und voneinander lernten, aber erst ab dem Jahr 2000 hat der ÖRK systematisch damit begonnen, sich mit Konzepten und Ansätzen interreligiösen Lernens in Bildungssystemen und in Glaubensgemeinschaften zu beschäftigen. Dies geschah in Zusammenarbeit der Mitarbeiter/innen des ÖRK für Dialog und für Bildung. Drei wichtige Konsultationen zum interreligiösen Lernen wurden vom ÖRK durchgeführt, an denen neben Christen auch Pädagoginnen und Pädagogen aus anderen Weltreligionen teilnahmen. Vorträge und Berichte dieser Konsultationen wurden vom Comenius-Institut in dem Band »Shared Learning in a Plural World« (Rüppell/Schreiner 2003) veröffentlicht. Vertreter/innen des ÖRK haben auch an Veranstaltungen anderer teilgenommen, um einen möglichst breiten Diskurs zu ermöglichen.

Zwischen Dialog und Lernen zu unterscheiden kann falsch sein. Denn wir können lernen, indem wir am Dialog teilnehmen: Lernen kann ebenso ein Element des Dialogs beinhalten. Jedenfalls kann man diesem Artikel und dem Artikel zum Interreligiösen Dialog innerhalb des ÖRK (siehe Ucko in diesem Band) entnehmen, dass man zwischen interreligiösem Dialog und interreligiösem Lernen unterscheiden kann, dass beide Bereiche jedoch miteinander verbunden sind.

Die erste Konsultation des ÖRK fand im Jahr 2000 in Thailand statt unter dem Thema »At the Frontiers – A Global Multi-faith Consultation on Religious Education«. Der daraus resultierende Brief ›Letter to Religious Educators‹ der Teilnehmer/innen hinterfragte die allgemein vertretene Meinung, dass Glaubensgemeinschaften und staatliche Schulen nur jeweils »die eigene Glaubenstradition« unterrichten sollten. Es wurde nicht nur als wichtig erachtet, andere Weltreligionen kennen zu lernen, sondern auch, ein einfühlendes Verständnis von ihnen zu entwickeln. Dies könnte einer nicht sachgemäßen Interpretation anderer Glaubensrichtungen und -praktiken vorbeugen, die Gemeinschaften trennt und oft zu Gewalt führt. Gleichzeitig würde ein offener und fantasievoller Religionsunterricht Menschen auf ihrem eigenen Glaubensweg bestärken.

Kinder und Erwachsene sollten befähigt werden, in einer zunehmend pluralistischen Welt leben zu können. Dies beinhaltet ein Kontext bezogenes interreligiöses Lernen, das die Herausforderungen der Gesellschaft aufnimmt und offen gegenüber anderen ist. Es soll dazu verhelfen, individuelle und kollektive Identitäten zu entwickeln, die zugleich in einer Glaubenstradition wie in der bestehenden menschlichen Vielfalt ihre Wurzeln haben.

Interreligiöses Lernen sollte Menschen befreien und das Leben bejahen und nicht dazu verwendet werden, Glauben für engstirnige Interessen einzuengen oder zu kontrollieren. Es sollte erfahrungsorientiert sein und die ganze Person miteinbeziehen. Zu häufig resultiert religiöse Bildung darin, dass sich junge Menschen vom praktizierenden Glauben abwenden. Deshalb sollte religiöser Glaube auch für diejenigen wieder als sinnvoll präsentiert werden, die sich davon abgewandt haben oder noch nie die Erfahrung innerhalb einer Glaubensgemeinschaft gemacht haben. Das effektivste religiöse Lernen geschieht in realen Begegnungen und aktiven Beziehungen zwischen verschiedenen Glaubenstraditionen.

Trotz der vielen Unterschiede in ihren Situationen, Kulturen und Glaubenstraditionen konnten die an der Konsultation teilnehmenden Religionspädagoginnen und -pädagogen eine gemeinsame Botschaft formulieren. Der zusammenfassende Teil des ›Letter to Religious Educators‹ lautet:

»Durch unser Zusammenleben und unseren intensiven Austausch wurde uns bewusst, dass unsere religiöse Unterweisung und unser Lernen niemals vollständig sein würden, solange wir keine Möglichkeiten gefunden haben, unsere verschiedenen spirituellen Traditionen als Teil unserer spirituellen Wege und Glaubenserfahrungen zu verstehen.« (Rüppell/Schreiner 2003, 71)

Die Arbeit der beiden folgenden Konsultationen bestätigte die oben genannten Schlussfolgerungen. Ebenfalls im Jahr 2000 fand, in Zusammenarbeit mit dem Comenius-Institut, eine Konsultation in Genf statt. Das Thema war »Teaching Christianity in Dialogue with Other Faith Traditions« im europäischen Kontext. Es wurde festgehalten, dass Globalisierung und Pluralität entscheidend Gesellschaft und alle Bildungsbereiche weltweit beeinflussen. Beide Trends bieten Herausforderungen und Möglichkeiten für interkulturellen und interreligiösen Austausch und Lernen. Viele sehen jedoch in der zunehmenden Offenheit für andere Weltanschauungen eher eine Bedrohung denn eine Bereicherung. Religiöse Erziehung kann zu einem Bereich werden, in dem junge Menschen lernen, wie man sich Herausforderungen im Blick auf die Identität stellt, Konflikte bewältigt und Sensibilität im Umgang mit Verschiedenartigkeit entwickelt. Die Aufgabe, ein Konzept von Religionsunterricht im Dialog mit anderen Glaubenstraditionen zu entwickeln, wurde als notwendiger Schritt nach vorne angesehen. Außerdem wurde unterstrichen, dass sich insbesondere Christen intensiver mit einer Theologie der Religionen beschäftigen sollten. Die Konsultation in Genf hat einige Zielsetzungen für das Lehren des christlichen Glaubens im Dialog mit anderen Glaubenstraditionen hervorgehoben:

- »die Perspektive des Lernenden und die lokale Situation berücksichtigen
- eine Umgebung schaffen, die Prozesse individueller Identitätsbildung unterstützt, die die Andersartigkeit des anderen respektiert
- den Lernenden die Möglichkeit schaffen, andere religiöse Traditionen und Erfahrungen und andere religiöse Wahrheitsansprüche ernst zu nehmen und zu respektieren
- einen sicheren Raum für die Kommunikation religiöser Unterschiede schaffen
- jedem Lernenden die Freiheit geben, persönliche Erfahrungen weiterzugeben oder auch nicht
- jedem Lernenden die Freiheit geben, seine religiösen Erfahrungen auf seine Art auszudrücken und zu berücksichtigen, dass kein Einzelner eine ganze religiöse Tradition repräsentieren kann.« (Rüppell/Schreiner 2003, 100)

Die dritte Konsultation des ÖRK befasste sich mit der Frage »How can religious educators contribute to good communal relations?« und fand 2001 auf Zypern statt.

Es wurde hier mit 25 Fallstudien aus verschiedenen interreligiösen Zusammenhängen aus aller Welt gearbeitet. Übereinstimmend wurde festgestellt, dass viele lokale und internationale Konflikte eine religiöse Dimension besitzen. Kinder und Erwachsene werden oft im Blick auf Glaubensüberzeugungen und Glaubenspraxis ihrer Nachbarn in Unwissenheit gelassen, oder es wird ihnen ein verzerrter Blick vermittelt, um den Wert der eigenen Religion zu betonen. Unwissenheit und falsche Gerüchte sind Nährboden für kommunale Gewalt.

Jene, die für Bildung innerhalb staatlicher Bildungssysteme oder Glaubensgemeinschaften verantwortlich sind, tragen eine große Verantwortung dafür, dass im schlimmsten Falle die Art und der Inhalt des Religionsunterrichts bestehende Spannungen verstärken, im besten Falle ein mitfühlendes Verständnis und positive Verhaltensweisen gegenüber den »Anderen« gefördert werden. Die Konsultation auf Zypern betonte besonders zwei Konzepte: die Notwendigkeit, einen Raum zu schaffen, und das Bild einer gemeinsamen Reise.

Wann immer Religionsunterricht stattfindet (in Glaubensgemeinschaften, in staatlichen und nicht staatlichen Einrichtungen) ist die formale oder informelle Rolle des Pädagogen (z.B. anerkannte geistliche Leiter, Lehrer, Gemeinschaften, Familie) wichtig. Wir sollten auf jeden Fall erkennen, dass (a) wir alle zugleich Lehrende und Lernende sind; (b) die Beziehung zwischen Erziehenden und Lernenden persönlich sein muss, um im Religionsunterricht zu guten gemeinschaftlichen Beziehungen beizutragen:

»Eins ist notwendig: einen ›dritten Ort‹ zu schaffen, einen Ort, an dem wir uns sicher und frei begegnen können. Ein dritter Ort ermöglicht es uns, eine ›sichere Umgebung‹ zu schaffen, in der wir in offener und angemessener Diskussion alle Aspekte von Religion bedenken können.« (Rüppell/Schreiner 2003, 148)

An anderer Stelle innerhalb des ÖRK hat es intensive Diskussionen darüber gegeben, ob es notwendig ist, einen »ökumenischen Raum« zu schaffen, der offen ist und keine Bedrohung darstellt, wo wir so sein dürfen, wie wir sind, der aber zugleich auch ein Raum sein soll, der zu gezielten Begegnungen und zu gegenseitiger Rechenschaft ermutigt.

Religiöse Erziehung kann auch als gemeinsame Reise betrachtet werden. Lernende sollten zu einer ehrlichen Selbsteinschätzung darüber kommen, was sie von ihrem eigenen Kontext und Glauben her mitbringen. Auf diesem Weg müssen wir uns mit vielen Herausforderungen auseinander setzen, z.B. Ignoranz, Stereotypen, Ideologien, Gier und Sprache.

»Auf diesem Weg begegnen sie Lehrenden, die als Mediatoren agieren und Neutralität, Zugänglichkeit, Kompetenz, Kommunikationsfähigkeiten und Integrität repräsentieren. Die ›Reisenden‹ verwenden kritisches Denken (Fragen!), geteilte Praxis, gewaltfreie Aktionen, gemeinsame Projekte und empathisches Mitgefühl (compassion) auf dem Weg zu geordneten und harmonischen Beziehungen mit allen Geschöpfen, inklusiver und integrierter Gemeinschaft, Frieden und Gerechtigkeit und eine neue kommunale Gemeinschaft. Die Reise wird fortgesetzt ...« (Rüppell/Schreiner 2003, 148)

Was hat sich also zusammenfassend aus dem interreligiösen Lernen für den ÖRK ergeben?

(1) Interreligiöses Lernen, ob in einer Glaubensgemeinschaft oder im öffentlichen Bildungswesen, hat das Potenzial, sehr gut oder sehr schlecht wirken zu können. Indem mitfühlende Verhaltensweisen, Verständnis und Verhalten im Blick auf die »Anderen« entwickelt werden, kann das Leben in einer Gemeinschaft verbessert werden. Vieles jedenfalls, was besonders innerhalb von Glaubensgemeinschaften getan worden ist, stellt den »Anderen«, absichtlich oder unbeabsichtigt als »falsche« Person oder »falsche« Gemeinschaft dar, der/die gefürchtet, vermieden oder gehasst werden muss.

(2) Lernen von und mit Menschen anderen Glaubens hat das Potenzial, seinen eigenen Glauben eher zu bereichern als ihn zu zerstören.
(3) Interreligiöses Lernen innerhalb der Kirche und im öffentlichen Bildungswesen ist mehr eine Notwendigkeit als ein Luxus oder eine zusätzliche Option. Für den ÖRK ist es eine besondere Herausforderung, Kirchen zu einem Verständnis zu helfen, im Rahmen christlicher Erziehung einen positiven Blick für jene zu entwickeln, die anders glauben.
(4) Aus vielen Teilen der Welt und aus allen Bildungsbereichen kommen wichtige Erfahrungen im interreligiösen Lernen, von denen wir alle lernen können. Jedenfalls zeigt die Ausbreitung interkommunaler Gewalt mit einer religiösen Dimension, sogar in Bereichen, wo mit interreligiösem Lernen experimentiert wurde, dass noch viel getan werden muss.
(5) Interreligiöses Lernen verlangt die Schaffung eines sicheren Raums für das Zusammentreffen mit den »Unruhestiftern« und mit uns selbst.
(6) Wir müssen feststellen, dass sich unsere Gespräche bislang auf Menschen aus anderen Glaubensrichtungen und auf Christen beschränkt haben, die Verständnis für diese Denkweise aufbringen. Wir müssen jedoch darüber nachdenken, wie wir jene mit einbeziehen, die eine Glaubenserziehung vorziehen, die die »Anderen« in ein schlechtes Licht stellt.

(übersetzt aus dem Englischen von Peter Schreiner)

Literatur

Rüppell, Gert/Schreiner, Peter (eds.), Shared Learning in a Plural World, Münster 2003.

ÖRK, Zentralausschuss, Minutes of the Fifty-Third Meeting 2003, Genf 2004 (www2.wcc-coe.org/ccdocuments2003.nsf).

Kontakt:
ÖRK
Education and Ecumenical Formation
P.O. Box 2100
1211 Geneva 2
www.wcc-coe.org

Anhang

Ausgewählte und kommentierte Literatur

Einführung

Zahlreiche Beiträge in diesem Handbuch schließen mit einer mehr oder weniger umfangreichen Literaturliste, die der Leserschaft eine weiterführende Beschäftigung mit der Thematik ermöglicht. Es finden sich auch besondere Empfehlungen »Zum Weiterlesen«, die aus der Sicht der Autor/innen und der Herausgeber/innen in besonderer Weise zur Vertiefung der angesprochenen Themen geeignet sind. Deshalb wird am Ende dieses Bandes auf eine weitere, umfassende Literaturliste verzichtet. Stattdessen legen wir eine Liste ausgewählter und kommentierter Literatur vor, gleichsam als Fundus für einen »Handapparat«, ergänzend zu diesem Handbuch.

Hans-Martin Barth, Dogmatik. Evangelischer Glaube im Kontext der Weltreligionen. Ein Lehrbuch, Gütersloh: Gütersloher Verlagshaus/Christian Kaiser 2001, 862 S.
Ein dogmatisches Lehrbuch, das im Gegensatz zu »klassischen« Dogmatiken die Hauptthemen des christlichen Glaubens zu den wichtigsten religiösen Traditionen in Beziehung setzt. Das Buch ist hilfreich für alle, die um die Weitergabe des christlichen Glaubens bemüht sind und die wichtigsten Aussagen nichtchristlicher Religionen dazu kennen lernen wollen, um selbst eine kritische Position zu entwickeln.

Bundeszentrale für politische Bildung (Hg.), Erwachsenwerden vor dem Hintergrund unterschiedlicher Religionen und Weltanschauungen, Themen und Materialien, Bonn 2004, 144 S.
Die Werkstatt Religionen und Weltanschauungen, eine freie Initiative in der Werkstatt der Kulturen Berlin, hat den Dialog mit Angehörigen unterschiedlicher Religionen und Weltanschauungen zu ihrem Programm gemacht. Über einen Zeitraum von mehreren Monaten wurden folgende Fragen miteinander thematisiert: Welche Werte sind es, die vermittelt werden durch Religionen als wesentliche Elemente der Geschichte und Kultur unserer Gesellschaft? Was bedeutet Selbstverantwortung? Was bedeutet Gesellschaft und Gemeinschaft? Was wird jungen Menschen mitgegeben auf ihrem Weg in die Welt der Erwachsenen? Der vorliegende Band beinhaltet die in diesem Prozess erstellten Materialien aus

dem Blickwinkel unterschiedlicher Religionen und des gemeinsamen Prozesses. Er soll Lehrenden die Möglichkeit eröffnen, solche Dialoge vorzubereiten und in ihren Lerngruppen erfolgreich durchzuführen.

Karl-Heinz Golzio, Georg Schwikart, Thomas Lemmen, Thomas Schweer, (Hg.), Basiswissen Weltreligionen, Gütersloh: Gütersloher Verlagshaus 2002, 368 S.
Die Autoren des Buches bieten fundierte Grundinformationen zu den großen Weltreligionen. Auch wenn jede Religion separat behandelt wird, bieten sich doch Anregungen des Vergleichs. Es finden sich jeweils Einzelkapitel zu Grundlagen des Glaubens, zur Tradition und zur Lebenspraxis.

Eckart Gottwald, Norbert Mette (Hg.), Religionsunterricht interreligiös. Hermeneutische und didaktische Erschließungen. Festschrift für Folkert Rickers, Neukirchen-Vluyn: Neukirchener Verlag 2003, 244 S.
Eine Sammlung von Beiträgen, die sich alle mit Fragestellungen beschäftigen, bei denen die Zielsetzung interreligiösen Lernens stets mitbedacht und aus unterschiedlichen Perspektiven behandelt wird. Die Beiträge gruppieren sich um die Themen:
Ehrfurcht vor Gott; Religiöse Bildung in der Pluralität; Gemeinsam Lernen in Verschiedenheit und Vielfalt; Religionsunterricht im Aufbruch; Gott in vielerlei Gestalt; Exegetische und systematische Perspektiven.

Georg Hilger, Stephan Leimgruber, Hans-Georg Ziebertz (Hg.), Religionsdidaktik. Ein Leitfaden für Studium, Ausbildung und Beruf, München: Kösel 2001, 558 S.
Ein Standardwerk für die Aus-, Fort- und Weiterbildung von Religionslehrerinnen und Religionslehrern, das alles Wissenswerte zum Thema Religionsunterricht zusammenfasst und die heutigen Herausforderungen individualisierter und pluralisierter Religiosität ernst nimmt. Dem interreligiösen Lernen wird ein eigenes Kapitel gewidmet (433-442).

Christina Kayales, Astrid Fehland-van der Vegt, (Hg.), Was jeder vom Judentum wissen muss, 9., vollst. überarbeitete Auflage, Gütersloh: Gütersloher Verlagshaus 2005, 208 S.
Ein kompaktes Handbuch über jüdischen Glauben, jüdische Traditionen und jüdisches Leben. Eine ausgezeichnete Hilfe, um die Religion kennen zu lernen, in der die Wurzeln des Christentums liegen. Mit Register, Glossar, Literaturverzeichnis, Internetadressen und über 50 Fotos im Innenteil.

Lehrer-Kursbuch Islam. Grundwissen und Praxistipps, Berlin: Cornelsen Scriptor 2002, 112 S.
Das Lehrer/innen-Kursbuch Islam besteht aus drei Teilen: Der erste Teil ist eine von bekannten Islamwissenschaftlern erstellte Darstellung des Islam. Schwer-

punkte: Geschichte, religiöse Traditionen und ihre Bedeutung in der Gegenwart. Der zweite und dritte Teil wurden von einer Lehrerin und einem Sozialpädagogen verfasst. Sie liefern zahlreiche praxisorientierte und originelle Anregungen für alle, die im Schulalltag dem Islam begegnen.

Karl Ernst Nipkow, Bildung in einer pluralen Welt, Bd. 2: Religionspädagogik im Pluralismus, Gütersloh: Gütersloher Verlagshaus 1998, 222 S.
In diesem umfassenden Werk, das die Auswirkungen von Pluralität für ethische Bildung und Religionspädagogik differenziert diskutiert, nehmen Fragen interreligiösen Lernens in Kapitel 3: ›Religiöser Pluralismus und Pädagogik – interreligiöses und interkonfessionelles Lernen in bildungstheoretischen Perspektiven‹ einen zentralen Stellenwert ein. Anregend sind insbesondere sechs Regeln, die Nipkow für interreligiöses Lernen formuliert (S. 112-123).

Lehrmittelverlag des Kantons Zürich, Menschen – Religionen – Kulturen, Zürich: Lehrmittelverlag des Kantons Zürich 2000, 7 Bände mit je ca. 150 S.
Dieses im Kanton Zürich für die Arbeit mit Schülerinnen und Schülern der Oberstufe (13- bis 15-Jährige) entstandene Lehrmittel besteht aus sieben Büchern, in denen Fragen, Traditionen und das, »was Menschen heilig ist«, im Dialog mit den großen Religionen thematisiert werden. Ein Werk mit grundsätzlichen Beiträgen führt die Lehrkräfte in Zielsetzungen, Inhalte und Kontexte ein. Grundlage waren folgende Zielsetzungen:
- *Umgang mit Sinnfragen aus der Perspektive unterschiedlicher Religionen und Weltanschauungen*
- *Den Schüler/innen die Klärung und Begründung ihrer eigenen Werte ermöglichen*
- *Die Schüler/innen ermutigen, ihre eigenen wertorientierten Entscheidungen zu reflektieren.*

Drei Schulbücher und Lehrer/innenhandbücher entstanden zu den Themen: »Menschen leben mit Fragen«, »Menschen leben in Traditionen«, »Was Menschen heilig ist«. Das Material besteht aus Texten von Jugendlichen und ihrer Kultur wie auch aus Texten der religiösen Traditionen und anderen Weltanschauungen. So beginnt das Schüler/innenbuch »Menschen leben mit Fragen« mit dem Bereich: Woher komme ich? Wer bin ich? Wer werde ich sein?

Burkhard Scherer, Buddhismus – Alles, was man wissen muss, Gütersloh: Gütersloher Verlagshaus 2005, 240 S.
Dieser Band bietet eine umfassende Einführung in den Buddhismus: Grundwissen über Person und Lehre des Buddha; eine knappe Darstellung der Geschichte; philosophische Hintergründe und politische Implikationen; Informationen über Persönlichkeiten sowie zum christlich-buddhistischen Dialog. Mit Zeittafel, Literaturverzeichnis und einem unfassenden Register.

Ursula Sieg, Feste der Religionen. Werkbuch für Schulen und Gemeinden, Düsseldorf: Patmos Verlag 2003, 164 S.
Feste sind ein Hauptgegenstand interreligiösen Lernens oder Begegnung. Neben einer systematischen Erläuterung der Feste erschließt das Buch die Feste der Religionen didaktisch entlang der strukturellen Gemeinsamkeiten: Neujahrsfeste, Geburtstage der Religionsstifter, Kinderfeste, Fasten, grundlegende Heilsereignisse und inhaltliche Gemeinsamkeiten (z.B. Maria, Geburt Jesu nach Bibel und Koran, Abraham) und Symbole (z.B. Licht und Baum). Dazu kommen Festkreise und Freiarbeitsmaterial sowie ein Projekt zum Thema Zeit in Verbindung mit dem 7. Tag. Zu allen Themen werden ebenso inhaltlich wie didaktisch relevante Materialien wie Erzählungen, Quellentexte und Bilder geboten. Die Beiträge zu islamischen Perspektiven stammen von Halima Krausen.
Ein eigenes Kapitel gegen Ende des Werkbuches befasst sich mit der »Bedeutung der Feste im Alltag – Religion und interreligiöse Begegnung«. Das Buch bietet ein ausführliches Literaturverzeichnis.

Angelika Speck-Hamdan, Hans Brügelmann, Maria Fölling-Albers, Sigrun Richter (Hg.), Kulturelle Vielfalt ›religiöses Lernen, Jahrbuch Grundschule IV. Fragen der Praxis – Befunde der Forschung‹, Seelze/Velber: Kallmeyer 2003, 208 S.
Die beiden Schwerpunktthemen dieses Jahrbuches sind miteinander verwoben und weisen direkt auf interreligiöses Lernen in der Grundschule hin: »Kulturelle Vielfalt« und »Religiöses Lernen in der Grundschule«. Besonders zu beachten sind ein Forschungsbericht zu religiösem Lernen in der Grundschule (Englert/ Schweitzer) und ein Beitrag zu neuen Perspektiven religiösen Lernens in der Grundschule in »ökumenischer und interreligiöser Offenheit« (Lähnemann).

Friedrich Schweitzer, Rudolf Englert, Ulrich Schwab, Hans-Georg Ziebertz, Entwurf einer pluralitätsfähigen Religionspädagogik, Gütersloh: Gütersloher Verlagshaus und Freiburg: Herder 2002, 260 S.
Dieses in ökumenischer Autorenschaft erstellte Werk präsentiert den Entwurf einer Religionspädagogik für Schule und Gemeinde, die sich den Herausforderungen einer pluralen Gesellschaft stellt. Im Ergebnis lässt sich eine Neuausrichtung der Religionspädagogik erkennen, die aus den veränderten gesellschaftlichen Bedingungen methodologische und didaktische Konsequenzen für religiöse Bildungsprozesse zieht. Zu den zentralen »Konturen einer pluralitätsfähigen Religionspädagogik« tragen interreligiöses Lernen und die Pluralität der Religionen (H.-G. Ziebertz) bei.

Johannes Lähnemann (Hg.), »Das Projekt Weltethos« in der Erziehung. Referate und Ergebnisse des Nürnberger Forums 1994, Hamburg: EB-Verlag 1995, 412 S.
Mit seinem Projekt »Weltethos« im Jahr 1990 hat Hans Küng eine breite internationale Diskussion in Gang gesetzt, die mit der »Weltethoserklärung« des

»Parlaments der Religionen« in Chicago im Herbst 1993 kulminierte. Seitdem gibt es zahlreiche pädagogische Initiativen und Modelle, die damit verbundenen Grundgedanken in pädagogisch wirksame Praxis umzusetzen. Die vorliegende Sammlung von Beiträgen bietet einen bunten Reigen der Diskussion um Konzepte und Praxismodelle in unterschiedlichen Kontexten.

Johannes Lähnemann, Evangelische Religionspädagogik in interreligiöser Perspektive, Göttingen: Vandenhoeck & Ruprecht 1998, 471 S.
Christliche Erziehung muss heute den Blick auf das Zusammenleben der Religionen richten – weltweit und vor Ort. Der Autor sieht in der Besinnung auf den eigenen Glauben und in der Öffnung für andere Religionen und Kulturen zwei notwendige und gleichwertige Koordinaten evangelischer Religionspädagogik. Er skizziert unter dieser Perspektive die Geschichte der Religionspädagogik und geht auf religiöse Fragen Heranwachsender in unterschiedlichen religiös-kulturellen Kontexten ein. Seine grenzüberschreitende »Pädagogik des Evangeliums« wird für verschiedene pädagogische Aufgabenfelder entfaltet – von der Grundschule bis zur Erwachsenenbildung.

IPD (Hg.), Wir und die anderen Religionsgemeinschaften, aus der Unterrichtsreihe: Wir und die anderen, Köln: IPD – Institut für Internationale Pädagogik und Didaktik 1998, 125 S. Bezug: IPD, Luxemburger Str. 429, 50939 Köln.
Die Unterrichtsmappe soll dazu verhelfen, dass muslimische Kinder im Alter von 12 bis 14 Jahren den Standpunkt des Islams zu den anderen Religionsgemeinschaften der ahlu-l-kitab erfahren. Sie sollen Glaubensinhalte dieser »anderen« Religionsgemeinschaften kennen lernen. Die Autorinnen schreiben dazu: »Es kann uns nicht darum gehen, die Unterschiede zu verwässern, sie müssen klar herausgearbeitet und benannt werden, ebenso wie die Gemeinsamkeiten. Aus gewusstem Gemeinsamen und gewusstem Trennenden soll den Kindern ein islamischer Umgang in ihren täglichen Begegnungen mit »anderen« erwachsen. Trennendes wird tragbar, wenn Gemeinsames bekannt ist.«

VELKD/EKD (Hg.), Was jeder vom Islam wissen muss, 6. überarbeitete Auflage, Gütersloh: Gütersloher Verlagshaus 2001, 263 S.
Kompaktes Taschenbuch über islamischen Glauben, Islam in Geschichte und Gegenwart und zum Verhältnis von Islam und Christentum. Ausgezeichnet für eine grundlegende Orientierung und einen ersten Einstieg. Mit Sach-, Personen und Koranstellenregister und Literaturliste.

Dieter Petri, Jörg Thierfelder (Hg.), Grundkurs Judentum. Material und Kopiervorlagen für Schule und Gemeinde, 2 Bände, zweite völlig neu bearbeitete und erweiterte Auflage, Stuttgart: Calwer 2002, 223 und 195 S.
Es finden sich, neben einer Darstellung des Judentums von Rabbiner Roland Gradwohl, Einführungen (Teil 1) und sehr gutes, kopierbares Unterrichtsmateri-

al (Teil 2) zu den Themen Jüdische Geschichte in Antike, Mittelalter, Neuzeit und im 20. Jh., zu jüdischer Präsenz in Palästina/ Israel und zu jüdischem Leben heute in Deutschland. Arbeitsblätter, Karten und Bilder werden ergänzt durch ein Domino, ein Quiz und eine erläuternde Pessach-Haggada. Sehr gut geeignet für Unterricht der Sekundarstufe I und II in Religion, Geschichte und Politik sowie für die Erwachsenenbildung und Gemeindearbeit.

Mehdi Razvi in Zusammenarbeit mit Halima Krausen und Pia Köppel, Entdeckungsreise im Koran. Zwölf Lehrgespräche, Hamburg: EB-Verlag 2001, 258 S.
Aus dem Vorwort von Annemarie Schimmel: Es wird versucht, »den Koran auf neuartige Weise für die moderne Zeit zu interpretieren. Dabei werden schwierige inhaltliche Probleme erläutert und dankenswerterweise auch die Probleme der arabischen Sprache und Grammatik zur Sprache gebracht. Die Erklärungen (...) versuchen, den ursprünglichen Sinn der Worte darzulegen (...) Auch Parallelen zu anderen Religionen werden gezogen. Interessant ist z.B. die Art der Argumentation bei der Behandlung der ›anständigen‹ Bedeckung für Frauen, oder die Diskussion der Strafen für Ehebruch«.

Autorinnen und Autoren

Affolderbach, Dr. Martin, Ev. Theologe, Referent für Islam/Weltreligionen und Länder des Nahen und Mittleren Ostens im Kirchenamt der EKD.

Albano-Müller, Saraswati, M.A., Lehrerin für Kunst und Englisch, Dozentin für Früherziehung, Journalistin. Veranstaltet Begegnungen zu Philosophie und Weltethos, Hinduismus und Dialog der Kulturen.

Alboga, Bekir, M.A., Islamwissenschaftler, Leiter des Bereichs interreligiöser Dialog bei der DITIB-Dachorganisation.

Aldebert, Dr. Heiner, Evangelischer Pfarrer, Inhaber der Koordinationsstelle für Medizinethik der Ev. Luth. Kirche in Bayern, Privatdozent für Praktische Theologie, Schwerpunkt Religionspädagogik an der Universität Erlangen-Nürnberg.

Anhelm, Dr. Fritz Erich, Politologe, Direktor der Evangelischen Akademie Loccum.

Asbrand, Dr. Barbara, Post-Doc-Stipendiatin am Lehrstuhl für Allgemeine Pädagogik an der Universität Erlangen-Nürnberg.

Baumann, Dr. Ulrike, Pfarrerin und Pädagogin, Ltd. Dozentin am Pädagogisch-Theologischen Institut der Evangelischen Kirche im Rheinland in Bonn-Bad Godesberg.

Bernhardt, Dr. Reinhold, Ordinarius für Systematische Theologie, Schwerpunkt Dogmatik. Theologische Fakultät der Universität Basel.

Biener, Dr. Hansjörg, Pfarrer der Evangelisch-Lutherischen Kirche in Bayern, Assistent an der Erziehungswissenschaftlichen Fakultät der Universität Erlangen-Nürnberg.

Brown, Alan, Dozent für Erziehungswissenschaft am University College Worcester, Mitglied der Shap working Party und deren Schatzmeister.

Dommel, Christa, Diplom-Religionswissenschaftlerin, Wissenschaftliche Mitarbeiterin im Studiengang Religionswissenschaft/Religionspädagogik an der Universität Bremen und freiberufliche Bildungsreferentin.

Dressler, Dr. Bernhard, Professor für Praktische Theologie/Religionspädagogik an der Universität Marburg.

Ebertz, Dr. Dr. Michael, katholischer Theologe und Soziologe, Professor im Fachbereich soziale Arbeit an der Katholischen Fachhochschule Freiburg.

Elsenbast, Volker, Pfarrer und Diplompsychologe, Direktor des Comenius-Instituts, Evangelische Arbeitsstätte für Erziehungswissenschaft e.V., Münster.

Fischer, Dietlind, Diplompädagogin, Wissenschaftliche Mitarbeiterin am Comenius-Institut, Evangelische Arbeitsstätte für Erziehungswissenschaft e.V., Münster.

Freudenreich, Delia, Mitarbeiterin im Fach Katholische Theologie der Universität Dortmund.

Fritsch-Oppermann, Dr. Sybille C., Evangelische Pfarrerin, Generalsekretärin des Internationalen Rates der Christen und Juden ICCJ e.V. mit Sitz im Martin-Buber-Haus Heppenheim.

Götz-Guerlin, Marcus, Evangelischer Pfarrer und Politikwissenschaftler, Studienleiter an der Evangelischen Akademie zu Berlin.

Goßmann, Dr. Hans-Christoph, Pastor, Pastoralpsychologe und Gestalttherapeut, Beauftragter der Nordelbischen Evangelisch-Lutherischen Kirche für den christlich-islamischen Dialog und Lehrbeauftragter am Fachbereich Evangelische Theologie der Universität Hamburg.

Gottwald, Dr. Eckart, Professor für Evangelische Religionspädagogik an der Universität Duisburg-Essen, Mitbegründer und erster Sprecher von inter religion(e)s.

Haußmann, Dr. Werner, Akad. Oberrat an der Erziehungswissenschaftlichen Fakultät der Universität Erlangen-Nürnberg, Lehrstuhl für Religionspädagogik und Didaktik des ev. Religionsunterrichts.

Hockenjos, Ruthild, bis 2002 Religionslehrerin in Berlin-Kreuzberg, Mitinitiatorin und Leitung der »Werkstatt Religionen und Weltanschauungen in Berlin«.

Huber-Rudolf, Dr. Barbara, Mitarbeiterin in verschiedenen Funktionen bei CIBEDO, Arbeitsstelle der Deutschen Bischofskonferenz, Lehrbeauftragte der Philosophisch-Theologischen Hochschule St. Georgen und der Goethe Universität, beide Frankfurt.

Kaddor, Lamya, M.A., Wissenschaftliche Mitarbeiterin und Assistentin am Lehrstuhl für Religion des Islam des Centrums für Religiöse Studien der Westfälischen Wilhelms-Universität Münster, Lehrerin im Rahmen des nordrhein-westfälischen Schulversuchs »Islamische Unterweisung als eigenständiges Fach in deutscher Sprache«.

Kaplan, Ismail, Dipl. Sozialpädagoge, Bildungsbeauftragter der Alevitischen Gemeinde Deutschland und Projektleiter.

Kaul-Seidman, Dr. Lisa, Soziologin und Kulturanthropologin, Stipendiatin an der Theologischen Fakultät der Universität Birmingham.

Kiechle, Dr. Jürgen, Mitarbeiter am Lehrstuhl für Religionspädagogik der Universität Würzburg.

Kirste, Dr. Reinhard, Ev. Pfarrer, bis 2005 Schulreferent (kirchliche Lehrerfortbildung) in südwestfälischen Kirchenkreisen, Mitbegründer der Interreligiösen Arbeitsstelle (INTR°A) in Nachrodt/Westfalen und dessen (ehrenamtlicher) Koordinator.

Krausen, Halima, Islamische Theologin und Rechtsgelehrte, Imam der deutschsprachigen Gemeinde am Islamischen Zentrum und Dozentin der Initiative für Islamische Studien in Hamburg.

Küster, Dr. Volker, Professor für Interkulturelle Theologie an der Theologischen Universität Kampen, Niederlande.

Lähnemann, Dr. Johannes, Professor für Religionspädagogik und Didaktik des Evangelischen Religionsunterrichts an der Universität Erlangen-Nürnberg.

Lefringhausen, Dr. Klaus, Wirtschafts- und Sozialwissenschaftler, Integrationsbeauftragter des Landes Nordrhein-Westfalen.

Leimgruber, Dr. Stephan, Professor für Religionspädagogik und Didaktik des Religionsunterrichtes an der Katholisch-Theologischen Fakultät der Ludwig-Maximilians-Universität München.

Lusch, Robert (Dharmadipa), seit 1994 Angehöriger des Westlichen Buddhistischen Ordens; unterrichtet Buddhismus und Meditation im Buddhistischen Zentrum Essen.

Magonet, Jonathan, Rabbi Professor; Direktor des Leo Baeck College – Centre for Jewish Education, London.

Mattis, Jürgen, Evangelischer Pfarrer und Soziologe, Stadtjugendpfarrer in Frankfurt am Main und Leitung des Fachbereichs Kinder und Jugend im Evangelischen Regionalverband Frankfurt am Main.

Mehlhorn, Dr. Annette, Pfarrerin, Studienleiterin an der Evangelischen Akademie Arnoldshain.

Messerschmidt, Dr. Astrid, Studium der Religionspädagogik, Pädagogik, Politikwissenschaft und Germanistik. Wissenschaftliche Mitarbeiterin am Institut für Allgemeine Pädagogik und Berufspädagogik der Technischen Universität Darmstadt im Arbeitsbereich Allgemeine Pädagogik und Erwachsenenbildung.

Mette, Dr. Norbert, Professor im Fach Katholische Theologie und ihre Didaktik mit dem Schwerpunkt Religionspädagogik/ Praktische Theologie an der Universität Dortmund.

Meyer, Dr. Lidwina, Religionswissenschaftlerin und Theologin, Studienleiterin für Interreligiösen und Interkulturellen Dialog an der Evangelischen Akademie Loccum.

Micksch, Dr. Jürgen, Evangelischer Theologe und Soziologe, Vorsitzender des Interkulturellen Rates in Deutschland.

Mitchell, Dr. Gordon, Professor für Religionspädagogik am Fachbereich Erziehungswissenschaft der Universität Hamburg.

Müller, Rabeya, Islamwissenschaftlerin und Pädagogin, Leiterin des Instituts für Interreligiöse Pädagogik und Didaktik (IPD) in Köln.

Neuser, Bernd, Evangelischer Pfarrer, Leiter der Beratungsstelle für christlich-islamische Begegnung der Evangelischen Kirche im Rheinland und der Evangelischen Kirche von Westfalen.

Nipkow, Dr. Dr. hc. Karl Ernst, Professor em. für Praktische Theologie (Religionspädagogik) an der Universität Tübingen.

Obermann, Dr. Andreas, Evangelischer Pfarrer, tätig am Berufskolleg Werther Brücke (Wuppertal-Barmen), Mitglied im Arbeitskreis Christen-Muslime der Ev. Kirche im Rheinland.

Oxley, Simon, Theologe, Referent für Erziehung und Ökumenische Bildung beim Ökumenischen Rat der Kirchen (ÖRK).

Petersen, Oliver, Magister der Tibetologie, Religionswissenschaft und Philosophie, tätig für das Tibetische Zentrum e.V., Hamburg, das unter der Schirmherrschaft des Dalai Lama steht.

Rehm, Dr. Johannes, Evangelischer Pfarrer, Privatdozent für Praktische Theologie (Schwerpunkt Religions- und Gemeindepädagogik) an der Theologischen Fakultät der Universität Erlangen-Nürnberg.

Rudolph, Barbara, Evangelische Pfarrerin, Geschäftsführerin der Arbeitsgemeinschaft Christlicher Kirchen in Deutschland und Referentin der EKD in der ACK.

Scheunpflug, Dr. Annette, Professorin für Allgemeine Pädagogik an der Universität Erlangen-Nürnberg.

Schieder, Dr. Rolf, Professor für Praktische Theologie und Religionspädagogik an der Theologischen Fakultät der Humboldt-Universität zu Berlin.

Schlüter, Dr. Dr. Richard, Professor für Praktische und Ökumenische Theologie an der Universität Siegen.

Schreiner, Peter, Diplompädagoge, Wissenschaftlicher Mitarbeiter am Comenius-Institut, Evangelische Arbeitsstätte für Erziehungswissenschaft e.V., Münster.

Schröder, Dr. Bernd, Professor für Religionspädagogik an der Fachrichtung Evangelische Theologie der Universität des Saarlandes in Saarbrücken.

Schultze, Dr. Herbert, Evangelischer Theologe, Professor an der Universität Essen im Bereich Religionspädagogik, langjähriger Präsident von EAWRE.

Schweitzer, Dr. Friedrich, Professor für Praktische Theologie (Religionspädagogik) an der Universität Tübingen.

Siedler, Dr. Dirk Christian, Pfarrer der Evangelischen Gemeinde zu Düren, Synodalbeauftragter für Islamfragen im Kirchenkreis Jülich.

Sieg, Ursula, Evangelische Pastorin und Erziehungswissenschaftlerin, freiberufliche Dozentin und Autorin.

Streib, Dr. Heinz, Professor für Evangelische Theologie an der Universität Bielefeld.

Süss, Dr. Joachim, Evangelischer Theologe und Religionswissenschaftler, Referent am Thüringer Institut für Lehrerfortbildung, Lehrplanentwicklung und Medien ThILLM, Leiter der Kontaktstelle Neureligiöse Bewegungen/Sondergemeinschaften.

Tworuschka, Dr. Udo, Professor für Religionswissenschaft an der Friedrich-Schiller-Universität Jena; Vorsitzender der Interreligiösen Arbeitsstelle INTR°A.

Ucko, Dr. Hans, Leiter der Abteilung für Interreligiöse Beziehungen und Dialog des Ökumenischen Rates der Kirchen (ÖRK) in Genf.

Weiße, Dr. Wolfram, Professor für Religionspädagogik am Fachbereich Erziehungswissenschaft der Universität Hamburg.

Ziebertz, Dr. Hans-Georg, Professor am Lehrstuhl für Religionspädagogik der Universität Würzburg.

Zielinski, Dr. Andrea, studierte Sozialanthropologie/Ethnologie, Psychologie, Religionswissenschaften und Interkulturelles Lernen. Sie lehrt an der Universität Hamburg und arbeitet mit Internationalen Organisationen, Behörden und anderen pluralen Institutionen (www.global-acting.com).

Stichwortverzeichnis